Das internationale Krisenjahr 1956

Beiträge zur Militärgeschichte

Herausgegeben vom
Militärgeschichtlichen Forschungsamt

Band 48

R. Oldenbourg Verlag München 1999

Das internationale Krisenjahr 1956

Polen, Ungarn, Suez

Im Auftrag des
Militärgeschichtlichen Forschungsamtes

herausgegeben
von
Winfried Heinemann und Norbert Wiggershaus

R. Oldenbourg Verlag München 1999

Die Deutsche Bibliothek - CIP-Einheitsaufnahme

Das **internationale Krisenjahr 1956** : Polen, Ungarn, Suez / im Auftr. des Militärgeschichtlichen Forschungsamtes hrsg. von Winfried Heinemann und Norbert Wiggershaus. - München : Oldenbourg, 1999

(Beiträge zur Militärgeschichte ; Bd. 48)

ISBN 3-486-56369-6

Satz: Militärgeschichtliches Forschungsamt, Potsdam

Druck und Bindung: R. Oldenbourg Graphische Betriebe GmbH, München

ISBN 3-486-56369-6

Inhalt

Erster Teil: Ereignisse

Zweiter Teil: Perzeptionen

Dritter Teil: Auswirkungen

Vorwort

Als in den frühen achtziger Jahren US-Verteidigungsminister Caspar Weinberger in einem Interview über die Zukunft des sowjetischen Imperiums spekulierte, das nicht mit einem »großen Knall«, sondern mit einem »leisen Seufzer« zusammenbrechen werde, da galt dies gemeinhin eher als amerikanischer Wunschtraum denn als reale weltpolitische Möglichkeit. Ein Jahrfünft später wurde das bis dahin Undenkbare politische Realität. Die Selbstauflösung des Warschauer Paktes unter dem Druck der »friedlichen Revolutionen« von 1989/90 hatte neben dem Mut der Völker in Mittel- und Osteuropa freilich ein Weiteres zur Voraussetzung: die Aufgabe eines ungeschriebenen Gesetzes für den Machterhalt im Kalten Krieg durch die sowjetische Führung unter Gorbatschow. Wo immer in den zurückliegenden vier Jahrzehnten die Stabilität ihres osteuropäischen Vorfeldes tangiert war, hatten sowjetische Interventionen die alte Ordnung wiederhergestellt. Wenn es die Verhältnisse zuließen, hatte man sich — wie in Prag 1948 oder in Warschau 1980/81 — damit begnügt, durch politischen Druck von außen die angeschlagenen Machtstrukturen von der kommunistischen Führung in den betroffenen Ländern selbst wiederherstellen zu lassen. Stellten die inneren Eruptionen in den Satellitenstaaten dagegen — wie in Ostberlin 1953, in Budapest 1956 oder in Prag 1968 — den Systemerhalt ernsthaft in Frage, dann hatten sowjetische Truppen direkt militärisch in die inneren Verhältnisse ihrer Verbündeten eingegriffen.

In der bipolaren Machtbalance, auf der die sicherheitspolitische Ruhigstellung des Ost-West-Konflikts in den Jahren des Kalten Krieges wesentlich beruhte, führten diese Interventionen zwar regelmäßig zu politischen Protesten im Westen; militärisch wurden sie dagegen hingenommen als eine das internationale Gleichgewicht nicht beeinträchtigende interne Absicherung des sowjetischen Machtbereichs. Brisant wurde die Lage indes, sobald — wie im Falle der Krisenentwicklung des Herbstes 1956 — innerosteuropäische mit internationalen Verwicklungen zusammenfielen. Das britisch-französische Eingreifen in den arabisch-israelischen Konflikt am Suez-Kanal bot der sowjetischen Führung nicht nur vor der Weltöffentlichkeit die Chance zur partiellen Ablenkung von den eigenen Interventionsabsichten in Ungarn. Da davon auch ein neuralgischer Punkt sowjetischen Interesses im Nahen Osten betroffen war, flossen von nun an die beiden regionalen zu einer komplexen internationalen Krise zusammen. Beim globalen Krisenmanagement der Supermächte dominierte allerdings schnell wieder das vorrangige Interesse gemeinsamer Konfliktsteuerung, das unter den Bedingungen eines heraufziehenden nuklearen »Gleichgewichts des Schreckens« jede Seite von einer militärischen Eskalation abschrecken mußte.

Das Militärgeschichtliche Forschungsamt hat sich seit über zwei Jahrzehnten intensiv an der Erforschung der generellen Konfliktmuster beteiligt, die vom Prozeß einer »Teilung der Welt« in antagonistische Lager vorgegeben waren und an der Nahtstelle des Ost-West-Konflikts in Mitteleuropa in jeder Phase des Kalten

Krieges ganz unmittelbar auf die Sicherheitspolitik in West und Ost durchschlugen. In seinen beiden Reihenwerken »Anfänge westdeutscher Sicherheitspolitik« und »Entstehung und Probleme des Atlantischen Bündnisses bis 1956« konnten der Weg atlantischer Allianzbildung und die Integration neuzuschaffender westdeutscher Streitkräfte in diesen transatlantischen Sicherheitsverbund vor dem Hintergrund westlicher Bedrohungsperzeptionen nachgezeichnet werden. Nach der deutschen Vereinigung und der damit verbundenen Öffnung ostdeutscher Archive wurde zusätzlich die Frühphase der Aufrüstung in der SBZ/DDR als Teil des Ostblocks in die Analyse der mitteleuropäischen Sicherheits- und Konfliktstrukturen einbezogen. Mitarbeiter des Amtes haben sich darüber hinaus in den Diskussionen um die Niederschlagung der Arbeiterunruhen in der DDR im Sommer 1953 und um die Intervention der Warschauer-Pakt-Staaten in der ČSSR im Sommer 1968 zu Wort gemeldet.

Mit dem Sammelband »Krisenjahr 1956« werden nunmehr auch die gewachsenen Möglichkeiten wissenschaftlicher Kooperation mit den Militärhistorikern aus ehemaligen Mitgliedstaaten des Warschauer Paktes genutzt, um dieses zentrale Krisenszenario in seinen Abläufen und Wirkungen im Vergleich der direkt und indirekt Beteiligten auszuleuchten. Den Herausgebern des Bandes, Oberst a.D. Dr. Norbert Wiggershaus und Oberstleutnant Dr. Winfried Heinemann, ging es dabei darum, Einschätzungen der Ereignisse in der Wahrnehmung durch das engere und weitere internationale Umfeld der beiden Krisenherde ebenso zu analysieren, wie die Krisenabläufe selbst in Polen, Ungarn und Ägypten unter Nutzung bisher unerschlossener Akten in neuer Sichtweise bewertet werden sollen. Ein derart multiperspektivisches Vorgehen wird nicht nur den Ereignissen und Erfahrungen während und nach den Herbstkrisen von 1956 differenzierter gerecht, als dies in den wechselseitigen Gegnerwahrnehmungen des Kalten Krieges möglich war. Damit konnte auch die internationale militärhistorische Kooperation an einem markanten Krisenpunkt des Kalten Krieges erprobt und vertieft werden.

Zum Gelingen dieses Bandes haben viele beigetragen. Danken möchte ich besonders den Autoren für ihre Forschungsergebnisse, dem Oldenbourg Verlag für die bewährte Zusammenarbeit, den Damen und Herren der Schriftleitung und der Lektorin Frau Christa Gudzent, die unter zum Teil schwierigen Bedingungen gewohnt zuverlässig und engagiert gearbeitet haben.

Friedhelm Klein M.A.
Oberst i.G.
Amtschef des Militärgeschichtlichen Forschungsamtes

Winfried Heinemann und Norbert Wiggershaus

Das internationale Krisenjahr 1956. Einführung

1. Das Krisenjahr im Kontext des Ost-West-Konflikts

Mitte der fünfziger Jahre war für die außenpolitisch aufmerksamen Zeitgenossen, selbst für Politiker und Diplomaten, Sicherheitsexperten und Fachleute für internationale Politik kaum vorauszusehen, daß 1956 ein internationales Krisenjahr werden könnte. Schließlich markierte das Jahr 1955 den Abschluß der Blockbildung in Ost und West sowie den Zusammenschluß zahlreicher afro-asiatischer Länder zur gewaltfreien Bewegung der Blockfreien. Gleichzeitig begann eine Phase der Konsolidierung innerhalb der beiden Militärblöcke, die von Ansätzen einer Entspannung zwischen den Blöcken begleitet wurde. Diese Entwicklungen ließen im Ost-West-Verhältnis und global eher ruhige Zeiten erwarten. Tatsächlich bewirkten erst die Krisen in Osteuropa und Nahost in den »tumultuous months«[1] Ende 1956 eine gegenläufige Entwicklung[2].

Das westliche Blocksystem hatte sich bis zur Mitte des Jahrzehnts mit NATO/WEU (seit 1955 einschließlich der Bundesrepublik Deutschland), Bagdadpakt, SEATO und ANZUS-Pakt eine Containmentkette zur Eindämmung des sowjetisch-chinesischen Machtblocks geschmiedet, die von Europa über den Mittleren Osten, Südostasien und Australien/Neuseeland bis zu den Vereinigten Staaten reichte[3]. Strategisch hatte sich die NATO auf eine Nuklearisierung der Verteidigung festgelegt, den sofortigen Einsatz aller nuklearen Mittel für den Fall eines sowjetischen Angriffs. Mit der Direktive MC 48/2 (The most effective Pattern of NATO Military Strength for the next few Years) und ersten Schritten zur Ersetzung der MC 14/1 (Overall Strategic Concept for the Defence of NATO Area) durch eine neue MC 14/2 betrat die Allianz Ende 1956 den Weg zu einer lückenlosen nuklearen Abschreckung und nuklearen Verteidigung[4]. In Europa steuerte die westliche Welt mit den Vorbereitungen für die Schaffung einer Europäischen Wirtschaftgemeinschaft (EWG) und der »Euratom« zudem eine höhere Integrationsstufe an.

Das Fortwirken der Partikularinteressen im Bündnis zeigte sich indes an den destabilisierend wirkenden Krisen im Mittelmeerraum, dem Algerienkrieg Frankreichs und dem Konflikt um die Unabhängigkeit Zyperns zwischen Großbritan-

1 Suez 1956, S. V.
2 Zur internationalen Szene und Blockentwicklung siehe den Überblick bei Thoß, Der Beitritt der Bundesrepublik, S. 3–10, 135 f.
3 Ebd., S. 135.
4 Greiner, Das militärstrategische Konzept, S. 211–245; Wampler, Ambiguous Legacy.

nien, Griechenland und der Türkei. In die Bemühungen um Krisenbewältigung durch eine bessere politische Koordination in der Allianz platzte die britisch-französisch-israelische Militäraktion am Suezkanal, die sich wegen der scharfen amerikanischen Gegenaktion zur »Allianzkrise« auswuchs[5]. Sie lähmte die Handlungsfähigkeit des Bündnisses gegenüber den Vorgängen im sowjetisch kontrollierten Block.

Im Ostblock setzte die Sowjetunion die 1955 mit der Gründung des Warschauer Pakts ernsthaft begonnene militärische Koordinierung fort. Die militärische Integration der Deutschen Demokratischen Republik in den sowjetischen Herrschaftsbereich erfolgte schneller als die der Bundesrepublik Deutschland in die NATO. Ungeachtet dieses östlichen Vorteils stabilisierte die Einbettung beider deutscher Staaten in die Militärblöcke die Sicherheitslage, weil nun die geostrategischen Verhältnisse am Eisernen Vorhang in Mitteleuropa geklärt waren. Nach außen praktizierte die sowjetische Führung eine insgesamt flexiblere Politik; auf dem XX. Parteitag der KPdSU im Februar 1956 verkündete sie die Strategie der »friedlichen Koexistenz«. Die elastischere Außenpolitik begünstigte die Entspannungstendenzen und erlaubte es Moskau, in der Dritten Welt Fuß zu fassen. Die Systemkrise in Polen und der Systemverfall[6] in Ungarn warfen die Blockbildung im sowjetischen Herrschaftsbereich erheblich zurück. Eine gewisse Ironie liegt darin, daß sich Jugoslawien während der Krise in Ungarn wieder der Sowjetunion annäherte. Für den Westen bestätigten die Ereignisse in Ungarn die Erfahrung von 1953, daß die sowjetischen Führer eine Abspaltung von Pakt und System in ihrem Herrschaftsbereich nicht zuließen.

In der Dritten Welt gewannen nach der Konferenz von Bandung die Freiheitsbewegungen an Boden. Ihre Erfolge zeigten sich in zahlreichen Staatsgründungen ehemaliger Kolonialvölker. Der Einfluß von West und Ost in diesem Teil der Welt war nach dem Suezkrieg neu zu bemessen.

Die drei Krisen zum Jahresende 1956 waren einander zeitlich nahe, überlappten sich, wirkten sachlich aufeinander ein und vervielfältigten die schwerwiegenden Folgen der jeweils anderen Krisen.

2. Bedeutung und Folgen der Krisen in Polen, Ungarn und am Suezkanal

Das politische Gewicht der Unruhen in Poznań (Posen) im Juni und der Vorgänge im »polnischen Oktober« lag in der für Moskau und das sozialistische Lager unheilträchtigen Kombination von dabei laut gewordenen Forderungen nach Anhebung der sozialen und wirtschaftlichen Standards, Infragestellung des politischen Systems und — von antisowjetischen Tendenzen getragen — nicht

5 Thoß, Bündnissolidarität und Regionalkonflikt, S. 705; ders., Der Beitritt der Bundesrepublik, S. 229.

6 Beitrag Békés in diesem Band, S. 360.

zuletzt in der Gefahr einer Abspaltung von der Warschauer Vertragsorganisation[7].

Diese Situation überzeugte die sowjetischen Führer, daß über die vorrangige Untermauerung der ideologischen Überzeugungen hinaus die unzureichenden wirtschaftlichen und sozialen Bedingungen als Auslöser der Unruhen in Polen und Ungarn spürbar verbessert werden müßten[8]. Zweifellos war dies eine Herausforderung, die die sowjetischen Kräfte erheblich anspannen würde, so daß damit andere wichtige Aufgaben vernachlässigt werden mußten. Der Moskauer Führung erschienen sichtbare Erfolge bei der wirtschaftlichen Konsolidierung und bei der ideologischen Festigung unerläßlich, weil sie aus militärischen, wirtschaftlichen und politischen Gründen auf die Satelliten angewiesen war. Im Falle einer strategischen Offensive gegen Westeuropa waren die Territorien und Streitkräfte Polens, der Tschechoslowakei und der DDR unverzichtbar. Bei einer Offensive nach Süden galt Entsprechendes für Ungarn, Rumänien und Bulgarien. Wirtschaftlich erwies sich die Abhängigkeit von den Satellitenstaaten als ebenso gravierend. Schließlich entsprach ihr Bruttosozialprodukt inzwischen immerhin 40 Prozent des sowjetischen, zum anderen stellten sie der Sowjetunion einen erheblichen Anteil hochwertiger Rohstoffe wie etwa Uran zur Verfügung. Politisch galten die »Volksdemokratien« wenigstens nach außen als lebendiges Zeugnis für einen unaufhaltsamen Aufstieg des Sozialismus[9]. In dieser Zwangslage des Jahres 1956 mochte es daher durchaus denkbar erscheinen, daß sich Moskau gezwungen sehen mochte, gegenüber seinen Satelliten Kompromisse einzugehen.

Das westliche Bündnis, die militärischen und politischen Gremien der NATO, wurden von den Oktoberereignissen hinter dem Eisernen Vorhang völlig überrascht[10]. Dies erscheint um so bemerkenswerter, als der NATO-Rat zur Vorbereitung einer Trendanalyse seit Monaten über Zustand und Politik des politischen Gegners debattierte[11]. Dabei waren nicht nur die Ereignisse in Polen und Ungarn und ihre möglichen Folgen besorgniserregend. Gleichermaßen beunruhigte die offensichtliche Unzuverlässigkeit des von den Aufklärungsdiensten vorgelegten Materials. Gleich für zwei möglicherweise blockübergreifende Krisen hatte es keinerlei Vorwarnung gegeben. Über die Ursprünge von Unruhe und Revolution rätselte die NATO auch Monate später noch. Dem »Geheimreferat« Chruschtschows auf dem XX. Parteitag der KPdSU und der unerwarteten, für das System risikoreichen »Entstalinisierung« allein ließen sich die Vorgänge nicht zuschreiben. Waren die inneren Probleme der Sowjetunion und des gegnerischen Blocks

7 In diesem Sinne: 1956 Explozia, S. 31 f.; Kramer, New Evidence, S. 376; Orlow, Polnischer Oktober, in diesem Band, S. 45–47.

8 Kramer, ebd.

9 1956 Explozia, S. 30.

10 BA, NL 351/71 (Nachlaß Botschafter a.D. Herbert Blankenhorn). Denkschrift Blankenhorn (o.T.) vom 31.12.1956; PRO, F.O. 371/122081, NS 1059/9. Bericht des britischen Vertreters über die Sitzung des NATO-Rates am 24.10.1956; Beitrag Békés in diesem Band, S. 363 f., 367.

11 NATO, NISCA. Trends and Implications of Soviet Policy (June/December, 1956), Bd 1 und 2.

nicht vielleicht weitaus schwerwiegender als bisher angenommen[12]? Auch blieb vorerst erhebliche Unsicherheit darüber, wie die Veränderungen in Osteuropa zu beurteilen seien[13]. Somit fehlten wesentliche Grundlagen für den angemessenen Umgang mit dem Gegner im Ost-West-Konflikt.

Der Volksaufstand in Ungarn rief in der amerikanischen Administration Befürchtungen wach, die sowjetische Führung könnte die Flucht in den Krieg antreten. Daher beschloß Washington, Moskau nicht in seinem sensiblen Vorfeld, sondern in den Vereinten Nationen zur Rede zu stellen. Außerdem signalisierten die Vereinigten Staaten dem Gegenspieler Nichteinmischung und Anerkennung des Status quo in Osteuropa[14]. Gleichermaßen zurückhaltend verhielt sich die — wegen der gleichzeitigen Suezkrise ohnehin handlungsunfähige — NATO. Sie verzichtete Ende Oktober auf eine Stellungnahme, um der Sowjetunion keinen Anlaß für eine zweite Intervention zu geben[15].

Die Sowjetunion traf der Aufstand in Ungarn hart und nachhaltig. Zwar ähnelten die Forderungen von Imre Nagy denen der polnischen Genossen, doch geriet die Situation in Budapest außer Kontrolle, und Nagy erklärte schließlich den Austritt Ungarns aus dem Warschauer Pakt. Eine Hinnahme dieses Schrittes durch die Sowjetunion wäre für das Gefüge des Paktes tödlich gewesen. Damit war die militärische Intervention unausweichlich[16]. Als ein weiteres bestimmendes Moment für die sowjetische Einschätzung und Reaktion gilt nach neuen Erkenntnissen die Furcht, der Funke der Revolution könnte in die übrigen osteuropäischen Länder einschließlich der Sowjetunion überspringen[17]. Schließlich fand das ungarische Beispiel der Befreiung aus sowjetischer Vormundschaft Solidarität und Widerhall unter der Bevölkerung in verschiedenen Staaten der Warschauer Vertragsorganisation[18]. Daß das Verhältnis zu den abhängigen Staaten komplizierter geworden und die Frage einer (zweiten) Intervention eine Zeitlang durchaus offen war, belegen interne Differenzen und schroffe Auseinandersetzungen innerhalb der sowjetischen Führung über die Frage, ob ein Militärschlag in Ungarn politisch klug und gerechtfertigt sei[19]. Besonders schmerzlich für die Moskauer Parteispitze war die Verurteilung ihrer dann großangelegten Intervention durch die UN-Vollversammlung und durch führende Staaten der Dritten Welt in Südasien (Indien, Pakistan, Burma, Ceylon und Indonesien)[20], in denen Moskau zuvor erhebliche Anerkennung gefunden hatte.

12 BA, NL 351/71. NATO Council-Verbatim Record C-VR (56)70, 11.12.1956, S. 3 f. (Ausführungen Außenminister Paul Henry Spaak).

13 Ebd., Denkschrift Blankenhorn (o.T.), 31.12.1956.

14 Beitrag Ostermann in diesem Band, S. 527 f.

15 Thoß, Der Beitritt der Bundesrepublik, S. 227 f.; Beiträge Békés, S. 367, und Thoß, S. 584 (»innerlich zerrissene NATO«) in diesem Band.

16 1956 Explozia, S. 33.

17 Kramer, New Evidence, S. 370 f.

18 Die Ungarische Revolution 1956, S. 165–169.

19 Kramer, New Evidence, S. 375 f.

20 Ebd., S. 377; Beitrag Békés in diesem Band, S. 371.

Das französisch-britisch-israelische Geheimabkommen von Sèvres und die Durchführung des Angriffs am Suezkanal bewirkten eine Vielzahl von zum Teil dauerhaften Folgen im westlichen Lager, beim politischen Gegner und in der Dritten Welt. Die Vereinigten Staaten hatten nach der einseitigen Verstaatlichung des Suezkanals durch Ägypten keinen Zweifel daran gelassen, daß sie eine gewaltsame Wiederherstellung der britischen Rechte am Kanal ablehnten[21]. Während der militärischen Operation übte Washington — aus Moskau durch eine Raketendrohung »unterstützt« — erheblichen diplomatischen und wirtschaftlichen Druck auf London und Paris aus, das Feuer einzustellen, später dahingehend, bedingungslos aus Ägypten abzuziehen[22]. Die »Demütigung in Suez« enthüllte, daß Großbritannien und Frankreich ohne Rückendeckung der Amerikaner in der Dritten Welt nicht militärisch agieren konnten[23]. Nur die beginnenden strategischen Fähigkeiten und die Teilhabe an der nuklearen Abschreckung wahrten Großbritannien und später Frankreich den Status einer Großmacht[24].

Eine gravierende Folge des Suezabenteuers stellt die vielbeschriebene Vertrauenskrise zwischen den Vereinigten Staaten und ihren europäischen Verbündeten Großbritannien und Frankreich dar. Sie betraf insbesondere die »special relationship« zwischen Washington und London[25]. Trotz baldiger britischer Bemühungen um Abbau der Dissonanzen kam eine Erneuerung des besonderen Verhältnisses erst nach der bilateralen Bermuda-Konferenz im März und dem »Sputnikschock« im Oktober 1957 zustande. Im britisch-französischen Verhältnis führte die ohne Konsultation des Pariser Verbündeten erfolgte Londoner Zustimmung zum Abbruch der Operation zu einer dauerhaften Verschlechterung[26]. Innenpolitisch wirkte sich Suez in beiden Ländern ganz unterschiedlich aus. Während die Regierung Mollet in Frankreich auch nach dem Debakel auf eine breite öffentliche Zustimmung traf, hatte Suez die britische Öffentlichkeit gespalten[27].

Erhebliche wirtschaftliche Konsequenzen für Großbritannien, die kontinentaleuropäischen NATO-Partner und die neutralen Staaten resultierten neben dem amerikanischen Druck auf das Pfund Sterling aus der Blockade des Suezkanals, den Ölembargos verschiedener Staaten, den Außenhandelsverlusten (etwa im Ölgeschäft) und aus dem Mangel an Öl mit seinen Rückwirkungen für zahlreiche Industrien[28]. Um welche Größenordnungen es sich hierbei handelte, lassen Schätzungen über die Verringerung der Öllieferungen infolge der Kanalsperre und zerstörter Pipelines erkennen. Die europäischen Häfen erreichte nunmehr

21 Louis, Dulles, Suez and the British, S. 135.

22 Hahn, The United States, S. 232 f.; Lamb, The Failure, S. 284, 286.

23 Kennedy, Aufstieg und Fall, S. 628; Horne, Macmillan 1894–1956, S. 445 f.

24 Kennedy, ebd., S. 629.

25 Hahn, The United States, S. 234 ff.; Horne, Macmillan,1894–1956, S. 424 f., 434 f., 438 f.; Lamb, The Failure, S. 262 ff., 280 ff., 306. In diesem Band: Heinemann, S. 629–631; Heuser, S. 558–563, und Lehmkuhl, S. 604–606, 613.

26 Horne, Macmillan 1894–1956, S. 446. In diesem Band Heuser, S. 564.

27 Carlton, Britain and the Suez Crisis, S. IX; Horne, Macmillan 1894–1956, S. 445.

28 Lamb, The Failure, S. 280–305. Sehr erhellend die Denkschrift des Economic Adviser der britischen Regierung Sir Robert Hall, The Economic Situation, vom 28.11.1956: PRO, T 236/4190.

nur noch 60 Prozent der bisherigen Liefermenge[29]. Die Militäraktion gegen Ägypten spaltete die Westmächte und die NATO gerade in dem Augenblick, in dem die möglichen nicht abzusehenden Folgen der Revolution in Ungarn Einigkeit verlangten[30]. Auch deshalb mangelte es der Kritik der Verbündeten an den britischen und französischen Partnern nicht an Deutlichkeit[31]. Nur dem allgemeinen Bestreben, die Allianz angesichts der anstehenden Probleme schnellstmöglich zu reparieren[32], war es zu verdanken, daß die Risse im Bündnis gekittet werden konnten. Das äußere Erscheinungsbild der NATO blieb dennoch geschwächt, nicht zuletzt in der Dritten Welt.

Wegen der allgemeinen Schwächung westlicher Positionen infolge des Suezkrieges ist es kaum verwunderlich, daß parallel die Popularität Nassers anstieg[33], daß sich der ägyptische Nationalismus intensivierte[34] und daß der Einfluß der afro-asiatischen Staaten in den Vereinten Nationen zunahm[35]. Weil Suez vom sowjetischen Vorgehen gegen den ungarischen Volksaufstand ablenkte, gelang es Moskau, die gewonnene Bewegungsfreiheit zur Vergrößerung des Einflusses im Mittleren Osten zu nutzen[36], auch mit dem Ziel, die ägyptische und syrische Basis zu einer Bedrohung der NATO an ihrer Südostflanke auszubauen[37]. Auf der Gegenseite gab die NATO nicht nur die Hoffnung auf, Ägypten als Verbündeten zu gewinnen[38]. Die Entscheidung des Irak, nicht mehr an Treffen des Bagdadpaktes teilzunehmen, bei denen ein britischer Vertreter zugegen sein würde[39], untergrub die von den Amerikanern gewünschte Stabilität im Mittleren Osten und drohte, den Bagdadpakt als westliches Sicherheitsinstrument zum Scheitern zu verurteilen[40]. Die Vereinigten Staaten sahen sich gezwungen, zur Stärkung von Containment und Verteidigung im Mittleren Osten selbst dem Bagdadpakt beizutreten[41].

Die Vielzahl und das Gewicht der für die westliche Sicherheitsgemeinschaft negativen Konsequenzen des Angriffs auf Ägypten zeigen das ganze Ausmaß der Fehlinvestition des Suezkrieges auf.

29 NATO, NISCA, P.A. 18–2–06 Suez.

30 Kramer, New Evidence, S. 370; Thoß, Bündnissolidarität, S. 705.

31 Siehe etwa die Protokolle der NATO-Ratstagung im Dezember 1956 in: NATO, NISCA, Ministerial Meeting December 1956, Bd II, C-VR (56) 69 (Final) bis C-VR (56) 75 (Final); BA, NL 351/71, C-VR (56) 69 (Final) bis C-VR (56) 75 (Final).

32 NATO, NISCA, Ministerial Meeting, December 1956, Bd I; Lamb, The Failure, S. 289.

33 Lamb, ebd., S. 299.

34 Hahn, The United States, S. 239.

35 PRO, PREM 11/2136. C.M. (57) 3rd Conclusions, 8.1.1957.

36 Hahn, The United States, S. 239–243; Horne, Macmillan 1894–1956, S. 446.

37 NATO, NISCA. Ministerial Meeting, December 1956, C-VR (56) 74, 13.12.1956; BA; NL 351/71, C-VR (56) 74.

38 C-VR (56) 70, 11.12.1956, S. 17 f., Außenminister Averoff-Tozitsas.

39 PRO, DEFE 5/72, C.O.S. (56) 418, 22.11.1956, Future of the Bagdad Pact.

40 Hahn, The United States, S. 239; Heikal, Cutting the Lion's Tail, S. 216.

41 Lucas, NATO, S. 271.

3. Zum Vorhaben des Bandes

Diese Aufsatzsammlung über die Krisen in Polen, Ungarn und Ägypten geht von dem Kontext des Ost-West-Konflikts und von den innenpolitischen und gesellschaftlichen wie auch wirtschaftlichen, bündnispolitischen und globalen Dimensionen der fraglichen Spannungen aus. Das Projekt orientiert sich an Forschungsstand und Forschungslandschaft. Die Ursprünge, Vorgänge, Zusammenhänge und Auswirkungen der Krisen sind in westlichen Ländern seit etwa Mitte der achtziger Jahre Gegenstand quellenbezogener Forschung. Ihr Umfang ist Legion. In den osteuropäischen Staaten kamen entsprechende Forschungen erst nach dem Ende des Kalten Krieges und zudem nur allmählich in Gang.

Von den bisher vorliegenden osteuropäischen Arbeiten springen vor allem Publikationen aus Polen, Ungarn und Rumänien ins Auge. Für die polnische Seite erscheinen insbesondere die Arbeiten von Marcin Kula (Paris, London und Washington schauen auf den Polnischen Oktober 1956), Zbysław Rykowski und Wiesław Władyka (Der polnische Versuch: Oktober '56) und — mit sozialgeschichtlicher Fragestellung — Paweł Machcewicz (Das polnische Jahr 1956)[42] bemerkenswert.

Zu Rußland liegen parallele Veröffentlichungen des amerikanischen Cold War International History Project vor, das sich um Veröffentlichung und Analyse osteuropäischer, insbesondere russischer Quellen bemüht[43]. Das sogenannte Jelzin-Dossier, eine Edition sowjetischer Dokumente, haben Eva Gál, András B. Hegedűs, György Litván und János M. Rainer in Budapest herausgegeben[44]. Weitere Quelleneditionen verdankt die Forschung Wjatscheslaw Sereda und Aleksandr Stikalin sowie János M. Rainer (beide 1993) und dem Jahrbuch des Instituts für die Geschichte und Dokumentation der Ungarischen Revolution 1956 (1992). Die erste im postkommunistischen Ungarn verfaßte kritische Darstellung des Volksaufstandes haben György Litván und János M. Bak 1991 für eine Autorengemeinschaft des Instituts für die Geschichte der Ungarischen Revolution 1956 herausgegeben[45]. Aus Rumänien stammt »1956 Explozia«, 1996 herausgegeben von Corneliu Mihai Lungu und Mihai Retegan.

Die Arbeiten aus Osteuropa legen allerdings fast ausnahmslos einen nationalen oder bilateralen Blickwinkel an und betrachten die einzelnen Krisen überwiegend als gesonderte Ereignisse im internationalen Geschehen. Zudem sind diese Forschungsarbeiten mit wenigen Ausnahmen nur in der Herkunftssprache zugänglich.

Dieser Sammelband beabsichtigt nicht, die Erträge und Positionen der bisherigen Forschung wiederzugeben oder erneut zu erörtern. Vielmehr erschien es ein lohnendes Unterfangen, zum einen bisher wenig verfolgten Fragestellungen nachzugehen, zum anderen aber Historiker aus allen an den drei Konflikten direkt

42 Kula, Paryz, Londyn; Rykawski/Władyka, Polska próba; Machcewicz, Polski Rok 1956.
43 So etwa CWIHP Bulletin, Issues 5, Spring 1995, und 8–9, Winter 1996/97.
44 A »Jelcin dosszié«.
45 Die erweiterte deutsche Fassung ist Die Ungarische Revolution 1956.

oder indirekt beteiligten Staaten für Mitarbeit, Meinung und Urteil zu gewinnen und vornehmlich osteuropäischen Wissenschaftlern ein breites Forum für historisch-kritische Untersuchungen zu geben. So stammen etwa zwei Drittel der hier versammelten Beiträge aus der Feder von Kollegen aus Ländern der ehemaligen Warschauer Vertragsorganisation.

Bedeutung und Folgen der drei Krisen und das Krisenkonglomerat als ein äußerst komplexer und wechselwirksamer Vorgang der internationalen Politik kennzeichnen unseren wissenschaftlichen Gegenstand als ausgesprochen attraktiv. Im Detail folgt der Sammelband einem vielfältigen Aufklärungsbedarf. So gilt es, verschiedene Sachzwänge, Antriebskräfte und Zusammenhänge politischer, wirtschaftlicher und militärischer Provenienz aufzudecken sowie ein breites Spektrum nationaler und bündnispolitischer Interessenlagen auszuleuchten.

Thematisch gliedert sich der Band in drei Abschnitte. Der erste ist der Darstellung der Vorgänge in Polen, Ungarn und am Suezkanal einschließlich der jeweiligen Rahmenbedingungen und Interessenlagen gewidmet. Die Analyse der Krisenperzeptionen durch die beteiligten Mächte ist Thema des zweiten Abschnitts. Im dritten Teil werden die Auswirkungen der Vorgänge auf die einzelnen Länder, die »Blöcke«, Strukturen, Politik, Wirtschaft, Strategie sowie weltweit auf den Ost-West-Konflikt einschließlich der Dritten Welt behandelt. Dieser Ansatz versprach, die enge Verwobenheit und die Interdependenz der drei Krisen zu verdeutlichen. Zudem vereinigt der Sammelband eine Vielzahl historischer und theoriegeleiteter Vorgehensweisen sowie zahlreiche multiarchivalische Ansätze, die fortgeschrittene wissenschaftliche Standards darstellen.

4. Problemskizze der Beiträge

Angesichts von 33 Beiträgen erscheint es geboten, den Leser in einem Überblick wenigstens grob über die zu erwartenden Fragestellungen, Inhalte und Ergebnisse zu orientieren.

Der erste Teil des Bandes ist der Darstellung der Vorgänge gewidmet. Er beginnt mit drei Beiträgen zur polnischen Szene aus polnischer Feder. Der erste von ihnen (Ajnenkiel) zeichnet den politischen Standort der Armee als Rahmenbedingung für die gesellschaftliche Krise in der Volksrepublik Polen nach. Die geltende politische Anschauung wies der Armee in der totalitären, von den Sowjets abhängigen »Volksdemokratie« die Aufgabe der Verteidigung des eigenen Staates und der sozialistischen Bruderstaaten sowie die Aufrechterhaltung des Machtsystems zu. Zeitpunkt und Grad der Aufgabenzuteilung hingen von der Art und Weise der Entstehung der Staatsmacht und der Armee sowie vom wachsenden Grad der Abhängigkeit von Moskau ab. Der Verfasser zeigt auf, welche Bedingungen sich hierbei in der spezifischen polnischen Situation auswirkten, angefangen von der Position der Armee in Zwischenkriegszeit und Weltkrieg über das spätere System der Repressalien gegen die Armee und das Problem ihrer Indoktrinierung bis hin zu dem Verhältnis von »inneren« und »äußeren« Funktionen.

Die zweite Studie (Dudek) beschreibt zunächst die politisch-parteipolitisch-gesellschaftliche Entwicklung und Verfaßtheit in der ersten Hälfte der fünfziger Jahre als Rahmenbedingung des polnischen Umbruchs. Ende 1954 beginnt eine schrittweise Belebung der Gesellschaft, auch etwa der Presselandschaft. Die bekannte Stalinkritik Chruschtschows auf dem XX. Parteitag der KPdSU im Februar 1956, ein geringer Lebensstandard und eine sich verschlechternde Grundversorgung ließen in Polen ein explosives Gemisch entstehen, das Ende Juni 1956 in Poznań explodierte und Unruhen freien Lauf gab. Vor diesem Hintergrund wurde der lang inhaftierte ehemalige Parteiführer Gomułka für die Rückkehr an die Spitze des ZK gewonnen. Die stark beunruhigte sowjetische Führung entsandte eine Delegation unter Führung Chruschtschows nach Warschau. In den sowjetisch-polnischen Verhandlungen garantierte der vorerst nur in das ZK kooptierte Gomułka das Verbleiben Polens im Warschauer Pakt und die Kontrolle der politischen Veränderungen durch die Partei. Im Gegenzug beorderte Chruschtschow die gegen die polnische Hauptstadt aufmarschierten sowjetischen Truppen zurück in ihre Standorte.

Zu ähnlichen Schlußfolgerungen gelangt aus sowjetischer Sicht Orlov. Der Liberalisierungsprozeß nach Stalins Tod stimulierte Gesellschaft und Partei in Polen zu ideologischen und wirtschaftlichen Lockerungen. Verbunden damit war eine Entfremdung zwischen der Partei und den Massen als weitere Grundlage der polnischen Krise. Zu ihrer Bewältigung trugen in den sowjetisch-polnischen Gesprächen polnische Standfestigkeit und Weitsicht sowie sowjetisches Augenmaß und Kompromißbereitschaft bei. Gegen die polnische Zusage, die sozialistische Gemeinschaft nicht zu verlassen, war Moskau bereit, die Einmischung in die inneren Angelegenheiten Polens einzustellen und den polnischen Weg zu einer »Gesellschaft der sozialen Gerechtigkeit« zu akzeptieren.

Mit Standort und Rolle der Polnischen Armee während der Vorgänge in Polen im Jahre 1956 macht der Beitrag Nalepas vertraut. Danach zielten die sowjetischen Truppenbewegungen im Oktober auf einen Militärputsch oder eine »Pazifizierung«, eine Befriedung der Gesellschaft durch Truppeneinsätze. Daß an den Vorbereitungen dafür auch polnische Einheiten teilnahmen, wurde selbst dem ZK der Polnischen Vereinigten Arbeiterpartei (PVAP) verheimlicht. Die sowjetischen und polnischen Truppenbewegungen beeinflußten maßgeblich die Entscheidungen des VIII. Plenums des ZK der PVAP (12.-21.10.1956) und die (erfolgreiche) Intervention Gomułkas gegen die sowjetischen Truppenbewegungen bei Chruschtschow. Der tatsächliche und geplante Einsatz der Polnischen Armee resultierte unter anderem in einer allgemeinen Befürwortung des Demokratisierungsprozesses und einer Stärkung der patriotischen Haltung in Polen.

Für die Darstellung der Ereignisse in und um Ungarn kommen Kollegen aus Rußland, Ungarn und der Slowakischen Republik zu Wort. Im Mittelpunkt des ersten Beitrages (Pronko)steht das sowjetisch-ungarische Interaktionsverhältnis auf dem Höhepunkt der gesellschaftlichen Krisen Ende Oktober/Anfang November 1956. Die sowjetische Partei- und Staatsführung betrachtete die Lage als gefahrvoll für die Sowjetunion und die Nachbarn Ungarns. Während die erste sowjetische Militärintervention auf ungarisches Ersuchen erfolgte und lediglich darauf gerichtet war, Stärke zu demonstrieren, zielte die zweite Intervention auf Zerschlagung der angeblich von der NATO geschürten »Konterrevolution«.

Den Schwerpunkt der Studie über Einschätzung und Vorgehen der sowjetischen Führung und Armee (Kyrow/Zselicki) bilden die militärischen Planungen insbesondere für die zweite sowjetische Intervention. Dabei wird deutlich, daß die politische Entscheidung, erneut militärisch in Ungarn einzugreifen, bereits zu einem Zeitpunkt gefallen war, als öffentlich noch Verhandlungsbereitschaft gezeigt und Verbände aus Budapest abgezogen wurden. Der sowjetischen Taktik kam die Verwobenheit von Ungarnkrise, amerikanischer Nichteinmischungsbekundung und Suezkrieg zugute.

Der Aufsatz über operative Aspekte der gewaltsamen Beendigung der Revolution (Horváth) untersucht den Kampf Moskaus gegen die Aufständischen während der ersten sowjetischen Intervention und die Besetzung Ungarns im Rahmen von »Wirbelsturm«. Hervorgehoben werden die infolge einer großen Strukturreform nur sehr bedingte Einsatzbereitschaft der ungarischen Armee, die Entschlossenheit der Aufständischen und ihre Abwehrerfolge in Budapest.

Ein weiterer Beitrag (Litván) widmet sich den innenpolitischen Vorgängen bis zum zweiten Eingreifen der sowjetischen Truppen. Angesichts der internationalen Entspannung seit 1953 und der sowjetischen Politik nach dem Tode Stalins konnte der von Moskau befohlene Rücktritt Rákosis im Juli 1956 die ungarische Opposition nicht mehr befriedigen und den Aufstand nicht mehr abwenden. Überzeugendere Veränderungen wären nötig gewesen. Die Bedeutung der Revolution vom 23./24. Oktober 1956 liegt für den Verfasser in der Forderung nach Freiheit, nach Abzug der Besatzungsarmee und nach Beendigung der militärischen, politischen und wirtschaftlichen Abhängigkeit von der Sowjetunion.

Für den tschechoslowakischen Nachbarn Ungarns, insbesondere sein slowakisches Gebiet, spielten historisch begründete Aspekte der Sicherheit vor Ungarn eine Rolle. Auch daher lag es im Interesse der Tschechoslowakei, wie der Beitrag über die militärstrategische Stellung der Slowakei (Štaigl) darlegt, sich an dem sowjetischen Plan zu beteiligen, der auf Schaffung eines geschlossenen Raumes um Ungarn durch Grenzsicherung an den tschechoslowakischen und rumänischen Grenzen Ungarns zielte. Am tschechoslowakischen Aufmarsch an der ungarischen Grenze nahmen etwa 10 000 Soldaten und Angehörige des Innenministeriums teil. Dies deutet mehr auf die Absicht einer politischen Demonstration als auf eine militärische Maßnahme.

Alle »osteuropäischen« Beiträge bezeugen erneut die Existenz einer Vielzahl nationaler Interessen hinter dem Eisernen Vorhang und widersprechen damit der These vom monolithischen sowjetischen Block.

Die Ereignisse am Suezkanal werden zunächst aus israelischer und ägyptischer Perspektive bewertet. Beide Beiträge dokumentieren die gegenseitigen Bedrohungsperzeptionen in den fünfziger Jahren und bezeugen zugleich, wie tief die beiderseitigen Vorbehalte bis heute wurzeln. Der Angriff durch den Sinai (Wallach) resultierte nach israelischer Überzeugung notwendig aus der Sperrung der See-

und Luftwege, der Verschiebung des militärischen Kräfteverhältnisses, der Bildung eines arabischen Expeditionskorps und der Schaffung eines gemeinsamen arabischen Oberkommandos, insgesamt also aus einer sich für Israel entscheidend verschlechternden Sicherheitslage, die einen präventiven Schlag erforderte. Das durch Frankreich und Großbritannien inszenierte Komplott für den israelischen Angriff auf Ägypten und die folgende französisch-britische Intervention verlief nur für das israelische »Unternehmen Kadesh« erfolgreich; die mit der französisch-britischen Operation »Musceteer« verknüpften Kriegsziele wurden gänzlich verfehlt.

Gemäß ägyptischer Sicht (Moharram) folgte der Suezkonflikt vor dem Hintergrund der Ost-West-Konkurrenz in Nahost aus drei Hauptentwicklungen: Einmal förderten der Aufstieg Israels und das israelische Vorgehen gegen die palästinensischen Partisanenangriffe bis in den Gazastreifen in Ägypten ein erhöhtes Sicherheitsbedürfnis und den Wunsch nach eigener Aufrüstung, mit wessen Hilfe auch immer. Zum anderen konkurrierten britische und amerikanische Bündnispläne in der Region, später Einflußnahmen beider Länder im Wege des Bagdadpaktes und der SEATO mit ägyptischen und saudischen Interessen. Schließlich wandelten sich unerfüllte Souveränitätswünsche Kairos zu einem arabischen Nationalismus. Nassers breite geographische Zielrichtung programmierte den Konflikt mit Großbritannien und Frankreich. Mit der Suezkrise scheiterte das amerikanische Ziel, einen Machtzuwachs Nassers und ein Vordringen der Sowjetunion in die arabische Welt zu verhindern.

Die Untersuchung über die Rolle der Suezkrise in der sowjetisch-amerikanischen Konfrontation (Orlow) konstatiert, daß die Sowjetunion den Zerfall des westlichen Kolonialsystems im Nahen Osten und in Nordafrika für die Ausweitung ihres Einflusses nutzen konnte. Zusammen mit östlichen Waffenlieferungen in diese Region lösten diese sowjetischen Einflußnahmen bei der NATO begründete Befürchtungen aus. Nach der Nationalisierung des Suezkanals demonstrierte Moskau mit der Hilfe für Ägypten Solidarität mit der Dritten Welt und zeigte damit zugleich an, daß es auch außerhalb seines Machtbereichs aktiv einzuwirken gedachte. Daß in der Dritten Welt der amerikanische Druck auf Beendigung der militärischen Operationen am Suezkanal positiv aufgenommen wurde, veranlaßte die sowjetische Führung, ihrerseits initiativ zu werden. Chruschtschow griff zu dem berühmten »Bluff«, London und Paris mit nuklearen Raketenangriffen zu drohen. Seiner Wirkung schrieb er die britisch-französische Feuereinstellung in Ägypten zu. Dieser Erfolg ermunterte Moskau in der Folge, nach außen die eigene Nuklear- und Trägerstreitmacht in ein günstiges Licht zu rücken und im Innern das strategische Raketenprogramm zu beschleunigen.

Der folgende Beitrag nähert sich dem Suezkrieg mit dem Ansatz der »psychologischen Operationen« (Guelton). Er bezieht das weite Feld der politischen Bedrohung und des politisch-ideologischen Zusammenhalts in einem akuten Krieg mit ein. Nach Auffassung des französischen Generalstabes hatten psychologische Maßnahmen zum Erfolg der Vietminh in Indochina beigetragen. Auch in Algerien und Ägypten spielte die psychologische Waffe nach französischer Überzeugung eine herausragende Rolle. Daher wies man in Paris der psychologischen Kriegführung einen vergleichweise hohen Stellenwert zu.

Während die Vollversammlung über den kanadischen Vorschlag einer United Nations Emergency Force (UNEF) abstimmte, eskalierte der Konflikt wegen des Fallschirmjägereinsatzes auf Port Said und Port Fuad am 5. November. Dennoch führten die UNEF-Regelungen bald zur Einstellung der Kampfhandlungen, schließlich zur Räumung der Sperren im Kanal und zum Rückzug der Angreifer (Maloney). Der Einsatz von UNEF I trug, so das Resümee des Verfassers, maßgebend zur Lösung der Krise zwischen NATO und Sowjetunion sowie zwischen den USA und Großbritannien/Frankreich bei und erleichterte die Wiederaufnahme der Öllieferungen. UNEF I setzte zudem Maßstäbe für spätere UN-Einsätze.

In dem Teil »Perzeptionen« befaßt sich Wettig mit der sowjetischen Einschätzung des Ungarnaufstandes vor dem Hintergrund der »friedlichen Koexistenz« als der sowjetischen Antwort auf den westlichen Abschreckungsgedanken. Sowjetische Sicherheitsexperten hielten das amerikanische Konzept und mit ihm den — angesichts des nuklearen Zerstörungspotentials vernünftigen — generellen Verzicht auf Krieg für plausibel. Der Gedanke war freilich unvereinbar mit der sozialistischen Ideologie. Eine Übernahme des Konzepts hätte den Verzicht auf internationalen Klassenkampf und auf bewaffnete Gewalt sowie eine Hinnahme der Existenz des »kapitalistischen« Westens bedeutet. Erst Chruschtschow berücksichtigte die »kriegverbietende Funktion der Kernwaffe«. In seinem außenpolitischen Gegenentwurf, dem Prinzip der »friedlichen Koexistenz«, propagierte er einerseits den Verzicht auf bewaffnete Gewalt bei der Ausweitung des sozialistischen Systems, andererseits die Fortführung des weltweiten »internationalen Klassenkampfes«. Freilich resultierte die Verkündung der »friedlichen Koexistenz« und die gleichzeitige Kritik an Stalin auf dem XX. Parteitag der KPdSU blockintern in dem Eindruck einer von Chruschtschow geduldeten Liberalisierung und Selbständigkeit im sozialistischen Lager. Daß in der Folge dieser Entwicklung sogar der Erhalt der sozialistischen Ordnung und des sozialistischen Blocks in Frage gestellt schien, alarmierte die sowjetische Führung im höchstem Maße. In Ungarn zögerte und hoffte sie lange auf einen akzeptablen Ausgang der Krise.

Der Beitrag über die Einschätzung der politischen Krisen in Osteuropa durch die bulgarische Staatsführung (Baev) erklärt beispielhaft, wie stark die bulgarische Sichtweise durch die jahrelange Gleichschaltung und Bevormundung durch die sowjetische Führungsmacht und die Koordination der Politik Moskaus in den Satellitenstaaten durch den Warschauer Pakt beeinflußt worden war. So ging die kommunistische Führung Bulgariens unverzüglich gegen »kleinbürgerliche Ausschweifungen« im eigenen Lande vor, beurteilte die Ereignisse in Ungarn als »konterrevolutionär«, sprach sich für ein militärisches Eingreifen der Sowjetunion aus und bot wie Rumänien an, sich mit eigenen Streitkräften an der Militäraktion zu beteiligen. So verwundert nicht, daß es auch eine gemeinsame Folgerung der Satellitenstaaten aus der »Konterrevolution« gab, nämlich Schärfung der ideologischen Wachsamkeit.

Die These von Zusammenhang und Wechselwirkung der Ereignisse in Polen und Ungarn durchzieht den Aufsatz über die PVAP und die ungarische Revolution (Tischler). Danach führte die in Ungarn am 23. Oktober erfolgte Veröffentlichung der Rede Gomułkas über die Beseitigung aller Reste des Stalinismus, die Durchführung einer Demokratisierung und den polnischen Weg zum Sozialismus dort zum Aufstand, zur Berufung von Nagy, zum Abzug der sowjetischen Truppen und schließlich zum Sieg der ungarischen Revolution Ende Oktober 1956. Die ungarischen Vorgänge wiederum lenkten von Polen ab und erleichterten, so die These, die Veränderungen in diesem Land. Nach Einschätzung Gomułkas war der Sozialismus in Polen nur dann gewährleistet, wenn sowjetische Truppen im Lande standen, Polen zum Warschauer Pakt gehörte und die polnische Westgrenze (durch die Sowjetunion) gesichert war. In Ungarn stand nach seiner Auffassung der Sozialismus schon auf dem Spiel.

Die Akten des ZK der Kommunistischen Partei der Tschechoslowakei ermöglichen eine sehr genaue Rekonstruktion der damaligen Beurteilung der ungarischen Vorgänge in der tschechoslowakischen wie der sowjetischen Parteiführung (Pilát). Während man in Moskau einen ursächlichen Zusammenhang der Krisen in Polen und Ungarn mit dem mangelnden Lebensstandard in beiden Ländern vermutete, reduzierte die tschechoslowakische Parteiführung ihre Ursachenanalyse auf die Stichworte »Konterrevolution« und westliche »imperialistische« Ausnutzung von Schwächen und Mängeln. Sie lieferte damit das Eingeständnis eines mangelnden eigenen politisch-ideologischen Selbstbewußtseins. Dabei lagen der Prager kommunistischen Führung durchaus verläßliche Berichte ihrer Auslandskorrespondenten in Budapest vor, die ein realistisches Bild des Antisowjetismus unter den ungarischen »Werktätigen« zeichneten, die mehrheitlich auch gegen das Regime Kádár eingestellt waren. Die Bewertung des Versagens der ungarischen Armee und der Sicherheitsorgane durch Novotný im tschechischen ZK sah die Hauptursache der ungarischen Krise in einem niedrigen Niveau der ideologischen Arbeit. Fortan diente diese »Erkenntnis« zur Begründung aller Maßnahmen zur Regimesicherung.

Der Beitrag über die Reaktion der Großmächte auf die ungarische Revolution (Békés) geht von der Prämisse aus, daß es trotz der amerikanischen Propaganda in den Jahren 1953 bis 1956 keine westlichen Bestrebungen zur Befreiung der ostmitteleuropäischen Region gegeben habe. Hingegen habe die amerikanische Befreiungspropaganda wahrscheinlich beträchtlich zur gesellschaftlichen Unruhe beigetragen und auch Überzeugungen genährt, der Westen werde Hilfe leisten. Für die Moskauer Führung sprachen anfangs viele Argumente gegen ein militärisches Eingreifen: die Einheit des Blockes, die Aussöhnung mit Jugoslawien, die Propaganda der »friedliebenden Sowjetunion« in der Dritten Welt und anderes mehr. Allerdings kam ein Ausscheiden Ungarns aus dem sozialistischen Lager nicht in Frage. Die Deutung der Ereignisse als Revolution führte somit nahezu zwangsläufig zur militärischen Intervention. Die defensive amerikanische Erklärung, die Satellitenstaaten der Sowjetunion nicht als potentielle Verbündete zu betrachten, durfte Moskau als einen Verzicht Amerikas und der NATO deuten, diesen Ländern zu Hilfe zu kommen.

Die Bewertung des ungarischen Volksaufstandes durch das britische Foreign Office stellt einen mangelnden politisch-ideologischen Zusammenhalt der ungarischen Gesellschaft als Grundlage des Aufstandes fest (Warner/Bevins). Eine bedeutende Rolle in der britischen Analyse spielten die Wechselbeziehungen Polen-Ungarn und Ungarn-Suez. So erkannte man in London die Sorge der polnischen Führung und insbesondere Gomułkas, das in der polnischen »Oktoberrevolution« Erreichte könnte durch die Ereignisse in Ungarn in Form einer Militärintervention in Polen gefährdet werden. In der Bewertung der sowjetischen Interventionsbereitschaft unterschieden sich die Rußlandexperten in der Moskauer Botschaft und im Northern Department des Foreign Office nicht unerheblich. Botschafter Hayter urteilte an Ort und Stelle, die sowjetische Militärintervention wäre in jedem Fall erfolgt, Suez habe die Entscheidung hierfür nur erleichtert. Das Northern Department vertrat differenzierender die These, die Ereignisse in Ungarn selbst erklärten das sowjetische Eingreifen. Schließlich ginge die Politik Nagys mit dem Austritt aus dem Warschauer Pakt, der Neutralitätserklärung, dem Appell an die Vereinten Nationen, dem Angebot freier Wahlen und der Duldung einer Koalitionsregierung weit über die sowjetische Erklärung vom 30. Oktober 1956 hinaus. Sollten die Blockstrukturen erhalten bleiben, mußte Moskau erneut und effektiver intervenieren.

Für die Beurteilung der Suezkrise durch Regierung, Parlament und öffentliche Meinung in Frankreich (Zimmermann) spielte die Hilfe Nassers für die Front de Libération Nationale (FLN) in Algerien eine maßgebliche Rolle. Die Nationalisierung der Suezkanalgesellschaft goß hier Öl ins Feuer. Das Gros der Mitglieder der Regierungsparteien und der nichtkommunistischen Opposition begriff Nassers Maßnahme als eine dreiste Herausforderung, die vitale französische Interessen berührte. In der Nationalversammlung wurde die Nahostkrise Ende Juli 1956 als überaus gefährlich charakterisiert. Wenige Tage später forderte eine deutliche Parlamentsmehrheit »entscheidendste Maßnahmen« gegen Nasser. Auch die öffentliche Meinung ergriff Partei gegen Ägypten. Nachdem die unter amerikanischem Druck vereinbarten diplomatischen Bemühungen für London und Paris nicht die erwünschten Ergebnisse erzielten, kam es zur französisch-britisch-israelischen Vereinbarung über den militärischen Angriff auf Ägypten. Sein Fiasko wurde in Paris schöngefärbt. Trotz des Mißerfolgs forderte eine erdrückende Parlamentsmehrheit Mollet zur Fortsetzung seiner Politik gegenüber Ägypten auf.

Zwangsläufig bewirkten diejenigen Krisenereignisse die markantesten nationalinnenpolitischen und internationalen Folgen, bei denen eine Vielzahl von beteiligten Staaten und Interessen berührt oder beteiligt waren, sich eine blockübergreifende oder blockerosierende Qualität ergab und der Konflikt sich zu einem militärischen Schlagabtausch auswuchs. Dies ist ein Ergebnis der nächsten Beiträge, die ganz oder überwiegend den Folgen von Ungarn und Suez gewidmet sind. Die ersten fünf Beiträge betrachten die Resultate der ungarischen Revolution für verschiedene Satellitenstaaten der Sowjetunion. Die »rumänischen Echos« auf die Ereignisse in Polen und Ungarn (Retegan) werden vor dem Hintergrund des internationalen Status, der innenpolitischen Arena und der wirtschaftlichen Rahmenbedingungen Rumäniens verständlich gemacht. International hatte das Land trotz seiner reichen Rohstoffe (Öl, Uran) kaum praktische Möglichkeiten, unabhängig zu wirken. Im Innern hatte sich bei dem größten Teil der Bevölkerung ein Antisowjetismus herausgebildet, der auf der kolonialen Behandlung und der wirtschaftlichen Ausbeutung durch die Sowjetunion mit daraus sich ergebenden Mängeln gründete. Ökonomisch schlug zu Buche, daß die landwirtschaftliche Produktion 1956 das schlechteste Ergebnis des Jahrzehnts einfuhr. In der Frage der Reform an der Spitze der rumänischen Partei verfolgte Parteichef Gheorghiu-Dej eine oberflächliche Entstalinisierung. Auf die Akzeptanzprobleme, die sich nach dem Vorgängen in Ungarn in zahlreichen antisowjetischen Bekundungen artikuliert hatten, reagierte das Regime Gheorghiu-Dej ähnlich der SED-Führung in der DDR und der Führung der kommunistischen Partei in Prag einerseits mit politischen Kontrollmaßnahmen, andererseits mit einer Änderung der Wirtschaftsprogramme und gewissen Modifizierungen am Wirtschaftssystem, die zu wirtschaftlichen Erleichterungen führten.

Die Enthüllungen Chruschtschows im Februar 1956 ließen sich auch in der DDR nicht verheimlichen. In der Führung der SED bequemte man sich in der Folge zu kosmetischen, nicht aber grundsätzlichen Korrekturen (Diedrich/Wenzke). Die Ereignisse in Polen bewirkten Maßnahmen zur Stärkung der inneren Sicherheit, wirtschaftliche Verbesserungen und Versprechungen der Parteiführung. Die Ungarnkrise, von den Spitzen der SED als »Konterrevolution« perzipiert, hatte in der DDR Unruhen und Streiks zur Folge. Die Antwort waren einerseits Kampfgruppenaufmärsche, andererseits aber Zugeständnisse bei Renten, Arbeitsnormen oder Löhnen. Die militärischen und sicherheitspolitischen Lehren der SED aus den Herbstereignissen 1956 konkretisierten sich in einem Ausbau des Apparates für die innere Sicherheit und der Stärkung der Rolle der SED in der Nationalen Volksarmee, deren politisch-moralischer Zustand einer strengen Prüfung unterzogen wurde. Erste Erkenntnisse sprechen dafür, daß die Soldaten keineswegs »wie ein Mann« hinter der Politik der SED standen.

Die Abhandlung über den Einfluß der Ereignisse in Ungarn auf die Innenpolitik der Tschechoslowakei (Bílek) steht gänzlich unter dem Aspekt der Gefahr für den sozialistischen Zusammenhalt. Obwohl die Führung der kommunistischen Partei in Prag die Revolution in Ungarn ideologischen Fehlern der dortigen Genossen und einem mangelnden Lebensstandard zuschrieb, außerdem die eigene Situation schönfärbte, schloß sie eine Anfälligkeit der tschechoslowakischen Bevölkerung für konterrevolutionäre Ideen und einen negativen Einfluß der Ereignisse im Nachbarland nicht aus. Den Zusammenhang von Politik- und Systemakzeptanz mit dem wirtschaftlichen Aspekt erkennend, reagierte auch die tschechoslowakische kommunistische Partei mit einer Kombination von wirtschaftlichen und sozialen Lockerungen und Bemühungen zur Stärkung des Sozialismus. Letztere scheinen sich wegen des vergleichsweise starken ideologischen Drucks auf die gesamte Gesellschaft von denen in den Bruderstaaten abgehoben zu haben.

Als eine doppelte Schizophrenie kennzeichnet die Studie von Okváth die der Revolution folgenden, im Zeichen von Vergeltung und Abschreckung stehenden gnadenlosen Repressalien des neuen Kádár-Regimes. Das zusammengebrochene, durch Außenhilfe auf die Beine gestellte sozialistische System verurteilte seine Gegner, die »Konterrevolutionäre«, im Namen dieses Systems, dem der Rückhalt in der Bevölkerung fehlte. Das System stand zudem vor dem Dilemma, daß die meisten »Konterrevolutionäre« aus der Arbeiter- und Bauernschaft stammten, auf die sich die kommunistische Partei — zumindest ihren Prinzipien nach — stützte, und daß viele der »Konterrevolutionäre« sozialistische Werte vertraten.

Die Auswirkungen des ungarischen Volksaufstandes (Gosztony) umfassen ein breites innerstaatliches und internationales Spektrum. Auf dem politisch-ideologischen Sektor nahm die Sowjetunion auch deshalb maßgeblichen Einfluß, weil hier die Erneuerung der ungarischen kommunistischen Partei und die Wiederherstellung der volksdemokratischen Ordnung zu langsam vorankamen. Den Auftrag an Kádár, die Partei als alleinige Machtträgerin zu reetablieren, wurde von seiten der Sowjetunion durch das vertraglich ermöglichte Verbleiben der sowjetischen Streitkräfte in Ungarn und einen 750-Millionen-Rubel-Kredit abgesichert. Kádár machte seinerseits Zugeständnisse in Richtung größerer geistiger Freiheit für die Medien und spürbarer Verbesserungen des Lebensstandards. Die wirtschaftlichen Reformbestrebungen der sechziger und frühen siebziger Jahre gingen der Moskauer Führung unter Breshnew freilich zu weit. Sie zog die Zügel straffer an und erteilte schließlich Reformverbot. International und außenpolitisch bewirkte die Niederwerfung des Volksaufstandes eine Jahre anhaltende Isolation Ungarns sowie — vor allem in Westeuropa — einen Exodus von Mitgliedern der kommunistischen Parteien, die Abwendung vieler linksgerichteter Künstler vom Kommunismus und eine Festigung der antikommunistischen Einstellung in der Sozialdemokratie.

Zwei Beiträge konzentrieren sich auf die Reaktion der US-Administration auf die Ereignisse in Ungarn vor dem Hintergrund der amerikanischen Osteuropapolitik in der ersten Hälfte der fünfziger Jahre. Der erste legt das Schwergewicht auf die sich wandelnde Bewertung der Möglichkeiten für eine »Rollback«-Politik bis zu ihrer Aufgabe nach Ungarn (Ostermann), der zweite charakterisiert das jahrelange defensive Rollback, um es im Testfall Ungarn als Maßstab für »Mythos oder Versagen« der amerikanischen Befreiungspolitik zu benutzen (Dockrill).

Die Eisenhower-Administration verfolgte nach Ostermann die widersprüchliche Osteuropapolitik eines friedlichen Wandels mit den Mitteln aggressiver psychologischer Einflußnahme. Angesichts der sowjetischen Truppenpräsenz in den Satellitenstaaten schien eine Befreiung ab 1955 jedoch zunehmend unwahrscheinlich. Die amerikanischen Hoffnungen zielten nun vermehrt auf evolutionäre Entwicklungen. Ein wesentliches Teilziel erfüllte sich im polnischen Oktober: »die Entwicklung eines national-kommunistischen Regimes, das sein nationales Interesse nicht ausschließlich über Moskau definierte«. Der Verlauf der Ereignisse in Polen weckte innerhalb der Eisenhower-Administration Hoffnungen auf einen evolutionären Wandel auch in Ungarn. Deshalb signalisierte Washington in Richtung Moskau, bei der Lösung der Ungarnkrise keine aggressiven Absichten zu verfolgen. Während der zweiten sowjetischen Intervention verhinderte die Suezkrise eine gemeinsame westliche Resolution zugunsten Ungarns. Die bisherige offensive Befreiungsrhetorik erwies sich als gänzlich haltlos. Konsequenterweise gaben die Vereinigten Staaten nach der Niederschlagung des Ungarn-Aufstandes die »Liberation« mittels »psychologischer Kampfführung« auf.

Obwohl die psychologische Kriegführung Amerikas gegen die Satelliten Moskaus nach dem Urteil von Dockrill insgesamt kaum erfolgreich war und die Abspaltung eines Satelliten kaum denkbar erschien, fand sich der National Security Council (NSC) durch den Aufruhr von Poznán in dem Urteil bestätigt, die Lage in Osteuropa mit friedlichen Mitteln zum eigenen Vorteil ausnutzen zu können. Eisenhowers verbales Plädoyer für die Freiheit Ungarns und Dulles' parallele Bemühung, die Sowjetunion zu beruhigen, bezeugten jedoch die Einsicht in die Grenzen der Einflußmöglichkeiten in Osteuropa, zumal die Suezkrise eine Verurteilung des sowjetischen Imperialismus erschwerte. Die Gründe für die zurückhaltende amerikanische Reaktion auf die Ungarnkrise liegen in der Politik der friedlichen Operationen, in der zahlenmäßigen Stärke der sowjetischen Stationierungstruppen in vier Satellitenstaaten, in dem befürchteten Verlust der eigenen strategischen Überlegenheit über die Sowjetunion und in der Verpflichtung auf die Entspannungspolitik seit der Genfer Gipfelkonferenz 1955. Hinzu kam die perzipierte sowjetische Entschlossenheit, gegen unbotmäßige Satelliten Gewalt anzuwenden.

Die beiden nächsten Untersuchungen wenden sich dem französisch-britischen Verhältnis nach der gemeinsamen Militäraktion am Suezkanal im Kontext ihrer nationalen Kernwaffenpolitik (Heuser) und der Bündnispolitik von Bundeskanzler Adenauer angesichts der Doppelkrise von Budapest und Suez (Thoß) zu.

Für die britisch-französische Militärintervention gegen Ägypten spielte auch ein möglicher Kernwaffeneinsatz eine Rolle (Heuser). Premierminister Eden bat Präsident Eisenhower um die Zustimmung zu einer Bekanntmachung, daß britische Flugzeuge dazu umgebaut würden, amerikanische Atomwaffen zu tragen. Doch die Vereinigten Staaten wiegelten nicht nur in dieser Frage ab; nach Beginn der Militärintervention übten sie auf London und Paris starken Druck aus, die Operation abzubrechen. Ein gleichzeitig gestelltes sowjetisches Ultimatum konnte als Drohung verstanden werden, Kernwaffen einzusetzen. Diesem Druck beider Großmächte gab London nach und beschloß, die Suezexpedition zu beenden. Paris, das sich von beiden Bündnispartnern verraten fühlte, blieb nur die Wahl, sich ebenfalls zurückzuziehen. Die für Großbritannien und Frankreich zutiefst erniedrigende Suezaffäre mündete in die Einsicht beider Länder, ihre nuklearen Bemühungen intensivieren zu müssen, um eine eigenständige Außenpolitik verfolgen zu können. Die britische Regierung verband damit den Wunsch, das alte Verhältnis mit Washington baldmöglichst zu reparieren. In der französischen Regierung galt das Gebot, die Unabhängigkeit gegenüber den unzuverlässigen anglo-amerikanischen Verbündeten zu entwickeln. Auf dem Nuklearsektor erreichte das von den Vereinigten Staaten generell privilegierte Großbritannien im Rahmen der von Washington verfolgten Pläne für eine multilaterale Streitkraft die operative Unabhängigkeit. Im Gegenzug akzeptierte London die mit dem Kauf amerikanischer Trägerraketen (Polaris) verbundene technologische Abhängigkeit. Das später mit dem Plan einer europäischen Abschreckungsmacht in London und mit dem Versuch, die intime anglo-amerikanische nukleare Zweierbeziehung um Frankreich zu erweitern, in Washington und London gescheiterte Frankreich de Gaulles zog hingegen die nationale Aktionsfähigkeit vor und betrieb nun den teuren strategischen Alleingang.

Für Bundeskanzler Adenauer ergab sich schon vor der Doppelkrise von Ungarn und Suez ein bedenkliches mehrseitiges Krisenszenario (Thoß). Es resultierte vor allem aus der flexiblen sowjetischen Weltpolitik, den verschiedenen internationalen Krisen und der mit dem Radfordplan zusammenhängenden Sorge einer Rückkehr Amerikas in den Isolationismus. Diesem Szenario setzte der Kanzler eine Politik der Geschlossenheit im Bündnis entgegen. Im Suezkonflikt vollzog die westdeutsche Außenpolitik einen Balanceakt über den Konfliktparteien, hier die europäischen Integrationspartner Großbritannien und Frankreich, dort die traditionell freundschaftlich verbundenen arabischen Staaten. Als der Konflikt zur militärischen Krise eskalierte und Washington gemeinsam mit Moskau in der UNO eine scharfe Resolution für eine sofortige Feuereinstellung durchsetzte, stellte sich die Bundesrepublik Deutschland auf die Seite der um Deeskalation bemühten USA. Das amerikanisch-sowjetische Zusammenspiel nährte bei Adenauer zwischenzeitlich Befürchtungen vor einem möglichen Super-Jalta auf Kosten der Verbündeten. Trotzdem kehrte der Kanzler schnell zu dem vordringlichen Ziel der Konsolidierung des innerlich zerrissenen Bündnisses zurück. Auf der NATO-Konferenz im Dezember 1956 gehörte die Bundesrepublik zu der Mehrheit, die um der Allianz willen die Kritik am britisch-französischen Alleingang im Nahen Osten nicht über Gebühr ausdehnte.

Der Band schließt mit Studien zum internationalen Gefüge nach und infolge der Krisen: zur weltpolitischen Position Großbritanniens, zur Situation des atlantischen Bündnisses und zu den Chancen für eine Überwindung des Ost-West-Konflikts.

Seit dem Ende des Zweiten Weltkrieges waren alle britischen Regierungen um Machterhalt im internationalen Konzert bemüht. Im Jahre 1956 gewann die Suezkrise zunehmend Bedeutung für die internationale Position Großbritanniens (Lehmkuhl). Premierminister Eden konterkarierte die bisherigen britischen Machterhaltungsstrategien, als er im vollen Bewußtsein der amerikanischen Ablehnung mit dem Krieg am Suezkanal auf Mittel der klassischen Machtpolitik zurückgriff. Vor allem dem folgenden politischen und wirtschaftlichen Druck aus Washington mußte London schließlich nachgeben und einen bedingungslosen Rückzug aus Ägypten akzeptieren. Suez zeigte die Grenzen der britischen Handlungsfähigkeit auf und verdeutlichte, daß Großbritannien nur im Konsens mit den Vereinigten Staaten und der Sowjetunion eine Großmacht bleiben konnte.

Mit den Problemen Zypern, Suez und Algerien an der Südflanke der NATO und dem Islandproblem im Norden bestanden im »Krisenjahr der NATO« (Heinemann) erhebliche Gefahren für den Zusammenhalt der Allianz, die im Kontext einer flexibleren sowjetischen Politik und gewandelten Bedrohung ein besonderes Gewicht erhielten. Vor dem Hintergrund dieses Bündels von Problemen gründete die NATO im Mai 1956 den Ausschuß der »Drei Weisen« zur Verbesserung der politischen Konsultation und Stärkung der atlantischen Gemeinschaft. In der Suezfrage mußten alle Bemühungen des Gremiums scheitern, weil Großbritannien und Frankreich Konsultationen bewußt vermieden und die Verbündeten hintergingen. Die Beilegung der Krise erfolgte zudem durch die Vereinten Nationen, nicht durch die NATO. Das bündnisschädigende Verhalten Großbritanniens und Frankreichs vor Augen, mahnten die »Drei Weisen« in ihrem Bericht die politische Kooperation als Voraussetzung für die Existenz der NATO an, ließen Washington aber Bewegungsfreiheit für dringliche politische und nukleare Aktivitäten. Der Ministerrat der NATO im Dezember 1956 stand ganz im Zeichen der Schadensbegrenzung über Suez.

Angesichts der Interessendivergenzen, des wechselseitigen Mißtrauens und der Bewertung im Westen, daß die Sowjetunion in Europa zwar keinen Krieg, den Frieden aber nur zu ihren Bedingungen wolle, fragt der Beitrag Schmidts über die Folgen der Doppelkrise für das internationale System nach den Strukturen des »Kalten Krieges« und den Gründen für die Annahme, daß ein Wandel möglich sei. Mit diesem Ziel werden verschiedene Entwicklungen und Strukturmerkmale des Ost-West-Konflikts analysiert. Die Untersuchung mündet in die Frage, ob Abrüstung und Disengagement als geeignete Wegweiser aus der Ost-West-Konfrontation betrachtet wurden. Nach Überzeugung mancher Disengagementverfechter belegte die Doppelkrise von Ungarn und Suez, daß die Politiker beider Seiten der Entspannung zu geringe Chancen gegeben hatten. Das Ergebnis sei die Verfestigung des Status quo bei gleichzeitiger Fortdauer der blockinternen Differenzen gewesen. Daher sollten die Kontrahenten das Dilemma gemeinsam angehen. Die Erfolgsaussichten dafür schienen eher begrenzt. Die deutsche Seite hielt die Disengagementvorschläge weitgehend für problematisch, etwa wegen des mit ihnen verknüpften amerikanischen Truppenrückzuges aus Westdeutschland, der den Bestand der NATO gefährdete. Außerdem schien es für Moskau kaum Anreize für eine Kompromißbereitschaft zu geben. Um in Disengagementverhandlungen keine Nachteile zu erleiden, setzten die westdeutsche Regierung und US-Außenminister Dulles auf die Schaffung von Fakten, vor allem bei der Aufrüstung und der Festigung der westlichen Integration. Auch dies stabilisierte eher die Systemkonfigurationen, als daß es ihre Überwindung begünstigte.

Erster Teil

Ereignisse

Andrzej Ajnenkiel

Die Armee im stalinistischen, abhängigen Staat. Das polnische Beispiel

1. Eingangsbemerkungen

Die Armee spielte in der totalitären, von den Sowjets abhängigen »Volksdemokratie« eine spezifische Rolle. Die geltende politische Doktrin wies ihr drei Hauptaufgaben zu: die Verteidigung des Staates gegen eine Aggression seitens der ihn angeblich bedrohenden Kräfte des großbürgerlichen Imperialismus, die Verteidigung der eng zusammenwirkenden und brüderlich verbundenen sozialistischen Staaten und schließlich die Verteidigung gegen innere und äußere Feinde der Volksmacht. Diese Formeln bedeuteten eine Stärkung der Kräfte nach außen und die Vorbereitung auf eine mögliche bewaffnete Konfrontation, also eine Aggression gegen die freie Welt; nach innen bedeuteten sie hingegen die Aufrechterhaltung des von den Sowjets gewaltsam aufgezwungenen Machtsystems. Die so vereinfacht formulierten Aufgaben wurden nach und nach als die äußeren und inneren Ziele präzisiert. Dies hing sowohl von der Art und Weise der Entstehung der Staatsmacht und des Aufbaus der Armee als auch davon ab, wie schnell ein Staat in Abhängigkeit von Moskau geriet, was bis 1947/48 bei den einzelnen europäischen Staaten der Volksdemokratie nicht einheitlich verlief. Ebenso uneinheitlich war der Grad der Abhängigkeit ihrer Machtorgane und Armeen von den Sowjets.

Polen scheint eine besondere Stellung eingenommen zu haben. Diese Studie stellt einen Versuch dar, die spezifische Situation Polens aufzuzeigen. Das erfordert eine Rückbesinnung auf die Position Polens und seiner Armee vor und während des Zweiten Weltkrieges, vor allem jedoch auf die Umstände der Herausbildung der neuen Nachkriegsmacht, die Entstehung der Armee und deren Abhängigkeit, das System der gegen die Armee und von der Armee angewandten Repressalien, das Problem ihrer Indoktrinierung und schließlich das Verhältnis zwischen den »inneren« und »äußeren« Funktionen. Am Ende der Überlegungen liegt der Zeitraum unmittelbar vor jenen Ereignissen, die den Kern dieser Publikation ausmachen. Das bietet sich auch deshalb an, weil das Jahr 1956 zumindest in Polen ein Abrücken von den bisherigen Formen der Abhängigkeit von den Sowjets sowie, was ebenfalls leicht übersehen wird, vom Terror und von den Repressalien bedeutet, die für den früheren Zeitraum so charakteristisch sind. Eine ganze Reihe wichtiger Funktionen der Armee muß außerhalb der Betrachtung bleiben: ihr Anteil am Wiederaufbau des Landes, die Armee als Faktor der Bildung, unabhängig von ihrem gesellschaftlichen Kontext, ihre Bedeutung als eine

Art Instrument zum massenhaften sozialen und kulturellen Aufstieg ihrer Kader oder ihre Integrationsfunktion, wiederum unabhängig vom politischen Kontext.

2. Die Politik Polens und seiner Armee in der Zwischenkriegszeit

Polen gehörte vor dem Zweiten Weltkrieg zu den europäischen Staaten mittlerer Größe und belegte auf dem Kontinent den 5. oder 6. Rang. Das nach 1918 entstandene System von Versailles und Riga bewirkte, daß in Mittel- und Osteuropa, anders als vor dem Ersten Weltkrieg, neun unabhängige Staaten (Finnland, Estland, Lettland, Litauen, Polen, die Tschechoslowakei, Österreich, Ungarn, Rumänien) entstanden waren, die vollkommene Freiheit bei der Gestaltung ihrer inneren Struktur und weitreichende Möglichkeiten bei der Bestimmung ihrer Außenpolitik besaßen.

Die Grundlage der polnischen Außenpolitik und gleichzeitig den Hauptgarant für die Sicherheit des Staates bildete das politische und militärische Bündnis mit Frankreich. Für Frankreich hatte dieses Bündnis eine geringere Bedeutung; daher existierten auch über den gesamten Zeitraum seines Bestehens auf französischer Seite Tendenzen, es weitestgehend zu lockern. Dies hing mit der Appeasement-Politik zusammen, die für Frankreich — auch angesichts des britischen Standpunkts — ein sehr wesentliches Element bei der Gestaltung seiner Beziehungen zu Deutschland bedeutete. Polen ist es bis 1939 nicht gelungen, eine deutliche Unterstützung aus London zu erhalten. Während das Bündnis mit Frankreich praktisch ausschließlich gegen Deutschland gerichtet war, trug das politische und militärische Verteidigungsbündnis mit Rumänien antisowjetischen Charakter. Letzteres hatte jedoch in der Praxis für beide Partner eine geringere Bedeutung.

Polen stand einerseits angesichts seines pro-ungarischen Standpunktes und andererseits wegen des fehlenden Willens der Tschechoslowakei, die Republik Polen in die Kleine Entente einzubinden, außerhalb dieses Bündnisses und nahm ihm gegenüber eine skeptische Haltung ein. In der zweiten Hälfte der dreißiger Jahre verlor die Kleine Entente an Bedeutung, noch bevor der Tschechoslowakei die Beschlüsse der Münchener Konferenz aufgezwungen wurden. Polen nutzte schließlich auch die Möglichkeiten, die die Mitarbeit in den Institutionen des Völkerbundes bot.

Das Kräfteverhältnis in Mitteleuropa wurde durch die auf Destabilisierung ausgerichtete Politik der Komintern unterminiert. Gleichzeitig proklamierten die Sowjets nach Hitlers Machtergreifung in der Furcht vor dessen erklärtem Antikommunismus, der seinen Ausdruck im Antikomintern-Pakt fand, eine Politik der Verteidigung des Status quo. Es scheint, daß die polnische Führung am wenigsten an die Aufrichtigkeit der sowjetischen Absichten geglaubt hat.

Auch die Weimarer Republik stellte die Festlegungen des Versailler Vertrags in Frage, obwohl sie ihn letztlich unterzeichnet hatte. Dies galt insbesondere für seine territorialen Festlegungen hinsichtlich der Rückgabe solcher Gebiete an

Polen, die im Zuge der drei Polnischen Teilungen im 18. Jahrhundert an Preußen gefallen waren[1]. Daher rührte auch die kaum verhohlene Abneigung Deutschlands gegenüber der wiedergeborenen Rzeczpospolita Polska. Diese Politik führte trotz der deklarierten Neutralität im polnisch-sowjetischen Krieg im Sommer 1920 zu einer gewissen Annäherung an die Sowjets. Ein Ergebnis des für Europa überraschenden Rapallo-Vertrages vom April 1922 war, daß unter Verletzung der Verpflichtungen aus dem Versailler Vertrag eine geheime deutsch-sowjetische Zusammenarbeit auf militärischem Gebiet in Angriff genommen wurde[2]. Daß diese Kooperation gegen Polen gerichtet war, muß nicht eigens erwähnt werden. Zur gleichen Zeit definierten lautstarke Äußerungen deutscher Politiker und Militärs eindeutig deren Haltung zu Polen. Die von den Westmächten betriebene Appeasement-Politik weckte bei vielen Deutschen die Hoffnung, territoriale Rückforderungen an Polen mittels vertraglicher Vereinbarungen durchsetzen zu können. Polen hingegen beharrte fest auf dem Standpunkt, daß seine Westgrenze wie auch seine Rechte in der Freien Stadt Danzig unverletzlich seien[3].

Hitlers Machtergreifung und sein aggressives und imperialistisches Programm verschärften anfangs die polnisch-deutschen Beziehungen radikal. Bis heute ist die Behauptung, es habe einen vertraulichen Vorschlag von Marschall Józef Piłsudski an Frankreich gegeben, Hitler durch einen Präventivkrieg gegen Deutschland zu stürzen[4], nicht widerlegt. Zugleich zeigte Polen durch energische Schritte und Demonstrationen, daß es sich seiner Überlegenheit und seines militärischen Übergewichts gegenüber dem noch durch den Versailler Vertrag abgerüsteten Deutschland bewußt war.

Letztlich mäßigte Hitler seine bisherige, für ganz Deutschland charakteristische antipolnische Haltung. Der am 26. Januar 1934 unterzeichnete polnisch-deutsche Nichtangriffspakt, der eine große Überraschung für die internationale Öffentlichkeit darstellte, bildete für fünf Jahre die Grundlage guter Beziehungen zwischen diesen beiden Staaten[5]. Obwohl Polen anläßlich der Besetzung des Rheinlandes im März 1936 gegenüber Frankreich seine Bereitschaft signalisierte, seinen antideutschen Verpflichtungen nachzukommen[6], glaubte Hitler bis Anfang 1939, Polen in das von ihm geschaffene Antikomintern-Lager einbeziehen zu können. Die internationale Lage Polens verbesserte sich zudem dadurch, daß Hitler nach seiner Machtübernahme die Zusammenarbeit mit den Sowjets einstellte.

Nach den unblutigen Erfolgen des Deutschen Reiches, dem Anschluß Österreichs und der Münchener Konferenz, änderte sich die Situation allmählich. Nach dem Münchener Abkommen begann die sowjetische Diplomatie in Berlin die Bereitschaft zur Normalisierung der deutsch-sowjetischen Beziehungen zu bekunden. Im Kreml war man zu der Einschätzung gelangt, die Zeit sei reif für den Ver-

1 Jońca, Die polnische Nation, S. 175 ff.
2 Castellan, Le réarmement clandestin.
3 Ajnenkiel, Die Rolle der Freien Stadt Danzig, ebd. Literatur zum Thema.
4 Jędrzejewicz, The Polish Plan; Hillgruber, Deutschlands Rolle, S. 78 f.
5 Broszat, Nationalsozialistische Polenpolitik, S. 10 f.; Jońca, Die polnische Nation, S. 219–223.
6 Noel, Une ambassade, S. 125; Gamelin, Servir, S. 215 f.

such, im Bündnis mit dem Deutschen Reich das in Mitteleuropa bestehende politische System zu zerstören. So wurde an die in der Politik beider Staaten nach 1918 existierende Strömung angeknüpft, deren spektakulärster Ausdruck der Vertrag von Rapallo gewesen war[7].

Hitler hatte es bis Anfang 1939 für möglich gehalten, eine Reorientierung der polnischen Politik zu erreichen, Polen für eine eventuelle Aktion gegen die Sowjets zu gewinnen und es zugleich für den Fall einer Aggression gegen die westlichen Staaten zu neutralisieren. Nach der Ablehnung seiner Konzeption durch die polnische Führung revidierte Hitler seine politische Linie grundlegend. Er ging auf sowjetische Offerten ein, die eine Annäherung der beiden Staaten und eine gemeinsame Aufteilung Mitteleuropas beinhalteten. Der Ribbentrop-Molotow-Pakt bedeutete die gemeinsame Zerstörung der bis dahin existierenden Struktur Mitteleuropas. Die Aggression gegen Polen bildete den Anfang zur Umsetzung dieses Vorhabens[8].

Die Polnische Armee (Wojsko Polskie) verfügte über eine Friedensstärke von etwa 250 000 Soldaten, davon mehr als 60 000 aktive Offiziere und Unteroffiziere als Berufssoldaten. Sie unterstand ausschließlich den legalen staatlichen Organen. In der Armee war der Patriotismus stark verankert, man identifizierte seine Aufgabe mit dem Dienst für das Vaterland. Auf die Notwendigkeit, den eigenen Staat und dessen Territorium zu verteidigen, wurde in der Erziehung der Streitkräfte großer Nachdruck gelegt. Ebenso betont wurde die Pflicht, die Aufgaben zur Verteidigung des Staates ungeachtet der herrschenden Umstände und der zur Verfügung stehenden Mittel zu erfüllen. Ein Element der Erziehung stellte die Tradition des Unabhängigkeitskampfes, der polnischen Aufstände sowie der Kriegstaten dar, insbesondere die der Legionen im Ersten Weltkrieg und jene aus der Zeit der Kampfhandlungen gegen die Bolschewiken. In der Armee wurde ein Kult um Marschall Piłsudski, den Führer in den siegreichen Schlachten um die Unabhängigkeit, vor allem jedoch im polnisch-sowjetischen Krieg, entwickelt[9]. Die Armee, ihre Berufssoldaten, Wehrpflichtigen und Reservisten, bildeten einen starken Rückhalt der polnischen Staatsorgane für ihre Politik der Verteidigung der Souveränität Polens. Die Haltung der Soldaten, vor allem natürlich der Soldaten polnischer Nationalität, und die Haltung der Offiziere veränderten sich selbst nach der Niederlage von 1939 nicht. Daraus resultierte auch das Vorgehen beider Okkupationsmächte gegen Menschen, die mit der Polnischen Armee verbunden waren.

3. Deutsche und Sowjets in ihrem Verhältnis zu Polen in den Jahren des Zweiten Weltkrieges

Seit Beginn der Kampfhandlungen im Zweiten Weltkrieg standen beide Aggressoren auf dem Standpunkt, der polnische Staat habe aufgehört zu existieren. Dies

7 Bergman, Najlepszy sojuzsnik, S. 7 ff.; Ślusarczyk, Stosunki, S. 22 ff.
8 ADAP, S. 170 f.; Hillgruber, Die Zerstörung Europas, S. 162.
9 Odziemkowski, Armia, S. 206; Wyszczelski, Działalność, S. 184.

fand seinen praktischen Ausdruck in der Behandlung seiner Staatsbürger. Die massenhafte Ausrottung von Ausländern, ihre Deportation und der Abtransport in Konzentrationslager wurden zum ersten Mal in einem solch breiten Umfang von beiden totalitären Staaten angewandt[10]. Die von den Deutschen begangenen Verbrechen des Holocaust wurden vorwiegend auf polnischem Gebiet verübt[11]. Die Sowjets hingegen wendeten ihre Methode der »Endlösung« gegenüber Tausenden polnischen Kriegsgefangenen an; das Symbol hierfür heißt Katyń[12]. Das Hitlerreich blieb seiner Konzeption, den polnischen Staat für aufgelöst zu halten und die Polen als Untermenschen zu behandeln, bis zu seinem Ende treu. Die sowjetische Politik erwies sich als flexibler, hier dachte man perspektivischer.

Die Aufteilung der polnischen Gebiete nach dem geheimen Zusatzabkommen zum Ribbentrop-Molotow-Pakt vom 23. August 1939 sah als Grenze eine Linie vor, die entlang der Flüsse Narew, Weichsel und schließlich San verlief. Stalin erachtete jedoch eine solche Aufteilung der polnischen Gebiete und Bevölkerung zwischen Deutschland und dem Sowjetreich als übermäßig belastend und konfliktreich. Er schlug Hitler eine Verschiebung der Trennlinie zwischen dem Reich und der Sowjetunion weiter nach Osten vor, die im großen und ganzen dem Verlauf des Flusses Bug entsprach, was Hitler auch akzeptierte. So verringerte sich die Zahl der Polen, die sich unter sowjetischer Herrschaft befanden, von ursprünglich acht bis neun auf etwa fünf Millionen. Diese Transaktion bekräftigte die Zerschlagung und Aufteilung des polnischen Staates, jener politischen Struktur, die den sowjetischen Interessen in Mitteleuropa am meisten zuwiderlief. Gleichzeitig bot sie die Möglichkeit, mit Einwilligung des Deutschen Reiches sämtliche baltische Staaten, darunter auch Litauen, zu beherrschen, das sich gemäß den Festlegungen des Vertrages vom 23. August 1939 im deutschen Einflußbereich befinden sollte. Die Grenze, die im deutsch-sowjetischen Freundschafts- und Grenzvertrag vom 28. September 1939 gezogen wurde, konnte man in propagandistischer Hinsicht als identisch mit der Curzon-Linie präsentieren, einer Linie, die bereits ihre Geschichte hatte und die von einem bedeutenden Teil der internationalen Öffentlichkeit akzeptiert wurde[13]. In Wirklichkeit wich diese Grenze aber wesentlich von der Curzon-Linie ab.

Auch die Sowjets, die in der ersten Phase des Krieges als faktischer Verbündeter des Deutschen Reiches auftraten, betrachteten Polen entgegen den mit ihm geschlossenen Verträgen und den Prinzipien des Völkerrechts, die eine Aggression verboten, als nicht mehr existenten Staat. Das von den Sowjets besetzte Gebiet umfaßte mehr als die Hälfte des polnischen Territoriums aus der Zeit vor dem Kriege. Von seinen etwa 13 Millionen Bewohnern waren etwa fünf Millionen

10 Ajnenkiel, Verschleppung und Zwangsarbeit; Lucas, The Forgotten Holocaust.

11 Bartoszewski/Edelman, Żydzi Warszawa, S. 10 ff.; Madajczyk, Die Okkupationspolitik Nazideutschlands; Broszat, Nationalsozialistische Polenpolitik; Gutman, Żydzi.

12 Gross, Revolution from Abroad; Mackiewicz, Sieg der Provokation; ders., Katyn; Zawodny, Death in the Forest.

13 Berezowski, Powstanie, S. 326 f.; Halecki, Borderlands, S. 377, 447, 461, 465; Ślusarczyk, Stosunki, S. 73.

Polen. In den besetzten Gebieten führten die sowjetischen Organe unter Anwendung von Druck, Terror und Fälschungen Scheinwahlen durch. Die »gewählten« Delegierten beschlossen daraufhin den Anschluß der besetzten Gebiete an die Sowjetunion. Danach betrachteten die sowjetischen Behörden die besetzten Gebiete als zur UdSSR gehörig. Die dort lebenden Menschen, ja sogar Flüchtlinge aus den übrigen Gebieten Polens, galten von nun an als sowjetische Staatsbürger. Sie konnten praktisch genauso schlecht behandelt werden wie diejenigen, die schon vorher unter dem sowjetischen Regime gelebt hatten[14].

Die Zeit der offiziellen antipolnischen Haltung endete formal mit dem 22. Juni 1941, dem deutschen Überfall auf die Sowjetunion. In dessen Ergebnis befand sich nun die Sowjetunion in demselben politischen Lager wie Großbritannien und Polen. Somit war eingetreten, womit die westlichen Führer, insbesondere die Briten, gerechnet hatten. Seit Beginn des Krieges behandelten Großbritannien und Frankreich die deutsche und die sowjetische Aggression gegen Polen durchaus unterschiedlich, um Moskau nicht über Gebühr zu reizen. An dem neuen Bündnispartner war den Briten aus verständlichen Gründen viel gelegen. So begannen sie, Druck auf die im Londoner Exil lebenden obersten Staatsorgane der Republik Polen auszuüben, die Annäherung zwischen London und Moskau nicht durch die polnisch-sowjetischen Beziehungen zu belasten. Dieser Druck wurde bereits im Verlauf der Verhandlungen sichtbar, die am 30. Juli 1941 zum Abschluß des durch Władisław Sikorski und Iwan Maiski ausgehandelten Abkommens führten. Die sowjetische Seite drohte vor dem Beginn der Gespräche damit, auf ihrem Gebiet ein polnisches Komitee sowie polnische Militärverbände aufzustellen[15]. Das war die Warnung davor, daß die sowjetischen Machtorgane sich über die bestehende souveräne Führung Polens hinwegsetzen und einen neuen, völlig von ihnen abhängigen Ersatz der polnischen Staatlichkeit schaffen könnten. In dem Abkommen erkannten die Sowjets wieder offiziell die Existenz der polnischen Staatlichkeit und der legalen Machtorgane der Republik Polen an. Das bedeutete — zumindest verbal — ein entschiedenes Abrücken von der bisherigen Politik des Kreml gegenüber Polen. Gleichzeitig brachten die Sowjets ihr Einverständnis zum Ausdruck, auf sowjetischem Territorium eine polnische Armee unter polnischem Oberbefehl aufzustellen. Diese Armee sollte operativ dem Oberkommando der UdSSR unterstellt sein. Das Abkommen bedeutete jedoch keine Wiederherstellung des territorialen Status aus der Zeit vor Ausbruch des Krieges, obwohl sich die polnische Seite darum bemühte. Im Abkommen wurde lediglich festgestellt, daß die sowjetisch-deutschen Verträge aus dem Jahre 1939 bezüglich der territorialen Veränderungen in Polen ihre Gültigkeit verloren hatten. Damit konnten die Sowjets die Auffassung vertreten, ihre internen Regelungen über die Einverleibung der 1939 besetzten polnischen Gebiete seien weiterhin in Kraft.

14 Es wird an die Rede von Molotow auf der Außerordentlichen Sitzung des Obersten Sowjet vom 30.10.1939 erinnert, wo er die Möglichkeit der Wiedererrichtung »des ehemaligen polnischen Staates« ausschloß. Siehe: Iswestija Nr. 253 vom 1.11.1939; Documents on Polish-Soviet Relations I; Siedlecki, Losy Polaków.

15 Polskie Siły, S. 5; Duraczyński, Układ, S. 277.

Die Unterzeichnung des polnisch-sowjetischen Abkommens bildete den Anfang einer Etappe heuchlerischer Kooperation Moskaus mit der polnischen Exilregierung. Die sowjetische Seite war gleichzeitig weiterhin bemüht, ihre territorialen Eroberungen zu sichern. Dies stellte naturgemäß einen ständigen, wenngleich auch über längere Zeit nicht offen zum Ausdruck gebrachten Konfliktherd dar. Ein anderes Konfliktpotential bildete die Aufstellung der Polnischen Armee (Armia Polska) in der Sowjetunion. Die sowjetischen Organe waren keineswegs an der Entstehung einer von der polnischen Regierung in London abhängigen Polnischen Armee (Wojsko Polskie) interessiert. Sie befürchteten darüber hinaus Unruhen, wenn nicht gar Angriffe der polnischen Verbände, wenn die Wahrheit über die Ermordung Tausender polnischer Offiziere durch die Sowjets ans Licht käme. Daher wurde schließlich mit Zustimmung der sowjetischen Behörden die Polnische Armee (Armia Polska) im Sommer 1942 in den Iran verlegt. Diese Evakuierung war faktisch durch die Politik der sowjetischen Behörden erzwungen worden, die eine Versorgung der polnischen Verbände mit Waffen, Ausrüstung und Lebensmitteln verweigerten und verschiedene andere Schikanen anwendeten. Sie bildete den Beginn einer Propagandakampagne gegen die polnischen Streitkräfte, denen wider besseren Wissens vorgeworfen wurde, sie hätten Angst, gegen die Deutschen zu kämpfen.

Parallel dem Konflikt um die in der Sowjetunion aufgestellte Polnische Armee verlief ein Streit, der dadurch verursacht wurde, daß Moskau Personen nicht als polnische Staatsbürger anerkennen wollte, obwohl sie nach polnischem Recht die polnische Staatsbürgerschaft besaßen. Dieser Streit verschärfte sich heftig nach der Evakuierung der Polnischen Armee in den Nahen Osten[16].

Im Januar 1943 erklärte die sowjetische Führung offiziell, sie werde Personen polnischer Nationalität nicht mehr als polnische Staatsbürger anerkennen[17]. Das bedeutete eine Rückkehr zu der Haltung nach dem Überfall auf Polen, als die Sowjetunion die Existenz des polnischen Staates geleugnet hatte. Die Annahme sowjetischer Pässe brachte die polnischen Bürger in Gefahr, nach dem Ende des Krieges die Sowjetunion nicht mehr verlassen zu können. Damit einher ging auch eine drastische Verschlechterung ihrer ohnehin schon schlimmen Lage[18].

Nachdem Deutschland im April 1943 die Entdeckung von Gräbern ermordeter polnischer Offiziere in den Wäldern von Katyń öffentlich gemacht hatte, wandte sich die polnische Regierung an das Internationale Rote Kreuz sowie an die sowjetische Führung und ersuchte um Aufklärung. In dieser Angelegenheit hatten die polnischen Behörden bereits früher mehrfach ohne Resultat in Moskau interveniert. Diesmal jedoch bestand die Antwort in der Bezichtigung, die polnische Regierung glaube der deutschen Propaganda. Wie im Jahre 1939 wurden die diplomatischen Beziehungen zu Polen abgebrochen. Eine beispiellose Verleum-

16 Documents on Polish-Soviet Relations I, II.

17 Ślusarski, Stosunki, S. 161; Grzelak, Okoliczności, S. 21 f.

18 Siemaszko, W sowieckim osaczeniu, S. 309; Ciesielski/Hryciuk/Srebrakowski, Masowe deportacje, S. 52 f.

dungskampagne gegen die polnische Führung begann. Stalin machte sich hier die Tatsache zunutze, daß die Welt über die Entdeckung des mit seiner Billigung geschehenen Völkermords von den Behörden des Hitlerreiches in Kenntnis gesetzt worden war, das selbst schreckliche Verbrechen auf dem Gewissen hatte. Der Schritt der polnischen Regierung bildete für Moskau einen willkommenen propagandistischen Vorwand, um den bereits länger vorbereiteten Plan umzusetzen, die Scheinzusammenarbeit mit der polnischen Regierung, die sich den Sowjets nicht gebeugt hatte, aufzukündigen. Dies wurde unter dem Tenor eingefädelt, die Unterstützung der internationalen Öffentlichkeit für Moskau zu gewinnen. Stalin versuchte so, nicht nur die Verbrechen des eigenen Regimes zu vertuschen. Die Attacke gegen die polnische Regierung, die Regierung jenes Staates, der von Beginn des Krieges an unter großen Opfern gegen Nazideutschland gekämpft hatte, war zugleich ein Schritt auf dem Weg zur Unterwerfung Nachkriegspolens — und in der letzten Konsequenz Mitteleuropas — unter den sowjetischen Totalitarismus[19].

4. Die Schaffung des von Moskau abhängigen polnischen zivilen und militärischen Apparats

Der Abbruch der diplomatischen Beziehungen zur Regierung der Republik Polen mit Sitz in London durch Moskau bedeutete keineswegs die Rückkehr zur sowjetischen Linie der Jahre 1939 bis 1941. Diesmal wurden Maßnahmen ergriffen, die am Ende zur Bildung eines Zentrums führen sollten, das die Macht im von der deutschen Okkupation befreiten Polen als formal unabhängige Struktur übernehmen sollte. Ein solches Zentrum wurde der im Frühjahr 1943 ins Leben gerufene Verband Polnischer Patrioten (Związek Patriotów Polskich, ZPP). Die Entscheidung über die Aufstellung eines polnischen militärischen Großverbandes, der formal dem ZPP unterstellt, faktisch jedoch völlig von den Sowjets abhängig war, fiel auf der Sitzung des Politbüros des ZK der KPdSU vom 18. auf den 19. April 1943[20]. Am 8. Mai 1943 erschien das offizielle sowjetische Kommuniqué über den Beginn der Aufstellung der polnischen Infanteriedivision »Tadeusz Kościuszko«[21].

Die sowjetischen Schachzüge stießen bei den Westmächten auf keinen Widerstand. Dies wurde spätestens deutlich im Verlauf der Moskauer Außenministerkonferenz (Oktober 1943) und anschließend der Konferenz von Teheran (28. November bis 1. Dezember 1943). Die Westmächte waren geneigt, die sowjetische Haltung bezüglich der polnisch-sowjetischen Grenze zu akzeptieren und den Polen aufzuzwingen. Sie waren ferner der Ansicht, daß der polnisch-sowjetische Kompromiß keine Unterordnung der Republik Polen unter die Macht des

19 Stalin and the Poles, S. 151–170; Ślusarczyk, Stosunki, S. 171–179.

20 Grzelak/Stańczyk/Zwoliński, Bez możliwości wyboru, S. 19.

21 Ebd., S. 20. Zu den Umständen der Einsetzung des Divisionskommandeurs siehe: Jaczyński/Berling, Między sławą, S. 145 ff.

Kreml bedeute[22]. Stalins Standpunkt und die sich daraus ergebenden sowjetischen Maßnahmen waren völlig anders gelagert.

Das Jahr 1944 verschaffte Stalin die Möglichkeit, einen bedeutenden Teil seiner polnischen Pläne zu verwirklichen. Es folgte die Einverleibung der polnischen Ostgebiete in die Sowjetunion, diesmal für immer. Westlich der Curzon-Linie wurde ein Regime installiert, das faktisch Moskau unterstand. Dies ging einher mit der Eliminierung der politischen und militärischen Strukturen, die der legalen polnischen Führung mit Sitz in London unterstanden. Der gemeinsame Kampf der polnischen Verbände der Heimatarmee (Armia Krajowa) zusammen mit der Roten Armee gegen Deutschland hatte keinen Einfluß auf das weitere Schicksal dieser Verbände. Es folgten deren Entwaffnung und Deportation nach Osten[23]. Dieses Schicksal traf etwa 50 000 Personen, hauptsächlich Soldaten des polnischen Untergrunds, die gegen die Deutschen gekämpft hatten. Viele von ihnen sind nie zurückgekehrt.

Am 1. August 1944 brach in Warschau der Aufstand aus, die längste Schlacht um die staatliche Souveränität Polens während des Zweiten Weltkrieges. Die Vertreibung der deutschen Okkupanten aus der Hauptstadt mit eigenen Kräften sollte gleichzeitig den Versuch darstellen, das offene Handeln der legalen Machtorgane der Republik Polen zu ermöglichen, die die ganze Zeit über im Land konspirativ gewirkt hatten. Unter größter Kraftanstrengung konnten die beabsichtigten militärischen Ziele zum Teil erreicht werden. Etwa die Hälfte des Stadtgebietes von Warschau befand sich nach drei Tagen Kampf in polnischer Hand. Das politische Ziel des Aufstandes stand jedoch im Widerspruch zu Stalins Absichten. Daher rührt wohl auch die Entscheidung, die bis dahin erfolgreiche Offensive der Roten Armee zu verlangsamen, ja mehr noch, Flugzeuge, die die Stadt hätten schützen können, für den entscheidenden Zeitraum von vierzig langen Tagen abzuziehen[24]. Die Deutschen konnten ungehindert das einer Luftverteidigung beraubte Warschau mit Bombenangriffen zerstören.

Vor kurzem wurden der Öffentlichkeit Dokumente zugänglich gemacht, die noch einmal zeigen, wie die Rote Armee polnische Partisaneneinheiten, die Warschau von Osten her zu Hilfe kamen, entwaffnete und liquidierte. Die Sowjets sprachen (im Gegensatz zu den Westalliierten) zudem den Warschauer Aufständischen den Kombattantenstatus ab. Mehr als einen Monat dauerte auch der Nervenkrieg zwischen London und Moskau. Die Briten, unterstützt von den Amerikanern, übten Druck auf die Sowjets aus, Flugzeugen mit zum Abwurf über Warschau bestimmtem Hilfsmaterial für die Aufständischen die Landung auf sowjetischem Gebiet zu genehmigen. Dieser Konflikt wurde mit einem einmaligen sowjetischen Zugeständnis beendet[25]. Die sich damals erstmals abzeichnenden deutlichen Differenzen zwischen den Westalliierten und Mos-

22 Karski, The Great Powers, S. 451 ff.
23 Ciesielski, Obozy sowieckie, S. 211–216.
24 Żenczykowski, Samotny bój, S. 46 ff.; Na oczach Kremla, S. 88, 91–93; Sawicki, Wyrok na miasto, S. 49–78.
25 Karski, The Great Powers, S. 528–531; Stalin and the Poles, S. 221–228.

kau werden von einigen Historikern als der Beginn des Kalten Krieges angesehen[26].

Die militärische Niederlage des Warschauer Aufstandes war mit der Zerschlagung des Zentrums des polnischen Untergrundstaates, seiner intellektuellen, politischen und militärischen Elite verbunden, die zwar von den Deutschen ausgeführt wurde, aber in dieser Kriegsphase vor allem im sowjetischen Interesse lag[27]. Letztlich erleichterte dies der sowjetischen Seite die Installation von politisch, militärisch und sogar personell von Moskau abhängigen politischen Strukturen »Volkspolens« (Polska Ludowa) in den von der deutschen Okkupation befreiten Gebieten.

5. Nach der Beendigung des Krieges

Nicht nur unter den polnischen Historikern ist heute eine heftige Diskussion darüber im Gange, wie für Polen der Zweite Weltkrieg endete. Es steht außerhalb jeden Zweifels, daß Polen als Staat, der gegen Deutschland vom ersten bis zum letzten Tag des Krieges kämpfte, realiter wie ein besiegter Gegner behandelt wurde. Ihm wurde gegen sein eigenes Recht, entgegen den Verträgen, die mit den Alliierten abgeschlossen worden waren, eine von moskauhörigen Personen dominierte Regierung aufgezwungen. Ein Symbol für das Schicksal Polens war, daß in Moskau die Vertreter Großbritanniens und der Vereinigten Staaten — mehr oder weniger unter Zwang — dieses Polen oktroyierte politische Kräfteverhältnis akzeptierten. Es wurde entschieden, die von moskautreuen Personen dominierte sogenannte Provisorische Regierung der Nationalen Einheit zu berufen. Die staatsrechtliche und institutionelle Kontinuität Polens wurde unterbrochen. Es kann nicht deutlich genug gesagt werden, daß dies ungesetzliche Winkelzüge waren, nicht nur vom polnischen Gesichtspunkt aus. Auf diese Art und Weise wurde ein Modell geschaffen, mit dem den Völkern neue politische, ökonomische und soziale Beziehungen aufgezwungen wurden, und zwar auf eine willkürliche, für die internationale Ordnung, die Rechte und Freiheiten des Menschen gefährliche Weise. Das stand im völligen Widerspruch zu den Bestimmungen der Atlantikcharta, in der die politischen Kriegsziele der Anti-Hitler-Koalition festgelegt worden waren.

In diese Zeit, den Juni 1945, fielen die Urteile eines sowjetischen Gerichts gegen Vertreter der legalen Machtorgane der Republik Polen, die unter der Vorgabe nach Moskau eingeladen worden waren, politische Gespräche zur Bildung einer neuen Regierung zu führen. Gegen den letzten Kommandanten der Heimatarmee (Armia Krajowa), der legalen bewaffneten Kraft, die in dem von den Deutschen okkupierten Polen gekämpft hatte, gegen den Präsidenten des im Unter-

26 Krannhals, Der Warschauer Aufstand, S. 445.

27 Korboński, Polskie państwo podziemne, S. 208 ff.; Salmonowicz, Polskie Państwo Podziemne, S. 308.

grund wirkenden Parlaments sowie gegen den Premier des Landesministerrates wurden — wiederum unter Bruch des geltenden polnischen Rechts — für sowjetische Verhältnisse milde Urteile gefällt. Keiner von ihnen hat jedoch die Freiheit wiedererlangt. Zwei kamen in sowjetischen Gefängnissen um oder sind dort verstorben, der dritte verstarb in einem polnischen Gefängnis. Mit ihnen wurden 13 weitere polnische Politiker verurteilt. Auf diese Art und Weise haben die Sowjets den polnischen Untergrundstaat und die von den Sowjets unabhängige Widerstandsbewegung »gerichtet«, die tapfer gekämpft und gewaltige Opfer gebracht hatten[28].

Zum Zeitpunkt der Bildung der neuen Regierung befanden sich mindestens noch einige zehntausend Personen im Untergrund. Trotz der durch Befehl des letzten Kommandanten der Heimatarmee, General Tadeusz Okulicki (Pseudonym: Niedźwiadek), verfügten formellen Auflösung funktionierten Strukturen, die eine Fortführung der Heimatarmee darstellten. Neben diesen existierten andere geheime militärische Organisationen, die Okulickis Befehl nicht anerkannten und weiterhin organisatorische und militärische Handlungen durchführten. Zum Teil wurden diese Aktivitäten auch durch das System der Repressalien ausgelöst, die begonnen hatten, als Verbände der Roten Armee polnisches Territorium erreichten. Nach Beendigung der Kampfhandlungen an der Front 1945 wurden die Unterdrückungsmaßnahmen weiter verschärft[29]. Es ist anzunehmen, daß sich in dieser Zeit in den bewaffneten Abteilungen in den Wäldern einige tausend Personen befanden, nicht mitgerechnet den bewaffneten ukrainischen Untergrund sowie versprengte deutsche Truppen, die sich übrigens meistens aus Soldaten zusammensetzten, die sich infolge der Frontverschiebung in den von der Roten Armee besetzten Gebieten wiederfanden. Neben den militärischen Organisationen befanden sich im Untergrund Organisationsstrukturen verschiedener politischer Gruppierungen, angefangen von den rechten Gruppierungen, also solchen, die mit dem Sanacja-Lager verbunden waren, das vor dem Kriege die Regierung stellte, bis hin zu den Sozialisten.

Der Versuch, offene politische Aktivitäten zu entfalten, den ein Teil von ihnen unternommen hatte, stieß auf Repressalien, was dazu führte, daß diese Strukturen zu konspirativer Tätigkeit zurückkehrten. Der Untergrund bildete weiterhin eine beachtliche Kraft, wenngleich er — auch politisch — sehr geschwächt war, da sich die Hoffnungen auf eine Befreiung Polens durch den Westen zerschlagen hatten, was die Unabhängigkeit und eine engere Anbindung an Großbritannien und die Vereinigten Staaten garantiert hätte. Wie die späteren Ereignisse zeigen sollten, verfügte diese Kraft trotz der permanenten Repressalien und der scharfen politischen Angriffe über die Unterstützung durch die Mehrheit der Gesellschaft[30].

28 Korboński, ebd., S. 237; Salmonowicz, ebd., S. 312; Duraczyński, Generał Iwanow, S. 213; Leinwand, Przywódcy, S. 109; Proces szesnastu, S. 544. Zum Thema der polnischen Widerstandsbewegung u.a. die Arbeiten von Bartoszewski, insbesondere Na drodze, S. 542; auch Kunert, Ilustrowany przewodnik, S. 618.

29 Roman, Działalność wojsk NKWD.

30 Referendum, S. 224; auch Opozycja, S. 26.

Ein zweiter Faktor, mit dem die kommunistischen Machthaber rechnen mußten, war das Fortbestehen von Strukturen des polnischen Staates in der Emigration. Obwohl die Alliierten offiziell der Regierung der Republik Polen in London die Anerkennung entzogen hatten, bestand diese weiter und betrieb eine rege Tätigkeit, indem sie gegen das Polen aufgezwungene Regime protestierte und die von diesem begangenen Repressalien sowie die Unterordnung unter die Sowjets anprangerte. Eine besondere Rolle spielten die Polnischen Streitkräfte (Polskie Siły Zbrojne), die während des Krieges an den westlichen Fronten gekämpft hatten. Bei Kriegsende zählten ihre Verbände mehr als 200 000 gut ausgerüstete und ausgebildete Soldaten. Den wichtigsten Großverband bildete hier das 2. Polnische Korps unter dem Oberbefehl von General Władysław Anders, das mit etwa 100 000 Mann in Italien stand[31].

Die meisten polnischen Soldaten im Westen lehnten die Polen nach der Konferenz von Jalta aufgezwungenen Verhältnisse entschieden ab. In ein solches Polen wollten sie nicht zurückkehren. Sie fühlten sich betrogen und zurückgewiesen. Aus einem Verbündeten, den man gut behandelt, bewundert und zumindest verbal unterstützt hatte, wurde nun überflüssiger Ballast. Die Polnischen Streitkräfte im Westen wurden von der Propaganda der Sowjets und der Warschauer Regierung angegriffen. Dieser Propagandaaktion schlossen sich die westeuropäischen Kommunisten an, besonders in Italien und Frankreich. Unterstützt wurden sie von einem bedeutenden Teil der westeuropäischen, unter ihrem Einfluß stehenden Öffentlichkeit. Viele Soldaten, die aus den verlorenen polnischen Ostgebieten stammten, hätten im übrigen gar nicht gewußt, wohin sie hätten zurückkehren sollen. All diejenigen, die bereits früher mit dem sowjetischen Regime in Berührung gekommen waren, hatten keinerlei Illusionen darüber, mit welchen Verhältnissen sie nach einer eventuellen Rückkehr in das neue Polen zu tun haben würden. Sie hatten schließlich bereits früher mit der aggressiven sowjetischen Propaganda Bekanntschaft gemacht, die sämtliche polnische Institutionen im Westen attackierte, darunter auch die gegen die Deutschen kämpfende Armee. Hinzuzufügen ist, daß die Armee, die sich in der überwiegenden Mehrzahl aus Freiwilligen zusammensetzte, ein in der Regel hohes Niveau an allgemeiner und militärischer Bildung repräsentierte. Gleiches trifft auch auf die Moral der Truppe zu.

Nach Kriegsende befanden sich im Westen Europas auch unzählige ehemalige polnische Kriegsgefangene aus deutschen Lagern, darunter auch Aufständische aus Warschau. Ein Großteil von ihnen vertrat einen analogen Standpunkt wie die Soldaten der Polnischen Streitkräfte. Insgesamt bildeten diese Menschen vor ihrer Demobilisierung, die bis Ende 1947 erfolgte, ein ernstzunehmendes Reservoir an Kräften, die in der Lage gewesen wären, sich an einer eventuellen bewaffneten Konfrontation gegen die Sowjets zu beteiligen, wenn es denn dazu gekommen wäre. Die Existenz eines speziellen Polnischen Korps für Ausbildung und Dislozierung neben der Regierung der Republik Polen in London sowie eines

31 Polski wysiłek, S. 61, 67, 88; Panecki, Powrót do kraju.

rudimentären Hauptstabes der Polnischen Streitkräfte und polnischer militärischer Strukturen in Westeuropa bildete ebenfalls ein wesentliches Element, welches die Situation in Polen von der Lage der anderen Staaten unterscheidet, die sich im sowjetischen Einflußbereich befanden. Sowohl ein bedeutender Teil der Bevölkerung des Landes als auch jener polnischen Soldaten, die in der Emigration verblieben, rechnete damit, daß die Alliierten die durch die Sowjetarmee besetzten Gebiete mit einem militärischen Einsatz befreien würden. Der Glaube an einen Dritten Weltkrieg war in exilpolnischen Kreisen weit verbreitet. Auf eventuelle Kampfhandlungen bereitete man sich auch im Rahmen der polnischen militärischen Strukturen vor, die noch in Westeuropa bestanden[32].

Die Untergrundbewegung in Polen selbst besaß auch deshalb eine sehr starke politische und moralische Position, weil die neue Macht über keine rechtliche Legitimation verfügte und aus praktisch unbekannten Männern bestand, von denen man im allgemeinen nicht mehr wußte, als daß sie vollkommen von ihren sowjetischen Machtgebern abhängig waren.

Die Bildung der Provisorischen Regierung der Nationalen Einheit im Ergebnis der Moskauer Entscheidungen verbesserte unter diesem Aspekt die Position der Machtorgane, die auf der Basis des Polnischen Komitees der Nationalen Befreiung geschaffen worden waren. Sie wurden nämlich, wenn auch nur als provisorische Institution, von den Westmächten als legal anerkannt[33]. Ihre Entstehung bildete jedoch zugleich ein deutliches Zugeständnis an diejenigen, die unter Hinnahme des Diktats glaubten, die Sowjets würden die Fortexistenz eines nach dem Verlust seiner Ostgebiete in seiner Handlungsfreiheit eingeschränkten Polens als unabhängiger Staat akzeptieren. Zum Symbol für diese Haltung und zum Repräsentanten dieser Hoffnungen wurde vor allem Stanisław Mikołajczyk, ein Politiker der Bauernpartei und Premierminister der Regierung der Republik Polen in London nach dem Tod von Władysław Sikorski bis November 1944. Anfänglich schienen diese Hoffnungen durchaus realistisch. Es kam, wie sich später jedoch herausstellte, nicht für lange, nämlich nur etwa für ein Jahr, zu einem Zurückweichen der mit Moskau verbundenen Gruppe. Der Umfang der gewonnenen politischen Freiheiten dehnte sich aus. Es entstand die Polnische Volkspartei (Polskie Stronnictwo Ludowe, PSL, Interessenvertreterin der Bauern). Sie wurde zu einer unabhängigen, legal arbeitenden Struktur mit einem Einfluß, den man mit der Position vergleichen kann, die Solidarność in der Anfangszeit ihres legalen Wirkens innehatte. Dieses Zurückweichen bedeutete jedoch nicht, daß die Moskauhörigen auf die vollständige Kontrolle über die Armee und den Apparat für öffentliche Sicherheit verzichtet hätten.

32 Denkschrift von General M. Kukiel, Minister für Nationale Verteidigung der in London weiter wirkenden polnischen Emigrationsregierung, vom 30.7.1947 unter dem Titel Polskie Siły Zbrojne wobec możliwości wojny [Die Polnischen Streitkräfte in Anbetracht der Möglichkeit eines Krieges]. Den Text veröffentlichte A. Zaćmiński in: Wojskowy Przegląd Historyczny, (1996)3, S. 191–200.

33 Stalin and the Poles, S. 236–239; Karski, The Great Powers, S. 586 ff.

6. Die Gestalt und die Zusammensetzung der Polnischen Volksarmee nach Kriegsende

Das Vorbild und der Apparat der Roten Armee übten einen entscheidenden Einfluß aus auf die Organisation, den Personalbestand, die Gefechtsausbildung und die Erziehung der polnischen Armee sowohl im Bereich des militärischen Einsatzes wie auch bei der Entwicklung politischer Haltungen. Dies kam bereits, weiter oben war davon die Rede, im Augenblick der Aufstellung der 1. Division der Polnischen Armee (Wojsko Polskie) zum Ausdruck. Auch die Bildung der Polnischen Armee auf Grundlage des am 21. Juli 1944 vom Nationalen Volksrat erlassenen Gesetzes über die Übernahme des Oberbefehls über die Polnische Armee (Armia Polska) in der UdSSR und die Vereinigung der Volksarmee (Armia Ludowa) und der Polnischen Armee (Armia Polska) in der UdSSR zu einer einheitlichen Polnischen Armee (Wojsko Polskie) stützte sich auf diese Prinzipien[34]. Den ausschließlichen Einfluß auf ihre Gestalt besaß Moskau, das entweder direkt oder über seine für diese Aufgaben abgestellten Vertreter diesen Einfluß ausübte. Eine entscheidende Rolle spielten in der Polnischen Armee von Anfang an die sowjetischen Offiziere. Nach und nach wurde zudem die Einflußnahme der Führung der Polnischen Arbeiterpartei (Polska Partia Robotnicza, PPR) sichtbar, wenngleich das auch über eine längere Zeit im Verborgenen geschah. Sie erfolgte über die Politoffiziere, die von der PPR in die Armee entsandt wurden. Władysław Gomułka, der damalige Generalsekretär der PPR, brachte es deutlich zum Ausdruck: »Ohne ein demokratisches Offizierkorps, ohne eine demokratische Armee gibt es kein demokratisches Polen[35].« Es war offensichtlich, was die Kommunisten unter dem Wort »demokratisch« verstanden. Die von der PPR in die Armee entsandten Offizieranwärter verheimlichten ihre Parteizugehörigkeit; auch die in der Armee bestehende Parteistruktur wurde nicht öffentlich gemacht. Dies betraf übrigens auch die Person des Oberbefehlshabers und Ministers für Nationale Verteidigung, General (später Marschall) Michał Rola-Żymierski. Dieser Mann, der aus dem österreichischen Teilungsgebiet Polens stammte, als Offizier der Polnischen Legionen im Ersten Weltkrieg auf der Seite der Mittelmächte gekämpft hatte und nach der Wiedererlangung der Unabhängigkeit General der Polnischen Armee (Wojsko Polskie) wurde, war nach einer gerichtlichen Verurteilung wegen Amtsmißbrauch aus dieser entfernt worden. Er ging später in die Emigration nach Frankreich und trat dort in Kontakt zur kommunistischen Bewegung und zum sowjetischen Geheimdienst. Während des Zweiten Weltkrieges befand er sich in Warschau. Er versuchte, in verschiedenen konspirativen Organisationen zu wirken, und wurde zuletzt nomineller Befehlshaber der von der PPR geschaffenen Volksarmee (Armia Ludowa) und später, nach dem 21. Juli 1944, der Polnischen Armee (Wojsko Polskie). Seine Abhängigkeit von den Sowjets war augenschein-

34 Dziennik Ustaw Rzeczypospolitej Polskiej [Gesetzblatt der Republik Polen] Nr. 1, Pos. 2 von 1994.

35 Gomułka, O naszej Partii, S. 43.

lich. Gleichzeitig war seine Rolle als Oberbefehlshaber wegen der vollständigen Abhängigkeit der Polnischen Armee von der Roten Armee in operativer Hinsicht sowie in den Bereichen Versorgung und Bewaffnung sehr beschränkt[36].

Die offizielle Leitung der politischen Arbeit in der Armee oblag der Hauptverwaltung für Politik und Erziehung der Polnischen Armee, die auf Grundlage des Befehls vom 16. September 1944 eingerichtet wurde[37]. Die Politoffiziere in den Einheiten und Verbänden waren als Stellvertreter des Kommandeurs tätig. Sie sollten gleichermaßen wie diese für den moralischen und politischen Zustand sowie für die Gefechtsbereitschaft der Einheiten und Verbände verantwortlich sein. Hinzuzufügen ist, daß übrigens nicht von Beginn an die erzieherische Richtung in der Armee in vielen Fragen dem Standpunkt entsprach, der früher von der Komintern und der Kommunistischen Partei Polens eingenommen wurde. Diese Richtung wurde eingeläutet durch die anfangs verschleierte, nach und nach jedoch immer heftigere Kritik an der polnischen Staatlichkeit, besonders der II. Republik und ihren Traditionen. Nach und nach wurden auch die Westalliierten einer immer heftigeren Kritik unterzogen. Ein ständiges Element der Propaganda bestand darin, eine entschieden antideutsche Haltung in der Armee herauszubilden. Letzteres traf im Ergebnis der furchtbaren Verbrechen, die während der deutschen Okkupation in Polen verübt worden waren, auf das Verständnis der Soldaten wie auch der gesamten Öffentlichkeit. In der Propaganda galt die besondere Aufmerksamkeit der Rolle, die angeblich die Sowjetunion und das in Polen existierende Regime bei der Gewinnung der West- und Nordgebiete für Polen gespielt haben sollten. In derselben Propaganda wurde gleichzeitig jede Feststellung vermieden, daß diese Areale eine Kompensation für die von Polen verlorenen Gebiete im Osten darstellen, für Gebiete, die etwa die Hälfte des Territoriums der II. Republik ausmachten. Diese Propagandalinie ergab sich aus der generellen Haltung gegenüber den Sowjets. Besonders hartnäckig bekämpft wurden alle Anzeichen von Kritik an der Sowjetunion, ganz zu schweigen von offener Feindseligkeit. Fragen zur sowjetischen Aggression gegen Polen, zu Katyń oder im umfassenderen Sinne zur sowjetischen Haltung gegenüber Polen in der Zeit des Krieges wurden als Erscheinungen der Feindpropaganda gewertet und sehr streng bestraft. Dasselbe betraf auch alle Fragen zum Vorgehen der sowjetischen Machtorgane in Polen, zu den von der Roten Armee durchgeführten Deportationen polnischer Bürger, zum Raub polnischen Vermögens, der von den Sowjets in organisierter Form durchgeführt wurde, oder auch Fragen nach Überfällen durch Marodeure der Roten Armee.

Die Anzahl der getarnten PPR-Mitglieder in der Armee wuchs sehr schnell. Im März 1945 waren es lediglich 516, Ende 1947 bereits 10 000. Ende 1948 gehörten 53 Prozent aller Offiziere der PPR an. Unter den Politoffizieren betrug dieser Anteil mehr als 90 Prozent. Von 1947 an gab es in der Armee Zirkel für gesellschaftliche Arbeit. Im Juli 1948 gehörten etwa 95 Prozent des gesamten Offizier-

36 Kunert, Ilustrowany przewodnik, S. 617.
37 Kochański, Polska, S. 34.

korps diesen Arbeitskreisen an. Die Aufgabe dieser Zirkel bestand in der politischen Indoktrination der Berufssoldaten[38]. Die Parteiarbeit und die politische und organisatorische Arbeit in der Armee leitete von November 1945 an faktisch das Zentrale Parteigremium des Verteidigungsministeriums. An dessen Spitze stand der 1. Vizeminister für Nationale Verteidigung, das Mitglied des Politbüros der PPR Marian Spychalski. Der Architekt und Kommunist aus der Vorkriegszeit, der mit der kommunistischen Bewegung auch während des Krieges verbunden geblieben war, verfügte über gewaltigen Einfluß. Er spielte faktisch auch in der Armee eine größere Rolle als Rola-Zymierski, dessen Funktion mehr dekorativen Charakter hatte[39], obwohl er ebenfalls dem Parteigremium angehörte. Weitere Mitglieder dieses Gremiums waren der Chef der Politischen Hauptverwaltung, der Chef der Personalabteilung sowie der Chef der Hauptverwaltung Information, also des militärischen Nachrichtendienstes und der Spionageabwehr.

Die Indoktrination der Berufssoldaten wie auch der gesamten Armee stand im Zusammenhang mit der ihr zugewiesenen Hauptaufgabe, der »Stärkung der Volksmacht«. Dies resultierte aus der Tatsache, daß mit der Beendigung der Kampfhandlungen diejenigen politischen und militärischen Kräfte ihre Aktivitäten verstärkten, die das Polen aufgezwungene Regime ablehnten. Bereits am 24. Mai 1945 beschloß der Ministerrat entschieden, ein Korps für Innere Sicherheit aufzustellen, dessen Auftrag der Kampf gegen den bewaffneten Untergrund sein sollte. Aus den regulären Verbänden wurden vier Divisionen ausgegliedert, die als Truppen des Korps für Innere Sicherheit in die am stärksten vom bewaffneten Untergrund bedrohten Regionen entsandt wurden[40]. Bald darauf, am 23. Juni 1945, wurde das Dekret über die Einführung des Strafgesetzbuches der Polnischen Armee erlassen[41]. Dieses Dekret ersetzte das bis dahin geltende Dekret des Polnischen Komitees zur Nationalen Befreiung vom 30. Oktober 1944 über die Verteidigung des Staates[42], das ungewöhnlich drakonische Strafen vorgesehen hatte. Bestraft wurde unter anderem der Besitz von Rundfunkempfängern ohne die entsprechende Erlaubnis. Besonders hohe Strafen bis hin zur Todesstrafe waren vorgesehen gewesen für die Zugehörigkeit zu einer Vereinigung, die »den Sturz der demokratischen Ordnung des Polnischen Staates« zum Ziel hatte. Das neue Dekret verminderte die Strafen nur unwesentlich. Es bildete für das Regime ein bequemes Instrument, mit dessen Hilfe man praktisch jeden, den die Machtorgane bestrafen wollten, Repressalien aussetzen konnte. Gleichzeitig wurde durch ein Rundschreiben des Obersten Staatsanwaltes der Polnischen Armee mitgeteilt, daß »die Organe für öffentliche Sicherheit und die Kommandeure militärischer Verbände, die am Kampf gegen Banditen beteiligt sind, ermächtigt sind, alle Diversanten und Banditen, die mit der Waffe in der Hand gefaßt werden, standrechtlich zu

38 Rutkowski, Polska Partia Robotnicza.
39 Szczurowski, Dowódcy Wojska Polskiego, S. 178 und 6 unnumerierte Seiten.
40 Kochański, Polska, S. 75.
41 Dziennik Ustaw RP Nr. 36, Pos. 216 von 1945.
42 Ebd., Nr. 10, Pos. 50 von 1944.

erschießen«[43]. Diese Entscheidung, immerhin nach Kriegsende erlassen, erfordert keinen weiteren Kommentar. Außer Infanterieverbänden wurden zwei schwere Artilleriebrigaden, fünf schwere Artillerieabteilungen, 18 leichte Artillerieregimenter, fünf Panzerregimenter und fünf Panzerartillerieregimenter mit insgesamt etwa 150 000 bis 180 000 Soldaten und Milizionären in den Einsatz gegen den bewaffneten Untergrund entsandt, der damals sicherlich viel zu hoch auf etwa 15 000 hauptsächlich mit Handfeuerwaffen ausgerüstete Partisanen geschätzt wurde[44]. Dazu kamen Verbände der Roten Armee. Eine besonders düstere Rolle spielten hier die in den Kampfeinsatz gegen den Untergrund entsandten Verbände des NKWD, darunter die 62. und die 64. Schützendivisionen der Spezialtruppen des NKWD sowie die Truppen des NKWD zum Schutz des rückwärtigen Raumes der Nordgruppe der Sowjetischen Streitkräfte und einige Regimenter der Grenztruppen. Die Operationen der Truppen des NKWD in Polen dauerten mindestens bis März 1947 an[45]. Damit war die Lage in Polen nicht vergleichbar mit dem, was sich parallel beispielsweise in der Tschechoslowakei oder in anderen »Volksdemokratien« abspielte. Daneben ist zu beachten, daß in dieser Zeit auf dem Gebiet Polens weiterhin einige hunderttausend Soldaten der Roten Armee stationiert waren. Der Kampf, der mit äußerst brutalen Methoden geführt wurde, oft mittels Provokationen und der »Befriedung« von Ortschaften in der Region, wo die Partisanen kämpften, dauerte mehr als zwei Jahre. Die letzte bewaffnete Gruppe, die lediglich noch einige wenige Personen umfaßte, hielt bis in das Jahr 1954 durch.

Nach der Beendigung der Kampfhandlungen zählte die Polnische Armee etwa 400 000 Soldaten. In der Truppe gab es eine große Zahl sowjetischer Generale. So entstammten beispielsweise in der Infanterie von den drei Waffengeneralen (Generalleutnant) alle der Roten Armee. Von den acht Divisionsgeneralen (Generalmajor) kam lediglich einer aus der Polnischen Armee. Von den 18 Brigadegeneralen war ebenfalls nur einer aus der Polnischen Armee, alle übrigen aus der Roten Armee. Bei den Panzer- und motorisierten Truppen sowie bei der Luftwaffe handelte es sich bei allen Generalen um solche der Roten Armee[46]. Insgesamt waren von den 63 Generalen 54 aus der Roten Armee. Besonders viele sowjetische Offiziere gab es im »Informationsapparat«. In der Regel wirkten sie dort in der Funktion eines Chefs oder eines Stellvertreters des Chefs. Dies betraf sowohl die Zentrale als auch den örtlichen Apparat. In Lublin waren beispielsweise bis 1949 alle Chefs der örtlichen Residentur sowjetische Offiziere und Staatsbürger. Diese Situation resultierte aus der Tatsache, daß Moskau zu den Soldaten, die Polen waren, einfach kein Vertrauen hatte. Dies war unabhängig von der Tatsache, daß die Armee von sowjetischen Offizieren geführt wurde, unterstützt durch PPR-Mitglieder, die jedoch in der Regel nur Hilfsfunktionen ausübten.

Bis 1947 bestand ein Hauptauftrag der Armee im Kampf an der inneren Front. Die Armee diente neben dem unmittelbaren Einsatz gegen den bewaffneten Unter-

43 Kochański, Polska, S. 81.
44 Grot/Konecki/Nalepa, Pokojowe dzieje, S. 206 ff.
45 Roman, Działalność wojsk NKWD, S. 200–210.
46 Insbesondere dazu Nalepa, Oficerowie Armii, S. 6–62.

grund als Hauptinstrument zur Stärkung der »Volksmacht«. Sie übte auch Propagandafunktionen aus. Gleichzeitig diente sie als Instrument, das den Kommunisten die Beherrschung der Gesellschaft erleichtern sollte. Im Zusammenhang mit der Vorbereitung auf das Referendum, das den auf der Konferenz von Jalta vereinbarten allgemeinen Parlamentswahlen voranging, begann man die Armee auf die Maßnahmen derart vorzubereiten, daß sie gewährleisten — unabhängig von den tatsächlichen Resultaten des Referendums —, für die Machtorgane günstige Ergebnisse sicherzustellen. Am 7. Mai 1946 wurden die »Direktiven zur Frage der Aktionen der Polnischen Volksarmee beim Referendum« herausgegeben, die vom Chef des Generalstabes und vom Chef der Politischen Hauptverwaltung unterzeichnet wurden[47]. Die Erfahrungen, die man beim Referendum sammelte, dienten als Ausgangspunkt für die Maßnahmen in Vorbereitung der Wahlen vom 19. Januar 1947. Es wurden eigens Schutz- und Propagandatrupps in den einzelnen Wahlbezirken gebildet mit dem Ziel, »Gruppierungen des reaktionären bewaffneten Untergrunds zu bekämpfen und die Sicherheit und Ruhe der Bevölkerung zu gewährleisten«. Ferner wurde »Agitationsarbeit unter der Zivilbevölkerung für das Programm des Blocks der Demokratischen Parteien« durchgeführt[48]. Am »Schutz« der Wahlen, die auf ähnliche Weise »genehme« Ergebnisse wie das Referendum brachten, nahmen 62 438 Soldaten sowie 12 000 Soldaten des Korps für Innere Sicherheit teil[49].

Unmittelbar nach dem Krieg dienten mehr als 17 000 sowjetische Offiziere in der Armee, die in der Regel weiterhin sowjetische Staatsbürger blieben. Ihre Zahl verringerte sich mit der Reduzierung der Streitkräfte insgesamt. In jedem Fall ist festzustellen, daß zu jener Zeit die Polnische Armee die einzige Formation unter den Armeen der Volksdemokratien war, die völlig von der Roten Armee geführt wurde. Zum Vergleich sei darauf verwiesen, daß die erste Gruppe von acht sowjetischen Beratern erst am 1. Oktober 1948 im ungarischen Verteidigungsministerium eintraf[50]. Der Prozeß der unmittelbaren Sowjetisierung der Tschechoslowakischen Armee begann wahrscheinlich etwas früher, aber doch erst nach dem kommunistischen Staatsstreich vom Februar 1948[51].

Obwohl die entscheidenden Dienstposten in der Armee mit sowjetischen Offizieren oder in wesentlich geringerem Umfang mit Personen besetzt waren, die den Sowjets vorbehaltlos ergeben waren, hatten weder Moskau noch dessen Anhänger vor Ort Vertrauen zur Polnischen Armee und zu deren Berufssoldaten. Dies entsprach auch den Grundsätzen des sowjetischen Systems. Daher erfolgte auch der Ausbau des Systems der inneren Bespitzelung sowie von Druck und Terror. Mit den Fortschritten, die bei der Sowjetisierung Polens erreicht wurden, wuchsen auch die nachrichtendienstlichen Aktivitäten. 1952 wurde jeder fünfte

47 Kochański, Polska, S. 146.
48 Ebd., S. 171 f.
49 Grot/Konecki/Nalepa, Pokojowe dzieje, S. 218–220.
50 Okvath, In the Shadow of the Kremlin, S. 458.
51 Hrbek, Research, S. 492.

Offizier zu solchen Maßnahmen, also zur Bespitzelung der eigenen Kameraden, gezwungen[52]. Dies zog in der Konsequenz ein Ansteigen der Repressalien nach sich. Man kann folgende Gesetzmäßigkeit formulieren: Einhergehend mit der seit 1945/46 beginnenden Verringerung der Anzahl der sowjetischen Offiziere in der Polnischen Armee, die nach Kriegsende 53 Prozent aller Offiziere dargestellt hatten, wurden die Formen der Bespitzelung ausgebaut.

7. Der neue Auftrag der Armee im Zusammenhang mit dem Prozeß der Sowjetisierung Polens

Es ist nicht das Ziel dieser Studie, den Prozeß der Sowjetisierung Polens darzustellen[53]. Dieser Prozeß war mit dem Anwachsen der inneren Bespitzelung und zugleich des Terrors eng verbunden. Repressalien, darunter vollstreckte Todesurteile für tatsächliche oder auch manchmal nur angebliche feindliche Aktivitäten oder Haltungen gegenüber der aufgezwungenen Macht, waren seit Entstehen der Polnischen Volksarmee an der Tagesordnung. Eine Form der Bestrafung bildeten die Deportationen aktiver Soldaten in Kriegsgefangenen- oder Straflager in der UdSSR. Bei Verhören wurde oft gefoltert. Im Jahre 1946 verhafteten die Organe des militärischen Geheimdienstes insgesamt 2 266 Personen, darunter 650 Zivilisten. Von 596 Personen, die in diesem Jahr vor Gericht standen (die anderen Fälle wurden später verhandelt), wurden 571 verurteilt, darunter 59 zum Tode. Im Jahr darauf wurden »nur« 830 Personen verhaftet, und 1948 waren es noch 569[54]. Die Beschränkung der Repressalien erwies sich jedoch nur als vorübergehend. Sie war, wie zu vermuten ist, damit verbunden, daß der Armee neue Aufgaben übertragen wurden.

Nach der Beendigung des Krieges und der Zerschlagung jener Kräfte, die sich gegen die Polen aufgezwungene Machtordnung gewehrt hatten, erfolgte ein Prozeß der Reduzierung der Personalstärke der Streitkräfte. Während nach Beendigung der Kriegshandlungen die polnischen Streitkräfte etwa 400 000 Soldaten zählten, fiel ihre Zahl Ende 1948 auf rund 140 000[55]. Sie umfaßt nicht die bewaffneten Einheiten, die dem Ministerium für Öffentliche Sicherheit unterstanden, vor allem das Korps für Innere Sicherheit und die Grenztruppen.

Im Jahr 1948 wuchsen die Spannungen an, was sowohl mit der Verschärfung des Kalten Krieges als auch mit dem Prozeß des Ausbaus des äußeren sowjetischen Imperiums im Zusammenhang stand. Auch der Prozeß der Sowjetisierung Polens ging voran. Ein Merkmal dieser Erscheinung war die bereits 1948 sichtbare Verlangsamung des Abzugs von Offizieren der Sowjetarmee aus der Polnischen Armee. Diese Offiziere besaßen in der Regel weiterhin die sowjetische Staats-

52 Palski, Agentura, S. 38.
53 Siehe: Ajnenkiel, Europa — aus polnischer Perspektive, und ders., A True Beginning.
54 Poksiński, »TUN«, S. 36 f.
55 Grot/Konecki/Nalepa, Pokojowe dzieje, S. 45.

bürgerschaft; unter ihnen dominierten die Russen. Sie hielten in der Armee die Schlüsselpositionen besetzt.

Die Bildung der Polnischen Vereinigten Arbeiterpartei (PVAP) im Dezember 1948 führte zu einer verstärkten politischen Indoktrination der Armee. Gleichzeitig begannen organisatorische Veränderungen mit dem Ziel einer Stärkung des Potentials der Armee. Ihr äußeres Kennzeichen war eine Art »Kaderrevolution«. Aus der Armee wurden im Verlauf von elf Monaten des Jahres 1949 hauptsächlich aus politischen Gründen 780 Offiziere entfernt. Gleichzeitig war die »Nummer 1« Volkspolens, Bolesław Bierut, bemüht, in die Polnische Armee Spezialisten aus der Sowjetarmee zu entsenden. Am 6. November 1949 übernahm der bisherige Oberbefehlshaber der Nordgruppe der Sowjetischen Streitkräfte in Polen, Marschall der Sowjetunion Konstantin Rokossowski, der einen Tag zuvor zum Marschall von Polen ernannt wurde, die Funktion des Ministers für Nationale Verteidigung. Mit ihm wurde eine weitere Gruppe sowjetischer Offiziere in die Polnische Armee entsandt. Letztlich hielten die sowjetischen Offiziere 44 Prozent der Schlüsselpositionen in der Polnischen Armee besetzt. Bei den Generalen betrug der Anteil von Offizieren der Sowjetarmee 54 Prozent[56].

Der aufgezwungene Einsatz Rokossowskis als Verteidigungsminister stellte für die Gesellschaft und auch für die Armee einen wahrhaft psychischen Schock dar. Er war bis zu jener Zeit in Polen als sowjetischer Marschall ziemlich bekannt. Die Tatsache, daß er plötzlich eine polnische Uniform trug, war ein Signal dafür, daß in der Armee und im Land eine neue Etappe der Sowjetisierung Polens ihren Anfang nahm. Zu seiner Zeit begann in umfassenderem Maße ein Prozeß der Entsendung von sowjetischen Beratern in die Polnische Armee, analog dazu, wie dies in den anderen Ländern der Volksdemokratien der Fall war. Diese Berater unterstanden nunmehr direkt dem Verteidigungsminister der UdSSR und dem Chef des Generalstabes der Sowjetischen Armee. Ungeachtet der Tatsache, daß Rokossowski seine polnische Herkunft mehrfach unterstrich und die Notwendigkeit betonte, das äußere polnische Erscheinungsbild der Armee beizubehalten, war seine Anwesenheit und die seiner engsten Mitarbeiter aus der Sowjetarmee, von denen einige nicht einmal Polnisch sprachen, der Beweis dafür, daß die Armee Teil eines direkt mit den Sowjets verbundenen bewaffneten Systems, wenn nicht gar Teil der sowjetischen Streitkräfte selbst wurde. Dabei ist zu unterstreichen, daß jene Personalveränderungen in einer Zeit des verschärften Kampfes gegen »rechtsnationalistische Abweichungen« und einer offiziell proklamierten »verstärkten revolutionären Wachsamkeit« vorgenommen wurden. Dies zog Veränderungen im Bestand des Staatsapparates nach sich und beeinflußte auch die Beziehungen innerhalb der Armee.

Die Offiziere wurden bei der Durchführung der Kaderpolitik in drei Gruppen eingeteilt: solche mit einem klassenmäßig guten, mit fremdem sowie mit feindlichem Standpunkt. Die letzte Gruppe sollte vollständig eliminiert werden. Zu ihr zählten die Offiziere und Unteroffiziere der Polnischen Armee der Vorkriegszeit

56 Detailliert dazu Nalepa, Oficerowie Armii Radzieckiej, S. 53 ff.

und der Polnischen Streitkräfte im Westen sowie ehemalige Offiziere der Reserve. Ihre Entfernung aus der Armee war mit einer neuen Welle von Repressalien verbunden. Diese begann zwar schon vor Rokossowskis Amtsantritt, dauerte jedoch zu seiner Zeit an und wurde noch verstärkt. Unter den Verhafteten befanden sich der Amtsvorgänger Rokossowskis auf dem Posten des Ministers für Nationale Verteidigung, Marschall Rola-Zymierski, und dessen Stellvertreter, General Marian Spychalski. Zu den Opfern der Repressalien gehörten weitere Generale und hohe Offiziere. Viele von ihnen wurden nach grausamen Ermittlungsverfahren erschossen[57].

Parallel zu der Verstärkung der Abhängigkeit der Polnischen Armee von der Sowjetarmee, die mit einer zunehmenden Indoktrination, einer Verschärfung der Repressalien gegen einen Teil der Berufssoldaten und der Verstärkung der Bespitzelung (analog übrigens der in der gesamten Gesellschaft) verbunden war, traten zwei neue Erscheinungen auf.

Zum einen ergriff man Maßnahmen zum zahlenmäßigen Anwachsen und zu einer Verbesserung des technischen Zustandes sowie der Ausbildung der Armee. Noch im Jahre 1948 wurde ein Sechs-Jahres-Plan zur Entwicklung der Streitkräfte ausgearbeitet. Nach Rücksprache mit dem sowjetischen Generalstab wurde entschieden, die Personalstärke der Armee um 100 000 Mann zu erhöhen. Im Zusammenhang mit dem Koreakrieg wurde eine neue Version erarbeitet, ein Zwei-Jahres-Plan zur beschleunigten Entwicklung der Armee in den Jahren 1951/52. Ohne auf dessen Einzelheiten näher einzugehen, kann man feststellen, daß die endgültige maximale Sollstärke aller Truppengattungen die Höhe von 380 000 Mann nicht überschritten hat. Diese wurde Ende 1955 und Anfang 1956 erreicht[58].

Die Armee erhielt den Auftrag, sich auf integrierte Angriffshandlungen im Rahmen eines von der sowjetischen Seite geführten allgemeinen Krieges vorzubereiten. Dies fand seinen Ausdruck in der Thematik der Gefechtsaufträge und der in diesem Zusammenhang durchgeführten Übungen. Die vorgesehene Einsatzrichtung der Polnischen Armee waren die küstennahen Räume sowie die Gebiete an den polnischen Westgrenzen. Hinzuzufügen ist, daß die Machtorgane der Volksrepublik Polen auf den Umfang der Aufgaben, auf die Methoden ihrer Durchführung sowie auf die Ausbildung der Armee keinen größeren Einfluß hatten. Die Gründung des Warschauer Vertrages am 14. Mai 1955 hatte als formaler Akt nicht gleich einen wesentlichen Einfluß auf die Lage und die Abhängigkeiten der Armee[59].

Die aufgezwungenen Aufgaben bedeuteten für Polen in mehrerer Hinsicht große Belastungen. Das eine war die moralische Belastung. Die polnische Vergangenheit und die Tradition seiner Armee wurden verdammt, und ein amtlich verordnetes Feindbild wurde konstruiert. Als Feind wurden die Staaten der einstigen Verbündeten deklariert, die sich jedoch in der Gesellschaft großer Popula-

57 Detailliert dazu Poksiński, »TUN«.
58 Rozwój ludowego Wojska Polskiego, S. 249.
59 Marcinkowski, The Role of Poland.

rität erfreuten. Ungewöhnlich populär waren hier insbesondere die Vereinigten Staaten. Gleichzeitig wurde im Widerspruch zur Einstellung der Gesellschaft die Fiktion von einem ungewöhnlich herzlichen und engen Bruderbund zu den Sowjets und den Armeen der anderen Länder der Volksdemokratien geschaffen. In der Wirklichkeit gab es übrigens angesichts des allgemeinen Mangels an Vertrauen sowohl zur Gesellschaft als auch zur Armee in diesen Beziehungen neben dem großen Eisernen Vorhang, der Polen von der freien Welt trennte, kleinere, aber ebenso dichte Vorhänge, die alle Staaten des sowjetischen Blocks voneinander abschotteten. Daher besaß auch der lauthals deklarierte Integrationsprozeß, der als ideologische Basis den »proletarischen Internationalismus« und die Zusammenarbeit der Armeen der in den Warschauer Pakt eingebundenen Staaten haben sollte, in der Praxis kaum einen Einfluß auf das alltägliche Leben der Truppe und auf die Haltung der Soldaten. Die Haltung breiter Kreise der Jugend illustrierte in dieser Hinsicht ein polnisches Spottlied vom Ende der fünfziger Jahre, dessen Übersetzung etwa wie folgt lautet:

»Es leben unsre Bündnispartner, ob Russen oder auch Koreaner. Es lebe die Armee, die Rote, bis an die Zähne bewaffnet, die Gute. Es lebe Genosse Stalin ... der Große, mit Lippen süß wie Himbeersoße.«

Die aufgezwungenen Belastungen erwiesen sich als große Bürde für das Land und die Bevölkerung. In den Jahren 1951 bis 1955 wurden mehr als 50 neue Rüstungsbetriebe errichtet. Etwa genauso viele Betriebe stellten ihre Produktion auf Rüstungsgüter um. Unter den Bedingungen der Mangelwirtschaft bedeutete dies die Notwendigkeit einer Reduzierung des Lebensniveaus der Bevölkerung. Diesem Ziel dienten solche Maßnahmen wie der drastisch durchgeführte Währungsumtausch, das System von Lebensmittel- und anderen Marken, verschiedene Preis- und Lohnregulierungen oder die Belastung der Bauern durch Zwangsabgaben bei Agrarerzeugnissen. All das ging einher mit einer Militarisierung der Arbeit, darunter der Zwangsverpflichtung der Armee zu Arbeiten verschiedener Art wie beispielsweise im Bergbau. Es ist verwunderlich, daß sich nicht gleich nach dem Tod Stalins in der Gesellschaft Widerstand regte.

Die erste mißlungene Aktion des Regimes, die einen gewaltigen Einfluß auch auf die Armee hatte, deren Soldaten zu einem bedeutenden Teil aus Bauernfamilien stammten, war der Zusammenbruch der Zwangskollektivierung der Landwirtschaft Anfang der fünfziger Jahre. Dies war die erste derartige Niederlage der sowjetischen Politik im gesamten sozialistischen Lager. Der Verdrossenheit konnte sich auch die Armee nicht entziehen, eine Armee, zu der die Sowjets insgesamt niemals Vertrauen hatten. Diese Armee wurde zwar (und dies ganz massiv) zur Niederschlagung der Arbeiterproteste in Poznań im Juni 1956 eingesetzt[60], der zweiten sozialen und gleichzeitig politischen Revolte dieser Größe in dem von den Sowjets beherrschten Teil Europas nach dem Berliner Arbeiteraufstand von 1953. Die Polnische Armee wurde jedoch gleichzeitig in einem sehr ernsten Maß zu der Kraft, die einen Einfluß darauf hatte, daß Polen im Herbst 1956 eine gewis-

60 Nalepa, Pacyfikacja, S. 135.

se Handlungsfreiheit erlangen konnte. Diese Freiheit unterschied die Situation in Polen von der Lage in den anderen Ländern des sowjetischen Lagers, und zwar sehr zugunsten Polens. Das führte dazu, daß von Polen im allgemeinen »von der lustigsten Baracke im sozialistischen Lager« gesprochen wurde. Auf diesen Zustand nahm auch die Situation in der Armee einen ernstzunehmenden Einfluß. Sie hat vielleicht auch mit bewirkt, daß die Sowjets nicht versucht haben, in Polen solche Maßnahmen zu ergreifen, wie sie von ihnen in der Zeit des Aufstandes in Ungarn angewandt wurden. Aber dies ist bereits, wie Kipling gesagt hat, eine ganz andere Geschichte.

Antoni Dudek

Der politische Umbruch von 1956 in Polen

Die politische Krise in Polen 1956 war Ergebnis eines komplizierten Prozesses von Veränderungen, der seit Ende 1954 begonnen hatte. Die Ereignisse, die zur Beseitigung des stalinistischen Systems führten, liefen auf zwei sich gegenseitig beeinflussenden Ebenen ab, und zwar auf der Ebene der kommunistischen Machtelite sowie auf der Ebene der sich von den Fesseln des Totalitarismus befreienden Gesellschaft. Chronologisch lassen sich vier Hauptetappen der Krise unterscheiden:

1. November 1954–Februar 1956: Auftreten erster Konflikte in der Führung der Polnischen Vereinigten Arbeiterpartei sowie eine allmähliche Aktivierung der Gesellschaft.
2. März–Juni 1956: Anwachsen der innerparteilichen Kämpfe sowie der Betroffenheit der Gesellschaft, hervorgerufen durch das Bekanntwerden der Geheimrede Nikita Chruschtschows (auf dem XX. Parteitag der KPdSU im Februar 1952, die Hrsg.) sowie durch die blutigen Unruhen in Poznań.
3. Juli–Oktober 1956: Höhepunkt des Konflikts innerhalb der PVAP sowie Formierung einer Massenprotestbewegung, beendet durch den Machtantritt Władysław Gomułkas auf dem VIII. Plenum des ZK der PVAP.
4. November 1956–Oktober 1957: schrittweise Stabilisierung der Situation durch die neue Führung der Partei sowie eine Beschränkung der politischen Freiheiten, wofür die Einstellung des Wochenblatts »Po prostu« (»Direkt«) Symbol war.

Es ist üblich geworden, den November 1954 als Zeitpunkt für den Beginn des Prozesses der politischen Veränderungen in Polen anzusetzen. Zuweilen werden die ersten Anzeichen des Tauwetters in den Beschlüssen des IX. Plenums des ZK der PVAP vom November 1953 gesehen (damals wurde die bisherige Wirtschaftspolitik kritisiert) oder im Januar 1954 in der Aussetzung der Vollstreckung von Todesurteilen an Offizieren der Polnischen Armee (Wojsko Polskie), die zwei Jahre vorher verurteilt worden waren, oder auch in den Entscheidungen des II. Parteitags der PVAP vom März 1954 (Trennung der Funktion des Ersten Sekretärs des ZK und des Premierministers sowie Änderung des Statuts der Partei)[1]. Jedoch wurde erst auf der Beratung des Zentralaktivs der PVAP vom 29. und 30. November 1954 das wichtigste Fundament des existierenden Systems angegriffen, nämlich der alles beherrschende Sicherheitsapparat. Die Beratung vom November war eine Konsequenz des Schocks, der im ZK der PVAP sowie im Ministerium für Öffentliche Sicherheit eintrat, nachdem am 28. September Radio Freies Europa

[1] Eisler/Kupiecki, Na zakręcie historii, S. 15–17; Korboński, Październik 1956; Rykowski/Władyka, Polska próba, S. 70.

(RFE) eine Sendung unter Beteiligung von Józef Światło, des ehemaligen stellvertretender Direktors der X. Verwaltung des Sicherheitsministeriums, ausstrahlte. Światło, dessen Verwaltung sich mit der »Reinhaltung« der Reihen der Partei befaßte, hatte die Nachricht von der Liquidierung Lawrenti Berijas und seiner Mitarbeiter richtig gedeutet, und da er in Polen eine ähnliche Rolle spielte, war er im Dezember 1953 in den Westen geflohen. In Warschau hatte man vermutet, daß er von westlichen Geheimdiensten während einer Reise nach Berlin entführt worden sei, und erst die Auftritte Światłos im RFE verdeutlichten den polnischen Organen ihren Irrtum. Die Sendungen mit Światło, der freimütig über den Machtmißbrauch im Staatsapparat, über fingierte Prozesse, den luxuriösen Lebensstil der Parteielite sowie über die totale Abhängigkeit Polens von der UdSSR informierte, beeindruckten die Öffentlichkeit tief, was sich in einem beträchtlichen Anstieg der Zahl der Hörer von RFE zeigte[2].

Die während der Novemberberatung formulierte Kritik an der Tätigkeit der Geheimpolizei wurde zur Grundlage für die einige Tage darauf getroffene Entscheidung zur Auflösung des Ministeriums für Öffentliche Sicherheit. An seiner Stelle wurden zwei neue Institutionen geschaffen: Das Komitee für öffentliche Sicherheit mit Władysław Dworakowski als Vorsitzendem sowie das Ministerium des Innern, dessen Leitung Władysław Wicha übernahm. Der bisherige Minister für Öffentliche Sicherheit, Stanisław Radkiewicz, wurde auf den zweitrangigen Posten des Ministers für staatliche Landwirtschaftsgüter versetzt. Die vorgenommene Umgliederung führte zu einer wesentlichen Schwächung der operativen Möglichkeiten des Polizeiapparats (dieser wurde innerhalb einer kurzen Zeitspanne um 30 Prozent reduziert), was zur Folge hatte, daß immer öfter Unwillen gegenüber den Sicherheitsfunktionären demonstriert, eine Zusammenarbeit abgelehnt, ja selbst auf eine weitere geheimdienstliche Tätigkeit verzichtet wurde[3].

Im Verlauf der Novemberberatung des Zentralaktivs forderte der daran teilnehmende Vorsitzende des Zentralrats der Gewerkschaften, Wiktor Kłosiewicz, Aufklärung über das Schicksal des seit 1951 eingekerkerten Władysław Gomułka[4]. Dieser Auftritt hat mit Sicherheit die Entscheidung über die Freilassung Gomułkas beschleunigt, die am 13. Dezember 1954 getroffen wurde. Wenngleich auch der Weg zu seiner politischen Rehabilitation noch weit war, so verwies doch die Tatsache, daß der Gedanke eines Schauprozesses gegen den einstigen Parteiführer verworfen wurde, deutlich darauf, in welche Richtung sich die damaligen Führungsorgane entwickelten.

Im Jahre 1955 folgte der Fall weiterer hochrangiger Funktionäre des aufgelösten Sicherheitsministeriums. Auf dem III. Plenum des ZK der PVAP im Januar 1955 wurde der ehemalige Minister für Öffentliche Sicherheit, Roman Romkowski, aus dem ZK abberufen und dann aus der Partei ausgeschlossen. Gleichzeitig wurden Władysław Matwin und Jerzy Morawski, die aus der jüngeren und libe-

2 Nowak (Jeziorański), Polska z oddali, S. 282.
3 Machcewicz, Polski rok 1956, S. 14; Paczkowski, Aparat bezpieczeństwa.
4 Kłosiewicz, in: Torańska, Oni.

raleren Generation von Parteifunktionären stammten, zu Sekretären des ZK ernannt. Auf einem weiteren Plenum, im Juli 1955, verloren noch zwei Vizeminister dieses Ressorts ihre Mitgliedschaft im ZK: Konrad Świetlik und Mieczysław Mietkowski. Im Dezember 1955 begann der Prozeß gegen den ein Jahr zuvor inhaftierten Direktor der Verwaltung Untersuchung des Sicherheitsministeriums, Oberst Józef Różański, der — gemeinsam mit einigen anderen Offizieren — als »Sündenbock« ausersehen war und für alle Verbrechen des Sicherheitsapparats verantwortlich gemacht wurde. Die geringfügige, wenn auch spürbare Mäßigung in der Anwendung von Repressalien durch das System machte sich auch in der Wirtschaft bemerkbar, wo die drakonischen Vorschriften über die Arbeitsdisziplin gelockert wurden, sowie im Bereich der Justiz, wo ein Teil der Rechte der Militärgerichte an die ordentlichen Gerichte übergeben wurde[5].

Die langsamen Veränderungen im Lager der Macht waren von einer schrittweisen Belebung der Gesellschaft begleitet, die immer stärker ein Abgehen von den bisher herrschenden, auf die Allmacht von Partei und Sicherheitsapparat gestützten Strukturen forderte. Eine große Rolle bei der Beschleunigung des Veränderungsprozesses spielte die Presse[6]. Unter den soziokulturellen Zeitschriften mit entscheidender Bedeutung für das Wecken der gesellschaftlichen Aktivität nahm Ende 1955/Anfang 1956 die Wochenschrift »Po prostu« eine herausragende Position ein. Dieses anfangs schablonenhafte und langweilige Blatt des Polnischen Jugendverbandes (Związek Młodzieży Polskiej, ZMP), das sich vor allem an Studenten richtete, vermochte sich im Herbst 1955 aus der strengen Kontrolle seines Förderers zu befreien. Es griff eine Problematik auf, dank derer es schnell zum meistgelesenen Wochenblatt in Polen avancierte. Es attackierte die bisherigen Methoden des ZMP, die Dominanz des primitiven »sozialistischen Realismus« in der Kunst sowie die vorherrschenden falschen historischen Bewertungen insbesondere zur Rolle der polnischen Heimatarmee (Armia Krajowa) im Zweiten Weltkrieg. »Po prostu« interessierte sich für das jugoslawische Gesellschaftssystem, das noch kurz zuvor als Tito-Faschismus bezeichnet worden war. Das wichtigste Verdienst von »Po prostu« bestand jedoch darin, daß eine Bewegung von Klubs der jungen Intelligenz ins Leben gerufen wurde, die im Jahre 1956 die populärste Form zur Selbstorganisierung der Reformanhänger wurden. Im Frühjahr 1956 wirkten bereits 130 Klubs, die einen erheblichen Einfluß auf die Einwohner der Städte ausübten. Zu einem zweiten Zentrum, das die Klubbewegung animierte, wurde der bereits im Februar 1955 in Warschau gegründete »Klub des Schiefen Rades«[7].

Neben der wachsenden Kritik in der Presse und der Gründung erster Diskussionsklubs müssen zu den wichtigsten Ereignissen, die auf die Stimmungslage im Jahre 1955 wirkten, die V. Weltfestspiele der Jugend und Studenten in Warschau Ende Juli bis Anfang August gezählt werden. Nach langjähriger Isolation

5 Eisler/Kupiecki, Na zakręcie historii, S. 17.
6 Ausführlich behandelt den Prozeß Władyka, Na czołówce.
7 Siehe: Lopieńska/Szymańska, Stare numery; Friszke, Opozycja polityczna w PRL 1945–1980, S. 94–98; Jedlicki, Klub Krzywego Koła.

mußte der Auftritt 30 000 ausländischer Teilnehmern, darunter vieler aus dem Westen, zu einem Katalysator werden, der das Entstehen von Unzufriedenheit beschleunigte. Auch in breiten Kreisen der Kulturschaffenden gärte es. Zum Symbol des Bruchs mit dem »sozialistischen Realismus« wurden die im Juli in Warschau eröffnete Ausstellung der »Jungen Plastik« (Arsenal '55) sowie das einen Monat später in der »Nowa Kultura« (»Neue Kultur«) veröffentlichte »Poem für Erwachsene« von Adam Ważyk, das am Beispiel des bei Kraków gelegenen Nowa Huta das Propagandabild der Großbauten des Sozialismus brutal entlarvte. Die Machtorgane versuchten, die anschwellende Welle der Kritik einzudämmen, aber Winkelzüge wie die Absetzung des Chefredakteurs der »Nowa Kultura«, Paweł Hoffman[8], der den Mut hatte, das Werk Ważyks zu drucken, heizten die Stimmungslage nur an. Journalisten und Kulturschaffende wurden Ende 1955/Anfang 1956 zum Hauptverfechter von Veränderungen[9].

Zu einem Ereignis, das das stalinistische System in Polen stark erschütterte und die Veränderungen im Land gewaltig beschleunigte, wurde der XX. Parteitag der KPdSU. Die von Nikita Chruschtschow in der Nacht vom 24. zum 25. Februar 1956 gehaltene Geheimrede »Über den Personenkult und seine Folgen« wurde bald allgemein bekannt. Chruschtschows entlarvender Auftritt wurde in Polen wesentlich stärker verbreitet als in den anderen Ländern des sowjetischen Blocks. Das Sekretariat des ZK der PVAP entschied nämlich Ende März, den Text der Rede in 20 000 Exemplaren an die Parteigrundorganisationen weiterzuleiten. In der Druckerei wurde die Auflagenstärke eigenmächtig erhöht, und in kurzer Zeit war die Broschüre mit der Rede Chruschtschows allgemein zugänglich; man konnte Exemplare davon problemlos auf dem größten Warschauer Basar kaufen[10]. Zahlreiche Berichte verweisen auf die erschütternde Wirkung der Chruschtschow-Rede. Neben rein hysterischen Reaktionen sowie Spekulationen zu den Ursachen der Stalinschen Verbrechen wurden im Verlauf der damals geführten Debatten auch Stimmen laut, die das Recht der PVAP zur weiteren Machtausübung in Frage stellten und die Abhängigkeit Polens von der UdSSR angriffen. Die Diskussionsredner überschritten weit die von Chruschtschow vorgegebenen Grenzen zulässiger Kritik, indem sie unter anderem eine prinzipielle Veränderung der Landwirtschaftspolitik (Abbruch des Kollektivierungsprozesses) sowie der Politik gegenüber der katholischen Kirche (Freilassung von Primas Wyszyński und anderer Bischöfe) forderten. Ferner wurde verlangt, daß Gomułka an die Macht kommen und die Schuldigen für den Machtmißbrauch in den vergangenen Jahren endlich bestraft werden sollten[11].

Die Entscheidung der Führung der PVAP über die Veröffentlichung der Rede Chruschtschows war verbunden mit den Veränderungen, die sich in der Führung

[8] Bezeichnend für die Stimmungslage scheint die Tatsache zu sein, daß Paweł Hoffman in den Jahren 1950–1954 Leiter der Abteilung Kultur des ZK der PVAP war.

[9] Rykowski/Władyka, Polska próba, S. 87–111.

[10] Eisler/Kupiecki, Na zakręcie historii, S. 21.

[11] Den Ablauf der Versammlungen, auf denen über die Rede Chruschtschows diskutiert wurde, behandelt ausführlich Machcewicz, Polski rok 1956, S. 17–36.

der Partei auf dem VI. Plenum des ZK der PVAP vom 20. März 1956 vollzogen hatten. Sie waren zwangsläufig durch den unerwarteten Tod des bisherigen Führers der PVAP, Bolesław Bierut, hervorgerufen worden, der am 12. März in Moskau verstorben war. Der Tod des »polnischen Stalin« beschleunigte das Aufbrechen der innerhalb der PVAP angewachsenen Widersprüche. Ohne große Kontroversen wurde zwar Edward Ochab, der als Kompromißkandidat für den Übergangszeitraum galt, zum neuen Ersten Sekretär des ZK gewählt. Jedoch bereits während der Diskussion über Veränderungen im Sekretariat des ZK der PVAP kam es zu einer scharfen Polemik um die Kandidatur von Roman Zambrowski, den ein ZK-Mitglied unerwartet — entgegen den sonstigen Gepflogenheiten des ausschließlichen Vorschlagsrechts des Politbüros — vorgeschlagen hatte. Auf diese Weise zeichnete sich zum ersten Mal in der Führung der PVAP eine Spaltung in zwei Fraktionen ab, in die Natolin-Gruppe und die Puławska-Gruppe[12]. Die Natolin-Gruppe, die letztendlich den Einzug von Zambrowski in das Sekretariat des ZK verhinderte, wurde als der Repräsentant des am meisten dogmatischen, prosowjetischen und reformfeindlichen Teils des Parteiapparats angesehen. Als ihre führenden Vertreter galten: Zenon Nowak und Franciszek Jóźwiak, Mitglieder des Politbüros und gleichzeitig Stellvertreter des Ministerpräsidenten; Aleksander Zawadzki, Vorsitzender des Staatsrates und Mitglied des Politbüros; Franciszek Mazur, Sekretär des ZK; Stanisław Łapot, Stellvertreter des Ministerpäsidenten; Wiktor Kłosiewicz, Vorsitzender des Zentralrates der Gewerkschaften; Hilary Chełchowski, Kandidat des Politbüros; Bolesław Rumiński, Minister für Chemische Industrie, sowie Kazimierz Mijal, Minister für Kommunalwirtschaft. Als Patron der Natolin-Gruppe wurde allgemein der Minister für Nationale Verteidigung, Marschall Konstantin Rokossowski, angesehen. Die Puławska-Gruppe sprach sich dagegen für Reformen und Liberalisierung, aber unter Beibehaltung aller grundlegenden Prinzipien des kommunistischen Systems, aus. In ihren Reihen fanden sich einstige Mitglieder der stalinistischen Parteiführung wieder (unter anderen das Mitglied des Politbüros Roman Zambrowski, Ministerpräsident Józef Cyrankiewicz, der Erste Sekretär der Woiwodschaftsleitung der PVAP in Warschau, Stefan Staszewski, der Parteiideologe Roman Werfel), die, indem sie sich für Veränderungen aussprachen, ihre politische Position zu retten versuchten. Es fanden sich hier aber auch jüngere, vor kurzem aufgestiegene Parteifunktionäre (u.a. die Sekretäre des ZK der PVAP Jerzy Morawski, Władysław Matwin, Jerzy Albrecht sowie die Vorsitzende des Polnischen Jugendverbandes, Helena Jaworska)[13].

Die Vertreter der Natolin-Gruppe widersetzten sich der Verbreitung der Chruschtschow-Rede nicht, da ihrer Einschätzung nach mit der Puławska-Grup-

12 Der Name Natolin-Gruppe stammte vom Gästehaus des Ministerrates in Natolin bei Warschau, wo sich ihre führenden Vertreter trafen, die Bezeichnung Puławska-Gruppe von der Puławska-Straße in Warschau, an der die führenden Vertreter dieser Fraktion wohnten.

13 Zur Zusammensetzung der beiden Gruppen siehe: Dymek, Z dziejów PZPR w latach 1956–1970, S. 27 f.; Jaworski, Kryzys społecno-polityczny 1956 roku; Albert (Roszkowski), Najnowsza historia Polski, S. 194.

pe alle diejenigen Politiker verbunden waren, die für den vergangenen Zeitabschnitt Verantwortung trugen, darunter besonders die beiden führenden Mitarbeiter Bieruts, Jakub Berman und Hilary Minc. Die Kritik an Stalin konnte ihrer Auffassung nach nur die Abrechnung mit den polnischen Stalinisten erleichtern. Die Anhänger der Puławska-Gruppe ihrerseits rechneten damit, daß die Rede Chruschtschows dem Kampf gegen den konservativen Flügel der PVAP förderlich sei und es ihnen ermöglichen würde, als Avantgarde des Erneuerungsprozesses aufzutreten. Die stürmische Reaktion der Öffentlichkeit überraschte sie jedoch deutlich, und bereits am 11. April gab das von den Puławska-Anhängern beherrschte Sekretariat des ZK die Weisung heraus, den Zugang zum Text der Rede zu beschränken[14]. Die sich ausbreitende Welle öffentlicher Debatten zur Rede Chruschtschows ließ sich jedoch nicht mehr aufhalten, was bewies, daß die durch innere Kämpfe gelähmte Führung der Partei immer mehr die Kontrolle über die Entwicklung der Lage verlor.

Die Vertreter der Natolin-Gruppe, die zahlenmäßig schwächer war, keinen Einfluß in den Massenmedien hatte und demzufolge nicht auf eine breite gesellschaftliche Unterstützung bauen konnte, entschied sich, Władysław Gomułka, dessen Popularität stetig zunahm, als Verbündeten zu gewinnen. Unter ihrem Einfluß faßte am 19. April das Politbüro den Beschluß, mit Gomułka Gespräche aufzunehmen. Bemerkenswert ist, daß mit ihm zu Beginn nahezu ausschließlich Leute sprachen, die mit Natolin verbunden waren, und zwar am 9. Mai Franciszek Mazur und Zenon Nowak sowie am 19. Mai Aleksander Zawadzki und erneut Mazur. Gomułka, der spürte, daß seine Bedeutung steigen würde, stellte jedoch Forderungen, die zu dieser Zeit für die Führung der Partei noch inakzeptabel waren. Er verlangte, die gegen ihn erhobenen Anschuldigungen aus dem Jahre 1948 wegen rechts-nationalistischer Abweichungen zurückzunehmen und ihm das Recht einzuräumen, auf einer Sitzung des ZK der PVAP aufzutreten[15]. Mit der Ablehnung der Forderungen Gomułkas ging aber das Ausscheiden Jakub Bermans (am 4. Mai) aus der Partei- und Staatsführung einher, der 1948 zu den Hauptorganisatoren von Gomułkas Sturz gehört hatte. Die Zeit arbeitete für den ehemaligen Parteichef. Der Schock, den Chruschtschows Enthüllungen ebenso hervorriefen wie die Erzählungen Tausender nach der Amnestie vom 27. April 1956[16] freigelassener politischer Gefangener, das Sinken des Lebensstandards im Ergebnis der Fehler des Sechs-Jahr-Planes und der gewaltigen Rüstungsausgaben, die sich verschlechternde Grundversorgung und schließlich die spürbare Abschwächung des Polizeiterrors — das alles bildete ein explosives Gemisch, das am 28. Juni in Poznań detonierte. Der Streik, der an diesem Tag in den Stalin-Werken aufflammte, verwandelte sich in mehrstündige Tumulte, in deren Verlauf in

14 Machcewicz, Polski rok 1956, S. 17.

15 Diese Forderungen enthielt der Brief Gomułkas an das Politbüro vom 29.5.1956, in: Gomułka i inni, S. 85 f.

16 Kraft des an diesem Tag gefaßten Sejm-Beschlusses wurden 5847 wegen Verbrechen gegen die VR Polen und 1063 wegen Vorkriegsvergehen verurteilte Personen freigelassen. Siehe: Turski, Kronika październikowa.

großem Maßstab von der Schußwaffe Gebrauch gemacht wurde. Besonders erbitterte Kämpfe tobten um das Gebäude des Woiwodschaftsamtes für öffentliche Sicherheit, das die Demonstranten erfolglos einzunehmen versuchten. Die von den Teilnehmern der Tumulte gerufenen Parolen waren anfangs von sozialen und ökonomischen Inhalten dominiert, nahmen aber schnell einen ausgesprochen antikommunistischen und antisowjetischen Charakter an. Im Verlauf der Straßenkämpfe und der Befriedung der Stadt durch mehr als 10 000 mit Panzern ausgerüstete Soldaten starben 74 Menschen, und einige hundert wurden verletzt[17].

»Nach Poznań konnte man nicht mehr so denken und leben, wie man noch vor Poznań denken und leben konnte[18].« Deutlich bestätigen das zahlreiche Berichte zur gesellschaftlichen Stimmungslage aus Partei- wie auch aus Polizeiquellen[19]. Den Behörden aber wurde dies nicht sofort deutlich, und die Veränderungen in der offiziellen Bewertung der Demonstrationen vom 28. Juni erwiesen sich als eine Hauptdeterminante für den Entstalinisierungsprozeß. Die ersten Reaktionen waren typisch für die nunmehr zu Ende gehende Epoche. Ministerpräsident Józef Cyrankiewicz drohte in einer Rundfunkansprache am Abend des 29. Juni: »Jeder Provokateur oder Wahnsinnige, der es wagt, die Hand gegen die Volksmacht zu erheben, möge gewiß sein, daß ihm die Staatsmacht diese Hand im Interesse der Arbeiterklasse, der werktätigen Bauernschaft und der Intelligenz abhacken wird[20].« Ähnlich lauteten zu Anfang auch die amtlichen Pressekommentare, die die Ursachen der Proteste in »der heimtückischen Hand imperialistischer Provokateure« sahen. Zweifel tauchten jedoch bereits in dem Bericht auf, den der Untersuchungsausschuß des Politbüros der Parteiführung zur Analyse der Ereignisse in Poznań vorlegte. Die Ausschußmitglieder Edward Gierek, Wiktor Kłosiewicz und Stefan Misiaszek stellten zwar fest, daß »die Ereignisse in Poznań den Charakter einer feindlichen, gegen das Volk gerichteten Diversion und politischen Provokation trugen, die von einem feindlichen Zentrum organisiert und gesteuert wurden«, gleichzeitig wird in ihrem Bericht jedoch vermerkt: »Seit längerer Zeit sind in vielen Industriebetrieben in Poznań Stimmungen der Unzufriedenheit der Belegschaft angewachsen, die aus ihrer ökonomischen Situation vor dem Hintergrund von Unordnung im Betriebsablauf und von Schwierigkeiten im Bereich Versorgung und Kooperation resultieren.« Der Untersuchungsausschuß stellte ebenfalls eine »langandauernde Taubheit der Wirtschaftsverwaltung gegenüber berechtigten Forderungen und Ansprüchen der Belegschaften« fest[21].

Die Analyse der Ereignisse in Poznań war ein Hauptthema des VII. Plenums des ZK der PVAP. Dieses längste Plenum in der Geschichte der PVAP dauerte mit einer zweitägigen Unterbrechung vom 18. bis zum 28. Juli 1956. Bei den 156

17 Näheres zu den Ereignissen in Poznań siehe: Poznański Czerwiec; Czubiński, Czerwiec 1956 w Poznarin; Nalepa, Pacyfikacja zbuntowanego miasta; Dudek/Marszałkowski, Walki uliczne, S. 14–25; Machcewicz, Polski rok 1956, S. 77–107.

18 Rykowski/Władyka, Polska próba, S. 194.

19 Näher behandelt dies: Machcewicz, Polski rok, S. 112–141.

20 Zit. nach: Tarniewski (Karpiński), Porcja wolności, S. 50.

21 Zit. nach: Rykowski/Władyka, Raport Gierka.

Rednern, die das Wort ergriffen, wurden Differenzen in Fragen von grundsätzlicher Bedeutung deutlich. An erster Stelle stand dabei die Bewertung der Ursachen der Vorfälle in Poznań. Wo die Puławska-Vertreter versuchten, die ökonomischen Ursachen des Arbeiterprotestes aufzuzeigen, beharrten die Natolin-Vertreter (Mijal, Jóźwiak und Izydorczyk) auf der Behauptung vom »geheimdienstlichen und konterrevolutionären« Charakter der Ereignisse. Eine zweite Frage, die die Mitglieder des ZK spaltete, war die Einschätzung des Sechs-Jahr-Planes. Kłosiewicz und Łapot versuchten, Hilary Minc für die offenkundige Verelendung der Bevölkerung verantwortlich zu machen. Letzterer wurde hingegen von den Puławska-Leuten in Schutz genommen, auch mit dem Argument, daß der Kalte Krieg erhöhte Verteidigungsausgaben erforderlich gemacht habe. Der Streit verschärfte sich, als Zenon Nowak die seiner Meinung nach herrschende Überbesetzung von gewissen Teilen des Machtapparats mit Personen jüdischer Herkunft angriff. Die Puławska-Leute, von denen viele jüdischer Abstammung waren, antworteten darauf mit heftigen Protesten und dem Vorwurf der Verwendung von Antisemitismus im politischen Kampf.

Zu einer Quelle für Polemik wurde auch der Fall Gomułka, den die weiter auf ihn bauenden Natolin-Leute auf die Tagesordnung setzten. Gelegenheit dazu bot ihnen der Bericht des Ersten Sekretärs des ZK, Edward Ochab, in dem es hieß, es sei anzustreben, »daß Genosse Gomułka eine Position in Übereinstimmung mit der Politik der Partei bekommen und in die Partei zurückkehren soll«[22]. Daran anknüpfend, forderte Kłosiewicz, Gomułka zum Plenum einzuladen und ihm seinen Parteiausweis zurückzugeben. Dabei unterstützten ihn Łapot, Witaszewski und Rumiński. Letzterer schlug auch vor, den Beschluß des III. Plenums von 1949 zurückzunehmen, der Gomułka das Recht auf Ausübung jeglicher Parteifunktionen entzogen hatte. In diesem Zusammenhang wurde die Frage der Repressalien gegen die Mitarbeiter des ehemaligen Parteichefs, Zenon Kliszko und Marian Spychalski, aufgegriffen. Einer Rehabilitierung Gomułkas und seiner eventuellen Rückkehr in die PVAP widersetzten sich die Puławska-Anhänger kategorisch. Letztendlich kam es zu einem Kompromißbeschluß: »Das VII. Plenum des ZK der PVAP hat entschieden, den Beschluß des III. Plenums des ZK der PVAP vom November 1949 in dem Teil aufzuheben, der die beleidigenden und ungerechtfertigten Vorwürfe der Tolerierung eines fremden Nachrichtendienstes betrifft, derer die Genossen W. Gomułka, M. Spychalski und Z. Kliszko bezichtigt wurden[23].« Am 2. August 1956 händigte der Sekretär der Parteigrundorganisation im ZK der PVAP, Stefan Misiaszek, Gomułka den Parteiausweis aus. Zu den Beratungen des ZK wurde Gomułka hingegen nicht eingeladen, und das Problem seiner Rückkehr in die Machtstrukturen blieb weiterhin offen.

Im Verlauf der Beratungen des VII. Plenums fehlte es auch an einer einheitlichen Einschätzung der Rolle der Presse bei den Ereignissen der letzten Monate. Eine gründliche Analyse des umfangreichen Stenogramms des VII. Plenums ergibt, daß unter den 53 Diskussionsbeiträgen, in denen das Problem der Massenmedien berührt wurde, »etwa je zu einem Drittel Angriffe auf die Presse, zu deren Ver-

22 Zit. nach: Kozik, PZPR w latach 1954–1957, S. 188.
23 Trybuna Ludu vom 5.8.1956.

teidigung sowie neutrale Äußerungen zu finden waren, die in breiterem oder geringerem Umfang Mängel oder Vorzüge der Presse hervorhoben«[24]. Diese Proportion spiegelt das damalige Kräfteverhältnis im ZK der PVAP gut wider und erklärt gleichzeitig, weshalb die Beratungen ohne eindeutige Entscheidungen zu Ende gingen und keine der sich bekämpfenden Fraktionen den Sieg davontrug.

Das Patt, das nach dem VII. Plenum entstanden war, zwang die Puławska-Anhänger zu einer wesentlichen Entscheidung. Im Bewußtsein, daß sie nicht in der Lage waren, mit eigener Kraft die Natolin-Leute auszuschalten, die darauf warteten, daß ein Schiedsspruch Moskaus ihnen die volle Macht[25] zuerkennen würde, entschloß sich die Puławska-Gruppe, Gomułka auf ihre Seite zu ziehen. Das fiel ihr gewiß nicht leicht. So wie viele der alten Puławska-Leute Gomułka nicht ausstehen konnten, weil sie ihn für einen intellektuell beschränkten Despoten hielten, so hatte auch der ehemalige Generalsekretär der Polnischen Arbeiterpartei allerlei Gründe, um Zambrowski, Minc oder Werfel zu hassen, die erheblich zu seinem Sturz im Jahre 1948 beigetragen hatten. Als Emissäre der Puławska-Gruppe traten die Sekretäre des ZK, Albrecht und Morawski, sowie Ministerpräsident Cyrankiewicz auf, die im August und September mit Gomułka mehrere Gespräche über seine Rückkehr in die Führung der PVAP führten. Am Ende brach Gomułka den Dialog mit den Natolin-Leuten ab und ging einen Pakt mit der Puławska-Gruppe ein: »Das gesellschaftlich isolierte ›Natolin‹, das durch seine engen Verbindungen zur sowjetischen Botschaft und der KPdSU kompromittiert war und sich weitreichenden demokratischen Veränderungen widersetzte, konnte für Gomułka kein Sprungbrett zur Macht sein. Darüber hinaus weist alles darauf hin, daß die Natolin-Leute nicht geneigt waren, Gomułka das anzubieten, was dieser wollte, und zwar den Posten des Ersten Sekretärs der Partei[26].«

Im August und September verstärkten sich die Anzeichen einer gesellschaftlichen Erregung sowie der Erwartung einer Wende, die immer öfter mit der Rückkehr Gomułkas an die Macht verbunden wurde. Die katholische Kirche aktivierte deutlich ihre Tätigkeit, am spektakulärsten bei den Feiern zum Fest Mariä Himmelfahrt im August im Jasna-Góra-Kloster in Częstochowa, an denen — zum ersten Mal seit vielen Jahren — mehrere hunderttausend Gläubige teilnahmen[27].

24 Lubiński, Poglądy przeciwników i obrońców prasy na VII Plenum, S. 170.

25 Auf die Unterstützung der UdSSR-Führung für die Führer der Natolin-Gruppe verweist deutlich die Ansprache des sowjetischen Ministerpräsidenten Bulganin, der während der Beratungen des VII. Plenums des ZK der PVAP in Polen weilte. Seine Aussagen über die polnische Presse und die Ereignisse in Poznań korrespondierten deutlich mit den Auftritten der Natolin-Vertreter: »Es sind Fakten bekannt, wo unserer Sache feindlich gesonnene Elemente die Presseorgane der sozialistischen Länder benutzt haben, um ihre giftige Saat auszubringen. Einige Leiter dieser Presseorgane sind dem feindlichen Einfluß erlegen [...]. Die jüngsten Ereignisse in Poznań, die durch feindliche Agenten provoziert wurden, sind eine neuerliche Bestätigung dessen, daß die internationale Reaktion den absurden Plänen der Wiedereinführung des Kapitalismus in den sozialistischen Ländern immer noch nicht abgeschworen hat.« Trybuna Ludu vom 23.7.1956.

26 Machcewicz, Władysław Gomułka, S. 40.

27 Näheres zu diesem Thema siehe: Dudek, Państwo i Kościół w Polsce, S. 39–42.

Auf dem Lande verbreitete sich Unzufriedenheit, die ihren Ausdruck darin fand, daß immer öfter Bauern versuchten, die unter Druck gegründeten Genossenschaften zu verlassen. Am ausschlaggebendsten war jedoch die Lage in den Großstädten, wo zum Ende des Sommers in größeren Betrieben Arbeiterräte zu entstehen begannen. Zum Hauptzentrum der Selbstverwaltungsbewegung, die von »Po prostu« sowie von unteren Kreisen des Parteiapparats, die mit der Puławska-Gruppe verbunden waren, inspiriert worden war, wurde Warschau. Die einflußreichsten Arbeiterräte entstanden in den FSO-Autowerken (Fabryka Samochodów Osobowych), den Werken »22. Juli« sowie in den L.-Waryński-Werken. Die Bewegung der Arbeiterräte beabsichtigte, die reale Kontrolle über die Tätigkeiten der Betriebe zu übernehmen, und ihre Postulate umfaßten auch Forderungen nach politischen Veränderungen[28].

Der Gärungsprozeß begann, auch die Organe an der Basis der PVAP zu erfassen. Auf stürmischen Versammlungen der Parteigrundorganisationen wurden Resolutionen angenommen, in denen gefordert wurde, den Demokratisierungsprozeß zu vertiefen, die Zensur zu beschränken, die Beziehungen zur UdSSR nach dem Prinzip der Partnerschaft zu gestalten, die Schuldigen für den Ausbruch des Arbeiteraufstandes in Poznań zu bestrafen, die Art und Weise der Wirtschaftsführung zu verändern, Gomułka in die Führung der PVAP einzubinden und endlich die materiellen Privilegien der Machtelite zu beseitigen.

Anfang Oktober erreichte die Stimmungslage den Siedepunkt. Der Erste Sekretär des ZK der PVAP, Edward Ochab, stellte auf der Sitzung des Politbüros am 12. Oktober dazu fest: »Die Partei durchlebt eine Krise als Folge der in der Vergangenheit gemachten Fehler. Spürbar ist der starke Druck feindlicher, fremder Tendenzen; es gibt antisowjetische Parolen und Forderungen nach Demokratie liberaldemokratischer Art. Die wirtschaftliche Lage verlangt rasche Entscheidungen. Im Ergebnis der inneren Verfassung, in der sich gegenwärtig die Partei befindet, können wir in eine Katastrophe geraten[29].« Władysław Gomułka war an diesem Tag zum ersten Mal zur Sitzung dieses höchsten Gremiums eingeladen und hörte die Analyse Ochabs. Er traf aber bereits nicht mehr auf Hilary Minc, das letzte Mitglied des großen Triumvirats, das Polen in den vorangegangenen sieben Jahren regiert hatte. Drei Tage zuvor war Minc aus dem Politbüro zurückgetreten und hatte so die erste Etappe der Veränderungen in der Führung der PVAP beendet. Gomułka unterzog die bisherige Wirtschaftspolitik, darunter insbesondere die Ineffektivität der Produktionsgenossenschaften, einer kritischen Analyse. Er verwies auf die Notwendigkeit der Normalisierung der ökonomischen und politischen Beziehungen zur UdSSR sowie auf die ungünstigen Konsequenzen der Anwesenheit von sowjetischen Beratern. Darüber hinaus forderte er eine Reorganisation und substantielle Reduzierung des Parteiapparts[30]. Wie

28 Nowakowski, Zagadnienie samorządu robotniczego.

29 Notiz über die Sitzung des Politbüros des ZK der PVAP am 12.10.1956, in: Gomułka i inni, S. 89.

30 Inhalt des Auftritts Gomułkas auf der Sitzung des Politbüros des ZK der PVAP am 12.10.1956, in: ebd., S. 90–96.

unschwer zu bemerken ist, wiederholte Gomułka — wenn auch in gemilderter Form — Forderungen, die in dieser Zeit auf Versammlungen in ganz Polen erhoben wurden. Die Beratungen des Politbüros endeten mit dem Beschluß, für den 17. Oktober das VIII. Plenum des ZK der PVAP einzuberufen.

Am 15. Oktober wurde auf einer weiteren Sitzung des Politbüros unter Beteiligung Gomułkas entschieden, den Beginn des Plenums des ZK der PVAP auf den 19. Oktober zu verschieben. Gleichzeitig erklärte Ochab seine Bereitschaft, zugunsten Gomułkas vom Posten des Parteichefs zurückzutreten, was die Mehrheit der Politbüromitglieder akzeptierte. Es wurde auch beschlossen, daß auf der Sitzung des ZK alle Mitglieder des Politbüros und des Sekretariats des ZK ihre Ämter niederlegen sollten. Gleichzeitig wurde eine vierköpfige Kommission mit Gomułka, Cyrankiewicz, Ochab und Zawadzki berufen, die Vorschläge zur neuen Zusammensetzung der PVAP-Führung vorbereiten sollte. Über alle diese Festlegungen wurde die Öffentlichkeit nicht informiert. In der Presse erschien lediglich ein kurzes Kommuniqué, wonach Gomułka an den Arbeiten des Politbüros zur Vorbereitung des VIII. Plenums teilgenommen hatte[31]. Das Fehlen von Informationen potenzierte die erregten Stimmungen und begünstigte die Entstehung von Gerüchten. Besondere Aufregung erweckte die weit verbreitete Information, wonach die Natolin-Gruppe einen blutigen Staatsstreich vorbereite, der mit einer sowjetischen militärischen Intervention verbunden sei. Als Abschriften kursierten sogar »schwarze« Listen mit den Namen von Personen, die verhaftet werden sollten. Die gespannte Atmosphäre wurde durch den Artikel »Der Staatsinstinkt« weiter angeheizt, der der Feder Bolesław Piaseckis, Vorsitzender der katholischen Vereinigung PAX, entstammte. Angesichts seiner kontroversen Vergangenheit wie auch seiner konservativen Publizistik hatte man Piasecki Verbindungen mit dem KGB unterstellt[32]. Am 16. Oktober schrieb er in dem katholischen Blatt »Słowo Powszechne« (Das allgemeine Wort): »Wenn wir die Diskussionen nicht in verantwortbarem Rahmen halten, provozieren wir statt einer Demokratisierung Prozesse, die eine gewaltsame Umsetzung der Staatsräson unter Umständen erforderlich machen, die einer Verhängung des Ausnahmezustandes nahekommen.« Dieser Satz wurde als Warnung aus Moskau interpretiert.

Die sowjetische Führung war durch die gewaltige Beschleunigung der polnischen Ereignisse in der ersten Oktoberhälfte tatsächlich stark beunruhigt. Besonders besorgniserregend mußte die Nachricht wirken, Gomułka solle den Posten des Ersten Sekretärs des ZK der PVAP übernehmen und Marschall Konstantin Rokossowski aus der neuen Parteiführung entfernt werden. Am Vorabend des VIII. Plenums rief der sowjetische Botschafter, Pantelejmon Ponomarenko, bei Edward Ochab an. Er forderte die Verschiebung des Termins des ZK-Plenums, und nach Ochabs kategorischer Weigerung (der in dieser Frage vom Politbüro unterstützt wurde) kündigte der Diplomat das Eintreffen einer Delegation des Präsidiums des ZK der KPdSU mit Nikita Chruschtschow an der Spitze an. Gleich-

31 Działalność Władysława Gomułki, S. 535.

32 Weiter zu Piasecki und seiner Rolle bei den Ereignissen von 1956 siehe: Dudek/Pytel, Bolesław Piasecki, S. 225–251.

zeitig liefen beim ZK der PVAP Informationen über sowjetische Truppenbewegungen auf. Verbände der Sowjetarmee verließen ihre Stützpunkte in Pommern und Niederschlesien und bewegten sich in Richtung Warschau. Es hieß, der Generalstabschef der Polnischen Armee, General Juri Bordziłowski (ein sowjetischer Offizier, der zu den polnischen Streitkräften abkommandiert war), habe Befehl gegeben, in Warschau Objekte von strategischer Bedeutung zu besetzen. Nach einer anderen Quelle war der Urheber dieses Befehls der für Gomułka eintretende Befehlshaber der Truppen für Innere Verteidigung, Wacław Komar. In den Reihen der Armee kam es zu einschneidenden Spaltungen, und noch heute ist schwer zu sagen, ob die Soldaten des Korps für Innere Sicherheit die Gebäude in der Hauptstadt besetzten, um sie gegen die Bevölkerung oder gegen die Sowjetarmee zu verteidigen[33].

Am 19. Oktober um 7 Uhr früh landete auf einem Flugplatz bei Warschau eine Delegation der KPdSU mit Nikita Chruschtschow, Anastas Mikojan, Wjatscheslaw Molotow und Lasar Kaganowitsch. Sie wurde begleitet von einer Gruppe Generale unter dem Oberkommandierenden der Truppen des Warschauer Vertrages, Marschall Iwan Konew. Nach einer Begrüßung in gespannter Atmosphäre, bei der Chruschtschow mit der Faust gedroht haben soll, wurden die Führer der KPdSU ins Schloß Belvedere gebracht. Vier Stunden danach eröffnete Ochab die Beratungen des VIII. Plenums des ZK der PVAP. Nach dem Verlesen der Tagesordnung schlug er vor, Gomułka und seine Mitarbeiter Zenon Kliszko, Ignacy Loga-Sowiński und Marian Spychalski in das ZK zu kooptieren. Nach der einstimmigen Annahme dieses Antrags machte Ochab den Vorschlag, die Beratungen im Zusammenhang mit dem Besuch der Delegation der KPdSU auf die Abendstunden des 19. Oktober zu vertagen. Am Abend um 18 Uhr verkündete der Erste Sekretär des ZK der PVAP, daß die Gespräche andauerten, und schlug vor, die Beratungen des Plenums auf den nächsten Tag zu verschieben. So geschah es dann auch[34].

Die polnisch-sowjetischen Gespräche im Schloß Belvedere, an denen Gomułka sowie die Mehrheit der Mitglieder des scheidenden Politbüros teilnahmen, endeten in den frühen Morgenstunden des 20. Oktober. Die stenografische Aufzeichnung der Verhandlungen ist nicht bekannt, es steht nicht einmal fest, ob eine solche überhaupt erfolgte. Aus den kürzlich veröffentlichten verkürzten fragmentarischen Notizen Gomułkas und Zawadzkis sowie aus anderen Berichten geht hervor, daß die Atmosphäre der Gespräche sehr gespannt war. Sie wurde zusätzlich belastet durch die Nachrichten, die in der ersten Phase der Gespräche zur polnischen Delegation gelangten, wonach sowjetische Einheiten ihren Marsch auf Warschau weiter fortsetzten und an der Technischen Hochschule Warschau sowie in den FSO-Autowerken Massenkundgebungen mit Tausenden von Teilnehmern zur Unterstützung des Reformprozesses stattfanden. Gomułkas Aufzeichnungen geben die Äußerungen der Russen in verkürzter Form wieder: »Was beängstigt

33 Eisler/Kupiecki, Na zakręcie, S. 38; Łoś, Przełom 1956, S. 122–124; Kowalski, Generalowie, S. 119.

34 Nowe Drogi, (1956) 10, S. 14–17.

Sie? Es geht nicht um eine Beleidigung, sondern um die Gefahr, daß wir die Macht verlieren könnten. [...] Die Polen beginnen, wie sich auch Jugoslawien losgesagt hat. Aus diesen Gründen herrscht bei Ihnen eine große Angst. [...] Wenn Ihr den Warschauer Pakt für unnötig haltet, dann sagt uns das. Die antisowjetische Propaganda trifft auf keinen Widerstand. Aus der Führung werden plötzlich Leute entfernt, die keine Schuld auf sich geladen haben. Wie ist das zu verstehen? Richtet sich das nicht gegen die polnisch-sowjetische Freundschaft? Wie kann die Absetzung Rokossowskis vom Volk verstanden werden; wie wird dies das Ausland interpretieren? Alle werden das als einen Schlag gegen das Bündnis auffassen. [...] Polen, das ist nicht Bulgarien oder Ungarn, das ist zusammen mit uns das Wichtigste. Worin verletzt die Sowjetunion die Souveränität[35]?«

Gomułka vermochte auf diese und andere Fragen Chruschtschows zu antworten. Viele Stunden lang suchte er die sowjetische Seite zu überzeugen, daß Polen im Bündnis mit der UdSSR verbleibe und daß der Veränderungsprozeß nicht der Kontrolle der kommunistischen Partei entgleiten werde. Es ist schwer zu sagen, was letztlich die Führer der KPdSU dazu bewog, die beginnende Intervention zu stoppen. Wahrscheinlich kam eine Vielzahl von Faktoren zusammen, darunter:

1. die hohen Kosten einer militärischen Operation, die der unvermeidbare bewaffnete Widerstand der Bevölkerung, unterstützt zumindest von einem Teil der Polnischen Armee, verursachen würde;
2. die Versicherung Gomułkas, wonach Polen im Warschauer Vertrag und im Rat für Gegenseitige Wirtschaftshilfe bleiben und das kommunistische System beibehalten werde;
3. die negative Haltung der chinesischen und jugoslawischen Führung zur geplanten Intervention in Polen;
4. die damit zunehmenden Komplikationen für die Propaganda bei der aufkommenden diplomatischen Auseinandersetzung im Nahen Osten (Suezkrise)[36].

Am Morgen des 20. Oktober, nachdem die sowjetische Delegation wieder abgeflogen und die Bewegungen der sowjetischen Truppen eingestellt worden waren, informierte Aleksander Zawadzki auf den nunmehr wieder aufgenommenen Beratungen des VIII. Plenums über den Verlauf der Gespräche mit Chruschtschow. Allen wurde klar, daß Gomułka den »Segen« des Kreml erhalten hatte und eine sowjetische Intervention vermieden worden war. Eine solche Entwicklung der Ereignisse bedeutete eine Niederlage der Natolin-Fraktion, deren wichtigster Trumpf, die Unterstützung Moskaus, sich als wertlos erwies. Während der folgenden beiden Beratungstage unternahm sie noch weitere Angriffe gegen die Puławska-Anhänger, insbesondere gegen Staszewski. Das konnte jedoch ihre Niederlage nicht aufhalten, die sich am besten in den Ergebnissen der Wahlen zum Politbüro widerspiegelt. In geheimer Abstimmung erreichten die einzelnen Kandidaten bei 75 abgegebenen Stimmen folgende Ergebnisse: Ochab — 75, Gomułka

35 Rozmowy kierownictwa PZPR z delegacja KPZR.
36 Łoś, Przełom 1956, S. 127. Werblan, Czy Chińczycy.

und Loga-Sowiński — 74, Cyrankiewicz — 73, Jędrychowski und Rapacki — 72, Zawadzki — 68, Zambrowski und Morawski — 56. Der hingegen von den Natolin-Anhängern demonstrativ nominierte Rokossowski erhielt lediglich 23 Stimmen und wurde somit nicht in das Politbüro gewählt[37]. Nach der Wahl des Büros und des Sekretariats wählten die Mitglieder des ZK in offener Abstimmung den Ersten Sekretär des ZK der PVAP, der natürlich Władysław Gomułka hieß.

Die Wahl Gomułkas wurde von der überwiegenden Mehrheit der Öffentlichkeit mit Enthusiasmus aufgenommen. Die letzten Oktobertage standen unter dem Zeichen weiterer Massenkundgebungen und Demonstrationen, wo man sich jedoch nicht darauf beschränkte, die Unterstützung für den neuen Ersten Sekretär des ZK der PVAP und die Beschlüsse des VIII. Plenums zum Ausdruck zu bringen. Allgemein wurden die Bestrafung der führenden Natolin-Leute und lokaler Funktionäre, die Freilassung der eingekerkerten Bischöfe und die Wiedereinführung des Religionsunterrichts an den Schulen, der Abzug der sowjetischen Truppen aus Polen sowie eine Verbesserung des Lebensstandards gefordert.

In vielen Ortschaften waren die friedlichen Kundgebungen von Demonstrationen begleitet, in deren Verlauf auch sowjetische Einrichtungen angegriffen wurden. Das stand im Zusammenhang mit den dramatischen Ereignissen, die sich in Ungarn abspielten und die der polnischen Öffentlichkeit den Grad der Bedrohung vor Augen führten. Zu antisowjetischen Vorfällen kam es unter anderem in Breslau (Wrocław), Brieg (Brzeg), Liegnitz (Legnica) und Waldenburg (Wałbrzych). Am 18. November zerstörten die Massen in Bromberg (Bydgoszcz) Anlagen, mit denen westliche Rundfunkstationen gestört wurden, und am 10. Dezember wurde in Stettin (Szczecin) das sowjetische Konsulat geplündert[38]. Die gesellschaftlichen Spannungen begannen jedoch bereits langsam abzunehmen, wozu die entschiedene Politik Gomułkas beitrug, der konsequent eine Befriedung der Stimmungen anstrebte. Auf einer Großkundgebung der Einwohner Warschaus am 24. Oktober beendete der neue Führer der PVAP seine Ansprache mit dem bezeichnenden Aufruf: »Es ist genug der Kundgebungen und Demonstrationen. Es ist an der Zeit, zur täglichen Arbeit überzugehen.« Seit diesem Moment begannn sich die Diskrepanz zwischen der neuen Parteiführung, für die das VIII. Plenum das Ende des Reformprozesses darstellte, und denjenigen Teilnehmern der Oktoberbewegung zu vergrößern, die der Ansicht waren, daß es nur eine Etappe auf dem Weg zum Aufbau einer neuen Ordnung gewesen sei. Die wachsenden Differenzen führten dazu, daß Gomułka Anfang 1957 eine Kampagne gegen die Revisionisten proklamierte, die — als Anhänger der sogenannten zweiten Etappe — nach Ansicht des neuen Parteichefs die Hauptbedrohung für das kommunistische System darstellten. Bei seiner Ansprache auf dem Gründungskongreß des Sozialistischen Jugendverbandes (Związek Młodzieży Socjalistycznej) am 25. April 1957 formulierte Gomułka charakteristisch: »Flecken am Sozialismus lassen sich nicht mit revisionistischen Bürsten entfernen. Man kann damit nur den jungen

37 Nowe Drogi, (1956) 10, S. 157.

38 Dudek/Marszałkowski, Walki uliczne, S. 28–36.

Organismus unseres Sozialismus blutig kratzen[39]«. Auf diese Sätze folgte eine Säuberung in den Reihen der Partei und in den Massenmedien, und zu ihrer symbolischen Ergänzung gestaltete sich im Oktober 1957 die Einstellung der Wochenzeitschrift »Po prostu«, des Blattes, das durch seine Publikationen Gomułka den Weg zur Rückkehr an die Macht geebnet hatte.

Wenngleich es die neue Führung der PVAP im Verlauf der nächstfolgenden Monate nach dem VIII. Plenum auch geschafft hat, die Gesellschaft einer Reihe wesentlicher Errungenschaften zu berauben, so stellte das Jahr 1956 doch eine Zäsur dar, die das kommunistische System in Polen auf Dauer modifizierte. Die Veränderungen waren so groß, daß sie laut Bewertung einiger Historiker das bisherige totalitäre System der VR Polen in ein autoritäres System verwandelten[40]. Die wichtigsten Veränderungen sollen daher zum Schluß erwähnt werden:

1. Die Entfernung des weitaus größten Teils der sowjetischen Bürger[41] aus der Polnischen Armee, den Geheimdiensten und anderen Institutionen sowie die Stornierung ungünstiger Wirtschaftsabkommen mit Moskau[42] vergrößerten die Souveränität Polens.
2. In einer Massenrepatriierungsaktion kehrten bis 1959 224 000 Polen aus der UdSSR zurück.
3. Die polizeiliche Kontrolle der Gesellschaft wurde reduziert, die politischen Repressalien gemildert. Die überwiegende Mehrheit der politischen Gefangenen wurde freigelassen (einige wurden rehabilitiert); die Inszenierung von Schauprozessen und die Verhängung von Todesurteilen für staatsfeindliche Aktivitäten wurden endgültig eingestellt. Verringert wurde auch die zahlenmäßige Stärke des Sicherheitsapparates; seine unbegrenzte Machtfülle wurde beschnitten.
4. Die Versuche zur Zwangskollektivierung der Landwirtschaft wurden eingestellt, wodurch die meisten Produktionsgenossenschaften auf dem Lande zerfielen. Damit gingen einher eine Reduzierung des extrem zentralistischen Systems der Wirtschaftslenkung und eine beschränkte Zulassung privater Handwerksbetriebe.
5. Das ideologische Diktat der PVAP im Bereich von Kultur und Kunst wurde erschüttert. Wenngleich die Machtorgane nicht darauf verzichteten, die Zensur beizubehalten und auf den Charakter des Schaffens Einfluß zu nehmen, so wurde jedoch die Methode von Verboten und Weisungen durch Überredung und Bestechung ersetzt. Mehr als bisher wurde der Kontakt zur westlichen Kultur möglich.
6. Der Anteil der Propagandainhalte in Massenmedien und Lehrprogrammen der Schulen wurde eingeschränkt.
7. Die repressive Politik gegenüber der katholischen Kirche wurde gemildert. Alle eingekerkerten Bischöfe wurden freigelassen und durften in ihre Diöze-

39 Gomułka, Przemówienia, S. 246.
40 Kersten, Rok 1956 — punkt zwrotny.
41 Näheres zur sowjetischen Präsenz in der Polnischen Armee siehe: Nalepa, Oficerowie Armii Radzieckiej.
42 Siehe: Łoś, Przełom, S. 135–144.

sen zurückkehren. Auch das restriktive Dekret über die Besetzung von kirchlichen Stellen wurde geändert und — zeitweilig — der Religionsunterricht an den Schulen wieder eingeführt. Ab 1958 wurde erneut verstärkt gegen die Kirche vorgegangen, wobei man sich aber nie wieder zu einer Verhaftung von Bischöfen hinreißen ließ.

8. Auf der offiziellen politischen Bühne wurde das Entstehen eines beschränkten Pluralismus zugelassen. Symptom dafür war die Entstehung der Bewegung ZNAK (eine Abgeordnetenvereinigung und fünf Klubs der katholischen Intelligenz) sowie die Schaffung von vier Jugendorganisationen anstelle des monolithischen ZMP. Eine größere Selbständigkeit erlangten auch die sogenannten verbündeten Parteien: die Zjednoczone Stronnictwo Ludowe (Vereinigte Volkspartei, Interessenvertreterin der Bauern) und die Stronnictwo Demokratyczne (Demokratische Partei).

A. Orlow

Der Polnische Oktober. Sieg der Vernunft über die Gewalt

In der Nachkriegsgeschichte der osteuropäischen Staaten nehmen die Versuche eines beträchtlichen Teils der Gesellschaft dieser Länder, sich von dem vom Kreml aufgezwungenen Sozialismus Stalinscher Prägung abzuwenden und für ihr Volk einen eigenen Entwicklungsweg zu finden, einen nicht geringen Raum ein. Als Meilensteine dieser Versuche sind zu nennen: die DDR 1953, Polen und Ungarn 1956, die Tschechoslowakei 1968, Polen 1980/81 und alle Warschauer Vertragsstaaten Ende der achtziger Jahre.

Polen kommt bei den Versuchen, sich dem Diktat Moskaus zu widersetzen, ein sehr großer Stellenwert zu. Die alte Feindseligkeit gegenüber der zaristischen Regierung und dann gegenüber dem stalinistischen Regime, das die Polen teuer zu stehen gekommen war, schuf den Nährboden für antisowjetische Demonstrationen. Nach Stalins Tod 1953 stimulierte der begonnene Liberalisierungsprozeß die polnische Gesellschaft, den Kampf für eine Lockerung des ideologischen Drucks und der Wirtschaftspolitik der Sowjetunion in Polen zu aktivieren.

In seiner Rede auf dem II. Parteitag der Polnischen Vereinigten Arbeiterpartei im März 1954 sprach ZK-Sekretär Bolesław Bierut bereits von der Notwendigkeit, das Partei- und politische Leben im Land zu demokratisieren. Aus dem Parteiapparat wurden Personen entfernt, die sich am meisten diskreditiert hatten. Eine Reihe politischer Häftlinge, darunter der bekannte Politiker Władysław Gomułka, wurden aus den Gefängnissen entlassen. Das Ministerium für öffentliche Sicherheit, das sich unheilvollen Ruhm erworben hatte, wurde in das Komitee für öffentliche Sicherheit und das Ministerium für innere Angelegenheiten aufgeteilt. Auf dem III. Plenum des ZK der PVAP im Januar 1955 erhoben sich kritische Stimmen gegen höchste Parteiführer, denen Gesetzesverstöße und Fehler in der Wirtschaftspolitik vorgeworfen wurden[1]. Die »Erregung der Gemüter« in der polnischen Gesellschaft, insbesondere unter der Intelligenz, nahm zu.

Verschiedene gesellschaftliche Organisationen und Diskussionszirkel (z.B. der Club des Schiefen Rades) entstanden, in denen aktuelle Fragen des politischen und gesellschaftlichen Lebens diskutiert wurden. Der nachlassende Druck der Zensur ermöglichte es, Probleme von Ideologie, Wirtschaft und Geschichte, die die Gesellschaft beunruhigten, nun in Zeitschriften wie Nowa kultura, Przegląd kulturalny, Po prostu und anderen der breiten Öffentlichkeit zugänglich zu machen. All dies wühlte das Bewußtsein der Massen auf. Eine nicht geringe Rolle spielten

1 Rykowski/Władyka, Polska Próba, S. 85–89.

auch ausländische Rundfunksender wie Stimme Amerikas oder Radio Freies Europa, in denen der Stalinismus entlarvt wurde. Auch Veränderungen in der Sowjetunion trugen zur Entwicklung des freien Denkens bei: die Einstellung des »Ärzte- und Volksschädlingeprozesses«, die Revision des »Leningrader Prozesses«, die Entlarvung Lawrenti P. Berijas und seiner Handlanger und die Rehabilitierung politischer Häftlinge. All dies zusammen wirkte sich auf die innenpolitische Lage in Polen aus und führte zu den Entwicklungen, die 1956 die Krise in den sowjetisch-polnischen Beziehungen auslösten. Die Tätigkeit der sowjetischen Führung in dieser Krise sowie ihr Einwirken auf Verlauf und Ausgang der Ereignisse in Polen sind Gegenstand dieses Aufsatzes.

In der Sowjetunion wurden die Vorgänge in Polen aufmerksam registriert. Ein alarmierender Unterton klang bereits aus dem »politisch-ökonomischen Überblick für das erste Quartal 1954« der Botschaft der UdSSR in Polen. Darin hieß es: »Von größter Bedeutung für die polnische Volksrepublik ist die Frage der Notwendigkeit einer Verstärkung der ideologischen Erziehung.« Für die Botschaft trugen »feindliche Elemente innerhalb des Landes (der reaktionäre Teil der katholischen Geistlichkeit und der alten Intelligenz sowie die Kulaken) wie auch ausländische propagandistische Zentren« die Schuld daran, daß die fremde Ideologie die Massen erreichte. In diesem Zusammenhang wurde den »polnischen Genossen« empfohlen, »aktiver gegen den reaktionären Einfluß der polnischen Kirche mittels Durchführung solcher Maßnahmen zu kämpfen wie beispielsweise die Abschaffung des Religionsunterrichts in den Schulen, die Schließung kirchlicher Einrichtungen in der Armee, die Liquidierung theologischer Fakultäten an den Universitäten von Kraków und Warschau wie auch stärkere Propaganda der Naturwissenschaften.« Es wurde vorgeschlagen, sowjetische »Experten für die Geschichte der KPdSU, Philosophie und Politökonomie« nach Polen zu entsenden, »um den polnischen Hochschulen bei der Unterrichtung dieser Disziplinen Hilfe zu leisten«[2].

So beunruhigte bereits im ersten Jahr nach Jossif W. Stalins Tod eine gewisse Liberalisierung des öffentlichen Lebens die zuständigen sowjetischen Organe, die das Geschehen in Polen aufmerksam beobachteten. Derweil hatte sich die Ablehnung des Stalinschen Sozialismusmodells in der polnischen Gesellschaft immer mehr ausgebreitet. Gewaltigen Auftrieb hatte dazu der XX. Parteitag der KPdSU vom Februar 1956 gegeben. Nikita S. Chruschtschows Rede »über den Personenkult und seine Folgen« wurde in der geschlossenen Sitzung des Parteitages und danach auch auf verschiedenen geschlossenen Parteiforen in der Sowjetunion und den sozialistischen Ländern erörtert. In Polen war dies Gegenstand eines Berichts der PVAP-Delegation über die Arbeit des XX. Parteitages der KPdSU auf einer Sitzung des Warschauer Parteiaktivs am 3. und 4. März. Das Sekretariat des ZK der PVAP beschloß, Chruschtschows Geheimrede zu vervielfältigen und an die Parteiorganisationen aller Ebenen weiterzugeben. Der Text gelangte auch in die Hände der italienischen und französischen Kommunisten, und ungeachtet aller

2 AWP RF, f. 0122, op. 38, p. 317, d. 18, Bl. 133.

Geheimhaltungsbestrebungen wurde er bald einer breiten Öffentlichkeit bekannt. So publizierte am 10. März das PVAP-Zentralorgen Trybuna Ludu einen redaktionellen Artikel mit einer scharfen Kritik am Stalinismus unter einer Überschrift analog zu Chruschtschows Rede, was zu einer Sensation wurde und Partei und Gesellschaft in Aufregung versetzte. Die Lage verschärfte sich noch, als am 12. März der Erste Sekretär des ZK der PVAP, Bolesław Bierut, starb.

Moskau verfolgte die Entwicklung der Ereignisse in Polen mit Unruhe. Am 15. März traf eine von Chruschtschow angeführte KPdSU-Delegation in Warschau ein. Formell sollte sie an der Beisetzung Bieruts teilnehmen; ihr Hauptanliegen indes war es, vor Ort die Lage in Polen zu sondieren und einen neuen Ersten Sekretär des ZK der PVAP und eine Zusammensetzung der ZK-Führung auszuwählen, die den Interessen der UdSSR entsprach. Auf den vakanten Posten des Ersten Sekretärs erhoben in Polen bekannte Partei- und Staatsfunktionäre Anspruch: Roman Zambrowski, Zenon Novak, Aleksander Zawadzki und Edward Ochab. Das VI. Plenum des ZK der PVAP konzentrierte (am 20. März 1956) seine Wahl auf Ochab, der eine Position der Mitte einnahm und dessen politische Biographie einwandfrei war. Er wie auch seine Ehefrau waren alte Mitglieder der kommunistischen Partei. Ochab hatte im Gefängnis gesessen und reiche Erfahrungen in der parteipolitischen Arbeit gesammelt. Chruschtschow, der nach der Beisetzung von Bierut in Polen geblieben war, erinnerte sich an diese Tage wie folgt: »Die Polen baten mich, vorerst nicht nach Moskau abzureisen. Ehrlich gesagt, wollte ich auch vor Ort die Entscheidung dieser Frage [die Wahl des Ersten Sekretärs des ZK der PVAP, A.O.] abwarten. Für die UdSSR war es alles andere als gleichgültig, was sich in der polnischen Führung ergeben würde. Bei den Sitzungen des polnischen Politbüros war ich nicht zugegen, da ich keinen Anlaß zu der Beschuldigung geben wollte, [ich] würde irgendwelchen Druck ausüben [...]. Man informierte mich lediglich darüber, daß man für den Posten des Ersten Sekretärs den Genossen Ochab vorschlage [...]. An Ochabs Kandidatur hatten wir nichts auszusetzen; er war unser Freund und verstand den Sinn dieser Freundschaft richtig[3].«

Auch wenn die Frage nach der Führung der PVAP, wie es schien, unter Berücksichtigung der Interessen Moskaus geregelt worden war, ebbte die Welle der Kritik in der polnischen Gesellschaft im Hinblick auf die Sowjetunion nicht ab. Von der Öffentlichkeit und den Massenmedien wurden früher tabuisierte Themen der sowjetisch-polnischen Beziehungen aufgeworfen. Im Stadtkomitee der PVAP von Szczecin stellte man bei der Diskussion über Chruschtschows Rede die Frage nach einer Überprüfung der Einschätzung des Warschauer Aufstandes von 1944 und der Erschießung polnischer Offiziere in Katyń 1940: »Wie ist Polens Souveränität zu verstehen, wenn sich auf seinem Territorium sowjetische Truppen befinden?« Die Berechtigung, Stalin zu den Klassikern des Marxismus-Leninismus zu zählen, wurde in Zweifel gezogen. Der tote Diktator wurde auch für die Auflösung

3 Chruschtschow, Memuary, S. 73.

der kommunistischen Partei Polens 1928 und die Erschießung ihrer Führer persönlich verantwortlich gemacht[4].

Der sowjetische Generalkonsul in Gdańsk berichtete nach Moskau, daß »die Veröffentlichung einer Reihe von Artikeln in der polnischen Presse über den Personenkult viele sowjetfeindliche Kommentare hervorgerufen habe, insbesondere unter der Intelligenz«, und »daß der Versuch registriert wurde, revisionistische und antisowjetische Stimmungen durch Erinnerungen im Zusammenhang mit Stalins Fehlern bezüglich der Westukraine, Westweißrußlands und Katyńs uws. zu entfachen«[5].

Die Erregung der Gemüter ergriff die Vereinigte Volkspartei (Zjednoczone Stronnictwo Ludowe) als Interessenvertreterin der Bauern, die Demokratische Partei (Stronnictwo Demokratyczne), den polnischen Jugendverband und andere Massenorganisationen. Die Kritik am Stalinismus und der PVAP-Politik erfaßte immer breitere Bevölkerungsschichten. Am 28. und 29. Juni kam es in Poznań zu tragischen Ereignissen: Eine friedliche Demonstration von Arbeitern aus einer Reihe großer Betriebe eskalierte zu Straßenunruhen. Die Demonstranten skandierten Losungen wie: »Freiheit!«, »Brot!«, »Fort mit dem Kommunismus!« Dies war bereits eine ernsthafte Aktion. Es kam zu Schußwechseln zwischen Demonstranten und Sicherheitskräften. Der spontane Aufstand wurde mit Hilfe der Truppen niedergeworfen. 70 Menschen wurden getötet, an die 500 verletzt[6].

Von der polnischen Führung wurden die Ereignisse in Poznań als »feindliche Provokation des imperialistischen Geheimdienstes« bewertet[7]. Die Presse publizierte »Briefe von Werktätigen«, in denen die Demonstration der Arbeiter von Poznań verurteilt und als subversive Aktion qualifiziert wurde. Trotz der Versuche von seiten der Regierung, die höher schlagende Welle des Volkszorns einzudämmen, eskalierte die Krise im öffentlich-politischen Leben Polens und erfaßte auch Parteikreise. Im Juli 1956 wurde die politische und wirtschaftliche Lage im Land auf dem VII. Plenum des ZK der PVAP in Warschau erörtert. Dabei entbrannte eine hitzige Debatte über die Ereignisse in Poznań und die Rehabilitierung Gomułkas. Seine Briefe an das ZK der PVAP über eine Korrektur des »polnischen Weges zum Sozialismus« waren Gegenstand von Diskussionen auf diesem Plenum. Ihr Inhalt war auch in Moskau bekannt[8]. Im Verlauf der Sitzungen offenbarte sich ein tiefer Riß in den höchsten Spitzen der PVAP.

Mit wachsender Besorgnis verfolgte man im Kreml die Vorgänge in Polen. Dies galt um so mehr, als sich das Geschehen in Ungarn nach analogem Muster entwickelte. Am 30. Juni veröffentlichte die Prawda eine TASS-Meldung aus Warschau — »Feindliche Provokation des imperialistischen Geheimdienstes« — mit der Einschätzung der Ereignisse in Poznań von seiten des ZK der PVAP[9]. Einen

4 AWP RF, f. 0122, op. 40 (1956), p. 336, d. 10, Bl. 28–29.
5 Ebd., Bl. 31–32.
6 Roznanski, Czerwiec, S. 122 f.
7 Trybuna Ludu, 30.6.1956.
8 ZCHSD, f. 5, op. 30, d. 175.
9 Prawda, 30.6.1956.

Tag später wurde die Verfügung des ZK der KPdSU »Über die Abschaffung des Personenkultes und seiner Folgen« veröffentlicht. Darin wurden die Unruhen in Poznań als »volksfeindliche«, durch Intrigen »des amerikanischen Monopolkapitals« inspirierte Umtriebe qualifiziert[10]. Nikolai A. Bulganin, der Vorsitzende des Ministerrates der UdSSR, der am 21. Juli Polen besuchte, sagte in einer Rede in Warschau: »Die durch feindliche Agenten provozierten jüngsten Ereignisse in Poznań sind eine erneute Bestätigung dafür, daß sich die internationale Reaktion immer noch nicht von ihren hirnverbrannten Plänen, den Kapitalismus in sozialistischen Ländern zu restaurieren, verabschiedet hat[11].«

Beunruhigt über das Geschehen in Polen und die zunehmenden Differenzen im ZK der PVAP, suchte der Kreml nach einem Weg zur Verbesserung der Lage. Ein charismatischer Führer war vonnöten, einer mit der Fähigkeit, das polnische Volk im Rahmen der sozialistischen Gemeinschaft und in der ein Jahr zuvor gebildeten Organisation des Warschauer Vertrages zu halten. Eine solche Führergestalt sahen der Kreml und vor allem Chruschtschow in der Person Gomułkas. Als Opfer stalinistischer Repressionen und als Mensch mit eigener Meinung über den »polnischen Weg zum Sozialismus« genoß er im Land und in der Partei große Autorität und stand mit der repressiven Politik der letzten Jahren in keiner Verbindung. Ochab dagegen zeigte sich eindeutig der Führung der PVAP in kritischer Lage nicht gewachsen.

Die wachsenden Sympathien in der PVAP für Gomułka und dessen Unterstützung durch Chruschtschow führten dazu, daß er wie auch die früher ausgeschlossenen Mitglieder der Partei Marian Spychalski und Zenon Kliszko rehabilitiert und wieder in die Partei aufgenommen wurden. All dies vollzog sich vor dem Hintergrund einer eskalierenden Krise. Die politische Lage Anfang Oktober wurde im ZK der PVAP als »sehr schwierig« eingeschätzt. Das Mißtrauen der Bevölkerung gegenüber der Regierung hatte zugenommen, die antisowjetischen Stimmen hatten sich verstärkt, die Werktätigen forderten mehr Lohn, und in der Partei weitete sich die Kluft zwischen oben und unten aus. Am 1. und 2. Oktober beauftragte das ZK der PVAP in einer Sitzung des Politbüros Ochab, die notwendigen Unterredungen mit Gomułka zu führen und ihn zur Mitwirkung an der Arbeit der höchsten politischen Führung hinzuzuziehen. Mit seinem Namen verbanden sich die Hoffnungen auf eine Stabilisierung der Lage im Land. Das Politbüro des ZK konstatierte einen instabilen Zustand der PVAP: die fehlende Einheit in der politischen Führung und einen tiefen Riß zwischen der Führung und den Mitgliedern der Partei. Im Sitzungsprotokoll des Politbüros vom 10. Oktober hieß es, daß eine der Ursachen der Krise in den nicht gleichberechtigten Beziehungen zwischen Polen und der Sowjetunion liege und dies von der polnischen Gesellschaft negativ wahrgenommen werde, ihre nationale Würde berühre und Stimmungen hervorrufe, die in der Sowjetunion als sowjetfeindlich eingeschätzt würden. Am 17. Oktober wurde Gomułka in die Kommission zur Vorbereitung

10 Ebd., 2.7.1956.
11 Ebd., 22.7.1956.

einer neuen Zusammensetzung des Politbüros aufgenommen. Am selben Tag fand eine Sitzung des Politbüros statt. Es wurde beschlossen, auf dem VIII. Plenum des ZK der PVAP, das am 19. Oktober eröffnet werden sollte, Gomułka für das Amt des Ersten Sekretärs zu empfehlen.

Von diesem Moment an begannen sich die Ereignisse mit ungewöhnlichem Tempo zu entwickeln. Chruschtschow dazu in seinen Bemerkungen »Der XX. Parteitag und Polen«: »Wir erfuhren über unseren Botschafter [Panteleimon K. Ponomarenko, A.O.], daß sich in Polen stürmische Ereignisse entwickelten; die Polen beschimpfen die Sowjetunion und bereiten fast einen Umsturz vor, der in der Folge antisowjetisch Eingestellte an die Macht bringen wird[12].« Parallel zu dieser Information stellte eine der Zeitung Nova kultura — einem Organ des polnischen Schriftstellerverbandes — zugesandte Veröffentlichung die Frage, ob die Losung »Proletarier aller Länder vereinigt euch!« nicht überholt sei. Die sowjetische Botschaft in Warschau sandte Berichte an Moskau, die von Panik gezeichnet waren[13].

Im Kreml hielt man die Zeit für entschlossenes Handeln für gekommen. Am 18. Oktober gab der sowjetische Verteidigungsminister, Georgi K. Shukow, den Befehl, die in Polen dislozierten Truppen der Nordgruppe der Streitkräfte der UdSSR sowie die Baltische Flotte in Gefechtsbereitschaft zu versetzen. Botschafter Ponomarenko informierte Ochab darüber, daß eine Delegation des ZK der KPdSU mit Chruschtschow an der Spitze beabsichtige, am Morgen des 19. Oktober in Warschau einzutreffen. Ochab erinnerte sich später, daß ihn der sowjetische Botschafter in der Nacht anrief und um Aufschiebung des Plenums ersuchte. »Das unverzüglich von mir zusammengerufene Politbüro bestätigte meinen Entschluß zur Durchführung des Plenums. Ich informierte den Botschafter über die Anträge, die wir vorbringen wollten, ohne mich auf irgendwelche Einzelheiten einzulassen[14].« Chruschtschow dagegen: »Ich rief Warschau an und sprach mit Ochab, fragte ihn, ob die uns über die sowjetische Botschaft zugegangene Information zutreffe. Er bestätigte dies. Dann fragte ich ihn, ob es stimme, daß sich in Polen ein heftiger Antisowjetismus rege und Gomułkas Machtantritt, gestützt auf antisowjetische Kräfte, realisiert werde. Hier fügte ich hinzu, daß wir nach Warschau kommen wollten. Ochab: ›Wir müssen uns beratschlagen, geben Sie uns Zeit.‹ Später rief er an und sagte: ›Wir bitten Sie, nicht zu kommen, solange die ZK-Sitzung bei uns nicht beendet ist.‹ Eine anscheinend richtige Antwort, wenn man vom Vertrauen zum Gesprächspartner ausgeht. Doch damals hatten wir bereits kein Vertrauen mehr zu Ochab [...]. Jetzt wollten wir gerade deswegen auch kommen, um entsprechenden Druck auszuüben[15].«

Am 19. Oktober gegen 7 Uhr landete auf dem Flugplatz bei Warschau ein Flugzeug mit Wjatscheslaw M. Molotow, Anastas I. Mikojan und Lasar M. Kagano-

12 Zit. nach: Chruschtschow, Krisisy i rakety, S. 221.
13 Ebd., S. 222.
14 Siehe: Toranska, Oni, S. 277.
15 Chruschtschow, Memuary, S. 74.

witsch an Bord, wenig später auch Chruschtschows Maschine. Als er ihr entstieg, ging der sowjetische Führer zuerst auf die sowjetischen Delegationsmitglieder und Militärs zu — den polnischen Verteidigungsminister Konstantin K. Rokossowski, Marschall Iwan S. Konew, den Oberbefehlshaber der Streitkräfte des Warschauer Vertrages, Botschafter Ponomarenko — und erst danach auf die zu seiner Begrüßung angetretenen Polen — Parteichef Ochab, Premierminister Józef Cyrankiewicz und Staatsratsvorsitzenden Zawadzki. Mit groben Ausdrücken warf er der polnischen Führung Verrat an der gemeinsamen Sache vor. Gomułka berichtete später auf der Sitzung des Politbüros des ZK der PVAP: »Ich habe niemals an Gesprächen mit Parteigenossen in einem solchen Ton teilgenommen [...]. Wie kann man in einem solchen Ton mit solchen Epitheta mit Menschen sprechen, die an einen glauben[16].«

Nach den scharfen Worten auf dem Flugplatz fuhren die sowjetischen Gäste in die für sie bereitgestellte Residenz und die polnischen Führer zur Eröffnung des VIII. Plenums des ZK der PVAP, das um 10 Uhr begann. Ochab gab die Tagesordnung bekannt und schlug vor, Gomułka, Spychalski, Kliszko und Ignacy Loga-Sowiński ins ZK zu kooptieren. Nachdem die Tagesordnung angenommen und die vorgeschlagenen Personen in das ZK aufgenommen waren, wurde eine Unterbrechung der Arbeit des Plenums bis 18 Uhr verkündet, da das Politbüro der PVAP und — mit Billigung des Plenums — Gomułka an den Unterredungen mit der sowjetischen Delegation teilnehmen sollten. Nach Beantwortung einer Reihe von Fragen fuhr Ochab zusammen mit den anderen Teilnehmern der polnischen Delegation zu den Unterredungen mit der sowjetischen Führung ins Belvedere. Die sowjetische Delegation hatte sich indessen Rokossowskis Ausführungen über die »kritische« Lage in Polen angehört[17].

Die Begegnung zwischen der polnischen und der sowjetischen Delegation begann am 19. Oktober um 11 Uhr und dauerte bis 3 Uhr am nächsten Morgen. Wie sich Chruschtschow erinnerte, »verlief die Unterredung stürmisch. Unumwunden ging es darum: Sind die Polen für die Sowjets oder gegen sie? Der Ton war sehr direkt, ohne jegliche Diplomatie. Wir machten unsere Ansprüche geltend und forderten eine Erklärung für die gegen die Sowjetunion gerichteten Handlungen[18].« Als Reaktion auf die Anschuldigungen erklärte Gomułka: »Unter diesen Bedingungen kann ich die Diskussion nicht fortsetzen [...]. Wir sind bereit, die Ansprüche der sowjetischen Genossen anzuhören, doch wenn die Entscheidung unter Androhung physischer Gewalt getroffen werden muß, bin ich dagegen [...]. Ich will keinen Bruch der sowjetisch-polnischen Freundschaft. Ich bin überzeugt, daß das, was wir vorschlagen werden, unsere Freundschaft festigen wird[19].« Die restlichen Mitglieder des Politbüros des ZK der PVAP unterstützten ihn. In dieser angespannten Atmosphäre zog sich die Begegnung mit Unterbrechungen den

16 Protocol N 129.
17 Ebd., S. 41.
18 Chruschtschow, Memuary, S. 75.
19 Protocol N 129, S. 40.

ganzen Tag hin. Im Mittelpunkt der Aufmerksamkeit standen drei Fragen: die neue Zusammensetzung der führenden Organe von Partei und Staat, die sowjetisch-polnischen zwischenstaatlichen und zwischenparteilichen Beziehungen und die antisowjetischen Ausfälle in den polnischen Medien. Befremdet zeigten sich die sowjetischen Vertreter über die polnische Weigerung, die Zusammensetzung des neuen Politbüros mit dem ZK der KPdSU abzustimmen. Noch größere Verärgerung hatte hervorgerufen, daß die Kandidatenliste noch vor Eröffnung des Plenums am Eingang zur Warschauer Universität am Schwarzen Brett aushing und von allen Interessierten lebhaft diskutiert wurde. Ebenfalls war die KPdSU-Delegation nicht einverstanden damit, daß das Politbüro Marschall Rokossowski nicht in das neue Politbüro aufnehmen wollte. Zawadzki betonte: »Was den Entwurf für die neue Zusammensetzung der Führung angeht, so möchte ich sagen, daß diese Frage von Anfang bis Ende als eine innere Frage unserer Partei und ihres ZK behandelt wurde[20].« Gleichwohl war es nicht die Frage nach der Zusammensetzung des Politbüros, die im Mittelpunkt der Aufmerksamkeit stand, sondern das Problem der polnisch-sowjetischen Beziehungen. Bei ihrer Erörterung charakterisierte Gomułka die Lage im Land und gab seiner Überzeugung Ausdruck, daß die PVAP die Situation erfolgreich in den Griff bekommen und Polen in der sozialistischen Gemeinschaft und im Warschauer Vertrag halten würde. Er forderte, den Status der sowjetischen Truppen in Polen zu präzisieren und die Einmischung sowjetischer offizieller Vertreter in die inneren Angelegenheiten Polens einzustellen[21].

Unterdessen hatten sich die Ereignisse jenseits der Mauern des Belvedere weiter entwickelt. Die am 18. Oktober in erhöhte Bereitschaft versetzte sowjetische Nordgruppe der Streitkräfte der UdSSR war nicht untätig geblieben. Auf Befehl Marschall Konews war eine Panzerdivision aus dem Standort herausgeführt worden und befand sich auf dem Weg nach Warschau. Die Situation hatte sich besorgniserregend entwickelt. Rokossowski beschwerte sich in einer Pause bei Chruschtschow: »Ich stehe unter Beobachtung, kann keinen Schritt tun, ohne daß der Innenminister davon erfährt[22].« Das waren keine leeren Worte. Es ging darum, daß am Vortag Ochab berichtet worden war, daß die Führung des Warschauer Militärbezirks eine Sitzung für die Kommandeure der Bezirkstruppenteile und -verbände und der Hauptstadtgarnison einberufen hatte. Angeblich sei es um einen Plan zur Neutralisierung der PVAP-Führung gegangen. Der Erste Sekretär hatte von Rokossowski eine Erklärung verlangt. Der Marschall hatte die Information dementiert und gesagt, daß es auf der Sitzung um einen Plan zum Schutz der wichtigsten Objekte für den Fall gegangen wäre, daß die Lage im Land den kritischen Punkt erreicht hätte[23]. Der Verdacht jedoch war geblieben. Darum hatte

20 Nowe Drogi, 1956, vom 10.5.17.

21 Archiw Presidenta RF. Osobaja papka. Sapis besedy Chruschtschowa w Warschawe (Präsidentenarchiv der RF. Sonderakte. Aufzeichnung der Unterredung Chruschtschows in Warschau), Nr. 233.

22 Chruschtschow, Memuary, S. 75.

23 Toranska, Oni, S. 386 f.

Rokossowski auf Chruschtschows Frage, inwieweit man sich auf die polnischen Truppen verlassen könne, geantwortet: »Jetzt ist es so, daß nicht alle polnischen Truppen auf meinen Befehl hören, auch wenn es Truppenteile gibt [die er nannte, A.O.], die meinen Befehl befolgen.« Es müßten rigide Maßnahmen gegen die antisowjetischen Kräfte in Polen getroffen werden[24].

Während im Belvedere stürmisch debattiert wurde, hatte sich die sowjetische Panzerdivision Warschau genähert. Als die polnische Führung davon erfuhr, wurde eilig ein militärischer und ein ziviler Stab gebildet. Dem ersteren gehörten der Stellvertreter des Innenministers, Ju. Hiebner (sic), der Befehlshaber der Inneren Truppen, General Wacław Komar, der Kommandeur des Korps der Staatssicherheit, Brigadegeneral Włodzimierz Muś, der Befehlshaber der Luftwaffe, General J. Frey-Belecki, der Kommandeur der Flotte, Admiral J. Wisnewski, und einige andere an. Der Stab wurde mit der Aufgabe betraut, die Bewegung der sowjetischen Truppen zu verfolgen und das Politbüro zu informieren. Hiebner befahl, »die inneren Grenztruppen in Gefechtsbereitschaft zu versetzen, und gab den Kommandeuren der Verbände zu verstehen, daß die Möglichkeit eines Vorgehens gegen die sowjetischen Truppen »nicht ausgeschlossen wurde«. Wenn nötig, war die Verhaftung der sowjetischen Delegation vorgesehen. Pläne waren ausgearbeitet worden, um Luftwaffe und Flotte in Gefechtsbereitschaft zu versetzen[25].

Der vom Ersten Sekretär des Warschauer PVAP-Komitees, S. Stazewski, angeführte zivile Stab hatte den Militärstab, falls erforderlich, zu unterstützen. Seine Kräfte setzten sich aus Studenten und der Arbeitermiliz des Automobilwerks zusammen. 800 Mann wurden mit Schußwaffen ausgestattet[26]. In anderen Betrieben und Fabriken bildeten sich Selbstverteidigungsabteilungen.

Die polnischen Gesprächsteilnehmer waren über die auf Warschau marschierende Panzerdivision informiert. Chruschtschow erinnert sich, wie mitten im heißen Disput ein überaus erregter Gomułka auf ihn zutrat: »Genosse Chruschtschow, auf Warschau rückt eine russische Panzerdivision vor. Ich bitte Sie inständig, den Befehl zu erteilen, sie nicht in die Stadt einmarschieren zu lassen. Überhaupt wäre es besser, wenn sie sich nicht Warschau nähern würde, da ich fürchte, daß etwas nicht Wiedergutzumachendes eintritt[27].« Chruschtschow weiter: »Wir fingen an, es abzustreiten, sagten, daß nichts dergleichen geschehe. Ich beschloß, ihm nicht zu sagen, daß parallel zum Befehl an Konew, sowjetische Truppen auf Warschau vorrücken zu lassen, entsprechende Anweisungen auch an Rokossowski ergangen waren, der Schritte bei jenen polnischen Truppen unternahm, auf die er sich verlassen konnte[28].« Über das polnische Innenministerium jedoch war Gomułka über die wirkliche Lage gut informiert. Nach nochmaliger Überprüfung wandte er sich erneut an Chruschtschow: »Genosse Chruschtschow, ich bitte Sie, den Marsch der sowjetischen Truppen zum Stehen zu bringen. Sie mei-

24 Zit. nach: Chruschtschow, Memuary, S. 75.
25 ZCHSD, f. 5, op. 49, d. 5, Bl. 102–103.
26 Toranska, Oni, S. 386.
27 Zit. nach: Chruschtschow, Memuary, S. 75.
28 Ebd., S. 76.

nen, daß nur Sie die Freundschaft mit dem polnischen Volk brauchen? Als Pole und Kommunist schwöre ich, daß Polen die Freundschaft mit den Russen mehr braucht als die Russen die mit den Polen. Glauben Sie, wir wissen nicht, daß wir ohne Sie als unabhängiger Staat nicht existieren können[29]?«

In einer Verhandlungspause beschloß die sowjetische Delegation, nachdem sie sich mit Rokossowski beraten hatte, die Panzerdivision anzuhalten. Chruschtschow erklärte, er sei von Gomułkas Aufrichtigkeit überzeugt. Die Division marschiere überhaupt nicht nach Warschau, sondern führe eine Übung durch und sei nun an dem planmäßig festgesetzten Punkt eingetroffen[30]. Die Lage entspannte sich, als sich die polnische Führung über ihre Kanäle davon überzeugt hatte, daß die sowjetischen Truppen von Warschau zurückgezogen worden waren. Die Sitzung nahm nun in einem ruhigeren Ton ihren Fortgang. Es wurden Fragen erörtert, die die Rückführung der sowjetischen Berater aus Polen und den Status der in Polen dislozierten Nordgruppe der Streitkräfte der UdSSR betrafen. Große Nervosität löste die Frage nach der Kompensation für den verbilligten Verkauf polnischer Kohle an die Sowjetunion aus. Dies hing damit zusammen, daß 1945 deutsche Gebiete, darunter das an Kohle reiche Schlesien, an Polen gefallen waren. Stalin hatte damals entschieden, daß die Lieferung von billiger Kohle aus der polnischen Volksrepublik in gewisser Weise die materiellen Kosten und Opfer kompensieren solle, die die Sowjetunion bei der Befreiung Polens erbracht hatte. Die KPdSU-Delegation versicherte den Polen, daß die Diskriminierung beseitigt und Polen Entschädigung erhalten werde[31]. Positiv entschieden wurde die Frage der Abberufung der sowjetischen Berater (über 50) aus Polen. Dann kam die Rede auch auf Marschall Rokossowski. Die polnische Seite hielt es für unannehmbar, daß er Mitglied des Politbüros und Verteidigungsminister von Polen blieb, da er die sowjetische Staatsbürgerschaft behalten hatte, Marschall der Sowjetunion war und obendrein die polnische Sprache schlecht beherrschte. Die Unterredungen endeten in einer Atmosphäre des gegenseitigen Verständnisses und mit für beide Seiten annehmbaren Beschlüssen.

Am 21. Oktober berichtete die sowjetische Presse über das VIII. Plenum des ZK der PVAP. In dem Bericht hieß es insbesondere: »Das Plenum des ZK der PVAP hat am ersten Tag die Genossen Gomułka, M. Spychalski, Loga-Sowiński und Z. Kliszko in das ZK kooptiert [...]. Genosse A. Zawadzki hat das Plenum über den Verlauf der Unterredungen zwischen dem Politbüro des ZK der PVAP und der Delegation des ZK der KPdSU unterrichtet [...]. Nach der Information des Genossen A. Zawadzki begann das Plenum mit der Debatte über die Beschlußvorlagen des ZK der PVAP[32].«

Am 20. Oktober reiste die sowjetische Delegation nach Moskau zurück. Eine zweite Verhandlungsrunde sollte kurz darauf dort »Probleme der weiteren Vertiefung der politischen und wirtschaftlichen Zusammenarbeit« zwischen Polen

29 Zit. nach ebd., S. 76.
30 Protocol N 129, S. 44; Chruschtschow, ebd.
31 Chruschtschow, ebd., S. 77.
32 Prawda, 21.10.1956.

und der Sowjetunion ebenso erörtern wie »die weitere Festigung der brüderlichen Freundschaft und gemeinsame Handlungen« zwischen den beiden Parteien[33].

Unterdessen hatte das VIII. Plenum seine Arbeit fortgesetzt. Am 19. Oktober, um 18 Uhr, war Ochab auf dem Plenum erschienen und hatte mitgeteilt, daß auf der Sitzung mit der sowjetischen Delegation wichtige, unverzüglich zu entscheidende Fragen aufgeworfen worden waren. Da die sowjetischen Genossen den Polen-Besuch nicht geplant hätten, wollten sie so schnell wie möglich zurückreisen. Aus diesem Grund hatte Ochab dem Plenum vorgeschlagen, die Sitzung auf den nächsten Tag zu verlegen[34]. Am 20. Oktober, um 11 Uhr, setzte das Plenum seine Arbeit unter dem Vorsitz Gomułkas fort. Zawadzki informierte das Plenum über den Vorfall mit der sowjetischen Panzerdivision. Rokossowski erklärte in seiner Rede, diese Divsion habe planmäßig einen Marsch in Richtung Bydgoszcz und Łódź durchgeführt[35]. Mit einem Aktionsprogramm für die Partei trat Gomułka vor das Plenum. Er analysierte die zwischenparteilichen (PVAP — KPdSU) und die zwischenstaatlichen Aspekte der sowjetisch-polnischen Beziehungen. »Die Beziehungen zwischen den Parteien und Staaten des sozialistischen Lagers«, sagte er, »geben keinerlei Anlaß zu irgendwelchen Komplikationen und sollen es auch nicht. Darin besteht eines der Hauptmerkmale des Sozialismus. Diese Beziehungen sollen sich gemäß den Prinzipien der internationalen Arbeitersolidarität formieren, sollen auf gegenseitigem Vertrauen und Gleichberechtigung, auf gegenseitiger Hilfeleistung und gegenseitiger freundschaftlicher Kritik gründen, sollte sich diese als notwendig erweisen, sowie auf einer vernünftigen und dem Geist der Freundschaft und des Sozialismus entspringenden Lösung aller strittigen Fragen. Im Rahmen solcher Beziehungen muß jedes Land volle Unabhängigkeit und Selbständigkeit haben, und das Recht jedes Volkes auf eine souveräne Führung in einem unabhängigen Land muß voll und gegenseitig respektiert werden[36].«

Die Redner, die im Plenum Stellung zu den von Gomułka angesprochenen Problemen nahmen, stimmten seiner Analyse der sowjetisch-polnischen Beziehungen zu. Die Erfahrungen des Aufbaus des Sozialismus in der Sowjetunion wurden als den polnischen historischen, sozialen und kulturellen Realitäten nicht entsprechend angesehen und ein eigener Weg zur Umgestaltung Polens zu einer »Gesellschaft der sozialen Gerechtigkeit« verkündet. Die Ideologie des »polnischen Wegs zum Sozialismus« basierte auf einem kritischen Verständnis des Stalinismus. Gleichzeitig wurden die antisowjetischen Äußerungen in den Massenmedien verurteilt. Die Ausrichtung auf die Schaffung einer neuen Grundlage in den Beziehungen zwischen dem souveränen Polen und der Sowjetunion basierte auf der Unterstützung der breiten Volksmassen. Am 20. Oktober wurde Gomułka zum Ersten Sekretär des ZK der PVAP gewählt.

Eine sehr große Mehrheit der Polen setzte ihre Hoffnungen auf eine Vertiefung des Demokratisierungsprozesses im Land und in der PVAP sowie auf die

33 Trybuna Ludu, 20.9.1956.

34 Protocol N 129, S. 47 f.

35 Nowe Drogi, 1956 Nr. 10, S. 20.

36 Rede Gomułkas auf dem 8. Plenum des ZK der PVAP vom 20.10., in: Gomułka, Reden, S. 37 f.

Vervollkommnung des politischen Systems und eine Verbesserung der wirtschaftlichen Situation.

Zwei Tage nach Beendigung des Plenums bestätigte Chruschtschow Gomułka telefonisch, er sehe »keinerlei Hindernisse, die parteilichen und staatlichen Beziehungen zwischen der Sowjetunion und Polen auf den vom VIII. Plenum des ZK der PVAP dargelegten Prinzipien aufzubauen«[37].

In jenen Oktobertagen waren auf den Straßen polnischer Städte, insbesondere in Warschau, Leidenschaften entbrannt, die ihren Höhepunkt zwischen dem 19. und dem 21. Oktober erreicht hatten. Erst nach einer Massendemonstration von 300 000 Menschen vor dem Kulturpalast in der Hauptstadt am 24. Oktober, während der Gomułka vom Balkon des Palastes aus dazu aufgerufen hatte, die »Demonstriererei« einzustellen, begann das Leben im Land wieder seinen normalen Gang zu nehmen.

Die auf dem Plenum verabschiedeten Beschlüsse wurden rasch umgesetzt. Rokossowski wurde seines Amtes als Minister für Nationale Verteidigung enthoben (und kehrte bald darauf nach Moskau zurück), die Einrichtung sowjetischer Militärberater wurde aufgelöst, und die Leiter von politischen Organen in den Streitkräften wurden ausgewechselt. Die Parteiführer in den Woiwodschaften wurden abgelöst. In die höchsten legislativen und exekutiven Machtorgane traten Vertreter der Vereinigten Arbeiter- und der Demokratischen Partei ein. Die Bedeutung des Sejm als gesetzgeberisches Organ nahm zu, und die polnische Kirche begann im öffentlichen Leben eine bedeutende Rolle zu spielen. Die sowjetisch-polnischen Wirtschaftsbeziehungen wurden gleichberechtigter gestaltet, Polens Verpflichtungen zu Kohlelieferungen an die Sowjetunion aufgehoben[38].

Die Veränderungen im öffentlichen Leben Polens gingen vor dem Hintergrund der dramatischen Ereignisse in Ungarn vonstatten. Am 24. Oktober fand in Moskau eine erweiterte Sitzung des Präsidiums des ZK der KPdSU unter Beteiligung der Führer der kommunistischen und Arbeiterparteien sozialistischer Länder statt — Walter Ulbricht und Otto Grotewohl (DDR), Todor Schiwkow (Volksrepublik Bulgarien), Antonín Novotný (ČSSR) und der Vertreter der Chinesischen Volksrepublik, Liu Chao-Chi —, auf der die Lage in Polen und Ungarn erörtert wurde. Chruschtschow berichtete von der Reise der sowjetischen Delegation nach Warschau und der neuen Zusammensetzung des Politbüros des ZK der PVAP, von der Atmosphäre heftigen Streits, in der die Diskussionen stattgefunden hatten, und von Gomułkas Rede[39].

Die Punkte »Anerkennung der Souveränität« und »Gleichberechtigung in den Beziehungen zwischen den sozialistischen Ländern« und »Nichteinmischung in die inneren Angelegenheiten« fanden ihren Niederschlag in der Deklaration der sowjetischen Regierung über die Grundlagen der Entwicklung und weiteren Fe-

37 AWP RF, f. 1022, op. 40 (1956 g.), S. 336, d. 10, Bl. 108.
38 Protocol N 129, S. 46.
39 Ebd., S. 53.

stigung von Freundschaft und Zusammenarbeit zwischen der Sowjetunion und den anderen sozialistischen Staaten, die am 30. Oktober verabschiedet und am darauffolgenden Tag in der sowjetischen und polnischen Presse veröffentlicht wurde.

In der Deklaration wurde bestätigt, daß »die Länder der großen Gemeinschaft sozialistischer Nationen ihre gegenseitigen Beziehungen nur auf den Prinzipien der vollen Gleichberechtigung und Respektierung der territorialen Integrität, der staatlichen Unabhängigkeit und Souveränität sowie der Nichteinmischung in die inneren Angelegenheiten aufbauen können«. Verkündet wurde die »Erfordernis der vollen Berücksichtigung der historischen Vergangenheit und Besonderheiten jedes Landes, welches den Weg zum Aufbau eines neuen Lebens eingeschlagen hat«, wie auch die Bereitschaft, »Maßnahmen zu ergreifen, die die weitere Entwicklung und Stärkung der wirtschaftlichen Verbindungen zwischen den sozialistischen Ländern gewährleisten, um jedwede Möglichkeit des Verstoßes gegen das Prinzip der Souveränität, des gegenseitigen Vorteils und der Gleichberechtigung in den wirtschaftlichen Beziehungen auszuschließen«. Zustimmung wurde geäußert, um die Fragen zum Status der sowjetischen Truppen in Polen zu überprüfen, die sich dort »auf der Grundlage des Potsdamer Abkommens der vier Mächte und des Warschauer Vertrages« befanden, und über die Abberufung der sowjetischen Berater in die Sowjetunion. Ein Großteil der Deklaration war den Ereignissen in Ungarn gewidmet[40].

Im Prozeß der weiteren Regelung der sowjetisch-polnischen Beziehungen hat auch das am 1. November in Brest stattfindende erneute kurze Zusammentreffen zwischen den sowjetischen und polnischen Führern eine nicht geringe Rolle gespielt. Es war vor der Öffentlichkeit geheimgehalten worden: Erörtert wurden die Ereignisse in Ungarn. Die Sowjetunion war durch Chruschtschow, Georgi M. Malenkow und Molotow vertreten, Polen durch Gomułka und Cyrankiewicz. »Gomułka äußerte die Meinung, daß die Situation sehr schwierig sei, er gleichwohl meine, daß man keine militärische Gewalt anwenden solle [...]. ›Wir sind dennoch der Meinung, daß man die Truppen nicht abziehen, sie aber auch nicht in die Sache hereinziehen sollte‹, fuhr Gomułka fort, ›man muß der Regierung, die konterrevolutionäre Positionen eingenommen hat, die Möglichkeit geben, sich selbst zu entlarven. Dann wird sich die ungarische Arbeiterklasse selber erheben und sie stürzen[41]‹.« Nach Klarstellung der jeweiligen Positionen trennten sich die Teilnehmer der Begegnung, wobei sich die polnischen Führer noch am selben Tag in Befolgung der auf dem Treffen vereinbarten Linie der Länder des sozialistischen Lagers an die Ungarn mit einem Appell an die Vernunft wandten. Diese Bekundung von »sozialistischem Internationalismus« war die Folge der polnisch-sowjetischen Unterredungen vom 19./20. Oktober und der Deklaration vom 30. Oktober.

Die zweite Runde sowjetisch-polnischer Unterredungen fand vom 15. bis 18. November 1956 in Moskau statt. Die dabei verabschiedete gemeinsame Dekla-

40 Iswestija, 31.10.1956.

41 Chruschtschow, Memuary, S. 251.

ration bestätigte das Prinzip der vollen Gleichberechtigung, der Respektierung der territorialen Integrität, Unabhängigkeit und Souveränität sowie der Nichteinmischung in die inneren Angelegenheiten[42]. In der Deklaration wurden der Status der sowjetischen Truppen in Polen, die wirtschaftlichen Beziehungen zwischen den beiden Ländern und das Prozedere der weiteren Repatriierung von Polen definiert, die sich infolge des Zweiten Weltkrieges in der Sowjetunion befanden.

Die Verhandlungsergebnisse wurden in Polen mit Begeisterung aufgenommen. Die neue Landesführung gewann in allen Schichten der Gesellschaft an Autorität. Die Krise der sowjetisch-polnischen Beziehungen war überwunden. Polen hatte es als erstes Land des sozialistischen Lagers verstanden, mit dem allmächtigen Patron einen für das Land günstigen Kompromiß zu erreichen, und zwar mit politischen Mitteln, hatte es vermocht, die sowjetische Führung von der Anwendung von Gewalt abzuhalten und das zu verhindern, was sich in Ungarn im November des gleichen Jahres abspielte. Diesen Erfolg hatten die Polen vor allem Gomułka zu verdanken. Er hatte als erster begriffen, daß der Kern von Moskaus Position darin bestand, Polen in der Organisation des Warschauer Vertrages zu behalten. Beim Austritt eines für diesen Block so führenden Staates hätten unvorhersehbare Folgen in Osteuropa bis hin zu bewaffneten Konflikten gedroht. Aus eben diesem Grund hatte Gomułka leidenschaftlich Chruschtschow und dessen Kollegen davon zu überzeugen gesucht, daß Polen den Warschauer Vertrag nicht weniger brauchte als die Sowjetunion und daß er den nationalen Interessen des polnischen souveränen Staates entspreche. Gomułka gelang es, den Moskauer Gästen seinen Standpunkt zu beweisen, was denn auch beide Seiten zur Übereinkunft geführt hat.

Nach den Treffen in Warschau, Moskau und Brest schien es den sowjetischen Führern, daß die »polnische Frage« gelöst sei. Doch auch wenn in Polen in der Tat bis Ende der 70er Jahre der (latent immer vorhandene) Widerstand gegen das sowjetische »Sozialismusmodell« nicht das Ausmaß erreichte wie beispielsweise in der Tschechoslowakei 1968, so war das von sowjetischer Seite bewußt demonstrierte volle Einvernehmen zwischen der Sowjetunion und Polen weit von der wahren Sachlage entfernt. Die »polnische Frage« lauerte bei allen Peripetien der Konfrontation zwischen der UdSSR und den USA sowie NATO und Warschauer Pakt wie ein Gespenst, wie »der Geist von Hamlets Vater«, im Hintergrund.

Bei der Analyse der sowjetischen Außenpolitik im Herbst 1956 fallen die Methoden der Problemlösung für die drei fast gleichzeitig stattfindenden Krisen ins Auge — die Polen-, die Suez- und die Ungarnkrise. Im Falle der Suezkrise bluffte die Sowjetführung, indem sie England und Frankreich damit drohte, außer der Seekriegs- und Luftstreitflotte »andere Mittel einzusetzen, beispielsweise die Raketentechnik«, obwohl die Sowjetarmee noch gar nicht über Raketen verfügte, die gegen England und Frankreich hätten eingesetzt werden können. Während der Ereignisse in Ungarn vermochte der Kreml keine politische Lösung zu finden: Der ungarische Aufstand wurde mit Hilfe sowjetischer Truppen niedergeschlagen.

42 Prawda, 19.11.1956.

Die polnische Krise wurde im Unterschied zu den beiden anderen mit politischen Mitteln beigelegt, obwohl Moskau zur Gewaltanwendung bereit war und sogar einige Schritte in dieser Richtung unternommen hatte. Gewalt konnte vermieden werden, weil die politische Führung der Sowjetunion Augenmaß bewies und die Fähigkeit zum Kompromiß, nachdem sie auf die harte, doch konstruktive Haltung der polnischen Führer bei der Frage der Gestaltung der sowjetisch-polnischen Beziehungen nach neuen Prinzipien gestoßen war. Dies kann als ein Sieg der polnischen Außenpolitik auf dem Weg zur Entstalinisierung der Länder des sozialistischen Lagers betrachtet werden. Die Polen waren die ersten, die sich den Antistalinismus aufs Panier ihrer Innen- und Außenpolitik geschrieben haben und Mitte der 50er Jahre Erfolg hatten, indem sie den Kreml zwangen, dem »polnischen Weg zum Sozialismus« Rechnung zu tragen. Großes Verdienst kommt den Führern der beiden Staaten zu, das polnische Problem mit politischen Mitteln gelöst zu haben. Gomułka hat es verstanden, die neuen Prinzipien der Beziehungen zwischen Polen und der Sowjetunion und zwischen ihren herrschenden Parteien präzis zu formulieren und zu begründen, hat sie mutig verteidigt und eine für beide Seiten annehmbare Lösung des Problems vorgeschlagen. Chruschtschow hat es nach mißglückten Versuchen — in dem für die KPdSU der damaligen Zeit üblichen Geist des Diktats zu handeln, wobei er auf harten Widerstand gestoßen war — verstanden, die Lage vernünftig einzuschätzen, und staatsmännische Weisheit bewiesen, indem er die anderen Mitglieder der sowjetischen Delegation davon überzeugte, sich auf einen vernünftigen Kompromiß einzulassen.

Der »polnische Oktober« hat (insbesondere vor dem Hintergrund Ungarn) den Weg für eine zivilisierte Lösung strittiger Fragen zwischen der Sowjetunion und anderen Ländern der sozialistischen Gemeinschaft aufgezeigt. Und wenn die Methoden, Druck durch Gewalt auszuüben, aus dem Arsenal der von der Sowjetunion in ihrer Außenpolitik angewandten Mittel nicht verschwanden, so wurde seitdem der Suche nach politischen, die Interessen der anderen Seite berücksichtigenden Methoden bei der Lösung schwieriger Probleme, die in den Beziehungen zwischen den Ländern des Warschauer Paktes entstanden, immer größerer Stellenwert eingeräumt.

Edward Jan Nalepa

Die Polnische Armee in den Ereignissen des Jahres 1956

Das Jahr 1956 ist in der jüngsten Geschichte Polens ein besonderes, geradezu symbolisches Datum hinsichtlich der historischen Sicht auf solche unveränderlichen, zeitübergreifenden Imponderabilien der Subjektivität eines jeden Volkes und Staates wie Fragen der Souveränität, der Demokratisierung des Lebens und der Beziehungen zwischen der Staatsmacht und der Gesellschaft. Bei dieser Betrachtung dürfen Gedanken zu Standort und Rolle der Polnischen Armee nicht fehlen.

Die im Frühjahr 1956 zunehmende politische Belebung der polnischen Gesellschaft, die insbesondere unter der Intelligenz (Publizisten, Schriftsteller, Studenten), aber auch innerhalb des Parteiaktivs sichtbar wurde, fand in immer größerem Maße Widerhall auch in der Armee. Das galt vor allem für deren Berufssoldaten, die in den großen Garnisonstädten (Warschau, Kraków [Krakau], Gdańsk [Danzig], Gdynia [Gdingen], Poznań [Posen], Wrocław [Breslau], Łódź) dienten, unter denen — besonders im Kreis der Offiziere — zahlreiche Diskussionen und Kommentare zum Prozeß des »Tauwetters« in der Gesellschaft aufkamen.

Für die Mehrzahl von ihnen erschien die Rückkehr der Vertreter der Armee zur umfassenden Teilnahme am öffentlichen Leben des Landes als natürlich und notwendig. Folgerichtig war es dringend erforderlich, die Beziehungen zwischen Armee und Gesellschaft, die sich in den Jahren 1949–1955 herausgebildet hatten, neu zu bewerten. Bezeichnend für diese Beziehungen war einerseits das Sich-Abschotten des Militärs und andererseits das Mißtrauen und der Argwohn der »Zivilisten« gegenüber vielen Erscheinungen in der Armee. Diese Fragen wurden in entscheidendem Maße beeinflußt durch solche Momente wie die Ernennung des Marschalls der Sowjetunion Konstantin Rokossowski zum Minister für Nationale Verteidigung Polens, den Zustrom höherer Kommandeure und Berater aus der Sowjetunion, den Prozeß der »Säuberung« des Offizierkorps der Polnischen Armee von »feindlichen und fremden Elementen« (d.h. von Offizieren aus der Zeit vor 1939 und aus den konspirativen Organisationen des polnischen Staates im Untergrund), durch die Wachsamkeitspsychose als Resultat der Furcht vor einer Infiltration durch Feinde aus dem zivilen Sektor, die düsteren Praktiken der Rechtsbrechung und der Verletzung der Rechtsstaatlichkeit seitens der Organe der Militärischen Aufklärung und der Militärgerichte, die Eliminierung vieler nationaler Bräuche und Jahrestage aus dem Leben der Armee oder das Verschweigen von Beispielen aus den Traditionen des Patriotismus und der nationalen Befreiungsbewegung des polnischen Volkes und seiner Streitkräfte im Prozeß der Erziehung der Soldaten. Äußerst wesentlich war hierbei auch die Tatsache, daß die Vertreter der engeren Führung des Verteidigungsministeriums bemüht waren, den Status quo weitestgehend zu wahren, da man befürchtete, die Armee könne sich gegenüber den Veränderungsprozessen zu schnell und tiefgreifend öffnen. Gerade die Vertreter der Polnischen Armee im ZK der PVAP (Rokossowski sowie die Generäle Jurij Bordziłowski — Generalstabschef der Polnischen Armee, Stanisław Popławski — Vizeminister für Nationale Verteidigung, Kazimierz Witaszewski — Chef der Politischen Hauptverwaltung der Polnischen Armee) wurden in der polnischen Öffentlichkeit zu den konservativen Kräften in der Parteiführung gerechnet, die den Demokratisierungsprozeß bremsten. Ein bezeichnendes Beispiel, das diese Auffassung bekräftigt, war die Haltung von Witaszewski (ehemaliger Leiter der Kaderabteilung des ZK der PVAP), die er auf einem Treffen mit Arbeitern der Scheibler-Werke in Łodź im April 1956 kundtat. Im Zusammenhang mit der Frage der Verteidigung der Partei »gegen revisionistische und staatsfeindliche Kräfte« erklärte er, daß sich diese entschlossen und »falls erforderlich auch mit dem Gasrohr« verteidigen werde[1].

Die Bezeichnung »Gasrohr« wurde von nun an zum Synonym und Symbol der politischen Reaktion, und die Äußerung Witaszewskis wurde in der Öffentlichkeit so breit kommentiert, daß ihn das Sekretariat des ZK auf die Notwendigkeit hinwies, »in der Polemik auf den richtigen Ton und präzise Formulierungen zu achten«[2].

Hervorgehoben werden müssen auch die nicht besonders guten Beziehungen zwischen der Parteiführung und der Führung der Streitkräfte. Besonders deutlich war das auf der Linie Erster Sekretär des ZK der PVAP und Minister für Nationale Verteidigung sowie bei den Kontakten zwischen dem Sekretariat des ZK, insbesondere zwischen seinen sogenannten jungen Sekretären Władysław Matwin und Jerzy Morawski (den Verfechtern schneller Veränderungen), und der Leitung der Politischen Hauptverwaltung (PHV) der Polnischen Armee mit General Witaszewski an der Spitze, die auch weiterhin ein dogmatisches Herangehen an die Veränderungen im Lande und in der Armee zum Ausdruck brachten. Das bestätigt beispielsweise die Tatsache, daß die Veröffentlichung der Materialien des XX. Parteitages der KPdSU (d.h. des Geheimreferats von Chruschtschow) in der Armee bewußt verzögert wurde, was nach Ansicht der Leiter der PHV der Polnischen Armee die Streitkräfte »vor einem gewissen ungesunden Gärungsprozeß bewahrte, der sich im Lande in einer Welle politischer Belebung beobachten ließ«[3].

1 Rykowski/Władyka, Październik '56.

2 Biuletyn Informacyjny Biura Sekretariatu KC [Informationsbulletin des Büros des Sekretariats des ZK], Nr. 28 vom 15.5.1956, Archivum Akademii Nauk (AAN) [Archiv der Akademie der Wissenschaften], ZK der PVAP, 237/VII-3859, S. 15.

3 Diskussionsbeitrag des Stellvertreters des Chefs der PHV der Polnischen Armee, Brigadegeneral S. Malko, Protokoll der III. Parteikonferenz des Militärbezirks Pomorze vom 13./14.8.1956, Arch. Instytucji Centralnych, Ministerstwo Obrony Narodowej (AIC, MON) [Archiv der Zentralen Einrichtungen des Verteidigungsministeriums], 313/59/29, S. 53.

Berechtigt scheint die Feststellung zu sein, daß die höchsten Organe von Partei und Staat, die sich der ablaufenden politischen Veränderungen bewußt waren, ein so wichtiges Organ des Staates und eine so bedeutende gesellschaftliche Gruppe, wie sie die Armee darstellt, nicht aus dem Gesichtsfeld ausklammern wollten und konnten. Waren sie sich doch bewußt, daß die Beziehungen zwischen Armee und Gesellschaft, die sich zu Beginn der fünfziger Jahre herausgebildet hatten, eindeutig nicht in die neue Situation paßten und negative Folgen für beide Seiten nach sich zogen. Das bedeutete, Maßnahmen zu treffen, die einerseits dazu beitragen, daß die Armee aus der Selbstisolierung heraustritt, sich für die Gesellschaft öffnet und gegenüber Stimmen und Empfindungen der Bürger sensibler wird, und die andererseits bewirken, daß einseitige, negative Meinungen der Zivilisten (insbesondere der zivilen Presse) über die Armee und das Verhalten der Soldaten in der Öffentlichkeit (zum Beispiel die Straffreiheit für Militärkraftfahrer bei Verkehrsunfällen, eine übermäßige Auflagenstärke der Militärpresse, Erscheinungen von Bonzenwirtschaft, Überheblichkeit und Exklusivität, Mißtrauen und Argwohn der Berufssoldaten) überwunden werden. Ein Ausdruck dieser Maßnahmen war die Teilnahme von Vertretern der zentralen zivilen Behörden an den Parteikonferenzen der zentralen Einrichtungen des Verteidigungsministeriums, der Militärbezirke und Teilstreitkräfte im Sommer 1956 (Juli bis September). So z.B. nahm der Erste Sekretär des ZK, Edward Ochab, im Militärbezirk Śląsk [Schlesien] teil, die Mitglieder des Politbüros des ZK Franciszek Mazur im Militärbezirk Warschau, Adam Rapacki im Militärbezirk Pomorze [Pommern] und Józef Cyrankiewicz bei den Luftstreitkräften. Das war gegenüber den Jahren 1949 bis 1955 eine absolut neue Erscheinung.

Diese Konferenzen brachten in großem Maße die Reaktionen des Parteiaktivs der Armee auf die Richtung und den Umfang der politischen Veränderungen in unserem Land zum Ausdruck und ließen Veränderungen im Verständnis des Platzes und der Rolle der Streitkräfte im Prozeß der Demokratisierung des gesellschaftlichen Lebens erkennen. Sie zeugten gleichzeitig davon, daß sich die Armee immer umfassender in den Strom der gesamtgesellschaftlichen Angelegenheiten begab, ohne dabei ihre inneren Probleme und Schwierigkeiten außer acht zu lassen[4].

Einen wesentlichen Impuls für einen gewissen politischen Reifeprozeß der Offiziere und für Neubewertungen in den Beziehungen zwischen Armee und Gesellschaft bildeten die Juni-Ereignisse in Poznań (28.-30. Juni 1956), zumal ja die Polnische Armee aktiv an der Pazifikation der Straßenunruhen und Arbeiterproteste beteiligt war[5]. Die offizielle Interpretation des Charakters dieser Ereig-

4 Weiter hierzu: Nalepa, Udział Wojska Polskiego w przezwyciężaniu napięć społeczno-politycznych w Polse w latach 1956–1970 [Der Anteil der Polnischen Armee an der Überwindung gesellschaftlicher und politischer Spannungen in Polen in den Jahren 1956–1970], Material im Bestand des Wojskowy Instytut Historyczny, WIH [Militärhistorisches Institut], mps, Warschau 1985; ders.: Wojsko Polskie w przemianach.

5 An der Pazifikation von Poznań waren insgesamt 10 297 Soldaten der Polnischen Armee (ohne das Korps für Innere Sicherheit) aus den folgenden Verbänden des Militärbezirks

nisse (als Provokation imperialistischer Geheimdienste und der einheimischen illegalen Reaktion gegen die Volksmacht) wurde auch von der Führung des Verteidigungsministeriums übernommen, was seinen sofortigen Niederschlag in der Propagandatätigkeit und politisch-aufklärerischen Arbeit in den Einheiten und Einrichtungen der Armee fand, besonders bei denjenigen, die unmittelbar an der Pazifikation beteiligt waren. Der Ton dieser Indoktrination bildete einen deutlichen Mißklang zu den Empfindungen und Stimmungen eines bedeutenden Teils des Militärs, den der Inhalt der eilig von der PHV der Polnischen Armee redigierten Flugblätter und Zeitungen irgendwie nicht überzeugen konnte; es hieß, diese Materialien seien heimtückisch in Kisten zusammen mit Maschinen für die internationale Messe in Poznań eingeschleust worden, u. zw. von Agenten des Chefs des westdeutschen Geheimdienstes, Reinhard Gehlen, und sollten eine bewaffnete Revolte gegen die Staatsmacht anzetteln.

Was in Poznań passiert war, muß viele Offiziere und Soldaten der Polnischen Armee erschüttert und sie psychisch stark belastet haben, wenn man sich die Zahl der Todesopfer und das Maß des Zorns der Einwohner von Poznań über die Armee vor Augen führt, die — im übrigen zu Unrecht — beschuldigt wurde, gedankenlos auf die Bevölkerung geschossen, mit Panzern ein Massaker unter Frauen, Kindern und alten Menschen angerichtet und Demonstranten aus Flugzeugen beschossen zu haben und dergleichen mehr.

Die Ereignisse von Poznań waren ein bedeutendes Moment im Prozeß der Entstalinisierung des Lebens in unserem Land und wurden zu einem spezifischen Bindeglied zu den Veränderungen im Oktober. Sie bewirkten nicht nur eine Kräftepolarisierung innerhalb der Parteiführung und eine Belebung des intellektuellen Lebens, sondern brachten einen Prozeß in Gang, in dem die Gesellschaft, viele Schichten und Gruppen, ihre Identität und ihre urpersönliche Stimme in der Öffentlichkeit wiedererlangten.

Diesem Prozeß unterlag auch die Armee, die ihren Platz in der neuen Landschaft der noch in den Kinderschuhen steckenden polnischen Demokratie suchte. Ganz gewiß war der Umstand, daß die Armee zur Niederschlagung des Arbeiterprotestes benutzt worden war, dafür keine gute Starthilfe. Der Umstand, daß die Machtträger nicht daran dachten, auf den Einsatz »ihres zuverlässigen bewaffneten Arms« in einer Situation eigener Bedrohung zu verzichten, hat sich zum Glück in der Zeit des polnischen Oktober 1956 nicht im vollen Umfang bewahrheitet, wenngleich damals die Führung der PVAP mit Ochab an der Spitze, dem unvollständigen Quellenmaterial zufolge, durchaus beabsichtigt hat, im Falle von

Śląsk beteiligt: II. Panzerkorps — 4068, II. Armeekorps — 4983, Offizierschule der Panzer- und mech. Truppen — 570, Ausbildungszentrum Rückwärtige Dienste — 676 Soldaten sowie 359 Panzer, 31 Selbstfahrlafetten, 6 37-mm-Flugabwehrkanonen, 30 Mannschaftstransportwagen BTR, 880 Kraftfahrzeuge und 68 Motorräder sowie einige tausend Hand- und Maschinenwaffen. Im Verlaufe von drei Einsatztagen verbrauchten die Einheiten der Polnischen Armee ca. 180 000 Stück Munition. Getötet oder tödlich verwundet wurden 73 Personen, darunter drei Mitarbeiter des Amtes für Sicherheit, ein Polizist, ein Soldat des Korps für Innere Sicherheit und drei Soldaten der Polnischen Armee. Weiter hierzu: Nalepa, Pacyfikacja.

sozialen Unruhen in Warschau sowohl militärische Einheiten des Verteidigungsministeriums als auch des Korps für Innere Sicherheit (Korpus Bezpieczánstwa Wewnętrznego; Formation des Innenministeriums) zu eventuellen Pazifizierungsmaßnahmen einzusetzen. Sämtliche in diesem Zusammenhang getroffenen Entscheidungen, ihre Begleitumstände, ihr Ziel, ihr Charakter sowie ihre Folgen fließen mit in den sogenannten militärischen »roten Faden« der Oktober-Ereignisse in unserem Land ein. Dieser ist gewissermaßen in zwei Ebenen zu sehen, und zwar erstens in politischen Aktivitäten von Vertretern der Armee und zweitens in Form der eigentlichen militärischen Maßnahmen.

Die Atmosphäre, in der die Beratungen des VIII. Plenums des ZK der PVAP (19.-21. Oktober 1956) stattfanden, beeinflußte die politische Haltung und die politischen Verhaltensweisen der Soldaten der Polnischen Armee außerordentlich, insbesondere in der Hauptstadt und in den Großstädten. Generell kann man sagen, daß dies in jenen Tagen wachsender Spannungen sowohl intern in der Armee als auch in der Öffentlichkeit, auf zahlreichen Kundgebungen und Versammlungen, die vorwiegend an Hochschulen und in großen Industriebetrieben organisiert wurden, zum Ausdruck kam.

Begonnen sei damit, daß in den Tagen der Beratungen des VIII. Plenums in den Verbänden und Einrichtungen der Armee Kundgebungen und Massenveranstaltungen nicht organisiert werden durften. Daher bekundeten die Soldaten ihre Stimmung auf offenen Parteiversammlungen (diese konnte man bereits nicht mehr verbieten) in Form zahlreicher Wortmeldungen und gefaßter Beschlüsse. Jedoch war bereits in den Nachmittagsstunden des 21. Oktober der Druck der allgemeinen spontanen Diskussion und politischen Aktivität nach außen so groß, daß in vielen Einheiten, Einrichtungen und Stäben — ohne auf die Zustimmung der Vorgesetzten zu warten — improvisierte Kundgebungen und Massenveranstaltungen unter Teilnahme geladener ziviler Delegationen, hauptsächlich aus Arbeitern, Studenten und Publizisten, organisiert wurden. Die dort angenommenen Resolutionen und Beschlüsse, die an das ZK der PVAP und die Redaktion von Żołnierz Wolności (Tageszeitung des Verteidigungsministeriums) gerichtet waren, brachten die Unterstützung für die neue Parteiführung und die Ablehnung von Versuchen zum Ausdruck, die Armee »entgegen dem Willen des Volkes und gegen das Volk« einzusetzen. Sie forderten, der Öffentlichkeit die wahren Gründe für die Dislozierung von Einheiten der Polnischen Armee in der Zeit des VIII. Plenums zu erklären und die dafür verantwortlichen Personen zu nennen. Die Zahl dieser Resolutionen aus dem gesamten Land, die bis Ende November 1956 eingetroffen waren, reichte an die zweihundert[6].

Besondere Aufmerksamkeit unter den vielen Versammlungen, Massenmeetings und Kundgebungen verdient die erste damals im militärischen Bereich organisierte öffentliche Kundgebung mit 2000 Teilnehmern (unter Beteiligung von Delegationen der FSO-Autowerke Żeran, der Technischen Hochschule Warschau

6 Siehe Beschlüsse und Resolutionen der Armee, die an das ZK der PVAP sowie an die Zeitung Żołnierz Wolności geschickt wurden, AIC MON, 314/59/41.

und von Journalisten), die am 21. Oktober 1956 an der Militärtechnischen Akademie stattfand. Die Militärtechnische Akademie war die erste in der gesamten Polnischen Armee, die öffentlich ihre Unterstützung für den Demokratisierungsprozeß des Oktober-Plenums in einer Resolution zum Ausdruck brachte[7].

Die spontane Reaktion eines bedeutenden Teils des Militärs auf den Verlauf und die Entscheidungen des Plenums, insbesondere die Kundgebung an der Militärtechnischen Akademie, hatte die konservative Führung der PHV der Polnischen Armee sichtlich beunruhigt, die versuchte, die Soldaten möglichst lange daran zu hindern, ihre tatsächlichen Stimmungen und politischen Haltungen offen zu bekunden. Ein Ausdruck dieser Befürchtung war die Herausgabe einer Anordnung des Chefs der PHV, Divisionsgeneral Witaszewski, vom 22. Oktober 1956 über die Durchführung von Massenveranstaltungen in der Armee.

Dieses Dokument gab eindeutig vor, wie bei der Besprechung der Materialien des Oktober-Plenums verfahren werden soll, und zwar auf den internen, für Gäste von außerhalb nicht zugelassenen Versammlungen (Massenmeetings) in den Einheiten und militärischen Einrichtungen. Hauptziel dieser Anordnung war es, zu den Fragen des Landes und der Armee keine echte, umfassende und offene Diskussion zu erlauben, bei der hinsichtlich der nicht allzu weit zurückliegenden düsteren und schmerzhaften Vergangenheit nachdrücklich Abrechnung und Buße gefordert werden könnten. Besonders stark wurde dies auf den Versammlungen des Militärjustizapparates (Oberste Militärstaatsanwaltschaft, Oberstes Militärgericht, Verwaltung für Militärjustiz) und der Organe der militärischen Aufklärung (Hauptverwaltung Aufklärung und Aufklärungsverwaltungen der Militärbezirke) zur Sprache gebracht[8].

Wie bereits erwähnt, war ein Ausdruck der politischen Aktivität der Soldaten der Polnischen Armee auch deren Teilnahme an zahlreichen Kundgebungen und Versammlungen im zivilen Bereich, hauptsächlich solchen von Arbeitern und Studenten. Die stürmischsten Versammlungen dieser Art fanden in Warschau, Gdańsk, Gdynia, Poznań und Kraków statt[9]. So begrüßten beispielsweise auf einer Kundgebung in der Aula der Pädagogischen Hochschule in Gdańsk 1500 junge Leute voller Freude dort eintreffende Soldatendelegationen aus Einheiten des Verteidigungsministeriums und des Korps für Innere Sicherheit. Am darauffolgenden Tag fand an der Technischen Hochschule Gdańsk eine Massenkundgebung statt, an der eine Delegation von Offiziersschülern der Marinehochschule und von Matrosen aus Gdynia unter Führung des Befehlshabers der Kriegsmarine, Konteradmiral Jan Wisniewski, teilnahm, der sich in der polnischen Öffentlichkeit aufgrund seiner eindeutigen Haltung zur Verteidigung der Souveränität unseres Staates in den Tagen des VIII. Plenums sehr großer Sympathie erfreute. Nicht unerwähnt bleiben soll auch das Moment, als am späten Abend des 21. Oktober (einem Sonntag) Soldaten der hauptstädtischen Garnison neben Arbeitern und

7 Resolution, verabschiedet an der Militärtechnischen Akademie am 21.10.1956, ebd., S. 157.
8 Siehe: Nalepa, Wojsko Polskie w październiku.
9 Siehe Notiz der PHV (23.10.1956) über Stimmungen in der Armee nach dem VIII. Plenum des ZK der PVAP, AIC MON, 313/59/95, S. 207–209.

Studenten auf der Straße die Sonderbeilagen zu den Zeitungen verteilten, die über die Beendigung der Plenartagung und die Zusammensetzung der neuen Parteiführung informierten.

Wie zu ersehen ist, konnte die allgemeine Strömung demokratischer Veränderungen in unserem Land seit dem Frühjahr 1956 nicht vor den Kasernentoren haltmachen. In der sich verändernden politischen Situation suchte die Armee ihren neuen Platz in Gesellschaft und Staat, war sie doch in der Vergangenheit dem gleichen »System des Bösen« unterworfen gewesen. Dieses System hatte viel Leid und Tragödien (wie die Vollstreckung von Todesurteilen an 19 unschuldig verurteilten Offizieren der Polnischen Armee) sowie viele negative Erscheinungen im Leben der Armee verursacht, die deren Beziehungen zur Gesellschaft sehr stark belasteten. Daher war jene umfassende Welle der politischen Belebung, wie sie die Streitkräfte erfaßt hatte, so sehr erforderlich. Sie gewann in ihrer Masse die Glaubwürdigkeit und die Anerkennung in der Gesellschaft zurück, wenn auch mit dem weiteren Verbleiben von Marschall Rokossowski und der sowjetischen Generäle in der Polnischen Armee oder auch mit den ungeklärten Versuchen, die Armee in Ränkespiele um die politische Macht hineinzuziehen, bei vielen ein tiefer Stachel zurückblieb[10].

Eine zweite, bereits angedeutete Ebene der Beteiligung der Armee (Verteidigungsministerium, Korps für Innere Sicherheit) an den Ereignissen des Jahres 1956 waren die sogenannten Bewegungen bestimmter militärischer Einheiten während des VIII. Plenums des ZK. Ohne jeden Zweifel hatten wir es nämlich im Oktober 1956 mit dem Marsch zweier großer Panzerkolonnen der Sowjetarmee (Nordgruppe der Streitkräfte der Sowjetarmee) in Richtung Warschau und der Konzentration einiger polnischer Einheiten in der Nähe der Hauptstadt zu tun[11]. Zeit und Ort jener Verlegungen zeugten unbestreitbar vom eindeutig politischen Charakter der Maßnahmen, die Zeichen der Vorbereitung auf einen Militärputsch oder auf eine Pazifikation der Stadt trugen. Wie real diese Bedrohungen waren, läßt sich heute nur schwer eindeutig sagen, man kann aber davon ausgehen, daß

10 Mit Stand vom 1.5.1956 dienten in den Streitkräften der VR Polen (Verteidigungsministerium, Komitee für Öffentliche Sicherheit, Korps für Innere Sicherheit): 1 Marschall, 28 Generäle, 32 Obristen, 13 Oberstleutnante, 2 Majore, 1 Hauptmann; darunter der Minister und ein Vizeminister für Nationale Verteidigung, der Chef des Generalstabes und seine 3 Stellvertreter, die 3 Befehlshaber der Militärbezirke, 6 Befehlshaber von Truppengattungen und Chefs von Diensten, 6 Chefs von Verwaltungen zentraler Einrichtungen des Verteidigungsministeriums und des Generalstabes, 2 Kommandeure von Militärakademien (Generalstabsakademie, Militärtechnische Akademie), 5 Fachbereichskommandeure an Militärakademien. In dieser Zeit übten ca. 50 Generäle und Offiziere der Sowjetarmee Funktionen als Berater in der Polnischen Armee aus, die meisten davon in den Luftstreitkräften/Luftverteidigung, der Kriegsmarine und im Generalstab. Diese Personallage wurde bis zum Herbst 1956 beibehalten. Eine bedeutende Reduzierung erfolgte nach dem Oktober 1956. Noch bis zum Ende 1956 wurden der Marschall, 19 Generäle und 23 Offiziere in die UdSSR abkommandiert. Weiter dazu: Nalepa, Oficerowie Armii Radzieckiej.

11 Siehe: Muś, Wspomnienia dowódcy Korpusu Bezpieczeństwa Wewnętrznego [Erinnerungen des Befehlshabers des Korps für Innere Sicherheit], mps WIH, Warschau 1988, S. 411–441.

alles von den »Ergebnissen« der im Belvedere laufenden mehrstündigen Gespräche der polnischen Führung mit der nach Warschau angereisten sowjetischen Delegation unter Leitung von Nikita S. Chruschtschow (19.-20. Oktober) abhing. Hätte man kein Einvernehmen erzielt, d.h. hätte der Kremlchef nicht die neue PVAP-Führung und die Zusicherungen Gomułkas über die Dauerhaftigkeit des polnisch-sowjetischen Bündnisses und die Mitgliedschaft Polens im Warschauer Vertrag akzeptiert, dann hätten die Kolonnen der Nordgruppe der Streitkräfte der Sowjetarmee (am 19. Oktober gegen 18.00 Uhr) gewiß nicht den Befehl zum Halt und zur Rückkehr in ihre Standorte bekommen. (Die Truppen aus Legnica [Liegnitz] waren bis nach Łęczyca und Łowicz vorgerückt, die Truppen aus Pomorze Zach [Westpommern] bis zur Linie Włocławek-Gostynin). Die Marschälle Georgi Shukow (Verteidigungsminister der UdSSR) und Iwan Konew (Oberkommandierender der Truppen des Warschauer Vertrages), die übrigens in Polen weilten, sowie General Kuźma-Galicki (Oberkommandierender der Nordgruppe der Streitkräfte der Sowjetarmee) hätten dann mit aller Wahrscheinlichkeit die an Gomułka gerichtete Drohung Chruschtschows wahrgemacht: »Mit dieser Nummer kommen Sie nicht durch. Wir sind zum aktiven Eingreifen bereit[12].«

Wie dieses »Eingreifen« aussehen konnte, hat die blutige Abrechnung mit der Zivilbevölkerung von Budapest in ihrer ganzen Brutalität gezeigt.

Wie real diese Drohung war, kann die Tatsache bezeugen, daß nicht nur die in Swinoujście [Swinemünde] stationierten Kriegsschiffe der sowjetischen Flotte und ein Teil der im Patrouillendienst in der Bucht von Gdańsk liegenden Schiffe in erhöhte Gefechtsbereitschaft versetzt worden waren, sondern auch einige Einheiten der an Polen angrenzenden Militärbezirke Kiew und Weißrußland. Das soll auch die Offiziere des Bereichs Operativ des sowjetischen Generalstabes betroffen haben[13]. Letztendlich kam es jedoch bekanntlich nicht zu einer sowjetischen Intervention, und die Verbände der Nordgruppe der Streitkräfte der Sowjetarmee sind um den 25. Oktober 1956 im Prinzip in ihre Heimatgarnisonen (Legnica und Borne-Sulinowo) zurückgekehrt.

Und rein der Vollständigkeit halber sei ergänzt, daß der polnische Minister für Nationale Verteidigung, Marschall Rokossowski, in der auf dem VIII. Plenum (am 20. Oktober 1956) abgegebenen Erklärung feststellte: »Tatsächlich haben sich sowjetische Truppen bewegt. Sie haben Herbstmanöver in dem Gebiet durchgeführt, wo die Gruppe der Sowjetischen Streitkräfte stationiert ist. Diese Truppen haben sich in Richtung Bydgoszcz [Bromberg] und in Richtung Łódź bewegt. In diesem Zusammenhang habe ich mich im Auftrag des Politbüros an Marschall Konew gewandt, der diese Übungen geleitet hat, damit sie wieder in ihre ständigen Stationierungsorte zurückkehren[14].«

12 Ten numer wam nie przejdzie.
13 Poksiński, Pucz wojska.
14 Diskussionsbeitrag Rokossowskis am zweiten Tag der Beratungen des VIII. Plenums des ZK, AAN, ZK der PVAP, 237/II-17, S. 15.

Das war alles. Und wie sich hieraus ergab, seien das die allernormalsten, vorher geplanten Übungen, und der ihnen zugeschriebene klare politische Kontext sei reine Unterstellung und Überinterpretation, wie der Marschall zweier Nationen gewiß meinte. An diese Sache knüpfte auch noch einmal Gomułka an, der auf der historischen Kundgebung auf dem Plac Defilad in Warschau am 24. Oktober 1956 sagte: »Wir haben von Genossen Chruschtschow die Zusicherung erhalten, daß die sowjetischen Truppen auf dem Gebiet Polens innerhalb von zwei Tagen (sic! — E.N.) in ihre Standorte zurückkehren, in denen sie auf der Grundlage internationaler Verträge im Rahmen des Warschauer Paktes weilen[15].«

Die Intervention Gomułkas auf höchster Ebene zeugte hier deutlich von den tatsächlichen Zielen der angeblichen Manöver und überführte Rokossowski mit seinen ungeschickten Erklärungsversuchen der Lüge, der schließlich nicht in der Rolle des polnischen Ministers für Nationale Verteidigung aufgetreten war, sondern als sowjetischer Marschall in polnischer Uniform, der die Anweisungen Moskaus ausführte. So wurde das auch von der Mehrheit der polnischen Öffentlichkeit empfunden.

Ein zweites Moment, das die Atmosphäre der Beratungen des VIII. Plenums und die Stimmungen in der Gesellschaft, insbesondere der Einwohner der Hauptstadt, maßgeblich beeinflußte, waren die Bewegungen von Einheiten der Polnischen Armee. Tatsache war nämlich, daß in den Abendstunden des 19. Oktober aus militärischen Standorten in unmittelbarer Nähe zur Hauptstadt im Alarmierungsverfahren einige Einheiten der 1. Warschauer mech. Division (Legionowo) und der schweren Pionierbrigade 2 (Kazuń) nach Warschau (an den nördlichen Stadtrand, den Stadtteil Żoliborz) herangeholt wurden. Ein Teil von ihnen wurde direkt in die Stadt verlegt und im Bereich der Zitadelle (dem Sitz der Führung des Militärbezirkes Warschau) stationiert. Gleichzeitig wurde ein Panzerregiment der 1. Warschauer mech. Division aus dem Standort Zambrów nach Legionowo, also näher nach Warschau, verlegt[16].

Da diese Maßnahmen nicht nur vor der Öffentlichkeit, sondern auch vor den Mitgliedern des ZK der PVAP streng geheimgehalten wurden, hat es allseits Zweifel an ihrer Legalität gegeben.

Die anwachsenden Spannungen und Unruhen waren von der Überzeugung begleitet, daß die von außerhalb herangezogenen Verbände, die nicht von den politischen Stimmungen der Hauptstadt infiziert waren, erforderlichenfalls bestimmten Kräften des ZK »als Werkzeug zur Unterdrückung des unumkehrbaren Prozesses des Fortschritts in Polen« dienen sollten[17].

Es fehlte auch nicht an Stimmen, die gar behaupteten, Marschall Rokossowski habe in Absprache mit der dogmatischen Fraktion der PVAP, die eng mit Moskau zusammenarbeitete, eine Verschwörung oder einen Militärputsch vorbereitet. Diese Meinungen sind von vielen Publizisten lauthals artikuliert worden.

15 Rede des Genossen Gomułka, in: Trybuna Ludu, Nr. 298 vom 25.10.1956.
16 Siehe: Nalepa, Pucz wojskowy.
17 Wirpsza, Kronika.

Somit barg diese Situation auch die Gefahr ernstlicher politischer Folgen, insbesondere in den Beziehungen zwischen Armee und Gesellschaft, da ein bedeutender Teil der Gesellschaft fest entschlossen war, die Sache der Demokratie und der souveränen Entscheidungen Polens zu verteidigen. Ausdruck dessen war, daß in vielen Betrieben und Hochschulen der Hauptstadt dazu übergegangen wurde, eine ständige Bereitschaft (physische Anwesenheit) von Arbeitern und Studenten einzuführen. So geschah es beispielsweise in den Fahrzeugwerken FSO in Żeran, in den Kasprzak-Werken von Wola, in den Optischen Industriebetrieben in Grochow sowie an der Technischen Hochschule Warschau. Dieser Bereitschaftszustand (Gerüchte über eine Waffenausgabe an die FSO-Arbeiter stellten sich als unwahr heraus) dauerte vom 19. Oktober bis in die Nachmittagsstunden des folgenden Tages. Der damalige Erste Sekretär des ZK der PVAP, Ochab, charakterisierte diese Situation in seiner Rede auf dem VIII. Plenum am 21. Oktober folgendermaßen:

> »Ich traf auf vielen Versammlungen auf die Erklärungen von Studenten und Arbeitern, auf Resolutionen und Äußerungen vieler Leute, die das Zentralkomitee gegen die Armee, die angeblich das Zentralkomitee bedroht, oder gegen die Sowjetunion verteidigen wollen. Wer von uns hätte sich einmal vorstellen können, in einer solchen Situation zu sein, daß Mitglieder der Partei, Menschen, die leidenschaftlich an den Sieg des Kommunismus glauben, vor einem solchen Problem stehen und zu verzweifelten Schlüssen kommen, sie würden angeblich von der Armee oder von seiten der Freunde bedroht[18].«

In der entstandenen Situation wandten sich am zweiten Beratungstag des Plenums (20. Oktober) einige Mitglieder des ZK mit folgender Anfrage an Minister Rokossowski: »Mit welchem Ziel und auf wessen Entscheidung fanden jene Truppenbewegungen statt? Lag eine Anweisung des Politbüros, der Regierung oder eine Entscheidung des Verteidigungsministeriums zugrunde[19]?« Aus den Erklärungen Rokossowskis ging hervor, daß er in Abstimmung mit dem Politbüro eine teilweise Konzentrierung einiger Militäreinheiten zu Sonderaufgaben befohlen hatte. »Dies wurde im Zusammenhang mit den Erfahrungen aus den Vorfällen in Poznań gemacht«, erklärte er[20]. In ähnlichem Sinne äußerte sich der neugewählte Erste Sekretär des ZK, Gomułka. Auf einem Treffen mit Journalisten am 29. Oktober 1956 sagte er:

> »Wenn es um die Bewegungen polnischer Truppen geht, die übrigens in minimalem Umfang stattgefunden haben, so wurden diese in Absprache mit dem damaligen Ersten Sekretär (...) einfach aus Gründen der Sicherheit angeordnet, in Hinblick darauf, bestimmte Gebäude oder Waffenlager zu schützen oder auch auf alle Fälle, um diese Einheiten bei der Hand zu haben. In diesem Zusammenhang entstand das Gerücht, daß ein Staatsstreich, daß ein Militärputsch vorbereitet wird[21].«

18 Ochab, Diskussionsbeitrag, AAN, ZK der PVAP.
19 Starewicz, Diskussionsbeitrag, ebd.
20 Rokossowski, Diskussionsbeitrag (wie Anm. 14).
21 Rede des 1. Sekretärs des ZK der PVAP, Genossen Gomułka, AAN, ZK der PVAP, 237/V-280, S. 51.

Die obigen Ausführungen scheint der polnische Brigadegeneral Włodzimierz Kopijkowski, damals Chef des Stabes des Militärbezirkes Warschau, zu bestätigen, der die gesamte militärische Operation im Gelände geleitet hatte. In einer speziellen Erklärung vom 26. Oktober 1956, die an den neuen Chef der PHV der Polnischen Armee, Divisionsgeneral Marian Spychalski, persönlich gerichtet war, schrieb er u.a.:

»Der Chef des Generalstabes (i.e. Bordziłowski — E.N.) sagte, daß auf Anweisung des Zentralkomitees zur Gewährleistung eines ruhigen Verlaufes der Beratungen des VIII. Plenums Armeeverbände in Bereitschaft zu halten seien (...). Ich erhielt den Auftrag, falls die Demonstration zu räuberischen oder provokativen Zwecken mißbraucht würde, wie es in Poznań der Fall war, auf Anweisung des Zentralkomitees Brücken, Elektrizitätswerke und den Bahnhof Gdańsk (in Warschau — Anm. d. Übersetzers) vor diversiven Handlungen zu schützen. Weiter waren alle Straßen mit Kraftfahrzeugen oder Panzern zu blockieren, um einen Zustrom der Bevölkerung von außerhalb Warschaus zu verhindern[22].«

Hinzuzufügen ist, daß auf Anweisung von General Bordziłowski (gewiß in Abstimmung mit Rokossowski und Ochab) Vorbereitungen auf eventuelle Ordnungs- und Schutzmaßnahmen in Warschau auch in der hauptstädtischen Garnison selbst getroffen wurden, d.h. an der Militärtechnischen Akademie, der Generalstabsakademie der Polnischen Armee, im Fernmelderegiment 5 oder an der Offiziersschule der Fernmeldetruppen in Zegrze. Unter anderem wurden Karten der Einsatzräume vorbereitet, »Stoßtrupps« eingeteilt, ein Teil des Geräts und der Bewaffnung entkonserviert, Feldfunkstationen in Betrieb genommen. Es hat auch Umstände gegeben, die darauf schließen lassen, daß General Bordziłowski und somit die Führung des Verteidigungsministeriums selbst die Möglichkeit des Einsatzes von operativen Einheiten (aus entfernten Standorten) der übrigen Militärbezirke (Śląsk und Pomorze) zu Pazifizierungsaufgaben (sicherlich in Situationen ernsthafter sozialer Unruhen im Zentrum des Landes) in Betracht gezogen hat. Dazu wurde wohl am Abend des 19. Oktober in der 10. mech. Division (Opole [Oppeln]), der 11. Panzerdivision (Żagań [Sagan]) und der 16. Panzerdivision (Elbląg [Elbing]) erhöhte Gefechtsbereitschaft ausgelöst[23].

An dieser Stelle muß auch erwähnt werden, daß außer den dem Verteidigungsministerium (also Minister Rokossowski) unterstehenden Truppen auch Formationen der Inneren Truppen, die dem Minister des Innern unterstanden, auf »Sonderaufgaben« vorbereitet wurden, und das schon seit dem 17. Oktober. Sie bestanden aus Verbänden des Korps für Innere Sicherheit (Kommandierender General Brigadegeneral Włodzimierz Muś) des Standorts Warschau, verstärkt durch zusätzlich hierher verlegte Einheiten: eine Infanteriekompanie (aus der Brigade 1 des Korps für Innere Sicherheit in Góra Kalwaria), eine Panzer- und eine

22 Erklärung des Chefs des Stabes des Militärbezirks Warschau, Brigadegeneral Kopijkowski, brieflich z.Hd. des Chefs der PHV der Polnischen Armee, Divisionsgeneral Spychalski (vom 26.10.1956), Handschrift, Dokumentensammlung des Autors.

23 Siehe: Poksiński, Pucz wojska.

Kradmelderkompanie (aus dem Regiment 7 des Korps für Innere Sicherheit in Łódź)[24].

Um die Unternehmungen dieser Formationen im Oktober des Jahres 1956 ranken sich in der polnischen Gesellschaft viele Mythen und Legenden im Zusammenhang mit angeblich von der Führung der Inneren Truppen getroffenen Vorbereitungen auf »die Verteidigung der Hauptstadt« gegen sowjetische Truppen und Einheiten des Verteidigungsministeriums.

Aber aus der in ihrem Inhalt eindeutigen (und beileibe nicht antisowjetischen) Äußerung des Kommandeurs der Inneren Truppen, Brigadegeneral Wacław Komar, ergibt sich ein ganz anderes Bild. Auf einer Besprechung höherer Offiziere des Stabes des Korps für Innere Sicherheit am 19. Oktober 1956, die der Einführung der Alarmbereitschaft in den Einheiten dieser Truppe in der Hauptstadt gewidmet war, sagte er u.a.:

> »Einige Elemente versuchen, den ablaufenden Prozeß der Demokratisierung im Land zu negieren, und finden in dieser Hinsicht Gehör und Unterstützung bei einigen Offizieren der Armee (...). Zur Zeit findet eine Kundgebung an der Technischen Hochschule statt, bei deren Abschluß es zu Unruhestiftungen kommen kann, und unsere Aufgabe wird es sein, auf solche Erscheinungen zu antworten. Wenn die Studenten und Arbeiter unter Losungen des Zentralkomitees und für die Politik des ZK in die Stadt ziehen, werden wir nicht einschreiten, wenn aber jemand versuchen sollte, gegen das ZK der PVAP und mit antisowjetischen Parolen aufzutreten, werden wir kämpfen[25].«

In Zusammenfassung dieses Gedankenganges scheint die Hypothese berechtigt zu sein, daß im Oktober 1956 die Polnische Armee auch zu Pazifikationsmaßnahmen gegen die Gesellschaft hätte eingesetzt werden können, wenn die Lösung der politischen Krise in unserem Land in eine andere Richtung gegangen wäre. Aus militärischer Sicht waren dazu die Befehle über die Herstellung der Bereitschaft in einigen Verbänden oder auch die Konzentration eines Teils davon bei Warschau erforderlich. Man kann jedoch die These nicht ausschließen, daß damals Versuche unternommen wurden, sich der Armee zu politischen Ränkespielen im Kampf um die Macht zu bedienen, was in der konkreten politischen Situation von der polnischen Öffentlichkeit eindeutig mit der Vorbereitung eines Staatsstreiches, einer spezifisch politischen und militärischen Verschwörung der dogmatischen Kräfte in der Führung der Partei und des Ministeriums für Nationale Verteidigung assoziiert wurde, die auf reale Unterstützung der sowjetischen Führer und sowjetischer Truppen rechnen konnten.

Generell sprachen sich die Armee, ihre Berufssoldaten und wehrpflichtigen Mannschaften, insbesondere der Standorte in den großen Woiwodschaftszentren, für den Prozeß der Demokratisierung des Lebens in unserem Lande aus und unter-

24 Siehe: Muś (wie Anm. 11), S. 408.

25 Do I-go Sekretarza KC PZPR tow. Gomułka-Wiesław [An den 1. Sekretär des ZK der PVAP Genossen Gomułka, Wiesław]. Sonderinformation über die Ereignisse in den Tagen 19.-23.10.1956 vom stellvertretenden Leiter der Abteilung Information des Korps für Innere Sicherheit, Major Witold Osiński, vom 25.10.1956, Dokumentensammlung des Autors.

stützten die patriotische Haltung der Arbeiter und Studenten sowie der Gesellschaft insgesamt.

Gleichzeitig bewirkten jedoch die freigesetzten Emotionen und gesellschaftlichen Erwartungen, daß in den Streitkräften die Stimmung angeheizt wurde, was aufgrund der Spezifika ihres Wirkens mit einem bedeutenden Rückgang der Disziplin und der militärischen Ordnung sowie der Geschlossenheit und Einsatzbereitschaft verbunden war. Das Militär blieb dabei auch nicht vor den in der polnischen Gesellschaft anwachsenden antisowjetischen Stimmung bewahrt, die in der Hauptstadt und in jenen Regionen besonders stark war, wo während des VIII. Plenums Bewegungen sowjetischer Truppen stattfanden.

In zahlreichen Einheiten und militärischen Einrichtungen wurden Beschlüsse und Resolutionen verabschiedet, die den Rücktritt von Marschall Rokossowski als Verteidigungsminister sowie den Abzug von sowjetischen Offizieren und Beratern aus der Polnischen Armee forderten[26]. Diese Stimmungen und Haltungen der polnischen Berufssoldaten, darunter auch des Führungspersonals, waren wohl ausschlaggebend für die beschleunigte Herbeiführung verbindlicher Entscheidungen in diesen Angelegenheiten. Denn wie Gomułka auf der Gesamtpolitischen Beratung des Parteiaktivs der Polnischen Armee am 27. Oktober 1956 einräumte, war der Standpunkt des Politbüros des ZK der PVAP damals, »Gen. Rokossowski auf dem Posten des Oberbefehlshabers zu belassen«, und im Fall der Berater, daß »wir keine unbedachten Entscheidungen treffen werden (...), jene Funktionen werden noch von den sowjetischen Genossen ausgeübt, die seinerzeit (...) zu uns delegiert wurden«[27].

Für einen bedeutenden Teil der Polen war das eine bittere Pille, die es zu schlucken galt. Und mit Sicherheit trug diese ziemlich konservative, irgendwie hinhaltende Handlungslinie der damaligen politischen Führung Polens trotz der Appelle von Gomułka nicht zur schnellen Besänftigung der antisowjetischen und radikalisierenden gesellschaftlichen Haltung bei, darunter auch innerhalb der Armee.

Die Führung der Polnischen Armee, in der die Zahl polnischer Offiziere langsam wuchs, unternahm vielerlei Anstrengungen, die Bewahrung von Besonnenheit und Verantwortungsgefühl für das Schicksal des Landes seitens aller Kommandeure und Soldaten zu erreichen. Wichtig waren insbesondere die Schritte, die durch die Ordnung der inneren Angelegenheiten der Armee positiv auf die Lage im Lande einwirkten und die gesellschaftliche Bewertung der eigenen Armee beeinflußten. Die Armee wurde wieder zu einem stabilen Organ des Staates und zu einem starken Pfeiler der Volksmacht, bereit, alle ihr gestellten Aufgaben zu erfüllen. Das war um so bedeutender im Kontext stürmischer Straßenkrawalle und Massenexzesse, zu denen es in den letzten Monaten des Jahres 1956 in Płock

26 Siehe Notiz der PHV der Polnischen Armee zu Stimmungen in der Armee nach dem VIII. Plenum des ZK vom 25.10.1956, AIC MON, 313/59/85, S. 200 f.

27 Rede des Genossen Gomułka, gehalten am 27.10.1956 auf der Gesamtpolitischen Beratung des Parteiaktivs der Polnischen Armee, Centralne Archiwum Wojskowe, CAW [Zentrales Militärarchiv], 614/25, S. 232.

(am 11. November), Warschau (21. November), Bydgoszcz (18. November) und Szczecin (10. Dezember) gekommen war[28].

In den beiden letztgenannten Städten hatten sie die größte Intensität und ernsthafte Folgen. Die damaligen Staatsorgane bewerteten diese Ereignisse zweifach — als Ausschreitung von Hooligans und gleichzeitig als Auftritte mit staatsfeindlichem Charakter. Eine Bestätigung dieser Einschätzung war der Standpunkt des Generalstaatsanwalts der VR Polen, Marian Rybicki, der in seinem Bericht an den Staatsrat am 4. Januar 1957 u.a. schrieb: »Die Vorfälle in Bydgoszcz und später in Szczecin, die kraß reaktionären, chauvinistischen und antisowjetischen Charakter trugen, sind ein ernstzunehmendes Signal dafür, wie Ausschreitungen von Hooligans in provokative und reaktionäre Auftritte ausarten können[29].« Wichtig ist hier jedoch, daß bei all diesen Ereignissen an den Ordnungsmaßnahmen keine geschlossenen Armeeverbände des Verteidigungsministeriums beteiligt waren. Den Organen der Bürgermiliz leisteten hingegen Einheiten des Korps für Innere Sicherheit aktive Unterstützung, d.h. in Bydgoszcz dessen Regiment 9 »Pomorski« und in Szczecin das Regiment 12 »Ziemia Szczecińska«.

Die bisherigen Überlegungen zusammenfassend kann man wohl sagen, daß die Polnische Armee an allen für unser Volk und unseren Staat wichtigsten Ereignissen des Jahres 1956 ihren Anteil hatte, der beileibe nicht nur symbolisch war.

Insbesondere ihre Beteiligung auf rein militärischem Gebiet, die hauptsächlich in der Pazifizierung des Arbeiterprotestes in Poznań und nur in einem gewissen Grade in der Oktoberdislozierung der Einheiten zum Ausdruck kommt, wie auch die Haltung und die politische Aktivität der Offiziere der Polnischen Armee in den Tagen der politischen Oktoberkrise dürfte kaum zu überschätzen sein. In diesen historischen Umbruchmomenten, die das Bild der Krise von 1956 in Polen geprägt haben, war die Armee ganz gewiß nicht der große politische »Schweiger«. Durch die kommunistische Staatsmacht in die moralisch und politisch zweideutige Rolle eines »Gendarms« oder »Putschisten« verstrickt, wurde sie gegen die eigene Gesellschaft eingesetzt. Diese Fakten bewirkten maßgebliche qualitative Veränderungen im Bewußtsein von Berufssoldaten und Mannschaften und führten, soweit möglich, zu Neubewertungen in ihren Ansichten in bezug auf ihre Beziehung zur Gesellschaft sowie zu einem Anwachsen der Aktivitäten der Militärs im öffentlichen Leben. Aus der Lektion des Oktobers 1956 an sich ergab sich für sie ferner die allgemeine Schlußfolgerung, daß die wichtigsten Prozesse politischer und gesellschaftlicher Veränderungen, die sich in den Ländern abspielen, die (auf Grundlage der Festlegungen von Jalta und Potsdam) im sowjetischen Einflußbereich liegen, letztendlich immer von Moskau »abgesegnet« werden mußten. Jegliche Versuche bedeutender politischer Lösungen »ohne Rücksprache«,

28 Siehe Bulletin der Hauptkommandantur der Bürgermiliz über den Verlauf und die Vorgehensweise zur Unterbindung von Gruppenrowdytum und Vorfällen im Bereich der Städte Płock, Warschau, Bydgoszcz und Szczecin (vom 19.1.1957), CAW, 1658/76/91, S. 83–92.

29 Meldung der Aufklärung Nr. 03 (vom 5.1.1957) und Nr. 005 (vom 31.1.1957), Stab des Korps für Innere Sicherheit, CAW, 1658/76/91, S. 47–51, 56–60.

ganz zu schweigen von solchen, die dem Standpunkt der Kremlführung zuwiderliefen, endeten entweder mit einer erpresserischen Drohung von Gewaltanwendung oder mit einer tatsächlichen, brutalen bewaffneten Intervention. Dies bestätigten die Ereignisse des Herbstes 1956 in Polen und die so dramatischen und tragischen Vorfälle in Ungarn. Wie tatsächlich drohend klangen in diesem Kontext die Worte des sowjetischen Verteidigungsministers, Marschall Georgi Shukow, die er damals gegenüber Gomułka gebraucht haben soll, er benötige »lediglich drei Tage [...], um Polen zu besetzen«[30].

30 Lit. nach A. Korboński, Gaździernik 1956, »Lenyły Historyczne« (Paris), Heft 78, 1986, S. 78.

Walentin A. Pronko

Ungarn — UdSSR: Herbst 1956

Die dramatischen Ereignisse im Herbst 1956 in Ungarn haben in der Geschichte Nachkriegseuropas eine tiefe Spur hinterlassen. Indem sie breite Resonanz in der ganzen Welt auslösten, spiegeln sie die komplexen Probleme und Gegensätze der durch die Epoche des Kalten Krieges bestimmten Realitäten wider.

In den seitdem vergangenen vier Jahrzehnten ist eine umfangreiche Historiographie entstanden. Die unmittelbar nach diesen Ereignissen herausgegebene wie auch die bis Ende der achtziger Jahre in Osteuropa oder Ungarn erschienene Literatur[1] trägt ihrem Inhalt nach einen tendenziösen, indes nicht den Autoren anzulastenden Charakter. Eine Reihe von Gründen sind hier ursächlich: die politischen Bedingungen, unter denen die Wissenschaftler arbeiteten, ihr fehlender Zugang zu wichtigen Archivdokumenten, ein ideologisches Tabu und eine rigide staatliche Zensur. Aus diesem Grund wurden bis vor kurzem Einschätzungen im Hinblick auf die Ereignisse in der sowjetischen wie auch in der ungarischen Literatur nur auf der Grundlage »koordinierter« Parteipositionen vorgenommen.

An der Schwelle der neunziger Jahre erschienen in der UdSSR, später in der Russischen Föderation, neue Werke, deren Autoren viele der in vorherigen Arbeiten vorhandenen »Schieflagen« beseitigten und die Entwicklung der Situation in Ungarn bis zum und nach dem Aufstand, darunter in den kritischen Tagen Ende Oktober/Anfang November 1956, objektiver untersuchten[2].

Ein wichtiger Schritt zur Beseitigung der »weißen Flecken« in dem Wissen um diese Ereignisse war die Übergabe eines kompletten Satzes von Geheimdokumenten an die ungarische Regierung im November 1992 durch den Präsidenten der Russischen Föderation, Boris Jelzin. Drei Monate später waren sie in Budapest in zwei Sammelbänden — »Jelcin dosszié. Szoviet dokumentumok 1956-ról«

1 Sachartschenko/Popow/Starodub, Budapescht; Kruschinski, Tschto proisoschlo w Wengrii; O sobytijach w Wengrii; Israeljan/Nikolajew, Is istorii ideologitscheskoi podgotowki; Fejto, Wengerskaja tragedija; Chollosch, Tschewo oni dobiwalis?; Neshinski, Otscherk istorii; Besuschko, Kontrrevoljuzionnyje sily; Istorija Wengrii; Woina. Istorija. Ideologija; Sowetsko-wengerskije otnoschenija; Chollosch/Lajtai, Ploschtschad respubliki; dieselb., »Cholodnaja woina«; Mutny potok; Jakowlew, ZRU; Berec, Krach operazii »Fokus«; ders., K 30-letiju; Sabo, »Tichaja woina«, Gromyko, Pamjatnoje; u.a.

2 Djurko, 1956 g.; Zelizki, Uroki sowremennoi tragedii; ders., Wengrija 1956 g.; Burlazki, Woshdi i sowetniki; Boffa, Istorija Sowetskowo Sojusa; Kyrow, Zabudet li Otetschestwo pogibschich desantnikow?; Musatow, SSSR i wengerskije sobytija; Malaschenko, Osoby korpus; Wengrija 1956 goda; Grif sekretnosti snjat; Chruschtschow, Krisisy i rakety; Wolkogonow, Sem woshdi; u.a.

und »Hiányzó lapok történetéböl«[3] — erschienen. Bald darauf wurden diese Materialien auch in Moskau veröffentlicht[4].

Aufgrund einer Analyse der Archivdokumente und der neuesten Historiographie ist es möglich, den Aktionsmechanismus der Kremlführung bei ihren Versuchen, die in Ungarn herangereifte Krise politisch zu regeln, transparenter zu machen, die Besonderheiten der bewaffneten Einmischung der Sowjetunion aufzudecken und die Reaktion der Weltöffentlichkeit auf diese Ereignisse zu erhellen.

In der Schlußphase des Zweiten Weltkrieges stand an der Spitze der Ungarischen Partei der Werktätigen (Magyar Dolgozok Partja, MDP) und des Landes nicht ohne das Zutun von Jossif W. Stalin eine Gruppe ehemaliger, von Mátyás Rákosi angeführter und aus der Moskauer Emigration in die Heimat zurückgekehrter Kominternfunktionäre. Einige Jahre später jedoch machten sich als Folge ihrer Führung gravierende Anzeichen einer gesellschaftspolitischen Krise in Ungarn bemerkbar. Sie drückten sich in der Unzufriedenheit über die Macht, die Methoden der Staatsführung und das Kopieren der sowjetischen Erfahrungen aus. Das Heranreifen des gesellschaftlichen Konflikts zwang die über die Lage in Ungarn beunruhigte KPdSU-Führung im Juni 1953 dazu, Rákosi aufzufordern, von seinem Posten als Regierungschef zurückzutreten, jedoch weiterhin Erster Sekretär der ZK der MDP zu bleiben[5]. Auf Empfehlung aus Moskau wurde zum Premierminister Imre Nagy ernannt, der ein neues Wirtschaftsprogramm vorstellte. Im Gefolge der Beschlüsse des Juni-Plenums des ZK der MDP 1953 machten sich im öffentlichen Leben Ungarns die ersten Anzeichen eines »Tauwetters« bemerkbar. Es wurde damit begonnen, ungesetzlich Verurteilte zu rehabilitieren; öffentliche Organisationen wurden aktiv tätig[6].

Der Demokratisierungsprozeß konnte sich jedoch nicht mit voller Kraft entfalten. Unter Ausnutzung der wirtschaftlichen Schwierigkeiten auf dem eben erst begonnenen und nicht kontinuierlichen Weg des Übergangs zu marktwirtschaftlichen Formen unternahmen Rákosi und seine Umgebung ein Gegenmanöver. Der Premierminister wurde beschuldigt, »das Prinzip der Kollegialität gravierend verletzt zu haben«. Die Folge war eine Polarisierung der Kräfte, die ihren Ausdruck fand in einer Konfrontation zwischen Reformern und Konservativen, dem Kampf zwischen Befürwortern einer Demokratisierung und denen einer Diktatur und in der Rivalität zwischen Nagy und Rákosi. Im April 1955 wurde Nagy seines Postens als Premierminister enthoben und im Dezember aus der Partei ausgeschlossen[7]. Eine neue »Kälteperiode« brach an. Die Versuche indes, mit den alten Methoden das Land zu regieren, riefen wachsenden Widerstand hervor. Die Intelligenz sprach sich deutlich für Reformen aus. In der Partei formierte sich um

3 A »Jelcin-dosszié«; Hiányzó lapok 1956 történetéből.
4 Istoritscheski archiw (IA), (1993) 4–6.
5 IA, (1993) 4, S. 104.
6 Wengrija 1956 goda, S. 33.
7 Ebd., S. 29–31, 47.

den ausgeschlossenen Nagy, der seine politische Rehabilitierung anstrebte, eine Opposition gegenüber denjenigen Parteiführern, die sich in der Gesellschaft diskreditiert hatten[8].

Moskau wurde über die Verschärfung der Lage im Land durch den sowjetischen Botschafter in Ungarn, Juri W. Andropow, regelmäßig unterrichtet. So unterstrich dieser in seinem Telegramm aus Budapest vom 29. April 1956, daß »es den rechten Opportunisten und feindlichen Elementen infolge von Demagogie und Provokation [gelungen sei], bei einem Teil der Arbeiter den Eindruck zu erwecken, daß die MDP-Führung in ihrer jetzigen Zusammensetzung die Durchführung der Beschlüsse des XX. Parteitags in Ungarn deshalb nicht entsprechend gewährleistet, weil sich ein Teil der alten Politbüromitglieder angeblich diesen Beschlüssen widersetze und die jungen Genossen diese Arbeit aufgrund ihrer Unerfahrenheit nicht leisten können. Dieser Eindruck schadet der Autorität des Politbüros in den Augen des Parteiaktivs und eines Teils der Arbeiterschaft erheblich.« Nachdem Andropow seine Meinung über die entstandene Gefahr für die Einheit der Führung von Partei und Land zum Ausdruck gebracht hatte, schlug er vor: »ungeachtet dessen, daß die Freunde unseren Rat diesbezüglich nicht erbitten [...], mit ihnen darüber zu reden, offen unsere Befürchtungen zu äußern«. Als Reaktion auf diese Information erfolgte die Verfügung des Präsidiums des ZK der KPdSU vom 3. Mai, in der Chefideologe Michail A. Suslow beauftragt wurde, »die Lage in Ungarn aufmerksamer zu studieren«[9].

Nach einiger Zeit überzeugte sich Suslow, der nach Budapest gereist war, persönlich davon, daß die politische Lage im Land aufgeheizt war. Dabei war, wie er vermerkte, unter der nichttechnischen Intelligenz und einem Teil der Funktionäre aus dem Parteiapparat, darunter auch des ZK, wie auch »unter den in den letzten zwei Jahren rehabilitierten Kommunisten, welche eine wesentliche Gruppe der ehemaligen führenden Funktionäre bildeten, die Unzufriedenheit über die jetzige Führung des ZK der MDP verbreitet. Im ZK selbst [...] gibt es eine Gruppe von Anhängern Imre Nagys, eine Gruppe nicht der besten ehemaligen Sozialdemokraten, wie auch eine Gruppe von politisch unreifen und prinzipienlosen Funktionären«. Suslow wies ebenfalls darauf hin, daß es in der Kaderpolitik der MDP »große Anomalien« gebe: Personen ungarischer Nationalität besetzten nur unzureichend führende Stellen. »Unter der Fahne, für die Führung kompetentere und erfahrenere Kader hinzuzuziehen, unter denen sich die Mehrheit aus Genossen jüdischer Nationalität zusammensetzt«, unterstrich Suslow, »gibt es die Tendenz, [...] junge Kader ungarischer Nationalität noch mehr von der Führung fernzuhalten«[10].

Um die Beschlüsse zur Konsolidierung der bestehenden Macht in Ungarn zu beeinflussen, entsandte das Präsidium des ZK der KPdSU das Politbüromitglied Anastas I. Mikojan nach Budapest. Auf der Sitzung vom 13. Juli trugen ihm die

8 IA, (1993) 4, S. 104.
9 Ebd., S. 106–108.
10 Ebd., S. 108–110.

ungarischen Führer den Sachstand vor, »wobei sie die innenpolitische Lage im Land als sehr schwierig und angespannt einschätzten«. Auf Mikojans Frage, »warum sie gegen die Anführer der feindlichen Elemente nicht mit Repressionen und Verhaftungen vorgingen«, antwortete Rákosi, daß sich die Lage derart kompliziert hätte und so eskaliert sei, daß »Verhaftungen hier nicht helfen. Verhaften wir die einen, kommen andere; verhaften wir diese, kommen wieder andere, und so wird es weitergehen[11].«

Daraus zog Mikojan den Schluß, »daß das Erzielen der Einheit in der Parteiführung wie auch die Wiederherstellung des Vertrauens der ZK-Mitglieder zum Politbüro sich direkt auf die Frage nach einem Verbleib des Genossen Rákosi auf dem Posten des Ersten Sekretärs des ZK der MDP zuspitze«. Und in diesem Zusammenhang schlug er Rákosi vor, »selbst seinen Abschied einzureichen« und damit »der Partei die Erhaltung ihrer Führung zu gewährleisten und die Zerschlagung der oppositionellen und feindlichen Elemente zu erleichtern«. Nach diesem Rat zeigten sich die ungarischen Führer »über eine solche Fragestellung erfreut«, und Rákosi selbst, der bei dem Gespräch zugegen war, bemerkte, daß er, die Interessen der Partei über alles setzend, »bereit sei, seinen Abschied einzureichen und eine solche Maßnahme für richtig halte, wenn Sie« — so fügte er hinzu — »dies für nützlich halten«[12]. Am Ende der Begegnung stand ein Meinungsaustausch über eine mögliche Kandidatur für den Posten des Ersten Sekretärs des ZK, wobei jedoch keine einhellige Meinung bei der Vorentscheidung erzielt wurde.

In der zweiten Tageshälfte fand eine Sitzung des Politbüros statt, an der von ungarischer Seite 13 Personen teilnahmen[13]. Mikojan begann seine Rede mit einer Einschätzung der politischen Lage nach dem XX. Parteitag der KPdSU. Er unterstrich, daß »sich die Imperialisten«, konfrontiert mit der mächtigen Bewegung der progressiven Kräfte der Welt, »wütend verteidigen und ihrerseits selbst versuchen, in die Offensive zu gehen, indem sie verschiedene Schwachstellen im sozialistischen Lager ausfindig machen«. Nachdem er die Besorgnis des ZK der KPdSU »wie auch der kommunistischen Bruderparteien anderer Länder« zum Ausdruck gebracht hatte, definierte er das Ziel für das bevorstehende Vorgehen, das er folgendermaßen umriß: »nicht zulassen, daß hier analog zu den Ereignissen von Poznań etwas Unerwartetes und Unangenehmes geschieht«[14].

Eines der Schlüsselmomente in Mikojans Rede war die Aufdeckung der Gründe, die zu der komplizierten Lage in Ungarn geführt hatten. Seiner Meinung nach gehörten dazu: »Druck von seiten feindlicher Elemente«, »eine zunehmende Ausweitung des Einflusses von Feinden und Opportunisten auf die Massen« sowie deren Einbeziehung »in den Kampf um die Demontage der Parteiführung«, die Bildung von »parallelen, sich aus feindlichen Elementen zusammensetzenden und

11 Ebd., S. 111.
12 Ebd.
13 Ebd., S. 113.
14 Ebd.

dreist und anmaßend agierenden Zentren im Land«, die Umtriebe des Petőfi-Kreises, der »ein aktiv agierendes organisatorisches und ideologisches Zentrum geworden sei«, starker Einfluß rechter, auf Nagy hin orientierter Elemente, die »mit ihrer Ideologie die Parteigenossen vergiften«. Zu den anderen, die Lage im Land anheizenden Umständen zählte Mikojan die zerrüttete Disziplin im ZK der Partei wie auch die Tatsache, daß »viele Kommunisten, insbesondere die Intelligenz, im kleinbürgerlichen, der Regierung in Opposition gegenüber stehenden Milieu aufgegangen seien«. Seinem Vorschlag zufolge wurde auf dieser Sitzung die Frage nach einem Rücktritt Rákosis vom Posten des Ersten Sekretärs und Mitglieds des Politbüros des ZK der MDP erörtert[15].

Aus einem am darauffolgenden Tag, dem 14. Juli, stattfindenden Gespräch mit dem Sekretär des Pester Gebietskomitees der MDP, János Kádár, erfuhr Mikojan dessen Meinung über die Ursachen für die antisowjetische Stimmung in Ungarn. Kádárs Einschätzung zufolge hätte sie sich entwickelt, nachdem in der Presse die Errungenschaften der Sowjetunion auf dem Gebiet von Wissenschaft und Technik recht schablonenhaft propagiert worden seien, während »die Erfolge ungarischer Wissenschaftler und anderer Spezialisten unterschätzt würden«. Überdies sei es im Land verboten, ausländische technische Literatur, insbesondere westliche, zu lesen, was »unter sowjetischem Einfluß und Druck geschehen sei«. Die Feindseligkeit in der ungarischen Intelligenz gegenüber der Sowjetunion sei auch darauf zurückzuführen, daß »in vielen Lehrbüchern nahezu ein Drittel des gesamten Materials der Lobpreisung Stalins und der Sowjetunion vorbehalten sei«. Am Schluß der Unterredung gab Kádár den vielsagenden Satz von sich: »Bei uns meinen viele, daß sich die sowjetischen Genossen in die Angelegenheiten Ungarns einmischen, und dies immer erfolglos. Warum sollten sie sich jetzt nicht einmischen, vielleicht diesmal mit mehr Erfolg?« Mikojan quittierte dies mit einem Lachen[16].

Die Ablösung in der ungarischen Führung erfolgte einige Tage später. Auf dem Plenum des ZK der MDP vom 18. Juli wurde Rákosis Rücktritt bestätigt, der sogleich mit seiner Ehefrau, der sowjetischen Staatsbürgerin F.F. Kornilowa, zu einer »Heilbehandlung« in die Sowjetunion ausreiste[17]. Zum Ersten Sekretär des ZK der MDP wurde Ernő Gerő, sein treuer Mitstreiter, gewählt, der mit ihm die Verantwortung für die unheilvolle Wirtschaftspolitik und die Repressionen Ende der vierziger/Anfang der fünfziger Jahre trug. In das Politbüro wurden vier neue Mitglieder gehievt, darunter Kádár und zwei Kandidaten. Dem ZK wurden 14 Mitglieder und Kandidaten kooptiert[18]. Wie sich jedoch in der Folge herausstellte, liefen diese Veränderungen lediglich auf ein taktisches Manöver hinaus, das im Grunde wenig änderte.

In seiner Rede auf dem Plenum erklärte Mikojan, als er auf den ehemaligen Premierminister zu sprechen kam, daß der Ausschluß Nagys aus der Partei »ein

15 Ebd., S. 113, 117.
16 Ebd., S. 120–123.
17 Musatow, SSSR i wengerskije sobytija, S. 9.
18 IA, (1993) 4, S. 12 f.

Fehler war, auch wenn er es verdient hatte«. Er habe neue Fehler begangen: Sein Kampf gegen die MDP inspiriere »parteifeindliche Elemente zur Attacke gegen die Partei«. Man müsse Nagy offen sagen, so riet Mikojan, daß, wenn er in die Partei zurückkehren wolle, »er sich mit der Partei versöhnen und seine Fehler wieder gutmachen muß«[19].

Die ergriffenen Maßnahmen stärkten die Einheit in der Parteiführung nicht. Gerő berichtete anderthalb Monate später, am 2. September, dem sowjetischen Botschafter, daß »in der Arbeit des Politbüros [...] immer deutlicher der Unterschied in den Meinungen der Genossen zu prinzipiellen Fragen zutage trete«[20].

Somit besaßen die Führer in Politik und Staat der Sowjetunion nicht nur genaue Informationen über die schwierige Lage in Ungarn, sondern sie setzten auch nach Gutdünken die ihnen adäquat erscheinenden Stabilisierungsmethoden ein. Gleichwohl schlossen sie bei einer drastischen Verschärfung der Lage auch ein rigideres Vorgehen, und zwar die Demonstration militärischer Stärke, nicht aus.

Zu diesem Zweck unterstrich der sowjetische Botschafter in Ungarn bereits am Vorabend des Juli-Plenums des ZK der MDP, als er die Führung des Sonderarmeekorps über die innenpolitische Lage im Land informierte, daß die ungarische Führung demnächst um militärische Hilfe bitten könne. (Nach der Auflösung der Zentralen Gruppe zur Führung der Sowjetischen Streitkräfte in Ungarn im September 1955 war das Kommando des Sonderarmeekorps gebildet worden. Ihm gehörten vier Divisionen an: die 2. und 17. mech. Garde-, die 195. Jagdflieger- und 172. Bombenfliegerdivision, ein Pontonregiment, Flak-Truppenteile sowie Truppenteile und Dienststellen der rückwärtigen Dienste. Sie waren vor allem in den Städten Györ, Szombathely, Kermend, Kecskemét, Szolnok, Cegléd, Debrecen disloziert. In Budapest waren die Militärkommandantur, die politische Abteilung für die Sondertruppenteile, das Lazarett und die Verwaltung Militärhandel untergebracht. Der Korpsstab befand sich in Székesfehévar. Das Sonderarmeekorps hatte die Aufgabe, gemeinsam mit den Truppenteilen der ungarischen Armee die Grenzen zu Österreich zu sichern und für den Fall eines Vorrückens der Sowjettruppen aus ihrem Land die Verbindungen sicherzustellen. Das Sonderarmeekorps stand unter dem Kommando von Generalleutnant P.N. Laschtschenko[21].)

Tatsächlich traf einige Tage später aus Moskau eine Anordnung des Generalstabes über die Vorbereitung eines Handlungsplanes für die Truppen des Sonderarmeekorps zwecks Aufrechterhaltung und Wiederherstellung der öffentlichen Ordnung in Budapest und in Ungarn ein. Dieser Plan war auf der Karte ausgearbeitet und durch ein Verzeichnis der wichtigsten, der Bewachung durch sowjetische Truppenteile unterliegenden Objekte der Hauptstadt sowie eine Sonderinstruktion ergänzt worden.

Die Wiederherstellung der Ordnung in Budapest wurde dabei der 2. mech. Gardedivision unter Generalmajor S.W. Lebedew übertragen. Der Verband hatte

19 Ebd., S. 126 f.
20 Ebd., S. 129.
21 Malaschenko, Osoby korpus, (1993) 10, S. 23–25.

aus dem Raum Kecskemét vorzurücken und den Schutz von Objekten der Hauptstadt zu übernehmen. Die 17. mech. Gardedivision unter Generalmajor A.W. Kriwoschejew hatte mit den Hauptkräften die Grenze nach Österreich zu sichern und die allgemeine Ordnung an den ständigen Dislozierungsstellen aufrechtzuerhalten. Die in Hajmáskér untergebrachten Truppenteile der Division bildeten die Reserve und waren in erster Linie für den Einsatz in Budapest vorgesehen. Die Fliegerdivisionen, Flak-, Pionier- und anderen Spezialtruppenteile des Sonderarmeekorps hatten die Ordnung an den ständigen Dislozierungsorten aufrechtzuerhalten wie auch die eigenen Garnisonen, Flugplätze, Stellungen, Depots und andere Objekte zu halten und zu verteidigen. In einer speziellen Instruktion war das Vorgehen der Truppen in der Stadt, die Aufgaben zum Schutz und zur Verteidigung der Objekte, das Zusammenwirken mit ungarischen Truppenteilen wie auch die Art und Weise geregelt, wie die Verbindung zu deren Kommandeuren und örtlichen Machtorganen aufrechtzuerhalten waren. Die Fälle, in denen der Einsatz von Waffen genehmigt war, wurden gesondert festgelegt. Der vom Kommandeur des Sonderarmeekorps bestätigte Plan erhielt die Tarnbezeichnung »Kompaß«[22].

Mitte Oktober erhielt Moskau von der sowjetischen Botschaft eine noch beunruhigendere Information. Daraus ging hervor, daß sich die »innenpolitische Lage in Ungarn drastisch verschlechterte und man jetzt davon sprechen kann, daß nicht nur in der Partei, sondern auch im Land insgesamt die Lage ernst ist«. Die Gefahr liege darin, so hieß es in dem Bericht, »daß vor drei bis vier Monaten Unzufriedenheit lediglich von seiten der Intelligenz geäußert wurde, jetzt aber diese Stimmung recht umfassend in die Schicht der Arbeiter einzudringen beginnt, ganz zu schweigen von der Bauernschaft, die deutlich unruhig ist und [...] die Auflösung der Produktionsgenossenschaften fordert«. Überdies »breitet sich die ungesunde Stimmung unter einem Teil der Mitarbeiter der Staatssicherheit und einer Reihe führender Vertreter der Armee aus, die gegen die Parteiführung aufbegehren«[23].

In der Tat hatte sich die Lage beträchtlich verschlechtert, was auch auf wirtschaftliche Schwierigkeiten zurückzuführen war: Die Ernte war gegenüber dem Vorjahr erheblich schlechter ausgefallen; Kohle-, Erdöl- und Rohstoffmangel im Land ließ die Betriebe stillstehen, und der Eisenbahnverkehr war um 600 Zugpaare, hauptsächlich Personenzüge, reduziert worden. Alles dies berührte die Interessen der Ungarn und wirkte sich auf deren Stimmung aus. Aus der Sicht des Ersten Sekretärs des ZK der MDP hatte die Reaktion, »mit den wirtschaftlichen und vornehmlich politischen Schwierigkeiten spekulierend, erneut das Haupt erhoben« und sich im Grunde mit den oppositionellen Elementen innerhalb der Partei zusammengeschlossen. Gerő zufolge begannen die »Oppositionellen« nach der Umbettung der sterblichen Überreste des rehabilitierten László Rajk am 6. Oktober »besonders dreist« zu agieren[24].

22 Ebd., S. 24 f.
23 IA, (1993) 4, S. 131, 134.
24 Ebd., S. 131.

Die Gegner des herrschenden Regimes forderten kategorisch die Rückkehr Nagys in das Politbüro, eine Anklage gegen Rákosi und dessen Kampfgenossen wie auch die Entfernung von Politbüromitgliedern in der alten Zusammensetzung, die für die Repressionen verantwortlich waren, und auch anderer, jüngerer, wegen Unerfahrenheit und Inkompetenz aus der Parteiführung. Andropows Befürchtungen wurden in einem Gespräch mit Gerő bestätigt. Der Erste Sekretär des ZK der MDP gab seiner Sorge Ausdruck, daß Nagy, wenn er ins Politbüro komme, »sich als Herr der Lage erweisen kann«, da »seine Politik der ›Atempause‹ in der Entwicklung der Industrie, der Scheindemokratismus und die genossenschaftsfeindlichen Stimmungen in der Partei recht populär seien«. Im weiteren unterstrich er, »daß jene Kräfte, die Ungarn von der Sowjetunion und dem ganzen sozialistischen Lager losreißen wollen, Nagy zu ihren Zwecken ausnutzen«. Wenn Nagy die Möglichkeit erhalte, »seine Politik durchzuführen [...], könnten in Ungarn in absehbarer Zeit Veränderungen vonstatten gehen, in deren Gefolge die Gesellschafts- und Staatsordnung in Ungarn einer sozialistischen noch weniger gleichen werde als dies gegenwärtig in Jugoslawien der Fall ist«. Auf die Frage, wie der Erste Sekretär und andere Mitglieder des Politbüros der Schwierigkeiten Herr zu werden gedachten, antwortete Gerő, daß »weder er noch andere Genossen fürs erste einen Ausweg aus der Lage sehen«. Die Schlußfolgerung des Botschafters war eindeutig: »Wenn unsere Freunde auch weiterhin solch eine passive Politik betreiben, stellt es sich als fast möglich dar, daß Imre Nagy als Führer von Partei und Land auftaucht[25].« Er sollte sich nicht irren.

In Andropows nächster Information an die Mitglieder des Präsidiums des ZK der KPdSU vom 15. Oktober hieß es, »daß Nagy nach der Beisetzung von Rajk eine sehr aktive politische Aktivität entfaltet und fast bei allen größeren Veranstaltungen erscheint; in einer Reihe von Zeitungen und Zeitschriften werden Fotos von ihm abgedruckt, und in Nagys Haus, das von vielen Vertretern der ungarischen Intelligenz aufgesucht wird, werden gegenwärtig Besuchszeiten festgesetzt[26].«

Am 23. Oktober fand in Budapest in einer kurz vor einer gesellschaftlichen Explosion stehenden Atmosphäre und unter dem Eindruck der Ereignisse in Polen eine Demonstration mit 200 000 Menschen statt, an der nahezu alle Schichten der Bevölkerung teilnahmen. Sie begann unter der Losung der nationalen Unabhängigkeit, Demokratisierung, umfassenden Wiedergutmachung der von der Rákosi-Führung begangenen Fehler und der Anklage gegen die für die Repressionen Verantwortlichen. Unter den Forderungen rangierten an erster Stelle die unverzügliche Einberufung eines Parteitages, die Ernennung Nagys zum Premierminister, der Abzug der sowjetischen Truppen aus Ungarn und die Demontage des Stalin-Denkmals.

Die Behörden waren bestürzt. Während der ersten Zusammenstöße mit den Kräften zum Schutz der Rechtsordnung veränderte sich der Charakter der Demon-

25 Ebd., S. 132–135.
26 Ebd., S. 137.

stration: Regierungsfeindliche Losungen wurden skandiert. Gerő wandte sich telefonisch an Moskau mit der Bitte, in Budapest die in Ungarn dislozierten Truppen einzusetzen. In seiner Rundfunkansprache qualifizierte er die Vorgänge als Konterrevolution.

Gegen Abend begann der Aufstand. Die bewaffneten Demonstranten eroberten das Rundfunkzentrum und eine Reihe von militärischen und industriellen Objekten. Über das Land wurde der Ausnahmezustand verhängt[27]. In der Nacht bildete das ZK der MDP eine neue Regierung mit Nagy an der Spitze, der als Teilnehmer an der ZK-Sitzung gegen die Anforderung von sowjetischen Truppen keine Einwände erhoben hatte. Am darauffolgenden Tag jedoch, als die Truppen bereits in die Hauptstadt einmarschiert waren, lehnte er die Bitte des sowjetischen Botschafters, ein entsprechendes Schreiben zu unterzeichnen, ab. Diese Aufgabe übernahm der ehemalige Regierungschef András Hegedűs, worin ein gewisser Sinn lag. Der Wortlaut war folgender: »Im Namen des Ministerrates der Ungarischen Volksrepublik bitte ich die Regierung der Sowjetunion um die Entsendung sowjetischer Truppen nach Budapest, um die in Budapest ausgebrochenen Unruhen zu beheben, die Ordnung rasch wiederherzustellen und die Bedingungen für eine friedliche, schöpferische Arbeit zu schaffen.« Datiert war der Brief vom 24. Oktober; aber erst vier Tage später traf er in Moskau ein[28].

Die sowjetische Führung reagierte unverzüglich und entschlossen. Am 23. Oktober, 23.00 Uhr, erhielt der Kommandeur des Sonderarmeekorps vom Chef des Generalstabes, Marschall der Sowjetunion Wassili D. Sokolowski, grünes Licht für den Plan »Kompaß«. Verbände und Truppenteile begannen den 75 bis 120 km langen Marsch[29]. Absicht war nach wie vor, Stärke zu demonstrieren.

Im ungarischen Verteidigungsministerium, in dessen Gebäude sich die Befehlsstelle des Sonderarmeekorps niedergelassen hatte, herrschte Nervosität und Chaos. Die widersprüchlichsten Informationen über die Handlungen der Aufständischen, die ungarischen Truppenteile und Polizei gingen ein. Verteidigungsminister István Bata und Generalstabschef L. Tóth waren in Panik. Damals befanden sich in Budapest über viele Objekte verteilt etwa 7000 ungarische Soldaten und 50 Panzer. Niemand wußte, wo und wie stark die hier oder dort dislozierten Kräfte waren. Auch von ungarischen Offizieren erfolgten widersprüchliche Angaben[30].

Die Lage in Budapest machte es erforderlich, den angelaufenen Plan »Kompaß« zu präzisieren: Die sowjetische Führung rechnete schon nicht mehr mit einem Zusammenwirken mit den ungarischen Kräften. Vorrangig mußten die von den bewaffneten Gruppen eroberten Objekte gesäubert, die festgelegten Punkte unter Schutz gestellt und die Aufständischen im Zentrum der Hauptstadt entwaffnet werden. Beim Einmarsch in die Stadt wurden die Armeekolonnen beschossen und die Fahrzeuge von den Passanten mit Steinen beworfen. Ungeachtet des Feuers und

27 Musatow, SSSR i wengerskije sobytija, S. 10.
28 Cold War Crisis, S. 30.
29 Malaschenko, Osoby korpus, (1993) 10, S. 27.
30 Ebd., S. 27 f.

der dadurch verursachten Verluste griffen die Truppenteile des Korps nicht zur Waffe[31].

Auf Befehl des sowjetischen Verteidigungsministers, des Marschalls der Sowjetunion Georgi K. Shukow, wurden zwei weitere Divisionen in Gefechtsbereitschaft versetzt: die 128. Gardeschützendivision des Karpaten-Militärbezirks und die 33. mech. Division aus dem Bestand der in Rumänien dislozierten selbständigen mech. Armee. In der Nacht zum 24. Oktober marschierten diese Verbände in Ungarn ein[32]. In Übereinstimmung mit dem »Beschluß der sowjetischen Regierung über die Hilfe für die Regierung der Ungarischen Volksrepublik im Zusammenhang mit den im Land ausgebrochenen politischen Unruhen« traten lediglich fünf Divisionen der Landstreitkräfte in Aktion mit 31 550 Mann Personal, 1130 Panzern und Selbstfahrlafetten, 615 Geschützen und Granatwerfern, 185 Flakgeschützen, 380 Schützenpanzerwagen und 3830 Kraftfahrzeugen. Gleichzeitig wurden vier Fliegerdivisionen mit 159 Jagd- und 122 Bombenflugzeugen in Gefechtsbereitschaft versetzt. Dabei deckten die Jagdfliegerkräfte die Truppen auf dem Marsch, und die Bombenflieger standen auf den Flugplätzen in Bereitschaft[33].

Am 24. Oktober trafen in Budapest die Mitglieder des Präsidiums des ZK der KPdSU Mikojan und Suslow wie auch der Vorsitzende des KGB beim Ministerrat der UdSSR, Iwan A. Serow, sowie der Stellvertreter des Chefs des Generalstabes, Armeegeneral M.S. Malinin, ein. Ihr Hauptaugenmerk konzentrierten sie auf Personalumsetzungen in den ungarischen führenden Organen wie auch auf Verhaftungen von »Anstiftern und Organisatoren der Unruhen«[34].

Am nächsten Morgen hatten die 33. mech. Gardedivision unter General G.I. Obaturow und am Abend die 128. Gardeschützendivision unter Oberst N.A. Gorbunow Budapest erreicht. Die aus Rumänien und dem Transkarpatengebiet eingetroffenen Verbände wurden in das Sonderarmeekorps eingegliedert. Die Gesamtstärke der in Budapest eingesetzten Truppen war auf 20 000 gebracht worden[35].

Zu dieser Zeit veröffentlichte das Organ des ZK der KPdSU, die Zeitung Prawda, folgende Version der Vorgänge: »Gestern, am späten Abend (24. Oktober), haben subversive reaktionäre Organisationen den Versuch unternommen, in Budapest einen konterrevolutionären Aufruhr gegen die Volksmacht hervorzurufen. Dieses feindliche Abenteuer war eindeutig längere Zeit vorbereitet worden, wobei die Kräfte der ausländischen Reaktion die volksfeindlichen Elemente systematisch zum Vorgehen gegen die gesetzliche Macht aufgestachelt haben. Von den feindlichen Elementen wurde die gestern in der Hauptstadt stattfindende Studentendemonstration als Anlaß dafür ausgenutzt, die zuvor von ihnen vorbereiteten Gruppen, die den Kern des Aufruhrs bildeten, auf die Straßen zu bringen.

31 Ebd., S. 28.

32 Cold War Crisis, S. 22, geht irrtümlich davon aus, daß 167 sowjetische Verbände in Ungarn einmarschierten, darunter 128 Schützen- und 39 mech. Divisionen.

33 IA, (1993) 5, S. 135.

34 Cold War Crisis, S. 23–29.

35 Malaschenko, Osoby korpus, (1993) 11, S. 44, 46.

Sie haben Agitatoren eingesetzt, die im Volk Verwirrung stifteten und Massenunruhen hervorzurufen suchten[36].«

Zwei Tage später wurde eine nationale Regierung mit Nagy an der Spitze gebildet. Erster Sekretär der Partei wurde Kádár anstelle des demissionierten Gerő. Mikojan und Suslow hatten den Eindruck, daß die neue Führung Ungarns »zuverlässig und im Hinblick auf die Öffentlichkeit mit mehr Autorität ausgestattet war«. Unruhe herrschte auch in den Provinzen. In diesem Zusammenhang legte Kádár den sowjetischen Vertretern die Frage nach einer Erhöhung der Stärke der sowjetischen Truppen vor. Ihm wurde erklärt, »daß es so viele Truppen geben werde wie nötig«. Die Reaktion der ungarischen Führung hierzu kommentierten Mikojan und Suslow in ihrer Information an Moskau wie folgt: »Die Mitglieder des Politbüros waren darüber sehr erfreut[37].«

Die Ereignisse in Ungarn entwickelten sich in schwindelerregendem Tempo; daher herrschte in Regierungskreisen keine Einigkeit in der Frage der Wiederherstellung der öffentlichen Ordnung. Ein in abwartende Position gegangener Teil der ungarischen Armee leistete den Aufständischen keinen Widerstand. Viel Nervosität stifteten die aufwieglerischen Übertragungen von Radio »Freies Europa« und Radio »Stimme Amerikas«. In einer Reihe von Städten wurden Häftlinge in einer Gesamtzahl von über 8000 von der Bevölkerung aus den Gefängnissen befreit. Serows Information zufolge bewaffneten sich die Gefangenen »mit Waffen, die sie dem Wachpersonal entwendet hatten«, und die Munition »erbeuteten sie, indem sie Militärdepots überfielen«. In einer Reihe größerer Städte des Landes sei »die Bevölkerung stark gegen die Kommunisten aufgewiegelt«, und an einzelnen Orten würden »bewaffnete Personen Kommunisten in Wohnungen suchen und erschießen«. Der KGB-Chef teilte ebenfalls mit, daß »im Zusammenhang mit dem Regierungsbeschluß über die Abschaffung der Staatssicherheitsorgane die Stimmung unter den operativen Kadern gesunken und die anfangs entfaltete Geheimdienstarbeit zur Aufdeckung der Organisatoren der Demonstration eingestellt worden sei«[38].

In der Tat hatte der letztgenannte Punkt alle Mitarbeiter der ungarischen Staatssicherheit praktisch demoralisiert. So erklärte der Chef der Inneren Truppen des Innenministeriums, Orban, einem sowjetischen Berater, daß »er Offiziere um sich sammeln und sich in die Sowjetunion durchschlagen« werde. Der ehemalige Stellvertreter des Innenministers, Dekan, erwartete ein Blutbad unter den Mitarbeitern der Organe und ihrer Familien und beschloß, »eine Abteilung aus den Mitarbeitern aufzustellen und mit der Waffe in der Hand zur sowjetischen Grenze vorzustoßen«. Für den Fall, daß diese nicht erreicht würde, wollte er »als Partisan in den Untergrund gehen und die Feinde schlagen«. Zu diesem Zeitpunkt war die Gebietsverwaltung der Staatssicherheit in der Stadt Szabolcs bereits nach Rumänien verschwunden. Die Mitarbeiter der Debrecener Verwaltung hatten die

36 Prawda, 25.10.1956.
37 IA, (1993) 5, S. 140; Cold War Crisis, S. 30.
38 IA, ebd., S. 143; Cold War Crisis, S. 31.

sowjetische Grenze im Raum Ushgorod erreicht und sich mit der Bitte um Einreise an die Grenzsoldaten gewandt. Große Gruppen von Staatssicherheitsmitarbeitern hatten sich in Erwartung einer Einreisegenehmigung auch an der Grenze zur Tschechoslowakei konzentriert[39].

Am 28. Oktober unterstrich Nagy in einer Rundfunkansprache, daß die Regierung es ablehne, die jetzige Volksbewegung als Konterrevolution anzusehen. Unmittelbar danach erklärte er, daß »die sowjetischen Truppen mit dem Rückzug zu ihren Stützpunkten beginnen«. In der Folge kam es zu einer hysterischen, feindseligen Kampagne gegen die sowjetischen Truppen mit der Forderung nach ihrem unverzüglichen Abzug aus Budapest und Ungarn[40].

Die Führer der westlichen Staaten verfolgten die Entwicklung der ungarischen Geschehnisse nicht nur, sondern unternahmen auch entsprechende Schritte, um die Aufmerksamkeit der Weltöffentlichkeit darauf zu lenken. Zum Teil gelang ihnen dies auch. Am 28. Oktober nahm in New York der Sicherheitsrat der UNO seine Arbeit auf. Eine der Hauptfragen betraf die Untersuchung der von seiten der USA, Englands und Frankreichs erhobenen Forderung, den Punkt »Lage in Ungarn« in die Tagesordnung aufzunehmen. Die Sowjetunion erhob dagegen kategorischen Protest mit der Begründung, daß die entstandenen Umstände die Fragestellung nicht rechtfertigten. Mit der überwältigenden Mehrheit der Stimmen jedoch wurde der Protest abgelehnt. (Am 10. November nahm die Generalversammlung mit 53 Stimmen die »ungarische Frage« in die Tagesordnung der XI. Sitzung auf. Neun Delegationen, darunter die sowjetische, stimmten dagegen, acht enthielten sich der Stimme[41].)

Zwischenzeitlich beharrte die Regierung Nagy weiterhin auf dem unverzüglichen Abzug der sowjetischen Truppen aus der ungarischen Hauptstadt. Mikojan und Suslow aber neigten immer mehr einer militärischen Lösung des »ungarischen Problems« zu. In einem Bericht vom 30. Oktober informierten sie Moskau über die weitere Verschlechterung der politischen Lage sowohl im Land insgesamt als auch in Budapest. Ihrer Beobachtung nach sei dies an der Hilflosigkeit der führenden Parteiorgane, dem Zerfall von Parteiorganisationen, der Eroberung von staatlichen Dienststellen und Parteikomitees durch randalierende Elemente, dem Blutbad an Kommunisten, dem Stillstand von Betrieben und Eisenbahnen, dem Nichterscheinen von der Konterrevolution ablehnend gegenüberstehenden Zeitungen sowie in der abwartenden Haltung der ungarischen Armee und dem schwindenden Vertrauen zu den sowjetischen Offizieren von seiten ihrer ungarischen Kollegen abzulesen. Moskaus Ratgeber empfahlen, die Konzentration der sowjetischen Truppen nahe der ungarischen Grenze fortzusetzen, und hielten »das unverzügliche Erscheinen des Genossen Konew in Ungarn« für erforderlich[42].

39 IA, ebd., S. 144; Cold War Crisis, ebd.
40 Malaschenko, Osoby korpus, (1993) 11, S. 48.
41 Iswestija, 30.10.1956; Prawda, 11.11.1956.
42 IA, (1993) 5, S. 144 f.; Cold War Crisis, S. 33.

Am Abend des 31. Oktober begann der Truppenabzug aus der Stadt. Gegen Tagesende waren alle sowjetischen Verbände und Truppenteile 15 bis 20 km von Budapest entfernt konzentriert. Der Stab des Sonderarmeekorps etablierte sich auf dem Flugplatz in Tököl, dem Stützpunkt eines seiner Fliegertruppenteile[43].

Auch in Moskau herrschte eine angespannte Situation. Hier wurde fieberhaft nach einem Ausweg aus der sich verschärfenden Lage gesucht, deren Einschätzung eindeutig ausfiel. Chruschtschow war überzeugt davon, daß die Länder des NATO-Blocks alle Anstrengungen unternahmen, »um einen Kampf zu entfachen, einen Bürgerkrieg zu beginnen, die revolutionären Errungenschaften zunichte zu machen und Ungarn wieder aufs kapitalistische Gleis zu setzen«. Die Mission der Sowjetunion sah er darin, »die progressiven Bewegungen zu unterstützen und den Völkern beim Übergang vom Kapitalismus zum Sozialismus zu helfen«. Bei ihrer Prognose für die weitere Entwicklung der Lage kamen die sowjetischen Führer zu folgendem Schluß: »Wenn die Konterrevolution siegt und die NATO in die Stellung der sozialistischen Länder, d.h. auf ungarisches Territorium, eindringt«, so würde für die Tschechoslowakei, Jugoslawien, Rumänien und unmittelbar für die Sowjetunion eine eindeutige Gefahr entstehen[44].

Der Beschluß, der den weiteren Verlauf der Ereignisse bestimmte, wurde am letzten Oktobertag auf der unter dem Vorsitz Chruschtschows stattfindenden Sitzung des Präsidiums des ZK der KPdSU getroffen. Der sowjetische Verteidigungsminister wurde angewiesen, »im Zusammenhang mit den Ereignissen in Ungarn einen entsprechenden Maßnahmenplan auszuarbeiten und dem ZK der KPdSU vorzutragen«. Chruschtschow, Wjatscheslaw M. Molotow und Georgi M. Malenkow wurden bevollmächtigt, den getroffenen Beschluß über einen großräumigen Einsatz militärischer Stärke mit den Führern Polens und Jugoslawiens zu koordinieren[45].

Die Führer des ZK der KPdSU informierten den Generalsekretär der Italienischen Kommunistischen Partei, Palmiro Togliatti, über die »Einschätzung der Lage in Ungarn und der Entwicklungstendenzen im Hinblick auf die ungarische Regierung«. In dem Telegramm an ihn wurde insbesondere unterstrichen, daß »sie sich mit dem Umschwung der Ereignisse in Richtung Zügellosigkeit der Reaktion nicht abfinden werden«[46].

Um sich die Unterstützung ihrer Verbündeten in der bevorstehenden bewaffneten Intervention zu sichern, trafen sich die sowjetischen Führer mit den Führern einer Reihe von sozialistischen Staaten. Die erste Begegnung fand mit dem chinesischen Vertreter Liu Chao-Chi, der Nummer Zwei nach Mao Tse-tung, in der Nacht zum 1. November in der ehemaligen Stalinschen Datscha in Wolynsk statt. Liu Chao-Chi hatte keine Einwände gegen den Einsatz von Truppen. Seinem Verhalten war zu entnehmen, daß China sich nicht in europäische Angele-

43 Malaschenko, Osoby korpus, (1993) 11, S. 49.
44 Chruschtschow, Krisisy i rakety, S. 243–245.
45 IA, (1993) 5, S. 146; Cold War Crisis, S. 32.
46 IA, ebd., S. 147.

genheiten einmischen wollte. An dem Tag, an dem in Moskau die Nachricht von dem Beschluß der ungarischen Regierung einging, aus der Organisation des Warschauer Vertrages auszutreten, sowie über die Bitte an die UNO um Schutz, traf sich Chruschtschow auf dem Grenzflugplatz im Raum Brest mit Władysław Gomułka und Józef Cyrankiewicz. Die polnischen Führer stimmten der Notwendigkeit einer bewaffneten Intervention zu. Die nächste Begegnung war in Bukarest vorgesehen, wo der Präsident der Tschechoslowakei, Antonín Novotný, und der Erste Sekretär der Bulgarischen Kommunistischen Partei, Todor Schiwkow, eintrafen. Die rumänische Seite wurde von Gheorghe Gheorghiu-Dej vertreten. Nachdem die sowjetischen Führer die Zustimmung für die bevorstehenden Handlungen erhalten hatten, stand ihnen der schwierigste Schritt in der Reihe der Begegnungen bevor — der Versuch, den zur Erholung auf der Insel Brioni weilenden Josip Broz Tito auf ihre Seite zu ziehen[47].

Ungeachtet von Chruschtschows Befürchtungen ergab das Brioner Treffen Einhelligkeit im Hinblick auf die Einschätzung der Lage in Ungarn. Auch Tito zeigte sich über den im Nachbarland begonnenen Übergang vom Einparteiensystem zur Koalitionsregierung beunruhigt. Er stimmte mit Chruschtschow darüber überein, daß Nagy de facto der »Konterrevolution« den Weg freigemacht hatte und daß die Gefährdung der Errungenschaften des Sozialismus eine bewaffnete Einmischung der Sowjetunion erfordere[48]. Am 2. November traf in Szolnok Marschall Konew ein, dem gemäß dem Plan »Wichr« (»Wirbelsturm«) die Führung der sowjetischen Operationen in Ungarn oblag. Zur Entgegennahme seiner Aufträge wurde der Kommandeur des Sonderarmeekorps, General Laschtschenko, hinzugerufen.

Inzwischen hatten die Aufständischen rund um Budapest einen Verteidigungsring gebildet. Die wichtigsten Objekte waren von bewaffneten Abteilungen besetzt; auf den Straßen patrouillierten Soldaten und Nationalgarde. Die personelle Stärke der ungarischen Truppenteile in Budapest belief sich auf 50 000 Mann. Darüber hinaus gehörten über 10 000 Mann zur Nationalgarde, zu bewaffneten Gruppen und Abteilungen. Die Aufständischen verfügten über rund 100 Panzer.

Die Aufgabe des Sonderarmeekorps bestand darin, die aufständischen Kräfte zu zerschlagen und die Ordnung in Budapest wiederherzustellen. Die Teile der ungarischen Armee, die Widerstand leisten würden, waren zu entwaffnen. Die 38. allgemeine und 8. mech. Armee des Karpaten-Militärbezirks erhielt die Aufgabe, in anderen Städten und Teilen Ungarns Ordnung zu schaffen. Die Einsatzbereitschaft wurde auf den Abend des 3. November festgesetzt. Den Beginn sollte das Signal »Grom« (»Gewitter«) einleiten. In Sondervorausabteilungen befanden sich Mitarbeiter des sowjetischen KGB, die die Nagy-Regierung und die Anführer des bewaffneten Aufstandes festzunehmen hatte[49].

Um die Vorbereitungen zur Operation geheimzuhalten, wurden in Tököl die Unterredungen über einen Abzug der sowjetischen Truppen aus Ungarn fortge-

47 Chruschtschow, Krisisy i rakety, S. 243–247.
48 IA, (1993) 5, S. 158.
49 Malaschenko, Osoby korpus, (1993) 11, S. 34, 50 f.

setzt; in der Nacht zum 4. November, um 1.30 Uhr, jedoch wurde die ungarische Regierungsdelegation von KGB-Chef Serow und dessen Gruppe verhaftet[50].

Nicht zufällig fällt in diese Reihe von Maßnahmen auch das Erscheinen Kádárs im Stab des Sonderarmeekorps am Abend des 1. November. Mit einer Gruppe von Begleitpersonen wurde er per Flugzeug nach Moskau gebracht. Am 3. November wurde dort bereits die Zusammensetzung der neuen ungarischen Regierung festgelegt, der neben Kádár (Premierminister) und Ferenc Münnich (Stellvertreter des Premierministers, Minister für die Streitkräfte und Staatssicherheit) sechs weitere Personen angehören sollten. Am nächsten Morgen wurde über Radio Szolnok (100 km von Budapest entfernt), wo sich Konews Hauptquartier befand, der Aufruf der ungarischen revolutionären Arbeiter- und Bauernregierung übertragen[51]. Darin hieß es, daß sich die ungarische Führung im Interesse ihrer Mitbürger, der Arbeiterklasse und des Vaterlandes mit der Bitte um Hilfe an die Führung der sowjetischen Truppen gewandt habe, um die schwarzen Kräfte der Reaktion und Konterrevolution zu zerschlagen und das sozialistische System sowie Ordnung und Ruhe im Land wiederherzustellen[52].

Vor Beginn der Operation »Wichr« wurde dem gesamten Personal der für den Einsatz in Ungarn vorgesehenen sowjetischen Truppen der Befehl des Oberkommandierenden der Vereinten Streitkräfte Nr. 1 vom 4. November 1956 bekanntgegeben. Darin hieß es: »Ende Oktober haben im Bruderland Ungarn die Kräfte der Reaktion und Konterrevolution einen Aufstand mit dem Ziel entfesselt, das volksdemokratische System zu zerstören, die revolutionären Errungenschaften der Werktätigen zunichte zu machen und die alten kapitalistischen Gutsbesitzerordnungen wieder einzuführen [...]. Die aktive Beteiligung von ehemaligen Horthy-Anhängern an diesem Abenteuer führt zu einer Wiederkehr des Faschismus in Ungarn und stellt für unser Vaterland und das ganze sozialistische Lager eine direkte Gefahr dar [...]. In Übereinstimmung mit der Bitte der Regierung der Ungarischen Volksrepublik [...] auf der Grundlage des zwischen den Ländern des sozialistischen Lagers geschlossenen Warschauer Vertrages [...] haben sich die sowjetischen Truppen an die Erfüllung ihrer Bündnisverpflichtungen gemacht. Die Aufgabe der sowjetischen Truppen besteht darin, dem ungarischen Volk bei der Verteidigung seiner sozialistischen Errungenschaften, der Zerschlagung der Konterrevolution und Abwendung der Gefahr einer Rückkehr des Faschismus brüderliche Hilfe zu leisten[53].«

Insgesamt waren an der Operation »Wichr« elf Divisionen der Landstreitkräfte, einige Fliegerverbände wie auch Luftlandetruppenteile beteiligt. In der Information des sowjetischen Verteidigungsministers Marschall Shukow an das ZK der KPdSU hieß es, daß »am 4. November d.J., um 6.15 Uhr, sowjetische Truppen an die Durchführung der Operation zur Herstellung der Ordnung und Wiederher-

50 Ebd., S. 35; Musatow, SSSR i wengerskije sobytija, S. 19.
51 IA, (1993) 5, S. 159.
52 Malaschenko, Osoby korpus, (1993) 12, S. 35.
53 Ebd., S. 36.

stellung der volksdemokratischen Macht in Ungarn gegangen« seien. Gemäß dem vorher ausgearbeiteten Plan vorgehend, hätten sie »die Hauptstützpunkte der Reaktion in der Provinz — Győr, Miskolc, Gyöngyös, Debrecen — wie auch andere Gebietszentren Ungarns erobert«. In Budapest hätten sowjetische Truppen, »nachdem der Widerstand der Aufständischen gebrochen war, das Parlamentsgebäude, das Gebäude der MDP und den Rundfunksender besetzt, drei Donau-Brücken [...] und ein Waffen- und Munitionsarsenal erobert«. Shukow teilte ebenfalls mit, daß »sich die gesamte konterrevolutionäre Regierung Nagys versteckt hat und nach ihm gefahndet wird[54].«

Gegen 12.00 Uhr waren die Hauptgarnisonen der ungarischen Streitkräfte abgeriegelt; viele Truppen legten, ohne ernsthaften Widerstand zu leisten, die Waffen nieder. Die sowjetischen Offiziere hatten die Anordnung erhalten, »die von den Aufständischen abgesetzten ungarischen Offiziere wieder in ihre Befehlsgewalt einzusetzen und diejenigen, die an ihre Stelle getreten waren, zu verhaften«. Um zu verhindern, »daß der feindliche Geheimdienst in Ungarn eindringt und die Anführer der Aufständischen aus Ungarn fliehen, wurden [von den in der Operation Wichr eingesetzten Truppen] die ungarischen Flugplätze besetzt und alle Straßen an der österreichisch-ungarischen Grenze geschlossen«[55].

Am 5. November teilte die Prawda mit, daß am 4. November »in der Frühe die Kräfte der reaktionären Verschwörung gegen das volksdemokratische System Ungarns zerschlagen worden seien. Die Regierung Imre Nagy, die den reaktionären Kräften und der Konterrevolution den Weg geebnet hatte, ist zerfallen und existiert nicht mehr.«

Am Tag des Beginns der Operation berichtete der sowjetische Botschafter in Jugoslawien, N.P. Firjubin, aus Belgrad an das sowjetische Außenministerium, daß »sich Imre Nagy, Szántó Zoltán und elf weitere ungarische Kommunisten in der jugolawischen Botschaft in Budapest befinden«. Dabei hatte die jugoslawische Seite nach Gewährung des politischen Asyls versucht, sich mit Nagy dahingehend zu verständigen, daß jener eine Erklärung abgebe, wonach er »die von Kádár in Szolnok angeführte Regierung unterstütze«[56]. Der Botschafter übergab der sowjetischen Regierung auch eine Bitte Titos, Maßnahmen zu ergreifen, »um Repressionen der Regierung Kádár gegen jene Kommunisten zu verhindern, die nicht sogleich während der letzten Ereignisse in Ungarn auf die Linie der Regierung umgeschwenkt seien«[57].

In Übereinstimmung mit der Anweisung aus Moskau informierte Firjubin den Generalsekretär der Sozialistischen Partei Jugoslawiens, Edvard Kardelj, über die Auffassung des ZK »im Hinblick auf den weiteren Verbleib Nagys und seiner Gruppe in der Botschaft. Im Zusammenhang damit, daß Exzesse ihnen gegenüber nicht nur von seiten der Reaktion, sondern auch revolutionärer Elemente begangen werden konnten, wie auch davon ausgehend, daß der ungarischen revo-

54 IA, (1993) 5, S. 148.
55 Ebd., S. 148 f.
56 Ebd., S. 149.
57 Ebd.

lutionären Arbeiter- und Bauernregierung derzeit keine Staatssicherheitsorgane zur Verfügung stehen, wäre es zweckmäßig, [betonte der Botschafter] Nagy und seine Gruppe unseren Truppen zwecks Übergabe an [...] die Regierung in Szolnok anzuvertrauen[58].« Am 7. November trafen Kádár und Mitglieder seiner Regierung aus Szolnok in Budapest ein, wo sie vereidigt wurden. So wurde das Problem der Legitimität der Macht »gelöst«.

Als Folge der sowjetischen Operation war der bewaffnete Widerstand am 11. November nicht nur in der ungarischen Hauptstadt, sondern auch im ganzen Land niedergeschlagen. Reste von bewaffneten Abteilungen gingen in den Untergrund. Um die Gruppen zu liquidieren, die sich in den Wäldern rund um Budapest versteckt hatten, wurden diese Gebiete durchkämmt. Die endgültige Zerschlagung der kleinen Restgruppen und die Wiederherstellung der öffentlichen Ordnung wurden gemeinsam mit den neu aufgestellten ungarischen Offizierregimentern bewerkstelligt. Westliche Radiostationen berichteten, daß Sowjetpanzer die Revolution niedergewalzt und die kommunistische Regierung wieder eingeführt hatten[59].

Die Verluste unter der ungarischen Bevölkerung waren sowohl infolge der bewaffneten sowjetischen Intervention wie auch während des Kampfes der Aufständischen gegen regimetreue Sicherheitsorgane zweifelsohne groß. Indes gibt es hier, was ihre Genauigkeit angeht, beträchtliche Divergenzen. So sind nach den in sowjetischen militärischen Dokumenten angeführten Angaben des ungarischen Ministeriums für Gesundheitswesen während der Kämpfe rund 4000 Menschen umgekommen[60]. Aus der ungarischen Statistik geht hervor, daß sich die traurige Bilanz der Ereignisse vom 23. Oktober bis 31. Dezember 1956 auf die Zahl 21 728 beläuft, darunter 2502 Tote und 19 226 Verwundete. Die größten Verluste entfielen dabei auf Budapest, wo im Oktober 757 Menschen umkamen, im November 926, im Dezember 36 und im Januar 1957 sechs[61]. Heute heißt es offiziell in Ungarn, daß es weniger als 2700 gewesen seien[62].

Die sowjetischen Truppen haben bei der Niederschlagung des bewaffneten Aufstands in Ungarn 2260 Menschen verloren, wobei 669 Mannschaften, Unteroffiziere und Offiziere im Kampf fielen, 1450 Mann verwundet und 51 als vermißt gemeldet wurden[63]. So weit die blutige Bilanz jener Ereignisse.

Mitte November waren dem Bericht des sowjetischen KGB-Chefs zufolge 1372 Menschen von sowjetischen Sicherheitsorganen verhaftet worden[64], was eine von vielen Ungarn getragene Protestwelle hervorrief, die in unterschiedlicher Form zutage trat. Nicht unbeteiligt ließ dies auch die Führer des Landes. So wandten sich am 14. November Kádár und Münnich wegen des Abtransports von verhafteten

58 Ebd., S. 150.
59 Malaschenko, Osoby korpus, (1994) 1, S. 35.
60 Musatow, SSSR i wengerskije sobytija, S. 18 f.
61 Wengrija 1956 goda, S. 163.
62 Musatow, SSSR i wengerskije sobytija, S. 19.
63 Grif sekretnosti snjat, S. 397.
64 Musatow, SSSR i wengerskije sobytija, S. 19.

ungarischen Jugendlichen in die Sowjetunion, deren Untersuchungsakten sie als »aktive Teilnehmer und Organisatoren einer bewaffneten Meuterei« auswiesen, an Serow und Andropow[65]. Während der Fahrt des Transportzuges war es den Gefangenen gelungen, Zettel herauszuwerfen. Radio Kossuth berichtete darüber, was unter ungarischen Eisenbahnern einen allgemeinen Streik auslöste und die Lage im Land erneut aufheizte. Münnich wandte sich mit der Bitte an die Vertreter Moskaus, »daß die Führung der sowjetischen Behörden in der Presse eine offizielle Erklärung darüber abgibt, daß sie niemand aus Ungarn in die Sowjetunion abtransportiert hat und dies auch nicht beabsichtigt«. Den Vorfall, über den die ungarischen Führer nicht unterrichtet worden waren, begründete Serow damit, »daß es im Land für die Unterbringung der Gefangenen kein ausreichend vorbereitetes Gefängnis gäbe, in dem die Durchführung einer objektiven Untersuchung hätte gewährleistet werden können«. Nach dieser Entscheidung gab er die Anweisung, »eine kleine Gruppe von Verhafteten in einem nahe der sowjetisch-ungarischen Grenze gelegenen Gebäude« unterzubringen[66].

Beunruhigt darüber, wie langsam das friedliche Leben in Ungarn wieder in Gang kam, beorderte das Präsidium des ZK der KPdSU am 10. November die ZK-Sekretäre Suslow und Aristow mit einer Gruppe von Wirtschaftsfachleuten nach Budapest. Vier Tage später informierten sie Moskau bereits darüber, »daß die aufständischen Kräfte in Budapest, nachdem der bewaffnete Widerstand eingestellt ist [...], zu neuen Kampfmethoden übergehen, wobei sie die Arbeiter dazu aufrufen, den allgemeinen Streik fortzusetzen wie auch alle Maßnahmen der Kádár-Regierung zu sabotieren«. Nach wie vor sei Budapest Zentrum der Konterrevolution. Suslow und Aristow wollten in Anbetracht des starken Einflusses der Meuterer unter der Bevölkerung der Hauptstadt die Wahrscheinlichkeit einer neuen Demonstration und eines provozierten bewaffneten Vorgehens nicht ausschließen und »empfahlen dem Genossen Kádár, sich [unter diesen Umständen] mit der Reorganisation der ungarischen sozialistischen Arbeiterpartei zu beeilen«, um den Einfluß »unserer Freunde unter den Werktätigen von Budapest« zu verstärken[67].

Kádár sagte den beiden, daß viele Genossen die »Angelegenheit Nagy« sehr beunruhige[68]. Gespräche über das Schicksal Nagys und der mit ihm in die jugoslawische Botschaft geflüchteten Gruppe wurden zwischen der ungarischen und jugoslawischen Regierung unter aktiver Beteilung der sowjetischen Seite bis zum 21. November geführt[69]. Am 22. November wurden Nagy und seine Mitstreiter, nachdem sie die jugoslawische Botschaft verlassen hatten, in der sie sich ungefähr drei Wochen aufhielten, auf der Stelle verhaftet. In der am darauffolgenden Tag nach Moskau weitergeleiteten Information hieß es: »Gemäß Übereinkommen

65 IA, (1993) 6, S. 132.
66 Ebd., S. 132 f.
67 Ebd., S. 130 f.
68 Ebd., S. 132.
69 Ebd., (1993) 5, S. 160.

mit den ungarischen und rumänischen Genossen wurden heute Imre Nagy und seine Gruppe nach Rumänien verbracht, wo [...] ihre weitere Unterbringung (mit der erforderlichen Bewachung) sichergestellt ist. Genosse Kádár erörtert zur Zeit zusammen mit den rumänischen Genossen die Frage, wann und wie die Mitteilung über die Verbringung von Nagy Imre und seiner Gruppe nach Rumänien gemäß Übereinkunft mit der rumänischen Regierung in die Öffentlichkeit zu bringen und in welcher Form sie zu publizieren ist[70].«

Die sowjetische Führung war über den Inhalt der Angelegenheit Nagy und seiner Mitstreiter detailliert informiert. Sie war auch auf dem laufenden, was deren weiteres, indes leider bereits entschiedenes Schicksal betraf. Dies geht vornehmlich aus einem Telegramm aus Budapest an das ZK der KPdSU vom 26. August 1957 hervor, unterzeichnet vom Leiter der Abteilung beim ZK der KPdSU für Beziehungen zu kommunistischen und Arbeiterparteien sozialistischer Länder, Juri W. Andropow, vom sowjetischen Generalstaatsanwalt R.A. Rudenko und dem Stellvertreter des Vorsitzenden des KGB beim Ministerrat der UdSSR, P.I. Iwaschutin. Darin wurde mitgeteilt, daß in Sachen Nagy »74 aktive Teilnehmer am konterrevolutionären Putsch verhaftet worden sind, von denen der aus 11 Personen bestehende ›führende‹ Kern ausgesondert wurde«. Das Politbüro des ZK der Ungarischen Sozialistischen Arbeiterpartei (Magyar Szocialista Munkáspárt, MSMP) beschloß, »Ende September 1957 einen geschlossenen Gerichtsprozeß« durchzuführen, und wies den Innenminister an, »in der Anklage gegen Nagy und seine Gruppe drei Hauptanklagepunkte herauszustellen: die gewaltsame Machtergreifung, die Organisation der auf den Sturz des volksdemokratischen Systems gerichteten Verschwörung sowie das Bündnis mit den Imperialisten«. Im Verlauf der Erörterung im Politbüro des ZK der MSMP »über die Strafen« wurde die Meinung geäußert, »daß die Angeklagten differenziert zu behandeln« seien »und entsprechend dem Grad ihrer Schuld das höchste Strafmaß gegenüber Nagy, [Géza] Losonczy, [Ferenc] Donáth, [Miklós] Gimes, [Pál] Maléter, [József] Szilágyi und Király Béla« anzuwenden ist. Den vom Politbüro der MSMP gebilligten Anklageentwurf hatte Kádár vorab Moskau zukommen lassen[71].

In jenen unruhigen Tagen hatten sich an der österreichisch-ungarischen Grenze viele Freiwillige mit dem Wunsch, sich nach Ungarn zu begeben, versammelt. So ähnelte beispielsweise das Grenzrestaurant von Nickelsdorf »einem Umschlagplatz, wo Menschen aus Westdeutschland eintrafen, die Ungarisch sprachen und amerikanische Uniform trugen [...], und jeder hatte seine Marschausrüstung dabei«[72].

Unter den Bedingungen der scharfen Konfrontation zweier Blocksysteme wurde eine bewaffnete Intervention in Ungarn durch westliche Staaten von den sowjetischen Führern nicht ausgeschlossen. Das war für die Zeit des Kalten Krieges charakteristisch, ungeachtet der Versicherung von US-Präsident Dwight D. Eisenhower,

70 Ebd., (1993) 6, S. 133 f.

71 Ebd., S. 141.

72 Österreichische Volksstimme, 3.11.1956.

in der der Chef des Weißen Hauses am 26. Oktober 1956 Chruschtschow über das »fehlende Interesse« der USA an den ungarischen Ereignissen informierte, da dies eine »innere Angelegenheit des sowjetischen Blocks sei«[73]. Bemerkenswert war auch, daß am 20. November die amerikanische Presse meldete, »im Rahmen des Kongresses ist vorgesehen, die Rolle der Sender »Stimme Amerikas« und »Freies Europa« bei der Überzeugung der ungarischen Aufständischen, Amerika würde sie unter Einsatz von Waffen unterstützen, zu untersuchen«[74].

Eine Analyse von Dokumenten des amerikanischen Nationalen Sicherheitsrates gibt Grund zur Annahme, daß die US-Führer von den ungarischen Ereignissen überrascht wurden. Um Ungarn militärische Hilfe zu leisten, hätten sich die USA der Zustimmung ihrer Bündnispartner versichern müssen, die aber mit dem Krieg in Ägypten beschäftigt waren. Österreich hätte schwerlich seine Neutralität aufs Spiel gesetzt, um Militärmaschinen die Nutzung seines Luftraums zu gestatten. Da England, Frankreich und andere Staaten in der Suezkrise involviert waren, strich der UNO-Sicherheitsrat die Frage einer militärischen Hilfe für Ungarn von der Tagesordnung. Das einzige, was die USA unternahmen, war, Österreich bei der Lösung des Problems der ungarischen Flüchtlinge zu helfen[75].

Auf einen Nenner gebracht wurden die ungarischen Ereignisse auf der XI. Sitzung der UNO-Vollversammlung, die am 12. Dezember 1956 mit Stimmenmehrheit eine Resolution verabschiedete, in der die Sowjetunion »wegen der Verletzung der politischen Unabhängigkeit Ungarns« verurteilt wurde[76].

73 Zelizki, Wengrija 1956 goda, S. 31–34.
74 New York World Telegram, 20.11.1956.
75 Zelizki, Wengrija 1956 goda, S. 35.
76 Iswestija, 14.12.1956.

Alexandr Kyrow und Béla Zselicky

Ungarnkrise 1956. Lagebeurteilung und Vorgehen der sowjetischen Führung und Armee

Die militärhistorischen Aspekte der Ereignisse in Ungarn 1956 und die Beteiligung von sowjetischen Truppen an der Niederwerfung des Volksaufstandes und der Liquidierung der Ergebnisse der mit demokratischem Inhalt gefüllten revolutionären Veränderungen sind bis zum heutigen Tag noch nicht tiefschürfend wissenschaftlich untersucht worden. Historikern der UdSSR war es lange Zeit nicht möglich, die Ereignisse selbst oder speziell die Militäroperationen zur »Wiederherstellung der Ordnung« in Ungarn objektiv einzuschätzen, wobei bei weitem nicht nur ideologische Gründe, sondern auch der fehlende Zugang zur Dokumentenbasis für eine derartige historische Untersuchung eine Rolle spielten. Infolge der in den frühen neunziger Jahren erfolgten Öffnung der wichtigsten Archive und dank des teilweisen Zugangs zu militärhistorischem Dokumentenmaterial ist es nunmehr möglich, sich einer Analyse dieser bisher wenig erforschten Probleme zu nähern.

Wodurch war die militärische Intervention ausgelöst worden? Welche Voraussetzungen und Ursachen hatte sie? Wie wurde sie vorbereitet und durchgeführt? Welche Kräfte waren an den Kampfhandlungen beteiligt, und welche Folgen hatten diese Aktionen? Auch heute können noch nicht alle Fragen erschöpfend oder eindeutig beantwortet werden. Doch läßt sich anhand der uns zur Verfügung stehenden Materialien und Archivquellen mit Bestimmtheit sagen, daß die im Oktober 1956 erfolgte militärische Einmischung der Sowjetunion in die inneren Angelegenheiten der Ungarischen Volksrepublik und die erneute militärische Invasion Anfang November mit dem Ziel durchgeführt wurden, den gegen die stalinistische Despotie eines Mátyás Rákosi gerichteten spontanen Volksaufstand niederzuwerfen, das kommunistische Regime und die sowjetische Hegemonie zu retten wie auch die Ausbreitung der Demokratisierungsprozesse in den Ländern des sozialistischen Lagers zu verhindern, und zwar zur Sicherung der geopolitischen und operativ-strategischen Interessen und der Abwendung eines möglichen Verlustes der Kontrolle über einen Verbündeten im Warschauer Vertrag. Die offizielle Interventionsideologie war selbstredend eine andere. Sie entsprach den sowjetischen Standards der fünfziger Jahre, tarnte sich mit der üblichen Losung der Hilfeleistung im Kampf gegen die »Konterrevolution« und wurde als »Erfüllung der internationalen Pflicht« betrachtet.

Für die sowjetische politische und militärische Führung jener Zeit stand die »militärische Hilfe« für Ungarn im Zusammenhang mit äußeren und inneren Faktoren. Zu den äußeren zählte sie die Zuspitzung der internationalen Lage, die drastische Zunahme der Spannungen in den Beziehungen zwischen Ost und West im Ergebnis des Kalten Krieges.

Zur Illustrierung der Situation und des charakteristischen Zugangs der sowjetischen Führer zu diesem Problem sei hier lediglich auf eine Rede des sowjetischen Verteidigungsministers Georgi Shukow verwiesen, der am 15. März 1957 auf einer Konferenz der Führung der Gruppe der Sowjetischen Streitkräfte in Deutschland (GSSD) unterstrichen hatte: »Auf breiter Front vollzieht sich die Organisation der Spionage, die massenhafte Einschleusung feindlicher Elemente, Funkpropaganda, Versorgung verbrecherischer Elemente mit Waffen, Bestechung und Zersetzung instabiler Personen in den volksdemokratischen Ländern. Sie sehen, die Praxis des Kalten Krieges ist recht weit gediehen. Dies ist an den Ereignissen in Polen, Ungarn und denen in der DDR 1953 ablesbar. In einer Reihe von Gebieten des sozialistischen Lagers machen sich konterrevolutionäre Elemente zu schaffen. Dies resultiert aus der verstärkten praktischen Arbeit der englischen, amerikanischen und westdeutschen Geheimdienste, die darauf abzielen, sich auf den Kriegsfall vorzubereiten[1].«

Die Ereignisse im Herbst 1956 in Ungarn — und danach im Raum des Suezkanals — haben die Welt erschüttert und den Einfluß geopolitischer Faktoren auf das Schicksal der ungarischen Demokratie unzweideutig demonstriert, hatte es doch die außenpolitische Lage der sowjetischen Führung gestattet, entschlossen und ohne Umschweife vorzugehen. Grundursache für die sowjetische militärische Einmischung in die ungarischen Angelegenheiten war gleichwohl die innere Situation, die sich infolge der kurzsichtigen Politik der Partokratie im Herbst 1956 immer mehr zugespitzt hatte und dabei in der sowjetischen Einflußzone verbotene politische Entscheidungsmethoden forderte, nämlich die Bildung einer demokratischen Mehrparteienlandschaft.

Es ist bezeichnend, daß zur »Wiederherstellung der Ordnung« überaus beträchtliche Kräfte nach Ungarn verlegt wurden. Gemäß uns zur Verfügung stehenden Angaben nahmen an der Militärintervention insgesamt 17 Kampfdivisionen der Sowjetarmee teil, davon 8 mechanisierte, 1 Panzer-, 2 Schützen-, 2 Flak-, 2 Flieger- und 2 Luftlandedivisionen. Die sowjetische Militärinvasion hat im Endeffekt die Ansätze einer Demokratisierung des Regimes zerstört und Moskaus Kontrolle und Einfluß sowohl in Ungarn als auch in der Region insgesamt bis 1989 gesichert.

Inwieweit die sowjetische Parteispitze in die ungarischen Angelegenheiten involviert war und was die Beteiligung der sowjetischen Streitkräfte am Konflikt angeht — Vorbereitung und Realisierung der Pläne und Operationen der ersten und zweiten Intervention, das heißt die militärhistorischen und operativ-taktischen Aspekte der Krise von 1956 —, darüber kann auf der Grundlage der im Folgenden chronologisch dargelegten Ereignisse geurteilt werden.

Das Ende der vierziger Jahre in Ungarn unter dem Generalsekretär der Ungarischen Kommunistischen Partei Mátyás Rákosi etablierte totalitäre Regime war

1 ZAMO RF, f. 32, op. 701323, d. 3, l. 47.

nicht nur durch eine Atmosphäre allgemeiner Gewalt, Willkür, Gesetzlosigkeit, Einschüchterung, Verfolgung und kleinlicher Reglementierung des Lebens der ganzen Gesellschaft gekennzeichnet, sondern auch durch die drastische Verschlechterung der materiellen Lage der Werktätigen. Im Land war eine gesellschaftlich-politische Krise herangereift. Die Politik der herrschenden Führung rief wachsende Unzufriedenheit in der Mehrheit der Bevölkerung hervor, von der ein Drittel durch den »ungarischen GULAG«[2] gegangen war.

Nach Stalins Tod entschloß sich die an einer Komplizierung der Lage in den Vasallenstaaten uninteressierte neue Moskauer Führung zu einer Teillockerung des auf der Gesellschaft lastenden totalitären Drucks. Sie schlug der obersten Führung der Partei der Ungarischen Werktätigen (Magyar Dolgozok Part, MDP, seit 1948) eine Teilung der Partei- und Staatsfunktionen vor, dabei das Regime der Diktatur etwas reformierend. Die Wahl der Chruschtschow-Regierung fiel in Ungarn auf Imre Nagy, der 1953 Premierminister wurde und ein Programm der demokratischen Erneuerung der Gesellschaft ausarbeitete, das vom Volk mit Interesse aufgenommen wurde. Es stellte zu dem aus Moskau gelenkten rigiden totalitären Regime eine Alternative dar. Die dogmatische Parteiführung mit Rákosi an der Spitze jedoch vollzog Mitte 1955 eine Kehrtwendung zum orthodoxen Kurs, entfernte Nagy von der Macht und schloß ihn aus der MDP aus. In der Partei entbrannte ein Kampf zwischen den dogmatischen und den reformerischen Kräften.

Die Öffentlichkeit, die keine Rückkehr zum Stalinismus wollte, reagierte auf die Kehrtwendung in der Politik mit Unzufriedenheit. Indes war der reaktionäre Umschwung mit Moskaus stillschweigender Zustimmung möglich gewesen, wo man es unter den Bedingungen des Kalten Krieges und der Bildung der Warschauer Vertragsorganisation im Mai 1955 vorgezogen hatte, an der Spitze Ungarns einen erfahrenen Mann mit »starker Hand« zu sehen. Die Restaurierung der Ordnung à la Rákosi hatte für das Land katastrophale Folgen, worüber man sich in Moskau erst im Sommer 1956 bewußt zu werden begann, als der Emissär des ZK der KPdSU, Michail Suslow, in einer Sondermission nach Budapest reiste.

In seinem Bericht nach Moskau mußte er konstatieren, daß im Land und in der Partei Unzufriedenheit über die Führung der MDP herrschte. Er unterstrich, daß sich in der obersten Parteiführung fast kein Ungar befand; gleichwohl hielt er es im Juni noch nicht für erforderlich, die Entfernung Rákosis von seinem Posten vorzuschlagen. Auf die Unzulänglichkeiten hinweisend, schrieb er: »Es gibt hier große Anomalien« und riet den ungarischen Kommunisten, »forscher auf führende Posten Kader ungarischer Nationalität zu stellen«. In diesem Zusammenhang schlug Suslow vor, das Politbüro mit János Kádár zu verstärken, »da bei ihm das Gefühl der Kränkung Rákosi gegenüber noch nicht überwunden sei«[3], und war der Meinung, daß dies von Nutzen sein würde. Kádár hatte sich in einem Gespräch mit sowjetischen Vertretern nicht nur darüber beklagt, daß »das ungarische Volk

2 Wengrija 1956 goda, S. 20.
3 ZCHSD, f. 89, op. 2, ed.chr. 2, l. 1–4.

durch das Rákosi-Regime gewaltige Verluste erlitten und Hunderte und Tausende redlicher Arbeiter unschuldig gelitten hätten«, sondern auch darauf hingewiesen, daß sich das ZK der MDP »über die Entscheidungen des XX. Parteitages der KPdSU, die die volle Billigung der ungarischen Werktätigen gefunden hatten, hinwegsetze«[4].

Indes spitzte sich die Lage in Partei und Land weiter zu, und der sowjetische Botschafter in Ungarn, Juri Andropow, wies in seinen Berichten an Moskau auf die Schwankungen in der ungarischen Parteiführung und das Fehlen »einer entsprechenden Entschlossenheit gegenüber konterrevolutionären Elementen«[5] hin, wie er die Vertreter der oppositionellen, mit der Politik von Rákosi und seiner Umgebung unzufriedenen Kräfte in der Partei und unter der Intelligenz bezeichnete.

Mitte Juli 1956 mußte Anastas Mikojan in neuer Mission nach Budapest reisen; ihm gelang es, herauszufinden, daß man selbst in der Parteiführung »Rákosi und dessen Kampfgenossen nicht mehr an der Macht ertragen« konnte, und er forderte ihn daher im Namen des Präsidiums des ZK der KPdSU auf, seinen Abschied einzureichen. Die Parteiführung stimmte diesem Antrag zu[6].

Es sei bemerkt, daß auch diese Hilfe der Genossen, des »älteren Bruders«, die Lage weder in der Partei noch im Land retten konnte, da ihre neue Führung mit Ernő Gerő an der Spitze (der nicht minder in Verbrechen und gesetzlose Handlungen verwickelt war als Rákosi) praktisch an der alten Politik festhielt und die von Imre Nagy begonnenen Reformen nicht fortzusetzen gedachte. Unter diesen Bedingungen konnte der »chirurgische Eingriff« in das parteipolitische Leben Ungarns nicht die erwünschte Wirkung zeigen. Die »Krankheit« erwies sich als verschleppt und die etwas erneuerte Parteiführung nicht imstande, die Lage im Lande zu entschärfen. Sie war zu irgendwelchen Veränderungen oder Zugeständnissen nicht bereit. Die Widersprüche verschärften sich und führten schließlich im Oktober 1956 zum Volksaufstand.

Hauptursache für die Demonstrationen der Studenten und breiten Schichten der ungarischen Bevölkerung am 23. Oktober war die Unzufriedenheit der Massen über die Innenpolitik der bankrott gegangenen Parteiführung. Die Beisetzung der sterblichen Überreste der Opfer der Rákosi-Willkür am 6. Oktober und die Ereignisse in Polen lösten erneut eine Demonstration der Studenten aus. Ihre wie auch die von anderen Schichten der Intelligenz erhobenen Forderungen lauteten: Abkehr vom Stalinismus, Demokratisierung des Regimes, Erneuerung des Sozialismus und Respektierung der nationalen Traditionen und staatlichen Souveränität. Die parteipolitische Elite erwies sich indes weit davon entfernt, diese Probleme zu verstehen, wie sie im Grunde auch nicht die Bedeutung dessen, was vorging, verstand. Nicht von ungefähr konstatierte am 23. Oktober die Zeitung des ungarischen Schriftstellerverbandes: »Die Führer von Partei und Staat haben bislang kein lebensfähiges Programm vorgelegt. Die Verantwortung dafür tragen jene Kräfte, die anstelle einer Ausweitung der sozialistischen Demokratie beharr-

4 Ebd., f. 5, op. 28, ed.chr. 394, l. 131.
5 Ebd., l. 113.
6 Ebd.

lich an der Wiederherstellung des stalinistisch-rákosistischen Terrorsystems arbeiten[7].« An jenem Tag war die Lage in Ungarn äußerst gespannt.

Die Unvermeidlichkeit der Krise und — wie aus Vorstehendem hervorgeht — die Lage in Ungarn und Polen hatten schon lange Unruhe in der sowjetischen Führungsspitze ausgelöst, wo frühzeitig Maßnahmen ergriffen worden waren, um die auf dem Territorium Ungarns und überhaupt in Zentraleuropa stationierten Truppenverbände in Gefechtsbereitschaft zu versetzen.

Die Ungarn, die davon ausgegangen waren, daß mit der Unterzeichnung des Staatsvertrags mit Österreich vom 15. Mai 1955 die sich in ihrem Lande befindenden sowjetischen Truppen (im Jahre 1955 noch fünf Divisionen) in Übereinstimmung mit dem Friedensvertrag vom 10. Februar 1947 Ungarn verlassen und es unabhängig und neutral werden könne, waren zutiefst enttäuscht, als sie erfuhren, daß diese gemäß Warschauer Pakt vom 14. Mai 1955 blieben.

Archivmaterialien untermauern die Existenz dieser Erwartungen. So äußerte beispielsweise der Erste Sekretär im Parteikomitee der Stadt Sopron, O. Horváth, gegenüber dem Vertreter des sowjetischen Konsulats in der Stadt Győr, daß der Truppenabzug aus Österreich 1955 unter der ungarischen Bevölkerung solche Hoffnungen genährt hätte. Diese sei der Ansicht, daß, »wenn Österreich neutral werden konnte und seine den nationalen Interessen entsprechende Außen- und Innenpolitik durchführen würde, sich Ungarn durchaus von Moskaus Einfluß befreien und ebenfalls neutral werden könne«[8]. Im September 1956 fragte Horváth, warum, wenn für Ungarn eine Neutralität nach österreichischem Muster schon nicht in Frage käme, ihm selbst eine demokratische Variante des Sozialismus verwehrt werde. Er hätte diesbezüglich im Volk Folgendes gehört: »Genosse Chruschtschow hat doch gesagt, daß es beim Aufbau des Sozialismus in den einzelnen Ländern einen gewissen Unterschied unter Berücksichtigung der Besonderheiten der nationalen Entwicklung geben wird. Warum muß Ungarn dann den Sozialismus strikt nach den Methoden der Sowjetunion aufbauen? Möglicherweise ist der Weg, den Imre Nagy ging, für Ungarn der beste Weg zum Aufbau des Sozialismus und nicht derjenige, auf dem wir jetzt sind[9].« Den ungarischen Reformern und ihren Gesinnungsgenossen war klar, daß die sowjetischen Truppen in Ungarn zwecks Aufrechterhaltung des dem Land aufgezwungenen Stalinschen Sozialismus belassen worden waren.

Bezeichnenderweise hatte die sowjetische politische und militärische Führung nach den Ereignissen in der DDR (1953) und in Polen (Sommer 1956) die Entwicklung in Ungarn aufmerksam verfolgt. In diesem Zusammenhang war auf Anweisung des sowjetischen Verteidigungsministers Shukow Mitte Juli 1956 eine umfassende Überprüfung der Gefechtsbereitschaft des in Ungarn dislozierten Sonderarmeekorps durchgeführt worden, und zwar durch eine Gruppe von Generälen und Offizieren, an deren Spitze der Erste Stellvertreter des Chefs des Generalstabes und Chef des Stabes der Vereinten Streitkräfte der Warschauer Ver-

7 Irodalmi Ujság, 23.10.1956.
8 ZCHSD, f. 5, op. 28, ed.chr. 294, l. 93.
9 Ebd., l. 94.

tragsstaaten, Armeegeneral A.I. Antonow, stand. Danach wurde am 20. Juli 1956 vom Kommandierenden General des Korps, Generalleutnant P.N. Laschtschenko, der »Aktionsplan des Sonderarmeekorps zur Wiederherstellung der öffentlichen Ordnung auf dem Territorium Ungarns«[10] verabschiedet. Der Plan erhielt die Tarnbezeichnung »Wolna« (»Welle«); als Signal für den Beginn der Aktion wurde »Kompas« (»Kompaß«) festgesetzt. (Analoge Pläne waren nach den Juni-Ereignissen 1953 in der DDR für die in den Ländern Zentraleuropas stationierten sowjetischen Truppen ausgearbeitet worden.) Eine Karte illustrierte das Dokument en detail. Ihr wurde ein Verzeichnis von Objekten der ungarischen Hauptstadt beigelegt, die durch sowjetische Truppenteile einzunehmen und zu halten waren, sowie ebenfalls eine spezielle Instruktion. In Übereinstimmung mit den ausgearbeiteten Papieren zum Plan »Wolna« standen den Einheiten und Truppenteilen des Sonderarmeekorps nach Erhalt des Signals »Kompas« je nach ihrer Dislozierung 3 bis 6 Stunden Zeit zur Verfügung, um die Kontrolle über die wichtigsten Objekte des Landes und Budapest wiederherzustellen. Mit der Einnahme der Hauptstadt und Wiederherstellung der Ordnung darin wurde die 2. mech. Gardedivision beauftragt. Die Verstärkung der Sicherung der ungarisch-österreichischen Grenze sowie die Aufrechterhaltung der Ordnung an den ständigen Dislozierungspunkten oblagen der 17. mech. Gardedivision. Die 177. Gardebombenflieger- und 195. Gardejagdfliegerdivision, Artillerie-, Flak-, Pionier- und weitere Spezialtruppenteile des Sonderarmeekorps hatten ihre Flugplätze, Garnisonen, Depots, Stellungen und andere wichtige Objekte in den Dislozierungsräumen der Truppen zu halten und zu verteidigen.

Die ausgearbeitete Instruktion legte die Handlungen der Truppenteile und Einheiten, den Einsatz der Waffen und Truppen unter den besonderen Bedingungen einer Stadt, die Verbindung zu den örtlichen Machtorganen und der Führung der Ungarischen Volksarmee wie auch die erforderliche Anzahl von Munition für Panzer, Artillerie und Schützenwaffen fest. Mit Bestätigung der Dokumente waren den Kommandeuren der Verbände und Truppenteile des Sonderarmeekorps ausführliche Anweisungen erteilt worden[11].

Die von Andropow geführte sowjetische Botschaft in Ungarn berichtete dem Präsidium des ZK der KPdSU und dem sowjetischen Außenministerium über den Verlauf der Entwicklung der Ereignisse. Vom 6. bis 19. Oktober traf sich der sowjetische Botschafter einige Male mit der Führung des Korps und der Divisionen, erläuterte die Situation und rief zur erhöhten Wachsamkeit und Gefechtsbereitschaft auf[12]. Die Korpsführung unterrichtete den Generalstab über die Unvermeidlichkeit der Krise und einer offenen politischen Explosion in Ungarn[13].

Gleichzeitig wurden auf dem Territorium der Sowjetunion Maßnahmen für den Fall einer unkontrollierten Entwicklung der Ereignisse getroffen. Bereits am

10 ZAMO RF, f. 32, op. 701291, d. 15, l. 131.
11 Ebd., l. 130 f.
12 Ebd.
13 Malaschenko, Osoby korpus.

19. Oktober wurde das 108. Gardefallschirmjägerregiment der 7. Gardeluftlandedivision in volle Gefechtsbereitschaft versetzt. Es stand am 20. Oktober einsatzbereit auf den Flugplätzen von Kaunas und Vilnius[14]. Am 21. Oktober überprüfte die Führung des Sonderarmeekorps den gemäß dem Plan »Wolna«[15] vorgesehenen Bereitschaftszustand der unterstellten Verbände und Truppenteile.

Zwischenzeitlich entwickelten sich die Ereignisse in Budapest in raschem Tempo. Am 16. Oktober hatten Universitäts- und Hochschulstudenten ihre unabhängigen Jugendorganisationen und nach Abspaltung vom Kommunistischen Jugendverband (Magyar Kommunista Ifjúsági Szövetség) ihre eigene Studentenvereinigung gebildet. Am 17. Oktober forderte die Parteiorganisation des Schriftstellerverbandes die Einberufung einer außerordentlichen Sitzung der Partei der Ungarischen Werktätigen mit dem Ziel, Führer, die sich diskreditiert hatten, aus der Parteiführung zu entfernen und die Reformen von 1953 bis 1955 fortzusetzen. Auf den Studentenversammlungen wurden — vornehmlich nach Abkehr von den stalinistischen Führungsmethoden — auch politische Forderungen vorgebracht: Demokratisierung des politischen Lebens, Fortsetzung der Reformen von Imre Nagy und Normalisierung der ungarisch-sowjetischen Beziehungen nach den Prinzipien der Gleichberechtigung. Am 22. Oktober kündigten Lehrer und Studenten der Budapester Polytechnischen Universität für den nächsten Tag eine Demonstration an[16]. In der ersten Tageshälfte des 23. Oktober wurde in den Hochschulen der Hauptstadt über die Frage der Beteiligung an einer Solidaritätsdemonstration aufständischer polnischer Arbeiter entschieden. Die in Budapest anwesenden Regierungsmitglieder (die Delegation der Ungarischen Volksrepublik war zu dem Zeitpunkt noch nicht aus Belgrad zurückgekehrt) sahen sich außerstande, das Geschehen zu kontrollieren. Und die aus Belgrad zurückgekehrten führenden Partei- und Staatsfunktionäre, die sich zu einer Sitzung zusammengefunden hatten, vermochten es ebenfalls nicht, die Lage zu entschärfen. Sie erkannten de facto nicht, was real vorging. Der Innenminister László Piros hatte die im Radio angekündigten Demonstrationen und Versammlungen zuerst verboten, aber dann wieder genehmigt. Um 14.00 Uhr begann die Sitzung der Regierung, die in großer Spannung verlief.

Am selben Tag noch waren in Budapest eiligst auch hochrangige Militärs, zwei Armeegenerale, mit dem Flugzeug eingetroffen — der Chef des KGB der UdSSR und Mitglied des ZK der KPdSU, I.A. Serow, und der Erste Stellvertreter des Chefs des Generalstabes der Sowjetarmee und Mitglied der Revisionskommission des ZK der KPdSU, M.S. Malinin. Als sich die ungarische politische Führungsspitze mit der Unmöglichkeit konfrontiert sah, die Demonstration und Versammlung mit friedlichen Mitteln zu verhindern, lehnte es der Budapester Polizeichef — Serow war anwesend — bereits ab, einem Einsatz von Truppen des Innenministeriums für eine bewaffnete Auseinandertreibung der Demonstranten zuzu-

14 Kyrow, Zabudet li otetschestwo, S. 62.
15 ZAMO RF, f. 32, op. 701291, d. 15, l. 130.
16 Wengrija 1956 goda, S. 76.

stimmen. Allein der rákosistische Ideologe József Révai und Vizepremier György Marosán waren bereit, in die Massen schießen zu lassen[17].

Um 15.00 Uhr hatten sich am Denkmal für den Helden der ungarischen Revolution von 1848/1849, den polnischen General J. Bem, etwa 50 000 Demonstranten eingefunden. Sie gaben ihrer Solidarität mit den Forderungen der polnischen Jugend Ausdruck, legten Blumen am Denkmal nieder, ließen die ungarisch-polnische Freundschaft hochleben und skandierten Losungen gegen Partei und Regierung, die sich in Mißkredit gebracht hatten. Anschließend bewegte sich der Demonstrationszug in Richtung Parlamentsgebäude. Am Abend hatten sich dort bereits rund 200 000 Arbeiter, Angestellte, Angehörige der Intelligenz, Offiziere, Offizierschüler und Soldaten versammelt[18]. Sie forderten die Rückkehr von Imre Nagy, den sie als einen Garanten für die Fortsetzung der Reformen sahen, in die Regierung, die Aufhebung von Verordnungen des ZK der MDP, in denen die Tätigkeit der Revisionisten verurteilt worden war, den Rücktritt der Regierung, die Amtsenthebung von Anhängern Rákosis, die Rehabilitierung von unschuldig Verurteilten usw. Ein großer Teil der Budapester Bevölkerung wie auch anderer Städte unterstützte die Demonstranten.

Ab 19.00 Uhr hatte Ernő Gerő in Panik mehrmals Botschafter Andropow sowie direkt in Moskau angerufen und zwecks Unterbindung der Demonstrationen um eine Hinzuziehung von in Ungarn dislozierten sowjetischen Truppen gebeten. Um 20.00 Uhr sendete der Rundfunk eine Rede Gerős. Daraus ging hervor, daß der Parteiführer zu keinerlei Zugeständnissen im Interesse einer Demokratie bereit war und obendrein die friedlichen Demonstrationsteilnehmer als Konterrevolutionäre bezeichnete , was die Lage noch mehr zuspitzte.

Nach der Kundgebung am Parlamentsgebäude bewegte sich eine Gruppe der Demonstranten zum Rundfunkgebäude, eine andere zum Stalin-Denkmal. Gegen 22.00 Uhr wurde das riesige Monument des »Führers aller Zeiten und Völker« unter dem Jubel und Beifall der Menge gestürzt. Die andere, sich vornehmlich aus Studenten zusammensetzende Demonstrantengruppe hatte sich beim Gebäude des ungarischen Rundfunks versammelt. Ihre Vertreter meinten dort auf Ernő Gerő zu treffen, in der Annahme, der Führer der MDP halte seine Ansprache von dort aus. Sie wollten die auf der Demonstration erhobenen Forderungen durch den Äther senden sowie Gerő ihre Absichten erläutern. Die Leitung des Rundfunksenders lehnte es ab, die Forderungen der Delegation zu erfüllen. »Nach 21.00 Uhr wurden aus einem Fenster im zweiten Stock Tränengasgranaten geworfen; und ein bis zwei Minuten danach eröffneten Mitarbeiter des ungarischen Rundfunks das Feuer auf die Menge«, — hieß es dazu in einem Sonderbericht der Sonderkommission der UNO[19]. Es kam zu einem Zusammenstoß zwischen Wachleuten des Rundfunks und Demonstranten. Auch wenn nicht zuverlässig festgestellt ist, wer zuerst geschossen hat, so erscheint es wahrscheinlich, daß die Bewachung

17 Az 1956-os magyar forradalom, S. 38.
18 ZAMO RF, f. 32, op. 701291, d. 15, l. 132.
19 1956. Az ENSZ, S.22.

des ungarischen Rundfunks die Kontrolle verlor und in die Menge schoß. Dieser Moment wurde zum Beginn des blutigen Dramas vom Oktober/November in Ungarn[20]. Danach stürzte sich die Menge auf die vor Ort eingetroffene Verstärkungsabteilung und nahm ihr die Waffen ab. Es kam zu einem Schußwechsel. In dem Bericht der UNO-Kommission war von »vielen Toten und Verletzten« die Rede und davon, daß »sich die Soldaten nach minutenlangem Schwanken auf die Seite der Menge gestellt hätten«[21].

Das Politbüro des ZK der MDP, welches die Entwicklung des Geschehens in Budapest verfolgte, machte sich am Abend an die Arbeit. In Erfüllung der von den Demonstranten erhobenen Forderungen wurde in der Nacht vom 23. auf den 24. Oktober Imre Nagy zum Vorsitzenden des Ministerrates ernannt, sein Erster Stellvertreter wurde der ehemalige Premierminister András Hegedűs.

Ungarische Wissenschaftler haben nachgewiesen , daß, nachdem am Abend des 23. Oktober Gerő Andropow um militärische Hilfe gegen die Demonstranten gebeten hatte, der sich in Ungarn aufhaltende sowjetische Hauptmilitärberater beim Verteidigungsministerium der Ungarischen Volksrepublik, Generalleutnant Tichonow, nach mehrmaligen Gesprächen mit Moskau verfügte, die in Ungarn dislozierten Truppen auf Budapest vorrücken zu lassen. Einem unlängst in Prag entdeckten Dokument zufolge bestätigte Chruschtschow, am 23. Oktober mit Gerő telefoniert zu haben, der in Sachen »Liquidierung einer ungewöhnlich großangelegten Demonstration« um Hilfe gebeten habe. Damals jedoch hatten weder Chruschtschow noch das Präsidium des ZK der KPdSU ihr Einverständnis zu einer Militärintervention gegeben. Dieses war erst nach mehrmaligen Telefonaten aus der sowjetischen Botschaft in Budapest hin erfolgt, in denen »von einer außerordentlich gefährlichen Situation und der Notwendigkeit für ein sowjetisches militärisches Eingreifen« die Rede war. Gerő hatte auch ein weiteres Mal mit Chruschtschow telefoniert[22]. Das schriftliche Ersuchen aber war von Andropow verfaßt und am 28. Oktober von Hegedűs unterzeichnet worden, da Gerő selbst dazu nicht berechtigt war. Datiert war das Dokument auf den 24. Oktober 1956[23].

Im Morgengrauen des 24. Oktober tauchten die ersten Panzer auf den Straßen von Budapest auf. Mit der Demonstration militärischer Stärke wollte der Parteiführer offensichtlich die unbotmäßigen Ungarn einschüchtern.

In der Sowjetunion wurden am 23. Oktober um 21.45 Uhr auf Befehl des Kommandeurs der Truppen des Karpatischen Militärbezirks, Armeegeneral P.I. Batow, die 128. Gardeschützen- und die 39. mech. Gardedivision des 3. Schützenkorps der 38. Allgemeinen Armee mit der Aufgabe alarmiert, (falls erforderlich gewaltsam) die Staatsgrenze der Sowjetunion zu überschreiten und in das Territorium Ungarns in den Räumen Tschop, Beregowo, Winogradow einzudringen, rechts im Streifen von Tschop-Miskolc-Hatvan und links im Streifen von Vylok-Debre-

20 Wida, Wengrija.

21 1956. Az ENSZ, S. 22.

22 A »Jelcin-dosszié«, S. 54; Hajdu, Az 1956; Zselicki, Budapescht — Moskwa, S. 295.

23 Siehe Faksimile des Dokuments aus AWP FR, in: A »Jelcin-dosszié«, S. 56, 71.

cen-Szolnok-Jászberény vorzugehen und sich in folgenden Räumen zu konzentrieren: die 128. Gardeschützendivision in Hatvan sowie Jászberény und die 39. mech. Gardedivision in Szolnok und Abony[24]. Am 24. Oktober zwischen 2.15 und 9.00 Uhr hatten die Truppen die Grenze überschritten und die zugewiesenen Räume erreicht, während das 315. Schützenregiment der 128. Gardeschützendivision am Morgen in Budapest einmarschierte und mit den Truppen des Sonderarmeekorps zusammenwirkte.

Am 23. Oktober, 22.00 Uhr, wurden auf Befehl des Chefs des Generalstabes, Marschall der Sowjetunion Wassili Sokolowski, die Verbände und Truppenteile des in Ungarn dislozierten Sonderarmeekorps alarmiert und in die Konzentrierungsräume geführt[25]. Die 17. mech. Gardedivision, die in Szombathely, Kőszeg, Körmend, Győr und Hajmáskér (Gebiet Veszprém) stand, wurde um 22.10 Uhr alarmiert. Die Kommandeure des 83. Panzer- und des 1043. Artillerieregiments dieser Division erhielten den Befehl über die Bereitschaft zum Einmarsch nach Budapest. Das 90. Artillerieregiment hatte sich zur Sicherung der ungarisch-österreichischen Grenze in Marsch zu setzen. Um 23.00 Uhr erhielt die Führung des Sonderarmeekorps den Befehl zum Einmarsch der Truppen nach Budapest[26]. Am 24. Oktober um 0.35 Uhr wurde die in Rumänien dislozierte 33. mech. Gardedivision der Selbständigen mech. Armee ebenfalls alarmiert und erhielt die Aufgabe, sich auf den Marsch zu machen, in den Raum 15 km südlich von Budapest einzudringen und in Bereitschaft zur Niederwerfung des »konterrevolutionären« Aufstands in der Stadt zu sein. Gegen 14.00 Uhr hatte die Division den Marsch beendet; das 104. mech. Garderegiment war aus der Bewegung in den Kampf getreten, hatte das Parlamentsgebäude und das des Verteidigungsministeriums erreicht und stand zusammen mit den Truppenteilen der 2. mech. Gardedivision im Gefecht[27].

Am 24. Oktober, um 2.00 Uhr nachts, traf die operative Gruppe aus dem Stab des Sonderarmeekorps aus dem Standort Székesfehérvár in Budapest ein und errichtete im Gebäude des Verteidigungsministeriums der Ungarischen Volksarmee eine Befehlsstelle[28]. Gegen 5.00 Uhr wurde damit begonnen, Truppenteile der 2. mech. Gardedivision in die Stadt hinzuzuziehen. Das 37. Panzerregiment, das als erstes eintraf, übernahm den Schutz des Gebäudes des Verteidigungsministeriums. Die anderen Truppenteile der Division führten folgende Aufgaben aus: Das 4. mech. Regiment hatte das Hotel »Astoria« , die Radiostation »Kossuth«, das Nationalmuseum und die anliegenden Stadtviertel zu nehmen, das 6. mech. Regiment das Parlament, das ZK der MDP, die Staatsbank, das Hauptpostamt, den Bahnhof Nyugati, es sicherte das sowjetische Militärhospital und die Botschaft; das 87. schwere Panzer-SFL-Regiment konzentrierte seine Anstrengungen auf die

24 ZAMO RF, f. 32, op. 701291, d. 15, l. 6.
25 Ebd., l. 133.
26 Ebd.
27 Ebd., l. 196 f.
28 Ebd., l. 133.

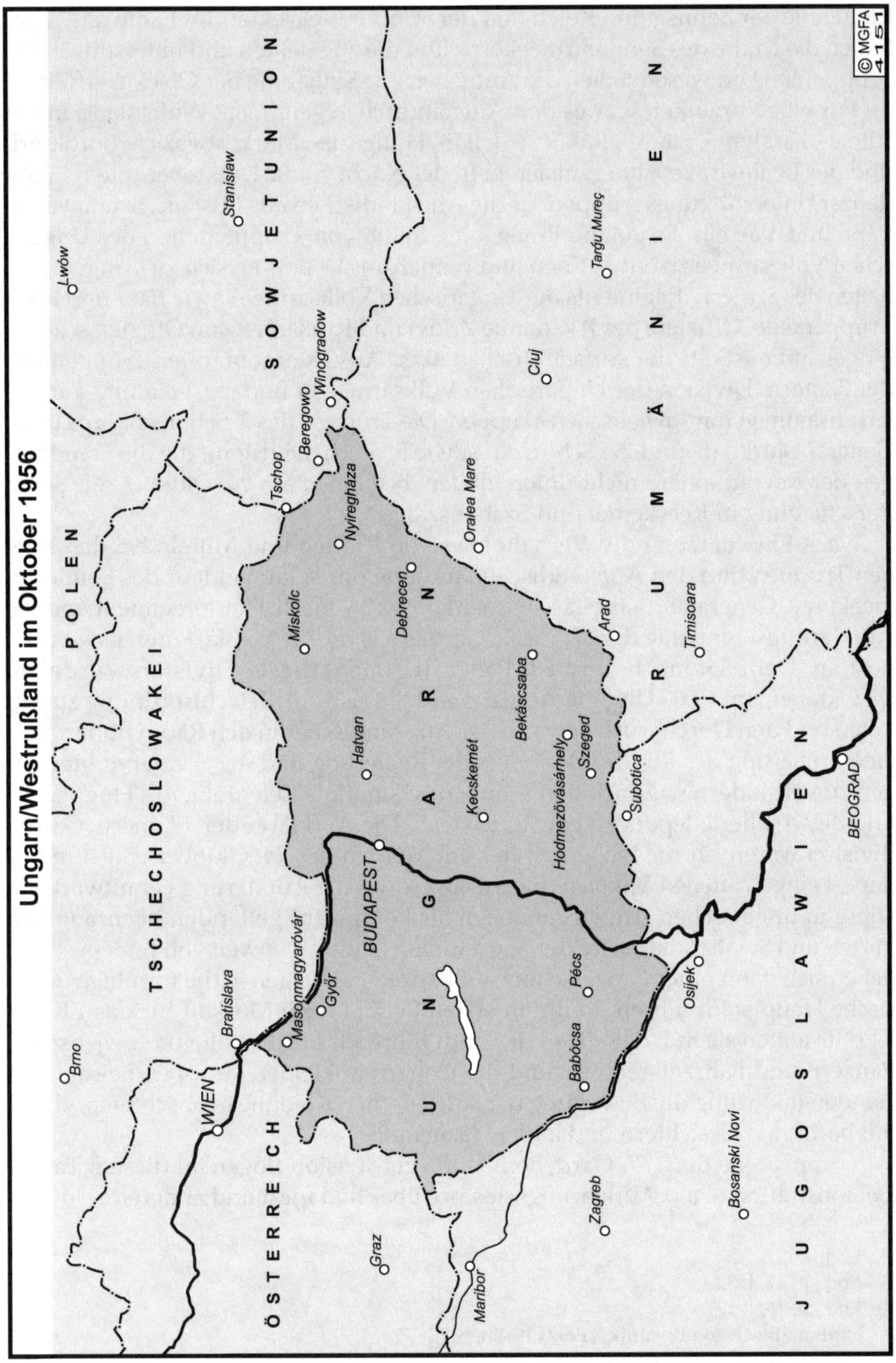
Ungarn/Westrußland im Oktober 1956
POLEN
SOWJETUNION
TSCHECHOSLOWAKEI
ÖSTERREICH
UNGARN
RUMÄNIEN
JUGOSLAWIEN
Lwów
Stanislaw
Winogradow
Beregowo
Tschop
Nyiregháza
Miskolc
Debrecen
Oralea Mare
Cluj
Targu Mureş
Arad
Timisoara
Bekáscsaba
Szeged
Hódmezővásárhely
Kecskemét
Hatvan
Subotica
BEOGRAD
BUDAPEST
Masonmagyaróvár
Györ
Bratislava
Brno
WIEN
Pécs
Babócsa
Osijek
Bosanski Novi
Zagreb
Graz
Maribor
© MGFA 4151

Einnahme der Bahnstation Keleti und der »Corvin«-Objekte[29]. Im Laufe des Tages hatten die Kräfte des Sonderarmeekorps und die zugeteilten und unterstützenden Truppenteile im wesentlichen die Aufgaben zur Einnahme der Objekte erfüllt.

Für eine kurze Zeit war es den Aufständischen gelungen, Widerstand in der Vilma-, Királyné-, Stalin-, Rákóczi-, Üllői-, Hungária-, Markusovszky-, Soroksári- und der Leninstraße zu organisieren. In der Nacht zum 24. Oktober trafen in Budapest Unterstützungsgruppen für die Aufständischen aus Miskolc, Sztalinváros, Pápa und Vác ein. Es gelang ihnen, eine Reihe von Truppenteilen der Ungarischen Volksarmee zu entwaffnen und Waffen aus Depots an sich zu bringen. Einheiten des 8. mech. Regiments der Ungarischen Volksarmee sowie Bau- und Flak-Truppenteile, Offiziere der Akademie Zrínyi und Kursanten von Offiziersschulen gingen auf die Seite der Aufständischen über. Aus Estergom trafen Truppenteile der 7. mech. Division der Ungarischen Volksarmee in Budapest ein und kämpften zusammen mit sowjetischen Truppen. Die Truppen des 3. Schützenkorps unter General Djurko (8. und 27. Schützen- sowie 5. mech. Division), die die Handlungen der Revolutionäre nicht unterstützten, begannen am 24. Oktober mit deren Zerschlagung in Kecskemét und Szabadszállás[30].

Nach Einschätzung des Verhältnisses von Kräften und Mitteln bei den eigenen Truppen und den Aufständischen forderte der Kommandeur des Sonderarmeekorps, Generalleutnant Laschtschenko, das 56. mech. Garderegiment und die Aufklärungskompanie der 17. mech. Gardedivision zur Verstärkung nach Budapest an. Dem 56. mech. und 83. Panzerregiment dieser Division wurde am 24. Oktober, um 12.00 Uhr, die Aufgabe gestellt, sich zur Gefechtsordnung zu entfalten und den Durchbruch bewaffneter Aufständischer in den Raum Buda sowie eine Eroberung des Rundfunksenders der Regierung und der Sonderverbindungen zu verhindern wie auch den Schutz des Bahnhofs Kelenföld, des Flugplatzes und des Artilleriedepots zu gewährleisten[31]. Die Aufklärer der 17. mech. Gardedivision waren für die Sicherheit des am Morgen des 24. Oktober eiligst in Budapest eingetroffenen Mikojan und Suslow sowie die Aufklärung verantwortlich. Diese in ungarischen Angelegenheiten als kompetent geltenden hochrangigen Partei- und Staatsfunktionäre der Sowjetunion landeten unweit von Budapest und ließen sich dann unter Panzerschutz auf Panzerspähwagen in die unruhige ungarische Hauptstadt fahren. In ihrem ersten Bericht nach Moskau für das ZK der KPdSU teilten sie mit, daß die in die Stadt führende Straße voll von sowjetischen Panzern und Fahrzeugen war und die Ungarn in kleinen Gruppen beisammen standen und ruhig die Bewegung der sowjetischen Kolonne beobachteten, einige mit besorgten Gesichtern und andere lächelnd[32].

Truppenteile der 177. Gardebombenfliegerdivision flogen an diesem Tag 84 Demonstrations- und Aufklärungseinsätze über Budapest und anderen Städten[33].

29 Ebd., l. 226.
30 Ebd., d. 17, l. 32.
31 Ebd., d. 16, l. 121.
32 Diplomatitscheski Westnik, (1992) 19–20, S. 53–55.
33 ZAMO RF, f. 32, op. 701291, d. 15, l. 48. schtsch.

Am 24. Oktober 1956 gab es auf beiden Seiten die ersten Toten und Verletzten. Dennoch ging man zu dem Zeitpunkt noch davon aus (und davon waren nicht nur die in Budapest eingetroffenen Kreml-Emmissäre, sondern auch Botschafter Andropow sowie Ernő Gerő selbst überzeugt), daß die sowjetischen Truppen gemeinsam mit ungarischen Sicherheitskräften rasch mit den »Störern der öffentlichen Ordnung » fertig werden würden. TASS meldete noch am selben Tag »Das Scheitern des volksfeindlichen Abenteuers in Budapest«. In der Hauptstadt wurden eine Sperrstunde eingeführt und der Ausnahmezustand verhängt. Allerdings hatte Ernő Gerő bereits gegenüber Andropow seinen Eindruck geäußert, daß hier das Eintreffen der Truppen auf die Stimmung der Bewohner, auch der Arbeiter, negativ wirke[34].

Am 25. Oktober feuerten beim Parlamentsgebäude Organe der Staatssicherheit auf friedliche Demonstranten, die sich mit sowjetischen Soldaten verbrüdert hatten. Auf dem Platz blieben viele Opfer — Hunderte von Toten und noch mehr an Verletzten — liegen. »Die Zahl der Opfer, unter ihnen Frauen und Kinder, ist groß. Die Bevölkerung fürchtet eine massenhafte Abrechnung«, meldete in diesem Zusammenhang die britische Botschaft nach London[35]. Am Morgen tagte in Budapest das Politbüro des ZK der MDP. Im Namen des Präsidiums des ZK der KPdSU empfahl Mikojan, Ernő Gerő seines Postens zu entheben und auf die Stelle des Ersten Sekretärs János Kádár zu wählen. Am Ende der Sitzung traten Nagy und Kádár im Radio mit programmatischen Erklärungen vor das Mikrofon. Imre Nagy hob die Verfügung über das Verbot von Massenversammlungen und -demonstrationen auf. In der zweiten Tageshälfte wurden im ZK der MDP Fragen zur Feuereinstellung und Einschätzung des Vorgehens der Aufständischen diskutiert.

Die 2. mech. Gardedivision hatte mit den zugeteilten und unterstützenden Truppenteilen, mit Ausnahme des 104. mech. Garderegiments der 33. mech. Gardedivision, den südöstlichen Teil der Stadt von den Demonstranten zu säubern. Das 54. Pontonregiment des Karpatischen Militärbezirks legte gegen 16.00 Uhr eine Pontonbrücke für schwere Panzer über den Fluß Tisa (Theiß)im Raum der Eisenbahnbrücke in Szolnok.

Am 23. und 24. Oktober brach sich die politische Krise in Partei und Gesellschaft in einem spontanen Ausbruch des Volkszorns Bahn und gewann Züge eines Bürgerkrieges. Infolge der sowjetischen bewaffneten Einmischung begann sie jedoch ab dem 25. Oktober die Form einer nationalen Befreiungsbewegung zum Schutz der territorialen Integrität und nationalen Souveränität gegen die sowjetische Militärokkupation anzunehmen[36]. An diesem Tag hatten sich die Handlungen der Aufständischen im ganzen Land ausgeweitet, so daß am darauffolgenden Tag Mikojan nach Moskau melden mußte, daß, wenn der Widerstand auch als niedergeworfen angesehen werden könne, dennoch die »friedliche Volksbe-

34 Hiányzó lapok 1956 történetéből, S. 101–105.
35 Titkos jelentések, S. 51.
36 ZAMO RF, f. 32, op. 701291, d. 15, l. 7.

wegung anhalte« und sogar wachse[37]. In vielen Städten kam es zu Versammlungen und Demonstrationen, auf denen der Abzug der sowjetischen Truppen gefordert wurde. Die Denkmäler in den Städten Mezőkövesd, Hatvan und anderswo wurden zerstört. Die Anwesenheit sowjetischer Truppen im Land und ihre Teilnahme am Kampf gegen die Aufständischen führten dazu, daß die Volksmassen den Abzug der Sowjettruppen und die Wiederherstellung der nationalen Souveränität zu fordern begannen. Nicht von ungefähr wiesen Mikojan und Suslow in ihrem Telegramm nach Moskau die politische Führung der UdSSR darauf hin, daß eine solche Forderung Massencharakter annehme. Gleichzeitig hatten sie gegenüber den ungarischen Parteiführern erklärt, daß »die Frage nach einem Truppenabzug aus Ungarn in keinem Fall gestellt werden dürfe, da dies die Einführung amerikanischer Truppenteile ins Land bedeuten würde«. In ihrem Lagebericht an das ZK der KPdSU konstatierten sie: »Wir sagten, es lasse sich darüber reden, daß die sowjetischen Truppen nach Wiederherstellung der Ordnung in Budapest unverzüglich in ihre vorherigen Dislozierungsorte zurückkehren[38].«

Am Morgen des 26. Oktober drangen das 104., 105. und 106. mech. Garderegiment, das 100. und 1195. Artillerieregiment, das 1093. Flak-, das 71. Panzer-, das 133. schwere Gardepanzer-SFL-Regiment, die 61. Gardegranatwerferabteilung, eine Nachrichtenabteilung sowie ein Pionier- und ein Kfz-Bataillon, eine selbständige Kompanie für den chemischen Schutz, Stabs- und rückwärtige Einheiten der mit dem Rotbanner- und Suworow-Orden ausgezeichneten 33. Chersoner mech. Division in Budapest ein und führten bis zum 29. Oktober erbitterte Kämpfe in dem befohlenen Abschnitt[39].

Die 70. Gardeschützendivision des Karpatischen Militärbezirks wurde am 26. Oktober alarmiert und erhielt die Aufgabe, innerhalb von zwei Tagen eine personelle und materielle Ergänzung mit Kraftfahrzeugen sowie einen Marsch von 500 Kilometer über die Gebirgspässe der Karpaten durchzuführen und sich am Abend des 28. Oktober in Ungarn im Raum Debrecen-Miskolc-Nyíregyháza zu konzentrieren[40]. Das 104. Panzer-SFL-Regiment dieser Division wurde per Eisenbahn aus Rawa-Russkaja nach Beregowo transportiert, marschierte von dort weiter und konzentrierte sich am 26. Oktober, gegen 12.00 Uhr, im Raum Nyíregyháza.

Die 2. mech. Division hielt mit den zugeteilten und unterstützenden Truppenteilen hauptsächlich die aufständischen Kräfte bei den angeführten Objekten von Budapest nieder[41]. In der Nacht vom 26. auf den 27. Oktober wurde die 27. mech. Division des Karpatischen Militärbezirks mit der Aufgabe alarmiert, in den Raum Beregowo und weiter nach Nyíregyháza-Debrecen-Szolnok zu marschieren[42].

Am 27. Oktober meldete TASS die neue Zusammensetzung der ungarischen Regierung. Premierminister Nagy hielt mit Billigung des Politbüros der MDP über

37 ZCHSD, f. 89, op. 2, ed.chr. 2, l. 97 f.
38 A »Jelcin-dosszié«, S. 51.
39 ZAMO RF, f. 32, op. 701291, d. 15, l. 197.
40 Ebd., l. 280.
41 Ebd., l. 226.
42 Ebd., l. 298.

Radio eine programmatische Rede und versprach, »mit der UdSSR Unterredungen über einen Abzug der sowjetischen Truppen aus Ungarn zu beginnen«, was von Mikojan und Suslow als »gröbster Fehler« bewertet wurde[43]. Tatsächlich sagten Nagy und Kádár danach zu, dieses Versprechen nicht mit in den offiziellen Text der Regierungserklärung aufzunehmen, ungeachtet dessen, daß es solcherart Forderungen von seiten der Aufständischen gab. Im übrigen wurden sie von den sowjetischen Emissären dahingehend gewarnt, daß es in dieser Frage »im weiteren keinerlei Zugeständnisse geben könne«.

Um 10.00 Uhr begann die 27. mech. Division die Staatsgrenze zu überschreiten und konzentrierte sich nach einem Marsch im Raum um die Stadt Szolnok. In Buda kam es zu erneuten Aktionen der Aufständischen. Auf der Pester Seite hielten sie nach wie vor den Südostteil der Hauptstadt, das »Corvin«-Filmtheater und die angrenzenden Stadtviertel mit Abteilungen von 700–800 Mann, angeführt von László Ivankovics, unter Kontrolle. Die auf die Seite der Revolutionäre übergelaufenen 1221., 1222. und 1226. Baubataillone der Ungarischen Volksarmee waren unter dem Kommando von Oberst Pál Maléter in den »Kilián«-Kasernen in Verteidigung gegangen. Die Volksdemonstrationen weiteten sich aus, griffen auf die Städte Debrecen, Miskolc, Székesfehérvár, Pécs, Tatabánya und andere über[44]. Die Führung des Sonderarmeekorps leitete eine Operation zur Eroberung der Druckerei »Vörösch Csillag« (Roter Stern) der Ungarischen Volksarmee und beschlagnahmte dabei 200 000 gedruckte antisowjetische Flugblätter. An »Corvin« erging ein Ultimatum zur Kapitulation.

Die 1. Gardeeisenbahnbrigade des Karpatischen Militärbezirks wurde mit der Aufgabe alarmiert, sich an der Station Tschop zwecks Abtransport nach Ungarn zu konzentrieren, um den durch aufständische Eisenbahner desorganisierten Zugverkehr sicherzustellen[45]. Die 39. mech. Gardedivision des 3. Schützenkorps der 38. Allgemeinen Armee, die seit dem Morgen des 24. Oktober im Raum um Szolnok-Abony stand, erhielt um 13.30 Uhr den Befehl zum Marsch auf der Strecke Szolnok-Cegléd-Nagykőrös-Kecskemét-Dunaföldvar-Cece-Pincehely-Nagykónya-Kalocsa-Dombóvár und zur Konzentration im Raum Tamási am Abend.

In der Nacht vom 27. auf den 28. Oktober hatten die auf Befehl des Befehlshabers des Karpatischen Militärbezirks alarmierte 11. und 32. mech. Gardedivision sowie die 60. Flak-Division und selbständige Truppenteile der 8. mech. Armee kombinierte Märsche aus den Dislozierungsorten Berditschew, Nowograd-Wolynski, Shitomir, Chmelnizki, Shmerinka in die Ostgebiete Ungarns durchgeführt[46]. Derweil hatten sich in ganz Ungarn verschiedene örtliche und territoriale Machtorgane als Revolutions- und Arbeiterräte sowie nationale Komitees gebildet, die ihre Delegierten zu der Regierung von Imre Nagy entsandten und diesen zur Radikalisierung demokratischer revolutionärer Veränderungen zu bewegen suchten. In der Regierung wie auch in der Parteiführung wurde man sich immer

43 ZCHSD, f. 89, op. 2, ed.chr.2, l. 101–107.
44 ZAMO RF, f. 32, op. 701291, d. 15, l.
45 Ebd., l. 390.
46 Ebd., l. 19.

mehr dessen bewußt, daß die Massenbewegung nicht weiter als »konterrevolutionär« angesehen werden konnte, daß »gegen uns Zehntausende von Arbeitern stehen« und man es de facto »mit einer demokratischen Massenbewegung zu tun hatte«. Einige erklärten geradeheraus, daß die Fortsetzung des bewaffneten Kampfes einem »Vorgehen gegen das Volk« gleichkomme. Und einer von ihnen konstatierte, daß »wir schon seit 7.00 Uhr nicht mehr ins Volk schießen«. All diese Auszüge aus dem Sitzungsprotokoll des ZK der MDP vom 26. Oktober[47] besagen, daß die Volksbewegung für Demokratisierung und Unabhängigkeit auch die nicht verknöcherten Parteifunktionäre von ihrer Rechtmäßigkeit überzeugt hatte.

Am 28. Oktober war in der »Iswestija« zu lesen: »Die Organisatoren des konterrevolutionären Putsches in Ungarn haben sich verrechnet«, und insbesondere: »Die Hauptrolle bei der Liquidierung der ungarischen Konterrevolution spielen die ungarische Bevölkerung selbst, die Truppen der ungarischen Armee und die Organe der Staatssicherheit. Unterstützt werden sie von sowjetischen Truppenteilen, die gemäß dem Warschauer Pakt in Ungarn stehen.« Ein Kommentar erübrigt sich hier wohl.

Inzwischen hatte sich der ungarische Schriftstellerverband mit einem Aufruf an die Regierung gewandt, unverzüglich das Feuer einzustellen, die Teilnehmer am Widerstand zu amnestieren und die sowjetischen Truppenteile in die Kasernen zurückzuführen. Der Arbeiterrat der Stadt Miskolc forderte, »das Vertrauen des Volkes zu nutzen und ein weiteres Blutvergießen zu verhindern. Wir fordern nachdrücklich, daß die sowjetischen Truppen unverzüglich die Kämpfe einstellen.« Der Arbeiterrat im Gebiet Borsod rief im Rundfunk der Stadt Győr auf: »Sprecht die Truppen der Sowjetunion auf Russisch an, damit sie den gerechten Kampf des ungarischen Volkes für seine Freiheit nicht unterdrücken. Wir wollen die UdSSR als unseren Freund betrachten, aber nicht von ihm abhängig sein; und wir wollen nicht gegen sie kämpfen[48].«

Am 27.-28. Oktober 1956 lehnte es die erneuerte ungarische Regierung in Anwesenheit der hochrangigen Partei- und Staatsfunktionäre Suslow und Mikojan offiziell ab, die in Ungarn vonstatten gehenden Ereignisse als Konterrevolution anzusehen, und erkannte ihren Volks- und demokratischen Charakter an. In seiner Rede auf der gemeinsamen Sitzung von ZK und Politbüro der MDP sagte Imre Nagy: »Wenn wir die auf eine breite Basis gestützte Bewegung als Konterrevolution betrachten werden, wie wir es anfänglich getan haben, so bleibt keine andere Möglichkeit, als sie mit Hilfe von Waffen, Panzern und Artillerie niederzuschlagen. Das aber ist eine Tragödie. Jetzt ist uns klar, daß dies nicht unser Weg ist[49].«

Im Auftrag der höchsten Parteiführung hatte Nagy das Land über die veränderte Einschätzung der Ereignisse zu informieren. Die neue Partei- und Staatsführung Ungarns entschloß sich zu einer flexiblen Politik; sie erstrebte eine Ver-

47 A kormány.
48 Irodalmi Ujság, 26.10.1956; A forradalom hangja.
49 Glatz, Ujrakezdés.

söhnung mit dem aufständischen Volk und erkannte die Rechtmäßigkeit einer Reihe seiner Forderungen an. Nach Konsultation mit den Vertretern Moskaus beschloß die Regierung am 28. Oktober die offizielle Auflösung der Organe der Staatssicherheit, verständigte sich über den Abzug der sowjetischen Streitkräfte aus Budapest und traf Maßnahmen zur Wiederherstellung einer demokratischen Mehrparteienlandschaft.

Die Truppenteile der Ungarischen Volksarmee leisteten auf die Aufforderung der Regierung von Imre Nagy hin gegenüber den Aufständischen keinen Widerstand; Befehle zum Vorgehen gegen die Aufständischen erhielten sie nicht. In Budapest wurde der Revolutionäre Militärrat mit den Generälen Béla Király, Lörincz Kónya, István Kovács, dem Oberst Maléter und anderen gebildet, deren Aufgabe es war, eine neue revolutionäre Armee, eine Nationalgarde, aufzustellen. Das 37. Schützenregiment und die 46. Flak-Abteilung der Ungarischen Volksarmee waren auf die Seite des aufständischen Volkes übergegangen und hatten Waffen verteilt[50]. In Budapest jedoch wurde noch gekämpft, denn die Aufständischen vertrauten der Regierung Nagy nicht sofort und hielten mit beträchtlichen Kräften den Südostteil der Stadt. Auch im Raum Buda wurde weitergekämpft; die Verteidiger des »Corvin«-Kinos lehnten die Forderung nach Kapitulation ab und schlugen die Angriffe der Einheiten der 33. mech. Division zurück. Im Verantwortungsbereich der 2. mech. Gardedivision kam es erneut zu Kämpfen. Die 128. Gardeschützendivision, die am 24. Oktober seit 9.00 Uhr morgens in den Räumen von Jászberény und Hatvan stand, drang in Budapest ein, um die Aufständischen bei den angegebenen Objekten zu zerschlagen[51]. Die 27. mech. Division hatte einen Marsch zurückgelegt und sich westlich von Szolnok konzentriert. Um 8.00 Uhr morgens begann die 70. Gardeschützendivision der 8. mech. Armee mit dem Übergang über die sowjetisch-ungarische Grenze mit der Aufgabe, sich am 29. Oktober um 1.00 Uhr im Raum von Debrecen zu konzentrieren. Um 12.00 Uhr wurde die 31. Gardeluftlandedivision (114. und 381. Fallschirmjägerregiment) mit der Aufgabe alarmiert, Vorbereitungen zur Luftlandung zu treffen, sich zu den Startflugplätzen Lwow und Chmelnizki zu begeben, im weiteren auf dem Flugplatz Veszprém zu landen und in Bereitschaft zur Ausführung von Gefechtsaufgaben zu stehen. Um 20.00 Uhr machte sich das 114. Fallschirmjägerregiment auf zwei Strecken — Nowograd–Wolynski–Lwow und Nowograd–Wolynski–Chmelnizki — auf den Marsch zu den Startflugplätzen[52].

Am Abend sprach Nagy im Budapester Radio mit Einverständnis des ZK der MDP. Er teilte mit, daß die Regierung solche Auffassungen verurteile, die in den Ereignissen eine Konterrevolution sahen und sie so darstellten. Er informierte über die Bildung von Arbeiterräten, die Auflösung der Staatssicherheitsorgane, den unverzüglichen Abzug der sowjetischen Truppen aus Budapest und den von der Regierung erteilten Befehl zur Feuereinstellung. Die neue Koalitionsregierung

50 ZAMO RF, f. 32, op. 701291, d. 15, l. 138.
51 Ebd., l. 117.
52 Kyrow, Zabudet li otetschestwo, S. 62.

(Mehrparteienbasis) machte sich an die Normalisierung des Lebens. Die Kämpfe hörten im wesentlichen auf. Die revolutionären Organe der lokalen Selbstverwaltung wurden anerkannt und das nationale Landeswappen und der nationale Feiertag am 15. März wieder eingeführt. Wie am Abend des 28. Oktober General Serow an das ZK der KPdSU meldete, beurteilte sogar Innenminister Ferenc Münnich, ein ehemaliger bekannter Internationalist, der einige Jahre auch in der UdSSR gelebt hatte, das Geschehen in Ungarn als »Bewegung der Werktätigen zur Erfüllung ihrer gerechten Forderungen«[53].

Der Sicherheitsrat der Vereinten Nationen nahm die Erörterung der Lage in Ungarn in seine Tagesordnung auf. Die Bemühungen um eine Einstellung der Kampfhandlungen und die Erklärung über die Absichten zur Normalisierung der Lage zeigten rasch Wirkung. »Die Feuergefechte sind vollständig eingestellt worden«, berichteten Mikojan und Suslow nach Moskau[54].

Am 29. Oktober, um 1.00 Uhr, hatte die 70. Gardeschützendivision ihren Marsch beendet und sich im Raum Debrecen konzentriert. Um 4.00 Uhr morgens rückte das 381. Fallschirmjägerregiment auf der Marschstrecke des 114. Regiments aus zu den Startflugplätzen. Die 2. und 33. mech. Garde- und 128. Schützendivision hatten im wesentlichen die Kämpfe eingestellt. Um 22.00 Uhr erhielten die in Budapest stehenden sowjetischen Truppen den Befehl zur Feuereinstellung[55].

Die Aufständischen hielten weiterhin den Südostteil der Stadt. Die Führung der Truppenteile und der Militärrat der Ungarischen Volksarmee erklärten ihren Übergang auf die Seite der Aufständischen. Die Truppen erhielten Anweisungen, die Dienststellung Politoffizier abzuschaffen, in den Truppenteilen Offizierräte einzuführen, die Schulterklappen und Embleme durch eine dreifarbige Tresse auf der Kopfbedeckung zu ersetzen sowie die Arbeiterräte zu unterstützen. Insgesamt machten sich im Land die ersten Anzeichen für eine Konsolidierung der Lage unter der Führung der Regierung Nagy bemerkbar.

Am 30. Oktober verabschiedete die sowjetische Regierung eine Deklaration »Über die Grundlagen der Entwicklung und weiteren Festigung von Freundschaft und Zusammenarbeit zwischen der Sowjetunion und anderen sozialistischen Ländern«, in der es hieß, daß »die Länder der großen Gemeinschaft sozialistischer Nationen ihre gegenseitigen Beziehungen nur auf der Grundlage der Prinzipien von Gleichheit, Respekt, territorialer Integrität, staatlicher Unabhängigkeit und Souveränität sowie Nichteinmischung in die inneren Angelegenheiten untereinander gestalten können«[56]. Diese vollmundige Erklärung rief in der Weltöffentlichkeit, darunter bei den Regierungen und Volksmassen der Länder des sozialistischen Lagers, ein positives Echo hervor.

Ungeachtet der Verabschiedung eines derart gewichtigen Dokuments jedoch setzte die in Gang gebrachte Kriegsmaschine ihren Weg nach Westen fort. Natürlich war die Deklaration der sowjetischen Regierung lediglich ein Deckmantel zur

53 A »Jelcin-dosszié«, S. 63.
54 ZCHSD, f. 89, op. 2, ed.chr. 2, l. 122.
55 ZAMO RF, f. 32, op. 701291, d. 15, l. 139.
56 Iswestija, 31.10.1956.

Verschleierung der politischen Ambitionen und wahren Absichten auf seiten der Führer der UdSSR. Davon zeugen die in erster Linie mit einer Gewaltlösung des ungarischen Problems verknüpften harten Fakten (siehe Anlage 1). Es ist im Auge zu behalten, daß die amerikanische Administration noch am 27. Oktober ihre Haltung bezüglich einer Nichteinmischung in die ungarischen Angelegenheiten veröffentlichte, worüber der US-Botschafter in Moskau, Charles Bohlen, am 29. die sowjetische Führung informierte[57]. Am gleichen Tag entfesselte Israel, das in die Suezkanalzone eindrang, einen Krieg gegen Ägypten. Bekanntlich wurden in den Konflikt auch die Streitkräfte Englands und Frankreichs hineingezogen. Die Situation erlaubte es der Sowjetführung de facto, in Ungarn bedenkenlos zu handeln, was auch das weitere Schicksal der begonnenen demokratischen Veränderungen im Land bestimmte.

Die Kriegsmaschine war in Gang gesetzt, und die neue ungarische Regierung kam nicht einmal auf die Idee, daß sich der Generalstab des sowjetischen Verteidigungsministeriums auf Befehl des Verteidigungsministers Shukow bereits am 27. Oktober an die Ausarbeitung der abschließenden militärischen Operationen gegen Ungarn gemacht haben könnte[58].

Am 30. Oktober, um 12.30 Uhr, wurde das 114. Fallschirmjägerregiment der 31. Gardeluftlandedivision auf dem Flugplatz Veszprém abgesetzt. Um 22.00 Uhr war auf dem gleichen Flugplatz das 381. Fallschirmjägerregiment der Division gelandet. Auf dem Flugplatz der Stadt Mukatschewo war eine Materialversorgungsbasis für die abgesetzten Luftlandetruppen eingerichtet worden. Am gleichen Tag hatten die in Ostungarn konzentrierten Verbände und Truppenteile der 38. Allgemeinen Armee unter Generalleutnant Ch.D. Mamsurow den Befehl zur Vorbereitung der Operation »Wirbelsturm« (»Wichr«) erhalten.

Gemäß Befehl der Führung wurden die getroffenen Vereinbarungen über den vollständigen Truppenabzug aus Budapest vereitelt und letzterer unter dem Vorwand von Verhandlungen mit den Revolutionskomitees künstlich hinausgeschoben[59].

Als Reaktion auf die Haltung der sowjetischen militärpolitischen Führung drohte der Revolutionäre Militärrat der ungarischen Streitkräfte für den Fall, daß die Truppen nicht abgezogen würden, mit einem Volkskrieg[60]. Um 20.00 Uhr schloß sich dieser Erklärung das Personal des 3. Schützenkorps an, das die Aufständischen anfänglich nicht unterstützt hatte. Der Kommandeur des Korps und der Chef der Politischen Verwaltung entzogen sich der Verantwortung für Erschießungen von Aufständischen, flohen mit dem Flugzeug nach Mukatschewo und erhielten Asyl in der Sowjetunion. Inzwischen waren in Ungarn weiterhin neue sowjetische Verbände eingetroffen, was die gespannte Aufmerksamkeit der ungarischen Führung hervorrief, die wiederum Botschafter Andropow um Erklärung ersuchte. In ihrer diesbezüglichen Meldung nach Moskau hielten Mikojan und Suslow

57 Hajdu, 1956 nemzetközi háttere.
58 Muszátow: Szovjet politikai.
59 ZAMO RF, f. 32, op. 701291, d. 15, l. 143.
60 Ebd.

es für ratsam, den Vormarsch der Truppenteile zum Stehen zu bringen und diese an der sowjetisch-ungarischen Grenze zu konzentrieren. Dabei hielten sie jedoch das unverzügliche Erscheinen des Ersten Stellvertretenden Verteidigungsministers der UdSSR und Oberkommandierenden der Vereinten Streitkräfte des Warschauer Vertrages, Marschall der Sowjetunion Konew, in Ungarn für erforderlich[61], was an sich schon von der bevorstehenden Militäroperation zeugte.

Am 31. Oktober kam der Abzug der sowjetischen Truppen aus Budapest zum Abschluß, abgesehen von einigen zum Schutz des Verteidigungsministeriums zurückgelassenen Einheiten. Der Gefechtsstand des Sonderarmeekorps wurde im Raum des Flugplatzes Tököl errichtet. Vor dem Abzug wurden Maßnahmen zur Rettung führender Funktionäre von Partei und Staatssicherheit ergriffen. In der Folge wurden aus Staatssicherheitsoffizieren Gruppen zur Teilnahme an der Operation gemeinsam mit sowjetischen Truppen gebildet.

Premierminister Nagy gab die neue Zusammensetzung des Verteidigungsministeriums der Ungarischen Volksrepublik, bestehend aus 21 Mann mit General Maléter an der Spitze, bekannt. Auf der Sitzung, an der 250 Vertreter von Armee, Grenztruppen, revolutionärer Jugend und Polizei teilnahmen, wurde der Revolutionäre Militärausschuß gewählt. Generalmajor Király wurde zum Befehlshaber aller aufständischen Kräfte in Budapest, einschließlich der 13 000 Mann der Nationalgarde, ernannt. Die Bevollmächtigten der Aufständischen und des Revolutionären Militärkomitees wandten sich mit einem Aufruf an die Bevölkerung des Landes. Das Komitee verabschiedete ein Programm zum Aufbau neuer ungarischer Streitkräfte[62].

Um 20.45 Uhr wurde die zweifach mit dem Rotbanner- sowie dem Suworow- und Kutusow-Orden ausgezeichnete 35. mech. Gardedivision aus Charkow auf Befehl des Befehlshabers des Militärbezirks Odessa, Generaloberst Getman, mit der Aufgabe alarmiert, elf Stunden später mit der Verladung auf Eisenbahnzüge[63] zwecks Abtransport nach Ungarn zu beginnen.

Wie der britische Gesandte, Sir Leslie Fry, nach dem Abzug der sowjetischen Truppen aus Budapest nach London berichtete, »kehrt das Leben wieder rasch zu seinem normalen Gang zurück«[64]. Der amerikanische Geschäftsträger in Budapest charakterisierte in seinem Morgentelegramm vom 31. Oktober nach Washington die Situation folgendermaßen: »Mit Gewißheit läßt sich sagen, daß die ungarische Revolution ein fait accompli ist[65].«

Gleichzeitig tauchten auch besorgniserregende Symptome sowie Unzufriedenheit darüber auf, daß eine Verlegung neuer Militärformationen nach Ungarn registriert wurde. Die gleichen Diplomaten wiesen in ihren folgenden Berichten darauf hin, daß »sich die sowjetischen Truppenteile nicht sehr weit von der Stadt entfernt hatten«, mutmaßten über die geringe Wahrscheinlichkeit, »daß die sowje-

61 ZCHSD, f. 89, op. 2, ed.chr. 2, l. 122–124.
62 ZAMO RF, f. 32, op. 701291, d. 17, l. 35 f.
63 Ebd., d. 16, l. 153.
64 Titkos jelentések, S. 22.
65 Ebd., S.98.

tische Regierung beabsichtigt, sich in Ungarn zurückzuziehen«, und nahmen an, daß »die Sowjets die Möglichkeit einer zweiten Intervention abwägen«[66]. Anerkennenswert, wie richtig sie mit ihren Vermutungen lagen.

John Foster Dulles telegrafierte seinen Botschaftern im Zusammenhang mit der Lage in Ungarn: »Die Frage ist, ob die Sowjets eine Stabilisierung unter der Führung der Nagy-Regierung zulassen werden [...] oder aber als ausländische Okkupanten erneut die vollständige Kontrolle über das Land wiederherstellen (dies aber impliziert für die Zukunft große Militärausgaben und wird ihre gegenwärtige Position auf der internationalen Bühne untergraben)[67].«

Am 31. Oktober 1956, also einen Tag nach der Deklaration der sowjetischen Regierung, wurde auf der erweiterten Sitzung des Präsidiums des ZK der KPdSU der endgültige Beschluß über die zweite militärische Einmischung in ungarische Angelegenheiten gefaßt[68]. Eine Umgestaltung des totalitären Systems zu einer demokratischen Variante des Sozialismus wollte man nicht zulassen. Die oberste Militärführung des sowjetischen Verteidigungsministeriums garantierte ihren Politikern, erfolgreich innerhalb von drei Tagen »Ordnung zu schaffen«. Selbstredend wurde der Beschluß geheimgehalten; gleichwohl fiel den westlichen Diplomaten in Moskau die Zufriedenheit der Generäle auf, woraus sie den Schluß zogen, daß die Armeeführung »Befürworterin einer noch härteren Linie« in Ungarn sei als die KPdSU-Führer[69].

Der amerikanische Botschafter in Moskau, Bohlen, berichtete an das State Department am 31. Oktober nach einem Empfang in der türkischen Botschaft, wo er Shukow traf: »Shukow vertritt die Parteilinie [...] in der ungarischen Frage. In seinen Äußerungen mischen sich Erfindungen und Halbwahrheit mit Elementen von Fakten [...]. Shukow fügte hinzu, daß die sowjetischen Truppen auf Bitten der ungarischen Regierung dorthin gekommen seien und dort so lange bleiben würden, bis die Regierung um ihren Abzug bitte, oder bis dort die ›Ordnung wiederhergestellt‹ sei [...]. Offensichtlich war er bemüht, sich vor die sowjetischen Truppen zu stellen, indem er erklärte, daß er kein Politiker sei, und das jetzige Auftreten der Ungarn als konterrevolutionären Putsch hinstellte[70].«

In der Nacht zum 1. November wurde die 31. Weichsel-Panzerdivision auf Befehl des Befehlshabers des Karpatischen Militärbezirks mit der Aufgabe alarmiert, sich auf der Strecke Chmelnizki-Beregowo auf den Marsch zu machen und gegen 20.00 Uhr im Raum südlich Mukatschewo zu sammeln[71]. Nachdem im Raum des Transkarpatengebiets neue sowjetische Formationen die ungarische Grenze überschritten hatten, tagte im Morgengrauen des 1. November die ungarische Regierung zu einer Sitzung. Danach bestellte Nagy den sowjetischen Botschafter Andropow zu sich und drückte ihm gegenüber den Protest anläßlich der Ver-

66 Ebd., S.111 f., 115 f.
67 Ebd., S. 83.
68 A »Jelcin-dosszié«, S. 70–73.
69 Titkos jelentések, S. 83–86, 116.
70 Ebd.
71 ZAMO RF, f. 32, op. 701291, d. 17, l. 61.

stärkung sowjetischer Truppen in Ungarn aus. Er forderte die unverzügliche Einstellung neuer Truppenzuführungen, wobei er erklärte, daß sich Ungarn andernfalls um Hilfe an die UNO wenden und aus der Warschauer Vertragsorganisation austreten würde. Andropow versprach, Nagys Erklärung der sowjetischen Führung zur Kenntnis zu bringen. Nachmittags fand eine erneute Sitzung des Kabinetts statt, zu der Andropow geladen war. Da von sowjetischer Seite keine befriedigende Antwort erfolgte, sondern registriert wurde, daß »beträchtliche sowjetische Streitkräfte, die sich in Richtung Budapest bewegen, die Grenze überschritten hatten«, erklärte der ungarische Premierminister Ungarns Neutralität und den Austritt aus dem Warschauer Vertrag. Er sandte ein Schreiben an den Generalsekretär der UNO mit der Bitte, die ungarische Frage auf die Tagesordnung der Generalversammlung zu setzen[72]. In seinen Unterredungen mit Andropow äußerte Nagy seine Bereitschaft, dieses Schreiben im Falle einer Einstellung der Militäraktion zu widerrufen.

In den meisten Industriebetrieben kam es zu einer mächtigen Versammlungs- und Demonstrationswelle gegen die sowjetische Militärintervention. In seiner mit Billigung des ZK der MDP gehaltenen Rede erklärte Nagy die Absicht, bei den Unterredungen mit der UdSSR die Frage nach einem Austritt Ungarns aus dem Warschauer Pakt und der Einnahme der Position eines neutralen Staates aufzuwerfen.

Als die 31. Panzerdivision die sowjetisch-ungarische Grenze überschritten hatte, wurden die Verbände und Truppenteile der 8. mech. Armee unter Generalleutnant A.Ch. Babadshanjan in den Räumen Debrecen, Szolnok, Kecskemét, Gyöngyös und anderen Stellen Ostungarns konzentriert, sie begannen mit den Vorbereitungen zur Ausführung ihrer Gefechtsaufgabe. Dem Armeebefehlshaber wurde die 70. Gardeschützen- und die 35. mech. Gardedivision operativ unterstellt. Die 177. Gardebombenfliegerdivision evakuierte vom 1.–3. November über 600 Familien von Militärangehörigen aus Ungarn in die Sowjetunion[73].

In der Erklärung der Sowjetregierung vom gleichen Tag »Über die bewaffnete Aggression gegen Ägypten« hieß es, daß Ägypten Opfer einer Aggression geworden sei, auf sein Territorium israelische Truppen eingedrungen seien und die Gefahr einer Invasion von Kräften Englands und Frankreichs drohe. Die sowjetische Führung verurteilte die Aggressoren und rief den Sicherheitsrat der UNO auf, unverzüglich Maßnahmen zur Einstellung der Aggression gegen Ägypten zu ergreifen. In dieser Situation war die Position der Sowjetunion wie schon am 30. Oktober dadurch erschwert, daß sie einerseits die aggressiven Absichten und Handlungen Israels, Englands und Frankreichs verurteilte und andererseits selbst eine bewaffnete Intervention in die Ungarische Volksrepublik unternommen hatte.

In einer der an die sowjetische Botschaft in Budapest gerichteten Verbalnoten vom 1. November 1956 erklärte das ungarische Außenministerium erneut, daß

72 Uj Magyar Központi Levéltár, S. 103–104; Wengrija 1956 goda, S. 99.
73 ZAMO RF, f. 32, op. 701291, d. 16, l. 48.

»ungeachtet des kategorischen Protests der Regierung der Ungarischen Volksrepublik am heutigen Tag beträchtliche sowjetische Militärformationen die sowjetisch-ungarische Grenze überschritten und das Territorium Ungarns überschwemmt haben; aus diesem Grund kündigt die Regierung der Ungarischen Volksrepublik hiermit den Warschauer Vertrag unverzüglich auf«.

Vom 1. auf den 2. November wurden Kádár und Münnich in die Sowjetunion gebracht. Am 2. November besprach sich Kádár mit der sowjetischen Führung. In den Städten Ungarns wurde der allgemeine politische Streik noch fortgesetzt, doch verkündeten die Arbeiterräte seine Einstellung. Sowjetische Zentralzeitungen informierten über die Schließung von Schulen, Theatern, Museen und Stadien. Der Revolutionäre Arbeiterrat von Transdanubien forderte die Fortsetzung des Streiks bis zur vollständigen Befreiung Ungarns von der sowjetischen Okkupation. Das Zentralorgan der Ungarischen Sozialistischen Arbeiterpartei (Magyar Szocialista Munkáspárt, MSZMP, seit 1956) »Népszabadság« schrieb: »Ungarn ist neutral. Die ungarische Regierung protestiert gegen weitere sowjetische Truppenverstärkungen. Unverzüglich brechen wir mit dem Warschauer Vertrag. Für den Schutz unserer Neutralität bitten wir um die Hilfe der vier Großmächte[74].«

Um 19.20 Uhr abends informierte der Budapester Rundfunk über die drei dem sowjetischen Botschafter übergebenen Verbalnoten der ungarischen Regierung und über den Wunsch, die sowjetisch-ungarischen Beziehungen auf die Grundlage der Achtung der Souveränität und der Prinzipien von Gleichberechtigung und Nichteinmischung in die inneren Angelegenheiten zu stellen. Die Regierung forderte von den Sowjets, auf dieser Basis unverzüglich mit Verhandlungen zu beginnen, und verwies insbesondere auf ihre Entschlossenheit, aus der Organisation des Warschauer Vertrages auszutreten und auf den Abzug der sowjetischen Truppen aus Ungarn zu dringen. Es wurde darauf hingewiesen, daß »heute neue sowjetische Militärformationen die Grenze überschritten haben und gleichzeitig Eisenbahnstrecken und -stationen nehmen und daß im Westteil des Landes eine Verlegung sowjetischer Truppen in ostwestlicher Richtung beobachtet wird«[75].

Am gleichen Tag bestätigte in Moskau Nikolai Bulganin in einem Gespräch mit dem britischen Botschafter Sir William Hayter, daß die sowjetische Seite bereit sei, eine Delegation für sowjetisch-ungarische Verhandlungen über den Verbleib sowjetischer Truppen in Ungarn zusammenzustellen, bestritt jedoch die Inmarschsetzung neuer Militärformationen und sogar entsprechende Absichten[76].

Derweil setzte die Führung der sowjetischen Truppen die Evakuierung von Familienmitgliedern der Militärangehörigen des Sonderarmeekorps aus Ungarn in die Sowjetunion von den Flugplätzen Veszprém und Tököl wie auch von bestimmten Stellen in den Städten Komárom und Győr über die Tschechoslowakei fort. Ein Teil der in der Stadt Kecskemét und östlicher, näher der sowjetischen

74 Wengrija 1956 goda, S. 99.
75 1956 sajtója, S. 229 f.
76 Titkos jelentések, S. 116.

Grenze, untergebrachten Familien wurde mit Kraftfahrzeugen in die Stadt Tschop und Mitglieder von Offizierfamilien des im Süden Ungarns dislozierten 407. Artillerieregiments via Rumänien außer Landes gebracht. Bis zum 4. November wurden verwundete sowjetische Soldaten in Lazarette der Sowjetunion evakuiert.

Die 1. Gardeeisenbahnbrigade begann in zwei Staffeln ihren Marsch auf ungarisches Territorium. Im Lauf des Tages wurden die Truppenteile der im Raum westlich von Szolnok dislozierten 27. mech. Division verlegt und bei Győr, Komárom und Mosonmagyaróvár konzentriert.Verbände und Truppenteile des Sonderarmeekorps unter Generalleutnant Laschtschenko, der 8. mech. Armee unter Generalleutnant Babadshanjan und der 38. allgemeinen Armee unter Generalleutnant Mamsurow trafen in einer Gesamtstärke von rund 60 000 Mann Vorbereitungen zur Erfüllung der Gefechtsaufgaben in der Operation »Wirbelsturm«.

An den Konzentrierungsorten der sowjetischen Truppen wurden Flugblätter mit folgendem Aufruf gefunden: »Sowjetische Soldaten! Schießt nicht auf das ungarische Volk. Ihr hättet auf russischem Boden auch keine ausländische Armee geduldet. Kehrt heim! Das ungarische Volk will mit dem sowjetischen Volk in Freundschaft leben. Es darf weder sowjetisches noch ungarisches Blut fließen. Ihr seid Soldaten einer Großmacht, und wir sind nur ein kleines Volk. Doch unsere Losung lautet: Lieber ein Bajonett im Herzen als einen Fleck auf der Ehre. Sowjetische Soldaten, kehrt in Eure Heimat zurück[77]!«.

Zu dieser Zeit wurde in New York eine Dringlichkeitssitzung des UNO-Sicherheitsrates zur Erörterung der Lage in Ungarn einberufen. Der Vertreter der Sowjetunion in der UNO, A.A. Sobolew, erklärte auf dieser Sitzung: »Daß heute von den Westmächten im Sicherheitsrat erneut die ungarische Frage als brandeilig auf die Tagesordnung gesetzt wurde, ist ein Ablenkungsmanöver, das darauf abzielt, die Aufmerksamkeit der öffentlichen Meinung von der anglofranzösischen Aggression in Ägypten abzulenken. Als Nebelwand für diese Invasion soll die Erörterung der Frage nach der Lage in Ungarn dienen[78].« Auch wenn auf dieser Sitzung keine Resolution gefaßt wurde, konnte sich die Mehrheit der Ratsmitglieder erneut davon überzeugen, daß die sowjetische Seite nicht gedachte, mit Respekt gegenüber dem Opponenten aufzutreten, und ihre Militärintervention in die Angelegenheiten eines souveränen Staates mit dem Konflikt in Ägypten verschleierte. Wir nehmen an, Sobolew wollte den Mitgliedern der Vereinten Nationen einschärfen, nicht zu vergessen, mit wem sie es zu tun hatten und daß die Länder Osteuropas ausschließlich zur sowjetischen Einflußsphäre gehörten.

In der Nacht zum 3. November erteilte der Kommandeur des Sonderarmeekorps, Generalleutnant Laschtschenko, in Übereinstimmung mit dem Befehl Nr. 1 des Oberkommandierenden der Vereinten Streitkräfte der Warschauer Vertragsstaaten, Marschall der Sowjetunion Konew, und dem Operationsplan »Wirbelsturm« den Kommandeuren der 2. und 33. mech. Gardedivision, der 128. Schüt-

77 ZAMO RF, f. 32, op. 701291, d. 17, Anlage 1, l. 25.
78 Iswestija, 4.11.1956.

zendivision und den zugeteilten und unterstützenden Truppenteilen den Befehl zum Beginn des Sturmangriffs auf Budapest am 4. November um 5.50 Uhr[79].

Um 7.00 Uhr morgens wurde die 31. Panzerdivision des Karpatischen Militärbezirks in Gefechtsbereitschaft versetzt und angewiesen, um 10.00 Uhr die Staatsgrenze zu überschreiten und sich auf der Strecke Beregowo–Nyíregyháza–Hajdúnánás–Mezőkövesd–Füzesabony–Gyöngyös–Hatvan auf den Marsch zu machen[80]. Um 10.00 Uhr erteilte der Befehlshaber der 8. mech. Armee, Generalleutnant Babadshanjan, den Kommandeuren von Verbänden und Truppenteilen den Befehl, am 4. November ab 6.15 Uhr morgens die Militärgarnisonen zu entwaffnen und die angegebenen Objekte einzunehmen[81]. Einen analogen Befehl erteilte der Befehlshaber der 38. allgemeinen Armee, Generalleutnant Mamsurow, den Kommandeuren der unterstellten Verbände und Truppenteile[82].

Etwa gegen Mittag sandte der amerikanische Botschafter in Moskau, Charles Bohlen, ein Telegramm an das State Department, in dem es hieß: »Aus meinem Gespräch mit Shukow über die ungarische Situation [...] gewann ich den Eindruck, daß die sowjetischen Militärs für ein hartes Durchgreifen in Polen und Ungarn eintreten; und gestern auf dem Empfang in der syrischen Botschaft zeigten Shukow und Sokolowski befriedigte und sogar triumphierende Mienen. Dies kontrastierte mit Shukows Mißstimmung während der vorausgegangenen Gespräche[83].«

Um 15.00 Uhr telegraphierte die US-Botschaft in Budapest nach Washington: »Nach dem Abzug aus dem Raum Budapest am 31. Oktober führen die Sowjets eine rasche und systematische Konzentration ihrer Truppen durch. Von Osten aus werden sie zum Südteil von Budapest verlegt. Die Provinz ist mit sowjetischen Truppen überfüllt, die große Städte, ungarische Militärstützpunkte und Flugplätze einkreisen. Budapest ist nahezu vollständig von starken Kräften umgeben. Einschätzungen von Militärs zufolge sind hier mindestens 15 motorisierte und 4 Infanteriedivisionen konzentriert.« Die Truppenkonzentration um Budapest wurde in diesem Bericht als »erdrückend großangelegte militärische Kraft« bezeichnet. Als der Botschafter Bohlen Chruschtschow fragte, ob er beabsichtige, neue Formationen nach Ungarn zu entsenden, antwortete jener: »Die dort sind, reichen völlig. Doch wenn es nötig ist, werden wir eben noch mehr hinschicken. Das ist kein Scherz[84]!«

Am 3. November, 14.00 Uhr, begannen im ungarischen Parlamentsgebäude die Verhandlungen der Delegationen über den sowjetischen Truppenabzug. Die sowjetische Delegation wurde vom sowjetischen Botschafter in Ungarn, Juri Andropow, und Armeegeneral Malinin angeführt. Des weiteren gehörten ihr der Stellvertreter des Chefs der Politischen Hauptverwaltung, Generalleutnant F.F. Step-

79 ZAMO RF, f. 32, op. 701291, d. 15, l. 147.
80 Ebd., d. 16, l. 61.
81 Ebd., l. 19.
82 Ebd., d. 15, l. 12.
83 Titkos jelentések, S. 124 f.
84 Ebd., S. 123, 144 f.

tschenko, der Chef des Stabes des Sonderarmeekorps, Generalmajor M.G. Schelbanin, Oberst Je.I. Malaschenko und andere an. Die ungarische Delegation setzte sich aus Ferenc Erdei, dem stellvertretenden Verteidigungsminister, General Maléter, dem Chef des Generalstabes, General Kovács, und Oberst Miklós Szücs zusammen.

Wie auch sowjetischerseits vorgesehen, wurde bei der ersten Zusammenkunft kein Übereinkommen über den Truppenabzug erzielt. Es paßte nicht in die sowjetischen Pläne. Hauptaufgabe der sowjetischen Vertreter war es, Zeit zu gewinnen, die ungarische Führung der Aufständischen von praktischen Handlungen zur Vorbereitung einer Verteidigung von Budapest abzulenken, die Konzentration von Kräften fortzusetzen, diese vorzubereiten und Bedingungen für die Verhaftung der ungarischen Delegation zu schaffen. Die zweite Zusammenkunft der Delegationen war für 20.00 Uhr Moskauer Zeit auf dem Territorium des sowjetischen Truppenteils im Raum des Flugplatzes Tököl anberaumt worden.

Von 16.00 Uhr an begann die Eisenbahnentladung der 107. Gardeluftlandedivision und ihre Konzentration in einem fünf Kilometer südlich von Mukatschewo gelegenen Wald. Gegen 19.30 Uhr landete auf dem Flugplatz Tököl das 108. Gardefallschirmjägerregiment der 7. Gardeluftlandedivision. Der Regimentskommandeur erhielt von Armeegeneral Malinin den Einsatzbefehl für die Operation »Wirbelsturm«. Um 20.00 Uhr begann das 80. Fallschirmjägerregiment (um ein Bataillon vermindert) seinen Marsch auf Kraftfahrzeugen auf der Strecke Mukatschewo-Szolnok-Budapest.

Um 20.00 Uhr wurden die Verhandlungen zwischen der sowjetischen und der ungarischen Delegation fortgesetzt. Gegen 22.00 Uhr wurden die Verbindungen der ungarischen Delegation zur Regierung Nagy abgeschaltet. Im Verhandlungssaal erschien der Chef des sowjetischen KGB, Armeegeneral Serow, mit einer Offiziergruppe und erklärte die ungarische Delegation, darunter Verteidigungsminister Generalmajor Maléter, für verhaftet[85]. Die sowjetischen Delegierten kehrten zu den Befehlsständen zurück, um die Vorbereitungen für den Sturmangriff in der Frühe fortzusetzen.

Weder am 3. noch am 4. November konnte Imre Nagy etwas über die Ergebnisse der Verhandlungen noch über das Schicksal der Delegation erfahren.

Am 4. November begann im Morgengrauen der massierte Angriff sowjetischer Truppen auf Budapest und andere ungarische Städte. Um 4.30 Uhr rief Nagy in der sowjetischen Botschaft in Budapest an und protestierte gegen den Einsatz sowjetischer Truppen. Um 5.05 Uhr, wie vom Moskauer Szenarium vorgesehen, wurde über Radio Szolnok die Bildung der ungarischen revolutionären Arbeiter- und Bauernregierung mit Kádár an der Spitze verkündet sowie die von der neuen Regierung an die sowjetische Führung gerichtete Bitte um militärische Hilfe.

Um 5.20 Uhr gingen über den Äther von Radio Budapest folgende Worte: »Es spricht Imre Nagy, der Vorsitzende des Ministerrates der Ungarischen Volksrepublik. Heute am frühen Morgen haben sowjetische Truppen unsere Hauptstadt

85 ZAMO RF, f. 32, op. 701291, d. 15, l. 144.

mit der offenkundigen Absicht angegriffen, die legale demokratische ungarische Regierung zu stürzen. Unsere Truppen stehen im Kampf. Die Regierung ist auf ihrem Posten. Ich gebe dies dem Volk unseres Landes und der Öffentlichkeit der ganzen Welt bekannt[86].«

Vor dem Beginn der Operation »Wirbelsturm« hatte die sowjetische Führung zwecks Irreführung der aufständischen Verteidiger den eroberten ungarischen Rundfunk, der für die Verbindung der Delegation während der Verhandlungen mit ihrer Regierung eingetroffen war, instrumentalisiert. Im Namen des Verteidigungsministers, General Maléter, wurde ein Telegramm an den Vorsitzenden des Revolutionären Armeekomitees, General Váradi, mit dem Befehl gerichtet, nicht auf sowjetische Truppen zu schießen[87].

Im Wissen um den hohen Konzentrationsgrad der sowjetischen Truppen um Budapest und ganz Ungarn sowie um ihren Ausrüstungsstand und ihre Vorbereitung wurde Nagy klar, daß die sowjetische Militärführung die gestellte Aufgabe um jeden Preis, koste es, was es wolle, ausführen würde. Aus diesem Grund, um das Blutvergießen auf beiden Seiten zu reduzieren, gab er Anweisung, den sowjetischen Truppen keinen Widerstand entgegenzusetzen.

Zu dieser Zeit wurden bei den sowjetischen mech., Panzer- und Schützendivisionen die Motoren von Panzern, Selbstfahrlafetten und Kraftfahrzeugen vorgewärmt und die Auffüllung mit Panzer- und Artilleriegranaten und Munition abgeschlossen. Die Truppen warteten auf das Signal »Grom-444« (»Donner-444«) — den Beginn der Operation »Wirbelsturm«.

Zur angegebenen Zeit gingen die Verbände und Truppenteile des Sonderarmeekorps, der 8. mech. und 38. Allgemeinen Armee zur Eroberung von Budapest und anderen Städten und Ortschaften vor.

In Übereinstimmung mit der gestellten Gefechtsaufgabe drangen Truppenteile des Sonderarmeekorps in der Nacht zum 4. November (2. und 33. mech. Gardedivision, 128 Gardeschützendivision) in Budapest ein und begannen mit den Kampfhandlungen. Sie nahmen Brücken, die wichtigsten Verwaltungs- und öffentlichen Gebäude und Radiostationen ein; sie entwaffneten die in Budapest und in den Vorstädten dislozierten Truppenteile und Einheiten der Ungarischen Volksarmee (Parlamentsgebäude, ZK der MDP, Generalstab, Donau-Brücken und Bahnhöfe). Besonders heftige Kämpfe entbrannten in Budapest um die »Corvin«-Objekte, den Moskauer Platz, das Parlamentsgebäude und die Burg.

Bei der Erfüllung ihres Gefechtsbefehls entwaffneten die Truppen des Korps drei Panzer-, ein Panzerausbildungs-, zwei Artillerie- und zwei Flakregimenter, zwölf Flakbatterien, eine Batterie mit 57-mm-Geschützen und die Offizierschule. Erobert wurden 105 Panzer und Selbstfahrlafetten, 140 Kraftfahrzeuge, 30 Flugzeuge, 216 Geschütze verschiedenen Kalibers, 29 Granatwerfer, 95 Maschinengewehre, rund 30 000 Handfeuerwaffen, acht Munitions- und zwei Waffenlager. Die Truppenteile der Ungarischen Volksarmee (27. Schützen- und 7. mech. Division,

86 1956 sajtója, S. 482.
87 ZAMO RF, f. 32, op. 701291, d. 15, l. 144.

Einheiten der Akademie des Generalstabes und das Panzerausbildungsregiment »Kossuth«) leisteten keinen Widerstand[88].

Die in Ostungarn eingeführte 8. mech. Armee nahm und entwaffnete vom 4. bis 6. November 32 Garnisonen der ungarischen Armee. Insgesamt wurden 1115 Offiziere und 14 745 Unteroffiziere und Mannschaften entwaffnet, 31 T34-Panzer, 5 SFL, 74 Flugzeuge, 72 152-mm-Haubitzen, 177 122-mm-Haubitzen, 152 Flakgeschütze, 434 Geschütze verschiedenen Kalibers und 837 Kraftfahrzeuge erobert. Von den 32 Garnisonen leisteten sechs — Debrecen, Miskolc, Mezökövesd, Szolnok, Kecskemét und Békéscsaba — Widerstand[89]. Die Soldaten der Garnisonen Gyöngyös und Eger (4. Panzerdivision mit etwa 150 Panzern), die die Aufständischen nicht unterstützt hatten, gingen mit Eintreffen der Truppenteile der 31. Panzerdivision in voller Gefechtsbereitschaft auf die Seite der sowjetischen Truppen über.

Am 4. November, 6.15 Uhr, gingen die aus der 17., 39. und 27. mech. Division sowie der 61. Flak-Artilleriedivision bestehenden Truppenteile und Verbände der 38. Armee an die Ausführung ihres Gefechtsbefehls. Am 7. November hatten sie aus den Garnisonen 219 ehemalige Mitglieder der Revolutionsräte, die ins Gefängnis von Ushgorod eingeliefert wurden, verhaftet. Eingezogen wurden 6776 Gewehre und Karabiner, 601 Maschinengewehre, 552 Geschütze und Granatwerfer, 58 500 Granaten und 13 Artillerie- und Verpflegungslager[90].

Am 4. November 1956 konnte Marschall Shukow bereits an das ZK der KPdSU über den Verlauf der Operation »Wirbelsturm« melden:

> »Am 4. November um 6.15 Uhr [Moskauer Zeit] sind die sowjetischen Truppen an die Durchführung der Operation zur Schaffung von Ordnung und Wiederherstellung der volksdemokratischen Macht in Ungarn gegangen. Gemäß einem vorher abgesteckten Plan vorgehend, haben unsere Truppenteile die Hauptstützpunkte der Reaktion in der Provinz — Győr, Miskolc, Gyöngyös und Debrecen — wie auch andere Gebiete Ungarns erobert. Im Verlauf der Operation haben die sowjetischen Truppen die Hauptnachrichtenzentralen besetzt, darunter die leistungsstarke Rundfunkstation in Szolnok, Munitions- und Waffenlager sowie andere wichtige militärische Objekte. Die in Budapest vorgehenden sowjetischen Truppen besetzten nach Brechung des Widerstandes von seiten der Aufständischen die Parlamentsgebäude, das ZK der MDP wie auch den Rundfunksender im Raum des Parlaments. Genommen wurden drei Donau-Brücken, die den Ost- mit dem Westteil der Stadt verbanden, sowie ein Waffen- und Munitionsarsenal. [...]
>
> In Budapest blieb ein großer Widerstandsherd der Aufständischen im Raum des Corvin-Filmtheaters (südöstlicher Stadtteil). Den Verteidigern dieses Stützpunktes wurde ein Ultimatum zur Kapitulation gestellt. Als dieses abgelehnt wurde, gingen die Truppen zum Sturmangriff über.
>
> Die Hauptgarnisonen der ungarischen Truppen wurden abgeriegelt. Viele von ihnen streckten ohne nennenswerte Gegenwehr die Waffen [...].

88 Ebd., l. 4.
89 Ebd., f. 32, op. 701291, d. 15, l. 20.
90 Ebd., f.

Um feindlichen Agenten eine Infiltration nach Ungarn sowie Aufständischen eine Flucht aus Ungarn zu verwehren, wurden ungarische Flugplätze von unseren Truppen besetzt und alle Wege zur österreichisch-ungarischen Grenze gesperrt[91].«

Am 6. November erging vom Garnisonschef der sowjetischen Truppen in Budapest, Gardegeneralmajor K. Grebennik, ein Befehl, in dem es hieß, daß »die sowjetischen Truppen auf Bitten der ungarischen revolutionären Arbeiter- und Bauernregierung vorübergehend in Budapest einmarschiert seien, um dem ungarischen Volk bei der Verteidigung der sozialistischen Errungenschaften, Niederwerfung der Konterrevolution und Liquidierung der faschistischen Gefahr brüderliche Hilfe zu leisten«[92]. In dem Befehl wurde die Bevölkerung aufgerufen, innerhalb von zwei Tagen alle vorhandenen Waffen bei der sowjetischen Militärführung abzugeben; eine Polizeistunde wurde eingeführt, die Arbeit wurde reglementiert.

Indes wurde im Land der allgemeine politische Streik fortgesetzt und in einzelnen Stadtteilen weitergekämpft. Gemäß einer Information des sowjetischen Verteidigungsministeriums an das ZK der KPdSU vom 5. November »hat um 15.00 Uhr nach einer zweistündigen Artillerievorbereitung auf das Filmtheater ›Corvin‹ der Sturmangriff auf diesen Stützpunkt begonnen. Gleichzeitig haben unsere Truppen die Aufständischen im Raum des Moskauer Platzes angegriffen«. Weiter wurde bilanziert: »Der Widerstand der Aufständischen ist in diesen Bereichen im wesentlichen gebrochen. Das Gebäude des Filmtheaters ›Corvin‹ brennt. Die Kämpfe zur Vernichtung der restlichen Gruppen, die sich in den Kellern des Filmtheaters festgesetzt haben, werden fortgesetzt. Bei den Kämpfen wurden viele Aufständische vernichtet und etwa 70 Mann gefangen genommen[93].«

In Wirklichkeit wurde der spontane Widerstand in den unterschiedlichsten Stadtgebieten bis zum 11. November einschließlich fortgesetzt. Am 6. November, um 2.00 Uhr nachts, verurteilte die Generalversammlung der UNO mit 50 »Ja«- und 8 »Nein«-Stimmen sowie 15 Enthaltungen die Sowjetunion wegen der Aggression, rief dazu auf, den bewaffneten Überfall einzustellen, und beauftragte den UNO-Generalsekretär mit der Durchführung einer Untersuchung der ausländischen Intervention in die inneren Angelegenheiten Ungarns[94]. In Moskau hingegen erklärte Suslow auf einer feierlichen Sitzung des Moskauer Sowjets kategorisch, daß »Ungarn in der Familie der sozialistischen Länder als freier, unabhängiger und gleichberechtigter Staat war, ist und bleiben wird«[95].

Derweil führten die Truppen des Sonderarmeekorps harte und erbitterte Kämpfe gegen die Aufständischen[96]. Die Truppen der 8. mech. Armee in den Ostgebieten Ungarns setzten die Kämpfe gegen die Aufstandsherde fort. Im Verlauf des 4. bis 6. November hat diese Armee an Gefallenen 17 und an Verwundeten 27

91 Präsidentenarchiv der RF, f. 3, op. 64, d. 485, l. 101. Zit. nach Istoritscheski archiw (Historisches Archiv, IA), (1993) 5, S. 148 f.

92 Wengerski meridian, (1991) 3, S. 123.

93 IA, (1993) 5, S. 150.

94 ZAMO RF, f. 32, op. 701291, d. 17, l. 45.

95 Iswestija, 6.11.1956.

96 ZAMO RF, f. 32, op. 701291, d. 15, l. 202.

Mann verloren. Auf seiten der ungarischen Armee und der ansässigen Bevölkerung kamen über 450 Menschen ums Leben[97].

Zur Verstärkung der in Budapest kämpfenden Verbände und Truppenteile wurden das 100. Panzerregiment und das 98. selbständige Aufklärungsbataillon in den Kampf geworfen. Nach Ausführung der Gefechtsaufgabe, d.h. Säuberung der an die Kerepesistraße angrenzenden Stadtviertel, ging das 80. Luftlanderegiment der 7. Gardeluftlandedivision zum Schutz des Hauptquartiers von Marschall Konew über. Der Zug von Leutnant Ushakow von der 3. Batterie des 419. Flak-Artillerieregiments der 60. Flak-Artilleriedivision führte die Aufgabe durch, die Mitglieder der neu gebildeten Ungarischen Revolutionären Arbeiter- und Bauernregierung mit Kádár an der Spitze aus Szolnok nach Budapest zu begleiten[98].

In Budapest gingen die Kämpfe, wenn auch örtlich beschränkt, immer noch weiter. Am 7. November berichtete der britische Gesandte in Budapest, Sir Leslie Fry, nach London: »Es gibt hier eine starke Konzentration russischer Streitkräfte entlang der Donau, neben dem Verteidigungsministerium und Parlamentsgebäude wie auch im zentralen Teil von Pest [...]. Es finden erbitterte Kämpfe auf der ganzen Linie der vier Hauptstraßen von Pest statt, wo Barrikaden und ausgebrannte sowjetische Panzer das Vorrücken der sowjetischen Einheiten behindern. Die Hotels ›Palace‹ und ›Imperial‹ brennen ebenso wie die umliegenden Gebäude. Schwere Kämpfe finden in Buda auf dem Burgberg, der praktisch zerstört ist, statt. Der Raum des Gellért-Berges, der gestern bis zum späten Abend Schauplatz intensiver Kämpfe war, ist jetzt bereits ganz in den Händen der Russen [...]. Die Ungarn zeigen selbstmörderische Tapferkeit und sind bereit, bis zum Schluß Widerstand zu leisten[99].«

Am 7. November wurde durch Flakfeuer der Aufständischen ein sowjetisches Flugzeug über Budapest abgeschossen. Die Truppenteile der 128. Gardeschützendivision, der 33. und der 2. mech. Gardedivision setzten ihre Kampfhandlungen fort. Vom 24. Oktober bis 7. November erlitten die Truppen des Sonderarmeekorps folgende Verluste: 293 Tote, 569 Verwundete und 91 Vermißte. Die Verluste an Panzern und SFL beliefen sich auf 28, an Schützenpanzerwagen auf 40 und an Kraftfahrzeugen auf 81[100].

Die 8. mech. Armee war ebenfalls mit der Niederhaltung der Widerstandsherde beschäftigt. Das 142. Flakregiment der ungarischen Armee verweigerte eine Entwaffnung und leistete den sowjetischen Truppen Widerstand.

Ein sowjetischer Parlamentär eines Truppenteils der 8. mech.Armee stellte dem Arbeiter- und Bauernrat von Dunapentele ein Ultimatum der sowjetischen Militärführung, die Waffen niederzulegen. Im Falle einer Verweigerung war ein Sturmangriff auf die Stadt vorgesehen. Es wurde darauf hingewiesen, daß die nach dem Gefecht ergriffenen Soldaten und bewaffneten Bürger als Kriegsgefangene angesehen würden.

97 Ebd., l. 20–24.
98 Ebd., d. 16, l. 55–56.
99 Társadalmi Szemle, (1991) 1, S. 70.
100 ZAMO RF, f. 32, op. 701291, d. 15, l. 4.

Der Truppenbefehlshaber und Vorsitzende des Stadtsowjets antwortete auf das Ultimatum des sowjetischen Befehlshabers:

»Erstens, Dunapentele[101] ist die erste sozialistische Stadt Ungarns, in der überwiegend Arbeiter leben und wo die Macht in der Stadt vollständig in den Händen der Arbeiter liegt. Nach dem Sieg der Revolution (23.10.) haben die Arbeiter der Stadt ihren Stadtsowjet gewählt, der einen Kommandeur für die Streitkräfte der Stadt ernannt hat.
Zweitens. Die Bewohner der ganzen Stadt sind bewaffnet und werden diese verteidigen und sich nicht entwaffnen lassen. Sie werden bis zum letzten Blutstropfen ihre sozialistische Stadt verteidigen, ihre Häuser, Betriebe und die Stadt, die sie erbaut haben. Die Arbeiter werden ihre Stadt sowohl gegen Faschisten wie auch gegen die sowjetische Armee, wenn diese angreift, verteidigen.
Drittens. Wir versprechen, keine Waffen gegen sowjetische Truppen einzusetzen, wenn diese sich nicht auf weniger als 10 Kilometer dem Stadtrand nähern.
Viertens. Wir wollen mit dem sowjetischen Volk weiter in Freundschaft leben, jedoch unter der Bedingung von Nichteinmischung in unsere inneren Angelegenheiten. In unserer Stadt wird die Ordnung von revolutionären Arbeitern aufrechterhalten; darunter gibt es keine Konterrevolutionäre und Faschisten.
Fünftens. Wenn das sowjetische Kommando kein Blutvergießen wünscht und mit unseren Bedingungen nicht einverstanden ist, bitten wir um die Entsendung eines Vertreters für Verhandlungen auf neutralem Gebiet. Auf Beschluß der Arbeiter werden wir Waffen und Munition nicht abliefern, da diese auch gegen die friedliche Bevölkerung eingesetzt werden können[102].«

Nach Erhalt dieser Antwort traf die sowjetische Militärführung den Entschluß zur Einnahme der Stadt. Am Abend des 7. November kämpften alle Truppenteile der 35. mech. Gardedivision in dem angegegebenen Raum. Erbitterte Kämpfe wurden auch in den Städten Szeged, Kistelek und Békéscsaba geführt. Der Division fiel eine Masse von Waffen in die Hände.

Am 8. November setzten die Truppen des Sonderarmeekorps unter Generalleutnant Laschtschenko ebenfalls den Kampf gegen die Aufständischen fort.

Am 8. und 9. November wurden in allen 22 Budapester Rayons Kommandanturen gebildet. Ihre Tätigkeit wurde durch eine Sonderinstruktion geregelt, in der die Ziele und Aufgaben ihrer Arbeit fixiert waren: »Zusammen mit den Organen der öffentlichen Sicherheit sind entschlossene Maßnahmen zur Säuberung der Stadt und der Ortschaften von konterrevolutionären Elementen zu ergreifen sowie Waffen aufzufinden und zu beschlagnahmen [...]; die Machtorgane sind bei der Schaffung von Ordnung zu unterstützen; die Durchführung von Kundgebungen und Versammlungen jedweder Bevölkerungsgruppen ist zu verhindern [...]; Veröffentlichungen und Druck irgendwelcher Materialien ohne Wissen und Kontrolle des Kommandanten ist nicht zulässig; es sind Maßnahmen zu ergreifen, alle während der Konterrevolution zerstörten bzw. beschädigten Denkmäler der

101 Anfang der 50er Jahre umbenannt in Sztalinváros.
102 ZAMO RF, f. 32, op. 701291, d. 17, Anlage 2, l. 67.

sowjetischen Armee und Massengräber sowjetischer Kämpfer wieder herzustellen und in einen entsprechenden Zustand zu versetzen; die Stimmung der verschiedenen Bevölkerungsschichten ist zu erforschen; Unterstützung bei der Durchführung der Aufklärungsarbeit unter der Bevölkerung und Maßnahmen zur Wiederherstellung der örtlichen Partei- und staatlichen Machtorgane[103].«

Die 8. mech. Armee unter Generalleutnant Babadshanjan kämpfte weiter, um einzelne Widerstandsherde niederzuschlagen, und begann ebenfalls, Militärkommandanturen einzusetzen. Vom 8. bis 11. November durchkämmte die 17. mech. Gardedivision das Gelände im Raum Bicske (nordwestlich von Budapest).

Am 8. November waren die Fallschirmjägerregimenter damit beschäftigt, Patrouillen- und Kommandanturdienst zu leisten, die öffentliche Ordnung aufrechtzuerhalten und den neuen lokalen Machtorganen Unterstützung zu leisten. Die 177. Gardebombenfliegerdivision flog seit Beginn des Aufstands in Ungarn 20 Einsätze zur Aufklärung und für Luftbildaufnahmen. Vom 4. bis 8. November waren 22,7 Tonnen Flugblätter, das heißt rund 14,5 Millionen Exemplare, abgeworfen worden. Auf allen Strecken waren 28 Einsätze mit LI-2 geflogen worden. Durch die Garnisonen Tököl und Debrecen waren 560 verantwortliche ungarische Parteifunktionäre und Militärs gebracht worden[104].

Am 9. November führte die 33. mech. Gardedivision erbitterte Kämpfe, um die Aufständischen im Südostteil von Budapest zu zerschlagen. Die 8. mech. Armee fuhr fort, einzelne Widerstandsherde zu vernichten. »Letzte Nacht war es im Stadtzentrum ruhig«, heißt es in der Meldung des britischen Gesandten am 8. bis 9. November nach London, »heute wird der Widerstand fortgesetzt. Aus zuverlässigen Quellen geht hervor, daß in den Industriegebieten der Vororte gestern schwer gekämpft wurde [...]. Der Widerstand in den Arbeiterzitadellen — auf der Insel Csepel und in Dunapentele — geht weiter.« Der Bericht hob hervor, daß »Budapest fast ein solcher materieller Schaden zugefügt worden ist wie bei einem Zusammenstoß zweier feindlicher Armeen auf seinem Territorium«[105]. Diese Einschätzung wurde auch in Marschall Shukows Information vom 10. November bestätigt. »Im Verlauf des 9. November haben unsere Truppen die Liquidierung kleinerer Gruppen von Aufständischen fortgesetzt, ehemalige Soldaten der ungarischen Armee entwaffnet wie auch Waffen der ansässigen Bevölkerung beschlagnahmt. Hartnäckigen Widerstand leistete eine Gruppe von Aufständischen in einem Budapester Vorort, am Nordrand von Csepel. In diesem Raum wurden drei von unseren Panzern angeschossen bzw. in Brand gesetzt«, teilte der sowjetische Verteidigungsminister der Führung seines Landes mit[106]. Es sei bemerkt, daß die erbitterten Nachhutgefechte der Arbeiterbastion auf der Insel Csepel erst am 11. November zum Stillstand kamen.

Seit Beginn der Operation »Wirbelsturm« in Ungarn wurden von der 8. mech. Armee insgesamt 35 Garnisonen sowie 12 133 Soldaten und Zivilisten entwaff-

103 Ebd., l. 153, 154.
104 Ebd., d. 16, l. 50.
105 Társadalmi Szemle, (1991) 1, S. 71.
106 Präsidentenarchiv der RF, f. 3, op. 64, d. 486, l. 96. Zit. nach IA, (1993) 5, S. 148 f.

net, 22 Personen in Gefängnisse in der Sowjetunion verbracht, 16 der Sonderabteilung des Bezirks übergeben, 21 verschiedene Depots, 10 Flugplätze, 30 T34-Panzer, 8 Selbstfahrlafetten SU 76, 1639 Geschütze und Granatwerfer, viele Gewehre, Maschinenpistolen, Munition und persönliche Waffen erobert[107].

Truppenteile des Sonderarmeekorps setzten noch nach dem 10. November die Liquidierung von Widerstandsherden fort. Ein Regiment der 17. mech. Gardedivision legte einen 120 Kilometer Marsch aus Budapest in den Raum Zirc über einen Gebirgspaß zurück, um im Abschnitt Veszprémvarsány-Zirc Flüchtlingen den Rückzugsweg von Osten nach Westen abzuschneiden. Die Führung der 8. mech. Armee fuhr fort, Militärkommandanturen einzurichten und den Patrouillen- und Kommandanturdienst in 44 Städten, wo unterstellte Truppenteile agierten, wahrzunehmen.

Die Budapester Bevölkerung forderte die Freilassung Nagys und den Abzug der sowjetischen Truppen. Die Studenten begannen unter den sowjetischen Soldaten zu agitieren.

Vom 14. bis 19. November patrouillierten die Truppen in den Straßen von Budapest. In der Stadt waren die Arbeiter bis zum 15. November nicht in ihren Betrieben zu sehen; dann begannen sie zu erscheinen, gingen aber nicht an ihre Arbeit.

General Serow teilte in seinem Bericht vom 11. November an Chruschtschow über die operative Arbeit gegen die »konterrevolutionären Elemente« in Ungarn mit, daß von den sowjetischen Sicherheitsorganen bis zum 10. November 1956 3773 Personen verhaftet worden seien, von denen 700 in Begleitung bewaffneter Soldaten zur Station Tschop (die meisten fanden sich in Gefängnissen auf sowjetischem Territorium wieder) gebracht und etwa 90 000 Schützenwaffen, eine große Zahl an Maschinenpistolen, -gewehren und Kanonen beschlagnahmt worden seien[108].

Ende November waren der Widerstand der Aufständischen im wesentlichen niedergeschlagen, die Armee entwaffnet und die sowjetischen Truppen überall mit der Durchführung der Aufgaben im Zusammenhang mit dem Patrouillen- und Kommandantendienst beschäftigt. Die Sicherheitsorgane setzten die Verhaftungen und das Einsammeln der bei der Bevölkerung vorhandenen Waffen fort. Am 19. November sandte General Serow einen weiteren Bericht über die operative Arbeit seiner Organe an Chruschtschow. Nunmehr war darin von 4700 festgenommenen und 1400 verhafteten ungarischen Bürgern die Rede (wovon 860 in die Gefängnisse von Ushgorod und Stry eingeliefert wurden) sowie der Einziehung von 2600 Metern Filmmaterial, 1228 Maschinengewehren, 178 660 anderen Schützenwaffen und 63 460 Granaten während der Kampfhandlungen[109].

Auf der Sitzung sowjetischer Militärkommandanten in Ungarn, die am 24. November in Budapest stattfand, gab Marschall der Sowjetunion Konew den Beschluß der sowjetischen Regierung bekannt, aus der Masse der in das Land ein-

107 ZAMO RF, f. 32, op. 701291, d. 16, l. 50.
108 Hiányzó lapok 1956 történetéből, S. 145, 149.
109 ZCHSD, f. 89, op. 2, d. 3, l. 116, 120.

geführten Verbände und Truppenteile die »Südgruppe der Truppen« zu bilden. Der sowjetische Verteidigungsminister Shukow legte auf der Sitzung der führenden Kader der Gruppe sowjetischer Truppen in Deutschland am 15. März 1957 die militärischen Aspekte der Beteiligung der sowjetischen Armee an den Ereignissen in Ungarn 1956 folgendermaßen dar: »Anfänglich hatten wir in Ungarn zwei Divisionen. Die eine schützte die Grenze nach Österreich, die andere wurde in Budapest eingeführt und zeigte Auflösungserscheinungen. Teile der ungarischen Armee begannen, auf die Seite der Konterrevolution überzugehen. Es wurde notwendig, Truppenteile der Division aus Budapest abzuziehen. Wir haben diese Division herausgeführt. Dann haben wir heimlich zwölf Divisionen nach Ungarn geworfen, von denen einige in 24 Stunden rund 400 Kilometer aus dem Karpatengebiet, Rumänien und dem Militärbezirk Odessa zurückgelegt haben.

In der Nacht zum 4. November 1956 wurden unsere Panzerkompanien auf die Flugplätze geworfen. Nachdem sie die Startbahnen erobert hatten, richteten die Panzer ihre Kanonen auf die Flugzeuge und nahmen die Maschinen, die sich in die Luft erheben wollten, unter Feuer. Alle Sender und Nachrichtenzentralen wurden besetzt und alle staatlichen und internationalen Nachrichtenverbindungen unterbrochen. Alle Generalsquartiere und Stäbe wurden eingekreist und das Verteidigungsministerium, der Kopf, zuvor, um 12.00 Uhr, gefangengenommen, um ihm keine Gelegenheit zu geben, den Widerstand zu organisieren[110].«

Allerdings haben wir es hier mit einer gewissen Übertreibung zu tun, weil außer acht gelassen wird, daß die ungarische Armee auf Ersuchen eben jenes Nagy die Weisung erhielt, den sowjetischen Truppen, die am 4. November im Morgengrauen in das Land einfielen, um den begonnenen Prozeß der Demokratisierung des Systems zu unterbrechen, keinen Widerstand entgegenzusetzen. Aktiven bewaffneten Widerstand haben de facto nur die aufständischen Zentren geleistet. Die Armee als organisierte Kraft hingegen, abgesehen davon, daß sie ihrer Spitze beraubt war, erkannte in den meisten Fällen die Sinnlosigkeit, einer so starken Militärmaschine, wie es die in ihr Land eingefallene Sowjetarmee war, Widerstand zu leisten, und wartete in den Kasernen das Unausweichliche ab. Freilich schmälert das Gesagte um keinen Deut das Können, die organisatorischen und operativen Fähigkeiten der Kommandeure der sowjetischen Streitkräfte und Befehlshaber.

Die Analyse der Dynamik der Entwicklung der politischen und militärischen Ereignisse in der zweiten Hälfte 1956 und in den sowjetisch-ungarischen Beziehungen zeigt, daß ungeachtet dessen, daß sich die sowjetischen kommunistischen Führer mit Lippenbekenntnissen gegen jedwede Form von Aggression wandten, sie selbst diese im Oktober/November 1956 gegen das souveräne Ungarn gerichtet haben. Aufgrund der Unfähigkeit der politischen Führer und Diplomaten, eine Lösung der entstandenen Probleme mit friedlichen Mitteln herbeizuführen, wurde auf den gewaltsamen, den militärischen Ausweg aus den angehäuften Widersprüchen mit Hilfe der Streitkräfte gesetzt.

110 ZAMO RF, f. 32, op. 701223, d. 3, l. 49–50.

Die sowjetische Armee hat nach Erhalt der Aufgabe von der politischen Führung des Landes eine Aggression gegen die Ungarische Volksrepublik in Form einer bewaffneten Intervention begangen. Der Schaden eines solchen politischen Beschlusses liegt heute um so offensichtlicher vor. Mit ihrem Vorgehen ignorierte die sowjetische Partei- und Regierungsführung das Friedensdekret vom 8. November 1917, brachte die Sowjetunion in Gegensatz zum Pariser Briand-Kellogg-Pakt von 1928, der Aggressionen untersagt und außerhalb des Gesetzes gestellt hatte, mit der Londoner Konvention von 1933 und anderen internationalen Rechtsdokumenten der fünfziger Jahre.

Auf Weisung des Präsidiums des Obersten Sowjets der UdSSR wurden über 10 000 sowjetische Soldaten »Für Tapferkeit und Heldentum bei der Ausführung der militärischen Pflicht« mit Orden und Medaillen ausgezeichnet, 26 Personen (davon 14 posthum) wurde der Titel »Held der Sowjetunion« verliehen[111]. Gleichzeitig hatten nach unseren unvollständigen Berechnungen etwa 200 Mannschaften, Unteroffiziere und Offiziere moralischen Schaden und Bestrafung anderer Art zu gewärtigen, weil sie die bewaffnete Intervention der Sowjetunion in die inneren Angelegenheiten Ungarns verurteilten. Gemäß offizieller Statistik beliefen sich die unwiederbringlichen Verluste (Gefallene, ihren Verwundungen Erlegene und Vermißte) der sowjetischen Truppen während der Kampfhandlungen auf 720 (davon 87 Offiziere und 633 Mannschaften und Unteroffiziere). Die Verluste an Verwundeten und Traumatisierten betrugen bei Offizieren 225 und bei Mannschaften und Unteroffizieren 2035[112].

Mit dieser trockenen, doch offenbar unvollständigen Statistik muß man sich zufrieden geben. Berechnungen der Autoren über die Gesamtverluste der sowjetischen Truppen stimmen im wesentlichen mit diesen Angaben überein (siehe Anlage 2). Es sei bemerkt, daß russische Wissenschaftler, die verschiedene, heute zugängliche Quellen auswerten, diese sowjetischen Truppenverluste bei der Ausführung des Kampfauftrags in Ungarn im Herbst 1956 für relativ objektiv halten.

Zu berücksichtigen ist ebenfalls, daß die meisten sowjetischen Kämpfer davon überzeugt waren, sich für den Ruhm des Vaterlandes zu opfern, und im tiefen Glauben an die Rechtmäßigkeit der erfüllten internationalen Pflicht ihr Leben gelassen haben. Die Mehrzahl der Umgekommenen wurde in ungarischer Erde beigesetzt.

Infolge der sowjetischen militärischen Intervention und im Verlauf des Kampfes der Aufständischen gegen die Sicherheitskräfte hat auch die ungarische Seite erhebliche Verluste erlitten — über 5000 Tote und 19 226 Verwundete; das ist die traurige Bilanz der Zusammenstöße vom 23. Oktober bis 31. Dezember 1956[113]. Im Verlauf des »Schaffens von Ordnung« sind über tausend ungarische Bürger, darunter auch Kinder, in die Sowjetunion deportiert worden[114] (in die Gefängnisse

111 Ebd., d. 17, l. 49.
112 Grif sekretnosti snjat.
113 Wengrija 1956 goda, S. 163.
114 Malaschenko, Osoby korpus, (1994) 1, S. 35.

der Städte Ushgorod und Stry). Unter dem neuen Regime von Kádár wurden 350 bis 500 Menschen für ihre Beteiligung am Aufstand zum Tode verurteilt, über 10 000 verhaftet und in der Mehrheit zu Gefängnis verurteilt. Nahezu 200 000 ungarische Bürger mußten ihre Heimat verlassen.

Infolge der sowjetischen, erstmals gegen ein anderes Land des Sozialismus durchgeführten Militärintervention wurden somit demokratische Veränderungen gestoppt, um eine Abkehr von den sowjetischen kommunistischen Postulaten zu verhindern. Nur so konnte die sowjetische parteipolitische Führung ihr Ziel erreichen und die Unveränderlichkeit eines Regimes sichern, das erst im Jahre 1989 unter einem neuen Volkszorn zusammenbrach.

Anlage 1

Gesamtaufstellung über die sowjetischen Verbände, die an der Niederschlagung des demokratischen Volksaufstandes in Ungarn im Herbst 1956 beteiligt waren. Ablauf ihres Einmarsches

Verbände 1	Ständige Dislozierung 2	Datum und Uhrzeit der Gefechtsbereitschaft 3	Datum und Uhrzeit des Überschreitens der Grenze 4
2. mech. Gardedivision	Ungarische Volksrepublik	23.10., 22.00 Uhr	
33. mech. Gardedivision	Rumänien	24.10., 0.35 Uhr	24.10., gegen 13–14 Uhr 15 km südlich von Budapest
128. Gardeschützendivision	UdSSR (Karpatischer Militärbezirk)	23.10., 21.45 Uhr	24.10., 2.15–9.00 Uhr
Sonderarmeekorps (Generalleutnant P.N. Laschtschenko)	Ungarische Volksrepublik	23.10., 22.00 Uhr	
31. Panzerdivision	UdSSR (Karpatischer Militärbezirk)	in der Nacht zum 1.11.	3.11., 10.00 Uhr
11. mech. Gardedivision	UdSSR (Karpatischer Militärbezirk)	in der Nacht zum 28.10.	1.11.
32. mech Gardedivision	UdSSR (Karpatischer Militärbezirk)	27.10., 22.15 Uhr	28.–29.10.
35. mech. Gardedivision	UdSSR (Odessaer Militärbezirk)	31.10., 20.45 Uhr	via Rumänien in den Frühstunden des 4.11.
70. Gardeschützendivision	UdSSR (Karpatischer Militärbezirk)	26.10.	28.10., 8.00 Uhr
60. Flak-Art.-Abteilung	UdSSR (Karpatischer Militärbezirk)	27.10., 23.00. Uhr	30.10.–1.11.
8. mech. Armee (Generalleutnant A.Ch. Babadshanjan)	UdSSR (Karpatischer Militärbezirk)	in der Nacht zum 28.10.	in der Nacht zum 2.11.
17. mech. Gardedivision	Ungarische Volksrepublik	23.10., 22.10. Uhr	
27. mech. Division	UdSSR (Karpatischer Militärbezirk)	27.10.	27.10., 10.00 Uhr

1	2	3	4
39. mech. Gardedivision	UdSSR (Karpatischer Militärbezirk)	23.10., 21.45 Uhr	24.10., 2.15–9.00 Uhr
61. Flak-Art.-Abteilung	UdSSR (Karpatischer Militärbezirk)	23.10., 21.45 Uhr	24.10.
38. Allgemeine Armee (Generalleutnant Ch.D. Mamsurow)	UdSSR (Karpatischer Militärbezirk)	23.10., 21.45 Uhr	24.10.
7. Gardeluftlandedivision/	UdSSR (Baltischer Militärbezirk)	19.10.	3.11., 19.30 Uhr Flugplatz Tököl
108. Gardefallschirmjägerregiment			
31. Gardeluftlandedivision	UdSSR (Karpatischer Militärbezirk)	28.10., 12.00 Uhr	30.10. Flugplatz Veszprém
177. Gardebombenfliegerdivision	Ungarische Volksrepublik	in der Nacht vom 23. auf 24.10.	
195. Gardejagdfliegerdivision	Ungarische Volksrepublik	in der Nacht vom 23. auf 24.10.	
1. Gardeeisenbahnbrigade	UdSSR (Karpatischer Militärbezirk)	27.10.	29.10.

Von A. Kyrow auf der Grundlage von Dokumenten aus ZAMO RF erstellt.

Anlage 2

Gesamtaufstellung über die Zahl der Toten, Verwundeten, Vermißten und aus anderen Gründen in Ungarn im Oktober/November 1956 Umgekommenen

Verbände	gefallen				verwundet				vermißt				aus anderen Gründen umgekommen				
	O.	U.	M.	insg.	O.	U.	M.	insg.	O.	U.	M.	insg.	O.	U.	M.	insg.	Ges.zahl
Sonderarmeekorps	48	80	256	384	78	197	579	854	5	12	37	54	–	–	2	2	1292
8. mech. Armee	20	26	83	129	6	15	46	67	–	–	1	1	–	2	6	8	197
38. Allg. Armee	5	6	27	38	9	13	38	60	–	–	–	–	–	–	3	3	98
7. u. 31. Luftlandedivision	9	76		85	21	244		265	–	1	11	12	–	–	–	–	362
177. Bomben- u. 195. Jagdfliegerregiment	3	–	–	2	–	–	5	5	–	–	–	–	2	–	–	2	8
1. Eisenbahnbrigade	–	–	1	1	–	–	–	0	–	–	–	–	–	–	–	–	1
für die Truppengruppierung	85	555		640	114	1137		1251	5	13	49	67	2	2	11	15	1958

O. Offiziere U. Unteroffiziere M. Mannschaften * Verwundete und infolge anderer Gründe Umgekommene
Von A. Kyrow auf der Grundlage von Dokumenten des ZAMO der RF erstellt.

Miklós Horváth

Militärgeschichtliche Aspekte der ungarischen Revolution und des Freiheitskampfes von 1956

1. Die Ungarische Volksarmee vor dem Herbst 1956

In der Ungarischen Volksarmee wurden unmittelbar vor der Revolution Veränderungen vollzogen, die sich auch auf deren Verlauf auswirkten. In den Jahren 1955 und 1956 erfolgten ein bedeutender Personalabbau und eine Umstrukturierung. Der Ministerrat wollte in dieser Zeit den Personalbestand der Armee um 15 000 Mann reduzieren[1].

Von den in der »Organisationsverfügung«[2] zur Umstrukturierung der Armee im Herbst 1956 aufgeführten Truppenteilen verblieb nur einer in seinem Bestand unverändert. 49 Verbände, Einheiten und Dienststellen wurden aufgelöst, 290 erhielten eine neue Gliederung, und 21 wurden an einen neuen Standort verlegt. In diesem Zeitraum wurde die Aufstellung von neun neuen Truppenteilen angeordnet.

Unmittelbar vor der Revolution gab es in der Ungarischen Volksarmee zwei Schützenkorps, das III. und das VI., denen zwölf Schützenregimenter, fünf mech. Regimenter, drei Panzerregimenter sowie zwölf Artillerie- und fünf Panzerartillerieregimenter unterstellt waren. Sie waren in drei Schützen- und zwei mech. Divisionen gegliedert. Außer den genannten Truppenteilen konnten im Bedarfsfalle notwendigenfalls aus der 8. Schützendivision zwei Schützenregimenter, ein mech. Regiment, ein mittleres Panzerregiment, ein Artillerie- und ein Panzerartillerieregiment eingesetzt werden.

Die Auflösung der dafür vorgesehenen Truppenteile war im Untersuchungszeitraum noch nicht abgeschlossen. 18 der verbleibenden Regimenter wurden in diesen Tagen dem Kommando einer anderen Division unterstellt. In erheblichem Maße wurden die Einsatzmöglichkeiten auch dadurch eingeschränkt, daß der Wechsel der Grundwehrdienstleistenden gerade erst begonnen hatte. Die Entlassung der Mannschaftsdienstgrade, die ihre Dienstzeit abgeleistet hatten, war bei den meisten Verbänden schon vollzogen, die Einberufung der neuen Rekruten jedoch noch nicht. So betrug der Personalbestand einzelner Regimenter 500 bis 600 Mann — kaum mehr als der eines verstärkten Bataillons.

In der Offizierschule hatte man den Absolventenjahrgang der Kadetten zu Offizieren ernannt, die neuernannten Offiziere und die Hörer der Militärakade-

1 Magyar Oszágos Levéltár (Ungarisches Landesarchiv), Hegedűs András iratai (Schriften von András Hegedűs), XIX-A-2-p 1048.

2 Hadtörténeti Levéltár (Archiv für Kriegsgeschichte), 102/05/168.

mie befanden sich im Urlaub. Ein Teil des Offizierkorps war von der Abrüstung erfaßt. Ein anderer Teil war verunsichert, weil bis zum 10. Oktober nur gut die Hälfte der geplanten Personalreduzierung durchgeführt worden war.

Dies sind wichtige Daten, da in Budapest die Truppenführung personell auf die militärischen Lehreinrichtungen, also die Akademien und Offizierschulen, angewiesen war. Außer den genannten Institutionen gab es in der Hauptstadt keine wesentlichen militärischen Kräfte mehr.

Daß die neuen Gliederungen und die Durchführungsverordnung zur Umstrukturierung der Armee am 26. September 1956 bestätigt wurden, zeigt, daß der Ausbruch der revolutionären Krise die oberste politische Führung völlig unerwartet ereilte. Die im Zustand einer vollständigen Umstrukturierung befindliche Armee konnte — wie sich zeigen sollte — auch bei einheitlicher entschlossener Führung nicht ohne Einschränkungen eingesetzt werden.

Eine der grundlegenden Aufgaben der Ungarischen Volksarmee war der Schutz der Gesellschaftsordnung vor »feindlichen Kräften im Innern«. Zur Durchführung von Polizeiunterstützungsaufgaben war die Armee jedoch nicht ausgebildet. Zwar wurden nach den Vorgängen in Polen am 20. Oktober die Einführung von Sicherheitsmaßnahmen und die Verstärkung der Wachen angeordnet, man überprüfte die Alarmierungspläne, entsandte Verbindungsoffiziere in die Verbände, doch bereits am 21. zog man diese Maßnahmen als unbegründet zurück. Die militärische Führung verkannte Ziel und Bedeutung der Vorgänge und Tendenzen im Land und erwartete daher keine explosionsartige Veränderung der Lage.

Im Gegensatz dazu rechnete die politische Führung der Sowjetunion auch in Ungarn mit einer weiteren Verschlechterung der Lage und legte den Hauptakzent auf den uneingeschränkten Einsatz der Streitkräfte. Aus der Bewertung durch die Führung der KPdSU geht deutlich hervor, daß der Befehlshaber des im September 1955 aufgestellten sowjetischen Sonderarmeekorps schon im Juli 1956 den Befehl erhalten hatte, einen Plan zum Einsatz der sowjetischen Truppen im Interesse »der Erhaltung, des Schutzes und gegebenenfalls der Wiedererrichtung der sozialistischen Gesellschaftsordnung« auszuarbeiten. Der Plan erhielt den Decknamen »Wolna« (»Welle«). Seine Durchführung sollte durch das Stichwort »Kompaß« ausgelöst werden. Nach den Ereignissen in der DDR im Jahre 1953 wurden ähnliche Pläne für alle sowjetischen Streitkräfte erarbeitet, die in den anderen mitteleuropäischen Ländern stationiert waren.

Entsprechend diesem Plan hatten die Verbände des Sonderarmeekorps in Abhängigkeit von ihrer Dislozierung die zugewiesenen Objekte innerhalb von drei bis sechs Stunden zu besetzen. In der Hauptstadt sollte die 2. mot. Gardedivision die »Wiederherstellung der Ordnung« gewährleisten, während die 17. mot. Gardedivision den Schutz der österreichisch-ungarischen Grenze verstärken und die sowjetischen Garnisonen sichern sollte. Die 177. Gardebombenfliegerdivision und die 195. Gardejagdfliegerdivision sowie die zum Sonderarmeekorps gehörenden Artillerie-, Luftverteidigungs-, Pionier- und sonstigen Truppen versahen Sicherung und Schutz der Flugplätze, Militärbasen, Lager und anderer wichtiger sowjetischer Objekte. Eine spezielle Vorbereitung der Verbände, Truppenteile und Einheiten erfolgte bis zum Ausbruch der Revolution nicht.

Auch auf dem Territorium der Sowjetunion wurden Sicherheitsmaßnahmen für den Fall geplant, daß sich die Ereignisse in Ungarn unkontrollierbar entwickelten. Bereits am 19. Oktober wurde das 108. Gardefallschirmjägerregiment in volle Gefechtsbereitschaft versetzt. Dieser Verband stellte am 20. Oktober auf den Flugplätzen Kaunas und Vilnius die Marschbereitschaft her[3]. Am 21. Oktober überprüfte die Führung des Sonderarmeekorps den Bereitschaftszustand der Verbände, die an der Durchführung des Planes »Welle« teilnehmen sollten[4].

2. Der Kampf gegen die Aufständischen

Ernő Gerő, der erste Mann an der Spitze der Partei der Ungarischen Werktätigen (Magyar Dolgozok Partja, MDP), vertraute nicht auf das entschlossene Auftreten der Ungarischen Volksarmee. Deshalb bat er die sowjetische Führung, ihn mit dem Einsatz der Kräfte des Sonderarmeekorps bei der Niederschlagung der gegen die Ordnung gerichteten Aktionen »konterrevolutionärer faschistischer Elemente« zu unterstützen[5].

Ein unlängst in Prag veröffentlichtes Dokument bestätigt, daß Nikita S. Chruschtschow am 23. Oktober ein Telefongespräch mit Gerő führte, in dem ihn dieser bat, ihm bei der »Auflösung der großangelegten Kundgebungen« zu helfen. Gerő wiederholte mehrfach seine Bitte. Doch zu dieser Zeit gaben weder Chruschtschow noch das Präsidium des ZK der KPdSU ihr Einverständnis zu einer Militärintervention. Die Erlaubnis zur Intervention wurde erst nach der Meldung Juri W. Andropows »über die außerordentlich gefährliche Lage und die unbedingt notwendige Militärintervention« erteilt[6]. Der Text des von Andropow formulierten offiziellen Ersuchens wurde am 28. Oktober von András Hegedűs unterzeichnet, da Gerő dazu nicht berechtigt war, aber auf den 24. Oktober zurückdatiert[7].

Der sowjetische Generalstab ordnete mit Zustimmung des ZK der KPdSU am 23. Oktober gegen 18 Uhr ungarischer Zeit an, das Sonderarmeekorps in Gefechtsbereitschaft zu versetzen. Drei Stunden später wies Generalstabschef Marschall der Sowjetunion Wassili D. Sokolowski den Kommandierenden General des Korps an, auf Budapest vorzurücken und der Ungarischen Volksarmee, der Polizei und den Ordnungskräften bei der Wiederherstellung der Ordnung Hilfe zu gewähren[8].

3 Kyrow, Zabudet li otetschestwo.
4 ZAMO RF, Fond 32, op. 701291, d. 15, S. 130.
5 András Hegedűs unterzeichnete den Brief mit dem Antrag des Ministerrates am 27.10., nachdem Nagy die Unterschrift verweigert hatte.
6 A »Jelcin-dosszié«, S. 54. — Hajdu, Az 1956; Zselicky, Budapescht-Moskwa.
7 A »Jelcin-dosszié«, S. 56, 71.
8 Malaschenko, Osoby korpus, (1993) 10, S. 26 f.

Am 24. Oktober um 0 Uhr traf die operative Arbeitsgruppe des Stabes des Sonderarmeekorps, aus Székesfehérvár kommend, in Budapest ein, wo sie im Gebäude des Verteidigungsministeriums ihre Hauptbefehlsstelle einrichtete[9]. Am 24. Oktober um 3 Uhr morgens begannen Formationen der 2. mot. Gardedivision in Budapest einzumarschieren.

Die ersten sowjetischen Panzer erschienen im Morgengrauen des 24. Oktober auf den Straßen der ungarischen Hauptstadt. Gemäß den Vorstellungen der Parteiführer sollte die Demonstration militärischer Macht vor allem der Abschreckung und Maßregelung der »undisziplinierten Ungarn« dienen.

In der Sowjetunion wurde am 23. Oktober um 19.45 Uhr für die 128. Gardeschützen- und die 39. mot. Gardedivision im Militärbezirk Karpaten Gefechtsalarm ausgelöst, um notfalls die sowjetisch-ungarische Grenze kämpfend zu überschreiten[10]. Das 315. Schützenregiment der 128. Gardeschützendivision traf am Morgen des 24. Oktober in Budapest ein, wo es dem Sonderarmeekorps unterstellt wurde.

Am 23. Oktober um 22.35 Uhr wurde auch die 33. mot. Gardedivision, die der in Rumänien stationierten selbständigen mot. Armee angehörte, mit dem Ziel in Gefechtsbereitschaft versetzt, sich 15 km vor Budapest auf die Niederschlagung der »Konterrevolution« in der Hauptstadt vorzubereiten. Die Division erreichte den zugewiesenen Raum am 24. Oktober um 12 Uhr. Von den ihr unterstellten Truppenteilen nahm das 104. mot. Garderegiment sofort den Kampf auf[11]. Die Flieger der 177. Bombenfliegerdivision führten an diesem Tag 84 Demonstrations- und Aufklärungsflüge über Budapest und anderen Städten durch[12].

Nach sowjetischen Quellen gehörten zu den auf diese Weise in Alarmbereitschaft versetzten und zum »Aufräumen« eingesetzten fünf Divisionen 31 500 Mann, 1130 Kampfpanzer und Sturmgeschütze, 616 Artilleriegeschütze und Mörser, 185 Fla-Geschütze, 380 Schützenpanzerwagen und 3830 Kraftfahrzeuge. Insgesamt 159 Jagd- und 122 Bombenflugzeuge warteten auf den Einsatzbefehl. Während des Aufmarsches der Sowjetischen Streitkräfte deckten die Jagdflieger die marschierende Truppe. Die Bombenfliegerkräfte lagen in erhöhter Gefechtsbereitschaft[13].

Das von der ungarischen Parteiführung ins Leben gerufene Militärkomitee[14] versuchte durch Übernahme der Führung der Streitkräfte in den ersten Tagen der Revolution, die Armee für sich zu gewinnen, Kräfte der Partei und Arbeiterschaft

9 Ebd.

10 ZAMO RF, Fond 32, op. 701291, d. 15, S. 6.

11 Ebd., S. 196 f.

12 Ebd., S. 48.

13 Jelentés az SzKP Központi Bizottságának. 1956. október 24. Aláírta G. Zsukov és V. Szokolovszkij (Meldung vom 24.10.1956 an das ZK der KPdSU, unterzeichnet von G. Shukow und W. Sokolowski), zit. nach: Hiányzó lapok, S. 99 f.

14 Mitglieder des Militärkomitees waren: Antal Apró, Lajos Czinege, Lajos Fejér, László Földes, István Kovács, Imre Mező, Innenminister László Piros und Minister der Landesverteidigung István Bata.

zu bewaffnen und ein Zusammenwirken zwischen den ungarischen und sowjetischen Truppen zu erreichen und abzusichern.

Das Militärkomitee wirkte in erster Linie auf der Grundlage eines allgemeinen Ministerbefehls auf die Armee ein, der die Absicht der politischen Führung zum Ausdruck brachte, und nahm in Budapest an der Planung und Vorbereitung eines Teils der militärischen Aktionen teil. Darüber hinaus gab das Komitee die Wünsche und Erwartungen der sowjetischen und der militärischen Führung an die politische Führung weiter.

Am 24. Oktober schlug das Militärkomitee mit Zustimmung der sowjetischen »Berater« die Einführung einer Ausgangssperre und des Standrechtes vor. Die Vorschläge wurden zunächst angenommen, nach ihrer Bekanntgabe aber wieder zurückgezogen. Das Komitee entwarf eine Proklamation an die Armee, mit der diese zum Schutz der Waffen und militärischen Objekte aufgerufen werden sollte. Imre Nagy verweigerte die Ausstrahlung der Proklamation im Rundfunk.

An die in Budapest stationierten und in die Hauptstadt kommandierten ungarischen militärischen Formationen wurde anfänglich keine Munition ausgegeben. Der Gebrauch der Waffen wurde verboten. Die unter diesen Bedingungen in mehreren Wellen eingesetzten ungarischen militärischen Kräfte waren nicht in der Lage, die Ausbreitung eines bewaffneten Kampfes zu verhindern. Sie unterstützten durch die Übergabe ihrer Waffen, Überlaufen zu den Aufständischen oder durch passives Beobachten die Besetzung des Radiosenders und die Aufnahme des Kampfes gegen die in Budapest einrückenden sowjetischen Truppen.

Das Kommando des sowjetischen Sonderarmeekorps erkannte bereits unmittelbar nach dem Einmarsch in Budapest, daß seine Kräfte nicht ausreichten. Die Frage der sowjetischen Militärführung, warum die Verbände der Polizei und der ungarischen Armee nicht in der Lage seien, ihre eigenen Gebäude und Kasernen zu verteidigen, blieb unbeantwortet.

Die ungarische politische und militärische Führung war sich nicht sicher, ob die Truppe ihre Befehle ausführen würde. Deshalb wurde schon früh nach der für diese Fälle geschaffenen »Arbeitsteilung« verfahren. Die Kräfte der Ungarischen Volksarmee wurden verstreut in Einheitsstärke zum Schutz der für wichtig erklärten Objekte des Staates und der Partei eingesetzt, während die sowjetischen Truppen primär den Patrouillendienst mit mech. Kräften, Kampfpanzern und Schützenpanzerwagen versahen und die sich schnell formierenden kleineren und größeren Gruppen bekämpften, welche an verschiedenen strategisch wichtigen Punkten der Stadt wie Pilze aus der Erde schossen.

Am 24. Oktober standen in Budapest ungefähr 7000 ungarische Soldaten mit 50 Kampfpanzern. Die Meldung des Verteidigungsministeriums berichtete am 24. Oktober morgens über den Einsatz von ungefähr 4500 Soldaten und einer zentralen Reserve von 1300 Mann[15]. Wegen der komplizierten Lage im Stadtzentrum

15 Magyar Országos Levéltár (Ungarisches Landesarchiv). Nagy Imre és társai, XX-5.h. Vizsgálati iratok (Imre Nagy und Genossen, Untersuchungsakten Az. XX.5.h.). 19. doboz. 25. kötet, S. 48 f.

und dem Ausbleiben von Verstärkungen wurden die Aufgaben der sowjetischen 2. mot. Gardedivision präzisiert. Das Panzerregiment 37 und das mot. Regiment 4, die sich noch auf dem Marsch befanden, wurden in die Innenstadt geführt. Das Feuer durften sie nur eröffnen, wenn sie angegriffen würden.

Die eintreffenden Truppenteile wurden sofort in den Kampf geführt und eroberten mehrere Objekte von den bewaffneten Gruppen zurück. Sie brachten die Bahnhöfe, Brücken und einige Lager unter ihre Kontrolle. Die Polizeikräfte waren desorganisiert und passiv. Die ungarischen Truppenteile erhielten keinen entschlossenen Befehl zur Führung von aktiven Kampfhandlungen. Viele Soldaten und auch einige organisierte Einheiten liefen auf die Seite der Aufständischen über.

Die Lage der nach Budapest kommandierten Formationen wird in den folgenden Sätzen der Meldung des Panzerregiments 33 gut wiedergegeben: »Unserer Auffassung nach kann in einer Armee unter keinen Umständen zugelassen werden, daß die Führung dermaßen dezentralisiert wird, wie dies im Laufe der letzten Zeit geschehen ist. Unter keinen Umständen darf zugelassen werden, daß ein Truppenteil so aufgerieben wird, wie dies in letzter Zeit mit dem Panzerregiment 33 geschehen ist[16].«

Am anschaulichsten sind die Worte, die der Kommandeur der 7. mech. Division Ende 1956 an den Schluß der Meldung des mech. Regiments 6 (Eger) setzte: »Die Tätigkeit des mech. Regiments 6 in Budapest wurde vom Verteidigungsministerium und anderen, unbekannten Dienststellen geleitet, so daß seine Handlungen dem Stab der Division nicht bekannt waren[17].«

Ergänzende Informationen zur Lagebeurteilung konnten die meisten Formationen nur über den Rundfunk erhalten. Doch die zu dieser Zeit über Radio verkündeten Mitteilungen, Weisungen und Befehle erschwerten weiterhin die Position der Kommandeure mehr, als daß sie sie erleichterten.

Die Gesamtzahl der bewaffneten Aufständischen betrug in Budapest zu dieser Zeit ungefähr 2000 Mann. Die größten Aktivitäten entfalteten sie auf der Pester Seite im VIII. und IX. Stadtbezirk, auf der Budaer Seite auf den Plätzen Móricz Zsigmond körtér, Széna tér und Moszkva tér.

Auf seiten der in die Hauptstadt befohlenen sowjetischen Truppenteile fielen am 24. Oktober 20 Mann, 48 wurden verwundet. Zwei Kampfpanzer und zwei Kraftfahrzeuge brannten aus; weitere sechs Kampfpanzer und vier Schützenpanzerwagen wurden kampfunfähig.

Die fehlende Abstimmung der an einem Ort, aber in unterschiedlicher Unterstellung operierenden Kräfte der Armee, der Polizei und der sowjetischen Truppen zog in Székesfehérvár und Zalaegerszeg schwere Folgen nach sich. In Székesfehérvár eröffnete am 24. Oktober ein sowjetischer Panzerwagen das Feuer auf die Volksmassen, die vor der Außenstelle des Innenministeriums demonstrierten. Die Besatzung des Panzerwagens hatte Alarmschüsse einer ungarischen

16 Hadtörténeti Levéltár, 1956-os gyűjtemény (Sammlung von 1956), 3. őe, S. 356.
17 Ebd., S. 435.

Patrouille aus Soldaten und Polizisten mißverstanden. Die sowjetischen Schüsse forderten sieben Tote und dreizehn Verletzte — Polizisten und Zivilisten gleichermaßen[18].

Ein Teil der Einheiten und Verbände stimmte mit den Forderungen des Volkes überein, wollte jedoch an die Zivilpersonen, die gegen die Sowjets kämpfen wollten, keine Waffen aushändigen und verwehrte Gruppen, die Waffen oder ähnliches forderten, den Zutritt zu den Kasernen. Hieraus resultierten mehrere bewaffnete Zusammenstöße.

Es gab auch Formationen, die in einer Erklärung verlautbarten, daß sie stets die Interessen des werktätigen Volkes vertreten, dessen Willen erfüllen und mit den berechtigten Interessen der Werktätigen übereinstimmen. So hieß es in einem Aufruf des Schützenregiments 32: »Unser Ziel ist die Beendigung oder Vermeidung des Blutvergießens, doch gleichzeitig sind wir zur Verteidigung unseres Unterkunftsbereiches und unserer Kasernen gegen jeden Angriff bereit[19].«

Ein anderer Grund für die zwischen Bevölkerung und Armee entstandenen Konflikte war, daß ein Teil der Bevölkerung selbst nach mehrmaliger Mahnung nicht verstand oder ernst nahm, daß die Verteidigung von militärischen Liegenschaften und Waffen eine grundsätzliche Pflicht der Armee war. Es gab indessen auch Einheiten und Verbände, in denen man mit der Organisation der Verteidigung allein nicht zufrieden war, sondern zur Vorbeugung gegen eine Konfrontation verschiedene Maßnahmen verhängte. So wurden z.B. in Győr unbewaffnete Soldaten und Offiziere auf die Straße entsandt, um die demonstrierenden Massen zu bewegen, sich aufzulösen. Die Offiziere hielten vor kleineren Gruppen Reden[20]. In Győr wurde zu diesem Zweck auch das Musikkorps »eingesetzt«, mit dem Demonstranten schließlich unter klingendem Spiel von der Kaserne abzogen[21].

Den Gang der Ereignisse beeinflußten unter anderem die Aktivitäten und Absichten der Bevölkerung sowie Methoden und Mittel, die zur Erreichung ihrer Ziele angewendet wurden. Die bewaffneten Kräfte, die den Objektschutz versahen, versuchten vielfach nur in der Folge der Ereignisse und in Reaktion auf die Handlungen der Bevölkerung, dem Einsatz von Waffengewalt vorzugreifen.

Am 26. und 27. Oktober wurde Gewißheit, daß die Armee in zwei Hälften gespalten war. In Budapest und im ganzen Land hatte sich die Lage so entwickelt, daß die Mehrzahl der Truppenteile durch ihr passives Verhalten die revolutionären Kräfte ermutigte und bestärkte, wogegen einige Truppenteile — in Abhängigkeit von der Einstellung des Kommandeurs — alle Mittel gegen die Bevölkerung einsetzten, die häufig ungeschützt war und danach strebte, ihren Forderungen mit friedlichen Mitteln Geltung zu verschaffen. Die revolutionäre Bewegung griff nacheinander auf alle Landesteile Ungarns über. Für die Aktivitäten der Bevöl-

18 Ebd., S. 6.
19 Ebd., S. 138–167.
20 Am 25.10. Ebd., S. 323.
21 Am 26.10. Ebd., S. 325.

kerung ist charakteristisch, daß die Truppenteile der Ungarischen Volksarmee zwischen dem 24. und 29. Oktober gemäß vorläufigen Erkenntnissen in mehr als 50 Siedlungen in 70 bis 80 Fällen mit der Bevölkerung in Konflikt geriet. Dabei gab es 300 Opfer zu beklagen.

Mit »Konflikt« sind hierbei die Abwehr von Zwischenfällen und Angriffen auf militärische und zivile Anlagen, deren Verteidigung befohlen worden war, und die Kämpfe zwischen dem Militär und den bewaffneten Aufständischen gemeint, aber auch die gegen die unbewaffneten Volksmassen angewendete Gewalt, wie das Abfeuern von Salven.

Im Interesse ihrer Machterhaltung nötigte die oberste politische und militärische Führung am 27. und 28. Oktober die Kräfte der Armee zu einer letzten Kraftanstrengung. Zu diesem Zeitpunkt wies ein Teil der Soldaten im Wachdienst selbst weniger gewaltsame Bestrebungen unter Anwendung von Gewalt und Waffen zurück. Die damaligen Weisungen können auch als eine Einführung der Militärdiktatur ausgelegt werden. Bei der diesbezüglichen Entschlußfassung der Kommandeure der unterstellten Formationen konnte auch der Befehl des neuen Verteidigungsministers, Generalleutnant Károly Janza (er trat am 27. Oktober an die Stelle von István Bata), eine Rolle spielen, in dem er die Truppe anwies, den Kampf gegen die bewaffneten Gruppen fortzusetzen.

Was die Formationen der Ungarischen Volksarmee angeht, so hält sich bis heute die Auffassung, daß sie in der Periode der Revolution in vollem Umfang auf sich gestellt blieben und keinerlei Befehle und Weisungen erhalten hätten. Schon aus den bisherigen Darlegungen geht hervor, daß diese Behauptung schwer aufrechtzuhalten ist. Die Aktionen der Armee wurden auch in diesen Tagen von umfassenden, allgemeingültigen Befehlen bestimmt. Die Crux bestand darin, daß die Anwendung der allgemeinen Befehle auf die konkrete militärische Lage mit ihren politischen Begleitumständen die Kommandeure vor ungewohnte, neuartige Probleme stellte, für deren Lösung die Truppenkommandeure von ihren vorgesetzten Dienststellen keinerlei Unterstützung erfuhren. Das Prinzip der uneingeschränkten Befehlsgewalt (Einzelleitung) zieht automatisch die Einzelverantwortlichkeit nach sich. Diese wurde von vielen nicht übernommen.

Die sowjetischen Truppen wendeten bei ihrer Intervention in Ungarn 1956 ein Verfahren an, das bei den Berliner Ereignissen von 1953 »erprobt« worden war. Es fußte im wesentlichen auf der Annahme, durch den Aufmarsch modernen Kampfgeräts und Machtdemonstrationen könnten spontan zusammengewürfelte, unorganisierte und unzureichend bewaffnete Gruppen, die ständig ihren Ort wechselten, abgeschreckt und vom Kampf zurückgehalten werden. So führte die 177. Bombenfliegerdivision am 25. Oktober 84 Demonstrations- und Aufklärungsflüge über Budapest und anderen ungarischen Städten durch[22].

Freilich hatten sowohl die sowjetische als auch die ungarische politische und militärische Führung die Stärke und Entschlossenheit ihrer Gegner unterschätzt.

22 ZAMO RF, Fond 32, op. 701291, d. 15, S. 48.

Lange Zeit verstand man nicht, warum der schon einmal erfolgreich angewandten Taktik in Budapest kein Erfolg beschert war.

Generalleutnant Michail F. Tichonow, der sowjetische Chefberater, schlug dem Militärkomitee in dieser Situation vor, erneut ungarische Divisionen nach Budapest zu verlegen. Da jedoch mit dem Übergreifen des Aufstandes auf andere ungarische Städte zu rechnen war, unternahm man nichts zur Umsetzung dieses Vorschlags. Damit war die sowjetische Seite gezwungen, aktiver zu werden. Am Morgen des 26. Oktober rückten auch die der 33. mot. Gardedivision unterstellten Truppenteile in Budapest ein. In dem ihnen zugewiesenen Raum nahmen sie bis zum 29. Oktober an den Kämpfen teil[23].

Vom 26. bis 28. Oktober verlegte die sowjetische Militärführung die 70. Schützendivision, die 27. mot. Division, die 11. und die 32. mot. Gardedivision sowie die 60. Flakdivision und auch die selbständigen Truppenteile der 8. mot. Armee aus dem Bestand des Karpatischen Militärbezirks nach Ungarn. Diese Verbände und Truppenteile erhielten den Auftrag, aus ihren Standorten im beschleunigten kombinierten Marsch auf Schiene und Straßen in kürzester Zeit nach Ostungarn zu verlegen[24].

Die verbliebenen Teile der schon in Ungarn stehenden 128. Gardeschützendivision wurden am 28. Oktober nach Budapest in Marsch gesetzt. Die Division begann unverzüglich mit der Einnahme der befohlenen Objekte und eröffnete damit den Kampf gegen die Aufständischen. Am gleichen Tage stellten zwei Fallschirmjägerregimenter der 31. Fallschirmjägerdivision die Gefechtsbereitschaft her[25].

3. Der 28. Oktober — die Wende

Die Kampferfolge der Aufständischen, das Unvermögen der ungarischen und das Fiasko der sowjetischen Truppen stärkte in der obersten politischen Führung Ungarns das Lager derjenigen, die bei der Lösung der nun eskalierenden Krise allein die Anwendung politischer Mittel für zweckmäßig hielten.

Der Führung boten sich zwei gangbare Wege an. Der eine bedeutete, auch weiterhin die berechtigten Forderungen des Volkes abzulehnen, die Zusammensetzung der Regierung nicht zu verändern und, gestützt auf die sowjetische Armee, fortzufahren wie bisher. Die zweite, von Nagy verfolgte politische Lösung setzte sich durch, weil sie auch die Unterstützung der sowjetischen Führung fand.

Am 28. Oktober, 13.20 Uhr, ordnete Nagy eine sofortige Feuerpause an. In einer Rundfunkrede erklärte er um 17.25 Uhr die Kundgebungen der vorangegangenen Tage zu einer nationalen demokratischen Bewegung. Außerdem kündigte er den sofortigen Rückzug der sowjetischen Truppen aus Budapest und den Beginn

23 Ebd., S. 197.
24 Ebd., S. 19.
25 Ebd., S. 117.

von Verhandlungen über den vollständigen Abzug der sowjetischen Streitkräfte aus Ungarn an. Tatsächlich stellte die Mehrheit der in Budapest kämpfenden sowjetischen Truppen der 2. und 33. mot. Gardedivision sowie der 128. Gardeschützendivision an diesem Tag befehlsgemäß den Kampf ein[26].

Die Umbewertung der Ereignisse schuf in der Ungarischen Volksarmee eine neue Lage. Die militärischen Verbände, die die revolutionären Kräfte unterstützt hatten, sahen sich in ihrem Verhalten bestätigt. Die passiven Beobachter, deren Mehrheit die Aussagen der Regierungserklärung akzeptierte, schalteten sich nun aktiv in die Durchführung der Aufgaben ein, um das Bedingungsgefüge für den neuen Zeitabschnitt, für den Schutz der Errungenschaften der Revolution und für die Umsetzung der Regierungsdirektiven zu gewährleisten.

Die Durchführung des Abzugs der sowjetischen Truppen war in zwei Stufen geplant, am 30. Oktober von 15 bis 24 Uhr und am 31. Oktober von 0 bis 5 Uhr. Der Abzug begann planmäßig, doch konnte die zweite Stufe erst in den Mittagsstunden des 31. abgeschlossen werden.

Die am 31. Oktober veröffentlichte Erklärung der sowjetischen Regierung, derzufolge für die Beziehungen zu den anderen sozialistischen Ländern neue Grundlagen gelegt werden sollten, nährte die Hoffnung auf eine siegreiche Revolution. Heute ist bekannt, daß die erste Ausgeburt dieser neuen Beziehungen das kollektiv ausgesprochene Todesurteil für die ungarische Revolution war: Am 31. Oktober begannen zwischen dem Warschauer Pakt, den Ländern des sozialistischen Lagers und der sowjetischen Führung Verhandlungen zur Abstimmung einer neuerlichen sowjetischen Militärintervention.

4. Die Besetzung Ungarns

Die sowjetischen Führer Anastas I. Mikojan und Michail A. Suslow, die die militärische Lösung wiederum in den Vordergrund stellten, schlugen dem ZK der KPdSU am 30. Oktober vor, Marschall Iwan S. Konew, Oberbefehlshaber der Vereinten Streitkräfte des Warschauer Paktes, unverzüglich nach Ungarn zu schicken. Eine Begründung für ihren Vorschlag war, »daß sich das Verhältnis der ungarischen Offiziere und Generale zu den sowjetischen Offizieren in letzter Zeit verschlechtert hat. Das Vertrauen von früher ist dahin. Es kann vorkommen, daß die ungarischen Truppenteile, die gegen die Aufständischen eingesetzt werden, zu ihnen übergehen. Und dann benötigen wir erneut Operationen der sowjetischen Truppen[27].«

Schon am 30. Oktober begannen die Vorbereitungen für die neuen Operationen. In ihrem Rahmen wurden Einheiten der Fallschirmjägerregimenter 114 und 381 der 31. Gardeluftlandedivision auf den Flugplatz Veszprém, 80 km vor Budapest gelegen, verlegt. Am selben Tag erhielt Generalleutnant Ch. D. Mamsurow,

26 Ebd., S. 139.
27 Zit. nach: Hiányzó lapok, S. 126.

Befehlshaber der 38. Armee, dessen Verbände in Ostungarn konzentriert waren, den Befehl zur Vorbereitung einer Angriffsoperation mit dem Decknamen »Wichr« (»Wirbelsturm«). Am 31. Oktober wurde der 35. Gardedivision (mot.) aus Charkow der Bahnmarsch nach Ungarn befohlen[28].

Der Stab des aus der Hauptstadt zurückgezogenen Sonderarmeekorps wurde auf dem 15 km von Budapest entfernten Flugplatz Tököl eingerichtet, auf dem ein sowjetischer Fliegertruppenteil stationiert war. Die sowjetischen Truppen bezogen 15 bis 20 km vor der Stadtgrenze von Budapest einen Verfügungsraum, in dem Waffen und Gerät instandgesetzt sowie Personal, Munition, Treibstoff und Lebensmittelvorräte aufgefüllt wurden.

In der Zwischenzeit kamen die Truppenbewegungen auch nicht für einen Moment zum Erliegen. In der stürmischen Nacht zum 1. November überschritt die 31. Panzerdivision aus dem Militärbezirk Karpaten die sowjetisch-ungarische Grenze. Die 8. mot. Armee unter Generalleutnant Babashanjan, deren Kräfte bei Debrecen, Szolnok, Kecskemét und Gyöngyös in Ostungarn lagen, begann, Operationen vorzubereiten. Ihr wurden zusätzlich die 70. Gardeschützen- und die 35. mot. Gardedivision unterstellt. Die 177. Bombenfliegerdivision evakuierte zwischen dem 1. und 3. November mehr als 600 Familien sowjetischer Offiziere aus Ungarn[29]. Am 4. November folgte die Evakuierung der Patienten aus sowjetischen Militärlazaretten.

Am 2. November informierte Marschall der Sowjetunion Konew die Befehlshaber der Armeen und des Sonderarmeekorps über die Entscheidung der obersten politischen Führung der Staaten des Warschauer Paktes, Ungarn militärische Hilfe zu gewähren. Konew erteilte den sowjetischen Truppen den Auftrag zur »Zerschmetterung der konterrevolutionären Kräfte«. Im Rahmen dieses Auftrags hatte das Sonderarmeekorps die bewaffneten Widerstandskräfte in Budapest zu zerschlagen und die Truppenteile der Ungarischen Volksarmee zu entwaffnen. Die 38. Armee erhielt für Transdanubien, die 8. mot. Armee für Ostungarn einen ähnlichen Auftrag. Die Operationsbereitschaft sollte bis zum Abend des 3. November hergestellt werden. Das Stichwort »Grom-444« (»Donnerschlag-444«) würde die Operation »Wirbelsturm« auslösen[30]. Dafür standen dem Sonderarmeekorps, der 8. mot. Armee und der 38. Armee insgesamt 60 000 Mann zur Verfügung.

Vor Beginn der Operation »Wirbelsturm« benutzte die sowjetische Militärführung zur Irreleitung der Aufständischen und Soldaten, die die Stadt verteidigten, die von der Verhandlungsdelegation übernommene Rundfunkstation. Im vermeintlichen Namen des schon verhafteten neuen Verteidigungsministers Pál Maléter wies sie die Formationen der Ungarischen Volksarmee an, nicht auf die nach Budapest zurückkehrenden sowjetischen Truppen zu schießen[31]. Zu dieser Zeit warteten die sowjetischen Divisionen bereits in Marsch- und Vorgefechtsgliederung auf die Auslösung der Operation »Wirbelsturm«.

28 ZAMO RF, Fond 32, op. 701291, d. 16, S. 153.
29 Ebd., S. 48.
30 Malaschenko, Osoby korpus, (1993) 10, S. 33 f.
31 ZAMO RF, Fond 32, op. 701291, d. 15, S. 12.

»Wirbelsturm« wurde am 4. November, 6 Uhr Moskauer und 4 Uhr ungarischer Zeit ausgelöst. Das Sonderarmeekorps kämpfte einen Teil der aufständischen Kräfte im Umfeld der Hauptstadt nieder und rückte um 5 Uhr in Budapest ein. Die 8. mot. Armee und die 38. Armee begannen mit der Besetzung des Landes.

Die ungarischen Streitkräfte leisteten auf dem Hügel Jutadomb organisierten Widerstand. Zwei leichte und ein mittlerer Geschütztrupp aus dem 51. Flugabwehrbataillon sowie eine Flakbatterie eröffneten am 4. November um 10 Uhr das Feuer auf eine sowjetische Marschkolonne. Dabei wurden zwei Kampfpanzer und ein Pkw getroffen. Die sowjetische Kolonne zog sich zurück.

In Kőbánya, einem anderen Stadtteil Budapests, eröffneten die Geschütze eines Flugabwehrverbandes das Feuer auf sich nähernde sowjetische Kampfpanzer. Von vier Kampfpanzern wurde einer kampfunfähig geschossen, die übrigen zogen sich brennend zurück. Noch bis zum 8. November führte der Verband mehrfach Feuergefechte mit sowjetischen Kräften.

In Záhony, außerhalb der Hauptstadt, leistete das 19. Flugabwehrbataillon keinen Widerstand. Trotzdem eröffneten sowjetische Panzer das Feuer. Andere Formationen der ungarischen Armee bezogen in ihren Garnisonen Verteidigungsstellungen, so in Nagyatád, Székesfehérvár und Zalaegerszeg. Zu ernsthaften Zusammenstößen mit den vorrückenden sowjetischen Truppen kam es beim Flugabwehrregiment in Dunapentele. Kleinere Gefechte wurden in den Städten Békéscsaba, Kaposvár, Szeged, Dunaföldvár, Székesfehérvár, Miskolc, Szolnok und Veszprém sowie im Umland dieser Städte ausgetragen. Die dem Sonderarmeekorps unterstellten Truppen trafen auf immer stärkeren Widerstand, je weiter sie sich den Bezirken der Innenstadt näherten. Deshalb hielt es Marschall Konew für notwendig, das Korps um ein Panzer- und ein schweres Panzerartillerieregiment sowie zwei Fallschirmjägerregimenter zu verstärken. Das Korps erhielt außerdem ein Schützenregiment, ein mech. Regiment und ein Artillerieregiment sowie zwei Mörserbrigaden und eine Mehrfachwerferbrigade[32].

Am 5. November — einzelnen ungarischen Quellen zufolge am 7. oder 9. — um 13 Uhr eröffneten Einheiten der Division Obaturow mit einem Artillerieangriff mit 170 Kanonen und Mörsern, an dem sich auch das 11. Artilleriebataillon beteiligte, das Feuer auf den Widerstandsherd um das Corvin-Kino. Um 15 Uhr begannen die sowjetischen Truppen mit dem Sturmangriff. Der Gebäudekomplex wurde mit Kampfpanzern umstellt, die die panzerbrechenden Mittel erfolgreich zum Schweigen brachten. Auch die Kilián-Kaserne wurde schnell eingenommen. Gegen Abend — ungarischen Quellen zufolge geschah dies am 7. — stellten die Aufständischen ihren Widerstand im gesamten Stadtteil im wesentlichen ein[33].

Ähnlich entwickelt sich die Lage im Stadtteil Óbuda. Die um das Gebäude Schmidt kastély konzentrierten Verteidigungskräfte waren nach mehrtägigem

32 Malaschenko, Osoby korpus, (1993) 10, S. 27–30.
33 Ebd.

erfolgreichem Kampf gezwungen, sich aufzulösen. Immerhin schossen die Aufständischen in Budapest noch am 7. November ein sowjetisches Flugzeug ab.

Außerhalb der Hauptstadt gelang es den Verbänden unter A.Ch. Babadshanjan und Mamsurow die wichtigsten Garnisonen und Kasernen der Ungarischen Volksarmee einzuschließen. Die Mehrzahl der Einheiten und Verbände legte ohne jegliche Gegenwehr die Waffen nieder. Die sowjetischen Truppen besetzten sämtliche Flugplätze und brachten die Verkehrswege nach Budapest und zur österreichischen Grenze unter ihre Kontrolle.

Der sowjetische Angriff gegen die ungarischen Kräfte in Dunapentele, die sich auf einen Gegenangriff vorbereiteten, begann am 6. November, 14.30 Uhr. Nach einem 25minütigen Artilleriefeuer griffen acht Flugzeuge vom Typ MiG 17 die Stellungen der kämpfenden Flugabwehrbatterien an. Die Sowjets setzten außerdem Mörser und 122-mm-Haubitzen ein. Um 6.30 Uhr brach die Verteidigung von Dunapentele zusammen.

Auf der Halbinsel Csepel vermochten die sowjetischen Truppen den organisierten Widerstand erst am 10., nach anderen Quellen am 11. November zu brechen. In Ostungarn besetzte die 8. Armee zwischen dem 4. und 6. November 32 ungarische Garnisonen. Dabei verloren 17 sowjetische Soldaten ihr Leben, 27 wurden verwundet. 78 Organisatoren des Aufstandes wurden ergriffen und inhaftiert. Nach sowjetischen Angaben gab es bei den ungarischen Soldaten und der Zivilbevölkerung im Abschnitt dieser Armee 450 Tote[34].

Die Einheiten und Verbände des Sonderarmeekorps erlitten zwischen dem 24. Oktober und dem 7. November folgende Verluste: 293 Tote (29 Offiziere, 64 Unteroffiziere, 200 Mannschaften); 569 Verwundete (69 Offiziere, 89 Unteroffiziere, 409 Mannschaften); 91 Vermißte (8 Offiziere, 20 Unteroffiziere, 63 Mannschaften); des weiteren 28 Kampf- und Artilleriepanzer, 40 Panzerwagen und 81 Kraftfahrzeuge[35].

Sowjetischen Quellen zufolge gelang es, Ende November überall den organisierten Widerstand der ungarischen Aufständischen zu brechen und die Armee zu entwaffnen. Danach versahen die sowjetischen Truppen im Rahmen von Stadtkommandanturen landesweit den militärischen Patrouillen- und Wachdienst. Organe der sowjetischen Staatssicherheitsorgane betrieben die Verhaftung der aufständischen Widerstandskämpfer sowie die Entwaffnung der Zivilbevölkerung.

Nach der Verlustliste des sowjetischen Verteidigungsministeriums nahmen an der Operation 7349 Offiziere sowie 51 472 Unteroffiziere und Soldaten teil. Die Verluste der sowjetischen Truppen beliefen sich auf 2260 Mann, davon 669 Tote (85 Offiziere, 584 Unteroffiziere und Mannschaften), 51 Vermißte (darunter 2 Offiziere) und 1986 Verwundete[36].

Die Operation »Wirbelsturm« war abgeschlossen. Eine der wichtigsten Forderungen der Revolution, der Abzug der sowjetischen Truppen aus Ungarn, konn-

34 Ebd., S. 20–24.

35 ZAMO RF, Fond 32, op. 701291, d. 15, S. 4.

36 Zit. nach: Hányzó lapok, Dok. 17, S. 49.

te für lange Jahrzehnte nicht verwirklicht werden. Marschall Konew informierte den sowjetischen Stadtkommandanten von Budapest am 24. November 1956 über die Entscheidung der sowjetischen Regierung, aus der Mehrzahl der nach Ungarn entsandten Verbände die Armeegruppe Süd zu bilden.

Auf der Grundlage einer Verfügung des Präsidiums des Obersten Sowjets der Sowjetunion erhielten für die Teilnahme an der Operation in Ungarn, »für bei der Durchführung des Kampfauftrages erwiesenen Heldenmut und Tapferkeit«, mehr als 10 000 sowjetische Soldaten Orden und Auszeichnungen. Mit der Auszeichnung »Held der Sowjetunion« wurden 26 Soldaten geehrt, 14 von ihnen posthum[37]. Unseren Schätzungen zufolge wurden 200 Soldaten, die die sowjetische Intervention verurteilten, bestraft.

Während der Revolution verloren 185 Soldaten der Ungarischen Volksarmee ihr Leben, 137 wurden verwundet (nach unvollständigen Angaben). Aus den Reihen der Armee wurden 570 Mann mit der Begründung verurteilt, eine Straftat gegen die »Volksrepublik« begangen zu haben. An 30 Personen wurde das Todesurteil vollstreckt[38].

37 ZAMO RF, Fond 32, op. 701291, d. 17, S. 49.

38 Szakolczai, A forradalmat követő, S. 244.

György Litván

Die ungarische Revolution 1956

Die von der sowjetischen Führung nach dem Tod Stalins 1953 eingeschlagene Politik des »Neuen Kurses« bewirkte in Ungarn mehr als nur eine Korrektur der allerschlimmsten Auswüchse des totalitären Regimes. In Budapest ist es zwar nicht wie in der DDR zu einem Aufstand gekommen, und auch die lokalen Streiks überschritten nicht das Ausmaß der Arbeiterproteste, die in dieser Zeit in Polen und in der Tschechoslowakei stattfanden. Trotzdem gingen die Veränderungen in Ungarn tiefer als in den anderen Satellitenstaaten. Es mag dabei eine Rolle gespielt haben, daß die ungarische kommunistische Führung bei der anti-titoistischen Kampagne, die die sowjetische Führung nach dem Tod Stalins nun vergessen machen wollte, an der Spitze marschiert war, aber auch, daß die Menschen durch den Parteichef Mátyás Rákosi, der die Moskauer Direktiven »päpstlicher als der Papst« befolgt hatte, stärker als durch alle anderen Statthalter Moskaus dem Regime entfremdet worden waren, und schließlich vielleicht auch der Umstand, daß mit dem im Kreml erfolgten Wechsel die ungarischen Stalinisten ihren Einfluß als erste eingebüßt hatten. Auf alle Fälle gingen die harten, selbstkritischen Töne der ungarischen Parteiführung und die Vorstellungen der innerhalb der Partei sich formierenden, vor allem intellektuellen Opposition über die von Moskau geplanten »kosmetischen« Korrekturen weit hinaus, und es kam unter der Führung von Imre Nagy zu dem ernsthaften Versuch einer grundlegenden Reform des Regimes.

Der allumfassende Terror der Staatssicherheit (AVH) und die Verschlechterung der Lebensverhältnisse hatten fast die gesamte Bevölkerung zum Gegner des Systems gemacht. Das Realeinkommen der Lohnempfänger war im Vergleich zu 1949 um 20% gesunken. Im Frühling 1951 mußten die mittlerweile abgeschafften Lebensmittelkarten wieder eingeführt werden. In einigen Betrieben kam es daraufhin zum Streik. Die Stimmung unter den Industriearbeitern, die zusätzlich zur allgemeinen Misere auch noch mit den obligatorischen politischen Versammlungen und der allmorgendlichen halbstündigen Liturgie der sogenannten »Presseschau des Parteiorgans« gequält wurden, war bis zum äußersten gespannt. Die Lage der Bauern, die durch Abgaben und Steuern geschröpft und in die LPGs gepreßt worden waren, war auch nicht besser. Man hatte im Kreml Rákosi und seine Gefährten nicht unbegründet vor einem Volksaufstand gewarnt.

Von ihren Gewährsleuten über die explosive Lage in Ungarn informiert, zitierten die sowjetischen Genossen am 13. Juni 1953, einige Tage vor Ausbruch des Arbeiteraufstands in der DDR, die ungarische Parteiführung, darunter Rákosi, Ernő Gerő und den politisch einflußlosen stellvertretenden Ministerpräsidenten

Imre Nagy, in den Kreml. Nach heftiger und grober Kritik an seiner unflexiblen und ineffizienten Politik wurde Rákosi gezwungen, die Regierungsgeschäfte an den durch die Säuberungen nicht belasteten Nagy zu übergeben und sich mit dem Amt des Ersten Sekretärs der Partei der Ungarischen Werktätigen (Magyar Dolgozok Partja, MDP) zu begnügen.

Imre Nagy hatte sich bereits in den frühen fünziger Jahren kritisch über den von der MDP unter Rákosi eingeschlagenen Weg — vor allem über die Agrarpolitik der Partei — geäußert. Nun wurde er von der neuen Kremlführung in der Erwartung ausgewählt, daß er den Haß auf die vom Ungeist Rákosis geprägte kommunistische Monopolherrschaft in der ungarischen Bevölkerung abbauen und die wirtschaftlichen Engpässe beseitigen könne. Niemand konnte indes vorhersehen, daß Nagy, gestützt auf die wachsende Zustimmung der Bauernschaft, der Intelligenz, der Studenten und Teile der Arbeiterschaft, mit beeindruckender Geradlinigkeit, Charakterstärke und Weitsicht politische Weichenstellungen vornehmen würde, die weit über die vom Kreml geplante Kosmetik hinausführen sollten.

Bereits die allerersten Maßnahmen der neuen Regierung, besonders das flache Land betreffend, schienen diesen Vertrauensvorschuß zu rechtfertigen. Die »Kulakenlisten« wurden abgeschafft, der Austritt aus den LPGs ermöglicht, die Internierungslager (darunter das berüchtigte Zwangsarbeiterlager in Recsk) geschlossen. Internierung als Strafe wurde aus dem Strafkatalog überhaupt gestrichen, außergerichtlichen, polizeilichen Strafurteilen ein Ende gesetzt, und auch die Revision der gesetzeswidrigen, der sogenannten Konzeptionsprozesse begann. Die Veränderungen wurden auf dem Land mancherorts regelrecht gefeiert, aber auch in den Städten war die Erleichterung spürbar. Es schien, als würde die Schraube, die von den Machthabern in den vergangenen vier bis fünf Jahren immer fester angezogen worden war, jetzt gelockert.

Imre Nagy als überzeugter Kommunist glaubte daran, daß die Ziele des Sozialismus gemeinsam mit dem Volk auch ohne Terror und Einschüchterung zu verwirklichen seien. Als einzigem führenden kommunistischen Politiker war ihm der Gedanke nicht fremd, daß es im Lande auch Menschen gab, die andere politische Auffassungen vertraten und daß es ihr gutes Recht war, das zu tun. Er dachte in dieser Phase noch nicht an die Wiederherstellung des Mehrparteiensystems, doch sein Versuch, 1954 die Patriotische Volksfront (Hazafias Népfront) zu einer lebendigen Organisation zu gestalten, zeugte von dem Bestreben, auch für die Nicht-Kommunisten eine Art politische Vertretung und ein öffentliches Forum zu schaffen. Sein sich langsam herauskristallisierendes Programm der gesellschaftlichen und wirtschaftlichen Reformen wird man wohl als Vorbote jener Ideen bezeichnen können, die eine ganze Weile später in einigen westeuropäischen Ländern unter dem Stichwort »Eurokommunismus« politisch wirksam wurden.

Rákosi, der sich auf den Parteiapparat stützen konnte, ließ nichts unversucht, um Imre Nagy zu isolieren und handlungsunfähig zu machen. Doch der Ministerpräsident stand nicht ganz ohne Unterstützung da. Außer der allgemeinen

Zustimmung zu seiner Politik vor allem bei der Bauernschaft durfte er auch mit der Unterstützung der Intelligenz, der Künstler und Schriftsteller rechnen.

Eine Änderung in der Wahrnehmung der Dinge, die allmähliche Befreiung von ideologischen Scheuklappen, hatte begonnen. Das war wohl eines der wichtigsten Ergebnisse des von Imre Nagy eingeleiteten »Neuen Kurses« und — wie es sich dann zeigen sollte — auch von dauerhafter Wirkung. Natürlich handelte es sich dabei nicht um die veränderte Einstellung der Bevölkerung im allgemeinen, denn die einfachen Leute, die Arbeiter und Bauern, und auch jene Schichten der Intelligenz, die der kommunistischen Weltanschauung fernstanden, trugen keine ideologischen Scheuklappen, die sie hätten ablegen müssen. Sie hatten die Dinge schon immer so gesehen, wie sie waren. Veränderungen von unten zu bewirken war jedoch unmöglich gewesen, da ausnahmslos alle Entscheidungen, auch solche auf lokaler Ebene, von Parteigremien oder von Organen und Behörden getroffen wurden, die unter Parteikontrolle standen.

Am 24. Oktober 1954, auf dem Gründungskongreß der Patriotischen Volksfront, definierte Imre Nagy die zukünftige Aufgabe dieser Massenorganisation so, daß sie sich im Zeichen der Volkssouveränität zu einem freien Forum, zum Gewissen der ganzen Nation zu entwickeln habe.

Zur gleichen Zeit hielten die Kommunisten der Redaktion des Zentralorgans der MDP, Szabad Nép, eine Mitgliederversammlung ab. Das kam geradezu einer Rebellion gleich und traf das »zentrale Nervensystem«. Der Vergeltungsschlag erfolgte auch prompt. Die Wortführer der inkriminierten Versammlung wurden aus der Redaktion des Blattes entfernt, ihre Stellen wurden mit »des Schreibens mächtigen«, aber treuen Parteigenossen besetzt.

Der Parteichef Rákosi, der Ende November nach langem Krankenurlaub aus der Sowjetunion nach Ungarn zurückgekehrt war, wußte bereits: In Moskau hatte sich der Wind gedreht. Die sowjetische Parteiführung war von der Wiederaufrüstung und NATO-Mitgliedschaft der Bundesrepublik Deutschland aufgeschreckt und bis zu einem gewissen Grad auch von dem Gärungsprozeß, der infolge der Politik Imre Nagys eingesetzt hatte, beunruhigt. Man wünschte, daß in Ungarn wieder »Ordnung« herrsche. Rákosi hatte am 1. Dezember das ungarische Politbüro vom sowjetischen Standpunkt unterrichtet, und das Meinungsbild verschob sich erneut zu seinen Gunsten. Imre Nagy setzte sich dabei nicht energisch genug zur Wehr, was dann auch in dem Beschluß des Politbüros über die »Gefahr des Rechtsopportunismus« seinen Niederschlag fand.

Die Haltung der Partei wurde, wie schon 1953, auch jetzt in Moskau entschieden. Das Präsidium der KPdSU behandelte erneut am 8. Januar 1955 die Lage in Ungarn. Nun galt die massive Kritik nicht mehr den Übergriffen Rákosis, sondern der »Rechtsabweichung« Imre Nagys.

In der Sitzung des ZK der MDP am 2. bis 4. März 1955 wurde ein Beschluß verabschiedet, der zwar den Beschluß vom Juni 1953 scheinbar nicht außer Kraft setzte, aber die von Imre Nagy vertretenen »parteischädigenden, antimarxistischen, opportunistischen und rechtsgerichteten« Tendenzen als »Hauptgefahr« definierte.

Rákosi mochte geglaubt haben, daß damit der Fall Imre Nagy ein für allemal erledigt sei. Doch er hatte sich getäuscht, denn die Kämpfe innerhalb der Partei, die dann zur Kristallisierung eines bedeutenden Kerns innerparteilicher Opposition führen sollten, begannen erst jetzt richtig.

Im Frühling und Sommer 1955 bildete sich um den »kaltgestellten« Imre Nagy trotz oder vielleicht gerade wegen der Einschüchterungsversuche und der ständigen Bespitzelung ein Sympathisantenkreis, der sich aus den Reihen der nun bewußt oppositionell eingestellten kommunistischen Intelligenz rekrutierte. Viele davon waren nach den Rehabilitierungen aus dem Gefängnis entlassene Altkommunisten, wie Sándor Haraszti und Géza Losonczy. Sie hielten bis zum bitteren Ende zu Nagy, wie beispielweise József Szilágyi, ein Mann von festem Charakter, der aufgrund seiner Tätigkeit in der illegalen KP der Zwischenkriegszeit nach 1945 für kurze Zeit Polizeipräsident und Parteifunktionär gewesen war, aber wegen seiner Gradlinigkeit mit der Führung immer mehr in Konflikt geriet, oder der Schwiegersohn Imre Nagys, Ferenc Jánosi, der als protestantischer Feldgeistlicher zum antifaschistischen Widerstand gestoßen war und nach 1945 Oberst der Volksarmee wurde, weiter die Publizisten György Fazekas, Miklós Gimes, Tibor Méray, Miklós Vásárhelyi und der Schriftsteller Tibor Déry.

Der Kreis der Sympathisanten erweiterte sich in den folgenden Monaten ständig. Bis Mitte 1956 gehörten dazu fast das gesamte Parteiaktiv des Schriftstellerverbandes, viele Journalisten, Künstler, Lehrer und Persönlichkeiten aus der Schicht der technischen Intelligenz. Es waren mehrheitlich Parteimitglieder, auch solche, die mittlerweile aus der Partei ausgeschlossen worden waren, oder Personen, die ideologisch der Partei nahestanden, viele darunter, die ihr Studium als Stipendiaten der »Volkskollegien« (NÉKOSZ) absolviert hatten, einer Institution, die 1945 zur Förderung von Studenten aus Arbeiter- und Bauernfamilien ins Leben gerufen wurde, aber schon 1949 im Zusammenhang mit dem Rajk-Prozeß wieder aufgelöst worden war.

Die in der sowjetischen Politik und in den internationalen Beziehungen eingetretenen Veränderungen trugen viel dazu bei, daß die Oppositionsbewegung so wirksam wurde. Die Entspannungsatmosphäre im allgemeinen, die sowjetisch-jugoslawische Annäherung, das Nachlassen der Militanz der internationalen kommunistischen Bewegung gegenüber der Sozialdemokratie und schließlich der XX. Parteitag der KPdSU im Februar 1956, der dem Entstalinisierungsprozeß einen gewaltigen Schub gab, begünstigten die Opposition und schwächten zugleich den Einfluß und die Handlungsbereitschaft der Rákosi-Gruppe.

Die bei der Bevölkerung verhaßte herrschende Partei hatte sich mit der stalinistischen Restauration des Jahres 1955 ihrer letzten gesellschaftlichen Basis selbst beraubt, ihr war nun auch ein Großteil der kommunistisch gesinnten Intelligenz endgültig entfremdet. Die vielen tausend jungen Intelligenzler, die 1945 in der kommunistischen oder in der Bauernpartei politisch aktiv geworden waren und die sich 1947/1948 mit dem Kampflied »Wir krempeln bis morgen die Welt um« aus Überzeugung identifizieren konnten, suchten jetzt als Erwachsene, nach all den Jahren bitterster Enttäuschung und unzähliger »Korrekturen« der politischen

Marschrichtung, nach neuer Orientierung und nach Wegen der politischen Erneuerung. Mit dem Petőfi-Kreis wurde für diese Generation ein Forum geschaffen, durch das sie zur Begeisterungsfähigkeit ihrer Jugend zurückfinden konnte. Die einstigen Gefährten gleicher Gesinnung trafen sich nun wieder öffentlich im Petőfi-Kreis, und was noch wichtiger war: In diesem Rahmen wurde nach fast einem Jahrzehnt der ideologischen Gleichschaltung wieder selbständiges Denken praktiziert.

Die Rákosi-Clique verfolgte die nunmehr eindeutig oppositionellen Aktivitäten des Petőfi-Kreises und des Schriftstellerverbandes, der sich parallel zum Petőfi-Kreis zunehmend radikalisierte und in der Bevölkerung immer mehr Resonanz fand, mit Wut und wachsendem Unbehagen. In der allgemeinen Entspannungsatmosphäre war es jedoch nicht möglich, dem unbotmäßigen Treiben ein rasches Ende zu setzen. Der Anlaß dazu fand sich erst Ende Juni. Am Abend des 27. Juni kam es im Petőfi-Kreis zu einer »Pressedebatte«, einer mehr als lebhaften Veranstaltung, die bis in die Morgenstunden dauerte.

Vieles spricht dafür, daß Rákosi fest entschlossen war, die blutigen Ereignisse in Polen dazu zu nutzen, die selbstverschuldete politische Krise in Ungarn durch hartes Durchgreifen zu beenden. Er hatte angeblich eine »Abschußliste« mit 400 Namen zusammenstellen lassen, in der die hartnäckigsten »oppositionellen Elemente« erfaßt wurden. Obwohl dies ein damals weitverbreitetes Gerücht war, konnte für dieses Vorhaben bis heute noch kein Beweis gefunden werden. Sicher ist dagegen, daß es Präsident Tito war, der die sowjetische Führung schließlich dazu bewog, sich des ungarischen Parteichefs zu entledigen. Die Inszenierung verlief dann in gewohnter Manier: Am 17. Juli 1956, genau am Vortag einer geplanten Sitzung des ZK der MDP, erschien Anastas Mikojan, Mitglied des Politbüros der KPdSU, unerwartet in Budapest. Rákosi wurde umgehend seine Absetzung mitgeteilt. Am folgenden Tag gab man sie auch öffentlich bekannt.

Vielleicht wäre es zu diesem Zeitpunkt noch möglich gewesen, die drohende Gefahr eines Aufstandes abzuwenden. Aber dazu hätten sich sowohl die sowjetische als auch die ungarische Führung zu mutigeren und überzeugenderen Veränderungen entschließen müssen, etwa Imre Nagy wieder als Ministerpräsidenten einzusetzen und János Kádár zum Ersten Sekretär zu ernennen. Dadurch hätte man möglicherweise das für einen Neuanfang notwendige Vertrauen schaffen können. Ernő Gerő kündigte zwar eine Politik der »tabula rasa« an, doch der verlorene Kredit der Partei- und Staatsführung war mit den halbherzigen personellen Veränderungen nicht mehr zurückzugewinnen. Auch verloren die Menschen allmählich die Angst. Gerő war kaum beliebter als Rákosi, doch er wußte nunmehr keinen verläßlichen Apparat hinter sich. Diese Unsicherheit zeigte sich bereits wenige Wochen nach seinem Amtsantritt.

Júlia Rajk, Witwe des prominentesten Opfers der Rákosi-Ära, die nach der Hinrichtung ihres Mannes 1949 selbst Jahre im Gefängnis verbracht hatte, forderte für die sterblichen Überreste László Rajks eine feierliche Bestattungszeremonie und die uneingeschränkte moralische Rehabilitierung ihres Mannes. Die Kundgebung der Hunderttausende, die sich an diesem Tag zum Friedhof aufmachten, war eine unübersehbare Demonstration nicht nur gegen die schuldhaften Verstrickungen des Regimes, sondern auch Zeichen seiner Schwäche.

In der Tat, die Menschen spürten die Unsicherheit der Führung genau, spürten, wie sehr der ganze Machtapparat bereits gelähmt war, daß ein Vakuum entstanden war und daß die Entscheidung darüber, wem die Straße gehörte, nicht länger allein bei der Obrigkeit lag. Eine kleine Gruppe von Studenten lieferte dafür gleich am Nachmittag nach der Begräbniszeremonie den Beweis: Am Denkmal des 1849 hingerichteten Ministerpräsidenten Batthyány veranstalteten sie eine Kundgebung.

Der Tag war wie eine Ouvertüre zu den Ereignissen des 23. Oktobers. Doch in der Revolution sollten dann neue Kräfte auf die Bühne treten und die Hauptrollen übernehmen. Der Studentenprotest ging zum Teil aus der Bewegung der intellektuellen parteiinternen Opposition des Sommers und Herbstes 1956 hervor. Bereits bei seinem ersten Schritt, der Schaffung eines eigenen unabhängigen Verbandes, wurde auf einmal klar, daß der studentische Widerstand viel radikaler als jener der parteiinternen Opposition war. Indem die Studenten unabhängig von der Zentrale auf basisdemokratischen Prinzipien etwas Neues geschaffen hatten, zerbrachen sie die zentral gelenkte, stalinistische Struktur der Institutionen: Die provisorischen Führungsgremien wurden von den Vollversammlungen gewählt, wo sich alle Anwesenden auch an der Formulierung der studentischen Forderungen unmittelbar beteiligten konnten.

Der zweite entscheidende Punkt war, daß die Studenten sich mit der bloßen Kritik an den bestehenden Verhältnissen und der Formulierung vager Reformideen nicht mehr zufriedengaben. Sie stellten Forderungen: Nach dem Vorbild der Zwölf-Punkte-Forderung der 1848er Revolutionäre — nach bürgerlichen Freiheitsrechten, Parlamentarismus und nationaler Unabhängigkeit — wurden an allen Universitäten des Landes Manifeste verfaßt. Sie waren in unterschiedlich viele Punkte gegliedert und im einzelnen auch nicht gleichlautend, doch in der Grundeinstellung einander erstaunlich ähnlich. In der Woche vor dem 23. Oktober fanden an den Hochschulen überall im Land Versammlungen statt, die alle fast identisch abliefen. Die große Studentenversammlung am 22. Oktober an der Budapester Technischen Universität entwickelte sich dann zum unmittelbaren »Vorspiel« der revolutionären Erhebung.

Der Gedanke einer politischen Demonstration lag in diesen Tagen sozusagen in der Luft. Die Studenten der Philosophischen Fakultät hatten den gleichen Beschluß gefaßt. Am 23. Oktober vormittags wurden die Vorstellungen der Initiatoren beider Universitäten dann koordiniert: Die Studenten der TU sollten in einem Schweigemarsch und ohne Tafeln oder Transparente, die von der Philosophischen Fakultät mit Fahnen und Transparenten losmarschieren. Treffpunkt war das Denkmal des Generals Bem, des legendären polnischen Revolutionärs, der 1849 die ungarischen Truppen gegen die Habsburger und die zaristische Interventionsarmee in mehreren Schlachten zum Sieg geführt hatte.

Um 12.53 Uhr dagegen wurde die Bekanntmachung des Innenministers verlesen: »Im Interesse der öffentlichen Sicherheit und Ordnung werden Kundgebungen und Straßendemonstrationen bis auf weiteres untersagt.« Studenten und Verfechter der Reformen (Schriftstellerverband, Petőfi-Kreis, Redaktion des Szabad Nép) protestierten. Offenbar bevor die Vertreter der harten Linie Einspruch erheben konnten, wurde um 14.23 Uhr im Rundfunk verkündet, daß der Innenminister das Versammlungs- und Demonstrationsverbot aufgehoben habe.

Die Studenten kümmerten sich weder viel um das Verbot, noch um dessen Aufhebung . Das Verbot wirkte eher mobilisierend. Am frühen Nachmittag setzten sich die Demonstrationszüge in Bewegung. Die Parteiführung hatte noch immer nicht begriffen, daß es sich hier nicht mehr um eine bloße Unmutsdemonstration handelte, die man mit halbherzigen polizeilichen Maßnahmen, die Entschlossenheit demonstrieren sollten — zum Beispiel die Verstärkung der Bewachung des Rundfunkgebäudes —, hätte beschwichtigen können. Der Protest, der bereits eine Eigendynamik entwickelt hatte, war mit Methoden des »Krisenmanagements« altbewährter Art nicht mehr zu beeinflussen.

Auch die Führer der innerparteilichen Opposition zeigten für die Demonstrationen keine ungeteilte Begeisterung. Sie fürchteten sich vor Provokationen und davor, daß Gerő die Verantwortung auf sie abwälzen und sie eventuell verhaften lassen würde. Deshalb hatten sie die Sprecher der jugendlichen Protestler, die sie aufsuchten, auch zur »Bewahrung von Disziplin und Ordnung« aufgefordert. In anderer Hinsicht wiederum war man in diesem Kreis um so optimistischer: Nach der Nachricht von der Wahl Władysław Gomułkas zum Parteichef in Polen war man sicher, daß es auch in Ungarn zu Veränderungen kommen werde.

Vor dem Parlamentsgebäude und in den umliegenden Straßen waren um die 200 000 Menschen versammelt — Studenten, Arbeiter, die Bevölkerung der Hauptstadt —, und sie riefen nach Imre Nagy. Tausende demonstrierten auch an anderen Stellen der Stadt: beim Stalin-Denkmal am Rand des Stadtwäldchens und vor dem Rundfunkgebäude, wo die Menge die Ausstrahlung der studentischen Forderungen verlangte.

Imre Nagy zeigte sich gegen 21 Uhr von einem der Balkone der auf dem Platz gespannt wartenden Menge. Bereits seine Anrede »Genossen!« rief Enttäuschung und heftigen Widerwillen hervor. Noch mehr galt das für seine Rede, in der er als gangbaren Weg zur Entfaltung des Regierungsprogramms vom Juni 1953 »parteiinterne Verhandlungen und Klärung der Lage« bezeichnete. Er forderte die Menge auf, nach Hause zu gehen, und seine Aufforderung wurde befolgt. Der Platz leerte sich, doch die Menschen verließen ihn enttäuscht, ja sogar wütend. Die Enttäuschung über Nagys Rede, in der die Forderungen der Demonstranten stillschweigend übergangen worden waren, saß tief.

Kurz darauf gelang es der Menge, mit Hilfe von Lastwagen und Schweißgeräten das riesige Stalin-Denkmal auf dem Paradeplatz vom Sockel zu holen. Mit Hammern und Beilen ging die Masse daran, das gestürzte Idol des Systems in Stücke zu zerschlagen. Ebenfalls gegen 21 Uhr erfolgte die Wende vor dem Rundfunkgebäude. Die zur Verteidigung im Haus befindlichen Soldaten und Angehörigen der Staatssicherheit glaubten, die Lage klären zu müssen: Zunächst in die Luft abgegebene Schüsse trafen dann auch Menschen vor dem Gebäude. Die

Demonstranten, mittlerweile bewaffnet — teils mit Gewehren, die sie von den Soldaten, die zur Verstärkung der Wachmannschaft beordert worden waren, erhalten hatten, teils mit solchen, die aus Kasernen der Volksarmee herbeigeschafft worden waren —, stürmten das Rundfunkgebäude. Der bewaffnete Aufstand hatte begonnen.

Als Nagy um 22 Uhr das Parlamentsgebäude verließ und in die nahegelegene Parteizentrale hinüberging, war Gerő über die bewaffneten Auseinandersetzungen beim Rundfunkgebäude bereits unterrichtet und im Begriff, erneut mit Moskau zu telefonieren. Wahrscheinlich war es dieses Telefongespräch, in dessen Verlauf Chruschtschow schließlich dem Truppeneinsatz zustimmte.

Am späten Abend trat das ungarische Zentralkomitee zusammen. Es wurde beschlossen, den Aufstand, den man als »das Werk konterrevolutionärer, faschistischer Kräfte« definierte, mit Hilfe der Armee, bewaffneter Sicherheitskräfte und sowjetischer Truppen niederzuwerfen.

Die von der halbherzig erneuerten Führung in der Nacht vom 23. Oktober gefaßten Beschlüsse wurden in den Morgenstunden im Rundfunk verlesen: Der Ausnahmezustand war ausgerufen, Versammlungsverbot und Ausgangsperre waren verhängt. Den bewaffneten Aufständischen wurde das Standgericht angedroht. Darüber hinaus gab man bekannt, daß die Regierung zur Wiederherstellung der Ordnung die sowjetischen Streitkräfte um Hilfe gebeten habe.

Die Forderung nach Freiheit am 23. Oktober 1956 bedeutete in erster Linie: Abzug der Besatzungsarmee, Beendigung der militärischen, politischen und wirtschaftlichen Abhängigkeit, Überprüfung der für das Land ungünstigen Verträge sowie die Wiedereinführung der traditionellen ungarischen Symbole anstelle der nach sowjetischem Muster gestalteten Embleme und Uniformen. Nach der sowjetischen Intervention am 24. Oktober rückte dann die Forderung nach sofortigem Abzug der gegen die Revolution eingesetzten sowjetischen Truppen an die erste Stelle: zuerst nur der Abzug der Truppen aus Budapest und aus den größeren Provinzstädten, schon bald aber aus dem ganzen Land.

Meinungsfreiheit und Freiheit der Presse standen auf den Forderungslisten ganz oben. Die Versammlungs- und Organisationsfreiheit war bereits durch die Neugründung der freien Studentenorganisation (MEFESZ) und dann durch die Arbeiterräte und Revolutionskomitees in der Praxis verwirklicht worden. Das Streikrecht als Forderung erschien ausnahmslos unter den Programmpunkten der Arbeiterräte. Ebenso allgemein wurden, wenn auch in unterschiedlichen Formulierungen, freie Wahlen gefordert. Die Religionsfreiheit, von der Parteidiktatur nicht minder beschnitten als die Meinungsfreiheit, wurde bereits ausdrücklich am 24. Oktober vom Arbeiterrat im Industrierevier Csepel ins Programm geschrieben.

Die entscheidendsten Vertreter all dieser Forderungen, die eine unmißverständliche Antwort auf die obrigkeitliche Machtdemonstration gaben, waren die bewaffneten Aufständischen. Das war den Machthabern durchaus bewußt. Die Parteiführung hatte bereits in der Nacht vom 23. zum 24. Oktober zur Koordinierung der Maßnahmen gegen die Aufständischen einen Militärrat ins Leben gerufen, der im Sinne des Warschauer Vertrages mit dem Befehlshaber der in Ungarn stationierten sowjetischen Truppen unverzüglich Verbindung aufnehmen sollte. Der Grund, warum es nicht zu massivem Einsatz von Truppen der Ungarischen Volksarmee kam, ist in der bereits erwähnten moralischen Zerrüttung und dem inneren Zwiespalt der Führung zu suchen. Weder die politische noch die militärische Führung konnten sicher sein, daß die Truppen den Befehl befolgen würden, auf Zivilisten zu schießen. So kämpften in Budapest allein die bewaffneten Einheiten der Staatssicherheit an der Seite der Sowjettruppen.

Die Aufständischen, die sich gegen diese Truppen stellten, waren zahlenmäßig nicht sehr stark; der Kampf wurde zunächst nur von ein paar tausend Bewaffneten geführt. Es war ihnen bis zum 28. Oktober nicht gelungen, irgendein strategisch wichtiges Objekt zu besetzen (das zerschossene und unbrauchbar gewordene Rundfunkgebäude wurde von sowjetischen Soldaten am 24. Oktober zurückerobert), aber in kleinen Gruppen waren sie in allen Teilen der Hauptstadt präsent. Sie griffen die sich in den engen Straßen schwerfällig bewegenden sowjetischen Panzer an und fügten den Truppen bedeutende Verluste zu. Es gelang ihnen, einige feste Widerstandsbasen zu bilden: in Pest in der Corvin-Passage und an verschiedenen Punkten des VIII. und XI. Bezirks, in Buda am Széna-Platz und am Móricz-Zsigmond-Platz. In den Außenbezirken in Csepel und Ujpest gab es größere bewaffnete Gruppen.

Der Widerstandswille und die Ausdauer der »Budapester Jungs« waren zu einem entscheidenden politischen Faktor geworden, denn sie waren es, die den Kampf gegen die Übermacht in den kritischen Momenten, zwischen dem 24. und 28. Oktober, weiterführten. Sie stellten sich mit primitiven Mitteln (Handfeuerwaffen, Molotowcocktails) und mit bewundernswerter Tapferkeit gegen die sowjetischen Panzer. Ausschlaggebend dabei war natürlich, daß sie der praktischen, aber vor allem der moralischen Unterstützung der Bevölkerung gewiß sein konnten.

Die Nachrichten aus der Hauptstadt mobilisierten die Menschen überall im Lande. Vom 24. Oktober an gab es in den Städten und dann auch in den kleineren Gemeinden Demonstrationen und Protestkundgebungen. Das Szenario der revolutionären Ereignisse entwickelte sich in allen Orten auf ähnlicher Weise, als ob die Protagonisten einem Drehbuch gefolgt wären. Es begann meist mit einer Massenkundgebung von Studenten, Schülern und anderen jungen Leuten. Das Volk nahm den öffentlichen Raum im physischen Sinne in seinen Besitz.

Bei der revolutionären Erhebung in den Provinzstädten blieb die bewaffnete Konfrontation in der Regel aus, mag es auch mancherorts einzelne blutige Zusammenstöße gegeben haben, die dann aber sofort zum völligen Zusammenbruch der alten Macht führten.

In größeren Ortschaften setzten sich die lokalen Revolutionskomitees in der Regel aus Delegierten der Arbeiter- und Studentenräte zusammen, die — je nach örtlichen Gegebenheiten — entweder durch Vertreter der 1945er Koalitionsparteien oder durch einzelne geachtete Persönlichkeiten des Verwaltungsapparats erweitert wurden. In den kleineren, übersichtlichen Gemeinden wurden die Revolutionskomitees nach dem Beispiel der Arbeiterräte aus direkt gewählten, vertrauenswürdigen Persönlichkeiten gebildet. So wurde Attila Szigethy Vorsitzender des Revolutionskomitees von Győr, der Jurist Józse Perbíró Vorsitzender des Nationalkomitees in Szeged, in Vesprém der Oberstudienrat Arpád Brusznyay Vorsitzender des Revolutionskomitees. Im Komitat Borsod stellte sich dessen Parteisekretär Rudolf Földvári an die Spitze der revolutionären Umwälzung. Etwas anders als in den größeren Provinzstädten verlief die Revolution in den kleineren Gemeinden. In den Dörfern geschah der Umbruch gewöhnlich schnell und gewaltlos — die Stalinisten setzten sich einfach ab.

Die lokalen Selbstverwaltungsorgane spielten während der Revolution eine nicht zu unterschätzende Rolle. Budapest war zwar das Zentrum, doch die sich in den Provinzzentren schnell entwickelnden Selbstverwaltungen übten auf die Partei- und Staatsführung und auch auf Imre Nagy persönlich starken politischen Druck aus.

Die Führung der MDP, in ihrem Budapester Hauptquartier von sowjetischen Panzern umstellt, war in den ersten Tagen nach dem 23. Oktober, als ihr die Kontrolle über die Lage mehr und mehr entglitt, noch immer nicht bereit, auf die alten Methoden zu verzichten.

Zum Schutz des Regierungsviertels wurden auf den Dächern der umliegenden Häuser Einheiten der Staatssicherheit in Stellung gebracht. So kam es am Vormittag des 25. Oktober zum Massaker unter der vor dem Parlamentsgebäude friedlich demonstrierenden Menge. Tausende nahmen an der Kundgebung mit Fahnen und Plakaten teil, einige ungarische und sogar etliche sowjetische Panzer schlossen sich ihnen an, denn die Kämpfe schienen allmählich nachzulassen. Plötzlich wurde aus allen Richtungen geschossen. Bei diesem wohl blutigsten Ereignis der Revolution waren über hundert Tote und Verletzte zu beklagen. In den folgenden Tagen gab es in einer Reihe von Provinzstädten ähnliche Vorfälle: in Győr, Miskolc, Zalaegerszeg, Esztergom, wo von Kräften der Staatssicherheit, gelegentlich auch von regulären Armeeinheiten, auf Demonstranten geschossen wurde, die die Herausgabe von Waffen, den Anschluß der bewaffneten Kräfte an die Revolution oder die Freilassung von gefangenen Aufständischen verlangten. Der Schießbefehl vor der Kaserne der Grenztruppen in Mosonmagyaróvár hat allein an die hundert Opfer gefordert. In Kecskemét und Tiszakécske wurden Demonstranten von Flugzeugen der Ungarischen Armee beschossen.

Der Terror erreichte sein Ziel aber nicht, der Widerstand blieb ungebrochen, die Massen gingen weiter auf die Straßen. Einziges Ergebnis des Waffeneinsatzes war Haß. Jetzt wurde überall die unverzügliche Auflösung des Staatssicherheitsdienstes gefordert. In Miskolc und Mosonmagyaróvár hatte der Schießbefehl noch schwerwiegendere Folgen: Einige Offiziere und Soldaten vom Sicherheitsdienst oder der Grenzwache, die man für schuldig hielt, wurden gefaßt und von der erbosten Menge gelyncht.

Bereits in der ZK-Sitzung am 26. Oktober schlugen Ferenc Donáth und Géza Losonczy vor, den Aufstand, der am 24. Oktober als »Konterrevolution« gebrandmarkt worden war, als demokratische Nationalbewegung anzuerkennen, doch ohne Erfolg. Die Reihe der Delegationen (Schriftstellerverband, Revolutionskomitee der Universitätsjugend, einzelne oppositionelle Schriftsteller und Journalisten), die bei Imre Nagy vorsprachen, riß nicht ab. Alle versuchten, den vom aktuellen Geschehen abgeschnittenen (oder abgeschnitten geglaubten) Regierungschef über die tatsächlichen Vorgänge im Lande zu unterrichten. Diese Bemühungen bewirkten, daß Nagy schließlich klar wurde: Es war unmöglich, die Wende herbeizuführen, ohne die Forderungen der Bevölkerung zu erfüllen.

Die entscheidende Debatte in der Parteiführung fand in der Nacht vom 27. zum 28. Oktober statt. János Kádár und mit ihm die Mehrheit stellten sich auf die Seite Nagys. Die Wende wurde auch von den sowjetischen Unterhändlern Mikojan und Suslow akzepiert. Sie wußten in diesem Moment noch nicht, welchen Standpunkt das Parteipräsidium in Moskau einnehmen würde. Außerdem hatten die in Ungarn stationierten sowjetischen Truppen weder zahlenmäßig noch taktisch die zur Niederwerfung des Aufstandes erforderliche Stärke.

Die Spitzenorgane der MDP wurden aufgelöst, die Leitung der Partei einem Präsidium übertragen, in dem Nagy auf die Unterstützung einer Mehrheit rechnen konnte. Nagy gab die Auflösung des Staatssicherheitsdienstes bekannt. Die Wahrung der öffentlichen Ordnung sollte den mit dem Aufstand sympathisierenden Polizeikräften der Hauptstadt, der Armee und den aufständischen Gruppen, die in die Nationalgarde eingegliedert werden sollten, übertragen werden. Die am meisten kompromittierten Stalinisten der Parteiführung mit Ernő Gerő und András Hegedűs an der Spitze wurden in die Sowjetunion verbannt. Der Ministerpräsident hatte gehofft, daß diese Maßnahmen zur Versöhnung ausreichen würden und daß er an der Spitze einer gesäuberten, die Wendepolitik mittragenden Führung mit der Verwirklichung der Reformpläne werde beginnen könne.

Imre Nagy — von den bremsenden Kräften der alten MDP-Führung befreit — verkündete schließlich am 30. Oktober das Ende des Einparteiensystems. Er gab die Bildung eines engeren Kabinetts bekannt, in das Vertreter der Parteien der 1945er Koalitionsregierung berufen wurden. Diesem Kabinett gehörten außer Imre Nagy Géza Losonczy und János Kádár (MDP), Zoltán Tildy und Béla Kovács (Kleinlandwirtepartei) sowie Ferenc Erdei (Bauernpartei) an. Der den Sozialdemokraten zugedachte Sitz blieb wegen der Zurückhaltung ihrer Führung zunächst unbesetzt. Es wurde bekanntgegeben, daß die Regierung die Aufständischen an der Organisation der neuen Ordnungskräfte beteiligen, die auf den Bauern lastenden Ablieferungsquoten abschaffen und die Verhandlungen über den vollständigen Abzug der sowjetischen Truppen aufnehmen wolle.

Die Regierung unternahm neben den grundsätzlichen Entscheidungen über eine breite Koalition noch eine ganze Reihe praktischer, auf Konsolidierung zielende Schritte. Am 30. Oktober kam es im Polizeipräsidium der Hauptstadt zur Gründung des Revolutionskomitees der Ordnungskräfte, das die Polizei und Armee sowie die aus bewaffneten Aufständischen, Studenten und Werkschutzleuten zu rekrutierende Nationalgarde überwachen sollte. Zum Vorsitzenden des Revolutionskomitees wurde General Béla Király gewählt, der aufgrund falscher Anschuldigungen verurteilt worden war und erst kurz vor der Revolution das

Gefängnis hatte verlassen dürfen. Das Ministerium für Landesverteidigung wurde von den schlimmsten stalinistischen Generälen gesäubert, und das Revolutionskomitee der Armee bekundete seine Loyalität zur Revolution.

Sollte der Wende aber Erfolg beschieden sein, mußte sich auch die kommunistische Partei erneuern. Das Parteipräsidium beschloß am 30. Oktober die Auflösung der MDP. Am nächsten Tag erfolgte unter dem Namen Ungarische Sozialistische Arbeiterpartei (Magyar Szocialista Munkáspárt, MSZMP) die Neugründung. Ins Exekutivkomitee wurden Imre Nagy, Zoltán Szántó, Győry Lukács, Ferenc Donáth, Géza Losonczy, Sándor Kopácsi und János Kádár gewählt.

Das politische Spektrum erweiterte sich auch dadurch, daß der seit Sommer 1956 nicht mehr im Gefängnis, sondern in einem Landhaus von der Staatssicherheit bewachte Primas Ungarns, Josef Kardinal Mindszenty, freigelassen und von der Panzereinheit in Rétság (etwa 70 km nordöstlich von Budapest) gleichsam im Triumphzug nach Buda, ins Erzbischöfliche Palais, geleitet wurde. Damit vollbrachte die Revolution die faktische »Rehabilitierung« des bekanntesten Märtyrers der kommunistischen Schauprozesse. Ungebrochen von mehrjähriger Haft, erklärte der Kirchenfürst sofort nach seiner Befreiung, daß er »dort fortsetzen werde, wo er abbrechen mußte«, und gegen die illegale Diktatur nach wie vor entschieden aufzutreten gedenke.

In Erscheinung getreten waren auch ausgesprochen destabilisierende Kräfte. Der in den vorangegangenen Tagen aufgestaute Haß wurde durch die Auflösung des Staatssicherheitsdienstes nicht besänftigt. Er kam am 30. Oktober vor der Budapester Parteizentrale auf dem Köztársaság-Platz zum Ausbruch. Zum Schluß des mehrstündigen Kampfes um das Gebäude, bei dem der mit Nagy sympathisierende Budapester Parteisekretär, Imre Mezö, tödlich getroffen wurde, wurden mehrere Schutzmänner der AVH, die sich ergeben hatten, regelrecht abgeschlachtet, einige wurden gelyncht und ihre Leichname verstümmelt. Obwohl diese Vorkommnisse in den folgenden Tagen von einer ganzen Reihe revolutionärer Organisationen, auch von der freien Presse, dem Schriftstellerverband und mehreren Führern der Aufständischen scharf verurteilt wurden, konnte die Kádár-Restauration aus dem Greuel der Lynchjustiz geschickt politisches Kapital schlagen.

Am 31. Oktober verbreitete sich in Budapest die Nachricht, daß der am Vortag begonnene sowjetische Truppenabzug gestoppt worden sei. Es zogen neue Einheiten ins Land, sie gingen an den strategisch wichtigen Punkten in Stellung, die Städte und Flughäfen wurden umzingelt. Von diesem Zeitpunkt an waren die innen- und außenpolitischen Schritte der Regierung Imre Nagys allein darauf gerichtet, die drohende Katastrophe noch irgendwie abzuwenden. Der Austritt aus dem Warschauer Pakt am 1. November (mit der Begründung, daß das Abkommen durch die sowjetische Invasion verletzt worden sei) und die Neutralitätserklärung waren die letzten verzweifelten Schritte in diese Richtung.

Die Neutralitätserklärung fand im Lande selbst viel größeren Widerhall als bei den angesprochenen Großmächten. Die Konsolidierung trat qualitativ in eine neue Phase. Die Arbeiterräte von Budapest beschlossen auf ihrer gemeinsamen Konferenz am Abend des 1. November, den Generalstreik abzubrechen und zur Wiederaufnahme der Arbeit am Montag, dem 5. November, aufzurufen. In vielen Betrieben wurde die Arbeit bereits am Samstag, dem 3. November, aufgenommen. In Budapest waren mehrere Straßenbahn- und Buslinien wieder in Betrieb, hier und da wurde auch mit der Beseitigung der Spuren der Kämpfe begonnen. Die Delegierten der zuvor mißtrauischen Arbeiterräte (aus Csepel, Miskolc, Ujpest usw.) erschienen zwischen dem 1. und 3. November bei Imre Nagy und sicherten der Regierung ihre Unterstützung zu. Das gleiche tat auch die Delegation aus Győr unter Führung von Attila Szigethy anläßlich einer Unterredung mit dem Ministerpräsidenten. Sogar das Täuschungsmanöver des sowjetischen Militärkommandos vermehrte die Hoffnung: Am Vormittag des 3. November begannen im Parlament die Verhandlungen über die technischen Bedingungen des Truppenabzugs.

Am gleichen Tag wurde das Kabinett noch einmal umgebildet. Die neue kommunistische Partei, die MSZMP, war durch Imre Nagy (der am 1. November auch das Außenressort übernahm) und durch Géza Losonczy vertreten, die Sozialdemokraten durch Anna Kéthly, Gyula Kelemen und József Fischer, die Partei der Kleinlandwirte durch Zoltán Tildy, Béla Kovács und István B. Szabó, die Petőfi-Partei (die ehemalige NPP) durch Ferenc Farkas und István Bibó (sämtlich als Staatsminister). Generalmajor Pál Maléter übernahm das Verteidigungsministerium.

Auf der Kabinettsliste war auch der Name des Staatsministers János Kádár aufgeführt. Er war es, der am 1. November im Rundfunk die Gründung der erneuerten, anti-stalinistischen kommunistischen Partei (der MSZMP) bekanntgab und in der Kabinettsitzung die Neutralitätserklärung und den Austritt aus dem Warschauer Pakt unterstützte. Doch Kádár bewegte sich noch am gleichen Tag genau in die entgegengesetzte Richtung als Imre Nagy: Er beschritt den Weg zur Liquidierung der Revolution.

Kádár und Ferenz Münnich begaben sich am Abend des 1. Novembers in die sowjetische Botschaft. An den folgenden Tagen verhandelte die sowjetische Führung mit ihnen auch in Moskau. Am 4. November in der Frühe — gleichzeitig mit dem Beginn des Generalangriffs der sowjetischen Truppen — gaben Kádár und Münnich in Szolnok die Gründung einer Gegenregierung bekannt.

Jan Štaigl

Die militärstrategische Stellung der Slowakei und die militärischen Sicherheitsmaßnahmen auf ihrem Territorium im Zusammenhang mit den Ereignissen in Ungarn und Ägypten im Herbst 1956

Mit der Entstehung der Organisation des Warschauer Paktes im Mai 1955 fand der Prozeß der militärpolitischen Integration des Ostblockes formal seinen Abschluß. Das bisherige System der bilateralen Bündnisse zwischen der UdSSR und ihren europäischen Satellitenstaaten wurde durch einen kollektiven Bündnisvertrag ersetzt, der vom Wesen her die sowjetische militärische Oberherrschaft über das Hegemoniegebiet dieser Supermacht festigte.

Platz und Aufgabe der Tschechoslowakischen Republik in der Staatengruppierung des Warschauer Paktes ergaben sich aus ihrer Lage in einem geopolitisch und geostrategisch exponierten Raum Mitteleuropas, an der Berührungslinie mit dem potentiellen »Gegner« NATO. Diese Linie — auch Hauptverteidigungslinie des Warschauer Paktes genannt — begann im Nordwesten mit der »ostdeutschen Verteidigungslinie«, verlief über das Territorium Böhmens (Čechy), Mährens (Morava) und der Slowakei (Slovensko) und setzte sich im Südwesten in der »ungarischen Verteidigungslinie« fort.

Das Territorium der Tschechoslowakei war ein bedeutendes Glied in der Pufferzone beider militärpolitischer Gruppierungen. Es stellte gewissermaßen einen Keil dar zwischen den beiden wichtigsten strategischen Richtungen in Europa: der nördlichen, die durch Ostdeutschland und Polen führte, und der südlichen, die durch Österreich und Ungarn verlief. Durch das geographische Relief der Tschechoslowakei wurden diese beiden Richtungen auf natürliche Art und Weise voneinander getrennt, gleichzeitig aber auch durch das Gebiet der Mährischen Pforte (Moravská brána) an der Verbindungslinie der Städte Český Těšín — Břeclav miteinander verbunden.

Geographisch gesehen war das Territorium der Tschechoslowakei in zwei relativ selbständige Teile gegliedert: in den böhmisch-mährischen und den slowakischen geostrategischen Raum. Beide Räume waren durch die als Mährisches Becken bezeichnete Region der Slowakei verbunden.

Die militärstrategische Stellung der Slowakei nach dem Zweiten Weltkrieg änderte sich mit der allmählich fortschreitenden Umwandlung der Machteinflußsphäre der Sowjetunion in einen politisch homogenen, gegenüber der westlichen Welt feindlichen, praktisch in sich geschlossenen und durch innere Bindungen vereinten Staatenblock, der von den Interessen der sowjetischen Politik gelenkt wurde.

Mit dem Anschluß der Karpato-Ukraine an die UdSSR erhielt die Slowakei eine gemeinsame Staatsgrenze mit einer Großmacht, die auf der Grundlage des Bündnisvertrages vom 12. Dezember 1943 zur neuen Dominante der außen- und militärpolitischen Orientierung der erneuerten Tschechoslowakischen Republik wurde. Das slowakische Territorium stellte ein wichtiges Bindeglied zwischen den westlichen Teilen des Staates und der Sowjetunion dar. Die gemeinsame slowakisch-sowjetische Grenze ermöglichte den Streitkräften der UdSSR den direkten Zutritt zum Territorium der Tschechoslowakei.

In Übereinstimmung mit der unmittelbaren Nachkriegskonzeption der Verteidigung der ČSR, in starkem Maße von den Grundzügen der vor Abschluß des Münchener Abkommens beschlossenen »Rückzugsstrategie« beeinflußt, war die Slowakei ein bedeutender rückwärtiger Raum der tschechoslowakischen Armee und gleichzeitig ein operativ-strategischer Aufmarschraum für die Aufnahme offensiver Handlungen durch die verbündeten Truppen[1].

Von Norden war dieser Raum nicht nur durch natürliche Hindernisse geschützt, sondern auch durch den Charakter der Beziehungen zwischen der ČSR und Polen. Trotz bestehender territorialer Streitigkeiten zwischen beiden Staaten, bei denen es auch um einen Teil des slowakischen Territoriums an den Oberläufen der Flüsse Orava und Spiš ging, galten sie als freundschaftlich, und man ging davon aus, daß aus diesen Beziehungen logischerweise ein gegenseitiger Bündnisvertrag resultieren würde. Zum Abschluß dieses Vertrages im März 1947 trug jedoch letztendlich erst das persönliche Eingreifen Jossif W. Stalins bei. Eine andere Situation bestand im Süden der Slowakei, wo Österreich und Ungarn zur Gruppe der besiegten Staaten gehörten und die tschechoslowakische Politik ihnen — besonders im Fall von Ungarn — noch eine gewisse Zeit nach dem Krieg die Rolle eines potentiellen erneuten Angreifers oder dessen Verbündeten zuschrieb.

Bis zur Unterzeichnung der Friedensverträge mit Ungarn und den anderen ehemaligen Verbündeten Hitlerdeutschlands und bis zu der Durchsetzung des kommunistischen Machtmonopols in den Ländern der Einflußsphäre der UdSSR nahm die Slowakei deshalb auch unter dem Aspekt der Wahrung der südlichen militärischen Sicherheitsinteressen der ČSR eine bedeutende Stellung ein.

Außer durch die potentielle ungarische Bedrohung, die sich auf Reminiszenzen an die Politik Ungarns in der Vorkriegs- und Kriegszeit stützte, wurde die militärische Bedeutung der Slowakei durch die Verbündetenrolle der Tschecho-

1 Die Führung der tschechoslowakischen Armee hielt nach dem Zweiten Weltkrieg im wesentlichen an den vor dem Münchener Abkommen beschlossenen Plänen zur Führung von Verteidigungs- und Rückzugskämpfen bis zur Ankunft der verbündeten Kräfte mit anschließendem Übergang zum strategischen Gegenangriff fest. Durch die schrittweise Zurücknahme der Truppen bis zum Böhmisch-Mährischen Hochland, notfalls bis zum mährisch-slowakischen Grenzgebiet, sollte die tschechoslowakische Armee die Bedingungen für die Sicherung der Zuführung und der Entfaltung der Großverbände und Verbände der Sowjetischen Armee schaffen. Ihr Eingreifen sollte die Front stabilisieren, das Kräfteverhältnis verändern und die Aufnahme von Angriffsoperationen mit dem Ziel der Befreiung des westlichen Teils des Staates gewährleisten.

slowakei, sich gemeinsam mit Jugoslawien an der Eliminierung der Gefahr eines Vordringens des westlichen Gegners in der südlichen strategischen Richtung zu beteiligen, um ein Vielfaches erhöht. Das schnell wiederhergestellte Verkehrsnetz in der Slowakei und der Charakter des Geländes ermöglichten verhältnismäßig weiträumige Truppenverlegungen nicht nur nach Böhmen und Mähren, sondern auch bis in die Donauebenen.

In der Vorbereitung des Friedensvertrages mit Ungarn sah die tschechoslowakische Führung eine Gelegenheit, die militärstrategische Stellung der Slowakei gegenüber diesem Staat »aufzubessern«. Ihre Politik war vor allem auf eine deutliche Einschränkung des ungarischen militärischen und kriegswirtschaftlichen Potentials sowie auf die Schaffung günstigerer Geländebedingungen für die Verteidigung der slowakisch-ungarischen Grenze ausgerichtet, die von tschechoslowakischen Militärexperten in ihrer damaligen Form als »heikel« eingeschätzt wurde. Möglichkeiten für die Beseitigung ihrer »strategischen Schwächen« sahen sie in der Durchsetzung einiger Veränderungen im Grenzverlauf[2].

Die Ergebnisse der Pariser Friedenskonferenz haben jedoch deutlich gezeigt, daß die Sowjetunion weder ein Interesse an einer allzu großen militärischen Schwächung Ungarns noch an einer Vertiefung der Konflikte Ungarns mit seinen Nachbarn hatte. Die tschechoslowakische Delegation war gezwungen, dem Standpunkt der UdSSR-Vertreter zuzustimmen, daß in Ungarn eine demokratische Regierung eingesetzt worden sei und deshalb von seiten dieses Staates keinerlei Gefahr mehr drohe.

Das war eine grundlegende Wende in der Einschätzung der militärischen Lage im Süden der Slowakei und gleichzeitig ein Signal, daß sich die Sowjetunion um eine Vervollständigung der Kette der Pufferstaaten in Mittel- und Südosteuropa und um die Schaffung qualitativ neuer Beziehungen zwischen ihnen bemühte.

Die Ratifizierung der Friedensverträge mit den fünf ehemaligen europäischen Verbündeten Hitlerdeutschlands und der Machtantritt der Kommunisten in den Satellitenstaaten der UdSSR ermöglichten den schnellen Abschluß des Aufbaus des bilateralen Bündnissystems im Rahmen des sich entwickelnden Ostblocks. Nach der Herausbildung des kommunistischen Regimes in der Tschechoslowakei im Februar 1948 wurde die militärpolitische Verflechtung der Staaten in der Pufferzone um die Verträge der ČSR mit Bulgarien und Rumänien erweitert und der gesamte Prozeß schließlich durch den Vertrag über Freundschaft, Zusammenarbeit und gegenseitigen Beistand zwischen der ČSR und Ungarn, unterzeichnet im April 1949, abgeschlossen.

Die Vereinheitlichung der Interessen der europäischen Satellitenstaaten der Sowjetunion auf der Ebene von Freundschaft, Bündnis und gemeinsamer Verteidigung gegen die »imperialistische« Bedrohung verlagerte die Slowakei unter dem Gesichtspunkt ihrer militärstrategischen Stellung ins »Inland« der entstehenden militärpolitischen Gruppierung.

Mit Ausnahme eines Teiles der Grenze zu Österreich, der von österreichischer Seite durch die Besatzungszone der UdSSR gesichert war, galten alle anderen

2 Štaigl, Vojenskopolitické a vojenskostrategické postavenie.

Staatsgrenzen der Slowakei bereits als militärisch zuverlässig. Die Verantwortung für die Deckung der südlichen strategischen Richtung ging immer mehr auf Ungarn über, das mit Einverständnis der Sowjetunion und mit Hilfe sowjetischer Militärexperten begann, eine zahlenmäßig starke Armee aufzubauen.

Gestoppt wurde auch der Truppenabzug der Sowjetischen Armee vom Territorium Ungarns, der nach Unterzeichnung des Friedensvertrages stattfinden sollte. Der Schwerpunkt der militärischen Anstrengungen der ČSR und der anderen Ostblockstaaten lag auf der Trennlinie zur »imperialistischen« Welt.

Die neuen Determinanten der militärstrategischen Stellung der Slowakei brachten die militärische Bedeutung ihres Territoriums als rückwärtiger Bereich der tschechoslowakischen Armee und gleichzeitig den strategischen Charakter ihrer Kommunikationslinien und der territorialen Verbindung mit der UdSSR und dem Operationsraum in Ungarn zum Ausdruck.

Im letzteren Fall waren sie verbunden mit der schrittweisen Schaffung eines integrierten Netzes konkreter militärischer und militärpolitischer Bindungen, deren Grundlage die existierenden Bündnisverträge zwischen den interessierten Staaten bildeten.

Noch im Jahre 1948 übernahmen auf dieser Basis die in der Slowakei stationierten Flugabwehreinheiten auf Empfehlung des Generalstabes der Streitkräfte der UdSSR die Verantwortung für den Schutz eines Teils des ungarischen Territoriums, und im Januar 1950 wurde ein tschechoslowakisch-ungarisches Abkommen über die Zusammenarbeit auf diesem Gebiet unterschrieben. Danach hatten die militärischen Einrichtungen in der Slowakei nicht nur die Kontrolle der Luftlage zu sichern, sondern auch die Jägerleitausbildung der tschechoslowakischen und ungarischen Piloten durchzuführen. Bei einem drohenden Angriff und im Fall eines Konfliktes mit dem Westen hatten sie außerdem die Aufgabe von Leitstellen für die Luftstreitkräfte beider Staaten zu übernehmen und Fliegerhorste auf slowakischen Flugplätzen bereitzustellen[3]. Das Territorium der Slowakei wurde de facto zu ihrem gemeinsamen Ausbildungs- und Operationsraum.

Im November 1949 wurde auch ein tschechoslowakisch-ungarisches Abkommen über den Aufbau und die Nutzung von militärisch bedeutenden Verbindungswegen zwischen der ČSR, Ungarn und der UdSSR abgeschlossen. Es sah vor, daß sich die Zusammenarbeit in nächster Zeit auf drei Hauptaufgaben konzentrierte:

1. Ausbau einer zweigleisigen Eisenbahnstrecke mit automatischem Streckenblock Čierna nad Tisou — Slovenské Nové Mesto — Budapest — Szob
2. Ausbau der Verladebahnhöfe Čierna nad Tisou, Král'ovský Chlmec und Malá Dobrá
3. Bau einer Betonstraße Čierna nad Tisou — Slovenské Nové Mesto — Budapest.

3 Vojenský historický archív (Militärhistorisches Archiv, VHA), Prag, f. Ministerstvo národní obrany (MNO, Ministerium für Nationale Verteidigung), UPS 1949–1950, kart. 1: Tagungsprotokoll vom 22.3.1950.

Im August 1951 wurde dieses Abkommen um weitere Punkte ergänzt, die mit der militärischen Nutzung der Eisenbahn-, Straßen- und Schiffahrtsverbindungen zwischen der Slowakei und Ungarn zusammenhingen. Gleichzeitig konnten Fragen einer direkten Fernmeldeverbindung zwischen dem tschechoslowakischen und dem ungarischen Generalstab über das slowakische Territorium gelöst werden.

In diesem Zusammenhang wurden auch Möglichkeiten der Erweiterung auf die Fernsprech- und Fernschreibverbindungen Budapest — Prag — Warschau, Prag — Budapest — Bukarest und Prag — Budapest — Sofia mit Anschluß an das Fernmeldenetz der UdSSR beraten[4].

Auf ähnliche Art und Weise wurden noch vor Entstehung des Warschauer Paktes die Verbindungen auch auf anderen Gebieten der militärischen Zusammenarbeit zwischen der Tschechoslowakei und Ungarn gefestigt. Infolgedessen profilierte sich die militärstrategische Stellung der Slowakei im »Innern« des Ostblockes, im Rahmen des Operationsraumes »Mitteleuropa« und im rückwärtigen Raum der tschechoslowakischen Armee immer deutlicher als die einer Armee der ersten operativen Staffel. Im Jahre 1955, nach dem Abzug der Besatzungstruppen aus Österreich, verstärkte sich insbesondere die militärische Bedeutung der Westslowakei entlang der Donau.

Die Entwicklungstendenzen der geopolitischen und militärstrategischen Stellung der Slowakei beeinflußten logischerweise auch Stärke, Struktur und Stationierung jenes Teiles der tschechoslowakischen Armee, der sich auf slowakischem Territorium befand. Tatsächlich kam es bereits seit 1947 zu einer allmählichen Reduzierung der Truppen in der Slowakei zugunsten einer Schwerpunktbildung in der Nähe der westlichen und südwestlichen Grenze der ČSR.

Nach der Herausbildung der kommunistischen Regime in der Tschechoslowakei und in Ungarn und mit der Entwicklung der militärpolitischen Zusammenarbeit beider Staaten in der Zeit der jähen Verschärfung der Spannungen zwischen Ost und West wurde dieser Prozeß noch mehr beschleunigt.

Hinzu kam, daß im September 1950 der Militärbezirk 4 aufgelöst wurde, der seit Ende des Zweiten Weltkriegs ein relativ selbständiges organisatorisches Ganzes auf dem Territorium der Slowakei dargestellt hatte. An seiner Stelle entstand der Militärbezirk 2, der nicht nur die Slowakei, sondern auch einen großen Teil Mährens umfaßte.

Nach fast permanenten Veränderungen in Fragen der Organisation und Stationierung der tschechoslowakischen Armee in der ersten Hälfte der fünfziger Jahre wurde im Oktober 1956 eine weitere Neugestaltung ihrer Friedensgliederung vorgenommen.

In der neuen Struktur waren in der Slowakei im Rahmen des Militärbezirks 2 vor allem Verbände und Einheiten der 4. und 18. Schützendivision, der 2. Jagdfliegerdivision, ein Teil der Verbände der 34. Erdkampffliegerdivision, die Fallschirmjägerbrigade 22, die schweren Artilleriebrigaden 31 und 312, die Panzerjä-

4 VHA Prag, f. MNO-NGŠ 1951, kart. 225, 9–2/12.

gerbrigade 205 und andere Verbände stationiert. Außerdem waren hier vier Militärschulen zur Ausbildung von Offizieren der Fernmelde- und Kfz-Truppen sowie von Flugzeug- und Artillerietechnikern untergebracht.

Bei der Stationierung der Truppen wurde vor allem auf die Absicherung der wichtigsten Gebiete der Slowakei geachtet. In der militärisch bedeutenden westslowakischen Region, in der sich auch Bratislava (Preßburg) als Hauptstadt der Slowakei befand, war die 4. Schützendivision stationiert. In der Ostslowakei mit ihren strategisch wichtigen Verbindungen zur UdSSR befanden sich die 18. Schützendivision und die Fallschirmjägerbrigade 22. Die Verbände der Luftstreitkräfte und der anderen Waffengattungen waren praktisch auf dem gesamten slowakischen Territorium stationiert. Am charakteristischsten an der räumlichen Verteilung der Truppen war ihre südliche Ausrichtung auf die ungarische Grenze.

Die Großverbände (Divisionen und Brigaden) und die selbständigen Verbände des Militärbezirks 2 hatten eine sehr geringe Stärke an Personal und Gerät. Ihre Auffüllung auf den geplanten Stand war erst nach einer teilweisen Mobilmachung vorgesehen. Ende Oktober 1956 betrug die Truppenstärke auf slowakischem Territorium nur 8083 Mann. Das waren keine fünf Prozent der Gesamtstärke der Armee. An schwerem Gerät standen den Einheiten 119 Geschütze und Mörser, 198 Panzer, 21 Panzerhaubitzen und etwa 100 Flugzeuge zur Verfügung.

Neben einem Teil der tschechoslowakischen Armee waren in der Slowakei auch Truppen und bewaffnete Formationen des Innenministeriums stationiert. Dabei ging es hauptsächlich um die Einheiten des Grenzschutzes, die die slowakisch-ungarische Grenze von Bratislava bis Štúrovo bewachten, sowie um die Verbände des Inneren Schutzes, die insbesondere für die Sicherung wichtiger Industrieobjekte zuständig waren.

Die Einheiten der Öffentlichen Sicherheit (Polizei) hatten Aufgaben im Bereich Sicherheit und öffentliche Ordnung zu erfüllen. Ihre Grenzabteilungen beteiligten sich gleichzeitig auch an der Bewachung der Grenze zu Ungarn im Abschnitt ostwärts Štúrovo. Eine ganz spezifische Streitmacht stellten die Volksmilizen (vergleichbar den »Kampfgruppen der Arbeiterklasse« in der DDR) als bewaffnete Komponente der Kommunistischen Partei der Tschechoslowakei dar[5].

II.

Das jähe Auflodern der revolutionären Welle in Ungarn, deren Charakter, Ausmaß und Ziele, »bedrohten« die politische und militärische Integrität des Warschauer Paktes und die strategischen und Operationspläne des sowjetischen Gene-

5 Die Volksmilizen waren unmittelbar dem ZK der KPČ unterstellt. Ihr Oberbefehlshaber war der 1. Sekretär des ZK der KPČ. Die Einheiten der Volksmilizen wurden direkt in den Industriebetrieben und anderen Einrichtungen gebildet. Auf den höheren Ebenen waren sie nach dem Territorialprinzip organisiert. Die Mitgliedschaft in den Volksmilizen war freiwillig.

ralstabes. Bei der tschechoslowakischen Machtelite riefen die Vorgänge in Ungarn Befürchtungen hervor, daß die inneren »antikommunistischen« und »antisozialistischen« Tendenzen, deren offene Erscheinungsformen im Zusammenhang mit der Währungsreform 1953 zeitweilig unterdrückt worden waren, möglicherweise wieder aufleben könnten. Die Aufmerksamkeit konzentrierte sich logischerweise auf die Slowakei — und das nicht nur wegen der gemeinsamen Grenze mit Ungarn. Dazu trugen auch das langfristig anhaltende Mißtrauen des Prager kommunistischen Zentrums gegenüber der Slowakei und dessen Unsicherheit in bezug auf die Einstellung der ungarischen Minderheit zur Entwicklung jenseits der Donau bei. Die Spitzen in Politik und Regierung, die sich mit ihrem ganzen Wesen dem kommunistischen Regime verschrieben hatten und existentiell abhängig waren von der Erhaltung seiner unveränderlichen Werte, waren entschlossen, keinerlei Störung von »Ruhe und Ordnung« zuzulassen.

Bereits am 24. Oktober 1956, unmittelbar nach Ausbruch der Massenunruhen in Budapest, wurde in der Slowakei eine 50prozentige Bereitschaft der bewaffneten Formationen des Innenministeriums und die Bereitschaft der Sicherheitskräfte in Gefängnissen und Umerziehungslagern verfügt. Gleichzeitig wurden die Grenzabteilungen der Öffentlichen Sicherheit an der slowakisch-ungarischen Grenze verstärkt[6].

Am darauffolgenden Tag, dem 25. Oktober, wurde auch die tschechoslowakische Armee in die Sicherheitsmaßnahmen einbezogen. Der Minister für Nationale Verteidigung, Generaloberst B. Lomský, erließ einen Befehl zur Vorbereitung des Einsatzes von Truppen des Militärbezirks 2 zur Verstärkung der Einheiten des Innenministeriums in der Slowakei. Auf seiner Grundlage ordnete der Chef des Generalstabes, Generaloberst Kratochvíl, an, einige Militärverbände auf slowakischem Territorium in erhöhte Gefechtsbereitschaft zu versetzen, und bestätigte einen Plan zur militärischen Sicherung der Grenze zu Ungarn. Außerdem ordnete er an, die Bewachung militärischer Objekte und den Schutz der Stäbe und Gefechtsstände zu verstärken[7].

Der Plan zur Sicherung der slowakisch-ungarischen Grenze sah den Einsatz von Armee-Einheiten im Grenzstreifen von Bratislava bis Královský Chlmec auf einer Länge von 560 km vor, wobei dieser Grenzstreifen in folgende sechs Abschnitte unterteilt wurde: Bratislava — Komárno, Komárno — Šahy, Šahy — Lučenec, Lučenec — Plešivec, Plešivec — Moldava nad Bodvou und Moldava nad Bodvou — Královský Chlmec.

Im wesentlichen sollten eine flächendeckende und gleichmäßige Stationierung der Bereitschaftskräfte sowie eine lineare, aus einer Staffel bestehende Gliederung zur Grenzsicherung erreicht werden. Die Eingreifgruppen waren unterteilt in die

6 Archív Ministerstva vnútra (Archiv des Innenministeriums) Prag, f. sekretariát MV, inv. č. 234, kar. 23: Meldung über die Bereitschaft und den politisch-moralischen Zustand der Organe des Innenministeriums in der Zeit der Sondermaßnahmen im Zusammenhang mit den Ereignissen in Ungarn, Polen und Ägypten.

7 VHA Prag, f. MNO-GŠ 1956, sig. 2/8–49b: Kriegstagebuch-Eintragungen vom 25. und 26.10.1956.

erste Staffel, die Reserve des Befehlshabers des Militärbezirks 2 und die des Ministers für Nationale Verteidigung. Sie sollten in fast allen Großverbänden, selbständigen Verbänden und militärischen Bildungseinrichtungen in der Slowakei geschaffen werden, wobei die 3. mech. Division aus Südmähren den Kern der Reserve des Ministers für Nationale Verteidigung bilden sollte. Die Gruppen der ersten Staffel sollten direkt auf Anforderung der territorialen Organe des Innenministeriums oder der Kommandeure des Grenzschutzes und der Grenzabteilungen der Öffentlichen Sicherheit aktiviert werden.

Zum 25. Oktober verfügten die bereitgehaltenen Großverbände und Verbände über insgesamt 6750 Mann. Davon waren 5330 Mann in die Eingreif- und Bereitschaftsgruppen eingegliedert, was fast 80 Prozent der Gesamtstärke ausmachte. Für die Gruppen der ersten Staffel wurden 1120 Mann, für die Reserve des Befehlshabers des Militärbezirks 22 260 Mann mit 70 Panzern und Panzerhaubitzen und für die Reserve des Ministers für Nationale Verteidigung 1950 Mann eingeplant.

Der Einsatz der Reserven sollte die allmähliche Verdichtung der militärischen Abschirmung der slowakisch-ungarischen Grenze von anfänglich zwei auf sechs und später zehn Soldaten je Kilometer Grenzlinie sichern. Das Zeitlimit für das Beziehen der Stellungen wurde je nach Entfernung des Standortes der Einheit von der Grenze für die Gruppen der ersten Staffel auf drei Stunden, für die Reserve des Befehlshabers des Militärbezirks 2 auf fünf bis sechs Stunden und für die Reserve des Ministers für Nationale Verteidigung auf zehn bis zwölf Stunden festgelegt[8].

Zur Aktivierung der ersten Eingreifgruppen von Armeeangehörigen kam es bereits am 25. Oktober. In den darauffolgenden Tagen stieg die Anzahl der in den Grenzstreifen verlegten Einheiten dann schnell an. Die Aufmerksamkeit war vor allem auf jene Räume gerichtet, in denen es in Grenznähe zu bewaffneten Zusammenstößen kam zwischen Aufständischen und Einheiten des ungarischen Grenzschutzes, die dem kommunistischen Regime treu ergeben waren, oder wo andere verstärkte Aktivitäten aufständischer Kräfte festgestellt wurden. Weiterhin ging es um Grenzabschnitte mit Hauptstraßen und Eisenbahnübergängen zwischen der Slowakei und Ungarn und um Abschnitte, in denen sich auf beiden Seiten wichtige politische, gesellschaftliche und industrielle Zentren befanden.

Die meisten Verbände waren im Raum Bratislava — Komárno und im Raum des Brückenkopfes von Bratislava am rechten Ufer der Donau stationiert, wohin auch ein mech. Bataillon der Inneren Sicherheit mit zehn Panzern verlegt wurde. Seine Aufgabe war es, die Achse Rusovce — Rajka zu sperren und ein Vordringen der ungarischen Aufständischen in die Nähe von Bratislava zu verhindern. Der Patrouillendienst auf der Donau oblag der Bootsabteilung des Grenzschutzes, verstärkt durch Pioniereinheiten der Armee.

Bis 20.00 Uhr am 27. Oktober wurden die Truppen des Innenministeriums an der slowakisch-ungarischen Grenze durch insgesamt 1899 Soldaten sowie sechs

8 Ebd., sig. 2/8–39b: Plan zur Sicherung von Ruhe und Ordnung und zum Schutz der Staatsgrenze [Karte].

Panzer, neun Panzerhaubitzen und fünf 122-mm-Haubitzen verstärkt[9]. Entgegen den ursprünglichen Vorstellungen wurden die Einheiten an der Grenzlinie jedoch nicht gleichmäßig stationiert, sondern bildeten im Hinblick auf die Entwicklung der Lage in Ungarn in den einzelnen Abschnitten Kräftegruppierungen unterschiedlicher Stärke. Die Truppen waren vorwiegend mit Handfeuerwaffen (Gewehren, Maschinenpistolen und Maschinengewehren) ausgerüstet. Großgerät wurde insbesondere zum Schutz wichtiger Objekte und Räume von größerer militärischer Bedeutung eingesetzt (Brückenkopf von Bratislava, Brücken in Medveďov, Komárno und Štúrovo u. ä.).

Auf der Grundlage von Nachrichten über die Aktivitäten der ungarischen Aufständischen und der Auswertung ihres möglichen Einflusses auf die tschechoslowakischen »antikommunistischen« Strömungen wurde in diesen Tagen gleichzeitig über die Ausweitung der Sicherheitsmaßnahmen in der Slowakei entschieden. In Bratislava wurde ein »Sicherheitsstab« gebildet, dessen Aufgabe es war, die Tätigkeit der Sicherheitskräfte in den Grenzgebieten zu organisieren und zu koordinieren, Informationen über die Absichten der ungarischen Aufständischen einzuholen und alle Probleme im Zusammenhang mit der illegalen Einwanderung von Personen aus Ungarn in die Slowakei zu lösen.

Die Organe des Innenministeriums begannen mit der »vorbeugenden« Festnahme »antisozialistischer Elemente«, die sie der staatsfeindlichen Tätigkeit bezichtigten. Weiterhin wurde die Bewachung von Waffen- und Munitionsdepots, von Industrieobjekten sowie von Gebäuden, in denen militärische, politische und staatliche Organe untergebracht waren, verstärkt.

Reorganisiert wurde weiterhin das System der Bewachung der slowakisch-ungarischen Grenze im Zuständigkeitsbereich des Innenministeriums. Seine einzelnen Elemente wurden zentral dem Chef der Hauptverwaltung Grenzschutz, Oberst M. Duda, unterstellt, dessen Gefechtsstand sich in Banská Bystrica befand.

Mit den Sicherheitsmaßnahmen an der Grenze zu Ungarn befaßte sich am 26. Oktober auch das Kollegium des Ministers für Nationale Verteidigung. Die Lage der Eingreifgruppen wurde als unbefriedigend eingeschätzt. Die Einheiten hatten nicht genügend Transportmittel, es fehlte an Spezialisten und ausgebildeten Besatzungen für das Gerät.

Die Zersplitterung in der Dislozierung und die organisatorische Uneinheitlichkeit — die Aufgaben sollten sowohl von Angehörigen von Schützen-, Artillerie-, Panzer-, Pionier- und anderen Verbänden als auch von Hörern der älteren Studienjahre der militärischen Bildungseinrichtungen erfüllt werden — schufen gleichzeitig eine Reihe von Problemen auf dem Gebiet der Führung.

Das Kollegium des Ministers entschied deshalb über die Verstärkung und Vervollkommnung der militärischen Deckung der Grenze. Durch einen Befehl des Chefs des Generalstabes wurde angeordnet, zwei starke, mobile und mit Großgerät ausreichend ausgestattete Stoßgruppen zu bilden, die in der Lage wären, in den am stärksten bedrohten Grenzabschnitten schnell einzugreifen.

9 Ebd., sig. 2/8–4b: Operativer Sammelbericht — Stand 27.10.1956, 20.00 Uhr.

Die erste Stoßgruppe, bestehend aus dem Panzerregiment 33, dem mech. Regiment 6 der 3. mech. Division und Hörern des dritten Studienjahres der Infanterieschule aus Lipník nad Bečvou, sollte auf dem Truppenübungsplatz Lešt' zusammengefaßt werden.

Die zweite sollte aus dem Panzerartillerieregiment 10, der Schützenbrigade 18 und der Fallschirmjägerbrigade 22 im Raum Prešov — Humenné aufgestellt werden. Aufgabe beider Stoßgruppen war die Vorbereitung eines Gegenangriffs und die Liquidierung größerer Abteilungen ungarischer Aufständischer im Fall ihres Vordringens auf das Territorium der Slowakei.

Die für die Stoßgruppen vorgesehenen Verbände sollten durch Einberufung von Reservisten auf die geplante Friedensstärke aufgefüllt werden, wobei jedoch Personen ungarischer, polnischer und deutscher Nationalität ausgeschlossen werden sollten[10].

Die nächsten Tage waren durch eine intensive Vervollkommnung der verstärkten Grenzüberwachung gekennzeichnet. Der Kommandeur der 4. Schützendivision, der persönlich für die Sicherung des Raumes der Südwestslowakei verantwortlich gemacht worden war, faßte am 29. Oktober den Entschluß zur Verteidigung des Bratislavaer Brückenkopfes. Am 30. Oktober bestätigte der Chef des Generalstabes den neuen Plan zur militärischen Sicherung des Grenzstreifens zu Ungarn.

Der Plan sah keine grundlegenden Veränderungen in der Gruppierung der Kräfte und Mittel vor. Der Schwerpunkt lag vielmehr auf einer größeren Beweglichkeit der Einheiten der ersten Staffel und auf der Verstärkung der Verantwortung der Kommandeure der höheren Ebenen für die Erfüllung ihrer Aufgaben. Den Grenzstreifen unterteilte er statt wie bisher in sechs nunmehr in drei Abschnitte: Bratislava — Šahy, Šahy — Plešivec und Plešivec — Král'ovský Chlmec. Zusätzlich erhielt der Befehlshaber des Militärbezirks 2 den Befehl, den dritten Abschnitt um den Sektor Král'ovský Chlmec — UdSSR-Grenze zu erweitern.

Die einzelnen Grenzabschnitte wurden in Teilabschnitte unterteilt, und für den Schutz jedes Abschnitts oder Teilabschnitts war der Kommandeur des entsprechenden Großverbandes oder Verbandes direkt verantwortlich. Die Einsatzbereitschaft zur Bewachung und Deckung der slowakisch-ungarischen Grenze erreichten die bereitgestellten Kräfte am 31. Oktober nach der Aufstellung beider Stoßgruppen. Am 1. November gegen 18.00 Uhr umfaßte die Kräftegruppierung von Innenministerium und Armee insgesamt 11 040 Mann, 280 Panzer, 43 Panzerhaubitzen und 42 Geschütze, 107 Panzerabwehr- und 33 Flugabwehrkanonen sowie 82 Mörser. Die Armee war mit 8759 Mann, 270 Panzern, 41 Panzerhaubitzen, 42 Geschützen, 104 Panzerabwehrkanonen, 33 Flugabwehrkanonen und 82 Mörsern vertreten.

Den einzelnen Formationen des Innenministeriums waren 2281 Mann, 10 Panzer, 2 Panzerhaubitzen und 3 Panzerabwehrkanonen unterstellt. Zu den Einhei-

10 Ebd., sig. 2/8–2b: Befehl des Chefs des Generalstabes an den Befehlshaber des Militärbezirks 2 zur Ergreifung militärischer Maßnahmen an der Grenze zu Ungarn.

ten der ersten Staffel gehörten 5040 Mann (2761 Soldaten und 2281 Angehörige des Innenministeriums), 24 Panzer (14/10), 17 Panzerhaubitzen (15/2), 14 Geschütze (14/0), 89 Panzerabwehrkanonen (86/3) und 12 Mörser (12/0). Im Abschnitt Bratislava — Šahy standen 2420 Mann (1142/1278), 24 Panzer (14/10), 5 Panzerhaubitzen (3/2), 14 Geschütze (14/0), 71 Panzerabwehrkanonen (68/3) und 8 Mörser (8/0). Im Abschnitt Šahy — Plešivec waren 1555 Mann (901/654) und 12 Panzerabwehrkanonen (12/0) und im Abschnitt Plešivec — Čierna nad Tisou 1067 Mann (718/349), 12 Panzerhaubitzen (12/0), 6 Panzerabwehrkanonen (6/0) und 4 Mörser (4/0) stationiert.

Die größte Zusammenfassung von Kräften und Mitteln befand sich im Brückenkopf von Bratislava. In einem Raum von 30 km Breite und 4–5 km Tiefe waren 1022 Mann (348 Soldaten, 674 Angehörige des Innenministeriums), 24 Panzer (14/10), 3 Panzerhaubitzen (3/0) und 3 Mörser (3/0) stationiert. Am schwächsten war der Grenzabschnitt Šahy — Moldava nad Bodvou gedeckt.

Abgesehen vom Brückenkopf von Bratislava, der den Charakter einer ausgebauten Verteidigung trug, und 10 Geschützen, die für die Verteidigung der Donaubrücke in der Nähe der Gemeinde Medved'ov bestimmt waren, gab es keine größeren Konzentrationen von Großgerät. Artillerie und Panzer waren überwiegend in den ständigen Standorten der Verbände untergebracht.

Die Armeeangehörigen, die in die Eingreifgruppen der ersten Staffel eingegliedert waren, erfüllten Aufgaben in verstärkten Grenzstreifen, die aus 5 bis 6 Mann des Grenzschutzes oder der Öffentlichen Sicherheit und 8 bis 10 Soldaten bestanden. Sie waren mit Bereitschaftsmunition in Höhe von 25 Prozent der Kampfbeladung (später mit der gesamten Kampfbeladung) ausgestattet.

Die erste Stoßgruppe, die auf dem Truppenübungsplatz Lešt' aufgestellt worden war, wurde zusätzlich durch ein Bataillon von Hörern der Panzerschule in Vyškova in Mähren ergänzt. Die Gruppe bestand aus 1260 Mann, 96 Panzern, 3 Panzer- und 2 Flugabwehrkanonen sowie 12 Minenwerfern. Die Stoßgruppe im Raum Prešov — Humenné setzte sich zusammen aus 471 Mann, 31 Panzern, 9 Panzerhaubitzen, 2 Panzer- und 3 Flugabwehrkanonen. Die Einheiten beider Stoßgruppen übten das geschlossene Zusammenwirken mit Schwerpunkt Begegnungsgefecht. Ihnen standen ein Munitionssatz je Waffe, Treibstoffvorrat und das zum Leben unter feldmäßigen Bedingungen erforderliche Material zur Verfügung.

In der Reserve des Befehlshabers des Militärbezirks 2 waren 854 Mann und 7 Geschütze in Bereitschaft. Die Reserve des Ministers für Nationale Verteidigung bildeten 3415 Mann, 129 Panzer, 17 Panzerhaubitzen und 21 Geschütze, 65 Mörser, 15 Panzerabwehr- und 21 Flugabwehrkanonen. Die Angehörigen der Reserven erfüllten weiter ihre alltäglichen Ausbildungsaufgaben und gewährleisteten die Aufnahme der Rekruten zum regulären Einberufungstermin[11].

Die genannten Kräfte und Mittel und deren Bereitschaftsstufe sah die Armeeführung in einer Situation, da — wie auf der Tagung des Kollegiums des Ministers

11 Ebd., sig. 2/8–49b: Lagekarte des Militärbezirks 2 — Stand 1.11.1956, 18.00 Uhr.

für Nationale Verteidigung am 29. Oktober betont wurde — von seiten Ungarns »nicht die Gefahr eines aktiven Überfalls auf die ČSR, wohl aber die des Eindringens verschiedener Agenten, Banden und Flüchtlinge droht«[12], für den Schutz der Grenze als ausreichend an.

Mit Hinblick auf mögliche Varianten der weiteren Entwicklung in Ungarn machte jedoch der Chef des Generalstabes, Generaloberst Kratochvíl, darauf aufmerksam, daß »nicht ausgeschlossen werden kann, daß die konterrevolutionären Kräfte versuchen werden, in unser Territorium einzudringen und den Aufstand in die slowakischen Gebiete hineinzutragen. Es ist gleichfalls möglich, daß mit voranschreitender Liquidierung konterrevolutionäre Gruppen zu uns abgedrängt werden [...]. Wegen dieser Eventualitäten werden die bisher ergriffenen Maßnahmen nicht ausreichend sein[13].«

Über eine erneute Verstärkung der Truppen, die für den Schutz der slowakisch-ungarischen Grenze verantwortlich waren, entschied das Kollegium des Ministers für Nationale Verteidigung am 31. Oktober. Auf Beschluß des Kollegiums wurde angeordnet, die 3. mech. und die 4. und 18. Schützendivision sowie weitere Einheiten des Militärbezirks 2 durch Einberufung von Reservisten auf Friedensstärke aufzufüllen. An den vierwöchigen Sonderübungen sollten auch diesmal nur die Reservisten slowakischer und tschechischer Nationalität teilnehmen.

Außerdem entschied das Kollegium auch über die Stationierung der Verbände der 34. Erdkampffliegerdivision auf Flugplätzen in der West- und Ostslowakei und beauftragte den Befehlshaber der Luftstreitkräfte, für beide Schützendivisionen und Stoßgruppen eine ausreichende Anzahl von Spezialisten für das Heranleiten der Flugzeuge an Bodenziele zu sichern[14].

Weiterhin sollten zwei Panzerartilleriebataillone aus Hörern der Artillerieschule in Hranice in Mähren aufgestellt werden, die in die Ostslowakei verlegt werden sollten, um die Artilleriesicherung der Grenze in diesem Raum zu verstärken. Der Chef des Generalstabes ordnete gleichzeitig an, aus tschechischen Standorten auch zwei leichte Flammenwerferkompanien in die Slowakei zu verlegen. Am 31. Oktober begann der Stab des Militärbezirks 2 außerdem mit der Vorbereitung eines Planes zur Verminung des Grenzabschnittes Štúrovo — Čierna nad Tisou[15].

Am 2. November beriet das Politbüro des ZK der KPČ den Bericht von Antonín Novotný und Viliam Široky über die Gespräche der Delegationen der kommunistischen Parteien der Länder des Warschauer Paktes in Moskau, wo die Führung der KPdSU ihre Partner über die Entscheidung informiert hatte, eine militärische

12 Ebd., f. MNO-SM/KM 1956, sig. 1/10–2: Protokoll der außerordentlichen Tagung des Kollegiums des Ministers für Nationale Verteidigung vom 29.10.1956.

13 Ebd., f. MNO-GŠ/OS 1956, sig. 2/8–6b: Bericht des Chefs des Generalstabes für das Kollegium des Ministers für Nationale Verteidigung vom 29.10.1956.

14 Ebd., sig. 2/8–49b: Bericht über die Maßnahmen zur Verstärkung der Einsatzbereitschaft der Truppen vom 31.10.1956.

15 Ebd., sig. 2/8–9: Operativer Sammelbericht — Stand 31.10.1956, 20.00 Uhr.

Intervention in Ungarn durchführen zu wollen. Die Vertreter des Generalstabes der Sowjetischen Armee gaben ihnen zudem den Plan zur militärischen Niederschlagung des Aufstandes bekannt, in dem anscheinend auch für die anderen Armeen des Ostblockes in gewisser Weise Aufgaben abgesteckt waren.

Der vom Politbüro des ZK der KPČ gefaßte Beschluß bestätigte den zustimmenden Standpunkt der tschechoslowakischen Delegation in Moskau hauptsächlich in der Hinsicht, daß »alle erforderlichen Maßnahmen zur Erhaltung des volksdemokratischen Regimes in Ungarn« ergriffen werden müssen. Weiter hieß es, daß »wir uns, falls erforderlich, nicht nur mit ihnen einverstanden erklären, sondern uns auch aktiv an ihnen beteiligen werden«. Diese relativ verschwommene Formulierung über die aktive Beteiligung wurde durch die Aufgabenstellung für den Minister für Nationale Verteidigung und für den Innenminister präzisiert, »den wachsamen und umfassenden Schutz, die Sicherheit und die Bereitschaft unserer Streitkräfte zur Verteidigung der tschechoslowakischen Grenze zu gewährleisten«[16].

Auf ihrer Grundlage gab der Chef des Generalstabes in den Morgenstunden des 3. November dem Befehlshaber des Militärbezirks 2 den Befehl zum Beziehen der Verteidigung an der Grenze zu Ungarn. Damit erhielten die Aktivitäten der tschechoslowakischen Armee an der Südgrenze der Slowakei einen vollkommen neuen Charakter. Die Organisation der Verteidigung stellte eine qualitativ höhere Stufe des Grenzschutzes dar, als das bei der bisherigen Verstärkung von Grenzbewachung und Grenzsicherung der Fall war. Der Übergang der tschechoslowakischen Armee zur Verteidigung machte anscheinend den bereits zitierten aktiven Anteil der ČSR an »allen notwendigen Operationen« zur Aufrechterhaltung des kommunistischen Regimes aus.

Er war Bestandteil des Plans des sowjetischen Generalstabes zur militärischen Niederschlagung des Aufstandes. Dieser Plan sah etwa folgendermaßen aus: Durch den Aufbau der Verteidigung an den Grenzen zu Ungarn von seiten der Tschechoslowakei und Rumäniens wird durch diese Staaten ein relativ geschlossener Raum geschaffen, in dem die Liquidierung des Aufstandes dann Angelegenheit der sowjetischen Truppen ist. So gesehen ging es wahrscheinlich um die erste koordinierte Aktion der Streitkräfte des Warschauer Paktes.

Der Befehl des Chefs des Generalstabes zur Verteidigung der Staatsgrenze durch die Truppen des Militärbezirks 2 veränderte die Gliederung der Einheiten im Grenzstreifen zu Ungarn grundlegend. Er ordnete den Aufbau der Verteidigung durch die der 4. und 18. Schützendivision an, verstärkt durch Verbände anderer Truppengattungen.

Den Grenzabschnitt Bratislava — Hámor (17 km südwestlich von Lučenec) sollte die 4. Schützendivision verteidigen, verstärkt durch einen Teil der Panzerjägerbrigade 205, das Pontonregiment 52 und das Pontonbataillon 92.

Die Hauptanstrengungen des Großverbandes waren gerichtet auf die Räume Bratislava, Komárno, Štúrovo und Šahy. Bei der Organisation der Verteidigung

16 SÚA, Archív ÚV KSČ, f. 02/2, zv. 120, a.j. 151: Beschluß der 151. Sitzung des Politbüros des ZK der KPČ zu Punkt 1 »Die Ereignisse in Ungarn«.

der Donau hatte der Divisionskommandeur weiterhin erhöhte Aufmerksamkeit auf die Brücken bei Medved'ov, Komárno und Štúrovo zu richten.

Der Abschnitt Hámor — UdSSR-Grenze wurde der 18. Schützendivision — verstärkt durch zwei Artilleriebataillone der Artillerieschule und zwei leichte Flammenwerferkompanien — zugeteilt. Der Schwerpunkt dieser Division lag auf den Richtungen Miskolc — Košice, Sárospatak — Trebišov und Miskolc — Rimavská Sobota. Außerdem hatte die 18. Schützendivision den Schutz der Eisenbahnverbindungen im Raum Michal'any — Slovenské Nové Mesto — Čierna nad Tisou zu gewährleisten.

Der Chef des Generalstabes wies gleichzeitig an, daß die Artillerieverbände und -großverbände, die bisher Aufgaben als Schützeneinheiten erfüllten, aus dem Grenzstreifen abgezogen werden. Nach der Zuführung von Großgerät sollten sie mobile und unterstützende Artilleriegruppen der Reserve des Befehlshabers des Militärbezirks 2 bilden.

Dem Befehlshaber des Militärbezirks wurden als Reserve auch beide Stoßgruppen unterstellt, wobei die Gruppe auf dem Truppenübungsplatz Lešt' noch durch ein Regiment der Flak-Brigade 262 aus Banská Bystrica verstärkt wurde.

Die Reserve des Ministers für Nationale Verteidigung wurde auch weiterhin durch die Hauptkräfte der 3. mech. Division gebildet. Aus Südmähren sollten sie in die Wälder nordwestlich von Bratislava verlegt werden und sich dort auf das Eingreifen in Richtung Pezinok — Bratislava oder Pezinok — Štúrovo vorbereiten.

Die Flak-Brigade aus Bučovice in Mähren war zu ihrem Schutz abgestellt.

Präzisiert wurde auch das System zur Führung der Armeeinheiten und der Kräfte des Innenministeriums für die einzelnen Varianten der Lageentwicklung. Nach Absprache mit dem Innenministerium wurde durch einen Befehl des Chefs des Generalstabes festgelegt, daß »die Organe des Innenministeriums im engen Zusammenwirken mit den Einheiten der Tschechoslowakischen Volksarmee die Grenzbewachung so lange durchführen und leiten, solange es zu keiner Verletzung der Staatsgrenze kommt. Im Fall einer Grenzverletzung durch ungarische bewaffnete Einheiten übernehmen die Regiments- und Divisionskommandeure in ihren Abschnitten die Führung und Verantwortung[17].«

Die Hinweise zur Umstellung der Einheiten an der Grenze zu Ungarn und zu ihrer Auffüllung mit weiteren Kräften wurden ebenfalls vom Innenministerium herausgegeben. Der Gefechtsstand von Oberst Duda wurde aus Banská Bystrica nach Bratislava verlegt, und es wurden drei Abschnitte mit verstärktem Grenzschutz geschaffen. Der erste Abschnitt umfaßte die Grenzkreise Lučenec, Modrý Kameň und Šahy, der zweite die Kreise Šafárikovo, Rimavská Sobota und Fil'akovo und der dritte die Kreise Král'ovský Chlmec, Trebišov, Košice und Rožňava. In den Grenzstreifen wurden gleichzeitig die aus den Hörern der Schulen des Innenministeriums der Slowakei und Böhmens bestehenden Stoßgruppen verlegt.

17 VHA Prag, f. MNO-GŠ/OS 1956, sig. 2/8–39b: Befehl des Chefs des Generalstabes Nr. 1 zum Beziehen der Verteidigung der Staatsgrenze durch die Truppen des Militärbezirks 2.

Die Umgruppierung der Kräfte und Mittel der tschechoslowakischen Armee zur Verteidigung der südlichen Grenze der Slowakei war in den Morgenstunden des 7. November abgeschlossen. Zu dieser Zeit waren die Einheiten des Militärbezirks 2 bereits durch Soldaten aus der Reserve aufgefüllt worden. Zu den Großverbänden und Verbänden traten insgesamt 13 964 Mann, davon zur 3. mech. Division 3108 (die Regimenter, die in die Stoßgruppen auf dem Truppenübungsplatz Lešt' eingegliedert worden waren, wurden durch 744 Mann verstärkt, und die Verbände, die in den Raum Malacky — Turecký Vrch verlegt worden waren, wurden durch 2764 Reservisten ergänzt)[18], zur 4. Schützendivision 3056 und zur 18. Schützendivision 3974[19].

Die neue Gliederung der bereitgestellten Truppen des Militärbezirks 2 unterteilte den Grenzstreifen in zwei Verteidigungsabschnitte, in denen die Schützenregimenter der 4. und 18. Schützendivision die erste Staffel bildeten. Im Zusammenwirken mit den bewaffneten Formationen des Innenministeriums hatten sie im Fall einer Grenzverletzung das Vorrücken von Gruppen ungarischer Aufständischer zu verlangsamen und die Voraussetzungen für den wirksamen und rechtzeitigen Einsatz der Reserven zu schaffen. Die Tiefe der Truppenaufstellung bildeten die Reserven der Kommandeure der Großverbände, des Befehlshabers des Militärbezirks 2 und des Ministers für Nationale Verteidigung. Neben den Einheiten, die durch den Befehl des Chefs des Generalstabes festgelegt worden waren, wurde der 18. Schützendivision ein Teil der Pionierbrigade 64 (des Militärbezirks) zugeteilt, der als Sperrverband eingesetzt werden sollte. Dem Kommandeur der Stoßgruppe auf dem Truppenübungsplatz Lešt' war zeitweilig das Pionierbataillon 6 der 4. Schützendivision unterstellt.

Unmittelbar nach der Umgruppierung der Kräfte und Mittel im Grenzstreifen zu Ungarn, am 8. November, beschloß der Generalstab einen Komplex von Maßnahmen zur Erhöhung der Einsatzbereitschaft der Flugabwehr, der Luftstreitkräfte und der anderen Truppengattungen der tschechoslowakischen Armee. Damit reagierte er auf die Entwicklung der Lage im Mittleren Osten nach der Invasion Großbritanniens, Frankreichs und Israels in Ägypten. Die Maßnahmen betrafen vor allem die Truppen in Böhmen und Mähren mit Schwerpunkt auf den Großverbänden, die an der Westgrenze des Staates disloziert waren. Gesamtstaatlich — also auch in der Slowakei — wurden erhöhte Gefechtsbereitschaft der Flugabwehr befohlen, das Zusammenwirken mit der Zivilverteidigung aufgenommen, die Luftschutzbunker überprüft und Abteilungen zum Schutz von Militär-, Industrie- und öffentlichen Verwaltungsobjekten geschaffen.

Weiterhin wurden der militärische Meldedienst aktiviert und die Flugabwehr Bratislavas durch die Stationierung von zwei Flak-Bataillonen in den südwestlichen Luftangriffsrichtungen verstärkt. Gleichzeitig wurde befohlen, die Verlegung der Stäbe des Kommandos des Militärbezirks 2 und der unterstellten

18 Ebd., sig. 2/8–13b: Operativer Sammelbericht — Stand 5.11.1956, 8.00 Uhr.

19 Ebd., sig. 2/8–12b und 2/8–13b: Operativer Sammelbericht — Stand 7.11.1956, 8.00 Uhr und 20.00 Uhr.

Großverbände auf Feldgefechtsständen sowie die Auffüllung der Fliegerhorstbataillone und Panzer-, Panzerabwehr-, Pionier- und ABC-Abwehr-Einheiten auf Friedensstärke durch Einberufung von Reserven vorzubereiten. Aus dem Unterstellungsverhältnis des Kommandeurs der 18. Schützendivision wurden die beiden leichten Flammenwerferkompanien herausgenommen und wieder nach Böhmen zurückverlegt. Die Maßnahmen der erhöhten Einsatzbereitschaft der Tschechoslowakischen Volksarmee, die mit der Lage in Ägypten zusammenhingen, wurden ab dem 13. November schrittweise aufgehoben.

Die Grundgliederung der Einheiten der ersten Staffel an der slowakisch-ungarischen Grenze präzisierten die Kommandeure der Verteidigungsabschnitte auf der Basis von Meldungen der Gefechtsaufklärung und der Informationen des Innenministeriums über die Entwicklung in Ungarn, aber auch auf Ersuchen der Vertreter der Sowjetarmee.

So wurde im Zusammenhang mit der laufenden Liquidierung der Aufständischen die Gliederung der 4. Schützendivision an der Linie Štúrovo — Slovenské Ďarmoty und insbesondere der 18. Schützendivision südlich von Košice präzisiert.

Am 10. und 11. November wurde in Vyšné Nemecké, einer Gemeinde nahe der slowakisch-ukrainischen Grenze, das Zusammenwirken zwischen den Vertretern der tschechoslowakischen und der sowjetischen Armee organisiert. Ziel dieses Zusammenwirkens war es, die Einschließung und Vernichtung von aufständischen Gruppen beiderseits des Flusses Hornád im Raum Putnok — Szerencs — Sátoraljaújhely — slowakische Grenze zu sichern.

Die umgestellte Gliederung der Einheiten der 18. Schützendivision, verstärkt durch einen Teil der Stoßgruppe aus Prešov und Humenné, hatte die Aufgabe, »die Grenze zuverlässig zu halten und ein Vordringen aufständischer Gruppen auf unser Territorium nicht zuzulassen«[20].

Zur ständigen Präzisierung der Fragen des Zusammenwirkens wurden eine direkte Fernsprechverbindung zwischen dem Stab der 18. Schützendivision in Košice und dem Stab des sowjetischen Karpaten-Militärbezirks in Ushgorod eingerichtet und Signale zum gegenseitigen Erkennen der Truppen vereinbart.

In den Tagen, da die Sowjetarmee die Liquidierung der aufständischen Gruppen an der slowakisch-ungarischen Grenze abschloß, wurde die größte Zusammenfassung von Kräften und Mitteln auf dem Territorium der Slowakei erreicht. Zum 12. November befanden sich beim Militärbezirk 2 insgesamt 26 658 Mann, 358 Panzer, 141 Panzerhaubitzen, 609 Geschütze (einschließlich Mörser) und 82 einsatzfähige Flugzeuge. Davon waren in der ersten Staffel bei der 4. und 18. Schützendivision 14 333 Mann, 64 Panzer, 64 Panzerhaubitzen und 318 Geschütze. Die Reserve des Befehlshabers des Militärbezirks 2 bildeten 5890 Mann, 131 Panzer, 9 Panzerhaubitzen und 135 Geschütze. Der verbleibende Teil an Soldaten und Großgerät gehörte zur Reserve des Ministers für Nationale Verteidigung[21].

20 Ebd., sig. 2/8–15b: Operativer Sammelbericht — Stand 10.11.1956, 8.00 Uhr.

21 Ebd., sig. 2/8–49b: Lagekarte der Truppen des Militärbezirks 2, der Reserven des MNO, der Verbände der Luftverteidigung des Staates und der Luftstreitkräfte — Stand 12.11.1956, 8.00 Uhr.

Die Unterdrückung des bewaffneten Widerstandes der Aufständischen und die Übernahme der Kontrolle über das Territorium entlang der slowakischen Grenze durch die Einheiten der Sowjetarmee und des ungarischen Grenzschutzes, der der neuen »revolutionären Arbeiter- und Bauern-«Regierung in Budapest treu ergeben war, schufen die Voraussetzungen für eine allmähliche Zurücknahme der militärischen Sicherheitsmaßnahmen in der Slowakei.

Bereits am 14. November wurden die ersten Armee-Einheiten auf Anordnung des Chefs des Generalstabes aus dem Grenzstreifen zu Ungarn in ihre Friedensstandorte zurückverlegt. In den folgenden Tagen wurden die Stoßgruppen auf dem Truppenübungsplatz Lešt' und im Raum Prešov — Humenné aufgelöst, und die Verbände der 34. Erdkampffliegerdivision kehrten in ihre ständigen Standorte zurück.

Bis zum 25. November wurden auch die Stoßgruppen der Formationen des Innenministeriums von der slowakisch-ungarischen Grenze abgezogen. Die Aufgaben der verbleibenden Einheiten von Armee und Innenministerium nahmen wieder den Charakter einer verstärkten Grenzbewachung an.

Das Nachlassen der Spannung im Süden der Slowakei spiegelte sich auch beim Austausch der Reservisten Anfang Dezember wider. Von den Großverbänden und Verbänden des Militärbezirks 2, die an der Grenzsicherung beteiligt waren, wurden insgesamt 14 711 Mann, die Ende Oktober/Anfang November zu einer militärischen Sonderübung einberufen worden waren, wieder entlassen. An die Stelle dieser Soldaten traten lediglich 1573 neueinberufene Reservisten, von denen 621 zu den Einheiten im Grenzstreifen gingen[22].

Nach einer weiteren Umstrukturierung verblieben an der Grenze nur noch die eingeteilten Bereitschaftsgruppen, jedoch hielten auch die abgezogenen Verbände noch einen Teil ihrer Kräfte und Mittel für den Fall eines möglichen Wiederholungseinsatzes in Bereitschaft.

Ab dem 9. Dezember wurde an der slowakisch-ungarischen Grenze allmählich wieder das normale Grenzregime eingeführt. Die Sondermaßnahmen nicht nur der Armee, sondern auch der Formationen des Innenministeriums wurden aufgehoben. Zum Jahresende waren alle militärischen Sicherheitsmaßnahmen in der Slowakei wieder außer Kraft.

22 Ebd., sig. 2/8–35b und 2/8–38b: Operativer Sammelbericht — Stand 29.11.1956 und 4.12.1956, 8.00 Uhr.

Jehuda L. Wallach

Das internationale Krisenjahr 1956 und der Nahe Osten. Die israelische Sicht

1. Weder Krieg noch Frieden

Um das internationale Krisenjahr 1956 aus dem israelischen Blickwinkel zu verstehen, ist es notwendig, die sieben vorangehenden Jahre zu betrachten. Der israelische Unabhängigkeitskrieg, der 1947 zwischen dem am 15. Mai 1948 gegründeten Staat Israel und den benachbarten arabischen Staaten begann, endete 1949, nach den Siegen Israels auf den Schlachtfeldern, mit dem Abschluß von Waffenstillstandsverträgen mit den meisten arabischen Staaten (Mit Ausnahme des Irak, der seine in den Krieg mit Israel verwickelten Truppen zurückzog, ohne ein Abkommen zu schließen, und sich deshalb noch bis zum heutigen Tag im Kriegszustand mit Israel befindet!). In Israel — und wohl in den meisten Staaten der Welt — wurde angenommen, daß nach der Unterzeichnung der Waffenstillstandsabkommen mit Ägypten, Transjordanien, Libanon und Syrien — und nach dem bereits erwähnten Abzug der irakischen Truppen — die Ereignisse einen normalen Verlauf nehmen und die Waffenstillstandsabkommen zum Friedensschluß und zu entsprechenden Verträgen führen würden. Diese Erwartungen stützten sich auch auf die Tatsache, daß in einigen der in den Krieg gegen Israel verwickelten arabischen Staaten soziale Unruhen zu Regimewechseln geführt hatten und man deshalb glaubte, daß die neuen Regierungen fortschrittlicher wären als ihre Vorgänger. Das geschah aber nicht. So entstand eine seltsame Zwielichtsituation — weder Frieden, noch Krieg[1].

In diesem Zwielichtzustand sah sich die israelische Führung gezwungen, fünf mögliche Situationen zu betrachten, deren jede Israel zu einem präemptiven Schlag zwingen könnte:

1. Untergrabung des normalen Lebens in Israel durch Terrorakte,
2. Sperrung der See- und Luftrouten im Golf von Elat,
3. drastische Veränderungen im Waffengleichgewicht zwischen Israel und den arabischen bewaffneten Streitkräften,
4. Auftreten von Expeditionsstreitkräften anderer arabischer Staaten im Königreich Jordanien (in der Hauptsache irakische und syrische),
5. Gründung eines militärischen Dreierpaktes zwischen Ägypten, Syrien und Jordanien und Schaffung eines gemeinsamen arabischen Oberkommandos[2].

1 Wallach, »...und mit der anderen hielten sie die Waffe«, S. 81.
2 Ebd., S. 91. Siehe auch: ders., Israeli Military History, S. 146.

Wie in der Folge gezeigt wird, trafen im Jahre 1955 und im Frühjahr 1956 alle diese fünf Situationen zusammen und führten vor dem Hintergrund der internationalen Krisenentwicklung zu Israels Sinaifeldzug (Unternehmen Kadesch) im Rahmen eines kriegerischen Unternehmens Englands und Frankreichs gegen Ägypten (Unternehmen Musketeer).

2. Terror über die Waffenstillstandslinien hinweg und dessen Abwehr[3]

Die bereits erwähnte Zwielichtsituation war auch Folge der Tatsache, daß die Formulierungen der Waffenstillstandsabkommen Platz für unterschiedliche Auslegungen ließen, die zu Reibungen mit den angrenzenden Staaten führten.

Schon Ende November 1950 kam es wegen unterschiedlicher Interpretationen der vereinbarten Grenzziehung zu bewaffneten Zusammenstößen mit der Arabischen Legion des Königreiches Jordanien auf der Landstraße nach Elat. Einen zusätzlichen Zankapfel mit Jordanien bildete ein »Niemandsland«, das an der Latrun-Ecke auf dem Weg nach Jerusalem entstand und fast jedes Jahr zu bewaffneten Zusammenstößen in den Pflug- und Erntezeiten führte. Auch im sogenannten Jerusalemer Korridor versuchten die Jordanier häufig Tatsachen zu schaffen, die nicht im Einklang mit dem Waffenstillstandsabkommen standen.

Scharfe Zusammenstöße ereigneten sich auch mit Syrien wegen der sogenannten »demilitarisierten Zonen«, die immer wieder zu syrischen Provokationen führten. Die nicht endgültig festgelegte Grenzziehung um den See Genezareth lud ebenfalls zu syrischen Gewalttaten ein. Israelische Fischer und die israelische Wasserpolizei wurden häufig von syrischen Stellungen am Ostufer des Sees beschossen. Mitte Dezember 1955 sah sich Israel gezwungen, infolge von mörderischen syrischen Angriffen auf israelische Fischer der Israeli Defence Force (IDF) den Auftrag zu erteilen, eine dieser syrischen Stellungen anzugreifen und den Syriern Verluste an Toten und Gefangenen zuzufügen (Unternehmen Kinnereth). Der UNO-Sicherheitsrat rügte am 20. Januar 1956 Israel auf das schärfste für diesen Vergeltungsangriff.

Auch an der Grenze mit Ägypten herrschte keine Ruhe. Außer den häufigen Grenzverletzungen organisierten die ägyptischen Militärbehörden — in der Hauptsache der ägyptische Nachrichtendienst — die palästinensischen Flüchtlinge des Krieges von 1948 in sogenannte Fedajin (Selbstmörder)-Einheiten, die Infiltrationen in das Gebiet des Staates Israel ausführten. Sie verursachten nicht nur Sachschaden, sondern ermordeten auch israelische Bürger — einschließlich Frauen und Kinder. Da diese Terrorakte durch Infiltrationen aus allen arabischen Nachbarländern ausgeführt — offensichtlich auch von den Militärbehörden dieser Länder unterstützt — wurden, sah sich Israel zu ihrer Abwehr und Eindämmung

[3] Die chronologischen Daten für das Jahr 1956 stützen sich auf: Feuerstein, Ha-mejah ha-esrim, S. 177–188.

gezwungen, von Zeit zu Zeit Vergeltungsschläge auszuführen. Vom August 1955 an nahm der Umfang dieser Fedajin-Tätigkeiten vom Gaza-Streifen aus durch die Ermunterung der dortigen ägyptischen Militärbehörden stark zu und erreichte 1956 einen gewissen Höhepunkt. Vom Gaza-Streifen breiteten sie sich auch auf die Gebiete in der Nähe der Waffenstillstandslinie mit Jordanien aus.

Die zunehmende Untergrabung des normalen Lebens in Israel durch arabische Terroraktivitäten über die Waffenstillstandslinien hinweg soll hier für das Jahr 1956 verdeutlicht werden. Diese Liste mag wohl für ausländische Leser etwas langatmig sein, sie soll aber zeigen, wie unerträglich die Lage für Israels Bürger wurde und daß sie eine Lösung forderte:

21. Januar: Granatwerferduell in der demilitarisierten Zone von Nizana an der Grenze mit Ägypten.

31. Januar: Der Generalsekretär der UNO, Dag Hammarskjöld, verkündet nach einem Besuch im Vorderen Osten, daß alle im arabisch-israelischen Konflikt beteiligten Parteien von Angriffen Abstand nehmen werden. Das trifft allerdings nicht ein.

4. März: Vier israelische Polizisten werden bei einem syrischen Angriff auf ein Polizeiboot im See Genezareth getötet.

14. März: Israel fordert vom UNO-Sicherheitsrat eine sofortige Untersuchung der ägyptischen Truppenkonzentration im Sinai in der Nähe der Waffenstillstandslinie. Täglich mehren sich die Zwischenfälle an der ägyptischen Grenze. Auch die Syrier konzentrieren Truppen an der Grenze. Die Jordanier eröffnen das Feuer an der Waffenstillstandslinie in Samaria.

3. April: Die Angriffe der Ägypter gegen Siedlungen und Militäreinheiten im Südteil Israels nehmen zu. An einem Tag werden vier israelische Soldaten getötet. Israel reagiert mit Artilleriefeuer auf Gaza und fügt dort den Arabern Verluste zu. Der kanadische Generalleutnant Eedson L.M. Burns von der UNO-Beobachtergruppe, die für die Einhaltung der Waffenstillstandsabkommen verantwortlich ist, erreicht einen Abbruch des Feuerwechsels.
In der Nacht zum 5. April führt die IDF einen Vergeltungsraid bei Gaza auf ein ägyptisches Militärlager aus und fügt den Ägyptern schwere Verluste zu. Die Ägypter belegen israelische Siedlungen mit Artilleriefeuer; die IDF reagiert mit Gegenfeuer. Ägypten beschwert sich im UNO-Sicherheitsrat und spornt Fedajin-Aktionen gegen Siedlungen und Verkehrsrouten in Israel an.

7. April: Eine ältere Frau wird in Askalon (nördlich des Gaza-Streifens) von Fedajin ermordet. Auch drei Kibbuz-Mitglieder werden auf verschiedenen Straßen des Negev (Südteil des Landes) umgebracht.

8. April: Ein Arbeiter wird in einem Arbeitslager in der Nähe der demilitarisierten Zone von Fedajin ermordet. Neun Fedajin fallen in einem Zusammenstoß mit IDF-Truppen.

11. April: Drei Schüler und ihr Lehrer werden während ihres Gebetes von Fedajin ermordet, 17 werden in einer Reihe von Fedajin-Angriffen verwundet.

23. April: Vier Arbeiter werden in der Steppe auf dem Weg nach Elat ermordet. Die Syrier und Jordanier, in Koordination mit den Ägyptern, greifen an allen Grenzen an. Die UNO-Waffenstillstandskommission rügt Jordanien wegen

des Mordes an den vier israelischen Arbeitern. Zwei Israelis werden an der Grenze zum Gaza-Streifen ermordet.

29. April: Ein Mitglied des Kibbuz Nachal-Oz in der Nähe von Gaza wird von Fedajin in den Feldern des Kibbuz ermordet.

10. Mai: Der UNO-Generalsekretär teilt mit, es sei ihm gelungen, die Zustimmung Israels, Ägyptens, Jordaniens, Syriens und des Libanon zur bedingungslosen Einstellung des Feuers zu erreichen. Allerdings ist er nicht in der Lage, Vorschläge für die folgenden Schritte zu machen. Es tritt aber eine zeitweilige Beruhigung der Situation ein.

10. Juli: Zwei Israelis werden in der Steppe ermordet.

19. Juli: Der UNO-Generalsekretär trifft den israelischen Ministerpräsidenten David Ben-Gurion in Jerusalem. Eines der Themen dieser Aussprache ist das Recht auf Selbstverteidigung.

16. August: Ein mörderischer Angriff auf den Verkehr mit Elat endet mit vier Toten und neun Verwundeten. Er wird in der folgenden Nacht mit einer israelischen Vergeltungsaktion beantwortet.

2. September: Die Ägypter legen Minen auf der israelischen Seite der Grenze. Bei IDF-Vergeltungsaktionen in Rafha und im Sinai fallen 13 ägyptische Soldaten.

10. September: Die Jordanier ermorden sechs israelische Soldaten bei Hebron und schleppen die Opfer nach Jordanien. Eisenbahngleise im Negev werden beschädigt.

11. September: In einem IDF-Vergeltungsraid auf die Polizeistation von A-Rahawah, südlich von Hebron, der Ausgangsbasis der Mörder des vorigen Tages, fallen Dutzende von jordanischen Soldaten.

12. September: Drei drusische Wächter bei einem Ölbohrturm im südlichen Negev werden von Infiltranten ermordet.

13. September: Als Vergeltungsaktion wird die Polizeistation G'erandal in Jordanien unter erheblichen Verlusten der Arabischen Legion gesprengt. König Hussein beschwert sich bei den westlichen Botschaftern und konzentriert Truppen an der Grenze zu Israel.

23. September: Jordanische Soldaten eröffnen auf die Teilnehmer eines Kongresses für Landeskunde, die auf einem Aussichtsturm in der Nähe des Kibbuz Ramat-Rachel in Süd-Jerusalem stehen, das Feuer, töten vier Teilnehmer und verwunden Dutzende.

24. September: Eine Frau im Dorf Aminadav im Jerusalemer Korridor und ein Traktorfahrer, der im Felde des Kibbuz Ma'oz Chayim in der Beisan-Senke pflügt, werden ermordet.

25. September: Die IDF führt einen Vergeltungsangriff auf jordanischem Gebiet aus.

3. Oktober: Es erfolgt ein Feuerüberfall auf die israelische Eisenbahn in der Nähe der arabischen Stadt Tulkarem, die sich unter jordanischer Herrschaft befindet.

5. Oktober: Fünf Israelis werden auf der Landstraße zwischen Sodom und Birseba ermordet.

9. Oktober: Zwei israelische Arbeiter werden in einer Zitrusplantage bei Even Jehuda in der Küstenebene umgebracht.

10. Oktober: Die IDF führt die bisher massivste Vergeltungsaktion gegen das Städtchen Kalkiljah und die dortige Polizeistation aus.
13. Oktober: Jordanien verstärkt seine Truppen in Jerusalem.
21. Oktober: Minen, die von den Ägyptern in der Gegend von Nizanah gelegt worden sind, töten drei israelische Soldaten und verletzen 27.

Es soll hier noch erwähnt werden, daß Ministerpräsident Ben-Gurion in einer Rede im israelischen Parlament — der Knesset — am 15. Oktober 1956 sich ausführlich mit der ernsten Sicherheitslage beschäftigte. Ursprünglich war geplant, daß der Ministerpräsident einen Bericht über die Regierungstätigkeit auf den Gebieten der Wirtschaft, der Erziehung und der Gesundheit ablegen würde. Angesichts der Ereignisse der letzten Zeit zog er es aber vor, über die politische Lage zu sprechen[4]. In seiner ausführlichen Rede sagte er: »Wir haben nicht nur eine Offensive von der Seite unserer Nachbarn zu erwarten, die beabsichtigen, uns völlig zu vernichten, sondern wir befinden uns beinahe täglich in einem Kleinkrieg seitens einiger unserer Nachbarn, hauptsächlich Ägypten und Jordanien, durch organisierte und ausgerüstete Mörderbanden, unter dem Namen Fedajin und anderen Namen. Deren Auftrag ist es, von Zeit zu Zeit die Grenze zu überqueren und jeden, den sie auf ihrem Weg treffen, zu ermorden — Feldarbeiter, Passanten, Beter in den Synagogen, in ihren Betten schlafende Frauen und Kinder, Wächter auf den Feldern und Straßen, Juden, Drusen und andere Minderheiten. Und alles das nicht zufällig, sondern organisiert und militärisch geplant und mit Zustimmung der Regierungen.«

Ben-Gurion führte weiter aus: »Im April kam der UNO-Generalsekretär, Herr Hammarskjöld, und bemühte sich, eine Feuereinstellung an Israels Grenzen zu sichern, selbst wenn auch die anderen Paragraphen der Waffenstillstandsabkommen nicht eingehalten würden. Die Regierung Israels war bereit, die Waffenstillstandsabkommen in ihrem vollen Umfang auszuführen, unter der Bedingung der Gegenseitigkeit, und war auch bereit, die Feuereinstellungen zu beachten, selbst wenn die übrigen Paragraphen der Waffenstillstandsabkommen durch unsere Nachbarn verletzt würden, wenn sie nur die Feuereinstellung einhalten würden. Die ersten, die diese neue Verpflichtung verletzten, waren Ägypten und Jordanien. Ägypten sandte seine Fedajin in alle arabischen Länder, um israelische Militärinstallationen zu beschädigen und öffentliche Gebäude zu sprengen, und erneuerte durch ägyptische Terroristen die Minenlegung auf den Straßen Israels im Süden und im Negev [...]. Nach Ausbruch der erneuten ägyptischen und jordanischen Greueltaten forderten wir wochenlang von UNO-Vertretern, ernstliche Schritte zu unternehmen, um den Mordanschlägen der arabischen Staaten ein Ende zu setzen, damit diese in Treue ihren Verpflichtungen zur Feuereinstellung nachkommen werden. Alle diese unsere Bemühungen blieben erfolglos. Ich beschuldige die Vertreter der UNO nicht der Böswilligkeit, sondern der Unfähigkeit, unsere Nachbarn zur Einhaltung ihrer Versprechen zu zwingen. Die Reihe der Morde läuft weiter. Wir hatten keine andere Wahl, als selbst zu unserer Ver-

4 Ben-Gurion, Yichud we-Ye'ud, S. 251–264.

teidigung zu wirken, die ein natürliches Recht ist. Ja, sie ist mehr als nur Recht: Sie ist die Pflicht des Staates.« Des weiteren äußerte sich Ben-Gurion ausführlich zu der Frage des Rechtes der Selbstverteidigung, wobei er sich auf Paragraph 51 der UNO-Charta stützte. Er war sehr aufgebracht darüber, daß der UNO-Generalsekretär in seinem Bericht an den Sicherheitsrat vom 9. Mai 1956 die Selbstverteidigung Israels »Vergeltungsakte« nannte. Er meinte, daß selbst, wenn die UNO-Charta nicht ausdrücklich jeder Nation das Recht zur Selbstverteidigung eingeräumt hätte, dieses Recht unabhängig davon bestünde. »Jeder, der die ›Vergeltungsakte‹ Israels für unerlaubt erklärt, verneint auch Israels Recht zur Selbstverteidigung, das in der UNO-Charta zugesichert ist, und gibt auch den Mörderbanden und den für sie verantwortlichen Regierungen freie Hand, die Bürger Israels ungestraft zu treffen. Die Regierung Israels wird diese Freizügigkeit nicht zulassen und wird nicht auf ihr natürliches Recht verzichten, das Leben ihrer Bürger zu verteidigen, was ihr auch in der UNO-Charta zugestanden ist; die Sabotage- und Mordtaten, die in Israel mit Zustimmung der benachbarten Regierungen ausgeführt werden, werden ihren Auftraggebern sehr teuer zu stehen kommen.«

3. Sperrung der See- und Luftrouten

Im September 1955 verschärften die Ägypter ihre Seeblockade im Golf von Elat, die schon seit März 1953 in Kraft war. See- und Lufttransportgesellschaften wurden verpflichtet, die ägyptischen Behörden 72 Stunden im voraus über ihre Absicht zu informieren, den ägyptischen See- oder Luftraum zu durchqueren. Sie ließen keinen Zweifel darüber, daß israelische Fahrzeuge keine Erlaubnis erhalten würden, ägyptisches Territorium zu benutzen, da, wie sie behaupteten, Ägypten formell noch im Krieg mit Israel stehe. Das war eine grobe Verletzung des Waffenstillstandsabkommens. Ägypten verstärkte auch seine Stellungen in der Meerenge von Tiran und sperrte damit die Zufahrt der israelischen Schiffahrt durch das Rote Meer nach Elat, dem südlichen Hafen Israels. Die Nationalisierung des Suezkanals durch den ägyptischen Präsidenten Gamal Abd el-Nasser am 26. Juli 1956 vollendete diesen Prozeß endgültig.

Es ist kein Wunder, daß Ben-Gurion in seiner oben bereits zitierten Rede in der Knesset vom 15. Oktober 1956 auch zur ägyptischen Blockade Stellung nahm: »Das Suezproblem, das jetzt im Zentrum des internationalen Interesses steht, ist keine Neuheit für Israel durch diesen letzten willkürlichen Schritt des ägyptischen Diktators. Was die Navigationsfreiheit im Suezkanal betrifft, hat die UNO schon jahrelang ihre Ohnmacht bewiesen. Und der Sicherheitsrat, der zur Einhaltung des internationalen Friedens und der internationalen Gerechtigkeit verpflichtet ist, hat seine Aufgabe im Zusammenhang mit der Freiheit der Schiffahrt im Suez nicht erfüllt [...]. Im Gegensatz zum Vertrag von Konstantinopel und den Prinzipien der UNO-Charta verhängte die ägyptische Regierung die Blockade gegen israelische und auch gegen andere Schiffe, die Treibstoff und andere Lasten nach Israel transportieren, und verwehrte ihnen die Durchfahrt durch den Suezkanal.

Der Sicherheitsrat verwarf im Jahr 1951 die Behauptung Ägyptens, daß es sich noch im Kriegszustand mit Israel befände. Er stellte fest, daß die Waffenstillstandsverträge den Kriegszustand beendet haben; der Rat beschloß, daß Israel das Recht der freien Durchfahrt durch den Suezkanal besitze und daß die ägyptische Regierung dieses Recht nicht verletzen dürfe. Ägypten hat fünf Jahre lang diesen Beschluß verletzt. Die UNO und deren Sicherheitsrat haben keinen Finger gerührt, um diesen Beschluß auszuführen, und keine UNO-Beobachter wurden zum Kanal gesandt, um festzustellen, ob der UNO-Beschluß ausgeführt wurde oder nicht.« Ben-Gurion wies darauf hin, daß der plötzliche Beschluß des ägyptischen Diktators, den Suezkanal zu nationalisieren, England veranlaßt hatte, die betroffenen Länder zu einer Konferenz nach London einzuladen. Die britische Regierung »vergaß« aber, Israel, das einzige Land, das schon jahrelang von der Sperrung des Kanals betroffen gewesen war, ebenfalls einzuladen. Als dann die Sowjetunion weitere Länder der Einladungsliste zufügte, darunter Jordanien, »vergaß« auch sie, den Staat Israel in diese Liste aufzunehmen. Israel, so meinte Ben-Gurion, regte sich nicht besonders über den Besitzerwechsel des Kanals auf, denn auch unter dem Besitz der internationalen Kanalgesellschaft wurde ja bereits internationales Recht verletzt. Ben-Gurion teilte der Knesset mit, der amerikanische Präsident Dwight D. Eisenhower habe, als er von einem Journalisten darüber befragt wurde, was er von dem siebenjährigen Ausschluß Israels von der Kanalbenutzung halte, geantwortet: »Es ist klar, daß dies ein schwarzer Fleck ist, der schon lange besteht, und ich glaube, daß er äußerst ungerecht ist und nicht im Einklang mit dem Vertrag von Konstantinopel von 1888 steht.« Ben-Gurion erklärte auch, daß Israel vom Sicherheitsrat gefordert hatte, in dieser Angelegenheit gehört zu werden. Aber die arabischen Staaten, mit der Unterstützung einiger anderer Staaten, brachten es fertig, sein Erscheinen zu verhindern. Der Sicherheitsrat hatte einige Tage zuvor die freie, ungestörte Durchfahrt aller durch den Kanal ohne jede Diskriminierung beschlossen. Ben-Gurion warnte aber zu Recht davor, Hoffnungen auf diesen Beschluß zu setzen. Andererseits betonte er aber, daß Israel sich nicht mehr mit der willkürlichen Sperrung des Suezkanals und der Meerengen von Tiran zufriedengeben werde. Frieden und internationale Gerechtigkeit seien unteilbar. Er machte klar, daß »der ägyptische Diktator den Frieden des Gebietes durch seine Verletzung der internationalen Gerechtigkeit« gefährde.

4. Veränderungen im Waffengleichgewicht

Das delikate Waffengleichgewicht zwischen Israel und den arabischen Nachbarn nach dem Unabhängigkeitskrieg Israels wurde im September 1955 durch die sogenannten tschechoslowakischen Waffenlieferungen erschüttert. Große Mengen von Waffen aller Art kamen aus der Tschechoslowakei, selbstverständlich mit sowjetischem Segen, in Ägypten an. Damals wurde allgemein angenommen, daß diese Lieferungen die Folge der israelischen Raids auf von Ägypten gehaltenes Territorium sei, insbesondere des israelischen Vergeltungsschlags im Gazastreifen vom 28. Februar 1955. Es paßte sowohl dem ägyptischen Präsidenten als auch dem sowjetischen Lieferanten, diesen Eindruck zu erzeugen. In der Tat wissen wir heute, auch aus ägyptischen Quellen[5], daß die Ablehnung des am 24. Februar 1955 abgeschlossenen »Bagdad-Pakts« durch Nasser der wahre Grund für die Lieferung von Waffen an die Ägypter war (Im Januar 1956 wurde auch ein 20-Millionen-Waffengeschäft zwischen der Tschechoslowakei und Syrien abgeschlossen.). Indem sie die Notwendigkeit dieser Lieferungen mit der »israelischen Aggression« und nicht mit der Ablehnung des imperialistisch-kolonialistischen Bagdad-Pakts begründeten, vermied Moskau , den Konflikt mit den USA zu verschärfen. Das Geschäft kam auf der Konferenz der afro-asiatischen Länder in Bandung im April 1955 ins Rollen, zu der Israel trotz aller Bemühungen nicht eingeladen worden war. In einem gemeinsamen Abendessen von Nasser und dem chinesischen Ministerpräsidenten Tschou-En-Lai erklärte Nasser dem Chinesen die Gründe für seine Weigerung, dem Bagdad-Pakt beizutreten. Er bat ihn, deshalb in Moskau für sowjetische Waffenlieferungen zu wirken. Tschou-En-Lai konnte Nasser kurz nach seinem nächsten Besuch in Moskau mitteilen, daß die Sowjetunion der Tschechoslowakei erlaubte, den Ägyptern Waffen zu verkaufen. Es soll hier in diesem Zusammenhang noch erwähnt werden, daß am 15. Mai 1956 ein Vertrag zwischen Kairo und Peking abgeschlossen wurde, in dem auch die Volksrepublik China sich bereit erklärte, Waffen an Ägypten zu liefern.

Es konnte nicht überraschen, daß diese Verschiebung des Waffengleichgewichts in Israel größte Besorgnis hervorrief. In einer Ansprache, die Ben-Gurion, der auch Verteidigungsminister war, schriftlich dem Kommandanten der Schule für Stabsoffiziere zum Abschluß des zweiten Lehrgangs der Schule sandte, schrieb er: » Wir stehen der verstärkten Bewaffnung unserer Nachbarn gegenüber, die ihre Absicht offen verkünden, uns zu vernichten [...]. Die äußersten Anstrengungen werden gemacht, um unsere Armee auszurüsten. Wir dürfen aber nicht annehmen, daß es uns gelingen wird, auf den gleichen Stand wie die Ausrüstung der ägyptischen Armee zu kommen oder mit allen arabischen Armeen zusammen [...]. Aber es soll hier nicht gesagt werden, daß wir dazu überhaupt keine Aussichten haben[6].«

Und in der bereits hier schon einige Male zitierten Rede in der Knesset führte Ben-Gurion dazu aus: »Die Knesset-Mitglieder wissen zweifellos, daß Waffen nicht zu den Waren gehören, die man einfach im Kaufladen mit Herzenslust aussuchen kann, wenn man dazu das nötige Geld hat, und sie dann nach Hause bringt. Wir haben an viele Türen geklopft und sie verschlossen gefunden. Die englische Regierung verkaufte dem ägyptischen Diktator schwere Panzer — wissend, daß sie Israel treffen sollen —, hat sich aber hartnäckig geweigert, Waffen an Israel zu verkaufen. Und dieses England ist bekanntlich einer der Beteiligten der Drei-Mächte-Erklärung des Jahres 1950 zur Erhaltung des Kräftegleichgewichts im

5 Siehe u.a.: Heikal, Nasser, S. 58 f.
6 Ben-Gurion, Yichud we-Ye'ud, S. 249.

Nahen Osten. Die Vereinigten Staaten, denen wir Dank schulden für die große politische und finanzielle Hilfe seit unserer Staatsgründung, haben theoretisch anerkannt, daß die Waffenbilanz zwischen Israel und den Nachbarländern verbessert werden muß, und haben ihre Verbündeten ermuntert, uns Waffen zur Verteidigung zu liefern[7]. Wir können uns nicht nur mit dieser Ermunterung abfinden und werden auch weiterhin von der US-Regierung die Lieferung von Waffen zur Verteidigung zu Lande, zu Wasser und in der Luft fordern, die unsere Feinde abschrecken können. Allerdings setzen wir keinesfalls den Wert der Ermunterung herab, die auch reale Erfolge hatte. Wir sind Frankreich viel Wertschätzung schuldig, das uns als erstes Land moderne Düsenjäger (24 ›Mystère 4‹) lieferte. Letztlich folgte ihm Kanada mit dem Beschluß, uns 24 Düsenflugzeuge des Typs F 84 (›Sabre‹) zu verkaufen; wir werden auch das Verdienst Englands nicht schmälern, das uns einige ›Meteor‹-Flugzeuge lieferte. Wir erhielten auch einige Waffen von anderen Staaten. Ich will mich nicht weiter über unsere Bemühungen auslassen, ein Minimum von notwendiger Ausrüstung für die IDF zu sichern, denn sie sind noch nicht beendet, und die Zeit ist noch nicht reif dafür. Wir hatten viele Monate des Wartens und der Sorge — aber wir hatten auch Tage tiefster Freude[8].«

Inzwischen ging der Rüstungswettlauf im Nahen Osten ununterbrochen weiter. Am 2. Februar 1956 teilte ein offizieller Sprecher Ägyptens mit, »daß die von der Sowjetunion erworbenen Waffen bereits in vollem Umfang an der Front mit Israel stehen«. Eine Woche später versprach die Sowjetunion, in Ägypten eine Zentrale für Nuklearforschung zu errichten. Auf die französischen Waffenlieferungen in Israel werden wir noch an anderer Stelle zurückkommen.

5. Arabische Expeditionsstreitkräfte in Jordanien

Bereits im September 1956, infolge der anhaltenden Spannungen an der Grenze mit Israel und infolge der scharfen israelischen Reaktionen auf arabische Terrorakte von jordanischem Gebiet aus, bat König Hussein von Jordanien seinen Verwandten, den irakischen König Feizal, eine Division nach Jordanien zu senden. Am 11. Oktober 1956, am Tag nach dem israelischen Unternehmen gegen Kalkilyah, sandte der Irak mechanisierte Kräfte an die jordanische Grenze. England und die USA stimmten dem Einmarsch dieser irakischen Truppen nach Jordanien zu. Israel war äußerst besorgt über diese Entwicklung. Es soll in diesem Kontext auch erwähnt werden, daß im Emirat — und dann Königreich — Jordanien die Arabische Legion seit ihrer Gründung unter dem Oberkommando eines englischen Generals, John B. Glubb-Pascha, stand. Als aber Anfang 1956 der ägyptische Ein-

7 Hier spielte Ben-Gurion darauf an, daß der amerikanische Außenminister Dulles am 25.2.1956 sagte: »Die Sorge Israels wegen des ägyptischen Waffenübergewichts ist berechtigt«. Vier Tage später erlaubten die USA Frankreich, Düsenjäger an Israel zu liefern.

8 Ben-Gurion, Yichud we-Ye'ud, S. 252.

fluß auf Jordanien zunahm, wurde General Glubb am 1. März plötzlich seines Postens enthoben und entlassen. Dieser Schritt erregte größten Ärger in London und beeinflußte die englisch-jordanischen Beziehungen, die ja auch vertraglich untermauert waren.

6. Schaffung eines gemeinsamen arabischen Oberkommandos

Eine Reihe von arabischen Militärbündnissen wurden zwischen Oktober 1955 und dem Ausbruch der Feindseligkeiten im Oktober 1956 abgeschlossen. Im Oktober 1955 unterzeichneten Ägypten und Syrien ein Militärbündnis und bildeten ein gemeinsames Oberkommando unter einem ägyptischen General. Ungefähr zur gleichen Zeit schloß Jordanien ein Militärbündnis mit dem Irak ab. Es wurde von einem gemeinsamen Ausschuß geleitet, der aus den Verteidigungsministern und den Generalstabschefs gebildet wurde. Am 20. April 1956 unterzeichneten Ägypten, Saudi-Arabien und der Jemen ein militärisches Dreierbündnis. Es ist deshalb kein Wunder, daß Nasser am 18. Juni verkündete, er beabsichtige die Befreiung aller arabischen Völker »von Marokko nach Osten«. Das stand in vollem Einklang mit seiner bereits im Jahre 1954 veröffentlichten Schrift »Die Philosophie der Revolution«, in der er drei Kreise für seine Tätigkeit programmiert hatte: den arabischen Kreis, den afrikanischen und den islamischen (Die Schrift wurde in Israel und auch in Europa mit Adolf Hitlers »Mein Kampf« verglichen!).

Als dann im Oktober die jordanischen Anhänger des ägyptischen Präsidenten Nasser die Oberhand im jordanischen Parlament bekamen und in Jordanien eine pro-ägyptische Regierung an die Macht brachten (was im März zu der bereits erwähnten Ablösung des britischen Generals Glubb vom Oberkommando der Arabischen Legion führte), verzichtete Jordanien auf das Bündnis mit dem Irak und trat einem Bündnis mit Ägypten, Syrien und Saudi-Arabien bei. Damit war die Einkreisung Israels auch bündnismäßig abgeschlossen und eine vollendete Tatsache.

7. Die Suezkrise und Israel

Angesichts der bisher geschilderten Ereignisse ist es nicht verwunderlich, daß letzten Endes Israel keine andere Wahl sah als einen Präventivschlag. Aufgrund der internationalen Situation und der offensichtlichen Isolation Israels konnte das Land es allerdings nicht wagen, einen solchen Schritt ohne mindestens einen internationalen Bündnispartner auszuführen. Es war zu klar, daß die Sowjetunion zu einem gewissen Zeitpunkt bereit war, ihre arabischen Klienten auch mit aktiven — nicht nur indirekten — Schritten zu unterstützen. So warnte zum Beispiel das offizielle Organ der UdSSR, »Iswestja«, Mitte Oktober Israel, »es spiele mit dem Feuer«. Am 21. Oktober, während der anti-sowjetischen Unruhen in Polen, beschuldigte Nikita S. Chruschtschow die Polen, sie seien im Bündnis mit dem Zionismus. Die Ereignisse in Nordafrika und die Nationalisierung des Suezkanals lieferten Ben-Gurion Bündnispartner, ohne die er nicht bereit war, ein Kriegsabenteuer zu unternehmen[9].

Was war die Reaktion der drei westlichen Großmächte auf Nassers Akt? (Es soll daran erinnert werden, daß zu diesem Zeitpunkt England und Frankreich noch weltumspannende Imperien waren!) In England war die dominante Persönlichkeit der Ministerpräsident Anthony Eden. Alle Beschlüsse in dieser Angelegenheit hingen von ihm ab. Er sah folgende Alternativen: Entweder Nasser würde gestürzt, durch eine freundschaftlichere Regierung abgelöst, und die alte Kanalgesellschaft würde wieder ins Leben gerufen. Noch wünschenswerter erschien es, die Rechte der Gesellschaft einer internationalen, neu zu schaffenden Agentur zu übergeben, wozu es gelingen müßte, »Nasser zur Räson zu bringen«, eine solche internationale Agentur anzunehmen. Da Eden bezweifelte, ob eines dieser Ziele auf friedlichem Weg zu erreichen wäre, sandte er schon am 27. Juli ein Telegramm an US-Präsident Eisenhower und teilte ihm mit, er habe die Chefs der Generalstäbe beauftragt, die notwendigen militärischen Pläne vorzubereiten. Es wurde aber noch am selben Tag klar, daß England nicht in der Lage war, sofortige militärische Schritte zu unternehmen; schon am nächsten Tag — am 28. Juli — nahm das Kabinett diese Tatsache zur Kenntnis.

Im Gegensatz zu den Engländern schien für viele Franzosen die Nationalisierung des Kanals keine so große Katastrophe zu sein, sie bot aber die gottgesandte Chance, mit Gewalt gegen Nasser vorzugehen. Das Hauptziel des im Jahre 1956 an die Macht gelangten sozialistischen Ministerpräsidenten Guy Mollet war ein französischer Sieg in Algerien. Er war davon überzeugt, daß hinter den algerischen Rebellen ägyptisches Geld, Waffen und Elan standen. Übrigens waren viele Franzosen — hauptsächlich Rentner — Aktienbesitzer der Kanalgesellschaft.

Schon in der Nacht der Nationalisierung hatte Eden ein Telefongespräch mit der französischen Regierung. Deren Außenminister Christian Pineau war bereit, am 29. Juli nach London zu kommen. Es wurde auch angenommen, daß der amerikanische Außenminister John Foster Dulles ebenfalls anwesend sein werde. Die Franzosen hofften, seinen zu erwartenden Zorn für eine militärische Aktion einzuspannen.

Der französische Verteidigungsminister Maurice Bourgès-Maunoury kam, wie sein britischer Kollege, zu dem Schluß, er benötige Zeit für eine militärische Aktion. Aber er war von Anfang an für eine solche Operation.

Zum Verständnis der amerikanischen Position muß beachtet werden, daß 1956 ein Jahr der Präsidentenwahl war: Eisenhower wollte wiedergewählt und als Frie-

9 Die besten israelischen Quellen für die Vorgeschichte des Sinai-Feldzuges sind:
a) Bar-On, Etgar we-Tigra. Dies ist die zuverlässigste Quelle. Oberstleutnant Bar-On war der Adjutant des Chefs des Generalstabes, Generalleutnant Moshe Dayan, führte das Tagebuch seines Stabes und war auch Teilnehmer der Geheimkonferenzen mit den Franzosen.
b) Bar-Zohar, Ben-Gurion.
c) Dayan, Avne Derech.
d) Ders., Yoman Ma'arechet Sinai.

densengel betrachtet werden. Die Wahlen waren für den 6. November festgesetzt. Übrigens waren die USA auch von der Kanalnationalisierung weniger betroffen als Europa; die amerikanischen Investitionen in der Kanalgesellschaft waren unbedeutend. In Dulles' Abwesenheit von Washington beschloß das State Department sofort, daß die Nationalisierung keinen Grund für Gewaltanwendung gebe, und informierte dementsprechend die britischen und französischen Botschafter. Eisenhower sandte am 28. Juli einen erfahrenen Beamten nach London. Dieser berichtete ihm nach Gesprächen mit englischen und französischen Ministern, daß Engländer und Franzosen entschlossen waren, ohne Verzug Gewalt anzuwenden.

Am 30. Juli trafen höhere französische Offiziere in London ein. Ihre britischen Gesprächspartner waren überrascht von der Entschlossenheit zur militärischen Aktion und auch vom Umfang der von den Franzosen geforderten Streitkräfte. Allerdings war zu diesem Zeitpunkt das Endziel der Operation noch nicht definiert.

Die Beratungen der drei Großmächte endeten am 2. August. Es erübrigt sich, hier die politischen Schritte zu erwähnen, die folgten, wie zum Beispiel die Konferenz der 24 maritimen Nationen, die in der zitierten Knesset-Rede Ben-Gurions erwähnt wurden, und der Versuch des australischen Premierministers Sir Robert Menzies, Nasser zu überzeugen, die Beschlüsse der Londoner Konferenz anzunehmen; oder die Absicht der Engländer und Franzosen, die Angelegenheit vor die UNO zu bringen; oder Dulles' Vorschlag einer Gründung einer Suez Canal User's Association (SCUA). Eden vermutete, daß im Falle einer Weigerung Nassers, die SCUA anzunehmen, alle drei Großmächte gemeinsam mit Gewalt die Durchfahrt durch den Kanal erzwingen würden. Es gelang ihm deshalb, seine eigene Regierung und die Franzosen für die Idee der SCUA zu gewinnen. In diesem Moment erhielten Eden und Mollet einen Drohbrief von Marschall Nikolai A. Bulganin, in dem dieser mitteilte, er wisse, Frankreich und England hätten Truppen in Zypern konzentriert (etwas, was die ganze Welt wußte!), und Rußland könne nicht untätig einer Invasion Ägyptens zusehen. Es bestehe die Gefahr, daß Kleinkriege in große Kriege ausarten könnten. In der Tat trat SCUA erfolglos zusammen, allerdings ohne Beteiligung Moskaus. England und Frankreich beschlossen, jetzt an den Weltsicherheitsrat zu appellieren, und dieser entschied, die Sache am 5. Oktober zu behandeln.

Die Franzosen erinnerten sich jetzt ihrer verhängnisvollen Abhängigkeit von England in den dreißiger Jahren und beschlossen, ab sofort eine aktivere Rolle zu spielen. In der Tat hatte Frankreich bereits einen zusätzlichen Verbündeten neben Großbritannien: Israel. Agenten des israelischen Verteidigungsministeriums waren schon 1952 bemüht, Waffen — Panzer und Flugzeuge — in Frankreich zu erwerben. Auf diese Bemühungen reagierte die französische Regierung in den Jahren 1954 und 1955 zögernd, aber nun unter den Umständen des Jahres 1956 waren sie erfolgreich. Schon am 22. Juni fand eine Geheimkonferenz in Vermars in der Nähe von Paris statt, an der hohe französische Beamte und Offiziere und — auf israelischer Seite — der Chef des Generalstabes, der Vorstand des Verteidigungsministeriums und Offiziere des Generalstabes beteiligt waren. Die Israelis reichten ihre

Wünsche für Waffenlieferungen ein. Die Franzosen versprachen, die geforderten Waffen zu liefern, und lösten dieses Versprechen ein. Ben-Gurion wies in der schon einige Male zitierten Knesset-Rede vom 15. Oktober auf diese Tatsache hin. Am 30. September fand eine zusätzliche französisch-israelische Geheimsitzung in St. Germain-en-Laye, einem Vorort von Paris, statt, an der zwei israelische Minister (darunter die Außenministerin Golda Me'ir), der Chef des Generalstabes und der Vorstand des Verteidigungsministeriums anwesend waren. Dabei wurde die inzwischen sich anbahnende Teilnahme Israels an einem anglo-französischen militärischen Unternehmen mit dem französischen Kabinett besprochen.

Es muß darauf hingewiesen werden, daß die Engländer, und besonders Eden, nicht allzu begeistert von der von den Franzosen angestrebten Teilnahme Israels am geplanten Unternehmen gegen Ägypten waren. Zu sehr sahen sie sich als Hüter der arabischen Interessen im Nahen Osten. In seiner »Guildhall-Rede« vom 9. November 1955 spielte Eden darauf an, Israel müsse den Arabern territoriale Konzessionen machen. Eine weitere Komplikation der Lage wurde durch den israelischen Vergeltungsraid auf Kalkiliya am 10. Oktober 1956 ausgelöst. König Hussein forderte die Engländer auf, ihm Luftwaffenunterstützung aus Zypern zu geben. Am folgenden Tag informierten die Engländer Israel, daß eine irakische Division nach Jordanien verlegt werde. Sollte Israel weitere Aktionen gegen Jordanien unternehmen, sähe sich Großbritannien gezwungen, Jordanien zu Hilfe zu kommen. Damit entstand Mitte Oktober eine groteske Situation, in der England militärische Aktionen sowohl gegen Ägypten als auch gegen Israel erwog. Das zwang Frankreich nun endlich dazu, den Engländern klaren Wein über die geplante Kooperation mit Israel einzuschenken. Am 16. Oktober kamen Eden und sein Außenminister Sir John Selwyn Lloyd nach Paris und sprachen mit Mollet und Pineau unter acht Augen. Es war Mollet gelungen, Eden davon zu überzeugen, daß darin die letzte Chance für ein Unternehmen vor Eintritt des Winters bestand. Da die geplante anglo-französische Aktion eine amphibische war, mußte damit gerechnet werden, daß ein Landungsunternehmen im Mittelmeer im November ein großes Risiko war. Man beschloß deshalb, Ben-Gurion sofort nach Paris einzuladen. Dieses war die Ursache der sogenannten Geheimkonferenz in Sèvres.

Am 22. Oktober kamen Ben-Gurion, Shimon Peres (Vorstand des Verteidigungsministeriums) und Generalleutnant Moshe Dayan in Paris an und wurden von Mollet, Pineau und Bourgès-Maunoury empfangen. Ben-Gurion forderte eine schriftliche Vereinbarung als Vorbedingung für eine israelische Aktion. Dieser Vertrag sollte von allen drei Regierungen unterschrieben werden, nachdem ein verantwortlicher britischer Minister an den jetzigen Verhandlungen teilgenommen habe. Ben-Gurion war England gegenüber sehr argwöhnisch. Selwyn Lloyd, von einem Beamten begleitet, blieb nur kurze Zeit, etwa eine Stunde, in Paris. Der englische Beamte formulierte den Vertrag in drei Exemplaren und unterschrieb im Namen der englischen Regierung. Ben-Gurion weigerte sich aber, dieses Dokument anzuerkennen. Deshalb wurde es nach London zur Unterschrift gesandt und Ben-Gurion nachgeschickt. Das war am Morgen des 26. Oktober 1956. Diese Konferenz erhielt von den Historikern den Titel »die Komplott (Collusion)-Konferenz von Sèvres«.

Um das Odium der Aggression von den zwei europäischen Mächten abzuwenden, bestanden diese darauf, Israel müsse einen »Vorwand« für deren Intervention liefern. Der endgültige Plan sah vor, die IDF solle Ägypten durch die Sinaiwüste als Vergeltungsraid angreifen und sich dem Suezkanal nähern. Dann würden die Westmächte, sozusagen »zum Schutz des Kanals«, ein Ultimatum an Israel und Ägypten richten, sich 10 Meilen vom Kanal zu entfernen. Da angenommen wurde, daß Nasser dieses Ultimatum nicht annehmen werde, würden die anglo-französischen Truppen die Kanalzone besetzen, nachdem sie 36 Stunden nach dem Beginn der israelischen Kampfhandlungen die ägyptische Luftwaffe außer Gefecht gesetzt hätten.

Die Regierung Israels beschloß in der Sitzung des 28. Oktober 1956, die kriegerischen Handlungen gegen Ägypten am Abend des 29. Oktober zu eröffnen. Es erübrigt sich hier, den unrühmlichen Verlauf des Unternehmens Musketeer zu beschreiben. Israel führte sein Unternehmen Kadesch mit größtem Erfolg aus. Sollte allerdings die politische Führung Israels auch noch andere Ziele als die rein militärischen im Auge gehabt haben — etwa den Sturz des ägyptischen Präsidenten Nasser oder die Absicht, Ägypten zum Abschluß eines Friedensabkommens zu zwingen, die Öffnung des Suezkanals für die israelischen Schiffahrt oder für Schiffe auf dem Weg nach und von Israel —, dann wurden diese Ziele nicht erreicht. Andererseits ist zu betonen, daß keines der anglo-französischen Kriegsziele verwirklicht wurde: weder der Sturz der ägyptischen Regierung, noch die Verhinderung der Nationalisierung des Suezkanals.

8. Die »Nachlese« des Sinaifeldzuges für Israel

Infolge eines UNO-Beschlusses, der den Rückzug der IDF auf die Waffenstillstandslinie des Unabhängigkeitskrieges forderte, als auch wegen eines sowjetischen Ultimatums, das die Existenz des Staates Israel in Frage stellte[10], und infolge amerikanischen Drucks, einschließlich der Drohung mit Sanktionen, beschloß die Regierung Israels den Rückzug aus dem Sinai unter der Bedingung, daß eine internationale Truppe die sich zurückziehenden IDF-Truppen ablöste. Ein solcher Verband wurde in der Tat sehr schnell unter dem Oberbefehl des kanadischen Generalleutnants Burns gebildet. Der erste Schritt war ein Rückzug der Kräfte auf eine Entfernung von 48 km vom Kanal und dann im weiteren Verlauf wöchentliche Sprünge von 24 km, bis am 15. Januar 1957 der Rückzug hinter die internationale Grenze vollendet war. Am 6. März wurde der Gazastreifen geräumt, und zwei Tage später erfolgte der endgültige Rückzug von Scharem el-Scheikh über See nach Elat. Die United Nations Emergency Forces (UNEF) bildeten eine Pufferzone zwischen Ägypten und Israel. Sie legten auch eine Garnison nach Scha-

10 Der volle Text in englischer Sprache in: Israel's Foreign Relations, S. 557.

rem el-Scheikh und sicherten damit eine freie, ungestörte Durchfahrt durch die Meerengen von Tiran in den Golf von Elat. Der Suezkanal blieb allerdings auch weiterhin für die Schiffahrt von und nach Israel gesperrt, denn es gelang der UNO nicht, ihren diesbezüglichen Beschluß auszuführen. Israel machte es aber mit der Räumung von Scharem el-Scheikh in allen internationalen Foren klipp und klar, daß eine erneute Sperrung der Meerengen von Tiran den Casus belli bedeuten würde.

Mohamed Reda Moharram

Die Suezkrise 1956.
Gründe — Ereignisse — Konsequenzen

1. Voraussetzungen

1956 verbündeten sich Großbritannien und Frankreich mit Israel, um einen militärischen Angriff auf Ägypten einzuleiten. Israel übernahm diese Aufgabe von Osten auf den Sinai, während England und Frankreich ihre Marineinfanterie und Luftlandetruppen in den Nordteil des Suezkanals, nach Port Said, entsandten. Die israelischen Truppen überfielen am 29. Oktober 1956 den Sinai auf breiter Front, auch begleitet von Fallschirmbataillonen in der Nähe von Suez. Die britische und französische Luftwaffe bombardierten vom 31. Oktober bis zum 4. November ägyptische Einrichtungen. Diese Aktionen bildeten die Vorbereitungen für die Landungen der Fallschirmbataillone am 4. November und der Marineinfanterie in Port Said am 5. November.

Das Bündnis gegen Ägypten war Frucht eines Abkommens, das der israelische Premierminister David Ben Gurion, der französische Außenminister Christian Pineau und Sir Patrick Dean, Unterstaatssekretär des britischen Außenministeriums[1], am 24. Oktober 1956 in Sèvres bei Paris unterzeichnet hatten. Das geheime Zusammenspiel der beiden Großmächte mit einem dritten Staat gegen ein kleines Land wie Ägypten war damals Grund heftiger Diskussion und internationaler Ablehnung. Es überraschte die gesamte Welt. Die Überraschung wäre aber vermeidbar gewesen, denn obwohl die Suezkrise vordergründig einem Konflikt zwischen Ägypten und seinen Gegnern um die Beherrschung des Suezkanals entsprang, zeitigte sie doch andere Begleiterscheinungen und Konsequenzen, die das eigentliche Kampfgebiet überschritten. Die Suezkrise übte einen regionalen Einfluß auf den Nahen Osten und international auf die Entwicklung der Dritten Welt aus. Dieser Einfluß erstreckte sich auch auf die Blöcke in Ost und West, ja sogar auf die Beziehungen der westlichen Länder untereinander. Die Angreifer verfehlten ihre militärischen und politischen Ziele. Es veränderten sich aber auch die Rollen der beiden Supermächte in der Region. Die Sowjetunion übernahm eine neue Rolle, während die Vereinigten Staaten die englische und französische Funktion erbten.

Es war im Jahre 1956, dem Jahr der Suezkrise, daß die Freiheitsbewegungen in der Dritten Welt begannen und der arabische Nationalismus sich einen Weg bahnte. Es war auch dasselbe Jahr der Suezkrise, das die Weltsituation nach dem Zweiten Weltkrieg nachhaltig prägte.

1 Robertson, Die Krise, S. 212.

2. Die Welt nach dem Zweiten Weltkrieg

Mit dem Ende des Zweiten Weltkrieges (1939–1945) bildete sich eine neue Welt, und es kam zu entscheidenden Veränderungen. Die erste wesentliche Veränderung bestand in der Entwicklung der USA zur führenden Macht des Westens. Diese Rolle ergab sich aus ihrer Beteiligung am Zweiten Weltkrieg, vor allem aus ihrer materiellen Unterstützung für die Verbündeten, aber auch aus ihrem unmittelbaren Engagement am Krieg im Fernen Osten und in Europa. Nach dem Krieg fand dies seine Fortsetzung im Marshallplan zum Wiederaufbau Europas und in der Gründung der NATO. Im arabischen Raum konzentrierte sich das amerikanische Interesse auf zwei Schwerpunkte.

Zum einen zeigten die USA Interesse an den Ölvorkommen, vor allem auf der arabischen Halbinsel, wobei sie Großbritannien ungeniert einen Vorschlag zur Aufteilung der Weltbodenschätze unterbreitet hatten[2]. Der zweite amerikanische Schwerpunkt war der Schutz Israels durch die Vereinigten Staaten, nachdem die Entstehung des israelischen Staates 1948 die arabische Welt grundlegend verändert hatte.

Die Beziehungen der Vereinigten Staaten zu Großbritannien und Frankreich nach dem Zweiten Weltkrieg standen bis 1956 unter einem eigentümlichen Spannungsverhältnis. Der Nahe Osten nämlich, dessen Hauptkomponente die arabischen Länder sind, hat große strategische Bedeutung und wichtige Ölreserven. Der gesamte Nahe Osten befand sich unter dem Einfluß der beiden traditionellen Kolonialmächte, England und Frankreich, wobei England die führende Rolle einnahm. Die neue führende Rolle der USA als Großmacht wäre nicht möglich gewesen ohne den Rückzug der traditionellen westlichen Mächte. Ziel der USA in diesem Raum war es daher, einerseits die beiden klassischen Kolonialmächte zu verdrängen, andererseits aber deren traditionelle Rechte für sich selbst zu erhalten. Vielleicht war es gerade der Versuch, diese Spannung zu überbrücken, der die USA dazu führte, die Freiheitsbewegungen zu unterstützen. Dadurch wollten sie sich den Weg bahnen zu einem neuen Imperialismus. Vielleicht ist dies auch der Grund, warum die USA während der Suezkrise gleichermaßen gegen England, Frankreich und Israel auftraten. Andererseits waren die Beziehungen zwischen den Vereinigten Staaten und Ägypten sehr gespannt, da Außenminister John Foster Dulles gleichzeitig einen massiven Kampf gegen Gamal Abd el-Nasser führte, der ein entscheidendes Hindernis für die amerikanischen Bestrebungen in diesem Gebiet darstellte.

Die andere wesentliche Veränderung war das Aufkommen der Sowjetunion als internationale Macht. Ihre Leistungen während des Krieges hatten ihr spätestens seit der Konferenz von Jalta eine führende Rolle in der Welt eingetragen. Das Ergebnis von Jalta war, daß alle Länder Osteuropas und weite Teile des Balkans unter sowjetischen Einfluß gerieten. Alle beteiligten Mächte (Sowjetunion, USA und

2 Geheimbriefe zwischen Churchill und Roosevelt, Februar-März 1944, zit. nach: Heikal, Die Suezakten, S. 40.

Großbritannien) hatten die Rechte des anderen im Nahen Osten und der arabischen Welt anerkannt.

Der Nahe Osten und die arabische Welt waren nicht nur als unmittelbare Nachbarn wesentlich für die Sowjetunion, sondern auch, weil sich so der alte russische Traum vom Zugang zum Mittelmeer zu erfüllen schien. Daher war die Konkurrenz zwischen der Sowjetunion und den USA (dem Westen im allgemeinen) im Nahen Osten sehr stark. Die westliche Welt war höchst empfindlich gegenüber jedem Fortschritt der Sowjetunion in der arabischen Welt. Denn nachdem die Wunden des Zweiten Weltkrieges weitgehend geheilt waren, entwickelte die Sowjetunion die Fähigkeit, in den Nahen Osten einzudringen. Die Zeit, in der sie in diesem Gebiet ihre Interessen zu definieren begann, fiel zusammen mit einer geistigen »Aufklärung« im arabischen Raum, die durch die Revolution vom Juli 1952 gefördert wurde, und der Suche nach Quellen für die eigene Bewaffnung, nach ökonomischer Förderung und wirtschaftlicher Entwicklung. Die Sowjetunion ließ die Gelegenheit nicht ungenutzt und entschloß sich, die negative Haltung des Westens gegenüber den Völkern der arabischen Region auszunutzen. Ihre im Ergebnis dessen erfolgende Zusammenarbeit mit den arabischen Ländern (vor allem mit Ägypten) war ein Hauptgrund für die Haltung des Westens gegenüber Ägypten und den Befreiungsbewegungen in der arabischen Welt; vielleicht war es sogar einer der bedeutsamsten Gründe für die Suezkrise. Unter Führung der USA bildeten sich mehrere amerikafreundliche Allianzen im Nahen Osten, entweder um Machtvakuen auszufüllen, die nach dem Auszug des traditionellen Imperialismus entstanden waren, oder unter dem Vorwand des Kampfes gegen den Kommunismus.

Dieses doppelte Ziel war eindeutig die Grundlinie der amerikanischen Außenpolitik. Schon sehr früh, ja sogar vor dem Ende des Zweiten Weltkrieges, findet sich in den Akten des State Department der Vorschlag: »Die Gründung eines Regionalsystems durch die Länder der Region, das nicht von der Autorität Großbritanniens abhängt und nicht dem Autoritätssystem der Sowjetunion unterliegt«[3]. Das State Department forderte das Foreign Office auf, amerikanischen Unternehmen in britisch kontrollierten Gebieten Ölkonzessionen zu erteilen und die Ölquellen in Saudi-Arabien und im Irak durch Rohrleitungen mit dem Persischen Golf oder dem Mittelmeer zu verbinden[4]. So wird auch verständlich, daß die USA den Vorstößen und Aktivitäten der Sowjetunion im Nahen Osten, vor allem in den Ölregionen, ablehnend gegenüberstanden. Weiter wird auch verständlich, daß die USA jenen regionalen Mächten, die mit der Sowjetunion zusammenarbeiteten und versuchten, die von den USA erzwungene Isolation zu überwinden (wie etwa Ägypten), dieselbe Ablehnung entgegenbrachten.

Bei diesem Spiel der Mächte war nicht vorgesehen, daß sich eine dritte Gruppierung aus der »Dritten Welt« in den Vordergrund drängte, die sich zwischen Ost

3 Heikal, ebd., S. 35. Sitzungsprotokoll der Kommission für die Koordination der amerikanischen Politik im Nahen Osten, 2.5.1945.

4 Ebd., S. 54. Memorandum des amerikanischen an das britische Außenministerium, 31.5.1945.

und West einen unabhängigen Platz suchen wollte. Nach dem Zweiten Weltkrieg nämlich wurden Freiheitsbewegungen in Afrika, Asien und vielen anderen Teilen der Welt aktiv. Einigen Ländern war es gelungen, dank günstiger Umstände unabhängig zu werden. Indonesien unter der Führung von Ahmed Sukarno gehörte zu den ersten, dann kam Indien. Die Winde der Freiheit wehten dann in Richtung des Nahen Osten, wo Syrien, dann der Libanon unabhängig wurden; dem folgte die ägyptische Revolution. Die Staaten, die ihre Unabhängigkeit neu erworben hatten, fanden eine Brücke nach Europa über Jugoslawien, dessen Freiheitsbewegung während des Zweiten Weltkrieges von Josip Broz Tito geführt worden war. China gehörte als Großmacht der Dritten Welt vollständig zu den Freiheitsbewegungen. Die Bestrebungen einiger Führer der nunmehr unabhängig gewordenen Länder, deren politische Ziele bei den traditionellen Blöcken, vor allem beim Westblock mit den großen kapitalistischen Staaten, keine Akzeptanz gefunden hatten, führten zu einer Neubildung auf internationaler Ebene. Die Blockstaaten konnte man einteilen in Staaten, die ihre Kolonien verloren hatten (beispielsweise England und Frankreich), sowie in Länder, die wie die USA das Erbe des alten Imperialismus antreten wollten und deren Pläne von diesen Freiheitsbewegungen bedroht waren. Das Entstehen der neuen Bewegung der »Blockfreien« war eng verbunden mit dem Treffen des indischen Ministerpräsidenten Jawaharlal Nehru, des indonesischen Präsidenten Sukarno und des jugoslawischen Staatsschefs Tito. Der erste Kongreß wurde am 20. Juli 1956 in Brioni abgehalten, nachdem im April 1955 die Konferenz von Bandung das Ziel afroasiatischer Solidarität vertreten hatte. Diese internationalen Treffen beunruhigten den Westen und bedrohten seine Pläne. Außerdem waren sie für Präsident Nasser der Anlaß, trotz des Drucks der USA die Volksrepublik China anzuerkennen. Zugleich bestärkten sie ihn in seinem Entschluß, Waffen für die ägyptische Armee im Ostblock zu kaufen, was die USA, den Westen und Israel weiter verärgerte.

Die USA und ihr Außenminister Dulles hatten geplant, durch Bündnisse mit westlich orientierten Staaten südlich der Sowjetunion diese einer »eisernen Umfassung« auszusetzen. In den Freiheitsbewegungen der Dritten Welt und in den neu unabhängig gewordenen Staaten fanden die USA allerdings Kräfte, die sich diesen Vorstellungen widersetzten. Gerade im Nahen Osten trug der ägyptische Präsident Nasser nach amerikanischer Auffassung mehr als jeder andere Verantwortung für das Scheitern ihrer Pläne. Daraus resultierten militärische und wirtschaftliche Pressionen auf Nasser und sein Regime, um ihn zu zähmen oder zu demütigen. Insbesondere lehnten die USA weitere Militärhilfe für die ägyptische Armee ab und zogen ihr Angebot zum Bau des Assuandamms zurück. Nasser reagierte durch eine Kooperation mit der Sowjetunion und indem er am 26. Juli 1956 den Suezkanal verstaatlichte, um das Einkommen daraus für den Bau des Assuandamms zu nutzen. Dieses letzte Ereignis war der unmittelbare Auslöser für die Suezkrise.

3. Im Zentrum des Nahen Ostens

Drei Hauptereignisse auf der politischen Bühne führten zum Konflikt und zu Unruhen. Diese Ereignisse waren unüberwindbar, da sie große Gegensätze in sich bargen.

Am Abend des 29. November 1947 beschloß die Generalversammlung der UNO, Palästina, das damals unter britischer Mandatherrschaft stand, aufzuteilen zwischen den ursprünglichen Bewohnern und den aus dem Ausland zugewanderten Juden. Die Beschluß war das Ergebnis der Erklärung Großbritanniens, »es habe festgestellt, daß die Versprechen für Araber und Juden in Palästina ungleich gewesen seien. Es sei unmöglich, Kompromisse zu schließen, und Großbritannien werde ab Mai 1948 seine Verantwortung an die UNO abtreten«[5]. Am 15. Mai marschierten Truppen fünf arabischer Nationen in Palästina ein, um den Einwohnern zu helfen, ihr Land und ihr Eigentum zu behalten, darunter auch ägyptische Streitkräfte. Der offizielle Grund war der Schutz der arabischen Palästinenser, wobei es auch Unzufriedenheit der Araber darüber gab, daß die Vereinten Nationen den neuen Kolonialismus in der Gegend legitimiert hatten. Dieser Vorgang resultierte auch daraus, daß die Lage Israels in Palästina, in der Wüste Negev, die arabische Welt teilen würde[6]. Der Krieg zwischen den Arabern und Israel dauerte bis Anfang Januar 1949, als ein Waffenstillstand zwischen Ägypten und Israel geschlossen wurde; weitere Waffenstillstandsabkommen folgten in den Monaten darauf. Der Krieg endete nicht zugunsten der Araber und Palästinas. Im Februar 1949 zogen sich die englischen Truppen aus der Gegend von Om El-Raschrasch zurück (jetzt der Hafen Eilat) und übergaben dieses Gebiet an die israelischen Truppen. Damit erstreckte sich Israel bis zum nördlichen Punkt des Golfs von Akaba, also bis zum Roten Meer, und trennte somit vollständig den östlichen und westlichen Teil der arabischen Welt. In der Zeit zwischen 1947 und Anfang 1949 wurden nach Statistiken der UNO etwa 700 000 bis 750 000 arabische Palästinenser »aus ihrem Land verwiesen«[7]. Die meisten von ihnen begaben sich nach Gaza, das unter ägyptischer Verwaltung blieb, auf das unter jordanischer Verwaltung stehende Westufer des Jordans oder in die anderen benachbarten Länder wie Syrien und den Libanon.

Trotz des Waffenstillstands existierten die Spannungen zwischen den arabischen Ländern und Israel aus drei Gründen weiter: Da war die offizielle Erklärung der USA, Großbritanniens und Frankreichs von 1950, die Waffenstillstandsfronten zu garantieren, sowie die Stationierung von 80 000 britischen Soldaten am Suezkanal, die Ägypten von der Wüste Sinai trennten, und der Wunsch Israels, genauso viele Waffen zu besitzen wie die Araber[8]. Die Ereignisse in der Region führten allerdings dazu, daß die ersten beiden Gründe allmählich zurücktraten und nur der dritte, der militärische Grund bestehen blieb.

5 Ebd., S. 84.
6 Downing/Herman, Ein unendlicher Krieg, S. 21.
7 Ebd., S. 73.
8 Robertson, Die Krise, S. 34.

Die palästinensischen Flüchtlinge bildeten Partisanengruppen, von denen einige die Grenzlinien überschritten und israelische Siedlungen angriffen, entweder vom Gazastreifen her oder über die Nordgrenze. Die schlimmsten Angriffe erfolgten Ende 1954 und Anfang 1955 aus dem Gazastreifen. Als die israelische Regierung feststellen mußte, daß die Erklärung der drei Großmächte ihren Staat nicht schützen würde, unternahm sie im Februar 1955 eine militärische Kampagne durch die Negevwüste bis nach Gaza. Die Folge waren 63 tote und verwundete Palästinenser und Ägypter, darunter 32 ägyptische Soldaten. Dieser Angriff war als Drohung an alle arabischen Länder gedacht, Israel werde ab jetzt eine kriegerische Politik betreiben. Ägypten verstand die Nachricht, und dieser Vorfall wurde zum Wendepunkt in Nassers Haltung gegenüber Israel. Ihm wurde klar, daß die Grenze zwischen Ägypten und Israel nun ungeschützt war und daß die ägyptische Armee deshalb eine gute Bewaffnung brauchte, gleich zu welchem Preis und woher.

Die Sorgen der ägyptischen Seite wurden dadurch verschärft, daß die Verhandlungen zwischen Ägypten und England über die Räumung der Kanalzone am 19. Oktober 1954 mit einem Abkommen endeten, wonach die britischen Truppen am 19. Juni 1956 das ägyptische Territorium endgültig zu verlassen hatten. Sollte dieser israelische Druck Ägypten davon abhalten, weiterhin mit den Briten über die Räumung der Kanalzone zu verhandeln und so den Suezkanal weiterhin als natürliche Grenze zwischen den beiden Ländern zu erhalten? Oder hatte Israel kein Vertrauen mehr zu den englischen Truppen in der Kanalzone, und wollte es sich somit auf die eigene Macht in seinem Krieg gegen Ägypten verlassen? Ägypten war unter der Führung von Nasser und nach der Erfahrung der Revolution von 1952 nicht gewillt, in der Frage der Räumung der Kanalzone nachzugeben. Ebensowenig war es trotz der beschränkten militärischen Möglichkeiten bereit, die israelischen Angriffe hinzunehmen. Als Israel am 31. August 1955 noch einmal die Ortschaft Khan Younis in der Nähe von Gaza angriff, stießen ägyptische Partisanen in derselben Nacht 30 km tief auf israelisches Territorium vor und töteten 19 israelische Einwohner[9].

Ein weiteres Problem für Ägypten boten die Pläne des Westens, seine Interessen im Nahen Osten durch ein Bündnissystem unter Beteiligung Ägyptens zu schützen. Die britische Strategie ging dahin, sich nach Ende des Zweiten Weltkriegs vom traditionellen Kolonialismus zu lösen, zugleich aber die Bedeutung Ägyptens für jede Nahostpolitik nicht zu übersehen. Die deutlichste Formulierung dieser Strategie fand sich in einer Erklärung von Außenminister Ernest Bevin aus dem Jahre 1946 vor dem Verteidigungsausschuß des britischen Empire. Danach sollten britische Truppen auf Dauer in Ägypten verbleiben und die britischen Stützpunkte am Suezkanal weiterbestehen. Sollte eine Verteidigung der Nahostregion notwendig werden, sollte diese sich auf den Suezkanal abstützen[10]. Als Ägypten zu Beginn der fünfziger Jahre eine Phase politischer und sozialer Unru-

9 Heikal, Die Suezakten, S. 356.
10 Ebd., S. 80.

hen erlebte und gleichzeitig Israel als den britischen Interessen nützliche Macht aufstieg, schlug Sir Ralph Stevenson, der britische Botschafter in Ägypten, seinem Außenminister vor, das Verteidigungssystem des Nahen Ostens nordöstlich von Ägypten zu konzentrieren, wobei Syrien und vor allem Israel eine wichtige Rolle zufallen sollte. Es seien andere Garantien für die westliche Herrschaft über den Suezkanal vonnöten, entweder durch die Internationalisierung der Kanalzone oder auf andere Weise, um die im 19. Jahrhundert entstandene britische Herrschaft über Ägypten zu ersetzen[11].

Nach der Revolution vom Juli 1952 und nachdem die neue ägyptische Führung auf Verhandlungen über die Räumung bestand, bezog die britische Regierung ganz offen die USA in die Gespräche mit ein[12]. So diskutierten die Außenminister Anthony Eden und Dulles bereits 1953 den Abzug der britischen Truppen aus Ägypten. Eden machte dabei drei Vorbehalte geltend: die Beibehaltung der britischen Militärbasen am Suezkanal; einen phasenweisen Abzug der Truppen über einen Zeitraum von 10 bis 15 Jahren, damit keine Sicherheitsblöcke sich in der Gegend bildeten; und drittens die Teilnahme Ägyptens an einer westlichen Organisation für die Verteidigung des Nahen Ostens[13].

Die USA schickten sich gerade an, die Rolle Großbritanniens in der Region zu übernehmen, zumal die Interessen der USA ebenfalls auf die Ölquellen des Nahen Ostens zielten. Daher begannen die Vereinigten Staaten vorsichtig, sich von Großbritannien zu distanzieren. Die Politik der Eisenhower-Administration zielte zugleich in zwei Richtungen[14]. Das erste Ziel war, immer mehr in die Tiefe des Nahen Ostens einzudringen und dazu einen Ausgleich zwischen Israel und den Arabern zu fördern; während das zweite Ziel darin bestand, die Ölquellen im Nahen Osten unter dem Einfluß der USA zu behalten und gleichzeitig der Sowjetunion den Zugang dazu zu verwehren. Daher bemühte sich Dulles sehr, eine regionale Allianz zu bilden, deren Kern Ägypten und Saudi-Arabien bilden sollten. Jedoch scheiterten alle seine Versuche, nicht nur, weil sie von ägyptischer Seite abgelehnt wurden, sondern auch wegen der Haltung Saudi-Arabiens. Als Dulles sah, daß die westliche Durchdringung kaum zu erreichen war, änderte er seine Richtung und versuchte, quasi durch die Hintertür über ein Abkommen über militärische Zusammenarbeit zwischen Pakistan und der SEATO sein Ziel zu erreichen. Angesichts dieser Unterschiede zwischen Großbritannien und den USA wählte Eden den nördlichen Weg. Es gelang ihm, eine regionale Allianz mit der Türkei, Pakistan, dem Iran und dem Irak zu bilden. Somit führten die Anstrengungen beider Parteien zu einem gewissen Erfolg, nämlich einer Verbindung zwischen der NATO und dem Bagdadpakt[15].

11 Ebd., S. 135.

12 Ebd., S. 221. Bericht des ägyptischen Botschafters in London, Abdul Rahman Kakki, über Gespräch mit Selwin Lloyd.

13 Heikal, Die Suezakten, S. 222.

14 Ebd., S. 227. Zwei Weisungen Marcomann (?) Nr. 5428 u. 5401. Auch Kermet Roosevelt, Trumans Gesandter, hatte Nasser bereits ähnliche Vorschläge gemacht.

15 Robertson, Die Krise, S. 43 f.

Ein dritter Aspekt war der arabische Nationalismus. Der arabische Raum war bis nach dem Ersten Weltkrieg Kolonie der Westmächte, vor allem Großbritanniens und Frankreichs, aber vielfach auch des Osmanischen Reiches. Als 1922 die Herrschaft des Osmanischen Reiches endete, änderten sich die Beziehungen des Westens zu den Staaten in diesem Raum. Das Verhältnis zwischen Großbritannien und Frankreich sowie den Staaten des Nahen Ostens im Zeitraum 1922 bis 1952 war dadurch geprägt, daß diese beiden Mächte ihre strategischen, wirtschaftlichen und kulturellen Interessen mit nicht eindeutig imperialistischen Mitteln förderten. Jedoch handelte es sich auch nicht um eine Kooperation mit freien, souveränen und demokratischen Regierungen. So war Ägypten im Jahre 1922 für unabhängig erklärt worden. Bedingt durch die Präsenz der britischen Truppen in ganz Ägypten bis 1936 — und danach in der Kanalzone —, stand diese Unabhängigkeit jedoch weitgehend auf dem Papier. Folgerichtig hatte sich Großbritannien das Recht vorbehalten, die ägyptische Außenpolitik zu kontrollieren. Die östlichen arabischen Länder, außerhalb der arabischen Halbinsel, die Teil des Osmanischen Reichs gewesen waren, unterstanden nun entweder britischem oder französischem Mandat: Großbritannien reservierte sich das Mandatsrecht über Palästina, Ostjordanien und den Irak, während Syrien und der Libanon Frankreich zugewiesen wurden. Die Theorie bestand darin, daß diese Mandate bloße Vormundschaften seien. Auf internationaler Ebene wurden sie vom Völkerbund bestätigt, jedoch mit dem Ziel, diese Völker so bald wie möglich zur vollständigen Souveränität zu führen. Die konkrete Umsetzung dagegen stellte sich anders dar. Praktisch waren die Mandate ein Mittel der Westmächte, strategische Privilegien in der Region zu sichern und ihre Interessen an Verkehr, Handel und Ressourcen in diesen Gebieten zu schützen. Der Suezkanal und das Öl standen an der Spitze dieser Interessen.

Diese Verhältnisse waren auf die Dauer für die arabischen Völker unannehmber. Sie waren ihnen gegenüber durch Aggression, Unterdrückung und Gewalt charakterisiert. Die so beherrschten Völker begannen, diese westlichen Regierungen zu hassen. Dieser Haß führte wiederum häufig zu Aggressionen, die Todesfälle zur Folge hatten und viele Märtyrer erzeugten. Während dieser Zeitspanne von 1922 bis 1952, nachdem sich die arabischen Muslime an das Ende des osmanischen »Kalifat« gewöhnt hatten, und weil sie sowohl an einer gemeinsamen Not litten als auch denselben Feind hatten, wuchsen die Beziehungen zwischen diesen arabischen Völkern. Ohnehin hatten sie denselben Ursprung, dieselbe Kultur, Sprache und zumeist dieselbe Religion. So kristallisierten sich gemeinsame arabische Gefühle heraus; der arabische Nationalismus war eine der wichtigsten Komponente des Kampfes der arabischen Völker gegen den Imperialismus.

In dieser arabischen nationalen Bewegung bestand noch ein weiterer Faktor, der die arabischen Völker im Nahen Osten in Wut und Angst versetzte, wie sie der westliche Imperialismus vielleicht nirgendwo anders auf der ganzen Welt antraf. Von 1918 bis 1948 stand Palästina unter britischem Mandat. Die Briten hatten aber keineswegs das Ziel, die ursprünglichen Einwohner, deren geschichtliche Wurzeln weit in die Vergangenheit reichten, in die Lage zu versetzen, über sich selbst zu entscheiden. Großbritannien öffnete vielmehr das Tor für den Kolonialismus der Juden, die keine Verbindung mehr zu Palästina hatten und die mit dem zionistischen Plan kamen, in Palästina einen jüdischen Staat auf Kosten der Palästinenser zu gründen. Die palästinensische Tragödie war ein weiterer Grund für den arabischen Nationalismus; sie beeinträchtigte die Beziehung der Araber zum Westen. Im arabisch-israelischen Krieg 1948 war Gamal Abd el-Nasser Kommandeur eines ägyptischen Bataillons, das eingeschlossen wurde. Nasser und einige seiner Genossen kamen aus Palästina zurück in der festen Überzeugung, daß der Westen die Araber irregeführt und ausgenutzt habe. In Zukunft müßte der Kampf von den arabischen Staaten ausgehen. Dazu mußten die Regierungssysteme verändert werden. Nasser drückte sein Mißtrauen dem Westen gegenüber schon sehr früh nach der Juli-Revolution im Jahre 1952 aus: »Die arabische Nation wird nicht irgendwelchen Versprechen des Westens glauben, denn in zwei Weltkriegen ist es dem Westen gelungen, die Araber durch wertlose Versprechen zu täuschen. Ihre Versprechungen während des Ersten Weltkrieges El-Sharif Hussein[16] gegenüber haben zu nichts geführt, und ihre Besetzung Ägyptens hat sich seit diesem Krieg gefestigt. Und im Zweiten Weltkrieg machte der Westen den Arabern viele neue Versprechen, um ihre Kooperation zu erhalten, und nach dem Krieg endete es mit der Entstehung Israels[17].«

Die ägyptische Militärrevolte im Juli 1952 zeigte deutliche Wirkungen in der gesamten arabischen Welt, vor allem, nachdem die Putschisten ihre Position gefestigt hatten. Der erste Schritt dazu war die Einschränkung des Landbesitzes sowie die Proklamation einer Republik. Die Forderung nach dem Abzug der Briten führte dazu, daß Saudi-Arabien mit der neuen Regierung kooperierte. Die irakischen Parteien forderten beim irakischen Kronprinzen eine Landreform nach ägyptischem Beispiel. Syrien vertiefte seine Beziehungen mit Ägypten, und auch Jordanien paßte sich der neuen Situation an.

Nassers strategische Ideen umfaßten nicht nur Syrien, den Irak und die arabische Halbinsel mit Saudi-Arabien, sondern schlossen auch den arabischen Westen mit ein, wo sich Marokko, Tunesien und Algerien in einem Konflikt mit Frankreich befanden. Ägypten begann, in allen diesen Ländern Freiheitsbewegungen zu unterstützen, und stellte ihnen jede Hilfe zur Verfügung. Insbesondere entstanden Verbindungs- und Transportlinien zu den Maghreb-Ländern, mit spezieller Unterstützung für Algerien ab 1954. Die Ausbreitung des arabischen Nationalismus und der Konflikt mit Frankreich wiederum bildeten den wesentlichen Grund zur Kooperation Frankreichs mit England und Israel als Hauptpartner, die zum Suezkrieg 1956 führte. Letztendlich führte die Ausbreitung des arabischen Nationa-

16 Nach dem Ende des Ersten Weltkrieges stiftete England Sharif Hussein Ben Ali an, gegen das Osmanische Reich auf der arabischen Halbinsel zu revoltieren. Nachdem ihn die Saudis ausgewiesen hatten, ließ England ihn im Stich, obwohl es zwei seiner Söhne als Könige in Jordanien und im Irak eingesetzt hatte.

17 Pressekonferenz vom 2.3.1953. Nach Artikeln von Walter Collins, United Press, und Tom Little, Direktor der Britischen Presseagentur, abgedruckt in der New York Times und im Daily Telegraph am 3.3.1953. Heikal, Die Suezakten, S. 201.

lismus zu extrem feindlichen Gefühlen gegenüber den westlichen Allianzen, in erster Linie dem »Bagdad-Pakt«[18].

4. Ägypten — Gemeinschaft, Revolution und Führung

Als die Offiziere der ägyptischen Armee am 23. Juli 1952 gegen das Regime revoltierten, stand Mohamad Naguib an der Spitze dieser militärischen Aktion. Jedoch zeigten die Ereignisse, daß der eigentliche Führer Oberstleutnant Nasser war. Im Juni 1954 wurde General Naguib gestürzt, und Nasser übernahm die Präsidentschaft der Republik. Dies lief parallel zu sämtlichen politischen, sozialen und ökonomischen Entwicklungen, die bewiesen, daß der Aufruhr der Armee nicht eine vorübergehende Angelegenheit war, sondern eine Revolution mit strategischer Dimension und Perspektive.

Eines der Ziele der Revolution war der Aufbau einer starken nationalen Armee. Die Schwierigkeiten mit Großbritannien während der Abzugsverhandlungen waren eine der Hauptmotivationen, daß die Offiziere versuchten, dieses Ziel zu verwirklichen. Eine weitere Ursache hierfür war natürlich auch der Aufstieg Israels. Die Sorge der Ägypter betraf nicht nur die israelischen Angriffe im ägyptischen Gazastreifen. Im Jahre 1954 wiederholten sich Bombenanschläge in Kairo und Alexandria, und es schien, als wären einige davon gegen die amerikanischen Informationsbüros in den beiden Städten gerichtet gewesen. Die USA protestierten bei der ägyptischen Regierung wegen der »Atmosphäre der Aufregung und Erregung«, die ihren Einrichtungen in Ägypten schade. Jedoch stellte sich 1960 heraus, daß diese Anschläge vom israelischen Geheimdienst »Mossad« durchgeführt worden waren, geleitet durch den damaligen Verteidigungsminister Levon[19].

In dem Versuch, ein Abkommen zwischen Ägypten und Großbritannien über die Räumung der Kanalzone zu verhindern, versuchte Israel, das Kriegsschiff »Pat Halim« den Kanal passieren zu lassen. Das war eine Provokation Ägyptens. Ägypten verbot dem Schiff die Durchfahrt und beschlagnahmte es. Diese Ereignisse machten Ägypten deutlich, wie sehr sich die Bedeutung Israels als benachbarte feindliche Macht verstärkt hatte. Sein Ziel war nicht nur die Störung der Beziehungen Ägyptens zu den anderen Staaten (USA und Großbritannien), sondern auch, Zweifel in der ägyptischen Bevölkerung an ihren militärischen Fähigkeiten hervorzurufen. Die ägyptischen Befürchtungen wurden auch unterstrichen durch den Erfolg Israels beim Kauf von Waffen, Flugzeugen, Panzern und Flugabwehrgeschützen.

Ägypten wandte sich zunächst an Großbritannien, dann an die USA, um Waffen für seine Armee zu erhalten und die israelische Bedrohung auszugleichen.

18 Omar, Studien, S. 506. Die sechs Ziele der Revolution waren: Beendigung des Kolonialismus, Beendigung des Feudalsystems und Herrschaft des Kapitalismus, Beendigung des Monopolismus, soziale Gerechtigkeit, Etablierung einer gut ausgerüsteten Armee und Etablierung einer konkreten Demokratie.

19 Childers, Der Weg nach Suez, S. 120.

Die USA hatten 1952/1953 zugesagt, Ägypten in beschränktem Umfang zu beliefern. Großbritannien übte jedoch großen Druck aus und mobilisierte Frankreich, die Suezkanal-Gesellschaft und Israel gegen die Waffenlieferung[20]. So ließ sich Nasser die Gelegenheit nicht entgehen, als der chinesische Premierminister Chou En Lai ihm im Gegenzug zu Ägyptens Anerkennung der Volksrepublik China den Weg öffnete, von der Sowjetunion über die Tschechoslowakei Waffen zu kaufen. Am 27. September 1955 gab Nasser diese Lieferung öffentlich bekannt. Die USA und ihr Außenminister Dulles waren empört, drohten mit dem Abbruch der diplomatischen Beziehungen und waren entschlossen, jede Lieferung an Ägypten zu verhindern. Sie beabsichtigten anfangs eine Sperrung der ägyptischen Küsten, um zu verhindern, daß die sowjetischen Waffen Ägypten erreichten, ließen es dann aber bei der Drohung. Israel seinerseits reagierte nervös auf diese Entwicklung und nutzte die Gelegenheit, um die Beziehungen zu Großbritannien und Frankreich zu vertiefen, von denen es vor allem mehr Waffen erhielt.

Das Ziel, den Kolonialismus zu beenden, das sich die Revolution von 1952 gestellt hatte, setzte die vollständige Räumung der Kanalzone durch Großbritannien voraus. Die Verhandlungen waren sehr kompliziert und zäh. Die Stützpunkte am Suez waren die weltweit größte britische Militärbasis. Außerdem war die Sicherheit des Suezkanals nach Londoner Auffassung abhängig von der britischen Truppenpräsenz. Andererseits stellte der Suezkanal eine tiefe Wunde in der ägyptischen Geschichte dar. Er liegt auf ägyptischem Territorium und wurde durch Ägypter und mit ägyptischen Geldern gebaut, jedoch gehörte er letzten Endes Ausländern und Imperialisten. Wie Nasser es ausdrückte, gehörte der Suezkanal nicht den Ägyptern, sondern umgekehrt, Ägypten gehörte dem Kanal.

Die Erfahrung der Ägypter war, daß das Schicksal des Landes vom Schicksal des Suezkanals abhing und daß ihre Freiheit nicht allein abhing von der Räumung der britischen Garnisonen in der Suezkanalzone, sondern auch von der Wiedergewinnung des Kanals selbst. Diese nationalen Gefühle waren sicherlich dem Westen oder der Suezkanal-Gesellschaft nicht unbekannt. Das komplizierte die Verhandlungen über die Räumung, die durch die Interventionen anderer noch erschwert wurden[21]. Diese Verhandlungen endeten am 19. Oktober 1954 mit der Unterzeichnung eines Abkommens zwischen Großbritannien und Ägypten, wonach die britischen Truppen innerhalb von 20 Monaten die Basis räumten. Teile der Basen sollten erhalten bleiben, und Großbritannien behielt sich das Recht vor, sie im Kriegsfall sofort zu benutzen[22].

Obwohl Nasser gerade über diese Bedingung sehr unglücklich war und trotz seiner Sorge vor Widerspruch der ägyptischen Bevölkerung war das Abkommen doch ein großer Erfolg, der einen nationalen ägyptischen Traum verwirklichte. Das Charisma Nassers begann allmählich, sich zu beweisen. Die vollständige Räu-

20 Heikal, Die Suezakten, S. 181–184, erwähnt Einzelheiten zu den britischen und amerikanischen Reaktionen.

21 Ebd., erwähnt die Interventionen Israels (S. 281–291) und der Suezkanal-Gesellschaft (S. 296) zur Behinderung der Räumungsverhandlungen.

22 Omar, Studien, S. 511.

mung durch die britischen Truppen am 19. Juni 1956 war aber auch das Ereignis, das zur Nationalisierung des Suezkanals am 26. Juli 1956 führte.

Zur Zeit der Juli-Revolution war Ägypten ein armes Land, und Reichtum und Besitz waren sehr ungleich verteilt. Noch ungerechter war die Verteilung der Einkommen. 23 Millionen Ägypter lebten auf engem Raum, und sie vermehrten sich ungefähr um eine halbe Million jährlich. Diese Zustände waren nicht zu überwinden ohne große soziale und ökonomische Entwicklungsprojekte. Nassers charismatische Führung unterstützte ein solches Vorhaben, das auch die politische Unabhängigkeit und Würde der Nation wieder herstellen sollte; zugleich sollte es die Akzeptanz der neuen Regierung in der Bevölkerung verbessern. Bei diesem Großvorhaben handelte es sich um den Bau eines Staudamms südlich von Assuan. Er sollte den Anstau größerer Wassermengen erlauben, das Land vor Überschwemmungen wie vor Dürre schützen. Außerdem sollte es riesige Wüstenflächen urbar machen und 10 Milliarden Kilowatt für die Industrialisierung und die Verbesserung der sozialen Lage erzeugen. Die Kosten des Projekts wurden auf 1,3 Milliarden Dollar geschätzt; dazu hatte Ägypten nicht die Mittel. So mußte die neue Regierung Kredite bei den Weltfinanzierungsinstitutionen suchen, die durch das Einkommen aus dem Export ägyptischer Baumwolle getilgt werden sollten.

Ägypten zögerte nicht, die USA und Großbritannien um direkte Kredite und auch um Unterstützung seines Antrags an die Weltbank zu bitten. Einige Quellen berichten, daß die ersten Versuche darin bestanden, 56 Millionen Dollar von den USA zu erhalten, 14 Millionen von Großbritannien und 200 Millionen Dollar von der Weltbank[23].

Zunächst schienen die USA geneigt, den ägyptischen Forderungen entgegenzukommen. Obwohl die USA später versuchten, eine Verbindung herzustellen zwischen der Finanzierung des Hochdamms und der Versöhnung mit Israel[24], was Ägypten völlig ablehnte, machten sie Ägypten zunächst glauben, sie würden das Projekt finanzieren und bei der Weltbank in den Verhandlungen vom Februar bis Juni 1956 unterstützen. Am 9. Juli teilte der Präsident der Weltbank dem ägyptischen Finanzminister brieflich die Absicht der Bank mit, Kredite an Ägypten zu vergeben. Jedoch erklärte der amerikanische Außenminister Dulles am folgenden Tag (10. Juli 1956), daß Ägypten keine Kredite für den Bau des Hochdamms erwarten könne. Am 16. und 17. Juli beschloß der amerikanische Senat eine zusätzliche Vorschrift für die Festlegung der Auslandshilfen für das Jahr 1956, die es der amerikanischen Regierung verbot, Finanzmittel zur Finanzierung des Hochdamms zu verwenden.

Diese plötzliche Veränderung in der amerikanischen Position, in deren Folge sich auch die Weltbank aus dem Projekt zurückzog, war für die Ägypter provozierend und herausfordernd. Die Reaktion der ägyptischen Regierung bestand in der Suche nach einer nationalen Finanzquelle; somit wurde die Entscheidung

23 Robertson, Die Krise, S. 45 f.

24 Heikal, Die Suezakten, S. 387–393.

gefällt, den Suezkanal am 26. Juli 1956 zu verstaatlichen. Damals betrug das Jahreseinkommen der Suezkanal-Gesellschaft rund 50 Millionen Dollar. Davon erhielt Ägypten nur 7 % (also ungefähr 3,5 Millionen Dollar), obwohl es ursprünglich den Bau des Kanals finanziert hatte. Schon zu Beginn des Projekts im Jahre 1850 war es mit einem Ursprungskapital in Form von Aktien und unbezahlter Arbeitskraft an den Kosten der Ausgrabung des Kanalbettes beteiligt, was zu großen Schulden und letztlich zum Konkurs führte. Danach hatte Ägypten seinen Anteil von 44 % der Aktien der Suezkanal-Gesellschaft im Jahre 1875 für 4 Millionen Dollar verkaufen müssen, obwohl ihr Nominalwert sich auf über 16 Millionen Dollar belief[25].

Die Ägypter, die Araber, ja sogar alle Einwohner der Dritten Welt wurden durch Nassers Erklärung über die Nationalisierung des Suezkanals und die Gründung einer ägyptischen Aktiengesellschaft überrascht. Sie betrachteten die Aktion mit einer gewissen Bewunderung. Die Drohungen von westlicher Seite erschütterten seine Überzeugung nicht. Die Einwohner hielten mit großem Enthusiasmus zu ihrem Präsidenten, und sogar Nassers Gegner konnten ihre Hochschätzung nicht verbergen. Sie wurde ein Wendepunkt in der ägyptischen Geschichte. »Die westlichen Länder haben, egal, ob absichtlich oder nicht, Ägyptens empfindlichen Nerv getroffen, wie z.B. Armut, Neutralität und finanzielle Unterdrückung[26].«

Andererseits war diese Entwicklung im Nahen Osten Anlaß zum Kampf gegen Ägypten und gegen Nasser. Großbritannien, Frankreich und Israel ließen sich diese Gelegenheit nicht entgehen und wollten nicht ruhen, ehe Nasser beseitigt und die ägyptische Rolle im arabischen Raum und im gesamten Nahen Osten entscheidend geschwächt waren.

5. Das Komplott und die militärischen Operationen

Der damalige französische Außenminister Pineau faßte das Ergebnis der Verhandlungen zwischen den drei Partnern Israel, Frankreich und Großbritannien zusammen, die in Sèvres getagt und sich in einem schriftlichen Abkommen am 24. Oktober 1956 abgestimmt hatten, Ägypten anzugreifen:

- Israel unternimmt einen Großangriff auf dem Sinai mit dem Ziel, den Suezkanal so schnell wie möglich zu erreichen.
- Die britische Luftwaffe greift die ägyptische Luftwaffe auf ihren Flugplätzen an und setzt diese Angriffe während der gesamten Operationen fort, um nebenbei auch die anderen arabischen Nationen zu warnen, sie würden dasselbe Schicksal erleiden, falls sie Israel angriffen.
- Das vorgebliche Ziel einer britisch-französischen Intervention sollte sein, den Suezkanal vor Ägypten und Israel gleichermaßen zu schützen. Israel würde dann die Drohung Frankreichs und Großbritanniens akzeptieren und die Not-

25 Childers, Der Weg nach Suez, S. 156.
26 Ebd.

wendigkeit des Waffenstillstands einsehen, jedoch erst, wenn eine Front 10 Meilen östlich des Kanals erreicht war.

- Vor der gemeinsamen Warnung sollte verbreitet werden, Israel habe das Kanalufer erreicht. Seine Truppen würden dann innerhalb von 12 Stunden auf die mit den Großmächten abgemachte Front »zurückgehen«[27].

Die Durchführung verlief wie geplant, einschließlich der im Abkommen von Sèvres erwähnten Intrigen. Nach ägyptischen Quellen verliefen die Operationen wie folgt:

5.1 Die ägyptischen Truppen

Die ägyptischen Hauptkräfte lagen in vorbereiteten Verteidigungsstellen mit je einer Infanteriebrigade in den Gebieten Rafah, El-Arish und Abu Ogeila. In El-Arish lag zudem der Gefechtsstand einer vierten Infanteriebrigade. Der Gaza-Streifen wurde durch zwei palästinensische Brigaden verteidigt, die von ägyptischen Offizieren unterstützt wurden[28].

In Sharm El-Sheikh bestand die Verteidigung aus einem Infanteriebataillon und einem Bataillon der Nationalgarde. Hinzu kamen Küstenartillerie, Luftabwehr und das Kriegsschiff »Raschied«. Westlich des Kanals standen zwei Infanteriebrigaden sowie eine Panzerbrigade mit der dazugehörigen Luftabwehr.

5.2 Verlauf der israelischen Operationen

Am 29. Oktober 1956 vor Sonnenuntergang landete ein Bataillon israelischer Fallschirmjäger östlich des Metla-Passes. Die Haupttruppen sollten in der Nacht westlich des Passes folgen, damit sie auf 30 km an den Suezkanal herankämen. Bei einem Vorgehen des Gros östlich des Passes hätte es sich dem Kanal nur auf 65 km nähern können.

Durch diesen Fehler hatte die Bedrohung des Suezkanals durch die israelischen Truppen weniger Einfluß, als eine Landung im Westen hätte haben können. Sie hätte den britischen und französischen Truppen einen größeren Grund gegeben, zu intervenieren.

Den ägyptischen Truppen gelang es, das Fallschirmjägerbataillon zu verwirren und ihm große Verluste zuzufügen. Damit verzögerte sich auch das Vorgehen der Haupttruppen unter Führung von Scharon bis zum Abend des 30. Oktober 1956.

In der Nacht vom 30. zum 31. Oktober 1956, nachdem Israel sich versichert hatte, daß die britisch-französische Intervention wie geplant stattfinden würde, begann der israelische Angriff auf die ägyptischen Stellungen in Abu Ogeila-Om

27 Robertson, Die Krise, S. 210 f.

28 Khalil, Die Kriege Ägyptens, S. 51–53.

Quatf. Mehrmals versuchten eine Panzer- und zwei Infanteriebrigaden die ägyptischen Positionen in Abu Ogeila anzugreifen. Sie bleiben jedoch erfolglos. Die israelischen Truppen mußten sich aus dem Wirkungsbereich der ägyptischen Artillerie zurückziehen. Erst unter dem Schutz seiner Luftwaffe konnte Israel den Angriff fortführen. Den ägyptischen Truppen gelang es, trotz unterlegener Waffen einige israelische Flugzeuge und ungefähr 40 Panzer zu vernichten sowie den Angreifern große Personenverluste zuzufügen. Nachdem es den Israelis gelungen war, einen Teil der ägyptischen Stellung zu erobern, verzögerte die ägyptische Nachhut bis zum letzten Schuß und Mann und ermöglichte es so der Masse der Kräfte, in der Nacht vom 1. zum 2. November auszuweichen. Dieses Verzögerungsgefecht hinderte die Israelis daran, weiter westlich vorzudringen.
Am 30. Oktober 1956 um 18.00 Uhr richteten England und Frankreich eine Warnung an Ägypten, aber auch an Israel, mit folgenden Forderungen:
1. Jegliche Kriegsaktionen sollten sofort unterbrochen werden.
2. Die ägyptischen Truppen hatten sich auf das westliche Ufer des Suezkanals und die israelischen Truppen 10 Meilen östlich des Kanals zurückzuziehen.
3. Ägypten solle die vorübergehende Besetzung von Port Said, Ismailia und Suez durch die Alliierten dulden, um die beiden kriegführenden Parteien zu trennen und die Schiffahrt im Suezkanal zu schützen.

Eine Antwort wurde innerhalb von zwölf Stunden verlangt. Falls die ägyptische Regierung dieser Forderung nicht nachgebe, und natürlich nur der Form nach auch Israel, würden die gemeinsamen Truppen beider Großmächte das Recht haben, militärische Operationen zu unternehmen, um die Durchsetzung der Forderungen zu gewährleisten. Ägypten lehnte das britisch-französische Ultimatum ab.

5.3 Durchführung des britisch-französischen Planes

Um 19.00 Uhr am 31. Oktober 1956 begann die britisch-französische Luftwaffe, die ägyptische Luftwaffe in Almaza, Anschas, Abu Sir, Kabrit zu bombardieren, ja sogar den Kairoer internationalen Flughafen. Am Morgen des 1. November 1956 und an den folgenden Tagen wiederholte sich dieser Luftangriff auf alle Luftbasen im Delta und in der Kanalzone[29].

Die Oberste Führung der ägyptischen Armee beschloß, sich aus dem Sinai zurückzuziehen, um eine Einkesselung zu vermeiden und dem Druck der Truppen des Dreierbündnisses (England, Frankreich und Israel) zu entgehen. Die ägyptische militärische Führung hatte erwartet, daß die gemeinsamen Truppen Großbritanniens und Frankreichs im Mittelmeer ohne Vorwarnung eine Aktion gegen den Suezkanal unternehmen würden.

Am 5. November 1956 landeten britische Fallschirmjäger auf dem Al-Jumail-Flughafen und Franzosen in Port Fouad auf der Ostseite des Suezkanals, wovon

29 Ebd.

einige das Ziel hatten, das Hauptwasserwerk in Al-Raswa, südlich von Port Said, zu besetzen. Die Landungsoperationen wurden weitergeführt, um in Port Said und Port Fouad einen starken Brückenkopf zu bilden. Danach sollten britische Fallschirmjägerbrigaden nach Süden in Richtung Kontara, Ismailia, dann Suez vorstoßen und so den gesamten Suezkanal unter ihre Kontrolle bringen[30]. Tatsächlich erreichten britische Fallschirmjäger Al-Cap, 30 km von Qantara entfernt. Der Widerstand des ägyptischen Militärs und der Einwohner war trotz der überlegenen Waffen und Ausrüstung des Gegners von Port Said beispielhaft an Mut und Standhaftigkeit.

5.4 Stillstand der kriegerischen Operationen

Um Mitternacht am 7. November 1956 wurde der Befehl gegeben, die militärischen Aktionen aufzugeben. In Wirklichkeit endeten die kriegerischen Aktionen erst, nachdem Israel im März 1957 den ganzen besetzten Sinai räumte. An die Stelle der israelischen Truppen traten in Scharm El-Sheikh, entlang der internationalen Grenze bis Rafah und auch in Gaza die Truppen der Vereinten Nationen.

Die britisch-französischen Truppen aber kehrten in ihre Heimatländer im Dezember 1956 zurück, ohne ihr Ziel erreicht zu haben. Der Suezkanal blieb Eigentum Ägyptens.

6. Der diplomatische Krieg

Es besteht kein Zweifel darüber, daß Nasser 1956 keinen militärischen Erfolg erreichte, aber er wurde auch nicht besiegt. Durch zwei Beschlüsse hatte er seinen Feinden die Gelegenheit zum Sieg genommen: mit dem Rückzug der ägyptischen Truppen aus dem Sinai und der Erklärung, er nehme den Krieg gegen Großbritannien und Frankreich in der Kanalzone an.

Nassers Entschluß zum Rückzug war nicht ein politisches Zurückweichen gegenüber Israel[31], vor allem, da Israel in den zwei Tagen vor diesem Entschluß keinen konkreten Erfolg erzielt hatte. Der Rückzug war erforderlich, damit die ägyptischen Truppen nicht in die Falle gedrängt wurden, die von den drei Verbündeten geplant war, und kein Führer hätte es anders als Nasser gemacht.

In der Kanalzone und in Port Said war die Bevölkerung mobilisiert worden. Die ägyptischen Behörden hatten rund 150 000 Waffen ausgegeben. Auch verteilten sich 40 000 Mann ägyptische Truppen, die aus dem Sinai entkommen waren und den Suezkanal nach Osten überwunden hatten, in dieser Gegend. Sie verzögerten das Vorgehen der feindlichen Truppen nach Süden auf Ismailia. Andere Truppen

30 Die Zahl der britischen und französischen Flugzeuge wurde auf ungefähr 400 geschätzt, und die teilnehmende Flotte umfaßte 130 Schiffe (sechs davon waren Flugzeugträger). 100 000 Soldaten und 20 000 Fahrzeuge nahmen teil; Robertson, Die Krise.

31 Childers, Der Weg nach Suez, S. 284 f.

schickte Nasser nach Port Said, um die Widerstandsbewegung des Volkes zu führen.

Der Befehlshaber der englischen Truppen, General Stockwell, beschwerte sich später beim Befehlhaber der UN-Truppen, daß mehr als 20 Offiziere und Soldaten der Alliierten durch diese Volksaktionen getötet, zusätzlich zu anderen, die entführt worden seien[32]. Ja, sogar der Kommandeur der britischen Truppen in der Stadt sei durch ein Attentat beinahe ums Leben gekommen.

Im Gegensatz zu der militärischen Ebene errang Nasser auf diplomatischer Ebene einen absoluten Sieg, während seine Feinde eine große Niederlage erlitten. Nach drei Konferenzen des Sicherheitsrats und vier Generalversammlungen der Vereinten Nationen im Zeitraum vom 30. Oktober bis zum 23. November 1956 wurde deutlich, daß nur zwei von 76 Mitgliedern der Vereinten Nationen das Bündnis Großbritanniens, Frankreichs und Israels unterstützten, während alle anderen auf der Seite Ägyptens und Nassers standen. Dieser diplomatische Druck führte dazu, daß die Verbündeten ihre Truppen zurückzogen und ein internationaler Verband zur Durchsetzung der Beschlüsse der Vereinten Nationen gebildet wurde.

Im Gegensatz zu dem, was die Feinde erwarteten, hatten sich die Ägypter um Nasser geschart. Die Suezkrise war eine Gelegenheit für seine Selbstdarstellung in der Öffentlichkeit, vor allem, als er am 1. November 1956 im offenen Auto zum Freitagsgebet zur Al-Azhar-Moschee fuhr und sich dort auf den Predigerstuhl stellte, um der ägyptischen, arabischen und Weltbevölkerung zu sagen, Ägypten werde nie nachgeben: »Ich werde mit euch kämpfen bis zum letzten Blutstropfen, und es wird jeder Ägypter mit der Armee zusammen kämpfen«. Das war genau 36 Stunden nach Erhalt der britisch-französischen Warnung.

Die arabische Welt zeigte dem Westen gegenüber große Empörung. Die arabischen Regierungen und Völker, gleich, ob Syrien, Saudi-Arabien oder Jordanien, unterstützten Nasser. Das galt sogar für diejenigen, die eigentlich gegen Nasser waren und die Vernichtung seines Regimes gewünscht hatten, wie etwa Nuri El-Said, Premierminister des Irak. Keiner von ihnen nahm in dieser Zeit eine feindliche Haltung gegen Nasser ein oder äußerte sich gegen ihn. Es blieb aber nicht nur bei Solidaritätsbekundungen. Viele Araber kamen nach Ägypten, um an den Kämpfen teilzunehmen. Die Zerstörung der Ölleitungen in Syrien war fast ein Alptraum für den Westen und ein Zeichen dafür, wie die Ereignisse sich weiter entwickeln konnten.

Diese Krise war eine Gelegenheit für die Staaten der Dritten Welt, die Weltfreiheitsbewegungen sowie die Völker Afrikas und Asiens, ihre Bedeutung für die Weltpolitik zu zeigen. Zusätzlich zu der Mehrheit, die sie in der Generalversammlung der Vereinten Nationen mobilisiert hatten, verschoben sich auch die diplomatischen Gewichte zugunsten Ägyptens, das eine führende Rolle in den Bewegungen der Dritten Welt zu übernehmen begann. Als Beispiel ist Jugoslawien zu nennen, das vorschlug, die Angelegenheit vom Sicherheitsrat in die Gene-

32 Heikal, Die Suezakten, S. 573.

ralversammlung zu tragen, um das britische und französische Vetorecht auszuhebeln. Auch Indien ist nicht zu vergessen, das eine afro-asiatische Haltung herstellte, als deren Ergebnis der Beschluß der Generalversammlung am 23. November 1956 verabschiedet wurde, wonach die Verbündeten ihre Truppen aus Ägypten zurückziehen sollten. Alle diese Aktionen brachten Ägypten und Nasser eine positive Stellung unter den Staaten der Dritten Welt ein.

Mittlerweile hatte die Sowjetunion keine Zeit verloren, nicht nur, damit die Vereinten Nationen sich mit der Suezkrise beschäftigen und den sowjetischen Angriff auf Ungarn vergessen sollten, sondern auch, um ihre eigenen Ziele im Nahen Osten und in der Dritten Welt zu verfolgen. Die Sowjetunion unterstützte die Dritte Welt in den Vereinten Nationen und schlug sogar in der Sitzung des Sicherheitsrats am 5. November vor, mit den USA zusammenzuarbeiten, um die Briten, Franzosen und Israelis aus Ägypten zu vertreiben, falls die Vereinten Nationen nicht in der Lage seien, den Abzug durchzusetzen. Als Amerika diesen Vorschlag ablehnte, warnte die Sowjetunion England und Frankreich mit dem Hinweis, daß Paris und London in der Reichweite sowjetischer Raketen liegen. Die Sowjetunion sei bereit, jederzeit Streitkräfte einzusetzen. In einer Botschaft an Israel hieß es, Israel sei ein Instrument in der Hand der imperialistischen Mächte. Die israelischen Politiker und Führer wurden aufgefordert, nicht verantwortungslos mit ihrem Land und seiner Bevölkerung umzugehen und den Inhalt der Drohung richtig einzuschätzen[33].

Die Sowjetunion zögerte nicht, Ägypten militärische und nichtmilitärische Hilfe anzubieten und zu erklären, daß es 50 000 Russen gäbe, die bereit seien, Ägypten zu unterstützen. Dieses Angebot wurde nie konkret getestet, doch bewiesen die darauf folgenden diplomatischen Ereignisse und die westlichen Reaktionen, daß die angreifenden Staaten sowie die USA die Drohung ernst nahmen. Sie sahen gefährliche Konsequenzen für Großbritannien und Frankreich und für die Interessen des Westens im Nahen Osten insgesamt.

Die USA haben in der Suezkrise eine wesentliche diplomatische Rolle gespielt. Sofort nach dem Beginn der militärischen Operationen am 29. Oktober gingen sie auf Gegenkurs zu ihren Alliierten. Unmittelbar nach dem englisch-französischen Ultimatum — auf der ersten Sitzung des Sicherheitsrats am Abend des 30. Oktober — präsentierten die USA einen Vorschlag, wonach Israel seine Truppen aus Ägypten zurückziehen solle und alle Mitglieder der Vereinten Nationen militärische Mittel einsetzen oder zumindest damit drohen dürften. Der Vorschlag scheiterte am britischen und französischen Veto. Ganz allgemein waren die USA gegen dieses Dreierbündnis, und bis zur Vollversammlung am 23. Oktober standen sie auf seiten der Staaten der Dritten Welt und unterstützten die Forderung nach einem Abzug der Besatzungstruppen der drei Verbündeten. Vielleicht war es das einzige Mal, daß die sonst gegensätzlichen Mächte, die USA und die Sowjetunion, gemeinsam in der Sitzung am 5. November 1956 einen Vorschlag unterbreiteten, in dem sie die sonst mit den USA verbündeten Staaten England, Frankreich

33 Robertson, Die Krise, S. 573.

und Israel aufforderten, Ägypten zu räumen. Die USA zögerten nicht, jeden möglichen Druck auf die drei Verbündeten auszuüben. Dazu gehörte die Stornierung der Militärhilfe an Israel ebenso wie die Einstellung der Öllieferungen an England und Frankreich. Das Ölembargo wirkte um so schärfer, als der Suezkanal durch die versenkten Schiffe gesperrt war und die Syrier die durch ihr Land laufenden Ölleitungen zerstört hatten[34].

Diese Haltung der USA läßt sich nicht allein aus der Moral des amerikanischen Präsidenten Dwight D. Eisenhower oder der Wut von Außenminister Dulles erklären, daß die Verbündeten ohne Konsultation agiert hatten oder daß ihr Vorgehen eine Schande für den Westen sei. Den USA lag daran, diesen Krieg zu beenden, bevor Nasser noch mehr an Macht gewann[35]. Außerdem wollten die USA die Sowjetunion hindern, sich als einzigen Unterstützer der Staaten der Dritten Welt darzustellen.

7. Ergebnisse und Konsequenzen

Die Rolle des traditionellen Imperialismus im Nahen Osten war beendet worden, weil die ihn tragenden Staaten endgültig geschwächt waren. Damit stand die Tür offen für die beiden nach Ende des Zweiten Weltkrieges aufkommenden Großmächte, die USA und die Sowjetunion[36].

Die Initiative des Westens ging im Nahen Osten über an die USA. Ihr Verhalten in der Suezkrise machte sie trotz einiger Vorbehalte und obwohl die Rolle der Sowjetunion klarer gewesen war, zunächst zum Hoffnungsträger der arabischen Völker. Dabei durften die USA nicht aus dem Auge verlieren, alles zu vermeiden, was Nasser zu einem Führer und zum Symbol der Araber machen konnte[37].

Später allerdings wählten die USA, im Gegensatz zu dieser Linie und in Übereinstimmung mit ihren eigentlichen strategischen Zielen, Wege, die sie letztlich in Konflikt mit dem arabischen Nationalismus und mit der Freiheitsbewegung brachten. Außerdem erlaubten sie es Israel zu schnell, seine Loyalität ihnen anstelle von England und Frankreich zuzuwenden. Das verursachte bei den Arabern ein Gefühl der Unsicherheit und der Bedrohung durch die strategische Zusammenarbeit zwischen den beiden Partnern. Die USA sahen ein Vakuum im Nahen Osten, das unbedingt ausgefüllt werden müsse, um die sowjetische Gefahr zu bannen. In seiner Rede vom 5. Januar 1957 vor dem Kongreß, die später als »Eisenhower-Doktrin« bekannt wurde, sagte der amerikanische Präsident, man müsse dem Problem der künftigen Lage am Suezkanal ebenso entgegensehen wie den Schwierigkeiten, die durch den Kommunismus entstünden[38]. Die USA übten wirt-

34 Downing/Herman, Ein unendlicher Krieg, S. 107 f.
35 Ebd.
36 Ebd., S. 89.
37 Childers, Der Weg nach Suez, S. 295.
38 Ebd., S. 299.

schaftlichen Druck aus, um die freien Systeme und vor allem Nasser zu isolieren. Die Lektion der Finanzierung des Assuandamms hatten sie nicht richtig gelernt. Die USA lehnten es nicht nur ab, die ägyptische Armee zu bewaffnen, sondern weigerten sich im Januar 1957 auch, Ägypten mit Weizen und Medikamenten zu beliefern. Anscheinend hat sich diese Situation weiterentwickelt, und die USA standen bis zur großen Explosion der Situation 1967 in Konfrontation zur arabischen Welt.

In dieser Lage konnte die Sowjetunion mit Hilfe der ägyptischen Unterstützung Fuß in der arabischen Welt fassen. Dabei ging es nicht nur um moralische Unterstützung oder Militärhilfe, sondern auch um wirtschaftliche Kooperation und kulturelle Interaktion. Im Januar 1957 erklärte sich die Sowjetunion bereit, 600 000 Tonnen Weizen an Ägypten zu liefern, damit die Ägypter im Februar 1957 an dem Brote, das sie aßen, erkennen sollten, daß Moskau ein »echter Freund in der Not sei«[39]. Später übernahm die Sowjetunion die Finanzierung des Assuandamms, was ihrer Stellung im arabischen Raum Dauer verlieh.

Zu den wichtigsten Ergebnissen der Suezkrise gehört, daß nicht mehr zu erwarten war, daß das britische Militär in die Region zurückkehren würde, wie es das Räumungsabkommen noch vorsah. Somit dokumentierte der Suezkrieg im Oktober/November 1956 die volle Unabhängigkeit Ägyptens und den Verfall der letzten politischen Beziehungen mit dem westlichen Imperialismus. Das erlaubte Ägypten mehr Bewegungsfreiheit und somit mehr Einfluß in der arabischen Welt und im Nahen Osten, ja in der Dritten Welt im allgemeinen. In diesem Raum begannen dramatische Veränderungen. Auch in Jordanien und im Libanon wuchsen die nationalen Tendenzen. 1958 stürzte eine Revolution im Irak die Regierung und setzte dem von den Briten gegründeten Bagdad-Pakt ein Ende. In Nordafrika verstärkte sich die ägyptische Unterstützung der nationalen Bewegungen, bis auch Algerien zu Beginn der sechziger Jahre die Unabhängigkeit erhielt. Ägypten und seine Partner in Afrika und Asien unterstützten mehr und mehr die Freiheitsbewegungen in den Staaten der Dritten Welt, sowohl unter den Blockfreien als auch im afro-asiatischen Raum. Die Jahre nach der Suezkrise sahen so verstärkte Aktivitäten der afro-asiatischen Freiheitsbewegungen.

Trotz des Friedensabkommens von 1979 beeinflussen die Nachwirkungen der Suezkrise bis zum heutigen Tag die Beziehungen zwischen Ägypten und Israel, obwohl vierzig Jahre vergangen sind. Die neuen Beziehungen der beiden Staaten sind belastet durch die Kriegsverbrechen der Israelis während der Sinai-Besetzung 1956, die erst 1995 entdeckt worden sind.

Noch immer gibt es neue israelische Eingeständnisse der Brutalität, mit der die festgenommenen Zivilisten und Soldaten behandelt wurden. Oberst der Reserve Ariel Buro hat zugegeben, daß die israelischen Militärs 49 unbewaffnete ägyptische Arbeiter im Metla-Paß umgebracht haben[40].

39 Ebd., S. 301.

40 Elon, Die Ermordung. Ein Interview mit Buro findet sich in: Israeli Digest, Monthly Periodical, Al-Ahram Center for Political Strategic Studies, Oktober 1995, S. 4 f.

Buro war 1956 Kompaniechef und Adjutant von Raphael Etan, Kommandeur des Regiments 980, das am 29. Oktober 1956 bei Paesse gelandet wurde. Er wurde später Chef des Israelischen Generalstabes. Major der Reserve Raoul Zeef von der gleichen Kompanie berichtet, nachdem die Kompanie vom Metla-Paß nach Westen abgezogen sei, habe sie in Ras Sudr zwischen 40 und 50 in einem zivilen Lastwagen zusammengedrängte ägyptische Zivilisten und unbewaffnete Soldaten umgebracht und den Lastwagen genommen.

Von Ras Sudr aus machte sich das Regiment auf den Weg nach Tor und Scharm El Scheich. Auf einer Strecke von 15 km vor Scharm El Scheich zählten israelische Fallschirmjäger 168 Leichen von ägyptischen Gefangenen. Nach Zeef waren sie erschossen worden; die meisten von ihnen von hinten, während sie auf der Flucht waren, ohne an einem Kampf teilgenommen zu haben[41]. Israel sah sich angesichts der Reaktion der ägyptischen Regierung und Bevölkerung gezwungen, eine Untersuchungskommission unter Leitung des Generals der Reserve Schlomo Lehat zu bilden.

Obwohl die ägyptische Regierung sehr viel Geduld und Selbstbeherrschung aufbrachte, um die Friedensgespräche mit den Palästinensern, Syrien und dem Libanon nicht zu stören, bestand der ägyptische Außenminister Amr Moussa doch darauf, daß diese Untersuchungen ernsthaft durchgeführt würden. Die israelische Regierung solle sich verpflichten, den Familien der Opfer Wiedergutmachungen zu zahlen[42].

Ein Berater des Präsidenten Hosni Mubarak präzisierte den ägyptischen Standpunkt: »Wir wollen die Auseinandersetzung mit Israel nicht wieder aufflammen lassen, aber wir verlangen zu wissen, was wirklich geschehen ist. Die israelische Regierung muß sich stellvertretend für das israelische Volk für das, was damals geschah, gebührend entschuldigen. Außerdem hat sie die Pflicht, die Familien der Opfer zu entschädigen[43].«

Wenn wir die Empfindlichkeit gegenüber Israel und die Abneigung der ägyptischen Bevölkerung gegenüber den israelischen Reaktionen bedenken, ist es nicht sehr schwer vorstellbar, daß der kalte, spröde Frieden, der jetzt zwischen Israel und Ägypten besteht, zu einem toten Frieden sich entwickelt und der Normalisierungsprozeß zum Stillstand kommt. Es könnte sein, daß der Friedensprozeß zusammenbricht, weil die israelische Regierung dieses Problem nicht ernst genug nimmt und keine Rücksicht gegenüber dem Nationalgefühl der Ägypter bei der Behandlung dieses explosiven Problems walten läßt.

41 Fischer, Ronil, Gemeinschaftlicher Mord, in: Maarif, 4.8.1995, in arabischer Übersetzung in: Israeli Digest, September 1995, S. 15 ff.

42 Israel verlangte von Ägypten, Amr Moussa abzusetzen: Ros El Youssef (ägyptische Zeitschrift), Nr. 3522, vom 25.12.1995, S. 22–24.

43 Interview mit Dr. Osama El Baz, in: Ros El Youssef, Nr. 3533, vom 26.2.1996, S. 6–8.

A. Orlow

Die Suezkrise: Ihre Rolle in der sowjetisch-amerikanischen Konfrontation

Das Jahr 1956 war durch ein plötzliches Aufflammen des Kalten Krieges gekennzeichnet. Nach der kurzzeitigen Erwärmung der Beziehungen zwischen den Ländern der NATO und der Warschauer Vertragsorganisation nach dem Tod Jossif W. Stalins im März 1953 (Beendigung des Koreakrieges, Neutralitätsstatus für Österreich, Treffen der Regierungschefs der vier Großmächte in Genf, Besuch Nikolai A. Bulganins und Nikita S. Chruschtschows in England) hatte sich im Herbst 1956 die Lage erneut dramatisch zugespitzt. Gipfelpunkt waren die Ereignisse in Ungarn und die Suezkrise.

Der Verlauf der Suezkrise ist allgemein bekannt, weniger erforscht hingegen ist die Rolle dieses Konflikts in der amerikanischen und insbesondere der sowjetischen Politik der 50er Jahre. Dabei ist dieser Aspekt von großem wissenschaftlichem Interesse für das Verstehen des weiteren politischen Kurses der beiden Supermächte, der Zuspitzung ihrer Konfrontation in den folgenden Jahren und der Zunahme des Wettrüstens. Die Ereignisse in Ägypten und im Zusammenhang mit Suez ermöglichen es, die Logik der Führer der USA und der UdSSR in ihrem Kampf um den Aufstieg zur globalen Hegemonialmacht besser zu begreifen.

I.

Ägypten war von 1914 bis 1921 Protektorat Großbritanniens gewesen und 1922 ein formal selbständiges Königreich geworden. Bis Mitte der 50er Jahre jedoch war es de facto unter britischer Kontrolle geblieben. Am 15. Oktober 1951 annullierte Ägypten den Vertrag von 1936, der die Stationierung britischer Truppen auf seinem Territorium vorsah. Die Briten jedoch zogen ihre Truppen nicht ab, sondern erhöhten deren Stärke bis auf 120 000 Mann. Als Reaktion darauf gab es Protestkundgebungen und einen Partisanenkampf gegen die britische Besatzung[1].

Am 23. Juli 1952 kam es in Ägypten zu einer Revolution: Die von Oberst Gamal Abd el-Nasser angeführte Gruppe »Freie Offiziere« stürzte das monarchische Regime und rief die Republik aus. Die neue Regierung war bestrebt, eine unabhängige Politik zu verfolgen, was zu einer Verschlechterung der Beziehungen zu Großbritannien und zu einer Verschärfung der Konfrontation mit Israel führte. Ungeachtet dessen, daß 1950 Großbritannien, die USA und Frankreich ein Abkommen unterzeichnet hatten, das ihnen den Verkauf von Waffen sowohl an die arabischen Länder wie auch an Israel untersagte, schlossen Paris und Tel Aviv 1954

1 Voorushennaja borba narodow, S. 206.

einen Geheimvertrag über die Lieferung von neuesten französischen Waffen an Israel[2].

1953 schlugen die USA Nasser militärwirtschaftliche Hilfe und den Ersatz der britischen Truppen durch NATO-Kräfte vor, was jedoch auf Ablehnung stieß. In dem Bestreben, seine Präsenz in Ägypten zu verlängern, unterzeichnete Großbritannien 1954 ein Abkommen mit Ägypten über den Abzug seiner Truppen im Laufe von 20 Monaten und über die Räumung aller Stützpunkte auf ägyptischem Territorium. 1955 lehnte Ägypten die Einladung zur Mitgliedschaft im Bagdadpakt (Türkei, Irak, Iran, Pakistan und Großbritannien) ab. Die Lage im Nahen Osten verschärfte sich. Israel und die Länder des Bagdadpaktes wurden von Ägypten als feindselige Umgebung betrachtet. Der Volksbefreiungskrieg in Algerien und die Unabhängigkeit Syriens, des Sudans, Tunesiens und Marokkos — all dies zeugte von einem stürmischen Zerfall des westlichen Kolonialsystems. Es bildeten sich günstige Voraussetzungen für eine Ausweitung des sowjetischen Einflusses in dieser Region, was die NATO-Führung außerordentlich beunruhigte.

Ihre Befürchtungen waren nicht unbegründet. Nachdem der Westen Nassers Bitte um Waffenlieferungen abgelehnt hatte, begann Moskau 1955 im geheimen damit, Ägypten über die Tschechoslowakei moderne Waffen zu verkaufen — vor allem Panzer, Flugzeuge und Artillerie[3].

In den USA, Großbritannien und anderen westlichen Ländern löste die sowjetisch-ägyptische Aktion wachsende Unruhe aus: Sie wollten keine sowjetische Einmischung in dem ohnehin von revolutionären Unruhen erfaßten Nahen Osten. Präsident Dwight D. Eisenhower versprach Nasser amerikanische Finanzhilfe beim Bau des Assuandamms. Als aber der ägyptische Präsident die Volksrepublik China anerkannte und begann, Waffen von der Tschechoslowakei zu kaufen, zogen die USA am 21. Juli 1956 ihr Versprechen zurück. Ägypten sah sich nun in einer ausweglosen Lage: Das Scheitern des grandiosen Projekts drohte die Wirtschaft des Landes in immense Schwierigkeiten zu stürzen. So entschloß sich Nasser fünf Tage später, am 26. Juli, zu einem äußerst gewagten Schritt: Er beschloß die Nationalisierung des Suezkanals. Auf einer großen Kundgebung in Alexandria erklärte er am darauffolgenden Tag, daß die aus der Nationalisierung des Kanals gewonnenen Mittel für den Bau des Assuandamms verwendet würden, und informierte über das Versprechen der Sowjetunion, Ägypten wirtschaftliche Hilfe zu leisten, das Außenminister Dmitri T. Schepilow anläßlich eines Besuches im Juni gegeben hatte.

Nassers Erklärung löste in London und Paris einen Sturm der Empörung aus. Am 27. Juli erklärte der britische Premierminister Anthony Eden in einem Telegramm an Eisenhower, der Westen könne es nicht zulassen, daß Nasser sich des Suezkanals bemächtige. Er forderte unverzügliches gemeinsames anglo-amerikanisches Vorgehen, da ansonsten der amerikanisch-britische Einfluß im Nahen Osten »unwiederbringlich untergraben« würde. Er behauptete, daß die Interessen

2 Gosudarstwa NATO, S. 167.
3 Chruschtschow, Krisisy i Rakety, S. 142.

der Seestaaten in Gefahr seien, da die Ägypter nicht über die für den Betrieb des Kanals erforderliche technische Kompetenz verfügten. Eden informierte darüber, daß in England Pläne für ein militärisches Vorgehen gegen Ägypten vorbereitet würden, und plädierte dafür, daß der Westen »Nasser zur Vernunft bringen« solle.

Eisenhower teilte die Ansichten der Briten nicht. Er war der Auffassung, »die Macht eines souveränen Staates, Privateigentum auf seinem eigenen Territorium zu enteignen, könne schwerlich in Zweifel gezogen werden«. Nasser handele im Rahmen seiner Rechte. Doch war er auch von etwas anderem überzeugt: »unsere Situation in Panama überdenkend, sollte man Nasser diese Aktion nicht einfach so durchgehen lassen[4].«

Die Briten und Franzosen spielten indes ihr eigenes Spiel. Auf einer Begegnung zwischen Vertretern der USA, Großbritanniens und Frankreichs Ende Juli gingen London und Paris in ihren Positionen konform: die Unbotmäßigkeit Ägyptens um jeden Preis im Keim zu ersticken und vor dem Einsatz von Gewalt nicht haltzumachen. Die USA riefen ihre Verbündeten auf, nichts zu überstürzen, in der Hoffnung, mit ihrer versöhnlichen Haltung in der arabischen Welt politische Dividenden einzufahren. Als Nichtkolonialmacht konnten die Vereinigten Staaten auf Sympathien der Araber in ihrem Kampf gegen den Kolonialismus hoffen und so ihre Verbündeten und gleichzeitig Konkurrenten in dem überaus reichen Erdölgebiet ausmanövrieren. Aus diesem Grund schlugen die amerikanischen Vertreter vor, den Kanal zu internationalisieren. Die Diskussion, die sich eine Woche hinzog, führte zu keiner Einigung.

Daraufhin rief die ehemalige Suezkanalgesellschaft ihre Lotsen zurück, die die Ozeanschiffe durch die enge und schwierige Fahrrinne geführt hatten. Die ägyptische Regierung, die auf eine derartige Wendung der Lage nicht vorbereitet war, begann mit der Suche nach neuen Lotsen, was vor dem Hintergrund des Widerstandes aus London und Paris alles andere als leicht war. In dieser Situation kam die Sowjetunion Ägypten zu Hilfe.

Auf Anweisung Chruschtschows, dem Ersten Sekretär des Präsidiums des ZK der KPdSU, wurden Lotsen aus der Sowjetunion nach Ägypten entsandt. Sie waren in ihrer Mehrheit sehr qualifiziert und konnten sich rasch die Arbeitsverfahren im Suezkanal aneignen. Die Lotsen kamen als von der Kanalverwaltung eingestellte »Privatpersonen« nach Ägypten[5]. Mit diesem Akt demonstrierte die Sowjetregierung der im Entstehen begriffenen »Dritten Welt« ihre Solidarität mit den die Unabhängigkeit erlangenden Völkern. Auch zeigte sie dem Westen, daß sie nun auf der internationalen Bühne an der Politik in der »Dritten Welt« aktiv mitwirken werde.

Die Tendenz der USA, sich von der militanten Position Großbritanniens und Frankreichs zu distanzieren, und die sowjetischen Hilfsaktionen für Ägypten verschärften die gespannte Lage im Nahen Osten noch. Die Regierungen Großbri-

4 Ambrose, Eisenhower, S. 384 f.
5 Chruschtschow, Krisisy i Rakety, S. 219.

tanniens und Frankreichs begannen mit der Vorbereitung einer Intervention in Ägypten. Zur Ausarbeitung der militärischen Pläne stieß Israel hinzu. Damit hatte sich eine eigenartige Koalition gebildet, in der jeder der Teilnehmer seine eigenen Ziele verfolgte. England und Frankreich wollten alle militärisch-politischen und wirtschaftlichen Vorteile aus der Beherrschung des Suezkanals behalten. Überdies hoffte Großbritannien, seinen ins Wanken geratenen politischen Einfluß im Nahen und Mittleren Osten zu stärken. Frankreich wollte Ägypten für dessen aktive Unterstützung des nationalen Befreiungskampfes in Algerien bestrafen. Israels Ziel war die Ausweitung seines Territoriums[6].

In den USA wurden die militärischen Vorbereitungen der Verbündeten mit Besorgnis verfolgt. US-Geheimdienste registrierten den zunehmend intensiveren Austausch von chiffrierten Funkbotschaften zwischen London und Paris. Die Luftaufklärung meldete, daß Israel eine Mobilmachung durchführe und sich auf israelischen Fliegerhorsten rund 60 französische Jagdbomber vom Typ »Mystère« befanden. Als Eisenhower davon erfuhr, geriet er in Zorn: Nicht genug damit, daß die Franzosen ungeachtet des Übereinkommens über das Verbot des Waffenverkaufs an Länder im Mittleren Osten von den USA die Genehmigung zum Verkauf von 24 »Mystère«-Maschinen an Israel erreichten. Jetzt hatten sie hinter dem Rücken der USA statt der 24 nun 60 solcher Flugzeuge geliefert. Über Außenminister John Foster Dulles ließ er dem israelischen Premier David Ben-Gurion mitteilen, daß langfristig Israels Aggression »nur zu einer Katastrophe führen könne und diejenigen seiner Freunde, die ihm in der Welt noch bleiben würden, ihm mit nichts würden helfen können, wie stark sie auch sein mögen«[7].

Unterdessen hatten England, Frankreich und Israel ihre planmäßigen Vorbereitungen zur Aggression gegen Ägypten weitgehend beendet. Anfang September wurde beschlossen, französische Truppenteile aus Algerien nach Malta und somit näher an Ägypten zu verlegen. Beginnen sollte den Angriff Israel, dem finanzielle und militärisch-technische Hilfe zugesagt worden war. Für die Vorbereitung zum neuen Krieg hatte Israel 1956 die Hälfte seines eigenen Budgets vorgesehen[8]. Gleichzeitig lieferten NATO-Staaten Panzer, Flugzeuge, Geschütze und Handfeuerwaffen an Israel. Im Januar 1956 trafen aus England 100 Panzer ein; im Februar lieferte Kanada Munition für 30 000 Dollar, und im April begannen die ersten der 100 bestellten französischen Flugzeuge vom Typ »Mystère« einzutreffen[9]. Hunderte von israelischen Offizieren aller Truppengattungen durchliefen in NATO-Ländern eine Ausbildung. Überdies wurden Offizierkader in der 1954 in Israel eröffneten Akademie des Generalstabes ausgebildet[10].

Für den Krieg gegen Ägypten im Jahr 1956 hatte Israel 150 000 Menschen mobilisiert. Seine Landstreitkräfte besaßen 400 Panzer, mehr als 400 Geschütze und

6 Gosudarstwa NATO, S. 170.
7 Ambrose, Eisenhower, S. 390.
8 The Jerusalem Post, 1.9.1957.
9 Gosudarstwa NATO, S. 169.
10 Ebd.

rund 500 Schützenpanzer. Die mit drei von Kanada gelieferten Fregatten und mit zwei aus England stammenden Zerstörern aufgefüllten Seestreitkräfte verfügten über 30 Kampfschiffe[11]. Die Luftstreitkräfte zählten 360 Flugzeuge, darunter alte amerikanische und britische Modelle, die mit neuer Bewaffnung ausgerüstet waren. Insgesamt verfügte Israel über eine beträchtliche militärische Kampfkraft.

Am 16. Oktober fiel auf der anglo-französischen Begegnung in Paris die endgültige Entscheidung zum Angriff auf Ägypten. Am 23. Oktober 1956 hatten der britische, französische und israelische Generalstab die Ausarbeitung des Plans für das gemeinsame Vorgehen abgeschlossen. Der vereinigte anglo-französische Stab, der die Invasion leitete, war auf der Insel Zypern untergebracht; der israelische Generalstab führte von seinem Territorium aus.

An der gemeinsamen Luft-, Land- und Seeoperation sollten 25 000 Briten und ebensoviele Franzosen teilnehmen. Unter Berücksichtigung der See- und Hilfskräfte überstieg die Stärke des anglo-französischen Expeditionskorps die Zahl 100 000. Insgesamt waren für die Intervention 229 000 Soldaten und Offiziere aus drei Ländern sowie 650 Flugzeuge und über 130 Kampfschiffe konzentriert worden[12]. Die ägyptische Armee verfügte damals über beträchtliche sowohl im Westen wie auch in sozialistischen Ländern erworbene Waffen, aber nicht über ausreichendes Militärpersonal, um die Verteidigung des Staates sicherzustellen, wenn es gleichzeitig zu Land, aus der Luft und vom Wasser aus angegriffen wurde. Obwohl beachtliche personelle Ressourcen zur Verfügung standen, hatte das Land keine Möglichkeit, eine kampffähige Armee auszubilden, da sich ein großer Teil des Einberufungskontingents aufgrund von Krankheiten, Analphabetentum, aber auch aufgrund Waffenmangels für den Militärdienst als untauglich erwies. Überdies befanden sich die ägyptischen Streitkräfte vor Beginn der Aggression im Stadium der Reorganisation. Die aus sozialistischen Ländern erhaltene neue Kampftechnik wurde noch nicht vollständig beherrscht. Die Landstreitkräfte zählten 75 000, die Luftstreitkräfte 11 000 Mann. Ägyptens 100 000 Mann starke Nationalgarde war noch nicht ausreichend ausgebildet und nicht mit den erforderlichen Waffen ausgerüstet. Den Landstreitkräften standen insgesamt etwa 600 Panzer und Selbstfahrlafetten unterschiedlicher Typen, 400 Feld- und 200 Fla-Geschütze sowie 200 Schützenpanzer zur Verfügung[13]. Ein Teil dieser Panzer und Geschütze befand sich bis zum Beginn der Kampfhandlungen vorwiegend auf den Stützpunkten und nicht bei der Truppe. Zum Bestand der ägyptischen Luftstreitmacht gehörten ungefähr 15 Staffeln von Flugzeugen britischer und sowjetischer Produktion. Bis zum Beginn der Aggression jedoch waren nicht alle sowjetischen Flugzeuge in die Bewaffnung aufgenommen. Insgesamt waren von 128 modernen Flugzeugen lediglich 42 gefechtsbereit[14]. Der Kampfkraft der modernen amerikanischen und britischen Flotte ver-

11 Wehrkunde, (1957) 2, S. 13 f.
12 Voorushennaja borba, S. 384.
13 Love, Suez, S. 492.
14 Voorushennaja borba, S. 214.

mochte Ägypten nur 4 Zerstörer, 7 Fregatten und einige Hilfsschiffe entgegenzusetzen.

Die dreifache Aggression gegen Ägypten sah zwei Etappen vor. In der ersten sollte Israel auf der Sinai-Halbinsel angreifen, und England und Frankreich würden Luftangriffe auf Ägypten fliegen; in der zweiten Etappe planten England und Frankreich, See- und Luftlandetruppen im Raum des Suezkanals abzusetzen. Der israelische Angriff sollte sich gleichzeitig in drei Richtungen entfalten: entlang der Mittelmeerküste mit einem Hilfsmanöver zur Einkreisung und Vernichtung der ägyptischen Truppen im Raum Gaza, über den Mitla-Paß auf Suez und Ismailia und im begrenzten Ausmaß entlang der Küsten der Suez- und der Akaba-Bucht.

Am 29. Oktober fielen israelische Truppen in Ägypten ein. Israel wollte Ägypten militärisch eine Niederlage bereiten, die einen Fall des Nasser-Regimes herbeiführen, die Stützpunkte der palästinensischen Kämpfer auf dem Sinai vernichten und Ägypten zwingen konnte, einen Friedensvertrag zu für Tel Aviv günstigen Bedingungen abzuschließen. Die für die Invasion aufgestellte israelische Truppengruppierung umfaßte 10 Brigaden (rund 100 000 Mann), 200 Panzer, rund 600 Geschütze und Granatwerfer, etwa 150 Kampfflugzeuge und an die 20 Kampfschiffe[15]. Hauptziel der Gruppierung war es, den Gazastreifen auf der Sinai-Halbinsel zu erobern, wie auch die Küste der Akaba-Bucht zu erreichen und sich dort festzusetzen. Große Bedeutung wurde dem Zusammenwirken mit den anglo-französischen Truppen und der Koordination der militärischen Operationen beigemessen[16].

Ägypten stellte gegen Israel zwei Schützendivisionen wie auch Teile der örtlichen Verteidigung auf, die keinerlei ernstzunehmende Kampfkraft darstellten. In die am meisten gefährdeten Richtungen wurde ein Teil der Reserven geworfen. Am ersten Tag der Aggression wurden die Kampfhandlungen hauptsächlich in der südlichen, der Suez-Richtung geführt. Die Truppen der israelischen Stoßgruppierung Mitte eroberten, unterstützt von Panzern, mehrere Ortschaften. In den anderen Angriffsrichtungen kamen die Israelis langsamer voran, weil das schwere Gerät im Sand steckenblieb. Nachdem israelische Luftlandesoldaten im Raum des Mitla-Passes abgesetzt worden waren, begannen französische Flugzeuge damit, ihnen Gerät, Munition, Treibstoff, Nahrungsmittel und Wasser zu liefern. Die Operationen der israelischen Landstreitkräfte wurden von den einen Tag vor Invasionsbeginn nach Israel verlegten 60 französischen Düsenjagdflugzeugen mit französischer Besatzung unterstützt. Gleichzeitig näherten sich Schiffe der britischen und französischen Seestreitkräfte der ägyptischen Küste[17].

Sich in der Rolle als »Friedensstifter« aufspielend, stellten Großbritannien und Frankreich am 30. Oktober Ägypten und Israel ein Ultimatum, in dem sie beide Seiten aufforderten, ihre Truppen auf 10 Meilen (16 km) vom Suezkanal zurückzuziehen. Gleichzeitig forderten sie Nassers Zustimmung zur (natürlich »zeit-

15 Marshall, Sinai Victory, S. 25–28.
16 Gosudarstwa NATO, S. 171.
17 Interavia, (1967) 4; Medwedko, K Wostoku, S. 30.

weiligen«) Besetzung von Port Said, Ismailia und Suez. Dieses Ultimatum war eine auf die Weltöffentlichkeit zielende demonstrative Geste und nur gegen Ägypten gerichtet, da die israelischen Truppen zu dieser Zeit noch 50 km vom Suezkanal entfernt waren. Darüber hinaus war das Ultimatum zeitlich äußerst knapp bemessen — 12 Stunden, bis zum 31. Oktober, 4.30 Uhr nach britischer Zeit[18]. (Dies erinnerte an Hitlers Ultimatum an Polen vom 30. August 1939, als die Polen einfach nicht die Zeit hatten, die deutschen Forderungen zum festgesetzten Zeitpunkt zu erfüllen.) Als Außenminister Dulles seinen Präsidenten über dieses Ultimatum unterrichtete, wies er darauf hin, daß »dieses Dokument in seiner Grobheit und Rigidität alles übertrifft, wovon er jemals Zeuge war«[19]. Der amerikanische Vertreter bei der Organisation der Vereinten Nationen, Henry Cabot Lodge, erklärte auf der UNO-Generalversammlung, die USA wollten eine Resolution einbringen, in der sie dazu aufriefen, die Kampfhandlungen zwischen Israel und Ägypten einzustellen. Die israelische Armee sollte an die ursprüngliche Grenze zurückgeführt werden, alle UNO-Mitglieder sollten Gewaltanwendung ablehnen und sich so lange an einem Handelsembargo gegen Israel beteiligen, bis die Truppen zurückgezogen würden. Diese Mitteilung wurde mit langanhaltendem Beifall aufgenommen. Die Länder der »Dritten Welt« reagierten begeistert auf die Absicht der USA, Ägypten zu unterstützen, das sich gegen Mächte erhoben hatte, die aufs engste mit Washington verbunden waren. Das Ansehen der USA in der weltweiten öffentlichen Meinung schnellte in die Höhe. Eisenhowers Aufruf an die Konfliktparteien und Völker der Welt steigerte es noch mehr. Der Präsident erklärte, daß sich England und Frankreich nicht mit den USA beraten hätten, als sie die Entscheidung über die bewaffnete Intervention trafen, daß die USA sich am Konflikt nicht beteiligen würden und es Ziel der USA sei, den im Nahen Osten aufgeflammten Krieg zu beenden. Er erklärte dies freilich unter dem Vorbehalt, daß sich eine solche Haltung der USA auf die freundschaftlichen Bande, die Amerika mit Großbritannien und Frankreich wie auch mit den anderen NATO-Partnern verbanden, nicht auswirken würde[20].

Die von den Ereignissen in Ungarn in Anspruch genommene sowjetische Regierung artikulierte sich am 1. November mit klischeehaften Statements des Außenministeriums. Erst später, als Chruschtschow Eisenhowers Erklärung und die weltweiten Reaktionen darauf zur Kenntnis genommen hatte, begriff er, daß die Amerikaner, als Friedensstifter auftretend, aber gleichzeitig ihren Verbündeten freie Hand lassend, die Initiative ergriffen hatten. Dem sowjetischen Führer wurde klar, daß ein gewichtiger, einer mächtigen, jedoch friedliebenden Macht würdiger Schritt unternommen werden mußte. Gebunden durch den ungarischen Aufstand, beschloß er aber, noch einige Tage abzuwarten[21].

Unterdessen hatten die Ereignisse um Ägypten einen unheilvollen Charakter angenommen. Am 31. Oktober näherten sich israelische Truppen im Raum Suez

18 Ovendale, The Origins, S. 160.
19 Ambrose, Eisenhower, S. 395.
20 Ebd.
21 Chruschtschow, Krisisy i Rakety, S. 265.

dem Kanal. Am gleichen Tag schaltete sich die anglo-französische Luftwaffe in die Kampfhandlungen ein. Ihre Aufgabe war, die Luftherrschaft aufrechtzuerhalten wie auch ägyptische Städte und Militärobjekte massiven Luftangriffen auszusetzen. Port Said, Kairo, Ismailia, Suez, Alexandria und viele Flugplätze wurden bombardiert. Die Zerstörung der Hälfte der ägyptischen Flugplätze infolge der Luftangriffe und die Lahmlegung von rund 140 Kampfflugzeugen der ägyptischen Luftwaffe ermöglichten es den Aggressoren, die Luftherrschaft zu erringen und ungehindert Luft- und Seelandungen durchzuführen[22]. Schiffsartillerie beschoß die Küstenbefestigungen. Gleichwohl gelang es der ägyptischen Militärführung, einen Teil der Flugzeuge sowjetischer Produktion zu retten. Sowjetische und tschechoslowakische Piloten konnten alle einsatzfähigen MiG 15, MiG 17 und IL 28 auf ungefährdete Flugplätze in Saudi-Arabien ausfliegen. Die Versuche der ägyptischen Luftwaffe, sich dem Gegner in der Luft und den israelischen Bodentruppen zu widersetzen, brachten keinen Erfolg: Die Piloten der ägyptischen Luftwaffe waren im modernen Luftkrieg unerfahren.

Angesichts der drohenden Landung anglo-französischer Truppen zog die ägyptische Führung ihre Kräfte von der Sinai-Halbinsel zurück und dislozierte sie im Raum des Suezkanals. Am 1. November gelang es israelischen Truppen, die ägyptische Verteidigung entlang der Mittelmeerküste zu durchbrechen. Am 2. November eroberten sie mit Unterstützung der Luftwaffe und französischer Schiffsartillerie die Stadt Gaza und standen am darauffolgenden Tag 15 bis 20 km vom Suezkanal entfernt. Am 5. November eroberten die Israelis Sharm-el-Sheik, den Schlüsselpunkt am Eingang in die Akaba-Bucht, wie auch die zu Saudiarabien gehörenden Inseln Tīrān und Sināfir. Die gesamte Sinai-Halbinsel befand sich in den Händen Israels.

In den Kämpfen um Sinai erlitten die Ägypter zwar schwere Verluste, doch ging die Rechnung der Aggressoren, daß die Niederlagen an der Front zu einem Sturz der Nasser-Regierung führen würden, nicht auf. Daraufhin beschlossen England und Frankreich, mit eigenen Kräften eine Invasion durchzuführen. Diese begann mit Luftlandeunternehmen von auf Zypern stationierten anglo-französischen Truppen. Am 5. November eroberte eine britische Fallschirmbrigade mit Unterstützung aus der Luft Port Said, französische Luftlandebrigaden nahmen Port Fuad. In der Nacht zum 6. November begann auf den eroberten Brückenköpfen die Ausschiffung von Landungstruppen, die von 122 aus Malta und aus Toulon eingetroffenen Kampfschiffen unterstützt wurden, darunter Schlachtschiffe, vier Flugzeug- und zwei Hubschrauberträger. Die vereinigten anglo-französischen Invasionskräfte umfaßten 80 000 Mann, über 430 Panzer, 520 Geschütze und Granatwerfer. Unterstützt wurden sie von etwa 600 Flugzeugen[23].

Langsam nach Süden entlang des Kanals vorrückend, bereiteten sich die anglo-französischen Truppen auf den Angriff auf Kairo vor. Kennzeichnende Besonderheit der Operation war der umfassende Einsatz von Luftlandetruppen. In

22 Barjot, Les opérations.
23 Gosudarstwa NATO, S. 172.

Ermangelung einer ägyptischen Luftverteidigung war es möglich, Kurzstreckenflugzeuge einzusetzen und Landungen aus geringer Höhe durchzuführen. Für die Verlegung der Marineinfanterie wurden erstmals Hubschrauber eingesetzt.

Begleitet wurden die militärischen Operationen von entschlossenen politischen Aktionen. Am 1. November brach Ägypten die diplomatischen Beziehungen zu Großbritannien und Frankreich ab. Syrien folgte seinem Beispiel und unterstellte seine Streitkräfte ägyptischem Kommando. Die Syrier sprengten die aus dem Irak über Syrien ans Meer führenden Erdölleitungen. Am 3. November wies Eden den Aufruf des UNO-Sicherheitsrates zur Einstellung des Feuers zurück. Am darauffolgenden Tag forderte Eisenhower Eden auf, das aus Zypern ausgelaufene anglo-französische Geschwader dorthin zurückkehren zu lassen. Edens Antwort: »Wenn wir jetzt umkehren, so wird der ganze Mittlere Osten vom Feuer erfaßt werden [...]. Wir können es nicht zulassen, daß zu einer Zeit, da sich die UNO-Kräfte eben erst formieren, ein militärisches Vakuum entsteht[24].« Washington wurde klar, daß Großbritannien und Frankreich fest entschlossen waren, ihre Ziele zu erreichen.

In Moskau zerbrach man sich derweil den Kopf darüber, wie Nasser zu helfen war. Am 3. November marschierten sowjetische Truppen in Budapest ein, und am nächsten Tag war der Aufstand im wesentlichen niedergeschlagen, wenn auch noch einzelne Widerstandsherde übrigblieben. Aber die Hauptarbeit war bereits getan; jetzt konnte sich Chruschtschow auf Ägypten konzentrieren. Die von den Amerikanern erklärte Nichteinmischung erleichterte dem sowjetischen Führer seine Entscheidungen, weil man jetzt nach der amerikanischen Distanzierung vom anglo-französischen Abenteuer mit einer Erklärung hervortreten konnte, in der neben dem Aufruf zur Einstellung der Aggression die Drohung mitschwang, widrigenfalls Gewalt anzuwenden. Die amerikanische Haltung schloß dabei eine direkte Provokation der USA aus.

Es stellte sich jedoch eine andere Frage: Womit konnte man die Drohung untermauern, damit sie für London und Paris überzeugend klang. Eine Reihe politischer Aktionen setzte ein. Außenminister Schepilow machte im Sicherheitsrat den Vorschlag, den Aggressoren ein Ultimatum zu stellen und zu fordern, die Kampfhandlungen innerhalb von 12 Stunden einzustellen. Die Sowjetunion drückte ihre Bereitschaft aus, ihre Luft- und Seestreitkräfte der UNO zur Verfügung zu stellen. In Moskau fanden vor den Botschaften Großbritanniens, Frankreichs und Israels Protestkundgebungen statt, und der sowjetische Botschafter in Tel Aviv verließ Israel. Doch womit sollte die sowjetische Entschlossenheit, effektive Hilfe zu leisten, untermauert werden? Das war die Geburtsstunde von Chruschtschows berühmtem Bluff, den er seitdem wiederholt bei militärisch-politischen Krisen und bewaffneten Konflikten einsetzte. Er beschloß, mit Atom-Raketenangriffen auf London und Paris zu drohen, um deren Regierungen zur Beendigung des Krieges in Ägypten zu zwingen.

Damals hatte die Sowjetunion einige R-5-Raketen mit einer Reichweite von 1200 km. Das hätte ausgereicht, vom Territorium der DDR aus Ziele in England

24 Eisenhower, Waging Peace, S. 86 ff.

und Frankreich zu treffen. Sie wurden für Erprobungen auf dem Übungsgelände Kapustin Jar eingesetzt. Einsatzfähige und zudem in Gefechtspositionen entfaltete Raketen dieser Klasse gab es nicht[25]. Doch bei seinem Besuch in London hatte Chruschtschow viel davon gesprochen, daß es in der Sowjetunion Raketen gäbe, die bis England reichten. Damals hatte dies anscheinend Eindruck gemacht, um so mehr, als Chruschtschow offen über den sowjetischen Übergang von Massenarmeen zu Atom-Raketenwaffen sprach. Abgesehen davon war in Moskau bekannt, daß die westlichen Geheimdienste zwar von den Raketenstarts in Kapustin Jar wußten, indes nicht, wie man in Kreml annahm, den Grad der Fertigstellung der Raketenwaffen und ihre mögliche Anzahl kannten. Damit beschloß Chruschtschow zu bluffen.

Am 5. November wurde in Moskau der in scharfem Ton gehaltene Aufruf des sowjetischen Premiers Bulganin an die Führer Großbritanniens, Frankreichs und Israels — Anthony Eden, Guy Mollet und Ben-Gurion — veröffentlicht. Die Sowjetunion warnte darin, daß der lokale Konflikt in einen Weltkrieg umschlagen könne, und forderte die USA und andere Mitgliedstaaten der UNO auf, gemeinsam Streitkräfte zur Beendigung des Blutvergießens einzusetzen. Sie erklärte ihre »Bereitschaft, durch Gewaltanwendung die Aggressoren zu zerschlagen und den Frieden im Nahen Osten wiederherzustellen«. In der an Großbritannien gerichteten Note hieß es insbesondere: »In welcher Lage würde sich England selbst befinden, wenn stärkere, über alle Arten moderner Vernichtungswaffen verfügende Staaten über es herfallen würden? Und wenn diese Länder jetzt nicht See- oder Luftstreitflotten an Englands Küsten entsenden, sondern andere Mittel einsetzen könnten, beispielsweise die Raketentechnik? Wenn Raketenwaffen gegen England oder Frankreich eingesetzt würden, würden Sie dies wahrscheinlich als einen barbarischen Akt bezeichnen[26].«

In Paris und London schlug dieses Schreiben wie ein Bombe ein. Mollet wurde aus dem Bett geholt. Nachdem er das sowjetische Ultimatum durchgelesen hatte, kontaktierte der französische Premier unverzüglich London. Die Reaktion dort war die gleiche. Die ganze Nacht fanden telefonische Beratungen zwischen Eden und Mollet statt. Es wurde geprüft, wie ernst die Drohung zu nehmen war. Nachdem die USA ihre Nichteinmischung erklärt hatten, standen Großbritannien und Frankreich der Sowjetunion allein gegenüber. Eden erinnerte daran, wie Chruschtschow im Frühjahr während des Londoner Besuchs mit der sowjetischen Raketenstärke geprahlt hatte. Am Morgen des 6. November erklärten beide Regierungen die Einstellung des Feuers ab null Uhr, 7. November[27]. Moskau frohlockte: Der Bluff war gelungen. Was der Kreml nicht wußte, war, daß in jenen Tagen intensive Beratungen zwischen London und Washington stattfanden. Es ging darum, daß Bulganin auch ein Schreiben an Eisenhower mit dem Vorschlag gerichtet hatte, ihre Kräfte zu vereinigen und gemeinsam die Kriegshandlungen zu been-

25 Chruschtschow, Krisisy i Rakety, S. 99, 266.
26 Iswestija, 6.11.1956.
27 Chruschtschow, Krisisy i Rakety, S. 271 f.

den. »Die Sowjetregierung«, so hieß es in dem Schreiben, »wendet sich an die Regierung der Vereinigten Staaten mit dem Vorschlag, die Aggression zu beenden und dem weiteren Blutvergießen ein Ende zu setzen. Die USA verfügen im Mittelmeer über eine starke Seekriegsflotte und mächtige Luftwaffe. Die Sowjetunion hat ebenfalls eine starke Kriegsflotte und mächtige Luftwaffe. Der gemeinsame und unverzügliche Einsatz dieser Mittel von seiten der Vereinigten Staaten und der Sowjetunion wäre eine sichere Garantie für die Einstellung der Aggression [...]. Wenn dieser Krieg nicht beendet wird, besteht die Gefahr, daß er in einen dritten Weltkrieg umschlagen kann[28].«

In diesem sowjetischen Vorschlag waren die Möglichkeiten der sowjetischen Flotte und Luftwaffe demonstrativ und nicht ganz unabsichtlich übertrieben worden. Die Idee, sowjetische Truppen, vor allem Luftlandetruppen, in den Nahen Osten zu entsenden, hatte Chruschtschow gehabt, doch war die Regierung durch Verteidigungsminister Georgi K. Shukow darüber informiert, daß man im Generalstab eine Variante für eine Luftlandung geprüft hatte und zu unerfreulichen Schlußfolgerungen gekommen war. Selbst wenn die Türkei und der Iran sich einem Überfliegen der Flugzeuge nicht widersetzten, würde es nicht gelingen, eine ausreichende Zahl von Truppen und Waffen zu verlegen und ihre Versorgung mit dem vorhandenen Flugzeugpark in die Wege zu leiten. Beim Zusammenprall mit den Expeditionskräften der mit allem Erforderlichen ausgerüsteten Verbündeten und in Anbetracht der Vorherrschaft der britischen und französischen Flotte und Luftwaffe im Mittelmeer wären die sowjetischen Luftlandetruppen zur Niederlage verurteilt[29].

In Washington wußte man dies aber nicht. Während der Sitzung vom 5. November im Weißen Haus teilte der Direktor der CIA, Allen Welsh Dulles, mit, daß die Sowjets nach vorliegenden Geheimdienstinformationen den Ägyptern versprochen hätten, im Mittleren Osten »irgendetwas zu unternehmen«. Er nahm an, daß die Sowjetunion Luftstreitkräfte nach Syrien entsenden würde. Es wurde beschlossen, den Vorschlag des sowjetischen Premiers abzulehnen. Der Präsident beauftragte den Direktor des FBI, J. Edgar Hoover, eine Erklärung aufzusetzen, in der die Russen gewarnt würden: Sollten sie versuchen, Truppen in den Nahen Osten einzuführen, würden sich die USA dem mit Gewalt widersetzen.

Am 6. November erhielt Dulles von Eisenhower den Auftrag, Aufklärungsflüge über Syrien und Israel durch die eben erst beim CIA eingeführten Höhenaufklärer U 2 durchzuführen, »aber Flüge über Rußland zu vermeiden«. Sie sollten feststellen, ob sich sowjetische Truppen oder die Luftwaffe auf Stützpunkten in Syrien befanden. Sollten welche entdeckt werden, so der Präsident, »hätten die Engländer und Franzosen einen Anlaß zu ihrer Vernichtung«. Von Interesse für ihn war ebenfalls herauszufinden, ob die Flottenkräfte der USA im Mittelmeer atomare U-Boot-Bekämpfungswaffen hatten.

»Diese Burschen«, so der Präsident über die sowjetische Führung, »sind wütend und haben gleichzeitig Angst [...]. Diese Kombination ist der gefährlichste Gei-

28 Iswestija, 6.11.1956.
29 Chruschtschow, Krisisy i Rakety, S. 270.

steszustand [...]. Und wenn diese Burschen etwas unternehmen, müssen wir ihnen eins überbraten, falls erforderlich, mit allem, was wir in petto haben.« Seiner Meinung nach war Bulganins Schreiben von der Angst der Russen diktiert. Sie befürchteten, so Eisenhower, daß die Ereignisse in Ungarn zum Zerfall des vor einem Jahr gebildeten Warschauer Blockes führen. In diesem Zusammenhang wolle Moskau seine Stärke demonstrieren, um den Westen durch das Vorführen seiner großen militärischen Möglichkeiten von der Versuchung abzuhalten, sich in die Angelegenheiten der Länder der Warschauer Vertragsorganisation einzumischen. Gleichzeitig erklärte er, daß, wenn die Sowjets die Franzosen und Engländer angreifen, »wir in den Krieg eintreten und im Recht sein werden, militärische Handlungen vorzunehmen«. Am gleichen Tag jedoch wurde ihm gemeldet, daß laut Angaben der U-2-Flugzeuge keine sowjetischen Luftstreitkräfte gesichtet worden waren, weder auf syrischen Fliegerstützpunkten noch unterwegs nach Ägypten. Dies reduzierte natürlich die Gefahr einer Ausweitung des Konflikts; gleichwohl wurden in den USA Maßnahmen zur Erhöhung der Gefechtsbereitschaft getroffen: Soldaten, die sich im Urlaub befanden, wurden zurückgerufen[30].

In einem Telephonat zwischen Eisenhower und Eden vom 6. November teilte der britische Premier mit, daß er soeben Englands Bereitschaft erklärt habe, einer Feuereinstellung zuzustimmen. »Ich kann gar nicht ausdrücken, wie froh wir sind«, kommentierte der Präsident diese Neuigkeit[31].

Unterdessen hatte man in Moskau mit Unruhe die Entwicklung der Ereignisse im Nahen Osten verfolgt. Da die Idee einer Luftlandung hinfällig geworden war, blieb nur, auf Bulganins drohende Erklärung zu setzen. Im Kreml war man noch nicht über das letzte Telephonat zwischen Eden und Eisenhower informiert.Doch bald traf die Nachricht von Edens Rede im britischen Unterhaus vom 6. November ein, in der er erklärt hatte, daß die britischen Truppen ihre Aufgabe erfüllt hätten und seit null Uhr, 7. November, ihre Kampfhandlungen in Ägypten einstellten. Obwohl die Kämpfe in Port Said noch andauerten, wurde klar, daß der Krieg zu Ende ging. Am 8. November wurde das Feuer eingestellt. Israel sagte zu, seine Truppen von der Sinai-Halbinsel und dem Gazastreifen zurückzuziehen. Ende November nahmen UNO-Kräfte ihre Stellungen an der ägyptisch-israelischen Grenze ein. Die anglo-französischen Truppen wurden im Dezember 1956 aus Ägypten zurückgenommen und die israelischen im März 1957. So kam die Suezkrise zum Abschluß. Der Kreml wertete dies als einen Erfolg seiner Politik.

Heute, 40 Jahre später, ist diese Krise für die Historiker nicht wegen ihres militärischen Aspekts interessant (dieser ist für viele lokale militärische Konflikte jener Zeit recht typisch), sondern wegen des politischen Aspekts. Mitte der 50er Jahre war zwischen zwei gegensätzlichen militärisch-politischen Blöcken ein Kampf um die Ausweitung ihres politischen Einflusses in der Welt entbrannt. Eine der wichtigsten Zielrichtungen wurde die Rivalität um die Beherrschung der

30 Ambrose, Eisenhower, S. 400 f.
31 Ebd.

eigenen »Interessensphären« in der entstehenden »Dritten Welt«. Der Zerfall des Kolonialsystems hatte in den weiten Regionen Asiens und Afrikas ein politisches Vakuum geschaffen, das zu schließen beide Supermächte bestrebt waren. Dabei verfolgten sowohl die UdSSR wie auch die USA die Absicht, ihre Ziele mit durch Androhung von Gewalt verstärkten politischen Mitteln zu erreichen. »Wenn der Rekurs auf Gewalt unmöglich wird, kann die Diplomatie ebenfalls ihrer Wirksamkeit verlustig gehen«, schrieb der bekannte amerikanische Politologe und spätere Außenminister Henry Kissinger[32]. Hierfür mußte man allerdings über eine militärische Stärke von abschreckender Wirkung, nicht nur auf die Länder der »Dritten Welt«, sondern auch auf die Großmächte, verfügen. Die 1954 von den USA beschlossene Strategie der »massiven Vergeltung« sah die Führung eines globalen Atomkrieges gegen die Sowjetunion und ihre Verbündeten vor, und zwar mit »Mitteln und in Räumen nach eigener Wahl«. Sie war ein Mittel zur Abschreckung der UdSSR[33]. Die USA verfügten über Kräfte, die realiter fähig waren, einen vernichtenden Angriff von ca. 1200 strategischen, mit Atombomben bestückten Bombern durchzuführen. Die Sowjetunion verfügte auch über Atomwaffen, indes nicht über die Trägermittel, um die Hauptmacht der NATO, die USA, zu erreichen. Intensive Maßnahmen wurden ergriffen, um die USA auf dem Gebiet der neuesten Flieger- und Raketen-Atomwaffen einzuholen. Dazu waren aber Jahre erforderlich, und die Zeit drängte. Und so griff Chruschtschow zur Taktik des militärisch-politischen Bluffs. Absicht war, mittels abschreckender Propaganda, gepaart mit der Demonstration von in äußerst geringer Anzahl vorhandenen Fernbombern und nach 1957 auch Raketen strategischer Zweckbestimmung, eine übertriebene Vorstellung von der Luft- und Raketen-Atommacht der sowjetischen Streitkräfte zu erzeugen. Später hat Kissinger diese Idee so zum Ausdruck gebracht: »Das, was der potentielle Aggressor glaubt, ist wichtiger als das, was objektiv wahr ist[34].« 1955 »drohte« Chruschtschow den Amerikanern mit Tu-95-Bombern, als er auf einer Luftparade in Moskau alle im Land vorhandenen Flugzeuge (unter 10) dieses Typs vorführt. Er wollte den Eindruck erwecken, es gäbe in der Sowjetunion viele Tu 95, die einen Angriff gegen die USA richten konnten. Während der Suezkrise wendete er diese Methode gegen Großbritannien und Frankreich an, indem er ihnen mit Raketen drohte, die in der sowjetischen Armee noch gar nicht eingeführt waren, und behauptete später, in der Sowjetunion würden Raketen »wie Würstchen« produziert, obwohl es nur einige wenige gab.

Die durch die sowjetische Drohung während der Suezkrise erzielte Wirkung hatte Chruschtschow zutiefst beeindruckt. Er wurde ein vehementer Befürworter einer schnellstmöglichen Einführung strategischer Atomraketen in die sowjetische Armee und Flotte, setzte sich über den Widerstand der höchsten Generalität hinweg, die den Raketen mißtrauisch gegenüberstand, und scheute keine

32 Kissinger, Nuclear Weapons, S. 12.
33 Orlow, W poiskach absoljutnowo, S. 141.
34 Kissinger, American Foreign Policy, S. 15.

Mittel für ihre Entwicklung. Ziel war, Amerika abzuschrecken, ihm die Versuchung eines atomaren Luftangriffs gegen die Sowjetunion zu nehmen. Der Start von zwei künstlichen Erdsatelliten im Herbst 1957 und die Erprobung der ersten Interkontinentalrakete im August des gleichen Jahres zeigten der Weltöffentlichkeit die beeindruckenden Erfolge des sowjetischen Raketenbaus und bei der Eroberung des Kosmos. Und in der Tat, die Sowjetunion war den USA bei der Entwicklung einiger mächtiger strategischer Raketen um eine Nasenlänge voraus, indes lediglich bei der Erprobung! Bis zur Massenproduktion und Dislozierung der Raketen war es noch weit.

Gleichwohl erhob sich in den USA große Unruhe, anfänglich über das Nachhinken gegenüber der Sowjetunion auf dem Gebiet der Bomber und später auf dem der Raketen. Militärs und Öffentlichkeit forderten eine Erhöhung der Ausgaben für strategische Waffen. In den Schulen fanden Atomalarmübungen statt, und unter der Bevölkerung wurde die Werbetrommel für Atombunker gerührt.

Lediglich der Präsident und die höchsten Militärführer Amerikas wußten, daß Moskau bluffte. Durch die regelmäßig in den sowjetischen Luftraum eindringenden U-2-Höhenaufklärungsflugzeuge wurden seit 1956 im Laufe einiger Jahre wichtige Informationen darüber gewonnen, daß die Sowjetunion noch weit von einer massenhaften Aufstellung von Raketen, die Ziele in den USA treffen konnten, entfernt war. Doch das Weiße Haus konnte diese Information nicht publik machen, weil die U-2-Flüge gegen internationales Recht verstießen. Daher hat Eisenhower als Reaktion auf die lautstarke Pressekampagne über das »Nachhinken auf dem Gebiet der Raketen« mit zusammengebissenen Zähnen die amerikanische Öffentlichkeit beruhigt, jedoch nicht die Wahrheit enthüllt. Das Wettrüsten nahm zu. Dieses war auch vorher vonstatten gegangen, doch hat die von Chruschtschow während der Suezkrise begonnene und im weiteren fortgesetzte Politik des Bluffs beiden Seiten einen neuen Anstoß zur Anhäufung der Raketenarsenale gegeben. In der Annahme, daß sein Betrug nicht aufgedeckt war, setzte Chruschtschow diese Politik 1957/1958 bei der Entstehung der Konflikte um Syrien, Jordanien, Libanon und den Irak fort.

In der Befürchtung, die USA könnten mittels der U-2-Flugzeuge die wahre Sachlage aufdecken, reagierte er gleichzeitig sehr überzogen auf diese Flüge. Von seiten der sowjetischen Luftverteidigung und Luftstreitkräfte wurden alle Maßnahmen ergriffen, um die über der Sowjetunion fliegenden U 2 abzuschießen, was jedoch erst im Mai 1960 gelang. Erst dieser Zwischenfall setzte den Flügen ein Ende.

Die Unterstützung der Sowjetunion für die sich entwickelnden Länder in ihrem Kampf gegen den Imperialismus hat das sowjetische Ansehen in der »Dritten Welt« in jenen Jahren gehoben. Als Reaktion darauf wurde 1957 die Eisenhower-Doktrin verkündet, nach der die USA ihre Streitkräfte in jedem Gebiet des Nahen und Mittleren Ostens einsetzen konnten, wenn diesem die Gefahr einer »Aggression des internationalen Kommunismus« drohte[35]. Der Kalte Krieg verschärfte sich.

35 Gosudarstwa NATO, S. 173.

Doch auch die Sowjetunion fand sich gewissermaßen in der Falle der Chruschtschowschen Politik des Bluffs. Unter Ausnutzung des Mythos von der »Raketenlücke« forcierte der militärisch-industrielle Komplex der USA die Produktion von Interkontinentalraketen, strategischen Bombern und Raketen-U-Booten. Um in der Lage zu sein, sie im Falle des Ausbruchs eines atomaren Raketenkrieges zu bekämpfen, mußte sich die Sowjetunion eine starke Luftverteidigung und U-Boot-Abwehr zulegen sowie Maßnahmen zum Schutz vor Raketen ergreifen, was gewaltige Mittel erforderte. Als eine immer schwerere Last legte sich das Wettrüsten auf das Land, das nach den Zerstörungen im Zweiten Weltkrieg kaum auf die Beine gekommen war. So hatte sich eine scheinbar effektive Außenpolitik in einen Bumerang für die Sowjetunion verkehrt.

Natürlich haben insgesamt auf den Verlauf des Kalten Krieges viele Faktoren eingewirkt: politische, wirtschaftliche, militärische, psychologische und andere mehr. Dennoch sollte bei der Analyse der Suezkrise und ihrer Lehren auch ihre Rolle bei der weiteren Zuspitzung der Beziehungen zwischen West und Ost nicht vernachlässigt werden. Die Suezkrise zeigte auf, wie eine Atmosphäre gegenseitigen Mißtrauens und unzureichender Information über Absichten und Möglichkeiten der anderen Seite die Versuchung für Bluffs und den Nährboden für ungerechtfertigte Angst schufen und unangemessene Reaktionen hervorriefen. Darum hat diese Krise dem atomaren Raketenwettrüsten, das bei beiden Supermächten höchste Priorität erlangte, Auftrieb gegeben. Es bedurfte Jahrzehnte bitterer Erfahrung der Konfrontation, bis Politiker und Strategen und die Weltgemeinschaft insgesamt die Perspektivlosigkeit der bewaffneten Konfrontation, die die Gefahr einer atomaren Katastrophe barg, erkannten.

Frédéric Guelton

Psychologische Kriegführung und Suezkrise. Das 5. Bureau der Force A bei der französisch-britischen Intervention in Ägypten

1. Einleitung

Im allgemeinen zeichnen Kriege durch die sich gegenüberstehenden Streitkräfte ein paradoxes Bild der Gesellschaften, durch die sie ausgelöst werden. Dies galt auch für die französischen Streitkräfte, die seit dem japanischen Gewaltakt 1945 bis zum neun Jahre später erfolgten Fall von Dien-Bien-Phu in Indochina kämpften.

Den seit Ende 1942 nach amerikanischem Vorbild für einen konventionellen Krieg in Europa gegen Deutschland und anschließend möglicherweise gegen die Sowjetunion umgegliederten Streitkräften wurde in Indochina zu spät und unter leidvollen Umständen bewußt, daß sie nicht auf Kampfhandlungen zugeschnitten waren, die von gewissen Kreisen noch als Kolonialkrieg bezeichnet wurden, aber doch schon einen Revolutionskrieg darstellten.

Im Konflikt, der in Algerien ausbrach und den man offiziell weder in Paris noch in Algier als Krieg bezeichnen wollte, beschlossen die Streitkräfte, auf jeden Fall alle Trümpfe in den Händen zu behalten. Aufgrund der leidvollen Erfahrung in Asien interessierten sie sich für jene neuen Formen des Krieges, in denen politische und revolutionäre Aspekte sichtbar im Vordergrund stehen, und dachten darüber nach, ja erhitzten sich zuweilen sogar leidenschaftlich darüber. Die von den Franzosen nach einigem Hin und Her erarbeitete Antwort nahm allmählich die Form einer Überlegung an, die dann zur Theorie gedieh und schließlich im Einsatz in die Praxis umgesetzt und als psychologische Kriegführung bezeichnet wurde.

1956 ereignete sich die Suezkrise im richtigen Augenblick, um eine erste Bilanz zu ziehen aus der Entwicklung, der Anwendung und dem Stellenwert, die die französischen Militärs der psychologischen Kriegführung eingeräumt hatten. Welche Entwicklung hat die Theorie der psychologischen Kriegführung genommen, wie haben sich die französischen Streitkräfte — gleichzeitig mit den Briten — auf ihre Anwendung in Ägypten vorbereitet, wie wurde sie tatsächlich eingesetzt, und welche Schlußfolgerungen haben die Streitkräfte schließlich nach dem Fehlschlag der militärischen Intervention für sich selbst im Hinblick auf vergleichbare Operationen in Algerien gezogen?

Allein schon diese wenigen Fragen rechtfertigen ein erneutes Interesse an der Suezkrise. Wenn diese Krise auch in groben Zügen bekannt ist, so sind doch eine ganze Reihe ihrer Facetten bislang nur gestreift worden, wenn nicht überhaupt vollkommen unbeachtet geblieben. Das trifft für die psychologische Kriegführung zu, für die auf französischer Seite die Leute um Admiral Barjot verantwortlich waren, das heißt das 5. Bureau der Force A unter Führung von Generalmajor Beaufre. In der Tat war dieses Bureau des französischen Anteils an den französisch-britischen Interventionskräften in Ägypten für die Planung und Durchführung der psychologischen Operationen zuständig.

2. Die Ursprünge des 5. Bureau und der psychologischen Kriegführung

2.1 Der Katalysator Algerien

Durch die Analyse der Niederlage in Indochina war der französische Generalstab zu dem Schluß gekommen, daß psychologische Maßnahmen als wesentlicher Bestandteil des Revolutionskrieges zum Erfolg der starken Revolutionskräfte beigetragen hatten[1]. In Algerien trug der 1954 ausgebrochene Konflikt für all jene Offiziere, die zuweilen unmittelbar aus Indochina dort eintrafen, ebenfalls die Merkmale eines politisch-militärischen Krieges mit denselben typischen kommunistischen Methoden[2]. Hinter den Vietminh hatte China gestanden, hinter der F.L.N. und dann 1956 hinter Nasser stand die Sowjetunion. Zu dieser Erkenntnis kam man in Paris und Algier, und so definierte man diese neue politisch-militärische Bedrohung, die Anlaß zur Schaffung einer neuen Stabsabteilung gab, deren Auftrag die psychologische Kriegführung und diesbezügliche Operationen waren.

Tatsächlich geht diese Initiative auf den Besuch des Chefs der Landstreitkräfte, General Augustin Guillaume, zurück, den dieser zu Beginn des Jahres 1955 Nordafrika abstattete. Im Anschluß daran wurde beschlossen, in Algerien ein regionales Bureau für psychologische Maßnahmen zu schaffen, das beim Befehlshaber der 10. Région Militaire gebildet wurde[3]. Die sich zuspitzende Krise in Algerien lieferte den Anhängern der psychologischen Kriegführung die ihnen fehlenden Argumente. Das Personal, die Gelder und nötigen Ausbildungmittel wurden bereitgestellt, wenn sie auch zu keinem Zeitpunkt als ausreichend erachtet wurden. Ab 1956 funktionierte der Arbeitsbereich der psychologischen Kriegführung in vollem Umfang[4]. Er mußte sowohl die Kampfmoral in der französischen Truppe hochhalten als auch auf die ländliche islamische Bevölkerung sowie die Rebellengruppen einwirken.

Die Offiziere, die die psychologische Kriegführung verfochten, setzten sie in Algerien auch gleich in die Tat um. Sie stützten sich zum einen auf die in Indochi-

1 Archives de l'Armée de Terre/Service Historique de l'Armée de Terre (SHAT), IH 2408, Dossier 1956: Mémento de l'officier d'action psychologique en Algérie (Einleitung).

2 Ebd., Anhang III.

3 Identisch mit Algerien.

4 Caillou/Couvreur, L' Action psychologique, S. 3.

na gesammelten Erfahrungen und die praktischen Überlegungen, die sich unmittelbar aus dem Alltag in einem Krieg ergaben, der für einige von ihnen schon 1939 begonnen hatte. Sie gehörten zu jenen, die mit Raymond Aron die Auffassung vertraten, daß die psychologische Kriegführung ein neuer Begriff für eine alte Vorgehensweise war[5].

Für sie wie für ihn ist die psychologische Kriegführung ein fortdauernder Prozeß. In ihrer derzeitigen Version wurde die psychologische Kriegführung von den Alliierten während des Ersten Weltkriegs nur wieder neu kreiert, als sie versuchten, unter der deutschen Bevölkerung die Vorstellung von der Gleichgültigkeit des Kaisers, Wilhelm II., und seiner Regierung zu verbreiten: »Die Propaganda der Verbündeten während des Ersten Weltkrieges war ideologisch, weil sie die Stimmung der deutschen Bevölkerung und der deutschen Truppen mit der berechtigten oder auch falschen Behauptung ins Visier nahm, der Kaiser und seine Regierung seien am Krieg schuld[6].«

Dieses praktische Vorgehen schloß aber in keiner Weise theoretische Überlegungen zur psychologischen Kriegführung aus, die sich — auch wenn sie manchmal zu weit gingen — oft als fruchtbar erwiesen.

2.2 Von der Theorie zur Organisation

Ein französischer Offizier mit dem Pseudonym Ximenès verdeutlichte, wie stark dieses neue Phänomen des Revolutionskrieges und die sich daraus ergebende psychologische Kriegführung die militärischen Kreise Frankreichs bewegte, sie in Lager spaltete und vielleicht mehr Verwirrung stiftete, als Klarheit brachte: »Die Militärs reagieren heutzutage schon allergisch, wenn nur der Begriff des Revolutionskrieges fällt. Jede Anspielung auf dieses Problem führt unverzüglich zu Reaktionen. Die französischen Kader — vor allem jene, die in Indochina gekämpft haben, und diejenigen, die in Nordafrika Dienst taten oder im Augenblick dort eingesetzt sind — liefern sich einen lebhaften und widersprüchlichen Schlagabtausch. Einige verneinen die Existenz anderer Formen als der des konventionellen Krieges, während andere mit neuen Begriffen jonglieren und wieder andere eine Art unerbittliche Fatalität an den Tag legen[7].«

Inmitten dieser Flut manchmal widersprüchlicher Ideen bemühten sich die neuen französischen Denker der psychologischen Kriegführung, dort den Ansatz zu finden, wo Aron nichts anderes als die ewige Existenz des Krieges sah. Für jene, die in Indochina gekämpft hatten, hieß der Vordenker auf dem Gebiet des Revolutionskrieges Mao Tse-tung, wie Oberst Lacheroy, der Leiter des Service d'action psychologique et d'information de la défense nationale, in einer Rede im großen Hörsaal der Sorbonne vor 2000 Reserveoffizieren am 2. Juli 1957 ausführ-

5 Aron, Les Bases géopolitiques et idéologiques de la guerre psychologique, Rede am 2.5.1955 im Institut des Hautes Etudes de Défense Nationale, Nr. 705/DE/VS-NfD.

6 Ebd., S. 1.

7 Ximenès, Essai.

te: »Es ist wahrscheinlich Mao Tse-tung, der — als er ›Die Strategie des Revolutionskrieges in China‹ für die führenden Kader der Roten Armee im Jahr 1936 verfaßte — die Grundsätze dieses Revolutionskrieges am besten dargelegt hat. Sein erster Grundsatz lautet: ›Niemand käme auf den Gedanken, einen Krieg zu führen, ohne seine Gesetzmäßigkeiten zu kennen. Nun gibt es neben dem traditionellen Krieg den Revolutionskrieg, der seine Eigenarten und besonderen Gesetze hat. Wenn man diese nicht beherrscht, hat man in einem Krieg dieser Art nicht die geringste Aussicht auf Erfolg‹[8].«

Als Theoretiker des Revolutionskrieges werden in der zeitgenössischen Literatur regelmäßig Namen wie Lenin, Liddell Hart und Lawrence genannt. Oberst Defrasne führte in einer Vorlesung über die psychologische Waffe aus, daß Lawrence die beste — sicher verkannte — Definition der psychologischen Waffe geliefert habe[9]:

> »Nach der Beeinflussung unserer Leute, die natürlich an erster Stelle stand, mußten wir zu unserem Vorteil so weit auf unseren Feind einwirken, wie uns dies möglich war, dann auf die Menschen, die uns hinter unseren Linien unterstützten, weil sich die Hälfte der Schlacht hinter unserem Rücken abspielte, dann auf die Menschen hinter den feindlichen Linien, die auf den Ausgang der Kampfhandlungen warteten, und schließlich auf die neutralen Beobachter. Wir konnten den Sieg nur erringen oder vielmehr die Mittel und Wege für einen Sieg an der arabischen Front nur durch Einsatz der psychologischen Waffe finden: Ihre Neuheit gereichte uns zum Vorteil.« (Lawrence, Die sieben Säulen der Weisheit)

Es sieht also so aus, als ob in Frankreich Mitte der fünfziger Jahre die Konzeptionen des Revolutionskrieges und der psychologischen Kriegführung unter ihren unterschiedlichen theoretischen Aspekten besonders gut analysiert worden seien. Die für die Problematisierung erforderlichen Bemühungen um das Ausloten der Möglichkeiten und Grenzen dieser beiden neuen Konzeptionen kommen eindeutig in den Überlegungen von Männern wie Lacheroy oder Hoggard zum Ausdruck.

Lacheroy versuchte, die als neu oder grundlegend zu betrachtenden Kriterien des Revolutionskrieges zu erarbeiten, um den theoretischen Wirkungsbereich der psychologischen Waffe herauszukristallisieren. Er vertrat die Auffassung, daß es wesentliches Merkmal des Revolutionskrieges sei, alles, was denkt, lebt und atmet, mit allen durch Zuneigung, Eifer und Haß mobilisierten Kräften zu involvieren, wodurch er zu einem Krieg werde, der die Menschen an Leib und Seele durchdringe und sie zu Gehorsam und Engagement im Krieg motiviere[10]. Er legt die Notwendigkeit des Zugriffs auf Leib und Seele anhand einer Reihe von Beispielen aus dem Indochinakrieg dar, was in der Wiedergabe einer Anekdote gipfelt,

8 Lacheroy, Guerre révolutionnaire, Vortrag am 2.7.1957 an der Sorbonne. Bureau psychologique, Méthodes d'action et de guerre psychologique, Etudes et conférences, 1950–1962, SHAT IS 5.

9 Defrasne, Organisation et emploi, »Avant-propos«, S. 3. Der Autor, Oberst, war 1955–1960 Kommandeur des teilstreitkraftübergreifenden Ausbildungszentrums für psychologische Kriegführung.

10 Lacheroy, Guerre révolutionnaire.

die von einem Kämpfer der Vietminh katholischer Religionszugehörigkeit und dem Pfarrer seines Dorfes erzählt. Letzterer fragte den Soldaten: »Hör mal her, Tiou, ich habe gehört, Du seist Kommunist. Stimmt das?« — »Nein, Hochwürden, so weit bin ich noch nicht, da ich nicht glaube, mich würdig genug erwiesen zu haben[11].« Abschließend verweist Lacheroy auf die in Indochina sträflich vernachlässigte Notwendigkeit, die öffentliche Meinung für die politischen und militärischen Ziele zu gewinnen, und teilt mit Mao Tse-tung die Auffassung, daß, wenn diese Voraussetzung fehle, es müßig sei, überhaupt einen Konflikt anzufangen[12].

Hoggard hebt in einem 1957 in der Revue Militaire d'Information veröffentlichten Artikel auf die inneren Widersprüche und Schwächen der Theorie vom Revolutionskrieg ab. Dadurch kann er die Mittel und Wege zu seiner Bekämpfung definieren. Danach ist die Hauptschwäche des Revolutionskrieges im Stellenwert zu suchen, der der psychologischen Waffe eingeräumt wird:

> »Der Revolutionskrieg räumt der psychologischen Waffe eine herausragende Rolle ein. Nun ist allgemein bekannt, daß ihr Einsatz auf der dem Menschen eigenen Wertung von Gut und Böse beruht, und schließt mit ein, daß die Revolution zum Erreichen ihrer Ziele dieses moralische Empfinden verfälschen muß. Die Erhabenheit des Ideals, dem wir uns verschreiben, und das Vorhandensein eines respektierten moralischen Kodex in unserem Lager müssen uns also diesbezüglich die Überlegenheit verschaffen, und das ausschließlich dadurch, daß wir die psychologische Waffe ebenso geschickt einsetzen wie unsere Gegner [...]. Das einzig erfolgversprechende Verfahren zur Befriedung beruht auf der Integration unserer Bemühungen in alle Bereiche des Lebens und auf einer umfassenden Anwendung der psychologischen Waffe mit dem Ziel, die Basisinfrastruktur radikal zu vernichten, die die ganze Stärke unseres Feindes ausmacht[13].«

Schließlich mußte für die psychologische Kriegführung noch eine Organisation gefunden werden, durch welche die bisweilen ungeregelte Praxis und eine manchmal wirklichkeitsferne Theorie miteinander in Einklang gebracht werden konnten. Die dann von den Militärs des 5. Bureau übernommene Organisation für einen modernen ideologischen Krieg, mit dem letztendlich Herz und Sinn gewonnen werden sollten, schien sich aus der vergleichenden Analyse der Modelle ergeben zu haben, die von Deutschland und der Sowjetunion während des Zweiten Weltkriegs sowie durch die Vereinigten Staaten in Korea mit der Einrichtung einer Spezialabteilung für Psychologische Kriegführung beim Fernostkommando konzipiert worden waren. Nach dem derzeitigen Stand der Forschung scheint sie am deutschen Vorbild orientiert gewesen zu sein, wozu nach amerikanischem Muster noch eine Komponente für Zivilangelegenheiten kam. Die von Defrasne ausführlich dargestellte deutsche Organisation, auf die er jedoch nicht explizit verweist, sieht wie folgt aus:[14]

11 Ebd.
12 Ebd.
13 Hoggard, Guerre révolutionnaire.
14 Defrasne, Organisation et emploi, »Les organismes de travail opérationels«, S. 3.

»Im Führungsstab der Wehrmacht war die Wehrmachtpropaganda dem Befehl eines Brigadegenerals unterstellt und umfaßte 1943 vier Hauptabteilungen:
I. Leitung der Propaganda, Organisation und Spezialtruppen.
II. Interne Propaganda (in den Streitkräften), die gleichgesetzt werden kann mit den zuweilen als »kulturell« bezeichneten Angeboten von Oberst Blau.
III. Militärische Zensur (für schriftliche Dokumente wie auch für Rundfunk und Film).
IV. Äußere Propaganda und Abwehr der gegnerischen Propaganda.«

Dementsprechend wurde in Frankreich bei Ausbruch der Suezkrise die psychologische Kriegführung zunächst in fünf Bereiche unterteilt:

- die eigentliche psychologische Kriegführung, die den Gegner zum Ziel hat,
- psychologische Maßnahmen, welche die französischen Truppen gegen feindliche Agitation schützen sollen,
- den sozialen Dienst, der mit spezifischen Mitteln den Schutz der eigenen Kräfte verstärkt,
- Presse- und Nachrichtenwesen zur Beeinflussung der öffentlichen Meinung im nationalen und internationalen Bereich,
- Zivilangelegenheiten, die sich mit der Bevölkerung in den eroberten und besetzten Gebieten befassen.

3. Die psychologische Kriegführung bei der Vorbereitung der Intervention in Ägypten

3.1 Gemeinsames Vorgehen, einheitliche Führung und unterschiedliche Ziele

Hinsichtlich der psychologischen Kriegführung ist die französisch-britische Intervention von Anfang an mit einem grundlegenden Fehler behaftet gewesen, nämlich dem Fehlen eines gemeinsamen Zieles, das von den beiden Verbündeten hätte klar umrissen werden müssen, als in den ersten Tagen der internationalen Krise die beiden Regierungen der Aufstellung eines Kommandos unter britischer Führung zustimmten. Im übrigen muß darauf hingewiesen werden, daß von französischer Seite das Schwergewicht auf die psychologische Kriegführung gelegt wurde, deren Ergebnisse jedoch mager waren. Dagegen vernachlässigten die Franzosen aus freien Stücken die Zivilangelegenheiten, indem sie — wie sich zeigte — übersahen, daß sie auf diesem Gebiet einen Trumpf hätten ausspielen können.

3.2 Gemeinsames Kommando

Die allgemeine Führung der Operationen lag zentral in den Händen von General Keightley. Der französische Admiral Barjot im Rang eines französischen Befehlshabers der Gesamtstreitkräfte war in Wirklichkeit sein Vertreter. Dasselbe galt für die drei Task Forces, die von drei britischen, als interalliierte Befehlshaber betitelten Generälen geführt wurden. Ihre Stellvertreter waren drei französische Offiziere im Generalsrang: Generalmajor Beaufre, Konteradmiral Lancelot und Brigadegeneral Brohon, die in ihrer jeweiligen Task Force zuständig waren für die

- Vorbereitung der französischen Truppen und die Mitarbeit an der Erstellung von Plänen,
- Führung der nationalen oder alliierten Einsatzverbände während der Operation nach Weisung des britischen Befehlshabers der Task Force.

Entsprechend der in einer Hand liegenden Führung der Operation gab der britische Befehlshaber auch für die psychologische Kriegführung den Ton an. Zu diesem Zweck verfügte er über eine Abteilung für psychologische Kriegführung, die von seinem Stützpunkt auf Zypern aus für psychologische Operationen auf strategischer Ebene gegen Ägypten zuständig war. Die Maßnahmen wurden auf Beschluß und nach den Weisungen der zum Befehlshaber abgestellten politischen Ratgeber des Foreign Office getroffen. Admiral Barjot, der französische Stellvertreter des Befehlshabers, hatte für sich eine Zelle in seinem Stab gebildet, von der ein Teil für Maßnahmen der psychologischen Kriegführung und der andere für Presse/Öffentlichkeitsarbeit zuständig zeichnete. Im Laufe der Operationen wurde die französische Zelle für Maßnahmen der psychologischen Kriegführung der britischen Abteilung für psychologische Kriegführung angegliedert, die in sechs Gruppen unterteilt wurde: Sekretariat/Verwaltung, Studien und Planung, Dokumentation, Rundfunk, Herstellung und Verteilung von Schriftgut, Abhördienst.

Auf diese Weise hatten die Franzosen in der Planung und Durchführung keinerlei Mitsprache mehr, und die angestrebten Ziele waren — obzwar in der Theorie dieselben — unterschiedlich.

3.3 Voneinander abweichende Ziele

Für die Franzosen ging es nach dem Bericht von General Beaufre darum, Nasser zu besiegen, also darum, die ägyptischen Streitkräfte zu schlagen und nach Kairo vorzustoßen oder mindestens Port Said einzunehmen, was ausgereicht hätte, um eine Änderung der ägyptischen Politik zu bewirken. In seiner Stellungnahme zu den französischen Zielen legte Beaufre dar, daß »die Operation gegen Kairo entschlossen und schnell hätte durchgeführt werden müssen, weil offensichtlich war, daß der politische Spielraum sehr begrenzt war, innerhalb dessen die Operation wirksam werden konnte«[15]. Im Gegensatz dazu strebten die Briten nichts anderes an, als die Kontrolle über die Kanalzone sicherzustellen, also eine Operation mit begrenzten Zielen.

In der Hierarchie der beiden Verbündeten ergab sich de facto eine verheerende Konstellation. Großbritannien war unter dem Druck der öffentlichen Meinung und einer die Anwendung von Gewalt ablehnenden politischen Opposition

15 SHAT 4/16419. Rapport sur l'Opération d'Egypte, S. 4.

unfähig, die militärische Führungsrolle auf eine eindeutige und entschlossene politische Vorgabe abzustützen. Dagegen war in Frankreich der politische Wille vorhanden, Nägel mit Köpfen zu machen. Zur Verwirklichung dieses Ziels fehlten aber alle erforderlichen Mittel. Es herrschten also in bezug auf die bewaffnete Antwort auf die Verstaatlichung des Suezkanals völlig gegensätzliche Vorstellungen zwischen den britischen Militärs, die die militärische Leitung eines gemeinsamen Vorhabens, aber keine klar umrissenen Zielvorgaben hatten, einerseits und den französischen Militärs andererseits, die die politischen Ziele genau kannten, aber keine Möglichkeiten zum Agieren besaßen. Die Folgen dieses grundlegenden Widerspruches waren für jene verhängnisvoll, die für die Planung, Organisation und Durchführung der psychologischen Kriegführung in Ägypten zuständig waren.

4. Das 5. Bureau der Force A

4.1 Die intellektuelle Aufbereitung

Das 5. Bureau der Force A ging davon aus, daß die Verbündeten in Ägypten nur einen Pyrrhussieg erringen könnten, wenn nicht gleichzeitig in den eigenen Reihen und nach außen mit den Mitteln der psychologischen Kriegführung gekämpft würde. In den eigenen Reihen hieß, daß eine Zielgruppe die französischen Streitkräfte bilden mußten, deren Stimmung es hochzuhalten galt und die gegen die feindliche Propaganda zu schützen waren. Nach außen mußte das Ziel verfolgt werden, die Zustimmung oder zumindest ein neutrales Verhalten der ägyptischen Öffentlichkeit zu erreichen.

Solche psychologischen Maßnahmen hatten einzig die Meinung der Betroffenen im Visier. Zur Unterstützung seiner Demarche verwies das 5. Bureau darauf, daß die großen Führer immer an die Leidenschaften und Gefühle der Menschen appelliert hätten, ganz gleich, ob es dabei um Glauben, Interessen oder Angst ging, und daß in jüngster Vergangenheit die totalitären Staaten dieses Phänomen untersucht und ihm eine wissenschaftliche Dimension verliehen, aus der sich eine neue Form des Krieges, nämlich die psychologische Kriegführung, ergeben habe.

Unter diesem Blickwinkel stand die als noble Gattung erachtete psychologische Kriegführung bei den Franzosen im Vordergrund. Die Zivilangelegenheiten, die angelsächsische Variante, wurde vernachlässigt und während der Monate August und September den Briten überlassen. Die Franzosen sahen erst für Oktober eine Beteiligung vor. Erst am 22. Oktober beschloß der französische Außenminister, die volle Verantwortung für eine ganze Besatzungszone mit Hilfe von Personal für Zivilangelegenheiten der Force A zu übernehmen. Eine überstürzte Aufstellung beinahe aller erforderlichen Strukturen war notwendig.

4.2 Die formale Organisation

Im Zuständigkeitsbereich von General Beaufre und der Force A wurde das 5. Bureau in die drei großen Bereiche Presse/Öffentlichkeitsarbeit, Zivilangelegenheiten und Psychologische Kriegführung gegliedert.

Die tatsächlich zur Verfügung stehende materielle Ausstattung verdeutlicht die Schwierigkeiten, vor die sich eine neu geschaffene Organisation gestellt sah, das heißt das Auseinanderklaffen zwischen den gesteckten Zielen und den zu ihrer Verwirklichung vorhandenen Mitteln.

Unmittelbar vor der Verlegung nach Ägypten verfügte das 5. Bureau über 38 Offiziere, vier Unteroffiziere, zwei Schreibkräfte, drei Bürokräfte und einen Fahrer. Im Bemühen um die Erarbeitung der erforderlichen Unterlagen wandten sich die Mitarbeiter an das 2. Bureau, um von dort Informationen über die Bevölkerung, den Verwaltungsapparat, die Politik, den Zustand der Wirtschaft und weitere Aufschlüsse über die Verhältnisse in Ägypten zu bekommen. Beim Eintreffen in Ägypten verfügte des 5. Bureau nur über eine vom Stab gelieferte »Sammlung der Cahiers de l'Orient (1944–1955), einige Ausgaben der Notes et Etudes, einige wenige britische Dokumente und eine kleine, absolut unzulängliche Broschüre über Ägypten und den Suezkanal«[16].

Wenn auch auf dem Dienstweg schwer an die erforderlichen Unterlagen heranzukommen war, so konnten doch fehlende Materialien aufgrund der typisch französischen Solidarität auf den einzelnen Ebenen beschafft werden. In der Tat lieferte das 5. Bureau der 10. Région Militaire (Algerien) dem 5. Bureau der Force A einen Teil der Unterlagen, die dieses zur Erstellung einer Informationsschrift und insbesondere eines Kapitels »Wissenswertes über Ägypten« benötigte. Es ist interessant, daß dieses Kapitel 25 Seiten umfaßt und die darin enthaltenen Informationen recht neutral sind. Es ging dabei offensichtlich darum, den Offizieren des 5. Bureau möglichst umfangreiche und ehrliche Informationen über Ägypten an die Hand zu geben. Die bevölkerungspolitischen Aspekte waren — ob es sich nun um die gesellschaftliche Gliederung oder ethnische Zusammensetzung der örtlichen Bevölkerung handelt — sehr schlüssig dargelegt. Die für den Leser wichtigsten Punkte waren hervorgehoben. So wurde auch die Moslembruderschaft als bedeutende Oppositionsgruppe gegen das derzeitige Regime dargestellt, deren Grundsätze sich aber auch gegen jede vom Westen gegen Ägypten ergriffene Maßnahme richteten[17].

Dagegen beschränkten sich die Angaben über die ägyptischen Streitkräfte auf nur etwa zehn Zeilen, als ob die Besonderheit der Aufgaben des 5. Bureau hätte hervorgehoben und jedem möglichen Einverleibungsversuch in das 2. Bureau hätte vorgebeugt werden müssen.

16 Ebd. Rapport sur l'Opération d'Egypte, Etude particulière Nr. 7/IV.

17 Ebd. Rapport sur l'Opération d'Egypte, Nr. 7/VI, S. 17. Die Moslembruderschaft wurde erst 1954 nach einem fehlgeschlagenen Attentat gegen den damaligen Ministerpräsidenten Nasser aufgelöst.

4.3 Auftrag des 5. Bureau

General Beaufre, der Befehlshaber der Force A, verdeutlichte durch seine den Problemen des 5. Bureau geltende Weisung Nr. 1 vom 9. September 1956 die Bedeutung, die er den psychologischen Maßnahmen beimaß. Da er sich des zunehmenden Einflusses der Medien auf die Bildung der öffentlichen Meinung bewußt war, gab er der Überzeugung Ausdruck, »daß die Operation 700 ihr Ziel nur dann vollkommen erreichen kann, wenn die Meinung der Weltöffentlichkeit hinter der Operation steht und wenn sich die örtliche Bevölkerung nicht ablehnend gegen die Streitkräfte der Verbündeten verhält«[18].

Seine Vorstellung von der Haltung gegenüber den Medien definierte er eindeutig: »Allen Reportern muß erlaubt werden, ihrer Arbeit unter optimalen Bedingungen nachzugehen, das heißt, es sind ihnen Informationen für eine vernünftige Berichterstattung zu geben, sie sind zu den wesentlichen Kampfhandlungen zuzulassen, sie sind bei Transportproblemen zu unterstützen, die Weiterleitung ihrer Reportageunterlagen ist zu erleichtern, und es ist ihnen Unterkunft und Verpflegung zu gewähren, — das sind die Aufgaben des 5. Bureau im Hinblick auf die Presse- und Öffentlichkeitsarbeit[19].«

Von dieser Grundvorstellung ausgehend, legte das 5. Bureau seine wesentlichen Strategien fest:

- dem absichtlich von Nasser verhöhnten Völkerrecht wieder Geltung zu verschaffen,
- den Suezkanal wieder seiner Bestimmung als Verbindungsweg zwischen Westeuropa und Asien zuzuführen,
- die Regelung des Schiffsverkehrs auf dem Suezkanal nicht dem Gutdünken einer einzigen Regierung zu überlassen,
- den Frieden zu schützen — auch unter Anwendung von Gewalt, da eine Politik der Ausflüchte für den Frieden möglicherweise viel bedrohlicher sei,
- Nasser mit Hitler zu vergleichen durch bewußte Berufung auf Gesetz und Völkerrecht,
- nach dem Sturz Nassers dem ägyptischen Volk, das sich von einem Mann mitreißen ließ, dessen Ehrgeiz friedensgefährdende Kräfte mobilisiert hat, finanzielle und wirtschaftliche Hilfe zu leisten[20].

4.4 Der nachrichtendienstliche Auftrag des 5. Bureau

Laut dieser Informationsschrift sollte sich das 5. Bureau fortgesetzt bemühen, Nachrichten zu sammeln und weiterzugeben[21]. Die Nachrichten des 5. Bureau

18 Ebd. General Beaufre, Directive no. 1 sur les problèmes du 5e Bureau, 9.9.1956, S. 7.

19 Ebd. Die Zahl der erwarteten Journalisten, Filmemacher und Fotoreporter belief sich auf etwa 100, darunter ungefähr 50 Franzosen (ohne das Personal des Service Cinématographique des Armées).

20 Ebd. Rapport sur l'Opération d'Egypte, Etude particulière Nr. 7/IV, S. 2. Wiederholung eines Zitats des französischen Außenministers.

21 Ebd., Annexe 3. Memento de l'officier du 5e Bureau.

unterscheiden sich aus verschiedenen Gründen von denen der Abteilung G 2 und der Sécurité Militaire. Die G 2-Nachrichten dienen operativen Zwecken. Ob diese Nachrichten nun strategischen oder taktischen Charakter haben, sie dienen nur dem einen Ziel: Sie sollen mithelfen, den Feind im Kampf zu vernichten. Die Sécurité Militaire verfolgt das Ziel, von innen heraus auf die Stimmung der Truppe Einfluß zu nehmen. Um dies zu erreichen, werden Maßnahmen gegen jene ergriffen, die die Stimmung zu unterminieren versuchen. Die Nachrichten des 5. Bureau fallen unter drei verschiedene Kategorien: Presse- und Öffentlichkeitsarbeit, Zivilangelegenheiten und Psychologische Maßnahmen.

Durch die Presse- und Öffentlichkeitsarbeit können Nachrichten auf dem schnellsten Weg — schneller als durch andere Kanäle — beschafft werden[22]. Durch die Freigabe der Nachrichten soll die öffentliche Meinung so beeinflußt werden, daß sie den französischen Zielen wohlwollend gesinnt ist. Der Bereich Zivilangelegenheiten bemüht sich, Aufschluß über die materiellen Bedürfnisse in den besetzten Gebieten zu erhalten, um die Bevölkerung zufriedenzustellen und für die französische Sache zu gewinnen. Mit den Nachrichten über an Freund und Feind gerichtete psychologische Maßnahmen soll die Meinung einzelner Personen und Gruppen in Erfahrung gebracht werden, um diese Maßnahmen im Sinne der verfolgten Ziele gestalten zu können.

4.5 Das 5. Bureau und die Medien

Das 5. Bureau sah die Presse als für die Meinungsbildung verantwortlich an: Der Durchschnittsbürger wisse von einem Ereignis nur das, was ihm seine Zeitung darüber mitteile, und sehe es unter dem Aspekt, wie es ihm präsentiert worden sei, weshalb seine Meinung vielfach der ihm suggerierten entspreche[23]. Deshalb verfolgte die Politik gegenüber der Presse nur ein Ziel: Immer ein positives Bild der französischen Streitkräfte zu zeichnen, damit ihr Einsatz mit Wohlwollen gesehen wird. Da diese Tatsache als vorrangig galt, wurde sie von den Offizieren des 5. Bureau im Detail analysiert. Auch schien es vorteilhaft, gewisse situationsgebundene psychologische Aspekte zu nutzen.

Die Presse im weitesten Sinn wurde vom 5. Bureau unter zwei Blickwinkeln gesehen. Zum einen mußte dem Journalisten Aufmerksamkeit geschenkt werden, weil er bei Operationen auf Informationen, also Nachrichten, lauerte. Zum anderen war die als förderliches Medium gesehene Zeitung so wichtig, weil sie das Vehikel für das Anliegen des Journalisten war und sie die öffentliche Meinung entsprechend ihrer Auflage oder ihres Abonnentenkreises beeinflußte.

Der Journalist wurde als jemand gesehen, der in erster Linie auf der Suche nach sensationellen und spektakulären Nachrichten war. Er war gefürchtet, weil

22 Es ist interessant, daß der Begriff »nouvelle« (Nachricht) in Anführungszeichen gesetzt ist, ohne daß er von den Verfassern der Informationsschrift definiert wird.

23 SHAT 4/16419. Rapport sur l'Opération d'Egypte. Annexe 3. Memento de l'officier du 5e Bureau de la Force A.

er möglicherweise mehr oder weniger frei erfundene Aussagen dieses oder jenes Militärs wiedergeben und sich dabei noch auf genaue Quellen berufen konnte.

Deshalb wurde empfohlen, gegenüber Journalisten äußerste Diskretion zu wahren und die Freigabe erforderlicher Informationen den dafür zuständigen Presseoffizieren zu überlassen[24]. Zur Erhärtung dieser Empfehlung wurden Militärs genannt, die sich durch einen Journalisten ködern ließen und dadurch in erhebliche Schwierigkeiten geraten waren. Einige hatten sich sogar vor dem Minister verantworten müssen.

Vereinfachend wurden beim 5. Bureau die Journalisten in zwei Kategorien eingeteilt: die guten und die anderen. Die guten Journalisten gehörten beinahe ausschließlich der Kategorie der Korrespondenten von Agenturen an, bei denen es sich im allgemeinen um seriöse Leute handele, mit denen viel einfacher zu arbeiten sei. Aus ihrem Kreis konnte der Journalist der Agence France Presse, dessen Beziehungen zur Regierung kein Geheimnis waren, als Verbündeter eingestuft werden. Dagegen war bei Korrespondenten der unterschiedlichsten Zeitungen sowie bei freien Journalisten und anderen Schreiberlingen Vorsicht geboten. Bei ersteren deshalb, weil sie keine Hemmung hatten, gewisse Tatsachen zu unterschlagen oder andere aufzublasen, um den Weisungen ihres Chefredakteurs Rechnung zu tragen, während es die zweite Kategorie auf der Jagd nach Sensationen mit der Wahrheit nicht so genau nahm.

Trotzdem sah sich das 5. Bureau gegenüber den Journalisten am längeren Hebel, weil diese bei Kampfhandlungen zu Kriegsberichterstattern wurden, wobei sie zwar Anspruch auf Unterstützung ihrer Arbeit hatten, ihre Meldungen oder ihre Artikel aber auch — sofern erforderlich — zensiert werden konnten. Das 5. Bureau definierte dementsprechend seine Pflicht gegenüber dem Journalisten in vier Punkten:

- Betreuung der Journalisten und Reporter,
- Durchführung erforderlicher Pressekonferenzen,
- Transport zur kämpfenden Truppe,
- Übermittlung der von der Front kommenden Pressedokumente[25].

Im weitesten Sinn wurde die Presse nach vier Kriterien eingestuft. Sie sei ein kommerzielles Unternehmen, das sich an einen oder mehrere Gesellschaftskreise wende, einer Person oder einem Unternehmen gehöre und bezüglich ihrer Existenz auf Subventionen angewiesen sei (Werbung und öffentliche oder private Gelder). Als kommerzielles Unternehmen sei die Presse auf den Verkauf eines Produktes, nämlich der Zeitung, angewiesen. Diese müsse von einem enger oder weiter gefächerten Publikum erworben werden, das mehr an sensationellen Nachrichten als an seriösen Informationen interessiert sei. Dieses Publikum sei so und nicht anders, also oftmals von geringer Bildung, geistig träge, mehr an den sensationellen als den informativen Aspekten der Berichterstattung interessiert. Das im Besitz einer Person oder eines Unternehmens befindliche und zum Überleben von Subven-

24 Ebd.
25 Ebd.

tionen abhängige Presseorgan müsse mindestens teilweise den Erwartungen derjenigen Rechnung tragen, die es finanzierten und so seine Existenz ermöglichten[26].

Anschließend wurde erklärt, was eine große, moderne Tageszeitung, eine Redaktion, eine Nachricht[27], ein Nachrichtendienst, ein Pressekorrespondent, ein Sonderbeauftragter, eine Presseagentur seien. Sodann wurden die Tages- und Wochenzeitungen nach den beiden Kriterien, der Auflagenzahl und des Einflußbereichs, klassifiziert. Hinsichtlich der Auflagenzahl lagen France Soir (1 500 000) und Paris Match weit in Führung vor Le Monde (180 000). Dagegen stand hinsichtlich des Einflusses die Wochenzeitung France Observateur (Auflage 75 000) an erster Stelle mit der Anmerkung »nicht unerheblich«, und Le Monde war mit dem Zusatz versehen: »Übt aufgrund ihrer Leserschaft einen größeren Einfluß aus, als aufgrund der Auflagenzahl anzunehmen wäre[28].«

Für die Anwendung der Zensur scheint das 5. Bureau sein ganzes psychologisches Arsenal ins Feld geführt zu haben. Nach Erläuterung der Macht der Presse wies es darauf hin, daß die Zensur eine äußerst schwer zu handhabende Waffe darstelle und deshalb besser alles zu unternehmen sei, den Journalisten zu manipulieren, anstatt seine Berichte zu zensieren: »Der Presseoffizier muß so geschickt vorgehen, daß er auf die Zensur verzichten kann, indem er den Journalisten gar nicht erst die Möglichkeit gibt, andere als von ihm gewollte Aussagen zu machen. Zu diesem Zweck ist es nicht — wie gelegentlich angenommen — nötig, den Pressekorrespondenten zu schmeicheln. Man darf nicht vergessen, daß es sich um Menschen handelt, die mit ihrer Tätigkeit ihr Brot verdienen müssen und die den berechtigten Ehrgeiz haben, Karriere zu machen. Das Geheimnis des Umgangs mit Reportern ist deshalb, mit einem Mindestmaß an Höflichkeit zum richtigen Zeitpunkt die Möglichkeit zum Verfassen ›zugkräftiger Berichte‹ zu gewähren und diese rechtzeitig an den jeweiligen Chefredakteur weiterzuleiten, damit sie sich profilieren können[29].« Abschließend wies der Verfasser auf etwas hin, was heutzutage eine Binsenweisheit ist: die Größenordnung und Bedeutung dieses Monsters, als das die moderne Presse bezeichnet werden müsse.

4.6 Das 5. Bureau und die Propaganda

Das 5. Bureau hielt die Propaganda für eine wichtige Waffe in der psychologischen Kriegführung. Die entweder strategische, taktische oder konsolidierende Propaganda könne auf einen Punkt gebracht werden und diene einem einzigen Ziel: »Beeinflussung und Bildung einer Meinung«.

26 Ebd.

27 Sie muß sich stets von der alltäglichen Banalität unterscheiden, denn die Mitteilung, daß ein Mann von einem Hund gebissen wurde, ist keine Nachricht, jedoch die Tatsache, daß ein Mann einen Hund gebissen hat!

28 SHAT 4/16419. Rapport sur l'Opération d'Egypte. Annexe 3. Memento de l'officier du 5e Bureau de la Force A.

29 Ebd., S. 9.

Die strategische Propaganda sollte die Verwirklichung der Kriegsziele im Operationsgebiet erleichtern. Die taktische Propaganda war im wesentlichen situationsbezogen und kurzlebig und diente der schnellen Verwirklichung eines örtlichen Auftrags. Die konsolidierende Propaganda sollte auf die Bevölkerung eines besetzten Gebietes zugeschnitten sein, die man für sich gewinnen wollte. Sie konnte nur dann zum Erfolg führen, wenn die Grundvoraussetzung, das vorbildliche Verhalten der Truppe, gewährleistet war.

Die Propaganda des 5. Bureau mußte zwangsläufig in vier aufeinanderfolgenden Phasen erfolgen: Nachrichtenbeschaffung, Planung der durchzuführenden Maßnahmen, Fällen der Entscheidung und am Schluß die Durchführung.

Durch die Nachrichtenbeschaffung konnte das Umfeld erfaßt werden, in dem die Propagandamaßnahme durchgeführt werden sollte. Dieses Umfeld war umfassend auszuloten, wobei soziologische, religiöse, ideologische, politische, administrative, wirtschaftliche, finanzielle und rechtliche sowie weitere, hier nicht angesprochene Aspekte zu beleuchten waren. Nachdem das Umfeld bekannt war, mußte die Stimmungskurve mit ihren Ausschlägen ermittelt werden, um den geeigneten Augenblick für eine Maßnahme festlegen zu können. Dann sollten die wunden Punkte (Gründe für eventuelle Unzufriedenheit) ermittelt werden, um Ansatzpunkte festlegen zu können. Nachdem all diese Faktoren bekannt waren, hatte sich die Führung auf die Propagandathemen (häufig in Form eines Slogans) und die Art der Durchführung (Zuarbeit) zu einigen, die Propagandamaßnahmen in die Wege zu leiten und dann deren Wirkung zu ermitteln (durch eine neue Nachrichtenbeschaffungsmaßnahme).

Für das 5. Bureau gab es vier Arten der Propaganda. Die weiße oder offizielle Propaganda war vollkommen transparent, ihre Zielgruppen waren erkennbar und bekannt. Die schwarze Propaganda war geheim oder verschleiert. Nach außen sollte sie wie feindliche Propaganda aussehen, wurde aber von den Organen des eigenen Landes gesteuert. (Die Informationsschrift des 5. Bureau führte als Beispiel die Rundfunksendung »Ce soir en France« an, bei der man aufgrund der Aufmachung meinen konnte, es handle sich um eine französische Sendung, während diese von Prag ausgestrahlt wurde.) Die graue Propaganda wurde lakonisch als von unbestimmbarer Herkunft definiert, weil sie zwischen den beiden oben genannten Kategorien anzusiedeln war. Schließlich gab es noch die Gegenpropaganda, mit der gegen die vom Feind entwickelten Thesen und Slogans angegangen werden sollte.

Die Propaganda sollte zum einen die Stimmung des Gegners drücken, diejenige in den eigenen Reihen heben und schließlich die Stimmung aller Adressaten aus dem eigenen, feindlichen oder neutralen Lager in Richtung auf ein fest umrissenes Ziel beeinflussen.

Die Maßnahmen zur Schädigung der gegnerischen Moral richteten sich gegen die feindlichen Streitkräfte und gleichzeitig gegen die gesamte Bevölkerung. Bei den Militärs ging es um die Schaffung einer Untergangsstimmung, die die Soldaten zum Drückebergertum, zur Fahnenflucht, zur Meuterei oder zum Überlaufen anstiften sollte.

Die auf die Zivilbevölkerung abzielenden Maßnahmen richteten sich gegen den nationalen Zusammenhalt, indem zwischen den einzelnen gesellschaftlichen Gruppierungen Feindseligkeiten geschürt wurden. Innerhalb gewisser Zielgruppen sollte Unfriede gesät werden, um die interne Solidarität zu zerstören. Sie richteten sich gegen die wirtschaftlichen Grundlagen eines Landes, indem das Vertrauen in die Stabilität der Währung untergraben, zu Streiks, Sabotageakten und ähnlichem aufgerufen wurde. Im geistigen Bereich versuchte sie, die herrschende Ideologie anzugreifen und den Widerstand zu stärken, indem zeitlich begrenzt Sympathien für die von der eigenen Propaganda vertretenen Themen erzeugt wurden.

Die Themen zur Beeinflussung der Gruppierungen des eigenen Lagers wurden dagegen nur oberflächlich angesprochen. Dabei ging es darum, gleichzeitig das Vertrauen in den Sieg und die Kampfbereitschaft zu fördern, indem Ordnung und Zusammenhalt gewährleistet wurden. Ein besonderer Punkt verdeutlicht gut den zeitgebundenen Aspekt, wie zur Zeit der Algerienkrise bei der Erarbeitung der psychologischen Vorgehensweise der Notwendigkeit Rechnung getragen wurde, die breite Öffentlichkeit in den Befriedungsprozeß einzubeziehen.

In den Reihen der Freunde und Neutralen zielte die Propaganda zum einen auf die Stärkung der Solidarität und aktiven Zusammenarbeit und zum anderen auf die Entwicklung oder Verstärkung der ablehnenden Haltung gegenüber dem Feind.

Bei der Gegenpropaganda ging es in erster Linie um den Überraschungseffekt, mit dem den Propagandamaßnahmen des Feindes zuvorgekommen und deren Angriff wirkungslos gemacht werden sollte. Im Anschluß daran konnte mit einer unmittelbaren Gegenpropaganda erwidert werden, die in einfacher und überzeugender Form alle Unterstellungen der feindlichen Propaganda dementierte. Die indirekte Gegenpropaganda war gekennzeichnet durch eine Verbreitung von Nachrichten, welche der vom Feind verbreiteten Propaganda eine andere Richtung gaben. Die propagandistischen Ablenkungsmanöver sollten die Aufmerksamkeit von einer durch die feindliche Propaganda geschürten Meinung ablenken, indem vollkommen andere, sensationelle Informationen lanciert wurden.

4.7 Vorgehensweise bei psychologischen Operationen: Maßnahmen für bestimmte Zielgruppen

Dabei ging es darum, eine beliebige Bevölkerung nicht in ihrer Gesamtheit anzusprechen, sondern als eine Ansammlung aus Gruppierungen, die definiert werden mußten, um die Propagandamaßnahmen gezielt durchführen zu können.

Hinsichtlich der ägyptischen Bevölkerung des Jahres 1956 mußte beispielsweise zwischen den Fellachen und den Staatsbediensteten, Arbeitern, Handwerkern usw. unterschieden werden. Daraufhin hatte nacheinander ermittelt zu werden:

- für jede Gruppierung die Liste der wunden Punkte,
- für jeden wunden Punkt die Liste der zu verwendenden Argumente,

- für jedes Argument die Liste der verfügbaren Themen,
- für jedes Thema die passenden Slogans.

Nach dieser sorgfältig erledigten Vorarbeit waren die für die gewünschte Wirkung geeignetsten Mittel und Organe zu konkretisieren, um die Öffentlichkeit zu erreichen.

Dieses vom 5. Bureau in Ägypten auf die Gruppe der Fellachen angewandte Verfahren sah wie folgt aus:

Liste der wunden Punkte:

1. Dem Fellachen geht es schlecht.
2. Durch die Bodenreform hat nur ein Fünftel der Fellachen Grund und Boden erhalten; dadurch haben sich die Lebensumstände für die restlichen vier Fünftel der Fellachen noch weiter verschlechtert.
3. Die Bodenreform wurde nicht weitergeführt.
4. Die Bestechlichkeit der Beamten, die die Fellachen unterdrücken, usw.

Der wunde Punkt Nr. 2 stand im Zusammenhang mit der Bodenreform, für die folgende Argumente herausgestellt wurden:

1. Mit der Bodenreform wurde lediglich ein politisches Ziel verfolgt und nicht die Verbesserung der Lebensumstände der Fellachen.
2. Die Bodenreform war nicht sorgfältig durchdacht: Der zur Durchführung gekommene Plan ist unvernünftig.
3. Der Fellache war vor der Bodenreform zufriedener usw.

Das Argument Nr. 3 wurde mit folgenden Themen untermauert:

1. Vor der Bodenreform konnte eine Fellachenfamilie über x Piaster pro Tag verfügen, während es heute nur noch x-y Piaster sind.
2. Vor der Bodenreform konnte sich der Fellache jedes Jahr Stoff für ein neues Kleidungsstück kaufen, während er sich jetzt nur alle zwei Jahre neuen Stoff leisten kann.
3. Vor der Bodenreform konnte sich der Fellache einmal pro Woche Hammelfleisch kaufen, heute nur einmal pro Monat, usw.

Das Thema Nr. 1 ermöglichte die Formulierung folgender Slogans:

1. Bodenreform — leerer Geldbeutel.
2. Bodenreform — nichts in den Händen, nichts in den Taschen.
3. Die Bodenreform bedeutet den Ruin des Fellachen.

Sobald Themen ermittelt waren, mußten die geeigneten Möglichkeiten gefunden werden, um sie unter die Leute zu bringen. In diesem speziellen Fall war zu berücksichtigen, daß der Fellache vor allem für die mündliche, aber auch — jedoch in sehr begrenztem Umfang — die schriftliche Propaganda in Form von Flugblättern empfänglich war. Eine folgerichtige Vorgehensweise war deshalb, auf den Märkten und an Orten, an denen Menschen zusammenkamen, Agenten zum Ausstreuen von Gerüchten einzusetzen. Eine direkte Werbekampagne mit Lautsprecherfahrzeugen schien ebenfalls möglich. Flugblätter mit Bildern und schriftlichen Ausführungen konnten aus Flugzeugen abgeworfen oder durch Agenten verteilt werden.

Nachdem das 5. Bureau seine intellektuellen Waffen eingesetzt und seine knappen menschlichen und materiellen Ressourcen mobilisiert hatte, mußte es auf ägyptischem Boden zur Tat schreiten und versuchen, die oben kurz umrissene Konzeption in die Praxis umzusetzen. Dabei war — wie schon erwähnt — mit vielen Unwägbarkeiten zu rechnen, auch wenn man versucht hatte, an alles zu denken. Diese Unwägbarkeiten waren für die Franzosen die Zivilangelegenheiten und die Besetzung von Port Fuad.

5. Die Umsetzung der Theorie in die Praxis: Die Maßnahmen des 5. Bureau in Ägypten

Mit der offiziellen Bekanntgabe des Waffenstillstandes befanden sich die Franzosen der Force A in einer heiklen Lage, da sie für ihr weiteres Vorgehen in Ägypten keine Weisungen hatten. General Beaufre hielt vom 5. November bis 23. Dezember 1956 einen Teil von Port Said und Port Fuad besetzt. Er verfügte über eine Truppe von etwa 8000 Mann und 2000 Fahrzeugen, mit denen er gleichzeitig das Gelände besetzt halten, sich für einen Rückzug vorbereiten und gewappnet sein mußte, auf alle ägyptischen Angriffe und Provokationen zu reagieren, seine ohne alles dastehenden Soldaten zu verpflegen und schließlich den Alltag in einer Besatzungszone mit 16 000 Ägyptern zu organisieren. Die Organisation der Zivilangelegenheiten wurde vorrangig.

5.1 Zivilangelegenheiten

Die entsprechenden Kräfte des 5. Bureau mußten in ihrer Besatzungszone Port Fuad die öffentlichen Einrichtungen, die örtliche Verwaltung und die Polizei wieder in funktionstüchtigen Zustand versetzen sowie die Versorgung der Bevölkerung sicherstellen und die erforderliche Propaganda und Gegenpropaganda ohne jede Organisation, auf die sie hätten zurückgreifen können, durchführen. Verwaltungsmäßiger und politischer Mittelpunkt des Komplexes Port Fuad/Port Said war Port Said, das sich unter britischer Kontrolle befand. Die französischen Politiker beschlossen jedoch bald, sich von den Briten abzugrenzen und auf ägyptischem Boden rein französische Vorstellungen zu verwirklichen.

In ihrem Bestreben, anders als die Briten vorzugehen, organisierten die Franzosen eine autonome Stadtverwaltung unter der Leitung von drei lokalen Persönlichkeiten. Eine davon wurde zum Chef des Magistrats von Port Fuad ernannt. Die drei Herren sollten gemeinsam der örtlichen Verwaltung wieder auf die Beine verhelfen und als Verbindungsmänner zwischen den Bürgern und der französischen Militärbehörde dienen. In diesen zwei Monaten lösten sich in Port Fuad zwei Chefs des Magistrats und dann ein nicht von den Franzosen, sondern von der ägyptischen Regierung ernannter Vertreter mit Amtssitz in Port Said ab. Hieraus wird ersichtlich, daß es den Franzosen nicht gelang, ihre Besatzungszone gegen die der Briten abzugrenzen und auch, daß die beiden als Chef des Magistrats ernannten Bürger wenig geneigt waren, von den Mitbürgern als Kollaborateure der Besatzer betrachtet zu werden[30]. Tatsächlich wurde der größte Teil der für das tägliche Leben erforderlichen Dienstleistungen von einem aus Marokko stammenden zivilen französischen Verwaltungsfachmann organisiert, der zu diesem Zweck den Dienstgrad eines Oberstleutnants erhielt.

Der ägyptische Polizeiapparat hat eigentlich immer funktioniert. Es muß aber darauf hingewiesen werden, daß er von jenem ägyptischen Polizeioffizier geleitet wurde, der die Stadt am 5. November an Oberstleutnant Fossey-François übergeben hatte. Er ließ nichts unversucht, seine Mitbürger diese Geste vergessen zu lassen, um für die Zukunft vorzubeugen, die nach dem Rückzug der Franzosen für seine Person Unsicherheiten barg. Während der französischen Besatzungszeit trat die Polizei deshalb kaum in Erscheinung: »Der Chef der Polizei hat keinen anderen Wunsch, als sich in den Augen der Regierung Nasser ›weißzuwaschen‹, und verschanzt sich hinter Untätigkeit, zu der er ohnehin aufgrund seiner mangelnden Fähigkeiten und seiner üblen Untergebenen, die nur auf die Vorteile ihrer Funktion bedacht sind, verdammt ist[31].« Aus diesem Grund waren die Franzosen gezwungen, einen parallelen Polizeidienst aufbauen. Sie mußten am 19. November in Port Fuad einige Polizeikommissare einsetzen, dazu noch einen Zug Kriminalpolizei und eine Feldjägerkompanie.

So gelang es den Franzosen in einem flächenmäßig begrenzten, aber gemessen an dem Personal, das dem 5. Bureau für Zivilangelegenheiten zur Verfügung stand, doch großen Bereich, den zivilen Aufgaben gerecht zu werden. Es fehlte zwar trotz der Anträge von General Beaufre an Personal, aber dieser Mangel wurde durch zivile Verwaltungsfachleute aus Marokko ausgeglichen.

General Beaufre schätzt in seinem Bericht über die Operation die Maßnahmen der Briten in ihrem Zuständigkeitsbereich als vollkommen unzulänglich ein, weil ihnen nicht bewußt geworden sei, daß mit den alten kolonialen Gepflogenheiten der Alltag des Revolutionskrieges nicht mehr zu bewältigen wäre: »Dieses Versagen resultierte meiner Ansicht nach aus einem Mangel an Entschlossenheit und wechselnden politischen Vorgaben, die immer wieder auf neuen Illusionen beruhten. Das alte ›Civil Affairs‹-Personal aus dem Mittleren Osten war schlecht auf den Revolutionskrieg vorbereitet und schien in überholten Kategorien zu denken[32].« Dagegen ging er davon aus, in Port Fuad einen eindeutigen Erfolg erzielt zu haben: »Ganz im Gegensatz dazu vermittelte Port Fuad einen vollkommen friedlichen Eindruck[33].«

30 In diesem Zusammenhang muß darauf hingewiesen werden, daß es sich beim ersten kommunalen Leiter um einen eingebürgerten libanesischen Christen handelte. Dieser Tatbestand erleichterte seine Aufgabe nicht und zeigt, wie komplex diese Art von Operationen im Rahmen der psychologischen Kriegführung ist, wenn die Beendigung der Besatzung zwar nicht sicher, aber mindestens wahrscheinlich ist.

31 SHAT 4/16419. Rapport sur l'Opération d'Egypte, Bd IV: L'Occupation de Port-Said et Port-Fouad, S. 4.

32 Ebd., S. 6.

33 Ebd.

Wie relativ die Aussagen von General Beaufre auch zu werten sind, so verdeutlichen sie doch die offensichtlichen Gegensätze zwischen den Briten und Franzosen in dieser Operation sowie die unter den Franzosen weitverbreitete Frustration und den Groll gegen die Briten. Es ist deshalb interessant, die beinahe zwei Monate lang in Port Fuad angewandte französische Methode zu analysieren.

Vorab muß darauf hingewiesen werden, daß General Beaufre die ablehnende Haltung der Briten gegenüber einem Aufruf an die Bevölkerung bedauerte, der den Besatzungskräften die erforderliche juristische Grundlage für die Besetzung des Territoriums verschafft hätte: »Das Foreign Office gab Anweisung, keinen Aufruf zu machen, [denn] darauf könne man verzichten[34].« Dagegen sieht Art. 65 des Genfer Abkommens vom 12. August 1948 eindeutig vor: »Die durch die Besatzungsmacht erlassenen Strafbestimmungen erhalten erst dann Rechtskraft, wenn sie veröffentlicht und der Bevölkerung in ihrer Sprache zur Kenntnis gebracht worden sind.«

Obwohl diese juristische Grundlage fehlte, handelten die Franzosen, als sei sie vorhanden gewesen. Demzufolge nahm nach der Durchsuchung und Entwaffnung der Besatzungszone die bewaffnete ägyptische Polizei ihren Dienst wieder auf, die Händler öffneten ihre Geschäfte, und der Alltag nahm seinen Lauf. Wenn als Widerständler einzustufende Verdächtige von den Franzosen festgenommen wurden, erhielten sie nach dem Genfer Abkommen den Status von Kriegsgefangenen.

Zwar konnte das Alltagsleben leicht wieder normalisiert werden, aber es gelang den Franzosen nicht, die Arbeiter der verschiedenen Unternehmen, die für das Funktionieren des Suezkanals zuständig gewesen waren, zur Wiederaufnahme der Arbeit zu bewegen. Die Angst vor Vergeltungsmaßnahmen, die Sendungen von Radio Kairo und die Vorauszahlung von zwei Monatsgehältern reichen zur Erklärung des fehlenden beruflichen Eifers aus.

5.2 Die allerersten Anfänge der psychologischen Kriegführung

In General Beaufres Augen waren die Ergebnisse der psychologischen Kriegführung beinahe alle negativ. Dieser Fehlschlag ist seiner Meinung nach darauf zurückzuführen, daß man insgesamt noch nicht auf die Durchführung derartiger Operationen vorbereitet war, zu naiv vorging und überhaupt nicht in der Lage war, gemeinsam mit den Briten eine echte Operation zu organisieren.

Die anfängliche britische Organisation sah eine zentrale Steuerung auf strategischer Ebene unter Führung von Air Vice Marshal Hudleston vor, dem Brigadegeneral Fergusson unterstand. Er hatte eine umfassende, als »aeropsychologisch« bezeichnete Operation vorgesehen, durch die eine Entscheidung ermöglicht werden sollte. Sie war durch ihre Naivität und Realitätsferne ein vollkommener

34 Ebd., S. 4.

Fehlschlag. Zu allem Unglück für Brigadegeneral Fergusson desertierten die nach Zypern geholten arabischen Sprecher allesamt[35], und auch die Labour-Opposition griff ihn wiederholt an. Dagegen lancierte Radio Kairo, das die Bomber nicht hatte zum Schweigen bringen können, einen Propagandafeldzug gegen die französisch-britische Präsenz, der um so wirksamer war, als kein Sender zum Gegenschlag antreten konnte. Mitte November war die Lage so katastrophal, daß Brigadegeneral Fergusson nach Großbritannien zurückgeschickt wurde. Daraufhin wurde ein französisch-britischer Ausschuß ins Leben gerufen. Die Franzosen konnten sich dort mehr Gehör verschaffen, weil die Briten anfang Dezember Befehl erhielten, alle psychologischen Maßnahmen einzustellen.

5.3 Der Krieg der Flugblätter

Innerhalb eines Monats, zwischen dem 15. November und 15. Dezember, registrierte das 5. Bureau 37 verschiedene von den Ägyptern verteilte Flugblätter, also mehr als ein neues Flugblatt pro Tag. Während des gleichen Zeitraums brachten die Franzosen und Briten 19 weiße (offizielle) und 7 schwarze (inoffizielle) Flugblätter in Umlauf.

Die ägyptischen Flugblätter stammten nach Angaben französischer Nachrichtenquellen[36] aus kommunistischen oder nationalistischen ägyptischen Kreisen. Es sieht so aus, als sei die am schnellsten mit Flugblättern reagierende Propaganda aus der kommunistischen Ecke gekommen. Die Franzosen glaubten, daß bezüglich der psychologischen Kriegführung das sowjetische Konsulat in Port Said eine wichtige Rolle gespielt hatte, auch wenn »es sich hierbei nur um eine Vermutung handelt, denn das 5. Bureau der Force A hat keinerlei offizielle Beweise für das Tätigwerden des sowjetischen Konsulats[37].« Die Sowjets sollen auf dem Gebiet der psychologischen Kriegführung durch das Streuen von Gerüchten über eine baldige militärische Intervention der Sowjets, die Verteilung von Flugblättern, das Schüren der Furcht unter den ortsansässigen Europäern und schließlich auch durch die Herstellung von Funkverbindungen zwischen Port Said und Kairo für das Befreiungskomitee besonders aktiv gewesen sein.

Die von den Ägyptern verteilten Flugblätter sind — nach Themen zusammengestellt — in der nachfolgenden Tabelle aufgelistet:

Thema	Anzahl der Flugblätter
Nationalismus, Patriotismus, Bezugnahme auf Nasser	13
Denunzierung und Bedrohung der Kollaborateure	9
Flugblätter, mit Zielgruppe Franzosen und Briten	9
Reaktion auf die französisch-britische Propaganda	6
Antikolonialismus	5
Anspielungen auf Israel	1
Beschimpfungen der Franzosen	1

35 Ebd., S. 8.
36 Ebd., Annexe 13.
37 Ebd., Annexe 12, S. 11.

Den hier erfaßten ägyptischen Flugblättern liegt dasselbe Denkschema zugrunde, das unabhängig von der geographischen Lage des betroffenen Landes während des ganzen Kalten Krieges bekannt war und unverändert blieb. Dagegen ließen die von den Franzosen und Briten verteilten und offensichtlich der psychologischen Kriegführung dienenden Flugblätter auf verräterische Weise die Spannungen zwischen den beiden Bündnispartnern erkennen. Das veranlaßte Beaufre, die alliierten Flugblätter nach der nationalen Herkunft aufzuschlüsseln und hinzuzufügen, daß ihm niemals ein einziges britisches Flugblatt zur Kenntnis gebracht worden sei[38].

Die insgesamt von den Franzosen erfaßten 19 offiziellen und 7 inoffiziellen Flugblätter können wie folgt zugeordnet werden:

Französisch-britische Flugblätter

Herkunft	Offizielle Flugblätter		Inoffizielle Flugblätter	
	Verteilt	Nicht verteilt	Verteilt	Nicht verteilt
BR	3	0	0	0
FR	3	3	3	2
FR/BR	5	5	2	0

Diese Tabelle erfordert mehrere Erklärungen. Erstens mußten alle vom 5. Bureau in Port Fuad entworfenen Flugblätter den Briten in Zypern, wo sie gedruckt wurden, zur Genehmigung vorgelegt werden. Das heißt, daß bei fehlender Übereinstimmung in der Interessenlage nur jene Flugblätter zur Verteilung zugelassen wurden, die den britischen Zielen entsprachen. Im übrigen kann die interessante Feststellung getroffen werden, daß die Briten kein einziges inoffizielles Flugblatt in Umlauf brachten und daß alle Flugblätter mit Ausnahme eines einzigen, in Französisch verfaßten Flugblattes in arabischer Sprache erschienen. Und schließlich haben sechs Flugblätter Reaktionen und präzise Antworten in Form neuer ägyptischer Flugblätter provoziert.

6. Erste Bilanz am Ende des Jahres 1956

Zum Zeitpunkt der Bilanzierung war vielfach Kritik seitens der französischen Militärs zu hören. Die Kritik verweist auf die Fehler einer zwar tüchtigen französischen Organisation, deren erfolgreiches Eingreifen im Rahmen der binationalen Kräfte jedoch von den Verbündeten abhing. Hinsichtlich der Beziehungen zwischen den Verbündeten bedauern die Franzosen ihre vollkommene Unterordnung unter die britische Führung, die nach ihrer Auffassung erheblich zum letztlichen Fehlschlag beigetragen hatte. Dieses zweifache — also interne und externe — Versagen treffe in vollem Umfang auf die Maßnahmen im Bereich der psychologischen Kriegführung zu: »Auf diesem Gebiet hätten die Briten die Initia-

38 Ebd., Annexe 14.

tive ergreifen müssen. Da eine Abstimmung zwischen der französischen und britischen Regierung fehlte, wurde die psychologische Kriegführung nicht auf strategischer Ebene als Teil gemeinsamer politischer Zielsetzungen verwirklicht. Sie beschränkte sich auf die taktische Ebene und endete als Fehlschlag. Auf französischer Seite konnte die Regierung übrigens keiner Doktrin zum Durchbruch verhelfen, da die Mittel und die darauf spezialisierten Angehörigen des Expeditionskorps nicht ausreichten und die Probleme im Bereich ›Zivilangelegenheiten‹ zu spät in Angriff genommen worden waren[39].«

Trotzdem konnte General Beaufre auf der Basis einer gründlichen Analyse der vom 5. Bureau der Force A erzielten Ergebnisse eine insgesamt positive Bilanz ziehen, vor allem gemessen an den Mitteln, mit denen das 5. Bureau tatsächlich ausgestattet worden war.

General Beaufre vertrat die Auffassung, daß »die Force A nicht in der Lage war, sich dem Kampf auf dem ideologischen Terrain zu stellen, und daß der Kampf trotzdem aufgenommen wurde, weil man ihn einfach nicht unterlassen konnte und weil die Wahl der Waffen im Rahmen einer politisch-militärischen Operation, in der die Politik Regie führte, vorgegeben war«[40].

Die relative Bedeutung, die den Maßnahmen der psychologischen Kriegführung beigemessen wird, scheint endlich den Rang einzunehmen, den man ihr gern bei künftigen Einsätzen verbundener Eingreifkräfte zugestehen würde. Die aus den Operationen in Ägypten gewonnenen Erfahrungen lassen die Notwendigkeit erkennen, auf Regierungsebene eine Doktrin für die psychologische Kriegführung festzulegen. Im übrigen muß der Stab von Eingreifkräften einen für die psychologische Kriegführung und Zivilangelegenheiten zuständigen Offizier haben, und ein 5. und 6. Bureau muß auf den verschiedenen Befehlsebenen eingerichtet werden, um die beiden vorgenannten Funktionen wahrzunehmen. Schließlich muß auch qualifiziertes Personal mit aktuellem Kenntnisstand über den Mittleren Osten[41] sowie die erforderliche Spezialausrüstung (von Flugzeugen für den Abwurf von Flugblättern bis zu Rundfunksendern) zur Verfügung stehen.

Dennoch gab sich General Beaufre in seiner abschließenden Analyse pessimistisch: »Ideen haben eine Kraft, eine innere Dynamik. Unsere sind veraltet. Sie haben ihre Gültigkeit verloren[42].«

39 Etat-Major de l'Armée (EMA), Nr. 4152/EMFA/12/GR. Les enseignements tirés de l'Opération de Suez en 1956 et leur application, Ministère des Armées, 1.9.1958.

40 Rapport Beaufre, Conclusions.

41 EMA, Nr. 4152/EMFA/12/GR: Les enseignements tirés de l'Opération de Suez en 1956 et leur application, Ministère des Armées, 1.9.1958, S. 8.

42 Ebd.

»Noch einmal stürmt, noch einmal, liebe Freunde!«
William Shakespeare, Heinrich V.

»Friede ist nicht besser als Krieg, aber unendlich mühsamer.«
George Bernard Shaw

Sean M. Maloney

Die Schaffung der United Nations Emergency Force I, November 1956 bis März 1957

Die landläufige Vorstellung von UN-Friedensmissionen hat sich vor dem Einsatz von UN-Truppen auf dem Balkan vor allem durch die einstigen Operationen im Mittleren Osten — und dabei insbesondere durch den Einsatz der United Nations Emergency Force (UNEF) — gebildet. In den Jahren 1956–1967 und 1973–1979 bestanden die UNEF I und II aus leicht bewaffneten Soldaten mit blauen Helmen, die in der glühenden Hitze des Sinai zwischen Ägypten und Israel feste Beobachtungsposten in der Wüste besetzt hielten oder in weißen Jeeps herumfuhren. Die UNEF verkörperte nicht nur den Prototyp der UN-Friedensmissionen in der Öffentlichkeit, sondern war auch der Vorläufer für alle späteren UN-Eingreifoperationen, insbesondere in Bereichen, die nicht im Rampenlicht der Öffentlichkeit standen, wie der Planung von Missionen und Aufstellung von Kräften sowie der Lösung operativer und logistischer Probleme, wobei es leicht passieren konnte, daß sich solche Operationen in eine Richtung weiterentwickelten, die von den Initiatoren nicht beabsichtigt war. Dieser Beitrag befaßt sich mit der Planung, der Aufstellung und dem Einsatz der UNEF I von November 1956 bis März 1957.

Bevor wir uns mit der Konzeption der UNEF befassen, muß darauf hingewiesen werden, daß sie nicht die erste Friedensmission im Mittleren Osten war und daß das Vorhandensein einer Vorgängerorganisation erheblich zu ihrer Schaffung beitrug. UNEF war eine Eingreifoperation. Andere von den Vereinten Nationen durchgeführte friedenstiftende Operationen waren Beobachtermissionen, die etwa von der UN-Waffenstillstandsüberwachungsorganisation (United Nations Truce Supervision Organization, UNTSO) wahrgenommen wurden.

Die 1949 geschaffene UNTSO umfaßte 300 unbewaffnete UN-Militärbeobachter. Ihre Aufgabe bestand darin, den durch UN-Vermittlung zustande gekommenen Waffenstillstand zwischen Israel und den arabischen Kontrahenten Syrien, Jordanien und Ägypten zu überwachen. Die UNTSO sollte Grenzzwischenfälle an den Waffenstillstandslinien (Armistice Demarcation Lines, ADL[1]) zwischen

1 Die ADL waren markierte gerade Gräben. Nach den ursprünglichen Waffenstillstandsvereinbarungen durften sich die feindlichen Parteien den ADL bei Tag höchstens auf 50 m, bei

Israel und den angrenzenden Staaten untersuchen, Waffentransporte und entmilitarisierte Zonen (Skopus-Berg in Jerusalem, Al-Auja im Sinai und die syrische Grenze) überwachen und Verbindung zu allen Parteien pflegen, um zur Erhaltung des prekären Waffenstillstandes beizutragen. Die UNTSO hatte keine präventiven Vollmachten. Ihre einzige Waffe waren die Öffentlichkeit und eine regelmäßige und gewissenhafte Weiterleitung von Informationen an das UN-Hauptquartier in New York, so daß dort diplomatischer Druck ausgeübt werden konnte. Die UNTSO verfügte über fünf Mann für einen jeweils 300 Meilen langen ADL/International Frontier(IF)-Abschnitt. Ihre Bewegungsfreiheit war durch die feindlichen Parteien eingeschränkt[2]. Nach den Worten des Befehlshabers, des kanadischen Generalleutnants Eedson L.M. Burns, war die UNTSO ein »internationaler Polizist ohne Knüppel«[3]. Schon 1955 erörterte Burns mit den Vereinten Nationen die Möglichkeit des Einsatzes stärkerer UN-Streitkräfte zwischen den gegnerischen Parteien auf dem Sinai, konnte jedoch in New York keine Befürworter für eine solche Operation gewinnen[4].

Details über die Suezkrise werden an anderer Stelle in diesem Artikel erörtert. Hier genügt die Feststellung, daß 1956 ein Jahr war, in dem außerordentliche Spannungen in diesem Raum herrschten. Die Streichung der amerikanischen Unterstützung für den Assuan-Staudamm, Gamal Abd el-Nassers Verstaatlichung des Suezkanals, wiederholte Verletzungen der ADL und IF sowie die britisch-französische Notfallplanung kamen im Oktober 1956 auf den Verhandlungstisch des UN-Sicherheitsrates. Obwohl dieser bereit war, in der Suezkrise zu vermitteln, belegte die Sowjetunion jedes Vorgehen mit einem Veto, das das Instrumentarium für die Verhinderung einer britisch-französischen Militärintervention hätte schaffen können.

Sowohl die Vereinigten Staaten als auch Kanada hatten — ohne sich abgesprochen zu haben — diplomatischen Druck auf ihre Verbündeten im Nordatlantikrat ausgeübt, die Vereinten Nationen zur Lösung der anstehenden Probleme einzuschalten, eine Verfahrensweise, die nun blockiert war. Trotz der nachhalti-

Nacht höchstens auf 500 m nähern. Die uns hier interessierende ADL liegt zwischen dem Gazastreifen und Israel. Die Abstandslinie war mit schwarz-weiß gestreiften Pfosten und später mit weißen Fässern markiert. UN-Archiv, DAG 13/31100:4 OR 110: United Nations Emergency Force: Background Notes: 1962.

2 Hutchison, Violent Truce, eine frühe, jedoch immer noch aufschlußreiche Studie über die UNTSO.

3 Burns, Between Arab and Israeli.

4 Ebd., S. 98. Hammarskjöld vertrat die Auffassung, daß sich die Großmächte gegen ein solches Vorgehen sperren würden, und verfolgte die Angelegenheit nicht weiter. Siehe auch die E.L.M. Burns Papers in NAC, insbesondere MG 31 G6, Bd 7, Daily Diaries, über den betreffenden Zeitraum. Es wird darauf hingewiesen, daß der Gedanke, stehende Streitkräfte für die UN aufzustellen, so alt wie die Organisation ist, d.h. kein Urheber dieses Gedankens bekannt ist. Burns hatte nicht nur eine vage Vorstellung, sondern die Aufstellung einer solchen Truppe für eine spezifische Operation mit einem spezifischen Auftrag im Mittleren Osten im Auge. Aufschlüsse über die Entstehung des UN Military Staff Committee gibt Grove, UN Armed Forces.

gen Warnung, daß der Einsatz britischer und französischer Streitkräfte gegen Ägypten eine tiefe Kluft in der NATO und im Commonwealth[5] aufreißen würde, trafen die Briten und Franzosen eine Geheimabsprache mit Israel. Durch Eröffnung eines Krieges gegen Ägypten wäre der Kanal durch Israel »bedroht«, weshalb die britisch-französischen »Friedenskräfte« zum »Schutz« des Kanals und zur Trennung der »feindlichen« Kräfte intervenieren müßten. Israel würde dadurch im Sinai eine Pufferzone erhalten, während die Briten und Franzosen die Ägypter daran hindern könnten, den für Europa lebenswichtigen Rohöltransport durch den Kanal zu stören[6]. Am 29. Oktober marschierten israelische Truppen in Ägypten ein. Danach folgte ein britisch-französisches »Ultimatum« an die kriegführenden Parteien, während der UN-Sicherheitsrat zum gleichen Zeitpunkt die Briten und Franzosen aufrief, von der Anwendung von Gewalt abzusehen. Trotzdem wurde am 31. Oktober die britisch-französische Luftoperation gegen Ägypten eröffnet[7].

Am Morgen des 1. November sandte der kanadische Premierminister Louis St. Laurent ein Fernschreiben an den britischen Premierminister Anthony Eden. St. Laurent wies nachdrücklich darauf hin, daß das britisch-französische Vorgehen nicht gerechtfertigt sei und daß äußerste Kriegsgefahr für die Region und weltweit entstehe, wenn die Aktion nicht eingestellt werde. Diese Aktion — so führte St. Laurent ganz klar aus — würde das Commonwealth und — was noch schwerwiegender sei — die NATO in zwei Lager spalten. Die Sowjets würden diese Lage ausnutzen und alles zerstören, was der Westen seit 1948 aufgebaut habe. Er drängte Eden, nach einem Weg zur Beendigung dieser Operation zu suchen. Er bekam keine Antwort. St. Laurent besprach sich mit dem kanadischen Außenminister Lester B. Pearson. Pearson schlug vor, irgendeine rechtmäßige internationale Truppe als Ersatz für die vor der Küste in Bereitschaft befindlichen französischen und britischen Kräfte einzusetzen, um den Briten und Franzosen auf diese Weise die Gelegenheit zu geben, sich aus ihrer öffentlich erkärten Rolle als »Friedenstruppe« zurückzuziehen. Pearson betonte die Dringlichkeit. Der Westen könne es sich nicht leisten, Großbritannien und Frankreich von der Vollversammlung der Vereinten Nationen in Bausch und Bogen verurteilen zu lassen. Dies würde von den Sowjets zum Aufpolieren ihres Prestiges und zur Mehrung ihres Einflusses in der Dritten Welt genutzt[8].

5 Pearson, The International Years, S. 230, 233, 237; FRUS 1955–1957, XVI, S. 639–645: Niederschrift von der Begegnung Dulles, Lloyd und Pineau in New York. Pinau hielt daraufhin fest, daß »der Bestand der NATO vollkommen in Frage gestellt wird«, wenn die USA und Kanada ihre Verbündeten in ihrem Vorgehen in Suez nicht unterstützen.

6 Pearson, ebd., S. 237.

7 Siehe Kyles umfangreiches Buch Suez, in dem die britische Sicht dieser Ereignisse ausführlich dargestellt ist. Außerdem wird erwähnt, daß die US Joint Chiefs of Staff ohne Aufhebens eine USAF Air Task Group in die Türkei beorderten, »um irgendwelche von den Vereinten Nationen angeordneten Weisungen unterstützen zu können« und um US-Bürger aus dem Kriegsgebiet evakuieren zu können: FRUS 1955–1957, XVI, S. 864: Sitzung der Joint Chiefs of Staff am 30.10.1956.

8 Pearson, The International Years, S. 238–239, 244; NAC, RG 2, Kabinettsbeschlüsse, Bd 5775, Mappe 3.8.-3.11.

Parallel dazu versuchten die Amerikaner, eine Ausweitung des Konfliktes zu verhindern. Das US-Außenministerium war jedoch gewarnt worden, daß jeder rein amerikanische Versuch, Großbritannien und Frankreich zum Abbruch der Feindseligkeiten zu zwingen, nutzlos wäre und nur die gefährlichen Risse in der NATO vertiefen würde[9]. Der amerikanische Präsident Dwight D. Eisenhower traf sich daraufhin mit Außenminister John Foster Dulles. Er wies ihn an, mit allen Mitteln eine »drastisch formulierte« Verurteilung des britisch-französischen Vorgehens innerhalb der Vereinten Nationen zu verhindern und »eine abschließende Resolution auszuarbeiten, welche der von den Vereinten Nationen vertretenen Meinung entsprechen würde«, um eine Demütigung der Briten und Franzosen zu verhindern[10].

Das Problem war wieder einmal die UdSSR. Jede von den Vereinten Nationen ergriffene Maßnahme wurde von den Sowjets kritisch geprüft und gab ihnen reichlich Gelegenheit zum Eingreifen. Der belgische Außenminister (und spätere NATO-Generalsekretär) Paul-Henri Spaak flog nach Moskau, um in Erfahrung zu bringen, wie Bewegung in die festgefahrene Lage gebracht werden könne. Seine Mission war nicht von Erfolg gekrönt. Die Sowjets wollten die NATO der größtmöglichen Demütigung, Zerreißprobe und Kaltstellung aussetzen[11]. Es gelang jedoch der jugoslawischen UN-Delegation, die Debatte vom Sicherheitsrat in die Vollversammlung zu verlagern (so daß die Franzosen, Briten oder Sowjets kein Veto gegen die UN-Maßnahmen einlegen konnten). Am 2. November verabschiedete die Vollversammlung eine Resolution, die einen Waffenstillstand und den Rückzug der israelischen Streitkräfte forderte. Vor dieser Sitzung trat Pearson an UN-Generalsekretär Dag Hammarskjöld mit dem Vorschlag heran, die britisch-französischen Interventionstruppen durch internationale Truppen zu ersetzen. Hammarskjöld sah darin keine geeignete Maßnahme[12], obwohl ihm bewußt war, daß sich der Westen in Schwierigkeiten befand. Die Sowjets hatten die Gelegenheit ergriffen, um den Aufstand in Ungarn für ein Durchgreifen zu nutzen. Hammarskjöld war »entschlossen, alles zu tun, um das wichtige Netz westlicher Solidarität neu zu knüpfen, das durch diese unkluge und unglückliche Aktion« in Ägypten so schwer beschädigt worden war. Persönlich hegte er die Befürchtung, daß die Israelis die Palästinenser im neu besetzten Gazastreifen niedermetzeln würden, und war bereit, die Vereinigten Staaten um eine Intervention mit ihrer Sechsten Flotte zu bitten[13].

Zu diesem Zeitpunkt begannen die Kanadier und Amerikaner mit einer engeren Koordinierung ihrer Bemühungen. Der kanadische Botschafter in den Vereinigten Staaten, Arnold D.P. Heeney, unterrichtete Dulles über die kanadischen

9 FRUS 1955–1957, XVI, S. 930–931: Fernschreiben (FS) der US Botschaft in Paris an das State Department, 1.11.1956.

10 Ebd., S. 924–925: Eisenhowers Weisungen an Dulles, 1.11.1956.

11 NAC, Pearson Papers, MG 26 N1, Bd 39, Akte Mittlerer Osten, UNEF, Teil 1: November 1956, FS Moskau an Ottawa.

12 Urquhart, Hammarskjöld, S. 175 f.

13 Ders., A Life, S. 135; Pearson, The International Years, S. 248 f.

Überlegungen. Pearson verfolge das Ziel, den Briten und Franzosen »aus der Patsche zu helfen«[14]. Vor Einbringen eines Lösungsvorschlages in den Vereinten Nationen wolle Kanada die amerikanische und britische Meinung hören. Pearson beabsichtige die zeitlich befristete Aufstellung eines Kontingents aus US-Einheiten mit minimaler französischer und britischer Beteiligung zur Stabilisierung der Lage. Auf dieses Kontingent sollten multinationale Kräfte im Rahmen einer großräumigeren Befriedungsaktion folgen. Das Hauptziel bestand darin, auf irgendeine Weise »möglichst schnell die amerikanisch-britische Solidarität wiederherzustellen«[15]. Würden sich die Amerikaner heraushalten können, bis Pearson die britische Zustimmung eingeholt haben würde? Dulles erklärte sich einverstanden, war aber nicht sicher, wie eine solche Polizeitruppe wirklich aussehen sollte. Er war besorgt, daß der Anschein der Absprache entstünde, ein Anschein, der noch durch die Entsendung von Interventionstruppen unter britischer, französischer, kanadischer und amerikanischer Beteiligung auf ägyptisches Territorium erhärtet würde. Heeney regte an, die UNTSO unter Führung von Burns auf irgendeine Weise zu erweitern, und erreichte Dulles' Zustimmung. Später am gleichen Tag forderte Dulles in einer Sitzung der UN-Vollversammlung offiziell den kanadischen Vertreter auf, einen konkreten Vorschlag für internationale Interventionskräfte zu formulieren und vorzulegen. Dabei tauchten zwei Probleme auf: das Suez-Problem und die akuten Feindseligkeiten zwischen den Arabern und Israelis. Vielleicht würden Burns und die UNTSO einen Ansatz für die Lösung beider Probleme bieten können[16]? Die Kanadier nahmen Verbindung mit dem britischen Außenminister Sir John Selwyn Lloyd auf, um zu prüfen, ob sie mit dieser Vorstellung bei den Briten auf Gegenliebe stoßen würden[17].

Während die Amerikaner und Kanadier bis in die Nacht hinein arbeiteten, erklärte Eden öffentlich, daß die britisch-französischen Streitkräfte ihre militärischen Operationen unter folgenden Bedingungen beenden würden:

1. Ägypten und Isreal akzeptierten eine UN-Truppe zur Wahrung des Friedens.
2. Die Vereinten Nationen stellten solche Truppen für die Dauer der beiden Konflikte (Suezkanal und arabisch-israelischer Konflikt) auf.
3. An einer solchen UN-Truppe beteiligten sich auch Briten und Franzosen mit einem Kontingent[18].

14 Dieser Begriff taucht in der kanadischen, amerikanischen und britischen diplomatischen Korrespondenz auf wie in »Wir müssen den Briten aus der Patsche helfen, bevor ihnen das Messer auf die Brust gesetzt wird.«

15 FRUS 1955–1957, XVI, S. 940 ff.: Besprechung mit Heeney im US-Außenministerium am 2.11.1956; Pearson, The International Years, S. 249.

16 NAC, Pearson Papers, MG 26 N1, Bd 39, Teil 1: FS von Washington D.C. an Ottawa, UN Assembly Action on Middle East, 3.11.1956.

17 FRUS 1955–1957, XVI, S. 940 ff.: Besprechung mit Heeney im US-Außenministerium am 2.11.1956; Pearson, The International Years, S. 249; NAC, MG 26 N1, Bd 39, November 1956, Middle East-UNEF, Teil 1: 3.11.1956, ADP Heeney, Aktennotiz: Middle East Crisis.

18 FRUS, ebd., S. 946: Erklärung von Eden am 3.11.1956.

Die Lage war dadurch noch schwieriger geworden. Nun konnte gemutmaßt werden, der kanadische Vorschlag beruhe auf einer Absprache, um den Franzosen und Briten »aus der Patsche zu helfen«, wobei nicht vergessen werden darf, daß eine solche Absprache tatsächlich getroffen worden war, was aus Pearsons Motiven und seiner vorherigen Verbindungsaufnahme mit den Briten ersichtlich ist. Die Amerikaner änderten ihre Auffassung: Das vorgeschlagene britische und französische Kontingent müsse entfallen, um den Schein zu wahren[19].

Die kanadische und amerikanische UN-Delegation trafen sich nochmals, um nach einer gemeinsamen Lösung für dieses Problem zu suchen. Edens Erklärung war inakzeptabel; aber langwierige Verhandlungen würden auch nicht zum gewünschten Ziel führen. Kurzfristige Maßnahmen waren erforderlich[20]. Die US Joint Chiefs of Staff waren zu dem Schluß gekommen, daß die Sowjets die Krise mit Interesse verfolgten und sich unter anderem zum Ziel gesetzt hatten, einen Keil in die NATO und den brüchigen Bagdadpakt zu treiben, den Konflikt im Mittleren Osten in die Länge zu ziehen und auszuweiten sowie die Öllieferungen an den Westen zu unterbinden. Wenn nicht ganz schnell etwas unternommen würde, wäre die Stellung des Westens im Kalten Krieg für alle Zeiten angeschlagen[21].

Um die durch Edens Erklärung und die sowjetische Unnachgiebigkeit aufgeworfenen Probleme zu umgehen, schlugen die Kanadier der amerikanischen Delegation vor, durch einen aus fünf Nationen bestehenden beratenden UN-Ausschuß[22] die Aufstellung und den Einsatz einer UN-Polizeitruppe prüfen zu lassen und den Generalsekretär innerhalb von 48 Stunden zu unterrichten[23]. Dies sollte eine gewisse multinationale Konsultation gewährleisten und verhindern, daß die Vorstellung der Großmächte oder des Westens im allgemeinen der UNO aufgedrängt wurde. Beide Delegationen einigten sich auf einen Verband in Divisionstärke mit einer Luftlandeeinheit und Luftunterstützung, obwohl die Delegierten Einzelheiten für die Aufstellung einer solchen Truppe klugerweise den Militärs überließen. Um wirksam zu sein, mußten die Streitkräfte Bewegungsfreiheit haben und Maßnahmen ohne Zustimmung der feindlichen Parteien ergreifen können (ein von Hammarskjöld später widerrufener Punkt, der für den Einsatz der UNEF unendliche Schwierigkeiten aufwarf). Die Delegierten kamen vor allem überein, daß diese Truppe »aus Gründen der größeren Schlagkraft aus den wenigen Ländern mit den modernsten und nicht aus den vielen Ländern mit weniger fortschrittlichen Streitkräften rekrutiert werden müsse«[24] und daß dabei nicht auf die

19 Ebd., S. 948: Aktennotiz von einer Unterredung mit dem Präsidenten, 3.11.1956.

20 NAC, MG 26 N1, Bd 39, November 1956, Teil 1: FS der Ständigen Vertretung in New York an das Außenministerium in Ottawa, Palestine Emergency Assembly: Middle East Police Force, 3.11.1956.

21 FRUS 1955–1957, XVI, S. 968–972: Joint Chiefs of Staff: Analysis of Possible Soviet Courses of Action in the Middle East, 3.11.1956.

22 Dieser wurde später auf sieben Mitglieder erweitert.

23 Dieser beratende Ausschuß blieb nach der Aufstellung der UNEF durch die Vereinten Nationen am 5.11. eine feste Einrichtung für UNEF-Operationen.

24 NAC, MG 26 N1, Bd 39, November 1956, Teil 1: FS der Ständigen Vertretung in New York

britischen, französischen, amerikanischen oder sowjetischen Streitkräfte oder Streitkräfte solcher Länder, die noch über Kolonien verfügten, zurückgegriffen werden dürfe. Die beiden Delegationen kamen überein, daß Kanada sich am besten als Fürsprecher in der Generalversammlung eigne, aber es blieb ein restlicher Vorbehalt im Blick auf den afrikanisch-asiatischen Block, der die ganze Sache als Unternehmen zur Wahrung des Gesichtes begreifen und blockieren konnte[25].

Der Vorschlag des beratenden Ausschusses kristallisierte sich während der nächsten 24 Stunden heraus. In Gesprächen mit Hammarskjöld erfuhr Pearson, daß sich der Generalsekretär ebenfalls Sorgen über die afro-asiatische Sicht der Dinge machte, vertrat jedoch auch die Auffassung, daß die Sicherheitskräfte aus der »geeigneten Ecke« kommen sollten, d.h. aus den skandinavischen, latein- und nordamerikanischen und den asiatischen Ländern. Nach Hammarskjölds Vorstellung sollte diese Truppe zur Trennung der ägyptischen und israelischen Kräfte und zur Überwachung des israelischen Rückzugs aus Ägypten eingesetzt werden (wobei zu beachten ist, daß die Operation MUSKETEER, die britisch-französische Fallschirm- und amphibische Landeoperation, noch nicht stattgefunden hatte). Burns sollte den Befehl übernehmen, sein Stab sich aus der UNTSO rekrutieren[26].

Die Kanadier hatten ähnliche Zielvorstellungen. UNEF sollte nach Auffassung der Kanadier den Waffenstillstand und den israelischen Rückzug überwachen[27], die Zeit bis zum Einsatz einer langfristigen Waffenstillstandstruppe zur Aufrechterhaltung von Frieden und Ordnung während der Verhandlungen überbrücken und die Briten und Franzosen zum Verzicht auf eine Landeoperation veranlassen. Diese Faktoren sollten die Grundlage für eine Resolution zur Aufstellung einer UNEF bilden. Die Amerikaner unter Führung von Henry Cabot Lodge Jr. gaben ihre Zustimmung, setzten sich jedoch für einen einfacheren Wortlaut ein. Pearson fragte Lodge, ob er den Entwurf im Namen Kanadas vorlegen könne, was dieser bejahte[28]. Nach Werbung um Zustimmung in der Vollversammlung (die im großen und ganzen inoffiziell dem kanadischen Vorschlag zustimmte) kam Resolution 1000 (ES-1) am 4. November um 9.45 Uhr zur Abstimmung. Dabei ging es um die Schaffung eines UN-Kommandos, das heißt internationaler Sicherheitskräfte zur Überwachung des Waffenstillstandes. Unter der Vorgabe, daß der Generalsekretär innerhalb von 48 Stunden einen Plan für eine solche Truppe vorlegte, wurde die Resolution mit 57 Ja-Stimmen bei 12 Enthaltungen angenommen[29].

an das Außenministerium in Ottawa, Palestine Emergency Assembly: Middle East Police Force, 3.11.1956.

25 Ebd. und NAC, MG 26 N1, Bd 39, November 1956, Middle East-UNEF, Teil 1, Heeney, Aktennotiz: Middle East Crisis, 3.11.1956.

26 NAC, MG 26 N1, Bd 39, November 1956, Teil 1: FS von der Ständigen Vertretung in New York an das Außenministerium in Ottawa, Middle East Crisis: Emergency UN Force, 4.11.1956.

27 Ebd. Pearson erwähnt in seinen geheimen Fernschreiben: Die Resolution »drückt die Hoffnung aus, daß nicht nur die ägyptischen und israelischen Kräfte auseinandergehalten, sondern daß die Israelis hinter die Demarkationslinie zurückgedrängt werden können«.

28 NAC, MG 26 N1, Bd 39, November 1956, Teil 1: FS der Ständigen Vertretung in New York an das Außenministerium in Ottawa, Middle East Crisis: Emergency Force, 4.11.1956.

29 FRUS 1955–1957, XVI, S. 980 f.: 565. UN-Plenarsitzung am 4.11.1956. UN-Resolutionen, die

Dramatische Entwicklungen zeichneten sich im Mittleren Osten ab, während die Diplomaten in New York ihre Gespräche fortsetzten. Transportflugzeuge setzten das 3rd Battalion des Parachute Regiment über Port Said ab, während das 2e Régiment de Parachutistes Coloniaux über Port Fuad am Eingang zum Suezkanal absprang. Nicht viel später drohte die Sowjetunion an, daß sie Atomwaffen unmittelbar gegen Frankreich und Großbritannien einsetzen werde, wenn diese Länder ihre Truppen nicht zurückzögen. Die Sowjets kündigten auch an, ihre eigenen Luftlandetruppen zur »Erhaltung des Friedens« zu entsenden. Präsident Eisenhower mußte später am selben Tag bei einer Konferenz erfahren, daß die Treibstoffversorgung der NATO-Streitkräfte in Europa bald auf dem Spiel stehe, wenn die Krise nicht schnell gelöst würde. Eine schlimme Situation hatte jetzt eine noch schlimmere Wendung genommen[30].

St. Laurent rief am 5. November Eden an und gab seinem Unmut Ausdruck. Eden »begrüßte die guten Absichten Kanadas«, teilte aber mit, daß die Briten »die Landeoperationen in Ägypten durchführen würden«[31]. Die Amerikaner schlugen vor, kanadische NATO-Truppen vor der Landung der britischen und französischen amphibischen Kräfte auf dem Luftweg aus der Bundesrepublik in die Kanalzone zu bringen, was jedoch für Kanada aus politischen Gründen undurchführbar war: Für einen solchen Einsatz war ein Parlamentsbeschluß erforderlich, was Zeit kostete. Hammarskjöld wurde unterrichtet, und auch er konnte sich nicht für den Gedanken erwärmen, so plötzlich kanadische Truppen einzufliegen. Wenn das UN-Kommando vor der Landung der britisch-französischen Kräfte und noch vor Eintreffen der UNEF-Kräfte aufgestellt würde, könnte die UNEF nach Hammarskjölds Meinung nicht vor Abzug der britischen und französischen Truppen eingesetzt werden. Für ihn bestand das Problem darin, die britisch-französischen Kräfte aus Ägypten herauszubekommen und durch die UNEF zu ersetzen, bevor die Sowjets ihre eigenen »Freiwilligen« zur Unterstützung Ägyptens entsandten[32].

Am Morgen des 6. November beschoß das französische Kriegsschiff »Jean Bart« die ägyptische Küste, während britische Amphibienfahrzeuge und Hubschrauber Port Said ansteuerten. Landungsschiffe brachten französische AMX-Panzer und mechanisierte Infanterie nach Port Fuad, und Luftlandekräfte stießen nach

entweder im Sicherheitsrat oder in der Vollversammlung beschlossen werden, sind per se außerhalb der Vereinten Nationen nicht bindend. Sie bilden die Grundlage und verleihen die Vollmacht für Maßnahmen der Vereinten Nationen und sind Ausdruck der übereinstimmenden Meinung des Sicherheitsrates oder der Vollversammlung, wenn sie befürwortet werden. Nichols, The United Nations.

30 Fullick/Powell, Suez; FRUS ebd., S. 993: Schreiben von Bulganin an Eisenhower, 5.11.1956; S. 986–988: Konferenz mit Eisenhower, 5.11.1956; Pearson, The International Years, S. 256.

31 FRUS ebd., S. 982 f.: 5.11.1956, amerikanische UN-Delegation an das US-Außenministerium.

32 Ebd.: 5.11.1956, amerikanische UN-Delegation an das US-Außenministerium; S. 981: 5.11.1956, amerikanische UN-Delegation an das US-Außenministerium. Die Amerikaner hielten schon genug Lufttransportkapazität in Westdeutschland bereit, um zuerst kanadische Truppen und unmittelbar danach norwegische Truppen verlegen zu können. An amerikanische Truppen war nicht gedacht, da man überall um Glaubwürdigkeit bemüht war und »die Befürchtung bestand, daß die UN-Truppe zu sehr unter amerikanischen Einfluß geraten könne«.

Süden vor[33]. St. Laurent appellierte erneut an Eden, das Feuer einzustellen[34]. Als Antwort wiederholte Eden, die britisch-französischen Kräfte seien zur Intervention zwischen den Ägyptern und Israelis eingesetzt, und fügte hinzu, daß sie nicht zu einem solchen Vorgehen gezwungen gewesen wären, hätten internationale Kräfte zur Verfügung gestanden. Die Briten seien durchaus bereit, die Operationen einzustellen und die Verantwortung an UN-Truppen zu übergeben, wenn solche bereitstünden und an den Ort der Handlung gebracht würden[35]. Eisenhower führte am Nachmittag ein Gespräch mit Eden:

> »Eisenhower: (Hammarskjöld) bekommt kanadische Truppen, viele Truppen zusammen. Ich möchte keine der großen Nationen (in der UNEF) vertreten sehen. Ich habe Angst, daß der Rote den Löwenanteil fordert. Ich würde lieber auf Truppen der großen Fünf verzichten. Ich würde sagen: Herr Hammarskjöld, wir vertrauen Ihnen. Wenn Sie mit genügend Truppen zur Übernahme im Anmarsch sind, ziehen wir uns zurück.
>
> Eden: Das ist nicht so leicht, sofern nicht gute Truppen zur Verfügung stehen. Das ist Ihnen doch klar.
>
> Eisenhower: Wenn (die Sowjets) genug haben und angreifen, dann stellen sie sich gegen die Vereinten Nationen und deren Prestige und ganzen Einfluß. Das betrifft dann alle. Dann stehen Sie nicht allein da[36].«

Derweilen hatte Hammarskjöld mit Pearson in den Vereinten Nationen in New York die ganze Nacht an seinem zweiten Bericht über die UNEF für die Vollversammlung gearbeitet[37]. Dieser Bericht war der nächste Schritt, mit dem die Aufgaben der UNEF umrissen wurden. Darin wurde festgelegt, daß die Vollmachten der Truppe denen der UNTSO entsprechen sollten und nicht dem anderen, in Korea verwirklichten Modell. Dort gab es ein gemeinsames Kommando, das in Händen einer von den Vereinten Nationen bevollmächtigten Nation lag. Die Zuständigkeitsregelung der UNEF war etwas vage gehalten: Die UNEF solle die »Beendigung der Feindseligkeiten« entsprechend der Waffenstillstandsresolution vom 2. November überwachen. Sie solle nur vorübergehend bestehen, wobei die Dauer »von den Notwendigkeiten des derzeitigen Konfliktes abhänge«. Sie werde mit der Zustimmung der ägyptischen Regierung auf ägyptischem Territorium aufgestellt, jedoch ausdrücklich nicht mit dem Ziel, den Abzug der Kräfte aus Port Said oder zurück auf die ADL/IF durchzusetzen[38].

33 Fullick/Powell, Suez, Kap. 12 und 13.

34 NAC, MG 26 N1, Bd 39, Ordner Mittlerer Osten — UNEF, Teil 1: 6.11.1956, Heeney-Aktennotiz: Middle East Crisis.

35 Ebd.: FS von Eden an St. Laurent vom 6.11.1956.

36 FRUS 1955–1957, XVI, S. 1025–1027: Ferngespräch zwischen Eisenhower und Eden, 6.11.1956.

37 NAC, MG 26 N1, Bd 39, Ordner Mittlerer Osten — UNEF, Teil 1: 6.11.1956, Heeney-Aktennotiz: Middle East Crisis.

38 UN-Archiv, DAG-13/31100:4 OR 100, Ordner mit den Truppen und Plänen, 6.11.1956, vollständiger Wortlaut des zweiten und abschließenden Berichts des Generalsekretärs zum Plan für internationale UN-Sicherheitskräfte.

Darüber hinaus hieß es in dem Bericht, daß »es angesichts der derzeitigen Lage und ohne weitere Untersuchungen schwierig sei, die Funktionen genauer zu umreißen«, und daß die UNEF nach Ägypten entsandt werde, »um Ruhe und Ordnung während und nach dem Abzug der nicht-ägyptischen Truppen zu wahren«. Hinsichtlich der Stärke solle die UNEF »nicht über mehr militärische Kräfte verfügen, als zur Sicherung friedlicher Bedingungen erforderlich sind«. Zeit sei der wichtigste Faktor, und die UN-Mitglieder sollten auf den Generalsekretär vertrauen, der diese Angelegenheit in die Hand nehme[39]. Am 7. November 1956 wurden die Kampfhandlungen eingestellt.

Hammarskjöld beriet sich hinsichtlich der Organisation der UNEF ausführlich mit General Burns. Aufgrund des durch den Bericht gesteckten Rahmens und anderer Informationen ging er bei seinen Empfehlungen von vier Voraussetzungen aus:
1. daß Ägypten sich mit der Konzeption der UNEF und deren Einsatz auf ägyptischem Territorium einverstanden erklärte;
2. daß Sanktionen angewendet werden könnten, um Israel zum Rückzug auf die ADL und IF zu bewegen;
3. daß der Gazastreifen nicht in israelischer Hand bleibe und
4. daß der Sinai auf jeden Fall eine demilitarisierte Zone werden müsse.

Nach Burns' Auffassung sollten die Kräfte »so stark sein, daß sie nicht Gefahr laufen, übergangen, aus dem Land verdrängt oder ignoriert zu werden, wie es der UNTSO ergangen war«. Er stellte sich deshalb eine multinationale Division mit einer Panzerbrigade, einem starken Aufklärungskontingent und Kampfflugzeugen vor, also »eine Kampftruppe mit Schlagkraft«. Die nationalen Kontingente sollten Bataillonsstärke haben und ihre logistische Versorgung selbst sicherstellen[40].

Burns bekam nicht, was er wollte. Die Aufnahmekriterien schlossen die meisten Nationen mit moderneren Streitkräften vom Mitwirken in der UNEF aus. Das und der dringende Wunsch, auf ägptischem Boden schnell irgend etwas auf die Beine zu stellen, ließ den Einsatz solcher Kräfte nicht zu[41].

Der zeitliche Zwang, den Einsatz von »Freiwilligen« aus dem Sowjetblock zu verhindern, veranlaßte Hammarskjöld und die Kanadier, nochmals die sofortige Verlegung kanadischer Truppen aus Westdeutschland zu erwägen. Die Amerikaner hielten dies ebenfalls für einen guten Plan, um »der psychologischen Offensive der Sowjets den Boden zu entziehen«[42]. Hammarskjöld meinte auch, daß eine öffentliche Ankündigung Kanadas, ein Kontingent für die UNEF zur Verfügung

39 Ebd.

40 Burns, Between Arab und Israeli, S. 188. Obwohl in Dokumenten oder Memoiren unerwähnt, ist anzunehmen, daß Burns' Forderung nach Panzern und Kampfflugzeugen den Vorstellungen von Pearson und Hammarskjöld zuwiderlief, da die beiden eine leicht bewaffnete Polizeitruppe im Auge hatten.

41 Ebd., S. 189 f. Burns notierte: »Ich bin immer noch der Auffassung, daß eine stärkere und einheitlicher gegliederte Truppe ein besseres Instrument für die Verwirklichung der UN-Vorgaben gewesen wäre.«

42 FRUS 1955–1957, XVI, S. 1083: 8.11.1956, NSC-Sitzung Nr. 303.

zu stellen, andere Nationen ermutigen würde. Er fand sich in dieser Annahme bestätigt, denn am 7. November lagen den Vereinten Nationen verbindliche Angebote von Kanada, Kolumbien, Norwegen, Schweden, Finnland und Dänemark vor[43]. Nach zweitägiger Vorbereitung begann Kanada die Operation RAPID STEP, die der Verlegung eines verstärkten Bataillons von Kanada nach Neapel und von dort weiter nach Ägypten diente. Die kanadischen Truppenteile in Deutschland wurden für die UNEF nicht in Betracht gezogen, da sie in der Armeegruppe Nord der NATO eine lebenswichtige Abschreckungsrolle hatten[44].

Die Operation RAPID STEP kam am 10. November ins Stocken. Hammarskjöld stellte in einem Ferngespräch mit Nasser fest, daß dieser sich mit kolumbianischen, dänischen, finnischen, norwegischen und schwedischen Truppen für die UNEF einverstanden erklärte, jedoch Vorbehalte gegen ein kanadisches Kontingent hatte. Er verwies auf die öffentliche Meinung, »insbesondere, wenn britische Truppen Ihrer Majestät durch kanadische Truppen Ihrer Majestät ersetzt würden«[45]. Verstand Nasser, daß die Königin von Kanada, auch wenn sie Britin war, »zwei getrennte Funktionen hatte«, nämlich als jeweils eigene Königin im einen wie im anderen Land? Die kanadische Botschaft in Kairo glaubte nicht an mangelnde Kenntnis der Verhältnisse. Sie meinte, Nasser traue der UNEF nicht[46]. Der amerikanische Botschafter wurde bei Nasser vorstellig und suchte seine diesbezüglichen Überlegungen in Erfahrung zu bringen. Was war an einer kanadischen Beteiligung in der UNEF nicht in Ordnung? Nasser erklärte, daß die Ähnlichkeit der kanadischen Uniformen und der kanadischen Regimentsbezeichnungen wie »Queen's Own Rifles of Canada« (das für die UNEF vorgesehene Bataillon) bei der Bevölkerung zu Verwechslungen führen und damit zu Zwischenfällen Anlaß geben könne[47].

Widerwillig setzte sich Hammarskjöld mit Ottawa in Verbindung und bat darum, das kanadische Vorauskommando zurückzuhalten. Nach einigen Diskussionen in New York schlug die kanadische Delegation vor, die UNEF solle UN-Armbinden, weiße Helme und weiße Gürtel tragen, damit sie sich von den kriegführenden

43 NAC, MG 26 N1, Bd 39, Ordner Mittlerer Osten — UNEF, Teil 1: 6.11.1956, Aktennotiz für den amtierenden Minister, Middle East: Canadian Contribution to Emergency UN Force; Pearson, The International Years, S. 257 f.

44 Die NATO machte sich Sorgen über einen weiteren Truppenabzug. Eine Reihe britischer Truppenteile, die an der Operation MUSKETEER teilnahmen, wurden vom I. (BR) Korps abgezogen, wodurch der NATO-Schild in NORTHAG geschwächt wurde. Die kanadische Brigade in der NORTHAG, die 2 Canadian Infantry Brigade Group, war ein wesentliches Element des I. (BR) Korps und konnte nicht auch noch abgezogen werden. NAC, ebd., Ordner November 1956, Teil 1: 9.11.1956, FS vom NATO-Hauptquartier in Paris an das Außenministerium in Ottawa, Canadian Contribution to Emergency International UN Force; Unterlagen zur Operation RAPID STEP befinden sich im Department of National Defence Directorate of History, 112.3M2.003 (D14), 9.11.-19.11.1956: Operation RAPID STEP.

45 FRUS 1955–1957, XVI, S. 1096: 8.11.1956, FS der US-Botschaft in Kairo an das US-Außenministerium.

46 NAC, MG 26 N1, Bd 39, November 1956, Teil 1: 9.11.1956, FS Kairo an Ottawa.

47 Ebd.: 10.11.1956, FS Kairo an Ottawa.

Kräften unterscheide. Dies könnte die von Nasser geäußerten Probleme entschärfen[48]. Pearson suchte den ägyptischen UN-Vertreter Dr. Loutfi auf, um ihm sein Mißfallen über diese Wende der Ereignisse mitzuteilen. Die Lage sei »empörend«. Loutfi gab zu verstehen, daß der Grund eher in der Politik als in der Uniformierung zu suchen sei. Nasser erwäge, auch die Beteiligung von Dänemark und Norwegen abzulehnen, da diese Länder der NATO angehörten. Andererseits wolle Nasser wirklich General Burns mit der Führung der UNEF betraut wissen, da er fair und unparteiisch sei. Pearson wies darauf hin, daß ohne kanadische Beteiligung auch General Burns nicht für die UNEF zur Verfügung stehe[49].

Der Ernst dieser Lage sollte nicht unterschätzt werden. Das gesamte UNEF-Unternehmen war eine außerordentlich heikle Angelegenheit. Die Kanadier hatten in den Vereinten Nationen einen Konsens geschaffen (eine bemerkenswerte Leistung) und verfügten über einen militärischen Führer mit Erfahrung, der das Vertrauen der kriegführenden Parteien besaß. Burns kannte sogar den Befehlshaber der britisch-französischen Landungskräfte. Ohne alle diese Voraussetzungen wäre es den Sowjets gelungen, die Lage für ihre eigenen Ziele auszunutzen. Die Israelis hätten sich nicht zurückgezogen, und es hätte zu einem Krieg in der Region und vielleicht sogar zu einem Weltkrieg kommen können. Die Lage war so kritisch, daß sich Hammarskjöld zu einem Flug nach Kairo entschloß, die Amerikaner diplomatischen Druck auf die Ägypter ausübten und die Kanadier die Inder ersuchten, ihren Einfluß auf Nasser zum Tragen zu bringen[50].

Ein Teil des Problems war in erster Linie Hammarskjöld anzulasten. Gegen den Rat von Burns hatte er in die UN-Resolution für die Aufstellung der UNEF die Bedingung der Zustimmung aufgenommen. Nun erntete er, was er gesät hatte. Nach Burns' Auffassung waren die Ägypter wirklich sehr in Sorge, daß sich das ganze UNEF-Projekt als »sanfter« Ersatz für die britisch-französischen Truppen entpuppen könne und daß die UNEF — wenn sie einmal in Port Said Fuß gefaßt hätte — nicht mehr weichen würde. Die Ägypter verstanden nicht, daß die UNEF das erklärte Ziel hatte, schließlich und endlich nur noch die ADL/IF zu überwachen. Sie mußten überzeugt werden, daß die UNEF nicht den Auftrag hatte, Port Said auf Dauer besetzt zu halten[51].

Nasser willigte ein, das UNEF-Vorauskommando ins Land zu lassen, solange keine Kanadier dabeiwaren. Deshalb trafen am 15. November 100 Soldaten des DANOR-Batallions (dänisch-norwegisch) mit hellblau gefärbten amerikanischen Helmen in Ägypten ein[52]. Nach Angaben von Sir Brian Urquhart war der Gedanke, die UNEF mit blauen Mützen auszustatten, irgendwann im UN-Hauptquartier in New York aufgekommen. Da die Zeit zur Herstellung solcher Kopfbe-

48 Ebd.: 10.11.1956, FS New York an Ottawa.

49 Ebd.: 10.11.1956, Aktennotiz von J.W. Holmes: Loutfi Conversation with Pearson.

50 Ebd.: 10.11.1956, Aktennotiz von A.D.P. Heeney: Middle East Crisis; 15.11.1956, New York an Neu Delhi.

51 Burns, Between Arab and Israeli, S. 197.

52 NAC, MG 26 N1, Bd 39, November 1956, Teil 1: 15.11.1956, FS New York an Ottawa, UN Emergency Force.

deckungen fehlte, wurden überzählige Helme der US-Marine aus einem Depot in Italien blau gefärbt und ausgegeben. Andere Kontingente beschafften im Dezember 1956 in Kanada hergestellte blaue Barette, weiche blaue Mützen und UN-Mützenabzeichen[53].

Die Einzelheiten für Organisation und Rolle der UNEF mußten noch festgelegt werden. Burns flog am 15. November nach New York und traf dort mit Andrew Cordier, Ralph Bunche (Sonderberater von Hammarskjöld) und dem finnischen Generalmajor A.E. Martola zusammen. Trotz der Beschränkungen, die diesem Gremium im Hinblick auf die spezifische Mission und die Zuständigkeitsregelung auferlegt waren, prüfte es, welche Truppen angeboten worden waren und wie sie an den Einsatzort gebracht werden konnten. Indien (1 Bataillon), Kanada (1 Bataillon), Dänemark und Norwegen (1 gemeinsames Bataillon), Schweden (2 Kompanien), Finnland (1 Kompanie), Indonesien und Brasilien (je 1 Batallion) boten Infanterietruppenteile, Jugoslawien ein Aufklärungsbataillon, Norwegen eine Sanitätskompanie und Kanada eine Fernmeldeeinheit an. Nach den Vorgaben sollte eine gemischte Militärpolizeieinheit aus Angehörigen aller Kontingente aufgestellt werden. Die Amerikaner stellten daraufhin Transportflugzeuge vom Typ C-124 Globemaster und Kanada eine Staffel C-119 für den Lufttransport des UNEF-Personals zur Verfügung. Schweres Gerät sollte auf dem Seeweg transportiert werden. Transportfahrzeuge für die UNEF wurden überraschenderweise von den abziehenden britischen Truppen angeboten[54].

Burns machte sich Gedanken über die Gliederung der UNEF und deren Möglichkeiten, den anstehenden Aufgaben gerecht zu werden. Das Ziel des Generalsekretärs und seiner Berater war, angesichts der politischen Lage so schnell als möglich wirksames Durchgreifen der UNEF zu demonstrieren, ohne dadurch administrative Probleme zu verursachen[55]. Burns machte sich auch erhebliche Sorgen über die Zuständigkeitsregelung für die UNEF:

> »Es ist üblich, einem Truppenführer, der mit Expeditionskräften einen Auftrag durchführen soll, allgemeine Weisungen bezüglich der Zielsetzung, der Beziehungen zu den Verbündeten [...] und andere Richtlinien für sein Vorgehen zu geben. Unter den herrschenden Umständen war es nicht möglich, ein solches Dokument durch das Sekretariat der Vereinten Nationen erstellen zu lassen, da so vieles in bezug auf die UNEF improvisiert war und so viel von den in der Schwebe befindlichen politischen Gegebenheiten abhing [...]. Ich war mir dieser Tatsache bewußt, aber meine Schwierigkeiten vermehrten sich aufgrund fehlender fest umrissener Weisungen für die Aufstellung und Aufgabenstellung dieser Truppe[56].«

Fortgesetzte Schwierigkeiten mit Nasser komplizierten die Aufstellung. Nasser nahm plötzlich seine frühere Zustimmung zurück und lehnte die Beteiligung skan-

53 Urquhart, A Life, S. 134; NAC, RG 25, Bd 6101, Ordner 50366–40, Teil 5.1: 19.12.1956, Pressemitteilung der kanadischen Streitkräfte.
54 Burns, Between Arab and Israeli, S. 210 f.
55 Ebd., S. 226.
56 Ebd., S. 218.

dinavischer Kontingente an der UNEF ab, worauf diese Länder so heftig wie zuvor schon Kanada reagierten. Die Kanadier waren der Auffassung, daß er durch sowjetischen Einfluß zu dieser Haltung gekommen sei[57]. Burns sah die Sache anders. Er glaubte, Nasser stelle sich eine Truppe aus Soldaten neutraler Länder vor, die er herumkommandieren könne. Kanadas Beteiligung war von größter Wichtigkeit, denn sonst würde nichts funktionieren[58]. Es gab einen Weg, um dies zu bewerkstelligen.

Burns traf mit Hammarskjöld, Pearson und Cordier zur Erörterung der Lage zusammen. Burns und Pearson griffen die bei früheren Gesprächen mit dem kanadischen Verteidigungsministerium aufgetauchte Idee wieder auf, daß die UNEF — da ein kanadisches Bataillon unbedingt erforderlich war — Unterstützungstruppen brauche. Kanada könnte erst Lufttransportmittel, Verwaltungskräfte, Fernmelder, andere Transportmittel, Pionier- und Sanitätseinheiten bereitstellen, bis sich Nasser beruhigt habe, und dann erst das Infanteriebataillon nachschieben. Hammarskjöld erklärte sich einverstanden und flog nach Kairo[59].

Was Hammarskjöld als schlimmste Situation bezeichnete, der er sich je zu stellen hatte, war das Zusammentreffen mit Nasser[60], bei dem er schnell feststellen mußte, daß dieser vermehrt Kontakte mit den Sowjets pflegte, die ihn bezüglich der UNEF beeinflußten. Hammarskjöld erklärte Nasser, daß er falsche Befürchtungen bezüglich der Zusammensetzung der UNEF hege. Nasser habe natürlich Grund, sich Gedanken über den Einsatz der UNEF zu machen, bevor er sie ins Land hereinließe. Er, Hammarskjöld, sei nach Kairo gekommen, um sich diesen Fragen zu stellen. Das Ziel der UNEF sei, Israel bis zu den ADL/IF zurückzudrängen und den Abzug der Briten und Franzosen zu garantieren. Nasser fragte, ob die UNEF für die Räumung des Kanals zuständig sein würde, der von mindestens 17 Objekten blockiert war, darunter waren eine Eisenbahnbrücke und ein mit Beton beladenes Schiff. Sein Gesprächspartner sagte genauere Prüfung zu[61].

Hammarskjöld konnte mit Nasser ein fünf Punkte umfassendes Grunddokument für den UNEF-Einsatz in Ägypten erarbeiten. Nach dem israelischen Rückzug sollte das Einsatzgebiet der UNEF zwischen den Vereinten Nationen und Ägypten abgesprochen werden. Die UNEF würde nach dem britisch-französischen Rückzug keine Aufgaben in der Kanalzone übernehmen. Sie bedurfte eines Bereitstellungsraumes in Ägypten: Dieser sollte in Absprache festgelegt werden. Jegliche organisatorische Änderung der UNEF würde erst mit Nasser erörtert. Schließlich würde die UNEF auf ägyptischem Territorium mit der Zustimmung der Ägypter tätig. Hammarskjöld unterrichtete Nasser, daß »die Definition der

57 NAC, MG 26 N1, Bd 39, Teil 1: 16.11.1956, ADP Heeney an Pearson, Middle East: United Nations Force.

58 Ebd.: 16.11.1956, FS von New York an Ottawa, UNEF.

59 Ebd.: 14.11.1956, Gespräch zwischen Pearson und Offizieren des kanadischen Verteidigungsministerium; 17.11.1956, FS New York an Ottawa, UNEF; 17.11.1956, FS New York an Ottawa, Canadian Contribution to the UNEF.

60 Ebd.: 19.11.1956, FS New York an Ottawa, UNEF.

61 Urquhart, Ralph Bunche, S. 270.

UNEF-Rolle außerordentlich vage sei und im Falle von auseinandergehenden Vorstellungen von der Vollversammlung festgelegt werden müsse«[62]. Am Ende sicherte er sich Nassers Zustimmung zur Bereitstellung kanadischer Versorgungstruppen statt eines Bataillons und zur Aufnahme skandinavischer Kontingente in die UNEF[63].

Mit dieser Vereinbarung setzte sich der Generalsekretär einer Welle der Kritik aus. Die Briten argumentierten, daß die UNEF eine »ungeeignete, zusammengewürfelte Truppe« sei, die sich für alles als die Überwachung der ADL/IF zwischen Ägypten und Israel eigne. Sie sei unfähig, den ungestörten Betrieb des Kanals oder seine Räumung zu sichern. Der Winter breche an, und es fließe kein Öl nach Europa[64]. Die als Kolonialvolk nicht in die UNEF aufgenommenen Australier äußerten ebenfalls Kritik. Nach ihrer Meinung hatte Nasser Bedingungen diktiert, als ob er einen Krieg gewonnen hätte. Die Sowjets würden ihren Einfluß in diesem Raum ausweiten. Der UNEF fehle »die notwendige Gliederung, Ausbildung und Ausrüstung ebenso wie Prestige und Gewicht«. Sie sei lediglich eine »Schweizergarde für Nasser«[65]. Pearson war bestürzt, daß Nasser bezüglich der UNEF-Gliederung und -Operationen ein Vetorecht eingeräumt worden war. Im Augenblick war da aber wenig zu machen, und Hammarskjöld zog es vor, sein Tun vorläufig nicht zu rechtfertigen[66].

Am 19. November erlitt Eden einen als »physisch« bezeichneten Zusammenbruch. Harold Macmillan als Sprecher der Regierung Ihrer Majestät bestätigte, daß die britisch-französischen Kräfte den Rückzug antreten würden[67]. Dies spornte die UN-Planer an, mit den Operationen im Raum Port Said voranzukommen. Das DANOR-Bataillon landete zwischen dem 21. und 25. November. Der amtierende UNEF-Befehlshaber, Colonel Finn Moo (Burns verhandelte mit den Ägyptern an einem anderen Ort), verlegte eine dänische Kompanie vom Bereitstellungsraum Ismailia nach Port Said, nachdem örtlich von ägyptischer Seite Beschwerden über Waffenstillstandsverletzungen laut geworden waren. Bis 28. November war der Rest des Bataillons nach Port Said verlegt und schützte Kraftwerke und andere Versorgungseinrichtungen. Burns setzte dann eine norwegische Kompanie zwischen den britisch-französischen und ägyptischen Truppen südlich von Port Said ein, um eine Pufferzone zu schaffen. Als sich die britisch-französischen Kräfte über den Damm zum Hafen zurückzogen, folgte ihnen ein

62 Ders., Hammarskjöld, S. 191 ff.

63 NAC, MG 26 N1, Bd 39, Teil 1: 18.11.1956, FS New York an Ottawa, UN Emergency Force.

64 FRUS 1955–1957, XVI, S. 1150: 19.11.1956, FS der US-Botschaft in Großbritannien an das US-Außenministerium.

65 NAC, MG 26 N1, Vol. 39, Teil 1, 18.11.1956, FS für Casey von Menzies an Eisenhower.

66 Urquhart, Hammarskjöld, S. 190.

67 FRUS 1955–1957, XVI, S. 1163: 19.11.1956, FS der US-Botschaft in Großbritannien an das US-Außenministerium. Es war wahrscheinlich auch die Psyche mit im Spiel. Irgend jemand im britischen Kabinett hatte den Kanadiern gegenüber verlauten lassen, daß Eden mit dem Fortgang der Krise immer neurotischer wurde. Siehe: NAC, MG 26 N1, Bd 39, Teil 1: Aktennotiz (undat.) von Arnold Smith an den britischen Hochkommissar in Ottawa.

indisches Fallschirmjägerbataillon nach Norden, während das DANOR-Bataillon an Ort und Stelle gegenüber den ägyptischen Truppen verblieb[68].

Die Israelis gaben am 1. Dezember unerwarteterweise bekannt, daß sie sich 50 km vom Kanal zurückziehen würden. Zum Glück war das jugoslawische Aufklärungsbataillon in Port Said gerade dabei zu entladen. Burns sandte es mit den gepanzerten Fahrzeugen direkt von den Schiffen in den Sinai. Die mit den kanadischen Kampfpionieren zusammenarbeitenden Jugoslawen konnten einige Minenfelder am Ostufer des Kanals räumen, wurden jedoch durch erhebliche israelische Lähmungsmaßnahmen behindert. Die Straßen waren mit Bulldozern umgepflügt und die Eisenbahnlinie alle 50 m unterbrochen worden; überall gab es nicht kartierte Minenfelder[69].

Derweilen erteilte Burns in Port Said seinen ersten Einsatzbefehl. Die UNEF sollte wichtige Punkte schützen, die ägyptische Infiltration nach Port Said verhindern, Kriegsgefangene austauschen und Verbindung mit allen beteiligten Kräften aufnehmen. Die abziehenden britischen Truppen hatten Befürchtungen, daß die Ägypter »Kollaborateure« aus ihren eigenen Reihen erschießen würden. Die UNEF organisierte gemeinsame UNEF-ägyptische Streifen, um dies zu verhindern[70].

Trotz der zur Einhaltung des Waffenstillstandes getroffenen Maßnahmen kam es immer noch zu schweren Zwischenfällen, wozu auch die militärische Infiltration von Port Fuad durch die Ägypter zählte. Bei einem solchen Zwischenfall setzten die Franzosen Panzer gegen Scharfschützen ein, wobei 27 Ägypter umkamen und 40 verwundet wurden. Die Ägypter beschossen einen dänischen Posten, und auf eine schwedische Streife wurde das Feuer eröffnet (und daraufhin erwidert)[71]. Schließlich schrumpfte die von den Briten und Franzosen gehaltene Zone, wobei die UNEF eine Pufferzone zwischen den ägyptischen und britisch-französischen Landungstruppen aufrechterhielt. Am 22. Dezember um 23.30 Uhr waren diese abgezogen, und die UNEF war zur Verlegung in den Sinai bereit[72].

Der Kanal war noch nicht geräumt. Die britisch-französischen Marinekräfte hatten Wrackbergungskräfte mit sechs Schiffen im Rahmen ihrer ursprünglichen Einsatztruppen mitgebracht. Deshalb bot die britische Regierung ihre Dienste an. Nasser interpretierte dies öffentlich als eine Verlängerung der Besetzung und wollte nicht zulassen, daß sie die Arbeit aufnahmen. Ein weiterer Kompromiß wurde ausgehandelt, worauf die Schiffe unter UN-Flagge eingesetzt wurden, die Mannschaften in ziviler Kluft arbeiteten und alle an Bord befindlichen Waffen

68 UN-Archiv, DAG 13 31100:4 OR 110I: 29.9.1958, Story of UNEF Given at Cultural Exchange Program; DAG 1/2.2551:9: Entwurf der Geschichte der UNEF.

69 UN-Archiv, DAG 1/2.2551:9: The Yugoslav Detachment to UNEF; ebd., Entwurf der Geschichte der UNEF.

70 Ebd.: NAC, RG 25, Bd 6101, Ordner 503366–40, Teil 3: 9.12.1956, FS von Kairo an Ottawa.

71 UNEF-Einsatzregeln waren »vage«: Die UNEF-Truppen waren von Burns ermächtigt, »alle zum eigenen Schutz als notwendig erachteten Maßnahmen zu treffen«. NAC, RG 25, Bd 6101, Ordner 50366–40, Teil 4: 18.12.1956, FS New York an Ottawa, UNEF Responsibilities: Port Said.

72 UN-Archiv, DAG 1/2.2551:9: Entwurf der Geschichte der UNEF.

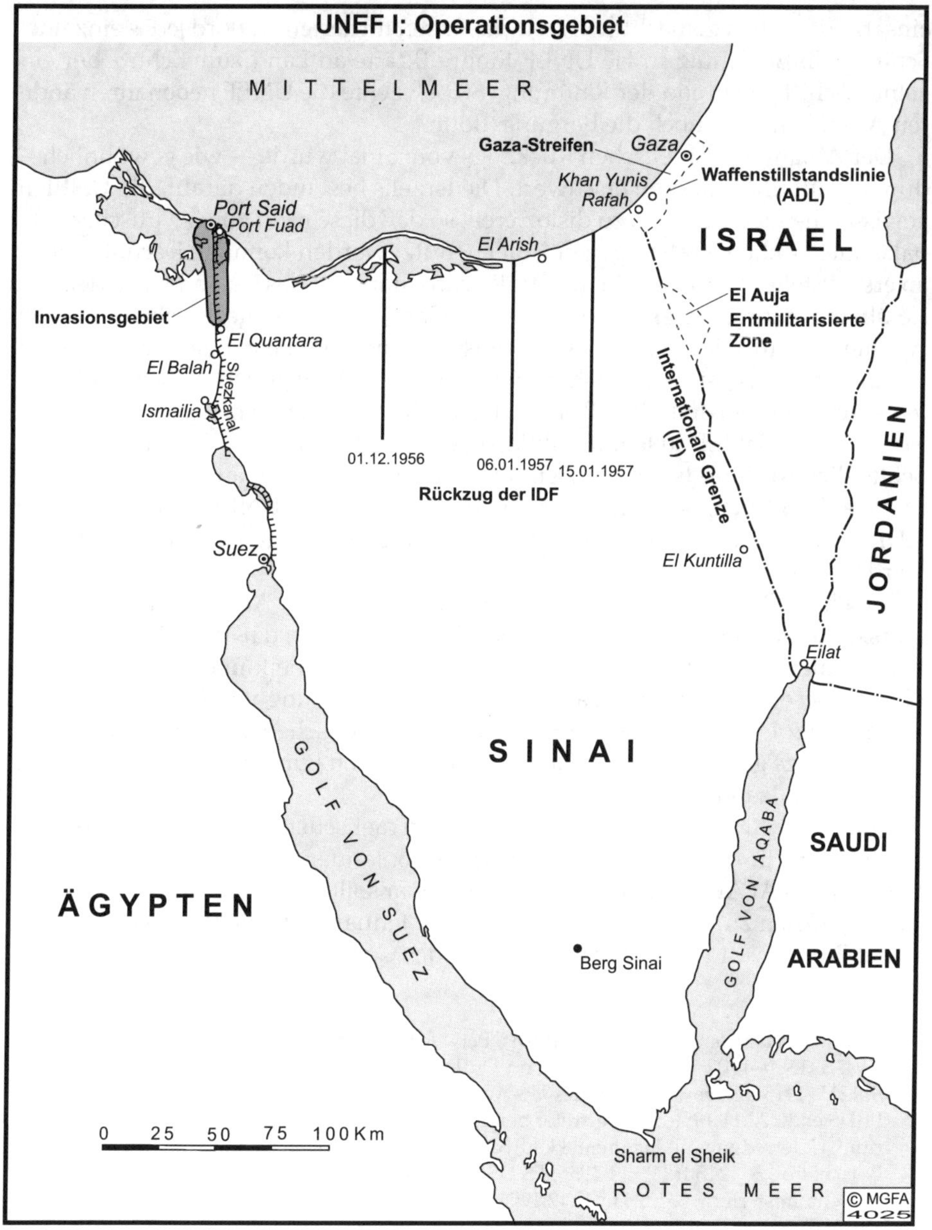
UNEF I: Operationsgebiet
MITTELMEER
Gaza-Streifen
Gaza
Khan Yunis
Rafah
Waffenstillstandslinie (ADL)
Port Said
Port Fuad
El Arish
ISRAEL
Invasionsgebiet
El Auja Entmilitarisierte Zone
El Quantara
El Balah
Suezkanal
Ismailia
Internationale Grenze (IF)
01.12.1956
06.01.1957
15.01.1957
Rückzug der IDF
JORDANIEN
Suez
El Kuntilla
Eilat
SINAI
GOLF VON SUEZ
GOLF VON AQABA
SAUDI
ARABIEN
ÄGYPTEN
Berg Sinai
0 25 50 75 100Km
Sharm el Sheik
ROTES MEER
© MGFA 4025

einsatzuntauglich gemacht wurden. Die Briten forderten an Bord jedes einzelnen Schiffes UNEF-Schutz sowie UNEF-Eingreifkräfte an Land zum Schutz der einzelnen Schiffe während der Räumung. So bewachte die UNEF neben ihren anderen Aufgaben auch noch die Bergungsflotte[73].

Der Ablauf des israelischen Rückzugs vom Sinai wurde — wie gewöhnlich — durch politische Faktoren erschwert. Die Israelis bestanden darauf, die UNEF in gewissen heiklen Gebieten zu dislozieren, so daß diese nicht von ägyptischen oder palästinensischen Kräften gegen Israel genutzt werden konnten. Darunter fielen an erster Stelle zwei Inseln in der Straße von Tiran und das Gelände, von dem aus sie überschaut werden konnten, Sharm el-Sheik. So lange diese Gebiete von den Ägyptern kontrolliert wurden, war der israelische Hafen Elat blockiert. Das zweite war der Gazastreifen. Israel hatte genug von den Fedajin-Überfällen und konnte es sich nicht leisten, dort Besatzungskräfte zu halten. Israel vertrat auch die Meinung, die UNEF solle mit militärischen Mitteln gegen die Fedajin vorgehen. Schließlich forderte Israel die Demilitarisierung des Sinai, an dessen Schlüsselpunkten die UNEF stationiert sein solle. Israel lehnte UNEF-Truppen an den ADL/IF ab. Dagegen solle die UNEF flächendeckend im ganzen Gebiet disloziert werden[74].

In seinen Gesprächen mit dem israelischen Botschafter Abba Eban stellte Hammarskjöld die Gaza-Frage zurück, versicherte ihm aber, daß die UNEF-Truppen bei beschleunigtem israelischem Rückzug Sharm el-Sheik und andere wichtige Gebiete besetzen würden. Eban schlug die Bereitstellung von Marinekräften im Rahmen der UNEF vor, die die Sicherheit des israelischen Schiffsverkehrs durch die Meerenge gewährleisten sollten; aber auch diesen Punkt wollte Hammarskjöld noch prüfen lassen[75].

Burns hatte zu diesem Zeitpunkt mit der israelischen Armee (IDF) einen neuen Zeitplan für den Rückzug festgelegt. Bis 6. Januar 1957 sollte die IDF 10 km westlich von Al Arisch stehen, und bis 15. Januar sollten sich die Israelis 25 km weiter nach Osten zurückgezogen haben. Ab 22. Januar hatte die IDF an der International Frontier und am 6. Februar jenseits des Gazastreifens zu sein[76].

73 Urquhart, Hammarskjöld, S. 201; Burns, Between Arab and Israeli, S. 229; FRUS 1955–1957, XVI, S. 1300–1302: 14.12.1956, FS von Dulles an das US-Außenministerium; 15.12.1956, S. 1311–1313, FS New York an das US-Außenministerium.

74 FRUS ebd.: 27.11.1956, US-Vertreter bei den Vereinten Nationen an das US-Außenministerium, Unterredung mit Hammarskjöld; S. 118 f.: 26.11.1956, Unterredung mit dem israelischen Botschafter; S. 1215 ff.: 29.11.1956, FS US-Vertreter bei den Vereinten Nationen an das US-Außenministerium; S. 1325 f.: 21.12.1956, FS US-Vertreter bei den Vereinten Nationen an das US-Außenministerium, Unterredung mit dem israelischen Botschafter.

75 Ebd.: S. 1325 f.: 21.12.1956, FS des US-Vertreters bei den Vereinten Nationen an das US-Außenministerium, Unterredung mit dem israelischen Botschafter. Solche Marinekräfte wurden nie aufgestellt, obwohl dies mehrmals von verschiedenen Seiten vorgeschlagen wurde. Siehe: NAC, RG 25, Bd 6101, Ordner 50366–40, Teil 6.1: 21.2.1957, FS von London an Ottawa; 21.2.1957, Mitteilung für den amtierenden Premierminister, The Use of Naval Forces on the Gulf of Akaba.

76 Burns, Between Arab and Israeli, S. 240.

Burns war in seinem Handeln jedoch durch die langsame Aufstellung der UNEF in der Kanalzone beeinträchtigt. Er konnte die verfügbaren Kräfte dislozieren, jedoch ohne kanadische Unterstützungstruppen vor Ort keine Operation über den Sinai hinweg durchziehen. Nassers frühere Einwände hatten die Verlegung des kanadischen Kontingents verzögert. HMCS Magnificent, ein Flugzeugträger der Royal Canadian Navy, stach schließlich mit den noch nicht verlegten Pionieren, dem 56 Canadian Signal Squadron, der 56 Canadian Transport Company, dem 56 Canadian Infantry Workshop mit insgesamt 400 Offizieren und Mannschaften, 230 Fahrzeugen und vier Flugzeugen vom Typ Otter am 29. Dezember in See[77]. Das kolumbische, DANOR, indische und schwedische Bataillon waren ebenso wie das jugoslawische Aufklärungsbataillon, die norwegische Sanitätskompanie und die finnische Infanteriekompanie eingetroffen. Das indonesische und brasilianische Bataillon wurden noch erwartet[78].

Die mit Militärbeobachtern der UNTSO zusammenarbeitenden jugoslawischen Einheiten hielten über einen 5 km breiten Abstandsstreifen Kontakt mit ihren Gegenspielern von der IDF. Burns setzte das indische Fallschirmjägerbataillon an der Nordstraße, die Kolumbier in der Mitte und das DANOR-Bataillon an der Südstraße ein, und zwar alle so, daß sie jederzeit in den Sinai verlegen konnten. Die Schweden und Finnen waren weiter zum Schutz von Port Said eingesetzt[79].

HMCS Magnificent traf am 10. Januar ein und löste bei den Ägyptern augenblicklich Betroffenheit aus. Die kanadischen Schiffe, einschließlich HMCS Magnificent, fuhren unter der weißen (Flagge der Marine) und der roten (nationalen) Flagge. Auch die Schiffe der Royal Navy hatten diese weiße Flagge gehißt, insbesondere jene Schiffe, die die Ufer beschossen und die Landungstruppen im November transportiert hatten: Die an den Bergungsoperationen beteiligten Schiffe der Royal Navy fuhren vereinbarungsgemäß unter der UN-Flagge, und dies stiftete bei den Ägyptern Verwirrung. Der genaue Status des kanadischen Flugzeugträgers war vorläufig offen, und der ägyptische Protest verhallte[80].

Die UNEF war zwei Tage zuvor am Flugplatz Al Arisch eingetroffen, mußte jedoch mit der Belegung bis 15. Januar warten. Ägyptische Heerestruppen überquerten ebenfalls den Kanal, rückten aber nach einer örtlichen Vereinbarung mit der UNEF nicht mehr als 10 km in Richtung Sinai vor. Die ägyptische Grenzpolizei folgte den UNEF-Truppen auf dem Fuße mit der Absicht, die zivile Kontrolle in den ländlichen Gebieten wieder zu übernehmen. Es war ein böses Omen,

77 NAC, RG 25, Bd 6101, Ordner 50366–40, Teil 6.2: 14.1.1957, Bericht von Captain Fraser-Harris RCN.

78 UN-Archiv, DAG 1/2.2551:9: Entwurf der Geschichte der UNEF.

79 Ebd.

80 NAC, RG 25, Bd 6101, Ordner 50366–40, Teil 6.2: 14.1.1957, Bericht von Captain Fraser-Harris RCN. Die kanadische Regierung, die bezüglich der Vereinten Nationen von Unsicherheit geplagt war, erklärte im Dezember eindeutig, daß HMCS Magnificent zum Transport kanadischer Truppen und Ausrüstung für die UNEF eingesetzt werde. Sie sollte nicht dem UNEF-Befehl unterstellt werden und brauche deshalb nicht unter der Flagge der Vereinten Nationen zu fahren. FS von Ottawa an New York, UNEF: Status of HMCS Magnificent, 17.12.1956.

daß sich die palästinensische Guerillaorganisation Al Fatah in diesem Gebiet wieder formierte. Burns wies seinen Nachrichtendienst an, ihr Tun zu überwachen, und ließ sogar Verbindung mit dieser Organistion aufnehmen[81]. Burns flog sodann (mit einem kanadischen Hubschrauber der HMCS Magnificent) am 15. nach Al Arisch, um dabei zu sein, wie die gepanzerten jugoslawischen M-8 in die Stadt einrückten. Am 18. Januar entsandte die UNEF ihren Vorausstab und traf Vorbereitungen, später den eigentlichen Stab nachfolgen zu lassen. Ein von der UNTSO und UNEF vermittelter wichtiger Kriegsgefangenenaustausch fand statt: Vier Israelis wurden gegen 6000 Ägypter freigelassen[82].

So weit hatte die UNEF ihre ursprünglich gesteckten Ziele erreicht. Die britisch-französischen Landungskräfte hatten das Land verlassen, und der Kanal wurde geräumt. Die Sowjets hatten ihre Drohungen zurückgenommen, in der Region einzugreifen und Atomwaffen gegen Großbritannien und Frankreich einzusetzen. Die Israelis hatten sich zum Rückzug über den Sinai verpflichtet und waren dabei, diesen Schritt zu verwirklichen. Die bloße Präsenz von 6000 Mann mit blauen Helmen und Baretten war für die kriegführenden Parteien Anlaß genug, all diese Maßnahmen zu treffen. Die Rolle der UNEF in dieser Region weitete sich laufend aus, bis sich schließlich die Aufgabenstellung und das Vorgehen herauskristallisierten, das landläufig unter UN-Friedensmissionen verstanden wird.

Ein Gedanke, der nicht weiterverfolgt wurde, war der Einsatz der UNEF an allen israelischen Grenzen (den ursprünglichen ADL) und nicht nur zwischen Ägypten und Israel. Jerusalem galt als weiterer möglicher Einsatzort. In anderen Worten, die UNEF sollte auch die Funktionen der UNTSO übernehmen. Bei einer solchen Aufgabenerweiterung hätte die UNEF auf israelischem Territorium operieren müssen, wozu Israel jedoch die Zustimmung verweigerte. Eine andere potentielle (von den Briten vorgeschlagene) UNEF-Aufgabe war die Überwachung der Abrüstung in der Region. Dies hätte geheißen, daß UN-Militärbeobachter auf allen Luftwaffenstützpunkten der Region hätten stationiert, Marinepatrouillen im Mittelmeer und Roten Meer eingesetzt und die Luftüberwachungsmöglichkeiten der UNEF erweitert werden müssen. Außerdem wären umfangreichere Bodentruppen benötigt worden. Es wurde von vielen Seiten die Meinung vertreten, daß dies ein zu ehrgeiziges Unterfangen sei, weshalb man es ebenfalls zurückstellte[83].

Die letzte größere Erweiterung des UNEF-Auftrages erfolgte zwischen Januar und März 1957. Anstatt der Befürchtungen, die Hammarskjöld im November

81 UN-Archiv, DAG-13/31100:43 PO 137: 10.1.1957, UNEF Periodic Intelligence Report No. 1; 28.1.1957, UNEF Periodic Intelligence Report No. 2.

82 Ebd., DAG 1/2.2551:9: Entwurf der Geschichte der UNEF; NAC, RG 25, Bd 6101, Ordner 50366–40, Teil 5.2: 21.1.1957, Bericht von Captain Fraser-Harris RCN; Burns, Between Arab and Israeli, S. 245.

83 NAC, ebd., Teil 6.2: 28.2.1957, UN Division to Middle East Division, UNEF and Disarmament Control; ebd., Teil 3: 7.12.1956, Secretary of State for Commonwealth Relations an den britischen Hochkommissar, Ottawa: Middle East; ebd., Teil 5.2: 17.1.1957, Mitteilung für Pearson, UNEF and Disarmament Control.

bezüglich des Gazastreifens gehegt hatte, wurden jetzt andere Gefahren akut: Statt eines israelischen Massakers drohten erneute Fedajin-Überfälle (durch die Al Fatah und andere Gruppen). Es war für die Aufrechterhaltung von Recht und Ordnung und der zivilen Verwaltung sowie für humanitäre Hilfe zu sorgen. Als Hammarskjöld am 24. Januar zurückkehrte, legte er der UN-Vollversammlung einen Bericht über künftige UNEF-Operationen vor. Dieser Bericht enthielt die Empfehlung, den Ägyptern in administrativer und sicherheitspolitischer Hinsicht die Kontrolle über den Gazastreifen zu überlassen und eine den ADL und IF entsprechende Pufferzone zu schaffen. Jede weitergehendere UNEF-Rolle bedürfe der Zustimmung der ägyptischen Regierung. Die UNEF würde nach dem israelischen Rückzug auch in den Raum Sharm el-Sheik nachrücken (zur Überwachung des Golfes von Akaba)[84].

Der Generalsekretär und seine Mitarbeiter hatten spezielle Ziele im Auge. Der Einsatz der UNEF im Gazastreifen und eine Stationierung an Orten, von denen aus Überfälle verhindert werden konnten, würde Israel ersparen, Truppen in die Nähe zu verlegen. Brächten die Israelis starke Kräfte an den ADL und der IF in Stellung, hätten die Ägypter den Vorwand, ihrerseits Truppen in den Sinai zu verlegen. Die UNEF hatte weder die ausreichende Personalstärke noch die erforderliche Ausrüstung, um alle diese Kräfte zu überwachen, und das vor allem deshalb, weil sie nicht auf der israelischen Seite der ADL und IF operieren durfte[85]. Es ging darum, einen der Hauptgründe aus der Welt zu schaffen, der die Israelis zum Waffengang veranlassen würde: Fedajin-Überfälle aus dem Gazastreifen heraus.

Auf massiven Druck der Amerikaner und Drohungen einer afro-asiatischen Gruppe, Vorschläge für UN-Sanktionen vorzulegen, gab Israel bekannt, es werde sich aus dem Gazastreifen und von Sharm el-Sheik zurückziehen, wenn seine Kräfte durch UNEF-Truppen ersetzt würden. Am 4. März traf sich Burns mit Mosche Dayan, um Vorbereitungen für die Stationierung von UNEF-Truppen im Gazastreifen zu treffen[86].

Am 7. März um 4.00 Uhr rückte die UNEF in den Gazastreifen und nach Sharm el-Sheik ein. Die Inder, Kolumbier und DANOR richteten Posten und Kontrollpunkte im Gazastreifen selbst ein, während das schwedische Bataillon Rafah Camp (den neuen UNEF-Gefechtsstand) sicherte und die Jugoslawen bewegliche Streifen an den ADL stellten. Das indonesische Bataillon sicherte die IF, während die Finnen nach Sharm el-Sheik gingen. Die Brasilianer bildeten die Reservetruppe für die Operationen[87].

Burns verstand das UNEF-Mandat im Gazastreifen als zweifache Aufgabe. Mit Zustimmung der ägyptischen Regierung (die — anders als bei früheren Verhandlungen mit der UNEF — keine größeren diplomatischen Hürden errichtet

84 Urquhart, Hammarskjöld, S. 204; NAC, RG 24, Bd 6102, Ordner 50366–40, Teil 8.2: 24.4.1957, Command Instructions for Commander, Canadian Contingent, UNEF.

85 Urquhart, ebd.; NAC, ebd.: 24.4.1957, Command Instructions for Commander, Canadian Contingent, UNEF.

86 UN-Archiv, DAG 1/2.2551:9, Entwurf der Geschichte der UNEF.

87 Ebd.

hatte) sollte die UNEF nach dem Abzug der Israelis aus dem Gazastreifen auf unbestimmte Zeit oder bis zu einer Neuregelung durch die ägyptische Regierung Ruhe und Ordnung aufrechterhalten und Verwaltungsfragen regeln. Militärisch sollten die UNEF-Truppen jedes Überschreiten der ADL verhindern sowie eventuelle Zwischenfälle beobachten und darüber berichten. Als die Israelis die Eisenbahnlinie zwischen dem Gazastreifen und Israel sprengten, kam es zum ersten nennenswerten Zusammenstoß zwischen der UNEF und der örtlichen Bevölkerung. Als der Muezzin einer Moschee zu dem zu dieser Tageszeit üblichen Gebet rief, beschossen UNEF-Truppen unbekannter Herkunft das Minarett in der Annahme, er rufe zum Aufstand auf[88]!

Ende März 1957 hatte sich die UNEF fest in dem Gebiet etabliert, in dem sie diesen Aufgaben zehn Jahre lang nachkommen sollte. Die UNEF war in einer linearen Pufferzone stationiert, beobachtete den Verkehr und untersuchte Zwischenfälle. Die Israelis bezeichneten die UNEF hartnäckig als Werkzeug Nassers, während die Ägypter außerordentlich mißtrauisch in bezug auf die UN-Truppen blieben, die auf ihrem Territorium stationiert waren. Die Bewohner des Gazastreifens ließen sich nicht gern von der UNEF mit Tränengas traktieren, wenn sie die Verpflegungskonvois der United Nations Relief and Works Agency überfielen. Die Al Fatah war nicht begeistert, daß die UNEF ihre Operationen an den ADL behinderte.

Welche Erfahrung kann man aus dem Einsatz der UNEF I ziehen? Trug sie tatsächlich erheblich zur Lösung der Suezkrise bei? Sie war eindeutig ausschlaggebend für die Lösung der akuten Doppelkrise, das heißt zwischen der Sowjetunion und der NATO sowie zwischen den Vereinigten Staaten und Großbritannien/Frankreich. Die UNEF trug auch erheblich zur Beseitigung der Hindernisse aus dem Kanal bei, was die Vorbedingung für die Wiederaufnahme der Öllieferungen nach Europa war. Ob die UNEF I entscheidend für die Lösung der langfristigen arabisch-israelischen Probleme war, ist dagegen fraglich. Die Israelis zogen sich vom Kanal unter starkem amerikanischen und afrikanisch-asiatischen Druck zurück. Vielleicht wurde ihnen dieser Rückzug durch die Anwesenheit der UNEF erleichtert, was aber nicht mit Bestimmtheit gesagt werden kann. Ohne die Präsenz der UNEF wäre wahrscheinlich ein größerer regionaler Krieg ausgebrochen, an dem sich vielleicht auch Syrien beteiligt hätte. Vorläufig wird nicht zu klären sein, in welcher Art und in welchem Umfang die Sowjets möglicherweise zum militärischen Eingreifen bereit gewesen wären.

Die Erfahrungen mit der UNEF I setzten Maßstäbe für spätere UN-Friedensoperationen. Es wurden mehr Ad-hoc-Operationen in Angriff genommen. Die Gliederung der UN-Truppen für spätere Operationen berücksichtigte ein Eingreifen mit Waffengewalt. Es tat sich eine Kluft zwischen den Mindestforderungen der UN-Truppenführer und den Einsatzmitteln auf, die ihnen vor Ort zur Verfügung standen. Die UN-Truppen blieben leicht bewaffnete Kräfte mit einer nicht fest umrissenen Vollmacht für ihre jeweiligen Aufgaben und minimaler Ausstattung für deren Durchführung. Schließlich war die UNEF I — und das ist wohl der wich-

88 Ebd.; Urquhart, A Life, S. 136.

tigste Punkt — das erste Beispiel für einen Vorgang, den man im heutigen Sprachgebrauch als »mission creep« (Aufgabenverschiebung und -erweiterung) bezeichnet: der Übergang von einer nicht fest umrissenen Aufgabenstellung zu einem unvorhergesehenen Aufgabenspektrum, ohne die materiellen Voraussetzungen dafür zu ändern.

Die ursprüngliche Aufgabe der UNEF war es gewesen, eine britisch-französische Demütigung in den Vereinten Nationen zu verhindern und einen großen sowjetischen Propagandasieg im Kontext des Kalten Krieges abzuwehren. Eine weitere Aufgabe war die Wiederherstellung der britisch-amerikanischen Beziehungen. Schließlich wurde die UNEF ein Vehikel zur kurzfristigen Beilegung der arabisch-israelischen Auseinandersetzungen. Außerdem übernahm die UNEF den Schutz der Räumungsarbeiten im Suezkanal, sorgte für Recht und Ordnung in Port Said und im Gazastreifen, nahm administrative Funktionen im Gazastreifen wahr und richtete Puffer- und demilitarisierte Zonen ein, die mit Streifen überwacht wurden.

Es wird deutlich, daß die Anerkennung für die Aufstellung der UNEF nicht ganz dem Richtigen zuteil wurde. Lester B. Pearson erhielt den Nobelpreis für seine Bemühungen während der Suezkrise. Obwohl Pearson Anerkennung zuteil wurde, gab es doch viele andere, die ebenfalls ihren Beitrag geleistet hatten. Hammarskjöld mußte zwar erst von der Zweckmäßigkeit einer solchen Truppe überzeugt werden, setzte sich aber nach ihrer Aufstellung rückhaltlos für sie ein. Burns verwirklichte eine vage, in New York geborene Idee und stellte eine einsatzbereite Truppe auf, obwohl seine entsprechenden Vorschläge ein Jahr zuvor vom Tisch gewischt worden waren. Bunche schuf von New York aus die gewaltigen organisatorischen Voraussetzungen. Dulles unterstützte die UNEF-Bemühungen auf allen Ebenen, auch durch diplomatische Schachzüge in den Vereinten Nationen, mit den Israelis und mit den Briten und Franzosen. Anerkennung sollte auch den Mitarbeitern der Delegationen und diplomatischen Vertretungen in Kairo und New York gezollt werden. Insgesamt war UNEF I eine internationale Teamarbeit.

Zweiter Teil

Perzeptionen

Gerhard Wettig

Die sowjetische Militärintervention in Ungarn als ein Schlüsselereignis des Kalten Krieges

1. Abschreckung als westliche Leitvorstellung im Kalten Krieg

Es ist eine Paradoxie des Kalten Krieges, daß es nicht zwischen den feindlichen Lagern, sondern nur innerhalb eines von ihnen zu bewaffneten Konflikten kam. Dreimal setzte die Führungsmacht in der »sozialistischen Gemeinschaft« (sozialistitscheskoje sodrushestwo) ihre Truppen ein, um das von ihr etablierte System zu schützen oder wiederherzustellen: in der DDR am 17. Juni 1953, in Ungarn im Herbst 1956 und in der Tschechoslowakei am 21. August 1968. Ein weiteres Mal sorgte die von der UdSSR manifestierte Bereitschaft, »notfalls« mit militärischer Macht einzugreifen, für eine »interne Lösung« des Systemerhalts: in Polen 1981. Auf westlicher Seite gab es auch dann keinen Akt auswärtiger Militärintervention, als Frankreich 1966 unter Führung des Staatspräsidenten de Gaulle aus der Militärorganisation der NATO austrat und damit das westliche Bündnis empfindlich schwächte.

Nach westlicher Auffassung war der entscheidende Faktor der Sicherheitslage während des Kalten Krieges ein sich zunehmend herausbildendes Verhältnis wechselseitiger Abschreckung (deterrence, dissuasion) zwischen beiden Lagern. Nach dem Zweiten Weltkrieg bis weit in die fünfziger Jahre hinein hatte die UdSSR auf dem europäischen Schauplatz ein konventionell-militärisches Übergewicht, nachdem die beiden angelsächsischen Mächte, vor allem die USA, ihre Streitkräfte vom Kontinent weitgehend zurückgezogen und dann in sehr großem Maße demobilisiert hatten. Unter diesen Voraussetzungen waren die westlichen Staaten objektiv daran interessiert, einen militärischen Konflikt zu vermeiden. Auch für die Sowjetunion gab es Gründe, einen Krieg zwischen Ost und West zu umgehen. Bis 1949 besaßen allein die Vereinigten Staaten die Atombombe, und noch bis in die zweite Hälfte der fünfziger Jahre verfügten sie über die ausschließliche Fähigkeit, die gegnerische Hauptmacht mit nuklearen Trägern zu erreichen.

Zudem galt es insbesondere in Moskau als ausgemacht, daß die Amerikaner ähnlich wie im Zweiten Weltkrieg ihre konventionell-militärischen Fähigkeiten im Bedarfsfalle innerhalb relativ kurzer Zeit wieder mobilisieren könnten. Daher wurde weithin erwartet, daß im Falle eines Krieges zwischen Ost und West die sowjetischen Truppen zwar das europäische Festland weitgehend zu erobern imstande sein würden, dieses jedoch anschließend erneut durch amerikanische Streitkräfte befreit werden würde. Das war freilich für die Westeuropäer angesichts der bedrückenden Aussichten eines zweimaligen Kriegsgeschehens und der Härten sowjetischer Besetzung ein nur teilweiser Trost. Seit den ausgehenden fünfziger Jahren bildete sich dann das sozusagen klassische Abschreckungsverhältnis heraus, das auf einer wechselseitig gewährleisteten nuklearen Fähigkeit der beiden Hauptmächte beruhte, sich unannehmbaren Schaden zuzufügen. Durch das Prinzip der »Kopplung« (coupling), das die NATO während der Auseinandersetzungen um die Stationierung amerikanischer Mittelstreckenraketen in Westeuropa 1979 bis 1983 erfolgreich verteidigte[1], wurden die europäischen Verbündeten der USA in den wechselseitigen Schutz der Abschreckung ausdrücklich einbezogen.

Auf der Grundlage des westlichen Abschreckungsgedankens läßt sich die kriegsrelevante Ost-West-Interaktion während des Kalten Krieges schlüssig erklären. Die gegeneinanderstehenden Seiten trieben ihren Konflikt zwar mehrfach bis hin zur offenen Krise, aber sie hüteten sich dann stets mit peinlicher Sorgfalt, den Rand zum Kriege hin zu überschreiten. Das zeigte sich erstmals bei der Berliner Blockade 1948/49. Die Truman-Administration in Washington verzichtete darauf, den Zugang nach Berlin mit militärischen Mitteln freizumachen, weil sie das Risiko eines Krieges mit der UdSSR scheute. Umgekehrt war Stalin bei der Verhängung der Blockade davon ausgegangen, die amerikanische Seite werde es nicht zu einer militärischen Auseinandersetzung kommen lassen[2].

Diese Ausgangsüberlegung des sowjetischen Führers beruhte darauf, daß auch er einem bewaffneten Konflikt aus dem Wege gehen wollte. Das veranlaßte ihn dann dazu, die westliche Luftbrücke in die belagerte Stadt zu dulden und damit den schließlichen Mißerfolg der Blockade zu akzeptieren. Er hätte zwar die Versorgungsflüge unterbinden können, ohne militärische Gewalt anzuwenden, denn dazu hätte lediglich sein Vertreter die Alliierte Luftsicherheitszentrale verlassen müssen, um so das Radarleitsystem außer Wirksamkeit zu setzen. Für diesen Fall jedoch hatte die Truman-Administration bewaffnete Konsequenzen in Aussicht gestellt — und auf dieses Risiko wollte es Stalin nicht ankommen lassen.

Die Abschreckung, die Berlin und andere gefährdete Positionen in der Ost-West-Konfrontation schützte, erstreckte sich aber nicht auf die Beziehungen innerhalb der beiden Lager. Daher waren die Kräfte, die innerhalb des sowjetischen Vorherrschaftsbereichs gegen die Moskauer politische Linie opponierten, großer Gefahr ausgesetzt. Für ihre Sicherheit hatten sich die USA nicht engagiert. Noch weniger dachten die später entstehenden, der UdSSR weit unterlegenen kleineren Kernwaffenmächte Großbritannien und Frankreich daran, sowjetische Militäraktionen innerhalb des Ostblocks zu stoppen. Die Bereitschaft der Westmächte zum Krieg galt ausschließlich für den Fall, daß die UdSSR Gebiete des westlichen Machtbereichs bedrohte (wie beispielsweise West-Berlin in den Jahren 1958 bis 1962). Das damit verbundene Risiko übernahmen sie nur so weit, wie es um die eigene Sicherheit und die damit verknüpften Erfordernisse ging[3].

1 Hierzu näher: Wettig, High Road.
2 Hierzu näher: Narinskij, Berlinski krisis.
3 Zu diesen Sicherheitserfordernissen gehörten sowohl die Integrität der NATO als auch die

2. »Friedliche Koexistenz« als sowjetischer Gegenentwurf

Während der Stalin-Zeit leugnete die sowjetische Seite in ihren öffentlichen wie internen Äußerungen konsequent, daß die Existenz der Kernwaffe die internationalen Beziehungen verändere und die Mächte zu einer Neubewertung des Krieges zwinge. Für die ideologische Tradition der UdSSR war die Existenz des nuklearen Faktors ein grundsätzliches Ärgernis. Es war im marxistisch-leninistischen Weltbild nicht vorgesehen, daß das Überleben großer Menschengruppen von einer Waffe abhängen könne. Man war stets davon ausgegangen, daß allein Klasseninteressen und Klassenkämpfe den Gang der Geschichte bestimmten. Alle wichtigen Geschehnisse und Entwicklungen ließen sich angeblich darauf zurückführen. Dementsprechend hatte man das — ursprünglich als Instrument der innerstaatlichen Analyse geschaffene — Klassenkampfkonzept auch auf die Staatenwelt übertragen. Der »internationale Klassenkampf« war demnach die wesentliche Antriebskraft in den Beziehungen zwischen sozialistischen und nicht-sozialistischen Ländern. Nun aber sollte das alles durch einen sozusagen völlig klassenfremden Faktor relativiert oder sogar aufgehoben werden.

Das war für Stalin zeit seines Lebens unvorstellbar. Der westliche Gedanke einer nuklearen Abschreckung erschien aber, wie sich nach dem Tode des Diktators zeigte, auch sowjetischen Sicherheitsexperten plausibel. Ein Mitglied der 1953 gebildeten kollektiven Führung, Malenkow, machte sich zum politischen Sprecher der neuen Tendenz. Er erklärte, man müsse angesichts der nuklearen Zerstörungspotentiale auf den — nach der Lehre vom »internationalen Klassenkampf« während gewisser Phasen unausweichlichen — Krieg generell verzichten, äußerte die ketzerische Überzeugung, daß sich auch die westlichen »Imperialisten« von dieser Einsicht leiten ließen, und knüpfte daran die Schlußfolgerung, die UdSSR könne künftig die kriegswichtige Schwerindustrie zugunsten der Konsumgüterproduktion vernachlässigen[4]. Das war nach allen hergebrachten ideologischen Maßstäben eine Ungeheuerlichkeit. Zum einen drohte das Feindbild vom kriegslüsternen Westen verlorenzugehen. Zum anderen bot sich die Aussicht auf einen dauernden Frieden zwischen den Lagern von Ost und West, die bis dahin als Epiphänomene einer auf Feindseligkeit angelegten Klassenstruktur gegolten hatten. Für die Traditionalisten in Moskau war es daher leicht, Malenkow als Häretiker zu stigmatisieren und daraus eine überzeugende Begründung für seinen Sturz herzuleiten.

Von da an stand es auf sowjetischer Seite fest, daß der Abschreckungsgedanke zum ideologischen Rüstzeug des westlichen »Klassenfeindes« gehörte, der damit die Gesetze des »internationalen Klassenkampfes« zu bekämpfen suche.

eigene Glaubwürdigkeit bei der Wahrnehmung von förmlich übernommenen Schutzaufgaben. Eine gewisse Sonderrolle hatte die französische »force de frappe«: Sie diente zwar erklärtermaßen ausschließlich der nationalen Sicherheit, wurde aber in Einzelfällen — so während der Berlin-Krise von 1958 bis 1962 — mittelbar auch für darüber hinausgehende Zwecke engagiert.

4 Hierzu näher: Dinerstein, Der Krieg und die Sowjetunion.

Von daher wurde, wann immer eine Bezugnahme auf die westliche Vorstellung nicht zu vermeiden war, eine negative Bewertung hinzugefügt. Das kam sinnfällig in verfälschenden Übersetzungen des Begriffs zum Ausdruck. Statt von »Abschreckung« im Sinne eines Abhaltens von der Anwendung kriegerischer Mittel war im Russischen von »ustraschenije«, d.h. »Einschüchterung«, oder auch von »sapugiwanije«, d.h. »In-Angst-Versetzen«, die Rede. Selbst wenn einmal — vor allem in militärwissenschaftlichen Betrachtungen, in denen es auf die richtige Wiedergabe westlicher Einsatzkonzepte ankam — weniger polemisch von »sdershiwanije« gesprochen wurde, schwang neben dem Gesichtspunkt des Abhaltens und Hinderns immer die mit diesem Wort verbundene negative Zweitbedeutung »Eindämmung« (containment) mit. Das war nicht nur historisch durch den Umstand bedingt, daß die sowjetische Führung mit dem Übergang der USA zur politischen Strategie der Eindämmung gegenüber der UdSSR im Jahre 1947 schlechte Erinnerungen verband. Es ging ebensosehr darum, daß ihr »Abschreckung« und »Eindämmung« gleichermaßen signalisierten, daß es Grenzen für ihren ideologischen Missions- und Expansionsanspruch geben sollte.

Die siegreiche Gruppe im Kreml kam freilich auf die Dauer ebensowenig wie der verurteilte Malenkow um die Notwendigkeit herum, die kriegverbietende Funktion der Kernwaffe zu berücksichtigen. Auf dem XX. Parteitag der KPdSU im Februar 1956 wählte Chruschtschow den Begriff der »friedlichen Koexistenz« (mirnoje sosuschtschestwowanije), um die marxistisch-leninistische Lehre an dieses Erfordernis des Atomzeitalters anzupassen. Er berief sich dabei auf den Gründer des Sowjetstaates, der diese Vorstellungen bereits ausgesprochen habe.

Davon konnte jedoch in Wirklichkeit keine Rede sein. Lenin hatte den Ausdruck niemals benutzt, und wenn er von einem »friedlichen Nebeneinanderleben« (mirnoje soshitije) von Sozialismus und Imperialismus gesprochen hatte, war es ihm um etwas anderes gegangen. Zeitweilige Phasen des friedlichen Auskommens mit den »Kapitalisten« sollten einer »Fortsetzung des Krieges« gegen diese mit anderen Mitteln dienen. Angesichts der wirtschaftlichen Schwäche, in der sich die UdSSR nach dem 1921 beendeten Bürgerkrieg befand, war es nämlich damals notwendig geworden, Kräfte aus dem feindlichen Lager mittels Befriedigung ihrer Profitinteressen für Investitionen in der UdSSR zu gewinnen und damit zu einer Stärkung des in außerordentlichem Maße geschwächten sowjetischen Potentials zu veranlassen. Lenin gedachte auf diese Weise zugleich den Interessengegensätzen innerhalb der nicht-sozialistischen Welt Auftrieb zu geben, um die »imperialistischen Länder« durch das Säen wechselseitiger Zwietracht »weniger gefährlich« zu machen[5]. Stalin hatte 1939 den gleichen Zweck im Auge, als er

5 Siehe die Zusammenstellung der entsprechenden Stellungnahmen aus den Werken des sowjetischen Staatsgründers: Lenin, Über die friedliche Koexistenz, Zitat auf S. 92. Aus Lenins Überlegung, daß man die Schwäche des Sowjetstaates so rasch wie möglich auf jede nur denkbare Weise überwinden müsse, zog Stalin Ende der 20er Jahre die Konsequenz einer vor allem auf militärische Stärkung abstellenden forcierten Industrialisierung, deren Schwerpunkt auf der Schwerindustrie lag, wohingegen die Verbraucherbedürfnisse systematisch vernachlässigt wurden.

Hitler durch die Rückenfreiheit, die er ihm im Osten gab, zum Beginn des Zweiten Weltkriegs ermutigte[6].

Der angebliche Rückgriff auf »Lenins Lehre von der friedlichen Koexistenz« war somit in sachlicher Hinsicht eine reine Fiktion. Er hatte aber für die sowjetische Führung eine politisch unerläßliche Funktion. Zum einen bot er eine ideologisch unverdächtige Rechtfertigung dafür, daß der direkte Krieg gegen den Westen grundsätzlich mit einem Bann belegt wurde. Zum anderen hatte er den entscheidenden Vorteil, daß gemäß den ideologischen Postulaten kein grundsätzliches Sich-Abfinden mit der Existenz des Westens und kein dauernder Friedensschluß mit ihm notwendig wurden.

Der Grund dafür lag darin, daß ein Zusammenhang hergestellt wurde mit der traditionellen Doktrin der »Widersprüche zwischen den imperialistischen Staaten«, die das Denken und Handeln in der Stalin-Zeit weithin geprägt hatte. Danach gab es in der westlichen Welt unüberbrückbare, zu kriegerischem Austrag drängende Konflikte, die dem Sowjetstaat und dem von ihm getragenen Sozialismus die Aussicht auf einen schließlichen Sieg eröffneten. Chruschtschow konnte weiterhin auf das — zunächst von Außenminister Tschitscherin formulierte und dann von Stalin aufgegriffene — Konzept einer (damals nur taktisch gemeinten) »friedlichen Koexistenz« zurückgreifen. Dabei war es darum gegangen, in Augenblicken einer für die UdSSR unerträglich werdenden Spannung gegenüber westlichen Ländern zeitweilig ein Element der Beschwichtigung einzuführen.

Die Lehre der »friedlichen Koexistenz«, die auf dem XX. Parteitag der KPdSU verkündet wurde, unterschied sich freilich grundlegend von allen früheren Vorstellungen. Chruschtschow hob ausdrücklich hervor, daß sein Land das »Prinzip der friedlichen Koexistenz« nicht, wie oft unterstellt werde, nur aus taktischen, konjunkturbedingten Erwägungen heraus vertrete. Die Doktrin war nach seiner Erläuterung »kein taktischer Schachzug, sondern ein grundlegendes Prinzip der sowjetischen Außenpolitik« und lief darauf hinaus, daß, soweit es eine Bedrohung im Ost-West-Verhältnis gebe, diese nicht von der UdSSR und ihren Verbündeten ausgehe. Auch wenn der sowjetische Führer an der Vorstellung vom Sieg des Sozialismus im Weltmaßstab mit Nachdruck festhielt, so sah er doch zugleich eine »Möglichkeit zur Vermeidung der Kriege in der gegenwärtigen Epoche«, denn er wollte den Sieg nicht »mittels bewaffneter Einmischung der sozialistischen Länder in die inneren Angelegenheiten der kapitalistischen Länder« erreichen. Den Verzicht auf bewaffnete Gewalt bei der Ausbreitung des sozialistischen Systems unterstrich Chruschtschow auch durch die den spätstali-

6 Dahinter stand die Vorstellung, die »imperialistischen« Staaten würden sich daraufhin in einen langen, wechselseitig abnutzenden Krieg verwickeln, welcher der UdSSR zum Schluß eine beherrschende Position verschaffen werde. Stalin war daher unangenehm über die schnellen deutschen Siege der ersten Kriegsjahre überrascht. Die Möglichkeit, daß das Deutsche Reich auch zum Schlag gegen die Sowjetunion ausholen und diese vorübergehend an den Rand des Zusammenbruchs bringen könne, war in den Überlegungen von 1939 ebenfalls nicht vorgesehen.

nistischen Vorstellungen fremde These, daß die Länder der Erde auf unterschiedliche Weise zum Sozialismus gelangen könnten. Als Geltungsbereich der »friedlichen Koexistenz« wurde das Verhältnis zwischen »Staaten mit unterschiedlicher Gesellschaftsordnung« definiert[7].

Mit der Lehre von der »friedlichen Koexistenz« erreichte die sowjetische Führung zweierlei. Die neue Doktrin trug dem Umstand Rechnung, daß die Kernwaffe die internationalen Beziehungen grundlegend verändert hatte. Zugleich aber vermied sie die mit der Abschreckungsvorstellung verbundene Konsequenz, daß der auf die weltweite Durchsetzung des Sozialismus gerichtete »internationale Klassenkampf« abgesagt werden mußte. Daher ging es mindestens ebensosehr um das Offenhalten von Möglichkeiten des »antiimperialistischen Kampfes« wie um die Anerkennung der Tatsache, daß eine Kriegsinitiative gegenüber der westlichen Seite als selbstmörderisches Unternehmen nicht mehr in Betracht kam. Die Formulierungen Chruschtschows auf dem XX. Parteitag der KPdSU lassen beides deutlich werden. Mit der Festlegung, daß es um die »friedliche Koexistenz« zwischen den Staaten beider Systeme gehe, wurden alle anderen Bereiche der internationalen Verhältnisse ausgespart.

Dementsprechend bezog sich das Friedlichkeitsgebot zwar auf die »zwischenstaatlichen Beziehungen« (meshgosudarstwennyje otnoschenija), nicht aber auf die »internationalen Beziehungen« (meshdunarodnyje otnoschenija) insgesamt, deren »gesellschaftliche Ebene« (obschtschestwenny urowen) von vornherein außer Betracht blieb. Anders ausgedrückt: Soweit die Konfliktlinien anders als entlang der Staatengrenzen verliefen, brauchte keine »friedliche Koexistenz« geübt zu werden. Diese Überlegung entsprach der Abschreckungslogik, weil sich die Kernwaffe in solchen Fällen nicht als Instrument der Abhaltung verwenden läßt. Daher wurde in Moskau während der Breshnew-Zeit der Gedanke entwickelt, daß es in westlichen Ländern zu heftigen Auseinandersetzungen bis hin zu einem »Bürgerbefreiungskrieg« (grashdanskaja oswoboditelnaja wojna) kommen könne, in welche die UdSSR gegebenenfalls zwecks Unterstützung der »fortschrittlichen« Seite eingreifen könne, ohne daß dadurch das »Prinzip der friedlichen Koexistenz« beeinträchtigt werden würde. Chruschtschow und seine Nachfolger stellten sich auch von Anfang an auf den Standpunkt, daß jeder »nationale Befreiungskrieg« (nazionalnaja oswoboditelnaja wojna), d.h. Krieg gegen eine westliche Kolonialmacht oder gegen ein von dieser hinterlassenes Nachfolgeregime, mit dem Koexistenzgrundsatz voll vereinbar sei[8].

Als weiterer Bereich für denkbare Aktionen bis hin zum Waffeneinsatz kamen nach Moskauer Auffassung alle Beziehungen zwischen Staaten außerhalb der Ost-West-Scheidelinie in Betracht, wenn es also um zwischenstaatliche Konflikte in intrasystemarem Rahmen ging. Formuliert wurde diese Lehre im Blick auf Kriege, die außerhalb des sowjetischen Lagers ausbrechen mochten. Wenn beispiels-

7 XX [Dwadzaty] sjesd, S. 34–41.

8 Siehe hierzu: u.a. Sagladin, Meshdunarodnoje kommunistitscheskoje dwishenije; Arbatow, Ideologischer Klassenkampf; Jegorow, Friedliche Koexistenz.

weise Anfang der achtziger Jahre der Krieg zwischen Großbritannien und Argentinien um den Besitz der Falkland-Inseln mehr als nur ein Intermezzo gewesen wäre, hätte der Kreml gemäß diesen Vorstellungen eine Unterstützung von Buenos Aires mit Waffenlieferungen, »Freiwilligen« aus verbündeten Ländern oder sogar durch eigene Soldaten erwägen können[9]. Unausgesprochen paßte auch das militärische Vorgehen der UdSSR gegen Staaten des eigenen Lagers in den Rahmen der Koexistenz-Doktrin.

3. Die Niederschlagung des Ungarn-Aufstandes im Kontext vergleichbarer sowjetischer Aktionen

Aus westlicher Sicht waren die sowjetischen Militärinterventionen in der DDR 1953, in Ungarn 1956 und in der Tschechoslowakei 1968 im wesentlichen gleichartig. Auch wenn jede dieser Aktionen mit den Anforderungen der »friedlichen Koexistenz« gleichermaßen kompatibel war, ergaben sich in Moskauer Sicht bedeutsame Unterschiede. Die Ereignisse des 17. Juni 1953 waren nach offizieller Darstellung das Ergebnis einer langfristigen Planung und Vorbereitung auf westlicher Seite mit dem Ziel, die DDR am vorgesehenen »Tag X« in die Hand zu bekommen. Hinweise auf die Rhetorik der Eisenhower-Administration, der zufolge der Kommunismus »zurückzurollen« war, und auf die angeblich subversive Tätigkeit westlicher Radiostationen, Organisationen und Vereinigungen, die angeblich die Unruhen initiiert hatten, sollten der These Plausibilität verschaffen. Intern wußte man freilich in sowjetischen Führungskreisen, daß eine in der Bevölkerung aufgestaute Erbitterung zumindest wesentlichen Anteil an den Unruhen hatte[10]. Aufgrund der offiziellen Bewertung war die Situation für die sowjetische Seite klar: Die DDR unterlag, begünstigt durch momentane innenpolitische Schwierigkeiten, einer subversiven »imperialistischen Aggression« von außen und/oder innen, die das sozialistische System gefährdete. Die UdSSR, die zudem als Besatzungsmacht Inhaber der obersten Gewalt und der obersten Verantwortung im Lande war, hatte demnach eine ebenso schwerwiegende wie unakzeptable Herausforderung abzuwehren. Der Entschluß dazu bereitete wenig Mühe, wie sein rasches Zustandekommen erkennen läßt.

Im Falle der Tschechoslowakei 1968 war die Sachlage sehr viel komplizierter. Eine Reformbewegung suchte unter einer Führung, deren kommunistische Legitimität nicht zu bezweifeln war, nach einem »Sozialismus mit menschlichem Antlitz«. Ein Ausstieg war weder aus dem Warschauer Pakt noch aus dem System des Sozialismus ins Auge gefaßt. Gleichwohl sahen sich die traditionalistischen

9 Die Koexistenz-Doktrin bot natürlich nur den grundsätzlichen Rahmen, nicht aber unmittelbare Anweisungen für das Handeln. Das heißt, es unterlag den sowjetischen Nutzens- und Risikoüberlegungen, inwieweit im Einzelfalle von einer grundsätzlich gegebenen ideologischen Option praktischer Gebrauch gemacht wurde.

10 Siehe einen damaligen vertraulichen Bericht an Chruschtschow, wiedergegeben bei Naumow, Is sekretnych archiwow.

Regime in Moskau, Ost-Berlin und anderen östlichen Hauptstädten durch die Prager Liberalisierungstendenzen und die Dynamik der damit einhergehenden gesellschaftlichen Bewegung bedroht. Über mehrere Monate hinweg hatten sie versucht, die tschechoslowakische Entwicklung mit den Mitteln des Zuredens und des Drohens in ungefährlich erscheinende Bahnen zu lenken, waren damit aber trotz gewisser Teilerfolge insgesamt gescheitert. Die Vorwürfe an die Adresse der Reformer gipfelten in der Anklage, sie förderten, aller ihrer Bekenntnisse zum Sozialismus ungeachtet, eine »konterrevolutionäre Entwicklung«. Im Namen des »proletarischen Internationalismus«, d.h. der besonders engen, mit wechselseitiger Verantwortungsübernahme verbundenen Beziehungen zwischen den kommunistischen Parteien, wurde die tschechoslowakische Führung von den anderen Warschauer Pakt-Staaten aufgefordert, ihre Politik nach deren Vorstellungen zu korrigieren.

Die Appellanten nahmen für sich das Recht in Anspruch, auf den verlangten Korrekturen zu bestehen. Die Begründung dafür lautete, daß »feindliche Kräfte« die ČSSR »vom Weg des Sozialismus stoßen« wollten und dadurch die Gefahr von deren Lostrennung von der »sozialistischen Gemeinschaft« heraufbeschworen. Das aber sei dann keine Angelegenheit mehr, welche die tschechoslowakischen Genossen allein entscheiden könnten: »Das sind die gemeinsamen Angelegenheiten aller kommunistischen und Arbeiterparteien und aller durch Bündnis, durch Zusammenarbeit und Freundschaft vereinten Staaten[11].« Diese Sätze bilden den Kern der Rechtfertigungslehre, welche die sowjetische Führung einige Wochen später formulieren ließ, um die — inzwischen durchgeführte — Militärintervention in dem »sozialistischen Bruderland« zu rechtfertigen[12]. Nach sowjetischer These handelte es sich um die Erfüllung von Pflichten, die sich aus dem Grundsatz des »sozialistischen Internationalismus«, d.h. aus der Solidarität mit anderen sozialistischen Staaten, ergab. Im Westen gab man der Rechtfertigungslehre nach dem obersten verantwortlichen Urheber die Bezeichnung »Breshnew-Doktrin«.

Die sowjetische Militärintervention in Afghanistan gehört, auch wenn das Land nicht im engeren Sinne als Teil der »sozialistischen Gemeinschaft« galt, insofern in den hier interessierenden Zusammenhang, als das Land ein kommunistisches Regime besaß und die sowjetische Führung sich auf ein Ersuchen aus Kabul um Hilfe gegen die »konterrevolutionäre« Gefahr stützte. Der Verdacht, daß es Moskau um eigene Machtziele gegangen sei, wurde jedoch gleich zu Anfang durch den zur vorgebrachten Rechtfertigung wenig passenden Umstand verstärkt, daß die Interventen nichts Eiligeres zu tun hatten, als die afghanische Führung durch eine andere zu ersetzen und den bisherigen ersten Mann zu ermorden. In der Solidarność-Krise von Regime und System in Polen 1980/81 schreckten Breshnew und seine Mannschaft dagegen vor einem militärischen Eingreifen zurück[13]. Es

11 Warschauer Brief an das ZK der KP der ČSSR vom 15.7.1968, in: Die »Breschnew-Doktrin«, S. 47–52 (Zitat auf S. 48).

12 Siehe die ebd., S. 61–94, wiedergegebenen sowjetischen Stellungnahmen.

13 Das gilt insbesondere für die Situation von Anfang Dezember 1980, als viele Beobachter einen Angriff anderer Warschauer Pakt-Staaten auf Polen befürchteten und Honecker im

gelang der sowjetischen Seite jedoch, führende Kommunisten in Polen mittels Interventionsdrohung zu veranlassen, die Aufgabe einer gewaltsamen Unterdrückung der Opposition im Lande selbst zu übernehmen.

Es stellt sich nun die Frage, welches Bild die sowjetische Militärintervention in Ungarn vor diesem Hintergrund abgibt. In mancher Hinsicht ähnelte die dortige Entwicklung dem Geschehen in der DDR 1953. Es handelte sich um einen von unten her in Gang gekommenen revolutionären Prozeß, und es standen — anders als in der Tschechoslowakei 1968 — von Anfang an sowjetische Truppen im Lande. Gleichzeitig jedoch lassen sich wesentliche Unterschiede erkennen. In Ungarn entwickelten sich die Ereignisse über einen längeren Zeitraum hinweg, und es war auch lange nicht ausgemacht, ob sich die sowjetische Führung zum militärischen Eingreifen entschließen würde. Ein wesentlicher Grund für das Zögern in Moskau dürfte darin zu sehen sein, daß einige Monate zuvor der XX. Parteitag der KPdSU stattgefunden hatte, auf dem nicht allein das »Prinzip der friedlichen Koexistenz«, sondern auch eine Abkehr von Stalin und seiner Politik verkündet worden war.

Damals entstand im gesamten sowjetischen Vorherrschaftsbereich der Eindruck einer Liberalisierungstendenz, die in einem nicht unerheblichen Umfang von Chruschtschow unterstützt oder zumindest geduldet werde. Das schloß die Erwartung ein, daß die einzelnen Länder künftig einen größeren Selbständigkeitsspielraum beanspruchen könnten als bisher und daher hinsichtlich der Gestaltung ihrer inneren Verhältnisse nicht länger in allen Einzelheiten dem sowjetischen Modell folgen müßten. Auch wenn auf dem XX. Parteitag der KPdSU von diesem Thema kaum die Rede gewesen war, so schien doch das dort von Chruschtschow entwickelte Konzept einer breiteren Front im »Kampf gegen die Kriegsgefahr« derartige Hoffnungen zu rechtfertigen. Anders als in der Stalin-Zeit, als dem Kreml nur ideologisch völlig einwandfreie Kräfte als politische Verbündete willkommen gewesen waren, wurden nunmehr alle möglichen antiwestlich eingestellten Personen, Gruppen und Staaten als Partner akzeptiert. Auch wurde das bisher gültige Dogma revidiert, daß es nur einen einzigen Weg zum Sozialismus gebe, den von Moskau vorgeschriebenen. Die KPdSU wollte künftig mit allen »Kreisen der sozialistischen Bewegung« zusammenwirken, auch wenn diese »andere Auffassungen über den Übergang zum Sozialismus« hatten[14]. Würde, so fragten sich reformwillige Kommunisten in den Staaten der »sozialistischen Gemeinschaft«, die sowjetische Führung nunmehr nicht auch Sozialismusvarianten im eigenen Vorherrschaftsbereich dulden?

Das sowjetische Zögern während der ersten Stadien der sich in Ungarn formierenden Oppositionsbewegung verstärkte in Budapest die Hoffnung auf Toleranz von seiten Moskaus. Im Rückblick ist freilich unklar, inwieweit die bis Ende Oktober 1956 schwankende Haltung der Regierung Nagy umgekehrt Anlaß zu

Kreis der Verbündeten nachdrücklich für eine bewaffnete Aktion eintrat (Wilke/Gutsche/Kubina, Die SED-Führung).

14 XX [Dwadzaty] sjesd, S. 22 f.

falschen Erwartungen im Kreml gegeben hat. Darauf könnte die Tatsache hindeuten, daß in den internen Berichten sowjetischer Spitzenfunktionäre über die sich in Ungarn entwickelnde Lage für die Zeit ab 24. Oktober 1956, ungeachtet des generell sachlich-feststellenden Tons, immer wieder Verurteilungen wie »faschistisch« und »konterrevolutionär« auftauchen[15]. Nach dem damaligen sowjetischen Verständnis war, wenn eine Herausforderung so bewertet wurde, eigentlich kaum etwas anderes möglich als ein Einschreiten mit allen verfügbaren Mitteln. Am 31. Oktober 1956 hieß es zudem, daß auch Nagy selbst zunehmend dem »Einfluß reaktionärer Kräfte« unterliege[16]. Das am folgenden Tag gemeldete Bestreben des ungarischen Regierungschefs, sein Land aus dem Warschauer Pakt herauszulösen und ihm einen von der UNO garantierten Neutralitätsstatus zu verschaffen, wurde als feindseliger Akt aufgefaßt[17]. Am 4. November schließlich war ausdrücklich von der »konterrevolutionären Regierung Nagy« die Rede[18]. Das sowjetische Verhalten könnte auch wesentlich davon beeinflußt worden sein, daß der ungarische Regierungschef — anders als der polnische Führer Gomułka, dessen Land zur gleichen Zeit von sowjetischer Intervention verschont blieb — ein Bild der Unentschlossenheit und Schwäche bot und niemals den Versuch machte, die Führung der UdSSR mittels Androhung bewaffneten Widerstands vom bewaffneten Eingreifen abzuhalten[19].

4. Formulierung des sowjetischen Standpunkts zum Ungarn-Aufstand

Noch am 30. Oktober 1956 scheint die sowjetische Führung geglaubt zu haben, daß sich die Situation in Ungarn mit einer Mischung aus Entgegenkommen und Mahnung wieder akzeptabel gestalten lasse, denn sie gab an diesem Tag unter spezieller Bezugnahme auf die dortige Entwicklung eine entsprechende Erklärung über das Verhältnis der UdSSR zu den anderen sozialistischen Staaten ab[20]. In den Beziehungen zueinander sollten die — bisher vielfach »verkleinerten« — »Prinzipien der vollen Gleichberechtigung, der Achtung der territorialen Integrität, der staatlichen Unabhängigkeit und der wechselseitigen Nichteinmischung in die inneren Angelegenheiten« maßgebend sein. Außerdem wurden »wechselseitige brüderliche Unterstützung und Hilfe auf wirtschaftlichem, politischem und kulturellem Gebiet« vorgesehen. Auch sollte jedes sozialistische Land der »Beachtung der vollen Souveränität« sicher sein können. Zur Bekräftigung dieser Zusage wurde die Abberufung der bisher tätigen sowjetischen Berater in Aussicht gestellt.

15 Berichte von Mikojan und Suslow aus Budapest, 24., 27., 30.10.1956; Berichte von Serow aus Budapest, 28., 29.10.1956, in: CWIHP Bulletin, 5 (Spring 1995), S. 23, 29–32.
16 Telegramm des ZK der KPdSU an Togliatti, 31.10.1956, ebd., S. 32 f.
17 Telegramm von Andropow aus Budapest, 1.11.1956, ebd., S. 33.
18 Bericht von Shukow, 4.11.1956, ebd., S. 33 f.
19 Granville, Imre Nagy, S. 23.
20 Text: Prawda, 31.10.1956.

Im Blick speziell auf die Geschehnisse in Ungarn war von gerechten Forderungen der Werktätigen nach Systemverbesserungen die Rede. Das aber sei von »Kräften der schwarzen Reaktion« zu Bemühungen um Untergrabung der volksdemokratischen Ordnung und zur Wiederherstellung der »alten grundherrschaftlich-kapitalistischen Verhältnisse« ausgenutzt worden — mit der bedauerlichen Folge, daß Blut geflossen sei. Um dem Übel abzuhelfen, habe Moskau der Bitte der ungarischen Regierung — gemeint war offenbar noch das Kabinett Nagy — entsprochen, Militäreinheiten nach Budapest zu entsenden. Diese würden wieder zurückgezogen werden, sobald die ungarische Regierung dies für notwendig halte. Zwischen den Zeilen war allerdings zu lesen, daß die sowjetische Seite nicht zum Rückzug bereit war, wenn die ihr geboten erscheinende Ordnung nicht hergestellt wurde: Sie sprach die zuversichtliche Erwartung aus, »daß es die Völker der sozialistischen Länder den äußeren und inneren reaktionären Kräften nicht erlauben werden, die Grundlagen der volksdemokratischen Ordnung zu erschüttern«.

Als die sowjetische Führung das Vertrauen in die Regierung Nagy verloren und am 4. November 1956 eine militärische Intervention massiven Umfangs eingeleitet hatte, war in Moskau nicht länger von einem Eingehen auf Eigenständigkeitsbedürfnisse die Rede. Statt dessen konzentrierte man sich auf die Darlegung, »Terroristen«, »Banden«, »Verschwörer« und/oder »Organisatoren und Führer des konterrevolutionären Putsches« müßten daran gehindert werden, die Arbeiter und Bauern erneut unter das »Joch der kapitalistischen und grundherrschaftlichen Sklaverei« zu zwingen und das Land den »Pfoten der imperialistischen Raubtiere« zu überantworten[21]. Die »Unzufriedenheit eines Teils der Werktätigen« sei ausgenutzt worden, um die »Grundlagen der volksdemokratischen Ordnung zu unterminieren«[22].

Es bestehe aber ein grundlegender Unterschied »zwischen den gerechten Forderungen der breiten Volksmassen und der konspirativen Tätigkeit der Reaktionäre«[23]. Nach Moskauer Ansicht verdienten nicht allein die nach einer Verbesserung ihrer Lage strebenden Werktätigen, sondern sogar manche der in den Aufstand Hineingezogenen Verständnis. Man dürfe, so hieß es, »nicht die ehrlich Irrenden aus dem Milieu des arbeitenden Volkes und vor allem aus dem Milieu der Jugend mit jenen konterrevolutionären Elementen in einen Topf werfen, die sie treulos betrügen«[24]. »Mit Hilfe des Betrugs durch falsche Losungen und direkter Waffengewalt« hätten in Ungarn »volksfeindliche reaktionäre Kräfte« die Oberhand erlangt. Entscheidende Drahtzieher waren nach sowjetischer Darstellung im westlichen Ausland zu suchen. Bei ihnen liege die eigentliche Verantwortung; zudem seien bewaffnete Gruppen ungarischer Faschisten aus Österreich über die

21 So formuliert in dem ungezeichneten Leitartikel Welikoje jedinstwo, S. 5.
22 Ebd., S. 4.
23 Ebd., S. 7; Rede Suslows zum 39. Jahrestag der Oktoberrevolution am 6.11.1956 in Moskau, in: Prawda, 7.11.1956.
24 Ungezeichneter Leitartikel, Pregradit put reakzii w Wengrii! [Der Reaktion in Ungarn den Weg versperren!], in: Prawda, 4.11.1956.

Grenze gekommen[25]. Aufgrund dieser Darlegungen war es für jeden Kommunisten sowjetischer Observanz klar, daß die sowjetische Führung das Recht und die Pflicht hatte, der in Ungarn eingeleiteten Entwicklung mit allen Mitteln entgegenzuwirken. Zugleich wurde anerkannt, daß gewisse Reformen angebracht waren.

Zur Rechtfertigung der Militärintervention in Ungarn führte die sowjetische Seite sowohl formale als auch inhaltliche Gründe an. Zum einen berief man sich darauf, daß die ungarische Regierung um Hilfe nachgesucht habe[26]. Zum anderen galt es, Ungarn weiterhin eine »Entwicklung entlang des sozialistischen Weges« zu sichern und dort einen »Sieg der Konterrevolution« zu verhindern[27]. Nach sowjetischer Auffassung ging es dabei nicht allein um Ungarn. Wenn sich dort die feindlichen Kräfte durchsetzten, »würde dies auch andere sozialistische Länder einer Bedrohung aussetzen, indem es imperialistische Stützpunkte näher an ihre Grenzen heranführen und einen Kriegsherd in Ungarn schaffen würde«[28]. Eine Vereitelung des Sieges, den die »Konterrevolution« in Ungarn zu erringen strebe, verhindere die andernfalls vorauszusehende »Schwächung der sozialistischen Staatengemeinschaft«, auf die es der »internationale Imperialismus mit den USA an der Spitze« abgesehen habe[29].

Der gesamten Rechtfertigungsargumentation lag die Logik zugrunde, daß die Staatsmacht dem Proletariat, d.h. der kommunistischen Partei, stückchenweise entgleiten könne, so daß der »Übergang zur weißgardistischen Staatsmacht« allmählich und unmerklich vonstatten zu gehen drohe[30]. Es galt daher, den Anfängen zu wehren. In den sowjetischen Stellungnahmen spielte die politische Einschätzung der Regierung Nagy eine zentrale Rolle. Die entsprechenden Ausführungen legen die Annahme nahe, daß nicht zuletzt die anfangs als Wankelmütigkeit und Unzuverlässigkeit, dann immer mehr als Kapitulation vor den Aufständischen gedeutete Haltung des Ministerpräsidenten und seiner Kabinettsmehrheit die Männer im Kreml davon überzeugte, nur mit Hilfe der sowjetischen Waffen könne eine akzeptable Ordnung in Ungarn wiederhergestellt werden. Das schuf einen deutlichen Kontrast zu Polen, wo Gomułka seine Fähigkeit zur Kontrolle der Situation unzweideutig klargemacht hatte.

5. Fazit

In Darstellung und Begründung hatte die sowjetische Militärintervention in Ungarn 1956 einen wesentlich anderen Charakter als die Aktion, die 1968 zur Besetzung

25 Ebd.; Welikoje jedinstwo, S. 6 f.
26 Ebd., S. 5. Gleichlautend bereits die Erklärung der sowjetischen Regierung vom 30.10.1956, in: Prawda, 31.10.1956.
27 Welikoje jedinstwo, S. 5, 11.
28 Ebd., S. 7.
29 Ebd., S. 11.
30 Ebd., S. 6.

der Tschechoslowakei führte. Das betrifft zum einen die Lageeinschätzung. In Ungarn war aus Moskauer Sicht eine Gefährdung sowohl der sozialistischen Ordnung als auch der Zugehörigkeit zum Sowjetblock mit hinreichender Eindeutigkeit erkennbar. Beide Bedrohungen waren zwölf Jahre später in dem Nachbarland nicht so klar. Denn die Prager Reformkommunisten fühlten sich als Mitglieder der sozialistischen Gemeinschaft und wurden auch von vielen Kommunisten, vor allem auch in den westeuropäischen Parteien, uneingeschränkt als solche anerkannt. Zum anderen liegt ein Unterschied auch darin, daß es 1968 anders als 1956 geordnete Führungsverhältnisse und Parteistrukturen gab, die freilich zunehmend vom sowjetischen Modell abwichen. Aufgrund der verschiedenen Voraussetzungen war es im tschechoslowakischen Fall für die sowjetische Führung ungleich schwieriger, die Notwendigkeit eines militärischen Eingreifens plausibel zu machen.

Die Aufständischen in Ungarn lieferten mit den Verfolgungsjagden, die sie gegen Repräsentanten des kommunistischen Regimes veranstalteten, dem Kreml überzeugende Argumente für die These, daß der Sozialismus auf dem Spiel stand und der Rettung bedurfte. Der verzweifelte Versuch Nagys, die Sicherheit seines Landes gegenüber der UdSSR zunächst durch eine Neutralitätserklärung und dann sogar durch Bemühen um NATO-Beitritt zu gewährleisten, konnte in Moskau nur die Überzeugung stärken, daß die militärische Intervention unerläßlich war, wenn Einheit und Kraft der »sozialistischen Gemeinschaft« gewahrt werden sollten. Zwölf Jahre später dagegen bedurfte es schon ebenso komplizierter wie künstlicher Argumentationen, um die tschechoslowakischen Reformkommunisten als eine Gefahr sowohl für die sozialistische Ordnung im eigenen Land als auch für die Gesamtheit der kommunistischen Gemeinschaft erscheinen zu lassen. Das zog ein Überzeugungsdefizit nach sich, das von da an die kommunistische Bewegung und den sowjetischen Vorherrschaftsbereich dauernd belastete.

Die Schwierigkeiten, welche die sowjetische Führung 1968 unter den eigenen Anhängern mit der Rechtfertigung der Militärintervention hatte, nötigte sie zu dem, was 1956 noch nicht für erforderlich erachtet wurde, weil die Verhältnisse damals hinreichend klar erschienen waren: zur Ausarbeitung einer ideologisch ausgefeilten Begründung. Das war der entscheidende Grund für die Formulierung der Lehre vom »sozialistischen Internationalismus« bzw. der »Breshnew-Doktrin«. Damit wurde zum ersten Mal in systematischer Form ausgesprochen, was bis dahin zwar durchgängige Herrschaftspraxis, aber noch kein ideologisches Postulat gewesen war: Der Kreml duldete in seinem Vorherrschaftsbereich westlich der sowjetischen Grenzen keine autonomen Varianten des Sozialismus. Nur diejenigen Regime und Systeme, die Moskauer Lenkung und Überwachung unterlagen, wurden akzeptiert.

Mit der Festlegung einschlägiger Handlungsgrundsätze verschaffte sich die sowjetische Führung ein Kontrollinstrument, das die bisher ausgeübte Oberherrschaft sowohl verstärkte als auch regelte. Zugleich jedoch decouvrierte sich Moskau, indem es seine Machtansprüche gegenüber den »sozialistischen Bruderländern« explizierte: Die Beziehung zwischen der Vormacht und ihren

Gefolgschaftsstaaten wurde der ideellen Verbrämung entkleidet und in aller realen Härte offenkundig gemacht. So weit hatte die sowjetische Führung 1956 noch nicht gehen müssen, als sie ihre Truppen nach Ungarn schickte.

Die Abfolge der sowjetischen Militärinterventionen in den sozialistischen Ländern des westlichen Vorfelds erscheint im Rückblick wie eine Illustration zu der Moskauer Rede von den intrasystemaren »Widersprüchen«. Diese unüberbrückbaren, auch in Europa zu kriegerischen Geschehnissen führenden Konflikte sollten nach sowjetischer Lehre jedoch nicht im sozialistischen, sondern im »imperialistischen« Lager auftreten (wo sie während des gesamten Kalten Krieges ausblieben). Der Kern des Gegensatzes, der die UdSSR von ihren sozialistischen Zwangsverbündeten trennte, war die antagonisierende Wirkung der Zwangsausübung, die der sowjetischen Oberherrschaft zugrunde lag. Von Stalin bis Andropow und Tschernenko waren alle Führer im Kreml dieser Tatsache inne.

Als Gorbatschow in der zweiten Hälfte der achtziger Jahre glaubte, die sowjetische Vormacht und die sozialistische Ordnung in Mittel- und Osteuropa auf freiwillige Zustimmung gründen zu können und daher die »Breshnew-Doktrin« revozierte, um die damit verbundenen materiellen Belastungen loszuwerden, leitete er damit ungewollt den Zusammenbruch der »sozialistischen Gemeinschaft« ein. Innerhalb von weniger als zwei Jahren brach der Block als das »äußere Imperium« total auseinander. Wenige Monate später kollabierte auch das »innere Imperium«. Damit fand zugleich der mit Abschreckungspolitik hier und Koexistenz-Praxis dort verbundene Kalte Krieg ein Ende. Auf diese Weise trat zum Schluß nochmals zutage, daß die militärische Unterdrückung der mittel- und osteuropäischen Staaten und die Ost-West-Konfrontation die beiden Seiten der gleichen Medaille gewesen waren.

Jordan Baev

Die politischen Krisen in Osteuropa in der Mitte der fünfziger Jahre und die bulgarische Staatsführung

Am 1. Juli 1991 wurde nach 36 Jahren Existenz die Tätigkeit der Organisation des Warschauer Paktes eingestellt. In offiziellen Reden vor dieser letzten Tagung seines Politisch Beratenden Ausschusses hatten es die führenden Politiker der Teilnehmerstaaten nicht versäumt, ihr Verhältnis zu seiner Geschichte zum Ausdruck zu bringen. Als erster der Staatsmänner betonte der bulgarische Präsident Dr. Shelju Shelew: »Das dem Bündnis zugrunde liegende nichtgleichberechtigte und undemokratische Modell der wechselseitigen Beziehungen, die überwiegend militärische Ausrichtung und die über Jahrzehnte angehäufte Bürde unrechtmäßiger und bedauernswürdiger Handlungen haben zum jetzigen logischen und selbstverständlichen Ende geführt.« Der polnische Ministerpräsident Jan Krysztow Bielecki verwies darauf, daß der Warschauer Pakt in seiner Praxis sogar jene Prinzipien verletzt habe, die er selbst aufgestellt hatte. Ungarns Premier József Antal rief aus: »Das Erbe des Kalten Krieges, das dumpfe Erinnerungen weckt, verschwindet.« Er ergänzte, daß sich mit der Auflösung des Paktes die Bestrebungen der »ungarischen Revolution des Jahres 1956« verwirklichten. In der Endabrechnung äußerten die Tagungsteilnehmer ihr Einverständnis mit den Worten des bulgarischen Präsidenten: »Überlassen wir es der Historie, ihr kompromißloses Urteil zu fällen[1].«

Noch vor Beendigung des Zweiten Weltkrieges wurde zwischen den Siegern eine Übereinkunft hinsichtlich einer »Teilung der Verantwortlichkeiten« oder, um es deutlicher zu sagen, einer Aufteilung der »Einflußsphären« in Europa erzielt. Die Ereignisse während des Zeitraums August/September 1944 auf dem Balkan veranlaßten die britische Regierung zur Wiederaufnahme ihrer Anstrengungen — nach der Zurückweisung der vorangegangenen Idee einer Konföderation mittels einer Vereinbarung mit der UdSSR. Am 9. Oktober 1944 trafen Winston S. Churchill und Anthony Eden in Moskau ein. Am selben Abend kamen sie zu einem Treffen mit Jossif W. Stalin und Wjatscheslaw M. Molotow zusammen, in dessen Verlauf der britische Premier die bekannte Übereinkunft hinsichtlich der prozentualen Aufteilung der Länder auf dem Balkan — und Ungarns — in »Einflußsphären« unterbreitete. Churchills Vorschläge bei diesem ersten Treffen waren am folgenden Abend Gegenstand eines lebhaften Feilschens zwischen den zwei Außenministern: »Eden sagte, er sei bereit, Molotows Wünschen bezüglich Ungarn

1 Archiw na Ministerstwoto na wnschnite raboti (Archiv des Außenministeriums, AMWnR), Sofia, 10/2/11.

entgegenzukommen, doch bat er um Molotows Hilfe für eine irgendwie geartete Beteiligung in Bulgarien nach der Niederlage Deutschlands. Molotow schlug daraufhin 75 zu 25 für Ungarn vor. Molotow fuhr mit den Worten fort, daß man hinsichtlich Bulgariens noch nicht am Ende sei. Betrüge das Verhältnis bezüglich Ungarn 75 zu 25, könnte es dann auch für Bulgarien 75 zu 25 betragen und 60 zu 40 für Jugoslawien. Das wäre die Grenze, bis zu der er gehen könnte. Eden sagte, daß er einen solchen Vorschlag dem Ministerpräsidenten, der sehr großes Interesse an Jugoslawien zeige, nicht übermitteln könne. Er habe große Anstrengungen für Titos Verteidigung unternommen und ihn mit Waffen versorgt. Jegliche prozentuale Veränderung hinsichtlich Jugoslawien würde ihm nicht genehm sein. Eden schlug daraufhin für Ungarn das Verhältnis 75 zu 25, für Bulgarien 80 zu 20 und für Jugoslawien 50 zu 50 vor. Molotow wäre mit dem Verhältnis 50 zu 50 für Jugoslawien einverstanden, würde es denn für Bulgarien 90 zu 10 lauten. Würde sich das Verhältnis für Bulgarien verringern, müsse das für Jugoslawien ebenfalls zu einer Veränderung führen. Eden hob hervor, daß man hinsichtlich Ungarn bereits ein Zugeständnis gemacht habe. Molotow wiederholte, daß Ungarn an Rußland und nicht an Großbritannien grenze. Die Russen hätten in Ungarn Verluste erlitten. Marschall Stalin habe das dem Ministerpräsidenten in Erinnerung gerufen. Was bedeute das Verhältnis 60 zu 40 für Jugoslawien? Es bedeute, daß Rußland ein geringeres Interesse an der Küstenregion hätte und sich nicht einmischen würde, doch forderten die Russen einen größeren Einfluß im Zentrum[2].«

Am 11. Oktober hatte man sich auf die Positionen von 80 % sowjetischen Einfluß in Bulgarien und Ungarn sowie 50 % in Jugoslawien geeinigt, während sich Großbritannien und die UdSSR entsprechend für Griechenland und Rumänien je 90 % zuteilten. Das spielte bei der weiteren politischen Entwicklung aller Balkanstaaten (unabhängig von den spezifischen Besonderheiten in jedem einzelnen von ihnen) eine wesentliche Rolle und bildete für fast ein halbes Jahrhundert die unausbleibliche Voraussetzung für das Gegeneinander der Blöcke auf dem Balkan. Das Thema hinsichtlich der »Einflußsphären« ist von unmittelbarer Bedeutung dafür, inwieweit die Standpunkte der Großmächte im Kontext des umfassenderen Themas für alternative Entwicklungsvarianten einen entscheidenden Einfluß auf das weitere Schicksal Bulgariens hatten. Die geschichtlichen Tatsachen zeigen, daß unter den Bedingungen Osteuropas die Außenpolitik in Perioden verstärkter internationaler Konfrontation in der Politik der kleinen Staaten eine wesentliche Rolle gespielt hat.

Die Aufteilung Europas in »Einflußsphären« bereits in der Endphase des Krieges hat die Spur der gesamten Nachkriegsgeschichte Bulgariens schicksalhaft geprägt. Innerhalb einer relativ kurzen historischen Zeitspanne wurde forciert das stalinistische politische Führungsmodell installiert. In den Jahren des Kalten Krieges wurden die für die Länder der Balkanhalbinsel ehemals charakteristischen vielfältigen Daseinsformen durch das einseitige antagonistische Gegeneinander zweier politischer »Lager« ersetzt. Diese Lagerpsychose dik-

2 Detaillierter siehe: Baev/Kotew: Sporasumenijeto Churchill-Stalin.

tierte a priori, die Linie zu befolgen, die jeweils eine der beiden »Supermächte« wahrnahm.

Die Entwicklung und die Umgestaltung der Streitkräfte in Osteuropa nach dem Ende des Zweiten Weltkrieges verlief auf ähnliche Art und Weise, unabhängig von der unterschiedlichen völkerrechtlichen Stellung der einzelnen Länder bis zum Abschluß der Friedensverträge mit den Verbündeten Deutschlands im Februar 1947 in Paris. In jedem Fall war die direkte sowjetische Einmischung für das Tempo und den Charakter der zu vollziehenden hauptsächlichen Veränderungen in den entsprechenden Armeen von entscheidender Bedeutung. Eine wichtige Rolle spielten die Kommandos der sowjetischen Truppen (für Rumänien, Ungarn und Bulgarien das Kommando der Alliierten Militär-Kontroll-Kommissionen), die sowjetischen Militärberater bei den einzelnen Waffengattungen und nationales Personal, das sowjetische Offizierschulen absolviert oder in sowjetischen Einheiten gedient hatte. Ein beredtes Beispiel war Polen, wo sich in fast allen Kommandeurverwendungen (einschließlich des Stellvertreters des Verteidigungsministers, des Chefs des Generalstabs und der Stellvertreter der Generalstabschefs, der Chefs der operativen Abteilungen, der Abteilung für Organisationsfragen und anderer Abteilungen im Ministerium für Nationale Verteidigung und auch der Chefs der Militärabwehr) Offiziere befanden, die ihre sowjetische Staatsbürgerschaft beibehalten hatten und weiterhin in den Personallisten der Sowjetarmee geführt wurden[3]. Im November 1949 wurde sogar der Marschall der Sowjetunion Konstantin Rokossowski, ein gebürtiger Pole, in die Dienststellung des Ministers für Nationale Verteidigung Polens »abkommandiert«. Das Geheimschreiben des polnischen Ministerpräsidenten Bolesław Bierut und des Verteidigungsministers Rokossowski an den sowjetischen Premier Georgi Malenkow vom 6. Juni 1953 vermerkt: »In den Streitkräften der Volksrepublik Polen haben 87 Generale und 630 Offiziere der Sowjetarmee Dienst in Führungsdienststellungen geleistet [...]. Wir erachten es als voll und ganz zweckmäßig, auf der gleichen Basis wie sie auch für die anderen volksdemokratischen Länder zutrifft, zum System der Militärberater überzugehen. Wir bitten Sie, für die Streitkräfte der Volksrepublik Polen 308 Militärberater zu ernennen[4].«

Während die Personalstärke der sowjetischen Truppen in Bulgarien bis zu ihrem Abzug im Dezember 1947 130 000 Mann nicht überstieg, lag sie in Rumänien und Ungarn in manchen Monaten zwischen je 300 000 und 600 000 Mann. Die westlichen Geheimdienste informierten regelmäßig über Manöver und die Bewegung großer sowjetischer Truppen- und Waffengruppierungen auf rumänischem Territorium[5]. Mit Hilfe der sowjetischen Militärverwaltung wurden im Dezember 1946 in Ungarn die Vertreter der großen Koalitionspartner der Kommunistischen Partei in der Führung des Landes ausgeschaltet. Im November 1948

3 Chef der polnischen Militärabwehr war beispielsweise der sowjetische Oberst D.P. Wosnessenski, von 1921 bis 1944 Angestellter der Tscheka-OGPU-NKWD-SMERSCH.

4 Nalepa, Oficerowie Armii Radzieckiej, S. 266.

5 Verona, Military occupation, S. 47 f.

wurden Beschlüsse zur vollständigen Säuberung der Armee und Schaffung eines neuen »politisch zuverlässigen« Offizierkorps gefaßt. Innerhalb von nur zwei Jahren war der Hauptanteil der Säuberung (über 80 %) bei den Generalen und bei höheren Rängen der Offiziere realisiert[6].

Unmittelbar nach dem Einmarsch der sowjetischen Truppen in Bulgarien im September 1944 demonstrierten die führenden Politiker der sowjetischen Regierung wiederholt den Wunsch nach Aufbau einer modernen und einsatzbereiten bulgarischen Armee. Beim Zusammentreffen mit einer von Ministerpräsident Kimon Georgijew angeführten bulgarischen Delegation wiederholte Stalin am 28. Januar 1945 in Moskau mehrmals: »Bulgarien muß über eine starke und gut bewaffnete Armee verfügen[7].« Diese Worte standen im Einklang mit der nachfolgend bis zum Tode Stalins betriebenen sowjetischen Politik, die Kontrolle über den Bosporus und den Zugang zum östlichen Mittelmeer zu gewinnen. Stalins Absichten erforderten die Nutzung der wichtigen geostrategischen Lage Bulgariens als vorgeschobene Basis mit guten Verkehrsverbindungen zu den Dardanellen, zur Ägäis und zur Adria, was wiederum starkes Mißtrauen und eine heftige Reaktion in den politischen und militärischen Kreisen der USA und Großbritanniens hervorrief[8]. Während der ersten zwei Nachkriegsjahre unterhielt England in Griechenland Truppen von 40 000 Mann und beteiligte sich aktiv an der Umstrukturierung und Bewaffnung der griechischen Regierungstruppen. Infolge der im März 1947 verkündeten »Truman-Doktrin« erhielten die beiden südlichen Nachbarn Bulgariens jährlich eine bedeutende amerikanische Militärhilfe.

In den Jahren 1946/1947 übte die sowjetische Führung massiven Druck zugunsten einer umfassenden Säuberung des bulgarischen Offizierkorps aus. In Erfüllung ihrer eigenen Beschlüsse zur Reorganisation der Armee und deren Auffüllung mit Kommandeuren hatte die Regierung in Sofia bereits Mitte 1947 die Bitte an Moskau gerichtet, bulgarische Offiziere an sowjetischen Offizierschulen und Akademien auszubilden und sowjetische Vorschriften und moderne Bewaffnung für den Bedarf der bulgarischen Armee bereitzustellen. In einem Schreiben an Stalin vom 3. November 1947 drängten Ministerpräsident Georgi Dimitroff und Verteidigungsminister Georgi Damjanow auf »eine Beschleunigung des Eintreffens von Militärberatern [der UdSSR] in Bulgarien«[9]. Am 25. August 1948 bat Dimitroff

[6] Nazionalen zentr po wojenna istorija (Institut für Militärgeschichte), WIB III/1277, Bl. 35, 40.

[7] Zentralen drshawen archiw (Zentrales Staatsarchiv, ZDA) Sofia, Sammlung ZPA (Zentrales Parteiarchiv), Fond 147, Verzeichnis 2, a.e. 1025, Bl. 2, 3, 6.

[8] Nach dem Erhalt detaillierter Meldungen über die Linie des militärischen Geheimdienstes vom 28.2. und 14.3.1946 übermittelte der Vorsitzende der Joint Chiefs of Staff der US-Streitkräfte, Admiral William Leahy, am 18.3. an Außenminister Byrnes: »Die sowjetischen Forderungen nach Stützpunkten in dieser Region bezeichnen die Absichten für eine ausschließliche Kontrolle über die Dardanellen und den Persischen Golf, [...] die von lebenswichtiger Bedeutung für die britische Gemeinschaft sind.« NA, RG 218, Box 17, Folder 110, S. 9–11.

[9] Zentralen Wojenen Archiw (Zentrales Militärarchiv ZWA), Weliko Târnowo, Fond 22, Verzeichnis 1, a.e. 322, Bl. 143.

den sowjetischen Verteidigungsminister, Marschall der Sowjetunion Nikolai A. Bulganin, der Aufnahme von 61 bulgarischen Offizieren an sowjetischen Militärakademien, 302 Mann an zeitlich befristeten Kursen sowie weiterer 48 Mann der See- und Luftstreitkräfte zuzustimmen[10]. Von 1950 bis 1954 faßte das Politbüro des ZK der Bulgarischen Kommunistischen Partei insgesamt neun Beschlüsse über die Entsendung einzelner Gruppen von Offizieren an sowjetische militärische Lehreinrichtungen. Wie auch in den übrigen osteuropäischen Ländern hatte die bulgarische Armee noch vor der Gründung des Warschauer Paktes das sowjetische militärische Organisations- und Ausbildungssystems übernommen.

In den ersten Informationen nach dem Ausschluß Jugoslawiens aus dem Kommunistischen Informationsbüro (Kominform) im Juni 1948 richteten die westlichen Nachrichtendienste ihre Aufmerksamkeit auf die Wahrscheinlichkeit des Ausbruchs eines militärischen Konfliktes auf dem Balkan und auf die erhöhte sowjetische Militärpräsenz in den Jugoslawien benachbarten »Satelliten«-Ländern. In einem Memorandum des CIA-Direktors Admiral Roscoe H. Hillenkoetter an Präsident Harry S. Truman wurde bereits am 30. Juni 1948 betont, daß sich die neuentstandene Situation von allen osteuropäischen Ländern am direktesten in Bulgarien widerspiegeln werde[11]. Im Zeitraum von August 1948 bis Ende des Jahres 1953 übermittelten eine Reihe amerikanischer, britischer und französischer nachrichtendienstlicher Dossiers regelmäßig Angaben über die Umdislozierung bulgarischer Truppenteile, Militärmanöver und Feldlager in den westlichen Regionen, Informationen über Besuche und Inspektionen von Generalen und Offizieren des Generalstabs der Sowjetarmee nahe der bulgarisch-jugoslawischen Grenze oder den Transport neuer Flugzeug-, Panzer- und Artilleriemodelle nach Bulgarien. Mehrfach wurden die Möglichkeiten für die Vorbereitung einer militärischen Aktion gegen Jugoslawien analysiert; doch die ausdrückliche Ansicht der westlichen Militärexperten war, daß Bulgarien im Alleingang keinerlei kriegerische Handlungen gegen seinen westlichen Nachbarn vornehmen werde. Dazu könne es einzig in Umsetzung der sowjetischen militärstrategischen Pläne und im Zusammenwirken mit den Streitkräften der anderen osteuropäischen Truppen kommen[12]. Es bestand die allgemeine Meinung, daß sich die bulgarische Armee bereits vollständig unter der militärischen und politischen Kontrolle der Sowjetunion befand.

Diese Feststellungen über die vollständige sowjetische »Bevormundung« der bulgarischen Streitkräfte entsprachen der realen Lage nach dem Jahr 1948. Sehr charakteristisch war der Inhalt einer Geheimbotschaft von Premier Dimitroff an Bulganin vom 18. November 1948: »Für den Fall einer imperialistischen Aggression geht die Position unserer Partei und der Regierung bezüglich der Verteidigung Bul-

10 Ebd., Fond 7, Verzeichnis 1, a.e. 205, Bl. 13–15.

11 NA, RG 218, Box 19, Folder 122, N ER 0108, N 0214, Decimal File.868.R.00/7–2348.

12 PRO, FO 371/87 584, S. 7; FO 371/95074, S. 8; 536/49, S. 20; AMAE, Archiv Diplomatiques, Carton Z, Europe 1949–1955. Bulgarie. Vol. 21, S. 9, 10, 41, 88, 169, 173, 218, 271, 308–310; Vol. 22, S. 54, 66.

gariens und seiner Teilnahme an der Gesamtfront dahin, daß die bulgarische Armee als Bestandteil der großen Sowjetarmee und unter ihrem übergreifenden Kommando auf dem Balkan und ganz speziell in ihrem Abschnitt handeln wird. Deshalb sind wir der Ansicht, daß wir bereits jetzt über eine gewisse Klarheit bezüglich des Zusammenwirkens unserer Armee mit der Armee der Sowjetunion und auch der Hauptaufgabe, die unsere Armee zu erfüllen haben wird, verfügen müßten. Davon wird abhängig sein, welche Waffengattungen wir vorrangig in welchen Richtungen und welchem Umfang zu entwickeln haben[13].« Bei den nachfolgenden Kommandeurtagungen wurde in den Folgejahren als Hauptaufgabe gestellt, sich die »sowjetischen Kampferfahrungen« anzueignen und sie anzuwenden.

Zu Beginn der 50er Jahre war die Konfrontation zwischen West und Ost äußerst zugespitzt. Unter der politischen und militärischen Führung Bulgariens rief die militärische Orientierung Griechenlands, der Türkei und Jugoslawiens auf die USA und Westeuropa Besorgnis hervor. Eine verallgemeinerte Information über die NATO-Ratstagung vom Dezember 1952, die durch das bulgarische Außenministerium erstellt worden war, verwies darauf, daß die »neue Strategie« des Nordatlantikpaktes für den Fall des erwarteten Überfalls seitens der UdSSR auf Westeuropa vorsehe, daß »türkische, griechische und jugoslawische Truppen unverzüglich zum Gegenangriff auf dem Balkan überzugehen hätten«[14].

Mit Unruhe verfolgten die bulgarischen Behörden auch die Durchführung von NATO-Militärmanövern im griechischen Teil Mazedoniens und in Ostthrakien. Die im Dezember 1954 unter der Leitung des Chefs der amerikanischen Militärmission in Griechenland, General Bird, abgehaltenen Manöver in Nordgriechenland beinhalteten einen »theoretischen« Angriff von Einheiten der 1. griechischen Armee und Teilen der Luftstreitkräfte der 6. US-Flotte auf Objekte in Bulgarien und Albanien, und die Manöver »Trident-1« vom März 1955 unter Leitung des Befehlshabers der 6. US-Flotte, Admiral Thomas F. Combs, in Ostthrakien hatten als Bestandteil einen Gegenschlag gegen einen »gegnerischen Überfall« auf die Region Edirne[15].

Die westlichen Militärbeobachter verfolgten ebenfalls mit Aufmerksamkeit die Haltung der bulgarischen Streitkräfte. Im November 1949 informierte der französische Militärattaché in Sofia seinen Generalstab über die Durchführung von Manövern bulgarischer Truppenteile in Richtung Burgas-Malko Târnovo, deren Ziel in Entsprechung des »operativ-taktischen Angriffsplans des bulgarischen Generalstabs« in der Zerstörung des türkischen Verteidigungssystems im Raum Edirne bestünde. Ein Jahr später wurde Paris über Militärmanöver von 60 000 Mann im Raum Haskowo informiert, die unter Leitung eines »sowjetischen Generalstabsoffiziers« standen. Dieser erteilte »der Infanterie eine befriedigende Einschätzung«, richtete die Aufmerksamkeit jedoch darauf, daß das fehlende Zusam-

13 ZDA, Sammlung ZPA, Fond 146, Verzeichnis 2, a.e. 1703, Bl. 10.

14 AMWnR, Swodka sa dejnostta na Atlantitscheskija pakt (Sammelbericht über die Tätigkeit des Atlantikpaktes), Abt. II, Sektion 1, 3.1.1953, Bl. 6.

15 Ebd., V/3/16.

menwirken mit den Fliegerkräften »die Widerstandsmöglichkeiten eingeschränkt habe«. Im Mai 1951 erhielt das britische Kriegsministerium Informationen über erstmals in Bulgarien unter Leitung von Generalleutnant W.P. Swiridow[16] gemeinsam abgehaltene Manöver bulgarischer, rumänischer, ungarischer und sowjetischer Truppenteile. Derartige Informationen erreichten auch den französischen Generalstab aus den Gesandtschaften in Budapest, Bukarest und Athen. Die Botschaften der zwei Großmächte in Sofia zweifelten jedoch die Glaubwürdigkeit dieser Informationen an[17]. Nach einer anderen Information von einer »hochgestellten jugoslawischen Quelle«, die im Februar 1950 sogar im Manchester Guardian erschienen war, stand die bulgarische Armee unter direkter Beobachtung von Marschall Iwan S. Konew[18].

Im Unterschied zu diesen widersprüchlichen, dürftigen und oftmals ungenauen Informationen waren die Bewertungen der westlichen Militärexperten bezüglich der Kapazität und des Einsatzes der bulgarischen Armee in einem zukünftigen Koalitionskrieg in Europa in fachlicher Hinsicht objektiv. So wurden beispielsweise in einem Bericht des britischen Militärattachés in Sofia vom 23. Februar 1950 zwei Möglichkeiten betrachtet: »1. Sollte die bulgarische Armee in einen lokalen Krieg verwickelt werden, muß sie für die Kampfführung im Gebirge ausgebildet werden, was in die operativen Pläne der 1. Armee gehört [...]. 2. Die zweite Alternative besteht darin, daß die bulgarische Armee [in einem globalen Konflikt] als Teil der Streitkräfte der Sowjetunion zu kämpfen hat. In diesem Fall wird sie für den Schutz der Grenze eingesetzt werden, ohne aktiv in den Krieg verwickelt zu sein[19].« Im umfangreichen Material »Das Militärpotential Bulgariens«, das im Dezember 1955 auf der Basis von aus Sofia eingegangenen Informationen vom Deuxième Bureau des französischen Generalstabs erarbeitet worden war, hieß es: »Die bulgarische Armee ist gut ausgerüstet, verfügt über eine hohe Mobilmachungsbereitschaft und ist dem operativen Kriegsschauplatz in Südosteuropa perfekt angepaßt [...]. Im Falle eines begrenzten Konfliktes werden fünf bis sieben Divisionen an der Grenze zu den beiden Nachbarn im Süden für den Angriff auf die Küste der Ägäis und auf Istanbul im Zusammenwirken mit sowjetischen Fliegerkräften zum Einsatz gelangen. Bei einem Konflikt des sowjetischen Blocks mit Kräften der NATO werden die bulgarischen Truppen für Angriffshandlungen ungeeignet, doch bei sowjetischer Luftunterstützung zur Verteidigung gegen griechische und türkische Truppenteile bereit sein[20].«

16 Generalleutnant W.P. Swiridow war im Zeitraum von 1945 bis 1947 Stellvertreter des Vorsitzenden der Aliierten Kontrollkommission für Ungarn und von 1949 bis 1953 Oberbefehlshaber der Zentralgruppe der Streitkräfte der UdSSR in Ungarn.

17 PRO, FO 371/95 073, S. 53 f.; AMAE, Archives Diplomatiques, 1949 bis 1955, Bulgarie, Vol. 21, S. 12 f., 114 f., 237, 246–249.

18 PRO, FO 371/87 583, S. 3.

19 PRO, FO 371/87 584, S. 7.

20 AMAE, Archives Diplomatiques, 1949 bis 1955, Bulgarie, Vol. 23, No. 4694: Le Potentiel Militaire de la Bulgarie, 100-I, II.

Alle Fakten belegten den hohen Grad des Zusammenwirkens, die Identität in struktureller Hinsicht und die Standardisierung bei der Bewaffnung der osteuropäischen Armeen mit den Streitkräften der Sowjetunion. Die Koordinierung im außenpolitischen und militärischen Bereich wurde juristisch mittels eines Systems bilateraler Bündnisverträge festgeschrieben. Auf höchster politischer Ebene wurde sie über das Kominformbüro umgesetzt, während die multilaterale Wirtschaftsintegration im Rat für Gegenseitige Wirtschaftshilfe erfolgte. Mit der Unterzeichnung des Warschauer Paktes im Mai 1955 waren Struktur und Funktionsmechanismus des osteuropäischen Militärblocks geschaffen. Der Abschluß des Warschauer Paktes bezeichnete eher die Vollendung eines langwierigen Prozesses, der nach dem Ende des Zweiten Weltkrieges ein ganzes Jahrzehnt angedauert hatte.

Inhaltlich rückten im Warschauer Pakt die militärischen Aspekte des Bündnisses in den Vordergrund. Viel deutlicher als in den bilateralen Verträgen der Jahre 1947/1948 war der Warschauer Vertrag auf den kollektiven Schutz (casus foederis) gerichtet, was seinen Verteidigungscharakter unterstrich[21]. Die Geschichte dieses Paktes hat gezeigt, daß seine Haupttätigkeit in der Koordination der politischen Linie der osteuropäischen Verbündeten mit der des führenden Partners sowie in der Beibehaltung des Gesellschaftssystems in jedem der Länder gemäß den Auffassungen der jeweiligen Parteiführung in Moskau bestanden hat. Was also realiter ablief, geriet in Widerspruch zu einem der Hauptprinzipien, das in Artikel 8 des Warschauer Paktes formuliert war — der gegenseitigen Achtung der Unabhängigkeit und Souveränität aller vertragschließenden Parteien und der Nichteinmischung in deren innere Angelegenheiten.

Zur ersten direkten Einmischung sowjetischer Truppen in einen innenpolitischen Konflikt eines europäischen Staates nach dem Zweiten Weltkrieg kam es in der ostdeutschen Hauptstadt während der Demonstrationen im Juni 1953. Die Regierung Bulgariens unternahm alles, damit die Öffentlichkeit des Landes nichts von den bewaffneten Zusammenstößen des 17. Juni 1953 in Ostberlin erfuhr. Informationen kamen nur aus den Kommentaren westlicher Rundfunkstationen und einigen Propagandaflugblättern, die von Aufklärungsflugzeugen der NATO-Länder über bulgarischem Territorium verbreitet wurden. In ihnen hieß es: »Die 1. und 14. gepanzerte sowjetische Division haben die Regierung Grotewohl gerettet[22].« Nach dem gleichen Verfahren gab es keinerlei Meldung über den Zusammenprall zwischen Armee und Arbeitern im tschechoslowakischen Plžen (Pilsen) nach der Verkündung der Währungsreform am 1. Juni 1953[23].

Die sich nach den Genfer Abkommen von 1955 abzeichnende relative Stabilisierung der internationalen Beziehungen wurde durch die Suez- und Ungarnkrise während der zweiten Hälfte des Jahres 1956 torpediert. Auch im System des

21 Organisazijata na Warschawskija dogowor, S. 115–120. In seiner bekannten Monographie über die Grundlagen der internationalen Politik gibt Holsti als besonders charakteristisches Beispiel verschiedene Formulierungen im bulgarisch-sowjetischen Vertrag vom 18.3.1948 und des Warschauer Paktes vom 14.5.1955 wieder: International Politics, S. 109.

22 ZDA, Sammlung ZPA, Fond 1, Verzeichnis 24, a.e. 125, Bl. 4.

23 Barany, East European Armed Forces, S. 3.

Warschauer Vertrags riefen die seit dem Frühjahr 1956 in den osteuropäischen Ländern zu verzeichnenden Veränderungen gewisse Erschütterungen hervor. Was Bulgarien betrifft, gingen die innenpolitischen Kollisionen nicht in öffentliche Massenerscheinungen über, doch beunruhigten auch die ersten unorganisierten Reaktionen die kommunistische Führung stark. Sie reagierte mit schnellen Aktionen gegen die »ungesunden Stimmungen« und die »kleinbürgerlichen Ausschweifungen«.

Eine Reihe höchster Militärs sprach sich gegen kosmetische Veränderungen durch die Absetzung des ehemaligen kommunistischen Führers Walko Tscherwenkow und die Aufwertung seines ehemaligen Protegés Todor Shiwkow aus. In den Diskussionen des während der folgenden Jahrzehnte breit gepriesenen viertägigen Aprilplenums des ZK der BKP[24] äußerte sich General Jonko Panow am schärfsten. Er bezeichnete die Haltung der Parteiführung, die Fakten über die politischen Repressionen der vorangegangenen Jahre verheimlichte und sich weigerte, diejenigen, die sie ausgeführt hatten, kategorisch zu verurteilen, als unehrlich. Gleichzeitig erklärte General Panow, daß der als neuer »Führer« der BKP vorgeschlagene Shiwkow nicht über die Eigenschaften für die zu besetzende Stelle verfüge und daß es von solchen wie ihn noch »wenigstens 500 mehr« gäbe. In den folgenden Wochen äußerten sich auch noch weitere Offiziere, die höchste Dienstposten bekleideten, sehr kritisch — der Chef Rückwärtige Dienste der Bulgarischen Volksarmee, General Boris Koptschew; der Befehlshaber des I. Korps, General Zwjatko Anew; der Befehlshaber der Truppen des Innenministeriums, General Panajot Karakatschanow; der Chef der Politabteilung des Generalstabs, Oberst Marintschewski; der Stadtkommandant von Sofia, Oberst Petkow; der Chef der Militärabwehr und andere[25]. Speziell für die »Beruhigung der Geister« in der Armee wurde ein eiliges Treffen Shiwkows mit den Kommandeuren arrangiert. Es gab Beschlüsse zur Stärkung der Führung des Ministeriums für Nationale Verteidigung und der Ausübung des Prinzips der Einzelleitung. Einige höchste Militärs, die offen Vorbehalte gegenüber der Autorität der neuen Parteiführung und speziell gegenüber der Persönlichkeit Shiwkows gezeigt hatten (die Generale Panow und Koptschew, Oberst Jantscho Kostow u.a.), wurden bestraft[26]. Die innenpolitische Atmosphäre in Bulgarien während der zweiten Hälfte des Jahres 1956 wurde durch Informationen über die Lage in Polen und Ungarn direkt beeinflußt.

Nach der Verkündung einiger unpopulärer ökonomischer Maßnahmen in Polen brachen im Juni 1956 in Poznań Arbeiterdemonstrationen aus, die durch Sicherheitskräfte mit Waffengewalt niedergeschlagen wurden[27]. Während des

24 Es ist bezeichnend, daß das Stenogramm über die Beratungen dieser Tagung lange Jahre mit der Einstufung »Streng geheim von besonderer Wichtigkeit« versehen war und erst nach der Absetzung Shiwkows im November 1989 veröffentlicht wurde.

25 Migew, Ofizerstwoto i polititscheskoto raswitije.

26 ZDA, Sammlung ZPA, Fond 1, Verzeichnis 6, a.e. 2881, 2924; Verzeichnis 24, a.e. 216.

27 74 Personen kamen ums Leben, von denen nur 8 zu den Sicherheitskräften ZOMO gehörten. Draganow, W sjankata na stalinisma, S. 125.

Treffens des Präsidiums des ZK der KPdSU mit den osteuropäischen Führern am 24. Juni 1956 in Moskau rief der sowjetische Parteichef Nikita S. Chruschtschow zu »harten Maßnahmen« auf. In der polnischen Führung hatten sich zwei Strömungen herausgebildet. Die eine Strömung, mit Władysław Gomułka an der Spitze, die »Erneuerer« genannt, trat für die Durchführung grundlegender Reformen auf dem Weg der Entstalinisierung der Gesellschaft ein; die andere Strömung, die »Hardliner«, bestand weiterhin auf der Befolgung der Politik der Stärke der jüngeren Vergangenheit. Auf dem Höhepunkt der öffentlichen Diskussionen wurden in Polen gemeinsame sowjetisch-polnische Militärmanöver abgehalten, die als Demonstration der Stärke empfunden wurden und die Vorankündigung für eine blutige soziale Explosion waren[28].

Im Oktober kam Chruschtschow zu einem unerwarteten Besuch nach Warschau. Über seine Gespräche mit den polnischen Spitzenpolitikern informierte er am 24. Oktober die zu Konsultationen nach Moskau gerufenen Delegationen der DDR, der Tschechoslowakei und Bulgariens. In die Diskussion schaltete sich auch der Vertreter der Volksrepublik China, Liu Chao-Chi, ein. Der bulgarischen Delegation gehörten an der Erste Sekretär der BKP Shiwkow, Ministerpräsident Anton Jugow und das Mitglied der Parteiführung Entscho Staikow. Im Bericht an das ZK der BKP vom 31. Oktober gab Ministerpräsident Jugow das von Chruschtschow Dargelegte wieder. Der sowjetische Führer hatte ausgeführt: »Wir haben eine Reihe ungesunder Erscheinungen und ungesunder Standpunkte in Polen, für die sich die führendsten polnischen Genossen einsetzen, scharf kritisiert«. Die vom neugewählten kommunistischen Führer Polens, Gomułka, aufgeworfenen Fragen hinsichtlich des Abzugs der sowjetischen Berater im Innen- und Verteidigungsministerium und des Abzugs der auf der Grundlage des Warschauer Paktes im Lande befindlichen sowjetischen Truppen in ihre Garnisonen definierte Chruschtschow als »kleinliche, haltlose Fragen«, die dem »Arsenal der Feinde« entlehnt wären[29]. Die sowjetische Regierung war jedoch gezwungen, der Bitte der neuen polnischen Führung nachzukommen, die Mehrzahl ihrer KGB-Berater zurückzurufen. Nach der Abberufung Marschall Rokossowskis vom Amt des polnischen Verteidigungsministers Mitte November (er wurde umgehend zum Stellvertreter des Verteidigungsministers der UdSSR ernannt) bestand sein Nachfolger, Marschall Marian Spychalsky, in zwei aufeinanderfolgenden Schreiben an seinen sowjetischen Kollegen Marschall Shukow und an Premierminister Bulganin auf einer spürbaren Verringerung der Zahl sowjetischer Militärberater in Polen[30].

Eine für die UdSSR viel unangenehmere Entwicklung nahmen die Ereignisse in Ungarn. In Moskau verfolgte man aufmerksam die begonnene Auseinandersetzung zwischen den Anhängern der ehemaligen Partei- und Staatsführung um Mátyás Rákosi und den nach radikalen Veränderungen strebenden Führern der Gruppen der zu Beginn der 50er Jahre Repressionen ausgesetzt gewesenen Imre

28 Bronislawski/Watschnadse, Polski dialog, S. 68 f.
29 ZDA, Sammlung ZPA, Fond 1, Verzeichnis 5, a.e. 234, Bl. 9–11.
30 Nalepa, Ofizerowie Armii Radzieckiej, S. 399, 411.

Nagy und János Kádár. Trotz gewisser Vorbehalte gegenüber den Standpunkten Nagys war die sowjetische Führung geneigt, ihn bei den erforderlichen »kosmetischen Veränderungen« zu stützen, um so mehr, da sein Dossier im KGB als Informant und Mitarbeiter der NKWD-Organe in den 30er Jahren Anlaß gab, ihm zu vertrauen. Über den weniger bekannten Kádár übermittelte Michail A. Suslow nach einem Treffen am 7. Juni 1956 nach Moskau: »Nach einem langen Gespräch mit Kádár bezweifele ich, daß er negativ gegenüber der UdSSR eingestellt ist. Sein Einbau in das Politbüro wird einen Teil der Unzufriedenen deutlich beruhigen und Kádár selbst moralisch verpflichten.« Mitte Juli wurde der einflußreiche sowjetische Politiker Anastas I. Mikojan in die ungarische Hauptstadt entsandt. Er kam zu dem Schluß, daß es höchste Zeit für die Ablösung Rákosis vom Amt des Parteichefs sei. Von diesem Geist war auch seine Teilnahme an der Tagung der kommunistischen Führung Ungarns am 18. Juli getragen, als Ernő Gerő zum neuen Parteivorsitzenden ernannt wurde. Während seines Aufenthaltes in Ungarn führte Mikojan auch mit Nagy vertrauliche Gespräche[31].

Am 23. Oktober 1956 fand in Budapest eine Studentendemonstration statt. Ihre Teilnehmerzahl überstieg sehr schnell die 200 000, die anfangs Losungen für eine Demokratisierung ausbrachten. Nach einigen bewaffneten Zusammenstößen mit Sicherheitskräften gingen die Demonstrationen in einen bewaffneten antikommunistischen Aufstand über. Wie Jugow in seinem Bericht an das Plenum des ZK der BKP mitteilte, hatte Chruschtschow am 24. Oktober bei einem Treffen in Moskau bekanntgegeben, der sowjetische Militärattaché in Budapest habe in der vorangegangenen Nacht Verteidigungsminister Marschall der Sowjetunion Shukow die vom ungarischen KP-Führer Ernő Gerő vorgebrachte Bitte um sowjetische Militärhilfe gemeldet, da »sie mit den eigenen Kräften nicht in der Lage wären, mit der konterrevolutionären Verschwörung fertig zu werden«[32]. Unverzüglich nach dem Eingang der Meldung erließ der Chef des Generalstabs der Sowjetarmee, Marschall Sokolowski, die Weisung, das unter dem Befehl von Generalleutnant P.N. Laschtschenko stehende sowjetische Spezialkorps in Ungarn für den Marsch auf Budapest zu alarmieren. Am 24. Oktober trafen Mikojan und Suslow in Ungarn ein. Vom Stab des Spezialkorps in Székesfehérvár gelangten sie gemeinsam mit dem KGB-Chef, General Iwan A. Serow, und dem Stellvertreter des Chefs des Generalstabs, Armeegeneral M.S. Malinin, mit einer aus Panzern und gepanzerten Mannschaftstransportwagen bestehenden sowjetischen Kolonne in die ungarische Hauptstadt. Bereits bei den ersten Kämpfen am 24. Oktober gingen zwei sowjetische Panzer und vier Mannschaftstransportwagen in Flammen auf; am selben Abend kamen 20 sowjetische Offiziere und Mannschaftsdienstgrade ums Leben. Als Antwort auf die Inbrandsetzung eines weiteren Panzers wurde am nächsten Tag das Feuer auf ungarische Aufständische eröffnet. Mehr als 60 Menschen waren auf der Stelle tot. In einer Rundfunkrede verkündete Ungarns Premier Nagy am 28. Oktober die Auflösung der Armee und der Sicherheitskräfte.

31 Stykalin/Orjochowa, Wengerskije sobytija 1956 goda.
32 ZDA, Sammlung ZPA, Fond 1, Verzeichnis 5, a.e. 234, Bl. 14.

Zwei Tage später wurde der Beschluß des Ministerrates über das Ausscheiden des Landes aus der Organisation des Warschauer Paktes und die Erklärung der ständigen Neutralität nach dem Beispiel Österreichs verkündet. Nach dem Rückzug der sowjetischen Truppen aus Budapest nahmen die Aufständischen am 30. Oktober das Gebäude des Stadtkomitees der regierenden kommunistischen Partei, der Partei der Ungarischen Werktätigen, ein und liquidierten die das Gebäude verteidigenden Parteifunktionäre und Soldaten[33].

Die Staatsführung Bulgariens erhielt rechtzeitig zuverlässige Informationen über die Ereignisse in der ungarischen Hauptstadt. In einem Fernschreiben vom 22. Oktober 1956 informierte die bulgarische Botschaft in Budapest über Forderungen bei Studentenversammlungen bezüglich eines »Abzugs der Sowjetarmee aus Ungarn und einer Rückgabe Transsylvaniens an Ungarn«. In einem neuerlichen Fernschreiben vom 24. Oktober informierte die Botschaft Sofia über programmatische Forderungen der Demonstranten. Darunter waren vor allem die Wahl einer neuen Parteiführung und die Rückkehr Nagys in das Amt des Ministerpräsidenten, der Abzug der sowjetischen Truppen und die Gewährleistung einer tatsächlich nationalen Souveränität des Landes[34].

Besonders interessant war der umfangreiche Bericht »Über die Ereignisse in Ungarn« des Botschafters Krastju Stoitschew in Budapest, der am 31. Oktober 1956 an das Außenministerium in Sofia abging. Stoitschew übermittelte seine persönlichen Eindrücke von den Geschehnissen am Abend des 23. Oktober vor dem Historischen Museum auf dem Calvin-Platz: »Auf dem Museumshof hatte sich eine große Menschenmenge von einigen tausend Studenten und Schülern zusammengefunden und skandierte im Chor Losungen für gleichberechtigte Beziehungen mit der Sowjetunion und die Vertreibung der sowjetischen Truppen aus Ungarn. Danach verlas ein Hauptmann der Streitkräfte unter der tosenden Zustimmung der Masse die Forderungen der Studenten. Das hat mich sehr verblüfft. Kurz danach fuhr eine Gruppe jüngerer Offiziere mit einem PKW durch die Straßen und verteilte Aufrufe mit den Forderungen der Studenten.« Weiter hieß es im Bericht: »Von der Demonstration lösten sich zwei Offiziere. Gegenüber dem Wachpersonal des Rundfunks beharrten sie darauf, in das Gebäude eingelassen zu werden. Bei der sich ergebenden Auseinandersetzung zwischen dem Wachpersonal, das aus Angehörigen der Organe der Staatssicherheit und der Truppen des Innenministeriums bestand, den Offizieren und der Menschenmenge, schoß das Wachpersonal auf die beiden Offiziere und tötete sie. Ein Kampf brach aus. Einige Fahrzeuge der Staatssicherheit wurden in Brand gesetzt. Nach einer gewissen Zeit traf ein Truppenteil mit etwa 400 bis 500 Soldaten und acht Panzern ein. Er hatte die Aufgabe, Ordnung zu schaffen. Die Truppe unternahm nichts und verhielt sich passiv. Auch ein General traf vor Ort ein. Er versuchte zu reden, um für Beruhigung zu sorgen, doch die Menschenmenge umringte ihn und begann, ihn zu schlagen. Dem General gelang es gerade noch, sich durch Flucht zu retten. Zur gleichen

33 Musatow, SSSR i wengerskije sobytija.
34 Popowa, Ungarskata rewoljucija, Dok. Nr. 1, 2, S. 106.

Zeit traf für die Truppen des Innenministeriums Verstärkung ein. Die Panzer und die Truppen gingen auf die Seite der Demonstranten über. Dann setzte der bewaffnete Kampf zwischen den Organen der Staatssicherheit und den Truppen des Innenministeriums und dem dort befindlichen Truppenteil mit den Panzern ein [...]. Die harten Kämpfe setzten sich bis um 7.00 Uhr am Morgen des 24. Oktober fort.«

Der bulgarische Botschafter übermittelte auch Informationen über den bewaffneten Widerstand gegen die am 24. Oktober eingetroffenen sowjetischen Truppen: »Auf die sowjetischen Truppen wurde von überall her geschossen, aus Fenstern, von Hausdächern, auf den Straßen. Im Verlauf von fünf Tagen wurden rund um die Uhr schwere Gefechte geführt, in denen die sowjetischen Truppen viele Opfer hatten. In einem Gespräch sagte mir ein sowjetischer Offizier, daß beim Passieren irgendeiner engen Straße aus einem Fenster mit einem MG auf ein offenes Fahrzeug mit 30 Soldaten geschossen wurde. Es seien 28 Soldaten gemeinsam mit ihrem Kommandeur getötet worden.« Die Zusammenfassung, die im Bericht der Botschaft vom 31. Oktober vorgenommen wurde, deckt den Massencharakter des antikommunistischen Aufstandes auf: »Das, was man zum Aufstand sagen kann, ist, daß er mit großer Kraft ausgebrochen ist. Die Aufrührer waren sehr gut mit leichten automatischen Waffen ausgerüstet, die sie von den Militärs erhalten oder sich selbst aus den Depots besorgt hatten [...]. Am Aufstand war [...] etwa ein Drittel der Garnison Budapest unter Teilnahme von Offizieren bis hin zum Oberstdienstgrad beteiligt. Der übrige Teil verhielt sich ›neutral‹. Einzig die Truppen des Innenministeriums, die Staatssicherheit und einige Militärakademien unterstützten [die sowjetischen Truppen]. Wie durch ein Wunder waren die gesamte Militärmaschinerie und der Polizeiapparat in weniger als 24 Stunden zusammengebrochen[35].«

Am 1. November 1956 führten Chruschtschow, Malenkow und Molotow eilige Konsultationen mit den polnischen Führern in Brest. Einige Stunden später sprachen Chruschtschow und Molotow in Bukarest mit den rumänischen, bulgarischen und tschechoslowakischen Spitzenpolitikern über die Entwicklung der ungarischen Ereignisse. Am 2. und 3. November traf der sowjetische Führer mit Tito und Alexander Rankowitsch auf der Insel Brioni zusammen. Die Positionen der bulgarischen Führung wurden bereits einen Tag vor dem Treffen in Bukarest auf einem Plenum der Kommunistischen Partei recht deutlich zum Ausdruck gebracht. Bei den vorangegangenen Gesprächen mit Chruschtschow am 24. Oktober in Moskau unterstützten die Vertreter Bulgariens geschlossen den Beschluß der KPdSU und der Regierung der UdSSR für das Erweisen »militärischer Hilfe«. Im Bericht an das Plenum vom 31. Oktober bewertete Ministerpräsident Jugow die Lage in Ungarn in scharfen Phrasen als »konterrevolutionäre Verschwörung« und zog umgehend die entsprechenden Schlußfolgerungen bezüglich des innenpolitischen Zustandes Bulgariens: »Es gibt keine Zweifel, daß in den Tiefen dieser Ereignisse, besonders in Ungarn, die Hand des Feindes zu spüren ist, der sich lan-

35 Ebd., Dok. Nr. 7, S. 108–111.

ge Zeit darauf vorbereitet hat, der Volksmacht in den Rücken zu fallen und die Einheit unseres sozialistischen Lagers zu zerschlagen [...]. Die Ereignisse haben auch bei uns einigen feindlichen Elementen Mut gemacht und einigen windigen Parteimitgliedern die Zunge gelöst.« Mit einem Zwischenruf brachte Shiwkow seinen Standpunkt zum Ausdruck: »In Ungarn wütet ein konterrevolutionärer Aufstand.« Interesse rief die Aussage des Stellvertreters des Verteidigungsministers und ehemaligen Befehlshabers der Luftstreitkräfte, General Sachari Sacharijew, hervor. Er übermittelte eine Information bulgarischer Piloten über den Zustand der ungarischen Armee. Danach erklärte er: »Es muß vermerkt werden, daß es Signale gibt, daß sich derzeit einige Offiziere des Dienstes positiv zu den Ereignissen in Ungarn äußern. Es sind ihrer nicht viele, doch es gibt sie.« General Sacharijew verwies konkret auch auf den Namen eines dieser Offiziere, das Mitglied des Obersten Militärrates Oberst Iwan Shelew, der kurz danach aus dem Rat entfernt wurde[36].

Bei einem Treffen in Bukarest am 1. November unterbreiteten die rumänischen und bulgarischen Vertreter einen Vorschlag zur Entsendung eigener Truppen nach Ungarn, die die »Niederschlagung des konterrevolutionären Aufstandes« gemeinsam mit den sowjetischen Truppenteilen erkämpfen sollten. Chruschtschow wies dies zurück. Nach amerikanischen Einschätzungen beruhte der Entschluß, keine Truppen der »Satellitenstaaten« einzusetzen, auf sowjetischen Einschätzungen, die deren Zuverlässigkeit für unbefriedigend hielten[37].

In der sowjetischen Führung existierten unterschiedliche Standpunkte zur Frage einer aktiveren Einmischung der UdSSR in die ungarischen Ereignisse und des zukünftigen politischen Kurses der Regierung Ungarns. Es überwogen die Anhänger einer massiven Militäraktion. Drei Haupterwägungen spielten die entscheidende Rolle. Die Ereignisse in Ungarn wurden vor allen Dingen im Prisma des »einheitlichen sozialistischen Lagers« und der Bewahrung der globalen und regionalen Einsatzfähigkeit der Organisation des Warschauer Paktes gesehen. Ein anderer Umstand, über den sich Chruschtschow mit Tito auf der Insel Brioni austauschte, bestand in der Befürchtung, daß ein eventueller Mißerfolg in Ungarn von den Anhängern des Stalinismus hätte genutzt werden können, die durch den XX. Parteitag der KPdSU erklärte Politik zu revidieren, was auch die Position von Chruschtschow selbst geschwächt hätte. Die dritte Erwägung war taktischer Natur. Am 29. Oktober entbrannte mit der Intervention einer israelischen 100 000-Mann-Armee auf der Sinai-Halbinsel und mit der nachfolgenden französisch-britischen Landung in Port Said die Suezkrise. Das, so die Ansicht der sowjetischen Führer, würde eine eventuelle Reaktion des Westens auf die sowjetische Einmischung in Ungarn schwächen. Eine gewisse Rolle beim Fassen des endgültigen Entschlusses spielte wahrscheinlich auch der emotionale Faktor, als nämlich in Moskau die Meldungen darüber eintrafen, daß kommunistische Funktionäre vor dem Stadtparteikomitee in Budapest gelyncht worden waren.

36 ZDA, Sammlung ZPA, Fond 1, Verzeichnis 5, a.e. 234, Bl. 16, 26, 111–113, 129.
37 Musatow, SSSR i wengerskije sobytija, S. 17; Verona, Military occupation, S. 103.

Am 31. Oktober 1956 wurde die Weisung für die Vorbereitung der militärpolitischen Operation mit der Codebezeichnung »Wirbelsturm« für den Einmarsch sowjetischer Truppen in Ungarn erteilt. Zum Befehlshaber für diese Operation wurde der 1. Stellvertreter des Verteidigungsministers der UdSSR und Oberkommandierende der Vereinten Streitkräfte des Warschauer Paktes, Marschall Konew, ernannt, der am 1. November in Szolnok eintraf[38]. An der Aktion waren zwei Armeen (mit neun Divisionen) aus den Militärbezirken Odessa und Transkarpatien, Teile der in Rumänien stationierten sowjetischen Truppen unter dem Befehl des Generals A.L. Getman, Truppen des Spezialkorps in Ungarn (mit drei Divisionen) und einige Luftlandetruppenteile beteiligt. Die Gesamtstärke der sowjetischen Truppen in Ungarn erreichte 60 000 Mann, während die militärartigen Formationen der ungarischen Aufständischen 15 000 Mann zählten. Der ungarische Kriegsminister, General Pál Maléter, wurde in der Nacht des sowjetischen Einmarschs während der Verhandlungen über den Abzug der sowjetischen Truppen aus dem Land verhaftet[39]. Innerhalb weniger Tage war der Widerstand in der ungarischen Hauptstadt gebrochen. Am 9. November meldete Verteidigungsminister Shukow der Führung im Kreml, die sowjetischen Truppen in Budapest beherrschten die Lage. Der KGB-Chef, General Serow, meldete am 15. November Moskau die Verhaftung von über 1300 Personen. In einem Fernspruch am 22. November wurde durch Malenkow, Suslow und Boris Aristow präzisiert, daß die sowjetischen und ungarischen Spezialdienste 1473 Personen verhaftet und 5820 Personen zur Überprüfung festgenommen hätten. General Serow warf die Frage nach einem Schnellgericht und der Erschießung einiger Organisatoren der »konterrevolutionären Verschwörung« auf. Aus einer Mitteilung an Moskau vom 26. November ist zu ersehen, daß die Handlungen der sowjetischen Organe sogar Kádár zwangen, gegenüber den Sowjetorganen auf einer Einstellung der vom KGB durchgeführten wahllosen Verhaftungen zu bestehen[40]. Im Ergebnis der Kampfhandlungen beliefen sich die Opfer unter der Zivilbevölkerung Ungarns auf über 2700 Personen, fast 12 000 Personen trugen Verletzungen davon, und etwa 200 000 Personen emigrierten in den Westen. Auf sowjetischer Seite kamen 669 Soldaten ums Leben und weitere 1450 wurden verwundet[41].

Die ungarischen Ereignisse riefen die erste ernsthafte Krise in der Organisation des Warschauer Paktes ein Jahr nach ihrer Gründung hervor. Im Rahmen des

38 Der Befehlshaber des sowjetischen Spezialkorps in Ungarn, General Laschtschenko, erinnerte sich, daß er am 2.11. zu Marschall Konew befohlen wurde, der ihm den Gefechtsbefehl zur »Liquidierung des konterrevolutionären Aufstandes« erteilte. In: Laschtschenko, Wengrija, S. 49.

39 Gemeinsam mit anderen Ministern der Regierung Nagy wurde General Maléter zwei Jahre später von einem Militärgericht abgeurteilt und erschossen.

40 Stykalin/Orjochowa, Wengerskije sobytija 1956 goda, S. 60.

41 Musatow, SSSR i wengerskije sobytija, S. 14–19. Generalleutnant Malaschenko schrieb, daß die Gesamtverluste unter den sowjetischen Soldaten 2260 Mann betragen hätten. In: Malaschenko, Osoby korpus.

Warschauer Paktes spielten diese Ereignisse für die Osteuropäer eine besondere Rolle, und zwar hinsichtlich der »eingeschränkten Souveränität«, in deren Grenzen sie sich befanden und die gut ein Jahrzehnt später beim analogen Fall in der Tschechoslowakei in der »Breshnew-Doktrin« ihre Definition fand. Von allen osteuropäischen Verbündeten der UdSSR äußerten einzig die polnischen Spitzenpolitiker gewisse Vorbehalte bezüglich der sowjetischen militärischen Einmischung. Das ungarische Beispiel bleibt aber als das erste deutliche Signal der politischen Hauptfunktion des Warschauer Paktes außerhalb der offiziell verkündeten Ziele des kollektiven Schutzes gegenüber einer Aggression von außen in Erinnerung.

In den Tagen der Niederschlagung des ungarischen Aufstandes durch sowjetische Truppen wurde am 10. November 1956 ein Brief der Führungen des Parlaments, der Regierung und der BKP an die neue ungarische Regierung um Kádár veröffentlicht. Mit den für diese Zeit charakteristischen ideologischen und propagandistischen Phrasen wurde in dem Dokument bemerkt: »Die Werktätigen der Volksrepublik Bulgarien bekunden ihre Solidarität mit den ungarischen Kommunisten und allen ungarischen Patrioten, die, um ihre revolutionäre Arbeiter- und Bauernregierung geschart, mit Hilfe der brüderlichen Sowjetarmee das erhobene Haupt der Konterrevolution in Ungarn zerschlagen und die volksdemokratische Ordnung verteidigt haben [...]. Aus den Ereignissen in Ihrem Land ziehen auch wir die Lehre, indem wir unsere revolutionäre Wachsamkeit schärfen und die Macht des Volkes noch umfassender stärken[42].« Derartige Einstufungen und Einschätzungen wurden auch während des Treffens der Führer der an der Macht befindlichen kommunistischen Parteien der Sowjetunion, Bulgariens, Rumäniens, Ungarns und der Tschechoslowakei vom 1. bis 4. Januar 1957 in Budapest vorgenommen.

Die sowjetische Regierung hatte die Reaktion des Westens auf die Ereignisse in Ungarn unterschätzt. In einer Sonderbotschaft vom 7. November 1956 an den Präsidenten der USA, Dwight D. Eisenhower, legte Premier Bulganin den Standpunkt seines Landes und die Motive für den Einsatz der sowjetischen Truppen dar. Eine ähnliche Botschaft richtete der Vorsitzende des Obersten Sowjets der UdSSR, Kliment Woroschilow, an die britische Königin Elizabeth II[43]. Auf Initiative der Vereinigten Staaten wurde jedoch am 8. November eine außerordentliche UNO-Vollversammlung einberufen, die die sowjetische Einmischung verurteilte.

Selbstverständlich konnten die ungarischen Ereignisse zu keiner konkreten Einmischung des Westens führen, da die Länder des Nordatlantikpaktes sie als eine innere Angelegenheit des Sowjetblocks werteten. Franz-Josef Strauß erklärte in seinen Erinnerungen, von einer militärischen Einmischung seitens der NATO habe keine Rede sein können. Die Niederschlagung des ungarischen Volksaufstandes durch die sowjetischen Streitkräfte habe nach ihrer Auffassung nicht als

42 Vanschna politika, S. 251 f.
43 PRO, FO 371/122 392 — N 101 10/608.

eine Aktion gegolten, die die Interessen der NATO berührte[44]. Die Ungarnkrise wurde jedoch aktiv für die Stärkung der Verteidigungsfähigkeit der NATO und die Mobilisierung der öffentlichen Meinung Westeuropas gegen die »sowjetische Gefahr« genutzt. In einer Rede vor der NATO-Ratstagung nutzte der amerikanische Außenminister John Foster Dulles im Dezember 1956 das Beispiel Ungarn, um die westlichen Verbündeten zur Stärkung ihrer militärischen Leistungsfähigkeit aufzurufen: »Nur dann können wir in der Zukunft sicher sein, daß die Panzer der Roten Armee, die in Budapest eingefallen sind, nicht in Westeuropa einfallen werden[45].« Die anfänglichen Hoffnungen auf eine Verringerung der internationalen Spannungen und eine Politik der friedlichen Koexistenz traten in Anbetracht der neuen Erscheinungen gegenseitigen Mißtrauens und beschleunigter Rüstungsanstrengungen in den Hintergrund, was in logischer Konsequenz einige Jahre später zu einer globalen militärpolitischen Krise führte.

Unter den politischen Bedingungen eines geteilten Europa und nichtgeregelter gegenseitiger Beziehungen mit drei von vier Nachbarn auf dem Balkan fand Bulgarien eine gewisse Sicherheit. Es sicherte sich mit seiner Beteiligung an der Organisation des Warschauer Paktes. Die bipolare Kräftebalance, die im Jahr 1957 von Raymond Aron als »Gleichgewicht des Schreckens« bezeichnet wurde[46], schuf eine eigentümliche dynamische Stabilität in der Region, die wegen ihrer historisch bedingten ethnisch-nationalen Konflikte als »Pulverfaß« des alten Kontinents bekannt ist.

Gleichzeitig wurde die Verteidigungsfähigkeit des Landes spürbar verbessert, nachdem der Status der Kernwaffenfreiheit des Balkans durch die Einrichtung von Luft- und Marinestützpunkten der USA und der NATO in Griechenland und der Türkei verletzt worden war. Erhöht wurde die Einsatzbereitschaft des Kommandeurpersonals für die Teilnahme an modernen Angriffs- und Verteidigungsoperationen. Im Unterschied zu den Vorkriegsjahrzehnten erfolgte das jedoch kritiklos und einseitig einzig durch das Erlernen der sowjetischen Kriegskunst und des sowjetischen militärtheoretischen Wissens. (In den während der 50er Jahre an den Offizierschulen verwendeten sowjetischen Lehrbüchern wurden sogar Militärtheoretiker wie Carl von Clausewitz vorrangig in negativer Hinsicht, nämlich als Vertreter der »preußisch-junkerlichen Schule des Militärwesens«, erwähnt.) Die bulgarische Staatsführung trug in den internationalen Beziehungen jede außenpolitische Position der Sowjetunion im vollen Umfang mit. Im ersten kritischen Moment der Geschichte des Warschauer Paktes barg das Verhalten der bulgarischen Führer sogar die potentielle Gefahr zukünftiger Komplikationen mit dem Volk eines verbündeten Landes in sich, mit dem Bulgarien bis zu diesem Zeitpunkt keinerlei territoriale, ethnische, psychologische oder andere Probleme gehabt hatte.

44 Strauß, Die Erinnerungen, S. 298.
45 AMWnR, V/2/2/6.
46 Nachrichtenagentur BTA/Internationale Information, Slusheben bjuletin (Dienstbulletin), Nr. 293, 16.12.1957, Bl. 7 f.

Während des folgenden Ausbaus des Warschauer Paktes festigte Bulgarien seine spezifische regionale Stellung an der Südostflanke des Gegeneinanders der Blöcke im Nachkriegseuropa. Die »gegnerische Seite« heftete den aufmerksamen Blick weiterhin auf jede Meldung über vorhandene innenpolitische Konflikte in den Ländern des Warschauer Paktes. Ein ganzes Jahrzehnt nach der Niederschlagung des ungarischen Aufstandes waren derartige Anzeichen jedoch zu unbedeutend, um daraus irgendwelche grundlegende Schlüsse auf eine Krise zu ziehen. Kennzeichnend war die Einschätzung im Bericht der britischen Regierung über die Lage in Osteuropa, der für die NATO-Ratstagung Ende 1961 erarbeitet worden war: »Trotz der Parteienstreitigkeiten in Bulgarien und der Verratsprozesse in Albanien haben die kommunistischen Regime die Kontrolle bewahrt, und Unzufriedenheit, so sie denn existent ist, hat keine effektive Äußerungsform[47].«

Die Ereignisse in der Tschechoslowakei im Jahre 1968 hatten unbestreitbar eine viel stärkere Auswirkung auf die wechselseitigen Beziehungen innerhalb der Organisation des Warschauer Paktes und zwischen den beiden militärpolitischen Blöcken. Sie beeinflußten die Beziehungen zwischen Ost und West direkt und versetzten dem Prestige und der scheinbaren Einheit im System des Warschauer Paktes einen fühlbaren Schlag. Es waren politische Bedingungen für eine andauernde Stagnation der Entwicklung der osteuropäischen Gesellschaften geschaffen worden. Die gesellschaftspolitische Krise in Polen demonstrierte ihren chronisch zyklischen Charakter. Ihr regelmäßiges Auftreten in den Jahren 1968, 1970, 1976 und 1980/1981 zeigte auf kategorische Weise die fundamentale Natur der sozialen Widersprüche, die sich die Gefolgsleute der Breshnew-Equipe und deren treueste osteuropäische Verbündete bis zum letzten Augenblick weigerten, anzuerkennen.

Die dramatischen Veränderungen in Mittel- und Osteuropa, die die Zäsur zwischen zwei Epochen am Ende des Jahrhunderts setzten, stellen die Welt vor neue Herausforderungen. Der Übergang vom bipolaren Modell der Zeiten des Kalten Krieges zur Konzeption für ein »vereintes Europa« erweist sich als unerwartet kompliziert, und es ist gefährlich, Voraussagen zu treffen. Der Aufbau einer neuen, bedeutend komplizierteren, aus vielen Faktoren fragmentierten und wechselseitig miteinander verbundenen Welt muß einfach in Rechnung stellen, daß einige Zentren und Ergebnisse fortbestehen, die offen oder verdeckt gegensätzlichen Charakters sind und so aus dem zentrifugalen Chaos hervorgingen, bedingt durch den Untergang des bis vor kurzer Zeit existenten politischen Alls, und die ihre Motive in längst vergangener Geschichte oder aktueller Zweckmäßigkeit suchen. All das führt zum Ausbruch neuer Konfliktherde in Europa. In den Realitäten von heute wurden jedoch die Voraussetzungen dafür geschaffen, daß immer

47 Interessant ist auch die Meinung des britischen Botschafters in Warschau, Sir George Clutter, der in einem Bericht an das FO im Mai 1961 geäußert hatte: »Bulgarien war einzigartig. Es hatte keinerlei antideutsche Gefühle [...]. Und unter den Satelliten waren die Bulgaren die einzigen, an denen die Russen ein gewisses Wohlgefallen fanden.« — Ebd., Promeni i tendencii (Veränderungen und Tendenzen), 6.1.1993, Noworaskriti dokumenti na Forin ofis sa 1961 g. (Neuentdeckte Dokumente des Foreign Office von 1961), S. 9 f.

deutlicher ins Bewußtsein dringt, daß es notwendig ist, enger und erfolgreicher im Rahmen der europäischen und globalen Strukturen zusammenzuarbeiten mit dem Ziel, durch entschlossene gemeinsame Anstrengungen der internationalen Gemeinschaft einzelne regionale und militärpolitische Konflikte und Krisen beizulegen.

Janos Tischler

Die Führung der Polnischen Vereinigten Arbeiterpartei und die ungarische Revolution von 1956

1. Einleitung

Im Herbst des Jahres 1956 waren — nicht zum ersten Mal und nicht zum letzten Mal in ihrer Geschichte — die Schicksale Polens und Ungarns eng miteinander verbunden. Obwohl die Ereignisse in beiden Ländern letztlich eine unterschiedliche Wendung genommen haben, steht außer Zweifel, daß sie miteinander in einem gewissen Zusammenhang standen und wechselseitig aufeinander einwirkten.

Am 23. Oktober 1956 wurde in Budapest eine Großdemonstration organisiert, deren Teilnehmer ihre Unterstützung für die Veränderungen in Polen und ihre Solidarität mit dem polnischen Volk zum Ausdruck brachten und einen »ungarischen Weg« zum Sozialismus forderten. Man darf nicht vergessen, daß die sowjetischen Interventionen in Ungarn und das militärische Engagement der UdSSR bei der Unterdrückung der Freiheitsbewegung die gesellschaftliche Stimmung und die reformerischen Bestrebungen der Personen, die am stärksten bei den Oktoberveränderungen in Polen engagiert waren, dämpfend beeinflußt haben. Auch Władysław Gomułka, der neue Erste Sekretär des ZK der PVAP, konnte die »ungarische Karte« für seine eigenen Ziele »ausspielen« und die aufgebrachte polnische Gesellschaft, insbesondere ihren aktivsten und unnachgiebigsten Teil, mit der Drohung »erpressen«, daß sich in der Volksrepublik Polen das ungarische Szenario wiederholen könne.

Am 24. Oktober 1956 fand — wie in der Presse seinerzeit gemeldet wurde — unter Beteiligung einiger hunderttausend Menschen eine riesige Demonstration vor dem Palast der Kultur und Wissenschaft in Warschau mit dem Ziel statt, der neugewählten Parteiführung mit Gomułka an der Spitze die Unterstützung zum Ausdruck zu bringen. Diese Versammlung bildete — was seinerzeit kaum von jemandem bemerkt wurde — den Höhepunkt und nicht den Beginn der »polnischen revolutionären Veränderungen«, die ein paar Tage vorher begonnen hatten. Einige Studentengruppen marschierten, nachdem sie von den Demonstrationen in Budapest am Vortage erfahren hatten, mit der ungarischen Fahne, was unter den Anwesenden einen Beifallssturm hervorrief[1]. Während der Veranstaltung hielt Gomułka, der bereits zum zweiten Mal zum Parteichef gewählt wurde, eine Rede.

1 Oral History Archive of Institute for the History of the 1956 Hungarian Revolution (OHA), Budapest, Nr. 572. Interview des Autors mit Emanuel Planer, 1993.

Er erklärte, er habe just in diesem Augenblick das Versprechen von Nikita S. Chruschtschow erhalten, daß die sowjetischen Truppen, die am 19./20. Oktober auf ihrem Marsch nach Warschau aufgehalten worden waren, innerhalb von zwei Tagen in ihre Stützpunkte zurückkehren. Nach dieser, unter solchen Umständen verkündeten Äußerung kam die Sowjetunion — selbst wenn sie es anders beabsichtigt hätte — nicht umhin, ihr Versprechen einzuhalten. Ihre Absichten wurden durch die Tatsache bekräftigt, daß bereits am 24. Oktober die Verhältnisse in Polen sich nicht mehr im Zentrum der Aufmerksamkeit der sowjetischen Führer befanden[2]. Die »Unruhen in Polen«, die trotz der Gefahr einer Eskalation auf friedlichem Wege gelöst wurden, wurden blitzartig von den Ereignissen der ungarischen Revolution in den Schatten gestellt. Unter diesem Aspekt konnten die Bedingungen der Herausbildung der neuen Führung der PVAP als Beispiel für die Lösung ähnlicher Krisen dienen, nicht nur für die UdSSR, sondern auch für die Vereinigten Staaten. Hohe Beamte des State Department erklärten Mitarbeitern der Polnischen Botschaft in Washington gegenüber mehrfach, die Polen hätten es vermocht, ruhig und friedlich ihre Probleme mit der Sowjetunion zu lösen, wogegen die Ungarn eine »Rebellion« ausgelöst und damit den Amerikanern viele Unannehmlichkeiten gebracht hätten.

Gomułka hatte bereits damals, am 24. Oktober, begonnen, seine Position zu stabilisieren und die teilweise unkontrollierbaren politischen und gesellschaftlichen Beziehungen zu kanalisieren. Am Schluß seiner Rede auf der erwähnten Kundgebung rief er die Versammelten auf dem Platz und die Hörer im Radio dazu auf, weitere Kundgebungen zu unterlassen und wieder der normalen Alltagsbeschäftigung nachzugehen[3]. Die bereits seit einigen Tagen aufgebrachte Menschenmenge nahm diesen Satz mit Enttäuschung auf. Gomułka mochte keine Massenbewegungen, insbesondere nicht solche, die von unten und spontan organisiert wurden; damit befand er sich im Einklang mit der überwiegenden Mehrheit des ihm noch mißtrauisch gesonnenen Parteiapparats. Er befürchtete, daß die Partei leicht die Kontrolle verlieren könnte und dann die Straße die Oberhand gewänne. Gerade deshalb brachte er am Tag nach der Kundgebung seine Unzufriedenheit gegenüber dem Leiter der live gesendeten Rundfunkübertragung darüber zum Ausdruck, daß der Sprecher lauthals das Auftauchen der ungarischen Fahne auf dem Platz begrüßt hatte, womit er angeblich die Demonstranten und die Radiohörer provoziert habe[4].

2 Für den 24.10.1956 wurden die Vertreter der »Bruderparteien« ursprünglich nach Moskau eingeladen, damit Chruschtschow sie über den Verlauf der von ihm in Warschau vor einigen Tagen durchgeführten Gespräche informiert; aber auf der Tagesordnung erschien neben der Lage in Polen auch der »Fall Ungarn«, dem bereits mehr Beachtung geschenkt wurde. Die Notiz über diese Sitzung in Moskau wurde von J. Svoboda, dem Sekretär Novotnýs, des damaligen Führers der KPČ, angefertigt und befindet sich im Archiv dieser Partei in Prag: Archív ÚV KSČ, Komplex 07/16.

3 Der Text seiner Ansprache ist in den wichtigsten polnischen Tageszeitungen am 25.10.1956 erschienen.

4 OHA, Budapest, Nr. 572: Interview des Autors mit E. Planer.

2. Vom polnischen Aufstand zur ungarischen Revolution

Angesichts der tiefgreifenden Veränderungen in Polen im Gefolge des VIII. Plenums des ZK der PVAP und der Art und Weise, wie der zuvor für »rechtsnationalistische Abweichungen« gebrandmarkte Gomułka an die Macht zurückkehrte, kann es nicht überraschen, daß sich der Standpunkt Gomułkas und — im weiteren Verständnis — der führenden Organe der PVAP zu der ungarischen Revolution sowie zu den Ereignissen von mehr als eineinhalb Jahren nach ihrer Niederschlagung von der Haltung der anderen Signatarstaaten des Warschauer Paktes unterschied.

Nachdem die sowjetische Delegation, die die in der polnischen Partei geplanten personellen Veränderungen — wenn auch mit einem gewissen Unwillen — zur Kenntnis genommen hatte, nach Moskau abgeflogen war, wurden in Warschau am 20. Oktober die unterbrochenen Beratungen des VIII. Plenums des ZK der PVAP wieder aufgenommen. Gomułka hielt seine berühmte Rede, in der er die konsequente Beseitigung aller Überreste des Stalinismus und die Durchführung einer Demokratisierung des politischen und öffentlichen Lebens unter der Führung der Partei ankündigte und den »polnischen Weg zum Sozialismus« umriß. Er erklärte, daß die Vorfälle von Poznań vier Monate zuvor nicht das Werk imperialistischer Agenten und Provokateure gewesen seien; die Ursachen dieser Tragödie hätten in der Führung der Partei gelegen. Gomułka hob auch hervor, daß die polnisch-sowjetischen Beziehungen sich entgegen der bisherigen Praxis auf das Prinzip der Unabhängigkeit und Souveränität stützen sollten und daß diese Beziehungen gleichberechtigt sein müßten. Am darauffolgenden Tag nahm das Plenum grundlegende Personalveränderungen vor, und Gomułka wurde zum Ersten Sekretär des ZK gewählt.

Die Rede des neugewählten polnischen Generalsekretärs wurde am 23. Oktober im vollen Wortlaut in der Szabad Nep, dem Zentralorgan der Magyar Dolgozók Partja (Partei der Ungarischen Werktätigen, MDP) veröffentlicht, und gerade diese revolutionären Meldungen aus Polen riefen dann die ersten Demonstrationen in Budapest hervor. Die damalige ungarische Parteiführung mit Ernő Gerő an der Spitze, dem Nachfolger von Mátyás Rákosi, der im Juli desselben Jahres von der Funktion des Ersten Sekretärs des ZK der MDP entbunden worden war, stellte sich den Forderungen der Demonstranten entgegen und rief sowjetische Truppen zur Hilfe. In Ungarn brach die Revolution aus, erste Kämpfe begannen. Entsprechend der Forderung der Demonstranten wurde am 24. Oktober Imre Nagy neuer Ministerpräsident, und am 25. Oktober wurde János Kádár, der ehemalige Minister des Innern in der Zeit des Prozesses gegen László Rajk, der anschließend drei Jahre lang eingekerkert gewesen war, an Stelle von Gerő Erster Sekretär der MDP. Die Mehrheit der Mitglieder der vorherigen Führung ging außer Landes, hauptsächlich in die UdSSR. Nach ein paar Tagen des Schwankens und einer augenblicklichen Desorientierung nahm der neue Ministerpräsident am 28. Oktober die wichtigsten Forderungen, die damals bereits die Forderungen fast des gesamten ungarischen Volkes waren, an und nannte die bisherigen Ereignisse einen Volksaufstand. Die sowjetischen Truppen wurden aus der Hauptstadt abgezogen. Die Revolution hatte zunächst gesiegt, und die ungarische Gesellschaft unterstützte die neue Regierung unter Nagy. Der verhaßte Államvédelmi Hatóság (Staatssicherheitsdienst, AVH) wurde aufgelöst. Es wurden ein Mehrparteiensystem eingeführt, geheime und freie Wahlen sowie der Beginn von Verhandlungen mit der UdSSR über einen vollständigen Abzug ihrer Truppen vom Territorium Ungarns angekündigt; die Zwangslieferungen an die UdSSR wurden eingestellt.

Die neue polnische Führung verfolgte mit großer Aufmerksamkeit die Ereignisse in Ungarn. Hauptsächliche Informationsquelle für die Machtorgane in Warschau waren Geheimdepeschen der Botschaft der Volksrepublik Polen in Budapest. Botschafter Adam Willman schickte in der Zeit der Revolution — innerhalb von zwei Wochen — 60 [!] Depeschen nach Warschau. Es gab Tage, an denen im polnischen Außenministerium bis zu vier chiffrierte Meldungen aus Budapest eintrafen. Unter den Adressaten dieser Depeschen befanden sich nahezu ohne Ausnahme das Politbüro und das Sekretariat der PVAP oder namentlich die Mitglieder dieser Parteigremien, insbesondere Gomułka und Ministerpräsident Józef Cyrankiewicz. Diese beiden waren bemüht, sämtliche Quellen zu erfassen, um sich so genau und so gut wie möglich über die Vorgänge in Ungarn orientieren zu können. Solche Informationsquellen bildeten auch die Bulletins der Nachrichtenagentur PAP und von Polskie Radio, die ausschließlich für den Dienstgebrauch vorbereitet wurden. Sie enthielten die hauptsächlichen Korrespondenzen und Analysen der wichtigsten ausländischen Radiosender und Presseorgane. Die alten und neuen Führer Polens, die den Weg konfliktfreier Veränderungen eingeschlagen hatten, suchten Unterstützung im Kreise der Mitglieder des Warschauer Vertrages, wo jedoch noch die »stalinistische Linie« vorherrschte. Als einen solchen Verbündeten betrachtete die polnische Führung Ungarn. Da sie viele Ähnlichkeiten zwischen den polnischen und ungarischen Veränderungen bemerkte, unterstützt sie in dieser Zeit — wenn auch mit gewissen Vorbehalten — Nagy und Kádár. Gleichzeitig verringerte die ungarische Revolution den starken politischen und teilweise militärischen Druck Moskaus, der bislang nur auf Polen ausgeübt wurde. Eine solche Aufteilung war vom polnischen Gesichtspunkt her betrachtet nützlich. So konnte man leichter die unvermeidlichen Veränderungen im eigenen Land durchführen — wie etwa den Rücktritt des Verteidigungsministers, Marschall Konstantin Rokossowski, und die Rückkehr der sowjetischen Offiziere und Berater in die UdSSR.

In seiner Sitzung am 28. Oktober[5] dankte das Politbüro laut erstem Tagesordnungspunkt für die Unterstützung, die der neuen polnischen Führung aus China zuteil geworden war. Ferner beschloß das Politbüro, die chinesischen Genossen zu informieren, daß »Polen nicht die Absicht hat, den Abzug der sowjetischen Truppen zu fordern«. Unter Punkt 2 findet sich im Protokoll lediglich ein Satz:

5 Archiv Neuer Dokumente (AAN), ZK der PVAP, Paket 15, Bd 58: Protokolle des Politbüros des ZK für 1956, Nr. 71–151, hier Nr. 133, S. 200.

»Es wurde beschlossen, einen Appell des ZK der PVAP an das ungarische Volk zu verabschieden.« Das war um so mehr erforderlich, als in den Tagen nach dem 23. Oktober die Parteiführung vor allem deshalb geschwiegen hatte, weil das Politbüro — selbst angesichts der sich insbesondere in der ersten Phase des Aufstandes oft von Stunde zu Stunde verändernden Lage in Ungarn — trotz aktuellster Informationen nicht genau wußte, was wirklich in Budapest geschah. Man konnte jedoch nicht weiter schweigen, vor allem dann, als in der Trybuna Ludu, dem Zentralorgan der Partei, und in ihren Woiwodschaftsablegern auf den Titelseiten der Aufstand in Ungarn begrüßt und die Unterstützung zum Ausdruck gebracht wurde. Die Lage der Machtzentren der Volksrepublik Polen war um so schwieriger, als sie die Herbeirufung sowjetischer Truppen durch Gerő mit dem Ziel der Wiederherstellung von Ruhe und Ordnung in Budapest eindeutig verurteilt hatten. Ferner übte neben den eintreffenden Informationen aus Ungarn an das Politbüro in einem gewissen Sinne auch die polnische öffentliche Meinung einen Einfluß auf die noch schwache Parteiführung aus. Das Politbüro mußte also lavieren zwischen der sich voll und ganz mit der ungarischen Revolution solidarisierenden polnischen Öffentlichkeit einerseits, die in dieser Zeit bereits massenhaft Blut für die »ungarischen Brüder« spendete, und den imperialen Bestrebungen der Genossen aus dem Kreml andererseits.

Der polnische Botschafter in Budapest erhielt aus Warschau Instruktionen[6], wonach am folgenden Tage ein Appell in der ungarischen Presse erscheinen solle. Einige Stunden später übergab Botschafter Willman das Original und die Übersetzung an Nagy und Kádár, die Willman baten, den Führern der PVAP ihren »heißen Dank für die erwiesene sehr große Hilfe«[7] zu übermitteln. Am 29. veröffentlichten tatsächlich die ungarische Szabad Nep und sämtliche polnische Tageszeitungen gleichzeitig den Appell des ZK der PVAP an das ungarische Volk. Ferner richtete am 29. Oktober die Abteilung Organisation des ZK der PVAP ebenfalls ein Schreiben an die Woiwodschaftsexekutivkomitees der Partei, in dem wir lesen: »Auf den Versammlungen, die im Verlaufe des heutigen Tages und der folgenden Tage stattfinden, ist der in der Presse veröffentlichte (hier beigefügte) Appell des ZK an die ungarischen Brüder zu verlesen. Sollten in dieser Angelegenheit trotz der in der Ansprache des Ersten Sekretärs des ZK der PVAP enthaltenen Empfehlung spezielle Demonstrationen stattfinden [gehalten am 24. vor dem Palast der Kultur und Wissenschaft in Warschau, wonach es jetzt genug der Demonstrationen sei und man sich an die tägliche Arbeit machen solle — J.T.], so ist der vorliegende Appell vorzulesen und die Versammelten sind zu überzeugen, daß sie ihre Solidarität mit dem Geist dieses Appells zum Ausdruck bringen[8].« Auf diese Weise wurde versucht, die emotionalen Stimmungen solcher Versamm-

6 OHA, Nr. 571: Interview des Autors mit A. Willman, 1991.

7 Archiv des polnischen Ministeriums für Auswärtige Angelegenheiten (Ministerstwo Spraw Zagranicznych, AMSZ), Bereich Depeschen, Aktenbündel 48, Akte 612, chiffrierte Meldungen, Budapest, 1956, »eintreffende Meldungen«, hier Nr. 17662, Ausg.-Nr. 454.

8 AAN, ZK der PVAP, Abteilung Organisation. Rundschreiben, 1954/1955, 1957 und o.D., 273/VII-2715, S. 33.

lungen zu dämpfen. Die polnische Partei benötigte also damals noch diese innere Unterstützung — deren sie sich später natürlich entledigen mußte, und mußte jetzt als Zeichen ihrer Schwäche viele solche Kompromisse schließen, die unter normalen Bedingungen schwer vorstellbar wären. Als sich Gomułka am 29. Oktober mit Redakteuren verschiedener Presseorgane traf, verhehlte er nicht die augenblickliche Schwäche und verwies auf die unermeßlichen Anstrengungen, die zum Zwecke der Konsolidierung unternommen wurden, jedoch vorerst eher wenige Resultate brachten.

Der Appell an das ungarische Volk war im Namen des ZK von Gomułka sowie von Ministerpräsident Cyrankiewicz unterzeichnet worden. Mit dem Ausdruck des Bedauerns angesichts des Blutvergießens und der furchtbaren Zerstörungen in Budapest rief das ZK der PVAP zur schnellen Einstellung der Kämpfe in Ungarn auf. Anschließend hieß es: »Wir kennen das Programm der Regierung der Nationalen Einheit Ungarns, das Programm der sozialistischen Demokratie, der Verbesserung der Lebensverhältnisse, der Schaffung von Arbeiterräten, der vollen nationalen Souveränität, des Abzugs der sowjetischen Truppen aus Ungarn und der Gestaltung der Freundschaft mit der Sowjetunion, gestützt auf die Leninschen Prinzipien der Gleichheit. Wir sind weit davon entfernt, uns in Eure inneren Angelegenheiten einzumischen. Wir sind jedoch der Ansicht, daß dieses Programm der Regierung der Nationalen Einheit Ungarns nur diejenigen ablehnen können, die Ungarn vom Weg des Sozialismus abbringen möchten. [...] Ihr und wir stehen auf derselben Seite, auf der Seite von Freiheit und Sozialismus. [...] Möge der Friede in Ungarn einziehen, Friede und die Einheit des Volkes, die Ihr so nötig braucht, um das umfassende Programm der Demokratisierung, des Fortschritts und des Sozialismus realisieren zu können, das Eure Regierung der Nationalen Einheit aufgestellt hat[9].«

Besondere Beachtung erweckt in diesem Dokument die Tatsache, daß die Führung der PVAP den Abzug der sowjetischen Truppen vom Territorium Ungarns guthieß, hatte doch gerade dies das Politbüro in bezug auf Polen für unmöglich gehalten. Auf die immer stärker werdenden Forderungen nach einem solchen Abzug aus Polen konnte Gomułka Ende Oktober nur noch antworten, daß die geographische Lage Ungarns eine völlig andere als die Polens sei. Wer den Abzug fordere, spiele der inneren und äußeren Reaktion in die Hände, die jederzeit bereit sei, die Lage für ihre eigenen Ziele auszunutzen[10]. Es bedurfte noch einiger Tage und einiger Ereignisse von großer Tragweite, bis der Erste Sekretär des ZK den Begriff von der »polnischen Staatsräson« prägte.

Am Abend des 29. Oktober besuchte Gomułka die Technische Hochschule Warschau, wo er mit Studenten zusammentraf, die in den Tagen des polnischen Oktober besonders aktiv gewesen waren. Unter den vielen Fragen, die sie stellten, befand sich auch diejenige, ob es nicht angebracht sei, aus Solidarität mit Ungarn in Polen Staatstrauer zu verkünden. Der Erste Sekretär der Partei lehnte dies ab

9 Siehe z.B.: Trybuna Ludu, 29.10.1956.
10 AAN, ZK der PVAP, Reden Gomułkas, 20.10.-23.11.1956, 273/V-840, S. 47 f.

und sagte, das, was in Ungarn passiert sei, werde in die Geschichte als für die Ungarn ruhmreiche und glückliche (sic!) Ereignisse eingehen. Wenn Polen den Ungarn sein Mitgefühl wegen der erlittenen Verluste zum Ausdruck bringe, freue es sich darüber, daß sie die Ketten der Sklaverei gesprengt hätten und daß Polen ihnen im Rahmen seiner Möglichkeiten helfen werde[11]. Eine solche Antwort nahmen die Studenten gewiß mit Befriedigung auf, aber der Satz Gomułkas war keine leere Phrase. Das bewiesen die Ereignisse der vorhergegangenen und folgenden Tage, als sich die polnische Führung auf der Suche nach Berühungspunkten tatsächlich bemühte, »im Rahmen ihrer Möglichkeiten« Ungarn politische Hilfe zu gewähren. Der polnischen Presse wurden bei ihrer objektiven Berichterstattung über die ungarische Revolution keine administrativen Hindernisse in den Weg gelegt (selbst, wenn man das gewollt hätte, hätte man dies nicht gekonnt). In den Zeitungen erschienen Artikel, Appelle und Depeschen, die sich mit den ungarischen Zielen solidarisierten. Auch die spontane und freiwillige Hilfsaktion der polnischen Gesellschaft wurde nicht gestört , die das ganze Land erfaßte (neben Blutspenden wurden Geld, Lebensmittel und Medikamente für die »notleidenden und um Freiheit kämpfenden ungarischen Brüder« gesammelt) und die die erste und größte Hilfe war, die aus dem Ausland in Ungarn in der Zeit der Revolution eingingen.

Inzwischen trafen am 28. Oktober im Auftrag Gomułkas Marian Naszkowski, der Stellvertretende Außenminister, und Artur Starewicz, bald darauf Leiter des Pressebüros des ZK, mit dem Flugzeug in Budapest ein, um sich an Ort und Stelle ein Bild über die Lage zu machen und um Nagy und Kádár von weiteren Veränderungen abzubringen. Die polnische Parteiführung wollte ganz gewiß das Tempo der Revolution bremsen, de facto verfügte sie aber über keinerlei Mittel, um in dieser Richtung auf die Ungarn einzuwirken. Naszkowski und Starewicz stellten gleich nach ihrem Eintreffen in Budapest den Kontakt mit der Führung der MDP her und trafen unverzüglich mit deren Mitgliedern zusammen, hauptsächlich mit Ministerpräsident Nagy und Kádár. Über diese Unterredung schickte die polnische Seite aus der ungarischen Hauptstadt einen mehrseitigen Bericht in Form von chiffrierten Schreiben, der direkt an Gomułka und Adam Rapacki, den Minister für Auswärtige Angelegenheiten und gleichzeitig Politbüromitglied[12], gerichtet war. Diese geheime Depesche enthielt eine nüchterne Beschreibung der Lage und der Ereignisse der vorangegangenen Tage, die von ungarischen Gesprächspartnern geliefert worden war, sowie Vorschläge zu möglichen Wegen aus dieser politischen Krise. Nach den Worten der polnischen Delegation »konnte uns niemand aus der Führung der Partei [der MDP] irgendein vorhandenes reaktionäres Zentrum benennen oder Beispiele eines deutlich antikommunistischen und antisozialistischen Charakters der Bewegung in der Hauptstadt zeigen«, gleichzeitig seien alle ungarischen Führer »einig in der Frage, daß

11 Kula, Paryż, Londyn i Waszyngton, S. 140.

12 AMSZ, Bereich Depeschen, Aktenbündel 48, Akte 612, chiffrierte Meldung Nr. 17685, Ausg.-Nr. 457.

jede Stunde und jeder Tag der Verlängerung des Kampfes unweigerlich den reaktionären und antikommunistischen Abschaum an die Spitze der aufständischen Bewegung bringt [im Original unterstrichen, J.T.]«[13]. Starewicz war der Ansicht, daß sich diese wirklich friedliche Bewegung für Demokratisierung und Verbesserung des Sozialismus in dem Moment in einen bewaffneten Aufstand verwandelt habe, als die sowjetischen Truppen militärisch intervenierten. Das bewirkte eine Verschiebung der Gewichte nach rechts und das Auftreten der gesamten demokratischen Bewegung gegen die Partei. Das Einschreiten von sowjetischen Einheiten lähmte auch die MDP, und die überwiegende Mehrheit ihrer Mitglieder lief auf die andere Seite über[14]. Auf der Grundlage der unmittelbaren Erfahrungen konnten die beiden Polen persönlich sehen, vor welcher Katastrophe ihr Land und ihre Partei durch die unblutige Lösung der Krise in der Zeit des VIII. Plenums gerettet worden war (Gomułka und andere Mitglieder der Parteiführung hatten mehrfach ihre Befriedigung über die politische Besonnenheit der Polen zum Ausdruck gebracht.). Schließlich war man sich bewußt, daß im Fall des Einmarsches von sowjetischen Truppen in Warschau — trotz des gesunden Menschenverstandes — in Polen ein spontaner Aufstand ausgebrochen wäre, der der Kontrolle der Partei entglitten wäre, so wie das in Ungarn geschah[15]. Jedoch hätte ein eventueller bewaffneter Kampf viel größere Dimensionen gehabt und elf Jahre nach Beendigung des Zweiten Weltkrieges erneut schreckliche Zerstörung und Verluste mit sich gebracht.

Der Ton des zweiten Berichts von Naszkowski und Starewicz, der von ihnen am 29. Oktober erstattet wurde, war pessimistischer; er sprach von einer allgemeinen Verschlechterung der Lage[16]. Die beiden Verfasser standen sichtlich unter dem Einfluß der taufrischen Erlebnisse. Sie trafen auch mit den gerade in der ungarischen Hauptstadt weilenden Michail Suslow und Anastas Mikojan zusammen, die sich nicht eindeutig zu ihren Absichten äußern konnten oder wollten. Sie sagten nur so viel, daß alles davon abhänge, daß die Regierung Nagy die Situation in den Griff bekomme[17]. Am 30. Oktober flogen Naszkowski und Starewicz nach Warschau zurück und berichteten sofort persönlich dem Politbüro über ihre Eindrücke[18]. Ihr Bericht hat Gomułka wohl hinsichtlich der weiteren Konsolidierung in Ungarn beruhigt. Nach anderen Berichten schätzte er weiterhin die dortige Lage als chaotisch ein und verhehlte seine Sorge keineswegs. Zur Information der polnischen Öffentlichkeit stand Starewicz kurz nach seiner Rückkehr auch dem polnischen Rundfunk Rede und Antwort. Er erklärte, er habe eine Normalisierung wahrgenommen, und brachte die Hoffnung zum Ausdruck, daß nach dem Abzug der sowjetischen Truppen aus Budapest die Reali-

13 Ebd.
14 OHA, Nr. 474: Interview des Autors mit A. Starewicz, 1991.
15 Ebd.
16 AMSZ, Bereich Depeschen, Aktenbündel 48, Akte 612, chiffriertes Schreiben Nr. 17709, Ausg.-Nr. 458.
17 Ebd.
18 AAN, ZK der PVAP, Paket 15, Bd 58, S. 201, Protokoll Nr. 134.

sierung des Programms der Regierung Nagy in Angriff genommen werden könnte[19].

3. Die sowjetische Intervention

In Ungarn konsolidierten sich Anfang November die politischen Verhältnisse. Es kam zu keinen Kämpfen mehr, die Regierung Nagy erfreute sich des Vertrauens der überwiegenden Mehrheit der Ungarn. Um die Errungenschaften der Revolution zu verteidigen, wurde hauptsächlich aus Aufständischen die Revolutionäre Nationalgarde gebildet, die Ruhe und Sicherheit im Land gewährleistete und der sporadischen Lynchjustiz (rund 50 Fälle) ein Ende bereitete, die von allen politischen Parteien, den Revolutionskomitees und den Arbeiterräten entschieden verurteilt worden war. Die Menschen machten sich an die Beseitigung der Zerstörungen, gingen wieder zur Arbeit — bis zu dieser Zeit dauerte der Generalstreik an —, der öffentliche Nahverkehr in der Hauptstadt wurde wieder aufgenommen. An die Stelle der sich auflösenden MDP trat am 1. November die Magyar Szocialista Munkáspárt (Ungarische Sozialistische Arbeiterpartei, MSZMP), zu deren Ersten Sekretär ebenfalls János Kádár gewählt wurde.

In dieser Zeit brachte US-Präsident Dwight D. Eisenhower gegenüber Chruschtschow das amerikanische »Desinteresse« im Hinblick auf die Ereignisse in der sowjetischen Einflußsphäre zum Ausdruck; darauf fiel am 31. Oktober in Moskau die Entscheidung über die zweite Aggression und die Niederschlagung der ungarischen Revolution. Unter Ausnutzung der Gelegenheit, daß die UdSSR mit Ungarn beschäftigt war, griffen Israel, England und Frankreich Ägypten an, um die Kontrolle über den Suezkanal zu erlangen. Diese israelisch-englisch-französische Aggression rief einen Konflikt im Lager der Westmächte hervor und lenkte die Aufmerksamkeit der Politiker und der Weltöffentlichkeit von den ungarischen Ereignissen ab.

Über die Entscheidung zur zweiten Intervention sowjetischer Truppen in Ungarn informierte Chruschtschow am 1. November persönlich in Brest die drei Mitglieder des polnischen Politbüros Gomułka, Cyrankiewicz und Edward Ochab. (Chruschtschow stattete auch Josip Broz Tito, dem Führer des Bundes der Kommunisten Jugoslawiens, einen inoffiziellen Besuch ab, um dessen Einverständnis für die sowjetischen Absichten zu erlangen.) Obwohl die neue Führung der PVAP verkündete, daß sie eine »besondere Meinung« in dieser Frage habe, denn man konnte schließlich nicht vorbehaltlos hinnehmen, daß Krisen dieser Art wie die ungarische oder zwölf Tage früher die polnische von einer fremden Macht einfach dadurch gelöst wurden, daß sie ihr militärisches Übergewicht nutzte, stimmten die polnischen Führer letztendlich der Einschätzung zu, daß in Ungarn eine ernsthafte Bedrohung durch die Konterrevolution bestehe. Die polnische Dele-

19 Archiv des Polnischen Rundfunks und Fernsehens, Politische Archivaufnahmen, 4351/3, Musik und Nachrichten, 30.10.1956.

gation gebrauchte auch das schwächere, völlig unrealistische Argument, daß die Sowjetunion in Ungarn mit einem langwierigen Partisanenkrieg rechnen müsse[20]. In Kenntnis der Haltung des Präsidiums des ZK der KPdSU waren sich Gomułka und seine Genossen sehr wohl bewußt, daß für die führenden Funktionäre in der UdSSR die Höhe der zu erwartenden Menschenverluste kein Faktor war, der sie von einer Intervention abhalten könnte.

Als Führung eines Satellitenstaates hatte die polnische Seite ungeachtet ihrer bisherigen Unterstützung für Nagy diese sowjetische Entscheidung zur Kenntnis zu nehmen. Zweieinhalb Monate später faßte Gomułka dem chinesischen Ministerpräsidenten Tschou En-Lai gegenüber den Inhalt der Zusammenkunft mit Chruschtschow so zusammen: Die sowjetischen Genossen hätten nichts über ihre eigenen Absichten gesagt und nur gefragt, wie die Polen die Situation in Ungarn einschätzten. Er habe gemeint, die sowjetischen Truppen müßten angesichts der Ungewißheit dort bleiben, wo sie gegenwärtig stationiert seien. Sie (die Polen) gingen nämlich von der Annahme aus, daß die Anwesenheit von sowjetischen Truppen in Ungarn immer ein Hindernis für eine Restauration der »Horthy-Reaktion«[21] und eine Herauslösung Ungarns aus dem Lager der Volksdemokratien sein würde. Das größte Anliegen der polnischen Führung sei es, daß die ungarische Regierung die Unterstützung der Arbeiterklasse habe[22].

Im Januar 1957 sagte Gomułka Tschou En-Lai die Wahrheit über das Treffen in Brest. Für ihn bildete tatsächlich neben der Mitgliedschaft im Warschauer Vertrag die Anwesenheit sowjetischer Truppen die Voraussetzung für die Existenz der sozialistischen Gesellschaftsordnung in Polen — und nicht nur dort. Bis Anfang November 1956 nahm Gomułka eine ambivalente Haltung ein, weil er die Forderung der Regierung Nagy nach Abzug der sowjetischen Truppen — ein riskanter Präzedenzfall — unterstützt hatte. Die damalige polnische Presse hatte darüber recht ausführlich berichtet. So fiel es Gomułka immer schwerer, zu erklären, weshalb ein Abzug von Einheiten der Sowjetarmee aus Ungarn möglich sei, das gleiche aber nicht für Polen gelten könne.

Das Treffen von Brest hatte dem »Genossen Wiesław« [Pseudonym für Gomułka, J.T.]trotz aller Nachteile einen nützlichen Trumpf beschert. Von diesem Augenblick an konnte er eindeutig und ohne taktische Winkelzüge seine politischen Überzeugungen präsentieren und sich dabei auf die »polnische Staatsräson« berufen, die seines Erachtens neben den beiden Hauptpfeilern (der Anwesenheit sowjetischer Truppen und der Mitgliedschaft im Warschauer Ver-

20 AAN, ZK der PVAP, Paket 113, Bd 26: Materialien zu den polnisch-sowjetischen Beziehungen auf Parteiebene aus den Jahren 1954–1957, S. 250–253.

21 Horthy war ein stark konservativer Reichsverweser Ungarns in den Jahren 1920–1944. Zu seiner Zeit trat Ungarn an der Seite Deutschlands in den Zweiten Weltkrieg ein, was zu riesigen Verlusten an Menschen und Material sowie zu einer Machtübernahme durch die ungarischen Faschisten in der letzten Phase des Krieges und anschließend zur Besetzung Ungarns durch die Rote Armee führte.

22 AAN, ZK der PVAP, Paket 107, Bd 5: Materialien zu den polnisch-chinesischen Beziehungen und zu inneren Problemen Chinas aus den Jahren 1956/1957, S. 92.

trag) zusätzlich in der Unverletzlichkeit der neuen Westgrenzen Polens bestand, deren Garant einzig und allein die Sowjetunion war. Der damals unbestritten existierende deutsche Gebietsrevisionismus gab den polnischen Organen hier ein nützliches Propagandaelement in die Hände. Gomułka wollte eine größtmögliche »Souveränität« vom östlichen Nachbarn erreichen, wußte aber zugleich, daß er sich selbst ungeachtet der massenhaften Unterstützung der polnischen Gesellschaft und seiner persönlichen Popularität, die er zweifellos in dieser Zeit besaß, ohne die Anwesenheit von sowjetischen Truppen in Polen und ohne die Zugehörigkeit des Landes zum Warschauer Vertrag nicht an der Macht halten konnte. So ließ sich argumentieren, daß Polen im Falle einer Umgehung oder Verletzung der polnischen Staatsräson das tragische Schicksal Ungarns erleiden werde. Da dies kein vernünftiger Pole wünschen könne, bleibe in dieser düsteren internationalen Situation als einzig richtiger Schritt der, daß sich das Volk um die PVAP schare. In diesem Zusammenhang erwies sich bei der Stabilisierung des Gomułka-Systems und bei der Befriedung der allseitigen und gewaltigen Sympathien der Gesellschaft und selbst eines bedeutenden Teils der Parteimitglieder für die »ungarischen Brüder« die propagandistische Ausnutzung der ungarischen Tragödie durch die Führung der PVAP als eine unerhört wirksame Hilfe.

Die öffentliche Formulierung einer so verstandenen polnischen Staatsräson tauchte zum ersten Mal im Appell des ZK der PVAP an das polnische Volk vom 1. November auf; dort findet sich auch die »besondere polnische Auffassung«, die Chruschtschow in Brest am Vormittag desselben Tages mitgeteilt wurde. Den Stellenwert des Brester Treffens unterstreicht auch die Tatsache, daß sich einige Stunden später aus eben diesem Grunde sämtliche Mitglieder des Politbüros der polnischen Partei versammelten, um die neu entstandene Lage in Ungarn zu besprechen. Gemäß Punkt 1 der Tagesordnung des Protokolls Nr. 135[23] behandelte das Politbüro die politische Lage in Ungarn und den Einmarsch sowjetischer Truppen und »sprach sich negativ in der Frage der bewaffneten Intervention der UdSSR in Ungarn aus. Es wurde beschlossen, im Aufruf des Politbüros an das Volk den Standpunkt der Partei zu unterstreichen, daß über die Fragen der Verteidigung und der Aufrechterhaltung der Volksmacht und der Errungenschaften des Sozialismus in Ungarn das ungarische Volk selbst entscheiden soll, nicht hingegen eine Intervention von außerhalb«. Außerdem wurde beschlossen, daß auf den Parteiversammlungen am 2. November die vom Politbüro vorbereitete Information zur Lage in Ungarn und zum Standpunkt der Partei bezüglich der polnisch-sowjetischen Beziehungen zu verlesen sei. Der Aufruf an das Volk sowie die Information des ZK für die Parteiorganisationen zur Lage in Ungarn wurden am späten Abend unter Leitung von Jerzy Morawski, Mitglied des Politbüros, redigiert mit der Absicht — was natürlich nicht im Protokoll stand —, etwas »kaltes Wasser auf die erhitzten Gemüter« zu gießen[24], das heißt, die weiterhin in der polnischen Gesellschaft herrschende angespannte Atmosphäre zu entladen und

23 Ebd., Paket 15, Bd 58, S. 203.
24 OHA, Nr. 473: Interview des Autors mit J. Morawski, 1991.

die stürmischen Gemüter zu beschwichtigen. Beide Texte wurden von Gomułka bestätigt. Der Aufruf an das Volk erschien am 2. November in den polnischen Tageszeitungen, und der Text für die Parteiinstanzen wurde von der Abteilung Propaganda des ZK an die Woiwodschaftskomitees verschickt.

In dem Teil des Presseaufrufs, der Ungarn betraf, verurteilte das ZK der PVAP die vorherige Führung der MDP, die, »statt gleich von Beginn an und konsequent Lösungswege in Übereinstimmung mit den Interessen des Sozialismus, mit dem Willen der Arbeiterklasse und der Mehrheit des Volkes zu beschreiten, sowjetische Truppen zu Hilfe gerufen hat«. Im weiteren Verlauf verdeutlichte das ZK die weiterhin anwachsende Gefahr der Konterrevolution in Ungarn und verwies auf Fälle von Lynchjustiz und bestialischer Ermordung von Kommunisten, die von »reaktionären Banden« verübt worden seien. Das ZK verurteilte im Namen Polens entschieden die »Kräfte der Reaktion, die Ungarn in die Katastrophe stürzen«, und brachte gleichzeitig die Hoffnung zum Ausdruck, daß die »Arbeiterklasse und die Werktätigen Ungarns sich vereinigen und die Anschläge der Reaktion abwehren können«. Ferner fand sich im Text die Auffassung des Politbüros, die Intervention von außen sei ein Fehler.

Die folgenden Zeilen gingen bereits auf die Situation in Polen ein: »Kraft des Potsdamer Abkommens sind auf dem Territorium Polens Einheiten der Sowjetarmee stationiert, deren Aufgabe der Schutz der Verkehrswege zwischen der UdSSR und der DDR ist. Solange kein Friedensvertrag mit Deutschland geschlossen worden ist und solange noch keine Vereinbarung der vier Siegermächte in der Frage des Abzugs aller Besatzungstruppen aus ganz Deutschland getroffen worden ist, so lange ist der Aufenthalt dieser sowjetischen Einheiten erforderlich. Das ist erforderlich und notwendig [...] wegen unserer Sicherheit und der Unverletzlichkeit unserer Grenzen angesichts der Gelüste des deutschen Militarismus. [...] Die Dislozierung, zahlenmäßige Stärke sowie sämtliche Bewegungen der sowjetischen Einheiten in Polen werden in einer Vereinbarung mit der polnischen Regierung und mit deren Zustimmung geregelt. [...] Es tauchen hie und da Stimmen auf, die einen Abzug der Einheiten der Sowjetarmee aus Polen fordern. Die Führung der Partei unterstreicht mit allem Nachdruck, daß solche Forderungen in der jetzigen internationalen Situation die lebenswichtigen Interessen unseres Volkes und die polnische Staatsräson angreifen. [...] Heute ist nicht die Zeit für Demonstrationen und Kundgebungen. Ruhe, Disziplin, Verantwortungsgefühl, das Sich-Scharen um die Führung der Partei und der Volksmacht sind in dieser schwierigen Zeit des Umbruchs die wichtigsten Gebote der Stunde zur Realisierung unserer richtigen Politik[25].«

Die auf den Parteiversammlungen verlesene »streng vertrauliche« Information für die Parteiorganisationen unterscheidet sich in ihren Grundzügen nicht von dem Presseaufruf; die Unterschiede bestanden lediglich in den Formulierungen. In dem Teil über Ungarn war zu lesen, daß das ZK nicht die Motive kenne, die den erneuten Einmarsch sowjetischer Truppen auf ungarisches Gebiet begründeten, es wisse

25 Dieser Aufruf erschien am 2.11.1956 in fast allen polnischen Tageszeitungen.

nur, daß »im Zuge des Kampfes, den das ungarische Volk für Freiheit und Demokratie geführt und den das polnische Volk von Herzen unterstützt hat, freiheits- und demokratiefeindliche Kräfte laut wurden. Morde, Fälle von Lynchjustiz, Anarchie und allgemeines Durcheinander herrschten in diesem unglücklichen Land. Ungeachtet all dieser Tatsachen ist die polnische Regierung der Ansicht, daß die bewaffnete Intervention fremder Truppen eine schlechte Sache ist — selbst, wenn sie diese im Namen der Verteidigung von Freiheit und Sozialismus durchführen —, wenn das ungarische Volk und die ungarische Arbeiterklasse dies nicht wünschen«. Weiter stellte das ZK in der Information fest: In der Zeit des polnischen Oktober konnte Polen dank der Verbindung von Mut, Vernunft und Kaltblütigkeit dem tragischen Schicksal Ungarns entgehen. Schließlich sei Polen keine Großmacht, sondern nur ein Land, »das vor nicht allzu langer Zeit das ganze Unglück des Krieges kennengelernt hat, Millionen seiner Söhne verlor und ein Land von Asche und Ruinen gewesen ist«. Ähnliches dürfe nie wieder geschehen. Deshalb müßten unbedachte und leichtsinnige Schritte um jeden Preis vermieden und die geopolitische Lage des Landes berücksichtigt werden. Alles Handeln habe mit Verstand zu geschehen[26].

Entgegen allen Anzeichen, die auf eine bewaffnete sowjetische Intervention in Ungarn hinwiesen, sandte am 2. November das polnische Außenministerium eine von Staatssekretär Naszkowski unterzeichnete Instruktion an Botschafter Willman in Budapest, wonach er »im Zusammenhang mit der gestrigen Bitte der Regierung Nagy um Hilfe durch unsere Regierung antworten [solle], daß für sie der im Aufruf des ZK [an das polnische Volk vom 1. November] bezogene Standpunkt hilfreich sein werde, in welchem bekräftigt wird, daß die Frage der Aufrechterhaltung der Volksmacht und des Sozialismus in Ungarn einzig und allein durch die inneren Kräfte des Volkes und nicht durch eine Intervention von außen entschieden werden könne«[27].

Als dieser Auftrag nach Budapest abging, war Ungarn bereits nicht mehr Mitglied des Warschauer Vertrages. Vom 31. Oktober an hatten sowjetische Einheiten erneut begonnen, massiv und ununterbrochen die ungarische Grenze zu überschreiten und sich auf ein aktives bewaffnetes Einschreiten vorzubereiten, das nach Plänen von Chruschtschow vier Tage später beginnen sollte. In der Annahme, daß dies der beste Ausweg aus der hoffnungslosen Situation sei, erklärte der ungarische Ministerpräsident am Abend des 1. November den Austritt aus dem Warschauer Vertrag und die Neutralität des Landes, um dadurch die rechtlichen Grundlagen für die Stationierung der sowjetischen Truppen in Ungarn zu annullieren. Der Erste Sekretär der Partei, János Kádár, war zu diesem Zeitpunkt bereits nach Moskau geflohen, wo er an die Spitze der von der sowjetischen Führung gebildeten »ungarischen revolutionären Arbeiter- und Bauernregierung« trat.

26 AAN, ZK der PVAP, Paket 15, Bd 59: Anlagen zu den Protokollen des Sekretariats und des Politbüros aus dem Jahr 1956 betreffs Beschlüsse und Instruktionen des Sekretariats und des Politbüros, Nr. 1–17, S. 16–19.

27 AMSZ, Bereich Depeschen, Aktenbündel 48, Akte 613, chiffrierte Meldungen, Budapest, 1956, »abgesetzte Meldungen«, chiffrierte Meldung Nr. 14498.

Bis zur zweiten Intervention spielte die sowjetische Seite auf Zeit und stimmte zum Schein ungarisch-sowjetischen Verhandlungen über den Abzug ihrer Verbände aus Ungarn zu. Deshalb traf am 2. November abends eine Depesche von Willman aus Budapest bei Außenminister Rapacki ein. Danach bat die Regierung Nagy die polnische Regierung, »ihr Einverständnis zu geben, daß in Warschau Gespräche von Regierungsdelegationen Ungarns und der UdSSR zur Frage der Regelung der Beziehungen zwischen beiden Seiten stattfinden, darunter auch in der Frage der sowjetischen Truppen in Ungarn«[28]. Natürlich war »die Frage der sowjetischen Truppen in Ungarn« gleichbedeutend mit der ungarischen Forderung nach deren Abzug aus Ungarn, also einer Forderung, die das ZK der PVAP in bezug auf Polen einen knappen Tag vorher öffentlich und rigoros abgelehnt hatte. Trotzdem wurde innerhalb von eineinhalb Stunden eine Antwort entworfen und nach Budapest telegrafiert. Danach war die Regierung der Volksrepublik Polen »einverstanden, [...] daß Gespräche in Warschau stattfinden, wenn beide Seiten dies wünschen«. Die Öffentlichkeit sollte informiert werden, sobald der Verhandlungstermin bekannt sei[29]. In dieser positiven Antwort zeigte sich wiederum die in Brest festgeschriebene »besondere polnische Auffassung«. Offenbar wollte die Führung der PVAP jede auch noch so kleine Chance nutzen, um das bereits beschlossene sowjetische Eingreifen zu vermeiden oder abzumildern.

In der Nacht vom 3. auf den 4. November begab sich der ungarische Verteidigungsminister Pál Maléter an der Spitze einer Delegation zu Vorverhandlungen in einen sowjetischen Militärstützpunkt bei Budapest. Dort wurde er auf heimtückische Art und Weise unter Vergewaltigung diplomatischer und internationaler Gepflogenheiten von der sowjetischen Seite festgenommen. Zur gleichen Zeit schickte Willman ein chiffriertes Schreiben an das polnische Außenministerium, in dem er über sein Gespräch mit Nagy vom Nachmittag des 3. November berichtete. Der ungarische Ministerpräsident sei bemüht gewesen, selbst im letzten Augenblick jede sich bietende Gelegenheit zu ergreifen, die zur Normalisierung der politischen Situation führen könnte. Da er vermutete, daß Kardinal Jószef Mindszenty »im reaktionären Geist« auftreten könnte, bat er die polnische Regierung, beim Primas von Polen, Kardinal Stefan Wyszyński, »einen entsprechenden Einfluß auf Mindszenty« zu erwirken mit dem Ziel, die Spannungen in Ungarn abzubauen[30]. Doch war auch diese ungarische Bitte längst durch den neuen Akt der ungarischen Tragödie überholt.

Im Morgengrauen des 4. November kam es zur zweiten Intervention sowjetischer Truppen in Ungarn. Nagy und seine engsten Mitarbeiter — unter ihnen befanden sich außer Kádár fast alle Mitglieder der engeren Führung der MSZMP — erhielten Asyl in der jugoslawischen Botschaft in Budapest. An diesem Tag fand in Warschau gerade eine landesweite Beratung der Ersten Sekretäre der Kreisleitungen statt, die anberaumt worden war, um die Führer der örtlichen Partei-

28 Ebd., Aktenbündel 612, chiffrierte Meldung Nr. 17890, Ausg.-Nr. 472.
29 Ebd., Aktenbündel 48, Akte 613, chiffrierte Meldung Nr. 14492.
30 Ebd., Akte 612, Schreiben Nr. 17984, Ausg.-Nr. 477.

apparate zu beruhigen. Gomułka erfuhr dort von der neuen Phase der ungarischen Ereignisse und war gezwungen, unmittelbar Stellung zu beziehen. In seinen Worten fand sich nicht die Spur einer Absicht, in irgendeiner Form gegen die Aggressionen der UdSSR zu protestieren. Viel stärker beherrschte ihn die Befürchtung, daß nach dem Zerreißen eines Kettengliedes des sozialistischen Lagers das nächste und zweite solche Glied Polen sein könnte, daß also eine Schwächung der sozialistischen Gesellschaftsordnung in Ungarn auch seine eigene Position stark untergraben könnte. Obwohl er wiederum den Standpunkt der PVAP zur Nichteinmischung in die inneren Angelegenheiten eines Landes bekräftigte, dominierte in seiner Rede der Gedanke, daß die Einheit des sozialistischen Blocks absoluten Vorrang habe.

Gomułka erklärte jede äußere Intervention erneut für falsch, betonte aber, Polen sei durch diese sowjetische Entscheidung vor vollendete Tatsachen gestellt worden. Aber als politischer Realist müsse man den Tatsachen ins Auge sehen. Dem fügte er noch hinzu, daß die Teilung der Welt in zwei Lager und die geopolitische Lage des Landes zu beachten sei. Gleichzeitig bekräftigte er, daß die Vorfälle in Ungarn keinen Einfluß auf die weitere Entwicklung der vom VIII. Plenum der Partei beschlossenen Linie und auf die Regelung strittiger ökonomischer und militärischer Fragen mit der Sowjetunion haben könne. Mit Nachdruck unterstrich Gomułka, daß Polen mit Gewißheit auch weiterhin Mitglied des Blocks der sozialistischen Länder bleibe, da es nämlich selbst nicht in der Lage sei, verschiedene — äußere und innere — reaktionäre Gefahren, die seine sozialistische Gesellschaftsordnung bedrohten, zurückzuweisen. Diese Kräfte würden sich ermutigt fühlen, wenn Polen das sowjetische Vorgehen in Ungarn verurteile. Seiner Meinung nach lautete die Frage in Ungarn: Sozialismus oder Kapitalismus. Für ein PVAP-Mitglied könne die Antwort nur »Sozialismus« heißen. Der Parteichef versicherte ferner, Partei und Regierung müßten dem polnischen Volk immer die ganze Wahrheit sagen, damit das Land nie in eine Situation gerate, wie sie sich jetzt in Ungarn abzeichnete. Abschließend berief sich Gomułka auf die »chinesischen Genossen«; nach ihrer Meinung habe das VIII. Plenum des ZK der PVAP die Beziehungen zwischen Staaten im sozialistischen Lager zum Gegenstand gehabt, hingegen ginge es im Falle Ungarns um Existenz oder Beseitigung der Volksdemokratie[31].

Am Abend des 4. November versammelte sich das Politbüro, um die Haltung der polnischen UN-Delegation gegenüber der von den USA eingebrachten Resolution festzulegen, die einen sofortigen Abzug der sowjetischen Truppen aus Ungarn forderte. Zu Beginn der Sitzung übermittelte Naszkowski die Hoffnung der Chinesen, daß Polen wie alle anderen Mitglieder des Warschauer Vertrages gegen diese Resolution stimmen werde[32]. Dementsprechend beschloß das Politbüro, die Sowjetunion in der Vollversammlung zu unterstützen[33]. UN-Botschafter Michałowski begründete das polnische Votum während der Abstimmung.

31 AAN, ZK der PVAP, Beratung des Parteiarchivs, 4.11.1956, 237/V-241, S. 28–20, 182–186.
32 Ebd., Paket 107, Bd 5, S. 6.
33 Ebd., Paket 15, Bd 58, S. 204, Protokoll Nr. 136.

Die Nachricht vom polnischen Abstimmungsverhalten wurde am darauffolgenden Tag in Warschau bekannt, als am Sitz des ZK der PVAP eine Versammlung der Chefredakteure von Warschauer Tageszeitungen sowie des Rundfunks stattfand. Die aufgebrachten Chefredakteure waren überzeugt, daß die polnische Öffentlichkeit einen solchen Verrat an Ungarn nicht verzeihen werde, und forderten eine Verurteilung des Votums. Nach ihrer Auffassung ließ sich das Prestige der Parteiführung und Gomułkas selbst allenfalls noch durch die unverzügliche Abberufung von Minister Rapacki retten. Gomułka reagierte äußerst scharf: »Ihr erwartet von mir, daß ich mit dem Schicksal des Landes spiele. Ihr möchtet, daß ich zur Verteidigung von Nagy auftrete, doch kenne ich ihn weder persönlich noch seine Absichten. Ich weiß nur, daß es in seiner Regierung faktisch keine Kommunisten mehr gibt, daß reaktionäre Parteien das Übergewicht haben und daß der Pöbel Kommunisten an Laternen aufknüpft. Und im Namen der Verteidigung dieser Regierung wollt ihr, daß ich Polen ein ähnliches Los bereite wie Ungarn. Ich werde dies niemals tun. Und außerdem: Habt ihr schon daran gedacht, was sich hier in Polen abspielen würde, wenn in Ungarn die antikommunistischen Parteien siegen? Schließlich würde auch uns die Reaktion an die Kehle gehen, [...] und dann würde diese Welle auf uns zurollen. Das werde ich nicht zulassen[34].«

So ging das Politbüro des ZK der PVAP innerhalb von drei Tagen seit der öffentlichen Erklärung, wonach eine Einmischung falsch sei, zur aktiven Unterstützung der sowjetischen Aggression in Ungarn über, vor allem auf internationalem Parkett.

4. Nachlese

Nach dem 4. November konnten Kádár und seine Vertrauten über eine längere Zeit ausschließlich auf die ehemaligen Mitglieder des aufgelösten Staatssicherheitsdienstes sowie auf die sowjetischen Truppen bauen. Bereits im November begannen in Ungarn blutige und rücksichtslose Repressionen gegen die Aufständischen. 150 000 bis 200 000 Ungarn verließen das Land. In den folgenden Jahren wurden 24 000 Personen verurteilt, Zehntausende wurden interniert, Zehntausende verloren ihre Arbeit, fast 500 Personen wurden hingerichtet. Das letzte Todesurteil wegen der Beteiligung an der »Konterrevolution« wurde im Jahre 1961 gefällt!

Imre Nagy und seine Gruppe verließen am 22. November 1956 auf der Grundlage einer schriftlichen und mündlichen Garantie der Regierung Kádár die jugoslawische Botschaft in Budapest. Sofort wurden sie des Landes verwiesen und in Rumänien interniert. Im März und April des Jahres 1957 wurden Nagy und seine Mitarbeiter verhaftet und von Rumänien nach Ungarn überstellt. Ihr Prozeß fand — nach zweimaliger Vertagung — im Juni 1958 statt. Bis zu dieser Zeit wurde das Schicksal der Gruppe Nagy als strenges Geheimnis behandelt; auch der

34 Werblan, Czy los Imre Nagy.

Prozeß selbst war geheim. Die Führung der MSZMP unter Kádár wollte die politischen und militärischen Anführer der Revolution strengstens bestrafen. Es wurden Todesurteile gefällt, die unmittelbar danach vollstreckt wurden.

Obwohl sich Gomułka nicht mit Nagys Ansichten identifiziert hatte, konnte er eine Rückkehr stalinistischer Methoden bei der Abrechnung mit politischen Gegnern im sozialistischen Lager nicht tolerieren. Deshalb sondierte er die Möglichkeit, zwischen der Regierung Kádár und der Gruppe Nagy, während letzterer noch in der jugoslawischen Botschaft weilte, zu vermitteln, da er so die Situation mit einem Kompromiß lösen wollte[35]. Da der von Moskau gesteuerte Kádár auf die polnische Initiative nicht einging, wurde sie eingestellt. Immerhin veranlaßten Gomułkas Überzeugungen ihn, im Mai 1957 zur Verteidigung von Nagy bei Chruschtschow zu intervenieren.

Nach dem November 1956 hatte die polnische Führung oftmals die ungarischen Genossen zum Schicksal der Gruppe Nagy befragt, über seinen eventuellen Prozeß und darüber, ob er zur Verantwortung gezogen werde. Zur selben Zeit, als Gomułka auf dem IX. Plenum des ZK der PVAP im Mai 1957 die Parole vom Kampf gegen den Revisionismus verkündete, berichtete Botschafter Willman aus Budapest, daß Nagy — den Gomułka ebenfalls für einen Revisionisten hielt — zurück in Ungarn sei und daß ihn ein Prozeß erwarte[36]. Eine Woche nach dieser Nachricht unternahm eine polnische Delegation unter Leitung Gomułkas und Cyrankiewicz' eine geheime Reise nach Moskau, um strittige Fragen, die sich aus den polnisch-sowjetischen Verträgen vom November 1956 ergaben, zu besprechen. Der Erste Sekretär des ZK der PVAP nutzte diese Gelegenheit, Nagy zu verteidigen und Chruschtschow zu überzeugen, daß der ungarische Ministerpräsident die Sache des Sozialismus nicht verraten habe und daß ein eventueller Prozeß politisch sehr schädlich wäre[37]. Gomułkas Intervention hatte keinen Erfolg; der Pole blieb der einzige unter allen Führern der kommunistischen Parteien, der so etwas versuchte und bei Chruschtschow höchstpersönlich intervenierte.

Die offizielle Haltung der Volksrepublik Polen gegenüber der Regierung Kádár war eindeutig und natürlich eine andere als die hinter den Kulissen. Sie wurde von Ministerpräsident Cyrankiewicz auf der zweiten Sitzung des neugewählten Sejm am 26. Februar 1957 folgendermaßen charakterisiert: »Die Tragödie des ungarischen Volkes haben wir zutiefst bedauert. Die Regierung der Volksrepublik Polen leistete und leistet der revolutionären Arbeiter- und Bauernregierung in Ungarn Hilfe und Unterstützung und erachtet deren Programm als richtig, als das einzige Programm, das eine Stärkung des Sozialismus in Ungarn gewährleisten und die Folgen der Fehler der Vergangenheit beseitigen kann. Wir glauben, daß dieses Programm alle sozialistischen Kräfte in Ungarn vereint. Wir glauben, daß das ungarische Volk, das vor kurzem so schmerzhafte Erfahrungen machen

35 AMSZ, Bereich Depeschen, Aktenbündel 48, Akte 613, chiffriertes Schreiben Nr. 98/14796 u. 14904.

36 Ebd., Aktenbündel 53, Akte 689, chiffriertes Schreiben, Budapest 1957, »eintreffende Meldungen«, Schreiben Nr. 5558, Ausg.-Nr. 113.

37 OHA, Nr. 473. Interview des Autors mit J. Morawski.

mußte, in sich genügend politische Reife finden wird, um die schrittweise Realisierung dieses Programms zu gewährleisten, was einzig und allein in einer Atmosphäre der Ruhe möglich ist, um sämtliche Versuche abenteuerlicher Elemente zunichte zu machen, die Lage auf Kosten des ungarischen Volkes zu verschärfen[38]«. Die polnische Regierung und die PVAP unterstützten die Regierung Kádár auch materiell (die offizielle polnische Regierungshilfe für Ungarn, die vom Politbüro im November 1956[39] beschlossen wurde, betrug 100 Millionen Złoty) sowie politisch auf jedem internationalen Forum.

Doch war es als Zeichen gewisser Vorbehalte gegenüber den Umständen der Machtergreifung der alten und neuen ungarischen Regierungsmannschaft sowie als stiller Protest gegen die — oft brutalen — Mittel, die von der dortigen Parteiführung angewendet wurden, zu verstehen, wenn Gomułka über eineinhalb Jahre Ungarn keinen offiziellen Besuch abstattete, obwohl er mehrfach Einladungen seitens der MSZMP erhalten hatte. Kádár war sehr daran gelegen, daß »der Held des polnischen Oktober« durch seine Anwesenheit in Budapest gewissermaßen die gesamte MSZMP-Führung mit ihm selbst an der Spitze legitimierte, die unter Inanspruchnahme bewaffneter Hilfe durch sowjetische Truppen im November 1956 die Macht übernommen hatte. Offizielle ungarische Quellen lancierten über ein Jahr lang Meldungen, wonach eine polnische Partei- und Regierungsdelegation in Kürze nach Ungarn kommen werde. Das polnische Außenministerium oder andere Institutionen dementierten jedoch solche Meldungen stets entschieden. Schließlich beschloß das Warschauer Politbüro auf seiner Sitzung am 15. März 1958, die Einladung von Partei und Regierung der Ungarischen Volksrepublik anzunehmen und seine Repräsentanten vom 9. bis 12. Mai nach Budapest zu entsenden[40]. Als Informationen in der polnischen Hauptstadt eintrafen, daß der Prozeß gegen Imre Nagy und seine Genossen bevorstünde und Todesurteile gefällt werden könnten, erwog Gomułka anfangs eine Verschiebung dieses Besuches und machte seine Reise von der ungarischen Versicherung abhängig, daß der Prozeß nicht vor dem Besuch stattfände. Botschafter Willman übermittelte der ungarischen Führung die polnische Überzeugung, daß Prozeß und Urteil ein sehr negatives Echo finden würden.

Am 21. März vermeldete Willman, er habe Janö Fock, Mitglied des Politbüros und Sekretär des ZK der MSZMP, darüber informiert, daß die polnische Öffentlichkeit am Schicksal Nagys interessiert sei, ein Prozeß hingegen »einen negativen Einfluß auf die Lage der weltweiten Arbeiterbewegung haben kann«. Fock versicherte, daß der Prozeß nicht vor dem polnisch-ungarischen Treffen stattfinden werde, es böte sich somit die Gelegenheit, diese Frage während des Treffens

38 Bibliothek des Sejm der Republik Polen. Stenografischer Bericht von der 2. Sitzung des Sejm der VR Polen am 26. und 27.2.1957, I. Sitzungsperiode des Sejm — 2. Sitzung vom 26.2.1957, S. 28 f.

39 AAN, ZK der PVAP, Paket 15, Bd 58, S. 219–211, Protokoll Nr. 143.

40 Ebd., Paket 17, Bd 69: Protokolle des Politbüros des ZK für 1958, Nr. 188–214, unterschriebene Originalprotokolle, S. 49–51, Protokoll Nr. 193.

zu erörtern[41]. In Wirklichkeit hatte der Geheimprozeß gegen Nagy bereits am 5. Februar 1958 begonnen. Allerdings wurde die Verhandlung am darauffolgenden Tag nach Anhörung der Angeklagten auf sowjetische Bitte hin eingestellt und wegen der »komplizierten internationalen Lage« auf unbestimmte Zeit verschoben.

Am 24. April lag dem Sekretariat des ZK der PVAP eine Studie mit dem Titel »Die absehbare Problematik der Gespräche; Forderungen der ungarischen Seite; unsere Interessen« vor. Darin wiederholten die Autoren den Standpunkt der Partei, daß »es — für den Fall, daß dieses Thema aufgegriffen wird — zweckmäßig wäre, auf den Widerhall eines eventuellen Prozesses in der internationalen Arbeiterbewegung hinzuweisen«[42]. Am folgenden Tag diskutierte das Politbüro Fragen im Zusammenhang mit der Reise nach Ungarn[43]. Die Partei- und Regierungsdelegation unter Gomułka und Cyrankiewicz weilte vom 9. bis 12. Mai 1958 in Ungarn. Höchstwahrscheinlich war die Angelegenheit Nagy ein Gesprächsgegenstand. Kádár soll Gomułka versprochen haben, daß im Falle eines Prozesses bestimmt keine Todesurteile gefällt würden. Nähere Einzelheiten sind jedoch bislang nicht bekannt.

Einen Monat nach dem Treffen Kádár-Gomułka, vom 9. bis 15. Juni 1958, fand der Prozeß gegen Nagy und seine Mitstreiter statt. Einen Tag nach Prozeßende wurden die Todesurteile vollstreckt. Als Gomułka dies erfuhr, war er sehr betroffen und erregt. Er beschuldigte Kádár des Betrugs und verbarg in keiner Weise seine Entrüstung über die Urteile[44]. Am 19. Juni beriet das Politbüro des ZK der PVAP über die Lage nach der Verkündung des ungarischen Kommuniqués über den Prozeß[45]. Das Problem bestand darin, eine Haltung für das Ausland zu entwickeln, die gleichzeitig für die polnische Gesellschaft verständlich war, die ja die ungarische Revolution von 1956 einhellig und aktiv unterstützt hatte. Das Politbüro schwankte und äußerte sich nicht zu den Urteilen; auf seine Unsicherheit weist die Tatsache hin, daß eine Woche später die Politbüromitglieder erneut die »ungarische Frage« besprechen und die Mehrzahl der Beschlüsse von der Vorwoche wiederholen mußten. Gomułka unterstrich dabei erneut die Notwendigkeit, öffentlich Stellung zu beziehen. Das Politbüro entschied daraufhin, daß General Wiesław am 28. Juni in Gdańsk anläßlich der »Tage des Meeres« den Standpunkt des Politbüro zum Ausdruck bringen sollte[46].

Nach der Bekanntgabe der Hinrichtung Nagys hielt es die Führung der PVAP für notwendig, die Wirkung der Exekution auf Öffentlichkeit und Parteiapparat

41 AMSZ, Bereich Depeschen, Aktenbündel 57, Akte 783, chiffriertes Schreiben, Budapest 1958, »eintreffende Meldungen«, chiffriertes Schreiben Nr. 3478, Ausg.-Nr. 52.

42 AAN, ZK der PVAP, Paket 111, Bd 21: Materialien zu den polnisch-ungarischen Beziehungen aus den Jahren 1955–1964.

43 Ebd., Paket 17, Bd 69, S. 102–104, Protokoll Nr. 196.

44 OHA, Budapest, Nr. 572: Interview des Autors mit E. Planer; AMSZ, Bereich Depeschen, Aktenbündel 48, Akte 612, chiffriertes Schreiben Nr. 17709, Ausg.-Nr. 458.

45 AAN, ZK der PVAP, Paket 17, Bd 69, S. 122, Protokoll Nr. 202.

46 Ebd., S. 123–128, Protokoll Nr. 203.

in Polen zu erfahren. Auf diese Art und Weise entstanden glaubhafte Stimmungsberichte zu den Urteilen in Ungarn[47]. Darunter befanden sich Berichte von PAP-Korrespondenten aus verschiedenen Landesteilen, die nach Ton und Inhalt überwiegend Entrüstung über Prozeß und Urteil reflektierten.

Dennoch schwiegen die höchsten Parteigremien mehr als zehn Tage lang zum Schicksal Nagys und verstärkten damit die Unsicherheit des Apparates weiter. Das Schweigen war Anlaß für verschiedene Spekulationen sowohl in Polen als auch im Ausland. Aber die Situation in Polen 1958 war eine völlig andere als im Herbst 1956. Auch die polnische Presse provozierte unterschiedliche Vermutungen, weil die Tageszeitungen nur eine trockene und kurze Information über den Nagy-Prozeß und die Vollstreckung der Todesurteile veröffentlichte. Der volle Inhalt des in Ungarn herausgegebenen Kommuniqués erschien nur in der Trybuna Ludu, und dies ohne jeglichen Kommentar. Einige Zeitungen gaben den Artikel der Moskauer Prawda wieder, der sich mit dem westlichen Echo zur Verurteilung Nagys befaßte, doch fehlten sowohl der polnische Standpunkt als auch polnische Kommentare.

Über die Atmosphäre, die in dieser kurzen Zeit in der engeren Parteiführung herrschte, und über die methodische Betrachtungsweise, die der Hinrichtung des ehemaligen ungarischen Ministerpräsidenten galt, zeugt eine Äußerung von Minister Rapacki im Woiwodschaftskomitee von Poznań: »Heute abend erhielt ich die Nachricht, daß Imre Nagy [...] und andere zum Tode verurteilt und hingerichtet wurden. Ich muß mich sehr stark dagegen verwahren, die Anschuldigungen zu kennen, die ihnen vorgehalten und nachgewiesen worden sind. Es kann sein, daß die Beweise ihrer Schuld veröffentlicht werden, und abhängig davon wird man sich eine klarere Meinung bilden können. Zweitens ist das eine innerungarische Angelegenheit, in der wir als Staat nicht das Wort ergreifen können, so wie wir auch selbst nicht wollen, daß andere Staaten ihre Stimme zu unseren inneren Angelegenheiten erheben. Mit diesem Vorbehalt und nur davon geleitet, was ich zur Zeit weiß, muß ich Euch, liebe Genossen, einfach sagen, daß ich als Mensch und als Kommunist jedoch das Gefühl der Mehrheit unserer Partei und unseres Volkes in dieser Angelegenheit teile. Ihr könnt aber natürlich mit keiner Erklärung rechnen, weil dies eine innere Angelegenheit eines anderen Landes ist. [...] Ich kann sagen, daß, wenn wir gewußt hätten, daß es so kommt, unsere Delegation nicht nach Ungarn gefahren wäre. Das wichtigste in dieser Angelegenheit und in allen anderen ist, daß wichtiger als jegliche Unterschiede, als solche oder andere Einschätzungen des Verhaltens dieser oder jener Regierung, dieses oder jenes Menschen, eine wichtige Frage die Einheit in unserem Lager ist, da davon die Existenz von Dutzenden Millionen Menschen und unseres Landes abhängig ist. Von dieser Frage hängt das Schicksal des Krieges ab, und deshalb werden wir diese Frage über alles stellen. Das ist die Grundlage unserer Außenpolitik[48].« Allerdings zog ein

47 Ebd., Paket 18, Bd 70: Anlagen zu den Protokollen des Sekretariats und des Politbüros des ZK für das Jahr 1958, Nr. 1–58, S. 273–294 (Abteilung Organisation und Abteilung Allgemeine Fragen).

48 Ebd., 237/VIII-273, Abteilung Propaganda, Referate, Reden, 1954–1958, S. 1, 31 f.

Parteiaktivist in Zweifel, daß sich in der Frage der Reise nach Ungarn der persönliche Standpunkt Rapackis mit dem der Parteiführung deckte[49].

Nach außen versuchte das Politbüro hingegen, Einigkeit zu demonstrieren. Sein offizieller Standpunkt war in der Ansprache Gomułkas enthalten, den er auch gegenüber der Werft in Gdańsk vom 28. Juni 1958 formulierte, in der er seine Ansichten aus dem Jahre 1956 revidierte. Zuerst kritisierte er aufs schärfste Jugoslawien und den dortigen Revisionismus; anschließend brachte er die einstimmige Billigung der ungarischen Urteile durch die PVAP-Führung zum Ausdruck[50], was man übrigens als Verurteilung des polnischen Oktober werten konnte. Lediglich Gomułkas Sätze — »Es obliegt nicht uns, das Ausmaß der Schuld und die Gerechtigkeit der Strafe, die den Angeklagten im Nagy-Prozeß auferlegt wurde, zu beurteilen. Das ist eine innere Angelegenheit Ungarns.« — zeugen davon, daß die Machtorgane der Volksrepublik Polen gewisse Vorbehalte gegenüber den Todesurteilen hatten. Gomułka, der knapp zwei Wochen zuvor der Ansicht gewesen war, daß Kádár ihn betrogen habe und daß die Exekution Nagys nichts anderes sei als ein gewöhnliches politisches Verbrechen, konnte nach diesem Auftritt Ausdrücke der Befriedigung vom Hauptinspirator des Verbrechens, János Kádár, dem Ersten Sekretär des ZK der MSZMP, entgegennehmen.

49 Ebd., S. 33 f.

50 Den Text der Rede vom 30.6.1958 haben die wichtigsten polnischen Tageszeitungen veröffentlicht.

Vladimír Pilát

Der antikommunistische Aufstand in Ungarn aus der Sicht der tschechoslowakischen Kommunisten

Am Ende dieses Jahres sind vierzig Jahre vergangen seit jenen dramatischen und blutigen Tagen, als im benachbarten Ungarn ein Aufstand von Bürgern aller Schichten gegen den kommunistischen Totalitarismus ausbrach und fast sofort durch die Übermacht der sowjetischen Interventionstruppen zerschlagen wurde — ein Aufstand, der in bestimmten Kreisen der postkommunistischen Länder noch heute euphemistisch als »Die Ereignisse in Ungarn« bezeichnet wird.

Die Mitarbeiter des Historischen Instituts der Armee der Tschechischen Republik beschlossen bereits Anfang 1993, Arbeiten zu diesem Thema in Angriff zu nehmen und es in den Gesamtkontext der Grundlagenforschung über die Rolle der tschechoslowakischen Armee in den einzelnen Krisen des sozialistischen Systems einzuordnen. Erstes bescheidenes Ergebnis war die Veröffentlichung einer zweibändigen Sammlung von Dokumenten, die die militärischen Maßnahmen der Tschechoslowakei in der Zeit des ungarischen Aufstands betreffen[1]. Die weiterführende Forschung gipfelte in einem wissenschaftlichen Kolloquium mit internationaler Beteiligung, das am 22./23. September 1993 im Historischen Institut der Armee der Tschechischen Republik in Prag stattfand[2].

Bei der Arbeit in den tschechischen Archiven gelang es, eine Reihe bisher unveröffentlichter Dokumente zutage zu fördern, in denen Aussagen über die Reaktion der damaligen tschechoslowakischen Partei- und Staatsorgane auf den Aufstand enthalten sind. Einige von ihnen betreffen direkt Formationen der Armee und der Sicherheitsorgane sowie ihre Rolle bei der »Aufrechterhaltung von Ruhe und Ordnung« oder bei der Deckung der Grenze der ČSR, eine weitere große Anzahl von Dokumenten enthält mittelbare Aussagen. Unter die letztgenannte Kategorie fällt unter anderem eine Reihe überaus interessanter Materialien, deren Inhalt den Standpunkt der Führung der Kommunistischen Partei der Tschechoslowakei zur Entwicklung der Lage im Nachbarland widerspiegelt. Sie verdienen zweifellos unsere Aufmerksamkeit, weil sie es ermöglichen, in einem bedeutendem Maße die Einschätzungen der damaligen Parteispitzen zu rekonstruieren und somit den antikommunistischen Aufstand in Ungarn mit den »Augen« der tschechoslowakischen Kommunisten zu sehen.

Für die Formulierung eines gewissermaßen »grundlegenden« Ausgangsstandpunkts durch die Führung der KPČ waren die Ergebnisse der Tagung des

1 Vojenská a další opatření.
2 Vojenská opatření.

Präsidiums des ZK der KPdSU vom 24. Oktober 1956 von entscheidender Bedeutung. Nach der ursprünglichen Absicht der sowjetischen Seite sollten die Verhandlungen den Charakter einer internationalen Beratung über die Krise in Polen tragen. Das Ausbrechen des antikommunistischen Aufstands in Ungarn zwang jedoch zu einer entsprechenden Erweiterung des Themas. Was den Versuch einer »Internationalisierung« des Problems betrifft, kam es im Gegenteil zu einer wesentlichen Einengung. Von den eingeladenen Delegationen der »Bruderparteien« reisten nämlich lediglich die Vertreter des ZK der Sozialistischen Einheitspartei Deutschlands, der Bulgarischen Kommunistischen Partei und der Kommunistischen Partei der Tschechoslowakei an. Der Verlauf der Verhandlungen kann dank eines umfangreichen Berichts verfolgt werden, den der Erste Sekretär des ZK der KPČ, Antonín Novotný, unmittelbar nach der Rückkehr aus Moskau in der Nacht vom 24. auf den 25. Oktober 1956 verfaßte[3].

In dem Teil seiner Ausführungen, der den »Ereignissen« in Budapest gewidmet war, kritisierte der Erste Sekretär des ZK der KPdSU, Nikita S. Chruschtschow, die Passivität der Führung der Partei der Ungarischen Werktätigen (Magyar Dolgozok Partja) und präsentierte seine Version von der Beurteilung der ersten Stunden des Aufstands einschließlich des Eingreifens von Einheiten der Südgruppe der sowjetischen Streitkräfte in der Nacht zum 24. Oktober 1956. Er unterstrich den konterrevolutionären Charakter des »Putsches« und erkannte den antikommunistischen Aufständischen ganz eindeutig den Status einer »Bande« und von »Banditen« zu.

Von den Vertretern der kommunistischen Satellitenparteien nahm im ersten Augenblick der Erste Sekretär des ZK der SED, Walter Ulbricht, den härtesten Standpunkt ein. Es sei zur Krise gekommen, weil »wir nicht rechtzeitig alle falschen Ansichten ideologisch enthüllt haben, die in der Polnischen Vereinigten Arbeiterpartei und der Partei der Ungarischen Werktätigen auftraten«. Die Aufgabe aller kommunistischen Parteien bestünde in der Notwendigkeit, »in der Presse eine Antwort auf einige falsche Ansichten zu geben«[4].

Es ist interessant, daß Chruschtschow Ulbrichts Radikalismus, später auch unrühmlich bekannt aus der Zeit des »Prager Frühlings« 1968, so nicht ganz teilte. Er empfahl dagegen, »die Lage in Ungarn nicht in unserer Presse zu beurteilen, solange wir uns nicht vollständig über die Gründe des Ganzen klargeworden sind«. Der sowjetische Führer wurde offensichtlich in seiner Haltung bestärkt durch die Berichte einer Delegation, die, bestehend aus dem Ersten Stellvertreter des Ministerrats der UdSSR, Anastas I. Mikojan, dem Politbüromitglied Michail A. Suslow und dem KGB-Vorsitzenden, Armeegeneral Iwan A. Serow, in den Morgenstunden des 24. Oktober 1956 nach Ungarn gesandt worden war. Deren Mitglieder erstatteten unmittelbar während des Verlaufs der Verhandlungen telefonisch Meldung über die Lage im Lande. Diese sei »nicht so schrecklich, wie sie von den ungarischen Genossen und dem sowjetischen Botschafter dargestellt wür-

3 SÚA, Archív ÚV KSČ, Fond 07/16 — Antonín Novotný, Bd 3.
4 Ebd.

de. In Budapest herrscht mehr oder weniger Ruhe. Widerstand wird nur noch auf einigen Dächern und Balkons von Häusern geleistet, von wo aus sich die Gegner beschießen. Die Innere Wache antwortet im großen und ganzen reichlich auf jeden Schuß, wodurch der Eindruck von Kämpfen entsteht. Man kann davon ausgehen, daß bis zum Morgen ganz und gar Ruhe herrschen wird[5].«

Optimistische Meldungen dieses Typs erweckten den Eindruck, daß die Niederschlagung des Aufstands eine Sache der nächsten Stunden sei und die sowjetische Führung also genügend Zeit haben werde, eine definitive Einschätzung zu formulieren. Chruschtschow beabsichtigte deshalb, »diese Probleme mehr zu durchdenken. Man muß bedenken, daß wir nicht mehr in der Zeit der Kommunistischen Internationale leben, als nur eine Partei an der Macht war. Wenn wir heute kommandieren wollten, würden wir nur unnötig ein Chaos hervorrufen[6].« Trotz dieser scheinbar sehr gegensätzlichen Haltung versäumte es Chruschtschow jedoch nicht zu betonen, daß es notwendig sei, einen einheitlichen, allgemein verbindlichen Standpunkt einzunehmen. »Es ist notwendig, in jeder Partei die propagandistische Arbeit zu führen, dabei darf aber nicht zugelassen werden, daß es zu einer Polemik zwischen den Bruderparteien kommt, weil dies eine Polemik zwischen den Völkern wäre«, führte er aus[7].

Ein bemerkenswertes Resultat des Moskauer Treffens war der stellenweise krampfhafte Nachdruck, mit dem die Problematik des Lebensstandards der Bevölkerung bedacht wurde. »Die ideologische Arbeit allein hilft uns nicht, wenn wir nicht eine Verbesserung des Lebensstandards gewährleisten. Es ist kein Zufall, daß die Unordnung in Ungarn und Polen entstand und nicht in der ČSR. Das ist deshalb so, weil in der ČSR der Lebensstandard unvergleichlich höher ist. In der UdSSR wurden mehr als 10 000 Mitglieder der KPdSU rehabilitiert und mehr als eine Million aus dem Gefängnis entlassen. Diese Leute zürnen uns deshalb nicht, weil sie sehen, daß wir viel für die Erhöhung des Lebensstandards bei uns getan haben. Auch bei uns hört man BBC und den Sender Freies Europa. Und wenn die Mägen voll sind, geht es ihnen gut«, wurde mit übertriebenem Optimismus, der ein wenig an schwarzen Humor erinnerte, konstatiert[8].

Mit Novotnýs Bericht beschäftigte sich eine außerordentliche Tagung des Politbüros des ZK der KPČ am 25. Oktober 1956, auf der das Gremium Chruschtschows Einschätzung der bisherigen Entwicklung uneingeschränkt akzeptierte und der »Herangehensweise des Präsidiums des ZK der KPdSU, soweit es um die Ereignisse in Polen und Ungarn geht«[9], zustimmte. Dem Politbüro gehörten damals der 1. Sekretär des ZK der Kommunistischen Partei der Slowakei Karol Bacílek, Innenminister Rudolf Barák, der Stellvertretende Ministerpräsident Jaromír Dolanský, der Vorsitzende der Nationalversammlung Zdeněk Fierlinger, die Stellver-

5 Ebd.
6 Ebd.
7 Ebd.
8 Ebd.
9 Ebd., Fond 02/2 — Politbüro des ZK der KPČ 1954–1962, Bd 120, Archiveinheit 150.

tretende Ministerpräsidentin Ludmila Jankovcová, der Stellvertretende Ministerpräsident Václav Kopecký, Antonín Novotný, der Minister und Vorsitzende des Staatlichen Planungsamts Jaromír Šimůnek, Ministerpräsident Viliam Široký sowie Staatspräsident Antonín Zápotocký an. Es beschloß für die ČSR die höchste Sicherheitsstufe mit einem Höhepunkt am 28. Oktober, dem Jahrestag der Gründung der Republik. Es beabsichtigte ebenfalls, »sich über die Möglichkeit der Entsendung von Freiwilligenabteilungen nach Ungarn« für den Kampf gegen die »Konterrevolution« mit dem Innenministerium in der UdSSR zu beraten. Besondere Aufmerksamkeit widmete das Politbüro der »Gleichschaltung« der Presse. Es wurde vor allem die Notwendigkeit betont, »die politische Arbeit mit den Chefredakteuren zu führen«, um auf diesem Weg »zu gewährleisten, daß die Artikel die richtige Linie vertreten«[10].

Der Beschluß über die »richtige Linie« betraf natürlich ebenfalls sämtliche öffentlichen Verlautbarungen der politischen Satellitenparteien in der »Nationalen Front« (Národní fronta Čechů a Slováků). Auch wenn das in einem normal funktionierenden politischen System unverständlich ist, unterlag in der Realität der ČSR im Jahre 1956 der Standpunkt dieser »zusätzlichen« Subjekte der Genehmigung und Zensur durch das ZK der KPČ. Nur unter diesen an George Orwell erinnernden Bedingungen war es möglich, daß das Politbüro des ZK der KPČ den Genossen Jiří Hendrych, Sekretär des ZK der KPČ, beauftragen konnte, »zu gewährleisten, daß die Veröffentlichung eines Briefes des Präsidiums der Tschechoslowakischen Sozialistischen Partei (Československá strana socialistická) zu den Ereignissen in Ungarn in der Presse so erfolgt, daß der Satz am Ende des Briefes in dem Sinne korrigiert wird, daß wir den Kräften der Volksdemokratie zustimmen und sie stärken«[11]. Einem ähnlichen Genehmigungsprozeß unterwarfen die kommunistischen Zensoren z.B. die Erklärung der Tschechoslowakischen Volkspartei (Československá strana lidová)[12].

Die am 24. Oktober in Moskau gemachten optimistischen Voraussagen vom baldigen Ende der Unruhen »überlebten« noch nicht einmal die nächsten Stunden. Nach zwei von Angehörigen der Staatssicherheit und sowjetischen Soldaten provozierten Vorfällen blieben am 25. Oktober mehrere Dutzend ermordete Ungarn auf dem Pflaster Budapests zurück. Von diesem Augenblick an wurden die Kämpfe ausgesprochen blutig. Die Widerstandsdemonstrationen gegen das neostalinistische Regime nahmen definitiv die Form eines bewaffneten Aufstands an.

Die immer schnellere Entwicklung der Lage in einer »unerwünschten« Richtung hatte zur Folge, daß alle Beschlüsse über ausgewogene und sorgfältig durchdachte Pressekampagnen, die sich auf die Propagierung der wirtschaftlichen Erfolge des Sozialismus gründeten, sofort fallen gelassen wurden. Hatte die zentrale Tageszeitung der KPČ, Rudé právo, noch am 25. Oktober geschrieben, in Ungarn schreite der Prozeß »der Liquidierung der konterrevolutionären Banden«, von

10 Ebd., Bd 119, Archiveinheit 146.
11 Ebd.
12 Ebd., Bd 120, Archiveinheit 150.

denen angeblich bereits ein großer Teil die Waffen niedergelegt habe[13], voran, so schlug sie in den folgenden Tagen einen entschieden härteren Kurs ein. Die Bezeichnung der Aufständischen als »konterrevolutionäre Bande« reichte nun schon nicht mehr aus und gehörte zu den eher gemäßigteren und schmeichelhaften Ausdrücken. »Der hinterhältige und bestialische Feind, der bis jetzt nur lauerte, drohte und seine Kräfte im Geheimen sammelte, schlägt gegen das ungarische Volk los«, schrieb Rudé právo am 26. Oktober 1956[14]. Gleichzeitig mit der Verschärfung der Angriffe in der Presse gewann die übliche gelenkte Kampagne an Intensität, die in der organisierten Verbreitung von Hunderten Resolutionen bestand, in denen »empörte Arbeiter, Bauern und Angehörige der werktätigen Intelligenz« kollektiv und individuell das »Wüten der Konterrevolution in Ungarn« verurteilten. In den letzten Oktobertagen wurden außerdem die Bemühungen verstärkt, den Aufstand als isolierten Akt des Terrors konterrevolutionärer Gruppen darzustellen, die im scharfen Widerspruch zu den Interessen des »Volkes« unter der Führung der »Partei« handelten.

Zu einer neuen bedeutungsvollen Veränderung des Blickwinkels in bezug auf den ungarischen Aufstand kam es in der Nacht vom 1. auf den 2. November 1956, als im Moskauer Kreml eine Beratung von Vertretern der kommunistischen Parteien der UdSSR, DDR, ČSR, Polens, Rumäniens, Bulgariens und Chinas die Entscheidung über eine erneute sowjetische Intervention in Ungarn traf[15]. Am stärksten kam dieser neue Trend in der Beurteilung des ungarischen Aufstands am 2. November 1956 auf der 151. Sitzung des Politbüros des ZK der KPČ zum Ausdruck. Für das ZK der KPČ hatten Novotný und Široký an den Moskauer Verhandlungen teilgenommen. Das Politbüro erörterte nunmehr ihren Bericht und stellte im ersten Punkt des Beschlusses fest, daß »der von der Delegation des ZK der KPČ zum Ausdruck gebrachte Standpunkt auf der einmütigen Ansicht des Politbüros des ZK der KPČ zur Einschätzung der Lage in Ungarn beruht und das Politbüro seine Zustimmung dazu gibt, daß alle erforderlichen Maßnahmen zur Aufrechterhaltung der volksdemokratischen Ordnung in Ungarn ergriffen werden und wir, wenn notwendig, diesen Maßnahmen nicht nur zustimmen, sondern aktiv an ihnen teilnehmen werden«[16].

Die Partei- und Staatsführung machte damit faktisch das erneute Angebot einer aktiven Teilnahme der ČSR bei einem bewaffneten Einschreiten gegen den Aufstand. Den militantesten Standpunkt vertrat Široký, der eine koordinierte Aktion forderte — »von allen Seiten, und das noch heute«. Der sowjetische Generalstab begrenzte seine Forderungen jedoch lediglich auf die Schließung der tschechoslowakisch-ungarischen Grenze[17].

13 Vážné události v Maďarsku [Ernstzunehmende Ereignisse in Ungarn], in: Rudé právo, 25.10.1956, S. 1, 4.

14 Celá země stojí v jednom šiku pod vedením strany [Das ganze Land steht in geschlossener Front unter der Führung der Partei], in: ebd., 26.10.1956, S. 1 — redaktioneller Leitartikel.

15 Madry, Reflexe, S. 31.

16 SÚA, Fond 02/2 — Politbüro des ZK der KPČ 1954–1962, Bd 120, Archiveinheit 151.

17 Madry, Reflexe, S. 31.

Weiter entschied sich das Politbüro für einen wichtigen, in dieser Lage jedoch keineswegs glücklichen Schritt. Wie es im dritten Punkt des Beschlusses hieß, »wird der Genosse Zápotocký, Präsident der Republik, beauftragt, am Sonnabend, dem 3. November 1956 um 13.00 Uhr, im Rundfunk zum tschechoslowakischen Volk über die letzten Ereignisse in Ungarn und Ägypten zu sprechen«[18].

Wenn wir nun schon die für den kommunistischen Totalitarismus charakteristische, in der demokratischen Welt dagegen ganz und gar unvorstellbare Tatsache übergehen, daß die Führung einer politischen Partei dem Präsidenten der Republik einen beliebigen »Auftrag« erteilen konnte, so kommt man nicht umhin, auf eine weitere, noch viel skandalösere Tatsache hinzuweisen. Im Beschluß wurde gesagt, daß Zápotockýs »Rede auf der Sitzung des Politbüros des ZK der KPČ am Sonnabend, dem 3. November 1956, erörtert wird[19],« und zwar vorher — zwei Stunden vor dem geplanten Auftritt! Das solcherart zensierte Elaborat deklamierte Zápotocký, kaum glaublich, »im Namen unserer kommunistischen Partei und im Namen der Regierung der Nationalen Front in der Tschechoslowakei«[20]. Diese typische Vorführung der kommunistischen Art des »newspeak« ist vielleicht nur interessant durch den tiefen, fast pathologischen Haß gegenüber allen Versuchen demokratischer Veränderungen.

»Im benachbarten Ungarn wütet in den letzten Tagen die Konterrevolution, die den faschistischen weißen Terror gegen das werktätige Volk entfesselt hat. Ihre Hände sind vom Blut Tausender ermordeter Arbeiter und einfacher Menschen aller Schichten befleckt. Die ungarische Reaktion hat, Hand in Hand mit den westlichen Imperialisten, damit begonnen, einen von langer Hand vorbereiteten Plan auszuführen, der nicht nur gegen die Volksmacht in Ungarn, sondern in seinen Folgen gegen alle sozialistischen Länder und gegen den Weltfrieden gerichtet ist. In Ungarn sammeln sich reaktionäre Elemente, Kriegsverbrecher, die Adelsbrut, Faschisten und andere Emigranten aus dem Westen, die 1945 vor der Sowjetarmee oder später vor dem Zorn des Volkes geflüchtet waren. In der Armee machen sich faschistische Offiziere des Horthy-Regimes breit. Großgrundbesitzer und kapitalistische Ausbeuter, deren Macht von der Arbeiterklasse und dem werktätigen Volk gebrochen worden war, kriechen wieder ans Licht. Es erneuern sich die alten untergegangenen Parteien, die das Volk in feindliche Gruppen spalten sollen. Unter ihnen tobt der Kampf um die Ministersessel, und jeder, der den Versuch unternimmt, für die Interessen des werktätigen Volkes und des Sozialismus einzutreten, wird von seinem Posten entfernt. [...] So stellt sich heute das Bild eines Landes dar, das noch vor einigen Tagen seiner friedlichen Aufbauarbeit nachging«, so Zápotocký oder vielmehr das Politbüro des ZK der KPČ[21].

Diese Flut gemeiner Beschimpfungen und Beleidigungen war eine klare Einmischung in die Angelegenheiten eines benachbarten, in diesem Augenblick wenig-

18 SÚA, Fond 02/2 — Politbüro des ZK der KPČ 1954–1962, Bd 120, Archiveinheit 151.
19 Ebd.
20 Ebd.
21 Ebd.

stens nach außen hin souveränen Landes und hatte mit der realen Einschätzung der Lage aber auch gar nichts gemein. Die Führung der KPČ hielt hartnäckig an der Behauptung von den Erfolgen der »ungarischen Genossen« fest, die leider von einer Vielzahl ernsthafter Fehler und »Unrichtigkeiten« begleitet wären. Nach ihrer Auslegung »waren die Reihen der Arbeiter und der Jugend vom Willen beherrscht, den sozialistischen Staat zu vervollkommnen«[22], was jedoch von den Volksmassen nicht richtig ausgedrückt und von der Führung der Ungarischen Partei der Werktätigen nicht richtig verstanden würde. Diese Entwicklung machte angeblich den Weg frei für »antisozialistische Elemente«, welche die teilweise vorhandenen Äußerungen der Unzufriedenheit des »Volkes« ausnutzten und von dem seinem Wesen nach berechtigten Protest als Parasiten profitierten. Von dort war es nicht weit zum bewährten und von Moskau gebilligten Interpretationsschema: »einheimische Reaktion — Konterrevolution — weißer Terror«.

Die damalige Führung der KPČ vertrat in ihrer Mehrheit noch im Jahre 1956 die Stalinsche These von der »Verschärfung des Klassenkampfes«. Mit der fortschreitenden Liquidierung der Feinde des Sozialismus wachse deren Widerstand und ihr Bemühen, Kontakte mit den westlichen Nachrichtendiensten und »Zentralen der ideologischen Diversion« zu knüpfen. Aus der Theorie von der Verbindung der »internationalen« mit der »einheimischen Reaktion« ergab sich die Einschätzung der »Ereignisse« in Ungarn und Ägypten als »gemeinsames Werk der internationalen Reaktion und der Friedensstörer«[23].

Trotz der wiederholten Behauptungen von einer Reihe von Fehlern der »ungarischen Genossen« versuchten die tschechoslowakischen Kommunisten verstärkt zu vermeiden, daß der Mechanismus, der in seinen Konsequenzen zur ungarischen Krise führte, als Entwicklungsprozeß verstanden wurde. Es herrschte im Gegenteil das fast krampfhafte Bemühen vor, der tschechoslowakischen Öffentlichkeit ein Bild des Aufstands aufzudrängen, nach dem der Aufstand von den »konterrevolutionären Elementen« gewissermaßen aus heiterem Himmel hervorgerufen wurde — gegen den Willen des ungarischen Volkes, das bis dahin begeistert auf dem Weg zum Sozialismus vorangeschritten war. Dieses erwähnte Bemühen beweist zum Beispiel der zusammenfassende Satz aus Zápotockýs Rundfunkansprache: »So stellt sich heute das Bild eines Landes dar, das noch vor einigen Tagen seiner friedlichen Aufbauarbeit lebte[24].«

Die Rede des Präsidenten war zwar aus Sicht der Führung der KPČ ein logischer Schritt im Bemühen, »einen klaren Standpunkt zu den internationalen Ereignissen der letzten Zeit einzunehmen«[25] und sich der von Moskau initiierten allgemeinen Verurteilung der »Konterrevolution« anzuschließen, vom diplomatischen Blickwinkel aus kann man sie jedoch in keinem Fall als glücklich bezeichnen, geschweige denn vielleicht gar als staatsmännischen Akt. Sie entfachte einen

22 Ebd.
23 Rudé právo, 4.11.1956, S. 1.
24 Ebd.
25 Ebd.

Sturm des Unwillens, der Ablehnung und des Widerstands vor allem in dem Land, um das es unmittelbar ging, also in Ungarn selbst, und zwar vor allem in den Reihen jener »Arbeiter und einfachen Menschen aller Schichten«, deren Interessen Zápotocký ständig beschwor.

Ein interessanter Beweis des negativen Echos auf die Worte des Präsidenten sind die Meldungen einiger tschechoslowakischer Journalisten — eiserner Kommunisten, die ganz sicher nicht im Verdacht stehen, der »Konterrevolution« Sympathien entgegenzubringen —, die sich in jenen blutigen Tagen auf dem Territorium Ungarns befanden. Einer von ihnen war Zdeněk Hoření, damals Redakteur der Rudé právo. Am Schluß seines Berichts über die »Lage in Budapest am 13. November 1956«[26] führt er unter anderem aus: »Nun zur Haltung der Ungarn gegenüber der Tschechoslowakei. Wo auch immer, bekommen wir von jedem aufs Brot geschmiert: ›Ihr und die Russen seit die einzigen, die gegen uns sind, die ganze Welt geht mit uns.‹ Große Empörung riefen hier zum Beispiel die Rede des Genossen Präsidenten und ihre Ausstrahlung in Ungarisch über den Sender Bratislava II hervor. Am Dienstag und Mittwoch der vorigen Woche bildeten sich sogar vor unserer Botschaft zwei große Menschengruppen, die empört die ČSR beschimpften. Einer der Redner erklärte sogar: ›So, und jetzt zeigen wir dem Genossen Botschafter, ob wir irgendwelche Banditen sind.‹

Wir sind nach Ungarn mit unserer Staatsflagge gekommen, aber gleich am ersten Tag erkannten wir, daß es ein großer Irrtum ist, mit ihr zu operieren, und so versteckten wir sie nach den traurigen Erfahrungen von Győr lieber und setzten die Fahne des Roten Kreuzes. Eines Abends befanden wir uns bereits in einer Lage, in der wir zu unserer Sicherheit die tschechoslowakische Staatsangehörigkeit verleugnen mußten[27].«

Eine ähnliche »erschütternde« Erfahrung beschreibt am 14. November 1956 der damalige Berichterstatter der Nachrichtenagentur ČTK, Otakar Svěrčina, der zudem das Pech hatte, daß er im feindlich gestimmten Budapest erkrankte und ins Krankenhaus gebracht werden mußte: »Ich war der erste Patient, der dort in den letzten drei Wochen auftauchte und kein Aufständischer war. Da es sich sehr schnell im Krankenhaus herumgesprochen hatte, was ich für einer bin, kam alles, mich anzusehen, was im Krankenhaus gehen konnte. Ich hörte nicht ein einziges freundliches Wort, weil die Mehrzahl derer, mit denen ich sprach, mich als Tschechoslowaken für einen Verbündeten der verhaßten Russen hielt. [...] Ärzte und Patienten kamen zu mir und überzeugten mich von ihrem Haß auf die Kádár-Regierung und die Sowjets. Im Krankenhaus wurden öffentlich die Sender Freies Europa und Stimme Amerikas gehört, und alle freut es nur, wenn die UNO einschreitet [...]. Es wurde mir einige Male zu verstehen gegeben, daß die Ungarn auf die tschechoslowakische Hilfe verzichten, genauso wie sie auch auf die sowjetische Hilfe verzichten. Wenn man nur Ungarn Freiheit und Unabhängigkeit garantieren würde, käme Ungarn ohne jegliche Hilfe aus[28].«

26 SÚA, Fond 02/2 — Politbüro des ZK der KPČ 1954–1962, Bd 122, Archiveinheit 155.

27 Ebd.

28 Ebd.; beide Berichte — von Hoření und Svěrčina — waren »Zur Information« der 155. Sitzung des Politbüros des ZK der KPČ vom 19.11.1956 bestimmt.

Die Berichte von Hoření und Svěrčina standen im scharfen Kontrast zu den offiziell verkündeten Thesen vom »gegen das Volk gerichteten« Charakter des Aufstands und der »Klassenzusammensetzung« der aufständischen Gruppen. Sie waren verständlicherweise auch nicht zur Veröffentlichung bestimmt. Die Stalinisten in der Führung der KPČ konnten sich jedoch mit ihnen ein ausreichend klares Bild von der Lage verschaffen. Hoření schreibt unter anderem: »Heute [13. November] waren wir in Budapest im Gebäude des ZK [der Ungarischen Partei der Werktätigen]. Wir erfuhren, daß sich gerade zwölf Delegationen von Werktätigen beim Genossen Kádár befinden. Sie stellen an das ZK vor allem politische Forderungen: Abzug der sowjetischen Truppen und Nagy an die Regierung. Wirtschaftliche Forderungen sind zweitrangig. In Budapest erscheinen immer mehr Aufschriften: ›Russen, raus!‹, ›Streik bis zum völligen Sieg!‹ usw[29].«

Sehr interessant sind auch seine indirekt mitgeteilten Erkenntnisse darüber, wer den Hauptanteil an der Zerstörung der ungarischen Metropole hat: »Wie sieht das heutige Budapest aus? Wir nehmen an, es wäre nicht richtig, in der Presse die Wüste hier irgendwie naturalistisch zu beschreiben. Es ist nämlich Tatsache, daß gerade bei der jetzigen Bekämpfung der Konterrevolution die Stadt die größten Wunden erlitten hat. Die Leute behaupten, daß Budapest mehr zerstört ist als nach dem Zweiten Weltkrieg. Die sowjetischen Truppen hatten nämlich in der ersten Phase der Kämpfe in den Straßen von Budapest deshalb große Verluste an Menschen, weil sie rücksichtsvoll waren. Nach dem zweiten Eingreifen, nach dem Einsetzen der Kádár-Regierung, gingen die Soldaten bereits energischer vor«, schreibt Hoření.[30]

Diese Tatsachen spiegelten sich auch im Verhältnis der Bevölkerung zu den sowjetischen Okkupanten und zur von ihnen unterstützten Kádár-Regierung wider. Svěrčina lobt zwar eifrig die Disziplin und Rücksichtnahme der sowjetischen Soldaten, unmittelbar darauf gibt er jedoch zu, daß »in der Stadt nach der Dämmerung jegliche Bewegung lebensgefährlich ist. Die sowjetischen Einheiten schießen auf jeden, der nach 19.00 Uhr auf der Straße ist.« Er führt weiter aus, daß die Bewohner der Hauptstadt vor ihnen »schreckliche Angst haben und sie hassen. In aller Öffentlichkeit werden auf den Straßen Flugblätter verteilt, in denen angekündigt wird, daß der Kampf gegen die Russen noch nicht zu Ende ist. Die zivile Bevölkerung wird aufgerufen, nicht zur Arbeit zu erscheinen, bis die sowjetischen Einheiten Ungarn geräumt haben. Und tatsächlich hat die Mehrzahl der Budapester die Arbeit nicht wieder aufgenommen. Die Regierung verfügt nach eigenen Erkenntnissen nicht über eine solche Macht, daß sie die Leute zur Arbeit bewegen könnte. Außerdem habe ich in den letzten fünf Tagen nicht einen einzigen Ungarn getroffen, mit Ausnahme derer, mit denen ich im Parlament gesprochen habe, der die Kádár-Regierung unterstützen würde[31].«

29 Ebd.

30 Ebd.

31 Madry, Reflexe, S. 32, schreibt diese Schlüsselaussage Hoření zu, ihr tatsächlicher Autor ist jedoch der »Superkommunist« Svěrčina.

»Die ungarischen Politiker haben es bis jetzt auch noch nicht gewagt, hinaus unter die Menschen zu gehen. In der letzten Zeit war ich zweimal im Parlament. [...] Das war bis jetzt der einzige Platz, an dem uns Tschechoslowaken ein herzlicher Empfang von den Ungarn zuteil wurde. Das Parlament selbst ist natürlich eine große Festung, die ringsherum von sowjetischen Panzern, Geschützen und Maschinengewehren bewacht wird«, schreibt Svěrčina mit erschütternder Offenheit[32]. Außerdem meldet er, daß »einer der Korrespondenten von ČTK vorgestern [12. November] um 18.00 Uhr im Stadtzentrum von zwei Männern mit Eisenstangen überfallen wurde. Nur die schlechte ungarische Aussprache und die Ausrede, daß man ein westdeutscher Bürger sei, ließen diese unangenehme Situation erfolgreich überstehen[33].«

Um eine bestimmte verallgemeinernde Einschätzung der bisherigen Entwicklung bemühte sich die Führung der KPČ auf der Tagung des ZK der Partei am 5. und 6. Dezember 1956. Die Tagung war eine der Reaktionen auf die »Ereignisse« in Polen, Ungarn und Ägypten, die von der Sowjetunion und ihren Satelliten als Beweis der wachsenden Aggressivität der »westlichen Imperialisten« und als Ergebnis ihrer — verständlicherweise vergeblichen — Bemühungen, das »Lager des Friedens und Sozialismus« zu zerstören, verstanden wurden. Das Plenum des ZK der KPČ erörterte unter anderem das Referat des Ersten Sekretärs des ZK, Novotný, zum Thema »Die gegenwärtige internationale Lage und Schlußfolgerungen für die Arbeit der Partei«[34].

Wie bereits der Titel des Referats andeutet, versuchte die Führung der KPČ die abklingende ungarische Krise in den Gesamtkontext der Entwicklung der internationalen Beziehungen einzuordnen, die sie als »Kampf der Kräfte des Friedens und des Sozialismus gegen die Kräfte der Aggression und Reaktion« betrachtete, »als Kampf, der an Umfang und Intensität zunimmt und die unterschiedlichsten Erscheinungsformen hat. Es ist seinem Wesen nach der Klassenkampf zwischen Proletariat und Bourgeoisie[35].«

Es wurde betont, daß die fortschrittlichen Kräfte, »ausgerüstet mit den Beschlüssen des XX. Parteitags der KPdSU«, den »imperialistischen Angriff auf Ägypten abwehren konnten«, was auch die Entwicklung in Ungarn beeinflußte. Novotný: »In dieser Lage waren die Aggressoren gezwungen, sich [aus Ägypten] zurückzuziehen und erlitten auch in der UNO eine große Niederlage. Um so wütender hetzen sie in der sogenannten ungarischen Frage, wo es gerade infolge eines Mißverständnisses der Beschlüsse des XX. Parteitags der KPdSU und früherer Fehler und Mängel zu tragischen Ereignissen gekommen ist und wo die einheimische und ausländische Reaktion diese Lage zur Durchsetzung liberalistischer Tendenzen, zur Entfachung von Nationalismus und zur Belebung des Revisionismus ausgenutzt hat[36].«

32 SÚA, Fond 02/2 — Politbüro des ZK der KPČ 1954–1962, Bd 122, Archiveinheit 155.
33 Ebd.
34 Ebd., Fond 01 — Tagungen des ZK der KPČ 1954–1962, Bd 51, Archiveinheit 55.
35 Ebd.
36 Ebd.

In der Analyse der Ursachen der ungarischen Krise enthielt das Dokument keine umwälzenden Neuerungen. Die Führung der KPČ hielt an ihrer Gleichung fest: »Fehler und Überspitzungen seitens der Führung der Ungarischen Partei der Werktätigen im politischen, kulturellen und ökonomischen Bereich plus falsch ausgerichtete Bemühungen um eine Korrektur dieser Fehler plus falsches Verständnis der Beschlüsse des XX. Parteitags der KPdSU plus Zusammenarbeit der einheimischen mit der internationalen Reaktion gleich Konterrevolution und Banditentum und faschistischer weißer Terror«. Diese Gleichung mündete in die altbekannte These, daß konterrevolutionäre Gruppen, die von den westlichen Nachrichtendiensten und »Zentralen der ideologischen Diversion« unterstützt wurden, im Grunde genommen nur die Schwächen der Parteiführung ausnutzten und auf der Welle der Proteste »schwammen«, die durch die berechtigten Forderungen der Studentenschaft und eines »Teils der Werktätigen« hervorgerufen worden waren.

Die angeführte »Einschätzung« gab zwar ein grob beschönigtes und vereinfachtes Bild wieder, für ihren eigentlichen Zweck — das tatsächliche Wesen der Sache zu verdecken — reichte sie jedoch. »So unbegreiflich das heute auch sein mag, der Führung der KPČ ist es gelungen, den größten Teil der tschechoslowakischen Reformer durch die Desinformationen über Ungarn zu täuschen[37].« Diese ein wenig kategorische Behauptung kann man natürlich nicht vorbehaltlos akzeptieren. Abgesehen von dem ziemlich nebulösen Begriff »der tschechoslowakischen Reformer« ist wohl eher anzunehmen, daß diejenigen getäuscht wurden, die sich täuschen ließen und die sich die obenerwähnte »Einschätzung« — sei es unbewußt oder aufgrund des durch den kommunistischen Totalitarismus erzwungenen Automatismus vielleicht sogar dankbar, um ihr eigenes Gewissen zu beruhigen — aneigneten.

Die Ausführungen Novotnýs auf der Tagung des ZK der KPČ verließen zwar praktisch nicht den Pfad der eingefahrenen Stereotypen, trotzdem enthielten sie einige interessante Passagen, die Probleme betrafen, die die tschechoslowakischen Kommunisten sehr beunruhigten. Es handelte sich um das »Versagen« der ungarischen Armee und Sicherheitsorgane. »Man muß feststellen«, heißt es im Referat, »daß die Konterrevolution, die gegen die Partei und die volksdemokratische Ordnung auftrat, weder von den Parteiorganen noch von der Ungarischen Volksarmee und den Organen der Staatssicherheit in gebührendem Maße und organisiert abgewehrt wurde. Ein Teil der werktätigen Bevölkerung geriet sogar unter den Einfluß der Konterrevolution, und einige Verbände der ungarischen Armee wechselten auf ihre Seite[38].«

Das ZK der KPČ widmete dem »Versagen« der ungarischen Streitkräfte aus verständlichen Gründen große Aufmerksamkeit. Seine 14. Abteilung erarbeitete im ersten Quartal des Jahres 1957 einen umfangreichen Bericht über den »Zustand der Ungarischen Volksarmee und Ursachen ihrer Zersetzung«[39]. Die Autoren gingen

37 Madry, Reflexe, S. 32.

38 SÚA, Fond 01 — Tagungen des ZK der KPČ 1954–1962, Bd 51, Archiveinheit 55.

39 Ebd., Fond 100/3 — Internationale Abteilung des ZK der KPČ 1954–1962, Bd 110, Archiveinheit 371.

von den zugänglichen Erkenntnissen unterschiedlicher Herkunft und somit auch von veränderlichen, in einer Reihe von Fällen fehlerhaften Werten aus. Auf dieser Grundlage versuchten sie, die Ursachen für den Kollaps der ungarischen Armee in dem Augenblick, als diese die Verteidigung der »Errungenschaften« der Volksdemokratie und des totalitären kommunistischen Systems aufnehmen sollte, zu analysieren.

Als einer der Hauptmängel wurde, wie auch anders, die Tatsache genannt, daß die »ideologische Arbeit der Partei [der Ungarischen Partei der Werktätigen] in der Armee insgesamt auf einem sehr niedrigen Niveau stand«, wobei ihr Einfluß »auf den Inhalt und die Führung der politischen Erziehungsarbeit allmählich [...] nachließ«. Das habe in entscheidendem Maße dazu beigetragen, daß »kein konsequenter und scharfer Kampf gegen alle Erscheinungen der bourgeoisen und faschistischen Ideologie, gegen Nationalismus usw. geführt wurde«[40].

In der Kritik an der Führung der ungarischen Streitkräfte durfte damals natürlich nicht fehlen, daß ihre Führung bezichtigt wurde, die Beschlüsse des XX. Parteitags der KPdSU ignoriert zu haben: »Die Armeeangehörigen wurden nicht konsequent mit dem grundlegenden ideologischen Inhalt des XX. Parteitags der KPdSU und seiner internationalen Bedeutung vertraut gemacht. In der Armee genauso wie auch im zivilen Bereich begann man die Kritik auf Kritikasterei [!] an der Linie der Partei bei der Leitung der Wirtschaft des Landes zu konzentrieren. Die Frage des Personenkults wurde auf die Höhe der Bezüge des Genossen Rákosi und der Minister eingeengt. Man diskutierte über die Arbeit der Sicherheitsorgane und den Aufenthalt der sowjetischen Truppen in Ungarn«, wurde in dem Bericht behauptet. Der Gipfel der Absurdität in der genannten Richtung war die Beschuldigung, daß »der Aufenthalt der sowjetischen Truppen nicht im Zusammenhang mit dem Warschauer Vertrag erklärt wurde«[41].

Das Verdrängen ideologischer Aspekte in den Hintergrund war, nach Meinung der Experten in der 14. Abteilung des ZK der KPČ, begleitet von einer Schwerpunktverlagerung der Wertungskriterien hin zu »äußerlichen« Merkmalen der Einsatzbereitschaft der Armee wie Ordnung und Disziplin. So habe die Führung der ungarischen Streitkräfte »fälschlicherweise« der praktischen Seite der Ausbildung zum Nachteil des moralisch-politischen Zustands der Einheiten den Vorrang gegeben!

Unter einer Schicht von Phrasen und ideologischen Klischees enthält der Bericht über die Zustände der ungarischen Armee jedoch viele interessante Angaben, die es ermöglichen, die Zersetzung der Streitkräfte in ganz unterschiedlichen Zusammenhängen zu sehen. So wird davon gesprochen, daß in höheren Führungsverwendungen vielfach junge Offiziere eingesetzt waren, deren unkonventionelles Denken »Kontroversen zwischen den sowjetischen Beratern und den ungarischen militärischen Führern hervorrief, was in der Folge wiederum die antisowjetischen Tendenzen verstärkte«[42]. Erwähnt wird ebenfalls, wenn auch in gemäßigten Wor-

40 Ebd.
41 Ebd.
42 Ebd.

ten, das traditionell angespannte Verhältnis zwischen den militärischen Führern und den Mitarbeitern des politischen Apparats der Armee. Eine nicht zu vernachlässigende Rolle spielte auch die schlechte materielle Sicherheit für die Angehörigen des ungarischen Offizierkorps.

Der Bericht über den »Zustand der Ungarischen Volksarmee und die Ursachen ihrer Zersetzung« wurde als Grundlagenmaterial für die Sitzung des Politbüros des ZK der KPČ vom 9. April 1957 ausgearbeitet. Er knüpfte an Novotnýs Referat von Anfang Dezember 1956 an und ergänzte dieses um die militärischen Aspekte. Beide Dokumente bildeten gewissermaßen die »Grundsteine« für die Beurteilung des ungarischen Aufstands. Die Diskussion über diese Problematik wurde mit der Annahme dieser Dokumente praktisch abgeschlossen. Die »ungarischen Erfahrungen« wurden integraler Bestandteil des »theoretischen Rüstzeugs« der KPČ und mit eherner Regelmäßigkeit immer dann zitiert, wenn die Führung der Partei einige unpopuläre Maßnahmen begründen oder eine weitere Verstärkung des totalitären Regimes in der Tschechoslowakei rechtfertigen mußte.

Csaba Békés

Die ungarische Revolution von 1956 und die Großmächte

Über die internationalen Verbindungen der ungarischen Revolution von 1956 und die Politik der Großmächte gegenüber dem Aufstand sind in den seither vergangenen vierzig Jahren von vielen Autoren Analysen verfaßt worden[1]. Die in ihrer Mehrheit in den sechziger und siebziger Jahren im Westen angefertigten Studien waren infolge des Mangels an offiziellen Akten gezwungen, sich auf erreichbare Quellen, d.h. Presseveröffentlichungen, offizielle Verlautbarungen sowie Erinnerungen, zu stützen. So mußte man in vielen Fragen Vermutungen vertrauen.

Doch in der zweiten Hälfte der achtziger Jahre wurden die amerikanischen, britischen, französischen und anderen westlichen Archivquellen zum Jahr 1956 der Forschung zugänglich, und 1992/1993 ist auch der Zugang zum größten Teil der sowjetischen Dokumente, die in vielerlei Hinsicht entscheidend waren, der Wissenschaft ermöglicht worden.

Die vorliegende Studie stellt erstmals einen Versuch dar, die internationalen Verbindungen des ungarischen Aufstandes von 1956, die Reaktion der Großmächte und die Auswirkungen der Revolution auf die Weltpolitik anhand von Quellen aus den obersten Entscheidungsebenen, die bis in die jüngste Zeit noch unzugänglich waren, zu untersuchen, zu analysieren und zu bewerten[2]. Dieser Arbeit liegen neben Forschungen des Autors auch einzelne Teile aus der älteren Fachliteratur über die Ereignisse von 1956, die sich als zeitbeständig erwiesen haben, sowie Ergebnisse von nach 1989 in Ungarn begonnenen Forschungen zugrunde.

Die Analyse der Geschehnisse in den Jahrzehnten nach dem Zweiten Weltkrieg läßt keinen Zweifel daran, daß das Schicksal und die Möglichkeiten der ostmitteleuropäischen Region im großen und ganzen bis zum völligen Zusammenbruch des kommunistischen Systems grundlegend von dem 1945 in Europa eingetretenen Status quo determiniert wurden. Dies hatten auch die Vereinigten Staaten und die Sowjetunion, die beiden Supermächte, die das nach dem Krieg entstandene bipolare Weltsystem führten, in gleicher Weise entdeckt, verinnerlicht und durchgängig als Eckstein des Ost-West-Verhältnisses betrachtet. Daher

1 Die wichtigsten Arbeiten sind: Molnár, Budapest 1956; Radványi, Hungary and the Superpowers; Vali, Rift and Revolt; McCauley, Hungary and Suez.

2 Die vorliegende Studie wurde auf der Grundlage folgender Veröffentlichungen angefertigt: Békés, Az 1956-os magyar forradalom. Über einzelne Teilgebiete des Themas wurden bereits Ausarbeitungen unter Nutzung der neu erschlossenen Archivquellen angefertigt. Für meine Analyse sind das: Calhoun, Hungary and Suez; Campbell, The Soviet Union; Marchio, Rhetoric and Reality; Musatov, Szovjet politikai beavatkozás; Rainer, Szofjet döntáshozatal.

ist es nicht erstaunlich, daß den Quellen zufolge und entgegen allen anderslautenden amerikanischen Propagandaaussagen und osteuropäischen Erwartungen in Wirklichkeit zwischen 1953 und 1956 im Westen keine Bestrebungen existierten, die auf die Befreiung dieser Länder gezielt hätten[3], wie auch auf sowjetischer Seite der Gedanke der Entlassung der Satellitenstaaten ebenfalls niemals aufkam. Im Gegenteil, diese Jahre leiteten im Ost-West-Verhältnis einen qualitativ neuen Abschnitt ein (an die Stelle der Konfrontation traten Verhandlungen), und sie brachten eine ausdrückliche Annäherung der beiden Supermächte mit sich. Hierdurch war bezüglich der ostmitteleuropäischen Länder bereits 1955/1956 die Herausbildung eines Konsenses der Supermächte eingeleitet worden, dessen eigentliche Kodifizierung, d.h. die rechtliche Anerkennung des Status quo in Europa, letztendlich erst 1975 durch die Unterzeichnung der Schlußakte von Helsinki erfolgte.

Der Ausbruch des Aufstandes in Ungarn lief deshalb nicht nur den Interessen der Vereinigten Staaten und des Westens insgesamt zuwider, sondern er traf die amerikanische Führung ausgesprochen unangenehm, denn die Budapester Ereignisse verwirrten sie und warfen den Entspannungsprozeß zurück, der bis dahin so verheißungsvolle Ergebnisse gezeitigt hatte[4].

Man kann also generell nicht von einer Verantwortung des Westens für den Ausbruch der ungarischen Revolution sprechen. Demnach oblag der Regierung der Vereinigten Staaten eine gewissermaßen mittelbare Verantwortung, da ihre jahrelang betriebene doppelzüngige Politik (einerseits die Realpolitik, andererseits die Befreiungspropaganda) wahrscheinlich in beträchtlichem Maß dazu beigetragen hat, daß die gesellschaftliche Unzufriedenheit in Ungarn letztlich die Form eines bewaffneten Aufstandes annahm. Die jungen Arbeiter und Studenten, die unter Einsatz ihres Lebens gegen die aussichtslose Übermacht der Sowjetarmee und der Sicherheitsdienste die Waffen erhoben, waren nämlich, verleitet durch die massive, auf Osteuropa gerichtete Propaganda der Befreiung Osteuropas, größtenteils davon überzeugt, daß der Westen, und allen voran die Vereinigten Staaten, lediglich auf einen Anlaß gewartet hatten, um in Einlösung ihrer Versprechen dem um seine Freiheit kämpfenden ungarischen Volk Hilfe zu leisten oder wenigstens politischen Druck auf die Sowjetunion auszuüben, damit diese endlich gezwungen werde, die Unabhängigkeit Ungarns anzuerkennen.

3 Zu der doppelzüngigen Politik der Eisenhower-Regierung (in der Propaganda »Befreiung«, in der Wirklichkeit Realpolitik) siehe: Kovrig, The Myth of Liberation, sowie Marchio, ebd.

4 Die wahren Absichten der amerikanischen Führung wurden im Entschluß Nr. 5608 des Sicherheitsrates vom Juli 1956 dargelegt, wonach die Möglichkeiten der Regierung der USA zur Einflußnahme auf die Entwicklungen in Osteuropa sehr beschränkt waren. Demzufolge hätte in den Ländern dieser Region die Machtergreifung der nationalen kommunistischen Regierungen mit der Einräumung einer größeren äußeren und inneren Freiheit einhergehen können.

1. Die Außenpolitik der Regierung Nagy

Nach der Ernennung von Imre Nagy zum Ministerpräsidenten am 24. Oktober 1956 war man mit Forderungen der Gesellschaft konfrontiert, die nicht allein auf die innere Umgestaltung des Landes zielten und von Tag zu Tag radikaler wurden, sondern bereits von Anfang an auch mit solchen Forderungen, die den vorhandenen internationalen Status und den Platz Ungarns im sowjetischen Bündnissystem grundlegend in Frage stellten.

Wenngleich dies in den ersten Tagen der Revolution nur wenigen bekannt war, hatte Nagy bereits im Januar 1956 in einer theoretischen Schrift, die er unter seinen Freunden verteilt hatte, für die Pandscha Sila, d.h. für die von der Bewegung der blockfreien Staaten verfaßten fünf Grundprinzipien der friedlichen Koexistenz (gegenseitige Achtung der territorialen Integrität und Souveränität, Nichtangriffserklärung, Nichteinmischung in die inneren Angelegenheiten, Gleichheit und gegenseitiger Vorteil, friedliche Koexistenz), Stellung bezogen; und zwar so, daß ihre Gesamtheit mit der Kategorie der nationalen Unabhängigkeit an und für sich gleichgesetzt worden war[5]. Nationale Souveränität bedeutete dabei für ihn nicht nur einen Stellenwert in der internationalen Politik, sondern er erachtete sie auch als eine Grundvoraussetzung der inneren Entwicklung einer Nation. Nagy formulierte bereits damals, daß der Weg zur Verwirklichung der nationalen Unabhängigkeit für Ungarn die Annahme des jugoslawischen Weges sein müsse, d.h. die Umsetzung einer blockfreien Außenpolitik unter Beibehaltung des sozialistischen Wirtschafts- und Gesellschaftssystems. Die Realisierung all dessen stellte er sich jedoch keinesfalls als die Folge irgendwelcher einseitiger Schritte vor; Nagy hoffte darauf, daß die spürbaren positiven Veränderungen in der Weltpolitik innerhalb kurzer Zeit zur Auflösung der sich gegenüberstehenden Machtblöcke führen würden. Das hätte den osteuropäischen Ländern die Möglichkeit eröffnet, auf der Grundlage der nationalen Unabhängigkeit, Gleichheit und gegenseitigen Nichteinmischung in die inneren Angelegenheiten künftig selbständig den Sozialismus aufzubauen. Diese Vorstellung wurde für ihn um so realistischer, als sich die Sowjetunion damals der Bewegung der blockfreien Staaten gegenüber ausgesprochen aufgeschlossen verhielt. So hatte sie auch die Grundprinzipien der friedlichen Koexistenz anerkannt, und die Aussöhnung mit Jugoslawien ließ die Illusion entstehen, daß die Sowjets bereit seien, unterschiedliche Wege beim Aufbau des Sozialismus zu akzeptieren.

In den Tagen der Revolution kam auf Nagy die undankbare Aufgabe zu, seine ausdrücklich für eine evolutionäre Anwendung geschaffenen außenpolitischen Vorstellungen mit den immer radikaler werdenden revolutionären Forderungen zu konfrontieren. Bei den Verhandlungen mit Anastas I. Mikojan und Michail A. Suslow[6], die am 24. Oktober zur Krisenbewältigung nach Budapest entsandt wor-

5 Nagy, On Communism.

6 Am 24.10. traf eine vierköpfige sowjetische Delegation in der ungarischen Hauptstadt ein. Ihr gehörten an: die Mitglieder des Präsidiums der KPdSU Mikojan und Suslow, der KGB-

den waren, war er vom ersten Augenblick an bestrebt, die sowjetische Regierung davon zu überzeugen, daß er bei entsprechender Unterstützung dazu fähig sei, die Lage zu konsolidieren, denn er war sich völlig darüber im klaren, daß das Schicksal der Revolution einzig und allein davon abhängen würde, wie sich die Sowjetunion verhielt. Die friedliche Lösung der Krise in Polen[7] bestärkte Nagy weiter in der Überzeugung, daß auch die Sowjets an einer friedlichen Regelung der Lage in Ungarn interessiert und in diesem Sinne zu Zugeständnissen bereit wären. Deshalb erklärte er bereits am 25. Oktober, es sei ein Fehler gewesen, um die Intervention durch sowjetische Truppen zu bitten, und regte an, zur Beruhigung der Gemüter eine Meldung herauszugeben, die Regierung werde Verhandlungen zum Abzug der sowjetischen Truppen aus Ungarn einleiten. In seiner Rundfunkansprache vom Nachmittag desselben Tages veröffentlichte der Ministerpräsident dies auch — wie wir heute wissen, gegen das ausdrückliche Veto der Sowjets[8]. Schon am folgenden Tag wollte er auch unter Ausnutzung des gesellschaftlichen Drucks auf die Führung die Abgesandten aus Moskau davon überzeugen, daß sich die Partei im Interesse der Bereinigung der Lage bei gleichzeitiger Brechung des bewaffneten Widerstands an die Spitze der im Land entstandenen Massenbewegung stellen müsse[9].

Die Ereignisse der darauffolgenden Tage schienen die Politik Nagys gegenüber den Sowjets zu bestätigen, so daß er versuchte, ihnen gegen Zusagen im Sinne einer Konsolidierung immer neue Zugeständnisse abzuringen: Am 29. Oktober begann der Abzug der sowjetischen Verbände aus Budapest, und die Erklärung der Regierung in Moskau vom nächsten Tag enthielt eben jenes Versprechen, die Beziehungen zwischen der Sowjetunion und den sozialistischen Ländern unter Beachtung der Gleichheit und der gegenseitigen Nichteinmischung in die inneren Angelegenheiten auf eine neue Grundlage zu stellen. Die Frage nach dem Abzug der sich in Ungarn aufhaltenden sowjetischen Truppen wird im Folgenden noch untersucht werden.

Fast parallel hierzu begannen sich jedoch mit alarmierender Geschwindigkeit Zeichen zu mehren, die die wahren Absichten der Sowjets anzeigten: Am 31. Oktober trafen ständig Nachrichten ein, wonach neue sowjetische Truppen in das Land

Chef Serow und Malinin, Stellvertreter des Chefs des Generalstabes. Während Mikojan und Suslow ständig mit den ungarischen Parteiführern Verhandlungen führten, hielten sich Serow und Malinin völlig inkognito im Lande auf. So kam die Tatsache, daß sie in der Zeit der ungarischen Revolution in Ungarn waren, erst durch 1992 zugänglich gewordene sowjetische Quellen ans Licht.

7 Trotz der Intervention der an den Ort des Geschehens angereisten sowjetischen Parteiführer wählte das 8. Plenum des ZK der PVAP Gomułka zum Ersten Sekretär der polnischen kommunistischen Partei, der früher wegen nationalistischer Neigungen zu einer Gefängnisstrafe verurteilt worden war. Als daraufhin eine sowjetische militärische Einmischung drohte, wurde die Lage durch einen Kompromiß entschärft. Die Sowjets erkannten die von stalinistischen Elementen gereinigte und erneuerte polnische Parteiführung an, die wiederum Garantien abgab, daß die Reformen in Polen weder die Grundlagen des kommunistischen Systems noch die Einheit des Ostblocks gefährden würden.

8 A »Jelcin dosszié«, S. 51.

9 Hiányzó lapok, S. 111.

einmarschiert waren, die wichtigsten strategischen Punkte beherrschten, Städte eingeschlossen und Flugplätze besetzt hatten.

Die darauffolgenden innen- und außenpolitischen Schritte der Regierung Nagy waren davon bestimmt, das immer unausweichlichere Schicksal in irgendeiner Weise aufzuhalten oder abzuwenden. Es war offensichtlich, daß das Land auch um einen noch so hohen Blutzoll nicht in der Lage war, bewaffneten Widerstand zu leisten. In dieser aussichtslosen Lage sah die Regierung ihre einzige Chance darin, durch eine schnelle Konsolidierung der inneren Lage den Sowjets den Vorwand einer Beendigung der Anarchie und der Wiederherstellung der Lage für eine neuerliche bewaffnete Intervention zu nehmen.

Als jedoch durch die nichtssagenden und irreführenden Antworten auf die Fragen und Einsprüche bezüglich der sowjetischen Truppenbewegungen die Absicht der Sowjets offensichtlich geworden war, wurde die Regierung Nagy vor die Wahl gestellt: Entweder sie fügte sich und gab ihr Ziel auf — einige wiegten sich in der lauen Hoffnung, sich an die Spitze der Wiederherstellung alter Machtverhältnisse stellen zu können —, oder sie wagte einen letzten, heroischen Versuch zur Rettung der Revolution. Nagy wählte den letzteren Weg. Am 1. November erklärte er den einseitigen Austritt Ungarns aus dem Warschauer Pakt und verkündete die Neutralität des Landes[10]. Hierbei berief er sich darauf, die Sowjets hätten mit ihrer Invasion den Pakt verletzt. Gleichzeitig ersuchte er den Generalsekretär der Vereinten Nationen um die Hilfe der vier Großmächte bei der Wahrung der Neutralität und um eine dringliche Behandlung des Problems auf der turnusmäßigen Sitzung der Vollversammlung.

Unter dem Druck der immer unausweichlicher erscheinenden Katastrophe wandte sich die Regierung Nagy damit, wenngleich auch nur mittelbar, an die Westmächte und die Weltorganisation. Sie hatte hierbei das Neutralitätsmodell Österreichs vor Augen. Trotzdem hegte Nagy weder in bezug auf eine eventuelle Hilfe vom Westen noch im Hinblick auf die UNO besondere Illusionen. Als guter Kenner der imperialen Politik der Sowjetunion war er sich in Wahrheit bewußt, daß es angesichts der damaligen weltpolitischen Lage wohl kaum realistisch wäre, daß die sowjetischen Führer auf ein strategisch wichtiges Land ihres Imperiums verzichten würden, nur weil die Regierung dieses Landes sich für unabhängig erklärte. Zudem war sich die sowjetische Führung von Anfang an darüber einig, daß die Niederschlagung des Aufstandes lediglich eine organisatorische Frage war.

Während Nagy am 2. November in einem erneuten Appell auf das Einschreiten der UNO drängte, suchte er deshalb hinter den Kulissen bis zum letzten Moment verzweifelt nach einer Möglichkeit, mit den Sowjets übereinzukommen. Nach dem 1. November empfing er der Reihenfolge nach die Botschafter der sozialistischen Länder, vor allem jedoch Juri W. Andropow, und versuchte, sie von der Richtigkeit seiner Politik zu überzeugen. Er bot dem sowjetischen Botschafter auch an, den an die Vereinten Nationen gerichteten Aufruf zurückzuziehen, sofern er

10 Text der Neutralitätserklärung in: National Communism and Popular Revolt, S. 463.

die Garantie erhielte, daß sich die sowjetischen Truppen nicht auf eine neue Intervention vorbereiteten[11]. Gleichzeitig verlangte er direkte Verhandlungen mit den sowjetischen Führern auf höchster Ebene — doch sein Ersuchen wurde abgewiesen. Am 3. November versuchte er auf einer Unterredung mit einer Delegation der rumänischen Partei, die sich in Budapest aufhielt, zu erreichen, daß Gheorghiu-Dej für ihn ein Gipfeltreffen mit Nikita S. Chruschtschow arrangierte[12]. Doch die sowjetischen Führer stimmten bereits am selben Tag auf einem völlig anderen Gipfeltreffen in Moskau mit dem zur Wiederherstellung der Ordnung auserwählten János Kádár das Drehbuch für den Sturz der Regierung Nagy ab.

2. Die Sowjetunion und der Ostblock

Die sowjetische Führung, die mit der Beilegung der am 19. Oktober 1956 in Polen ausgebrochenen Krise befaßt war, war entgegen früheren Annahmen anfänglich ausgesprochen abgeneigt, dem Einsatz der in Ungarn stationierten sowjetischen Truppen zur Zerschlagung der Budapester Kundgebung vom 23. Oktober zuzustimmen, worum bereits die Regierung von Ernő Gerő ersucht hatte[13]. Auf das sich daran anschließende wiederholte Ersuchen um Hilfe und vor allem auf Drängen von Botschafter Andropow hin, der die Lage als außerordentlich schwierig einschätzte, entschied man sich jedoch letztlich für die Intervention und entsandte zur Bewältigung der Krise bereits am nächsten Tag eine Mission, bestehend aus Mikojan, Suslow, Iwan A. Serow (KGB-Chef) und M.S. Malinin (Stellvertretender Chef des Generalstabes der Sowjetarmee), in die ungarische Hauptstadt. Chruschtschow und die sowjetische Führung hofften trotz des Ausbrechens der bewaffneten Kämpfe noch tagelang, daß der Lauf der Dinge um den Preis zwischenzeitlicher gegenseitiger Zugeständnisse innerhalb des Rahmens der friedlichen Konfliktlösung in Polen zu halten wäre und daß die Wiederherstellung der Lage von dem am 24. Oktober zum Ministerpräsidenten ernannten Nagy zu erwarten sei. Bei den Verhandlungen mit Nagy und der ungarischen Führung umrissen Mikojan und Suslow daher am 26. Oktober die Grenzen der für die Sowjets annehmbaren Zugeständnisse: In die Regierung könne man einige Politiker aufnehmen, die früher anderen Parteien angehörten; von einem Mehrparteiensystem und einer Koalitionsregierung könne dagegen keine Rede sein, und nach der Wiederherstellung der Ordnung würden die sowjetischen Truppen in ihre Standorte zurückkehren, so wie sie dies in Polen getan hatten. Die Sowjets machten die ungarische Führung auch darauf aufmerksam, daß weitere Zugeständnisse das kommunistische System in Ungarn in den Bankrott treiben könnten, und ließen keinen Zweifel daran, daß die Sowjetunion dem nicht tatenlos

11 A »Jelcin dosszié«, S. 74.
12 Rainer, Nagy Imre külpolitikája.
13 Zur Geschichte der ersten sowjetischen Intervention am 24.10.1956 siehe: Jajdu, Az 1956.

zusehen werde[14]. Die sowjetische Führung hatte auch nicht für einen Moment erwogen, durch eine Zuwiderhandlung gegen die lanfristigen strategischen Interessen, denen durch den in Europa bestehenden Status quo Rechnung getragen wurde, der Auflösung der osteuropäischen Sicherheitszone der Sowjetunion Vorschub zu leisten, indem sie in Ungarn die Wiedereinrichtung eines bürgerlichen Systems zuließ — auch wenn dieses eine noch so freundliche Außenpolitik gegenüber der Sowjetunion betrieb.

Neben den militärstrategischen Aspekten waren auch die ideologischen Aspekte wegen ihres möglichen Präzedenzwertes für den Verlauf künftiger Ereignisse nicht zu vernachlässigen. Zur Vergrößerung des Einflußbereichs des kommunistischen Weltreichs, welches sich seit 1945 kontinuierlich ausweitete, hatte die Sowjetunion bekanntlich vor allem der Dritten Welt gegenüber eine breitangelegte wirtschaftliche und propagandistische Kampagne gestartet. Man kann sich vorstellen, welch negative Wirkung es gehabt hätte, wenn nach nahezu zehn Jahren der Etablierung des kommunistischen Systems in einem osteuropäischen Land im Ergebnis eines antisowjetischen Aufstandes eine Demokratie mit dem früheren Mehrparteiensystem wiederhergestellt worden wäre.

Um ihre Interessen langfristig zu sichern, also das kommunistische System erhalten zu können, erachteten die Sowjets das stabile Fortbestehen der folgenden vier Einrichtungen bei den osteuropäischen Satellitenstaaten als grundlegend:

1. vor allem anderen eine einheitliche und handlungsfähige Führung der kommunistischen Partei;
2. schlagkräftige und zuverlässige Staatssicherheitskräfte;
3. eine anerkannte und disziplinierte militärische Führung und Armee;
4. von der Partei geleitete und kontrollierte Massenmedien.

Im gegebenen Fall löste jedwede Erschütterung einer dieser Einrichtungen im sowjetischen Entscheidungsmechanismus eine Reaktion zur Beseitigung der Gefahr aus; und auf die Herausforderung, die sich aus der gemeinsamen Krise aller vier Einrichtungen ergab, existierte nur eine einzige Antwort — eine militärische Intervention[15].

Die kurzfristigen Interessen der Sowjetunion waren davon bestimmt, daß es zu diesem radikalen Schritt nur dann kommen sollte, wenn überhaupt keine Hoffnung mehr auf eine friedliche Beilegung der Situation bestand. Die Wahrung der Einheit des kommunistischen Blocks, der Prozeß der Aussöhnung zwischen der Sowjetunion und Jugoslawien, die auf die Entwicklungsländer zielende Propaganda über die friedliebende Sowjetunion, die Lage der kommunistischen Parteien Westeuropas und nicht zuletzt die Möglichkeit einer friedlichen Beilegung der Krise in Polen stellten allesamt Faktoren dar, die in der damaligen Lage gegen eine bewaffnete Intervention sprachen.

Um einen Ausweg zu finden, waren die Sowjets deshalb gezwungen, erneut taktische Zugeständnisse zu machen: Am 28. Oktober trugen sie zur Verkündung

14 Hiányzó lapok, S. 112.

15 Die Rolle der ersten drei Faktoren wird von Rainer in: Sovjet döntéshozatal Magyarországról 1956-ban betont.

der Feuerpause bei. Sie willigten ein, daß die sowjetischen Verbände aus Budapest abgezogen wurden, ohne vorher die bewaffneten aufständischen Gruppen liquidiert zu haben. Weiterhin erhoben sie keine Einwände gegen die These aus der neuen Regierungserklärung, wonach Verhandlungen über einen späteren Abzug der in Ungarn stationierten sowjetischen Streitkräfte eingeleitet werden würden. Die sowjetische Regierungserklärung vom 30. Oktober versprach ja bekanntlich, die Möglichkeit eines Truppenabzugs zu prüfen. An dieser Stelle ist anzumerken, daß, abweichend von unseren bisherigen Kenntnissen, die Herausgabe der Deklaration nicht durch die osteuropäische Krise im Oktober 1956 erzwungen wurde. Dies war lediglich ein provisorischer Schritt, da die Zweckbestimmung des Dokumentes, welches im Ergebnis monatelanger Vorbereitungsarbeit entstanden war, darin bestand, die Bündnisbeziehungen auf eine neue Grundlage zu heben. Ende Oktober wurde es lediglich gemäß der aktuellen Lage ergänzt[16].

Innerhalb der sowjetischen Führung wurde über die Lage in Ungarn von Anfang an heftig diskutiert. Bezeichnend für die Kompliziertheit der Lage war, daß das Präsidium zwischen dem 23. Oktober und dem 4. November beinahe täglich zusammentrat. Die wichtigste Frage war dabei die nach Umfang und Charakter der Zugeständnisse an die Regierung Nagy, damit diese die Lage konsolidieren könne, ohne dabei weder das Gesellschaftssystem des Landes noch dessen Platz innerhalb des sowjetischen Bündnissystems zu verändern. Es bestand also vollkommene Übereinstimmung darüber, daß das Ausscheiden Ungarns aus dem sozialistischen Lager unter keinen Umständen zugelassen werden würde. Als maximales Zugeständnis ist anzusehen, daß noch am 30. Oktober ernstlich erwogen wurde, im Interesse einer friedlichen Beilegung der Situation die sowjetischen Truppen aus Ungarn abzuziehen, sofern die ungarische Regierung die genannten Bedingungen gewährleisten konnte[17].

Der Verlauf der Ereignisse innerhalb der wenigen Tage zwischen dem 28. und dem 30. bzw. die bis dahin entstandene Lage (die Deutung der Ereignisse als Revolution, die Wiedereinrichtung des Mehrparteiensystems, die Auflösung des Staatsschutzes[18] sowie das vollkommene Auseinanderfallen der Parteiführung und die Aktionsunfähigkeit der Armee) überzeugten jedoch die sowjetischen Gesandten davon, daß das kommunistische System Leninscher und Stalinscher Prägung existentiell gefährdet war. Man schätzte ein, und zwar richtigerweise, daß Nagy, den man sowieso für einen Opportunisten und unsicheren Kantonisten hielt, im Strudel der Ereignisse bereits nicht mehr in der Lage und — was noch schlimmer war — auch nicht mehr willens gewesen sei, den für das sowjetische System bedrohlichen Zerfallsprozessen strikt Einhalt zu gebieten.

Diese Lagebeurteilung bedeutete für die sowjetische Führung, daß die Möglichkeiten zur friedlichen Beilegung der Krise erschöpft waren. Dementsprechend wurde am zweiten Tag der Tagung des Präsidiums des Politbüros der KPdSU

16 Erste Veröffentlichung dieser Zusammenhänge in: Békés, New Findings.
17 Sereda, Döntés a Kremlben.
18 Ungarische Staatssicherheit (AVH), gefürchtete Staatspolizei dieser Zeit.

vom 30. und 31. Oktober die politische Entscheidung über die Notwendigkeit einer militärischen Intervention, d.h. über die Vorbereitung der Operation »Wirbelsturm«, getroffen[19].

In den ersten Novembertagen verhandelte Chruschtschow nacheinander mit den Führern der osteuropäischen sozialistischen Länder (mit den Polen am 1. in Brest sowie mit den Bulgaren, Rumänen und Tschechoslowaken am 2. in Bukarest) und mit der seit dem 24. Oktober in Moskau weilenden chinesischen Parteidelegation. Sie alle versicherten die Sowjets ihrer Unterstützung.

Die Führungen Ostdeutschlands, der Tschechoslowakei, Rumäniens und Bulgariens beobachteten die Entwicklung in Ungarn mit großer Besorgnis, und so war es für sie äußerst beruhigend, daß sich die Sowjets endlich zur Wiederherstellung der Ordnung entschließen konnten. Aus Prag verlautbarte, daß notwendigenfalls auch die Tschechoslowakei an der Invasion teilnehmen würde, und die rumänischen Führer gaben ebenfalls ihre diesbezügliche Bereitschaft nach Moskau kund.

Die im Oktober erneuerte polnische Parteiführung mit Gomułka an der Spitze unterstützte zur selben Zeit entschlossen die Bemühungen Nagys zur Konsolidierung der Lage und verurteilte die erste sowjetische Einmischung. Dementsprechend vermochte die polnische Gesellschaft in einer innerhalb des Ostblocks einzigartigen Weise öffentlich ihre Solidarität für die ungarische Revolution in Form von Massendemonstrationen, Äußerungen, Blutspende- und anderen Hilfsaktionen zu bekunden, und die Presse konnte objektiv über die Ereignisse in Ungarn berichten. Ende Oktober reiste eine aus zwei Personen bestehende Parteidelegation mit dem Auftrag nach Budapest, von den ungarischen Parteiführern, insbesondere von Nagy und Kádár, direkte Informationen zur Lage zu erhalten. Weiterhin sollten sie versuchen, beide davon zu überzeugen, daß für einen Ausweg auch in Ungarn nur im Rahmen der »polnischen Lösung« reale Chancen bestünden. Die grundlegenden politischen Veränderungen, die sich in Ungarn in den ersten Novembertagen eingestellt hatten, wurden auch von der polnischen Führung mit stetig wachsender Besorgnis beobachtet. Zudem wurden die Aufkündigung des Warschauer Paktes und die Neutralitätserklärung von den Polen ausdrücklich als Schritte bewertet, die die nach 1945 entstandene geopolitische Struktur und damit potentiell auch die Sicherheit der polnisch-deutschen Grenze gefährdeten. Die sowjetische Entscheidung über die anstehende Einmischung, die sich auf die Rettung des Sozialismus berief, nahm Gomułka somit notgedrungen zur Kenntnis; ähnlich wie Nagy hoffte er indessen, daß sich dies letztendlich durch irgendein Wunder noch abwenden lassen würde. Deshalb war in dem Aufruf der polnischen Partei an die Nation vom 1. November, welcher nach dem Brester Treffen angenommen und am nächsten Tag veröffentlicht wurde, zu lesen, daß der Schutz des Sozialismus in Ungarn vom ungarischen Volk und nicht durch eine ausländische Intervention zu gewährleisten sei[20].

19 A »Jelcin dosszié«, S. 70.

20 Das polnische Verhältnis zur ungarischen Revolution wurde von Tischler aufgearbeitet. Sie-

Die chinesische Führung, die gerade in diesem Zeitraum begonnen hatte, ihr Verhältnis zur Sowjetunion als der Führungskraft des sozialistischen Lagers umzubewerten, sympathisierte anfänglich ebenfalls mit den Entwicklungen in Ungarn und Polen, weil sie sich von ihnen eine Einschränkung des sowjetischen Einflusses auf Osteuropa versprach. Es stellte sich jedoch schnell heraus, daß die Reform des Systems an und für sich höchstens auf der Ebene der Veränderungen in Polen für akzeptierbar gehalten wurde. So wurde die Anfang November in Ungarn entstandene Lage aus dem eigenen Blickwinkel heraus ähnlich wie in der Sowjetunion logischerweise als Konterrevolution und die Rolle Nagys als die eines Verräters bewertet.

In der stürmischen Nacht vom 2. auf den 3. November stimmte man sich auf der Insel Brioni mit den jugoslawischen Parteiführern ab, vor denen sich die Sowjets am meisten gefürchtet hatten, denn sie wußten genau, welch starke Wirkung die besonders in den Jahren 1955/56 entfaltete jugoslawische Propaganda auf die Tätigkeit der innerparteilichen Opposition in Ungarn und somit indirekt auf den Ausbruch der ungarischen Revolution hatte. Darüber hinaus versicherte Josip Broz Tito in einem Brief an das ZK der Partei der Ungarischen Werktätigen die Regierung Nagy und deren neue Politik, die die Ereignisse umbewertete, seiner Unterstützung, wies aber gleichzeitig auch nachdrücklich auf die Gefahr einer Konterrevolution hin. Die in Ungarn ablaufenden Entwicklungen der Folgetage bereiteten jedoch auch Tito eine Enttäuschung, hatte er doch angenommen, daß das neue Ungarn in allem den jugoslawischen Weg einschlagen würde. Statt dessen mußte er erfahren, daß das sich etablierende neue System, ein Stadium überspringend, wohl eher dem österreichischen Modell zu ähneln begann. Und das war für ihn selbstverständlich schon nicht mehr akzeptabel. Deshalb stimmte die jugoslawische Parteiführung zur großen Erleichterung von Chruschtschow und Georgi Malenkow nicht nur der Notwendigkeit eines Eingreifens zu, sondern versprach auch, bei der politischen Eliminierung der Nagy-Gruppe Unterstützung zu gewähren[21].

3. Die westliche Welt, die Suezkrise und die UNO

Die Nachricht von den polnischen und vor allem von den ungarischen Ereignissen im Oktober 1956 wurde von der öffentlichen Meinung des Westens, die ohnehin schon ein schlechtes Gewissen wegen des tragischen Schicksals der osteuropäischen »Sklavennationen« verspürte, von Beginn an mit sichtbarer Sympathie aufgenommen. Nicht nur in Europa und auf dem nordamerikanischen Kontinent, sondern mit Ausnahme der Länder des Ostblocks in fast allen Teilen der Welt gab

he folgende Beiträge: ders., A lengyel pártvezetés; ders., Magyar-lengyel kapcsolatok; Revolucja wengierska 1956.

21 Zur Politik der jugoslawischen Führung in bezug auf die ungarische Revolution siehe: Micunovic, Tito követe voltam; Varga, Moszkva-Belgrád-Budapest; Maurer, La réconciliation; Ripp, Belgrád és Moszkva között.

es Sympathiebekundungen, Kundgebungen und Demonstrationen für den ungarischen Aufstand. Presse, Rundfunk und Fernsehen übertrugen anhand der Berichte westlicher Korrespondenten und Fernsehteams, die in Budapest angekommen waren und dort frei agieren konnten, vor Ort vom bewaffneten Aufstand eines Landes aus dem Sowjetimperium. Die öffentliche Meinung des Westens verfolgte deshalb mit Bedenken, die sich mit Bewunderung vermischten, den Kampf der Aufständischen, die mit Handfeuerwaffen und Molotow-Cocktails gegen eine vielfache Übermacht der Sowjetarmee kämpften, währenddessen die Tätigkeit der Regierung Nagy bis hin zur Wende am 28. Oktober im allgemeinen negativ bewertet wurde. Als es aber zu einem Kompromiß zwischen Regierung und Aufständischen gekommen war und dies auch die Sowjets offenbar zur Kenntnis genommen hatten, herrschte im Westen eine allgemein zuversichtliche Stimmung vor. Damals wurde von vielen das bis dahin Unvorstellbare für vorstellbar gehalten: Ein Satellitenstaat befreit sich ohne fremde Hilfe selbst.

Im diametralen Gegensatz zur öffentlichen Meinung in ihren Ländern reagierten die westlichen Regierungen im Bewußtsein des extrem geringen politischen Spielraumes, der vom Status quo als der Grundlage des Ost-West-Verhältnisses determiniert war, auf die Ereignisse in Ungarn von Anfang an äußerst vorsichtig und nahmen zumeist auch öffentlich eine Haltung auf der Grundlage des Prinzips der Nichteinmischung ein. Dieses Verhalten lag vor allem in der Einsicht begründet, daß in der damaligen weltpolitischen Lage jedes militärische Eingreifen des Westens mit Sicherheit die Gefahr einer bewaffneten Auseinandersetzung mit der Sowjetunion und eines mit thermonuklearen Mitteln ausgetragenen Weltkriegs in sich barg, dies hätte, anstatt den osteuropäischen Ländern zu helfen, mit deren vollständiger Vernichtung geendet.

Zwischen den Extrempositionen einer bewaffneten Intervention und einer vollständigen Passivität existierten jedoch vor allem für die drei westlichen Großmächte auch noch andere Möglichkeiten, durch die man die sowjetischen Entscheidungsträger möglicherweise hätte positiv beeinflussen können. Es bleibt die Frage, inwieweit die führenden Politiker der Vereinigten Staaten, Großbritanniens und Frankreichs diese Möglichkeiten überhaupt in Betracht gezogen hatten, bzw. ob und in welcher Weise der Ende Oktober unter britischer und französischer Beteiligung ausgebrochene bewaffnete Nahostkonflikt die Politik der drei westlichen Großmächte in bezug auf die ungarische Revolution beeinflußt hatte.

3.1 Die Vereinigten Staaten von Amerika

Der Verlauf der Entwicklungen in Polen und insbesondere in Ungarn im Oktober 1956 hatte die amerikanische Regierung überraschend ereilt, obwohl sie über die politischen Wahlen, die in den beiden Ländern stattgefunden hatten, denkbar gut unterrichtet war. Den Gedanken einer etwaigen militärischen Einmischung Amerikas im Hinblick auf die Ereignisse in Polen schloß Außenminister John Foster Dulles im Beisein einer breiten Öffentlichkeit eindeutig aus, wenngleich diese Information die betroffenen Personen überhaupt nicht erreicht hat. Als Antwort auf eine diesbezügliche Frage äußerte er am 21. Oktober in einer Sendung des politischen Fernsehmagazins »Face the Nation«, daß die Vereinigten Staaten auch dann keine Truppen nach Polen entsenden würden, wenn es dort zu einer bewaffneten Intervention der Sowjets käme[22]. Der sich in den Folgetagen in Polen abspielende Verlauf der Ereignisse wurde deshalb von der amerikanischen Regierung als außerordentlich positiv bewertet, da sich dort wichtige, als positiv bewertete politische Veränderungen vollzogen, ohne daß die Vereinigten Staaten für ihr Vorantreiben auch nur irgend etwas zu tun brauchten. Außerdem war es entgegen allen früheren Befürchtungen in Polen nicht zu einer Militärinvasion durch die Sowjets gekommen; und die neue Führung in Warschau wurde letztendlich auch von der Sowjetunion anerkannt.

Um so größer war in Washington die Verwirrung, die durch die Nachricht vom bewaffneten Aufstand in Ungarn ausgelöst wurde. Für einen dermaßen unwahrscheinlichen Fall hatte nämlich die amerikanische Regierung keinerlei Konzeption oder Drehbuch für die zu befolgende Taktik. Die Eisenhower-Administration sah sich der Tatsache gegenübergestellt, daß entgegen den Versprechungen der auf Osteuropa gerichteten massiven Befreiungspropaganda im Falle eines antisowjetischen Aufstandes die Möglichkeiten der Vereinigten Staaten, der größten Militärmacht der Welt, für jegliche Form der Einmischung in Wirklichkeit doch äußerst beschränkt waren. Für das Prestige Amerikas war es indessen außerordentlich wichtig, daß die Weltöffentlichkeit von dieser Handlungsunfähigkeit möglichst wenig verspürte. Deshalb griff Außenminister Dulles bereits am 24. Oktober den Vorschlag auf, die Angelegenheit der sowjetischen Intervention in Ungarn dem UN-Sicherheitsrat zu unterbreiten[23]. (Dies geschah dann auch, indem auf offizielle Anfrage der drei westlichen Großmächte hin der Sicherheitsrat die Angelegenheit am 28. Oktober auf die Tagesordnung setzte.)

Das höchste Beratergremium der USA, der Nationale Sicherheitsrat, beschäftigte sich während der ungarischen Revolution erst- und letztmalig auf seiner turnusmäßigen Sitzung vom 26. Oktober im Rahmen der üblichen außenpolitischen Information mit den Ereignissen in Osteuropa bzw. mit der erforderlichen Politik der amerikanischen Regierung. Den einzigen sinnvollen Vorschlag in der allgemeinen Ratlosigkeit, die für die Sitzung bezeichnend war, unterbreitete der Präsidentenberater für Abrüstungsfragen, Harold E. Stassen. Er hatte angeregt, in der damaligen Lage den Sowjets unbedingt zu garantieren, daß, sofern die Satellitenstaaten ihre Freiheit gewinnen würden, dies in keiner Weise die Sicherheitsinteressen der Sowjetunion gefährden würde, weil eine solche Lage die Westmächte nicht dazu provozieren könne, gegen die Sowjetunion gerichtete militärische Aktionen zu unternehmen[24]. Der Vorschlag wurde zwar verworfen,

22 FRUS 1955–1957, XXV, S. 274.

23 Ebd., S. 273.

24 DDEL, White House Office, NSC, Staff Papers. Protokoll der Sitzung 301 des NSC vom 26.10.1956. Nach FRUS ebd., S. 295–299.

anderntags gelang es jedoch, seine weiterentwickelte Variante mit den Vorstellungen des Präsidenten der Vereinigten Staaten in Einklang zu bringen. Dementsprechend sollten die Sowjets auf diplomatischem Wege oder durch Vermittlung von Tito davon in Kenntnis gesetzt werden, daß die Vereinigten Staaten akzeptieren würden, wenn die Satellitenstaaten einen Neutralitätsstatus ähnlich dem österreichischen erhielten und nicht Mitgliedsstaaten der NATO werden würden. Die Zone der neutralen Länder zwischen der Sowjetunion und Westeuropa würde nämlich die Sicherheit der Sowjetunion garantieren[25]. Der rationale Kern des Vorschlags bestand darin, daß gerade die Sowjetunion bei den Verhandlungen zur Vorbereitung des österreichischen Staatsvertrages auf der Schaffung eines Neutralitätsstatus und der Unmöglichkeit eines NATO-Beitritts von Österreich bestanden hatte. Im Falle der osteuropäischen Länder des Sowjetimperiums haben die Elemente des Kompromisses, die eine Übereinkunft in bezug auf Österreich damals ermöglicht hatten, selbstverständlich nicht bestanden. Allerdings versprach bei dem außerordentlich geringen Spielraum der amerikanischen Politik auch ein Vorschlag, der wenigstens den Anschein einer Umsetzung von gegenseitigen Zugeständnissen erweckte, noch mehr als der Anblick vollkommener Passivität. Eisenhower beauftragte schließlich Außenminister Dulles, in die am 27. Oktober in Dallas zu haltende Rede im Rahmen des Präsidentschaftswahlkampfes eine Botschaft an die Sowjets einzubauen[26]. Doch Dulles, der den Vorschlag als ein übertriebenes Zugeständnis in Grundfragen ansah und ihm deshalb von Anfang an nicht zustimmte, milderte den Kern des Vorschlages im Einverständnis mit dem Präsidenten erheblich ab, indem er die Erwähnung sowohl des Neutralitätsstatus als auch des Verbots einer NATO-Mitgliedschaft wegließ. Der Satz aus der Rede des amerikanischen Außenministers, der seither Berühmtheit erlangt hat, enthielt somit letztendlich folgende Aussage: »Wir betrachten diese Nationen nicht als unsere potentiellen militärischen Verbündeten[27].«

Diese grundlegend veränderte Variante des Vorschlags von Stassen entsprach überhaupt nicht mehr der ursprünglichen Zweckbestimmung der Beruhigung der Sowjets, oder aber, er traf paradoxerweise in überdeutlicher Weise zu. Während nämlich die urprüngliche Konzeption lediglich auf die Kenntnisnahme der Sicherheitsinteressen der Sowjetunion reflektierte und man versuchte, über diesen Weg Zugeständnisse zu erreichen, war die überarbeitete Variante von ausgesprochen defensivem Charakter. Die Sowjets konnten dies leichthin so deuten, daß die Vereinigten Staaten nichts zur Verteidigung der Unabhängigkeit dieser Länder unternehmen würden.

Die amerikanische Führung sorgte selbst dafür, daß die Botschaft auch gewiß ihren Adressaten erreichte. Am 28. Oktober zitierte Henry Cabot Lodge, UN-Ver-

25 DDEL, Whitman File, Administrative Series. H.E. Stassens Brief vom 26.10.1956 an Eisenhower. Zit. nach: FRUS ebd., XXV, S. 305.

26 DDEL, Dulles Papers, White House Telephone Conversations Series. Nach: FRUS ebd., S. 305 f.

27 Vollständiger Wortlaut der Rede siehe: Seeley G. Mudd Manuscript Library, Princeton University, Princeton, New Jersey, John Foster Dulles Papers. Nach Department of State Bulletin vom 5.11.1956. In Auszügen veröffentlicht in: FRUS ebd., S. 317 f.

treter der Vereinigten Staaten, auf der Sitzung des UN-Sicherheitsrates die Passage aus der Rede von Dulles über die Satellitenstaaten[28], am 29. erhielt der amerikanische Botschafter in Moskau, Charles Bohlen, die Weisung[29], die Aufmerksamkeit der sowjetischen Staats- und Parteiführer, insbesondere von Shukow, vertraulich auf diese Rede zu lenken, und am 31. Oktober wiederholte Präsident Eisenhower selbst in einer Rede den zitierten Satz[30].

Die zitierte Äußerung war indessen auch noch in dieser radikal veränderten Variante von historischer Bedeutsamkeit, wenngleich man dabei für gewöhnlich ihre Rolle zur Beruhigung der Sowjetunion als wesentlich heraushebt. Zuvor hatte nämlich eine umfassende öffentliche Stellungnahme der Eisenhower-Administration in Verbindung mit den Satellitenstaaten zu der Vermutung Anlaß gegeben, daß, sofern diese Länder eines Tages unabhängig werden würden, dies mit ihrem Anschluß an die westliche Welt gleichzusetzen wäre, was im gegebenen Kontext auch eine NATO-Mitgliedschaft beinhaltete. Also bedeutete die Erklärung, daß die USA diese Staaten nicht als potentielle militärische Verbündete ansehen, im wesentlichen die Aufgabe des vorherigen Standpunktes und war ein Ausgangspunkt für den Prozeß in den daran anschließenden Jahrzehnten, in denen der doppelzüngige Charakter der amerikanischen Außenpolitik aufgehoben wurde, wobei die Überreste der Befreiungspropaganda verschwanden.

Die von den amerikanischen Nachrichtendiensten am 30. Oktober 1956 angefertigte gemeinsame Lageeinschätzung enthielt die Feststellung, daß die Sowjetunion in der vorliegenden Situation nur zwischen zwei Möglichkeiten wählen könne: Entweder fügt sie sich in den Unabhängigkeitsprozeß Ungarns und löst damit unvorhersehbare Prozesse in den Satellitenstaaten aus, oder sie stellt mit Waffengewalt ihre Macht über das Land wieder her. Gleichzeitig ließen die Autoren der Vorlage keinen Zweifel darüber aufkommen, welche Lösung die Führung in Moskau bei Notwendigkeit wählen würde[31]. Die anderntags entstandene Meldung der Planungskommission des Sicherheitsrates zur Auswertung der Ereignisse in Osteuropa und Skizzierung einer diesbezüglichen amerikanischen Politik stellte fest, daß die Möglichkeiten für die Vereinigten Staaten außerordentlich begrenzt seien, und enthielt gleichzeitig einen Kompromißvorschlag auf einer rationalen Grundlage, welcher besagte, daß im Austausch für den Umfang des Abzuges der Sowjetarmee aus Ungarn die Vereinigten Staaten bereit seien, ihren Bestand an Truppen in Westeuropa in ähnlicher Größenordnung zu reduzieren[32].

28 United Nations. Security Council. Official Records. 734th-755th Meetings inclusive. New York, 1956.

29 FRUS 1955–1957, XXV, S. 328.

30 Ebd., S. 351.

31 Bericht nach: ebd., S. 330–335.

32 Bericht nach: ebd., S. 354–359. Aus dem Text der Vorlage, der dem diplomatischen Urkundenarchiv übermittelt wurde, ist dieser Teil zusammen mit anderen Absätzen herausgelassen worden, weil dieses Dokument den Forschern vorerst nur teilweise zur Verfügung gestellt wurde. Aus dem Meinungsaustausch des Komitees der Joint Chiefs of Staff zu dieser Ausarbeitung geht jedoch hervor, daß Ziffer 20 des Dokuments im wesentlichen den Vorschlag

Auf der Sitzung des Sicherheitsrates vom 1. November, auf der die Erörterung dieses Dokumentes den Hauptpunkt der Tagesordnung darstellen sollte, entschied Eisenhower auf Initiative von Dulles, wegen der Suezkrise, die am 29. Oktober zu einem bewaffneten Konflikt abgedriftet war, die Behandlung der Entwicklungen in Osteuropa auf einen späteren Zeitpunkt zu vertagen. Darum wurde die Besprechung vollständig der Erörterung der Lage im Nahen Osten gewidmet[33]. Und so geschah es auch. Die amerikanische Führung war danach bis hin zur zweiten sowjetischen Intervention am 4. November nicht gewillt, sich mit den Ereignissen in Ungarn inhaltlich auseinanderzusetzen. Da sie im Falle des in die sowjetische Interessensphäre gehörenden Ungarn nicht über effektive Mittel zur Beeinflussung der Ereignisse verfügten, erwarteten Eisenhower und Dulles nämlich, die gesamte Kraft auf die Lösung der Suezkrise konzentrieren zu müssen, wobei sie nicht auf eine ihnen gegenüberstehende Supermacht, sondern auf die eigenen politischen und militärischen Verbündeten Druck ausüben mußten. Und dies war trotz aller Kompliziertheit ein viel leichteres und verheißungsvolleres Unternehmen. Das entschlossene amerikanische Auftreten und vor allem die gegen England angewendete Taktik der ökonomischen Erpressung trugen innerhalb weniger Tage Früchte.

Die NATO, die in diesen Jahren eine immer stärker werdende Rolle bei der Ausgestaltung der westeuropäischen Integration spielte, beschäftigte sich bereits seit dem Juni 1956 intensiv mit der Frage, wie auf die Herausforderung zu reagieren sei, welche durch die nach 1953 erwachsenden Veränderungen in Osteuropa entstanden war. Die NATO-Rat sollte die Vorlage zur Politik gegenüber den Satellitenstaaten, welche nach mehrmonatiger Ausarbeitung so weit fertiggestellt war, auf der zum 24. Oktober einberufenen Tagung erörtern. Aufgrund der einige Tage zuvor in Polen und Ungarn eingetretenen Ereignisse kam es jedoch nicht zu einer inhaltlichen Diskussion. So betonten die überraschten Delegierten vor allem, daß das Material die Rolle des Titoismus, die die einzige evolutionäre Möglichkeit zur Erlangung einer größeren Unabhängigkeit der Länder Osteuropas darstellte[34], sichtbar falsch bewertet hatte. Der NATO-Rat tagte danach im Zeitraum der ungarischen Revolution noch mehrmals, wobei er zum einen versuchte, die entstandene Lage zu bewerten, und zum anderen bestrebt war, Handlungsmöglichkeiten in Betracht zu ziehen. Doch die einzige Sache, auf die man sich letztlich einigen konnte, bestand darin, daß die NATO als Gremium keinesfalls Stellung beziehen würde, da dies der Sowjetunion einen Anlaß für eine weitere Intervention böte[35].

eines Truppenabzugs beinhaltete, der mit dem an dieser Stelle angerissenen Plan identisch war. NA, RG 218, Joint Chiefs of Staff, Central Decimal File Box 20.

33 DDEL, Whitman File, NSC Series. Protokoll der Sitzung Nr. 302 des NSC vom 1.11.1956. Nach: FRUS ebd., S. 358 f.

34 PRO FO 371, 122081 Nr. 1059/9. Meldung der britischen NATO-Delegation über die Sitzung des NATO-Rates vom 24.10.1956 an das Außenministerium.

35 Ebd., 122380, Fernschreiben 180 der britischen NATO-Delegation vom 27.10.1956 über die Sitzung des NATO-Rats am 27.10.1956 an das Außenministerium.

So war dann auch das einzige internationale politische Forum, auf dem sich mit der Lage in Ungarn wenigstens dem Anschein nach inhaltlich befaßt wurde, die Organisation der Vereinten Nationen. Das Problem zweier parallel auftretender internationaler Krisen wurde jedoch kaum ein paar Tage, nachdem die ungarische Frage auf die Tagesordnung gesetzt worden war, auch vor diesem Forum infolge der bereits angeführten Interessengegensätze der Großmächte zusammengefaßt.

3.2 Großbritannien, Frankreich und das Abenteuer Suezkanal

Auch die britische und französische Regierung, die zum Angriff auf Ägypten rüsteten, traf die Nachricht vom Verlauf der Ereignisse in Osteuropa überraschend. Obwohl man mit Genugtuung zur Kenntnis nahm, daß im Zeitraum des geplanten Nahost-Feldzuges die Sowjetunion mit der Maßregelung ihrer eigenen Verbündeten beschäftigt sein würde, motivierte dies in Wahrheit — gerade im Interesse eines Erfolges der Aktion am Suezkanal — zu einer noch vorsichtigeren Politik, gleichwohl die westlichen Regierungen auch sonst schon verhalten reagierten.

Trotz der bereits zitierten Rede, die der amerikanische Außenminister in Dallas gehalten hat, ist weniger bekannt, daß in diesen Tagen auch Vertreter der englischen und französischen Regierung Äußerungen ähnlichen Inhalts abgaben, in denen die Sicherheitsinteressen der Sowjetunion anerkannt wurden. Der französische Außenminister Christian Pineau betonte am 26. Oktober in einer Rede anläßlich einer Pressekonferenz, daß die westlichen Länder die Entwicklungen in Osteuropa zwar begrüßen würden, jedoch nicht versuchten, die Situation auszunutzen. Es wäre gefährlich, zu schnell die Beziehungen zwischen dem Westen und den osteuropäischen Ländern anzutasten; jedenfalls wolle sich Frankreich nicht in die polnischen und ungarischen Ereignisse einmischen[36]. Die Engländer hielten es für noch wichtiger, die Sowjets nicht einmal versehentlich zu provozieren und nicht den aus Moskau stammenden Vorwurf zu untermauern, wonach der ungarische Aufstand von den westlichen Staaten inspiriert worden wäre. Nach Aufzeichnungen des Stellvertretenden Außenministers, Sir John Ward, vom 27. Oktober rechneten die Sowjets entsprechend Mitteilungen aus streng geheimer Quelle mit einer westlichen Einmischung[37]. Auf eine Parlamentsanfrage hin äußerte der Lordkanzler im Namen des Ministerpräsidenten Eden, daß die britische Regierung »keinesfalls beabsichtige, die Ereignisse in Osteuropa zur Unterminierung der Sicherheit der Sowjetunion auszunutzen«[38].

Die Forscher, die sich mit der Geschichte der ungarischen Revolution beschäftigen, suchen wegen der auffälligen zeitlichen Übereinstimmung seit langem Ant-

36 Ebd., 122063, NH 1012/26. Fernschreiben 392 der britischen Botschaft in Paris vom 27.10.1956 an das Außenministerium.

37 Ebd., 122379, NH 10110/221. Vermerk von Sir John Ward vom 27.10.1956.

38 Ebd., 122808, NS 1051/96. Aufzeichnung des FO vom 1.11.1956.

wort auf die Frage, ob die Nachricht vom Losbrechen des Aufstands in Ungarn die sich auf die Aktion am Suezkanal vorbereitenden britischen, französischen und israelischen Politiker, die vom 22. bis zum 24. Oktober im französischen Sèvres Geheimverhandlungen führten, beeinflußt hatte, als sie den Zeitpunkt des Angriffs auf Ägypten absprachen[39]. Anhand der neuesten Veröffentlichungen und Quellenmitteilungen über die Geschichte der Suezkrise kann man heute als erwiesen betrachten, daß der Zeitpunkt des israelischen Angriffs auf Ägypten, der 29. Oktober, bedingt bereits am ersten Tag des Treffens von Sèvres, also am 22. Oktober, festgesetzt worden war[40].

Bei der Festlegung des vorerst nur bedingt feststehenden Zeitpunktes traten der britische und französische Außenminister als treibende Kraft in Erscheinung; denn sie wollten erreichen, daß der israelische Angriff so früh wie möglich stattfindet. Der Grund hierfür war jedoch nicht die Annahme, daß die Sowjetunion mit den Ereignissen in Ungarn befaßt sein würde, was auch heute noch viele meinen, denn das Losbrechen der ungarischen Revolution geschah erst am nächsten Tag, dem 23. Oktober. Die wenige Tage vorher, am 19. Oktober, ausgebrochene polnische Krise könnte allerdings in gewissem Maße das Timing beeinflußt haben, wofür auch in israelischen Quellen Hinweise zu finden sind. Der wahre und wichtigste Grund für die Eile war aber, daß sowohl die britische als auch die französische Expeditionsarmee damals schon eine Zeit lang in Bereitschaft lagen und die politische Entscheidung zum Beginn der gegen Ägypten gerichteten Aktion erwarteten. Diese Bereitschaft ließ sich nicht für längere Zeit aufrechterhalten.

Die Unterzeichnung des zusammenfassenden Protokolls der Ergebnisse der Geheimverhandlungen von Sèvres geschah schließlich am 24. Oktober. Darin wurde der 29. Oktober unverändert als der Tag des israelischen Angriffs festgelegt. Die Tatsache des Ausbruchs der ungarischen Revolution bzw. die Nachricht hierüber haben also nichts am ausgearbeiteten Drehbuch geändert. Im Gegensatz zu früheren Interpretationen wurde der Zeitpunkt der Aktion am Suezkanal nicht vorverlegt, um somit den Aufstand zu beeinflussen. Anhand der erreichbaren Quellen ist es ebenfalls zweifelhaft, ob die ungarische Frage überhaupt zur Sprache kam. Ben Gurions Tagebuch zufolge wurde er nämlich erst nach seiner Heimreise, gegen Mittag des 25. Oktober, von der ungarischen Revolution unterrichtet und davon in Kenntnis gesetzt, daß die sowjetischen Truppen den Aufstand bereits niedergeschlagen hatten[41].

39 Vgl. Molnár, Budapest 1956.

40 Arbeiten zur Geschichte der Suezkrise, die auf den in den 80er Jahren zugänglich gewordenen Archivquellen beruhen: Lamb, The Failure; Suez 1956; Kyle, Suez; The Suez-Sinai Crisis; Bar-On: Challenge and Quarrel. Das Datum 22.10.1956 ist durch das Tagebuch des israelischen Ministerpräsidenten Ben Gurion eindeutig belegt. Siehe: Ben Gurion, Diary.

41 Ben Gurion, ebd., S. 315.

3.3 Die ungarische Frage bei den Vereinten Nationen

Die amerikanische Administration entschied vor allem aus Prestigegründen schon am 25. Oktober, in Zusammenarbeit mit ihren Alliierten zu veranlassen, daß die Lage in Ungarn von der UNO erörtert werden soll[42]. Die Engländer und Franzosen zögerten jedoch vorerst, sich der amerikanischen Initiative anzuschließen, als Dulles am 26. Oktober vorschlug, daß alle drei Länder gemeinsam um die Einberufung des Sicherheitsrates ersuchen sollten[43]. Zumal die Einleitung der Aktion am Suezkanal zu diesem Zeitpunkt bereits beschlossene Sache war, befürchtete die britische und französische Führung, daß, wenn die Angelegenheit der sowjetischen Intervention auf die Tagesordnung gestellt und erörtert werden würde, dies auch als Präzedenz für ein ähnliches Verfahren im Hinblick auf eine Verurteilung des für Ende Oktober geplanten gemeinsamen israelisch-britisch-französischen Angriffs auf Ägypten dienen könnte. Da sie jedoch die Amerikaner nicht in ihre Pläne eingeweiht hatten, waren sie gezwungen, dem Druck nachzugeben, so daß die Vereinigten Staaten, Großbritannien und Frankreich am 27. Oktober gemeinsam um die Einberufung des Sicherheitsrates zwecks Erörterung der Lage in Ungarn ersuchten.

Die UN-Vertreter der drei westlichen Großmächte führten von diesem Zeitpunkt an bis zum 3. November hinter verschlossenen Türen ständig geheime Abstimmungsverhandlungen, um das zu befolgende Drehbuch auszuarbeiten. Auf den Sitzungen des Sicherheitsrates vom 28. Oktober sowie vom 2. und 3. November, die die ungarische Frage behandelten, geschah dementsprechend bis zu ihrem Abschluß das, worauf man sich auf den vorhergehenden Besprechungen geeinigt hatte[44].

In den Tagen vor dem israelischen Angriff auf Ägypten (29. Oktober) hatten die Vertreter der drei Staaten vollkommen darin übereingestimmt, daß die sowjetische Intervention vor der Öffentlichkeit entschieden zu verurteilen sei und daß man darüber hinaus aufgrund der Unüberschaubarkeit der Lage in Ungarn vorerst die Taktik des Abwartens anwenden würde. Folge dieser Politik war, daß auf der Sitzung des Sicherheitsrates vom 28. Oktober, bei der auf Ersuchen der drei westlichen Großmächte die ungarische Frage auf die Tagesordnung gestellt wurde, von ihnen selbst nicht einmal eine Entschlußvorlage zur Bewältigung der Lage eingereicht wurde. Nach der Ausweitung des bewaffneten Nahost-Konfliktes, d.h. nach der Einbeziehung Englands und Frankreichs, veränderte sich jedoch der Charakter der Verhandlungen der drei Westmächte grundlegend. Eisenhower und Dulles, in deren Politik der Ausbau von guten Beziehungen zur arabischen Welt im Interesse einer Erweiterung des amerikanischen Einflusses auf den Nahen Osten eine immer wichtigere Rolle eingenommen hatte, reagierten nämlich wütend auf den Schritt ihrer europäischen Verbündeten. Sie verurteilten nicht nur die Aktion am Suezkanal, sondern der UN-Beauftragte der USA unterbreitete auf

42 FRUS 1955–1957, XXV, S. 290 f.

43 PRO FO 371, 122378, NH 10110/188. Aufzeichnung des FO vom 26.10.1956; DDF 1956, III, S. 19.

44 Zu den Geheimverhandlungen der drei westlichen Großmächte siehe: Békés, A brit kormány; ders., A magyar kérdés.

Weisung von Eisenhower und Dulles auch eine Entschlußvorlage, worin die sofortige Einstellung der Operationen gefordert wurde. Und somit stimmte in einer in der Geschichte der UNO bisher beispiellosen Vorgehensweise der Vertreter der Vereinigten Staaten gemeinsam mit der Sowjetunion gegen England und Frankreich.

Infolge des sich schlagartig verschlechternden Verhältnisses zwischen den westlichen Großmächten wurde auch das Klima für die Gespräche zur ungarischen Frage immer eisiger. Das wahre Ziel der verhandelnden Seiten stellte zu diesem Zeitpunkt schon nicht mehr eine Verurteilung und noch viel weniger eine Verhinderung der sowjetischen Intervention dar, sondern die Vorgabe, die ungarische Angelegenheit durch gegenseitiges »Austricksen« in den Dienst der — in diesem Falle sogar enorm voneinander abweichenden — Interessen der Großmächte zu stellen. Engländer und Franzosen wollten von nun an erreichen, daß die ungarische Frage vom Sicherheitsrat in die außerordentliche Vollversammlung übernommen wird, die zur Behandlung der Suezkrise einberufen worden war. Dort würden infolge der gemeinsamen Behandlung der beiden internationalen Krisen durch eine Spaltung der Aufmerksamkeit ihren Vorstellungen zufolge ihre Positionen erheblich gestärkt werden. Diese Lösung wäre »beiläufig« auch aus dem Blickwinkel der ungarischen Revolution günstiger gewesen, denn auf der Vollversammlung gibt es kein Vetorecht, so daß es auf diesem Forum wenigstens eine grundsätzliche Chance gegeben hat, durch einen gleichzeitig verabschiedeten UN-Beschluß die Ereignisse positiv zu beeinflussen. Die amerikanische Führung unternahm zugleich, indem sie in der vorliegenden Situation die Lösung der Nahost-Krise als einziges Ziel betrachtete, alles, um den englisch-französischen Plan zu vereiteln. Und am 4. November gelang es ihr auch zu verhindern, daß im Sicherheitsrat eine Entschlußvorlage zur ungarischen Frage unterbreitet wurde, die dann im Anschluß nach dem zu erwartenden sowjetischen Veto im Rahmen des Uniting-for-Peace-Verfahrens an die außerordentliche Vollversammlung verwiesen worden wäre.

Auf die Nachricht von der zweiten sowjetischen Intervention vom 4. November hin zog der amerikanische UN-Vertreter Lodge selbst das oben erwähnte englisch-französische Drehbuch durch, und zwar allein, da er wegen der Suezkrise bereits am vorangegangenen Tag die Abstimmungsverhandlungen zur ungarischen Frage mit seinen westeuropäischen Partnern gleichsam zur Strafe abgebrochen hatte. Der auf die Nachricht einer erneuten Intervention hin sofort einberufene Sicherheitsrat verwies zu diesem Zeitpunkt auf amerikanische Initiative unter Ausschaltung des Vetos die Angelegenheit sofort an die außerordentliche Vollversammlung. Das Gremium bestätigte noch am selben Nachmittag mit großer Mehrheit die vom Vertreter der Vereinigten Staaten wiederum allein eingereichte Entschlußvorlage, die die Intervention der Sowjetunion verurteilte, die Sowjetunion zum Rückzug ihrer Truppen aufforderte und das Recht des ungarischen Volkes auf eine Regierung, die seinen nationalen Interessen entspricht, anerkannte[45].

45 United Nations. General Assembly. Official Records. First and Second Emergency Special

Der von den Amerikanern letztlich allein verfaßte Beschluß erwähnte nicht die Neutralitätserklärung der ungarischen Regierung, obschon diese von England und Frankreich am Anfang unterstützt wurde und um deren Anerkennung Nagy in den Schreiben an den Generalsekretär der Vereinten Nationen vom 1. und 2. November mit Nachdruck ersucht hatte. Für die entscheidenden Persönlichkeiten der amerikanischen Politik war der Schritt der ungarischen Regierung nämlich, wenn auch aus unterschiedlichen Gründen, gleichwohl unakzeptabel. Im State Department, wo diese Möglichkeit bereits Tage vor der Verkündung der ungarischen Regierung erwogen wurde, fand die Sache zwar zahlreiche Anhänger, doch der Außenminister selbst, der in der immer stärker werdenden Bewegung der blockfreien Staaten eine ernstzunehmende Gefahr für Amerika sah, war deshalb generell gegen den Neutralitätsgedanken und bezog gegen die Neutralität Ungarns Position. Während der ungarischen Revolution dachte er, daß, selbst wenn es Ungarn gelingen würde, sich von der sowjetischen Herrschaft zu befreien, es aus westlicher Sicht schade wäre, den politischen Spielraum des Landes durch die Übernahme bzw. Anerkennung der Neutralität einzuschränken, da in einem derartigen Glücksfall Ungarn sofort zum Bestandteil der westlichen Interessensphäre werden könnte[46]. Eisenhower vertrat zur selben Zeit in bezug auf die Neutralität im allgemeinen einen wesentlich flexibleren Standpunkt; aber die Umsetzung hatte auch er sich nicht so vorgestellt. Der Präsident glaubte in Wirklichkeit daran, daß im Ergebnis des Entspannungsprozesses stufenweise ein Zustand eintreten würde, in dem man sich mit den Sowjets auf dem Verhandlungsweg über die Wiederherstellung der Unabhängigkeit der Satellitenstaaten einigen könne. Eine offene Unterstützung des einseitigen radikalen Schrittes der ungarischen Regierung, d.h. die Anerkennung der Neutralität, war gefährlich, weil die amerikanische Regierung damit eine internationale Verpflichtung auf sich genommen hätte, der man sich nach der zu erwartenden Niederschlagung des ungarischen Aufstandes nur schwerlich hätte entledigen können. Noch wichtiger war jedoch für Eisenhower, daß ein solcher Schritt wegen der wahrscheinlich vehementen Reaktion der Sowjets das amerikanisch-sowjetische Verhältnis und damit indirekt die Herausbildung des gesamten Entspannungsprozesses hätte gefährden können.

Doch trotz allem konnte man durch die auf Hochdruck laufende amerikanische Diplomatie, die die sowjetische Intervention in Ungarn verurteilte (Eisenhower intervenierte gegen den Schritt Moskaus in einer persönlichen Botschaft, die er noch am selben Tag an Bulganin schickte), innerhalb der UNO und darüber hinaus im Morgengrauen des 4. November der öffentlichen Meinung der Welt glaubhaft machen, daß die Vereinigten Staaten nicht nur auf dem Gebiet der Beilegung

Sessions, 1–10 November 1956. Plenary Meetings and Annexes. New York 1956. Protokoll A/3286 der Plenarsitzung 564 vom 4.11.1956.

46 DDEL, Dulles Papers, General Memoranda of Conversations Series. Aufzeichnung des Gesprächs von H.E. Stassen und J.F. Dulles vom 26.10.1956. Nach: FRUS 1955–1957, XXV, S. 305.

der Nahost-Krise, sondern auch in der ungarischen Angelegenheit eine durchweg positive Rolle spielten.

Zum tatsächlichen Aufeinanderprallen der gegensätzlichen Standpunkte der Sowjetunion und der Westmächte kam es entgegen früheren Interpretationen nicht auf den Sitzungen des UN-Sicherheitsrates (die Verlautbarungen beider Seiten zielten in erster Linie auf die öffentliche Meinung), sondern hinter verschlossenen Türen auf den geheimen Drei-Mächte-Abstimmungsverhandlungen der Vertreter der Vereinigten Staaten sowie Englands und Frankreichs.

Somit konnte wiederum im Ergebnis der Gegensätze, die aufgrund der Suezkrise unter den westlichen Großmächten aufgetreten waren, die UNO gerade in diesen wenigen Tagen vom 1. bis 3. November keine entscheidenden Schritte unternehmen, als die Veränderungen in Ungarn hierfür Möglichkeiten entfaltet hatten; denn bereits am 1. November ersuchte Nagy persönlich um eine Vermittlung durch die UNO.

Indessen sollte eine mögliche positive Wirkung eines solchen UN-Beschlusses zur Verurteilung der sowjetischen Intervention, die die außerordentliche Vollversammlung vor dem 4. November eventuell dennoch gezeigt hätte, auch nicht überbewertet werden. Als Supermacht und im Besitz einer amerikanischen Garantie bewertete die Sowjetunion die Rolle der UNO und die moralische Kraft ihrer Beschlüsse bei der Ausgestaltung der Weltpolitik nämlich niemals so hoch, daß ein derartiger Beschluß sie daran gehindert hätte, ein Land ihrer eigenen Interessensphäre wenn nötig durch eine militärische Intervention zur Ordnung zu rufen.

Der Nahost-Konflikt, der die Westmächte gespalten hatte, erleichterte dabei unzweifelhaft die Sache der Sowjets. Es bestehen jedoch auch keinerlei Zweifel, daß die Führung in Moskau erforderlichenfalls auch ohne die Suezkrise eine derartige Entscheidung getroffen hätte, so wie sie dies auch 1968 im Fall der Tschechoslowakei getan hat. Auch in dieser Situation wurde die Passivität des Westens nicht durch eine parallele Krise ausgelöst, sondern durch den Status quo und die aus der Politik der Interessensphären erwachsende Untätigkeit. Die Suezkrise diente lediglich als praktischer Vorwand. Vor allem mußte sie für die amerikanische Führung als Erklärung herhalten, warum die Vereinigten Staaten entgegen der jahrelang betriebenen Befreiungspropaganda in einer entsprechenden Lage auch nicht die kleinste Unterstützung für eine osteuropäische Nation geleistet haben, die sich gegen die sowjetische Herrschaft erhoben hatte und einen bewaffneten Freiheitskampf führte.

Die wichtigste Botschaft, die der ohnmächtigen Passivität des Westens nach der zweiten sowjetischen Intervention zu entnehmen war, bestand für all diejenigen, die noch nie Illusionen gehabt hatten, und die, die bereit waren, diesen Illusionen zu entsagen, darin, daß entgegen jedweder gegenteilig lautenden Propaganda das System der östlichen und westlichen Interessensphären (System von Jalta), das auf der gegenseitigen Anerkennung des europäischen Status quo von 1945 beruhte, existiert, funktioniert und als besonderer Automatismus das Schicksal der Region Osteuropa bestimmt.

Für diejenigen, die dies anhand der ungarischen Revolution nicht einsehen wollten, z.B. aufgrund dessen, daß man die Passivität des Westens mit der Suezkrise zu erklären versuchte, können die Niederlagen der osteuropäischen Reformversuche aus den Jahrzehnten nach 1956 stets aufs neue als Beweis dafür gelten, was zum ersten Mal 1956 in Ungarn offensichtlich geworden war.*

* Die für diese Studie notwendigen Recherchen wurden durch die Unterstützung der Open Society Foundation Research Support Scheme in Prag und des Cold War International History Project des Woodrow Wilson International Center for Scholars, Washington D.C., ermöglicht.

Isabel Warner und Richard Bevins

Das Foreign Office und der ungarische Volksaufstand von 1956

Als die zweite Genfer Konferenz im November 1955 keinerlei Fortschritte in den Fragen der europäischen Sicherheit brachte, konzentrierte sich die Aufmerksamkeit des Vereinigten Königreichs erneut auf die Beziehungen mit dem Sowjetblock. Ein heißer Krieg war ausgeschlossen, aber der Kalte Krieg hatte zu einer Pattsituation geführt — was war unter diesen Umständen der richtige Weg? Ende des Jahres warf der britische Botschafter in Warschau die Frage auf, ob Großbritannien gegenüber Polen eine eigenständige Politik verfolgen sollte, die sich von der gegenüber dem sowjetischen Block insgesamt unterscheide. Obwohl der Kommunismus in allen sowjetischen Satellitenstaaten unpopulär sei, habe er nirgendwo so geringe Fortschritte erzielt und so harten, geistigen Widerstand ausgelöst wie in Polen. Im Januar 1956 griff Großbritanniens Gesandter in Budapest diese Überlegungen auf und argumentierte, daß viel von dem, was an Argumenten für Polen angeführt worden sei, auch auf Ungarn zutreffe. Deshalb kam er zu dem Schluß, daß eine spezifische Ungarnpolitik wünschenswert wäre. Doch Ende November 1956 hatten die Ereignisse in Ungarn (und Polen) das Foreign Office bereits zu einer Überprüfung der britischen Politik gegenüber der gesamten Region, also gegenüber der Sowjetunion und allen Satelliten, veranlaßt. Dieser Beitrag widmet sich den Monaten, die zwischen diesen beiden Zeitpunkten lagen, und versucht, das Denken des Foreign Office im Hinblick auf die vermutlichen Gründe und Konsequenzen des ungarischen Volksaufstandes, seine Auswirkungen auf Polen und den Zusammenhang zwischen der Suezkrise und dem sowjetischen Eingreifen in Ungarn zu analysieren[1].

1. Vorzüge einer eigenständigen Politik gegenüber Ungarn

In seiner Budapester Depesche vom 13. Januar 1956 hatte der britische Gesandte Sir Leslie Fry argumentiert, eine eigenständigere Politik gegenüber Ungarn kön-

1 Die im vorliegenden Text zum Ausdruck gebrachten Ansichten sind die der Autoren und sollten nicht als Ausdruck offizieller Regierungspolitik gewertet werden. Dieser Beitrag basiert auf der allgemeinen politischen Korrespondenz des FO, insbesondere den Dokumenten des Northern Department, abgelegt in dem Bestand FO 371 im PRO London. Ergänzt werden diese Dokumente durch Material, das jüngst aus dem Verschlußarchiv des Foreign & Commonwealth Office freigegeben wurde, siehe List of Papers, und: Changes in British and Russian Records Policy. Weitere britische Dokumente zum ungarischen Volksaufstand sind abgedruckt in: Haraszti-Taylor, The Hungarian Revolution.

ne sich insofern auszahlen, als sie die ungarische Regierung dazu ermutigen würde, von Moskau abzurücken[2]. Dies entsprach der einen Monat zuvor für den Fall Polen ausgesprochenen Empfehlung des Warschauer Botschafters, Sir Andrew Noble, stärker auf den polnischen Nationalismus einzugehen[3]. Wie auch immer die Erfolgsaussichten einer solchen Politik in Polen aussehen mochten, Fry glaubte, daß ihre Chancen in Ungarn durch zwei Faktoren beeinträchtigt wurden: die unangefochtene Stellung des ungarischen Führers Mátyás Rákosi und den Charakter des ungarischen Volkes[4]. Fry war der Meinung, daß Rákosi und seine unmittelbaren Anhänger »to all intents and purposes [...] Russians« waren, und fand es schwierig, »to conceive of circumstances in which they would put the interests of Hungary before those of Communist Russia«. In seiner Beurteilung des ungarischen Volkes kam Fry zu dem Schluß, daß »after a long history of foreign domination, the national genius was for survival rather than for revolt«. Der Gesandte ließ durchblicken, daß diese Nachteile nicht leicht überwunden werden konnten. Er schlug jedoch vor, die Initiative zu ergreifen, einmal durch »bringing about what contacts we can, maintaining meanwhile our aversion from Communist dogma and Russian imperialism«, außerdem durch eine härtere Wirtschaftspolitik und indem man die Ungarn mit den »spiritual values inherent in all our institutions« konfrontiere. Doch dies alles half wenig bei der Beantwortung seiner entscheidenden Frage: »how are we to prevent co-existence perpetuating the régime?«

Am 20. April schrieb Fry erneut an das Foreign Office und machte spezifische Vorschläge zur Kulturpolitik, die man in Ungarn verfolgen sollte. Er erkannte zwar die Tatsache an, daß die finanziellen Kräfte des Vereinigten Königreichs im Augenblick keine große Ausweitung dieser Aktivitäten in Ungarn zuließen, und akzeptierte auch das Argument, daß »such money as we have could perhaps be used to better advantage in preventing the spread of communism in ›uncommitted‹ countries instead of preaching to the seemingly unconvertible«, aber Fry glaubte doch, daß die jüngsten Entwicklungen eine hervorragende Gelegenheit darstellten, ohne große Kosten Nützliches zu tun. Zwar räumte er ein: »The kaleidoscope could change at the Kremlin's shake«, aber er gab auch zu bedenken, daß »its pattern now is more favourable to us than it has ever been[5].«

2 FO 371/122422, NH 1051/1: Budapest Depesche No. 7, 13.1.1956. Major Sir Leslie Alfred Charles Fry, KCMG (1908–1976). Erstes Patent 1928; Dienst bei den 4. PWO Gurkha Rifles; Versetzung in den politischen Dienst nach Indien 1933; Unterstaatssekretär der außenpolitischen Abteilung, indische Regierung, 1941; Stellvertretender Staatssekretär, 1946; Wechsel aus dem indischen politischen Dienst in den diplomatischen Dienst, 1947; Erster Sekretär, Hohe Kommission des Vereinigten Königreichs in Indien, 1947–1948; FO, 1949–1951; Botschaftsrat, Lissabon, 1951–1953; Eastern Department, FO, 1953–1955; Gesandter, Budapest, 1955–1959; 1959–1963, Botschafter in Indonesien, 1963–1966 in Brasilien.

3 FO 371/116520 NP 1053/12: Warschau Depesche No. 183 S, 27.12.1955. Sir Andrew Napier Noble, KCMG (1904–1987). Botschaftrat, Buenos Aires, 1945–1947; Stellvertetender Unterstaatssekretär im FO, 1949; Gesandter, Helsinki, 1951–1954; 1954–1956 Botschafter in Polen, 1956–1960 in Mexiko, 1960–1964 in den Niederlanden.

4 FO 371/122422, NH 1051/1: Budapest Depesche No. 7, 13.1.1956, desgl. für die folgenden Zitate.

5 Ebd., NH 1051/2: Schreiben Frys an Ward, 20.4.1956, desgl. für die folgenden Zitate.

Als es um die Frage ging, ob es besser wäre, Ungarn ins Vereinigte Königreich einzuladen oder Briten nach Ungarn zu schicken, befürwortete Fry die erstere Lösung. Obwohl »the appearance of a British football team in Hungary evokes interest«, schrieb er ferner, daß »a good deal of that advantage is offset by the unfortunate consistency with which our teams lose«. Auch andere Besucher würden nicht viel erreichen, da man ihnen einen sorgfältig inszenierten Empfang bereiten und sie so umhegen würde, daß sie durchaus imstande waren, das Land mit glänzenden Augen wieder zu verlassen. Es wäre deshalb aussichtsreicher, so der Vorschlag Frys, »to get Hungarians away from their wretchedness and able to see for themselves how far ahead of theirs are our standard of living and values«. Er prophezeite, ein Großteil der Besucher werde daraus unweigerlich eine Lehre ziehen. Er schlug außerdem vor, die Aktivitäten des britischen Informationsdienstes in Budapest auszuweiten. Unter anderem forderte er bessere Ausstellungs- und Beleuchtungseinrichtungen, um eine »Automobilausstellung« zu wiederholen, die vor kurzem innerhalb von 14 Tagen über 500 Besucher angelockt hatte. In einem Entwurf für ein Antwortschreiben versicherte das Northern Department des Foreign Office, daß man sein Bestes tun werde, um die gewünschte Ausrüstung bereitzustellen, »in spite of the chill financial climate«[6] , womit die wahren Grenzen benannt waren, die der baldigen Entwicklung einer eigenständigen Politik gesetzt waren.

Die bevorstehenden dramatischen Entwicklungen hatten dann wenig mit der britischen Politik zu tun und waren in ihrem Ausmaß und in ihrer Plötzlichkeit Anfang 1956 noch kaum zu begreifen obwohl Fry die Hoffnung einiger seiner Kollegen vermerkt hatte (allerdings »unfortunately not the most reliable«), daß Rákosi verschwinden könnte, wenn ein Wechsel dem Kreml genehm wäre[7]. Zudem zeigten die kommenden Ereignisse, daß die beiden Faktoren, die Fry Anfang des Jahres als Hindernisse für Veränderungen zitiert hatte, kaum von Relevanz waren.

2. Ursachen und Konsequenzen des ungarischen Volksaufstandes

Zwölf Monate später, im nachhinein, konnte der Gesandte in seinem Jahresrückblick 1956 eine ganz andere Situation in Augenschein nehmen. In Ermangelung eines diplomatischen Kurierdienstes hatte Fry sich in seinen früheren Telegrammen darauf beschränkt, den Verlauf des Aufstandes zu beschreiben. Jetzt versuchte er eine eingehendere Analyse. Im Rückblick auf den 10. März 1956, als Rákosi dem ungarischen Zentralkomitee seinen Bericht über den XX. Parteitag der Kommunistischen Partei der Sowjetunion abstattete und auf unerwartet deutliche Kritik stieß, sah Fry es als gegeben an, »that a train of events had begun

6 Ebd.: Entwurf eines Schreibens von Brimelow an Scott (Prag), Fry (Budapest), Dudley (Bukarest) und Speaight (Sofia), Oktober 1956.
7 Ebd., NH 1051/1: Budapest Depesche No. 7, 13.1.1956.

which could be turned back only by violence«[8]. Von diesem Augenblick an mußte Rákosi innerhalb der Partei der ungarischen Werktätigen mit wachsender Opposition, von János Kádár angeführt, rechnen. Ebenso mußte er auf verstärkte Forderungen nach Wiederaufnahme von Imre Nagy rechnen, der im vorigen April von all seinen Parteiämtern entbunden worden war.

Von dem neuen politischen Programm des XX. Parteitags, der Verurteilung Jossif W. Stalins und der Kritik am Personenkult in der Sowjetunion ermutigt, wuchs die Kritik an Rákosi, besonders innerhalb der kommunistischen Partei Ungarns, in einem solchen Ausmaß, daß die sowjetische Führung auch in Anbetracht der unversöhnlichen Feindseligkeit Präsident Josip Broz Titos ihm gegenüber offensichtlich zu dem Schluß gelangte, daß Rákosi zu einer Belastung geworden war. Seine Ablösung wurde am 18. Juli 1956 von Anastas I. Mikojan beaufsichtigt, der am Tag zuvor aus Moskau eingetroffen war. Nachfolger Rákosis wurde zwar sein bisheriger erster Stellvertreter, Ernő Gerő, doch wurden einige Anti-Rákosisten, namentlich Kádár, in die Parteihierarchie aufgenommen. Fry kam indes in seinem Jahresbericht 1956 zu dem Schluß: »so slight a change made it all too clear that the Soviet leaders were inclined to offer no more than the smallest concession to Hungarian aspirations.«

Fry sah den entscheidenden Wendepunkt darin, daß die Ambitionen der ungarischen Nationalkommunisten im folgenden von Gerő zunichte gemacht wurden, auch wenn er mit einigen Gesten auf sie einzugehen schien, zum Beispiel durch die Rehabilitierung der gebildeten Mittelschichten oder Ouvertüren gegenüber Nagy. Er schloß: »If during the next three months Hungary, like Poland, had been allowed some latitude in following her own road to socialism, the October revolution of 1956 would almost certainly never have happened[9].« Am Vorabend der planmäßigen Rückkehr Gerős von einem Besuch in Belgrad, wo er versuchte, die brüderlichen Beziehungen mit Präsident Tito wiederherzustellen, waren sich die Nationalkommunisten klar darüber geworden, daß es für sie keine Machtbeteiligung geben würde, wenn das Schicksal nicht, vielleicht mit ein wenig Nachhilfe, eine unerwartete Wendung nehmen würde. Fry glaubte, daß Nagys Anhänger endgültig die Geduld verloren, als Gerő zunächst von der sowjetischen Parteiführung in Jalta, wo er im September an Gesprächen zwischen Chruschtschow und Tito teilgenommen hatte, und dann von Präsident Tito in Belgrad ein großer Empfang bereitet wurde.

Der britische Gesandte vermerkte die Bedeutung der Forderung von Studenten, die am 23. Oktober in Budapest, zusammen mit anderen, für die Ernennung Nagys zum Ministerpräsidenten demonstrierten. Dieser war am 14. Oktober wieder in die Partei aufgenommen worden. Gerős unmittelbare Reaktion auf die Demonstration war eine Rundfunkrede, die kurz nach seiner Rückkehr aus Belgrad ausgestrahlt wurde. Es war eine Rede, in der er sich von seiner »uncompromising worst« Seite zeigte. Er stellte fest, daß es das Vorrecht der Parteiführung sei, über politische Veränderungen zu entscheiden, und daß eine Lockerung der

8 FO 371/128662, NH 1011/1: Budapest Depesche No. 1, 3.1.1957.
9 FO 371/128670, NH 10110/140: Budapest Depesche No. 2, 3.1.1957.

Beziehungen zur Sowjetunion nicht in Frage käme. Fry schrieb dazu: »That speech, the shooting down of the student[s?] by the AVH and the irruption of Russian armour into Budapest during the night of 23–24 October fanned peaceful demonstrations into flames of country-wide revolt[10].«

Fry beschrieb die folgenden Ereignisse als »no less than the revolt of a nation, led by those two sections of it, the students and the workers, which a communist régime might be thought to have done its best to win over«[11]. Er wies »shrill Communist allegations« zurück, daß westliche Aufstachelung und Einmischung oder eine bewaffnete Verschwörung von »konterrevolutionären, faschistisch-reaktionären Elementen« für das Blutbad und das Chaos verantwortlich seien, das am 23. Oktober auf die Demonstrationen folgte. Er charakterisierte vielmehr »the revolt of the Hungarian people from Russian exploitation and Communist repression [as] purely indigenous, its causes lying deep in the pent-up hatred and despair of ten years' tyranny«. Fry zufolge errichtete die anscheinende Ablehnung der nationalkommunistischen Bestrebungen und das Eingreifen der russischen Streitkräfte »two dams of repression through which the pent-up flood of Hungarian feeling attempted to break«. Gleichzeitig sah er das Hervortreten von »two streams within that flood: that of the nationalist Communists and, quickly dominating the whole when they came into confluence, that of the overwhelming majority of the Hungarian people, of all the satellite peoples the least disposed to Communism«.

Am 24. Oktober war Gerő gezwungen, Nagy als Ministerpräsidenten zu akzeptieren. Er selbst blieb Parteiführer, doch die erbitterten Kämpfe der nächsten fünf Tage führten auch zu seinem Sturz und zu immer weiteren Konzessionen der kommunistischen Regierung. Am 31. Oktober wurden die russischen Streitkräfte aus Budapest abgezogen. Die Dominanz der nicht-kommunistischen Demonstranten zeigte sich an Forderungen nach freien Wahlen, die das Ende der kommunistischen Herrschaft bedeutet hätten, egal ob nationalistisch oder stalinistisch, sowie nach dem Abzug aller sowjetischen Truppen aus Ungarn.

Am 1. November 1956 verkündete Nagy den Austritt des Landes aus dem Warschauer Pakt und Ungarns Neutralität. Gleichzeitig bat er die Vereinten Nationen und die vier Großmächte um Hilfe bei der Aufrechterhaltung dieses Status. Die erneute sowjetische Militärintervention, die in den frühen Morgenstunden des 4. November folgte, war sehr viel härter und erfolgreicher als die Aktion in der letzten Oktoberwoche. Fry war der Meinung, daß Nagy die zweite Intervention zwar insofern vielleicht ausgelöst hatte, als er »admittedly under almost irresistible public pressure« zu schnell zu weit gegangen war, wahrscheinlicher aber sei gewesen, »that the Soviet leaders had never intended to relinquish their grip on Hungary, the withdrawal of their armour from Budapest being no more than tactical«[12].

Bis zum 10. November war jeder wirkungsvolle bewaffnete Widerstand der Ungarn gebrochen. Die Revolution, die mehr oder weniger mit der Sache Imre

10 FO 371/128662, NH 1011/1: Budapest Depesche No. 1, 3.1.1957.
11 FO 371/128670, NH 10110/140: Budapest Depesche No. 2, 3.1.1957.
12 FO 371/128662, NH 1011/1: Budapest Depesche No. 1, 3.1.1957.

Nagys ihren Anfang genommen hatte, verlor ihren Wortführer, als Nagy unter Mißachtung der schriftlichen Garantien, die Jugoslawien von der (durch die Russen in der Stadt Szolnok unter Kádár eingesetzten) Marionettenregierung erhalten hatte, am 22. November 1956 beim Verlassen der jugoslawischen Gesandtschaft in Budapest verhaftet und mit seinen Getreuen nach Rumänien deportiert wurde. Laut Fry hatte dies organisierte Anarchie zur Folge, die zu wirtschaftlichem Chaos führte. Doch am Ende des Jahres war Ungarn freien Wahlen kein Stück näher gekommen als im Oktober, noch weniger dem Abzug der sowjetischen Besatzungsarmee.

Zwar war die Argumentation möglich, daß »by demonstrating to the Russian leaders the full dangers of ›liberalisation‹ the revolution had diminished hope that the yoke will ever be lightened«. Doch der britische Gesandte schloß sich dieser Interpretation nicht an[13]. Obwohl Ungarns Opfer dem Land sehr viel weniger unmittelbaren Nutzen gebracht hatten, als Polen mit verhältnismäßig geringem Aufwand erzielt hatte, rechnete Fry damit, daß das Durchhaltevermögen der Menschen und der Druck äußerer Kräfte »must bring concessions to the nationalist Communists; and from that point forward this country's feet will be set on the road to freedom«. In seiner Antwort an Fry äußerte sich Thomas Brimelow, der Leiter des Foreign Office Northern Department, etwas skeptischer über die möglichen Konsequenzen der Revolution: »Time alone will show whether you are right. [...] In general, our view has been that the Russians are both able and determined to maintain their hold over the Satellites, and that the possibilities of liberation for them will depend primarily on changes inside the Soviet Socialist Republics.« Er räumte allerdings ein: »The Budapest rising may have served to accelerate these changes[14].«

3. Die Erklärung vom 30. Oktober 1956 über die Beziehungen zwischen der Sowjetunion und anderen sozialistischen Staaten

Das Foreign Office war der Ansicht, daß die Unruhen in Ungarn (und Polen) die sowjetische Fähigkeit und Entschlossenheit, ihre Position gegenüber den Satellitenstaaten zu halten, keineswegs erschüttert hatten. Bekräftigt wurde es darin

13 FO 371/128670, NH 10110/140: Budapest Depesche No. 2, 3.1.1957.

14 Ebd.: Schreiben Brimelows an Fry, 1.3.1957. Thomas Brimelow, geadelt (Baron) 1976 (1915–1995). Laming Travelling Fellow, Queen's College Oxford, 1937. Vizekonsul (Probationer), Danzig, 1938; Amtszeit im Konsulat Riga, 1939, und im Generalkonsulat New York, 1940; Leiter der Konsularabteilung in der britischen Botschaft Moskau, 1942–1945; Erster Sekretär und Konsul, Havanna, 1948; versetzt nach Moskau, 1951; Botschaftsrat, Ankara, 1954; Leiter des Northern Department im FO, 1956; Botschaftsrat, Washington, 1960–1963; Gesandter, Moskau, 1963–1966; Botschafter in Polen, 1966–1969; Stellvertretender Unterstaatssekretär, Foreign & Commonwealth Office, 1969–1973; Ständiger Unterstaatssekretär und Leiter des diplomatischen Dienstes, 1973–1975.

durch seine Interpretation einer sowjetischen Erklärung über die Beziehungen zwischen der UdSSR und den anderen sozialistischen Staaten. In dieser Erklärung vom 30. Oktober 1956 wurde eine Reihe von Grundprinzipien niedergelegt, nach denen sich die Beziehungen zwischen der Sowjetunion und den Satelliten richten sollten[15]. Diese Prinzipien waren von dem Programm abgeleitet, das auf dem XX. Parteitag formuliert worden war. Das Dokument selbst allerdings ging aus einer Sitzung des Präsidiums des Obersten Sowjets hervor, das am 28. Oktober in Moskau einberufen wurde, um sich mit der Situation in Ungarn zu befassen. In dem Dokument wurde praktisch festgelegt, welche Zugeständnisse möglich waren und welche nicht. Das Leitthema war, daß der Block intakt und alle Satellitenstaaten kommunistisch zu bleiben hatten, wenn auch innerhalb dieser Rahmenbedingung gewisse Konzessionen denkbar waren.

Das Foreign Office kam schneller als der Botschafter in Moskau, Sir William Hayter, zu der festen Überzeugung, daß die Erklärung die Beibehaltung einer kommunistischen Regierung im wahren Sinne des Wortes erforderlich machte[16]. Hayter schrieb später in einem Bericht: »I think you underestimate that declaration; read against the Moscow background it certainly seemed to be the beginning of a general policy of drawing in horns from all satellite areas [...]. Now it is clearly being re-interpreted, but Gomulka's anxiety to pin the Soviet Government down to it shows how much hope it seemed to hold out to the Satellites[17].«

Die Erklärung bot »Gleichheit« in wirtschaftlichen Beziehungen an, den Abzug sowjetischer Berater aus ihren Kontrollpositionen im wirtschaftlichen und militärischen Leben sowie die Aussicht auf eine Überprüfung der Frage sowjetischer Truppenstationierungen in den Territorien der Satellitenstaaten. Zugleich wurde die Verpflichtung aufgestellt, im Warschauer Pakt zu verbleiben und die »sozialistische« Struktur einer »Volksdemokratie« aufrechtzuerhalten. Für den polnischen Parteichef Władysław Gomułka war dieser Kompromiß ausreichend, und Hayter war der Ansicht, daß ein solches Programm vermutlich auch für Nagy akzeptabel gewesen wäre, hätte man es ihm ein paar Wochen zuvor vorgelegt und ihn damit an die Macht zurückkehren lassen. Aber zum Zeitpunkt der Erklärung kämpfte das ungarische Volk bereits seit einer Woche gegen die sowjetischen Panzer, deren Anwesenheit in Ungarn als Konsequenz des Warschauer Pakts gerechtfertigt wurde. Das Ergebnis war, daß die Ungarn »naturally enough but unwisely«, wie der Botschafter schrieb, »clamoured to be free of the Treaty as a way of being free of the tanks«[18].

15 Siehe: FO 472/7 Confidential Print Eastern Europe (General) 1955–1956 für den Text der sowjetischen Deklaration.

16 FO 371/122786, NS 1021/90: Schreiben Reillys an Hayter, 26.11.1956.

17 Ebd., NS 1021/96: Schreiben Hayters an Reilly, 3.12.1956. Sir William Goodenough Hayter, KCMG (1906–1995). Eintritt in den diplomatischen Dienst, 1930; Amtszeit im FO, 1930; Wien, 1931; Moskau, 1934; FO, 1937; China, 1938; Washington, 1941; FO, 1944 (Stellvertretender Unterstaatssekretär, 1948); Gesandter, Paris, 1949; Botschafter in der UdSSR, 1953–1957; Stellvertretender Unterstaatssekretär, 1957–1958.

18 FO 371/128972, NS 1015/9: Moskau Depesche No. 3, 4.1.1957.

Mikojan und Michail A. Suslow waren von Moskau nach Budapest geschickt worden, um auf der Basis der Erklärung Verhandlungen zu führen. Die Einschätzung des Foreign Office war, daß Nagy sicher gewesen wäre, hätte er sich imstande gesehen, innerhalb der von der Erklärung gesetzten Grenzen zu regieren. Aber das war er nicht, und »By withdrawing from Budapest, the Russians gave Nagy enough rope to hang himself. In the meantime they moved a further six or so divisions into the country and attacked when they were ready[19].« Hayter schrieb, die unweigerliche Erneuerung des Drucks nach Nagys Appell vom 1. November 1956 »obscured the fact that the October 30th Declaration might have represented a real turning point in Soviet policy and the Soviet Government were thus left without a solution to their problem of how to deal with the rifts in their camp and the dangers to the prestige of Communism[20].«

4. Auswirkungen der ungarischen Entwicklung auf Polen

Der Verlauf des ungarischen Volksaufstandes und die dadurch ausgelöste sowjetische Intervention stellten für die polnische Regierung und das polnische Volk ein unangenehmes Dilemma dar. Die unmittelbare Reaktion der Polen auf den Volksaufstand in Ungarn zeigte sich in der Sympathie, die aus vollem Herzen kam, und der Unterstützung für die Aufständischen. Ungarische Fahnen wurden an polnischen Straßenecken und Gebäuden gehißt; Parteimitglieder trugen ungarische Abzeichen in den Knopflöchern; Zeitungsartikel betonten die brüderlichen Beziehungen zwischen den beiden Völkern; und am 30. Oktober flogen sieben polnische Flugzeuge mit Blutkonserven und Arzneimitteln nach Budapest, für ein so armes Land eine beträchtliche Anstrengung. Sir Eric Berthoud, der im Oktober 1956 Noble als Botschafter in Warschau abgelöst hatte, bemerkte, »while no official statement on the Hungarian situation was issued at this stage, none of the above manifestations could have been made in the face of Party or official disapproval«[21].

Pressekommentare zu der sowjetischen Erklärung, die natürlich Parallelen zwischen der Situation in Ungarn und in Polen zogen, gingen davon aus, daß die

19 FO 371/122786, NS 1021/96: Schreiben Reillys an Hayter, 10.12.1956.

20 FO 371/128972, NS 1015/9: Moskau Depesche No. 3, 4.1.1957.

21 FO 371/122600 NP 10110/207: Warschau Depesche No. 235 S, 6.11.1956, desgl. für die folgenden Zitate. Sir Eric Alfred Berthoud, KCMG (1900–1989). Anglo-Austrian Bank Ltd., London 1922–1926; Anglo-Iranian Oil Co. (BP) Ltd., 1926–1939; Vorstandsmitglied in Frankreich, den Niederlanden und Deutschland, Kriegsauftrag 1939–1944 Sperrung von Öllieferungen an die Achsenmächte; Handelsabteilung der britischen Gesandtschaft Bukarest, 1939–1941; Mitglied der britischen Militär- und Wirtschaftsmission in der Sowjetunion, 1941–1942; stellvertretender Sekretär, Ministerium für Energie und Brennstoffe, 1942–1944; Büro des Staatssekretärs, Kairo, 1942–1943; Direktor der Wirtschaftsabteilung, Alliierte Kommission für Österreich (britische Abteilung), 1944–1946; Unterstaatssekretär, Ministerium für Energie und Brennstoffe 1946–1948; Unterstaatssekretär, FO, 1948–1952; 1952–1956 Botschafter in Dänemark, 1956–1960 in Polen.

Erklärung für Polen nur den schließlichen Abzug der sowjetischen Berater und die strikte Kontrolle aller sowjetischen Truppenbewegungen auf polnischem Territorium durch die polnische Regierung bedeuten konnte. Die polnische Presse akzeptierte zwar nach außen hin die Notwendigkeit der sowjetisch-polnischen Freundschaft, betonte aber, daß die fortgesetzte Präsenz sowjetischer Truppen und Berater von Polen als souveränem Staat gebilligt werden müsse.

Allerdings führte die Veröffentlichung einer Proklamation des Zentralkomitees der Polnischen Vereinigten Arbeiterpartei am 2. November 1956 zu einer Änderung dieser Haltung. In der Proklamation wurde die Intervention der sowjetischen Truppen zwar verurteilt, doch wurden die Polen gleichzeitig darauf hingewiesen, daß »reaktionäre Kräfte« Ungarn in die Katastrophe trieben und daß man den Bestrebungen ähnlicher Kräfte, auch in Polen Unruhe zu stiften, entgegentreten müsse. Darin äußerten sich eindeutig Befürchtungen der polnischen Führung, daß die Ereignisse in Ungarn eine Reaktion auslösen könnten, die all das gefährdete, was mit der polnischen »Oktoberrevolution« erreicht worden war.

Bis Anfang November hatten die Polen also nicht nur offen die ungarischen Genossen unterstützt, sondern sogar die Hoffnung gehegt, daß die Ereignisse in Ungarn sich zu ihrem eigenen Vorteil entwickeln könnten. Ziel der Proklamation des Zentralkomitees war es, diesen Hoffnungen ein Ende zu setzen. Das polnische Volk wurde in klarer Sprache darüber belehrt, daß ein Versuch, dem ungarischen Beispiel zu folgen, eine Katastrophe nach sich ziehen würde. Sowjetische Truppen mußten demnach in Polen stationiert bleiben, nicht so sehr, weil sie Freunde oder Verbündete waren, sondern weil sie zur Verteidigung Polens gegenüber westdeutschen Ambitionen notwendig seien. Sowjetische Truppen waren auf Dauer in Polen und erfüllten eine Aufgabe, die auch für das Gastgeberland wesentlich war. Einzig und allein die Sowjetunion hatte Polens Westgrenze anerkannt; vor allem anderen mußten Unruhen vermieden werden, um den Russen keinen Vorwand zu liefern, in Polen so zu intervenieren, wie sie es in Ungarn getan hatten.

Mit Hilfe der Proklamation und einer Reihe anderer Maßnahmen der Regierung, wie etwa der Bereitstellung zusätzlicher Lebensmittel zur Abdeckung von Hamsterkäufen in Warschau, gelang es, die Spannungen abzubauen und die Ruhe zu bewahren. Am Mittag des 4. November begann Radio Warschau vorsichtig, Meldungen von dem erneuten sowjetischen Angriff auf Budapest auszustrahlen, obwohl Auslandssender gestört wurden. Einzelne Polen bestätigten britischen Botschaftsangehörigen später, daß ihnen dies die absolute Notwendigkeit klargemacht hatte, jede Unruhe zu vermeiden. Am 6. November berichtete Berthoud, die Situation sei ruhig, und urteilte: »the immediate danger of Poland's following Hungary's tragic path seems to have passed for the time being. Nevertheless the Polish press is being noticeably discreet in its treatment of the news from Hungary.«

In Abwägung des wahren Ausmaßes der Gefahr, die mit der polnischen Proklamation bekämpft werden sollte, vermerkte der britische Botschafter, daß in den Tagen unmittelbar vor ihrer Verkündung »minor demonstrations were reported from Poznan and Olsztyn, but they were probably not on a scale to explain or justify the Central Committee's warning. More serious may have been dissatisfaction directed particularly against some of the Party officials themselves. [...] Again, it is possible that the supporters of the ousted Natolin group, which is still said to be strongly entrenched in the local Party apparatus, were showing signs of deliberately fomenting trouble, in the hope of providing an excuse for Soviet intervention and putting the clock back.« Was immer die Motive, das Zentralkomitee zog auf jeden Fall die angemessene Schlußfolgerung, daß alle größeren Unruhen um jeden Preis vermieden werden mußten.

Zweifellos war die Gefahr einer sowjetischen Intervention die vorrangige Besorgnis Gomułkas und seiner Genossen. Sie dürften sich aber darüber im klaren gewesen sein, welche Konsequenzen der Ausgang des ungarischen Volksaufstands für ihre eigene Position und ihren Verbleib an der Macht haben würde. Berthoud bemerkte: »Had the Hungarian insurgents come out on top [...] nationalist Polish instincts might well have been stimulated to a pitch where they could no longer have been controlled. The Russians no doubt had this factor very much in mind when they decided on their ruthless action in Hungary.« Doch war der britische Botschafter der Ansicht, daß die Polen auch ohne eine so ernste Warnung durch die Partei dem ungarischen Beispiel schwerlich gefolgt wären: »The presence of Soviet troops is certainly widely resented in Poland and distaste for Communism is strong. The main cause of Polish discontent is, however, economic rather than political, and the ›Polish October Revolution‹ took place within, rather than against, the Party. It was ›evolution‹ not ›revolution‹.«

Darüber hinaus berichtete er, allen Anzeichen nach sei das polnische Volk nicht weniger besorgt gewesen als seine Führung. Man sei »genuinely frightened by the Hungarian tragedy, and its lessons for this country, whose continued adherence to the Soviet bloc is so much more essential to the latter than that of Hungary for both strategic and political reasons. While a spark might yet set off an explosion, I am reasonably confident that both leaders and people will lie low until the present danger has passed.« Kurzfristig, so meinte er, werde Gomułkas Stellung innenpolitisch durch die Angst vor Unruhen gefestigt.

Bei der Beurteilung der längerfristigen Konsequenzen ließ Berthoud offen, ob »the Hungarian lesson would cause a slackening of the tempo of ›democratisation‹ in Poland«. Er schrieb aber: »There are no signs of this as yet. M Gomulka is a brave man. He has nailed his colours to the mast and is unlikely to lower them very far, on the calculation that the Soviet Government themselves will not wish to precipitate a second Hungary.« Der Botschafter schloß mit der Beobachtung: »The completely uncertain factor is what policy towards the satellites, if one has yet crystallised, now prevails in the Kremlin.« Hayters Analyse aus Moskau vom Januar 1957 zeigte, daß die Unsicherheit bis zu diesem Zeitpunkt nur insofern beseitigt war, als klar war, daß die sowjetische Führung eine Herausforderung ihrer Position in Osteuropa nicht hinnehmen würde[22]. Diese Auffassung beein-

[22] FO 371/128972, NS 1015/9: Moskau Depesche No. 3, 4.1.1957.

flußte auch die Einschätzung des Foreign Office hinsichtlich des Einflusses, den die Suezkrise auf die Entwicklungen in Ungarn gehabt haben könnte.

5. Wechselbeziehungen zwischen dem ungarischen Volksaufstand und der Suezkrise

Die tatsächliche oder vermeintliche Beziehung zwischen dem ungarischen Volksaufstand und der Suezkrise war für das Foreign Office aus mehreren Gründen von Interesse. Neben dem ursprünglichen Interesse, so viel Licht wie möglich auf die etwaigen Motive hinter der sowjetischen Ungarnpolitik zu werfen, wurde die Frage bald Thema einer politischen Kontroverse im Vereinigten Königreich. Die Debatte konzentrierte sich darauf, inwiefern die Intervention im Nahen Osten die Intervention in Osteuropa ermutigt oder erleichtert hatte[23].

Die Auswirkungen von Suez auf die Handlungsweise der sowjetischen Regierung in Ungarn wurden in einer Depesche aus Moskau vom 12. November 1956 analysiert. Hayter nahm als seinen Ausgangspunkt die klar definierte zweite Interventionsphase vom 3. beziehungsweise 4. November. Er konzentrierte sich auf die Beantwortung der Frage, »whether the Soviet Government would in all circumstances have decided to overthrow the Nagy Government after the latter had declared its neutrality and withdrawal from the Warsaw Pact, or whether this decision was in any way affected by the Anglo-French intervention in Egypt«. Stattgefunden hatte letztere zwischen der ersten »more or less inevitable« Phase der Ungarnintervention (24. bis 30. Oktober) und der zweiten[24]. Der britische Botschafter bezweifelte, daß der Rückzug der Truppen aus Budapest und die Veröffentlichung der Erklärung vom 30. Oktober nur taktischer Art waren, mit dem Ziel, die Ungarn in falscher Sicherheit zu wiegen, während Verstärkungen zusammengezogen wurden. Als Beweis zitierte er die Erklärung Marschall Georgi Shukows gegenüber dem amerikanischen Botschafter am 29. Oktober 1956, daß die bereits in Ungarn stationierten sowjetischen Truppen ausreichend seien, »to do the job«. Hayter argumentierte statt dessen: »it was surely much more difficult to renew intervention later, after the announced withdrawal had so to speak cancelled the Hungarian Government's original invitation, than it would have been to carry straight on then, removing any recalcitrant Hungarian Ministers who asked for withdrawal.«

Hayter stellte fest: »On the whole it seems clear that a definite decision to withdraw [from Budapest] was taken on about October 29 or 30.« Doch in diesem Stadium passierte zweierlei. Erstens wurde am 30. Oktober 1956 im Unterhaus vom

23 Zur Suezkrise liegen ausführliche Forschungsarbeiten vor, darunter die umfassende Untersuchung von Kyle, Suez. Für persönliche Memoiren und Berichte von britischen Politikern und Diplomaten siehe: Eden, Full Circle, S. 419–584; Nutting, No End of a Lesson; Lloyd, Suez 1956; Shuckburgh, Descent to Suez.

24 FO 371/122786, NS 1021/90: Moskau Depesche No. 244, 12.11.1956, desgl. für die folgenden Zitate.

Premierminister das anglo-französische Ultimatum an Ägypten und Israel ausgesprochen. Zweitens wurde klar, daß Nagy die Hoffnungen Mikojans, der ihn gerne als einen Gomułka aufbauen und es ihm überlassen wollte, in Budapest die Ordnung wiederherzustellen und den Verbleib der sowjetischen Truppen in Ungarn gemäß dem Warschauer Pakt zu sichern, nicht erfüllte. Nagys Forderung nach dem Abzug der sowjetischen Einheiten, Ungarns Neutralität und Austritt aus dem Warschauer Pakt vom 1. November 1956 machten diese Hoffnungen zunichte. Diese beiden praktisch gleichzeitigen Entwicklungen stellten die sowjetische Führung vor ein Dilemma. Aus Hayters Sicht stärkte Nagys Handlungsweise die Hand der Moskauer Befürworter eines scharfes Vorgehens in Ungarn. Andererseits würde die gewaltsame Unterdrückung des ungarischen Volksaufstandes das moralische Recht der sowjetischen Regierung untergraben, gleichzeitig die Verteidigung Ägyptens zu organisieren. Hayter war der Auffassung, daß Nikita S. Chruschtschow, Mikojan und Dmitri Schepilow (deren allgemeine Politik darauf abzielte, in Europa den Status quo zu erhalten, um gleichzeitig die sowjetische Position in Nahost und Asien allgemein auszubauen) es in diesem Stadium vorgezogen hätten, sich in Ungarn zurückzuhalten, wenn ihnen dies die extreme Haltung Nagys nicht unmöglich gemacht hätte.

Doch konnte nach Hayters Darstellung die »strong-arm party« im Zusammenhang mit Suez drei Gründe für ihre so oder so schon überwältigende Argumentation zugunsten eines Eingreifens gegen Nagy anführen. Erstens würde das anglo-französische Vorgehen einen Meinungsumschwung bei den asiatischen Staaten gegen den Westen herbeiführen, so daß sie weniger scharf auf ein sowjetisches Eingreifen in Ungarn reagieren würden. Zweitens hätten das Vereinigte Königreich und Frankreich in Ägypten das Recht scheinbar zu ihrem eigenen Nutzen und ungestraft in die eigene Hand genommen, so daß es absurd wäre, wenn die Sowjetunion nicht in einem ihrer etablierten Einflußbereiche ebenso vorgehen würde. Drittens sei es der Sowjetunion wahrscheinlich nicht möglich, viel zur wirkungsvollen Unterstützung Ägyptens zu tun, und eine doppelte sowjetische Niederlage in Suez und Budapest würde ihr Prestige zu schwer erschüttern, so daß die in Ungarn erlittene Niederlage rückgängig gemacht werden müsse.

Der britische Botschafter kam deshalb zu dem Schluß, daß die Entscheidung der Sowjetunion, in Ungarn aufs Ganze zu gehen, in Nagys Politik und nicht in der Suezkrise begründet war, wenn letztere auch zur sowjetischen Entscheidung beigetragen hatte. In einem Antwortschreiben an Hayter erklärte der Stellvertretende Unterstaatssekretär im Foreign Office, Sir Patrick Reilly, daß man sich Hayters Interpretation zwar im allgemeinen anschließe, das Northern Department aber in einigen Detailpunkten anderer Meinung sei[25]. Das Department wider-

25 Ebd., NS 1021/90: Schreiben Reillys an Hayter, 26.11.1956, desgl. für die folgenden Zitate. Sir D'Arcy Patrick Reilly, GCMG (geb.1909). Laming Travelling Fellow, Queen's College Oxford, 1932; Fellow, All Souls College Oxford, 1932–1939, 1969; Eintritt in den diplomatischen Dienst, 1933; Dritter Sekretär, Teheran, 1935–1938; Ministerium für wirtschaftliche

sprach Hayters Interpretation der Erklärung vom 30. Oktober als einer Entscheidung, keine Gewalt anzuwenden, und sah keinerlei Widerspruch zwischen der Intervention in Ungarn und den in der Deklaration niedergelegten Prinzipien: »Indeed it followed logically from them.« Das Northern Department neigte auch zur Auffassung, daß Hayter das Scheitern der ersten Phase der sowjetischen Intervention unterschätzt hatte, und begründete das so: »It is true that Zhukov said that there were enough troops to cope with the situation but he was clearly wrong [...]. The Soviet decision to withdraw from Budapest was probably imposed by this failure.« Der Rückzug schuf Zeit, die Kräfte neu zu ordnen und zu verstärken und einen wirkungsvolleren Schlag vorzubereiten. Er gab der Regierung Nagy auch Zeit, jene Handlungen zu begehen, mit denen anschließend die zweite sowjetische Intervention gerechtfertigt wurde.

Als weiteres Argument für die These, daß die Intervention allein durch die Ereignisse in Ungarn selbst zu erklären sei, führte das Department an, daß Hayter das Ausmaß und die Natur von Nagys Scheitern aus sowjetischer Sicht unterschätzt habe. Es habe sich nicht nur darum gehandelt, daß er das »Vertrauen« nicht erfüllt habe, das Moskau in ihn gesetzt hatte, sondern: »It was a total failure to stem a tide which the Russians could in no circumstances tolerate, but which Nagy could not stem. The Russians already had a second blow in preparation. Nagy's failure made it inevitable.« Das Department merkte außerdem an, daß die sowjetischen Truppenbewegungen offenbar unmittelbar nach dem Beginn des Aufstandes am 23. Oktober begonnen hatten, und zog den Schluß: »It is unlikely that this would have taken place if the Soviet leaders were in two minds about the use of force.«

Das Foreign Office wußte, daß »the Soviet leaders had earlier made comprehensive preparations to crush the Poles ›like flies‹ (Zhukov's words)«. Reilly argumentierte, daß der Gedanke einer gewaltsamen Einmischung in die inneren Angelegenheiten der Satelliten von der sowjetischen Führung bereits am 19. Oktober 1956, wenn nicht schon früher, erwogen wurde. Die Sowjetunion hatte von einer Unterdrückung der Polen nur Abstand genommen, weil es Gomułka und seinen Genossen gelungen war, die Nationalbewegung innerhalb der Grenzen zu halten, die dann später in der Deklaration vom 30. Oktober klar definiert wurden. Reilly kam zu dem Schluß: »They were taken by surprise in Hungary: but they took in Hungary the action they had been prepared to take in Poland.«

Auf dieser Grundlage kam das Northern Department zu »a firm conclusion that the Soviet action in Hungary would have followed the course it took whatever the external situation unless Nagy had, by miracle, succeeded in observing the limits set out in the Soviet declaration of October 30 [...]. The crucial and decisive point is, we think, the declaration.« Nagys Austrittsversuch aus dem War-

Kriegführung, 1939–1942; Erster Sekretär, Algier, 1943, Paris, 1944, Athen, 1945; Botschaftsrat, Athen, 1947–1948; Imperial Defence College, 1949; Stellvertretender Unterstaatssekretär, FO, 1950–1953; Gesandter, Paris, 1953–1956; Unterstaatssekretär, FO, Oktober 1956; Botschafter in der UdSSR, 1957–1960; Unterstaatssekretär, FO, 1960–1964; offizieller Leiter der britischen Delegation bei der UN-Konferenz über Handel und Entwicklung, 1964; Botschafter in Frankreich, 1965–1968.

schauer Pakt, seine Neutralitätserklärung, sein Appell an die Vereinten Nationen, sein Angebot freier Wahlen, seine Duldung einer Koalitionsregierung »went far beyond these terms and, for good measure, the Hungarian people set the dangerous example of a massacre of Communist officials and security police. If the Soviet leaders wished to preserve the existing structure of the bloc, they had no choice but a second and more effective intervention.«

Das Department akzeptierte: »It is, of course, possible to argue that the Anglo-French action in the Middle East made it somewhat easier for the Soviet leaders to reach their brutal decision and implement it, as world opinion was preoccupied with another issue.« Aber das Foreign Office konnte keine Anzeichen dafür entdecken, daß die »strains and stresses« unter den sowjetischen Führern (verstärkt noch durch den erbitterten ungarischen Widerstand) in naher Zukunft zu einer Erschütterung des sowjetischen Regimes führen oder es davon abhalten würden, harte Entscheidungen zu treffen und zu verwirklichen. Reilly räumte ein, es sei »just possible«, daß der Druck und die Spannungen »might have come to a critical pitch a little earlier if the situation elsewhere in the world had been relatively calm and the decision to intervene in Hungary had been relatively more difficult. But we think that it is unlikely that this would have made any significant difference to the course of action which the Soviet leaders took.«

In seiner Antwort an Reilly machte Hayter dann »a fairly fundamental distinction between your view and mine« und betonte seine Überzeugung (von der er annahm, daß sein amerikanischer Kollege sie teilte), daß die Russen, zumindest einige von ihnen, bis zum 30. Oktober immer noch geglaubt hätten, sie könnten in Ungarn mit der Hilfe Nagys eine »Gomułka«-Situation schaffen. Sie gaben diese Hoffnung erst auf, als sie sahen, wie weit Nagy ging oder nach dem Rückzug der sowjetischen Truppen aus Budapest getrieben wurde, ein Meinungsumschwung, der in zweiter Linie durch die anglo-französische Aktion in Suez gefördert und getragen wurde[26].

Reilly spielte die Unterschiede zwischen diesen beiden Auffassungen in einer weiteren Antwort herunter und wies darauf hin, das Northern Department akzeptiere voll die Möglichkeit, daß Moskau ein Regime nach dem Beispiel Gomułkas in Ungarn zu akzeptieren bereit wäre, während der Botschafter zustimmte, daß das Schicksal Nagys von den Ereignissen in Budapest zwischen dem 30. Oktober und dem 3. November besiegelt wurde. Reilly sah den Hauptunterschied in den Auffassungen Londons und Hayters in der unterschiedlichen Interpretation der Erklärung vom 30. Oktober und war »glad to see that in your view (if I read you aright) the Russians were only aided and comforted to a secondary extent by our action in Suez«[27]. Dies war ein wichtiger Punkt, zu dem es im Parlament bereits Kontroversen gegeben hatte. Doch war die Position des Foreign Office in diesem Punkt eindeutig und wurde von Reilly so beschrieben: »The Opposition contend

26 FO 371/122786, NS 1021/96: Schreiben Hayters an Reilly, 3.12.1956.

27 Ebd., Schreiben Reillys an Hayter, 10.12.1956, desgl. für das folgende Zitat.

that it was our action in Suez which precipitated the second Soviet attack. We do not agree.«

6. Überprüfung der britischen Politik gegenüber der Sowjetunion und den Satelliten

Am 10. November 1956 äußerte Reilly gegenüber Brimelow den Vorschlag: »we ought now to try to draw breath and consider together all aspects of our policy and activities about Hungary[28].« Zwei Tage später leitete Reilly eine Sitzung im Foreign Office, an der Vertreter der Northern, Southern, Information Research und Permanent Under-Secretary's Departments teilnahmen. Als Diskussionsgrundlage hatte Brimelow ein Papier vorbereitet, in dem er kurz die Situation in Ungarn, die möglichen Entwicklungen, die politischen Ziele Großbritanniens in Ungarn und mögliche Mittel ihrer Umsetzung sowie die Problembereiche »Hilfeleistungen« und »Flüchtlinge« skizzierte.

Brimelow prophezeite, daß nach der weitgehenden Zerschlagung des organisierten Widerstands auch die Ausschaltung sporadischer Widerstandsaktionen innerhalb von zwei, drei Wochen wahrscheinlich sei. Die Regierung Kádár würde dann angesichts der mangelnden Unterstützung in der Bevölkerung eine Volksfrontregierung schaffen, in die Marionettenvertreter nichtkommunistischer Parteien einbezogen würden, die effektiv aber von den Kommunisten kontrolliert würde. Zugeständnisse an nationalistische Bestrebungen seien gefährlich, wenn nicht gleichzeitig die Kontrolle durch die Staatssicherheit (AHV) verschärft werde. In jedem Fall sei es »unlikely that any concessions to the Kádár Government which may be offered by the Soviet Government will go beyond the Soviet declaration of 30 October«[29].

Die britischen Ziele in Ungarn waren seiner Ansicht nach von der Tatsache beeinflußt, daß »Her Majesty's Government can do nothing on their own«, und dementsprechend begrenzt. Sogar, was Appelle an die Regierungen Ungarns und der Sowjetunion angehe, sich an von der UN-Vollversammlung beschlossene Resolutionen zu halten[30], empfahl Brimelow, daß »our aim in so doing must be limited to the maintenance of Hungarian morale«[31]. Er war nicht der Ansicht, daß die Ereignisse in Ungarn das »ultimate aim« der britischen Politik verändert hät-

28 FO 371/122422, NH 1051/3: Mitteilung Reillys an Brimelow, 10.11.1956.

29 Ebd., NH 1051/4: Notizen für eine Diskussion über Ungarn von Brimelow, 12.11.1956, desgl. für das folgende Zitat.

30 Am 4.11.1956 nahm die Generalversammlung der Vereinten Nationen mit 50 gegen 8 Stimmen (15 Enthaltungen) eine US-Resolution an, in der die Sowjetunion aufgefordert wurde, ihre Streitkräfte aus Ungarn abzuziehen. Darauf folgte am 8./9.11. eine zweite Dringlichkeitssitzung über Ungarn, bei der eine Fünf-Mächte-Resolution und eine US-Resolution angenommen wurden, in denen die Sowjetunion zum sofortigen Rückzug aufgefordert wurde. Am 12.11. verweigerte die Regierung Kádár UN-Beobachtern die Einreise nach Ungarn.

31 FO 371/122422, NH 1051/4: Notizen für eine Diskussion über Ungarn von Brimelow, 12.11.1956, desgl. für die folgenden Zitate.

ten, die Verbindung der Satellitenstaaten zur Sowjetunion zu lockern und auf ihre Rückführung zum Status freier und unabhängiger Staaten hinzuarbeiten. Klar war jedoch, daß dies kein »immediate aim« sein könne. Das unmittelbare Ziel »must be to get relief into Hungary, and to help the country to settle down as far as possible before the winter«, sofern dies nicht etwas erfordere, »which would imply condonation of either Soviet action in Hungary or the Kádár Government«.

Brimelow war der Auffassung, daß die Beibehaltung der diplomatischen Vertretung in Budapest »the paramount consideration« bei den Entscheidungen über das weitere Vorgehen sein müsse. Er räumte ein, dies impliziere »without any specific action on our part, recognition of and relations with the Kádár Government and its successors«. Er schlug vor: »we must clearly not do anything which would amount to a formal refusal to recognise the Kádár Government, either in Hungary or in the United Nations.« Brimelow akzeptierte, daß die Sowjetunion auf alle politischen Handlungen, die über diesen Rahmen hinausgingen, mit Aktionen gegen Großbritannien und Frankreich im Zusammenhang von Suez reagieren würde. Er hielt dies allerdings nicht für einen hinreichenden Grund, andere politische Maßnahmen bezüglich Ungarns aufzugeben, deren wichtigstes Ziel sein müsse, »to insure that the facts about Hungary become generally known throughout the World, and particularly to the Soviet Union«. Er fügte hinzu, »there is evidence that the Soviet public are being kept in ignorance of what is happening in Hungary.«

Reilly faßte diese Bemerkungen und Ansichten, die bei der Sitzung am 12. November erörtert wurden, anschließend in einer umfassenden Vorlage über die Beziehungen mit der Sowjetunion und allen Satelliten (mit Ausnahme Ostdeutschlands, das nie als sowjetischer Satellit im gleichen Sinne wie Polen, die Tschechoslowakei, Ungarn, Rumänien und Bulgarien betrachtet wurde) zusammen. Die Schlußfolgerungen dieser Vorlage wurden später von Sir Ivone Kirkpatrick, dem Ständigen Unterstaatssekretär im Foreign Office[32], gebilligt, mit der Einschränkung, daß »we may have to review one or two of them in the light of events«. Am 26. November wurden die Beschlüsse dann Hayter und einer Reihe anderer interessierter Vertretungen zusammen mit einem Begleitschreiben Reillys übermittelt[33]. In diesem Schreiben erläuterte Reilly, daß das Papier noch nicht

[32] Sir Ivone Augustine Kirkpatrick, GCB (1897–1964). Militärdienst im Ersten Weltkrieg, 1914–1918 (verwundet, zweimaliger Einsatz, belgisches Croix de Guerre); Eintritt in den diplomatischen Dienst, 1919; Dritter Sekretär, Rio de Janeiro; FO, 1920; Zweiter Sekretär, 1921; Erster Sekretär, Rom, 1930–1932; Chargé d'Affaires, Vatikan, 1932–33; Erster Sekretär, Berlin, 1933–1938; Direktor der Auslandsabteilung, Informationsministerium, 1940; Intendant der europäischen Dienste, BBC, 1941; Deputy Commander (Zivil) in der Alliierten Kontrollkomission für Deutschland (britische Abteilung), 1944; Stellvertretender Unterstaatssekretär, FO, 1945; Unterstaatssekretär, 1948; Ständiger Unterstaatssekretär FO, 1949; Hochkommissar des Vereinigten Königreichs in Deutschland, 1950–1953; Ständiger Unterstaatssekretär, FO, 1953–1957.

[33] FO 371/122081 N 1052/10: Schreiben Reillys an Hayter (inkl. der Kopie eines Papiers über die Beziehungen zur Sowjetunion und deren Satelliten), 26.11.1956, desgl. für die folgenden Zitate.

auf Ministerebene vorgelegen habe, noch war es mit den Amerikanern oder irgendeiner anderen Regierung erörtert worden und sollte deshalb als provisorisch angesehen werden.

Das Papier konzentrierte sich lediglich auf die nächsten Monate, da die langfristige Politik erst formuliert werden konnte, wenn klar war, wohin die aktuellen Entwicklungen in Mitteleuropa und im Nahen Osten führten. Reilly war jedoch in der Lage, mehrere grundsätzliche und dauerhafte Faktoren zu bestätigen: die feindselige Haltung einer Sowjetunion, die bereit war, »any advantage against a Western country which they consider vulnerable« auszunutzen; gleichzeitig aber den unveränderten Wunsch hegte, einen Atomkrieg sowie alles, was das ernste Risiko eines solchen Konflikts beinhaltete, zu vermeiden. Angesichts der in Suez offenbarten Schwächen warnte Reilly, daß »until the unity of the Western Powers is fully restored the UK and France should be careful not to expose themselves alone to any provocative action«. Unter diesem Vorbehalt empfahl Reilly, »our general policy should be firmly and calmly to make it clear that normal friendly relations with the Soviet Government are not possible while their present behaviour lasts. The public, both in this country and among our allies, would severely criticise a return to something like the relations of a year or so ago.«

Kern von Reillys Papier war seine Stellungnahme zu »suggestions that we ought now to profit from the Soviet Government's real difficulties in Europe in order to take some major diplomatic initiative«. Er gab zu, daß diese Idee, die sowohl reizvoll für die Amerikaner sei als auch die Sowjetunion vor der Weltöffentlichkeit in ein schlechtes Licht stellen würde, auf den ersten Blick attraktiv war, wenn auch von zweitrangiger Bedeutung gegenüber Großbritanniens wichtigsten außenpolitischen Zielen, nämlich eine Lösung im Nahen Osten zu finden, die Einheit des Westens und besonders zwischen Großbritannien und den USA wiederherzustellen und so viel wie möglich von dem in der afro-asiatischen Welt verlorenen Boden wiedergutzumachen. Aber die Aussichten für eine größere neue Initiative scheiterten dann an der unangenehmen Tatsache, daß: »In practice, however, it seems very doubtful whether there are any new proposals about the German problem and European security or about disarmament which the Western Powers could in fact accept: and if this is so, it would be a mistake for them to put forward something new simply as a propaganda exercise.« Unter diesen Umständen aber wäre es am klügsten, »to stand on our existing positions which are the result of long and careful consideration of a problem in which there had been no essential change«. Es folgten eine Reihe von Empfehlungen, darunter diejenige, die antikommunistische Propaganda zu verstärken, kulturelle und gesellschaftliche Beziehungen zu beschneiden, die gesamte britische Handelspolitik gegenüber der Sowjetunion zu überprüfen, sowie die Überlegung, ob eine Verschärfung der COCOM[34]-Embargoliste angebracht wäre, während man gleichzeitig aber normale Beziehungen zur Sowjetunion unterhalten würde.

34 Koordinierungsausschuß der internationalen Pariser Konsultationsgruppe über die Kontrolle des Exports strategischer Güter in kommunistische Länder.

Mit Bezug auf die Satelliten war Reilly der Meinung, daß die jüngsten Ereignisse in Polen und Ungarn vielleicht zeigten, daß das Foreign Office die Stärke des Hasses auf die Sowjets und die Stärke der Opposition gegen den Kommunismus unter dem polnischen und ungarischen Volk unterschätzt hatte. So schloß Reilly, daß, obwohl »the position in both respects is no doubt different in the other three European satellites«, gebe es nun »a good case for transferring to certain satellites some at least of the effort which has in recent months been put into the extension of Anglo-Soviet contacts of all sorts«. Er riet jedoch zur Vorsicht, da die Ereignisse in Ungarn die Notwendigkeit gezeigt hätten, jede Anstiftung zu Gewaltakten zu vermeiden. Er beschrieb es als Ziel der britischen Politik, in einem so großen Teil der Bevölkerung wie möglich den Geist völliger Mißbilligung des Kommunismus, der sowjetischen Bevormundung und, in den betroffenen Ländern, der Anwesenheit sowjetischer Truppen aufrechtzuerhalten. Reillys ganz spezifische Empfehlung zur Ungarnpolitik war, mit Kádárs »puppet regime« nur völlig formelle Beziehungen zu unterhalten und diese Haltung nur zu revidieren, falls die Regierung echte Anzeichen für eine Entwicklung in Richtung des Gomułka-ismus gebe. In Polen dagegen schlug er als Politik vor, die Regierung Gomułka zu einem möglichst unabhängigen Kurs zu bewegen, ohne aber eine gewaltsame sowjetische Reaktion herauszufordern. Dieser Kurs sollte sich in der Förderung von Kontakten und Austauschprogrammen aller Art und durch eine positive Haltung in den Handelsgesprächen zeigen, die gerade begannen.

Reilly sah keinen Grund für irgendwelche sofortigen Veränderungen in der Politik gegenüber Bulgarien, der Tschechoslowakei und Rumänien, obwohl er anregte, ein waches Auge auf alle möglichen Anzeichen von Unruhe zu haben und die Politik bei den geringsten Zeichen von Veränderungen zu überprüfen. Sollten sich Mittel erübrigen lassen, um die Kontakte mit diesen drei Ländern zu verstärken, sollte der Tschechoslowakei Priorität eingeräumt werden, da ihre strategische Lage und ihre wirtschaftliche Bedeutung eine Lockerung der sowjetischen Dominanz wertvoller mache als in Rumänien oder Bulgarien.

In seiner Antwort vom 30. November 1956 stimmte Hayter den von Reilly aufgezeichneten politischen Grundlinien zu, vor allem der ablehnenden Haltung gegenüber dem Vorschlag einer »major diplomatic initiative«, denn »the Soviet Government would certainly now be very unreceptive to any such approach from Her Majesty's Government, and though the Americans could take such action (if they can think of anything) with more hope of making an impact I do not think its effect would be enhanced by British or French association with it; rather the contrary[35].« Was den anglo-sowjetischen Handel anging, wandte er sich gegen jede Verschärfung der strategischen Liste, die er bereits für strikt genug hielt. In diesem Zusammenhang vertrat Hayter die pragmatische Haltung, daß »surely in present circumstances we need all the trade we can get«?

35 FO 371/122786, NS 1021/95: Schreiben Hayters an Reilly, 30.11.1956, desgl. für das folgende Zitat.

Die Gesandtschaft in Budapest erhielt erst am 6. Februar 1957 mit der Wiederaufnahme des diplomatischen Kurierdienstes nach Budapest eine Kopie von Reillys Schreiben. In einem Begleitschreiben des Foreign Office hieß es: »it is now more than two months old, but needs little change[36].« So hatten die Ereignisse dazu geführt, daß das Foreign Office, ein Jahr nachdem Fry zum erstenmal die Frage einer besonderen Politik gegenüber Ungarn aufgeworfen und seine Vorschläge zur Kulturpolitik unterbreitet hatte, diesem Ziel keinen Schritt näher gekommen war. Am 28. November 1956 hatte Brimelow in einem Vermerk, in dem die Überlegungen Reillys zusammengefaßt waren, den Schluß gezogen: »It is impossible to formulate any long-term policy towards Hungary at present[37].« Was kulturpolitische Initiativen anging, hatte Reillys Vorlage lediglich angemerkt: »Cultural exchanges and increased Information activities are presumably out of the question for the present, but we should be ready to develop them within the means available at the first opportunity[38].«

7. Zusammenfassung

Wir haben versucht zu zeigen, wie der ungarische Volksaufstand im Foreign Office gesehen wurde, wie er sich in den breiteren Zusammenhang der britischen Politik in der Region einfügte und welche Grenzen dem Foreign Office bei seiner Reaktion gezogen waren. Damit haben wir lediglich eine Momentaufnahme des politischen Prozesses gegeben. Klar wird jedoch, daß die Ereignisse in Ungarn nicht in einem Vakuum stattfanden und daß sich die Diplomaten keineswegs immer einig darüber waren, wie sie zu interpretieren seien. Der Einfluß des ungarischen Volksaufstandes auf die folgenden Ereignisse in Polen war aus der Sicht des Foreign Office eindeutig. Berthoud erklärte: »it was Hungary which »caused the Poles to behave like Czechs'; in other words the example of the Hungarian tragedy had a very sobering effect here and decreased the chances of violent actions which could have led to Soviet intervention[39].« Eine genauere Einschätzung, inwieweit die Ereignisse in Suez und Ungarn in einem Zusammenhang standen, muß zunächst noch die Ergebnisse der Forschungen in sowjetischen Archiven abwarten. Doch Tatsache bleibt, daß die Sowjets das anglo-französische Vorgehen schnell für sich ausnutzten. Wie Harold Macmillan, der damalige Schatzkanzler, in seinen Memoiren schrieb: »By concentrating on the mote in our eye they hoped to divert attention from the beam in their own[40].«

36 FO 371/122081, NS 1052/10: Schreiben Joys an Cope, 6.2.1957.
37 FO 371/122073 N 1026/9: Papier Brimelows über die Politik gegenüber der UdSSR und deren Satelliten, 28.11.1956.
38 FO 371/122081 N 1052/10: Schreiben Reillys an Hayter, 26.11.1956.
39 FO 371/128673, NH 10110/216: Schreiben Berthouds an Brimelow, 26.2.1957.
40 Macmillan, Riding the Storm 1956–59, S. 161.

Im März 1957 hatte Fry aus Budapest berichtet, er glaube nicht, daß die gegenwärtige Situation auf unbestimmte Zeit so weiter bestehen werde. Seine Prognose lautete so: »Kádár and Münnich [Stellvertretender Ministerpräsident], their dirty work done, will I imagine be dispensed with without scruple, when it suits the Russians; and then the National Communists may well have their chance[41].« Er wäre sicher erstaunt gewesen, hätte er erfahren, daß Kádár 32 Jahre lang an der Macht bleiben würde und daß Ungarn an die 40 Jahre später als freies und demokratisches Land die ehemaligen Kommunisten an die Regierung wählen würde.

41 FO 371/128674, NH 10110/247: Schreiben Frys an Brimelow, 7.3.1957.

Detlev Zimmermann

Frankreich und die Suezkrise 1956

Das Jahr 1956 begann in Frankreich außergewöhnlich. Statt in die Fabrikhallen oder Büros gingen die Bürger am 2. Januar, einem Montag, der eigens hierfür zu einem arbeitsfreien Tag erklärt worden war, an die Wahlurnen, um über die Zusammensetzung der Nationalversammlung neu zu befinden. Diesen ungewöhnlichen Termin schrieb die Verfassung vor, nachdem Ministerpräsident Edgar Faure am 2. Dezember 1955 kurz entschlossen das Parlament hatte auflösen lassen. Der Sturz zweier Regierungen innerhalb von nur 18 Monaten durch die konstitutionelle Mehrheit des Hauses bot ihm hierfür die rechtliche Handhabe. Trotz dieses seit 1877 nicht mehr eingesetzten Instrumentariums und der wenig schmeichelhaften Vergleiche mit Patrice Maurice de Mac-Mahon und Louis Napoleon wagte Faure diesen Schritt. Er verband damit die nicht unbegründete Hoffnung, seine parlamentarische Mehrheit durch den Gewinn ehemaliger Wähler des gaullistischen Rassemblement du Peuple Français (RPF) nach rechts ausweiten zu können.

Die Wahlen zur Assemblée Nationale vom 2. Januar 1956, der letzten Parlamentswahlen in der IV. Republik, veränderten die innenpolitische Landschaft beträchtlich. Die bisherige Mitte-Rechts-Koalition, für deren Fortsetzung neben Faure vor allem der Führer der gemäßigten Rechten, Antoine Pinay, stand, verlor ihre Mehrheit, ohne daß die anderen politischen Lager sie gewinnen konnten. Weder die Republikanische Front (Front rèpublicain), ein Wahlbündnis aus Sozialisten und Mendès-France-Radikalsozialisten in einer Allianz mit François Mitterrands Union Démocratique et Socialiste de la Résistance (UDSR) und einigen Sozialrepublikanern (Exgaullisten) um Jacques Chaban-Delmas, noch der gaullistische RPF konnten von der Schwäche der Regierung überzeugend profitieren. Gerade die Gaullisten und die im Nachkriegsfrankreich seither an der Regierung beteiligten katholischen Volksrepublikaner gehörten zu den Verlierern des Urnengangs. Das Gros der Regierungsverluste heimsten die Poujadisten ein, eine vom Populisten Pierre Poujade organisierte und geführte Massenbewegung der Unzufriedenen gegen die Steuer- und Finanzpolitik des Staates und für die Verteidigung des kleinen Handwerks und Handels. Ihre 2,5 Millionen Wählerstimmen und 52 Parlamentssitze stellten die eigentliche Überraschung der Wahlen dar. Da diese »Anti-Partei« in den Augen der politisch Etablierten allerdings koalitionsunfähig war, gestaltete sich die Suche nach einer parlamentarischen Mehrheit noch weit schwieriger als nach den Wahlen zur zweiten Nationalversammlung vom Juni 1951[1].

1 Le Monde, 4.1.1956, S. 1 ff.

In dieser komplizierten Situation beauftragte der konservative Staatspräsident René Coty den Generalsekretär der Sozialistischen Partei, Guy Mollet, mit der Regierungsbildung. Diese Entscheidung war in mehrfacher Hinsicht ein bemerkenswerter Schachzug. Zum einen traten die Sozialisten seit 1951 erstmals wieder in die Regierung ein, zum anderen konnten die Parteien der Front républicain nicht ohne die Volksrepublikaner erfolgversprechend agieren. Überdies verlegte Coty mit der Berufung des Sozialistenchefs dem ambitionierten und charismatischen Pierre Mendès-France als dem eigentlichen Spiritus rector der Republikanischen Front den Weg ins Hôtel Matignon, da er für den Mouvement Républicain Populaire (MRP) spätestens seit der Ablehnung der Europäischen Verteidigungsgemeinschaft (EVG) sowohl als Ministerpräsident als auch als Außenminister nicht mehr wählbar war. Für den unzufriedenen Radikalsozialisten blieb im Kabinett nur der Platz eines Staatsministers ohne Portefeuille.

Mit der ungewöhnlich breiten Mehrheit von 420 gegen 71 Stimmen bei 83 Enthaltungen erteilte die Nationalversammlung am 31. Januar 1956 Mollet die Investitur zum Ministerpräsidenten[2]. Dieser Entscheid erinnerte auffallend an die Abstimmung vom Juni 1954, als die Assemblée Nationale mit gleichfalls überwältigender Majorität der Minderheitsregierung Mendès-France das Vertrauen aussprach und damit einen längst überfälligen Kurswechsel in der Indochinapolitik einleitete. Ähnlich dramatisch empfanden viele Franzosen nunmehr die Situation in Algerien. Guerillatätigkeit und Terroraktionen nahmen vom November 1954 von Monat zu Monat bürgerkriegsähnlicheren Charakter an und zwangen Paris zu einem ständig wachsenden militärischen Engagement, um die koloniale Ordnung aufrechtzuerhalten. In seiner Investiturrede bezeichnete Mollet denn auch die algerische Frage als das dringendste und schmerzlichste Problem, das alle anderen Probleme, die die Regierung zu lösen habe, überschatte[3]. Angesichts der Konfliktträchtigkeit der Situation in Nordafrika glaubte kaum einer der politischen Beobachter ernsthaft, daß sich dieses Kabinett mit fast siebzehn Monaten zum stabilsten in der IV. Republik entwickeln sollte.

Allenthalben wurde die Entschlossenheit und Kohäsion der Koalition weit geringer als die parteipolitische Sprengkraft der anstehenden Probleme eingeschätzt. Doch mindestens zwei von der Öffentlichkeit weniger beachtete Gründe sprachen für die Geschlossenheit der Regierung. Einerseits stärkten die knappen Mehrheitsverhältnisse die integrativen Tendenzen innerhalb der nichtkommunistischen Linken und der das Kabinett unterstützenden volksrepublikanischen Kreise. Andererseits bewirkte die Personalunion Mollets als Ministerpräsident und Parteichef der Section Française de l'Internationale Ouvrière (SFIO) eine parlamentarische Disziplinierung der sozialistischen Fraktion.

2 In seltener Eintracht reichte die Zustimmung von den Kommunisten über die Sozialisten und Radikalsozialisten bis hin zu den Volks- und Sozialrepublikanern. Die gemäßigten Rechten enthielten sich weitgehend der Stimme. Nur die Poujadisten kündigten eine prinzipielle Opposition an.

3 Journal Officiel de l'Assemblée Nationale (JOAN), 31.1.1956, S. 135.

Der Start der Regierung verlief alles andere als glücklich. Weder die Reise des Außenministers Christian Pineau nach Indien und Ägypten im März noch der vielbeachtete Besuch des Ministerpräsidenten in Moskau im Mai führten zu den von Paris gewünschten Ergebnissen. Sowohl die Vertreter der nichtpaktgebundenen Bewegung, Jawaharlal Nehru und Gamal Abd-el Nasser, als auch die sowjetischen Führer zeigten letztlich wenig Verständnis für die französischen Sorgen in Algerien. Insbesondere den aus Kairo mitgebrachten Beteuerungen, keine algerischen Aufständischen mehr in ägyptischen Lagern ausbilden zu wollen, begegnete man in der französischen Hauptstadt — anders als der Außenminister — mit Argwohn und Skepsis.

Aber auch die Angloamerikaner reagierten auf den Wunsch einer aktiveren französischen Rolle im Mittleren und Nahen Osten eher mit Zurückhaltung denn mit Zustimmung. Beunruhigt über mögliche Rückwirkungen zunehmender regionaler Spannungen wünschte der Quai d'Orsay in einem an Washington und London adressierten Memorandum eine zwischen ihnen gemeinsam abgestimmte Strategie. Mit dem Hinweis auf die Tripartite Declaration vom Mai 1950 hob Paris die kollektive Verantwortung für diese Region hervor. Dabei empfand die französische Diplomatie die Herausforderung zu diesem Zeitpunkt weniger als militärisch denn als ökonomisch und politisch. Sie warnte daher vor einer Ausdehnung des 1955 von Großbritannien gegründeten Bagdad-Paktes und votierte statt dessen für eine Intensivierung der Wirtschaftsförderung, die die arabischen Staaten, namentlich Ägypten, stärker an den Westen binde. Expressis verbis begrüßte man deshalb in der Denkschrift den in Aussicht gestellten Beitrag zur Finanzierung des Assuan-Staudammes[4].

Während die französischen Vorstellungen insbesondere im Foreign Office auf Skepsis und Ablehnung stießen[5], unterstützte Israel solche Intentionen. Überhaupt konzentrierte sich die Nahostpolitik der IV. Republik nach dem Auslaufen des Mandats über Syrien und den Libanon zunehmend auf den jüdischen Staat. Die Möglichkeit, über eine proisraelische Haltung erneuten Einfluß auf das Geschehen im östlichen Mittelmeer nehmen zu können, bewirkte tendenziell freundschaftliche französisch-israelische Beziehungen. Basierten sie zuerst namentlich auf den Ebenen der Wirtschaftshilfe und des Technologietransfers, so gewann der Rüstungsexport nach dem Beginn des Algerienkrieges zusehends an Bedeutung[6]. Mit der Aufrüstung der israelischen Armee hoffte Paris, einen Großteil des ägyptischen Militärpotentials binden und somit der Gefährdung seiner Positionen in Nordafrika durch die panarabische Politik Nassers entgegenwirken zu können. Diese intensive, aber eher stillschweigende Allianz wurde erst am Beginn der Suezintervention in ihrem gesamten Ausmaß evident.

In den noch verbleibenden Wochen bis zum 26. Juli war jedoch kaum zu erkennen, daß Frankreich binnen kurzer Zeit eine überaus aktive Rolle im Nahen Osten

4 DDF 1956, I, S. 41.
5 Le Monde, 29./30.1.1956, S. 3.
6 Israel erhielt am 26.10.1955 die Zusage für massive französische Waffenlieferungen. Ulfkotte, Interessenspezifische Nahostpolitik, S. 203.

spielen würde. Dennoch glaubten einige Kommentatoren im nachhinein, Anzeichen einer zukünftigen französischen Haltung in den Auswirkungen des Aufruhrs vom 6. Februar 1956 wahrgenommen zu haben. Mollet, der perspektivisch die »vollständige politische Gleichheit aller Bewohner Algeriens«[7] zum Ziel erklärt hatte, mußte an diesem Tag eine Kranzniederlegung in Algier überstürzt abbrechen, um sich vor der aufgebrachten europäischen Minderheit in Sicherheit zu bringen. Die Erstürmung seiner Residenz konnte nur unter großem Einsatz der Polizei verhindert werden.

Trotz des Fehlschlagens der Putschpläne — als solche qualifizierten spätere Untersuchungen die Ereignisse — bedeutete das Geschehen einen Sieg der Aktivisten. Der Ministerpräsident rückte peu à peu von seinen gerade formulierten Grundsätzen ab und gab den Drohungen der Rechten nach. Die umgehende Ersetzung des 79jährigen Generals Catroux durch den Sozialisten Robert Lacoste als Ministerresident und das Ausscheiden von Staatsminister Mendès-France aus dem Kabinett deuteten schon auf einen Richtungswechsel hin[8]. Die Forderungen der Algerien-Franzosen gingen aber weiter. Sie verlangten energische militärische Maßnahmen gegen die ausländische Unterstützung der algerischen Unabhängigkeitsbewegung und stimmten somit faktisch für eine Ausweitung des Algerienkonflikts auf Nordafrika. Einer ihrer Wortführer, der Pariser Rechtsanwalt Biaggi, forderte, quasi dem Suezkonflikt um Monate vorgreifend, die Entsendung der französischen Flotte nach Alexandria[9]. Längst wähnten sich diese Kreise — wegen Nassers verdeckter Hilfe für die FLN — im Krieg mit Ägypten.

In diese ohnehin angespannte innen- und außenpolitische Situation platzte am 26. Juli die Nachricht von der Nationalisierung der Suezkanalgesellschaft[10]. Die

7 JOAN, 31.1.1956, S. 135.

8 Mendès-France verließ am 23.5.1956 wegen unüberbrückbarer Meinungsverschiedenheiten mit dem Ministerpräsidenten die Regierung. Er kritisierte insbesondere die Konzeptionslosigkeit der Algerienpolitik und das allzu überstürzte Nachgeben gegenüber dem Druck der europäischen Siedler. Am folgenden Tag billigte seine Parlamentsfraktion diesen Schritt, empfahl aber den anderen radikalsozialistischen Regierungsvertretern den Verbleib im Kabinett.

9 Le Monde, 11.2.1956, S. 2.

10 Der Bau des Suezkanals ist eng mit der Historie der »Grande Nation« verbunden. Der französische Diplomat und Ingenieur Ferdinand Marie Vicomte de Lesseps erhielt im Jahre 1854 vom Khediven Mohammed Said eine vorläufige, 1856 die endgültige Konzession für den Durchstich der Landenge zwischen Mittelmeer und Rotem Meer. Die Arbeiten begannen 1859 und dauerten 10 Jahre. Zur Finanzierung dieses Unternehmens bildete Lesseps die Compagnie Universelle du Canal maritime de Suez mit einem Kapital von 200 Millionen Francs, aufgeteilt in 400 000 Aktien zu 500 Francs. Die III. Republik erwarb Aktien im Werte von 207 000 Francs, während der Khedive Aktien für 177 000 Francs in seiner Hand hielt. Wegen permanenter finanzieller Schwierigkeiten sah er sich im Jahre 1875 allerdings genötigt, seine Aktien an die britische Regierung zu verkaufen, die zudem 1882 das Königreich Ägypten militärisch besetzte. Spannungen zwischen Großbritannien als größtem Aktionär und Frankreich, das über eine dominierende Position im Verwaltungsrat verfügte, konnten im Jahre 1888 mit der Unterzeichnung der Konvention von Konstantinopel durch Großbritannien, Deutschland, Österreich-Ungarn, Spanien, Frankreich, Italien, den Niederlanden, Ruß-

gleichzeitig von Nasser angekündigte angemessene Entschädigung der Aktionäre sowie die Respektierung der freien Passage der immer noch wichtigsten Wasserstraße der Welt gingen erst einmal im Sturm der allgemeinen Empörung unter. Das Gros der Regierungsmitglieder und der nichtkommunistischen Oppositionspolitiker zeigte sich gleichermaßen überrascht und entsetzt, obschon in Kairo vereinzelt Andeutungen zu hören gewesen waren, daß Ägypten nicht zwangsläufig mit der Übernahme des Kanals bis 1968 — dem Jahr, in dem die Konzession auslief — abzuwarten brauche. Allenthalben wurde die Entscheidung Nassers aber als eine dreiste Herausforderung des Westens begriffen, die in mehrfacher Hinsicht die vitalen Ansprüche und Interessen Frankreichs berührte:

Erstens befanden sich etwa 52 % der Suez-Aktien in den Händen von ungefähr 100 000 privaten französischen Anlegern. Zudem hatte die Kanalgesellschaft, obwohl ein Unternehmen ägyptischen Rechts, ihren Verwaltungssitz schon immer in Paris gehabt, wie denn auch der Präsident der Gesellschaft und die Mehrheit der Verwaltungsräte Franzosen waren.

Zweitens gewann der Suezkanal, namentlich nach der Erschließung der Erdölvorkommen im Mittleren Osten, zunehmend strategische Bedeutung für die Energieversorgung Westeuropas. 1955 passierten immerhin 70 von 90 Millionen Tonnen der hier verbrauchten Ölprodukte den Kanal. Auch der sonstige Schiffsverkehr stieg, wenn auch wesentlich langsamer, stetig an. Nach der Handelsmarine Großbritanniens (33 %) und Norwegens (15 %) gehörten französische Schiffe mit 10 % zu den häufigsten Nutzern dieser vielbefahrenen künstlichen Wasserstraße[11].

Drittens hatte der ägyptische Präsident unmißverständlich seine Solidarität mit dem »heroisch kämpfenden Volk Algeriens« zum Ausdruck gebracht und damit seine bisher zumindest für die Öffentlichkeit bestimmte Zurückhaltung aufgegeben. Finanzielle Hilfe, die Förderung des Waffennachschubs und die Ausbildung von Kadern der FLN mußten eine Befriedung Algeriens aus französischer Sicht wesentlich erschweren. Überdies konnte der Hegemonialanspruch, den Nasser gegenüber der arabischen Welt geltend zu machen versuchte, auch andere nordafrikanische Regierungen destabilisieren, die wie der Sultan von Marokko, Muhammad Ben Jussuf, und der tunesische Ministerpräsident, Habib Bourguiba, nach der Erreichung ihrer staatlichen Unabhängigkeit wieder für eine engere Zusammenarbeit ihrer Länder mit Frankreich eintraten.

Und viertens fühlten sich die Franzosen als Opfer einer unberechenbaren amerikanischen Nahostpolitik, die für den Bau des Assuan-Staudammes erst die Gewährung finanzieller Mittel signalisierte und sie schließlich am 19. Juli definitiv verweigerte. Sollte Paris nun für Washington die Kosten tragen, lautete eine der besorgt gestellten Fragen.

land und der Türkei beigelegt werden. Die Vereinbarung garantierte die freie Durchfahrt für Kriegs- und Handelsschiffe im Frieden wie im Krieg. Dennoch wurde die Konvention in beiden Weltkriegen praktisch außer Kraft gesetzt. Auch Nasser verbot der israelischen Flotte sowie anderen Schiffen, die Waren für Israel oder Produkte israelischen Ursprungs transportierten, die Benutzung des Kanals.

11 Neue Zürcher Zeitung, 2.8.1956, B. 7.

Das Kabinett Mollet ließ deshalb von Anfang an keinen Zweifel aufkommen, daß es die einseitigen Handlungen Ägyptens nicht akzeptieren werde. Nach Abstimmung mit den politisch Verantwortlichen an der Themse sandte der Quai d'Orsay umgehend eine scharfe Protestnote an Nasser und ordnete das Einfrieren der ägyptischen Guthaben auf den französischen Banken an. Parallel zu diesen ersten Schritten setzten intensive diplomatische Konsultationen mit den Verbündeten ein, die zur Verabredung eines direkten Meinungsaustausches zwischen Frankreich, Großbritannien und den USA führten. Während der Außenminister umfassende öffentliche Erklärungen vor den Dreimächtegesprächen in London noch scheute, schlugen die Wellen der Empörung bei den Parteien und in den Parlamentsfraktionen hoch. Nüchternheit und Objektivität gehörten nicht zu den Merkmalen dieser Wortmeldungen. Der konservative Abgeordnete Paul Reynaud brandmarkte vor allem die vorgebliche Rechtsbeugung, wenn er formulierte: »Das ist keine Nationalisierung, sondern die Beschlagnahme des Vermögens anderer Leute!« Und die Volksrepublikaner Buron und Maurice Schumann warnten dezidiert vor den weitreichenden politischen Gefahren einer nachgiebigen Haltung gegenüber dem »ägyptischen Diktator«[12]. Angesichts dieser gereizten Stimmungslage wurde die am 28. Juli vorgesehene Debatte über die Abstimmung zusätzlicher Militärausgaben für den Algerienkrieg kurzerhand zu einer Aussprache über die einzuschlagende Suezpolitik umfunktioniert. Dabei wurde die Krise im Nahen Osten von den Abgeordneten mehrheitlich als überaus gefährlich und besorgniserregend charakterisiert. Um den außerordentlichen Ernst und die Dramatik der außenpolitischen Situation ins Bewußtsein zu rufen, verglich der ehemalige Generalgouverneur von Algerien, Jacques Soustelle, in einer vielbeachteten Rede die aktuelle Lage mit der Konstellation des Jahres 1936, als Adolf Hitler — entgegen den Bestimmungen des Vertrages von Locarno — das Rheinland besetzte. Mit der höchst fragwürdigen Gleichsetzung Nassers mit dem nationalsozialistischen Reichskanzler, die nicht nur von konservativen Kreisen in der Folgezeit bemüht wurde, beschwor er die Regierung, diese Vorgänge, die letztlich in den Zweiten Weltkrieg gemündet hatten, nicht aus dem Gedächtnis zu verlieren. Unter keinen Umständen könne man den Fait accompli eines Diktators akzeptieren und in einen erneuten »attentisme« verfallen[13]. Die Erinnerung an die unheilvolle Vergangenheit fand zwar allgemeine Zustimmung, verhinderte jedoch eine klare Analyse des Geschehens. In dieser emotional aufgeladenen Atmosphäre war das ägyptische Nationalisierungsdekret für zahlreiche Abgeordnete allemal Grund genug, um der Regierung weitere Gelder für den Krieg in Algerien zu bewilligen.

Die Erwartungen, die die französische Öffentlichkeit in die am 29. Juli beginnende Beratung zwischen dem britischen Außenminister Selwyn Lloyd, dem stellvertretenden amerikanischen Unterstaatssekretär Robert Murphy und Pineau setzte, brachte Le Monde in einem Leitartikel zum Ausdruck: »Wirtschaftliche Sanktionen«, meinte die Zeitung eher abfällig, »würden zwar ohne Zweifel die

12 Le Monde, 28.7.1956, S. 2.
13 JOAN, 28.7.1956, S. 3722.

ägyptische Regierung in Schwierigkeiten bringen, sie riskieren aber auch, daß das Fieber nicht nur in Ägypten, sondern darüber hinaus im ganzen Nahen Osten steigt«[14]. Dieser Aufforderung zur Einbeziehung einer militärischen Option in die Londoner Konsultationen widersprachen aber die Vereinigten Staaten, die — zumal im Präsidentschaftswahljahr 1956 — eine diplomatische Lösung des Konflikts favorisierten. Solange die Schiffahrt nicht gestört und Ausländer nicht bedroht würden, kam für Washington ein militärisches Eingreifen nicht in Frage.

Noch während die Verhandlungsdelegationen im Foreign Office tagten, nutzten die Abgeordneten im Palais Bourbon erneut die parlamentarische Bühne, um Außenminister Pineau den Rücken zu stärken und die Amerikaner an ihre Bündnistreue zu erinnern. »Unsere Alliierten müssen wissen, daß die atlantische Solidarität kein leeres Wort ist [...] und daß wir in diesen Tagen möglicherweise mit der Zukunft des Atlantischen Bündnisses spielen[15].« Um seinen unmißverständlichen Worten Nachdruck zu verleihen, forderte Robert Lecourt (MRP) die Nationalversammlung auf, die Haushaltsdebatte zu unterbrechen und in einer symbolischen Entscheidung den klaren und festen Willen der Parlamentarier zu bekunden, den Gewaltakt Nassers nicht zu akzeptieren. Der konservative Präsident des Verteidigungsausschusses, Pierre Montel, unterstützte den Antrag des Volksrepublikaners vorbehaltlos, während Pourtalet im Auftrag der kommunistischen Fraktion energisch, aber erfolglos protestierte. In namentlicher Abstimmung votierte die Assemblée Nationale für eine entschiedene und harte Politik gegenüber Ägypten[16]. Andere Verfassungsinstitutionen — wie die Versammlung der Französischen Union — handelten in ähnlichem Sinne. Der Unmut der Parlamentarier entzündete sich nun aber am offensichtlichen Unvermögen, in London schnell zu einer gemeinsamen Position des Westens zu finden. Leidenschaftlich kritisierte Reynaud das diplomatische Taktieren und Abwägen. »Seit sechs Tagen macht die westliche Welt [...] einen zögerlichen, schwachen, wenn nicht sogar ängstlichen Eindruck[17].« Erst nachdem Außenminister John Foster Dulles, dessen Anwesenheit Mollet in einer persönlichen Botschaft an Dwight D. Eisenhower ausdrücklich wünschte, die Leitung der amerikanischen Verhandlungsdelegation übernahm, ging die Konferenz zügiger voran.

Die dennoch unerwartete Dauer der Londoner Dreimächtegespräche über den 1. und 2. August hinweg verstärkte die Unruhe unter den Abgeordneten. Sie nutzten die Zeit zu weiteren Willenskundgebungen, wobei neben dem hartnäckigen Bestreben, dem ägyptischen Oberst eine heilsame Lektion erteilen zu wollen, auch neue Akzente in der Diskussion sichtbar wurden. So unterstrich der Präsident des Ausschusses für Auswärtige Angelegenheiten, Daniel Mayer, ausdrücklich, daß die Versammlung keineswegs als Anwalt privater Interessen fungiere[18]. Damit

14 Le Monde, 28.7.1956, S. 1.
15 JOAN, 31.7.1956, S. 3766.
16 Le Monde, 2.8.1956, S. 2.
17 JOAN, 1.8.1956, S. 3812.
18 Ebd., 2.8.1956, S. 3847.

war die anderenorts intensiv diskutierte Frage nach der Legitimität oder Unrechtmäßigkeit der Nationalisierung der Suezkanalgesellschaft angesprochen. Dabei ging es dem sozialistischen Parlamentarier offensichtlich nicht mehr um die Wiedereinsetzung des Unternehmens in seine alten Rechte. Vielmehr signalisierte er die Bereitschaft, die Nationalisierung unter der Voraussetzung einer angemessenen Entschädigung der Aktionäre zu akzeptieren. Vorrang hatte für ihn — wie für nahezu alle anderen Redner — die Sicherung der internationalen Kontrolle des Wasserweges. Für den ehemaligen Staatssekretär im Außenministerium, Schumann (MRP), war gerade angesichts der fortgesetzten Diskriminierung israelischer Schiffe die Freiheit der Kanaldurchfahrt entscheidend, da ansonsten eine Gefährdung des Weltfriedens drohe[19]. Schließlich äußerte der volksrepublikanische Abgeordnete Pierre de Chevigné erstmals den Gedanken — und antizipierte damit das Geschehen vom November 1956 —, im Falle eines weiteren amerikanischen Zögerns eine von den USA unabhängige französisch-britische Aktion ins Auge zu fassen[20]. Am Ende der Aussprache stand mit 422 zu 150 Stimmen die Annahme einer Resolution, die die Regierung zu entschiedensten Maßnahmen gegen Nassers Politik der vollendeten Tatsachen aufforderte[21]. Damit stellte das Parlament der Regierung quasi »une carte blanche« aus und räumte ihr in den kommenden Wochen, in denen die Versammlung nicht zusammentrat, weitestgehende Vollmachten für die Suezpolitik ein.

Von den Befürwortern dieser Resolution wurde das Ergebnis als eine eindrucksvolle Demonstration der nationalen Eintracht gefeiert. Mit dieser seltenen Einmütigkeit, die sich auch in der öffentlichen Meinung widerspiegelte, deutete sich zugleich eine Verschiebung der innenpolitischen Interessenlage an. Die Rechte, die dem von dem PCF mitgetragenen Kabinett Mollet zunächst großes Mißtrauen entgegengebracht hatte, erwies sich schon bei der Entsendung von Reservisten nach Algerien, vor allem aber in der anhaltenden Kanalkrise als eine wirksame Stütze der Regierungspolitik, der auch die Volksrepublikaner nun folgten. Dagegen rückten die Kommunisten, ohne ihren Traum von einer Aktionseinheit mit den Sozialisten gänzlich aufgeben zu wollen, immer deutlicher von der Außenpolitik der Minderheitsregierung ab.

Derweil hatte das Tauziehen um eine einheitliche Stellungnahme in der britischen Hauptstadt zu einem vorläufigen Ende geführt. Die drei Außenminister kamen überein, eine Konferenz der Signatarmächte der Konvention von Konstantinopel sowie anderer an der Benutzung des Kanals stark interessierter Mächte zum 16. August nach London einzuberufen[22]. Als Ziel benannten sie die Durchsetzung der Freiheit des Kanalverkehrs für alle Flaggen. Hierfür wurde die

19 Ebd., S. 3841.

20 Ebd., S. 3844.

21 Le Monde, 4.8.1956, S. 4.

22 An folgende 24 Staaten ergingen Einladungen: Ägypten, Äthiopien, Australien, Ceylon, Dänemark, Deutschland, Frankreich, Griechenland, Großbritannien, Indien, Indonesien, Iran, Italien, Japan, Neuseeland, Niederlande, Norwegen, Pakistan, Portugal, Schweden, Spanien, Türkei, UdSSR und USA.

Schaffung einer internationalen Kanalbehörde in Aussicht genommen, die mit der Festsetzung der Gebühren, der Leitung des Verkehrs sowie der Instandhaltung des Wasserweges betraut werden sollte. Überdies sollten ansehnliche Beträge aus dem Kanalgewinn Ägypten zufließen und die Aktionäre der alten Suezkanalgesellschaft eine angemessene Entschädigung erhalten. Damit hatten sich die USA vorerst in der Frage einer diplomatischen Lösung des Konflikts sowie der Einbeziehung Ägyptens und der Sowjetunion durchgesetzt. Die Westeuropäer konnten dagegen die Liste der Konferenzteilnehmer durch die Hinzufügung häufiger Kanalbenutzer, von denen sie eine Unterstützung ihrer Verhandlungspositionen erhofften, erweitern.

Auf die Frage, was geschehen solle, wenn Nasser auf die Vorschläge der Westmächte nicht eingehe, gab die Konferenz allerdings keine Antworten. Jedoch war es kein Geheimnis, daß man an der Seine und an der Themse für diesen Fall den Einsatz militärischer Mittel bevorzugte. Daher mobilisierten beide Staaten umgehend ihre Streitkräfte. Während die Vorbereitungen auf der Insel von der Öffentlichkeit aufmerksam registriert wurden, blieben die Maßnahmen im Hexagon bis auf die Alarmierung des Flottenverbandes im Mittelmeerhafen Toulon weitgehend geheim. Truppenbewegung sowie die Verladung von Waffen und Munition gehörten seit dem Beginn des Algerienkrieges sowieso zum militärischen Alltag.

Das Säbelrasseln fand seine verbale Fortsetzung, als Außenminister Pineau die Ergebnisse der Dreierverhandlungen im Parlament darlegte. Er beschuldigte Nasser des andauernden Wortbruchs, der jegliche Vertrauensbasis zerstört habe. Frankreich erkenne unter keinen Umständen das selbstherrliche Vorgehen Ägyptens an und fordere es auf, die getroffenen Maßnahmen zurückzunehmen. Sollte sich Nasser dem Willen der Konferenzteilnehmer jedoch nicht beugen, müsse Frankreich, schon mit Rücksicht auf Nordafrika, alle für einen Gegenschlag notwendigen Vorbereitungen treffen[23]. Damit schloß sich Pineau endgültig den Hardlinern in der Regierung an, die — wie die Minister für Algerien, Verteidigung und Justiz, Lacoste, Maurice Bourgès-Maunoury und Mitterrand — schon vor dem 26. Juli eine Politik der Mäßigung gegenüber Nasser verworfen hatten.

Auch wenn sich nach der parlamentarischen Session ein Großteil der Classe politique in die Sommerferien abmeldete, so kehrte in die Hauptstadt nicht die im August gewohnte Ruhe ein. Angespannt verfolgte man die rege Betriebsamkeit hinter den diplomatischen Kulissen. Obwohl in der Öffentlichkeit vor allem über die Staaten, die der Einladung zur Suezkonferenz folgen würden, spekuliert wurde, galt die größte Sorge der französischen Diplomaten der westlichen Bündnissolidarität. Die differierende Beurteilung der Krise, die für viele Amerikaner den Geist des europäischen Kolonialismus atmete, sowie die damit einhergehende Ablehnung militärischer Maßnahmen verbreiteten im Quai d'Orsay Unmut. Worüber dessen hohe Beamte nur ungern sprachen, kommentierte der namhafte Publizist Raymond Aron im »Figaro« sinngemäß: Die Vereinigten Staaten, die unter

23 JOAN, 3.8.1956, S. 3868 f.

Harry S. Truman eine führende Stellung in der Weltpolitik beansprucht hätten, nähmen unter Eisenhower eine provinzlerische Haltung ein und verfolgten nur die Ambition, die Rolle eines Vermittlers zu spielen[24].

Viel freundlicher bewertete man hingegen die Rolle Großbritanniens. Die aggressive Rhetorik, mit der Premiermister Anthony Eden die Suezkrise als eine Frage auf Leben und Tod für sein Land bezeichnete, fand in Paris großen Beifall[25]. Einige Zeitungen bemerkten denn auch in ihrem Kommentar, daß diese Ansprache ebensogut aus der Feder eines französischen Ministers stammen könnte. Übereinstimmung herrschte auch in der Beurteilung sowjetischen Verhaltens. Gemeinsam verwahrte man sich gegen Bemühungen, die Diskussion nicht nur auf den Kanal zu begrenzen, sondern auch auf andere internationale Wasserwege auszudehnen. Diese weitgehende Kongruenz der Interessen schien die Jahrzehnte währende französisch-britische Rivalität im Nahen Osten vergessen zu machen. Überschwenglich glaubten manche sogar, die Wiederherstellung der Entente cordiale in ihrem alten Glanz erblicken zu können.

Obgleich Ägypten alles unternahm, um einen reibungslosen Schiffsverkehr zu garantieren, und damit jeden Vorwand für eine aktive Intervention vermied, blieb die französische Haltung unnachgiebig. Ganz im Sinne der jüngst in der Nationalversammlung verabschiedeten Resolutionen legte der Ministerrat Pineaus Auftreten auf der Suezkonferenz fest[26]. Vor den übrigen 21 an den Verhandlungen teilnehmenden Delegationen wiederholte der Außenminister die bekannten harten Positionen. Er verneinte das Recht zur Verstaatlichung der Suezkanalgesellschaft, bezichtigte Nasser des fortgesetzten Vertragsbruchs und sprach ihm jedwede Vertrauenswürdigkeit ab. Daher müsse die Gemeinschaft die Wahrnehmung einer bloßen Überwachungsfunktion über den Kanal ablehnen und auf eine konsequente Internationalisierung drängen. Jeder Versuch, die Weisungen der aus Vertretern der wichtigsten interessierten Länder und Schiffahrtsnationen zusammenzusetzenden Organisation zu mißachten, sollte automatisch als Angriff im Sinne der Satzungen der Vereinten Nationen begriffen werden[27]. Auch wenn im Abschlußdokument[28], das auf Dulles' Vorschläge zurückging und mit der Erklärung der Westmächte vom 3. August korrespondierte, sich kein Hinweis auf konkrete Maßnahmen zur Durchsetzung dieser Beschlüsse fand, zeigte man sich in Paris mit dem Ergebnis nicht unzufrieden. Die Festschreibung einer internationalen Verwaltung und die Verhinderung einer geschlossenen afro-asiatischen Solidarisierungswelle mit dem ägyptischen Präsidenten[29] erachtete man als besonders wichtig.

24 Le Figaro, 8.8.1956, S. 3.

25 Le Monde, 10.8.1956, S. 1.

26 Auch: DDF 1956, II, S. 242 f. Zum Beraterkreis in London gehörten der Generalsekretär des Außenministeriums Louis Joxe, der französische Botschafter in Großbritannien Jean Chauvel sowie acht weitere Spezialisten des Quai d'Orsay.

27 Ebd., S. 255 ff.

28 Archiv der Gegenwart 1956, S. 5940 A, Abschnitt 7.

29 Die islamischen Staaten Iran, Pakistan und Türkei stimmten - wie 15 weitere Länder - dem Abschlußdokument zu, während neben der Sowjetunion Ceylon, Indien und Indonesien die Unterschrift verweigerten.

Gleichwohl wußte man an der Seine nur allzu gut, daß mit dem Mehrheitsentscheid von 18 Staaten die tatsächliche Situation in der Krisenzone unberührt blieb und Nasser kaum geneigt sein dürfte, den Beschlüssen zuzustimmen. Mithin setzte man nur wenige Hoffnungen in die Mission des australischen Ministerpräsidenten Robert Menzies, der an der Spitze eines Fünferkomitees in Kairo die Konferenzergebnisse überreichen und erläutern sollte. Möglichen Spekulationen, daß er das Terrain für zukünftige Verhandlungen sondieren könne, widersprachen zuständige französische Stellen dezidiert. Sie betonten wiederholt, daß der Emissär hierfür kein durch die Londoner Konferenz gedecktes Mandat besitze. Auch wenn sich diese Sorgen letztlich als grundlos erwiesen, sah sich Paris allemal in der Befürchtung bestätigt, daß Nasser die Gespräche nutzen werde, um die Affäre in die Länge zu ziehen und deren Dynamik zu bremsen. Schon vor Antritt der Reise Menzies' hatte der den Radikalsozialisten angehörende Staatssekretär im Quai d'Orsay, Maurice Faure, in einer mehr für das Ausland bestimmten Rede gewarnt, daß »Frankreich sich nicht in einen Sumpf von endlosen Verhandlungen hineinziehen lasse«[30].

Zur Fundierung dieser Position genehmigte die britische Regierung die zeitweise Verlegung französischer Truppen aus Algerien auf die zum britischen Empire gehörende Insel Zypern[31]. Von diesen Stützpunkten aus konnten die Verbände alle strategisch wichtigen Punkte der Region in Kürze erreichen. Immer häufiger stellte man sich bei den Verbündeten und Kontrahenten Frankreichs besorgt die Frage, ob es sich bei den getroffenen Maßnahmen nur um eine Demonstration der Macht oder schon um den Vorboten einer Intervention handelt. In Anbetracht des hohen Einsatzes von Geld und Prestige neigten zunehmend mehr Beobachter zu letzterem.

Nach einem einwöchigen Aufenthalt am Nil gestand Menzies — wie in Paris erwartet — das Scheitern seines Engagements ein. Die umgehenden Konsultationen, die Mollet und Pineau daraufhin mit Eden und Selwyn Lloyd in der Downing Street und im Foreign Office aufnahmen, konnten die Uneinigkeit des Westens, wie auf die Absage Nassers zu reagieren sei, nur unzulänglich kaschieren. In Kenntnis des jüngst von Eisenhower wiederholten Gewaltverzichts[32], der zweifelhaften Unterstützung durch zahlreiche Commonwealthländer sowie heftiger innenpolitischer Attacken der Labour Party schreckte der britische Premier vor dem Ausspielen der militärischen Karte noch zurück. Sarkastisch kommentierte der sozialistische »Populaire« dann auch die Ergebnislosigkeit dieses Besuchs. Der wichtigste und wirksamste Beschluß im Konflikt mit Nasser sei die Ankündigung der Suezkanalgesellschaft zum Abzug ihres Personals aus Ägypten[33]. Ihr Präsident, der Franzose Jacques Georges-Picot, kritisierte seit geraumer Zeit schon

30 Neue Zürcher Zeitung, 1.9.1956, B. 1.

31 Archiv der Gegenwart 1956, S. 5940 A, Abschnitt 15.

32 Statement by the President of the Significance of the London Conference, 29.8.1956, in: Documents on American Foreign Relations, S. 307.

33 Le Populaire, 12.9.1956.

die ungenügende Verteidigung der Interessen seiner Gesellschaft und forderte die Regierungen zum entschlosseneren Handeln auf. Mit dem Rückruf der Lotsen zog er nun eine neue Waffe hervor[34]. Welche Konsequenzen diese Entscheidung zeitigen würde, stand noch nicht fest. Würde der Kanalbetrieb zusammenbrechen und damit der Vorwand für eine Intervention aus französischer Sicht gegeben sein, oder könnte Nasser, der in Vorahnung dieser Maßnahme bereits mit der Anwerbung von Lotsen in aller Welt begann, die beabsichtigte Desorganisation des Verkehrs vermeiden?

In dieser kritischen Situation wartete Dulles abermals mit einem Projekt zur Deeskalation der Lage auf. Er unterbreitete den Vorschlag, eine Kanalnutzervereinigung zu gründen, die die Abwicklung des Verkehrs sowie die Erhebung der Durchfahrtsgebühren übernehmen sollte. Diesem Plan lagen mindestens zwei Überlegungen zugrunde. Zum einen wollte der Chef des State Department die Verbündeten von einer Militäraktion abhalten, zum anderen beabsichtigte er, die heterogene Gruppe der Kanalhauptbenutzer zusammenzuhalten, um Nasser weiter in die diplomatische Defensive zu treiben. Mangels eigener, die Partner überzeugender Alternativen schloß sich Mollet der amerikanischen Initiative begeisterungslos an. Diese halbherzige Zustimmung blieb aber selbst im Kabinett nicht unwidersprochen. Lacoste mahnte eindringlich, alle Diskussion über ein neues Statut für Algerien seien überflüssig und aussichtslos, solange Nasser im Suezkonflikt den Westmächten die Stirn biete. Frankreich könne schon wegen der Rückwirkungen in Nordafrika die Machtprobe nicht übermäßig ausdehnen[35]. Auch Vertreter der Unabhängigen und des MRP wurden beim Ministerpräsidenten vorstellig und wiesen auf ihre Sorgen hin, daß militärische Bereitschaftsmaßnahmen in langwierigen diplomatischen Besprechungen ihren Wert verlören. Ins gleiche Horn stieß auch Le Monde. In einem Artikel mit der Überschrift »Niemand kann den Kanal benutzen, wenn er nicht die beiden Ufer beherrscht« gelangte der Autor zu der Quintessenz, »daß die Bildung der Vereinigung der Benutzerstaaten nur den Sinn haben könne, auf die Benutzung [...] zu verzichten«[36].

Im Verlauf der zweiten Suezkonferenz, an der die 18 Staaten teilnahmen, die die Erklärung auf der ersten Beratung unterzeichnet hatten, sah sich die französische Verhandlungsdelegation in ihren Befürchtungen bestätigt. Die von Washington gewünschte Geschlossenheit der Benutzergruppe mußte mit beträchtlichen Konzessionen erkauft werden, die Pineau als viel zu weitgehend empfand[37]. Entsprechend verstimmt reagierte er beim Abschluß der Konferenz. In ungewöhnlich offenen Worten erklärte der Außenminister am 21. September, daß der ursprüngliche Text so stark abgeschwächt sei, daß es eines sorgfältigen Studiums bedürfe, bevor seine Regierung zu ihm Stellung nehmen könne[38]. Insbesondere

34 Die Suezkanalgesellschaft beschäftigte vor dem 26.7.1956 205 Lotsen: 61 Briten, 53 Franzosen, 40 Ägypter, 14 Niederländer, 12 Griechen, 11 Norweger, 3 Dänen, 2 Italiener, 2 Nordamerikaner, 2 Belgier, 2 Schweden, 1 Spanier, 1 Jugoslawen und 1 Polen.

35 Le Monde, 20.9.1956, S. 1.

36 Ebd., 14.9.1956, S. 1 f.

37 Ebd., 23./24.9.1956, S. 2.

38 DDF 1956, II, S. 432.

bemängelte er die ungenügende formelle Verpflichtung für die Mitgliedsstaaten der Benutzergesellschaft. Hinter dieser Kritik verbarg sich der Vorwurf an den italienischen Amtskollegen Gaetano Martino, der für sein Land das Recht in Anspruch nahm, die Transitgebühren auch weiterhin an die ägyptischen Behörden zu entrichten. Vier Tage später, in einer Sitzung des Außenpolitischen Ausschusses der Nationalversammlung, in der Pineau über die Londoner Konferenz Bericht erstattete, steigerte er seine Anschuldigungen noch, indem er ausführte, daß Italien mit der Überweisung der Gelder an Ägypten die Benutzergesellschaft entwerte und damit für das inhaltliche Scheitern der Konferenz die Verantwortung trage[39].

Auch wenn diese Vorhaltungen weit übertrieben waren, warfen sie doch ein bezeichnendes Licht auf den Dissenz im westlichen Bündnis. Die von den USA und kleineren Partnern bevorzugte Entdramatisierung des Streitfalls, also die Verschiebung des Konflikts auf die Ebene langwieriger Verhandlungen und technisch-organisatorischer Anstrengungen, war der eigentliche Stein des Anstoßes. In dieser Bewertung stimmte die Opposition mit dem Außenminister überein. Schumann (MRP) forderte die Regierung allerdings auf, sich konsequenter aus der Verstrickung des Netzes diplomatischer Gespräche zu lösen und entschiedener die Handlungsfreiheit wieder zu suchen[40]. Trotz dieser spürbaren Unzufriedenheit, die auch unter den Sozialrepublikanern und Radikalsozialisten zu bemerken war, entwickelte keine politische Kraft im Kabinett oder in der Opposition das ernsthafte Bestreben, die Sozialisten wegen Erfolglosigkeit aus der Regierungsverantwortung zu drängen. Überlegungen, das Parlament wegen der anhaltenden Kanalkrise früher einzuberufen, erwiesen sich als kurzzeitige Spekulationen.

Um das französisch-britische Zusammenwirken nicht zu gefährden und das Prinzip der internationalen Kontrolle und Verwaltung des Kanals zu bekräftigen, stimmte der Ministerrat — wohl wissend um die geringen Erfolgsaussichten des Projektes — schließlich dem Beitritt zur Nutzervereinigung (Suez Canal Users' Association, SCUA) zu[41]. Gleichzeitig rief die Regierung in einer mit London abgestimmten Aktion den Sicherheitsrat der Vereinten Nationen an[42]. Die Einschaltung der UNO stellte eine gewisse Modifizierung in der bisherigen Haltung dar, da Frankreich spätestens seit der Verurteilung seiner Algerienpolitik durch die Generalversammlung diese Einrichtung nicht sonderlich schätzte. Aber schon anläßlich der ersten Suezkonferenz hatte der Quai d'Orsay durch seine Beamten die Inanspruchnahme der konfliktbereinigenden Mechanismen der Weltorganisation prüfen lassen. In ihren Papieren wiesen die Experten warnend auf einen möglichen Mißbrauch des Forums für die ägyptische Propaganda, die Wahrscheinlichkeit eines sowjetischen Vetos im Sicherheitsrat und die allgemein beklag-

39 Le Monde, 26.9.1956, S. 2.
40 Ebd., 22.9.1956, S. 1.
41 Ebd., 23./24.9.1956, S. 2.
42 DDF 1956, II, S. 435.

te Schwerfälligkeit des Apparates hin. Da ein Auftritt in New York somit wenig erfolgversprechend erschien, zudem Ägypten einen gleichgerichteten Schritt, der eine französische Reaktion verlangt hätte, offensichtlich nicht plante, verwarf man im Außenministerium vorerst solche Überlegungen. Daß Paris trotz der nach wie vor gewichtigen Bedenken dennoch am 23. September die Vermittlung der Vereinten Nationen suchte, lag vor allem in den unbefriedigenden Ergebnissen der zweiten Suezkonferenz begründet. An der Seine war man zu dem Entschluß gelangt, daß unter Ausschöpfung aller diplomatischen Möglichkeiten einer Reduzierung des Konflikts auf eine technische Problemlösung und damit einer Verwässerung essentieller französischer Forderungen dezidierter begegnet werden müsse. Überdies glaubten politische Kreise, den vermißten Beistand der Vereinigten Staaten wenigstens im Glaspalast am East River erzwingen zu können.

Nachdem der französisch-britische Antrag auf die Agenda des von Frankreich präsidierten Sicherheitsrates plaziert worden war, zeichnete sich rasch ab, daß substantielle Fortschritte nur in direkten Gesprächen der Streitparteien unter Vermittlung des UNO-Generalsekretärs Dag Hammarskjöld zu erreichen waren. In den vom 9. bis zum 12. Oktober andauernden Verhandlungen konnten sich Pineau, Selwyn Lloyd und der ägyptische Außenminister Mahmoud Fawzi auf sechs Grundsätze verständigen, die als Basis künftiger Regelungen anerkannt wurden[43]. Die Hoffnungen, damit einen wichtigen Schritt in Richtung einer Konfliktlösung getan zu haben, trogen indes. Die Resolution blieb ein Fragment, da über die wichtigen interpretierenden Richtlinien zur Durchsetzung dieser sechs Prinzipien keine Einigung erzielt werden konnte. Im zweiten Teil der Entschließung wiesen Paris und London auf die Vereinbarkeit der ausgehandelten Grundsätze mit den Beschlüssen der Kanalnutzervereinigung hin und forderten Kairo auf, eigene Vorschläge zu unterbreiten, die ebenso wirksame Sicherheiten wie die von den 18 Mächten vorgeschlagenen Garantien bieten würden.

Jeden Hinweis auf die Suezkonferenzen, so mutmaßte man an der Seine nicht zu unrecht, würde die Sowjetunion mit ihrem Veto verhindern. So kam die sowjetische und jugoslawische Ablehnung im Sicherheitsrat nicht überraschend. Für die französische Diplomatie blieb entscheidend, daß sich eine deutliche Ratsmehrheit von 9 gegen 2 Mitglieder für den Weg der 18 Staaten und damit für die Forderung nach einer internationalen Garantie aussprach. Damit sollten die dehnbaren sechs Grundsätze in künftigen Verhandlungen eine Auslegung und Orientierung im Sinne der Londoner Konferenzen erfahren. Im übrigen konnte man im Falle des Mißlingens der Bemühungen um eine friedliche Beilegung des Konflikts auf das Veto und die Verantwortung Moskaus hinweisen. Dieses von Tak-

43 Die Prinzipien beinhalten: 1. Uneingeschränkte Transitrechte für Schiffe aller Nationen; 2. Respektierung der Souveränität Ägyptens; 3. Isolierung der Kanaloperationen von der Politik eines jeden Landes; 4. Absprachen zwischen Ägypten und den Kanalnutzern zur Festsetzung der Gebühren; 5. Kennzeichnung angemessener Gebührenanteile für Instandhaltungs- und Erweiterungsprojekte; 6. Schiedsgerichtliche Regelung fortbestehender Streitpunkte zwischen der ägyptischen Regierung und der Suezkanalgesellschaft. DDF 1956, II, S. 569 f.

tik geprägte Verhalten erfolgte auch mit dem Blick auf die innenpolitische Absicherung des Kurses.

Nach der Sommerpause verspürten die Volksvertreter allerdings nur eine geringe Neigung, zu aktuellen Fragen der auswärtigen Politik Stellung zu nehmen. Immerhin ließen sie sich mit der Eröffnung der Debatte über die nahöstliche Krisenregion bis zum 16. Oktober Zeit. Die letzten Wochen vermittelten auch bei den Parlamentariern den Eindruck, als ob die internationale Gemeinschaft Nassers Politik des Fait accompli nach und nach akzeptiere. Entsprechend enttäuscht und verbittert reagierten sie denn auch. Stimmten die Volksvertreter in der Ablehnung von Nassers Enteignungsmaßnahmen nach wie vor überein, so schieden sich die Geister inzwischen in der Beurteilung einer darauf angemessenen Reaktion. Insonderheit die konservativen Abgeordneten warfen dem Ministerpräsidenten und dem Außenminister ein zu lasches Vorgehen vor. Statt die einmütige Unterstützung der Nationalversammlung von Anfang August für einen zeitlich begrenzten, aber eindrucksvollen Militärschlag zu nutzen, habe man in London und New York monatelang erfolglos verhandelt. Jean Legendre verurteilte die gouvernementale Haltung als »eine diplomatische Kreuzigung [...]. Unsere Schwäche grenzt an eine Kapitulation«[44]. Auf den unübersehbaren Widerspruch zwischen den von der Regierung groß angekündigten energischen Maßnahmen und ihren offensichtlich begrenzten Mitteln und Möglichkeiten wies Reynaud hin[45]. Und Marie-Pierre Koenig faßte seine Besorgnis über die regionalen Wirkungen der fehlgeschlagenen Politik in die Worte: »Vor Nasser haben wir das Gesicht verloren mit all den Konsequenzen, die das für Nordafrika bedeutet[46].«

Die Sozialisten und Volksrepublikaner zeigten sich gleichfalls unzufrieden über die bis dato erzielten Verhandlungsergebnisse. Allerdings attestierten sie der Regierung ein situationsgerechtes Bemühen. Schließlich habe sie die verschiedensten diplomatischen Möglichkeiten ausloten und alle Möglichkeiten für eine friedliche Lösung des Konflikts ausschöpfen müssen. Dies sei letztlich nur in Konsultationen mit den Verbündeten und im Dialog zwischen den Streitparteien möglich.

In der Debatte gewann der Sprecher der Volksrepublikaner, Schumann, der komplizierten Lage insofern etwas Gutes ab, als daß Frankreich nunmehr wisse, auf wen es sich in der Stunde der Gefahr verlassen könne. Den USA könne man jedenfalls nicht vertrauen. »Amerika hat uns nicht konsultiert, als es plötzlich entschieden hat, die für die Finanzierung des Assuandammes notwendigen Kredite zu verweigern, und so die Krise auslöste, deren Auswirkungen jetzt auf uns zurückfallen. [...] Im Gegenteil, alles das geschieht, als wäre das Gegenteil wahr, als wären wir in die [amerikanischen] Beratungen, Bedenken, Widersprüche und Zurückhaltungen eingebunden, während für uns Wesentliches zur Debatte steht.« Glaubwürdige Positionen nähmen hingegen lediglich Großbritannien und Israel

44 JOAN, 16.10.1956, S. 4130 f.
45 Ebd., S. 4133 f.
46 Ebd., S. 4149.

ein. Ihnen gebühre die Aufmerksamkeit bei der Lösung des Konflikts. Am Ende seiner Ausführungen warnte Schumann den Quai d'Orsay eindringlichst: Das Abstimmungsverhalten seiner Fraktion hänge davon ab, ob die Regierung »sich dafür einsetzt, Frankreich aus diesem Teufelskreis wiederholter Nichtachtung herauszureißen«, denn »im Interesse der freien Welt gilt es, diesen Zustand zu überwinden, sowohl um die Ehre als auch den Frieden zu retten. Dies kann nur von Frankreich ausgehen, muß von Frankreich ausgehen[47].«

Diese deutliche Stellungnahme nötigte Außenminister Pineau zu einer umgehenden und direkten Reaktion. Das Kabinett sei im Verlaufe des Sommers um einige Illusionen ärmer geworden, habe aber nicht seinen festen Willen zum entschlossenen Handeln eingebüßt. Für ihr Engagement benötige die Regierung aber weiterhin das größtmögliche Vertrauen und die umfassende Unterstützung des Parlaments. »Wenn wir Ihr Vertrauen besitzen, werden wir unsere Resolution bis zum letzten Buchstaben erfüllen[48].«

Pineau wußte sehr wohl, daß zu jenem Zeitpunkt hinter diesen Worten keine inhaltslosen Drohungen mehr standen. Die konspirativen Vorbereitungen, Nasser doch noch eine militärische Abfuhr beizubringen, waren weit vorangeschritten. Erste französische Bemühungen um eine entsprechende Zusammenarbeit mit Großbritannien datierten aus den Tagen vor der ersten Suezkonferenz. Während die Diplomaten in London und New York um eine Verhandlungslösung rangen, nahmen die militärischen Planungen, die unter dem Kodenamen »Mousquetaire« liefen, zunehmend präzisere Konturen an. Allerdings erwiesen sich die Abstimmungen zwischen den militärischen Stäben sowie die Schaffung geeigneter politischer Voraussetzungen für einen »coup de force« erheblich komplizierter als ursprünglich angenommen, so daß der Angriffstermin mehrmals verschoben werden mußte. Frankreich, fest entschlossen, sein militärisches Potential notfalls auch ohne Großbritannien einzusetzen, ergriff schließlich die Initiative, um auch Israel in das Komplott mit einzubeziehen. Seit dem 1. September fanden zahlreiche Koordinationstreffen in Paris und Tel Aviv statt. Letztlich konnten die französischen Gesprächspartner den zögernden britischen Premier von der Zweckmäßigkeit einer Einbindung der israelischen Armee überzeugen. Am 14. Oktober stellte der stellvertretende Stabschef der französischen Luftwaffe, General Maurice Challé, Eden die Grundzüge der militärischen Planungen vor. Nach diesem Entwurf sollte Israel zu einem Angriff auf Ägypten ermutigt werden, um unter dem Vorwand der Kanalsicherung dann ein französisch-britisches Eingreifen zu ermöglichen und zu rechtfertigen. Allerdings machten die Israelis ihre militärischen Vorleistungen von dem Versprechen der Westeuropäer abhängig, die ägyptische Luftwaffe auszuschalten.

Die definitive Entscheidung über die Intervention und ihren Termin fiel bei einem Treffen, das seit dem 22. Oktober den israelischen Ministerpräsidenten David Ben Gurion, dessen Sekretär Shimon Peres und den Generalstabchef Moshe

47 Ebd., S. 4145 ff.
48 Ebd., S. 4154.

Dayan sowie Mollet, Bourgès-Maunoury und Pineau in Sèvres zusammenführte. Der britische Außenminister Lloyd reiste inkognito an. Begleitet wurden diese vertraulichen Gespräche durch eine weitere Eskalation des Geschehens in der Krisenregion. Die französische Marine brachte zuerst ein mit Waffen und Munition beladenes und für die algerischen Aufständischen bestimmtes Schiff auf, dann zwang der Geheimdienst ein Flugzeug mit fünf Führern der FLN an Bord auf dem Weg von Rabat nach Tunis zur Landung in Algier[49]. Diente die Beschlagnahme der »Athos« als erneuter Beleg für die Einmischung Nassers in die inneren Angelegenheiten Frankreichs, so mußte die erst im nachhinein von Mollet sanktionierte Entführung und Inhaftierung von Ben Bella und seinen Gefährten die gleichfalls geheimen Anstrengungen um einen Verhandlungsfrieden in Algerien in weite Ferne rücken. Beide Ereignisse veranlaßten die Gastgeber, sich noch intensiver um eine Überwindung der britisch-israelischen Differenzen zu bemühen. Nach intensiver französischer Vermittlung konnten sich die Anwesenden am 24. Oktober endgültig auf die Bedingungen des kriegerischen Angriffs verständigen[50]. Dabei wurde auf allen Seiten strengste Geheimhaltung gewahrt. Weder das Foreign Office noch der Quai d'Orsay waren über diese mehrwöchigen Kontakte informiert. Der Zirkel der Eingeweihten umfaßte nur wenige Personen. Insiderkenntnisse besaßen auf französischer Seite lediglich Mollet und sein Kabinettschef Emil Noel, Verteidigungsminister Bourgès-Maunoury sowie sein Kabinettsdirektor Abel Thomas, Staatssekretär Max Lejeune sowie Pineau[51]. Neben den führenden Militärs war natürlich auch der Präsident der Republik, René Coty, informiert.

Gemäß dem vereinbarten Szenario griff die israelische Armee am 29. Oktober die ägyptischen Truppen auf der Sinaihalbinsel an. Das anglo-französische Ultimatum[52] vom folgenden Tag, dessen Ablehnung durch Kairo infolge der besonders demütigenden und unzumutbaren Forderung, sich westlich vom Suezkanal zurückzuziehen, einkalkuliert worden war, bot den beiden europäischen Mächten nun den lang gesuchten Anlaß zum militärischen Eingreifen. Noch am 30. August, kurz nach seiner Rückkehr aus London, trat der Ministerpräsident in den späten Abendstunden vor die Abgeordneten, um das Ultimatum und seine Konsequenzen zu erläutern[53]. In einer Atmosphäre, in der sich der monatelang angestaute Groll gegen den ägyptischen Präsidenten in einer regelrechten Kriegspsychose entlud, ließen die Worte Mollets nur eine Interpretation zu: »C'est la guerre à l'Egypte.« Um den Wunsch des Regierungschefs nach einer parlamentarischen Abstimmung zu erfüllen, kündigte der Präsident der Assemblée Nationale die Einberufung einer erneuten Sitzung kurz nach Mitternacht an.

Bevor die Abgeordneten sich erneut versammelten, traten die Fraktionen zu gesonderten Beratungen zusammen. Während in der linken und rechten Oppo-

49 Le Monde, 24.10.1956, S. 1 ff.
50 Carlton, Britain, S. 56 ff.
51 Cointet, Guy Mollet, S. 134.
52 Archiv der Gegenwart 1956, S. 6072 A, Abschnitt 13.
53 JOAN, 30.8.1956, S. 4421 f.

sition die Meinungsbildung weitgehend konfliktlos verlief, gab es in den Reihen der stärksten Regierungspartei erstaunliche Dissonanzen. Eine Gruppe von 14 Sozialisten, zu der mit Daniel Mayer, Vorsitzender des Außenpolitischen Ausschusses der Nationalversammlung, nicht nur Hinterbänkler gehörten, polemisierte gegen eine gewaltsame Option. Sie vermißten eine ausreichende juristische Legitimation für eine Intervention. Zudem befürchteten sie nicht zu unrecht eine Desavouierung vor der Weltöffentlichkeit. Als Minderheit wurden sie jedoch innerhalb der Fraktion überstimmt, und im Plenum beugten sie sich letztlich der Fraktionsdisziplin.

Für den Wortführer der kleinen Fraktion der Progressisten, Pierre Cot, genügten diese und ähnliche Argumente, um in einer leidenschaftlichen Rede seine Verweigerungshaltung zu begründen. Eindringlichst warnte er vor einem kriegerischen Abenteuer, das im Widerspruch zum geltenden Völkerrecht stehe. Niemand — so ließen sich seine durch zahlreiche Zwischenrufe häufig unterbrochenen Ausführungen zusammenfassen — habe Frankreich ein Mandat erteilt, in Ägypten für Ordnung zu sorgen. Es könne sich auf keinen Vertrag und auf kein Dokument berufen. Es schlittere in einen Krieg[54].

Trotz dieser Einwände stand jederzeit außer Zweifel, daß der auf eine Unterstützung der Regierungspolitik orientierende Antrag der sozialistischen Fraktion eine breite Zustimmung finden würde. Schließlich entschieden sich 368 Abgeordnete dafür, 182 stimmten dagegen[55]. Verglichen mit dem Votum vom 2. August schmolz die nach wie vor ansehnliche Mehrheit um 54 Parlamentarier. Diese Volksvertreter interpretierten die seinerzeit im Resolutionsentwurf von ihnen gebilligten »entschiedensten Maßnahmen« nicht als einen Freibrief, drei Monate nach der Nationalisierung des Suezkanals noch eine koloniale Strafexpedition zu starten. Vor allem das Gros der Poujadisten verweigerte nunmehr — gemeinsam mit den Kommunisten — dem Kabinett Mollet die außenpolitische Gefolgschaft. Skepsis bestimmte auch die Haltung von 11 Radikalsozialisten, die, gruppiert um den ehemaligen Staatsminister Mendès-France, sich der Stimme enthielten. Aber gleich wie das Votum im einzelnen auch ausfiel, längst gingen die Ereignisse in der Krisenregion und am Sitz der Vereinten Nationen über die parlamentarischen Entscheidungen in Frankreich hinweg.

Während die beiden größten Kolonialmächte ihr direktes militärisches Eingreifen am 31. Oktober durch ausgedehnte Bombardements gegen ägyptische Luftwaffenstützpunkte einleiteten, entstand auf dem New Yorker Parkett eine ungewohnte politische Konstellation. Trotz der blutigen Niederschlagung des ungarischen Volksaufstandes durch die Panzer der sowjetischen Streitkräfte protestierten die USA, die sich vom geheimen Einvernehmen ihrer europäischen Verbündeten hintergangen fühlten, gemeinsam mit der Sowjetunion gegen die Intervention in Ägypten. Konnten Frankreich und Großbritannien die Annahme der vom amerikanischen UNO-Chefdelegierten Henry Cabot Lodge in den Sicher-

54 Ebd., 31.10.1956, S. 4438 ff.
55 Le Monde, 1.11.1956, S. 5.

heitsrat eingebrachten Resolution, in der in scharfen Worten eine sofortige Beendigung der Kampfhandlungen und der umgehende Truppenrückzug gefordert wurden, noch mit ihrem Veto verhindern[56], so mußten sie die Einberufung einer diesem Konflikt gewidmeten Sondersitzung der Generalversammlung mißmutig mit ansehen[57]. Der französischen Diplomatie fehlten die überzeugenden Argumente, um der wachsenden Entfremdung von der Weltgemeinschaft wirkungsvoll begegnen zu können. Vergeblich versuchte ihr UNO-Vertreter de Guiringaud für die Nahostpolitik seines Landes zu werben. Sein Hinweis, daß die Republik angesichts der Ohnmacht der Vereinten Nationen zum machtvollen Handeln gezwungen worden sei, konnte die Delegierten nicht überzeugen. Den Angreifern hielten lediglich noch die Commonwealthländer Neuseeland und Australien die Treue. Die anderen Staaten enthielten sich der Stimme oder folgten der Argumentation des schwerkranken Dulles, der die sofortige Feuereinstellung sowie die baldige Wiederinbetriebnahme des Suezkanals verlangte. Angesichts der ernüchternden Abstimmungsergebnisse nahm Paris den unmittelbar nach Sitzungsschluß vom kanadischen Außenminister Lester Pearson unterbreiteten Vorschlag über die Entsendung von UNO-Truppen zur Sicherung der Wasserstraße und zur Trennung der Konfliktparteien dankbar auf.

An der Seine spekulierte man mit dem Gedanken einer Ergänzung der eigenen Militäroperation durch ein Engagement multilateraler UNO-Kontingente. Möglicherweise ließe sich auf diesem Wege doch noch der Kanal aus Nassers Hand schlagen. Dieses Wunschdenken widerspiegelten zumindest die gleichlautenden Bedingungen, die Paris und London an die Beendigung der Luftangriffe knüpften. Priorität hatte dabei der von Kairo und Tel Aviv zu akzeptierende Verbleib französischer und britischer Streitkräfte bis zum Eintreffen der UNO-Truppen[58]. Da Israel aber jeden Waffenstillstand grundsätzlich ablehnte, konnten die Oberkommandierenden, General Sir Charles Keightley und Vizeadmiral Pierre Barjot, die Weiterführung der Intervention befehlen. Am 5. November landeten alliierte Fallschirmjäger in der Kanalzone. Um das Terrain für die Ankunft der Hauptstreitmacht vorzubereiten, besetzten die Briten Port Said sowie den fünf Meilen entfernt gelegenen Flugplatz Gamal, während sich annähernd 1000 französische Soldaten in Port Fuad am Ostufer des Kanals festsetzten und strategisch wichtige Brücken und ein Wasserwerk einnahmen. Weitere Einheiten, vor allem Panzer, wurden durch Landungsboote westlich von Port Said und östlich von Port Fuad an Land gesetzt.

Mit der fortgesetzten Eroberung hatten die Verantwortlichen an der Seine und an der Themse den Bogen jedoch überspannt. Ihr ignorantes Verhalten gegenüber den Beschlüssen der Vereinten Nationen rief erneut die Supermächte auf den Plan. Noch am selben Abend wurde Mollet eine persönliche Note vom Ministerpräsidenten der UdSSR übergeben, in der Nikolai Bulganin unter Hinweis auf

56 Documents on American Foreign Relations, S. 344 ff.
57 DDF 1956, III, S. 130 ff.
58 Le Monde, 6.11.1956, S. 4.

das Arsenal modernster sowjetischer Raketentechnik ultimativ das unverzügliche Ende der Aggression forderte[59]. Die daraufhin eilends ins Hôtel Matignon bestellten Minister Pineau und Bourgès-Maunoury sowie der Leiter der Informationsabteilung, Staatssekretär Gérard Jaquet (SFIO), bewerteten die Botschaft zwar als eine sehr ernste Drohung, wünschten aber die Besetzung des Suezkanals zum Abschluß zu bringen[60]. Jedoch verdichteten sich bald darauf Meldungen, nach denen der britische Premier, nicht zuletzt unter dem Eindruck ausbleibender amerikanischer Unterstützung für das ins Trudeln geratene Pfund Sterling[61], der Aufforderung zum Waffenstillstand zustimmen werde. Von Eden im Stich gelassen, wie nicht wenige Zeitzeugen ihr Gefühl beschrieben[62], fehlte Frankreich natürlich die Kraft, allein gegen den Strom der internationalen Meinung zu schwimmen. Wider Willen schloß sich Paris der britischen Entscheidung an und gab die Feuereinstellung bekannt.

Die Nachricht von der plötzlichen Wende im nahöstlichen Geschehen traf die Franzosen weitgehend unvorbereitet. Ihre Stimmung reichte mehrheitlich von Ernüchterung und Enttäuschung bis hin zu Verbitterung und Wut. Die öffentliche Meinung, die den optimistischen Einschätzungen bis dato nur allzu bedenkenlos Glauben geschenkt hatte, sah sich plötzlich, zumal die vom Informationsdienst der Regierung verbreitete Nachricht von der Besetzung Ismailias dementiert werden mußte, mit der peinlichen Wahrheit eines Fehlschlags konfrontiert.

In dem Maße, wie dieser Mißerfolg immer sichtbarer die Konturen eines kaum zu korrigierenden politischen Fiaskos annahm, wuchs der Erklärungs- und Rechtfertigungsdruck auf die Verantwortlichen. Nach Stunden des allgemeinen Entsetzens beendete der Ministerpräsident die Sprachlosigkeit, als er am Ende einer außerordentlich turbulenten Sitzung, in der die unterschiedlichen Meinungen zur Niederwerfung des ungarischen Aufstandes aufeinandergeprallt waren, in der Nationalversammlung das Wort ergriff. Was die Parlamentarier von ihm erfuhren, war aber weder eine klare Analyse der Vorkommnisse der letzten Tage noch das Eingeständnis, die Risiken des militärischen Unternehmens falsch eingeschätzt zu haben. Vielmehr unternahm Mollet den Versuch, die verlorene Partie gegen Nasser schönzufärben und ihr wenigstens den Anschein eines Unentschiedens zu geben. Er habe zusammen mit Eden die Waffenruhe befohlen, weil alle Ziele der gemeinsamen und zeitlich begrenzten Aktion in zufriedenstellender Weise erreicht wurden. In Verteidigung der Intervention versuchte er die Aufmerksamkeit seiner Zuhörer insbesondere auf drei Sachverhalte zu lenken.

Erstens habe man die ägyptische Militärmaschinerie, die eine permanente Bedrohung in der Region darstelle, zerstört und die hegemonialen Ambitionen Nassers zurückgewiesen. Von dem spürbaren Haß gegen den Herausforderer angetrieben, dessen angestrebter Sturz ja noch immer ausstand, kleidete der Mini-

59 DDF 1956, III, S. 212 f.
60 Le Monde, 7.11.1956, S. 1 f.
61 Neue Zürcher Zeitung, 11.12.1956, B. 10.
62 Beaufre, Die Suez-Expedition, S. 150 ff.

sterpräsident seine Argumentation in rhetorische Fragestellungen: »Was ist aus den hegemonialen Träumen des Diktators in der arabischen Welt [...] geworden? Was ist aus dem Ansehen des falschen Helden geworden, dessen Armee sich geweigert hat, für ihn und sein Regime zu kämpfen? Was ist aus den Ansprüchen eines Mannes geworden, der sich zum absoluten Herrscher über Suez erkor und heute die Anwesenheit einer internationalen Streitmacht an den Ufern des Kanals erlauben muß[63]?«

In seiner zweifelhaften Interpretation fortfahrend, würdigte Mollet das militärische Eingreifen zweitens als einen notwendigen Beitrag im Ost-West-Konflikt. Die französisch-britische Präsenz habe die Interessen des Westens verteidigt und eine weitere russische Infiltration im Nahen Osten verhindert. In diesem Zusammenhang verwahrte sich der Ministerpräsident gegen jedwede Gleichsetzung sowjetischen und französischen Verhaltens. Unter dem tosenden Beifall der nichtkommunistischen Abgeordneten wies der Regierungschef die drohende Note Bulganins entschieden zurück. Einzelne Passagen seines Antwortschreibens zitierend, betonte er, daß gegen Ägypten zu keinem Zeitpunkt Kriegsoperationen stattgefunden haben, denen man auch nur im entferntesten nachsagen könnte, daß sie Kairo dasselbe Schicksal wie Budapest gebracht hätten[64].

Drittens gebühre Frankreich und Großbritannien nach den Worten Mollets das Verdienst, die Vereinten Nationen, die bisher gegenüber den Problemen des Nahen Ostens versagt hätten, zur Entsendung einer UNO-Streitmacht veranlaßt zu haben[65].

Im Gegensatz zur verklärenden Darstellung des Ministerpräsidenten wurde aber recht bald deutlich, daß die wenigen Hoffnungen der regierenden Kreise, aus der mißlichen Lage doch noch einigermaßen unbeschadet herauszukommen, auf der Stationierung dieser multilateralen Verbände ruhten. Sie galten für manchen außenpolitischen Strategen als ein letztes Druckmittel, um doch noch zu einer De-facto-Internationalisierung des Kanals zu gelangen. Dabei gab man sich der irrigen Ansicht hin, daß das Expeditionskorps selbst den Kern dieser zukünftigen Truppe bilden könne. Dieser Gedanke war allerdings genauso abwegig wie die Vorstellung, daß die UNO-Streitkräfte den Suezkanal auf seiner gesamten Länge besetzen könnten, obgleich französische und britische Einheiten nur den nördlichen Raum kontrollierten. Eine Umsetzung dieser Auffassungen hätte eine monatelange Ausdehnung der Okkupation bedeutet. An der Seine bemühte man sich emsig, den Eindruck eines übereilten Abzugs der Interventionstruppen zu vermeiden, der als Eingeständnis einer Niederlage gewertet werden konnte.

Diese Anstrengungen stießen in der Völkergemeinschaft auf wenig Verständnis. Weder Ägypten noch die Vereinten Nationen akzeptierten Frankreichs Beteiligung an den Friedenstruppen. Paris blieb nur der von einem diplomatischen

63 JOAN, 7.11.1956, S. 4527.
64 Ebd., S. 4528.
65 Ebd., S. 4527.

Nervenkrieg begleitete Rückzug. Nach 47tägiger Besetzung verließen die letzten französischen Soldaten am 22. Dezember Port Fuad.

Die Zurückweisung der französischen Wünsche, die die überregionalen Tageszeitungen in ihren Kommentaren nahezu übereinstimmend als Demütigung beklagten[66], gab im Quai d'Orsay Anlaß zu bitteren Reaktionen. Die dabei vom Außenminister, von Botschaftern oder höheren Beamten vorgetragenen Stellungnahmen bewegten sich mit leichten Variationen in dem von Mollet in der Nationalversammlung zuvor abgesteckten Rahmen. Unterschiede waren nur in Nuancen zu beobachten. Auffallend waren vor allem die vehementen Attacken gegen die gewaltsame Unterdrückung der ungarischen Demokratiebestrebungen. Die berechtigte Empörung über diese Verletzung internationalen Rechts diente aber zugleich als willkommene Ablenkung von der weltweiten Kritik an der eigenen Nordafrikapolitik. Einer besonderen Militanz befleißigte sich hierbei der französische Botschafter in den Vereinigten Staaten. Hervé Alphand warnte in einem Vortrag dezidiert vor den Gefahren eines russischen Expansionismus nicht nur im Nahen Osten: »Ich glaube, daß Nasser — bewußt oder unbewußt — der Agent einer großen Macht ist, die viel stärker und für die westliche Welt viel gefährlicher ist als Hitler-Deutschland: die Sowjetunion[67].«

Dieser bedenkliche Vergleich versprühte nicht nur das Odium des Kalten Krieges, sondern zeugte zugleich von einer wachsenden Gereiztheit der französischen Diplomatie, von der auch der Außenminister nicht mehr ganz frei war. Seine Mißbilligung galt vornehmlich der Aktionsunfähigkeit der UNO. Vor der Vollversammlung verglich Pineau das Verhalten seines Landes mit der intransigenten Haltung Moskaus: »Die große Schwäche der Vereinten Nationen besteht darin, daß diese Organisation gewissen Mitgliedern Bestimmungen auferlegt und anderen nicht. Frankreich und Großbritannien sind von den Vereinten Nationen streng gerügt worden und haben sich darauf an die Beschlüsse der Organisation gehalten. Was sie aber nicht verstehen, ist, daß andere Länder, die in ähnlicher Weise gerügt worden sind, sich darüber lustig machen[68].« Noch deutlichere Worte wählte erneut Alphand: »Kein Land kann sich vorstellen, daß die Vereinten Nationen in ihrer gegenwärtigen Form das einzige Mittel darstellen, um das internationale Recht zu verkünden und anzuwenden. Gehen Sie vor den Sicherheitsrat, dann begegnen Sie dem sowjetischen Veto, und gehen Sie vor die Generalversammlung, dann können Sie durch eine Mehrheit des Sowjet- und Bandungblocks geschlagen werden. Kein Land kann hinnehmen, daß seine Außenpolitik überall durch das sowjetische Veto oder von den Bandungnationen diktiert wird[69].«

66 Die Artikel nahmen insbesondere Bezug auf die Entscheidung der UNO-Vollversammlung vom 24.11.1956, in der Frankreich, Großbritannien und Israel wiederholt zum beschleunigten Abzug ihrer Streitkräfte aufgefordert wurden. Die journalistischen Beobachter hielten den Tadel angesichts der bereits begonnenen Räumung für unangebracht und überflüssig. Vor allem die Haltung der USA, die das Mehrheitsvotum von 63 Staaten mittrugen, wurde mit ausführlicher Kritik bedacht. Le Figaro, 26.11.1956, S. 1, 4.

67 Le Monde, 30.11.1956, S. 2.

68 Ebd., 19.12.1956, S. 4.

69 Ebd., 30.11.1956, S. 2.

Den Verteidigern der Suezoperation schien es aber nicht ratsam, das Heil ausschließlich in Beschuldigungen Ägyptens und der Sowjetunion zu suchen. Zu ihrem Repertoire gehörte nachweislich auch die bewußte Falschaussage. Von amerikanischen Journalisten auf die in der Presse ruchbar gewordene Einbeziehung Israels in die geheimen Vorbereitungen der Suezintervention angesprochen, leugnete der Ministerpräsident kategorisch solche Kontakte[70]. Der Rückgriff auf die absichtliche Täuschung der Öffentlichkeit verriet, unter welch enormen Druck das Kabinett Mollet auf den internationalen Konferenzen stand.

Wenngleich die Vorwürfe aus dem Ausland den Regierungschef weit unangenehmer berührten als die innenpolitischen Auseinandersetzungen, so nahm die Zahl der Kritiker am Regierungskurs auch im Lande deutlich zu. Zu den heftigsten Opponenten avancierten dabei jene Kreise, deren vordringliches Engagement der Stabilisierung des Kolonialreiches und dem Erhalt eines französischen Algeriens galt. In ihren Augen gab es keine den verfrühten Abbruch der Suezintervention rechtfertigenden Gründe. Die unnötige Kapitulation vor den sowjetischen und amerikanischen Pressionen, so befürchtete die Koloniallobby, würde bald katastrophale Folgen für die gesamte Nordafrikapolitik zeitigen. »Die neuen Chamberlains«, wie Soustelle als einer ihrer Repräsentanten Mollet und Eden mehr abfällig bezeichnete, »wiegen sich in der Illusion, den Frieden gerettet zu haben. In Wirklichkeit wächst die Gefahr eines neuen Weltkrieges, weil man dem kleinen Hitler von Kairo die Gelegenheit verschafft, seine Haß- und Angriffskampagne fortzusetzen[71].« Aus ihren Anfeindungen sprach deutlich das Gefühl der Enttäuschung, da der Hauptwunsch, der Sturz Nassers und damit eine Abschreckung der algerischen Unabhängigkeitsbewegung, letztlich unerfüllt blieb.

Wind blies dem Regierungschef allerdings auch aus der Regierungskoalition und aus den Reihen der eigenen Sozialistischen Partei entgegen. Verwunderte die Wortmeldung von Mendès-France weniger, der Mollet der Verletzung der »atlantischen Loyalität« sowie der Organisation einer Blockade gegen das eigene Land bezichtigte[72], so überraschte doch das Ausmaß der Unzufriedenheit innerhalb der SFIO. Als erster setzte das Vorstandsmitglied der Sozialisten, André Philip, ein Zeichen. In einem öffentlichen Rundschreiben protestierte er sowohl gegen die starre und allein auf das Militär gestützte Algerienpolitik als auch gegen den abenteuerlichen Charakter des Militärschlags gegen Ägypten. Er warf seinen Parteifreunden in der Regierung die Verletzung ehemals hochgehaltener Prinzipien vor. Mit ihrer gewaltsamen Politik in Nordafrika hätten sie Grundsätze wie die friedliche Schlichtung von internationalen Konflikten mit Füßen getreten[73].

Dieser massiven Kritik schlossen sich schon bald 17 von 94 Abgeordneten der sozialistischen Fraktion in der Nationalversammlung an. Zu ihnen gehörten die

70 Ebd., 11.12.1956, S. 6.
71 Ebd., 9.11.1956, S. 2.
72 Ebd., 22.11.1956, S. 6.
73 Der Brief Philips wurde vollständig abgedruckt in: ebd., S. 5.
74 Weitere Namen findet man in: Le Figaro, 6.12.1956, S. 19.

ehemaligen Minister Edouard Depreux, Jules Moch und Daniel Mayer, der frühere Staatssekretär Alain Savary, der sich von Mollet wegen dessen Nordafrikapolitik getrennt hatte, und der Fraktionsführer Robert Verdier[74]. In ihrem Brief an Pierre Commin, dem Stellvertreter Mollets an der Spitze der SFIO, fällten auch sie ein vernichtendes Urteil über die Suezaktion. Die Folgen dieser unglücklichen Improvisation, so artikulierten sie, bestehen in der Ächtung und Isolierung Frankreichs, in einem Gewinn für die Sowjetunion, die neue Vorwände für ihre Einmischung im Nahen Osten finde, sowie in den stockenden Erdölimporten, die Frankreich wirtschaftlich und finanziell schädigen[75]. Ausdrücklich unterstützten die Unterzeichner die Positionen der britischen Labour Party, deren scharfe Auseinandersetzungen mit der französischen Schwesterpartei in der Sozialistischen Internationale gerade zu einem Eklat geführt hatten[76]. Abschließend verlangten sie die Einberufung eines außerordentlichen Parteitages zur Klärung dieser signifikanten Differenzen.

Als der Conseil National der SFIO am 15./16. Dezember zusammentrat, entpuppte sich die öffentlichkeitswirksame Rebellion der innerparteilichen Opposition schnell als ein Sturm im Wasserglas. Die starken Parteisektionen in den Départements Nord, Pas-du-Calais und Bouches-du-Rhône schenkten dem Ministerpräsidenten und seinem Residierenden Minister in Algerien weiterhin das Vertrauen. Als auch die Sozialisten des Seine-Départements, den Wahlkreisen von Depreux, Mayer, Verdier und anderen Kritikern, ihre Delegierten in Vorberatungen mit Zweidrittelmehrheit auf die Unterstützung der Regierung festlegten, war der Ausgang des innerparteilichen Kräftemessens bereits vor Beginn der Sitzung entschieden. Mit einer erdrückenden Mehrheit forderten die Delegierten aller Sektionen den Ministerpräsidenten und sein Kabinett zur Fortsetzung ihrer Politik, einschließlich ihres Kurses in Ägypten und Algerien, auf[77]. Die Unterlegenen ließen daraufhin ihre Forderung auf Abhaltung eines Sonderparteitages fallen.

Daß Mollet bei der bevorstehenden außenpolitischen Debatte in der Assemblée Nationale keine vergleichbare Opposition wie sein britischer Amtskollege im Unterhaus zu fürchten brauchte, versicherten ihm auch die Stellungnahmen des Landesvorstandes der Volksrepublikaner. Der Parteivorsitzende des MRP,

75 Neue Zürcher Zeitung, 6.12.1956, B. 3.

76 Die Diskussionen um einen vom britischen Labourführer Hugh Gaitskell inspirierten und gegen die französisch-britische Suezintervention gerichteten Resolutionsantrag endeten bei der Ratstagung der Sozialistischen Internationale in Kopenhagen mit dem Auszug der französischen Delegierten. Le Monde, 4.12.1956, S. 3.

77 Ebd., 18.12.1956, S. 5. In dem entsprechenden Antrag zur Suezfrage hieß es: »In der Mittelostfrage hat die sozialistisch geleitete Regierung der freien Welt die Gefahren aufgezeigt, die der mit der Sowjetunion verbündete ägyptische Diktator für den Frieden heraufbeschwor. Sie hatte alle Mittel einer friedlichen Regelung eingesetzt, um die Internationalisierung des Suezkanals zu erreichen. Dann hat sie ihren Willen bewiesen, den Frieden zu garantieren, und ihre Treue gegenüber einer internationalen Organisation bekundet, deren Beschlüsse für alle diesselben sein sollten und deren Wirksamkeit im Dienste der kollektiven Sicherheit und der internationalen Gerechtigkeit stehen muß.« Neue Zürcher Zeitung, 18.12.1956, B. 1.

Pierre Pflimlin, lehnte eine Kampfansage an die Minderheitsregierung zu jenem Zeitpunkt ab. Zum einen sympathisierte seine Partei mit den außenpolitischen Grundsatzentscheidungen des Kabinetts, zum anderen wünschte er keine Regierungskrise, die die Kommunisten nutzen könnten, um von ihren Schwierigkeiten abzulenken. Diese prinzipielle Entscheidung schloß natürlich die Kritik im Detail nicht aus. So bemängelte der stark auf die Kolonialpolitik fixierte Georges Bidault nachdrücklich die zögernde Durchführung der militärischen Operation in Ägypten, während der insbesondere an der Europapolitik interessierte Robert Schuman vorausblickend eine Neudefinition der Aufgaben seines Landes im westlichen Bündnis anmahnte[78].

Die Übereinstimmung der beiden großen Parteien war insofern bemerkenswert, als die Folgen der Suezaffäre zunehmend spürbarer wurden. Die fortgesetzten Spannungen im französisch-ägyptischen Verhältnis, die sich in der Ausweisung französischer Staatsbürger, in der Beschlagnahme ihres Eigentums und in der Schließung zahlreicher französischer Kultur- und Bildungseinrichtungen entluden, betrafen noch wenige Einwohner. Die Einschränkung des Autoverkehrs, die Rationierung des Heizöls und unübersehbare Engpässe in der Versorgung mit einzelnen Lebensmitteln — Folgen der reduzierten Öllieferungen aus dem Mittleren Osten — beeinträchtigten hingegen den Alltag nahezu aller Bürger. Überdies belasteten die Umstellung der Ölimporte auf die Vereinigten Staaten und Venezuela, die steigenden Kosten für den Algerienkrieg sowie die zusätzlichen Ausgaben für die Suezintervention die öffentlichen Kassen. Nachdem es der Regierung Faure 1955 vorübergehend gelungen war, das Budget auszugleichen, schloß das Haushaltsjahr 1956 mit einem dramatischen Defizit von 1040 Mrd. Francs[79]. Gleichwohl bejahten im Dezember 1956 immer noch 42 % der Befragten (bei 33 % negativer Antworten) die Richtigkeit des militärischen Eingreifens in Ägypten. Selbst im März 1957 überwog noch die rückwirkende Billigung des gewaltsamen Engagements[80].

Die wirtschaftlichen wie die politischen Folgen der Suezkrise motivierten eine ganze Anzahl von Abgeordneten unterschiedlicher politischer Couleur, die Mittel und Möglichkeiten französischer Außenpolitik auf den Prüfstand zu stellen. In Auswertung der Nationalversammlungsdebatten vom Dezember 1956 wurden vor allem zwei Korrekturen ansatzweise erkennbar:

Erstens hatte die Suezkrise anschaulich bewiesen, daß Frankreich sich dem Druck der beiden Großmächte beugen mußte und — selbst bei übereinstimmender Interessenlage mit Großbritannien — nicht in der Lage war, eine eigenständige Außenpolitik zu betreiben. Illusionslos kleidete Reynaud diese Einsicht in die Worte: »Wir sind nicht mehr in der Zeit des Krimkrieges [...]. Unsere Pflicht ist es, unsere aktuelle Schwäche einzugestehen, um sie zu überwinden[81].« Aus dieser bitteren Erfahrung zogen etliche Parlamentarier den Schluß, den politischen

78 Le Monde, 16./17.12.1956, S. 6.
79 L'Année politique 1956, S. 135.
80 La politique étrangère de la France et l'opinion publique, Sondages 1957 und 1958.
81 JOAN, 19.12.1956, S. 6152 f.

und wirtschaftlichen Aufbau Westeuropas voranzutreiben. Sie wünschten eine baldige Unterschrift unter die Verträge zur Gründung der Europäischen Atomgemeinschaft und zur Bildung des Gemeinsamen Marktes. Dabei erfolgte eine beachtenswerte Umkehrung der Argumentationsführung. Diente den EVG-Gegnern 1952 bis 1954 die Wahrung der nationalen Unabhängigkeit noch als Begründung für ihre ablehnende Haltung, so plädierten Ende 1956 die Befürworter eines vereinten Europas gleichfalls mit dem Erhalt der Souveränität.

Zweitens hatte die Atlantische Allianz während der Oktober- und Novemberwochen kläglichst versagt. Man fühlte sich vom stärksten Bündnispartner mißverstanden. Zweifel an der Bündnistreue der USA blieben unüberhörbar. Pflimlin forderte nicht zuletzt daher eine Anpassung der NATO »an die Herausforderungen der poststalinistischen Ära dergestalt, daß der gegenseitige Beistand nicht nur ein militärischer, sondern auch ein politischer sei und sich auf alle Teile der Welt erstrecke«[82]. Andere Abgeordnete wie Mendès-France verlangten eine stärkere Konzentration auf die eigenen Kräfte als Voraussetzung für die Respektierung einer eigenständigen Politik im Rahmen der Allianz. Diese Position schloß auch Überlegungen ein, das französische Rüstungspotential den Gegebenheiten des Atomzeitalters anzupassen.

Daß Mollet erneut das Vertrauen der Abgeordneten erhielt, bezog sich dann auch weniger auf die Vergangenheit und die Nahostpolitik, sondern galt eher als Kredit auf die Zukunft und Europa. In diesem erweiterten Bezugsfeld glaubten die Parlamentarier am ehesten, die außenpolitische Handlungsfreiheit Frankreichs wiedererlangen zu können. Deren gewollter oder erzwungener Verzicht beschleunigte schließlich die außenpolitische Krise und letztlich den Sturz der IV. Republik. Für den Aufbau eines leistungs- und konkurrenzfähigen politischen, wirtschaftlichen und auch militärischen Systems bedurfte es aber eines innen- und außenpolitischen Neuanfangs — eben der V. Französischen Republik.

[82] Ebd., 25.10.1956, S. 4304 f. Siehe auch: de Menthon, ebd., 18.12.1956, S. 6095 f., oder Bonnefous, ebd., S. 6103.

Dritter Teil

Auswirkungen

Mihai Retegan

1956 — Rumänische Echos auf die internationalen Krisen

Nichts ließ am Anfang des Jahres 1956 die großen Krisen ahnen, die die letzten Monate desselben Jahres erschütterten. Ohne sie wäre 1956 nur als das Jahr des XX. Kongresses der KPdSU (14.–25. Februar), der »Entstalinisierung«, im Bewußtsein der Menschheit geblieben. Aber zehn Jahre nach Winston S. Churchills Rede in Fulton hätten zwei schwerwiegende Ereignisse auf internationaler Ebene den zerbrechlichen Weltfrieden beinahe gesprengt: die Revolution in Ungarn und der Suezkrieg, die nahezu gleichzeitig abliefen. Obwohl räumlich ziemlich weit auseinander gelegen, beeinflußten sich diese beiden Krisenherde — durch die Urheber in vorderster Linie oder im Schatten — wechselseitig, was zu einer Verschärfung der Situation führte.

Zu diesen beiden Konflikten trat ein weiterer, die sogenannte Minirevolution in Polen, die sich, ohne die Züge einer internationalen Krise aufzuweisen, mühelos in eine solche hätte verwandeln können, wäre die Situation außer Kontrolle geraten.

Die Großmächte beteiligten sich — manche von ihnen politisch und militärisch, andere lediglich politisch — unmittelbar an den Ereignissen. Die in nächster Nachbarschaft der Konfliktherde gelegenen Staaten verspürten die Gewalt der Krisen, was sie zwang, innenpolitische Maßnahmen zur Verhinderung ähnlicher Situationen wie in Ungarn und Polen, aber auch zu einer Distanzierung vom »roten« Machtzentrum, zu treffen. Zu den Ländern der zweiten Kategorie zählte auch Rumänien.

1. Der internationale Status

Dank seiner erstrangigen geostrategischen Lage in Europa (»das Tor zum Balkan und Ostmittelmeer«) wie auch wegen seiner strategischen Rohstoffe (Öl und vor allem Uran), ohne die eine Kriegführung nicht mehr zu denken war, wurde Rumänien als erstes Land der westlichen Nachbarstaaten der Sowjetunion kommunistisch.

Mit vielfältigen Mitteln, wie sie auch in den übrigen unter »den Schirm« der UdSSR geratenen Staaten Anwendung fanden, wurde der Sowjetisierungsprozeß gegen Ende der vierziger Jahre abgeschlossen, als alle Voraussetzungen des Übergangs zu einem monolithischen Regime, wie Gesetzgebung und neue Machtstrukturen, geschaffen worden waren. Außerdem sollte der Bevölkerung ein entsprechendes Bewußtsein anerzogen werden. Das war jedoch nicht in ein paar Jahren möglich, und man kann kaum behaupten, daß dieser Versuch überhaupt niemals von Erfolg gekrönt worden ist.

Zur Durchsetzung des Kommunismus in Rumänien machte Moskau (wie im Fall der übrigen ehemaligen Feindstaaten Ungarn und Bulgarien) von denjenigen Bestimmungen der internationalen Abkommen Gebrauch (wie etwa des Waffenstillstandsabkommens vom 12. September 1944), die es ihm ermöglichten, seine Besatzungstruppen im Lande zu belassen, eine strenge Kontrolle über alle politischen und sozialen Bereiche auszuüben und die rumänische Wirtschaft auszubeuten. Wo die völkerrechtlichen Bestimmungen nicht mehr ausreichten, wurden Vorwände gefunden. So diente die Sicherstellung der Kommunikations- und Nachschubwege zu den in Österreich dislozierten sowjetischen Streitkräften als Vorwand für die fortdauernde Stationierung sowjetischer Truppen in Rumänien auch nach der Unterzeichnung des Friedensvertrages.

Dieser Vorwand entfiel mit der Unterzeichnung des Friedensvertrages mit Österreich, wonach die sowjetischen Truppen bis zum 15. Mai 1955 abzuziehen waren. Daher griff Moskau zu anderen Lösungen, um sowohl Rumänien als auch die übrigen ost- und mitteleuropäischen Staaten in seinem Machtbereich unter Druck zu setzen. Dazu diente der Warschauer Pakt, dessen Grundlagen vom 11. bis 14. Mai 1955 geschaffen wurden. In der Form einer kommunistischen Erwiderung auf die Westeuropäische Union entstanden, zielte der Warschauer Pakt unter anderem auf die Schaffung eines Anscheins von Legitimität für die weitere Stationierung von sowjetischen Truppen in Rumänien und Ungarn ab. Er bezweckte nicht nur eine militärische Integration, sondern auch die Oktroyierung einer unisonen politischen Wahrnehmungs-, Erörterungs- und Handlungsweise im Sinne Moskaus.

Was Rumänien anbelangt, verfügte der Kreml außerdem über zwei andere außerordentlich wirksame Kontrollinstrumente, nämlich die Einrichtung der »Berater«, die auf allen Analyse-, Entscheidungs- und Ausführungsebenen eingesetzt wurden, sowie die sogenannten SOVROMS, d.h. sowjetisch-rumänische Gesellschaften, die ohne Ausnahme in allen Bereichen des wirtschaftlichen Lebens existierten.

Außer diesen offiziellen und halboffiziellen Mitteln wirkten auch andere, deren tatsächliche Existenz im gegenwärtigen Stadium der Forschungen nur vermutet werden kann. Es handelt sich um die geheimen Kontrollnetze verschiedener sowjetischer Spezialdienste. (Auf einer der Sitzungen des Politbüros vom April 1956 erwähnte Gheorghe Gheorghiu-Dej ein derartiges Nachrichten- und Einflußnetz, das, gruppiert um Ana Pauker, handelte.) Diese Dienste waren um so effektiver, als ihre Wirkung der Aufmerksamkeit der rumänischen Führung entging.

Daraus ergibt sich, daß der rumänische Staat kaum über praktische Möglichkeiten verfügte, um auf dem internationalen Parkett unabhängig zu handeln. Fast identisch war die Situation, was die Beschlüsse betraf, die in verschiedenen Bereichen der Innenpolitik gefaßt wurden. Gewisse Wandlungen ergaben sich jedoch nach der Einleitung des neuen Kurses unter Nikita S. Chruschtschow im Bereich der Innen- und Außenpolitik der Sowjetunion, d.h. in den Beziehungen Rumäniens sowohl zum Westen als auch innerhalb des Blocks. Zu erwähnen ist aber, daß der neue Kurs ständig wechselte: Was der »Händler« (Chruschtschow) mit einer Hand gab (Abzug aus Österreich), nahm er mit der anderen weg (Warschauer Pakt). Die sowjetische Überwachung und Kontrolle ließen keineswegs nach, sondern sie nahmen nur andere Formen an.

2. Die innenpolitische Arena

Die Bekundungen der innenpolitischen Arena sind auf zwei konstitutiven Ebenen zu verfolgen: auf jener der »Masse« und auf jener der Partei (mit der Bemerkung, daß es bei letzterer unterschiedliche Auffassungen, manchmal grundlegender Art, zwischen Mitgliedern und Führung gab).

Dokumente verschiedener Partei-, Militär- und Nachrichtenorgane[1] betonen, daß die Bevölkerung Rumäniens bestrebt war, »Anpassungsformeln« für den neuen, von der sowjetischen Okkupation und dem völlig fremden ökonomischen, politischen und sozialen Regime geschaffenen Rahmen zu suchen[2]. Die »Anpassungsversuche« weisen eine außerordentlich breite Skala auf: vom Umgehen der Steuerpflicht bis zur Abwesenheit vom Arbeitsplatz und zur Sabotage in industriellen Anlagen. Die Grundnahrungsmittel wurden durch Karten rationiert, es entwickelte sich ein starker, für den größten Teil der Bevölkerung unzugänglicher Schwarzmarkt. Aber nicht nur der niedrige Lebensstandard stellte die Hauptursache der Zurückweisung des Kommunismus dar. Diese Haltung äußerte sich zwar nicht in entschiedenen Aktionen, aber das verhältnismäßig schwache antikommunistische Potential ist vor allem auf die scharfe Repression seitens des Regimes zurückzuführen.

Die Ursachen für die Zurückweisung des Kommunismus waren viel umfangreicher: »Nachdem die UdSSR Rumänien am Ende des Zweiten Weltkriegs besetzt hatte, beeilte sie sich, die Nordbukowina und Bessarabien wieder zu annektieren, die nichtkommunistische Regierung abzuschaffen, den König aus dem Land zu vertreiben und die Macht einem Marionettenregime zu übertragen, das sich unter absoluter sowjetischer Kontrolle befand. In der Folge begann die überwiegende Mehrheit der Rumänen — ihrer Verbindungen zum Westen und vor allem ihrer Selbstbestimmung entblößt — zu fühlen, daß ihr Land eine regelrechte sowjetische Kolonie geworden war. Sie setzten im großen und ganzen den Kommunismus mit ihrer herkömmlichen Angst vor Rußland gleich. Zudem wurde die sowjetische ökonomische Ausbeutung, beginnend mit dem Jahre 1944, derart heftig, daß ein

1 Archiv des ZK der RKP, Bestand 1, Rep. 139/145, 146, 161, 173, 177, 178/1949; Rep. 198, 199/1950; Rep. 74, 75/1956. Archiv des Nationalen Verteidigungsministeriums, Bestand DSPA, Rep. 9269, 9280, 9292, 9297, 9301, 9315, 9316, 9317 usw.

2 Aus der diesbezüglichen Historiographie führen wir lediglich einige grundlegende wissenschaftliche Arbeiten an: Watson, East European Revolution; Ionescu, Comunismul în România; Tismăneanu, Fantoma lui Gheorghiu-Dej.

so reiches Land an Bodenschätzen, wie Rumänien es war, an anhaltenden Mängeln zu leiden begann. Die Kriegsbeute, die Reparationen und die Tätigkeit der sowjetisch-rumänischen gemischten Gesellschaften fügten seiner [Rumäniens] Wirtschaft neue belastende Schwierigkeiten hinzu. Die drastische Senkung des Lebensstandards wurde folglich der sowjetischen Ausbeutung angelastet[3].«

Die Rumänische Arbeiterpartei sah die Lage vollkommen anders. Viele der gewöhnlichen Parteimitglieder teilten die Gefühle des größten Teils der Bevölkerung (was in der zweiten Hälfte des Jahres 1956 deutlich ans Licht trat). Die Elite — von Existenzsorgen befreit — beschäftigte sich mit ganz anderen Problemen. Tief beeindruckt stand sie vor einem Dilemma, das die gesamte kommunistische Welt nach Stalins Tod heftig beschäftigte: vor der Wahl, einen Reformkurs einzuleiten — so wie Chruschtschow in der UdSSR und wie er es auch in den übrigen kommunistischen Ländern wünschte — oder den alten stalinistischen Kurs beizubehalten[4]. Eine andere Frage war die der Tragweite der Reformen, die die Stabilität des Regimes in Gefahr bringen mußten, wenn sie zu weit getrieben würden. Im Zusammenhang mit der Annahme des neuen Kurses durch die rumänische kommunistische Führung kam ein weiteres Problem hinzu, und zwar das Verhältnis zwischen ihren Absichten und denjenigen des »Zentrums«. Im Rahmen des Programms zur Verbesserung des Image des Kommunismus und zur Einleitung der Entspannungsepoche und der friedlichen Koexistenz plante Chruschtschow unter anderem, kompromittierte kommunistische Führer aus den Satellitenländern zu ersetzen. Zu ihnen zählte auch Gheorghiu-Dej. Das war kein Geheimnis, weder für diesen selbst noch für den eventuellen Nachfolger — Miron Constantinescu —, der als Reformer galt. Bis zu ihrer entscheidenden Auseinandersetzung (1957) versuchte Gheorghiu-Dej Chruschtschow davon zu überzeugen, daß er selbst die geeignetste Person an der Spitze der Partei sei. Deshalb mußte er eine Reihe von Reformen in Erwägung ziehen, um eine Entspannung der politischen, sozialen und wirtschaftlichen Lage im Lande zu erreichen. Dazu zählten die Dezentralisierung der Macht »an der Spitze« (Erster Sekretär des ZK war Gheorghiu-Dej und Ministerpräsident Chivu Stoica), im Rahmen der Arbeiten des II. Parteitages der Rumänischen Arbeiterpartei (Dezember 1955)[5] die These von der Anpassung des Marxismus an die örtlichen Gegebenheiten, also des Bestehens eines »rumänischen Weges« für den Aufbau des Sozialismus, sowie die Beachtung aller Grundsätze der Souveränität, Gleichberechtigung und Unabhängigkeit in den inneren Angelegenheiten[6]. (Diese Ideen

3 NA, RG 263, Box 2, Folder 75, S. 1: Anti-Communist-Resistance. Potential in the Sino-Sovietic Bloc, annex: Romania, April 1955.

4 Young, Cold War Europe, S. 204–210.

5 In der im Jahre 1965 anläßlich des IX. Kongresses der RKP angenommenen Chronologie sind zugleich die »Rumänische Arbeiterpartei« in »Rumänische Kommunistische Partei« umbenannt und die Umnumerierung der Parteitage beschlossen worden, um den Zusammenhang mit jenen, die während der Illegalität stattfanden, herzustellen. Somit wurde der II. Parteitag der Rumänische Arbeiterpartei der VII. Parteitag der RKP.

6 Georgescu, Istoria Românilor, S. 266 f.

wurden von Constantinescu in den von Gheorghiu-Dej vorgetragenen Bericht eingefügt.)

Gheorghiu-Dej betonte, daß der »grundsätzliche, wesentliche Charakter der Einheit nicht verletzt, sondern durch die Vielfalt der Einzelheiten und Eigentümlichkeiten gesichert wird«. In einer Hinsicht aber überflügelte die rumänische Führung Chruschtschows Sofortprogramm: nämlich in bezug auf den Status der sowjetischen Truppen in Rumänien nach der Unterzeichnung des Friedensvertrages mit Österreich. Im August 1955 bevollmächtigte das Politbüro der Rumänischen Arbeiterpartei Gheorghiu-Dej, »das Problem der sowjetischen Truppen in unserem Land dem Genossen Chruschtschow vorzustellen«[7]. Das entsprach aber nicht Moskaus Absicht, wenigstens nicht zu diesem Zeitpunkt. Was Chruschtschow unter der Einführung des neuen Kurses verstand, war die Modernisierung des kommunistischen Systems und der Verzicht auf die Rigidität und Härte der stalinistischen Zeit; es handelte sich also lediglich um kosmetische Operationen — wenn auch einige davon ziemlich tiefgreifend waren — und keinesfalls um die Kappung der Verbindungen zwischen dem Zentrum und den Satellitenstaaten. Nicht darin bestand das Ziel des Warschauer Paktes: im Gegenteil! Es ist nicht auszuschließen, daß auch diese Entscheidung der rumänischen Führung den sowjetischen Führer dazu veranlaßte, an die Ersetzung von Gheorghiu-Dej durch Constantinescu zu denken, der zwar ein Reformer war, Chruschtschow jedoch als Gegenleistung mit »heiklen« Fragen nicht mehr gestört hätte.

Die erste Auseinandersetzung zwischen den beiden Spitzenfunktionären der Rumänischen Arbeiterpartei erfolgte nach der Rückkehr ihrer Delegation vom XX. Parteitag, anläßlich der Sitzung des Politbüros des ZK Anfang April 1956[8]. Diese viertägige Sitzung (3., 4., 6. und 12. April) unterstrich die Unterschiede in den Auffassungen hinsichtlich des Ausmaßes der Entstalinisierung (ein Prozeß, der als ein Verzicht auf den Personenkult verstanden wurde). Dej und die ihn unterstützende Gruppe (sie bildete die Mehrheit der Mitglieder des Politbüros) beschieden sich in dieser Hinsicht mit einem oberflächlichen Verfahren. Constantinescu (ihm stand Iosif Kischinewski zur Seite) dagegen unterzog die auf der Plenarsitzung des ZK (23.-25. März) vorgelegten Materialien und insbesondere die Arbeitsweise des Ersten Sekretärs des ZK der Rumänischen Arbeiterpartei sowie dessen Weigerung, die im Geheimbericht von Chruschtschow abgesteckte Richtung einzuhalten, einer scharfen Kritik[9]. Selbstverständlich konnte Dej einen solchen Angriff nicht übersehen, der als das Bestreben gedeutet werden mußte, an die Spitze der rumänischen kommunistischen Hierarchie zu treten. Die Entwicklungen innerhalb der internationalen kommunistischen Bewegung veranlaßten Gheorghiu-Dej, die endgültige Auseinandersetzung zu suchen. Dazu kam es im Jahre 1957, als Constantinescu und Kischinewski ihrer Ämter enthoben wurden.

7 Archiv des ZK, Bestand »Protocol Biroul Politic«, Rep. 311, S. 8.
8 Ebd., S. 1–116.
9 Ebd.; Ionescu, Comunismul în România; Georgescu, Istoria Românilor, S. 261.

Somit trat 1956 auf der rumänischen politischen Bühne eine kommunistische Führung auf, die entschlossen war, eine lediglich oberflächliche Entstalinisierung durchzuführen, die aber bereit war zu behaupten, daß der Marxismus den lokalen Verhältnissen angepaßt werden könne. Außerdem zeigte sie ihre Bereitschaft, die Frage des Abzugs der sowjetischen Truppen aus dem Land zur Diskussion zu stellen. Diese beiden vorerwähnten Elemente bildeten in der Folgezeit schwerwiegende Seiten des »rumänisch-sowjetischen Dossiers«.

3. Der wirtschaftliche Rahmen

Dies war die Zeit des wirtschaftlichen »Dogmatismus«, von einem erbitterten »Dirigismus« und »Etatismus« gekennzeichnet[10]. Eine kurze Skizzierung der wirtschaftlichen Fragen ist hier wegen ihrer Interdependenz mit dem politischen Bereich notwendig, da sie das Bild Rumäniens im Jahre 1956 vervollständigt. Es handelt sich um eine Doppelverbindung, eine gegenseitige Bedingtheit. Die außerordentlich niedrige landwirtschaftliche Produktion im Jahre 1956 (die niedrigste im ganzen Jahrzehnt) zwang die rumänische Führung, Moskau um die Gewährung von Krediten — unentbehrlich für den Ankauf von Getreide und anderen Nahrungsmitteln — zu bitten. Das führte natürlich dazu, daß Rumänien in der sowjetischen »Schlinge« (dem neuen Kurs zum Trotz) zu ersticken drohte. Gleichzeitig erfuhren die Wirtschaftsprogramme — eine Widerspiegelung der Entwicklungen auf politischem Gebiet, insbesondere in der Außenpolitik — eine Reihe von Änderungen, von denen einige angesichts des damaligen Systems als spektakulär gelten mußten. Sie bezogen sich vor allem auf das Verhältnis zwischen Investitionen und Verbrauch sowie zwischen den der Entwicklung des Sektors A (Schwerindustrie) und den der Entwicklung des Sektors B (Verbrauchsgüterindustrie) zugewiesenen Fonds.

Teilweise waren die Entwicklungen innerhalb der internationalen kommunistischen Bewegung durch die mangelhafte materielle Lage der überwiegenden Mehrheit der betroffenen Bevölkerung in Polen und Ungarn bedingt. Daher beschloß die rumänische Partei- und Staatsführung eine »Lockerung der Zügel«, indem sie ab Anfang 1957 ein neues Lohnsystem einführte und auf die sogenannten Beitragsanteile verzichtete[11].

10 Georgescu, ebd., S. 255–259.

11 »Beitragsanteile« bezeichneten die Pflicht der Bauern, einen Anteil ihrer Erträge (Getreide, Fleisch, Wolle) an den Staat zu viel niedrigeren als den marktüblichen Preisen abzugeben. Diese Anteile wurden in Abhängigkeit von der Fläche und Fruchtbarkeit des Bodenstücks jeder einzelnen Familie festgelegt.

4. Die rumänische Führung und die internationalen Krisen

»Ein informierter Mensch zählt wie zwei«. Dies trifft erst recht auf die militärisch-politische Führung eines Staates im »Jahrhundert der Information« zu.

Die Entscheidung als Führungskomponente hängt von der Qualität der Information, von der Einstellung der die Information vermittelnden Person, vom Rahmen und von der Interpretations(Erläuterungs-)weise der Information ab. Alle diese Faktoren spielten bei den Ereignissen des Jahres 1956 eine Rolle.

Die Qualität der Information ist von der Quellenart (primär, sekundär, mit unmittelbarem oder mittelbarem Zugang zu den betreffenden Ereignissen) sowie vom Tempo ihrer Übermittlung abhängig. Im Fall Polens, Ungarns und Ägyptens (in der chronologischen Ordnung der Ereignisse) dienten als Quellen die rumänischen Botschafter (Marin F. Ionescu, Ion Popescu-Pţuri und Dionisie Ionescu) —, Beamte, die Zugang zu etlichen bedeutenden »Akteuren« der jeweiligen Dramen hatten und gleichzeitig auch mit anderen Vertretern der lokalen Behörden oder mit der diplomatischen Welt in den Hauptstädten, wo sie akkreditiert waren, in Kontakt kamen. Die Informationen stammten mithin von primären Quellen ab und boten ein globales Bild der Lage.

Als offizielle Vertreter verfügten sie über entsprechende technische Mittel, die es ihnen ermöglichten, die Telegramme nach Bukarest mit höchster Dringlichkeit aufzugeben. Somit erreichten die Berichte des rumänischen Botschafters während der »heißen« Zeit der Revolution in Ungarn in nur zweieinhalb Stunden den Tisch des Außenministers Grigore Preoteasa.

Im Falle Ungarns gab es noch eine andere Quellenkategorie, und zwar die offiziellen Delegationen, die mit unterschiedlichen Anliegen (wissenschaftlichen, kulturellen) ins Land kamen, oder sogar Privatpersonen, die bei ihrer Rückkehr in Rumänien ihre Eindrücke über die Ereignisse, deren Augenzeuge sie geworden waren, mitteilten. Diese Informationen waren selbstverständlich ebenfalls primär, aber sie spiegelten lediglich einen Ausschnitt des (manchmal belanglosen) Ereignisses wider. Unzulänglichkeiten wiesen die Meldungen dieser Gruppe auch hinsichtlich ihrer Aktualität auf. Im besten Fall (beispielsweise dem des Mihai Beniuc, der am Ende des Monats Oktober auf Einladung des Schriftstellerverbandes Ungarn besuchte) gelangten die betreffenden Berichte nach mehr als zwei Wochen in die Hände der Parteiführung.

Wesentlich ist auch die Stellung der Quelle gegenüber dem berichteten Ereignis (objektiv oder parteiisch) und ihre Stellung gegenüber dem Nutzer der Information (unabhängig oder abhängig, gezwungen oder nicht). Im besonderen Fall unseres Themas ist die Sache einfach, da es sich um Botschafter (oder ihre Stellvertreter) handelt. Die Quelle ist somit objektiv und abhängig, ohne daß letztlich die Charakteristik den Informationsinhalt beeinträchtigt.

Der Rahmen und die Informationsverarbeitung sind von wesentlicher Bedeutung für eine Entscheidung. In den Analysen der Ereignisse in den drei Staaten nahm die ungarische Revolution einen zentralen Platz ein. Alle diese Ereignisse wurden aber von demselben Forum — dem Politbüro des ZK der Rumänischen Arbeiterpartei, einer Instanz, die die Hauptrichtungen der Partei- und Staatshandlungen absteckte — besprochen.

Es gab also alle Bedingungen, um eine richtige Entscheidung im Sinne der Interessen des damaligen Systems und seiner Vertreter treffen zu können.

Zwei Quellenarten liegen unserer Erörterung zugrunde. Die erste Quellenart bilden die Berichte der Botschafter in den drei Ländern; dazu kommen die Telegramme der rumänischen diplomatischen Vertreter in Belgrad und Moskau (Staaten, die in der ungarischen Revolution tief impliziert waren). Was Moskau betrifft, so sind die schlechte Qualität und die geringe Menge der in Bukarest über den rumänischen diplomatischen Kanal eingetroffenen Informationen zu erwähnen, was zu der Schlußfolgerung führt, daß zu diesem Zweck in erster Linie der (bisher quellenmäßig unerschlossene) sowjetische Kanal verwendet worden ist.

In der Masse der von den Botschaftern übermittelten Informationen sind vor allem diejenigen von Bedeutung, die sich auf die beteiligten Kräfte (mit Ausnahme von Kairo, wo die Lage im Vergleich zu Warschau oder Budapest ganz anders aussah), den Charakter und das Programm der Bewegung, die Hervorhebung der Verbindungen zwischen den Ereignissen sowie die Abwicklung der Handlungen beziehen.

Es ist interessant, die in den Berichten verwendete Ausdrucksweise für die beteiligten Kräfte und die sie verändernden Faktoren zu analysieren. Die ersten Nachrichten sprechen von Demonstrationen und bewaffneten Auseinandersetzungen, die von »Banditen«[12] und »Rowdies«[13] provoziert wurden. (Seltsame Ähnlichkeit mit den drei Jahrzehnte später von Nicolae Ceaușescu während des Aufstandes von Timisoara im Dezember 1989 verwendeten Ausdrücken!) Schritt für Schritt verzichtete man auf derartige Schablonen, die wahrscheinlich im Rahmen des Meinungsaustausches mit »unserem besten Freund« — ein den sowjetischen Botschafter bezeichnendes Syntagma — durchgesetzt wurden. Anerkannt wurde zugleich die Beteiligung anderer gesellschaftspolitischer Kategorien: »Studenten und Arbeiter«, »die demokratische Intelligenz«, »Militärs«, »die Jugend«, »die Ungarische Nationale Bauernpartei« und die »Partei der Kleingrundbesitzer«[14]. Selbstverständlich verzichtete man nicht völlig auf Ausdrücke wie »die Reaktion«, »Feindelemente«, »Horthyelemente«; aber daß es sich um eine allgemeine Erhebung handelte, wurde trotzdem anerkannt. Der rumänische Botschafter in Warschau teilte (am 23. Dezember 1956) nach Bukarest folgendes mit: »Die Partei verliert immer mehr an Boden, die Autorität der Partei sinkt in den Reihen der Masse. Immer breitere Massen, von Intellektuellen und Studenten geführt, erheben sich gegen die Partei, um ihren Standpunkt mit Gewalt, wo sie können, oder durch Erpressung durchzusetzen[15].«

12 Archiv MAE [Rumänisches Ministerium für Auswärtige Anlegenheiten], Bestand »Varșovia«, Rep. 25/1956, S. 1.

13 Ebd., Bestand »Budapesta«, Rep. 34/1956, S. 118.

14 Ebd., Bestand »Varșovia«, Rep. 25/1956, S. 40, 41, 60, 91; Bestand »Budapesta«, Rep. 34/1956, S. 128, 134.

15 Ebd., Bestand »Varșovia«, Rep. 25/1956, S. 91.

Der stellvertretende Außenminister, Aurel Malnaşan, nach Budapest mit einem Spezialauftrag geschickt, erklärte bei seiner Rückkehr in Bukarest (30. Oktober): »Zur Zeit gibt es keine konstituierte politische Kraft, die die Situation beherrschen könnte. Die Anwesenheit der Partei ist nicht spürbar. Die Initiative bleibt noch in der Hand der Reaktion, und die Regierung (unter deren Druck) macht eine Konzession nach der anderen. Losungen klerikaler bürgerlicher Parteien kommen zum Vorschein[16].« Es ist möglich, daß Malnaşan — Vertreter einer Parteigruppierung, die eine lediglich oberflächliche Entstalinisierung wünschte — das Wesen der sich in Ungarn abwickelnden Prozesse mißverstanden und deswegen falsch eingeschätzt hat.

Ähnliche ideologische Grenzen wiesen auch diejenigen Meldungen auf, die Informationen über den Charakter und das Programm der Bewegungen in Polen und Ungarn enthielten. Zu einer Zeit, wo ein »guter Kommunist« vor allem »loyal Moskau gegenüber sein sollte« und wo diese Loyalität genau abgewogen wurde und davon viel abhing, kann es nicht verwundern, daß die aus diesen beiden Hauptstädten aufgegebenen Telegramme — wenn auch ohne darauf zu bestehen — vom »antisowjetischen« Charakter der Aktionen sprachen. Aus Warschau teilte man mit: »Es wurde eine Gewaltpolitik gegenüber der Sowjetunion und den anderen Bruderländern«[17] gefordert, »selbst das Parteiaktiv spricht von der Sowjetunion als von Polens ›Feind Nr. 1‹[18].« In der Tat drückten Worte wie »die Gewaltpolitik« und »die Feindschaft« den Wunsch der polnischen Führung aus, den Sozialismus mit »polnischem und nicht mit stalinistischem Antlitz« aufzubauen[19], die Freundschaft auf »Gleichheitsgrundsätzen zu gestalten«[20] und »den veralteten Marxismus zu revidieren«[21]. So legte man beispielsweise am 26. Oktober das Wirtschaftsprogramm der neuen polnischen Führung vor: »Der Handelsaustausch soll aufgrund einer korrekten Berechnung der Kosten und nicht zu Präferenzpreisen erfolgen, die zur wirtschaftlichen Schwächung eines Landes durch das andere führen. Die Industrialisierung eines jeden Landes soll die eigenen nationalen Möglichkeiten, Rohstoffe, die qualifizierten Arbeits- und Absatzmärkte berücksichtigen, wobei keine Industriezweige, die dem Land unermeßliche Verluste zufügen und nur dem Binnenmarkt des anderen Bruderlandes mit gewissen Waren dienen, aufgezwungen werden sollen[22].«

Das politische Programm wurde so zusammengefaßt: »International soll eine Politik der engen Beziehungen zu allen Ländern, die den Sozialismus auf politischem, kulturellem und wirtschaftlichem Gebiet aufbauen, gefördert werden, und das auf der Grundlage der Gleichberechtigung und Nichteinmischung in die inneren Angelegenheiten im politischen, militärischen oder wirtschaftlichen Bereich[23].«

16 Ebd., Bestand »Budapesta«, Rep. 34/1956, S. 141.
17 Ebd., Bestand »Varşovia«, Rep. 25/1956, S. 42.
18 Ebd., S. 44.
19 Ebd., S. 47.
20 Ebd., S. 49.
21 Ebd., S. 47.
22 Ebd., S. 53.
23 Ebd.

Es fällt auf, daß in der Darlegung des Programms Zitate aus Ansprachen verschiedener Führer und Äußerungen polnischer Politiker gegenüber rumänischen Diplomaten verwendet wurden.

Was Ungarn angeht, ergänzte der Botschafter, daß es neben dem »antisowjetischen Charakter« auch einen »nationalistischen Zug« gebe. »Stalins Statue wurde zu Boden gerissen, es wurde ›Russen raus!‹ gerufen, das Schaufenster mit ideologischen Büchern wurde in Brand gesetzt, und es wurden ›antisemitische Losungen‹ gerufen[24].« Zur Erklärung der Ereignisse, deren Augenzeuge er war, übermittelte der Diplomat nach Bukarest: »Die Aktion ist Bestandteil eines lange vorbereiteten verbrecherischen internationalen Plans zur Abschaffung der sozialistischen Demokratie, ein Plan, von dem sowohl die Armee als auch der Polizei- und Sicherheitsapparat Kenntnis hatten. Die Organisatoren der Aktion bauten auf nationale Gefühle und die Unzufriedenheit unter der Bevölkerung[25].« Obwohl er die breiten Ausmaße des Wunsches nach Umgestaltung richtig erfaßte (anderswo berichtete er vom »antisowjetischem Geist, der auch den Partei- und Staatsapparat durchdrang«), so scheitert er jedoch mit der Erklärung der Ursachen der Revolution (was bis zu einem gewissen Punkt erklärlich ist, wenn man ideologische und psychologische Erwägungen in Betracht zieht).

Das Programm des ungarischen Widerstandes wurde am 2. November nach Bukarest übermittelt: »Die ungarische Regierung kündigt sofort die Mitgliedschaft im Warschauer Pakt, ruft zugleich die Neutralität Ungarns aus und wendet sich an die UNO[26].«

Der Vergleich der Programme der Bewegungen in Polen und Ungarn (so wie sie von den rumänischen Botschaftern erfaßt worden sind) stellt die unterschiedlichen Optionen in Warschau und Budapest in den Vordergrund. Während die Polen die Änderung ihrer Stellung im Rahmen des Blocks (Herstellung von gleichberechtigten Beziehungen zwischen den Partnern, abgesehen vom wirtschaftlichen und militärischen Potential) ins Auge faßten, zielte die ungarische Führung auf das Ausscheiden aus dem sozialistischen Block ab, d.h. auf den Verzicht auf sozialistische politische und wirtschaftliche Beziehungen, den Austritt aus den von der UdSSR kontrollierten Militärstrukturen, die Rückkehr zum Prinzip des Privateigentums, die Gewährung einer breiten Skala von individuellen Freiheiten usw.

Über die Vorgänge in Warschau und insbesondere in Budapest wurden die Entscheidungsträger in Bukarest mehrmals täglich informiert, so daß man annehmen konnte, daß sie von der Situation in den betreffenden Ländern eine genaue Kenntnis hatten. Erneut unterstreichen wir, daß das Wissen um die politische Bedeutung dieser Situation zu einer Interpretation führte, die davon zeugt, daß dem Kern der Veränderungen, die in diesen beiden Staaten vor sich gingen, kein Verständnis entgegengebracht wurde[27].

24 Ebd., Bestand »Budapesta«, Rep. 3/1956, S. 188.
25 Ebd., S. 128.
26 Ebd., Rep. 35/1956, S. 5.
27 Zu den zentralen Fragen der ungarischen Revolution zählt das sogenannte »Imre Nagy Dos-

Die Telegramme aus Kairo unterscheiden sich wesentlich von den bisher erwähnten, so wie die Suezkrise auch vom polnischen »Frühling« oder der ungarischen Revolution völlig verschieden war. Größtenteils tragen diese Telegramme den Charakter von »Frontkorrespondenzen«, sie informieren über die Kräftekonzentration in den beiden Lagern, die Abwicklung der militärischen Operationen oder Vermittlungsmissionen[28].

In diesem Zusammenhang ist die Absicht der rumänischen Führung, sich in weltweite Handlungen einzulassen, zu erwähnen[29] — in einer Region, die in den nachfolgenden Jahrzehnten eine Lieblingszone der rumänischen Diplomatie geworden ist. Es handelt sich hierbei um die erste — wenn auch unvollständig — dokumentierte rumänische Implikation in der »heißen« Region des Nahen Ostens — eine Verwicklung, die später Moskau wiederholt »stören« sollte.

Damals, im November 1956, ersuchte die rumänische Regierung den Generalsekretär der UNO um eine Genehmigung, Truppen für das Blauhelmkontingent in Ägypten stellen zu dürfen[30]. Die UNO-Truppen in Ägypten umfaßten am Ende allerdings keine rumänischen Soldaten. Entweder hat Dag Hammarskjöld diesem Angebot nicht zugestimmt, oder Gamal Abd-el Nasser hat es nicht genügend unterstützt.

Fast zum gleichen Zeitpunkt trafen in Bukarest von der israelischen Regierung der »Vorschlag und die Bitte [ein], daß Rumänien seine internationale Stellung wahrnimmt und seine guten Dienste anträgt, um Ägypten zu beeinflussen, die Friedensverhandlungen mit Israel aufzunehmen«[31]. Mehr davon enthüllen die Archive vorläufig nicht, weder über die Erörterung dieser Frage im obersten Führungsforum, noch über die Entwicklung der betreffenden Ereignisse.

Die Informationen aus den drei Hauptstädten sowie jene, die die sowjetische Quelle übermittelt hatte (sie wären vermutlich in den Moskauer Archiven aufzufinden), lagen den Analysen des Politbüros des ZK der Rumänischen Arbeiterpartei sowie den von ihm getroffenen Maßnahmen zugrunde.

Zwar erklärte sich die Rumänische Arbeiterpartei mit einer lediglich oberflächlichen Entstalinisierung einverstanden (daher auch die getroffenen Maßnahmen nur zu einer »Verschönerung« der Situation), aber sie zeigte zugleich die

sier«. Leider hat der Verfasser dieser Studie keinen Zugang zu den in den Archiven der Russischen Föderation vorhandenen Akten gehabt. Dies ist von entscheidender Bedeutung, da das Schicksal des ungarischen Revolutionsführers in Moskau besiegelt worden ist. Auf diese Art und Weise wurden die rumänischen Behörden in die Lage versetzt, den vom Kreml erteilten Auftrag durchführen zu müssen. Demzufolge könnte man behaupten, daß nur eine gründliche Einsicht sowohl in diese als auch in die diesbezüglichen rumänischen Akten das sogenannte »Imre-Problem« beleuchten kann. In Ermangelung einer eingehenden Erforschung dieser Frage werden die Schlußfolgerungen unvollständig (wenn nicht falsch) sein.

28 Archiv MAE, Bestand »Kairo«, Rep. 25/1956, passim.

29 Angesichts des gegenwärtig fehlenden Aktenzugangs kann man nicht genau beurteilen, inwieweit diese Aktionen von Moskau initiiert worden sind oder ob es sich tatsächlich um rumänische Initiativen handelte.

30 Archiv MAE, Rep. 28/1956, Bestand »Kairo«, S. 97; Rep. 25/1956, S. 191.

31 Ebd., Bestand »Varşovia«, Rep. 27/1956, S. 48.

Bereitschaft — offensichtlich aus Gründen der Machterhaltung und nicht der Sorge um die Nation —, sich vom sowjetischen »Schirm« zu entfernen. Diese Handlungen trugen einen dualistischen Charakter, da sie einerseits die Schaffung von entsprechenden Rahmenbedingungen, die die Auslösung von Bewegungen wie in Polen und Ungarn verhindern sollten, und andererseits ein Programm zur schließlichen »Jugoslawisierung« der rumänischen Außenpolitik zum Ziel hatten.

Ab 24. Oktober trat das Politbüro fast täglich zusammen, um die in Ungarn entstandene Lage (insbesondere diese bereitete ihm Sorgen, da es in Polen der Partei gelang, die Situation zu beherrschen) zu erörtern. Das Interesse für die Ereignisse in Budapest war so stark, daß sich eine offizielle Delegation, von Gheorghiu-Dej persönlich geführt, nach Budapest begab, wo sie mit der neuen Parteiführung sprach. Dabei wurden der »Fall Imre Nagy« (wobei man sich hinsichtlich der sowjetischen und jugoslawischen Standpunkte zu einigen suchte) wie auch die Wiederherstellung der Partei- und Staatsstrukturen der neuen »revolutionären Bauern- und Arbeiterregierung«, geführt von János Kádár, ins Gespräch gebracht[32].

Die angesichts der Ereignisse in der Nähe der rumänischen Grenzen getroffenen Maßnahmen zielten insbesondere ab auf: Schaffung von Strukturen für diese besondere Situation; Intensivierung der internen Überwachung derjenigen, die als »antiparteiliche Elemente« bekannt waren; Verschärfung der Überwachung an der Grenze mit Ungarn (zudem die Sperrung des freien Verkehrs zwischen den beiden Ländern); Erhaltung, »einige Tage lang, bis zur Klarstellung der Lage in Ungarn«[33], des Kontingents, das befreit werden sollte; Verschärfung der Überwachung der Rundfunk-, Post-, Telefon- und Telegrafenanstalten wie auch anderer Betriebe und Einrichtungen; Intensivierung der Propagandatätigkeit zur Aufklärung über die Ereignisse in Ungarn. In diesem Zusammenhang versuchte man, eine Verbesserung des Lebensstandards auch mittels Zwangsmaßnahmen zu erreichen. Einiges davon waren Veränderungen mit sofortiger Wirkung — »Man soll der Versorgung der Bevölkerung und vor allem der großen Arbeiterzentren mit Lebensmitteln besondere Aufmerksamkeit zuwenden[34]« — anderes sollte langfristig wirken, wie etwa ein neues Entlohnungssystem und die Abschaffung der sogenannten Beitragsanteile.

Archivdokumente, die gegenwärtig der Forschung zugänglich sind, bestätigen nicht, daß Moskau ein eventuelles rumänisches militärisches Eingreifen gefordert oder daß man in Bukarest darüber diskutiert hätte. Die einzige Beteiligung Bukarests besteht in der Kádár angebotenen Unterstützung für den Wiederaufbau der Parteistrukturen und der kurzfristigen Übernahme des ungarischen Revolutionärsführers Nagy. Diese letztgenannte Aktion wurde nicht einseitig von den

32 Archiv des ZK der RKP, Bestand »Protocol Biroul Politic«, Rep. 365, S. 5–45; Archiv MAE, Bestand »Budapesta«, Rep. 34/1956, S. 170–183.

33 Archiv des ZK der RKP, ebd., Rep. 354, S. 2.

34 Ebd., S. 4.

rumänischen Gremien, sondern nach »Vierer«-Beratungen (Moskau, Budapest, Belgrad und Bukarest) beschlossen. Jedenfalls wurde das gewaltsame Verbringen der »Nagy-Gruppe« aus Ungarn von den sowjetischen Truppen durchgeführt.

Da sie sich ihrer mangelnden Akzeptanz in der Nation bewußt war, behandelte die Parteiführung die interne Lage als eine Krise und schuf demzufolge eine Reihe von Mechanismen, um mit deren Hilfe die Stimmung der Bevölkerung zu erfassen und zu überwachen sowie zugleich ihre eigene Position zu erhalten[35]. Es handelt sich hierbei um das »Generalkommando« (bestehend aus Emil Bodnaras, Nicolae Ceauşescu, Alexandru Draghici und Leontin Sălăjan)[36], das »das Recht hatte, wo es sich als notwendig erweist, bestimmte Maßnahmen [zu treffen], um die Ordnung aufrechtzuerhalten«, wie auch das Recht, »wenn nötig, das Feuer zu eröffnen«[37]. Natürlich war das ein extremer Schritt, denn die »gewöhnlichen« Schritte waren: die Einstellung der Kurse in Hochschulen, das Verbot der touristischen Reisen nach/aus Ungarn (während der Krisenzeit), die Bereitstellung von Truppen, die Aufstellung der bewaffneten Arbeiterdetachements, die Ergänzung der Redaktionen der ungarischen Zeitungen (»Előre« und »Múltunk«) mit »Vertrauensfunktionären«[38].

Das angenommene Programm spiegelt kaum die Komplexität der Stellung der rumänischen obersten Führung gegenüber der Revolution in Ungarn wider. Im Zusammenhang mit der dualistischen Handlungsweise von Gheorghiu-Dej kam zu den bereits erwähnten Schritten noch eine externe Komponente hinzu. Gheorghiu-Dej versuchte, eine Umgestaltung der Beziehungen zwischen Rumänien und der UdSSR durchzusetzen.

Manche Memoirenschreiber[39] führen dies auf die Gewalt, mit der die Sowjets die ungarische Revolution niedergeschlagen haben, zurück. In der Tat zeichnete sich diese Idee bereits im August 1955 nach dem Genfer Gipfel ab, aber sie trat im Jahre 1956 in den Vordergrund als Reaktion auf die Erklärung der sowjetischen Regierung »Zu den Entwicklungsgrundlagen und zur Stärkung der Freundschaft und Zusammenarbeit zwischen der UdSSR und den anderen sozialistischen Ländern«. Schon am zweiten Tag (31. Oktober), nachdem der sowjetische Standpunkt veröffentlicht worden war, erörterte das Politbüro des ZK der Rumänischen Arbeiterpartei die neuen, aufgrund der sowjetischen Erklärung ermöglichten Entwicklungstendenzen im Rahmen der Beziehungen zwischen dem »Zentrum« und seinen »Abzweigungen«. Man nahm auch an, daß die nötigen Voraussetzungen vorhanden waren, um »die Frage der Stationierung der sowjetischen Truppen auf dem Territorium der Volksrepublik Rumänien mit der Regierung der UdSSR zu besprechen«. Während dieses Gesprächs sollte gezeigt werden, daß »nach Meinung der Regierung der Volksrepublik Rumänien die Stationierung der sowjeti-

35 Archiv MAE, Bestand »Budapesta«, Rep. 34/1956, S. 141–148, 154–164, 120–183.

36 Archiv des ZK der RKP, Bestand »Protocol Biroul Politic«, Rep. 358, S. 9 f.

37 Ebd., S. 4. (Es verdient noch einmal die Ähnlichkeit der Maßnahmen, die Ceauşescu 1989 getroffen hat, mit denen von Dej 1956 durchgeführten hervorzuheben.)

38 Ebd.

39 So z.B. Brucan, Generaţia irosită, S. 72–77.

schen Truppen auf rumänischem Territorium vom Standpunkt der inneren Situation der Volksrepublik Rumänien aus nicht mehr notwendig ist«. Um diese Initiative akzeptabel zu machen, wurde sie damit begründet, daß der Abzug der sowjetischen Divisionen aus Rumänien (auf zwei mech. Divisionen geschätzt)[40] zur Verringerung der Ursachen der antisowjetischen Agitation führen könnte. Dies wurde als eine willkommene Gelegenheit betrachtet, »auch das Problem der Zurückbeorderung der sowjetischen Berater aus der Volksrepublik Rumänien, die im Rahmen verschiedener Institutionen der Volksrepublik Rumänien wirkten, anzuschneiden«[41].

Diese und auch wirtschaftliche Fragen standen im Blickpunkt der rumänischen Delegation, die in den letzten Novembertagen Moskau besuchte. Eine protokollarische Begebenheit erhellt die politischen Hintergründe der Beziehungen zwischen Moskau und den übrigen Staaten des »sozialistischen Lagers«. Die rumänische Delegation sollte von Gheorghiu-Dej geführt werden, aber er verzichtete auf diese offizielle Reise und ernannte Ministerpräsident Stoica zum Leiter der Delegation. Infolge wiederholter Fragen der Sowjets nach den Ursachen der Abwesenheit des Ersten Sekretärs der Rumänischen Arbeiterpartei suggerierte Stoica in einem »sehr, sehr dringenden« Telegramm, daß »das Erscheinen des Genossen [Gheorghiu-Dej] absolut notwendig ist: Wir fürchten, *seine eventuelle Abwesenheit könnte in der gegenwärtigen politischen Lage als eine Verweigerung gedeutet werden*[42].« Ähnliche Aufmerksamkeit wurde (angesichts der Wichtigkeit der Forderungen) der bei der Abfassung der Forderungen verwendeten Ausdrucksweise geschenkt, was erklärlich ist, wenn man die besonderen Verhältnisse nach der ungarischen Revolution in Betracht zieht: »Wie gesagt, haben wir eine inständige Bitte, wir werfen eine Frage auf, und falls sie unrichtig ist, bitten wir Sie, uns zu sagen, daß wir Fehler begehen. Möglicherweise sind bei der Umsetzung der zwischen unserem Land und der Sowjetunion bisher abgeschlossenen Abkommen etliche Fehler begangen worden, und deshalb erbitten wir Ihre Einwilligung, [den Text] noch einmal durchzusehen. Falls wir uns in unseren Auffassungen und Vorschlägen irren, bitten wir Sie, es uns zu sagen[43].«

Die Auswirkung der internationalen Krisen, insbesondere der ungarischen Revolution, auf die Bevölkerung war sehr groß. Wenn auch nicht veröffentlicht, waren die Bekundungen zugunsten eines möglichen Erfolgs der antikommunistischen und antisowjetischen Bewegung sehr zahlreich. Trotz aller Repressionsmaßnahmen enthielten die Informationsblätter, die beim ZK der Rumänischen Arbeiterpartei zweimal täglich erstellt wurden, zahlreiche Beispiele der von »feindlich gesinnten Elementen« entfalteten Tätigkeit gegen das kommunistische Regime. Was die »feindlich gesinnten Elemente« angeht, sind zwei Tatbestände festzuhalten. Zum einen berichten die Quellen über »Agitations- und provokatorische

40 NA, RG 263, Box 3, Folder 90.

41 Archiv des ZK der RKP, Bestand »Protocol Biroul Politic«, Rep. 359, S. 1 f.

42 Archiv MAE, Bestand »Moscova«, Rep. 49, S. 159. Hervorhebung des Verfassers.

43 Archiv des ZK der RKP, Bestand »Prodocol Biroul Politic«, Rep. 366, S. 10.

Aktionen einer Reihe von Intellektuellen und Studenten«[44]. Aber nicht nur die Intelligenz »bewegte« sich im Jahre 1956, sondern auch die Arbeiter, die Bauern, die Armeeangehörigen — Parteilose und Mitglieder der Partei. In den internen Dokumenten der Rumänischen Arbeiterpartei[45] wurde eingestanden, daß in den »Versammlungen der Partei- und des UTM[46] und insbesondere in den Sitzungen bei verschiedenen Instituten nach den Ereignissen in der Volksrepublik Ungarn gefragt und zugleich eine detaillierte Aufklärung gefordert wurde. In manchen (sehr seltenen) Fällen hatten etliche Fragen und Meinungen einen tendenziösen Charakter. Zum Beispiel: ›ob die Unzufriedenheiten nicht von der Anwesenheit der sowjetischen Armee verursacht worden seien‹; ›aus welchem Grund die sowjetische Armee eingegriffen habe‹; ›ob diese Intervention mit dem Beschluß des XX. Kongresses der KPdUS im Einklang sei [...]‹; ›auch bei uns leben die Bauern in Elend und Armut‹.«

Zum anderen ist das Verbreitungsgebiet dieser Bekundungen bemerkenswert. Sie sind nicht nur einer bestimmten Zone eigen, wie man bei einer oberflächlichen Analyse glauben könnte, sondern sie erfaßten — Zeuge dafür sind die Informationsblätter — das ganze Land. Sie führten jedoch nicht zu einer Reform (wie in Polen) oder einer gewaltsamen Aktion (wie in Ungarn) gegen die stalinistischen Strukturen. Die Stagnation widerspiegelt das Ausmaß der Repressionsmaßnahmen. »Wir sollen für die Vernichtung und das Niederschlagen aller Versuche der konterrevolutionären Elemente kämpfen[47],« ganz gleich welche Form sie annehmen — so Ceaușescu auf der Plenarsitzung des Stadtkomitees der Rumänische Arbeiterpartei Bukarest vom 15. November.

Die byzantinische Verflechtung der Strafmaßnahmen mit einigen wirtschaftlichen Erleichterungen und das Fehlen einer realen Kraft, die die antisowjetischen Gefühle und Gesinnungen auf einen gemeinsamen Nenner hätten bringen können, führten dazu, daß die rumänischen Echos auf die ungarische Revolution und den »polnischen Frühling« nicht zu laut wurden.

Die Ereignisse in Polen und Ungarn, weniger diejenigen in Ägypten, wurden von Gheorghiu-Dej geschickt ausgenutzt, Chruschtschow davon zu überzeugen, daß sein Verbleib an der Spitze der Rumänischen Arbeiterpartei die sicherste Lösung sei, Moskau vor »Überraschungen« zu schützen. Der rumänische Führer benutzte jedoch den ihm gewährten Aufschub, um sich gegen seine »Beschützer« zu wenden und sie nur zwei Jahre später zur Unterzeichnung des Befehls über den Abzug der sowjetischen Truppen aus Rumänien zu veranlassen. Zum ersten Mal stimmte eine Aktion der Rumänischen Arbeiterpartei mit den Interessen der Nation überein. Allerdings lag diese Übereinstimmung der Meinungen auch der Strategie der Partei in den sechziger Jahren zugrunde, sich von dem externen Machtzentrum zu lösen, ohne daß es jedoch zu einer positiven Umwandlung der Gesellschaft gekommen ist.

44 Ebd., Bestand 85, Rep. 84, S. 8.
45 Ebd., Bestand 1, Rep. 74/1956, S. 72–78.
46 Uniunea Tneretului Muncitor = Verband der Arbeiterjugend.
47 Archiv des ZK der RKP, Bestand 85, Rep. 84, S. 10.

Torsten Diedrich und Rüdiger Wenzke

Mit »Zuckerbrot und Peitsche« gegen das Volk. Die DDR und ihre bewaffneten Kräfte im Krisenjahr 1956

Als am 14. Februar 1956 im Moskauer Großen Kremlpalast der XX. Parteitag der Kommunistischen Partei der Sowjetunion eröffnet wurde, ahnte kaum jemand, daß sich dieser Kongreß von allen vorangegangenen grundlegend unterscheiden würde. Zwar hofften die Menschen in Ost und West — drei Jahre nach dem Tod des »Generalissimus« Jossif W. Stalin — auf neue Aspekte in der sowjetischen Politik. Aber bereits die ersten, wie gewohnt Stereotype wiederholenden Referate ließen diese Hoffnung rasch schwinden. Erst am vorletzten Tag des Parteitages geschah Unfaßbares. KPdSU-Chef Nikita S. Chruschtschow rechnete mit Stalin und seiner Politik ab. Die Delegierten mußten auf dieser als geschlossen deklarierten Sitzung Ungeheuerliches erfahren: Der »unsterbliche Führer des Weltproletariats« und hochverehrte Genosse Stalin erschien plötzlich als Massenmörder, Geschichtsfälscher und größenwahnsinniger Despot.

Ebenso überrascht wie die versammelten Sowjetfunktionäre waren wenig später die Führer der am Parteitag teilnehmenden kommunistischen Bruderparteien, als sie die Geheimrede Chruschtschows übermittelt erhielten. Die deutsche Delegation unter Walter Ulbricht, Erster Sekretär des Zentralkomitees der Sozialistischen Einheitspartei Deutschlands, hörte dem Bericht in einer Moskauer Villa kommentarlos zu[1].

Die Enthüllungen des XX. Parteitages und speziell die der Rede Chruschtschows wirkten auf die Führungen und auf die Menschen in den Ländern des Sowjetblockes in ganz unterschiedlicher Weise. Der Vorgaben und Anweisungen aus Moskau beraubt, traten einerseits Ideen- und Konzeptlosigkeit in den Leitungsetagen der kommunistischen Bruderparteien deutlicher als je zuvor zutage. Andererseits, durch das Vorbild Chruschtschows animiert, versuchten reformorientierte Kräfte — vor allem in der Intelligenz — unter Berufung auf die Kritik an Stalin, überholte und ineffiziente Strukturen im politischen System des Staates zu verändern, um letztlich eigene, stärker national geprägte Wege bei der Umsetzung des sozialistischen Gesellschaftskonzepts verwirklichen zu können.

Aus dem Gedankengut des XX. Parteitags der KPdSU erwuchs so ein geistiger Auseinandersetzungsprozeß, der vergleichbar war mit der Aufbruchstimmung der unmittelbaren Nachkriegsjahre in den einzelnen von der UdSSR dominierten Ländern. Der Ruf nach partiellen Veränderungen am stalinistischen Gesell-

1 Mitter/Wolle, Untergang, S. 168 f.

schaftssystem fand seine substantiellen Grundlagen in den allgemein vorherrschenden Krisenerscheinungen und Versorgungsproblemen, dem deutlichen allgemeinen Zurückbleiben des Ostblockes hinter der westlichen Welt und nicht zuletzt in der wachsenden Unzufriedenheit der Masse der Bevölkerung mit der ständigen Gängelei und dogmatischen Bevormundung durch das kommunistische Regime.

Die Spitzenfunktionäre der versammelten kommunistischen Parteien hatten noch auf dem KPdSU-Parteitag in Moskau vereinbart, daß der brisante Inhalt der Chruschtschow-Rede der Öffentlichkeit nicht im Wortlaut bekanntgemacht werden sollte. Daran hielt sich anfangs auch das ZK der SED. Ulbricht hatte angewiesen, »nicht über die Frage der geschlossenen Sitzung des XX. Parteitages [zu] informieren, wie wir überhaupt über diese Frage keine breite Information durchführen wollen. Es liegt gar kein Grund bei uns vor[2].«

Die Neuigkeiten aus Moskau ließen sich aber auch in der DDR nicht lange verschweigen. Nachdem bereits in ersten Meldungen der westlichen Presse über den Inhalt der Rede berichtet wurde, sickerten immer mehr Informationen durch. Unglaube, Zweifel und Verklärung des Stalin-Bildes auf der einen, Abscheu und der Ruf nach Konsequenzen für die SED-Führung auf der anderen Seite waren die Folge. Walter Ulbricht, selbst Protagonist des Stalin-Kultes, reagierte mit erhöhter Wachsamkeit und einer differenzierten Taktik. Daß er dabei um einige kosmetische Korrekturen nicht herumkam, hatte der erfahrene Politiker rasch erkannt. Für ihn stand jedoch fest, daß es eine politische »Tauwetterpolitik« in seinem Machtbereich nicht geben dürfe.

Dessenungeachtet erhielt die Diskussion über die allgemeinen wirtschaftlichen und politischen Krisenerscheinungen objektiv auch in der DDR — wie in den anderen sozialistischen Ländern — durch die Stalin-Kritik neue Impulse[3]. Im Frühjahr 1956 schien die SED-Führung die ideologischen und politischen Auswirkungen der Entmythologisierung Stalins sowie die wirtschaftlichen Schwierigkeiten noch einigermaßen im Zügel halten zu können. Die Ereignisse in Polen und Ungarn sollten jedoch schon bald nicht nur zu einer teilweisen Destabilisierung im politischen System der DDR führen, sondern die Macht der SED ernsthaft in Gefahr bringen.

2 Zit. nach: Der gespaltene Dichter, S. 146.

3 Ihre Widerspiegelung wurde später in der historischen Forschung aber eher als eine nahezu ausschließliche Krise der Eliten interpretiert. So charakterisierte Staritz (Geschichte der DDR, S. 109) die Stalin-Kritik in der DDR im Gegensatz zu Ungarn und Polen als »zunächst ein nahezu isoliertes Überbauphänomen«. Kleßmann (Zwei Staaten, S. 304) konstatierte eine relative Ruhe in der DDR-Arbeiterschaft, und Weber (DDR 1945–1986, S. 45) sprach von einer Intellektuellenkrise. Zweifellos ist es richtig, daß es in der DDR im Jahre 1956 zu keinen Massenbewegungen gegen das SED-Herrschaftssystem kam. Daß es jedoch unter der Oberfläche gärte, oppositionelle Kräfte eine wesentlich breitere Basis auch in der Bevölkerung fanden, als bislang angenommen, verdeutlichen die erst seit 1990 zugänglichen Archivalien der SED und des Ministeriums für Staatssicherheit sowie darauf fußende erste Analysen. So Mitter/Wolle, Untergang, S. 219–236, 249–271.

1. Der »Lernschock« des 17. Juni 1953 und der Ausbau des Sicherheitsapparates in der DDR

Die DDR-Führung reagierte auf die ersten Anzeichen der sich abzeichnenden Krise mit einer Politik, in der die Erfahrungen der Niederschlagung des Arbeiteraufstandes vom Juni 1953 ihre Verarbeitung fanden. Nach den Ereignissen von 1953, bei denen die damaligen bewaffneten Kräfte der Staatsmacht versagt hatten und erst sowjetische Truppen die »Ordnung« wieder herstellen konnten, schien sich ein Maßnahmenkatalog von »Zuckerbrot und Peitsche« bewährt zu haben. Mit ihm sollte die Bevölkerung in Schach gehalten werden.

Durch eine Reihe von Lockerungen im rigiden politischen System, durch Verbesserungen der Lebenslage, vor allem durch eine stabilere Versorgung der Bevölkerung, war es 1954/1955 tatsächlich gelungen, den sozialen und politischen Konflikten die Schärfe zu nehmen. Die SED hoffte, dadurch Forderungen nach Demokratisierung, nach Beseitigung ihrer Alleinherrschaft, nach Veränderungen in der politischen Führung und nach freien, geheimen Wahlen, wie sie noch im Juni 1953 von den Arbeitern vehement erhoben worden waren, den Boden entzogen zu haben. Zudem hatte man mit der Externisierung der Ursachen für die ökonomischen Schwierigkeiten und die politische Unruhe in der DDR all jene, die von der SED-Linie abweichende Auffassungen vertraten, ins politische Abseits gestellt, ja kriminalisiert. Eine Welle von Verhaftungen und die Suche nach »Rädelsführern« hatte den Druck der SED- und Staatsorgane auf die Bevölkerung potenziert. Kritische politische Diskussionen konnten so zwar nicht völlig unterdrückt werden, sie verschwanden nach 1953 jedoch bis auf wenige Ausnahmen aus dem öffentlichen Leben.

Der »Lernschock« 17. Juni 1953 war der Staats- und Parteiführung jedoch in erster Linie Anlaß dazu gewesen, die Instrumente und Methoden der inneren Sicherheit gegen das Volk auszubauen, die »Peitsche« zu zeigen. Für die Jahre 1953/1954 kann daher berechtigt von einer Phase der inneren Mobilmachung des SED-Staates gesprochen werden. Bestehende Sicherheitsorgane wurden ausgebaut, neue kamen hinzu, so daß die SED im Jahre 1956 bereits über einen beträchtlichen Sicherheitsapparat verfügen konnte.

Während der Unruhen 1953 hatten die der Hauptverwaltung Deutsche Volkspolizei (HVDVP) im Ministerium des Innern (MdI) unterstellten Polizeiformationen ihre Aufgaben bei der Unterdrückung der Arbeitererhebung nicht erfüllt. Für den Gesamtbereich der Schutzpolizei befahl daher der Minister des Innern, Willi Stoph, die Erarbeitung von neuen Alarm- und Einsatzplänen gegen innere Unruhen.

Vom Politbüro der SED waren dazu am 26. Januar 1954 sogenannte »Maßnahmen in Ausnahmefällen« beschlossen worden[4]. In den Bezirken und Kreisen

4 Stiftung Archiv der Parteien und Massenorganisationen der DDR (SAPMO) im BA, DY 30 IV 2/2/344: Beschluß des Politbüros der SED vom 26.1.1954.

der DDR entstanden daraufhin Einsatzleitungen, die das Eingreifen der Sicherheitsorgane in Ausnahmesituationen vorzubereiten und im Ernstfall regional zu führen hatten. Sie wurden durch den jeweiligen SED-Bezirkssekretär geleitet. Auf Befehl des Innenministers vom 28. Januar 1954 über »Maßnahmen zur Abwehr von Angriffen auf die Staatsordnung der Deutschen Demokratischen Republik«[5] wurde der Parteibeschluß für die bewaffneten Organe des MdI in die Praxis umgesetzt.

Seit dem Sommer 1953 erfolgte eine kontinuierliche personelle Verstärkung der Polizei. So erhöhte sich die Personalstärke in den planmäßigen Schutzpolizeikommandos um 15 720 Mann[6]. Darüber hinaus wurden sogenannte Schnellkommandos in einer Gesamtsollstärke von 5400 Mann geschaffen. 1956 verfügte die Staatsmacht insgesamt über mehr als 90 000 Ordnungs- und Schutzpolizisten.

Die Hauptaufgabe bei der Liquidierung der Opposition sollte allerdings bereits präventiv durch das »Schild und Schwert« der Partei, das Ministerium für Staatssicherheit (MfS), gelöst werden. Im Februar 1950 zur Bekämpfung »konterrevolutionärer Aktionen« geschaffen, hatte das MfS im Laufe der Jahre alle Aufgaben geheimdienstlicher Tätigkeit übernommen. Nach seinem »Versagen« in den Juni-Unruhen zum Staatssekretariat im MdI herabgestuft, entwickelte es fortan ein weitgefächertes Spitzelsystem gegen die Bevölkerung. Erst ab Mitte 1955 durfte der Sicherheitsdienst sich wieder des Ranges eines Ministeriums erfreuen. Permanent befanden sich seine Mitarbeiter seitdem auf der Suche nach »Agenten, Saboteuren und Diversanten«.

Noch im Jahr 1953 hatte die SED-Führung zudem den Aufbau der sogenannten »Inneren Truppe« beschlossen. Schrittweise entstanden so — im gesamten DDR-Gebiet verteilt — vollmotorisierte Volkspolizei (VP)-Bereitschaften. Sie sollten, ab 1955 dem MfS unterstellt, innere Einsatzaufgaben lösen und erhielten dafür nach und nach Schützenpanzerwagen, leichte Artillerie und Granatwerfer[7]. Mitte 1956 verfügte das MfS damit über einsatzfähige paramilitärische Polizeitruppen in einer Stärke von rund 18 000 Mann.

Zudem unterstanden dem Ministerium die Deutsche Grenzpolizei (DGP), die für die Sicherung der Staatsgrenzen und des grenznahen Raumes zuständig war, sowie die Transportpolizei. Die Gesamtstärke der seit 1946 zur Grenzsicherung aufgebauten Grenzpolizei erhöhte sich von 25 541 Mann im September 1953 auf 30 745 Mann im Jahre 1954. Das Grenzsicherungssystem, insbesondere gegen die Bundesrepublik Deutschland, wurde ausgebaut, die Grenzpolizeieinheiten erhielten zunehmend einen militärischen Charakter[8]. Alles in allem konzentrierte sich im Bereich des MfS eine beachtliche bewaffnete Macht mit insgesamt über 50 000 Mann.

5 BA-MA, DVH 3/2007, Bl. 27 f.: Befehl des Ministers des Innern vom 28.1.1954.

6 BA Berlin-Lichterfelde, DO — 1/11/304, Bl. 163 f.: Anordnung der Deutschen Volkspolizei vom 22.6.1953.

7 Ebd. Siehe auch: Steike, Innere Truppen, S. 71 f.

8 BA-MA, DVH 3/2006, Bl. 53 f.: Befehl des Ministers des Innern vom 24.9.1953.

Großen Wert legte die SED auf die Verstärkung des polizeilichen und nichtpolizeilichen Schutzsystems in den Betrieben, staatlichen Einrichtungen und Institutionen. Besonders in den ehemaligen Unruheherden von 1953, den großen volkseigenen Betrieben, wollte man Streiks und Demonstrationen vorbeugen. Aus Mitgliedern der SED und ihr treu verbundenen parteilosen Arbeitern schuf die SED-Führung 1953/1954 die »Kampfgruppen der Arbeiterklasse«, wie die offizielle Bezeichnung der milizähnlichen Formationen lautete. Sie waren nach dem 17. Juni 1953 aus sogenannten Arbeiterwehren in Großbetrieben und Institutionen aufgestellt worden und bildeten nicht ohne Grund die eigentliche »Haustruppe« der SED. Dem Innenministerium operativ unterstellt, erfolgte ihre Führung unmittelbar und ausschließlich durch die Partei.

Obwohl sich die Kampfgruppen Mitte der fünfziger Jahre noch in der Aufbauphase befanden, waren sie mit einer Stärke von mehr als 100 000 Mann, ihrer flächendeckenden Dislozierung, ihrer raschen Einsatzbereitschaft und politischen Zuverlässigkeit eine wichtige bewaffnete Stütze der Partei zur Bekämpfung von »Provokationen« und inneren Unruhen. Eine enge Zusammenarbeit bestand mit der Volkspolizei, die gleichzeitig für die Ausbildung verantwortlich zeichnete. Mit dem Politbürobeschluß vom 4. Januar 1955 wurden die Kampfgruppen in Hundertschaften formiert, bewaffnet und uniformiert. Sie erhielten zudem Aufgaben, die bereits teilweise über den Schutz des eigenen Betriebes hinausgingen[9].

Mit dem Gesetz vom 18. Januar 1956 begann in der DDR — nunmehr offiziell — der Aufbau der Nationalen Volksarmee (NVA). Die SED- und Staatsführung hatte dabei mit der Entwicklung der Kasernierten Volkspolizei (KVP) seit 1952 schon ein gehöriges Stück auf dem Weg zu modernen Streitkräften zurücklegen können. Bis zum Sommer 1953 waren den getarnten Streitkräften allerdings lediglich äußere Schutzaufgaben zugedacht worden. Das änderte sich nach den Juni-Unruhen. Das gesamte Territorium der DDR erfuhr eine Unterteilung in Zuständigkeitsbereiche, für die jeweils eine oder mehrere KVP-Dienststellen im Falle eines inneren Einsatzes verantwortlich waren[10].

Diese Aufgabenstellung wurde der NVA in dieser Form im Januar 1956 aber noch nicht übertragen. Sie orientierte sich daher anfangs vor allem auf die rasche Herstellung der Kampf- und Einsatzbereitschaft der Stäbe und Truppen zur Verteidigung gegen einen Feind von außen. Bis Mitte des Jahres nahmen das Verteidigungsministerium unter Generaloberst Stoph und die Stäbe der Teilstreitkräfte ihre Tätigkeit auf. Schrittweise wurden Strukturen, Bewaffnung und Ausrüstung der ehemaligen KVP modernisiert und erweitert. Vieles blieb aber improvisiert. Personalmangel, ungenügende Qualifikation der Soldaten und Probleme des inneren Zustandes störten den Aufbauprozeß zum Teil erheblich. Mitte 1956 verfügte die DDR-Führung dennoch über eine im wesentlichen einsatzbereite, etwa 90 000 Mann starke militärische Streitmacht, geführt von einem SED-treuen Offizierkorps.

9 SAPMO-BA, DY 30 I IV 2/2/393: Beschluß des Politbüros der SED vom 4.1.1955.
10 Diedrich, Der 17. Juni 1953, S. 178–191.

Die SED- und Staatsführung hatte nach den Juni-Ereignissen von 1953 zielstrebig die Entwicklung der bewaffneten Kräfte in der DDR forciert. Bereits im Jahr 1956 kam — bei einer Bevölkerungszahl von 17,6 Millionen Einwohnern und etwa 350 000 Angehörigen der bewaffneten Kräfte — ein Waffenträger auf etwa 50 Bürger der DDR[11]. Die Volkspolizei, die Staatssicherheit, die Kampfgruppen, die Grenzpolizei und die Armee waren Mitte der fünfziger Jahre zu wichtigen Machtinstrumenten des Ulbricht-Regimes ausgebaut worden.

2. Der Beginn der Krise in der DDR unter dem Eindruck der polnischen Ereignisse

Aus den Erfahrungen des Jahres 1953 heraus reagierte die SED auf die ersten Krisenanzeichen im Frühjahr/Frühsommer 1956 sehr sensibel. Bislang beunruhigten Ulbricht die eher »akademischen« Diskussionen unter den Intellektuellen und im Parteiapparat aber nur wenig. Sie bezogen sich vor allem auf Fragen marginaler Veränderungen im politischen System der DDR und kritisierten die Informationspolitik der SED[12]. Die Parteiführung stellte sich diesen Diskussionen anfangs kaum.

Der sonst so resolute Ulbricht hielt sich vor allem wegen der unklaren Entwicklung in Moskau abwartend zurück. Die Folgen waren eine offensichtliche Verunsicherung auf allen Ebenen der SED-Hierarchie und die offizielle Verdrängung kritischer Fragen, die an die eigene Politik gestellt wurden. Ulbricht bezeichnete Personenkult und Demokratieverletzungen als rein sowjetische Probleme. Solche Fehler seien in der DDR vermieden worden. Allerdings gab es im Politbüro auch andere Stimmen. Der Parteitheoretiker Fred Oelßner kritisierte zum Beispiel im August 1956 in Halle die Tendenz der Partei, alles schönzureden, und meinte — mit Blick auf Ulbricht —, Reste des Personenkultes in der DDR zu erkennen.

Der SED-Chef sah sich angesichts der Brisanz der Enthüllungen des XX. Parteitages und der aufkeimenden Unruhe in den eigenen Reihen zu einigen Zugeständnissen gezwungen. So begann in der DDR eine Kommission des Politbüros nach der 3. Parteikonferenz der SED im März 1956 mit der Rehabilitation von Opfern der stalinistischen Repressionen, die insgesamt aber nur halbherzig betrieben wurde[13]. Im Zusammenhang mit einer Amnestie auf Beschluß des Ministerrates vom 19. April 1956 wurden mehr als 13 000 Personen begnadigt und aus den DDR-Gefängnissen entlassen. Konsterniert stellten die DDR-Behörden fest, daß über 10 % davon unmittelbar darauf die DDR verließen[14].

11 Statistisches Jahrbuch, S. 8.

12 Beetz, »Rebellion der Intellektuellen«, S. 126–141; Klein, Zwischen Entstalinisierung, S. 113–125.

13 Klein, ebd., S. 115 f.

14 BA, DO — 1/11/1144, Bl. 60 und 76: Bericht des Operativ-Stabes der HVDVP, o.D.

Größeren Anlaß zur Besorgnis gaben die Diskussionen an den Universitäten und wissenschaftlichen Einrichtungen. So prangerten namhafte Wirtschaftsfunktionäre und -wissenschaftler, genannt seien vor allem Fritz Behrens, damaliger Leiter des Staatlichen Zentralamtes für Statistik, der Rechtswissenschaftler Arne Benary oder die Wirtschaftswissenschaftler Kurt Vieweg und Jürgen Kuczynski, das stalinistische Planungssystem an. Sie wandten sich vor allem gegen den staatlichen Dirigismus in der Wirtschaft[15].

Eine erste Reaktion auf diese und ähnliche Diskussionen stellte der Beschluß des ZK zur Umgestaltung der Grundorganisationen der SED an den gesellschaftswissenschaftlichen Instituten dar. Der Einfluß linientreuer SED-Mitglieder sollte damit gestärkt werden. Als es am 25. Mai 1956 an der Technischen Hochschule Dresden zu einer Demonstration gegen die Einschränkungen von Westreisen für Studenten kam, forderte das ZK mit einem Fernschreiben die SED-Bezirksleitungen auf, »Provokateure« an den Hochschulen zu isolieren[16]. An den Universitäten jedoch gingen die Diskussionen weiter, die Forderungen nach gewissen Lockerungen im Hochschulbetrieb und eine moderate Anwendung des Marxismus/Leninismus wurden sogar von einigen Parteileitungsmitgliedern begrüßt.

Die Zeit für ein ernsthaftes und massives Ein- und Durchgreifen sah die SED-Führungsriege noch nicht gekommen. Man ließ jedoch die praktischen Vorbereitungen auf mögliche innere Unruhen nicht aus dem Auge. Bereits im März und April 1956 hatte die Partei den Sicherheitsbereich aktiviert. Die Schutzpolizei wurde zur Erhöhung ihrer Mobilität aufgefordert. Die Bezirksbehörden der Deutschen Volkspolizei (BDVP), die zentralen Kommandostellen der Polizei in den Bezirken, hatten die Alarmpläne so zu überarbeiten, daß sie einen schnellen Einsatz zur Eindämmung eines regionalen Unruheherdes ermöglichten[17]. Für den dritten Jahrestag der Juni-Erhebung wurde der gesamte Sicherheitsapparat in erhöhte Alarmbereitschaft versetzt, da man »konterrevolutionäre« Aktivitäten befürchtete. Noch immer blieb es in der DDR aber verhältnismäßig ruhig.

Die Konstellationen des Kalten Krieges verschärften zweifellos die innenpolitische Lage in der DDR, was von der SED propagandistisch immer wieder ausgenutzt wurde. Die Verantwortung für die hausgemachte wirtschaftliche Misere und für die gereizte Stimmung in der Bevölkerung lastete die SED-Führung in gewohnter Weise zuallererst dem »imperialistischen« Westen an. Bereits im März 1956 hatte Ulbricht auf der 3. Parteikonferenz der SED unterstrichen: »Angesichts der aggressiven Politik bestimmter imperialistischer Kreise ist von seiten der friedliebenden Staaten und Völker größte Wachsamkeit notwendig. Gewisse imperialistische Kreise sind zu allem fähig[18].« Die SED-Führung interpretierte z.B. die Propagandaballons, die verschiedene nichtstaatliche westdeutsche Organisationen Ende 1955/Anfang 1956 in verstärktem Maße mit antikommunistischen Flug-

15 Hertwig, Der Umgang des Staates, S. 882 f.

16 Klein, Zwischen Entstalinisierung, S. 119.

17 BA, DO — 1/11/1100, Bl. 184: Bericht des Operativ-Stabes der HVDVP vom 15.11.1956.

18 Ulbricht, Fünfjahrplan, S. 19.

blättern gen Osten gestartet hatten[19], als »großangelegte Provokation«, um das politische System der DDR zu erschüttern und innere Auflösungserscheinungen zu provozieren[20]. Mediengerecht wurde auch die Aufdeckung eines Spionagetunnels des amerikanischen Geheimdienstes von West- nach Ostberlin zwischen Rudow und Altglienicke im Mai 1956 ausgeschlachtet[21]. Die Umtriebe seien eindeutig »auf die Schaffung von Vorwänden für eine militärische Aggression und damit auf die Vorbereitung eines Krieges gerichtet«, lautete die offizielle Argumentation[22]. Der Justizapparat reagierte darüber hinaus propagandawirksam mit einer Reihe von Schauprozessen gegen »Agenten und Saboteure« in der DDR[23].

Hatte die Ende 1955/Anfang 1956 verstärkt geführte Kampagne gegen die »Machenschaften des Imperialismus« vor allem dazu gedient, die Schaffung der NVA und die Notwendigkeit des bewaffneten Schutzes der DDR und des Friedens zu begründen, so verschoben sich die Argumentationen der DDR-Führung im Verlaufe des Jahres 1956 immer mehr auf die Begründung innerer Sicherungsmaßnahmen. Ulbricht war auf der Hut.

Außenpolitisch kündigten sich im Frühsommer 1956 indes neue Stürme an. Im Juni streikten Arbeiter in Poznań (Posen). Ihre Demonstrationen weiteten sich schnell zu einem Aufstand aus. Erst der Einsatz von Einheiten der Armee beendete den Aufruhr, der aber dennoch zum Fanal einer neuen, antistalinistisch geprägten Politik in Polen wurde.

Die Ereignisse im Nachbarland wurden in der DDR aufmerksam verfolgt. Die Stimmungsberichte des MfS vermeldeten zwar eine ablehnende Haltung der DDR-Bürger gegenüber den »Provokateuren« in Poznań, doch verschwiegen sie nicht, daß die Menschen in der DDR durchaus Parallelen zum 17. Juni 1953 zogen. »Dieser Aufstand kam nur zustande, weil die Versorgungslage in Polen schlecht ist. Bei uns kann die schlechte Versorgung mit Mangelware wie HO-Butter usw. auch Anlaß zu einem neuen 17. Juni werden[24].«

Der Aufstand in Poznań löste im Juni 1956 in der SED-Spitze nicht nur Unruhe, sondern vor allem im Sicherheitsbereich auch beträchtliche Aktivitäten aus. Ein Übergreifen der »Provokateure« sollte vor allem in den Grenzbezirken zur Volksrepublik Polen durch erhöhte Einsatzbereitschaft der bewaffneten Kräfte der DDR vor Ort verhindert werden. Am 29. Juni 1956 wurde gegen 20.30 Uhr mit dem Code »Fahrrad — Rose — Muskat« auf Befehl 64/56 des Chefs der Volks-

19 BA, DO — 1/11/1144, Bl. 36 ff.: Bericht des Operativ-Stabes der HVDVP vom 25.1.1956. In der Zeit vom 1.1. bis 23.1.1956 sind auf dem Gebiet der DDR 7031 Ballons mit Flugblättern, Radiosonden, Reklamematerialien, aber auch mit Brandsätzen gefunden worden. Siehe auch: Baur, Vom Winde verweht, S. 35 f.

20 Geschichte Volkspolizei, S. 262.

21 Ebd.

22 Ebd.

23 Neues Deutschland vom 17.1. sowie vom 25., 26., 27. und 28.1.1956.

24 Zit. nach: Mitter/Wolle, Untergang, S. 217. Siehe auch: Wolle, Polen.

polizei für die Polizeibereitschaften Neubrandenburg, Frankfurt/Oder, Cottbus und Dresden die Alarmstufe I ausgerufen[25].

Bereits am Tage zuvor waren die Bereitschaften der VP-Bezirksbehörden überprüft und mit Stammpersonal und technischen Kräften für einsatzfähig befunden worden. Das Berliner Polizeipräsidium setzte seine Bereitschaften zudem zur zusätzlichen Sicherung der Sektorengrenzen der Hauptstadt ein; eine Abteilung hielt man außerdem in ständiger Einsatzbereitschaft[26]. Die Polizeikräfte erhielten Verstärkung durch Kräfte der Zentralschule der VP Aschersleben und durch eine Hundestaffel der Zentralschule der VP Pretzsch[27].

Karl Maron, Chef der Deutschen Volkspolizei, hatte bereits im Frühjahr 1956 für die Polizeiformationen die Ausbildung für den Häuser- und Straßenkampf angeordnet[28]. Diese Maßnahme war mit der Anordnung zur Erstellung von »Grundsätzen für Offensivpläne«, die ab April 1956 von den Polizeibezirksbehörden zu erarbeiten waren, einhergegangen. Die neuerstellten Alarmpläne sahen die Bildung von Einsatzreserven der Kampfgruppen in den Bezirken in Vorbereitung auf innere Unruhen vor[29]. Die Arbeiterbataillone hatten in den Vormonaten, basierend auf dem Beschluß des Politbüros vom 4. Januar 1955[30], als Bewaffnung 48 000 Karabiner erhalten. Die Waffen wurden in den Volkspolizeikreisämtern und -revieren verwahrt und zur Ausgabe bereitgehalten.

In den östlichen Bezirken der DDR ging der Betriebsschutz in den Betrieben und Einrichtungen zu einer verstärkten Sicherung der Objekte über. Die Interzonenstrecken der Deutschen Reichsbahn und die Autobahnen wurden intensiver kontrolliert. Hierzu entstanden Interzonenkommandos, die motorisierte Schnellkommandos der Polizei in Einsatz bringen konnten.

Auch die unmittelbar an der Ostgrenze postierten Grenzpolizeibereitschaften wurden in erhöhte Alarmbereitschaft versetzt. In Görlitz nahm ein Einsatzstab der Grenzpolizei seine Arbeit auf. In einer Besprechung mit Brigadekommandeuren der polnischen und tschechoslowakischen Grenztruppen kam die Lage an der Grenze zur Sprache. Die Polen berichteten, daß Poznań weiträumig abgeriegelt sei, es jedoch Meldungen gäbe, daß sich bewaffnete Aufständische in Richtung der polnischen Westgrenze bewegten. Ihre Grenztruppen hätten sich deshalb in der Tiefe gestaffelt und seien mit motorisierten Kräften verstärkt worden, um einen Durchbruch auf DDR-Gebiet zu verhindern. Die polnischen Behörden drückten gleichzeitig ihre Anerkennung für die umfangreichen Maßnahmen der DDR an der Oder-Neiße-Grenze aus[31]. Insgesamt wurde von der DDR die Abriegelung der »Staatsgrenze Ost« vorbereitet[32].

25 BA, DO — 1/11/1144, Bl. 258 ff.: Befehl des Chefs der Deutschen Volkspolizei vom 29.6.1956.
26 Ebd., Bl. 249: Bericht der HVDVP vom 28.6.1956.
27 Ebd., Bl. 255.
28 Ebd., DO — 1/11/509, Bl. 5: Bericht der BDVP Wismut, o.D.
29 Ebd., DO — 1/11/1100: Bl. 184, Bericht des Operativ-Stabes der HVDVP vom 15.11.1956.
30 SAPMO-BA, DY 30 I IV 2/2/393: Bericht des Politbüros der SED vom 4.1.1955. Auch BA, DO — 1/11/1144, Bl. 249a: Bericht der HVDVP vom 28.8.1956.
31 BA, DO — 1/11/1144, Bl. 249a: Bericht der HVDVP vom 28.6.1956, Bl. 247 f.
32 Ebd., Bl. 250 ff.

Die Unruhe unter der DDR-Bevölkerung stieg nach dem Aufstand in Poznań deutlich an. So erfaßte das MfS, das auf Befehl Erich Mielkes vor allem stärker gegen »Negativdiskutierer« vorgehen sollte[33], in der Zeit vom 1. Juli bis zum 7. Oktober 1956 republikweit 44 meist kurzzeitige Streiks in verschiedenen Betrieben[34]. Die Ursachen waren vor allem sozialer Natur, so Lohndifferenzen, Normfragen und betriebsinterne Problemlagen. Politische Zielstellungen wurden nicht direkt festgestellt, jedoch stand das Anliegen der Arbeiter durchaus mit der allgemeinen Forderung in Verbindung, daß angesichts der Veränderungen in der UdSSR und in Polen auch in der DDR Verbesserungen durchgesetzt werden müßten. Immer häufiger traten unter der Arbeiter- und Bauernschaft Meinungen auf, daß die Polen wegen der kritischen Lebenslage zu Recht ihr Haupt erhoben hätten, daß in der DDR ein zweiter »17. Juni« von Nöten wäre[35]. Auch aus den Reihen der Schutzpolizei erhielt die SED-Führung alarmierende Berichte. In vielen Dienststellen mußte ein Sinken der Einsatzmoral konstatiert werden. Es häuften sich Disziplinarvergehen, in Dienststellen der Bezirkspolizeibehörde Halle stieg ihre Anzahl sogar um 400 %[36].

Die Auswertung der polnischen Ereignisse im Sommer 1956 spiegelte sich bereits im August 1956 in sicherheitspolitischen Beschlüssen der SED wider. So zielte der Beschluß zur Bildung einer Hauptverwaltung Innere Sicherheit (HVIS) im Bereich des MfS auf eine Zusammenfassung der bewaffneten Organe, die die Hauptlast der Zerschlagung innerer Unruhen beim Versagen des allgemeinen Polizeiapparats, aber noch vor dem Einsatz der Streitkräfte, zu gewährleisten hatten. Dem Chef des MfS, Ernst Wollweber, wurden deshalb die Grenz-, die Bereitschafts- und die Transportpolizei unterstellt[37].

Absicht war es, ein koordiniertes Vorgehen gegen »bewaffnete Banden und Agentengruppen« zu proben und vorzubereiten. Dementsprechend ergingen Befehle zur Einsatzplanung und Ausbildung. In einer größeren Übung von Einheiten der HVIS im letzten Quartal des Jahres 1956 sollte das Funktionieren im Krisenfall unter Beweis gestellt werden.

Eine wichtige Erkenntnis aus den polnischen Ereignissen war für die SED auch, daß sie vor allem die prekäre wirtschaftliche Situation im Lande in den Griff bekommen mußte, um eine aufkommende politische Unruhe in der Bevölkerung bereits im Keim ersticken zu können. Nicht von ungefähr verkündete Ulbricht daher im Juli 1956 die Aufhebung der Lebensmittelrationierung in der DDR für das kommende Jahr. Angesichts der wirtschaftlichen Hochkonjunktur in der Bun-

33 Wolle, Das MfS, S. 44.
34 Ebd., S. 47 f.
35 SAPMO-BA, DY 30 IV 2/5/909, Bl. 20 ff.: Fernschreiben der SED-Bezirksleitung Leipzig an das ZK vom 30.6.1956.
36 BA, DO — 1 11/198, Bl. 98: Quartalsbericht der BDVP Halle vom 11.10.1956.
37 BA-MA, DVW 1/39552, Bl. 5: Protokoll der 10. Sitzung der Sicherheitskommission der SED vom 24.8.1956. Auch: Der Bundesbeauftragte für die Unterlagen der Staatssicherheit der ehemaligen Deutschen Demokratischen Republik (BStU), ZA, Recherche Dokumentenstelle, Dok.-Nr. 00290, Befehl des Ministers für Staatssicherheit vom 29.10.1956.

desrepublik, der wirtschaftlichen Krisenerscheinungen in den südöstlichen Nachbarländern und der seit Ende 1955 in der DDR aufziehenden Energie- und Versorgungskrise sah die SED-Führung hier ein dringliches Handlungsgebot.

Bereits ab Mai waren stufenweise Löhne und Gehälter angehoben worden, im September strich die Regierung die niedrigen Ortsklassen C und D[38]. Im Juni 1956 hatte man Preissenkungen insbesondere für Textilien und Schuhe, aber auch für andere Industriewaren mit einem Volumen von rund einer Milliarde Mark in Kraft gesetzt.

Umfangreichere Maßnahmen zur Verbesserung der Versorgungslage der Bevölkerung erwiesen sich angesichts der Wirtschaftlage der DDR vorerst dennoch nicht als durchführbar. Deshalb sparte man nicht mit Versprechen auf weitere Verbesserungen. So hatte die 3. Parteikonferenz der SED mit dem zweiten Fünfjahrplan unter anderem einen Anstieg der industriellen Produktion bis 1960 um 55 % angekündigt. Der Reallohn sollte um ein Drittel wachsen. Es war gar die 40-Stunden-Arbeitswoche ohne Lohneinbußen im Gespräch[39]. Letztlich suggerierte die SED der Bevölkerung für diesen Zeitraum generell das Überholen der Bundesrepublik in wesentlichen wirtschaftlichen Kennziffern.

3. Die DDR im Spannungsfeld der Ungarn-Krise und des Suez-Konflikts

Als sich am 28. Oktober 1956 die sieben Mitglieder der SED-Sicherheitskommission zu ihrer geheimen 11. Sitzung versammelten, war die nationale und internationale Situation aufs äußerste angespannt. Die Meldungen, die Ulbricht und seine Genossen aus allen Teilen der Republik erreichten, klangen weiterhin bedrohlich und besorgniserregend: Streiks in einigen Betrieben, wachsende Unruhe an den Universitäten und Hochschulen, »negative« Stimmungen in der Bevölkerung und Verunsicherung an der Parteibasis.

Beunruhigend und voller Irritationen auch die Nachrichten aus Ungarn: Aus einer Studentendemonstration am Nachmittag des 23. Oktober zur Unterstützung des polnischen Parteichefs Władisław Gomułka hatte sich eine schnell wachsende Protestbewegung Hunderttausender Bürger für Freiheit und Demokratie entfaltet. Imre Nagy, seit dem 24. Oktober 1956 neuer Ministerpräsident, galt zu diesem Zeitpunkt aber noch als Verteidiger des Sozialismus. Dennoch gelang es Einheiten der sowjetischen und ungarischen Streitkräfte nicht, die Aufständischen zu besiegen. Erbitterte Kämpfe und blutige Massaker auf beiden Seiten bestimmten das Stadtbild in Budapest. In dieser Situation versprach Nagy der Bevölkerung freie Wahlen und den Abzug der sowjetischen Truppen. Doch die Kämpfe gingen weiter. Kaum jemand wußte noch, wer in dieser undurchsichtigen Situation in Ungarn wirklich die politische Macht in den Händen hielt.

38 Gesetzblatt der DDR, S. 753.
39 Direktive für den zweiten Fünfjahrplan, S. 1030 f.

Ebenfalls alarmierend waren die Berichte aus Nahost: Hier ging es um Krieg oder Frieden. Im Juli 1956 hatte die ägyptische Regierung unter Oberst Gamal Abd el-Nasser den unter der Aufsicht einer ausländischen Gesellschaft stehenden Suezkanal in einem Handstreich unter seine Kontrolle gebracht. Die ehemaligen Besitzer des für Europa wirtschaftlich und strategisch so wichtigen Wasserweges reagierten schockiert. Unter strengster Geheimhaltung rüsteten die Kolonialmächte Frankreich und Großbritannien zum militärischen Gegenschlag. Die dabei von Israel bekundete Absicht, Ägypten anzugreifen, paßte den beiden europäischen Mächten in ihr Kalkül einer überraschenden Aggression. Ende Oktober 1956 standen im Nahen Osten die Zeichen auf Krieg.

Auf der Sitzung der Sicherheitskommission der SED vom 28. Oktober 1956 kam man angesichts dieser Lagebeurteilung schnell auf den Punkt: Die DDR müsse sich vor konterrevolutionären Aktionen von innen und von außen schützen und in dieser angespannten Situation als Bollwerk des Sozialismus bewähren. Ruhe und Ordnung sollten aber möglichst mit eigenen Mitteln aufrechterhalten werden, so die Aufgabenstellung.

Die Planung der dazu für »notwendig erachteten Maßnahmen« wurde dem Mitglied des Politbüros und der Sicherheitskommission der SED, Willi Stoph, übertragen. Stoph, als frisch gekürter DDR-Verteidigungsminister im Range eines Generalobersten, brachte nicht zuletzt aufgrund seiner langjährigen Erfahrungen als Innenminister (1952–1955) die besten Voraussetzungen mit, die bewaffneten Kräfte der DDR im Kampf gegen eine vermeintliche Konterrevolution zu koordinieren. Die Wahl Stophs war somit bereits ein deutliches Signal, daß die SED-Führung gewillt war, von Anfang an konsequent und mit Waffengewalt gegen die eigene Bevölkerung vorzugehen.

Daß man sich dabei nicht nur auf solche Organe wie die Schutzpolizei, das Ministerium für Staatssicherheit oder die Kampfgruppen stützen wollte, sondern ausdrücklich auch die Armee mit einbezog, wurde im Protokoll an vorderer Stelle vermerkt: »Die Ausbildungs- und Übungspläne der Nationalen Volksarmee, der Hauptverwaltung Innere Sicherheit, des Ministeriums des Innern, der Kampfgruppen der Partei sind gemäß den Erfordernissen für den inneren Einsatz zu überprüfen und zu ergänzen[40].« Stoph blieb nur wenig Zeit. Bereits auf der übernächsten Politbürositzung der SED, die für den 7. November geplant war, erwartete die Parteiführung den Bericht über die Situation der bewaffneten Kräfte sowie Vorschläge für deren Einsatzplanung, die u.a. auch den Schutz bestimmter Einrichtungen betreffen sollten.

Inzwischen überschlugen sich die Ereignisse. In Polen hatte das VIII. Plenum der PVAP den 1949 verbannten Gomułka erneut an die Parteispitze gehoben. Der Reformkurs wurde trotz der Drohgebärden sowjetischer Militärs und des Eingreifens einer KPdSU-Delegation in das Plenum vorsichtig fortgesetzt. In Ungarn verkündete Nagy am 30. Oktober die Abschaffung des Einparteiensystems. Einen

40 BA-MA, DVW 1/39553, Bl. 1: Protokoll der 11. Sitzung der Sicherheitskommission der SED vom 28.10.1956.

Tag später gab er den Austritt seines Landes aus dem Warschauer Pakt bekannt. Im Morgengrauen des 4. November 1956 rückten daraufhin sowjetische Panzer in die ungarische Hauptstadt ein und erstickten in erbitterten Kämpfen den Aufstand im ganzen Land.

Am 29. Oktober hatte die heiße Phase des Suez-Konfliktes begonnen. Die israelische Armee griff, wie mit den Partnern abgesprochen, auf der Sinaihalbinsel an. Britische und französische Kampfflugzeuge bombardierten am 31. Oktober ägyptische Stellungen und landeten Militäreinheiten an der Kanalmündung. Bereits nach wenigen Tagen jedoch gaben die Aggressoren auf. Die internationale Stimmung hatte sich gegen die Angreifer gerichtet, und die UdSSR drohte, Waffengewalt zur Wiederherstellung des Friedens im Nahen Osten einzusetzen. Der Erdball stand am Rande eines dritten Weltkrieges.

In der DDR wurde die Entwicklung der internationalen Krisen mit großer Aufmerksamkeit verfolgt. Die Ereignisse in Ungarn, insbesondere aber die Solidarisierung der ungarischen Armee-Einheiten mit der aufständischen Bevölkerung und das Eingreifen der sowjetischen Truppen, spielten in den Diskussionen der DDR-Bürger eine wichtige Rolle.

Vielerorts zeigte sich Unverständnis und Ablehnung gegenüber der brutalen Niederschlagung des Aufstandes[41]. Erwähnenswert ist in diesem Zusammenhang das Protestverhalten von Schülern verschiedener Oberschulen in der DDR. Am 6. November 1956 kam zum Beispiel eine Klasse der Thomasschule in Leipzig in Trauerkleidung zum Unterricht, um ihre Solidarität mit den Gefallenen des Ungarnaufstandes zu dokumentieren[42]. In Salzwedel erschien eine Klasse in den ungarischen Nationalfarben gekleidet; an manchen Oberschulen erhoben sich Klassen während des Unterrichts zu Gedenkminuten[43]. Am 10. November versuchten sechs Dresdener Oberschüler und ein Lehrling mit Flugblattaktionen einen Streik der Straßenbahner ihrer Heimatstadt nach ungarischem Vorbild zu initiieren[44]. Auch Flugblätter und Losungen gegen die Niederschlagung des Aufstandes waren überall zu finden.

Allerdings konnte in der Bevölkerung auch Zustimmung zum Vorgehen der UdSSR gegen die ungarische »Konterrevolution« festgestellt werden. Zur Entla-

41 BStU, ZA, ZAG, Nr. 13, Bl. 28 ff.: Information Nr. 25/27 vom 1.2.1957. Der 36seitige Bericht des MfS vermittelt einen umfassenden Überblick über die sogenannte Feindtätigkeit in der DDR im Zeitraum von Juli bis Dezember 1956. Das MfS registrierte darin alle gegen die SED-Herrschaft gerichteten Aktivitäten in Form von Flugblättern, Handzetteln, regimefeindlichen Losungen usw. Einleitend vermerkt der Bericht: »Ein starkes Ansteigen ist vor allem in den Monaten Oktober und November 1956 gegenüber den Vormonaten festzustellen. In den selbstgefertigten Hetzschriften und Losungen wurde zum Teil der Abzug der Sowjetarmee gefordert, zum Sturz der Regierung aufgerufen oder die Forderung nach Streiks und »freien Wahlen« gestellt. Dabei wurde oftmals Bezug auf die Ereignisse in Polen und Ungarn genommen.«

42 SAPMO-BA, DY 30 IV 2/5/909, Bl. 190: Fernschreiben der SED-Bezirksleitung Leipzig an das ZK vom 3.11.1956.

43 Ebd., IV 2/5/574, Bl. 70 ff.: Berichte der SED-Bezirksleitungen an das ZK vom 26.10.1956.

44 Fricke, Politik und Justiz, S. 343–345.

stung eigener Fehler folgte man einem simplen Erklärungsmuster: Konterrevolutionäre Kräfte im Innern würden durch imperialistische Kräfte aus dem Ausland aktiv unterstützt, die den Sozialismus beseitigen und die Herrschaft der »Kapitalisten« wiederherstellen wollten.

Ganz in diesem Sinne wurde daher auch eine Ursache für den ungarischen Aufstand im Ausland gesucht. »Urheber und Triebkraft der Konterrevolution, die sich nicht allein gegen die Arbeiter-und-Bauern-Macht in Ungarn richtete, sondern gegen das ganze sozialistische Lager, war die internationale Reaktion, die NATO, angeführt von den amerikanischen und westdeutschen Imperialisten[45].« Ihr unterstellte die kommunistische Propaganda nicht nur wirtschaftliche und militärstrategische Interessen im Donauraum, sondern auch eine direkte Beteiligung an den Kämpfen in Ungarn. So warf man öffentlich den USA, der NATO und insbesondere der Bundesrepublik, namentlich deren Regierungsstellen, führenden Wirtschaftskreisen, dem Geheimdienst und dem »Oberkommando der Bundeswehr« vor, »direkt und im großem Ausmaß« an der Vorbereitung und Durchführung des Aufstandes beteiligt zu sein[46].

Klare Beweise für derartige Behauptungen blieb man indes den Menschen schuldig. Die brauchte man auch gar nicht, ging es der SED ja nicht um eine sachliche Analyse, sondern in erster Linie um die Herstellung des Zusammenhangs von angeblich äußerer Bedrohung durch die NATO und inneren Unruhen im Staat, der zwangsläufig den Einsatz aller zur Verfügung stehenden bewaffneten Kräfte, einschließlich der Armee, legitimierte. Den SED-Ideologen war es auf diese Weise in der Tat teilweise gelungen, die wahren Vorgänge in Ungarn zu verfälschen und das Bild von einem »konterrevolutionären Putsch« glaubhaft zu kolorieren. Abschreckend auf viele Menschen wirkten dabei die Bilder über den Lynch-Mob, die in der DDR in nahezu allen Zeitungen veröffentlicht wurden.

Viele Bürger beteiligten sich daher an der offiziellen Solidaritätsaktion für Ungarn, für die die DDR ein Hilfskomitee unter dem Vorsitz des Vorzeige-Aktivisten Adolf Hennecke gegründet und Staatsreserven zur Verfügung gestellt hatte[47].

Auch die Suez-Krise, die die Vorkommnisse in Polen und Ungarn überlagerte, spielte aus der Sicht der SED besonders für die ideologische Auseinandersetzung eine wichtige Rolle. Die DDR unterstützte zunächst unvoreingenommen die Haltung der UdSSR. Sie folgte generell der sowjetischen Einschätzung, die in den arabischen Staaten einen potentiellen Teil der revolutionären Weltbewegung sah[48]. Bereits im Juli 1956 hatte die DDR mit einer Zustimmungsbewegung zur Verstaatlichung des Suezkanals und dem Angebot von wirtschaftlichen und politischen Kontakten an Ägypten versucht, den Prozeß der internationalen Anerkennung der DDR in Gang zu setzen[49]. Zudem fanden ideologische Attacken gegen

45 K.H.E., Hintergründe, S. 101.

46 Ebd., S. 109–111.

47 SAPMO-BA, DY 30 I IV 2/2 A/532: Protokoll der Politbürositzung der SED vom 10.11.1956.

48 Robbe, Suez 1956, S. 230–243.

49 Der Abteilungsleiter »Naher und Mittlerer Osten« im ZK der KPdSU informierte die Außenpolitische Abteilung des ZK der SED über die Verstaatlichung des Suezkanals. Er schätzte

den Kolonialismus und für den Freiheitskampf der Länder der Dritten Welt in der eigenen Bevölkerung wohlwollende Resonanz, die durch den weidlich hochgespielten politischen Erfolg der Erklärung der UdSSR zur Herstellung des Friedens im Nahen Osten noch verstärkt wurde[50].

Es gab aber auch außenpolitische Nuancen. Das betraf vor allem die Haltung der DDR gegenüber Israel[51]. So hatte es der ostdeutsche Staat bislang abgelehnt, den israelischen Forderungen nach Entschädigungszahlungen für die vom NS-Staat am jüdischen Volk begangenen Verbrechen nachzukommen. Die Begründung dafür lautete vor allem, daß in der »antifaschistischen« DDR das Potsdamer Abkommen verwirklicht worden sei und Israel nicht das Recht habe, materielle Leistungen zu fordern. Der Suez-Konflikt lieferte der DDR-Führung in diesem Sinn nun weitere Argumente: Der »Aggressor« Israel dürfe nicht durch zusätzliche Gelder militärisch gestärkt werden[52]. Die arabischen Staaten honorierten eine solche Haltung, was den Bemühungen der DDR um internationale Anerkennung zweifellos förderlich war.

Die internationalen Krisen im Oktober verschärften die bereits angespannte Lage in der DDR zusehends. Bereits der Aufbau der NVA und der Ausbau des inneren Sicherungssystems hatte den Staatshaushalt bis an seine Grenzen belastet. Hatte die DDR 1955 für ihre bewaffneten Organe 3,6 Milliarden Mark[53] ausgegeben, so stieg die Summe 1956 auf fast 4 Milliarden Mark an[54]. Zuzüglich der zu leistenden offiziellen Stationierungskosten der Truppen der Gruppe der Sowjetischen Streitkräfte in Deutschland (GSSD) an die UdSSR von 1,6 Mrd. Mark gab die Staatsführung 16 % des Staatshaushaltsetats 1956 für Militär und Rüstung aus[55].

Zudem erreichte die Industrie ihre Produktionsziele nicht. Im Herbst deutete sich ein Planrückstand von etwa einer Milliarde Mark an[56], letztlich sank das Nationaleinkommen der DDR 1956 im Vergleich zum Vorjahr um fast 3 Mrd. Mark[57]. Sowohl die Versorgung der Bevölkerung als auch die Erfüllung der Exportverpflichtungen waren damit gefährdet. Energieversorgungsprobleme bis hin zu Stromsperren sowie Materialmangel hatten zu einschneidenden Produktionsausfällen in der Industrie geführt. In der Landwirtschaft kriselte es sowohl durch

ein, daß Voraussetzungen für die Aufnahme diplomatischer Beziehungen zwischen der DDR und Ägypten durchaus gegeben wären. SAPMO-BA, DY 30 I IV 2/202/386: Bericht der Außenpolitischen Abteilung des ZK vom 31.7.1956.

50 Eyermann, Das militärische und politische Fiasko, S. 113 f.

51 Timm, Die osteuropäischen Staaten, S. 260–272.

52 Mit der proarabischen Berichterstattung förderte die SED die Herausbildung einer antisemitischen, antiisraelischen Stimmung in Teilen der DDR-Bevölkerung. SAPMO-BA, DY 30 IV 2/3/574, Bl. 64: Berichte der SED-Bezirksleitungen an das ZK vom 2.11.1956.

53 BA-MA, MdF 006, Bl. 50/51: Aufstellung der Kosten der bewaffneten Organe der DDR 1955.

54 Ebd., Bl. 51.

55 BA, Abteilung Coswig, N — 1/4607: Staatshaushaltplanung und Analyse der DDR 1957. Auch Statistisches Jahrbuch, S. 19.

56 SAPMO-BA, DY 30 I IV 2/2 A/532: Protokoll der Politbürositzung der SED vom 10.11.1956.

57 BA, Abteilung Coswig, N — 1/4607: Staatshaushaltplanung und Analyse der DDR 1957.

schlechte Erträge als auch durch die schrittweisen Kollektivierungsbemühungen.

Der Frust und die Verbitterung der Bevölkerung drückten sich immer häufiger in Vorwürfen gegen die Unfähigkeit der SED in Wirtschaft und Politik aus. Die Versorgungslage hatte einen kritischen Stand erreicht. In nahezu allen Bezirken herrschte erheblicher Mangel an Butter und Margarine. Die Schlangen vor den Läden wurden immer länger, während im Oktober 1956 das Angebot, auch durch Hamsterkäufe, abnahm. Wiederholt waren unter den Arbeitern und auf dem Lande die bereits bekannten Meinungen zu hören, in denen die Lage mit der vom Juni 1953 verglichen wurde. Als Schlußfolgerung klagte man politische Veränderungen in der Staatsführung ein[58].

Streikandrohungen und Streiks nahmen im Vergleich zu den Vormonaten nochmals deutlich zu. Beunruhigend war für die Regierenden, daß diese Unmutsbekundungen nun oft aus Großbetrieben kamen, die schon während der Juni-Unruhen 1953 eine bedeutende Rolle gespielt hatten, so beispielsweise aus dem Stahl- und Walzwerk Brandenburg, dem Magdeburger Ernst-Thälmann-Werk oder dem VEB Bergmann-Borsig Berlin[59].

Am 30. Oktober 1956 streikte eine Jugendbrigade des Magdeburger VEB Schwermaschinenbau »Georgij Dimitroff«. Anlaß war die tags zuvor in der Regionalzeitung Volksstimme im Namen der Jugendbrigade veröffentlichte Grußadresse an das westungarische Győr zur Niederschlagung der »Konterrevolution«. Die Jungarbeiter aber hatten ein solches Papier nie unterzeichnet und forderten nunmehr Aufklärung über die Herkunft des Schreibens[60].

Die SED-Führung wollte ihre Fehler von 1953 nicht wiederholen. Sofort wurde der gesamte Parteiapparat aktiviert, um mit »Diskussionen« das latent schwelende Konfliktpotential zu entschärfen. In Berlin wie in anderen Bezirksstädten erschienen umgehend Führungskader der SED, um die Arbeiter zu agitieren.

Am 28. Oktober 1956 berichteten die DDR-Zeitungen von einer Fernsehdiskussion, welche am Vortag mit Otto Grotewohl, Walter Ulbricht und Berliner Bauarbeitern unter Moderation von Karl-Eduard von Schnitzler stattgefunden hatte. Prononciert war dabei von den SED-Funktionären auf die angebliche Inszenierung der Aufstände in Polen und Ungarn durch »imperialistische Agentenzentralen« hingewiesen worden. Jede Liberalisierung bedeute Restauration des Kapitalismus, so lautete ihr Resümee[61].

Im Gleichklang damit verbreiteten die Medien deutliche Drohungen. Am selben Tag zitierte das Neue Deutschland den Berliner SED-Bezirkschef Alfred Neumann mit den Worten: »Wer da glaubt, das Budapester Verbrechen auf Berlin übertragen zu können, der irrt sich gewaltig. Jeder Mißbrauch der demokrati-

58 SAPMO-BA, DY 30 IV 2/5/909, Bl. 169 ff.: Fernschreiben der SED-Bezirksleitung Leipzig an das ZK vom 3.11.1956.

59 Ebd., IV 2/5/574, Bl. 70 f.: Bericht der SED-Bezirksleitungen an das ZK vom 26.10.1956.

60 Ebd., Bl. 59: Bericht der SED-Bezirksleitungen an das ZK vom 31.10.1956. Auch Mitter/Wolle, Untergang, S. 249 f.

61 Neues Deutschland vom 28.10.1956.

schen Freiheit wird an der geschlossenen Kraft der Arbeiterklasse zerbrechen[62].« Die Drohung war unverhohlen.

4. Militärische Einsatzplanung gegen das Volk

Eine weitere Eskalation der Kritik und des Unmuts in Teilen der DDR-Bevölkerung war aus Sicht der SED mit allen Mittel zu verhindern. Die SED-Führung rechnete Ende Oktober/Anfang November 1956 offenbar mit dem Ausbruch von Unruhen. Ihre Angst vor der leibhaftigen Konterrevolution manifestierte sich dabei nicht nur in der persönlichen Furcht einiger Parteifunktionäre um Leib und Leben. Ihre Angst saß tief und war existentiell. Geprägt vom Trauma des 17. Juni 1953, sah die SED ihre Macht, ihr politisches Überleben erneut von innen und außen bedroht. Und in der Tat befand sich die ökonomisch angeschlagene und politisch instabile DDR — drei Jahre nach der Volkserhebung von 1953 — wieder an einem Schnittpunkt ihrer Entwicklung.

Von einem regelrechten Bürgerkriegssyndrom besessen, beschwor die SED daher ihre Mitglieder immer wieder, die Wachsamkeit gegenüber der »Konterrevolution« sowie gegen eine Gefahr von außen zu erhöhen. Jeder, der nicht die Politik der SED unterstützte, wurde schnell zum Feind des Friedens gestempelt und konnte so entsprechend behandelt werden. »Die Losung des Tages ist: Sichert den Frieden im Innern! Sichert den Frieden nach außen! Wer den Frieden stört, hilft den Feinden des Volkes! Wachsamkeit gegen die Friedensstörer im Innern und nach außen! Einheit aller Freunde des Friedens, der Demokratie und des Sozialismus! Kühnheit im Kampf um die friedliche Zukunft Deutschlands[63]!«

Zur Bewahrung der »friedlichen Zukunft Deutschlands«, die für die SED nichts anderes als die Aufrechterhaltung ihres Regimes bedeutete, waren ihr alle Mittel recht. Sich in höchster Not wähnend, rief man zwar am 6. November vorsorglich die sowjetische Führung um Hilfe an, um zumindest die dringendsten wirtschaftlichen Probleme rasch bewältigen zu können[64].

Aber zum gleichen Zeitpunkt lag bereits das am 28. Oktober 1956 von der SED-Sicherheitskommission in Auftrag gegebene und unter Federführung Stophs ausgearbeitete Dokument über die Rolle der bewaffneten Kräfte vor. Zwei Tage später wurde es vom Politbüro mit dem Titel »Maßnahmen zur Unterdrückung der konterrevolutionärer Aktionen« beschlossen[65]. Einleitend griff dieser SED-Politbürobeschluß auf die althergebrachte Formel von den »Machenschaften des Klassengegners« zurück, die einzig und allein dem Ziel dienten, die »Arbeiter-und-Bauern-Macht« zu untergraben und den Frieden zu gefährden. Dagegen müsse sich die DDR mit allen ihr zur Verfügung stehenden Mitteln wehren.

62 Ebd.
63 Ulbricht, Stärkt die DDR, S. 224.
64 SAPMO-BA, DY 30, I IV 2/2/510, Bl. 6: Beschluß des Politbüros der SED vom 6.11.1956.
65 Ebd., I IV 2/2/511, Bl. 8 ff.: Protokoll der Politbürositzung der SED, Anlage 3, vom 8.11.1956.

Mit dem Dokument war erstmalig ein generelles Schema über den geplanten Einsatz und die Organisation aller bewaffneten Kräfte der DDR gegen die »Konterrevolution« erarbeitet worden. Es enthielt die Grundsätze der Organisation und Führung des Einsatzes der Sicherheitsorgane auf verschiedenen Ebenen ebenso wie Festlegungen zur Organisation und zum Zeitpunkt des Eingreifens der Streitkräfte der DDR. Es beinhaltete des weiteren allgemeine Bestimmungen über alle relevanten Vorbereitungsmaßnahmen zur bewaffneten Niederschlagung von Unruhen, wobei offensichtlich Schlußfolgerungen aus den Juni-Ereignisssen von 1953 mit eingeflossen waren.

Das Politbüro beschloß an jenem 8. November 1956 drei Phasen des möglichen Einsatzes der bewaffneten Macht. Für die erste Etappe plante man vor allem den Einsatz der Kräfte der Volkspolizei, der Staatssicherheit und der Kampfgruppen. Sie hatten hierbei »gegen Störungen der öffentlichen Ruhe und Ordnung zunächst nur mit einfachen polizeilichen Mitteln (Absperrungen, Wasserwerfer usw.) vorzugehen«[66]. Zur Unterstützung wollte man auf wehrbereite Werktätige und erwachsene Mitglieder der Wehrsportorganisation »Gesellschaft für Sport und Technik« (GST) zurückgreifen. Das Einschreiten der Armee war in dieser Phase offiziell noch auf »Einzelfälle« beschränkt. Die zweite Etappe sah den massiven Einsatz des Militärs vor. Zur Unterstützung der schon vorhandenen Kräfte sollte die NVA gezielt und »in erster Linie in geschlossenen Einheiten« eingesetzt werden. Die Vorbereitung für das Eingreifen der Sicherheitsorgane in beiden Phasen war sowohl regional als auch im gesamten DDR-Gebiet durchzuführen. Erst wenn alle Stränge rissen, sollten in einer dritten Etappe auf Bitten der politischen Führung der DDR die hier stationierten sowjetischen Truppen (GSSD) eingreifen[67].

Die zentrale politische und operative Führung und Koordinierung der bewaffneten Organe behielt sich die SED-Spitze vor. Die Mitglieder der 1954 gebildeten SED-Sicherheitskommission — Ulbricht (Leiter), Grotewohl, Hermann Matern, Karl Schirdewan, Stoph, Erich Honecker, Wollweber und Maron — waren auch die Mitglieder der im Dokument erwähnten »Kommission«, die die Maßnahmen gegen die »Konterrevolution« leiten sollte. Damit hatte dieses SED-Gremium praktisch alle Gewalt in seinen Händen. Eine wie immer auch geartete Legitimierung dieser »Kommission« durch die Volkskammer oder die Regierung allerdings gab es nicht[68].

Der uneingeschränkte Führungsanspruch der Partei setzte sich in den nachgeordneten Ebenen fort. Die reaktivierten Einsatzleitungen in Bezirken und Kreisen standen stets unter der Leitung der 1. Sekretäre der SED. Ihnen waren die Vertreter der staatlichen Exekutive ebenso unterstellt wie die Chefs der regionalen

66 Ebd., S. 12.

67 Über eine Abstimmung zwischen der SED-Führung und der sowjetischen Seite zum Einsatz von Sowjettruppen in der DDR liegen bisher keine Informationen vor.

68 Fünf der acht Mitglieder hatten neben ihrer Mitgliedschaft im ZK bzw. im Politbüro der SED auch eine staatliche Funktion. Ministerpräsident Grotewohl war beispielsweise in der Kommission lediglich Stellvertreter Ulbrichts.

Polizei-, Staatssicherheits- und Armeeinheiten. Diese Befehlsstruktur blieb im Prinzip bis zum Ende der DDR bestehen.

Die weiteren Festlegungen des Politbüro-Beschlusses unterstrichen in aller Deutlichkeit die nach innen, gegen die eigene Bevölkerung gerichteten Absichten der SED. So waren weder Maßnahmen zur verstärkten militärischen Grenzsicherung noch Verteidigungsvorbereitungen zur Abwehr eines potentiellen Aggressors ausgewiesen. Auch wenn der Schußwaffengebrauch generell restriktiv gehandhabt werden sollte — eine Regelung blieb »dem besonderen Beschluß der Kommission vorbehalten«[69] —, ließen die Planungen für den Ernstfall kaum Zweifel an der Konsequenz und der Härte eines Vorgehens gegen demonstrierende Regimekritiker. Unzweideutig ist daher im Punkt V.2a. des Dokuments formuliert: »Wenn und wo es zu militärischem Einsatz kommt, werden Verhandlungen nicht geführt[70].«

Die Armee war im Herbst 1956 also nicht nur als Instrument zur Verteidigung des Staates gegen einen Feind von außen eingeplant, sondern sie hatte auch in dem nach innen gerichteten Unterdrückungsapparat der SED einen wichtigen Platz eingenommen. Die Alarmordnung zeigte, daß die Auslösung des Alarms für die erste Etappe »zugleich die Auslösung des Alarms für die Nationale Volksarmee«[71] bedeutete.

Mit dem Dokument vom 8. November 1956 hatte das Politbüro zweifelsohne die wichtigsten Festlegungen zur Vorbereitung und Führung der bewaffneten Kräfte im Einsatz gegen das eigene Volk formuliert[72]. Praktisch befand sich die DDR zu diesem Zeitpunkt — etwa seit Ende Oktober — bereits in der sogenannten ersten Etappe des Einsatzszenarios. So hatte das SED-Zentralorgan Neues Deutschland bewußt mit der ersten offiziellen Meldung über den »Putschversuch in Budapest« zeitgleich einen Bericht über Appelle in Berliner Kampfgruppeneinheiten veröffentlicht[73]. Diese Demonstrativhandlungen der Kampfgruppen zielten auf mögliche Unruhezentren. Oft marschierten Kampfgruppenhundertschaften nur kurze Zeit nach Bekanntwerden eines Streiks in den Betrieben auf. In Greifswald organisierten zum Beispiel die SED-Parteigruppen verschiedener Betriebe, der Ernst-Moritz Arndt-Universität und der Bezirksparteischule »John

69 SAPMO-BA, DY 30 I 2/2/511, Bl. 12: Protokoll der Politbürositzung der SED, Anlage 3, vom 8.11.1956.

70 Ebd., Bl. 12.

71 Ebd., Bl. 13.

72 Im Dokument fallen eine gewisse Unübersichtlichkeit sowie Uneinheitlichkeiten in den Formulierungen auf. Einige Anordnungen, so z.B. zur Koordinierung der Führung bis auf die unteren Ebenen, wirken eher verwirrend als klärend und erwecken den Anschein, als ob sie unter großem Zeitdruck und mit offensichtlicher Nervosität entstanden sind. Einige Problemfelder wie die Sicherung der Grenzen durch die Deutsche Grenzpolizei blieben ebenso unbeachtet wie Fragen der politischen, ideologischen und moralischen Vorbereitung der Einheiten auf ihren Einsatz. Dies unterstreicht das damalige Bestreben der SED-Führung, vor allen Dingen schnell auf mögliche Unruhen vorbereitet und damit handlungsfähig zu sein.

73 Neues Deutschland vom 25.10.1956.

Schehr« zur Einschüchterung eines Unruhepotentials im Stadtgebiet demonstrative Aufmärsche und Appelle der Kampfgruppen[74].

Auch an der Berliner Humboldt-Universität beherrschten Fragen und Schlußfolgerungen über die Vorgänge in Polen und Ungarn die Diskussionen der Studenten. Ein Vortrag von Robert Havemann, der das Informationssystem des DDR-Staates öffentlich kritisierte, löste eine Reihe weiterführender studentischer Aktivitäten aus. Eine geplante Versammlung von knapp 200 Studenten mit Forderungen nach Mitbestimmung an den Universitäten konnte zwar noch durch das Eingreifen von Funktionären der SED-Bezirks- und Kreisleitung verhindert werden, aber tags darauf kursierten Gerüchte von einer geplanten Unterschriftensammlung und der Entsendung einer Delegation zum Staatssekretariat für Hochschulwesen[75]. Fast zeitgleich tauchten nun Kampfgruppenangehörige in allen Universitätsgebäuden auf.

Einige Tage später, am 3. November, waren Einheiten der Kampfgruppen erneut in der Universität im Einsatz. Studenten der veterinärmedizinischen und philosophischen Fakultät forderten eine Hochschulreform. Diesmal bezogen Einheiten der Kampfgruppen des Ministeriums für Bauwesen in den Räumen des Zentralrats der Freien Deutschen Jugend in der Mittelstraße Quartier. Kampfgruppeneinheiten der Bauakademie wurden in der Hannoverschen Straße in der Nähe der veterinärmedizinischen Fakultät disloziert. Die von der Partei beabsichtigte Wirkung, die Studenten durch die bewaffneten »Kämpfer« in ihrer unmittelbaren Nachbarschaft einzuschüchtern, wurde mit diesen Demonstrativhandlungen erreicht[76].

Beunruhigt beobachtete die SED-Spitze gleichwohl bestimmte Vorgänge in West-Berlin und an der Sektorengrenze. Am 5. November 1956 kam es zu einem ersten Sondereinsatz von DDR-Polizeikräften am Brandenburger Tor. Im Westteil der Stadt hatte vor dem Schöneberger Rathaus eine Protestkundgebung gegen die Intervention sowjetischer Truppen in Ungarn stattgefunden. Ein Demonstrationszug in Richtung Brandenburger Tor wurde von der Westberliner Polizei wegen Übergriffen auf das sowjetische Ehrenmal frühzeitig aufgelöst. Gegen 20 Uhr erreichte ein weiterer Protestzug das Brandenburger Tor. Auf Ostberliner Seite erfolgte nun ein Polizeiaufmarsch, um ein Übergreifen der Protestbewegung zu verhindern. Gegen 21 Uhr versuchten einige Demonstranten auf den Sektorengrenzstreifen vorzudringen. Volkpolizeikräfte setzten Wasserwerfer ein. Die Demonstration löste sich nach dem Eingreifen der Westberliner Polizei am späten Abend auf, ohne daß es zu einer Eskalation der Ereignisse kam[77]. Auch in den folgenden Tagen waren Aufmärsche der Kampfgruppen unter den Losungen »Wir werden jede Provokation verhindern« und »Demokratie für den Klassenfeind gibt es nicht« noch in vielen Städten der DDR an der Tagesordnung.

74 Bewaffnete Arbeiterbataillone, S. 17.

75 SAPMO-BA, DY 30 IV 2/5/977, Bl. 152 f.: Bericht der SED-Bezirksleitung Berlin an das ZK, o.D.

76 Gabert, Die Entstehung der Kampfgruppen, S. 73 f.

77 BA, DO — 1/11/1050, Bl. 150–198: Bericht über Sondereinsätze der Volkspolizei, o.D.

Die demonstrativen Handlungen der Kampfgruppen wurden durch eine erhöhte Einsatzbereitschaft der Polizeiorgane ergänzt. Einsatzreserven entstanden; bei Nacht hatten alle Dienststellen mit Einsatzkräften besetzt zu sein. Ein Netz der Information und gegenseitigen Abstimmung wurde regional zwischen den BDVP, den MfS-Bezirksverwaltungen, den Bezirksleitungen der SED und den Dienststellen der Transportpolizei hergestellt[78].

Ab Mitte November 1956 begann sich die Situation sowohl in Ungarn als auch in der DDR zu beruhigen. Ulbricht sah sich in seiner Linie bestätigt, mit Entschlossenheit und Härte auf Krisensituationen zu reagieren. Dennoch schienen einige weitere Zugeständnisse zur Beschwichtigung der Bevölkerung unvermeidbar. Die 29. Tagung des ZK der SED vom 12. bis 14. November 1956 orientierte in diesem Kontext noch einmal auf die Einführung einer verkürzten Arbeitswoche. Mitte November beschlossen die Volkskammerabgeordneten ein Rentenerhöhungsgesetz. Unter dem Druck der polnischen und ungarischen Ereignisse versuchte die SED-Führung auch, auf einige von dort kommende populäre Anregungen zu reagieren. So regte das ZK im November die Bildung von Arbeiterkomitees in den Betrieben an. Im Volksbildungs- und Hochschulwesen avisierte man Veränderungen im Fremdsprachenbereich. Russisch sollte künftig nicht mehr allein erste Fremdsprache an den Bildungseinrichtungen sein.

Aber bereits wenige Wochen später wurden einige dieser Zugeständnisse wieder zurückgenommen. So hatte ein Politbürobeschluß zur Bildung eines DDR-Studentenrates nicht einmal einen Monat Bestand, bevor er wieder rückgängig gemacht wurde; auch die Betriebskomitees überlebten das Jahr 1957 nicht[79].

Im besonderem Maße beschäftigte sich die 29. ZK-Tagung mit den vermeintlichen Hintergründen und Ursachen der »konterrevolutionären Aktivitäten« in Polen und Ungarn. Ungarn lehre, daß »Fehlerdiskussionen« das Fortkommen der sozialistischen Gesellschaft behindern und daß ein fehlender ideologischer Kampf die Partei zersetze. Ungarn beweise, so hieß es weiter, daß jeder Versuch, vom Sozialismus abzuweichen, zu »Barbarei und Faschismus« führe. Die Staatsfunktionäre wurden deshalb aufgerufen, vor allem beharrlich gegen das sogenannte Sektierertum anzukämpfen[80].

Wesentlichen Raum nahm auf dieser Tagung die Problematik der Sicherung der »Errungenschaften der DDR« ein. Die SED forderte eindringlich, die Kampf- und Verteidigungsbereitschaft von Partei, Staat und Bevölkerung auf eine neue Stufe zu heben. Der Bericht des Politbüros informierte die anwesenden Parteifunktionäre darüber, daß »neue Schritte« eingeleitet worden waren, um die Schlag-

78 Ebd., DO-11/1144, Bl. 77: Bericht der Bezirksbehörden der Deutschen Volkspolizei, o.D.

79 Krüger, Votum für bewaffnete Gewalt, S. 77 f. Ulbricht war, obwohl in die Betriebskomitees bis zu 80 % SED-Mitglieder gewählt worden waren, mit dem Einfluß der SED in diesen Komitees nicht zufrieden. Chruschtschow hielt zudem die Stärkung der Gewerkschaften für eine bessere Variante, um die Mitspracherechte der Arbeiter im Betrieb unter Kontrolle zu halten. Wollweber, Aus Erinnerungen, S. 370 f.

80 SAPMO-BA, DY 30 I IV 2/2 A/532: Protokoll der Politbürositzung der SED vom 10.11.1956. Auch ebd., IV 2/1/178: Stenographische Niederschrift der 29. Tagung des ZK der SED.

kraft der bewaffneten Kräfte zu erhöhen. Speziell auf die NVA eingehend, formulierte die Parteiführung, daß die Armee eine »eiserne Phalanx« bilden sollte. Direkt bezugnehmend auf die Ereignisse in Polen und Ungarn, warnte man davor, eine Trennung zwischen der Truppe und ihren Kommandeuren zuzulassen. Das Politbüro verlangte daher, die »Verbundenheit« der Armee mit der Bevölkerung und den sowjetischen Streitkräften zu verstärken[81].

5. Militär- und sicherheitspolitische Lehren der SED aus den Herbstereignissen 1956

Nach der Phase der unmittelbaren Sicherung der »sozialistischen Errungenschaften« in der DDR begann im Partei- und Staatsapparat sowie in den bewaffneten Kräften eine intensive Auswertung der vorangegangenen Ereignisse. Konkrete Erfahrungen und Erkenntnisse aus erster Hand erhofften sich die verantwortlichen SED-Funktionäre von Konsultationen mit sowjetischen Offizieren, die an den Kämpfen in Budapest teilgenommen hatten. Das galt für die NVA-Kader ebenso wie für die Offiziere der anderen bewaffneten Kräfte[82].

Noch im November 1956 erarbeitete die Sicherheitskommission der SED ein erstes kritisches sicherheitspolitisches Resümee der vergangenen Wochen. »Versäumnisse« bei der Umsetzung des Politbürobeschlusses vom 8. November stellte man vor allem in der Hauptverwaltung Innere Sicherheit des MfS fest[83]. Offensichtlich hatte es hier nicht nur oberflächliche Kompetenzprobleme in der Koordinierung dieser bewaffneten Kräfte, sondern auch ernsthafte Führungsmängel durch das MfS gegeben.

Ein wesentlicher Hintergrund der Unzufriedenheit der Parteiführung mit der Hauptverwaltung Innere Sicherheit hatte sich schon mit dem Bericht vom 24. Oktober 1956 über »Ergebnisse und Schlußfolgerungen aus der Übung der Verbände des Ministeriums für Staatssicherheit vom 16. bis 20. Oktober 1956« angedeutet[84]. Die Truppen der Hauptverwaltung hatten kurz vor den internationalen Krisenhöhepunkten im grenznahen Raum in der Region Magdeburg die Vernichtung einer »Agentengruppe« in Waldgebieten geprobt. Die Übung ergab, daß die theoretischen und praktischen Kenntnisse in Taktik, Waffenhandhabung, Nachrichtenwesen und Versorgung — sprich in nahezu allen Belangen einer militärischen Operation — unbefriedigend waren.

Kommandeure der Bereitschaftspolizei vermochten Einheiten der Grenzpolizei nicht richtig zu führen; die der Transportpolizei vermochten es nicht, taktische Karten zu lesen. Die Schlußfolgerung der Berichterstatter hatte dann auch gelautet: »Die Übung bestätigte, daß die vorhandenen militärischen Kräfte für die

81 Ebd., I IV 2/2 A/532: Protokoll der Politbürositzung der SED vom 10.11.1956.

82 BA-MA, DVW 1/39554, Bl. 1: Protokoll der 12. Sitzung der Sicherheitskommission der SED vom 30.11.1956.

83 Ebd., Bl. 2.

84 Ebd., Anlage 1, Bl. 6 ff.: Bericht an die Sicherheitskommission der SED vom 24.11.1956.

Gewährleistung der Sicherheit noch nicht die notwendigen Voraussetzungen besitzen und Erfahrungen erreicht haben, um den inneren Schutz der Deutschen Demokratischen Republik zu gewährleisten[85].«

Nunmehr suchte die Parteispitze nach effizienteren Lösungen für den inneren Einsatz der Sicherheitskräfte der DDR. Man hob den Beschluß der Sicherheitskommission über die Bildung der Hauptverwaltung Innere Sicherheit vom 24. August 1956 wieder auf. Die Grenz- und die Bereitschaftspolizei sollten jetzt eigene Kommandos als Führungsgremien erhalten[86].

Die Hauptlast möglicher militärischer Handlungen an der Grenze zur Bundesrepublik und im Ring um Berlin hatte nunmehr die Grenzpolizei zu tragen. Per Beschluß der Sicherheitskommission wurden die konkreten Aufgaben zum Zusammenwirken mit der NVA festgelegt. Die Grenzpolizeieinheiten hatten unter anderem kleinere »Banden« selbst zu vernichten. Bei unmittelbarer Bedrohung der Grenzen durch größere Gruppierungen des Gegners erhielten die in der Nähe dislozierten NVA-Einheiten für die einzelnen Grenzabschnitte Handlungsaufgaben. Konsequenz aus der gesamten Planung war die Anpassung der Organisationsstrukturen der Grenzpolizei an die der NVA und damit ihre beschleunigte Entwicklung zu einer militärischen Formation[87]. Insgesamt sollte der Sicherheitsapparat kontinuierlich verstärkt werden[88].

In den ländlichen Gebieten waren darüber hinaus Einsatzleitungen zu schaffen und die Einsatzmöglichkeiten der GST zu prüfen[89]. Neu festgelegt wurde unter anderem die Stärke der Bereitschaftspolizei für das Jahr 1957 mit 10 Regimentern und einem Lehrregiment bei einer Gesamtstärke von 17 500 Mann[90]. Unter dem Schock der blutigen Kämpfe in Budapest entstand nicht zuletzt der Plan, zum speziellen Schutz der Regierenden eine besonders gesicherte und von der Außenwelt abgeschlossene Wohnsiedlung in Wandlitz (bei Berlin) einzurichten.

Besonderes Augenmerk richtete die SED-Spitze jedoch auf die Kampfgruppen. Sie hatten sich während der kritischen Oktober- und Novembertage als äußerst effektives Mittel der Drohung und des Einsatzes gegen Demonstranten erwiesen. Noch im November beschloß man Maßnahmen der verstärkten paramilitärischen und polizeitaktischen Ausbildung der Schutzpolizei und der Kampfgruppen. Weitere Beschlüsse der SED-Sicherheitskommission zielten auf die stetige Erhöhung der Kampf- und Einsatzbereitschaft der Arbeiterbataillone. Sie sollten neben der Sicherung des jeweiligen Betriebes »als Reserve auf Befehl der zuständigen Einsatzleitungen zur Lösung von Ordnungs- und Sicherheitsaufgaben oder Kampfaufgaben im a) Orts- und Häuserkampf mit dem Ziel der Liquidierung von Stützpunkten des

85 Ebd., Bl. 9.

86 Ebd., Bl. 3: Beschluß der Sicherheitskommission der SED vom 30.11.1956.

87 Ebd., Anlage 2, Bl. 11 ff.: Beschluß der Sicherheitskommission der SED vom 30.11.1956.

88 BStU, ZA, ZAIG 4847, Bl. 1 ff. Protokoll der Dienstbesprechung im MfS vom 17.12.1956. BA-MA, DVW 1/39557, Bl. 21 ff.: Beschluß der Sicherheitskommission der SED vom 3.4.1957.

89 BA-MA, DVW 1/39558, Bl. 12: Protokoll der 16. Sitzung der Sicherheitskommission der SED vom 15.4.1957.

90 Ebd., Bl. 4: Protokoll der 16. Sitzung der Sicherheitskommission der SED vom 15.4.1957.

Gegners, b) beweglichen Einsatz zur Bekämpfung und Niederschlagung von Gruppen und Personen, die der Gegner aus der Luft landet, oder anderer bewaffneter feindlicher Kräfte (Diversanten)« herangezogen werden[91].

Die gewachsene Bedeutung des Sicherheitsapparates unterstrich Ulbricht nochmals auf der 30. Tagung des ZK der SED (30. Januar — 1. Februar 1957). Er forderte, »die volksdemokratische Gesetzlichkeit zu festigen und die Wachsamkeit gegenüber den Tätigkeiten feindlicher Agenten und Diversionsgruppen zu erhöhen, die Kampfkraft der bewaffneten Kräfte der Arbeiter-und-Bauern-Macht zu stärken und die Ausbildung und politische Erziehung in den Kampfgruppen der Arbeiter zu verbessern«[92]. Er formulierte nochmals die Aufgabe, den weiteren Ausbau der Kampfgruppen zu einem auch militärisch einsatzfähigen Organ im Innern voranzutreiben[93].

Im Frühjahr 1957 fanden demgemäß in der DDR Übungen von Kampfgruppeneinheiten mit der Bereitschaftspolizei und den Schutzpolizeiorganen statt. Sie dienten vor allem dem Ziel, das Führungssystem im gemeinsamen Handeln mit den bewaffneten Kräften des MdI bei inneren Unruhen zu verbessern sowie »Einsatzbereitschaft« gegenüber der Bevölkerung zu demonstrieren[94]. Über 100 solcher Übungen wurden durchgeführt, so am 13. April in Berlin und am 17. April in Magdeburg. Sie endeten regelmäßig mit einem Appell und einer Demonstration vor der Bevölkerung[95].

Die SED-Führung beschloß zusätzlich die Bildung von Kampfgruppenformationen an den Universitäten und Hochschulen sowie in den Maschinen-und-Traktoren-Stationen (MTS) auf dem Lande[96].

Die nationale und internationale Krisensituation vom Herbst 1956 zeigte nicht zuletzt auch Auswirkungen auf die junge Nationale Volksarmee der DDR, die erst seit wenigen Monaten in die Vereinten Streitkräfte des Warschauer Paktes einbezogen worden war[97]. Zwar ist im Zusammenhang mit dem sowjetischen Militäreinsatz in Ungarn für die NVA seitens der Führung des Bündnisses keine besondere militärische Aufgabenstellung nachweisbar. Offenbar wurden weder die SED-Spitze noch die NVA-Führung überhaupt über die Vorbereitung der militärischen Aktion informiert[98]. Dennoch ergaben sich für die NVA seit dem

91 Ebd., DVW 1/39554, Anlage 3, Bl. 19: Beschluß der Sicherheitskommission der SED vom 30.11.1956.
92 Ulbricht, Grundfragen der Politik, S. 293.
93 SAPMO-BA, DY 30 IV 2/12/99, Bl. 44 ff.: Berichte zur Ausbildung der Kampfgruppen 1957, o.D. Auch BA, DO — 1/11/1025, Bl. 96 ff.: Bericht der HVDVP vom 20.5.1957.
94 BA, DO — 1/11/1025, Bl. 49: Bericht über die Übung der Kampfgruppen in Wernigerode vom 12.12.1956.
95 Unter anderem: Geschichte Volkspolizei, S. 271 f.
96 BA-MA, DVW 1/39558, Bl. 5: Beschluß der SED-Sicherheitskommission vom 15.4.1957.
97 Abschlußkommunique, S. 31.
98 Chruschtschow holte in einer geheimen Reise am 1./2.11.1956 offenbar nur die »Zustimmung« der politischen Führungen Polens, der Tschechoslowakei, Rumäniens, Bulgariens und Jugoslawiens über die beabsichtigte Intervention ein. Gibianski/Afiani/Stykalin, Zur sowjetischen Außenpolitik, S. 42 f.

Herbst 1956 einige wichtige politische und militärische Schlußfolgerungen, die im weiteren Aufbauprozeß der Streitkräfte Berücksichtigung fanden.

So glaubte die Parteiführung, eine Ursache für die Teilnahme von Einheiten der Ungarischen Volksarmee an der »Konterrevolution« in der vorherigen »Zersetzung der Parteiarbeit« in der Armee erkannt zu haben. Grund genug also, die Rolle der Partei in den eigenen Streitkräften weiter zu verstärken, zumal die Einflußnahme der SED auf die NVA generell als noch nicht ausreichend eingeschätzt wurde. »Je besser die Führung der Partei in der Armee, je militärisch qualifizierter die Fähigkeiten der Kommandeure der bewaffneten Organe sind, je höher das sozialistische Bewußtsein der Angehörigen der bewaffneten Organe ist, um so besser ist die Verteidigung unserer Republik organisiert und die Verteidigungsbereitschaft gewährleistet. Die Einheit der politischen und militärischen Erziehung und Ausbildung ist die Grundlage für die Erhöhung der Einsatz- und Kampfbereitschaft unserer bewaffneten Kräfte. Gerade das ist eine wichtige Lehre, die wir unter anderem aus den Ereignissen in Ungarn ziehen müssen[99].«

Neue Parteiinstruktionen, die die Rechte der SED-Organisationen in der NVA erweiterten, dienten ab 1957 ebenso diesem Zweck wie die Verabschiedung des richtungsweisenden Politbürobeschlusses »Über die führende Rolle der Partei«, der ab Januar 1958 für alle bewaffneten Kräfte in der DDR verbindlich wurde. Er schrieb den generellen Einfluß der SED in der NVA fest. »Jeder Kommandeur, jeder Vorgesetzte muß sich bewußt sein, daß er in erster Linie politischer Funktionär ist und seine Arbeit in Auftrag der Partei der Arbeiterklasse durchführt[100].«

Als eine »Erkenntnis« aus dem »Putschversuch« in Ungarn präsentierte die Parteiführung der NVA darüber hinaus die Behauptung, daß sich hinter der Losung der Entstalinisierung nur eine hinterhältige Attacke des Klassengegners gegen das bewährte Offizierkorps verborgen habe. In der NVA aber, wo über 80 % der Offiziere aus Arbeiter- und Bauernfamilien kämen und in der die Ergebnisse des XX. Parteitages der KPdSU parteilich ausgewertet worden seien, wäre diesem Angriff des Gegners von Anfang an der Boden entzogen[101].

Dennoch lösten die Ereignisse vom Herbst 1956 eine Reihe von offiziellen und internen personalpolitischen Maßnahmen in der NVA aus. Dabei ging es zum einen um die Überprüfung von Führungskadern hinsichtlich ihrer politischen Zuverlässigkeit und zum anderen um die weitere militärische Qualifizierung von SED-Funktionären.

Die Überprüfungen bezogen sich auf die soziale Herkunft, auf die Dauer der Parteizugehörigkeit sowie auf die politischen und militärischen Fähigkeiten der Kader. Grundlagen dafür bildeten die Personalakten und Beurteilungen durch Vorgesetzte, Parteisekretäre und das MfS. Überprüft wurden vor allem Offiziere im Bereich des NVA-Hauptstabes und in den Militärbezirken, Divisions- und Regimentskommandeure sowie die Standortältesten in größeren Garnisonstäd-

99 Honecker, Die Verantwortung der Arbeiterklasse, S. 17.
100 BA-MA, AZN Strausberg, 32600, Bl. 17: Beschluß des Politbüros der SED vom 14.1.1958.
101 Interview mit dem Minister, S. 5 f.

ten. Es ging der ZK-Sicherheitsabteilung, die damit vorrangig befaßt war, hauptsächlich darum, sogenannte »Konzentrationen von Offizieren« in der Truppe und in den Stäben aufzudecken, denen man etwa aufgrund ihrer Herkunft nach wie vor politisch mißtraute. Betroffen waren davon in erster Linie die ehemaligen Wehrmachtoffiziere, die in der NVA Dienst taten. Im Ergebnis der Überprüfungen beschloß das SED-Politbüro im Januar 1957, alle noch in der Armee befindlichen ehemaligen Wehrmachtoffiziere bis spätestens zum Jahr 1960 zu entlassen[102].

Und noch auf eine weitere Schlußfolgerung machten die öffentlichen und internen Aussagen der Politiker und Militärs für die NVA aufmerksam: In Verantwortung für den Frieden und als Mitglied des Warschauer Vertrages müsse das eigene Verteidigungssystem der DDR weiter gefestigt werden. Der Schutz und die Verteidigung der Arbeiter-und-Bauern-Macht sei daher ein entscheidender Faktor beim Aufbau des Sozialismus, wobei die Volksarmee ihren Beitrag im Kampf gegen die Konterrevolution leisten müsse.

Verteidigungsminister Stoph hatte dieses Credo der Partei im März 1957 nochmals formuliert: »Wir sehen unsere Aufgabe darin, gemeinsam mit den anderen bewaffneten Organen der Deutschen Demokratischen Republik, den Frieden im Innern und nach außen zu sichern, d.h., die Truppenteile der Nationalen Volksarmee zu befähigen, eventuelle konterrevolutionäre Provokationen auf dem Gebiet der DDR zu verhindern und niederzuschlagen[103].«

Auch der streng geheime Beschluß (»Panzerschranksache«) der SED-Sicherheitskommission über Maßnahmen zur Stärkung der Verteidigungsbereitschaft vom 9. Januar 1958 legte fest, daß »zur schnellen Zerschlagung innerer Unruheherde [...] kurzfristig auf Anforderung der Einsatzleitungen Einheiten und Truppenteile der Nationalen Volksarmee dort eingesetzt werden [können], wo die Kräfte des Ministeriums des Innern nicht ausreichen, durch Heranführen von Reserven des Ministers des Innern Zeitverlust entsteht und bei Gefahr im Verzuge«[104]. Konkretere Vorbereitungen auf diesen inneren Einsatz in Form von speziellen Einsatzplänen, Organisationsstrukturen, der Bereitstellung von Ausrüstung und Bewaffnung usw. wurden offenbar jedoch nicht in der Truppe ausgearbeitet.

Von den geheimen Planungen der Politiker und Militärs erfuhr die Mehrheit der Mannschaften, Unteroffiziere und Offiziere der NVA nichts. Dennoch war den meisten von ihnen klar, daß die Armee auch im Kampf gegen innere Feinde eine wichtige Rolle spielen sollte. Aufrufe zur erhöhten Wachsamkeit und ähnliche Appelle der SED, die »Arbeiter-und-Bauern-Macht« zu schützen, blieben nicht ohne Wirkung. Oftmals einseitig von den DDR-Medien informiert, folgten nicht wenige Armeeangehörige den ideologischen Vorgaben der Partei, zumal sich die

102 Wenzke, Wehrmachtoffiziere in den DDR-Streitkräften, S. 146.
103 Interview mit dem Minister, S. 55.
104 BA-MA, DVW 1/39561, Bl. 4: Protokoll der 19. Sitzung der Sicherheitskommission der SED vom 9.1.1958.

Welt mit dem Ungarn-Aufstand und der Suez-Krise wirklich an den Rand eines neuen Krieges gebracht zu haben schien.

Öffentliche Solidaritäts- und Sympathiebekundungen mit den »ungarischen Werktätigen« und der ägyptischen Bevölkerung waren in der Armee noch bis Mitte November 1956 an der Tagesordnung. Auch Spendenaktionen, Bitten um Aufnahme in die SED, Verpflichtungen zum »Längerdienen« und sogar vereinzelte Meldungen für einen freiwilligen Einsatz gegen die »Konterrevolution« in Ungarn oder gegen die »Aggressoren« im Nahen Osten paßten in dieses Bild allgemeiner Zustimmung zur Politik der SED.

Doch anscheinend traute die SED-Führung ihren eigenen Erfolgsmeldungen nicht. Die Sicherheitsabteilung im ZK der SED erhielt deshalb den Auftrag, in der Truppe aktiv zu werden. Direkt an der Basis sollte der sogenannte politisch-moralische Zustand der Einheiten überprüft werden, um daraus möglichst Rückschlüsse auf die reale politische Stimmung und den Einsatzwillen der Soldaten ziehen zu können. Im Dezember 1956 gingen Mitarbeiter der Sicherheitsabteilung in den NVA-Regimentern in Prora und Halle unter anderem Fragen zum Verhältnis der Offiziere zu den Mannschaften sowie zu den Plänen der Zusammenarbeit mit dem sowjetischen Nachbartruppenteil nach. Als besonders wichtig erachtete man aber die Problematik, »wie stark die als Einzelerscheinungen nach den Ungarnereignissen vom Gegner verbreiteten antisowjetischen Stimmungen waren«[105]. Alle Informationen gingen direkt an den neu in seine Funktion eingesetzten ZK-Sekretär für Sicherheitsfragen, Erich Honecker.

Ob sich die NVA-Soldaten jedoch wirklich im Ernstfall gegen die eigene Bevölkerung hätten einsetzen lassen, muß vorerst ebenso offen bleiben wie die Frage, ob es im Jahre 1956 auch in der DDR-Volksarmee Ansätze von Opposition und Kritik gegenüber der Politik und der Person Ulbrichts gegeben hat. Erste Erkenntnisse sprechen durchaus dafür, daß die freiwillig dienenden Soldaten der NVA keinesfalls »wie ein Mann« hinter der Politik der SED und ihren Erklärungen zu den Ereignissen vom Herbst 1956 gestanden haben. So gab es vor allem bei Mannschaften und Unteroffizieren im Zusammenhang mit der Rolle, die die Sowjetarmee in Ungarn spielte, Unverständnis und teilweise antisowjetische Äußerungen[106].

Schon am 6. November 1956 hatte das ZK der SED eine Erklärung zum »Sieg der ungarischen Werktätigen über die Konterrevolution« publizieren lassen[107]. Über die öffentliche Demonstration der Solidarität mit dem neuen Regime unter János Kádár hinaus, gehörte dieses Dokument zweifellos zur komplexen Einschüchterungsstrategie der Partei gegen die Kritiker im eigenen Lande.

Da war von »Hetze« aus den Kreisen der ungarischen Schriftsteller und Studenten die Rede, die die Grundlagen des Sozialismus angegriffen hätten. Im weiteren warnte das ZK vor einer »Selbstzerfleischung«, die — wie in Ungarn zu

105 Otto, Über die Rolle, S. 33 f.
106 U.a. Stoßbrigade. Zeitung der NVA (7. Panzerdivision Dresden) vom 16.11.1956.
107 Erklärung des ZK, S. 153–155.

sehen gewesen sei — lediglich der Konterrevolution gedient habe. Solche und ähnliche Aussagen unterstrichen nur die permanente Furcht Ulbrichts vor den Intellektuellen im allgemeinen sowie vor den intellektuellen Kritikern in den eigenen Reihen. Abschließend drohte die Parteiführung deshalb all denjenigen, die mit den Ereignissen in Polen und Ungarn sympathisiert oder auf ähnliche politische Veränderungen in der DDR gehofft hatten: »Die imperialistischen Kräfte sind bemüht, von ihrer heimtückischen Aggression gegen das ägyptische Volk abzulenken, und hoffen, es könnte ihnen gelingen, neue konterrevolutionäre Abenteuer in den sozialistischen Staaten zu organisieren. Die Ereignisse in Ungarn sind jedoch für alle Werktätigen ein lehrreiches Beispiel dafür, wie man der Reaktion antworten muß[108].«

Die Ungarn-Krise schien für Ulbricht ein guter Ausgangspunkt zu sein, persönliche Widersacher und Kritiker in der Parteiführung ein für allemal kaltzustellen[109]. Dem SED-Chef war die Gefahr, die ihm 1956 gedroht hatte, bewußt gewesen. Er vertagte allerdings die Abrechnung auf den Zeitraum 1957/1958, als er sich wieder fester im Sattel sitzend wähnte. Anders als 1953, wo sich die intellektuelle Parteielite weitgehend abseits hielt, war es seit dem XX. Parteitag der KPdSU im eigenen Lager zu kritischen Diskussionen über die SED-Politik und über Ulbrichts Führungsstil gekommen. Spitzenfunktionäre wie Oelßner, Fritz Selbmann, Schirdewan, Wollweber und Gerhart Ziller hatten es gewagt, bestimmte Probleme in der Parteipolitik anders zu sehen als Ulbricht.

Nunmehr sah der Erste Sekretär des ZK der SED den Zeitpunkt für gekommen, rigoros abzurechnen. Ziller ging der Konfrontation aus dem Wege, indem er Selbstmord verübte. MfS-Minister Wollweber verlor 1957 sein Amt an Mielke. Schirdewan degradierte man zum Leiter der Staatlichen Archivverwaltung. Oelßner, vormals Stellvertretender Ministerpräsident, wurde Direktor eines Wirtschaftsinstitutes. Auch Selbmann verlor seinen Einfluß. Sie alle erhielten darüber hinaus Parteistrafen.

Nicht nur in der Parteiführung wurde bis 1958 »Ordnung« geschaffen. Für das einfache Parteivolk und die übrige Bevölkerung inszenierte die SED — Hand in Hand mit dem MfS — öffentliche Schauprozesse zur Abschreckung und Warnung.

Bereits Ende November 1956 war der Philosoph Wolfgang Harich verhaftet worden. Er hatte auf reformsozialistische Veränderungen in der DDR gesetzt und ein dementsprechendes Papier erarbeitet. Als »Verschwörer« entlarvt — die Zeitschrift Militärwesen bezeichnete ihn als »deutschen Nagy«[110] —, wurde er 1957 zu zehn Jahren Haft verurteilt. Seine »Mitverschwörer« Walter Janka und Gustav Just erlitten ähnliche Schicksale.

Harte Strafen erhielten auch die führenden Köpfe der kritischen universitären und studentischen Bewegung. Nach den ersten Verhaftungswellen in Berlin im Dezember 1956 begann auch anderorts die Suche nach »Parteifeinden« und »Gegnern«. Der Bericht für das 33. Plenum des ZK der SED im Dezember 1957 benennt

108 Ebd., S. 155.
109 Podewin, Walter Ulbricht, S. 301 f.
110 K.H.E., Hintergründe, S. 128.

die Verhaftung von 48 Studenten, 3 Dozenten, 11 wissenschaftlichen Mitarbeitern, Aspiranten und Assistenten, 6 Lehrern, 9 Schülern, 5 Journalisten sowie einem Studentenpfarrer[111].

Das Krisenjahr 1956 nutzte die SED gleichzeitig zu einer umfangreichen Säuberung ihrer Reihen. Allein im genannten Jahr wurden 22 898 Mitglieder ausgeschlossen, 2450 traten selbst aus[112]. »Die Abrechnung der Staatsmacht mit all jenen, die in der Stunde der Gefahr nicht eisern zur Parteilinie gestanden hatten, war langsam und gründlich. Die Verhaftung Harichs bildete nur den Auftakt. Es folgten weitere Verhaftungen, Prozesse, Aufdeckungen ›parteifeindlicher Gruppierungen‹, Relegationen von Studenten, Parteiausschlüsse, berufliche Disziplinierungsmaßnahmen. Sorgsam wurden die Rituale der Entlarvung, der kollektiven Demütigung, der Selbstbezichtigung der Opfer und schließlich der Verstoßung zelebriert[113].«

Knapp zwei Jahre nach den Herbstereignissen von 1956, im Frühjahr 1958, schätzte die SED-Führung die Umsetzung des Politbürobeschlusses vom 8. November 1956 abschließend als überwiegend positiv ein[114]. Die Rolle der Einsatzleitungen der SED in Bezirken und Kreisen war weiter aufgewertet worden, was unter anderem eine stärkere militärische Qualifizierung der SED-Kader zur Folge hatte. Das gesamte Sicherheitssystem der DDR hatte eine Neustrukturierung erfahren. Die Eingliederung in das Ministerium des Innern schien eine besser abgestimmte Entwicklung und Planung der Deutschen Grenzpolizei, der Bereitschaftspolizei und der Kampfgruppen ermöglicht zu haben[115].

Die NVA verlor ihren bis dahin noch im System der inneren Sicherheit vorgesehenen wichtigen Platz bei der Bekämpfung innerer Unruhen erst nach dem Mauerbau 1961, ohne jedoch völlig aus der Planung der SED-Führung herausgenommen zu werden. Das Einmauern der Bevölkerung, die Einführung der allgemeinen Wehrpflicht 1962, die qualitativ neuen Anforderungen an die Streitkräfte im Rahmen des Warschauer Paktes spielten als Gründe dafür sicher eine wichtige Rolle[116]. Mitausschlaggebend dafür waren aber zweifellos die Fortschritte, die — nicht zuletzt in Auswertung der Herbstereignisse von 1956 — bis zu diesem Zeitpunkt beim Auf- und Ausbau des SED-Sicherheitsapparates erreicht worden waren. So verfügten die Kampfgruppen nunmehr über gut ausgebildete und bewaffnete motorisierte Bataillone. Die Bereitschaftspolizei war in den potentiellen Unruheschwerpunkten der DDR konzentriert worden. Sie galt als einsatzbe-

111 SAPMO-BA, DY 30 IV 2/1/182, Bl. 75: Bericht der 33. ZK-Tagung der SED zur »Feindtätigkeit« vom 17.10.1957.

112 Ebd., IV 2/5/1371, Bl. 310: Bericht des ZK über die Mitgliederbewegung, o.D.

113 Mitter/Wolle, Untergang, S. 279.

114 BA-MA, DVW 1/39562, Bl. 12 ff.: Protokoll der 20. Sitzung der Sicherheitskommission der SED vom 15.3.1958.

115 Schunke (Bedrohungsanalyse, S. 39) nennt zwölf wichtige Beschlüsse, die im Auftrag der Sicherheitskommission des ZK im Zeitraum von 1956 bis 1959 ausgearbeitet worden sind und konkrete Planungen für den Einsatz der bewaffneten Kräfte im Krisenfall enthalten.

116 Hohwieler, NVA und innere Sicherheit, S. 84 f.

reit zur Lösung polizeilicher und militärischer Aufgabenstellungen. Die Grenzpolizei war der NVA unterstellt worden. Die Volkspolizei und das MfS konnten ihre operative Wirksamkeit weiter erhöhen.

6. Resümee

Die Krisen im Sowjetimperium und im Nahen Osten machten mit ihren eigentümlichen Verflechtungen auch vor der DDR nicht halt. Die Impulse der Tauwetter-Politik sowie hausgemachte wirtschaftliche und innenpolitische Probleme hatten Ulbricht seit dem Frühjahr 1956 in eine schwierige Lage gebracht. Die Situation spitzte sich im Herbst sichtlich zu, als die Polen und dann weitaus bedrohlicher die Ungarn die Macht der Kommunisten in ihren Ländern und damit im gesamten Ostblock in Frage stellten.

Doch während die Regime in den beiden »Bruderländern« ernsthaft ins Wanken gerieten, manövrierte Ulbricht die DDR mit harter Hand aus der Krise. Mit der Drohung, die bewaffnete Macht des Staates mit aller Konsequenz gegen die »Konterrevolution« einzusetzen, verschaffte er seiner kompromißlosen Politik den nötigen Nachdruck. Ohne Skrupel ließ er sogar den Einsatz des Militärs gegen die Bevölkerung planen. Ulbricht und seine Gefolgsleute verblieben 1956 ohne größere Blessuren an der Macht.

Der Stalinist Ulbricht war damit wieder einmal als Sieger aus einer Krise hervorgegangen. Er saß nach 1956 sogar fester im Sattel als je zuvor und strebte dem Zenit seiner Macht entgegen. Er hatte in einer komplizierten nationalen und internationalen Situation Moskau seine unbedingte Treue bewiesen. Dem Aufstieg der DDR als Juniorpartner der UdSSR stand demgemäß eigentlich nichts mehr im Weg.

Das »Zuckerbrot« Ulbrichtscher Krisenbewältigung bestand 1956 in der raschen Einführung einiger längst überfälligen sozialen Leistungen wie Preissenkungen, Lohnerhöhungen und der Rentenreform. Vor allem Visionen einer künftigen Gesellschaft mit einem besseren Lebensstandard als die Bundesrepublik, mit der 40-Stundenwoche und ohne Rationierungen sollten den angestauten sozialen Frust der Menschen dämpfen, was jedoch nur partiell gelang.

Die Funktion einer »Peitsche« zur Unterdrückung von Kritik und Unmut in der eigenen Bevölkerung hatte dagegen der von der SED geführte und beherrschte Sicherheitsapparat zu erfüllen. Er erfuhr während und nach der Krise 1956 eine bedeutende Aufwertung und Verstärkung. Zu einem repressiven Hauptinstrument gegen die eigene Bevölkerung hatten sich dabei neben dem MfS vor allem die Kampfgruppen entwickelt. Ihre Machtdemonstrationen hatten im Herbst 1956 die erhoffte einschüchternde Wirkung bewiesen.

In den Folgejahren wähnte sich die DDR-Führung gegenüber ihren »Bruderstaaten« gern als Garant der Stabilität des Sozialismus und als Lehrmeister in Sachen Krisenbewältigung. In Wirklichkeit waren die wirtschaftlichen, politischen und sozialen Probleme in der DDR auch im Jahr 1956 nur verdrängt und unterdrückt, jedoch nicht gelöst worden.

Jiří Bílek

Der Einfluß der Ereignisse in Ungarn auf die Innenpolitik der Tschechoslowakei

Die Ereignisse, zu denen es Ende Oktober/Anfang November 1956 in Ungarn gekommen war, konnten nicht ohne Einfluß auf dessen unmittelbare Nachbarn bleiben. Die politische Führung in Prag verfolgte die Entwicklung jenseits der tschechoslowakischen Südgrenze sehr genau und wertete sie fortlaufend mit dem Ziel aus, nicht nur die erforderlichen Maßnahmen zur Aufrechterhaltung der Ruhe in der Republik zu treffen, sondern auch Schlußfolgerungen und Lehren für die eigene Innenpolitik zu ziehen. Bereits im Juni 1956 war es zu einem Ausbruch der Unzufriedenheit in Polen gekommen, der auf Poznań (Posen) beschränkt war und nicht in einen offenen Aufstand gegen das kommunistische Regime wie in Ungarn überging. Auch die Ereignisse in Berlin 1953 sowie die Proteste gegen die Durchführung der Währungsreform in der Tschechoslowakei im Juni desselben Jahres[1] waren noch frisch im Gedächtnis. So konnten 1956 Erscheinungen des Widerstands gegen das Regime auch in der Tschechoslowakei nicht ausgeschlossen werden.

Ausgangspunkt für derartige Überlegungen war in erster Linie die Einschätzung des ungarischen Aufstands. Die Führung der Kommunistischen Partei der Tschechoslowakei und des Staates betrachtete ihn als Konterrevolution, die sowohl durch die Fehler der Partei der Ungarischen Werktätigen (Magyar Dolgozók Partja), die eine Aktivierung der inneren Feinde des volksdemokratischen Ungarns ermöglichten, als auch durch das Wirken von ausländischen »Zentralen der ideologischen Diversion« hervorgerufen worden war. Die Hauptfehler der Partei der Ungarischen Werktätigen und der Regierung wurden außer im ideologischen Bereich in der Wirtschaft ausgemacht, die den ungarischen Bürgern kein Wachstum des Lebensstandards sicherte. Sehr lapidar drückte das der damalige Erste Sekretär des ZK der KPČ, Antonín Novotný, bereits Ende 1956 aus, als er die Worte von Nikita S. Chruschtschow auf den Verhandlungen zu den Ereignissen in Polen und Ungarn in Moskau wiederholte: »Auch bei uns hört man BBC und den

1 Die Währungsreform wurde in der Tschechoslowakei zum 1.6.1953 durchgeführt. Sie brachte die Bürger um 11,5 Milliarden Kčs der neuen Währung und bedeutete einen tiefgreifenden Eingriff in ihr Leben. Sie rief zum ersten Mal seit dem Februar 1948, als die KPČ an die Macht gekommen war, wirklich massenhafte Äußerungen der Mißbilligung gegenüber dem kommunistischen Regime hervor, die an einigen Stellen in Streiks und Demonstrationen mündeten. Am meisten verschärfte sich die Lage in Plzeň (Pilsen), wo gegen unzufriedene Bürger Einheiten der Sicherheitsorgane, der Volksmilizen und der Armee eingesetzt werden mußten.

Sender Freies Europa. Und wenn die Mägen voll sind, geht es ihnen noch gut dabei[2].«

Analytische Materialien, die für das ZK der KPČ von seinem Apparat, den Ministerien (vor allem des Innern und der Verteidigung) sowie weiteren Organen (Hauptpresseaufsicht)[3] erarbeitet wurden, schilderten die Ereignisse in Ungarn weitgehend realistisch, aber die Auslegung, Beurteilung und die Schlußfolgerungen waren ganz der marxistischen Ideologie untergeordnet. Das, was in Ungarn passiert war, wurde in erster Linie als Bestätigung für die Gültigkeit der Lehre vom Klassenkampf angesehen, der auch mit dem Sieg der sozialistischen Revolution nicht zu Ende sei. Es wurde betont, daß »der Imperialismus sein aggressives Wesen nicht geändert hat und zusammen mit der einheimischen Reaktion ständig nach neuen Wegen und Mitteln sucht, wie die Herrschaft des Kapitals wiederhergestellt werden kann und die Arbeiterklasse und alle Werktätigen um ihre revolutionären Errungenschaften gebracht werden können«. Der Aufstand in Ungarn zeigte nach Meinung der Führung der KPČ anschaulich, welche Rolle die wirtschaftlichen und sozialen Probleme der Gesellschaft bei der Zuspitzung der Lage spielen.

Die Führung der Kommunistischen Partei schätzte, daß es gerade die Fehler in der wirtschaftlichen Entwicklung waren, die Unzufriedenheit hervorriefen und in Verbindung mit einer groben Unterschätzung der ideologischen Arbeit sowie mangelnder Prinzipienfestigkeit und Aktivität der Führung der Partei der Ungarischen Werktätigen den »konterrevolutionären Kräften« die Möglichkeit eröffneten, zeitweilig aktiv zu werden. So hätten sie nicht nur einen Teil der ungarischen Werktätigen, sondern auch der Sicherheitsorgane, der Armee und weiterer Machtorgane des Staats in die Irre geführt und einen Putschversuch mit dem Ziel unternommen, Ungarn aus dem Verband der sozialistischen Länder herauszulösen, das Kräfteverhältnis in Europa zugunsten des Kapitalismus zu verändern und einen Keil zwischen die sozialistischen Länder zu treiben. Eine solche Einschätzung entsprach voll und ganz den Ansichten des ZK der KPdSU und der kommunistischen Parteien in den anderen Ländern unter sowjetischem Diktat. Das konnte nicht überraschen, denn die führenden Vertreter dieser Parteien und Staaten konsultierten sich ständig über die Entwicklung der Ereignisse und übernahmen die sowjetische Einschätzung.

Aus Sicht der inneren Entwicklung der Tschechoslowakei fielen die Ereignisse in eine Zeit, in der die Führung der KPČ und des Staates auf eine Reihe von Schwierigkeiten stieß. Die Wirtschaft durchlief eine Krise. Der erste Fünfjahrplan konnte nicht entsprechend den Vorgaben erfüllt werden, und die Konzeption von der vorrangigen Entwicklung der Schwerindustrie erwies sich immer mehr als

2 SÚA, Archiv ÚV KSČ , Fond 07/16 — Antonín Novotný, Bd 3: Bericht für das ZK der KPČ über die Verhandlungen beim ZK der KPdSU am 24.10.1956 zur Lage in Polen und Ungarn.

3 Dokumentationsmaterial zur ungarischen Problematik, in: ebd., Fond 100/3 — Ungarn, Bd 110, Archiveinheit 371: Einschätzung der Ereignisse in Ungarn, ihres Echos in der ČSR und Schlußfolgerungen für die Arbeit unserer Partei, Material für das Sekretariat des ZK der KPČ.

falsch. Die Leitung der Wirtschaft war unflexibel und bürokratisch, die Umstellung der Landwirtschaft auf das genossenschaftliche System kam nicht den Vorstellungen entsprechend voran, und das Lebensniveau verbesserte sich nur langsam. Heilung für die wirtschaftlichen Schwierigkeiten sollte der zweite Fünfjahrplan bringen, den die Landeskonferenz der KPČ im Juni 1956 verabschiedet hatte. Sein Hauptziel war »der weitere Aufbau der materiell-technischen Basis für den Sozialismus und der Sieg der sozialistischen Produktionsverhältnisse auf dem Dorf«.

Zudem bestand die Notwendigkeit, mit dem Erbe der jüngeren Vergangenheit ins reine zu kommen, vor allem mit der Welle von politischen Prozessen und anderen Formen der politischen Verfolgung Ende der vierziger/Anfang der fünfziger Jahre, bei denen Zehntausende tatsächlicher und konstruierter Gegner des kommunistischen Regimes ins Gefängnis gesteckt, in Arbeitslager verbracht und auch hingerichtet wurden. Die Führung der KPČ wollte diese und weitere herangereifte Probleme nicht wirklich in ihrem Wesen lösen und konnte es auch nicht, sondern handelte nach dem tschechischen Sprichwort: »Der Wolf ist satt, und das Lamm bleibt am Leben.« Man war nur zu »kosmetischen Veränderungen« bereit, die den Kern, die weitere Erhaltung des totalitären Regimes, nicht gefährden konnten.

Die Lage war um so komplizierter, als der XX. Parteitag der KPdSU im Februar 1956 den Personenkult und die zu langsame Überwindung seiner Folgen offiziell verurteilte, was in den Ländern des sowjetischen Blocks die Hoffnung auf eine Entspannung der Verhältnisse geweckt hatte. Die von der KPČ ausgelöste Diskussion über die Beschlüsse des Parteitags der KPdSU begann ihr jedoch sogar unter den Kommunisten aus den Händen zu gleiten. Der angehäuften und ungelösten Probleme gab es mehr als genug — die Menschen wiesen auf die verschiedenen Mängel hin und kritisierten sie, ihre Vorwürfe richteten sich auch gegen konkrete Personen in der Führung der Kommunistischen Partei und des Staates, und es wurden die unterschiedlichsten Lösungsvorschläge laut. Vielleicht am deutlichsten und offensten wurde das Regime auf dem II. Kongreß der tschechoslowakischen Schriftsteller im April 1956 kritisiert. Die Führung der KPČ mußte schließlich die in der gesamten Gesellschaft und auch innerhalb der Partei geführte Diskussion mit Macht beenden, da sie zu gefährlich wurde und in einigen Punkten auf den Kern des totalitären Regimes zielte. Die Diskussion zeigte jedoch die wachsende Unzufriedenheit nicht nur unter der Intelligenz, sondern auch innerhalb der Arbeiterklasse und weiterer sozialer Gruppen.

Bei der Untersuchung der Ursachen, des Verlaufs und der Folgen des Aufstands in Ungarn konnten die für das ZK der KPČ arbeitenden Analytiker deshalb nicht übersehen, daß einige der sogenannten »Fehler« der Partei der Ungarischen Werktätigen und der ungarischen Regierung auch unter tschechoslowakischen Bedingungen zu finden waren. Ihre Schlußfolgerungen mußten sie jedoch vorsichtig, eher nur zwischen den Zeilen formulieren, da die Führung der KPČ an einer wirklich objektiven Analyse kein Interesse hatte. Darum war auf den ersten Blick alles in Ordnung, die wirtschaftliche Entwicklung verlief trotz einiger kleinerer Mißerfolge im Grunde genommen erfolgreich, das Lebensniveau wuchs, und die Bürger waren bis auf wenige Vorbehalte zufrieden. Die Entwicklung in Ungarn löste bei ihnen keine Unruhe aus, im Gegenteil, in Hunderten und Tausenden Resolutionen verurteilten sie die »ungarische Konterrevolution«, begrüßten die Einsetzung der »Arbeiter- und Bauernregierung« von János Kádár und drückten ihre Solidarität mit dem ungarischen Volk auch in Form verschiedener Sammlungen aus[4].

Diese doch ziemlich einseitige Einschätzung war Ausgangspunkt für die Festlegung von Prioritäten in der weiteren Politik der KPČ in den folgenden Jahren, mit denen die Möglichkeit einer ähnlichen Entwicklung in der Tschechoslowakei ausgeschlossen werden sollte. Das Hauptaugenmerk mußte auf die Entwicklung der Wirtschaft und die Erhöhung des Lebensniveaus, auf die Festigung des Bündnisses zwischen der Arbeiterklasse und der Bauernschaft, auf die Vertiefung der »sozialistischen Demokratie« und vor allem auf die Festigung der führenden Rolle der KPČ auf der Grundlage der marxistisch-leninistischen Lehre, der Verbesserung der innerparteilichen Demokratie, der Entwicklung von Kritik und Selbstkritik sowie der ideologischen und organisatorischen Arbeit gerichtet werden. Anders gesagt: Die KPČ sollte noch mehr ihre Ausnahmestellung stärken und in allen Bereichen des Aufbaus und des Lebens in Staat und Gesellschaft die Entscheidungen fällen. Hier ging es um nichts Neues, ähnliche Prioritäten hatte sich die KPČ bereits seit Februar 1948 gesetzt; diesmal entschloß sie sich jedoch, die Maßnahmen, die auf eine »Verbesserung« gerichtet waren, zu einem weiteren »Anziehen der Schraube« und für eine energische Abrechnung mit allen und allem, was irgendwie eine Gefahr für das kommunistische Regime darstellen konnte, auszunutzen.

Diese allgemeinen Aufgaben wurden auf der Tagung des ZK der KPČ spezifiziert, die am 5. und 6. Dezember 1956 in Prag stattfand und praktisch ganz dem Einfluß der internationalen Lage — vor allem der Entwicklung in Ungarn und Polen sowie der Suezkrise — auf die Politik der KPČ und ihre aktuellen Aufgaben gewidmet war[5]. Das Hauptreferat wurde vom Ersten Sekretär des ZK der KPČ, Antonín Novotný, gehalten. In ihm wurde auf der einen Seite in keiner Weise mit Kritik an den Fehlern der Partei der Ungarischen Werktätigen und der »Aggressivität des Imperialismus« gespart. Auf der anderen Seite wurden die Erfolge der Innen- und Außenpolitik der KPČ und der Tschechoslowakischen Republik hervorgehoben, und es wurde auf jene Bereiche hingewiesen, denen vorrangig Aufmerksamkeit zu widmen sei. Im wesentlichen wiederholte das Referat das, was im Material für das Sekretariat des ZK der KPČ vorgeschlagen worden war. Es war nur weitaus einseitiger in der Einschätzung und härter in den Formulierungen.

Entschieden tiefgreifender und konkreter beschäftigten sich die insgesamt 27 Diskussionsbeiträge der Mitglieder des ZK, vor allem von führenden Funktionären der KPČ, von Ministern und weiteren Funktionären der staatlichen Verwaltung mit den Aufgaben der KPČ. Zu den Problemen der wirtschaftlichen Entwicklung

4 Ebd.

5 Ebd., Fond 01 — Tagungen des ZK der KPČ, Bd 51, Archiveinheit 55: Tagung des ZK der KPČ vom 5.–6.12.1956.

äußerten sich am offensten die Mitglieder des Politbüros des ZK der KPČ Václav Kopecký und Otakar Šimůnek sowie der für den Wirtschaftsbereich verantwortliche Sekretär, Josef Tesla. Ihrer Meinung nach war das wichtigste die Erfüllung des zweiten Fünfjahrplans und somit der weitere Aufbau der materiell-technischen Basis des Sozialismus, die nach den damaligen Vorstellungen alle wirtschaftlichen Probleme von allein lösen und das Steigen des Lebensniveaus automatisch sichern sollte. Gleichzeitig war es notwendig, das Übergewicht des sozialistischen Sektors in der Landwirtschaft, also des gemeinsamen Wirtschaftens der Bauern in den Landwirtschaftlichen Produktionsgenossenschaften (LPG), gegenüber dem privaten landwirtschaftlichen Sektor beschleunigt zu erreichen.

In der Entwicklung der Volkswirtschaft wurde der Schwerpunkt auf das vorrangige Wachstum des Maschinenbaus (in den Jahren 1956 bis 1960 um 83 %), der Rohstoff-, Brennstoff- und Energiebasis sowie des Bauwesens gelegt. Ständig wurden Wege zu einer höheren Effektivität sowohl der Arbeit als auch der Leitung und Planung der wirtschaftlichen Entwicklung gesucht. Dabei sollten unbedingt die Ergebnisse von Wissenschaft und Technik in der Praxis angewendet werden. Alle angenommenen Beschlüsse waren jedoch wirkungslos, da die tschechoslowakische Wirtschaft ihre extensiven Wachstumsquellen bereits ausgeschöpft hatte und wegen der starken Zentralisation der Leitung und der Bürokratisierung der Planung, in denen sich weder Marktelemente noch die Initiative der Menschen durchsetzen konnten, nicht zu einer intensiven Entwicklung übergehen konnte. Die Arbeitsproduktivität stieg nur sehr langsam, der »gewaltige Aufschwung des sozialistischen Wettbewerbs« war immer mehr formaler Natur, und der größte Teil der Probleme wurde dirigistisch und häufig nur auf dem Papier gelöst. Zudem war die tschechoslowakische Wirtschaft immer stärker in die sogenannte internationale sozialistische Arbeitsteilung im Rahmen des Rats für Gegenseitige Wirtschaftshilfe (RGW) integriert, was gewöhnlich mehr Probleme als Nutzen brachte.

Trotzdem kam es zu einer gewissen »wirtschaftlichen Lockerung«. Ab April 1958 erhielten produzierende Wirtschaftseinheiten und Betriebe größere Vollmachten und Möglichkeiten für ihre eigene Entwicklung. Außerdem wurden die verschiedenen Formen der materiellen Anreize erweitert. Es kam zu einer Umgestaltung der Lohnsysteme, zu Veränderungen der sozialen Absicherung und der Krankenversicherung, zur Festlegung von Rentenkategorien und eines neuen Rentenalters sowie zu weiteren Korrekturen, die das Lebensniveau erhöhten. Zu Propagandazwecken stark ausgenutzt und mißbraucht wurden verschiedene Senkungen von Einzelhandelspreisen für Grundnahrungsmittel und Industriewaren in den Jahren 1956 bis 1960 sowie die Erhöhung der Mindestrenten und des Kindergelds.

Die Führung der KPČ entschloß sich im sozialen Bereich — zum großen Teil gerade unter dem Einfluß der Ereignisse in Ungarn — zu einer Großzügigkeit, die wirtschaftlich nicht untermauert war und kurzfristig das Lebensniveau zwar erhöhte, gleichzeitig aber die wirtschaftlichen Schwierigkeiten verstärkte und die gesamte Gesellschaft noch tiefer in den Morast bis an die Grenze des Kollapses führte, was sich bereits zu Beginn der sechziger Jahre zeigte. Das Ganze wurde begleitet von äußerst unrealistischen Versprechungen, welche die Führung der KPČ und des Staates den Menschen im Bemühen gaben, ihre Unzufriedenheit abzuschwächen. Sie reichten von der Behauptung, der Sozialismus werde bereits in allernächster Zeit den Sieg im ökonomischen Wettbewerb mit dem Kapitalismus davontragen, bis zum Versprechen, die Wohnungsfrage in der nächsten Zeit zu lösen.

Eine ganz andere Linie begann die Führung der KPČ in der Landwirtschaft durchzusetzen, wo sie sich mit häufig nicht sehr wählerischen Methoden bemühte, die Bauern zu überzeugen oder vielmehr zu zwingen, in die LPG einzutreten. Wenn in der Industrie gewissermaßen ein »Tauwetter« einsetzte, kam es auf dem Dorf zu einer starken »Frostphase«, was darauf zurückzuführen war, daß die privat wirtschaftenden Landwirte im Grunde genommen die einzige größere und homogene »dem Sozialismus fremde« Gruppe geblieben waren und eine potentielle Gefahr darstellten. Deshalb mußte sie schnell und mit allen Mitteln beseitigt werden.

Der starke Druck, der auch die Form von Zwangsdeportationen und Verhaftungen annahm, führte bereits 1957 dazu, daß über 500 neue LPG gegründet wurden, in die 11 000 Bauern mit 110 000 ha Land eintraten. Das Kräfteverhältnis auf dem Dorf veränderte sich zugunsten der Genossenschaftsbauern, aber das Lebensniveau auf dem Lande ging zeitweilig steil nach unten und führte zu einem Abwandern der Landbevölkerung in die Städte mit ihren besseren Lebensbedingungen und Löhnen. Wenn sich die KPČ als eines ihrer Hauptziele »die Festigung des Bündnisses der Arbeiter und Bauern« gestellt hatte, so wurde mit der Umsetzung dieses Ziels das genaue Gegenteil erreicht — der Unterschied zwischen Stadt und Land verschärfte sich, und in den nächsten Jahren mußte eine ganze Reihe von Maßnahmen zur Korrektur ergriffen werden. Aus der Sicht der langfristigen Ziele der Kommunistischen Partei war das jedoch nicht entscheidend, wichtiger war für sie vielmehr, daß sie ihre Stellung auf dem Lande zu stärken vermochte, die Landwirtschaft vollkommen unter ihren Einfluß bekam und die sogenannten »Kulaken« liquidieren konnte.

Aus der Analyse der Entwicklung in Ungarn ergab sich noch eine weitere vorrangige Richtung, die auf der Tagung des ZK der KPČ im Dezember 1956 abgesteckt wurde: die Vertiefung der »sozialistischen Demokratie« und der Mitwirkung der Menschen an der Leitung des Staates, der Region, der Stadt oder des Dorfes und an den öffentlichen Verwaltungen. Unnötig zu erwähnen, daß es sich um eine Demokratie handelte, die vom Klassenstandpunkt aus und totalitär verstanden wurde. Die KPČ bemühte sich auf der einen Seite um den Anschein, daß es die Bürger wären, die alle grundsätzlichen Fragen entschieden, und daß sie bereit sei, die am meisten ins Auge fallenden Fälle von Verletzungen und zeitweilig auch Deformierungen der Rechtsordnung zu beseitigen; auf der anderen Seite beabsichtigte sie jedoch nicht, die Praxis aufzugeben, nach der alles in ihren Sekretariaten entschieden wurde und die anderen nur noch die beschlossene Linie erfüllen mußten.

Deshalb ging es nur um unwesentliche Veränderungen und Korrekturen, die auch weiter das letzte Wort bei der KPČ beließen. Bereits im März 1957 wurde die Tätigkeit der Nationalen Front[6] beurteilt und diese noch mehr unter den Einfluß der Kommunistischen Partei gestellt. Das Gesetz über die Wahlen zu den Nationalausschüssen und über die Nationalausschüsse wurde (im Hinblick auf die Wahlen im Mai 1957) geändert, und auch die Revolutionäre Gewerkschaftsbewegung (Revoluční odborové hnuti) erhielt neue Aufgaben. Den Anschein einer Demokratisierung sollten auch die neue Regelung zur Bearbeitung von Briefen und Beschwerden der Werktätigen und zum Schutz des sozialistischen Eigentums sowie die sogenannten Briefe des ZK der KPČ an die Kommunisten und alle Werktätigen, die zu »offenen« Diskussionen über aktuelle Themen aufriefen, dazu auch die ersten Wahlen von Berufs- und Laienrichtern für die Amts- und Bezirksgerichte erwecken. Dies zusammen mit den neuen Strafgesetzen, die gerade unter dem Einfluß der Ereignisse in Ungarn beschleunigt um neue Tatbestände (Terror, Rowdytum, Asozialität u.a.) ergänzt und in denen die Strafen für sogenannte staatsfeindliche Tätigkeit verschärft wurden, verstärkte die Abhängigkeit der Gerichte und verringerte die Möglichkeiten ihrer freien Beschlußfassung. Die sogenannte Demokratisierung des politischen Systems brachte in Wirklichkeit dessen weitere Verhärtung und die Festigung der Machtpositionen der KPČ.

Darauf waren letztendlich auch alle Beschlüsse und Aufgaben, die auf der Dezembertagung des ZK der KPČ 1956 angenommen wurden, ausgerichtet. Ausgangspunkt war die Überzeugung, daß »die führende Rolle der Kommunistischen Partei und ihre ständige Vertiefung die grundlegende Bedingung und Voraussetzung für den erfolgreichen Aufbau des Sozialismus und seine Verteidigung seien«. Die Kommunisten sollten alles entscheiden, als Beispiel voranschreiten, die anderen erziehen und überzeugen. Dies erforderte, daß sie selbst voll und ganz an das glaubten, was ihnen die Führung der KPČ als Auftrag gab, daß sie die unerläßlichen theoretischen und praktischen Kenntnisse besaßen und vor allem ihrer Sache ganz und gar ergeben waren. Sie sollten keine Zweifel an der Richtigkeit der Entscheidungen der höheren Organe haben, sondern diese ausführen. Gerade die Entwicklung in Ungarn (und teilweise auch in Polen) zeigte aus Sicht der KPČ, wohin die Unterschätzung der Parteidisziplin führen konnte, und bestätigte auch, daß in den Reihen der Kommunistischen Partei — und nicht nur unter den einfachen Mitgliedern, sondern sogar in der Führung — immer noch »nicht gefestigte« Menschen waren, die im entscheidenden Augenblick versagen konnten.

Deshalb unterstrich die Tagung des ZK der KPČ die Notwendigkeit, die marxistisch-leninistische Theorie und die Erfahrungen der Kommunistischen Partei sowie der internationalen kommunistischen Bewegung zu studieren und die Einheit der KPČ zu festigen. Das führte zur Verstärkung und Intensivierung der ver-

6 Die Nationale Front (Národní fronta Čechů a Slováků) wurde im Jahre 1945 geschaffen und stellte ein Konglomerat aller politischen Parteien, gesellschaftlichen und weiteren Organisationen dar, denen es gestattet war, offiziell in der Tschechoslowakei zu wirken. Die führende Rolle in ihr hatte die KPČ inne.

schiedenen Formen der Parteischulung im Sinne der kommunistischen Ideologie auch für parteilose Bürger und verschärfte den auf den Kampf gegen falsche und feindliche Ansichten gerichteten Kurs. Erneut erschienen die Gespenster des Revisionismus, des bürgerlichen Nationalismus, des Kosmopolitismus und des Titoismus. Wer als ein Vertreter dieser Richtungen galt, wurde gnadenlos verfolgt und bestraft, die Familie eingeschlossen.

Zum Ende des Jahres 1956 begann die KPČ, großen ideologischen Druck auf die gesamte Gesellschaft auszuüben, um das Denken der Menschen weiter zu verändern; dies rief aber auch Unsicherheit und Angst hervor. Auf der Tagung des ZK der KPČ im Dezember 1956 verkündete einer ihrer Hauptideologen, das Mitglied des Sekretariats des ZK der KPČ, Jiří Hendrych: »Für diese Ziele haben die Imperialisten auch ihre Strategie ausgearbeitet. Ihre Mißerfolge bei der ›Politik der Stärke‹ und im ›Kalten Krieg‹ brachten sie dazu, daß sie gegen die Länder des Sozialismus und die internationale kommunistische Bewegung einen politischen Krieg, einen Kampf ›um die menschliche Seele‹, wie sie sagen, begonnen haben. Am Beispiel Ungarns und anderer Länder sehen wir, welch wütenden politischen Kampf sie entfacht haben, nachdem es ihnen nicht gelungen war, die Dinge mit Waffengewalt zu ihren Gunsten zu entscheiden [...]. Heuchlerisch verkünden sie die falsche These, daß die internationale Entspannung zum Abflauen des ideologischen Kampfes führen muß oder unmittelbar die Beendigung des ideologischen Kampfes die Bedingung für die internationale Entspannung ist[7].«

Unter dem Begriff »Ideologie« faßte die KPČ alles das zusammen, womit man auf das Denken und das Bewußtsein der Menschen einzuwirken vermochte oder wo die Menschen ihre Ansichten und Gedanken äußern konnten. Jeder Bereich des gesellschaftlichen Lebens war stark ideologisiert, und überall fand der ideologische Kampf statt — nicht nur in der Kultur und in der Erziehung, sondern zum Beispiel auch in der Wirtschaft, ja er äußerte sich sogar in der Art, wie man sich kleidete. Die Ende 1956 begonnene ideologische Offensive betraf deswegen alle und jeden, überall wurde nach »feindlichen« Ansichten und ihren Trägern gesucht. Die gewisse Entspannung, die im Frühjahr und zu Beginn des Sommers 1956 herrschte, wurde ersetzt durch eine wesentliche Verschärfung der Verhältnisse und eine unnachgiebige Bekämpfung und Verfolgung aller nicht genehmen Meinungen und Menschen.

Bereits am 19. November bestätigte das Politbüro des ZK der KPČ unter Berufung auf die aus der Entwicklung in Ungarn gewonnenen Erfahrungen die interne Weisung des Generalstaatsanwalts, politische Gefangene nicht zu entlassen. Der erste durch die Kritik am Personenkult und am Stalinismus in der UdSSR bewirkte Versuch, die ungesetzlichen Handlungen zu Beginn der fünfziger Jahre zu korrigieren, endete damit, bevor er begonnen hatte. So blieben zum 1. Januar 1957 ungefähr 11 000 Personen, die wegen angeblicher staatsfeindlicher Tätigkeit verurteilt worden waren, hinter Gittern und warteten weitere Jahre in den Gefängnissen[8]. Man muß hinzufügen, daß der Führung der KPČ die »ungarischen

7 SÚA, Archiv UV KSČ, Fond 01, Bd 51, Archiveinheit 55.
8 Mádry, Reflexe, S. 32.

Ereignisse« in dieser Richtung wie gerufen kamen, denn sie hatte allen Grund, nicht einen Prozeß zuzulassen, der in seiner Konsequenz das Wesen des totalitären Regimes selbst und auch einige seiner Protagonisten, die aktiv an Repressionen und Terror teilgenommen hatten, bedrohen konnte.

Die ungarischen Erfahrungen lenkten die Aufmerksamkeit der KPČ auch auf die junge Generation und besonders auf die Studenten. Sowohl in Budapest als auch vorher in Poznań waren es gerade die Hochschulstudenten gewesen, die als erste auf die Straße gingen. Der Minister für Schulwesen und Kultur, František Kahuda, machte auf der Tagung des ZK der KPČ im Dezember 1956 darauf aufmerksam, daß »die Reaktion im revolutionären Elan der studentischen Jugend, gepaart mit fehlender politischer und Lebenserfahrung der jungen Menschen, die einfachste Möglichkeit sieht, wie man vor allem die Hochschulstudenten für seine reaktionären Absichten ausnutzen kann«[9]. Von hier aus war es nur noch ein kleiner Schritt zur Forderung, die Erziehung der jungen Generation kritisch neu zu bewerten und das politische Bewußtsein und die politischen Einstellungen der Pädagogen neu zu beurteilen. An den Schulen aller Stufen herrschte Angst vor neuen Säuberungen. Die Verhältnisse an den Hochschulen und das Regime in den Studentenwohnheimen wurden strenger, eine Reihe von Studenten mußte nach Ausschluß die Schulen verlassen, es kam zum Verbot einiger studentischer Veranstaltungen (z.B. der studentischen Maifeiern), und die Kinder und Jugendlichen wurden gezwungen, in die Pionierorganisation und den Tschechoslowakischen Jugendverband einzutreten. Die Kriterien für die Aufnahme an die Fach- und Hochschulen wurden strenger gefaßt, wobei statt guter Fähigkeiten und Kenntnisse noch stärker die sogenannte Klassenherkunft und das politische Engagement des Schülers und seiner Eltern bevorzugt wurden.

Noch gewichtigere Folgen hatte die ideologische Offensive im Bereich der Kultur. Als Vorwand diente der II. Kongreß der tschechoslowakischen Schriftsteller im April 1956, auf dem recht offen Kritik an den einheimischen Verhältnissen und auch an einigen Vertretern der KPČ und des Staates laut geworden war. Besonders wurden die Presseaufsicht und die Zensur kritisiert, die über die Herausgabe und den Inhalt von Büchern, Zeitungen, Zeitschriften und anderen Periodika entschied. Während der Tagung des ZK der KPČ im Dezember 1956 kam eine Reihe von Diskussionsrednern auf den Schriftstellerkongreß unter dem Aspekt der »ungarischen Ereignisse« zurück. Anhand von — häufig eher komisch wirkenden — Beispielen bewies Oskar Jelen, der Chef der Hauptpresseaufsicht, daß auch in der Tschechoslowakei Anstrengungen unternommen worden waren und werden, »in unsere führenden Zeitschriften einige fehlerhafte Artikel zu schmuggeln, mit deren Veröffentlichung man verständlicherweise nicht einverstanden sein konnte [...]. In einer Reihe weiterer Artikel versuchten die Autoren, unsere führenden Funktionäre in Form von Allegorien, Satiren und Karikaturen lächerlich zu machen; mit konstruierten Angaben wollten sie diese vor den Augen der Werktätigen als Menschen zeigen, die nicht in der Lage sind, die ihnen anver-

9 SÚA, Archiv ÚA KSČ, Fond 01, Bd 51, Archiveinheit 55.

traute Funktion auszufüllen[10].« Die Schlußfolgerung konnte gar nicht anders lauten: »Sofern es sich um verantwortliche Kommunisten handelt, die hartnäckig solche sogenannten Ideen und Gedanken verbreiten, so wird es notwendig sein, hier und da parteilich einzuschreiten, und zwar mit aller Strenge [...]. Wir werden mehr auf die Arbeit der Genossen in den Redaktionen und Zeitschriften als Kollektive sowie auf die Arbeit der Kommunisten im Verband der Schriftsteller, in den wissenschaftlichen Instituten und Schulen achten müssen [...]. Es wird auch nötig sein, energische Kadermaßnahmen zu ergreifen.«

Im gesamten kulturellen und gesellschaftswissenschaftlichen Bereich begann eine neue Zeit der »Finsternis«. Eine Reihe von Autoren — so etwa Ludvík Vaculík — wurden auf den sogenannten Index gesetzt und durften nicht gedruckt werden. Aus den Redaktionen der Zeitungen und Zeitschriften sowie aus den Verlagen mußten eine Reihe von Mitarbeitern, einschließlich einiger Chefredakteure, gehen. Auf ihre Stellen wurden Leute gesetzt, die auf jedes Anzeichen einer eigenen Meinung sorgfältig achteten und es zum Schweigen brachten. In der Wissenschaft wurde ein neuer Kreuzzug gegen die sogenannten bürgerlichen Pseudowissenschaften begonnen, zu denen unter anderen die Soziologie und Politologie zählten. Auch in diesem Bereich wurden die »ungarischen Ereignisse« zum Vorwand genommen, um die Verhältnisse wesentlich zu verschärfen und kompromißlos alle und alles zu verfolgen, was aus verschiedenen Gründen der KPČ nicht gefiel oder wodurch sie sich bedroht fühlte. Die Zensur wurde stark ausgeweitet, und man erließ auch einige Gesetze und andere Vorschriften im kulturellen Bereich, welche die Vollmachten der »Aufpasser« weiter stärkten und die Freiheit und die Möglichkeiten der Geistesschaffenden auf ein Minimum begrenzten.

Auf den Bereich der Ideologie kam die KPČ erneut Mitte 1957 auf der Tagung ihres ZK am 13. und 14. Juni zurück[11]. Das Hauptreferat hielt Jiří Hendrych, und er kam nicht umhin, auch über die Ereignisse in Ungarn und die danach von der KPČ und den staatlichen Organen ergriffenen Maßnahmen zu sprechen. Er betonte, daß »die von der internationalen und inneren Reaktion [in Ungarn] durchgeführten Vorbereitungen begleitet waren von einer systematischen ideologischen Entwaffnung der Partei und der Arbeiterklasse sowie von den verräterischen Handlungen der revisionistischen Fraktion innerhalb der Partei«. Daraus ergab sich eine »logische« Schlußfolgerung: Die Hauptgefahr für die internationale kommunistische und Arbeiterbewegung und somit auch für die KPČ und die Tschechoslowakei ging vom Revisionismus aus, der entschlossen entlarvt und einschließlich seiner Träger unschädlich gemacht werden mußte. Im Gegensatz dazu wuchs die Rolle des sogenannten sozialistischen Internationalismus; das Suchen und Betonen von »nationalen Wegen zum Sozialismus« wurde verurteilt. Die KPdSU und die UdSSR blieben weiterhin die Vorbilder, an denen man keine Zweifel haben durfte, denen man blind folgen und die man nachahmen mußte.

10 Ebd.

11 Ebd., Fond 01 — Tagungen des ZK der KPČ, Bd 55–57: Tagung des ZK der KPČ vom 13.–14.6.1957.

Interessant war die Feststellung, daß es trotz aller Anstrengung nicht gelungen war, »einige grundsätzliche ideologische Probleme im Bereich der Gesellschaftswissenschaften, der Literatur und der Kunst« zu beseitigen, womit die Führung der KPČ de facto anerkannte, daß die Ende 1956 begonnene ideologische Offensive nicht die gewünschten Ergebnisse gebracht hatte. Das war letztlich auch einer der Hauptgründe für die Einberufung einer Tagung des ZK der KPČ, die ausschließlich der Ideologie gewidmet war, deren Rolle und Wirkung noch weiter gestärkt werden mußte.

Zur Lage auf diesem Gebiet sprachen 25 Mitglieder des ZK in der Diskussion, die sich mit beinahe allen möglichen Bereichen und Fragen beschäftigten: von der eigenen Ideologie über die Arbeit der staatlichen Organe, die Situation unter der Jugend und die aus der Religion erwachsende Gefahr bis zum Zustand in der Tschechoslowakischen Akademie der Wissenschaften, zur herausgeberischen Tätigkeit und zur Einstellung einzelner schöpferischer Mitarbeiter. Wie Innenminister Rudolf Barák ausführte, hatte sich der Anteil an sogenannten fehlerhaften Druckerzeugnissen, die zurückgehalten werden konnten, von ein bis zwei Prozent im Jahre 1956 auf zehn Prozent in der ersten Hälfte 1956 erhöht. Unzweifelhaft hing das mit der Tatsache zusammen, daß die Kriterien für »ideologische Reinheit« nach der Dezembertagung des ZK der KPČ 1956 weitaus strenger waren und vieles, vor dem man früher ein Auge zugedrückt hatte, unter den neuen Bedingungen als »feindlich« galt. Trotzdem signalisierte das Zurückhalten von mehr als 10 000 »staatsfeindlichen« Druckerzeugnissen zu den Wahlen der Nationalausschüsse im Mai 1956 und von bis zu 4000 Exemplaren des Artikels von Milovan Djilas zu den Ereignissen in Ungarn und Polen (sie waren angeblich in den USA gedruckt worden, und der Artikel des führenden Vertreters des Bundes der Kommunisten Jugoslawiens stand im schroffen Gegensatz zu den Ansichten und Einschätzungen der KPdSU und der KPČ), daß der KPČ ihre ideologische Offensive nicht so gelungen war, wie sie sich das vorgenommen hatte.

Die Führung der Kommunistischen Partei beschloß, den ideologischen Druck noch weiter zu verstärken und ihre schärfsten Waffen gegen den Revisionismus zu richten, wobei man unter diesem Begriff jede abweichende Ansicht verstand. Vasil Bilák, einer der wichtigsten Vertreter der »Normalisierung« nach 1968, führte auf der Tagung aus: »Die ungarischen und polnischen Ereignisse haben uns gezeigt, daß sich die meisten Revisionisten auf die ideologische Front gestürzt haben. Es hat sich gezeigt, daß ein Revisionist nirgendwo anders so gefährlich ist wie gerade im ideologischen Bereich.«

Der nach der Junitagung des ZK der KPČ begonnene Kreuzzug gegen den Revisionismus war äußerst hart und erreichte nicht nur die gesellschaftswissenschaftlichen Institutionen, sondern auch das Schulwesen, die Redaktionen der Zeitungen und Zeitschriften, die Verlage und gesellschaftlichen Organisationen, die Kirchen und viele weitere Einrichtungen. Eine Reihe von Mitarbeitern wurde auf Stellen umgesetzt, wo sie nicht öffentlich auf das Denken der Menschen einwirken konnten. Der Sender Freies Europa wurde zunehmend gestört und die Kontrolle von Briefsendungen verstärkt. Vor allem aber wurde jegliche Kritik auf ein Minimum herabgedrückt, weil das ZK der KPČ in seinem Beschluß die eindeutige Weisung gab: »Es darf nicht zugelassen werden, daß die Kämpfe, die die Partei systematisch gegen Erscheinungen des Bürokratismus führt, zur Verunglimpfung unserer volksdemokratischen Staatsordnung mißbraucht werden [...]. Es ist sicherzustellen, daß Erscheinungen von nicht auf dem Boden des Sozialismus stehender Kritik nicht für die Organisation von volksfeindlichen, konterrevolutionären Elementen genutzt werden.«

Bei der Analyse der Ereignisse in Ungarn wurde sehr ausführlich auf die Rolle der Machtinstrumente des Staates, vor allem auf die Sicherheitsorgane und die Armee eingegangen. Ausgangspunkt war die Ansicht, daß »die ungarische Konterrevolution von den staatlichen Organen nicht abgewehrt wurde, weder von der Ungarischen Volksarmee noch von der Staatssicherheit« und somit Armee und Sicherheitsorgane in Ungarn versagt hatten[12]. Das war aus Sicht der inneren Sicherheit und Festigkeit des Regimes eine sehr wichtige Schlußfolgerung, die dazu zwang, auch in der Tschechoslowakei die erhöhte Aufmerksamkeit der Parteiorgane den Sicherheitsorganen und der Armee zu widmen. Beide gewährleisteten während der Krise in Ungarn nicht nur Ruhe und Ordnung im Lande, sondern die Armee verhinderte auch durch die Besetzung der Grenzen zu Ungarn das Eindringen bewaffneter Gruppen von Aufständischen in slowakisches Territorium. Damit half sie indirekt den sowjetischen Truppen bei der Niederschlagung des ungarischen Aufstands, aber die Erfahrungen der südlichen Nachbarn waren trotzdem für die KPČ eine Warnung.

Über die tschechoslowakischen Sicherheitsorgane wurde auf der Dezembertagung des ZK der KPČ 1956 praktisch nicht gesprochen. Das bedeutete jedoch bei weitem nicht, daß die Lage in ihnen nicht eingehend analysiert und keine entsprechenden Schlüsse gezogen worden wären. Es wurde beschlossen, das Nationale Sicherheitskorps (Sbor národni bezpečnosti, SNB) über den Einfluß der KPČ noch weiter zu festigen, die ideologische Einflußnahme auf die Angehörigen der Sicherheitsorgane, ihre Aktionsfähigkeit und Wachsamkeit zu erhöhen und jeden Versuch der Provokation oder Unruhestiftung kompromißlos im Keim zu ersticken. Die Staatssicherheit wurde beauftragt, die Meinungen in der Öffentlichkeit sorgfältig zu überwachen, sie auszuwerten und die erforderlichen Maßnahmen — Strafen und Repressionen eingeschlossen — zu ergreifen. Insbesonders sollte sie ihre Anstrengungen auf die Angehörigen der sogenannten besiegten Klassen (ehemalige Kapitalisten, Gewerbetreibende, Großbauern) und der Intelligenz richten, in »staatsfeindliche« Gruppen eindringen und sie vernichten. Außerdem wurden die Pläne zur Gewährleistung von Ruhe und Ordnung bei außergewöhnlichen Ereignissen überarbeitet. Das war ein weiterer wesentlicher Schritt zur Verknöcherung des Regimes und zur Schaffung einer Atmosphäre von Unsicherheit und Angst.

Im Bemühen, Sicherheit und Kontrolle in den Grenzgebieten zu verbessern, wurden die Vollmachten der Grenzwache vergrößert und neue Richtlinien des

12 Ebd., Fond 01, Bd 51, Archiveinheit 55; ebd., Fond 100/3, Bd 110, Archiveinheit 371.

Ministers des Innern über die Grenzhelfer[13] erlassen, die diese Freiwilligen aus den Reihen der »bewußten Bürger im Grenzgebiet« zur aktiven Fahndung nach verdächtigen Personen anhielten, ihnen Festnahmen und erforderlichenfalls auch Waffengebrauch erlaubten.

Im Zusammenhang mit dem Aufstand in Ungarn wurde auch die Rolle der Volksmilizen (Lidové milice), des bewaffneten Korps der KPČ, beim Schutz der inneren Ruhe und Ordnung stärker ausgeprägt. Die Angehörigen der Volksmilizen hatten bereits während der Ungarnkrise wichtige Industriebetriebe bewacht, sich am Ordnungsdienst beteiligt und zu den aktivsten Gegnern der »ungarischen Konterrevolution« und ihrer »einheimischen Anhänger« gehört. Deswegen beschloß die KPČ, dieses Korps, das eine feste Stütze ihrer Macht darstellte, umzurüsten und so auszubilden, daß es in der Lage sein würde, dem Wesen nach Sicherheits- und militärische Aufträge zu erfüllen. Ab dem Jahr 1957 erhielten die Volksmilizen neue Bewaffnung (automatische Gewehre und schwere 7,62-mm-Maschinengewehre) und neues Gerät, vor allem Transport- und Fernmeldemittel[14]. Der größte Teil dieser Ausrüstung wurde von der Armee aus ihren Reserven geliefert, was eine stärkere Vereinheitlichung und bessere Möglichkeiten für das Zusammenwirken bei einem gemeinsamen Einsatz zur Folge hatte. Außerdem sicherte die Armee die Ausbildung der Milizionäre und ihre politische und ideologische Erziehung in weitaus größerem Maße als bisher.

Die größte Aufmerksamkeit widmete die KPČ der Lage in der Armee. Sie ließ sich von der militärischen Spionageabwehr eine Analyse des Zustands in der Ungarischen Volksarmee und der Gründe für ihre Zersetzung und ihr Versagen erarbeiten, die auch der Chef der Politischen Hauptverwaltung der Tschechoslowakischen Armee, Ján Zeman, in seinem Auftritt auf der Tagung des ZK der KPČ im Dezember 1956 nutzte[15]. Er sagt unter anderem: »Die Einheiten der ungarischen Armee haben enttäuscht. Wir müssen sehr ernsthaft auch die Frage nach dem Warum stellen [...]. So wie es dank der richtigen Politik der Partei positive Erscheinungen in unserem ganzen Leben gibt, so erwies sich auch die Armee in dieser Situation auf der Höhe ihrer Aufgaben. Es ist jedoch notwendig, alle Mängel aufzudecken, diese im Keim zu ersticken und unablässig wachsam zu sein [...]. Laßt uns die Frage einmal so stellen: Findet sich [in unserer Armee] nicht vielleicht auch ein Schatten oder ein kleiner Spalt für das, was in Ungarn zum Vorschein kam?«

Diese Gefahren fanden sich selbstverständlich, und es gab ihrer gleich mehrere. Die Forderungen reichten von der Verbesserung des moralischen Zustands der Truppen (wegen Ablehnung der tschechoslowakischen Haltung gegenüber Ungarn wurden Untersuchungen gegen 130 Soldaten, davon 84 Offiziere eingeleitet, von ihnen wurden 33 aus der Armee entlassen und einige vor Gericht gestellt)

13 Historie SNB, S. 100–105.

14 Vojenský historický archiv (Militärgeschichtliches Archiv) Prag, Fond des Ministeriums für Nationale Verteidigung, Az. 8133 Verwaltung Materialplanung 1958.

15 SÚA, Archiv ÚA KSČ, Fond 100/3, Bd 110, Archiveinheit 371; ebd., Fond 01, Bd 51, Archiveinheit 55.

über die Notwendigkeit, die Gefechtsbereitschaft und die sogenannte revolutionäre Wachsamkeit zu erhöhen, über die Stärkung der führenden Rolle der KPČ in der Armee bis hin zur Notwendigkeit einer engeren Zusammenarbeit mit der Sowjetarmee und den anderen Armeen des Warschauer Vertrags. Ebenfalls wurde auf die Gefahr aufmerksam gemacht, die von jenen Offizieren ausging, die bereits früher aus politischen Gründen die Armee verlassen mußten und »in der Zeit der ungarischen Ereignisse zusammen mit ihren Frauen aufrührerische Reden geführt hatten«. Das zeigte nach Meinung der Armeeführung, daß ihre Entfernung aus der Armee richtig war und daß es notwendig war, darauf zu achten, ob sich unter den militärischen Führern nicht noch weitere »nicht gefestigte oder direkt feindliche Individuen« verbargen. Es brach eine Periode erneuter Säuberungen im Offizierkorps an.

Es wurde beschlossen, die politische und ideologische Erziehung aller Angehörigen der Armee zu vertiefen, was zu einer Neuauflage der obligatorischen politischen Schulung gleichermaßen für Kommunisten und Parteilose führte, die 1951 abgeschafft worden war. Gleichzeitig wurde mit neuen Säuberungen unter den militärischen Führern begonnen, die vor allem Offiziere aus bürgerlichen Familien, dem Regierungsheer der Protektoratsregierung während der Nazi-Okkupation und der Armee des Slowakischen Staates trafen. Die Parteiorgane und -organisationen erhielten entscheidenden Einfluß auf die Personalarbeit, die Ausbildung und den Aufbau der Truppen und auf weitere Bereiche des Lebens in der Armee. Das Landesparteiaktiv der Kommunisten, das am 26. Juni 1957 die Beschlüsse der ideologischen Tagung des ZK der KPČ auf die Bedingungen der Armee anwenden sollte, setzte als Hauptaufgabe die Festigung des politischen und Klassenprofils der Armee fest, was eine weitere Stärkung der Rolle der Parteiorganisationen und des Politapparats sowie eine noch größere Politisierung und Ideologisierung der Armee bedeutete. Diese sollte ebenfalls zu einem wichtigen Bestandteil im System der Erziehung der jungen Generation werden, also noch mehr auf das Bewußtsein und das Denken der Soldaten im Grundwehrdienst im Sinne der KPČ einwirken.

Angesichts der Erfahrung mit dem Einsatz von Truppen in der Slowakei in der Zeit der Ereignisse in Ungarn, der zu einer Überprüfung ihrer Einsatzbereitschaft geworden war und eine Reihe von Mängeln vor allem im Bereich der Führung und der Fernmeldeverbindungen offenbart hatte, wurden gleichzeitig die Pläne der Armee zur Aufrechterhaltung von Ruhe und Ordnung sowie zur Sicherung der Staatsgrenzen überarbeitet, wodurch es zu einer weiteren Festigung der Rolle der Armee im inneren Machtgefüge als Stütze der Macht der KPČ kam.

Der Einfluß der Ereignisse in Ungarn 1956 auf die Innenpolitik der Tschechoslowakei war vielseitig und stark und blieb langfristig spürbar. Die KPČ berief sich immer dann auf die »ungarischen Erfahrungen«, wenn sie eine Begründung für ihre machterhaltenden und repressiven Maßnahmen brauchte. Das war nicht nur in der zweiten Hälfte der fünfziger Jahre so, sondern auch zu Beginn der »Normalisierung« Ende der sechziger/Anfang der siebziger Jahre, in der Zeit des

Anwachsens der Oppositionsbewegung in den achtziger Jahren und zuletzt im Herbst 1989, als die Zeit des totalitären Regimes in der Tschechoslowakei ihrem Ende zuging. Der Aufstand gegen das kommunistische Regime in Ungarn blieb ein Gespenst, das aufzeigte, welche Schäden »die einheimische Reaktion in Verbindung mit dem Imperialismus« anrichten konnte, wenn man nicht rechtzeitig und entschlossen gegen sie vorging, und auch einer der Vorwände zur Verschärfung der Verhältnisse und zur Verfolgung von nicht genehmen Meinungen, Menschen und ganzen gesellschaftlichen Gruppen. Es wurde also zum gleichen Zweck genutzt wie bereits Mitte der fünfziger Jahre, als es der KPČ gerade mit dem Verweis auf die »ungarische Gefahr« gelang, den ersten Versuch einer Entspannung der Verhältnisse im totalitären Regime zu vernichten und im Gegenteil dazu dessen weitere Festigung und Stärkung zu erreichen.

Imre Okváth

Die Repressalien nach der Revolution in Ungarn von 1956 bis 1963

Der am 4. November 1956 begonnene starke sowjetische Angriff und die damit einhergehende Abkehr von der über mehrere Monate gezeigten wankelmütigen Position manifestierte die ganze Entschlossenheit der politischen und militärischen Führung der Sowjetunion. Der mit dem Einsatz der sowjetischen Einheiten[1] in Ungarn beauftragte Marschall der Sowjetunion Iwan S. Konew forderte in dem am 4. November 1956 an seine Truppen ausgegebenen Befehl[2], den Widerstand der »Aufrührer« zu brechen und »Recht und Ordnung« wieder herzustellen. Das seien die Hauptaufgaben.

Gleichzeitig mit der Militäroperation begann auch der komplizierte und komplexe militärische, polizeiliche und politische Prozeß des »Aufräumens« vor Ort, den die drei Hardliner des Politbüros der KPdSU (Georgi M. Malenkow, Michail A. Suslow und Boris Aristow) leiteten und der vom Chef des KGB, Iwan Serow, der sich ebenfalls in Budapest aufhielt, vollstreckt wurde[3]. Die Sonderdienststellen des Staatssicherheitsdienstes der Divisionen, die Ungarn besetzt hielten, führten auf der Grundlage einer Vereinbarung von Vertretern des sowjetischen Innenministeriums, des ungarischen Ministeriums für Landesverteidigung und des Oberkommandos der sowjetischen Truppen vom 6. November nach vorbereiteten Plänen die Verhaftung und Internierung der von ihnen als »konterrevolutionäre Aufrührer« bezeichneten Revolutionäre und Freiheitskämpfer durch, die sie dann in die Gefängnisse von Munkács und der benachbarten Städte abtransportierten. Serow prognostizierte am 7. November, daß die Zahl der Verhafteten 4000 bis 5000 Menschen betragen werde.

Die sowjetischen Abwehrdienststellen nahmen in enger Zusammenarbeit mit dem ungarischen Staatsschutz bis zum 22. November 7293 Personen mit der Begründung in Haft, daß sie Organisatoren und Führer der Revolution gewesen seien. Von ihnen wurden 846 Personen in sowjetische Gefängnisse verschleppt. Die meisten stammten aus den Reihen der in Budapest in Sammellagern Inhaftierten (548 Personen), 90 Inhaftierte kamen aus Veszprém, 45 aus Kaposvár, 55 aus Szombathely und 20 aus Miskolc. Wie sich bei den nachträglichen Verhören herausstellte, rekrutierte sich die Mehrheit der Verhafteten aus Mitgliedern der kom-

1 Zu den an der sowjetischen Operationen beteiligten Truppen siehe die Beiträge von Kyrow/ Zselicki sowie Horvath in diesem Band.

2 Muszatow, A Szovjetunió álláspontja.

3 Litván, A Nagy Imre-per politikai, S. 746 f.

munistischen Partei, der bis 1949 bestehenden ungarischen Honvéd-Armee und Studenten. Es gab unter ihnen aber auch 68 Minderjährige. Die Verhaftungen erfolgten willkürlich, die notwendigen Unterlagen fehlten. Viele Personen waren nicht einmal auf den Listen der sie bewachenden Truppenteile aufgeführt. Deshalb konnte man in einer Meldung des sowjetischen Innenministeriums von Ende November das Eingeständnis lesen, »daß ein Teil der Festnahmen unbegründet war«[4].

Selbst die auf sowjetischen Bajonetten an die Macht gelangte ungarische Parteiführung intervenierte in der ersten Novemberhälfte mehrfach gegen die Art der Vollstreckung der Verhaftungen, und sowohl János Kádár als auch Ferenc Münnich verwendeten sich für die Beendigung dieser Praxis. Dabei spielte zum einen der Aufruf der Regierung vom 4. November, der Straffreiheit versprach, eine Rolle, zum anderen auch die Befürchtung, daß ihre Kraftanstrengungen zur Stabilisierung der politischen Lage in einem Fiasko münden könnten.

Serow berichtet in einem Fernschreiben vom 9. November an Chruschtschow, Kádár habe angesprochen, daß »die sowjetischen Offiziere viele Verhaftungen vornehmen und neben den konterrevolutionären Elementen auch viele in Haft nehmen, die an den Aktivitäten der Aufständischen nur als Zuschauer teilgenommen hätten«. Dies halte Kádár nicht für richtig, weil »sich die Menschen vor der Rache der Regierung fürchten und die ungarische Regierung keine Rache nehmen darf«[5]. In seiner Meldung vom 14. November berichtet Serow, Münnich ersuche um die sofortige Einstellung der Verhaftungen, weil die Arbeiter vielerorts mit Streiks darauf antworteten. »Ich meinerseits wiederum meine, daß man in diesen Fragen keine Zugeständnisse machen darf. Denn die Praxis beweist, daß auch das geringste Zugeständnis an die Reaktionäre neuerliche Forderungen und Drohungen einbringt[6].« Der Lauf der Ereignisse zeigte, daß die oberste sowjetische Parteiführung sich Serows Standpunkt zu eigen machte und die ungarische Parteiführung weiterhin in diesem Sinn beeinflußte. Als Beweis hierfür können wir Malenkows Bericht an das ZK der KPdSU vom 22. November anführen, worin er über Kádár berichtet: »Er versteht langsam besser, daß man im Kampf mit der Reaktion eine härtere Gangart einlegen und bei der Verhaftung von Konterrevolutionären viel entschlossener sein muß[7].«

Die sowjetischen Führer entfalteten neben dem Auftrag, die Repressalien noch unnachgiebiger fortzusetzen, auch starken Druck bei der Bewertung der Oktoberereignisse als Konterrevolution. Die drei sowjetischen Politiker berichteten in ihrem Fernschreiben vom 3. Dezember über eine Abmachung, laut der sie mit Kádár übereingekommen seien, auf dessen Initiative zum Wohle des Landes und der internationalen Arbeiterbewegung die Ereignisse in Ungarn »klar und deutlich als Konterrevolution« zu bewerten. Ihre eigene Meinung faßten sie wie folgt

4 Hiányzó lapok, S. 154–157.
5 Sereda/Stikalin/Vida, A szovjet kapcsolat.
6 Hiányzó lapok, S. 149–151.
7 Ebd., S. 170.

zusammen: »Im Ergebnis unseres Gesprächs konnten wir uns davon überzeugen, daß Genosse Kádár im Unterschied zu seinen früheren, etwas irrigen Auffassungen über die Ereignisse in Ungarn gegenwärtig eine richtige Vorstellung hat[8].«

Infolge derartiger »Gespräche« mit der sowjetischen Seite kann es keinen Zweifel darüber geben, welche der beiden bestehenden Auffassungen — die geschilderte Bewertung oder ein Ausbrechen aus der Isolierung und eine Eigenentwicklung — im November 1956 in den Führungskreisen der Ungarischen Sozialistischen Arbeiterpartei (Magyar Szocialista Munkáspárt, MSZMP) den Sieg davongetragen hat. Das Lager, welches einen schnellen Ausgleich mit der Bevölkerung und eine Erweiterung der Massenbasis anstrebte, hatte kaum eine Chance, seine Vorstellungen umzusetzen, denn an den Prozeß der Suche nach politischen Kompromissen und nach Demokratisierung des öffentlichen Lebens aus den Zeiten der Revolution konnte nicht angeknüpft werden. Kádár verpflichtete sich Anfang Dezember 1956 eindeutig dem Lager derjenigen, die eine gewaltsame Brechung des nationalen Widerstandes und diktatorische Lösungen in den Vordergrund rückten und das »Aufräumen« propagierten. Sie stellten die Mehrheit in den Führungsgremien der MSZMP[9].

Die einzige militärische Basis der neuen Regierung und gleichzeitig auch ihr Haupthindernis bei der Erweiterung der Massenbasis bildete das sowjetische Militärpotential. Da die Machtverhältnisse legalisiert werden mußten, wurde es unumgänglich, die sowjetische Militärintervention für notwendig zu erklären und zu begründen. Somit begann der Prozeß der theoretischen Beurteilung. In seinem Verlauf wurde aus der Revolution, die selbst nach dem 4. November noch für berechtigt gehalten und als von der kommunistischen Diktatur verursacht angesehen wurde, eine Konterrevolution. Bereits auf der Parteikonferenz Anfang Dezember 1956 wurde sie als Konterrevolution gewertet, obwohl die Mehrheit der an ihr Beteiligten ursprünglich gute Absichten gehegt hatte. Zur Bekräftigung dieses Ansatzes gebrauchte man die sogenannte Theorie der »objektiven Konterrevolution«, derzufolge nach einer Revolution (1945–1948) in derselben gesellschaftlichen Entwicklungsrichtung (im Interesse des Sozialismus) keine erneute Revolution stattfinden kann. Dies bedeutet, daß, gleichwie erfolglos oder schuldig ein Staat mit sozialistischer Ideologie auch immer ist, eine gegen ihn gerichtete Aktivität oder Bewegung von vornherein unrechtmäßig ist und eine Regression darstellt. In den Deklarationen der Parteiführer und den veröffentlichten Parteibeschlüssen beteuerte man von diesem Zeitpunkt an, einzelne ehemalige führende Parteifunktionäre hätten unredlich gehandelt, später zieh man sie vorsätzlicher schlechter Absichten und vertrat die These von der internationalen Verschwörung[10]. Die Verantwortung für den Zusammenbruch des sozialistischen Systems versuchte man der »Unterminierungs«- und »Verschwörungs«-Tätigkeit sowie dem ausgeklügelten Putsch von Imre Nagy und Genossen sowie einer klei-

8 Sereda/Stikalin/Vida, A szovjet kapcsolat, S. 5.

9 Sipos, Puhák és kemények.

10 Ormos, A konszolidáció problémái, S. 50 f.

nen, jedoch gleichermaßen bewußt antikommunistischen und reaktionären Gruppe anzulasten[11].

Die Verhärtung des politischen Kurses zog die Verfolgung der als »Konterrevolutionäre« Bezeichneten und den Beginn der institutionalisierten Repressalien nach sich. Eine strenge Bestrafung der »konterrevolutionären« Umtriebe forderten auch die Führer der sozialistischen Länder auf ihrer Konferenz Anfang Januar 1957 in Budapest. In dem veröffentlichten Kommuniqué wurde Imre Nagy zum ersten Mal als »Verräter« bezeichnet, was für sein weiteres Schicksal nicht viel Gutes erahnen ließ. Die Notwendigkeit des Einsatzes schwerer Repressalien betonte insbesondere die rumänische und ostdeutsche Parteiführung. Der rumänische Parteiführer Gheorghe Gheorghiu-Dej äußerte gegenüber den ungarischen Politikern: »Ich muß schon sagen, wenn wir an Ihrer Stelle wären, würden wir den Umstand, daß es die Reaktion gewagt hat, die Volksdemokratie mit Waffengewalt anzugreifen, als erstbeste Gelegenheit dafür verwenden, sie mitleidslos zu zerschmettern, anstatt darüber zu verhandeln, ob Demokratie oder nicht [...]. Zerschlagen muß man sie! Wenn sie nicht jetzt die Kraft der Arbeiterklasse zu spüren bekommen, wenn nicht jetzt diejenigen zur Verantwortung gezogen werden, die diese Ereignisse veranstaltet haben, dann gibt es keinerlei Garantie dafür, daß sich die Reaktion nicht vielleicht von neuem erheben wird.« Die deutschen Parteiführer empfahlen Gyula Kállai, der in Ost-Berlin Verhandlungen führte, die Exekution von mindestens 20 000 Menschen[12].

Mit den Verhaftungen wollten die Parteiführung und besonders Kádár erreichen, daß sich die Repressalien in erster Linie gegen die Angehörigen der ehemals herrschenden Klassen, gegen mögliche Agenten der Westmächte sowie generell gegen deklassierte Elemente der Gesellschaft richteten. Im Ergebnis dieser Absicht sahen sich die Organe des Innenministeriums und der Justiz mit einer ihrem Wesen nach unerfüllbaren Aufgabe konfrontiert, weil sie »reaktionäre« Elemente aufspüren sollten, die sie gar nicht erfassen konnten, weil sie bei der Revolution eigentlich keine führende Rolle gespielt hatten. Die überwiegende Mehrheit der Inhaftierten stammte nämlich aus der Bauernschaft, also aus der Schicht, auf die sich die kommunistische Partei — zumindestens ihren Prinzipien gemäß — als führende Schicht stützte. Zur Verfälschung dieses Tatbestandes erfand man die Bewertung der Festgenommenen nach Abstammung und Vorgeschichte. Somit konnte man jeden Faktor aus der Vergangenheit wie Reaktion, Kulakentum, Lumpenproletariat oder Gefängnishaft anhängig machen[13].

Die erste Strafrechtsbestimmung vom 12. November 1956 zur Zerschlagung der Revolution war die Verordnung 22/1956 über die Vereinfachung von Strafverfahren. Sie ermöglichte es, Täter für Mord, vorsätzlichen Totschlag, Brandstiftung, Raub, Plünderung sowie für Straftaten in Verbindung mit unberechtigtem Schußwaffengebrauch ohne Anklageschrift vor Gericht zu stellen. Dann folgte

11 Az 1956-os magyar forradalom, S. 133.
12 Ormos, A konszolidáció problémái, S. 52.
13 Ebd., S. 56.

die Verordnung 28/1956, die mit Wirkung vom 11. Dezember das Standrecht verhängte. Vor das Standgericht gelangten neben den durch die Verordnung 22/1956 sanktionierten Straftatbeständen auch Handlungen, die auf die Beschädigung öffentlicher Einrichtungen oder von Betrieben des Bevölkerungsgrundbedarfs zielten, sowie Verfahren wegen einer Straftat, die mit einer Schußwaffe, Munition, Sprengstoff oder durch deren unerlaubten Besitz begangen wurde. Unter diese Verfahren fielen auch Vereinigungen und Verschwörungen, die auf die Begehung der aufgeführten Straftatbetände gerichtet waren. Darüber hinaus legte die Verordnung einen neuen Straftatbestand fest: Sie erklärte die unterlassene Anzeige bei den Behörden darüber, daß jemand anderes unerlaubt Waffen und Munition besessen hatte, zum Straftatbestand. Das Standrechtsverfahren gehörte im ganzen Land in die Zuständigkeit der Militärgerichtsbarkeit. Die Strafe für in diesem Rahmen begangene Handlungen war der Tod[14].

Die Militärgerichte nahmen ihre Tätigkeit zwischen Dezember 1956 und Januar 1957 in ihrer früheren Struktur wieder auf, wobei einzelne Gerichte aufgrund von Personalreduzierungen zusammengelegt wurden. Eine neue Struktur der Gerichte wurde am 2. März 1957 geschaffen, als man die Truppengerichte aufhob und an ihre Stelle, basierend auf der territorialen Zuständigkeit, in Budapest, Debrecen, Szeged, Kaposvár und Győr fünf Militärgerichte der ersten Instanz schuf. Ihre Zuständigkeit erstreckte sich auf die Armee, die Grenztruppen, die Polizei und die Luftschutzverbände. Das Personal des Strafvollzugsdienstes, der Feuerwehr und des Zolls indessen wurde ihrem Zuständigkeitsbereich entzogen.

Die Militärgerichte führten im Geltungszeitraum des Standgerichts in 304 Strafsachen gegen 513 Angeklagte Verfahren durch, die sich wie folgt aufteilten:

Verfahren nach Sitz der Militärgerichte

Militärgericht	Verfahren	Angeklagte
Budapest	194	304
Debrecen	24	56
Szeged	63	104
Kaposvár	12	31
Győr	11	18

Die Gerichte verwiesen 85 der Angeklagten an ein ordentliches Gericht, 23 Personen entließen sie aus Mangel an Beweisen. Insgesamt wurden 405 Personen verurteilt. 92,8 % der Verurteilten wurden wegen des Besitzes von Waffen und Munition, 2,3 % wegen Mordes, 3,3 % wegen vorsätzlichen Totschlags, 0,9 % wegen Raubes und 0,2 % wegen vorsätzlicher Beschädigung von öffentlichen Einrichtungen verurteilt. Die Todesstrafe wurde gegen 70 Angeklagte verhängt.

14 Die Standgerichte wurden mit dem 3.11.1957 durch die Verordnung 62/1957 aufgehoben: Notiz vom 11.11.1969 der Abteilung Gerichtsbarkeit des Justizministeriums über die strafrechtliche Aufarbeitung der am 23.10.1956 ausgebrochenen Konterrevolution, zit. nach: Iratok az igazságszolgáltatás történetéhez, Bd 1, S. 746.

Todesurteile nach Delikt

Delikt	Personen
Unerlaubter Besitz von Waffen und Munition	48
Mord	10
vorsätzlicher Totschlag	10
Raub	2

Das Todesurteil wurde an 27 Angeklagten innerhalb von zwei Stunden vollstreckt; weitere 43 Personen wurden nach der Ablehnung ihres Gnadengesuchs exekutiert.

Standrechtlich Verurteilte nach sozialer Herkunft (in Prozent)

Arbeiter	34,5
Bauern	38,5
Intelligenz	1,2
Angestellte und sonstige Herkunft	23,5
Herkunft nicht feststellbar	2,3
Jünger als 18 Jahre	6,2
18 bis 20 Jahre	15,9
20 bis 25 Jahre	27,8
25 bis 30 Jahre	25,1
30 bis 40 Jahre	13,9
40 bis 50 Jahre	8,4
über 50 Jahre	2,7

Nach der Meldung vom 4. Februar 1958, die die Tätigkeit der Militärgerichte zusammenfaßte, »entsprachen die Militärgerichte ihrer Aufgabe und den Erwartungen. Sie fällten in der Masse harte Urteile, die entsprechend dem Zweck eines Standgerichtes in erster Linie eine abschreckende Wirkung hatten[15].«

Zur effizienteren Aburteilung von Straftaten, die in Verbindung mit der Revolution standen, wurde die Verordnung 4/1957 zur Regelung von beschleunigten Strafverfahren mit Wirkung vom 15. Januar 1957 erlassen. Außer den Straftatbeständen, die unter das Standgericht fielen, erstreckte sich der Wirkungsbereich dieser Verordnunng auf die Tatbestände vorsätzliche Verkehrsgefährdung, Verschwörung gegen die Staatsgewalt und darauf ausgerichtete Zusammenrottung, Aufrührertum und Veruntreuung. Die beschleunigten Verfahren führten die Sondersenate des Budapester Gerichtes und der Komitatsgerichte durch. Der Staatsanwalt konnte den Angeklagten auch ohne Anklageschrift vor Gericht stellen. Die Verhandlung war in der kürzestmöglichen Zeit abzuschließen. Die Strafe für die

15 Meldung der Militärischen Abteilung des Justizministeriums über die Tätigkeit der Militärgerichte im Jahr 1957 vom 4.2.1958, zit. ebd., S. 620–622.

im beschleunigten Verfahren verhandelten Straftaten war der Tod. Sie konnte vom Gericht in eine lebenslange Freiheitsstrafe oder in fünf bis fünfzehn Jahre Freiheitsentzug umgewandelt werden.

Zum Zwecke der einheitlichen Urteilsfällung bei den Strafsachen, die wegen revolutionärer Handlungen eingeleitet wurden, rief man mit der Verordnung 25/1957 die beim Obersten Gericht und bei den Komitatsgerichten aufzustellenden Volksgerichtssenate ins Leben. Dies geschah beim Obersten Gericht am 6. April und bei den Komitatsgerichten am 3. Juli 1957. Neben den schon an anderer Stelle erwähnten Gründen für die Schaffung der Volksgerichte bestand der Hauptgrund in der Unzufriedenheit der Parteiführung mit der bisherigen — ihrer Meinung nach zu liberalen — Arbeit der Gerichte. Unter politischem Druck erklärte das Justizministerium in seiner Meldung zur Begründung der neuen Organe der Strafjustiz: »Unsere Gerichte haben die außerordentlich eklatante Gefahr der Umtriebe der bewußten Konterrevolutionäre noch nicht in vollem Umfang erkannt. Sie fällten eine Reihe von Urteilen, die zu Recht die Unzufriedenheit des werktätigen Volkes ausgelöst haben. Auf den Vollversammlungen der Großbetriebe wurde als dringlichster Wunsch die Einberufung der Institution des Volksgerichts geäußert[16].«

Der Volksgerichtssenat konnte in erster Instanz in jeder Strafsache verhandeln, sofern der Vorsitzende des Obersten Gerichts den Fall an den Senat verwiesen oder der Oberste Staatsanwalt vor dem Volksgerichtssenat Anklage erhoben hatte. Der Staatsanwalt konnte den Angeklagten in diesem Fall ohne Anklageschrift vor Gericht stellen. Wenn das Verfahren auch im übrigen unter die beschleunigten Strafrechtsverfahrensregelungen fiel, so war auch die Strafe diesen Regelungen entsprechend zu bemessen. In zweiter Instanz konnte der Volksgerichtssenat im Berufungsfall gegen das Urteil eines jeglichen Gerichts verhandeln. Für die Abänderung des Gerichtsurteils der ersten Instanz gab es ein wesentlich breiteres Spektrum von Möglichkeiten als bei einem ordentlichen Strafrechtsverfahren. So konnte der Senat die Strafe für den Angeklagten auch ohne eine gegen ihn eingereichte Berufung erhöhen. Die Verordnung räumte auch Möglichkeiten für ein beschleunigtes Verfahren, also für eine Gerichtsvorladung des Angeklagten ohne Einreichung der Anklageschrift, ein. Das zu verhängende Strafmaß war identisch mit dem der ersten Instanz[17].

Außer den Strafrechtsverfahren konnten gegen die Teilnehmer an der Revolution auch polizeiliche Zwangsmaßnahmen verhängt werden. Auf der Grundlage der Verordnung 31/1956 über die »Inhaftierung aus Gründen der öffentlichen Sicherheit« konnte man auch Personen inhaftieren, deren Tätigkeit oder Verhalten die öffentliche Ordnung und Sicherheit sowie insbesondere den störungsfreien Ablauf des Produktionsprozesses und des Verkehrs gefährden konnten. Eine Inhaftierung aus Gründen der öffentlichen Sicherheit konnte die Polizei mit Zustim-

16 Meldung der Inspektionsabteilung des Justizministeriums über die Tätigkeit der Volksgerichtssenate vom 26.9.1957, zit. ebd., S. 594.

17 Ebd., S. 746–749; Az 1956-os magyar forradalom, S. 130.

mung der Staatsanwaltschaft anordnen. Ihre Dauer betrug sechs Monate. Nach Ablauf dieser Zeit konnte das Innenministerium sie mit Zustimmung des Obersten Staatsanwalts verlängern. Auf der Grundlage dieses Gesetzes wurden vom 13. Dezember 1956 bis Ende 1959 ungefähr 13 000 Personen in Internierungslager verbracht[18].

Bei der Anwendung der Mittel des Strafrechtsverfahrens bemühte sich die ungarische politische Führung bereits seit Beginn des Jahres 1957, auch eine einheitliche Strafrechtspolitik zu erarbeiten, die gemäß den Interessen der Partei die Unterdrückungspraxis der Organe des Innern und der Justizorgane vereinheitlichen sollte. Der Beschluß des ZK der MSZMP vom 26. Februar 1957 legte fest, daß »bei der vollkommenen und endgültigen Vernichtung der konterrevolutionären Kräfte der konsequente und energische Einsatz der Mittel der Diktatur des Proletariats unabdingbar notwendig ist«[19]. Weiter drängte das höchste politische Führungsgremium der Partei auf ein »strenges und einheitliches« Auftreten gegenüber den »konterrevolutionären und feindlichen Elementen«. Es betonte, daß bei der Beurteilung der feindseligen Handlungen »sowohl die Anklageschrift als auch das Urteil die Unterdrückungsfunktion der Diktatur des Proletariats widerspiegeln sollen«. Nach der abschließenden Aufzählung der strafbaren Handlungen (Beteiligung an der Vorbereitung und Organisation der Revolution, Rädelsführer in revolutionären Organen, klassenfremde Mitgliedschaft in diesen Strukturen, Teilnahme am bewaffneten Kampf) hieß es, die Staatsanwaltschaften und das Innenministerium seien »in tiefer Sorge darüber, ob den schuldigen Konterrevolutionären die ihnen angemessene Strafe zuteil werden konnte«[20].

Die Aufgaben waren somit festgelegt und verteilt. Der erste zusammenfassende Bericht zu den »Ergebnissen« wurde dem Politbüro bereits am 10. Dezember 1957 vorgelegt. Dennoch kam das Thema innerhalb von kurzer Zeit nochmals zur Verhandlung, weil die öffentliche Meinung innerhalb der Partei sowie einzelne Mitglieder des Politbüros die bisherige Strafrechtspolitik als zu milde empfanden: »Bei der Bestrafung der Schuldigen des konterrevolutionären Komplotts und bei den politischen Straftaten gibt es viele zu milde Urteile. Die Anzahl der physisch Vernichteten ist relativ gering«, sagte Innenminister Béla Biszku[21] und betonte danach, daß »bei Strafsachen von Personen, die dem Gericht wegen konterrevolutionärer Umtriebe übergeben worden sind, ihren Verbrechen entsprechende harte Urteile gefällt werden sollen«[22]. Das Politbüro nahm das Dokument »Zu einzelnen Fragen unserer Strafrechtspolitik« (»Büntetöpolitikánk egyes kérdéseiröl«), das von Innenminister Biszku, Justizminister Ferenc Nezvál und dem Obersten Staatsanwalt, Géza Szénási, vorgelegt wurde, nicht an, weil es die Aus-

18 Zinner, Kegyelem, S. 22.

19 Iratok az igazságszolgáltatás történetéhez, Bd 1, S. 588.

20 Ebd., S. 589 f.

21 Einleitung von Innenminister Biszku auf der Tagung des Politbüros der USAP: Seiner Behauptung zufolge wurden von 180 Todesurteilen nur 110 vollstreckt, zit. nach: Iratok az igazságszolgáltatás történetéhez, Bd 1, S. 616 f.

22 Ebd.

wertung der gesammelten Erfahrungen und die daraus gezogenen Konsequenzen für die kommenden Aufgaben als ungenügend erachtete. Der Termin für die Beendigung der Untersuchungen wurde vom Parteiforum auf Ende 1957 festgelegt, wobei man für die Täter, die die Hauptschuld trugen, die Anwendung der ganzen Härte des Gesetzes forderte[23].

In Durchführung dieser Beschlüsse wurden die gnadenlosesten Repressalien in der ungarischen Geschichte der Neuzeit vollzogen. Im Verlauf dieser Vergeltungsmaßnahmen verurteilten ungarische Gerichte nach vorläufigen Angaben in der Zeit vom 4. November 1956 bis zum 1. März 1958 unter dem Verdacht der Begehung von politischen Straftaten 64 225 Personen, dabei wegen Verbrechen gegen die Volksrepublik allein 13 451[24].

Von ungarischen Gerichten in erster Instanz verurteilte Personen nach öffentlichen Anklagedelikten und wegen Verbrechen an der Volksrepublik

4. November 1956 bis 1. März 1958

	wegen eines Delikts der öffentlichen Anklage	hiervon wegen Verbrechen an der Volksrepublik
I. Zivilgerichte		
- ordentliches Verfahren	59 845	11 588
- beschleunigtes Verfahren bzw. Verfahren vor dem Volksgerichtssenat	769	665
II. Militärgerichte		
- ordentliches Verfahren	3 206	822
- Standgericht	405	376
Insgesamt	64 225	13 451

23 Zinner, Kegyelem, S. 22.

24 Brief des Justizministers an Antal Apró, den ersten Stellvertreter des Ministerratsvorsitzenden, über die Tätigkeit der Gerichte vom April 1958, zit. nach: Iratok az igazságszolgáltatás történetéhez, Bd 2, S. 787.

Von Zivilgerichten in erster Instanz wegen Verbrechen an der Volksrepublik verurteilte Personen nach Straftaten[25]

4. November 1956 bis 1. März 1958

	ordentliches Verfahren	beschleunigtes Verfahren / Volksgerichtsverfahren
Komplott gegen die staatliche Ordnung	2127	568
Staatsfeindliche Hetze	3929	5
Unerlaubter Waffenbesitz	1884	92
Verbotener Grenzübertritt	3358	-
Sonstige Verbrechen an der Volksrepublik	290	-
Insgesamt	11588	665

Die Zahlenangaben der Tabelle beziehen sich auf die Gerichtsurteile, die gegen die Mitglieder der Arbeiterräte und Revolutionskomitees verhängt wurden. Anhand der Urteile ist erkennbar, daß die Gerichte im Laufe der ordentlichen Verfahren vordergründig die Tatbestände »staatsfeindliche Hetze«, »verbotener Grenzübertritt«, »Komplott gegen die staatliche Ordnung« und »unerlaubter Waffenbesitz« bestraften, die Volksgerichtssenate dagegen überwiegend die Tatbestände »Komplott gegen die staatliche Ordnung«, »unerlaubter Waffenbesitz« und »staatsfeindliche Hetze«.

Infolge ihres gesteigerten Arbeitstempos hatten die Gerichte der ersten Instanz bis zum 1. Oktober 1958 bereits 16 798 Personen wegen »konterrevolutionärer Handlungen« zur Verantwortung gezogen, wobei 15 203 von einem Zivilgericht und 1595 von einem Militärgericht verurteilt worden waren[26].

Angeklagte, die wegen Verbrechen an der Volksrepublik gerichtlich zur Verantwortung gezogen wurden

4. November 1956 bis 1. Oktober 1958

	Zivilgerichtsverfahren		Militärgerichtsverfahren		
	ordentlich	beschleunigt	ordentlich	standrechtlich	insges.
Komplott gegen die staatliche Ordnung	3054	849	737	-	4640
Staatsfeindliche Hetze	4781	10	48	-	4839
Unerlaubter Waffenbesitz	2237	96	102	376	2811
Verbotener Grenzübertritt	3840	-	186	-	4026
Sonstige Verbrechen an der Volksrepublik	336	-	143	3	482
Insgesamt	14248	955	1216	379	16798

25 Ebd., S. 788.
26 Ebd., Bd 1, S. 658.

Durch Zivilgerichte wurden in ordentlichen Verfahren 14 248 Personen und in Volksgerichtsverfahren (beschleunigte Verfahren) 955 Personen zur Verantwortung gezogen, durch Militärgerichte in ordentlichen Verfahren 1216 und standrechtlich 379 Personen.

Bis zum 1. Oktober 1958 verurteilten die Gerichte 236 Personen rechtskräftig zum Tode, wobei die Zivilgerichte 102 und die Militärgerichte 134 Todesurteile fällten. Von den insgesamt 236 Todesurteilen wurden 206 wegen »konterrevolutionärer« Verbrechen und 30 wegen gemeiner Verbrechen ausgesprochen. Von der Gesamtzahl der Todesurteile wurden 199 vollstreckt. Begnadigt wurden 23 Personen; bei einer Person wurde Berufung eingelegt. Durch ein Gesetz wurde das Todesurteil bei vier Personen in eine Haftstrafe abgemildert. Bei acht Personen wurde die Höchststrafe in ihrer Abwesenheit verhängt[27].

Rechtskräftig zum Tode verurteilte Angeklagte

4. November 1956 bis 1. Oktober 1958

	Verurteilte Personen			
Straftat	vom Zivilgericht	vom Militärgericht ordentlich	vom Militärgericht standrechtlich	insgesamt
»Konterrevolutionäre« Straftat	93	63	50	206
Gemeine Straftat	9	1	20	30
Insgesamt	102	64	70	236

Vollstreckungen

Straftat	vom Zivilgericht	vom Militärgericht ordentlich	vom Militärgericht standrechtlich	insgesamt
Exekution von »Konterrevolutionären«	81	62	26	169
Exekution von gemeinen Verbrechern	9	1	20	30
In Abwesenheit Verurteilte	8	-	-	8
Durch Gesetz in Haftstrafen abgemilderte Fälle	3	-	1	4
Begnadigte	1	-	23	24
Berufung zwecks Begnadigung	-	1	-	1

27 Anmerkungen für Marosán über die Strafrechtsangelegenheiten der »Konterrevolution« vom 9.10.1958, zit. nach: ebd., S. 652.

Diese Angaben enthalten nicht die Zahl der nicht rechtskräftig wegen gemeiner oder »konterrevolutionärer« Straftaten zum Tode verurteilten Personen, ihre Zahl beläuft sich auf 277[28].

Den neuesten Forschungen zufolge wurden von 1956 bis 1962 insgesamt 229 Personen für ihre Teilnahme an der Revolution von 1956 mit dem Tode bestraft[29]. Die überwiegende Mehrheit der Opfer (117) wurde für ihre Teilnahme am bewaffneten Kampf verurteilt. Die zweitgrößte Gruppe bildeten Personen, die auch nach der Niederschlagung des bewaffneten Kampfes Widerstand leisteten (34). Wegen Übernahme einer politischen Funktion wurden 22 Personen hingerichtet. Ihre Schuld bestand allein darin, daß sie politisch aktiv waren: Sie erledigten Angelegenheiten ihres engeren oder weiteren Umfeldes oder übernahmen eine Führungsposition in irgendeiner revolutionären Organisation. Die Standgerichte verurteilten 15 Personen deshalb zum Tode, weil sie irgendwann Waffen versteckt hatten oder von versteckten Waffen wußten[30].

Unter den 229 Hingerichteten bilden 41 eine besondere Gruppe, weil sie auf die Anklagepunkte »Teilnahme an Gerichtsverfahren« (22), »gemeine Verbrechen« (9) und »Informationsweitergabe« (4 Personen) hin verurteilt wurden. Zu ihnen zählen auch sechs Personen, die als zufällige Opfer zu betrachten sind. In die erste und zweite Kategorie gehören diejenigen, die neben ihrer bedeutenden Rolle während der Revolution auch schwerwiegende gemeine Verbrechen begangen haben. In die dritte und vierte Kategorie sind diejenigen einzuordnen, die für ausländische Organisationen Informationen beschafft haben oder deren Hinrichtung in keiner Weise zu rechtfertigen ist. Unter der Anklage »Teilnahme an Gerichtsverfahren« wurden mehr Personen zum Tode verurteilt, als diesen Verfahren während der Revolution selbst zum Opfer fielen. Und wenn die wahren Täter ins Ausland flohen, bevor man sie zur Verantwortung ziehen konnte, oder man diese Täter aus irgendeinem anderen Grund nicht zu identifizieren vermochte, so übte man an jenen Menschen für den Mord Vergeltung, die erreichbar waren — sogar dann noch, wenn im Laufe der Verhandlungen zur Gewißheit wurde, daß ihre Tat den Tod des Opfers nicht verursacht hatte. Um die geforderte Anzahl an Urteilen zu erzielen, wurde auch auf der Grundlage von außerordentlich schwachen Indizien die Todesstrafe verhängt. Anhand der zu dieser Zeit üblichen Urteilssprechung ist bei den wegen gemeiner Straftaten verurteilten neun Personen nicht erkennbar, ob die Gerichte ihre Urteile aus politischen Gründen oder wenigstens teilweise unabhängig von ihnen verhängten. Diese neun Angeklagten waren in bedeutendem Maße am bewaffneten Kampf oder dem daran anschließenden Widerstand beteiligt, und zwar in einer Weise, daß die Justizorgane dieser Zeit sie allein für diese Taten schon zum Tode hätten verurteilen können. Parallel dazu verübten sie allesamt im Zusammenhang mit der Revolution oder völlig unabhängig von ihr auch schwerwiegende Straftaten. Deshalb kann man bei diesen

28 Ebd., S. 654.

29 Nach 1961 gab es keine Hinrichtungen mehr wegen »1956er Straftaten«.

30 Szakolczai, A forradalmat követő, S. 242 f.

Urteilen nicht zwischen einer politischen und einer von der Politik unabhängigen Motivation unterscheiden. Sechs Menschen wurden hingerichtet, ohne daß dies durch die Prinzipien und Methoden des Justizdienstes dieser Zeit zu begründen wäre. Selbst diese würden nämlich in keiner Form die überdimensionierten Urteile erklären. Wenn sie auch etwas Unrechtes begangen hatten, war es doch keinesfalls so schwerwiegend gewesen, daß man dafür auch nur mit einer zu vollstreckenden Freiheitsstrafe hätte rechnen müssen. Sie waren keine Revolutionäre, denn sie hatten sich nicht an der Revolution beteiligt. Ihre Verurteilung und ihr Tod sind wohl eher mit dem Zufall oder vielleicht durch die Absicht, gewisse Normen zu erfüllen, zu erklären[31].

Die Gerichtsunterlagen belegen, daß ein bedeutender Teil der Prozesse auf einem einheitlichen Konzept beruht. Sie ähnelten zum Teil den Prozessen, die vor 1956 geführt wurden, unterschieden sich aber in wichtigen Punkten davon. Während in den Prozessen vor 1956 die gesamte Anklage erfunden war, war der Wahrheitsgehalt der Anklage in den Prozessen nach der Revolution unumstritten. Ein Großteil der Angeklagten hatte wirklich die Handlungen begangen, deren man sie anklagte. Jedoch bildete in diesen Fällen die Sichtweise der Gerichte das Moment, welches die erfolgte Handlung zu einer strafbaren Handlung verzerrte. Man richtete nicht über einen tatsächlichen Fall oder eine Gruppe, sondern arrangierte den Prozeß auf der Grundlage irgendeines vorgefaßten Denkmodells, stellte die vom Gericht zu untersuchenden Angeklagten und Taten zusammen — und griff darüber hinaus in mehreren Fällen auch dem Urteil selbst vor. Bei der überwiegenden Mehrheit der Prozesse ist festzustellen, daß sich keine der beiden Seiten um eine präzise und objektive Wiedergabe der Wahrheit bemühte: Die Angeklagten waren bestrebt, ihre Rolle zu schmälern, zu schweigen und gewisse Anklagepunkte abzustreiten, um ihr Leben zu schützen. Aufgabe der Gerichte war es, die Angeklagten unter dem Zeichen der Vergeltung zu verurteilen, wobei sie der ständigen Kontrolle durch die politische Macht ausgesetzt waren. Deshalb wurde, sofern man bei jemandem eine strafbare Handlung — die für uns heute als bewiesen gelten mag — so weit aufdecken konnte, daß man ihn hierfür bereits verurteilen konnte, der Prozeß an dieser Stelle abgeschlossen und das Todesurteil verkündet. Besonders augenscheinlich wird diese Art der »Rechtsprechung« bei den Standgerichtsverfahren, die wegen unerlaubten Besitzes von Waffen und Munition eingeleitet wurden. Der damals üblichen Praxis zufolge beriefen sich die Gerichte in ihren Urteilen einzig auf die Tatsache des unerlaubten Waffenbesitzes, und dies auch dann noch, wenn weitere Handlungen der Beklagten vorlagen, die zu dieser Zeit für strafbar galten[32].

Die Vergeltungsmaßnahmen nach der Revolution unterschieden sich nicht nur im Charakter der Gerichtsprozesse von der früheren Praxis, sondern auch in ihren »Zielen«. Die stalinistische Führung Ungarns stand im Gegensatz zur Gesamtheit der Gesellschaft, das Spektrum der Feinde reichte vom sogenannten »Klassen-

31 Ebd., S. 246–248.
32 Ebd., S. 239 f.

feind« bis zu verschiedenen Gruppierungen der oberen Parteiführung. Demgegenüber hatten die Repressalien nach 1956 ein genau festgelegtes Ziel. Nach Alter und Beruf waren die Zielgruppen denkbar einheitlich. Das bestimmende Kriterium für die Repression war die Form der Beteiligung an der Revolution und das hypothetische Verhältnis zu einer sich entwickelnden neuen politischen Richtung. Danach kann man drei Gruppen unterscheiden, auf die die Vergeltungsmaßnahmen am stärksten abzielten.

Die erste Gruppe bildeten zwischen 18 und 25 Jahre alte Lehrlinge und Jungarbeiter in den Städten, die zumeist nicht über einen Berufsabschluß verfügten. Sie nahmen entweder aktiv an den bewaffneten Kämpfen teil, oder sie standen in irgendeiner Beziehung zu den Formationen der Aufständischen. Aus dieser Gruppe kamen die meisten derjenigen, die vor ein Standgericht oder ein Volksgericht gestellt wurden; sie erhielten die härtesten Gefängnisstrafen, und schließlich ist diese Gruppe im Verhältnis am stärksten bei den zum Tode Verurteilten zu finden. Die Menschen aus dieser Gruppe wählten die radikalste Form des Kampfes gegen den Stalinismus. Die herrschende Macht konnte deshalb zu Recht davon ausgehen, daß aus ihren Reihen die erbittertsten Feinde kommen würden.

Die zahlenmäßig und verhältnismäßig größte Gruppe der Verurteilten bildeten die Mitglieder der Arbeiterbetriebsräte sowie der Revolutionskomitees an Institutionen und anderen Einrichtungen. In der Mehrzahl waren das zwischen 28 und 35 Jahre alte Arbeiter, Bauern und in geringerem Umfang auch Intellektuelle (Lehrer und Ausbilder), die in ihrem näheren Umfeld über ein hohes Ansehen verfügten. Sie bildeten die Elite der zur Organisation befähigten und selbständig operierenden lokalen Führer. Als charakteristisch für sie kann gelten, daß sie in der Regel sozialistische Werte vertraten. Gegen die Mitglieder der Arbeiterräte und Komitees verhandelten im allgemeinen ordentliche Gerichte, und das Strafmaß der Urteile ist im Vergleich zur ersten Gruppe als milder einzuschätzen. Auf dieser Kategorie lastet jedoch die große Masse an Urteilen und nichtgerichtlichen Unterdrückungsmaßnahmen. Die vielleicht wichtigste Zielsetzung der Repression war die Zerschlagung und Ausschaltung dieser politischen und gesellschaftlichen Schicht. Bei diesen Menschen bestand der begründete Verdacht, daß sie zu einer handlungsfähigen Plattform für neuerliche demokratische Bewegungen werden könnten, die dann auch über eine moralische und menschliche Rechtfertigung verfügt hätte.

Eine zahlenmäßig kleine, jedoch charakteristische und wichtige »Zielgruppe« war die vor 1956 oppositionell zur Partei eingestellte Intelligenz und die sich ihr anschließende linksgerichtete Intelligenz, welche sich am meisten mit den demokratischen und nationalen Zielsetzungen der Revolution identifizierte. Viele von ihnen leisteten nach dem 4. November 1956 aktiven Widerstand. Zu den Hauptbestrebungen der Kádárschen Herrschaft zählte die Vereitelung jeder derartigen politischen Tätigkeit, weswegen gegen die Vertreter dieser Gruppe harte Urteile verhängt wurden[33].

33 Az 1956-os magyar forradalom, S. 131–133.

Den Verlauf der Vergeltungsmaßnahmen leitete offiziell der Innenminister. Die politische Polizei verfertigte für die Staatsanwaltschaft die Anklageschriften, die dann häufig schon — wenn auch nur thesenhaft — die Urteile enthielten. In Wahrheit wurde der Verlauf der Vergeltungsmaßnahmen jedoch vom zuständigen Sekretär des ZK (György Marosán und später Béla Biszku) sowie in letzter Instanz vom Politbüro der MSZMP beaufsichtigt. Dort behandelte man 1957/1958 die Frage der »Verantwortlichkeit« mehrfach. Ging es um bedeutendere Entscheidungen, war auch das ZK beteiligt, so in der sich über eineinhalb Jahre hinziehenden Strafsache Imre Nagy und Genossen, die für die Kádársche Konsolidierungspolitik die größte Gefahr darstellten. Den Vorschlag, Nagy und seine Gefährten auf gerichtlichem Wege zur Verantwortung zu ziehen, unterbreitete erstmals Kállai auf der Sitzung des Exekutivkomitees der MSZMP Ende Januar 1957. Im März 1957 stimmte Kádár diesen Schritt in Moskau auch mit den sowjetischen Führern ab, dann wurde er vom Politbüro der MSZMP beschlossen. Nagy und seine Gefährten wurden im April 1957 in Rumänien verhaftet (wohin sie im November des Jahres 1956 von den sowjetischen Staatssicherheitsorganen mit Wissen und Billigung der ungarischen Führung verschleppt worden waren) und heimlich nach Budapest gebracht. Es begannen die fast ein Jahr lang dauernden Untersuchungen. Der politischen Konzeption entsprechend waren Nagy und seine Gefährten die Hauptverantwortlichen für die Ereignisse im Oktober 1956 in Ungarn. Ihren Anklägern zufolge bildeten sie schon vor der Revolution eine Verschwörung zur gewaltsamen Machtergreifung, ebneten durch Verrat »der Reaktion den Weg« und strebten bewußt vor 1956 und auch während der Ereignisse »eine Abspaltung des Landes aus dem sozialistischen Lager« an. Diese politische Bewertung ergab für die Ermittlungsbehörden eine fast komplette Anklageschrift, und so ist es kein Zufall, daß diese bereits im August 1957 fertiggestellt war. Von diesem Zeitpunkt an bestimmten die Einleitung des Prozesses ausschließlich aktuelle internationale und innenpolitische Umstände. Im Februar 1958 wurde nach Bestätigung durch das ZK der Prozeß eröffnet, einen Tag später jedoch auf sowjetische Bitten abgesetzt. (Für das näherrückende sowjetisch-amerikanische Gipfeltreffen und für das sowjetische Ziel eines teilweisen Kernwaffensperrvertrages hätte die Nachricht über die Todesurteile störend gewirkt.) Die ungarische Parteiführung verwarf auf Initiative Kádárs die Möglichkeit, ein milderes Urteil zu fällen. So begannen im Juni 1958 die Verhandlungen von neuem. Am 16. Juni 1958 wurden Nagy, der Verteidigungsminister Pál Maléter und der Journalist Miklós Gimes hingerichtet. Die anderen Angeklagten erhielten langjährige Gefängnisstrafen[34].

Im Frühjahr 1959 wurden die Repressalien gemildert und durch eine Teilamnestie beendet. Die Kapitulation der Gesellschaft, das internationale Echo auf die Vergeltungsmaßnahmen, neue Aufgaben wie die Kollektivierung der Landwirtschaft und nicht zuletzt auch die Unruhe, die durch den übermäßigen Einsatz des Polizei- und Staatsapparates erzeugt wurde, ließen in den Reihen der Führung den Gedanken aufkeimen, den Terror zu mildern. Am 3. April 1959 erschien in den

34 Ebd., S. 125 f.

Tageszeitungen die Nachricht, der Präsidialrat habe eine Teilamnestie erlassen. 696 wegen sogenannter »1956er Straftaten« Verurteilte waren entlassen worden[35]. In der Schlußphase der Repressalien (April 1959 bis März 1963) sank die Zahl der politischen Urteile. Abgesehen von einigen Ausnahmen wurden wegen »1956er Strafsachen« keine Verfahren mehr eröffnet. Schrittweise löste man die 1956/1957 ins Leben gerufenen besonderen juristischen Institutionen wieder auf. So beendeten im April 1960 die Internierungslager ihr Dasein, und im April 1961 stellten die Volksgerichte ihre Tätigkeit ein. Gleichzeitig erließ der Präsidialrat erneut Teilamnestien, in deren Folge 503 Personen ihre Freiheit zurückerlangten[36]. Auch ein wichtiger außenpolitischer Aspekt trug zur Beendigung der Repressalien bei. Auf dem Forum der Vereinten Nationen hielten die USA seit Ende 1956 die ungarische Frage ständig auf der Tagesordnung. Für ihre Absetzung erachtete man nicht nur die Einstellung der Inhaftierungen für ungenügend, sondern auch die Teilamnestien, die lediglich die zu kürzeren Haftstrafen Verurteilten betrafen. Im Ergebnis von geheimen Verhandlungen wurde im Herbst 1962 die ungarische Frage von den Vereinten Nationen nicht mehr behandelt. Im März 1963 wurde eine allgemeine Amnestie verkündet, die dann tatsächlich zur Entlassung der meisten Opfer (4132 Personen) aus der Zeit nach 1956 führte[37].

Damit war der politische Rachefeldzug der Zeit nach der Revolution beendet. Er führte dazu, daß die neue Parteiführung, die mit sowjetischer Hilfe an die Macht gekommen war, diese Macht festigen konnte, indem es ihr gelungen war, den Widerstand in der Gesellschaft zu brechen.

35 Ebd., S. 122; Zinner, Kegyelem, S. 22.

36 Az 1956-os magyar forradalom, S. 123.

37 Ebd., S. 124; Iratok az igazságszolgáltatás történetéhez, Bd 1, S. 754.

Peter Gosztony

Die langfristigen Auswirkungen des ungarischen Volksaufstandes und aktuelle Reflexionen darüber

1. Die politischen Auswirkungen in Ungarn

Die letzten Kämpfe zwischen der Sowjetarmee und den Aufständischen in Ungarn endeten am 11. November 1956 in Budapest. Marschall der Sowjetunion Iwan S. Konew, damals Oberbefehlshaber der Vereinten Streitkräfte des 1955 gegründeten Warschauer Paktes, hatte am 3. November 1956 in seinem Hauptquartier in der Provinzstadt Szolnok an der Theiss den Auftrag erhalten, den Aufstand der »rebellierenden Magyaren« niederzuschlagen. »Operation Wirbelwind« benötigte dazu — entgegen der ursprünglichen Planung von drei Tagen — immerhin eine gute Woche. Für die Operation stand Konew die beträchtliche Streitmacht von 16 1/2 Divisionen zur Verfügung, darunter mehrere Panzer- und Teile von zwei Luftlandedivisionen aus dem baltischen Raum[1]. Die Verluste der sowjetischen Armee in den Kämpfen gegen die Ungarn vom 24. Oktober bis zum 11. November 1956 sind erst heute offiziell bekannt, sie betrugen 720 Tote und 1540 Verwundete, insgesamt also 2260 Rotarmisten[2]. Hinzu treten die »vermißten« sowjetischen Soldaten und Offiziere, die zu den Aufständischen überliefen, nachdem sie deren ideale politische Ziele erkannt hatten. Sie kämpften teilweise auf der Seite der Aufständischen oder retteten sich nach Österreich oder Jugoslawien. Ihre Zahl darf mit 200 bis 250 Personen angenommen werden.

Ab Mitte November 1956 hielten sich die sowjetischen Truppen von allen weiteren Kampfhandlungen zurück. Zwar standen ihre Panzer paarweise auf den wichtigsten Kreuzungen in Budapest, doch bemühte sich die sowjetische Militärführung sichtlich, über die bis Ende Dezember 1956 hier und da aufkommenden Plänkeleien zwischen kleineren aufständischen Gruppen und der ungarischen neu aufgestellten Ordnungspolizei hinwegzusehen. Zuvor hatte die Sowjetarmee allerdings vorsorglich die gesamte Ungarische Volksarmee entwaffnet[3], Mannschaften und Offiziere in ihren Kasernen interniert oder, soweit sie ihnen suspekt erschienen, vorübergehend auf sowjetisches Gebiet, in die Karpato-Ukraine, verschleppt[4]. Sie wurden erst — nach heftigen Protesten der UNO in New York — auf Anweisung von Nikita S. Chruschtschow, der die »ungarische Rebellion« gerne

1 Siehe in allen Einzelheiten: Györkei/Horváth, Szovjet katonai intervenció.
2 Grif sekretnosti, S. 397.
3 Berki, Hadsereg, S. 173 ff.
4 A dunántuli laktanyából.

für den Westen als »unbedeutenden Zwischenfall« präsentieren wollte, in ihre Heimat zurückgebracht und entlassen.

Bis Ende Dezember 1956 wurde also die Ungarische Volksarmee praktisch aufgelöst[5]. Waffen und Gerät wurden teilweise zerstört, andere unter sowjetische Bewachung gestellt. Aus dem Offizierkorps von etwa 20 000 Mann versuchte die am 4. November 1956 in Szolnok unter sowjetischer Obhut gegründete »Revolutionäre Ungarische Arbeiter- und Bauern-Regierung« unter János Kádár »Ordnungstruppen« zu rekrutieren. Beauftragt wurde damit ein ungarischer General sowjetischer Abstammung, Generalmajor Gyula Uszta. Er hatte nur einen kläglichen Erfolg: In Budapest entstanden bis Ende Dezember 1956 lediglich drei »Regimenter« in Stärke von je ein bis zwei Bataillonen[6]. Ein Bataillon rekrutierte sich aus Mitarbeitern des Staatssicherheitsdienstes. Auf dem Lande konnte man bis Anfang 1957 weitere solcher »Detachements« in verschiedener Stärke ins Leben rufen. Sie bestanden aber nur teilweise aus Offizieren der Volksarmee. Das Gros stellten Offiziere des Polizei- und Staatssicherheitsdienstes. Die Gesamtstärke dieser Ordnungstruppe hat nie die Zahl von 14 000 Mann erreicht[7]. Bei dieser kleinen »Streitmacht« aus der Erbmasse von Volksarmee, Staatssicherheitsdienst und Polizei, die vormals 180 000 Mann umfaßt hatte, blieb es vorerst.

Die Ordnungstruppe sollte laut Anweisung der Regierung Kádár in kürzester Zeit dazu beitragen, die Gemüter zu besänftigen und die arbeitende Bevölkerung zu veranlassen, wieder ihrer Beschäftigung nachzugehen.

Die kleine Regierung Kádár (vorerst nur sechs Personen) wagte erst am 7. November 1956, von Szolnok nach Budapest zu verlegen. Eine sowjetische Panzerkolonne verbrachte die künftigen Herren des Landes — nicht ohne Feindberührung — nachts in die ungarische Metropole[8].

Nachdem die Waffen schwiegen, mußte man politisch »aufräumen«. Dabei stand das Kabinett Kádár vor einer schwereren Aufgabe, als es vermutet hatte. Außer dem beschädigten und desorganisierten Staatssicherheitsdienst und Teilen der Parteibürokratie verhielten sich alle Bevölkerungsschichten dem neuen Regime gegenüber ablehnend oder gar feindlich. Arbeiter, Studenten und Intelligenz machten gemeinsam Front gegen die von sowjetischen Bajonetten gestützte »ungarische Regierung«. Ein allgemeiner Landesstreik wurde ausgerufen. Man forderte von Kádár die Freilassung Imre Nagys und dessen Wiedereinsetzung in sein Amt, den Abzug der sowjetischen Truppen aus Ungarn und die Zulassung freier Wahlen und demokratischer Parteien.

Die Regierung Kádár versuchte zunächst, den Forderungen mit Versprechungen zu begegnen: Nach Wiederaufnahme der Arbeit und Konsolidierung der Lage könne über alles weitere verhandelt werden. Auf diesen Winkelzug fielen Kádárs Gegner nicht herein. Anfang Dezember 1956 formierte sich in Budapest der

5 Berki, Hadsereg, S. 207.
6 Honvédtisztek, S. 4.
7 Szabó, A magyar forradalmi, Tabelle zwischen S. 53 und 54.
8 Visszaemlékezések 1956, S. 38 f.

hauptstädtische Zentrale Arbeiterrat[9]. Er erhielt von allen Bevölkerungsschichten volle Unterstützung. Kádár war nunmehr auf sich allein gestellt. In Moskau betrachtete man ihn — wie wir heute wissen, — zu diesem Zeitpunkt noch als eine »Übergangsfigur«. Chruschtschow und einige weitere Mitglieder des Politbüros der KPdSU kamen insgeheim im Winter 1956/57 nach Budapest, um sich an Ort und Stelle ein Bild von der Lage zu machen. Auch aus anderen Volksdemokratien besuchten führende Persönlichkeiten Budapest. Sie wollten nicht wahrhaben, daß trotz des militärischen Sieges der Sowjetarmee die »Rebellion« in Form eines ausgeprägten passiven Widerstandes fortgesetzt wurde.

Als Anfang Dezember 1956 der Zentrale Arbeiterrat seine Tätigkeit von Budapest auf das ganze Land mit Erfolg auszudehnen begann, mußte Kádár unter Androhung von Gewalt durchgreifen. Zurecht betrachtete er den Zentralen Arbeiterrat als gefährliche politische Konkurrenz, als eine Art »Schattenregierung«. Im Namen der Revolutionären Ungarischen Arbeiter- und Bauern-Regierung lösten Offizierdetachements am 9. Dezember 1956 den Zentralen Arbeiterrat auf und verhafteten dessen Anführer, für die Idee des Kommunismus purer Hohn. Kádár unterband von nun an mit Waffengewalt jegliche Demonstrationen und Streikbewegungen. Im Industrierevier von Sálgótarján fielen am 8. Dezember 1956 über 100 demonstrierende Arbeiter im Geschoßhagel der dortigen Parteimiliz, mehrere hundert wurden verwundet. Ende Dezember 1956 begann im ganzen Land eine Verhaftungswelle[10]. Erste Todesurteile wurden gesprochen, zwei jugendliche Arbeiter als Beginn der blutigen Rache gehängt.

Imre Nagy und sein Gefolge, die am 4. November 1956 in die jugoslawische Botschaft gelockt worden waren, verließen das Botschaftsgebäude am 22. November 1956, nachdem ihnen Kádár freies Geleit versprochen hatte. Sowjetische Truppen verhafteten sie dennoch und verbrachten sie in Kasernengewahrsam. Dort versuchte Ferenc Münnich, Stellvertretender Ministerpräsident und Innenminister der Kádár-Regierung, von Nagy eine Unterschrift unter einer Demissionserklärung zu erzwingen — zurückdatiert auf den 3. November 1956. Moskau brauchte dieses Dokumente als öffentliche Rechtfertigung für die Einsetzung Kádárs als Ministerpräsident am 4. November. Als Nagy die Unterzeichnung verweigerte, wurde seine Gruppe am 23. November 1956 nach Rumänien geflogen und in Snagov, unweit von Bukarest, unter Hausarrest gestellt[11].

Im Frühjahr 1957 verhärtete sich die Politik des Budapester Regimes erneut. Die internationale Entwicklung begünstigte dies. Der parallel zur Krise in Ungarn ausgebrochene Konflikt am Suezkanal wurde einer friedlichen Regelung zugeführt. In den Vereinten Nationen blockte die Sowjetunion in der Ungarn-Frage konsequent alle Initiativen ab. Und Kádár konnte inzwischen durch eine ihm ergebene UN-Delegation »jegliche Einmischung in innere Angelegenheiten eines souveränen Staates« zurückweisen lassen.

9 Kémény/Lomax, Magyar munkástanacsok 1956-ban.
10 Dávid/Geskó/Schiffer, Forradalom.
11 Ember, Menedékjog.

So reduzierte sich die westliche Hilfe für Ungarn bald auf die Lieferung von Bekleidung, Lebensmitteln und Medikamenten für das von Krieg und Revolution heimgesuchte Land und die Versorgung und Eingliederung jener meist jungen 211 000 Ungarn, die im Winter 1956/57 — hauptsächlich über Österreich, aber auch über Jugoslawien — ihre Heimat verlassen hatten, um einer zweiten sowjetischen Domination zu entgehen[12]. Ihre »Abstimmung mit den Füßen« (Lenin) entzog Ungarn wertvolles politisches und wirtschaftliches Potential, das nun den westlichen Gesellschaften zugute kam.

Diese internationale Situation stand einer innenpolitischen Konsolidierung in der Ungarischen Volksrepublik jedenfalls nicht im Wege. Trotzdem kamen Versuche der Erneuerung der ungarischen kommunistischen Partei nur langsam voran. Besaß die Partei der Ungarischen Werktätigen (Magyar Dolgozok Partja, MDP) vor dem Volksaufstand knapp 900 000 Mitglieder, gelang es Kádár bis Ende November 1956 erst 35 000 und einen Monat später mit Mühe und Not knapp 102 000 Personen für die Mitgliedschaft in der Ungarischen Sozialistischen Arbeiterpartei (Magyar Szocialista Munkáspárt, MSZMP) zu gewinnen[13]. Später stellte sich heraus, daß die meisten dieser neuen Mitglieder vornehmlich Karrieristen waren. Arbeiterschaft und Intelligenz waren kaum vertreten. Selbst ungarische Erzbolschewiken vermieden den Eintritt in diese Partei, da sie Kádár als Rechtsabweichler ablehnten und auf die Rückkehr ihres »Führers« Mátyás Rákosi aus Moskau hofften. Rákosi war im Sommer 1956 mit sanfter Gewalt aus der Führung der ungarischen kommunistischen Partei entfernt worden und befand sich seither in »ärztlicher Behandlung« in Moskau. Beim Abschied im Juli 1956 hatte er angeblich seinen Getreuen prophezeit: »Ihr werdet sehen, Genossen, kaum verlasse ich Ungarn, wird hier der Sozialismus zusammenbrechen[14].«

Interessanterweise hat man auch im Kreml etliche Monate nach der Niederwerfung des Volksaufstandes daran gedacht, Rákosi wieder als »Statthalter« in Ungarn einzusetzen[15]. Insbesondere die altgedienten bolschewistischen Politiker, die ihre Karriere noch unter Jossif W. Stalin begonnen hatten, drängten Chruschtschow in diese Richtung. In den Nicht-Emigranten, marxistisch wenig gebildeten, des Russischen nicht mächtigen Kádár setzten sie kein Vertrauen. Daß er zwischen 1951 und 1954 unter Rákosi als dessen ehemaliger Innenminister zu einer lebenslangen Haftstrafe verurteilt worden war, machte ihn für Wjatscheslaw M. Molotow, Michail A. Suslow, Kaganowitsch und die anderen Kremlgrößen suspekt[16].

Auch Chruschtschow warf Kádár anfänglich mangelhafte marxistische Bildung vor. Monate nach der Niederwerfung des Volksaufstandes monierte er, daß noch immer keine volksdemokratische Ordnung herrsche.

12 Rauchensteiner, Spätherbst, S. 112.
13 Legyőzhetetlen erö, S. 236.
14 Mitteilung von Á. Pünkösdi, einem Biographen Mátyás Rákosis, an den Verfasser (1994).
15 Révész, Aczel György, S. 28.
16 Ebd.

Schon im Winter 1956/57 waren die ersten Todesurteile vollstreckt worden[17]. Es folgten großangelegte Verhaftungen in Budapest, später auf dem Land. Eine »Arbeitermiliz« ersetzte die »Offizierdetachements«, die nach Auffassung der Sowjets zu lasch durchgegriffen hatten[18]. Schließlich wurde im März 1957 die letzte offene Auflehnung der Studenten und Arbeiter unter Federführung von Kádárs Stellvertreter, György Marosán, gewaltsam niedergeschlagen.

Im April 1957 wurden Nagy und seine Vertrauten in Rumänien von ungarischen Staatssicherheitskräften verhaftet und heimlich nach Ungarn überführt.

Tatsächlich gelang es Kádár im Frühjahr 1957 durch systematische Einschüchterung und Verhaftungen unter den Anführern der Arbeiterräte, den landesweiten Streik einzudämmen und dann Stück um Stück lahmzulegen.

Dennoch kehrte in Ungarn keine dauerhafte Ruhe ein.

Im März 1957 weilte Kádár auf Einladung von Chruschtschow für einige Wochen in Moskau. Während dieser Zeit wurde ein Teil der sowjetischen Invasionstruppen aus Ungarn abgezogen. Langwierige sowjetisch-ungarische Verhandlungen in Moskau führten schließlich zu den folgenden Ergebnissen:

- Alle Spuren des Volksaufstandes sollten in wenigen Monaten beseitigt werden. Dies bedeutete unter anderem die vollständige Restauration des vorrevolutionären »sozialistischen Gesellschafts- und Ordnungssystems«.
- Die Kommunistische Partei sollte zahlenmäßig ausgebaut werden und sich als alleinige Machtträgerin im Lande etablieren, während Kádár im November 1956 noch geneigt schien, zusätzlich eine Bauernpartei zuzulassen.
- Die Ungarische Volksarmee mußte politisch gründlich gesäubert werden. Vorerst durften lediglich etwa 50 000 Mann unter Waffen gehalten werden. Die »Offiziersdetachements« sollten bis Ende April 1957 aufgelöst werden. Panzer- und Fliegeroffiziere durften vorerst nicht ausgebildet werden.
- Als »Ordnungstruppe« Kádárs wurde der Aus- und Aufbau der sogenannten Arbeitermiliz bewilligt, die dem Politbüro der MSZMP unterstand. In ihrer Blütezeit verfügte sie über 60 000 Mitglieder. Sie rekrutierten sich aus »bewährten Parteigenossen« und dem reorganisierten Staatssicherheitsdienst[19].

Zwei weitere Moskauer Entscheidungen hatten langfristige Wirkung. Die erste betraf die Stationierung sowjetischer Truppen auf ungarischem Territorium. Dem Verbleiben der sowjetischen Divisionen fehlte jedoch die juristische Grundlage. Gemäß den Bestimmungen des Friedensvertrages der Siegermächte mit Ungarn von 1947 hätten alle sowjetischen Besatzungstruppen nach der Ratifizierung des

17 Der erste Hingerichtete war ein 24jähriger Fuhrmann. Er hatte in seiner Kellerwohnung ein Gewehr versteckt. Das Todesurteil wurde am 31.12.1956 ausgesprochen und zwei Tage später vollstreckt.

18 Berki, Pufajkások. Auch der gegenwärtige ungarische Ministerpräsident, Gyula Horn, gehörte als junger Kommunist Anfang Dezember 1956 (!) als Freiwilliger dieser Abteilung an, die der nazistischen SA ähnelte, und diente mehrere Monate mit der Waffe in der Hand dem Kádár-Regime.

19 Mitteilung eines ehemaligen Politbüromitgliedes der 1990 untergegangenen Ungarischen Sozialistischen Arbeiterpartei (Magyar Szocialista Munkáspárt, MSZMP).

Staatsvertrages mit Österreich bis Ende des Jahres 1955 abgezogen werden müssen. Die vier 1956 eingesetzten Divisionen befanden sich somit illegal auf ungarischem Gebiet. Ein bilateraler Vertrag zwischen Moskau und Budapest, den die Verteidigungsminister Marschall der Sowjetunion Georgi K. Shukow und Generaloberst Géza Révész[20] Ende Mai 1957 unterzeichneten, räumte den im Lande befindlichen sowjetischen Truppen eine »provisorische Stelle« ein[21].

Zum zweiten sprachen Chruschtschow und das sowjetische Politbüro Kádár das volle Vertrauen aus und beauftragten ihn mit der Weiterführung der Geschäfte in Ungarn. Damit war der Machtkampf zwischen Kádár und Rákosi in der kommunistischen Führung Ungarns entschieden. Rákosi bestürmte zwar weiterhin das sowjetische Politbüro mit diversen Eingaben für eine Rückkehr an die Macht in Ungarn, blieb damit aber erfolglos[22].

Ungarn erhielt 1957 von der Sowjetunion zur Wiederherstellung seiner durch die revolutionären und kriegerischen Ereignisse vom Herbst und Winter 1956 angeschlagenen Volkswirtschaft Kredite in Höhe von 750 Millionen Rubel, die von 1961 bis 1971 durch Exporte ungarischer Güter zurückgezahlt wurden.

Im Monat April 1957 flaute der Widerstandswille der Bevölkerung ab. Dazu trugen u.a. die Nachrichten bei, die Behandlung der Ungarn-Frage in den Vereinten Nationen sei auf den Herbst 1957 vertagt worden.

Kádár ging nun in die Offensive. Am 1. Mai 1957 ließ er auf einer Massenkundgebung auf dem Budapester Heldenplatz vor etwa 100 000 Personen verkünden, die »faschistische Konterrevolution vom Oktober 1956« sei vollständig liquidiert worden. Er bekräftigte die Resolution des Politbüros der neuen ungarischen kommunistischen Partei, der MSZMP, vom 6. Dezember 1956, nach der der Putsch »vom Westen angezettelt« worden sei und Nagy Verrat an der volksdemokratischen Ordnung geübt hätte[23]. An dieser Zwecklüge hielt Kádár bis zum Untergang der kommunistischen Herrschaft in Ungarn im Herbst 1989 fest. Sie bildete über Jahrzehnte ein Grundelement seiner Führungsrolle.

Im Juni 1957 beendete das Regime die politischen Säuberungen im Verwaltungswesen und in der Justiz, nachdem »unbequeme« und »unzuverlässige« Richter und Beamte abgesetzt oder versetzt worden waren.

Noch keineswegs abgeschlossen war die Verfolgungswelle seitens des reorganisierten Staatssicherheitsdienstes — jetzt Sicherheitspolizei genannt. Die Verfolgung erfolgte in mehreren Wellen auf breiter Ebene und galt allen Staatsbür-

20 Géza Révész (1902–1977), kommunistischer Funktionär; seit 1925 in der UdSSR; Absolvent der dortigen Militärakademie; eine Zeitlang Häftling in einem Gulag, später rehabilitiert; politische Aufklärungsarbeit unter ungarischen Kriegsgefangenen; Oberstleutnant der Roten Armee; nach seiner Rückkehr nach Ungarn einer der Organisatoren der ungarischen Geheimpolizei und Armee; Generaloberst und Verteidigungsminister; blieb sowjetischer Staatsbürger.

21 Dieses Provisorium endete erst mit der Auflösung des Warschauer Paktes im April 1991.

22 Rákosi verstarb am 3.2.1971 im sowjetischen Exil.

23 A Magyar Szocialista Munkáspárt határozatai és dokumentumai 1956–1962, Budapest 1964, S. 13

gern, die am Volksaufstand in irgendeiner Weise beteiligt gewesen waren. Ungeachtet der Versprechungen der Kádár-Regierung vom 4. November 1956, wonach nur diejenigen zur Rechenschaft gezogen würden, die »Verbrechen gegen die Menschlichkeit« verübt hatten, wurden gegen Aufständische, Mitglieder des Revolutionskomitees, Arbeiterräte und National-Ausschüsse sowie gegen Vertreter der Medien Verfahren eingeleitet[24]. Bis Ende Juni 1957 waren ca. 5000 Verfahren anhängig, Zehntausende von Menschen eingesperrt und bereits 70 Personen hingerichtet[25].

Innenminister Béla Biszku hielt dies für ungenügend. Er forderte im Spätsommer 1957 eine härtere und kämpferischere Haltung gegenüber allen »Konterrevolutionären«.

Biszkus Linie setzte sich durch. Sie kulminierte im Juni 1958 in dem Geheimprozeß gegen Nagy und seine engsten Mitarbeiter, die man im April 1957 aus Rumänien nach Budapest zurückgeholt hatte. Nagy, General Pál Maléter und der Journalist Miklós Gimes wurden am 14. Juni 1958 zum Tode verurteilt, die Urteile am 16. Juni 1958 insgeheim vollzogen. Erst danach erhielt die Öffentlichkeit Kenntnis von Prozeß und Urteil[26].

Bis zur Generalamnestie der Regierung im Frühjahr 1963 wurden nicht weniger als 28 000 Personen inhaftiert, 15 000 interniert und etwa 400 Personen hingerichtet[27].

Das Gros der Hingerichteten bestand aus jungen Männern, vornehmlich Arbeitern und Angestellten. Auch acht junge Frauen wurden durch den Strang exekutiert, ebenso 29 Soldaten, darunter Generalmajor Maléter[28].

Diese Verfolgungs- und Prozeßwelle wurde äußerst »diskret« gehandhabt; nur die Familien der Betroffenen erfuhren davon.

Die überwiegende Mehrheit der Bevölkerung suchte angesichts einer für politische Veränderungen aussichtslosen Lage, einen Modus vivendi mit den neuen Machthabern zu finden. Der passive Widerstand wurde seit Ende 1957 stetig kleiner und hörte ab 1959 gänzlich auf, als die Schriftsteller und Literaten ihren Protest des Schweigens aufgaben und wieder zur Feder griffen.

24 Berecz, Ellenforradalom, S. 153 ff. Berecz war jahrzehntelang Politbüromitglied der MSZMP. Er promovierte zum Thema »1956«. Dabei konnte er viele Geheimdokumente einsehen. Ich zitiere aus seinem aufschlußreichen, aber politisch falsche Ansichten vertretenden Buch: »Die Zivil- und Militärgerichte hatten zwischen dem 4. November 1956 und dem 31. Juni 1957 ... 28 601 Personen verurteilt ...«. Darüber, wie viele Tote es unter den 28 601 Personen gab, schweigt sich B. aus. Er verschweigt auch, daß die Verfolgung der am Aufstand beteiligten Personen bis 1962 fortgesetzt wurde. Noch im Spätsommer 1961 wurde ein Freiheitskämpfer hingerichtet.

25 Berecz, ebd.

26 Einzelheiten siehe bei Tóbiás, In memoriam Nagy Imre.

27 Kapitány, 301. Auf Parzelle 301 des Zentralgefängnisses wurden alle in Budapest hingerichteten Freiheitskämpfer durch die Schergen Kádárs heimlich verscharrt. Heute hat dort jeder von ihnen sein Grab; die Parzelle ist Nationale Gedenkstätte. Kapitány führt in ihrem Buch Namen und persönliche Angaben zu den Hingerichteten auf, wenn auch nicht vollständig. Mit Erschütterung stellt man fest, daß die meisten von ihnen Arbeiter im Alter zwischen 20 und 30 Jahren waren.

28 Gellért/Burillák, Szolgálatteljesités közben életüket áldozták, S. 69.

Kádárs Regime triumphierte also. Doch war sein Erfolg z.T. mit Zugeständnissen erkauft worden. So verzichtete Kádár auf die Wiedereinführung der vom Volk meistgehaßten vorrevolutionären Methoden des Rákosi-Regimes. Den Medien gestand man eine größere geistige Freiheit zu. Der Lebensstandard der Arbeiter und der städtischen Bevölkerung wurde verbessert[29]. Im Gegenzug gelang es Kádár, in den Jahren 1959 bis 1961 die ungarische Landwirtschaft beinahe gänzlich in sozialistischen Produktionsgenossenschaften zu organisieren, woran Rákosi 1951 gescheitert war.

Die Beziehungen zur Sowjetunion wurden auch auf eine neue, politisch vernünftigere und vor allem unauffällige Grundlage gestellt. Die Unterwürfigkeit gegenüber Moskau und allem, was »sowjetisch« war, wurde auf Sparflamme gehalten. Chruschtschow faßte mit der Zeit so viel Vertrauen zu Kádár, daß er im April 1958 sogar bereit war, die sowjetischen Truppen aus Ungarn abzuziehen[30]. Doch Kádár ventilierte Gegeninteressen: »Wissen Sie, Genosse Chruschtschow, uns stören Ihre Soldaten hier nicht. Sie sollten nur weiter bei uns bleiben. Dafür aber lassen Sie Rákosi nicht nach Ungarn zurückkehren!«

So geschah es. Zwar durften Rákosis Vertraute zwischen 1959 und 1962 aus dem sowjetischen Exil heimkehren; sie erhielten in diversen Sparten der Wissenschaft und Volkswirtschaft gute Positionen ohne politischen Einfluß, doch Rákosi selbst mußte in der UdSSR in der Verbannung bleiben.

2. Das internationale Echo auf die Niederwerfung des Volksaufstandes

Kein Ereignis seit dem Spanischen Bürgerkrieg (1936–1939) verursachte in Europa und der übrigen Welt — von einigen Vorgängen des Zweiten Weltkrieges einmal abgesehen — ein solches Echo wie der ungarische Freiheitskampf und seine Niederwerfung durch die sowjetische Armee. Nichts bewegte die Gemüter in Ost und West stärker. Dies kennzeichnet zugleich das Ausmaß der sowjetischen Fehlkalkulation, die zur Intervention führte.

Im November 1956 quittierte die westliche Öffentlichkeit die militärische Intervention der Sowjets mit zahlreichen Massendemonstrationen in Rom, Mailand, Paris, London, Amsterdam, Madrid, Bonn und anderswo. Insbesondere die Jugend in den westlichen Ländern, vorab die Universitätsjugend, ging mit Fackelzügen und antisowjetischen Parolen auf die Straßen. Dabei waren nicht nur sowjetische Missionsgebäude und Handelsvertretungen Ziel von Anschlägen. Auch Gebäude einheimischer kommunistischer Parteien wurden Opfer kämpferischer Demon-

[29] Kádárs berühmte Rede im Dezember 1961 auf der Tagung des Ungarischen Gewerkschaftsbundes in Budapest, »Wer nicht gegen uns ist — ist mit uns«, war der Beginn des ungarischen »Gulaschkommunismus«.

[30] Zu diesem Zeitpunkt zog der Kremlchef — er war Ministerpräsident und zugleich Parteichef — die sowjetischen Divisionen aus Rumänien ab.

stranten. Oft konnten sie nur mit großem Polizeiaufwand, wie in Paris und Rom, vor Verwüstung durch aufgebrachte Menschenmassen bewahrt werden. Bemerkenswert war, daß die Demonstrationen überwiegend von Jugendlichen und Arbeitern organisiert und durchgeführt wurden.

Die westeuropäischen kommunistischen Parteien erlebten einen massenweisen Exodus von Mitgliedern. Die großen kommunistischen Parteien Westeuropas, die KPF und KPI, haben sich bis heute nicht von diesem Aderlaß erholt. In der Schweiz schmolz die Partei der Arbeit, ohnehin nie ein politischer Faktor, von ursprünglich etwa 35 000 bis 40 000 Mitgliedern auf etwa 20 000 zusammen.

Schmerzlicher noch für Moskau war die Abwendung vieler politisch linksgerichteter Künstler, Schriftsteller und Publizisten, die bisher — bewußt oder unbewußt — gegen eine »Amerikanisierung Europas« aufgetreten waren. Kádárs Rachefeldzug gegen die nationalgesonnenen ungarischen Intellektuellen, die als Reformkommunisten für Ungarn und gegen Moskau Stellung genommen hatten, verstärkten diesen Trend. In den sozialdemokratischen Parteien Europas festigte sich die antikommunistische Einstellung. Künstlergruppen sagten ihre Tourneen in die UdSSR auf Jahre hinaus ab. Umgekehrt wagte es Moskau nicht, in Erwartung von Protesten und Boykotts sowjetische Künstler in westlichen Ländern auftreten zu lassen.

Obwohl Kádár am 1. Mai 1957 die Erneuerung der »alten Ordnung« in der Volksrepublik Ungarn verkündet hatte, schlug ungarischen Politikern, Gewerkschaftern, Handelsbevollmächtigten und Diplomaten im Westen noch mehr als ein Jahrzehnt lang öffentliche Verachtung entgegen. Auf Banketten westlicher diplomatischer Vertretungen ignorierte man die ungarischen Vertreter. In der Schweiz hatte der ungarische Botschafter aus diesem Grunde noch Ende der sechziger Jahre Mühe, eine Residenz anzumieten. In Washington war die US-Administration erst Mitte der sechziger Jahre wieder zu einem Botschafter-Austausch mit der Volksrepublik Ungarn bereit.

Insgesamt wurde Kádárs Ungarn etwa fünf Jahre von der westlichen Welt gemieden. Erst die Kuba-Krise (1962) verdrängte Ungarn aus den Negativschlagzeilen von Politik und öffentlicher Meinung.

3. Außenpolitische Auswirkungen des ungarischen Volksaufstandes für die UdSSR

Diese außenpolitische Isolation, die gegen die Ungarische Volksrepublik spontan entstanden oder aufgrund einer westlichen Vereinbarung für lange Jahre verhängt worden war, traf — wenn auch nicht im gleichen Maße — ebenfalls die Sowjetunion. Doch galten für die Großmacht Sowjetunion offenbar andere Gesetze. Jedenfalls spürte die UdSSR eigentlich nur kurze Zeit die Verachtung der westlichen Welt.

Anfang der sechziger Jahre begann in beiderseitigem Interesse der Ost-West-Handel zu blühen. Die Sowjets gewannen mit ihren Erfolgen in der Raumfahrt —

Sputnik-Erfolg 1957 und Gagarins Erdumkreisung 1961 — weltweit beträchtliches Ansehen. Ende der fünfziger Jahre faßten sie in Kuba Fuß und nahmen verstärkt Einfluß auf Mittel- und Südamerika. Mit der zweiten Berlin-Krise (1958–1961) und der Kuba-Krise (1962) trieb Moskau die Welt schließlich an den Rand internationaler kriegerischer Konflikte[31]. All dies schob die Ungarn-Frage weltpolitisch in den Hintergrund. Und außerdem zog Moskau das Ungarn-Problem auch bewußt aus der Schußlinie der westlichen Öffentlichkeit.

4. Amnestie und »Gulaschkommunismus«

Um die politischen »Mitläufer« der kommunistischen Parteien in der westlichen Welt zu besänftigen und auf Kurs zu halten, zwang Moskau Kádár im April 1959, einen Teil der eingekerkerten ungarischen Schriftsteller auf freien Fuß zu setzen; Berufs- und Reiseverbot blieben jedoch erhalten. Damit die UNO die Ungarn-Frage von ihrer Tagesordnung absetzte, mußte Kádár im März 1963 eine politische Amnestie für die verurteilten Freiheitskämpfer erlassen. In den Kerkern verblieben jedoch etwa 800 zu lebenslanger Haft verurteilte Männer und Frauen, die nach der buchstäblichen Auslegung des Strafgesetzes als »Kriminelle« galten. Sie hatten mit selbstgebastelten Molotow-Cocktails und von den sowjetischen Truppen »geraubten« Waffen gekämpft. Diese Menschen wurden nicht vor Mitte der siebziger Jahre, nach Verbüßung einer Haftstrafe von 15 bis 17 Jahren, freigelassen. Ihre Rehabilitierung erfolgte erst nach dem Kollaps des Kádár-Regimes. Bis dahin wurden sie als Bürger zweiter Klasse behandelt, die durch Hilfs- oder Minenarbeit ihr tägliches Brot verdienen mußten.

Mitte der sechziger Jahre erhielt die Ungarische Volksrepublik ihren ersten größeren Kredit aus dem Westen. Ein gewisser Wohlstand nahm bereits Anfang der sechziger Jahre im Lande langsam, aber stetig zu. Mit der Lockerung der Ein- und Ausreisemöglichkeiten wurde Ungarn in den kommenden zehn Jahren (1964–1974) von westlichen Touristen als Reiseziel entdeckt. Dies brachte nicht nur die heißersehnten Devisen ins Land, sondern bewirkte eine Liberalisierung des Alltagslebens: Vieles wurde nun »erlaubt«, was in der vorrevolutionären Zeit polizeilich verboten gewesen war. Das kulturelle Leben begann zu blühen. Die wirtschaftlichen und politischen Beziehungen mit Jugoslawien und Österreich wurden ausgebaut und gefördert. So konnte man sich unter dem neuen Regime einrichten, wenn man gewillt war, den Aufstand von 1956 als »Konterrevolution« zu verdammen und die politischen Entscheidungen dem Politbüro zu überlassen[32].

31 Aus sowjetischer Sicht siehe dazu die Memoiren des ehemaligen Generals der Sowjetarmee Gribkow, Im Dienste der Sowjetunion, insbesondere das Kapitel »Ein Schritt vor dem Abgrund«.

32 Mitteilung von einem ehemaligen Gefährten Nagys, dem Ex-Minister Zoltán Vas, den ich mehrmals in Zürich, Berlin und München traf. Vas war während der Illegalität der KP in der Zwischenkriegszeit mit Rákosi zusammen 16 Jahre in ungarischen Kerkern und wurde erst Ende 1939 im Zusammenhang mit dem Hitler-Stalin-Pakt freigelassen und in die UdSSR

Über eine Reformpolitik wurde jahrelang offiziell »nachgedacht«. Sie betraf in erster Linie die Modernisierung der Wirtschaftsstruktur des Landes. Ungarische Nationalökonomen forderten mehr Innovationen, Änderungen in der vom stalinistischen Muster geprägten ungarischen Industrie (vornehmlich in der stets defizitären Schwerindustrie) und Zulassung von mehr und mehr kleinen Privatbetrieben, etwa Gemischtwarenläden oder familiengeführten Restaurants. Bezeichnenderweise wurden private Pensionen nicht zugelassen. Dabei spielte die Furcht eine maßgebliche Rolle, feindliche Agenten könnten hier Unterschlupf finden.

Anfang 1968 gab die oberste Parteiführung sogar ihren Segen für die »Neue Ökonomische Politik«(NÖP), die in dem bekannten »Gulaschkommunismus« resultierte. Im Zuge dieser allgemeinen wirtschaftlichen Liberalisierung konnte sich Ungarn zur »lustigsten Baracke im Friedenslager« entwickeln.

Doch dann kamen Rückschläge in der Folge von Entwicklungen in der Sowjetunion. Im Jahre 1964 wurde Chruschtschow gestürzt, der Kádár gefördert hatte. Die in Budapest befürchtete Rückkehr Rákosis blieb jedoch aus. Der neue Kremlherr, Leonid I. Breshnew, begnügte sich zunächst damit, Ungarn und den anderen europäischen Volksdemokratien wieder festere Zügel anzulegen. In der Konsequenz dieser Haltung lag die Zerschlagung der polnischen Rebellion unter Parteichef Władysław Gomułka im Jahre 1965 und die gewaltsame Beendigung des Prager Frühlings im August 1968.

Parteichef Breshnew formulierte anläßlich des Vorgehens gegen die Tschechoslowakische Sozialistische Republik die nach ihm benannte Doktrin. Ihr Kernstück war die »beschränkte Souveränität der Paktländer«. Moskau nahm sich für den Fall einer Gefährdung seiner Interessen in den mit ihm verbündeten Volksdemokratien das »natürliche Recht«, im Interesse des sogenannten Weltsozialismus in die internen Angelegenheiten dieser Nationen einzugreifen, notfalls auch militärisch.

Der Westen nahm die Breshnew-Doktrin eigentlich stillschweigend zur Kenntnis. Im Sommer 1975 billigte er die Doktrin sogar bei der internationalen Konferenz für Sicherheit und Zusammenarbeit in Europa in Helsinki. Damit wurde die Spaltung Europas in zwei Lager anerkannt.

Für Ungarn bedeuteten Anerkennung und Machtzuwachs der UdSSR in der ersten Hälfte der siebziger Jahre den Stopp für alle bisher vorsichtig eingeleiteten ökonomischen Reformbestrebungen.

Schon nach der gewaltsamen Beendigung des Prager Frühlings wurden die Reformen in Ungarn abgebrochen. Erst drei Jahre später konnten sie äußerst vorsichtig und immer mit Blick auf Moskau sowie nur auf ökonomischem Gebiet

abgeschoben. Er kam nach 1944 in seine Heimat zurück und war während des Volksaufstandes Leiter des persönlichen Büros von Ministerpräsident Nagy. Ihm wurde später nur deswegen kein Prozeß gemacht, weil man seinen Opfergang in der Zwischenkriegszeit berücksichtigte. 1958 durfte er aus der rumänischen Verbannung zurückkehren und — außerhalb der Partei — allmählich wieder Fuß fassen. Er veröffentlichte mehrere historische Biographien. Vas unterhielt gute Beziehungen zu seinen ehemaligen Genossen, die in der Umgebung Kádárs lebten, so daß er Zugang zu manchen Interna der Parteizentrale hatte.

wieder aufgenommen werden. Aber auch diese »vorsichtigen« Schritte in Richtung Öffnung nach Westen weckten in Moskau Argwohn. Dubčeks »Sozialismus mit menschlichem Antlitz« sollte in Ungarn keine Auferstehung feiern! Daher wurde Politbüromitglied und Chefideologe Suslow im Frühjahr 1974 nach Budapest in Marsch gesetzt, um eine Säuberung der Partei einzuleiten. Die NÖP wurde eingestellt. Reformexperimente wurden verboten.

Obwohl das Regime Kádár die ungarische Wirtschaft durch westliche Kredite ankurbelte und auf diese Weise ihre Existenz um ein Jahrzehnt verlängern konnte, blieb der Aufstand von 1956 in der Sicht der kommunistischen Führung unverändert eine »verabscheuungswürdige Konterrevolution« die durch »Handlanger der westlichen Imperialisten« vorbereitet worden war[33].

5. Ausblick: Die politische Wende in Ungarn 1989/1990

Bis 1986 schien es in der Ungarischen Volksrepublik, als ob die kommunistische Staatsordnung unerschütterlich sei und ewig Bestand haben würde. Mit den politischen Änderungen in der Sowjetunion nach dem Ableben Breshnews (1982) und dem Machtantritt Michail Gorbatschows (1985) zeichnete sich jedoch auch für Ungarn ein Wandel ab.

Die nach rückwärts orientierte ungarische Parteiführung betrachtete Gorbatschows Reformpolitik ab 1987 mit wachsender Sorge und befand sich deshalb in einem Dilemma. Einerseits benötigte sie angesichts ihrer enormen ökonomischen Schwierigkeiten die Hilfe und Unterstützung des »großen Bruders« in Moskau. Andererseits war man nicht bereit, im Gegenzug die offizielle sowjetische Politik sowohl im In- als auch im Ausland bedingungslos zu unterstützen.

Erstmals aufgerüttelt wurde die ungarische Parteiführung aus Anlaß des 30. Jahrestages des Volksaufstandes von 1956, der keineswegs aus dem Bewußtsein der Bevölkerung verdrängt war. Durch den Kurs Gorbatschows ermuntert, diskutierten unabhängige Gruppen, insbesondere unter den Studenten und Intellektuellen, über die ungarische Vergangenheit und fragten nach der Wahrheit über 1956.

Die kommunistische Führung konnte gegen die anwachsende Opposition kaum etwas unternehmen. Schließlich hatte auch Ungarn die Polizeimaßnahmen infolge der neuen politischen Linie in Moskau lockern müssen.

Äußerst empfindlich traf das Kádár-Regime zudem der Umstand, daß der 30. Jahrestag des Volksaufstandes in den westlichen Medien in Europa wie Nordamerika mit großem Aufwand begangen wurde. Dennoch machte das ungarische Politbüro unter Kádár keinerlei Abstriche an der bisherigen offiziellen Darstellung der Partei über die Vorgänge des Jahres 1956.

33 Siehe dazu die ausgezeichnte Dokumentation von Kanyó (Végakarat), die auf Gesprächen des damaligen kommunistischen Starjournalisten im Jahre 1989 mit dem bereits todkranken Kádár beruht und manche bisher unbekannte Tatsachen, auch mittels Parteidokumenten, entlarvt.

Die Hoffnungen der ungarischen Parteiführung, daß Gorbatschow früher oder später durch eine Palastrevolution gestürzt werden und die Moskauer Reformen Episode bleiben würden, erfüllten sich freilich nicht. Vielmehr wuchs die allgemeine Unzufriedenheit im Lande infolge der durch Westreisen nun gegebenen Vergleichsmöglichkeiten, insbesondere der Erfahrung mit marktwirtschaftlichen Prinzipien und der Pressefreiheit. Offene Kritik an der kommunistischen Politik und zahlreiche Austritte aus der Partei waren die Folge. Der Sinneswandel in der Bevölkerung resultierte im Frühjahr 1988 schließlich in der Ablösung Kádárs als Parteichef. Ein weiteres Zeichen im Zerfallsprozeß der ungarischen kommunistischen Partei setzte ein »streng geheimes« Schreiben der sowjetischen Führung, das KGB-Chef Kljutschkow im Frühjahr 1988 in Budapest übergab[34].

Sein erst kürzlich (1996) bekannt gewordener Inhalt stellte kurz und bündig fest, die Sowjetunion befinde sich in einer tiefen Wirtschaftskrise. Sie müsse daher Ballast abwerfen. Die europäischen Volksdemokratien würden in den nächsten Jahren auf sich allein gestellt sein. Auf sowjetische Unterstützung könnten sie nicht mehr zählen. Ferner empfahl das Schreiben, sich auf einen Regimewechsel vorzubereiten und gemeinsam mit der Opposition die künftige Lage zu meistern.

In die nun beginnende Agonie der kommunistischen Herrschaft platzte am 29. Januar 1989 das Rundfunk-Interview des Chefs der Ungarischen Volksfront, des Reformkommunisten Imre Pozsgay, mit der Feststellung: »Die Ereignisse von 1956 waren keine imperialistisch-reaktionäre Konterrevolution, sondern ein regelrechter Volksaufstand[35]!«

Dieses Bekenntnis brachte eine Lawine von Ereignissen ins Rollen, die den Machtverfall der kommunistischen Partei Ungarns erneut beschleunigte. Am Ende dieses Prozesses, in dessen Verlauf das Oberste Gericht Ungarns Nagy und seine Mitstreiter juristisch vollständig rehabilitierte (12. Juli 1989), stand im Oktober 1989 die Abschaffung der »Volksdemokratie« und die Ausschreibung von freien Wahlen. Sie leiteten im Mai 1990 eine neue politische Ära ein, die Ungarn — von Moskau respektiert — den Weg nach Europa ermöglichte[36].

34 Berecz, Mitteilung an den Verfasser.

35 Pozsgay, 1989, S. 185 ff.

36 Das neueste und beste Buch über Ungarns wechselhafte Geschichte unter dem kommunistischen Regime ist Győrgy/Bak, Die ungarische Revolution 1956.

Christian F. Ostermann

Das Ende der »Rollback«-Politik. Eisenhower, die amerikanische Osteuropapolitik und der Ungarn-Aufstand von 1956

Die Rolle der Vereinigten Staaten in der Ungarnkrise des Jahres 1956 gehört zu den fragwürdigsten Episoden amerikanischer Außenpolitik während des Kalten Krieges. Neuere Dokumente zeigen, daß die Vereinigten Staaten seit Beginn des Kalten Krieges durch Propaganda und subversive Aktionen gezielt auf eine Destabilisierung der sowjetischen Vorherrschaft in Osteuropa und auf eine »Befreiung« der osteuropäischen Staaten hinarbeiteten. Weder die Truman-Administration (1945–1953) noch die Eisenhower-Administration (1953–1961) waren allerdings bereit, in Osteuropa militärisch zu intervenieren. Natürlich setzte man alles daran, den »Widerstandsgeist« der Bevölkerung Osteuropas zu stärken und die weitverbreiteten Hoffnungen auf ein »Zurückrollen« der sowjetischen Herrschaft und eine »Befreiung« vom sowjetischen Joch zu erhalten. Der Ungarn-Aufstand im Oktober und November 1956 zeigte die verhängnisvollen Folgen der ambivalenten und widersprüchlichen »Befreiungspolitik«, die nicht nur fatale Fehlinterpretationen seitens der ungarischen Bevölkerung hervorrief, sondern zugleich sowjetische Bedrohungsvorstellungen erhärtete und damit amerikanische Versuche, durch glaubhafte Betonung defensiver amerikanischer Interessen eine friedliche Lösung der Krise zu vermitteln, untergraben mußte.

I.

Osteuropa gewann erst mit Beginn des Kalten Krieges strategische Bedeutung für die amerikanische Außenpolitik. Während die Region bis zum Ende des Zweiten Weltkrieges keine wesentliche Rolle innerhalb der amerikanischen Europapolitik gespielt hatte und sich die Vereinigten Staaten und Großbritannien auf den Kriegskonferenzen der »Großen Drei« bereit gefunden hatten, eine sowjetische Hegemonialstellung in der Region anzuerkennen[1], änderte sich dies mit der Verschärfung der amerikanisch-sowjetischen Beziehungen nach 1945. Die Einsetzung Moskau-treuer Regime in Polen und anderen osteuropäischen Staaten, die Entmachtung, Verfolgung und Unterdrückung jeglicher Opposition innerhalb und außerhalb der kommunistischen Parteien und die zunehmende »Sowjetisierung«

1 Zur Frühphase der amerikanischen Osteuropapolitik: Kovrig, The Myth of Liberation; Lundestad, The American Non-Policy.

von Staat und Gesellschaft in Osteuropa bestärkten amerikanische Befürchtungen, daß der sowjetische Diktator Jossif W. Stalin seinen Machtbereich nach Kriegsende über das von ihm bereits kontrollierte Gebiet hinaus auszudehnen suchte. Zwar hielt man es in Washington für unwahrscheinlich, daß die vom Krieg geschwächte Sowjetunion einen Krieg mit dem Westen riskieren würde. Doch die ökonomisch, politisch und soziokulturell erschütterten Staaten West- und Mitteleuropas schienen der Sowjetunion und örtlichen kommunistischen Kräften mannigfache Möglichkeiten zur Einflußnahme durch Propaganda und Subversion zu bieten[2].

Diesen sowjetischen Expansionsabsichten suchte die erste amerikanische Nachkriegsregierung unter Präsident Harry S. Truman im Rahmen einer Strategie der »Eindämmung« durch eine Reihe defensiver Maßnahmen vorzugreifen[3]. Wenig bekannt ist, daß die »Containment«-Politik neben defensiven durchaus offensiv-aggressive Elemente enthielt. Dem geistigen Vater der »Containment«-Politik, dem Vorsitzenden des Policy Planning Staff im State Department und Sowjetexperten George F. Kennan, zufolge bildete die Ausnutzung von Spannungen und Differenzen innerhalb des sowjetischen Machtbereichs einen integralen Bestandteil der Eindämmungspolitik. Wie Kennan in seinem berühmten »Mr X.«-Aufsatz 1947 formulierte, »stand es in der Macht der Vereinigten Staaten, die Spannungen ernorm zu steigern, unter denen die sowjetische Politik operieren muß, und den Kreml zu einem weitaus höheren Grad an Zurückhaltung und Vorsicht zu zwingen, als er in den letzten Jahren wahren mußte«[4].

Innerhalb dieser »Gegenoffensive«, wie dieser Aspekt der Containment-Politik umschrieben wurde, kam Osteuropa eine zunehmend zentrale Rolle zu. Wie in kaum einer anderen Region konstituierten weitverbreiteter Antikommunismus, Nationalismus und Opposition gegen das sowjetische Besatzungsregime kritische Schwachpunkte (vulnerabilities), die der Westen verschärfen und zugunsten einer Unterminierung der sowjetischen Machtposition ausnutzen konnte. Eine fortschreitende Konsolidierung kommunistischer Herrschaft in Osteuropa hingegen konnte in den Augen amerikanischer Beobachter allein zu einer Stärkung des militärischen und ökonomischen Potentials der Sowjetunion führen. Folglich suchte man in Washington nach Mitteln und Wegen, Moskaus Zugriff auf die Region zu lockern oder zu erschweren[5].

Titos Bruch mit Stalin im Juni 1948 schien ein hervorragendes Beispiel dafür zu bieten, wie Moskaus Machtstellung in Osteuropa unterhöhlt werden konnte. Wie die präsidentielle Direktive NSC 58/2 »United States Policy Toward the Soviet Satellite States in Eastern Europe« vom 8. Dezember 1949 festlegte, waren alle

2 Leffler, A Preponderance of Power, S. 34 ff. Die Motive und Ziele sowjetischer Europapolitik nach 1945 sind trotz der begrenzten Freigabe sowjetischer Akten weiterhin umstritten. Siehe: Zubok/Pleshakov, Inside the Kremlin's Cold War, S. 98 ff.

3 Zur Containment-Politik: Gaddis, Strategies of Containment.

4 Kennan, American Diplomacy, S. 105; Yurechko, From Containment to Counteroffensive. Zu Kennan: Miscamble, George F. Kennan.

5 Marchio, Rhetoric and Reality, S. 24 ff.

Anstrengungen darauf zu richten, Moskaus Position in Osteuropa durch »a heretical drifting away process on the part of the satellite states« zu unterminieren[6]. »We can«, so formulierte NSC 58 optimistisch, »contribute to widening these rifts without assuming responsibility.« Abtrünnige, von Moskaus Einfluß emanzipierte nationalkommunistische Regime wurden als erster Schritt auf eine Öffnung und Demokratisierung der Region begriffen.

Truman und seine Berater schlossen militärische Aktionen als Mittel ihrer Osteuropapolitik kategorisch aus. Dennoch beschränkte sich die amerikanische Regierung in ihrer »Gegenoffensive« nicht allein auf diplomatisch-politische Schritte, deren Wirksamkeit angesichts der wachsenden Abschottung der Satellitenstaaten begrenzt bleiben mußte. Vielmehr bediente man sich frühzeitig auch handelspolitischer und subversiv-propagandistischer Maßnahmen. Einen Schwerpunkt bildete die »ökonomische Kriegführung« — Exportkontrollen strategisch wichtiger Güter, Abwerbung von industriellen Fachkräften, Restriktionen im Bereich der zivilen Luftfahrt —, deren Ziel es war, die wirtschaftliche Lage in den kommunistisch-regierten Staaten Osteuropas zu verschärfen, den wirtschaftlichen Nutzen der Satellitenstaaten für Moskau einzuschränken und »die RGW-Strukturen zu erschüttern«[7].

Lange im Dunkeln verschlossener Aktenbestände blieben die Bemühungen der Truman-Administration um eine Destabilisierung der sowjetisch-kommunistischen Machtposition in Osteuropa durch sogenannte »geheime Operationen« (covert operations). Bereits in der NSC-Direktive 7 vom 30. März 1948 hatte der Nationale Sicherheitsrat beschlossen, daß die Vereinigten Staaten »zur Unterminierung der Machtstellung der kommunistischen Kräfte im sowjetischen Machtbereich« nebst einer ideologischen Offensive ein »koordiniertes Programm zur Unterstützung von Widerstandsbewegungen im Untergrund in den Staaten jenseits des Eisernen Vorhanges« entwickeln. Im Juni 1948 wurde mit der NSC-Direktive 10/2 eine CIA-Abteilung für »spezielle Operationen« eingerichtet und mit der Konzipierung und Durchführung »geheimer Operationen« beauftragt. NSC 10/2 autorisierte den CIA zu »propaganda, economic warfare, preventive direct action, including sabotage, anti-sabotage, demolition and evacuation measures; subversion of hostile states, including assistance to underground resistance movements, guerillas and refugee liberation groups«[8].

Zudem finanzierte der CIA den vordergründig privaten, von dem im Juni 1949 in New York gegründeten »National Committee for a Free Europe« betriebenen antikommunistischen Sender »Radio Free Europe«, der ab Juli 1950 von München aus Information und Propaganda zunächst in die Tschechoslowakei, später nach Rumänien, Ungarn und Polen ausstrahlte und somit die Bemühungen der offiziellen »Voice of America« im »Krieg im Äther« unterstützte. Das »Free Europe Committee« initiierte außerdem umfangreiche Ballonaktionen, im Zuge derer in

6 NSC 58, United States Policy Toward the Soviet Satellite States in Eastern Europe, 8.12.1949, in: Presidential Directives.

7 Ebd.

8 Zit. nach Heuser, Subversive Operationen.

den folgenden Jahren Tausende von Propagandamaterialien über die tschechoslowakische und ungarische Grenze geschickt wurden[9]. Trotz zahlreicher Fehlschläge schien sich das Interesse an psychologischer und ökonomischer Kriegführung in den letzten Amtsjahren Trumans noch zu verstärken. So forderte die berühmte Direktive NSC 68 vom 14. April 1950 die »intensification of affirmative and timely measures and operations by covert means in the fields of economic warfare and political and psychological warfare with a view to fomenting and supporting unrest and revolt in selected strategic satellite countries«[10].

Die Osteuropapolitik Trumans war wohl kaum »passiv«, »stagnativ« und daher »unmoralisch«, wie sie der 1953 ins Amt gelangte republikanische Präsident Dwight D. Eisenhower und sein Außenminister John Foster Dulles im Wahlkampf zu porträtieren wußten. In der Tat griff die Eisenhower-Administration in ihrer Osteuropapolitik auf zahlreiche Ansätze der Truman-Ära zurück, wie zum Beispiel auf die verstärkte Instrumentalisierung para-militärischer Emigrantengruppen und prominenter Überläufer. Auch setzte die Eisenhower-Administration die Förderung von Überläufern und Flüchtlingen aus dem Ostblock fort, die auf dem im April 1951 von Präsident Truman als Direktive NSC 86/1 angenommenen »Psychological Operations Plan for Soviet Orbit Escapees« fußte. Im Rahmen eines im Mai 1952 initiierten »Escapee Programs« wurden allein bis November 1953 mehr als 7000, vor allem aus Polen, Ungarn und der Tschechoslowakei stammende Flüchtlinge und Überläufer in der Bundesrepublik, in Italien und Österreich aufgenommen, versorgt und angesiedelt[11]. Im Mai 1953 hieß Eisenhower darüber hinaus Vorbereitungen für ein aus osteuropäischen Emigranten rekrutiertes Freiwilligenkorps gut.

Aktivistischer and dynamischer gestaltete sich die Osteuropapolitik der Eisenhower-Administration vor allem im Einsatz der mit den Schlagworten »Liberation« und »Rollback« verbundenen aggressiven Rhetorik, mit der insbesondere Dulles die »Befreiungspolitik« innenpolitisch wie außenpolitisch zu legitimieren suchte. Im Gegensatz zu Truman maßen Eisenhower und Dulles der »Befreiungs«-Rhetorik enorme Bedeutung zu und nutzten sie gezielt als Instrument ihrer Osteuropapolitik. Wie Dulles in seinem für das außenpolitische Programm der Republikanischen Partei, aber auch für die Leitlinien seiner späteren Außenpolitik grundlegenden Aufsatz »A Policy of Boldness« in der populären Zeitschrift »Life« im Mai 1952 ausgeführt hatte, konnten die Vereinigten Staaten die Initiative im Kalten Krieg nur dann wiedererringen und eine Befreiung Osteuropas vorantreiben, wenn die Vereinigten Staaten willens waren, »[to] make it publicly known that it wants and expects liberation to occur«[12].

Die gesteigerte »Befreiungs«-Rhetorik reflektierte die wachsende Bedeutung, die Eisenhower der »politischen« oder »psychologischen« Kriegführung im Rah-

9 Hixson, Parting the Curtain.
10 Marchio, Rhetoric and Reality, S. 34.
11 A Report for OCB »Examination of Effectiveness of the Escapee Program«, Office for Refugees and Migration, Foreign Operations Administration, 23.12.1953, DDEL, White House Confidential Files, Subject files, box 27.
12 Dulles, A Policy of Boldness, S. 151.

men seiner Außenpolitik zumaß. Für Eisenhower war psychologische Kriegführung, einem engen Berater zufolge, »just about the only way to win World War III without having to fight it«[13]. Psychologische Kriegführung konnte folglich nicht Aufgabe allein einer Regierungsbehörde sein, sondern mußte »the entire posture of the entire Government to the entire world« umfassen[14]. Dies erforderte Koordination — eine Aufgabe, für die der Präsident den bekannten Publizisten C. D. Jackson als »Sonderberater für Fragen der psychologischen Kriegführung« ins Weiße Haus holte. Für Jackson, einen Veteran der U.S. Army Psychological Warfare Division im Zweiten Weltkrieg und Ex-Präsidenten des »Free Europe Committee«, waren die Möglichkeiten psychologischer Kriegführung schier grenzenlos. Alles, was man zum Erfolg brauchte, waren »(1) money, (2) no holds barred and (3) no questions asked«[15].

Die Erschütterungen innerhalb des sowjetischen Machtbereichs nach dem Tode Stalins im März 1953 schienen die geeigneten Voraussetzungen für die »Befreiungspolitik« zu schaffen. Die Unruhen in Plzeň und der Aufstand in der DDR im Juni 1953 wurden innerhalb der Eisenhower-Administration als Indiz für die »grenzenlose Unzufriedenheit«[16] hinter dem Eisernern Vorhang gewertet. Wie das für die Koordination »psychologischer Operationen« zuständige interministerielle Psychological Strategy Board feststellte, bot der Aufstand in der DDR die bis dahin »beste Chance für eine wirksame Politik des Rollback«[17].

Freilich zeigte die amerikanische Reaktion auf den Aufstand in der DDR, wie schwierig es war, die »Rollback«-Strategie zu operationalisieren. Obwohl man im Nationalen Sicherheitsrat am 18. Juni Berichte über Streiks und Unruhen als »vielversprechendes Zeichen« bewertete, war man sich unschlüssig darüber, wie man reagieren sollte. Allein auf Drängen Jacksons, »[to pull] the East German situation together and to find a policy thread upon which he could string the actions which this government might take«, wurden konkrete Planungen begonnen. Ihr Ergebnis, der PSB-Plan D-45 vom 29. Juni 1953, autorisierte eine Reihe von »psychologischen Maßnahmen« wie offizielle Stellungnahmen zugunsten der deutschen Einheit, die Schaffung von Widerstandszellen, Ermutigung zur Fahnenflucht und zu passivem Widerstand, die Einrichtung eines aus osteuropäischen Emigranten bestehenden Freiwilligen-Korps, »black radio intruder operations« sowie die Eliminierung von »key puppet officials«. Soweit quellenmäßig zu erfassen, wurde die Mehrzahl dieser Maßnahmen jedoch nicht realisiert. Die Aktivitäten der Eisenhower-Administration beschränkten sich vielmehr auf ein Hilfsprogramm für die DDR, in dessen Rahmen zwischen Ende Juli und Anfang Oktober 1953 mehr als 5 Millionen Lebensmittelpakete von West-Berliner Verteilungsstellen aus an die

13 Zit. nach Cook, The Declassified Eisenhower, S. 177 f.

14 Ebd.

15 Ebd.

16 Memorandum of Discussion at the 150th Meeting of the National Security Council, 18.6.1953, in: FRUS 1952–1954, VII, S. 1587–1590.

17 Interim U.S. Psychological Strategy Plan for Exploitation of Unrest in Satellite Europe (PSB D-45), 1.7.1953, RG 59, RG 273, NSC 158 Series.

ostdeutsche Bevölkerung ausgegeben wurden. Die humanitäre Aktion versetzte Moskau und das SED-Regime zwar propagandistisch zeitweilig in die Defensive, entsprach aber wohl kaum den Vorstellungen, die sich in Ostdeutschland und Osteuropa mit den Schlagworten »Befreiung« und »Rollback« verbanden[18].

Die Krise um den 17. Juni hatte einen kaum zu überschätzenden Einfluß auf die innerhalb der Eisenhower-Administration im Verlauf des Sommers 1953 geführte Debatte über die gegenüber der Sowjetunion und ihren »Satelliten« einzuschlagende Strategie[19]. Im Rahmen des von Eisenhower initiierten Projekts »Solarium« wurden von Vertretern des State Department, des CIA und externen Fachleuten drei Alternativen — eine Fortsetzung der »Containment«-Politik (Task Force A), eine aggressivere Version der Eindämmungspolitik (Task Force B) und eine offensive »Rollback«-Strategie (Task Force C) — diskutiert. Während Task Force A die sowjetische Kontrolle über Osteuropa durch die traditionellen Mittel politisch-psychologischer und ökonomischer »Kriegführung« zu unterminieren suchte, diente Task Force B zufolge »[t]he warning of general war as the primary sanction against further Soviet aggression«. War den beiden ersten Alternativen das Ziel — eine Eindämmung sowjetischer Expansion — gemeinsam, plädierte Task Force C in ihrem am 16. Juli 1953 im Nationalen Sicherheitsrat vorgestellten Bericht für eine Vernichtung der sowjetischen Machtstellung außerhalb traditioneller russischer Grenzen, ein Ende des Eisernen Vorhangs, ja für die Zerstörung der Machtstellung der »Bolschewisten« in der Sowjetunion. Die Vereinigten Staaten sollten nach dem Bericht der Arbeitsgruppe C »prosecute relentlessly a forward and aggressive political strategy in all fields and by all means«, eine Strategie, die, wie es im Arbeitsbericht hieß, »zugegebenermaßen ein größeres Risiko eines allgemeinen Krieges in Kauf nahm«.

Das Ergebnis der regierungsinternen Überlegungen — Eisenhower hatte Ende Juli eine »Task Force D« zur Ausarbeitung einer Kompromißlösung eingesetzt — war die NSC-Direktive 162/2 »A Review of Basic National Security Policy« vom 29. Oktober 1953[20]. NSC 162/2 vereinigte Elemente aller drei Strategiealternativen. Während man sich stärker als bisher psychologischer Kriegführung und paramilitärischer Operationen bedienen würde, signalisierte NSC 162/2 das grundsätzliche Festhalten an einer Strategie des »Containment«. Ein kurzfristiges »Rollback« sowjetischen Einflusses hielt der Nationale Sicherheitsrat nicht für möglich: »The detachment of any major European satellite from the Soviet bloc does not now appear feasible except by Soviet acquiescence or by war[21].«

Die internen Beratungen des Sommers und Herbstes 1953 bildeten den Hintergund für die Direktive NSC 174, die bis 1956 die Osteuropapolitik der Eisenhower-Administration weitgehend bestimmen sollte[22]. NSC 174 reflektierte die nüchternen Lehren, die man aus der Krise in der DDR gezogen hatte: »The abili-

18 Ostermann, »Keeping the Pot Simmering«.
19 Die folgende Darstellung stützt sich auf die Dokumente in: FRUS 1952–1954, II, S. 360 ff.
20 Presidential Directives.
21 Ebd.
22 A Report to the National Security Council by the NSC Planning Board on United States Policy

ty of the USSR to exercise effective control over, and to exploit the resources of, the European satellites has not been appreciably reduced, and is not likely to be, so long as the USSR maintains adequate military forces in the area.« Doch war man keineswegs bereit, sich mit der sowjetischen Herrschaft über Osteuropa abzufinden. Ziel der amerikanischen Osteuropapolitik blieb es, »to disrupt the Soviet-Satellite relationship, [...] to undermine satellite regimes and promote conditions favorable to eventual liberation.« Wie die erst jüngst deklassifizierten Passagen der Direktive deutlich machen, sollten hierfür weiterhin alle Register der psychologischen Kriegführung gezogen werden. Nebst der Förderung nationalistischer und nationalkommunistischer Tendenzen autorisierte die Direktive die Unterstützung von passivem Widerstand und die Zusammenarbeit mit antikommunistischen Kräften in Osteuropa sowie mit Exilorganisationen. Nachdrücklich befürwortete NSC 174 die gezielte Förderung von Überläufern aus dem Ostblock wie den verstärkten Einsatz subversiver Operationen mit dem Ziel, die Widerstandskräfte organisatorisch zu stärken. Unter Hinweis auf die ständig schwieriger werdenden Bedingungen zur Durchführung »geheimer Operationen« freilich hielt NSC 174 dazu an, vorzugehen »with a view to solid accomplishment for the long run [rather] than to seek quick results in building up resistance capabilities.«

Im Nationalen Sicherheitsrat war man sich durchaus der Zweideutigkeit der Richtlinie bewußt, unter der die amerikanische Osteuropapolitik in den Jahren vor dem Ungarnaufstand zu operieren hatte. Einerseits zielte die in NSC 174 konzipierte Befreiungspolitik in Rhetorik und Substanz darauf ab, den »spirit of resistance« in Osteuropa wachzuhalten, andererseits ging man intern davon aus, daß zumindest kurzfristig die sowjetische Kontrolle der Region gesichert war. NSC 174 warnte deshalb davor, »voreilige Aktionen« zu ermutigen, die nur weiteren Terror und verstärkte Unterdrückung nach sich ziehen würden. »Continuing and careful attention must be given to the fine line, which is not stationary, between exhortation to keep up morale and to maintain passive resistance, and invitations to suicide.«

II.

Psychologische Kriegführung mit dem Ziel, die »captive people« in ihrem Widerstand gegen die Moskau-treuen Regime zu beeinflussen, blieb auch nach der Niederschlagung des Aufstandes vom 17. Juni ein maßgebliches Element amerikanischer Osteuropapolitik. Dem Beispiel der Berliner Aktion folgend, stellten die USA den von schweren Überflutungen heimgesuchten Donaustaaten im Sommer 1954 Lebensmittel zur Verfügung, ein Angebot, das neben der jugoslawischen und ungarischen Regierung auch die ostdeutsche annahm, deren Gebiet ebenfalls

toward the Soviet Satellites in Eastern Europe, 11.12.1953, NA, RG 59, Records of the Department of State Relating to the OCB and NSC, box 24.

Hochwasserschäden aufwies[23]. Zugleich verstärkte die Eisenhower-Administration ihre Propagandaaktivitäten gegenüber Osteuropa. Zu den spektakulärsten Aktionen gehörte »Operation Veto«, in deren Rahmen das Free Europe Committee ab Ende April 1954 ungefähr drei Millionen Aufkleber und über 40 Millionen Flugblätter mit der die zehn Forderungen der Opposition symbolisierenden Ziffer 10 mit Ballons über die tschechoslowakische Grenze sandte. Im Oktober 1954 initiierte Radio Free Europe die gegen Ungarn gerichtete »Operation Focus«. Mit massiver Radio- und Flugblattpropaganda wurde vom Regime des Reformkommunisten Imre Nagy die Erfüllung von zwölf populären Forderungen verlangt und zum Boykott der bevorstehenden Wahlen aufgerufen[24].

Der Erfolg dieser Operationen war freilich fragwürdig. In ihren internen Analysen zeigte sich die Eisenhower-Administration zunehmend pessimistisch. Zahlreiche »Vulnerability Studies« aus den Jahren 1954 bis 1956 bestätigten, daß Moskau die Lage in Osteuropa auf absehbare Zeit völlig im Griff hatte[25]. Das National Intelligence Estimate NIE 12–56 »Probable Developments in the European Satellites Through 1960« vom Januar 1956 beispielsweise urteilte, die UdSSR habe »praktisch völlige Kontrolle über die Satellitenregime und [werde] diese für den Zeitraum dieser Analyse höchstwahrscheinlich behaupten können«[26]. Während Dissidenz weithin vorherrsche und auch in den folgenden fünf Jahren kommunistischer Herrschaft kaum abnehmen werde, tendiere andererseits die Bevölkerung in den Satellitenstaaten dazu, sich mit der kommunistischen Herrschaft abzufinden. »We believe that, except, possibly in East Germany, no development short of a drastic impairment of Communist controls or the approach of friendly forces in time of war would be sufficient to stimulate important outbreaks of open resistance[27].«

Zur Resignation unter der Bevölkerung Osteuropas hatten, wie man innerhalb der Eisenhower-Administration eingestand, nicht zuletzt die gescheiterte Berliner Außenministerkonferenz von 1954 beigetragen, die Hoffnungen begrub, daß sich mit einer Wiedervereinigung Deutschlands auch eine Revision der Machtverhältnisse in Osteuropa ergeben würde[28]. Deprimierender noch schätzte man die Wirkung der Genfer Gipfelkonferenz 1955 ein, die erstmals die Perspektive einer Entspannung zwischen Ost und West eröffnete, freilich auf der Basis des bestehenden Status quo. Daß Osteuropa nicht einmal auf der Genfer Tagesordnung erschien, mußte in Osteuropa den Eindruck wecken, wie Eisenhowers neuer Special Assistant for Cold War Affairs, Nelson Rockefeller, an CIA-Direktor Allen Dulles schrieb, »that the West may be preparing to sell them down the river«[29].

23 Marchio, Rhetoric and Reality, S. 211.
24 Mitchie, Voices, S. 146–159; Holt, Radio Free Europe, S. 162.
25 Marchio, Resistance Potential.
26 National Intelligence Estimate (NIE) 12–56 » Probable Developments in the European Satellites Through 1960«, Januar 1956, The National Security Archives, Washington D.C., Soviet Flashpoints Collection.
27 Ebd.
28 Zur Berliner Konferenz von 1954 siehe: Katzer, Eine Übung im kalten Krieg.
29 FRUS 1955–1957, XXV, S. 65.

Dem US-Gesandten in Budapest zufolge hatte der Genfer Gipfel in Ungarn »die Hoffnungen auf Befreiung vom kommunistischen Joch stark erschüttert«[30].

Die Genfer Konferenz, der Abschluß des österreichischen Staatsvertrages und die sich in der sowjetisch-jugoslawischen Annäherung andeutende Akzeptanz von »verschiedenen Wegen zum Sozialimus« seitens der Kremlführung stärkte die Position derer innerhalb der Administration, die für Alternativen zu offensiver psychologischer Kriegführung in der amerikanischen Osteuropapolitik plädierten. Bereits im Januar 1955 hatte der Nationale Sicherheitsrat in den Beratungen um NSC 5505/1 »Exploitation of Soviet and European Satellite Vulnerabilities« einen »evolutionären statt revolutionären Wandel«[31] hinter dem Eisernen Vorhang als Ziel amerikanischer Politik befürwortet, wenn auch die Vertreter der harten Linie, Außenminister John Foster Dulles, CIA-Direktor Allen Dulles und Vizepräsident Richard Nixon sicherstellten, daß die Politik-Direktive »Experimente mit offenen Anti-Regime-Maßnahmen« nicht ausschloß und die Regierung autorisierte, »scheinbar widersprüchliche Kurse zu verfolgen«[32]. Der sich durch die Annahme eines evolutionären Wandlungskonzeptes unter Beibehaltung subversiver Maßnahmen ergebende Widerspruch wurde also im NSC klar erkannt. Wie das Operations Coordinating Board (OCB) im Februar 1956 formulierte, war Washingtons wachsendes Interesse, »to bring about a negotiated settlement or to encourage evolutionary changes in satellite regimes [...] not always compatible with program intended to keep alive the hopes and aspirations of the captive people«[33]. Es könne sein, so faßte das OCB zusammen, »that the US will have to undertake to follow simultaneously two policies with inconsistent courses of action, representing diverging approaches to the one objective«[34].

Im März 1956, als sich der NSC erneut mit der Lage in Osteuropa beschäftigte, gab sich der stellvertretende Außenminister Herbert Hoover Jr. weiterhin pessimistisch: Die Osteuropapolitik sei weiterhin »ein Thema, das von einem praktischen Standpunkt aus schwierig in den Griff zu bekommen sei«. Man habe »sehr wenig im Sinne konkreter Ergebnisse« erreicht, und im OCB habe man »äußerste Schwierigkeiten, einen effektiven Aktionskurs zu konzipieren.« Unter den gegebenen Umständen müsse sich die Politik der Regierung auf ein »playing for the breaks« beschränken.

»Risse« im Eisernen Vorhang schienen sich nur wenige Wochen später durchaus anzudeuten. Die auf dem XX. Parteitag der KPdSU von Parteichef Nikita Chruschtschow initiierte Entstalinisierungskampagne führte zu weiterem Legitimitätsverlust der stalinistischen Regime in Polen und Ungarn. Die Eisenhower-

30 Telegramm, Gesandtschaft in Budapest an Department of State, 1.12.1955, ebd., S. 100.

31 NSC 5505/1 »Exploitation of Soviet Vulnerabilities«, 31.1.1955, DDEL, Records of the White House Office, Records of Office of the Special Assistant for National Security Affairs, 1952–1961, NSC Series, Policy Planning Subseries, box 14.

32 FRUS 1955–1957, XI, S. 3–11.

33 Progress Report Submitted by the Operations Coordinating Board to the NSC, 29.2.1956, in: ebd., XV, S. 126.

34 Ebd.

Administration suchte die Spannungen innerhalb des sowjetischen Machtbereichs nach Kräften zu verschärfen, auch wenn dies mit Risiko verbunden war. Außenminister Dulles war, wie er sich gegenüber seinem Mitarbeiterstab äußerte, überzeugt von der Notwendigkeit, »to take risks in the development of our policies, especially if we are to be ›on the offensive‹«[35]. Anfang Juni sandte die Veröffentlichung von Chruschtschows Geheimreferat durch das State Department Schockwellen durch Osteuropa. Als es am 28. Juni zu Unruhen unter Arbeitern in Posen (Poznań) kam, forderte Dulles, »to keep the pressure on«[36]. Die Arbeiterproteste gegen das Ochab-Regime rückten ins Zentrum der »Propaganda-Offensive«[37] der Administration. Sowjetische Bezichtigungen, daß die Vereinigten Staaten die Unruhen in Polen ausgelöst hätten, nahm die Administration mit Befriedigung auf, konnte die sowjetische Propaganda das Ansehen der Vereinigten Staaten doch nur stärken. Dulles warnte ausdrücklich davor, »to be too negative in denying we had anything to do with it because while it is true we never instigated anything at all and no money has been spent, nevertheless we do try to keep alive the spirit of liberty in these people. [...] From a purely political standpoint it is not too bad to let some think we did«[38].

Wenige Wochen nach den Unruhen in Posen kam es sowohl in Polen wie in Ungarn zu weiteren Arbeitsniederlegungen. In Polen schoben sich Reformer und Nationalisten um den 1949 aus der Partei ausgeschlossenen, im August 1956 rehabilitierten Władysław Gomułka (»Pulawy-Fraktion«) und die stalinistische »Natolin-Fraktion« innerhalb der kommunistischen Führung Polens gegenseitig die Schuld für die fortdauernde Krise zu. Nachdem deutlich wurde, daß die Reformer um Gomułka auf dem am 19. Oktober beginnenden VIII. Plenum des Zentralkomitees der PVAP die Oberhand zu gewinnen drohten, intervenierte die Moskauer Führung. Eine hochrangige sowjetische Delegation unter Führung Chruschtschows, Verteidigungsministers Shukows und des Obersten Befehlshabers des Warschauer Paktes, I.S. Konew, erschien noch am gleichen Tage in Warschau und forderte ultimativ die Beibehaltung des von Stalinisten beherrschten Politbüros. Gleichzeitig wurden die in Polen stationierten sowjetischen Einheiten in Bewegung auf Warschau gesetzt. Trotz dieser Vorzeichen blieb eine militärische Intervention aus. Nach intensiven Beratungen akzeptierten die Sowjets am folgenden Tage ein von Gomułka geführtes Politbüro von Reformkommunisten, nahmen selbst den Ausschluß des allgemein verhaßten polnischen Verteidigungsministers, des sowjetischen Marschalls Konstantin Rokossowski, hin und stellten die Truppenbewegungen ein[39].

35 Notes of the Secretary's Staff Meeting, Department of State, Washington, 29.6.1956, 9:15 a.m., ebd., S. 183.

36 Telephone Call from Allen Dulles, 28.6.1956, DDEL, John Foster Dulles Papers, General Telephone Conversations (Eisenhower Library).

37 Notes on a Meeting of the Operations Coordinating Board, 3.7.1956, in: FRUS 1955–1957, XXV, S. 189.

38 Telephone Call from Amb. Lodge, 10.7.1956, Eisenhower Library.

39 Zum »polnischen Oktober«: Korbonski, October 1956.

In der am 18. Juli 1956 angenommenen Direktive 5608/1 hatte der Nationale Sicherheitsrat noch einmal betont, daß »die sowjetische Herrschaft über die osteuropäischen Satellitenstaaten weiterhin stabil« bleibe: »There appears to be little prospect of change in this regard«[40]. Rasch erkannte man jedoch die Bedeutung des »Polnischen Oktober«: Erstmals hatte ein kommunistisches Regime in Osteuropa einen von Moskau unabhängigen Kurs eingeschlagen, ohne völlig mit Moskau zu brechen oder eine militärische Intervention zu provozieren. Damit hatte sich ein wesentliches Ziel amerikanischer Osteuropapolitik erfüllt: die Entwicklung eines nationalkommunistischen Regimes, das sein nationales Interesse nicht ausschließlich über Moskau definierte. Es lag im Interesse der amerikanischen Politik, so forderte man im Policy Planning Staff des State Department, »Polen zu ermutigen, sich zunehmend unabhängiger von den Sowjets zu machen, um auf diese Weise Macht und Prestige der UdSSR zu reduzieren«[41]. Gleichzeitig sollten die Vereinigten Staaten versuchen, »eine gewaltsame Intervention in Polen, die nicht nur ein Ende dieser Unabhängigkeit bedeuten würde, sondern auch das Risiko ausgreifender Feindseligkeiten in sich barg, zu verhindern«[42].

Die amerikanische Regierung reagierte deshalb zunächst sehr zurückhaltend auf die Ereignisse in Polen. Außenminister Dulles warnte bereits am 20. Oktober, daß die USA »nicht zu aktiv erscheinen«[43] sollten. Wie Philip Trezise vom Policy Planning Staff des State Department wenige Tage später formulierte, »we should lie low, seek little, and reap the sure rewards of patience«[44]. Obwohl Eisenhower in öffentlichen Reden das Freiheitsstreben der Polen lobte, erhielt Radio Free Europe in München noch am 20. Oktober die Anweisung, jede Aufwiegelung zu »massenhafter, gewaltsamer Aktion« zu vermeiden. RFE-Sendungen sollten den Haß der Bevölkerung auf die Sowjets, nicht auf das nun von Gomułka geführte Regime lenken und sich auf »sachliche Berichterstattung« beschränken. Flugblattaktionen, die das Free Europe Committee im Zusammenhang mit den Posener Prozessen geplant hatte, wurden ebenfalls suspendiert. Statt verschärfter Propaganda bemühte man sich innerhalb der Eisenhower-Administration um wirtschaftliche und humanitäre Hilfsmaßnahmen wie Getreidelieferungen und Anleihen der staatlichen Export-Import-Bank, die es dem Gomułka-Regime ermöglichen sollten, die Lage in Polen zu stabilisieren und den eingeschlagenen Kurs fortzusetzen.

40 Note by the Executive Secretary to the National Security Council on U.S. Policy toward the Soviet Satellites in Eastern Europe, 18.7.1956, in: FRUS 1955–1957, XXV, S. 218.

41 Record of a Meeting of the Policy Planning Staff, Department of State, 23.10.1956, in: ebd., S. 259.

42 Ebd.

43 Call from Mr. Hoover, 20.12.1956, Eisenhower Library.

44 Memorandum, Trezise an den Direktor des Policy Planning Staff, 24.10.1956, in: FRUS 1955–1957, XXV, S. 268.

III.

Der Verlauf der Ereignisse in Polen weckte innerhalb der Eisenhower-Administration Hoffnungen auf einen evolutionären Wandel in Ungarn. Friedliche Protestversammlungen oppositioneller Studenten und Intellektueller in Budapest schlugen am 23. Oktober nach Konfrontationen mit der staatlichen Geheimpolizei in gewaltsame Auseinandersetzungen um. Nachdem sich ungarische Einheiten geweigert hatten, gegen die Demonstranten vorzugehen, die Unruhen sich rasch ausbreiteten und das Regime unter András Hegedűs die Kontrolle zu verlieren schien, bat der kommunistische Parteichef Ernő Gerő um militärische Hilfestellung seitens der Sowjetunion. Erst nach mehreren Stunden und nur sehr widerwillig entschloß sich Moskau, dem Gesuch nachzukommen. In den frühen Morgenstunden des 24. Oktober marschierten sowjetische Truppen in Budapest ein. Gleichzeitig schickte die Moskauer Führung eine Delegation unter Anastas Mikojan, Michail Suslow, KGB-Chef Serow und dem stellvertretenden Stabschef M.S. Malinin in die ungarische Hauptstadt. Mehrere Tage erbitterter Kämpfe zwischen ungarischen »Freiheitskämpfern« einerseits und sowjetischen Truppen und ungarischer Geheimpolizei andererseits folgten, bis die sowjetische Regierung nach Verhandlungen Mikojans und Suslows mit dem neuernannten Premierminister Imre Nagy am 28. Oktober in einen Waffenstillstand und Truppenrückzug einwilligte und zwei Tage später sogar den Abzug sowjetischer Truppen aus Ungarn in Aussicht stellte[45].

Die sich rasch zum Volksaufstand ausweitenden Unruhen stellten die Eisenhower-Administration unter verschärften Handlungsdruck. Dulles' Befreiungsrhetorik und die intensive Propagandakampagne seitens Radio Free Europe hatten unter den ungarischen Freiheitskämpfern Hoffnungen auf aktive amerikanische Unterstützung gegen die sowjetischen Invasoren geweckt. Fast jeder der unzähligen Ungarn, mit dem man in den vergangenen 24 Stunden gesprochen habe, berichtete die Gesandtschaft in Budapest, hätte Forderungen erhoben wie »Gebt uns Waffen«, »Gebt uns diplomatische Unterstützung«, »Was wird Amerika in dieser Stunde für uns tun?[46]«. Im Kreise der Berater Eisenhowers war man sich bewußt, daß man schnell handeln müsse, lief man sonst Gefahr, daß »it will be said that here are the great moments and when they came and these fellows were ready to stand up and die, we were caught napping and doing nothing«[47].

Gleichzeitig konnte es der Administration nicht daran gelegen sein, die Lage in Ungarn weiter zu verschärfen. Ein weitere Destabilisierung der sowjetischen Machtstellung in Ungarn konnte sich nur nachteilig auf die labilen Verhältnisse in Polen auswirken. Wie CIA-Direktor Allen Dulles in der Sitzung des Nationalen Sicherheitsrates am 26. Oktober ausführte, konnte man davon ausgehen, daß

45 Zum Forschungsstand: Békés, New Findings; ders., Az 1956; ders., The 1956 Hungarian Revolution; Hungary 1956.

46 Telegramm der Gesandtschaft in Budapest an das Department of State, 24.10.1956, in: FRUS 1955–1957, XXV, S. 272.

47 Telephone Call to Amb. Lodge, 24.10.1956, Eisenhower Library.

»in Moskau nun einiges an Gewissenssucherei darüber vor sich gehe, ob ein Regime nach dem Stile Gomułkas zugelassen werden könne in Anbetracht dessen, was in Ungarn passiert sei«[48]. Dramatischer noch stellte sich die Situation für Eisenhower dar. Während der NSC-Sitzung verdeutlichte er die volle Risikohaftigkeit der Situation: Angesichts der drastischen Verschlechterung ihrer Position in den Satellitenstaaten, könnten die Sowjets nicht versucht sein, »to resort to very extreme measures and even to precipitate global war«[49]?

Das Gespenst eines möglichen globalen militärischen Konfliktes mit der Sowjetunion überschattete alle weiteren Überlegungen und Aktionen der Administration während der Krise. Die Furcht vor einer nuklearen »Verzweiflungstat« Moskaus bewirkte erstens, daß sich die Eisenhower-Regierung entschied, Moskau nicht in seinem sicherheitspolitisch sensiblen Vorfeld selbst, sondern vor den Vereinten Nationen zu konfrontieren. Die UNO bot ein ausgezeichnetes Forum, die sowjetische Militärintervention maximal propagandistisch auszunutzen, vor allem im Hinblick auf die neutralen Staaten. Zweitens würde ein Vorgehen in der UNO es ermöglichen, sich alliierter, vor allem britischer und französischer Kooperation zu versichern und Moskau mit einer geschlossenen westlichen Front entgegenzutreten[50]. Während die Administration zunächst beabsichtigte, einen Brief an alle Signatarstaaten des Friedensvertrages mit Ungarn zu schicken, entschloß man sich schließlich, die Situation in Ungarn am 27. Oktober förmlich auf die Agenda des Sicherheitsrates zu setzen.

Zugleich bemühte sich die amerikanische Regierung jedoch, der sowjetischen Führung zu signalisieren, daß die Vereinigten Staaten bei der Lösung der Ungarnkrise keine aggressiven Absichten verfolgten und daß eine verstärkte Unabhängigkeit der Satellitenstaaten sowjetischen Sicherheitsinteressen nicht zuwiderlaufen müßte. In der NSC-Sitzung vom 26. Oktober regte Eisenhowers Sonderberater Harold Stassen an, den sowjetischen Oberbefehlshaber Marschall Shukow zu informieren, daß »die Befreiung der Satellitenstaaten von der Sowjetunion nicht als Bedrohung der nationalen Sicherheit der UdSSR betrachtet werden sollte«. Die amerikanische Regierung sollte klarstellen, daß »diese Entwicklung die Westmächte nicht zu einem kriegsähnlichen Schritt gegen die Sowjetunion veranlassen würde«[51]. Eisenhower lehnte Stassens Vorschlag zunächst ab, wies aber nach dessen Drängen noch am Nachmittag des gleichen Tages seinen Außenminister an, eine geplante Rede vor dem World Affairs Council in Dallas zu nutzen, um Moskau wissen zu lassen, daß die Vereinigten Staaten nicht versuchen würden, die osteuropäischen Staaten in ihr Allianzsystem einzubeziehen. Allerdings sollten die Satellitenstaaten die »freie Wahl« haben: »All we hope is that they have the same likes as Austria[52].« Trotz aller

48 Memorandum of Discussion at the 301st Meeting of the NSC, Washington, 26.10.1956, 9–10:42 a.m., in: FRUS 1955–1957, XXV, S. 296.

49 Ebd., S. 299.

50 Telephone Call to the President in New York, 25.10.1956, ebd., S. 290.

51 Memorandum of Discussion at the 301st Meeting of the NSC, Washington, 26.10.1956, 9–10:42 a.m., in: FRUS 1955–1957, XXV, S. 299.

52 Telephone Call from the President, 26.10.1956, Eisenhower Library.

Vorbehalte seitens des State Departments gegen »backstage talks« mit den Sowjets, die die Staaten Osteuropas auf eine Österreich-Lösung verpflichten würden, versicherte Dulles in seiner Rede am 27. Oktober, daß die USA keine Hintergedanken in ihrem Streben nach der Unabhängigkeit der Satellitenstaaten hätten: »We do not look upon these nations as potential military allies[53].« Um sicherzustellen, daß der Kremlführung die Bedeutung der Rede nicht entging, wies Dulles den US-Botschafter in Moskau an, daß seine Ausführungen auf »intensiver Erörterung hier auf höchster Ebene« basierten und als »hochrangige politische Stellungnahme« zur Aufmerksamkeit der sowjetischen Regierung inklusive Shukows gebracht werden sollten[54].

Eisenhower hatte sich damit für einen de-eskalierenden, zurückhaltenden Kurs entschieden, der sich darauf beschränkte, durch öffentliche Appelle eine erneute militärische Intervention in Ungarn zu verhindern. Diese Haltung war innerhalb der Administration durchaus nicht unumstritten. Während der NSC-Sitzung vom 26. Oktober spekulierten einige Mitglieder des Gremiums über die Aussicht »of an ultimate replacement of Soviet influence in the satellites by a western orientation for these countries«[55]. Selbst nach der Rede des Außenministers vor dem World Affairs Council sprachen sich die Joint Chiefs of Staff dagegen aus, »der Sowjetunion zu versichern, daß wir Ungarn und die anderen Satelliten nicht als potentielle militärische Alliierte betrachten«[56]. Ein Indiz dafür, daß in den Beratungen des NSC eine direkte militärische Unterstützung der Aufständischen zumindest erwogen wurde, ist die jüngst deklassifizierte, Ende Oktober 1956 formulierte NSC-Direktive 5616, die eine »sofortige verdeckte Unterstützung der Rebellen«, »offene Anerkennung ihres Status als kriegführende Partei« oder »offene militärische Hilfe« und die Anerkennung einer von den Aufständischen gebildeten Regierung als Optionen amerikanischer Politik nannte[57]. Diesen offensiven Alternativen diametral entgegengesetzt waren die — ebenfalls nicht realisierten — Vorschläge Stassens, einen völligen sowjetischen Truppenabzug aus Ungarn durch eine förmliche Initiative zugunsten einer Österreich-Lösung für den Donaustaat oder gar durch das Angebot eines amerikanischen Truppenrückzugs aus Westeuropa zu erreichen[58].

Mangelnder Konsens über die amerikanische Haltung bestand auch auf der Arbeitsebene innerhalb der Administration. In den Beratungen des »Special Committee on Soviet and Related Problems«, einem dem OCB untergeordneten Arbeitsausschuß, redeten die Vertreter des CIA und des Verteidigungsministeriums einer

53 Address by the Secretary of State before the Dallas Council of World Affairs, 27.10.1956, in: FRUS 1955–1957, XXV, S.318.

54 Telegramm, Dulles an Botschafter Charles Bohlen, 29.10.1956, ebd., S. 328.

55 Memorandum of Discussion at the 301st Meeting of the NSC, Washington, 26.10.1956, 9–10:42 a.m., in: ebd., S. 296.

56 Memorandum, Robert Bowie an John F. Dulles, 31.10.1956, The National Security Archives, Soviet Flashpoints Collection.

57 NSC 5616 »U.S. Policy toward Developments in Poland and Hungary«, 31.10.1956, ebd.

58 Ebd.

aktiveren Unterstützung der ungarischen Rebellen das Wort[59]. Frustration über den passiven Kurs der US-Regierung herrschte auch unter den Mitarbeitern von Radio Liberation und Radio Free Europe, die zur »faktischen Berichterstattung« der Ereignisse in Ungarn angewiesen wurden[60]. CIA-Dokumente belegen, daß diese Anleitung vor Ort umgangen wurde. Wie CIA-Direktor Dulles den Präsidenten später informierte, habe das vom amerikanischen Geheimdienst finanzierte Radio Free Europe nach Beginn der Unruhen »gelegentlich die autorisierte faktische Berichterstattung über die Forderungen der patriotischen Radiostationen in Ungarn überschritten und sich mit diesen Forderungen identifiziert und auf ihre Durchsetzung gedrungen« sowie »den Patrioten taktische Ratschläge hinsichtlich des einzuschlagenden Kurses der Rebellion und hinsichtlich der sich am besten zur Führung eignenden Persönlichkeiten«[61] gegeben.

Meldungen aus Budapest vom 31. Oktober über einen bevorstehenden völligen sowjetischen Truppenrückzug wurden in Washington mit Begeisterung und Erleichterung aufgenommen. Die US-Gesandtschaft in Budapest telegraphierte noch am gleichen Tage, daß »diese ungarische Revolution nun ein historisches Faktum ist«[62], und CIA-Direktor Dulles bezeichnete das scheinbare sowjetische Zurückweichen als ein »Wunder«, das alle Meinungen, ein Volksaufstand sei in Anbetracht moderner Waffen völlig unmöglich, Lügen strafe[63]. Dieser Optimismus erwies sich jedoch als verfrüht. Der radikale Reformkurs Imre Nagys, der den Forderungen der Aufständischen in weiten Bereichen entgegenkam, verstärkte in Moskau Zweifel an der Fähigkeit und am Willen des neuen ungarischen Premierministers, ein kommunistisches System nach sowjetischem Vorbild zu erhalten und oppositionelle Kräfte zu unterdrücken. In seiner Sitzung am 31. Oktober beschloß das Präsidium des Zentralkomitees der KPdSU, erneut militärisch zu intervenieren (Operation »Whirlwind«)[64].

Die Anzeichen eines weiteren sowjetischen Einmarsches lösten in Budapest Verzweiflungsaktionen des Nagy-Regimes aus. Am 1. November wandte sich Nagy an UN-Generalsekretär Dag Hammarskjöld in Protest gegen die neuerliche sowjetische Invasion, erklärte Ungarns Neutralität und seinen Austritt aus dem Warschauer Pakt. Nagy forderte zudem die vier Großmächte auf, Ungarns Neutralität zu garantieren — eine Forderung, die er am 2. November vergeblich wiederholte. Gleichzeitig bemühte sich Nagy, eine sowjetische Invasion durch Verhandlungen mit der Sowjetführung zu verhindern, indem er eine Rücknahme der Neutralitätserklärung gegen eine Garantie militärischer Zurückhaltung anbot. In Besprechungen mit dem in Budapest weilenden rumänischen Parteichef Gheorghiu-Dej am 3. November versuchte Nagy zudem, ein sowjetisch-ungarisches

59 Siehe die Protokolle der Sitzungen des Special Committee on Soviet and Related Problems vom 25., 26., 29.10. und 1., 5. und 6.11.1956, in: FRUS 1955–1957, XXV, S. 277 ff.
60 Telegramm, Page an Department of State, 30.10.1956, ebd., S. 343.
61 Memorandum, CIA-Direktor Allen Dulles an Eisenhower, 20.11.1956, ebd., S. 475.
62 Telegramm der Gesandtschaft in Budapest an Department of State, 31.10.1956, ebd., S. 349.
63 Memorandum of Discussion at the 302nd Meeting of the NSC, 1.11.1956, ebd., S. 358.
64 Rainer, The Yeltsin Dossier.

Gipfeltreffen zu arrangieren. Seine Bemühungen um eine friedliche Lösung der Krise fanden jedoch in Moskau keine Resonanz. In Beratungen mit den in Moskau anwesenden Führungen der osteuropäischen Staaten und der Volksrepublik China konnte sich die Sowjetunion am 1. und 2. November der Unterstützung ihrer Verbündeten versichern. Selbst Tito, der sich zunächst solidarisch mit Nagy, dann aber über dessen extremen Reformkurs enttäuscht gezeigt hatte, erklärte sich nach Verhandlungen mit der sowjetischen Regierung auf der Insel Brioni in der Nacht vom 2./3. November bereit, eine militärische Niederschlagung der ungarischen Revolution zu unterstützen. In den Morgenstunden des 4. November begannen sowjetische Streitkräfte ihren erneuten Angriff auf Budapest. Am gleichen Tage wurde die Einsetzung einer Revolutionären Arbeiter- und-Bauern-Regierung unter János Kádár proklamiert. Sowjetische Truppen erlangten innerhalb weniger Tage die Kontrolle über alle größeren Städte Ungarns.

Nagys Appell an Hammarskjöld erreichte die Vereinten Nationen zu einem Zeitpunkt, zu dem die Weltorganisation durch die Suezkrise innerlich zerworfen und gelähmt war. Großbritannien und Frankreich hatten die am 29. Oktober initiierte militärische Besetzung der Sinai-Halbinsel durch Israel zum Anlaß genommen, Kontrolle über den strategisch bedeutsamen Suezkanal zu fordern. Nachdem sich die ägyptische Regierung geweigert hatte, diesen Forderungen nachzugeben, führten die beiden Kolonialmächte am folgenden Tag Luftangriffe gegen Ägypten durch. Nicht eingeweiht in die geheimen Absprachen Israels, Großbritanniens und Frankreichs, verurteilten die USA die kolonialistische Aktion und strebten in den Vereinten Nationen eine sofortige Einstellung der Kampfhandlungen an.

Die Suezkrise bewirkte, daß sich die Aufmerksamkeit der Eisenhower-Administration von Osteuropa nach dem Nahen Osten verlagerte. Während Großbritannien und Frankreich ihre zögerliche Politik in der Ungarnfrage nach dem 30. Oktober aufgaben und in den folgenden Tagen auf die rasche Annahme einer gegen die Sowjetunion gerichteten Resolution auf der infolge der Suezkrise einberufenen Sondersitzung der UN-Vollversammlung drangen, um die Kritik der Weltorganisation von ihrer Aktion gegen Ägypten abzulenken, empfand Eisenhower den Gedanken einer gemeinsamen westlichen Resolution zugunsten Ungarns nunmehr »fast absurd«[65]. Die Bemühungen der amerikanischen Regierung in den Vereinten Nationen konzentrierten sich nach den anglo-französischen Bomberangriffen ganz auf eine rasche Beendigung der Feindseligkeiten im Nahen Osten.

Die amerikanisch-britisch-französische Auseinandersetzung führte dazu, daß die Ungarnfrage bis zum erneuten sowjetischen Einmarsch in Budapest praktisch von der Tagesordnung der UN verschwand und die Weltorganisation in den kritischen Tagen vor der zweiten sowjetischen Intervention keinen Einfluß auf die Situation in Ungarn ausüben konnte[66]. Erst auf der 754. Sitzung des UN-Sicher-

65 Zit. nach FRUS 1955–1957, XXV, S. 369.
66 Békés, The 1956 Hungarian Revolution; ders., The 1956 Revolution.

heitsrates in den frühen Morgenstunden des 4. November, nach Beginn des erneuten sowjetischen Einmarsches in Budapest, brachten die USA schließlich eine Resolution ein, die ein Ende der militärischen Intervention forderte, allerdings am sowjetischen Veto scheiterte. Zwar nahm eine Sondersitzung der Generalversammlung am Nachmittag des 4. November die amerikanische Resolution an, doch diese hatte kaum noch mehr als propagandistischen Wert. Weder die UN-Resolution noch ein persönlicher Appell Eisenhowers an den sowjetischen Staatschef Bulganin vom gleichen Tage konnten die militärische Niederschlagung des Ungarn-Aufstandes verhindern[67].

Schärfere Gegenmaßnahmen unterschiedlicher Art — ein Auftritt Eisenhowers vor der UN, die Einberufung einer NATO-Vollversammlung, ein Abbruch diplomatischer Beziehungen mit Ungarn oder der Sowjetunion, die Etablierung einer ungarischen Exilregierung oder die Suspendierung aller kulturellen und Handelskontakte — wurden kurzzeitig innerhalb der Administration erwogen. Letztlich lag es der US-Regierung jedoch nicht daran, »den Kalten Krieg in der Intensität der Stalin-Ära wiederzubeleben«[68]. Man habe nicht den Wunsch, »die Erfolge der Genfer Konferenzen, so gering sie auch sein mögen, aufs Spiel zu setzen«[69]. Deutlicher ließ es sich nicht formulieren, daß eine »Befreiung« Osteuropas zunehmend dem entspannungspolitischen Interesse der Vereinigten Staaten untergeordnet wurde.

IV.

Die Niederschlagung des Ungarn-Aufstandes war eine »bittere Pille« (Eisenhower) für die Vereinigten Staaten, offenbarte sie doch, daß die Befreiungs-Politik in Ungarn Erwartungen geweckt hatte, die die Eisenhower-Administration nicht erfüllen konnte und wollte. Zugleich beraubte die offensiv konzipierte und propagierte Befreiungs-Politik die US-Regierung der Möglichkeit, eine friedliche Lösung der Krise durch glaubhafte Betonung ihrer defensiven Interessen in Osteuropa herbeizuführen. Wie groß der Einfluß Washingtons auf den Ausgang der Krise letztlich war, muß bis zur systematischen Öffnung der sowjetischen Akten dahingestellt bleiben. Die Entscheidung zugunsten einer gewaltsamen Lösung wurde in Moskau getroffen. Außer Frage steht jedoch, daß die Krise einen amerikanischen Prestigeverlust in Osteuropa nach sich zog. Eisenhower selbst mußte zugeben, daß die Ungarn-Krise den Eindruck hervorgerufen hatte, »that we have excited the Hungarians for all these years, and now turning our backs on them when they are in a jam«[70].

67 Editorial Note, FRUS 1955–1957, XXV, S. 388; Eisenhower an Bulganin, 4.11.1956, ebd., S. 390–392.

68 Notes for an Oral Report to the Operations Coordinating Board by the Chairman of the Special Committee on Soviet and Related Problems, 7.11.1956, ebd., S.418.

69 Ebd.

70 Ebd., S. 425.

Die Niederschlagung der ungarischen Revolution durch sowjetische Panzer stellte noch einmal nachdrücklich unter Beweis, daß angesichts der überwältigenden militärischen Überlegenheit der Sowjetunion Veränderungen in Osteuropa nur auf evolutionärem Wege zu erwarten waren. Die Auswirkungen auf die amerikanische Osteuropapolitik waren fundamental: Die widersprüchliche Politik einer Förderung friedlichen Wandels mit den Mitteln aggressiver »psychologischer Kriegführung« wurde nach der Ungarn-Krise aufgegeben. Aggressive Propaganda und subversive Aktionen wurden erheblich reduziert. Statt dessen setzte die Eisenhower-Administration zunehmend auf kulturellen Austausch und Kontakt, intensivere offizielle Beziehungen zu den kommunistischen Regimen und verstärkten Handel als Mittel, die Hoffnungen der »captive people« auf »Befreiung« langfristig zu erhalten, die Staaten Osteuropas zu einer »begrenzten Unabhängigkeit« zu bewegen und damit — wie im Falle Polens — den sowjetischen Einfluß in der Region langfristig abzubauen. Die veränderte Akzentsetzung zeigte sich nirgendwo deutlicher als in den öffentlichen Verlautbarungen der Administration. Das Schlagwort »Liberation« wurde nun weitgehend fallen gelassen und »evolutionärer Wandel« (oder »friedlicher Wandel«) unmißverständlich als das Ziel amerikanischer Politik proklamiert. Veränderungen hinter dem Eisernen Vorhang benötigten, in den Worten des Operations Coordinating Board, »Geduld und ausdauernde leise Anstrengungen«[71]. Unter dem Eindruck des Debakels von Budapest schwenkte die Eisenhower-Administration damit auf einen Kurs ein, der später unter den Schlagwort »Wandel durch Annäherung« in die Geschichte einging.

71 Operations Coordinating Board, Operational Guidance with Respect to Poland, 2.4.1957, DDEL, White House Office Records, NSC Staff Papers, 1948–1961, OCB Central Files Series, box 54.

Saki Dockrill

Ungarn 1956.
Amerikanische Befreiung — Mythos oder Versagen?

Am 4. November 1956 um fünf Uhr morgens strahlte Radio Kossuth, Budapest, eine Erklärung von Imre Nagy, dem Präsidenten des Ministerrates der Ungarischen Volksrepublik, aus:

> »Heute bei Tagesanbruch eröffneten die sowjetischen Streitkräfte einen Angriff auf unsere Hauptstadt, offensichtlich mit der Absicht, unsere legale ungarische demokratische Regierung zu stürzen. Unsere Truppen kämpfen. Unsere Regierung arbeitet. Ich unterrichte die Bevölkerung unseres Landes und die ganze Welt über diese Tatsache.«

Am nächsten Tag verlas ein ungarischer Student das »An den Westen« betitelte Gedicht:

> »Ihr wollt immer noch kommen? Zu spät, zu spät.
> Wir sind niedergemäht und gefallen
> Wie Weizen unter der Sense[1].«

Der ungarische Aufstand war schmählich gescheitert. Die sowjetischen Panzer drangen nach Budapest ein, und nach Berichten brachten die sowjetischen Streitkräfte nahezu 30 000 Ungarn ums Leben. Etwa 200 000 Ungarn (2 % der Gesamtbevölkerung) flohen vor Ende des Jahres 1956 in den Westen[2]. Daraufhin setzte der Kreml eine auf die sowjetische Linie eingeschworene Regierung unter Führung von János Kádár ein. Der Präsident der Vereinigten Staaten, Dwight D. Eisenhower, schrieb in seinen Memoiren, daß die neue ungarische Regierung »für uns so unzugänglich war wie Tibet«[3].

Die Tatsache, daß der ungarische Aufstand überhaupt stattgefunden hatte, stellte die Glaubwürdigkeit des sowjetischen Zugriffs auf die Satellitenstaaten in Frage. Kádár war ein loyaler, nichtstalinistischer Kommunist; er war aber gleichzeitig ungarischer Nationalist. Während der frühen sechziger Jahre enthob er die führenden Stalinisten ihrer Ämter, darunter insbesondere Mátyás Rákosi und Ernő Gerő von der Kommunistischen Partei. Ungarn begann sich nun auf die Verbesserung der wirtschaftlichen Verhältnisse zu konzentrieren und galt im Westen als freiheitlicher und reicher als die anderen Satellitenstaaten. Das Kádár-Regime überlebte bis 1988[4]. Dieser Beitrag befaßt sich mit der amerikanischen Strategie

1 Gadney, Cry Hungary, S. 158, 160.
2 Ambrose/Immerman, Ike's Spies, S. 238; Felkay, Hungary and the USSR, S. 96.
3 Eisenhower, Waging Peace, S. 95.
4 Felkay, Hungary and the USSR, S. 2, 89 f.; Laqueur, Europe in our Time, S. 308. Hinsichtlich

während der Zeit des Kalten Krieges und mit den internen Gesprächen der Regierung Eisenhower vor und während des ungarischen Aufstandes 1956. Im republikanischen Präsidentschaftswahlkampf 1952 wurde die Befreiung »jener unter dem kommunistischen Joch befindlichen Völker« in Osteuropa gefordert. War dies ein falsches Versprechen, und war sich die US-Regierung wirklich bewußt, wie ernst die Völker Osteuropas ein solches Versprechen nahmen? Hatte diese Regierung überhaupt eine klare Vorstellung von der »Befreiung« oder der psychologischen Kriegführung? Und inwieweit war sie bereit, den Ungarn beizustehen, als 1956 schließlich ein Aufstand in deren Land stattfand?

1. Die Ursprünge des »indirekten Vorgehens«

Mehr noch als der republikanische Präsident Eisenhower hatte sein Außenminister John Foster Dulles den Ruf eines herausragenden Exponenten des Kalten Krieges, der in der Vorstellung lebte, daß die Vereinigten Staaten die unterjochten Völker der unter kommunistischer Vorherrschaft befindlichen Staaten vor allem in Osteuropa befreien müßten. Mit der Öffnung der Archive wurde jedoch klar, daß Eisenhower die sowjetischen Absichten genauso wie und gelegentlich sogar noch mehr fürchtete als Dulles. Dulles war aber — so argumentiert Richard H. Immerman — »wesentlicher Akteur in der Konzipierung wie Verwirklichung« der Außenpolitik[5]. Die beiden Männer unterschieden sich in ihrer Persönlichkeit erheblich, ergänzten sich jedoch letztlich. Während Eisenhower ein Mann der Grundsätze war, der kaum von einem Ziel abwich, erleichterte Dulles, an den der Präsident einen großen Teil der Diplomatie delegierte, die Durchsetzung der Eisenhowerschen Ziele entweder durch eine flexible Verhandlungsführung oder indem er den Präsidenten überzeugte, sei es den Zeitplan oder sogar den zur Verwirklichung einzuschlagenden Weg zu ändern.

Die Regierung Eisenhower hoffte, daß das sowjetische System eines Tages an seiner eigenen internen Schwäche scheitern würde. Der Aufstand in der DDR im Juni 1953 wurde in Washington als offenkundiges Zeichen der sowjetischen Verwundbarkeit gewertet. Eisenhower sah den Grund für das Aufbegehren in »ihrem [der Bevölkerung der DDR, S.D.] Verlangen nach Verminderung ihrer Entbehrungen und Leiden« und wertete es als Hinweis auf »eine grundlegende und nachhaltige Bestrebung, die volle und endgültige Freiheit zu erlangen«[6]. Die Sowjetunion

einer jüngsten Untersuchung ungarischer Archivunterlagen wird verwiesen auf Simmons, Archival Research; Cold War Crisis, S. 1–14.

5 Immerman, »Einleitung« in: John Foster Dulles, S. 9. Unter den neuesten und detaillierten historiographischen Studien über die Eisenhower-Regierung wird verwiesen auf Immerman, Confessions; Rabe, Eisenhower Revisionism; Pach/Richardson, The Presidency, S. 263–272. Eine in neuerer Zeit erschienene Studie über die europäisch-amerikanischen Sicherheitsbeziehungen in der Eisenhower-Ära ist Dockrill, Cooperation and Suspicion, S. 140 f., 172–175.

6 PRO, FO 371/103670: Schreiben Eisenhowers an Adenauer vom 23.7.1953. Siehe auch: Public Papers of the President of the United States (PPOP), 953, S. 457 f.

hatte nach Auffassung von Dulles »ihren Einflußbereich schon viel zu weit ausgedehnt und übte eine tyrannische Herrschaft über ihr ablehnend gegenüberstehende Völker aus«. Er meinte, daß »durch anhaltenden Druck der USA möglicherweise ein Zusammenbruch des Kreml-Regimes bewirkt werden könne«[7].

Die Lage in der Welt hatte sich bei Eisenhowers Regierungsantritt erheblich gegenüber der Zeit geändert, als sein Vorgänger Harry S. Truman im Amt war, der notwendigerweise mit der schnellen Entwicklung des Kalten Krieges, einem für die Vereinigten Staaten neuen Phänomen, zurechtkommen mußte. Für die Regierung Eisenhower war nun der Kalte Krieg das zentrale Thema in den internationalen Beziehungen. Sie sah in der Sowjetunion eine langfristige, ausdauernde und unberechenbare Bedrohung für die amerikanische Sicherheit. So mußte Eisenhower schnell feststellen, daß es unmöglich war, das »Jahr der maximalen Bedrohung« vorauszusagen, in dem die Sowjetunion die USA direkt herausfordern würde. Die Welt lebte jetzt im »Zeitalter der Bedrohung«[8]. Die grundlegende Beurteilung des Potentials der sowjetischen Macht änderte sich gegenüber der nach 1947 von der Regierung Truman getroffenen Einschätzung nur unwesentlich. Die Regierung Eisenhower sah die kommunistische Bedrohung als eine Kombination aus militärischer Stärke und allmählicher politischer, psychologischer und wirtschaftlicher Infiltration in die »freie Welt«[9].

Während der Truman-Jahre und insbesondere nach Ausbruch des Koreakrieges 1950 nahm die Zahl der vom CIA durchgeführten verdeckten Operationen erheblich zu. Bis Ende 1952 versechsfachte der CIA seinen Mitarbeiterstab gegenüber der Anfangszeit im Jahr 1947, wobei sich zwischen 1951 und 1953 die Zahl der verdeckten Operationen versechzehnfachte[10]. Mit Eisenhowers Amtsantritt wurde dem CIA eine bedeutendere Rolle in der nationalen Sicherheitspolitik zugewiesen, wodurch für ihn — wie Rhodri Jeffrey-Jones beschreibt — »das goldene Zeitalter der Operationen« anbrach[11]. Die in Übersee stationierten konventionellen Streitkräfte waren sowohl demonstrativ wie auch teuer, und deshalb überrascht es kaum, daß Eisenhower aufgrund seiner guten Vertrautheit mit Täuschungsmanövern und nachrichtendienstlichen Operationen aus der Zeit des Zweiten Weltkrieges ein glühender Verfechter verdeckter Operationen war[12].

Eisenhower hat während seiner Präsidentschaftskampagne im Oktober 1952 die psychologische Kriegführung öffentlich als »eine nationale Kalte-Krieg-Strategie in Friedenszeiten« bezeichnet, die sich nicht nur der »Propaganda« wie der Voice of America oder des Radio Free Europe, sondern auch »jeder sinnvollen Maßnahme« der US-Regierung bedienen solle, um die Verbreitung der Werte einer

7 Sondertreffen des NSC am 31.3.1953, in: FRUS 1952–1954, II, S. 267.
8 Ambrose, Eisenhower, vol. 2, S. 89.
9 Eisenhower, Mandate for Change, S. 446 f.; Dulles, War or Peace, S. 175 f.; ders., A Policy of Boldness, S. 146–148.
10 Ranson, Secret Intelligence, S. 203; Garthoff, Assessing the Adversary, S. 16; Wells, The First Cold War Buildup, S. 193 f.; Leffler, A Preponderance of Power, S. 491.
11 So die Überschrift des Kap. 5 in: Jeffrey-Jones, The CIA and American Democracy.
12 Dazu siehe: Ambrose/Immerman, Ike's Spies, S. 3–152.

demokratischen Gesellschaft zu fördern, zu denen zum Beispiel ein hoher Lebensstandard, eine gesunde Wirtschaft und die Freiheit des Individuums im Gegensatz zu Tyrannei und Armut des kommunistischen Systems zählen[13].

Bei einer vor der Amtseinführung am 13. Januar 1953 im Hotel Commodore anberaumten Kabinettssitzung erklärte Charles D. Jackson (der in der neuen republikanischen Regierung Sonderberater des Präsidenten in Sachen psychologische Kriegführung wurde) seine Vorstellung von der psychologischen Kriegführung, die nicht mehr als »Einzel- oder Hinterzimmeraktion« gehandhabt werden sollte. Jackson erklärte nachdrücklich, daß »jede Maßnahme eines Ministers Aspekte« der psychologischen Kriegführung habe[14]. Demzufolge sollte die psychologische Kriegführung nach Jacksons Auffassung, der sich in gewissem Umfang auch Eisenhower und Dulles anschlossen, im gesamten Spektrum der Diplomatie des Kalten Krieges zur Anwendung kommen.

Eisenhower, der von C.D. Jackson dazu ermutigt wurde, versuchte, die Kontrolle über die verschiedenen mit der psychologischen Kriegführung beauftragten Organisationen im Weißen Haus anzusiedeln, und der Ausschuß des Präsidenten für internationale Informationskampagnen unter dem Vorsitz von William H. Jackson wurde angewiesen, die erforderliche Umorganisation vorzunehmen. Der Jackson-Ausschuß empfahl im Juli die Schaffung eines Operation Coordinating Board (OCB) innerhalb des Nationalen Sicherheitsrates. Am 3. September trat dieser Ausschuß an die Stelle des Psychological Strategy Board, den Truman im April 1951 auf Vorschlag des damaligen Leiters des CIA gebildet hatte[15].

Die Regierung Eisenhower war jedoch nicht bereit, sich in vollem Umfang auf C.D. Jacksons PSYWAR-Pläne einzulassen. Jackson konnte Dulles und Eisenhower nicht dazu bringen, Jossif W. Stalins Tod und die daraufhin im Juni 1953 ausgebrochenen Unruhen in der DDR für ihre Zwecke nutzbar zu machen[16]. Auf die mit dem »Roll Back« verbundenen Schwierigkeiten wurde im Dokument NSC 162/2 des Nationalen Sicherheitsrates verwiesen, das Ende Oktober vom Präsidenten befürwortet wurde. Die darin enthaltenen Vorstellungen und Richtlinien wurden in der nationalen Sicherheitspolitik der Vereinigten Staaten unter dem Begriff »New Look« bekannt[17]. NSC 162/2 gab zu verstehen, »daß die Herauslösung irgendeines größeren europäischen Satellitenstaates aus dem Sowjetblock nur mit Einwilligung der Sowjets oder durch Krieg« möglich wäre[18]. Eine der Klau-

13 Documents on American Foreign Relations 1952, S. 99 f.: Eisenhower über »The Need for Psychological Warfare: Speech of the Republican Candidate at San Francisco« am 8.10.1952; siehe auch: Gaddis, Strategies of Containment, S. 154–157.

14 Minutes and Documents, Reel 1: Kabinettssitzungen am 12.1. und 25.2.1953.

15 PPOP 1953, S. 8, 472; FRUS 1952–1954, II, S. 455: Editorial Note; Prados, Keepers of the Keys, S. 64 f.

16 Dockrill, Eisenhower's New Look, S.25–29; Brands, Cold Warriors, S. 121–137; siehe auch: Larres, Eisenhower and the First Forty Days, S. 431–458.

17 Bezüglich der Formulierung der Doktrin des New Look siehe: Dockrill, Eisenhower's New Look, S. 19–71.

18 FRUS 1952–1954, II, S. 580: NSC 162/2; siehe auch: Gaddis, Strategies of Containment, S. 155; Beglinger, »Containment« im Wandel, S. 170–172.

seln läßt jedoch die nicht aufgegebene Hoffnung der Regierung erkennen, daß ein »Roll Back« letztlich vielleicht doch ohne Krieg erreicht werden könne. Die USA sollten nachdrücklich versuchen, »für die UdSSR lästige Probleme zu schaffen und diese ausnutzen, die Überwachung der Satellitenstaaten zu erschweren und das Anwachsen des militärischen und wirtschaftlichen Potentials im Sowjetblock zu verzögern«.

Diese Vorstellung ging in einer passiven oder defensiven Weise über die »Politik der Eindämmung« (Containment) hinaus, denn sie beinhaltete die aktive amerikanische Beteiligung an den Bemühungen, den Einfluß der Sowjets in ihrem eigenen Block zu verringern[19]. Natürlich war die Vorstellung des Roll Back in keiner Weise neu. Die Nutzung psychologischer, verdeckter und politischer Instrumente zur Verringerung der sowjetischen Bedrohung war ausdrücklich in vielen Richtliniendokumenten der Truman-Ära gefordert worden. NSC 68 ging in seiner Aussage so weit, daß »eine Politik der Eindämmung tatsächlich eine Politik des berechneten und schrittweise gegenüber den Sowjets und dem sowjetischen Machtblock anzuwendenden Zwanges sei«[20]. Die Regierung Eisenhower beabsichtigte vielmehr ein vorsichtiges, aber entschlossenes Vordringen in die sowjetische Einflußsphäre und nicht nur ein In-Schach-Halten. Die Regierungen Truman und Eisenhower wollten dieses Ziel ohne Krieg vor allem durch »realisierbare politische, wirtschaftliche, propagandistische und verdeckte Maßnahmen« erreichen. Im Entwurf von NSC 162/2 nahm der Planungsausschuß des Nationalen Sicherheitsrates anfänglich eine Klausel des Inhalts auf, daß die Vereinigten Staaten keine »aggressiven Maßnahmen unter Anwendung von Gewalt gegen das Territorium des Sowjetblockes in die Wege leiten sollten«. Das Verteidigungsministerium, der CIA, das Office of Defense Mobilisation, die Foreign Operations Administration und die Joint Chiefs of Staff sprachen sich alle für die Streichung dieses Satzes aus der Endfassung aus. Bei einer NSC-Sitzung am 7. Oktober 1953 stimmte der Präsident dem zu, bestand jedoch darauf, daß »jeder Vorschlag, der die offene oder verdeckte Anwendung von Gewalt gegen ein solches Territorium nach sich ziehe, zuerst dem Rat zur Entscheidung vorgelegt werden müsse«[21]. Das läßt Eisenhowers Entschlossenheit erkennen, sich vor einer Entscheidung, durch die die USA in einen Krieg verwickelt werden könnten, immer eine Reihe von Optionen offenzuhalten.

2. »Befreiung« durch Propaganda und paramilitärische Mittel

Der Erfolg verdeckter Operationen im Iran und in Guatemala »faszinierte« J.F. Dulles und überzeugte die Regierung Eisenhower, daß der CIA »Wunder voll-

19 FRUS ebd., S. 595: NSC 162/2.

20 NSC 68 (14.4.1950), in: Containment, S. 401 f.

21 FRUS 1952–54, II, S. 513–514: NSC 162, 30.9.1953; ebd., S. 530: 165. NSC-Sitzung, 7.10.1953; ebd., S. 595: NSC 162/2, 30.10.1953.

bringen könne«[22]. Der Präsident genehmigte NSC 5412/1 im März 1954, ein Dokument, das die unangreifbare Position der CIA in der Durchführung verdeckter Operationen stärkte. Etwa sechs Monate später drängte General James H. Doolittle die Regierung ebenfalls, eine aggresivere Strategie bei den verdeckten Operationen anzuwenden. Der Präsident, der bemüht war, Joseph Raymond McCarthys Drohung zu entkräften, den CIA zu überprüfen[23], hatte Doolittle, einen durch seine Luftoperationen über Japan im Jahr 1942 berühmt gewordenen Flieger, gebeten, Vorschläge für die verbesserte Durchführung der verdeckten Operationen des CIA zu unterbreiten. Der daraufhin vorgelegte Doolittle-Bericht forderte nachdrücklich, daß die Vereinigten Staaten — die mit einem »unerbittlichen Feind konfrontiert seien, der als erklärtes Ziel die Herrschaft über die ganze Welt gleich mit welchen Mitteln oder zu welchen Kosten anstrebe, [...] wirkungsvollere, einzigartigere und — sofern erforderlich — rücksichtslosere« Verfahren als der Feind anwenden sollten[24]. Sowohl Stephen E. Ambrose wie Immerman haben darauf hingewiesen, daß Eisenhowers Zustimmung zum NSC 5412/1 und zum Doolittle-Bericht beweist, »bis zu welchen Grad er gewillt war, weltweit der kommunistischen Bedrohung die Stirn zu bieten«[25].

Mit über die Sender Voice of America (unter der USIA), Radio Free Europe (unter CIA) und Crusade for Freedom (einer privaten US-Organisation)[26] ausgestrahlten Propagandasendungen ermutigte die Regierung Eisenhower weiterhin die »unterjochten Völker«, sich der sowjetischen Vorherrschaft zu entziehen. Im Sommer 1954 war dann ein starker 1-Megawatt-Sender mit der Bezeichnung CAST in Deutschland fertiggestellt, der eine viel größere Zahl von Hörern »hinter dem Eisernen Vorhang« als die früheren Sender erreichen konnte. Das Operations Coordinating Board war überzeugt, daß diese Sendungen für die Menschen in den Satellitenstaaten ein »Bindeglied« zur westlichen Welt und den »Idealen der freien Welt« darstellen würden[27].

Die Regierung Eisenhower bemühte sich auch um paramilitärische Maßnahmen zur Destabilisierung des militärischen Zugriffs der Sowjets auf Ost- und Mitteleuropa. Schon im Februar 1953 schlug der Präsident die Schaffung eines »freiwilligen Freiheitskorps« (Volunteer Freedom Corps — VFC) vor. Dieses Korps sollte in der Bundesrepublik Deutschland unter der Schirmherrschaft der US-Streitkräfte aufgestellt werden und Infanteriebataillone umfassen, die sich aus geflüchteten jungen Antikommunisten aus Ländern hinter dem »Eisernen Vor-

22 Ranelagh, The Agency, S. 264; Jeffrey-Jones, The CIA, S. 92.
23 Ambrose/Immerman, Ike's Spies, S. 187 f.
24 Ranelagh, The Agency, S. 276.
25 Ambrose/Immerman, Ike's Spies, S. 187.
26 Zu Crusade for Europe siehe: FRUS 1952–1954, VIII, S. 106 (Fußn. 4); zu Radio Free Europe und Voice of America siehe: William Jackson Memorandum für den Präsidenten, 30.6.1953, in: FRUS 1952–1954, II, S. 1831 f., 1845–1847; ebd., S. 1692: Rockefellers Memorandum für den Präsidenten, 7.4.1953. Siehe auch Ranelagh, The Agency, S. 216; Blum, The CIA, S. 59–63.
27 FRUS ebd., VIII, S. 133–134: OCB-Sachstandsbericht, 7.7.1954; Ambrose/Immerman, Ike's Spies, S. 236. OCB-Sachstandsbericht, 29.2.1956, in: FRUS 1955–1957, XXV, S. 123.

hang« rekrutierten[28]. Während der Amtszeit von Präsident Truman waren zwei ähnliche Pläne für das spätere VFC (einer im Rahmen der Lodge Bill von 1950 und der andere unter dem Kersten-Zusatz zum Mutual Security Act von 1951) befürwortet worden, wobei es jedoch an einer ausreichenden Anzahl Freiwilliger fehlte[29].

Bei einer Sitzung des Nationalen Sicherheitsrates am 18. Februar 1953 erklärte Eisenhower, daß das VFC dazu ermutigen würde, aus den Satellitenstreitkräften in Osteuropa zu »desertieren«, wodurch in »der UdSSR Ängste und Unruhen geschürt werden könnten«. Zum anderen sah der Plan vor, daß solche männlichen oder weiblichen Rekruten nach erfolgreicher Ableistung ihrer Dienstzeit Anrecht auf Erwerb der amerikanischen Staatsbürgerschaft haben sollten. Der Präsident hoffte aus diesem Grund, daß das VFC-Programm dazu dienen würde, den USA »sehr wünschenswerte Personenkreise als (amerikanische) Bürger zuzuführen«. Schließlich könnten die US-Streitkräfte durch diesen Plan Kosten und Personal einsparen, da diese ausländischen Soldaten für »viel geringeren Sold« als amerikanische Soldaten in Dienst genommen werden könnten[30].

Im Grundsatz stimmte der NSC dem Plan am 25. Februar zu, und im Mai 1953 genehmigte der Präsident mit NSC 143/2 die Schaffung eines »Volunteer Freedom Corps«. Das VFC, das anfänglich kleine militärische Einheiten aus »nichtdeutschen Flüchtlingen aus dem sowjetischen Machtbereich« umfassen sollte, war als eine rund 250 000 Mann starke »Nationalitätentruppe« zur Abwehr eines Angriffs der sowjetischen Streitkräfte gedacht[31]. Als »antisowjetische Sammelorganisation« würde das VFC vom Kreml bestimmt als Provokation gebrandmarkt. Als dann für den Sommer 1955 die Viermächte-Konferenz geplant wurde, wollten die Amerikaner ihre Stellung in Genf nicht durch Verärgerung der Russen beeinträchtigen, weshalb die Verwirklichung des Vorhabens verschoben wurde[32].

Im Januar und März 1956 schlug Henry Cabot Lodge, der ständige Vertreter der USA bei den Vereinten Nationen, J.F. Dulles vor, den Plan für die Aufstellung des VFC wieder aufleben zu lassen. Lodge vertrat die Ansicht, daß das VFC »einen Schritt nach vorn in der Wahrnehmung der amerikanischen Pflichten gegenüber den Satellitenstaaten« bedeuten würde. Der Außenminister, der in Absprache mit dem Verteidigungsminister über den Zeitpunkt des Wiederauflebens dieses Vorhabens zu entscheiden hatte, lehnte ab. Dulles war überzeugt, daß die USA einen

28 Hinsichtlich des VFC-Vorschlags siehe Eisenhowers Niederschrift (James Lay, der Exekutivsekretär des NSC) und die 122. NSC-Sitzung am 18.2.1953, beide in: FRUS 1952–1954, VIII, S. 180–183. Siehe auch Hershberg, German Rearmament, S. 525.

29 FRUS 1952–1954, VIII, S. 162 f.: Bericht des Psychological Strategy Board über das Flüchtlingsprogramm (PSB D-18/a), 20.12.1951; ebd., S. 169–176: Niederschrift von John Sherman (PSB) vom 26.2.1952 und Hopkins an den PSB, 17.3.1952.

30 Ebd., S. 183: 132. NSC-Sitzung am 18.2.1953.

31 Zur Debatte über den VFC-Vorschlag siehe: ebd., S. 189–218: 134. NSC-Sitzung am 25.2.1953; Sitzung des Ad hoc-Ausschusses über NSC 143 am 24., 27. und 30.3.1953; General Wills D. Crittenberger, Vorsitzender des Ad hoc-Ausschusses über NSC 143 an den Präsidenten (Schreiben), 10.4.1953; 145. NSC-Sitzung am 20.5.1953. Siehe auch: ebd., S. 218–220: NSC 143/2.

Fehler begingen, wenn sie auf die damalige nichtmilitärische Taktik der Sowjets mit einer »Maßnahme reagieren würden, die im wesentlichen militärischen Charakter hätte«, weshalb dieser Plan dann nie zur Ausführung kam[33].

Die Regierung Eisenhower bemühte sich auch, das von der vorhergehenden Regierung übernommene »Escape« (Flucht)-Programm zu verbessern[34]. Bis April 1956 waren im Rahmen des im August 1953 angelaufenen Flüchtlingshilfsprogramms 13 131 Visa an Personen aus der UdSSR und den Satellitenstaaten erteilt worden, und etwa 57 % der Antragsteller kamen in die USA. Bis März 1956 waren auch 9327 Menschen aus Ost- und Mitteleuropa im Rahmen des »Escape«-Programms umgesiedelt worden. Nach einem OCB-Bericht vom April 1956 hatte die Sowjetunion jedoch einen gewissen Erfolg mit dem kurz zuvor angelaufenen »umfassenden Feldzug gegen die Flüchtigen«[35], während der Außenminister bei einer NSC-Sitzung am 17. Mai 1956 erklärte, daß das kommunistische China einen ähnlichen Feldzug begonnen habe. Bei diesem Treffen fragte der Präsident, weshalb »diese Abtrünnigen zum Kommunismus zurückkehren sollten, wenn sie die Möglichkeit haben, hier zu bleiben«. Allen Welsh Dulles, der Leiter des CIA, erkärte, daß sich »zahlreiche Flüchtlinge aus der Sowjetunion in der ihnen fremden Umgebung [den Vereinigten Staaten, S.D.] verlassen fühlten«, während Charles E. Wilson, der Verteidigungsminister, darauf hinwies, daß es »auf dieser Welt Menschen gibt, denen die mit der Freiheit verbundene Verantwortung nicht zusagt«[36].

Berlin, das eine Brücke zwischen Ost und West bildete, war ein naheliegendes Ziel dieses Propagandakrieges. Eisenhower wollte West-Berlin zum »Schaufenster der Prosperität«[37] machen. In dem Bemühen, einen »eindeutigen Kontrast« zwischen Ost- und West-Berlin herauszustellen, machte es sich die Foreign Operations Administration (FOA) geflissentlich zur Aufgabe, für ausreichende Lebensmittelversorgung, für Wohnungen für die Flüchtlinge sowie für Flüchtlings- und Investitionsprogramme in West-Berlin zu sorgen[38]. Im Rahmen einer unter dem Kodenamen »Gold« in Zusammenarbeit mit den britischen Geheimdiensten durchgeführten Operation baute der CIA den sogenannten »Berlin-Tunnel« etwa 150 m tief nach Ost-Berlin hinein mit dem Ziel, sowjetische und osteuropäische Telefonleitungen anzuzapfen. Der Tunnel wurde im Februar 1955 fertiggestellt, jedoch im April 1956 von den Sowjets entdeckt. Diese luden »die gesamte Berliner Pres-

32 Ebd., S. 58: 62. OCB-Bericht, 3.8.1955; ebd., S. 160: Dulles an Lodge (Schreiben), 30.4.1956.

33 Ebd., S. 160–161: Schreiben Dulles an Lodge, 30.4.1956; ebd., S. 224: Telegramm 196 Conant an State Department vom 11.7.1953; FRUS 1955–1957, XXV, S. 59: OCB-Bericht vom 14.6.1955; Hershberg, West German Rearmament, S. 325.

34 FRUS 1952–1954, VIII, S. 185–188: Telegramm 1923 Dulles an diplomatische und konsularische Niederlassungen in Übersee (übersandt an die wichtigsten Stellen in Europa) vom 19.2.1953.

35 FRUS 1955–1957, XXV, S. 149–152: OCB-Bericht vom 18.4.1956.

36 Ebd., S. 164 f.: 285. NSC-Sitzung vom 17.5.1956.

37 Ebd., S. 129: 280. NSC-Sitzung vom 22.3.1956.

38 FRUS 1952–1954, VIII, S. 133 f.: OBC-Bericht vom 7.7.1954; siehe auch: Blum, CIA, S. 63–67.

se zu einem Briefing und einem Rundgang durch den Tunnel und die darin befindlichen Einrichtungen ein«[39].

Ebenso erfolglos verlief die unter dem Motto »Ballon Freies Europa« und unter der Oberaufsicht des CIA vom Ausschuß »Free Europe« organisierte Propagandakampagne mit speziellen Ballons, die amerikanische Propagandabroschüren nach Mittel- und Osteuropa beförderten. Die tschechoslowakische Regierung legte im Juli und November 1955 und nochmals im Februar 1956 bei der US-Botschaft in Prag Protest dagegen ein, weil die Ballons aufgrund ihrer Größe und des in ihnen enthaltenen »Sprengmaterials«, das bei Zündung die Broschüren freisetzte, eine Gefährdung darstelle[40].

Insgesamt kann diesen amerikanischen Übergriffen auf die sowjetischen Satellitenstaaten kaum ein Erfolg bescheinigt werden. Die mit der psychologischen Kriegführung befaßten amerikanischen Stellen waren aufgrund des ausbleibenden Erfolgs bald enttäuscht. In einer nationalen nachrichtendienstlichen Lagebeurteilung im Januar 1956 hieß es, die Sowjetunion habe »volle Kontrolle« über die Regierungen der Satellitenstaaten und könne diese »mit großer Gewißheit bis 1960 aufrechterhalten«[41]. Eisenhower wies jedoch am 22. März 1956 im Nationalen Sicherheitsrat darauf hin, daß durch »fortgesetztes Bemühen mögliche neue Vorgehensweisen zur Verwirklichung unserer Zielvorstellungen gefunden werden könnten«[42].

3. Ein Testfall: Ungarn 1956

Wie sich dann zeigte, mußten sich die Vereinigten Staaten nicht »fortgesetzt um die letztendliche Befreiung Osteuropas bemühen«. Nikita S. Chrustschows Kritik am Stalinismus anläßlich des XX. Parteitages am 25. Februar 1956 und die anschließende Desorientierung in den kommunistischen Parteien außerhalb der Sowjetunion überzeugten Washington, daß sich den Vereinigten Staaten eine Möglichkeit bot, die Lage »zum eigenen Vorteil zu nutzen«[43]. Bei Ausbruch eines Aufruhrs in Posen (Poznán), Polen, am 28. Juni 1956 äußerte J.F. Dulles seinem Bruder gegenüber, wenn »erst einmal Risse auftauchen, dann können sich diese rasch vergrößern. Wir müssen den Druck aufrechterhalten[44].«

39 Ranelagh, The Agency, S. 295; Jeffrey-Jones, The CIA, S. 107; Cline, Secrets, Spies and Scholars, S. 161 f.

40 Redaktionelle Anmerkungen in: FRUS 1955–1957, XXV, S. 98, 118. Siehe auch den tschechischen Protest in: FRUS 1952–1954, VIII, S. 106 (Fußn. 4).

41 Ebd., S. 115: NIE 12–56 Probable Developments in the European Satellites through 1960, 10.1.1954.

42 FRUS 1955–1957, XXV, S. 129: 280. NSC-Sitzung vom 22.3.1956.

43 Ebd., XXIV, S. 119: 289. NSC-Sitzung vom 28.7.1956; siehe auch: ebd., S. 119: Sitzung des Außenministers mit seinen Mitarbeitern (Dulles, Hoover, Bowie, Murphy, Henderson, MacArthur u.a.) am 25.6.1956; ebd., S. 74: 280. NSC-Sitzung, 22.3.1956.

44 FRUS 1955–1957, XXV, S. 181: Anruf von A. Dulles bei J.F. Dulles am 28.6.1956.

Im Sommer und Frühherbst 1956 intensivierten die Vereinigten Staaten gegenüber Osteuropa — und insbesondere gegenüber Polen — eigentlich nur die laufenden Aktionen, das heißt die Propaganda- und Informationstätigkeit und das Angebot humanitärer und wirtschaftlicher Hilfe. Im NSC 5608/1 vom 18. Juli 1956 hieß es, daß der sowjetische Einfluß in Ost- und Mitteleuropa erhalten bleiben und das jugoslawische Beispiel des Loslösens aus dem Machtbereich des Kreml wahrscheinlich keine Nachahmer unter den osteuropäischen Ländern finden würde. Bei ihrer Reaktion auf die Unruhen in Osteuropa würden sich die Vereinigten Staaten in Zukunft »so weit wie möglich auf einheimische Kräfte verlassen«, um die amerikanischen Ziele zu erreichen, »ohne im großen Stil offiziell einzugreifen«[45]. An Eisenhowers Politik der Befreiung mit friedlichen Mitteln änderte sich nichts.

Polens Beispiel hatte Auswirkungen auf Ungarn. In Budapest schlossen sich am 23. Oktober Arbeiter einer Studentendemonstration an. Die Kämpfe zwischen den ungarischen Demonstranten und den ungarischen Streitkräften brachen um 10 Uhr Ortszeit aus. Die Demonstranten forderten den Rücktritt der damaligen kommunistischen Regierung und den Abzug der sowjetischen Truppen aus Ungarn sowie die Rückkehr von Imre Nagy, einem gemäßigten Kommunisten, der von 1953 bis 1955 Premierminister gewesen war. Die US-Gesandtschaft in Ungarn berichtete, die Stalin-Statue sei gestürzt und der rote Stern sei vom Gewerkschaftsgebäude entfernt worden[46].

Sowjetische Truppen drangen am 24. Oktober um 4.30 Uhr in Budapest ein, und am nächsten Tag fand »eine große Schlacht« vor der amerikanischen Gesandtschaft statt, deren Mitarbeiter auf dem Flur arbeiten mußten, um sich nicht dem Geschützfeuer auszusetzen. »Tausende von Ungarn« versammelten sich vor der Gesandtschaft und forderten amerikanische Hilfe mit Rufen wie »Gebt uns Waffen«, »Leistet uns diplomatische Unterstützung« oder »Was tut Amerika in diesem Augenblick für uns[47]?« Die Sowjets verstärkten ihre Streitkräfte in Ungarn mit Truppenteilen, die in Rumänien stationiert waren. Die ungarischen Streitkräfte wurden aus dem Kampf herausgehalten. Das ZK der Ungarischen Arbeiterpartei setzte Nagy als Premierminister ein, während sein Generalsekretär Ernő Gerő durch János Kádár ersetzt wurde (der dann im November 1956 das Amt des Premierministers übernahm).

Die Lage wurde bald kritisch, weil sich bis zum 27. Oktober der Aufstand von Budapest auf das restliche Ungarn ausgebreitet hatte. Zu diesem Zeitpunkt stand

45 Ebd., XXIV, S. 101: OCB-Sonderarbeitsgruppe »Stalinismus«, 17.5.1956; ebd., XXV, S. 189: OCB-Sitzung, 3.7.1956; ebd., S. 216–221: NSC 5608/1, 18.7.1956.

46 Ebd., XXV, S. 263–265: Telegramm Gesandtschaft in Ungarn an State Department 154 vom 23.10.1956. Zum ungarischen Aufstand 1956: Felkay, Hungary and the USSR, Kap. 6, 7; Ranelagh, The Agency, S. 302–309; Ambrose/Immerman, Ike's Spies, S. 235–251; McCauley, The Soviet Union since 1917, S. 177; Nogee/Donaldson, Soviet Foreign Policy, S. 119 f., 218–222.

47 FRUS 1955–1957, XXV, S. 272: Gesandtschaft in Budapest an State Department, unnumeriertes Telegramm vom 24.10.1956; ebd., S. 280–286: Niederschrift über den Austausch von Fernschreiben zwischen der Gesandtschaft in Ungarn und dem US-Außenministerium vom 25.10.1956.

auch fest, daß viele ungarische Einheiten zu den Aufständischen übergelaufen waren[48]. Die Regierung Nagy war schwach, und der neue Generalsekretär konnte sich nicht das volle Vertrauen der Aufständischen sichern, von denen einige »eigenmächtig« vorgingen. Die amerikanische Gesandtschaft in Budapest war überzeugt, daß die Sowjets »zu einer rücksichtslosen Niederwerfung übergehen«[49], wenn der Regierung Nagy die Wiederherstellung von Recht und Ordnung nicht gelingen würde. Am darauffolgenden Tag, dem 28. Oktober, wurde berichtet, die Sowjets verlegten weitere Truppen aus »anderen Satellitenterritorien« nach Budapest. Am 29. Oktober stand die ungarische Hauptstadt vollkommen unter sowjetischer Kontrolle[50].

Angesichts der raschen Entwicklung drängten die US-Gesandtschaft in Budapest und der Leiter der Münchener Rundfunkstation (unter CIA-Regie) Washington, den Aufständischen in Ungarn auf irgendeine Weise zu helfen. Die US-Botschaft in Wien berichtete, daß die Menschen in Österreich Kritik am Ausbleiben »wirkungsvoller« Unterstützung der Ungarn durch die USA übten[51]. Die US-Gesandtschaft in Budapest rief Washington am 27. Oktober auf, mit Autorität aufzutreten und »den ganzen Einfluß geltend zu machen, um die Weltmeinung gegen die sowjetische Intervention zu mobilisieren, da die Vereinigten Staaten durch frühere öffentliche Erklärungen moralisch verpflichtet seien, die diese Unterstützung der unterjochten Nationen eingeschlossen hätten«[52].

Zur Zeit des ungarischen Aufstandes war der CIA zur Einschleusung paramilitärischer Untergrundeinheiten (die sich aus osteuropäischen Flüchtlingen zusammensetzten) mit der Kodebezeichnung »Red Sox«/«Red Cap« zur Unterstützung der »Freiheitskämpfer« bereit[53]. Der Präsident pries den Aufstand in Ungarn öffentlich als »eine erneute Kundgebung des langgehegten und dringenden Wunsches des ungarischen Volkes nach Freiheit«. Er »verurteilte« die militärische Intervention der Sowjets und schloß mit der Aussage, daß das »Herz Amerikas für das ungarische Volk schlage«[54]. Am 25. Oktober stellte J.F. Dulles am Telefon Eisenhower die Frage, ob das Thema Ungarn durch eine gemeinsame Initiative mit Frankreich und Großbritannien auf die Tagesordnung der Vereinten Nationen gesetzt werden solle. Der Präsident befürwortete diesen Vorschlag, da er meinte, daß »wir in dieser Sache nicht allein vorgehen sollten«. Und wenn die Verbün-

48 Ebd., S. 309: Sitzung im Weißen Haus vom 27.10.1956.

49 Ebd., S. 310 f.: Telegramm Gesandtschaft Budapest an State Department 168 vom 27.10.1956; siehe auch: Granville, Imre Nagy, S.22–28.

50 FRUS 1955–1957, XXV, S. 319 f., 329. Telegramme Gesandtschaft Budapest an State Department 171 und 177 vom 28. und 29.10.1956.

51 Ebd., S. 274 f.: Leiter des Münchener Radio Center an den Assistant Program Manager for Policy Application der United States Information Agency, nicht numeriert vom 24.10.1956; ebd., S. 310–313: Telegramm Gesandtschaft Budapest an State Department 168 vom 27.10.1956; ebd., S. 319: Telegramm Botschaft Wien an State Department 916 vom 28.10.1956.

52 Ebd., S. 311: Telegramm Gesandtschaft Budapest an State Department 168 vom 27.10.1956.

53 Ambrose/Immerman, Ike's Spies, S. 238; Ranelagh, The Agency, 285–288.

54 Documents on American Foreign Relations 1956, S. 255 f.

deten sich nicht hinter eine solche Initiative stellten, so hätten »wir zumindest eine Begründung für unsere Tatenlosigkeit«[55].

Während der Diskussion im Nationalen Sicherheitsrat am darauffolgenden Tag drang Harold E. Stassen, Sonderberater des Präsidenten, auf die dringende Anberaumung einer NSC-Sitzung zur Behandlung des Themas Polen und Ungarn. Der Präsident hielt dies für voreilig und beauftragte den Planungsausschuß des NSC statt dessen, »eine möglichst klare Analyse« der bisherigen Vorgänge in Polen und Ungarn vor Überprüfung der amerikanische Haltung gegenüber diesen beiden Ländern zu fertigen[56]. Bei einer Besprechung im Weißen Haus am 27. Oktober wurde berichtet, daß viele amerikanische Kirchen am folgenden Sonntag »eine Minute des stillen Gebets« für die Ungarn einlegen würden, und der Präsident hoffte, dem Gottesdienst in der National Presbyterian Church in Washington beiwohnen zu können. Das amerikanische Rote Kreuz bot den ungarischen Flüchtlingen in Österreich zusammen mit dem Internationalen Roten Kreuz Hilfe und medizinische Betreuung an. Die Regierung hoffte, auch »Lebensmittel« nach Ungarn liefern zu können. Außenminister Dulles äußerte: »Im Augenblick können oder sollten wir nicht viel mehr tun«[57].

Der Präsident hatte schon bei der NSC-Sitzung am 26. Oktober 1956 klargestellt, daß er vermeiden wollte, die Sowjetunion zu weit in die ungarische Angelegenheit zu verwickeln. Nachdem die Sowjets in ihren Satellitenstaaten einen immer schwierigeren Stand hätten, »könnten sie sich vielleicht versucht fühlen, zu sehr extremen Maßnahmen zu greifen und sogar einen Weltkrieg heraufbeschwören«. Im Bemühen, die sowjetischen Befürchtungen zu zerstreuen, Ungarn würde bei Verlust der sowjetischen Kontrolle über Budapest der NATO beitreten, ging J.F. Dulles bei einer Rede in Dallas am 27. Oktober 1956 sogar so weit, daß er ausführte, die Vereinigten Staaten würden »keine weiteren Wünsche mit der Befreiung der Satellitenstaaten verbinden« und diese Länder »nicht als potentielle militärische Verbündete« ansehen[58]. Charles E. Bohlen, der US-Botschafter in Moskau, wurde angewiesen, Chruschtschow aufzusuchen und auf diesen Punkt abzuheben[59]. Die Regierung Eisenhower hegte in Wirklichkeit nur geringe Hoffnungen, daß eine solche Zusage zur Änderung der Lage in Ungarn beitragen würde, nachdem die Sowjetunion entschlossen war, den Satellitenblock im Notfall mit Gewalt unter Kontrolle zu halten, aber es war zumindest ein letzter verzweifelter Versuch Eisenhowers, die Russen zu beruhigen[60].

55 FRUS 1955–1957, XXV, S. 290 f.: Ferngespräch Dulles (Washington) an Eisenhower (New York) vom 25.10.1956; ebd., S. 291: Dulles (Washington) an Lodge (New York) vom 25.10.1956.

56 Ebd., S. 298: 301. NSC-Sitzung vom 25.10.1956. C.D. Jackson drängte den Präsidenten ebenfalls, »positive« Maßnahmen zu ergreifen: Cook, The Declassified Eisenhower, S. 203 f.

57 Diaries of Dwight D.Eisenhower: Niederschrift von der Besprechung mit dem Präsidenten, 27.10.1956.

58 FRUS 1955–1957, XXV, S. 317 f.: Rede Dulles beim Dallas Council on World Affairs, 27.10.1956.

59 Ruddy, The Cautious Diplomat, S. 137.

60 National Defense University, Washington. General Goodpaster Oral History (2. Interview mit Edward Edwin, 2.8.1967, Washington D.C.), S. 76.

Die Regierung Eisenhower erkannte, daß sie wenig zur Ausnutzung der Lage in Ungarn tun konnte und sich auf Mitgefühl und humanitäre Hilfe beschränken und im weiteren die Angelegenheit an die Vereinten Nationen weitergeben müsse. Einen Augenblick war Washington jedoch etwas optimistischer, und zwar, als die Sowjetunion bekanntgab, ihre Truppen am 30. Oktober 1956 aus Ungarn zurückführen zu wollen. Das war wahrscheinlich die Reaktion auf Nagys Aufforderung vom selben Tag, die sowjetischen Truppen aus Ungarn abzuziehen. Die Bekanntgabe folgte dem Besuch einer sowjetischen Delegation unter Leitung des stellvertretenden Vorsitzenden des sowjetischen Ministerrates, Anastas I. Mikojan, und des Sekretärs des ZK der KPdSU, Michail A. Suslow, in Budapest am 30. Oktober, bei dem Gespräche mit ungarischen Parteiführern stattgefunden hatten. Allen Dulles glaubte, es habe sich ein »Wunder« ereignet. Die US-Gesandtschaft in Ungarn berichtete am 31. Oktober, es habe den Anschein, als ob die sowjetischen Truppen Budapest verlassen, daß die ungarische Revolution »jetzt ein geschichtlicher Tatbestand« sei[61].

Zu diesem Zeitpunkt war das amerikanische Interesse durch den Ausbruch der Suezkrise von Ungarn abgelenkt, und dadurch wurden die amerikanischen Vorstöße, den sowjetischen Imperialismus zu verurteilen, erschwert. Der Außenminister äußerte am 30. Oktober gegenüber dem Präsidenten, »was für eine Tragödie es ist, daß im Augenblick, in dem die sowjetische Politik kollabiert, die Briten und Franzosen denselben Fehler in der arabischen Welt begehen«[62]. Die Sowjetunion konnte sich nun die Verwirrung zunutze machen, die durch den Konflikt im Mittleren Osten entstanden war.

Am 1. November begannen die sowjetischen Truppen, Budapest erneut zu besetzen. Als Antwort darauf erklärte Nagy Ungarns Austritt aus dem Warschauer Pakt und rief den UN-Generalsekretär um Hilfe der Vereinten Nationen bei der Verteidigung der ungarischen Neutralität an[63]. Am 2. November genehmigte der Präsident die Lieferung von Lebensmitteln und Hilfsgütern im Wert von 20 Millionen Dollar an das ungarische Volk. Nach der Besprechung der Mitarbeiter des stellvertretenden Außenministers gestand Herbert Hoover ein, »daß die Lage in Ungarn aus dem Gleis laufe«, während Robert D. Murphy, der stellvertretende Undersecretary of State, sich über das Versagen der US-Nachrichtendienste ärgerte, den Aufstand nicht vorhergesehen zu haben. Das westliche Bündnis war gespalten, da Großbritannien und Frankreich die Vereinigten Staaten bezichtigten, im Sicherheitsrat bezüglich der Ungarnfrage eine Verzögerungstaktik anzuwenden[64],

61 FRUS 1955–1957, XXV, S. 358: 302. NSC-Sitzung vom 1.11.1956; ebd., S. 349: Telegramm Gesandtschaft Budapest an State Department 200.

62 Ebd., S. 346: Ferngespräch Eisenhower-Dulles vom 30.10.1956.

63 Nogee/Donaldson, Soviet Foreign Policy, S. 221; FRUS 1955–1957, XXV, S. 359–363: 42. Sitzung des Sonderausschusses über sowjetische und damit verbundene Probleme, Washington D.C., vom 1.11.1956; ebd., S. 363 f.: Telegramm Gesandtschaft Budapest an State Department 209 vom 1.11.1956.

64 FRUS 1955–1957, XXV, S. 365: Ferngespräch Dulles (Washington D.C.) mit Lodge (New York) vom 2.11.1956.

während die Amerikaner Großbritannien und Frankreich vorwarfen, Ungarn zur Ablenkung der Weltöffentlichkeit von der Suezkrise zu nutzen[65].

Während die Amerikaner über den Gang der Dinge in Ungarn bestürzt waren und die Suezkrise mit dem Vordringen der französischen und britischen Expeditionskräfte auf Port Said ihren Höhepunkt erreichte, wurde auch in der ungarischen Tragödie eine Entscheidung herbeigeführt. Am 4. November ließ die Sowjetunion 200 000 Soldaten und 4000 Panzer in Budapest einmarschieren, und Kádár, der in der Regierung Nagy kurz als Innenminister fungiert hatte, wurde als Premierminister eingesetzt. Nagy wurde von den Russen »gekidnappt« und im Jahr 1958 hingerichtet. Chruschtschow erinnerte sich, »daß alles in drei Tagen vorüber gewesen sei«, während Andrei A. Gromyko, sein Außenminister, in seinen Memoiren die Auffassung vertritt, daß »die Ungarn geleistete Hilfe in vollem Umfang gerechtfertigt gewesen sei«[66].

4. Amerikanische Bemühungen um die »Befreiung« Osteuropas

Es gibt eine Reihe von Faktoren, welche die zurückhaltende und konfuse amerikanische Reaktion auf die Krise in Ungarn erklären. Zum einen sollte die amerikanische Befreiungspolitik in keinem Fall auf die direkte Anwendung bewaffneter Gewalt zurückgreifen. Eisenhower war bestrebt, die Befreiung mit friedlichen Mitteln zu bewirken. Die republikanische Vorstellung von der Befreiung, auf die man sich am 10. Juli 1952 geeinigt hatte, war absichtlich vieldeutig mit der Aussage formuliert worden, daß »die Politik der Vereinigten Staaten sich auf die Verwirklichung eines ihrer friedlichen Ziele freue, nämlich den Tag, an dem jene unterjochten Völker die echte Unabhängigkeit erhalten«. Ergänzend hieß es, daß durch diese Politik »die Stimme Amerikas eine wirkliche Funktion erhalte«[67].

Gleichzeitig waren sich die führenden Politiker in den USA bewußt, daß Propaganda dann »am wirksamsten« ist, wenn sie als Hilfsmaßnahme eingesetzt wird und nicht erwartet werden kann, »daß die Propaganda der ausschlaggebende Faktor für die Entscheidung wesentlicher Fragen sein würde«[68]. Die Vereinigten Staaten brachten die Ungarnfrage auf die Tagesordnung der Vereinten Nationen; aber weiter wollten sie nicht gehen. Die Verurteilung durch den Sicherheitsrat wurde — wie erwartet — von der Sowjetunion am 3. November mit einem Veto belegt. Am darauffolgenden Tag forderte die Generalversammlung der Vereinten Nationen den sofortigen Abzug der sowjetischen Truppen. Danach faßte die Versammlung eine Reihe von Resolutionen, die das Vorgehen der Sowjetunion verurteilten, jedoch keinerlei praktische Auswirkungen hatten. Eden erinnerte

65 Eden, Full Circle, S. 545.

66 Granville, Imre Nagy, S. 27; Ambrose/Immerman, Ike's Spies, S. 238; Eden, ebd., S. 544; Gromyko, Memories, S. 231; Kovrig, Of Walls and Bridges, S. 85–89.

67 Documents on American Foreign Relations, 1952, S. 83.

68 FRUS 1952–1954, II, S. 1836: Bericht des Jackson-Ausschusses vom 30.6.1953.

sich später daran, daß »das bedauerliche Versagen der Vereinten Nationen, auch nur im geringsten ihren Einfluß auf die ungarischen Ereignisse geltend zu machen, diese Tragödie erst so richtig als solche erscheinen ließ«[69].

Zum anderen waren etwa 400 000 sowjetische Soldaten in der DDR, in Polen, Ungarn und Rumänien stationiert[70], und aufgrund dieser harten Tatsache war die Konzeption von der friedlichen Befreiung zum Scheitern verurteilt. Auf jeden Fall stellte Ungarn, ein nicht von See her zugängliches Land, für den Westen ein schwieriges militärisches Problem dar. Die alliierten Truppen hätten für eine Verlegung nach Ungarn das »neutrale Österreich, das titoistische Jugoslawien oder die kommunistische Tschechoslowakei« durchqueren oder überfliegen müssen, was nach Eisenhowers Dafürhalten »nicht in Frage« kam. Der Präsident war sich bewußt, daß »wir uns allein schon aufgrund der Verlegung von US-Truppen durch feindliches oder neutrales Territorium nach Ungarn einen weltweiten Krieg einhandeln könnten«[71].

Zum dritten fand der ungarische Aufstand unter einzigartigen Bedingungen statt und wurde durch eine Anzahl von Faktoren kompliziert, welche die wirksame Reaktion der Vereinigten Staaten verhinderten. Washington befürchtete, innerhalb der nächsten Jahre die strategische Überlegenheit über die Sowjetunion zu verlieren. Deshalb nahm die Furcht der Amerikaner und ihrer Verbündeten vor einem aus Versehen oder durch falsche Einschätzung ausbrechenden Atomkrieg zu. Die Vereinigten Staaten mußten deshalb in der Ungarnkrise aus zweierlei Gründen vorsichtig taktieren. Beim Genfer Gipfeltreffen waren die Vereinigten Staaten moralisch in die Pflicht genommen worden, sich um die internationale Entspannung zu bemühen. Außerdem war Washington aufgrund der durch die Suezkrise verstärkten Spannungen gezwungen, eine Provokation der Sowjetunion wegen Ungarn zu vermeiden.

Bennett Kovrig argumentiert überzeugend, daß die Vereinigten Staaten »einseitig« oder über die Vereinten Nationen »unverzüglich Ungarns Unabhängigkeit und Neutralität hätten anerkennen und symbolisch garantieren können«, wodurch die sowjetische Intervention »zumindest verzögert« worden wäre. Angesichts der vorsichtigen Politik in der Ungarnfrage aus den oben dargelegten Gründen und der abwartenden Haltung bei Ausbruch der Krise ist es kaum vorstellbar, daß die Vereinigten Staaten eine solche Maßnahme als dringlich erachtet und einseitig ergriffen hätten[72].

Viertens kommt hinzu, daß in der Regierung Eisenhower die Meinungen nicht nur bezüglich des Einsatzes von Atomwaffen, der Truppenverlegung nach Über-

69 Eden, Full Circle, S. 544.

70 FRUS 1955–1957, XXV, S. 367: State Department an die diplomatischen Vertretungen in Übersee (wichtigste europäische Hauptstädte) vom 2.11.1956. Siehe auch: ebd., S. 199: Studie der NSC-Mitarbeiter über die US-Politik gegenüber den sowjetischen Satellitenstaaten in Osteuropa vom 6.7.1956.

71 Eisenhower, Waging Peace, S. 88 f.; Ambrose/Immerman, Ike's Spies, S. 238; Cook, The Declassified Eisenhower, S. 196.

72 Kovrig, Of Walls and Bridges, S. 102.

see und des Zeitplanes für die Abrüstungsverhandlungen mit der Sowjetunion, sondern auch bezüglich der Frage der Befreiung auseinandergingen. Der CIA war sicher gewillt, extremere Schritte zu unternehmen und beispielsweise paramilitärische Kräfte nach Ungarn zu entsenden oder sogar mit dem Einsatz von Atomwaffen zu drohen, um die Sowjets zum Rückzug aus Ungarn zu bewegen[73]. Die Operation »Red Sox«/«Red Cap« war so weit vorbereitet, daß sie hätte durchgeführt werden können. Sie wurde jedoch vom Präsidenten abgeblasen, als die Sowjets Verstärkungkräfte nach Budapest entsandten[74].

Amerikanische Institutionen in Übersee und viele amerikanische Diplomaten waren der Auffassung, daß die Vereinigten Staaten eine moralische Verpflichtung gegenüber Ungarn hatten und mehr hätten tun müssen, um dem ungarischen Volk zu helfen. Clare Boothe Luce, die US-Botschafterin in Italien, schrieb am 4. November 1956 an den Präsidenten, daß »das französisch-britische Vorgehen in Suez das Prestige dieser Länder nur wenig beeinträchtige, die Untätigkeit der Amerikaner im Falle Ungarns den amerikanischen Ruf jedoch schwer beschädigen könne«. Llewellyn E. Thompson, der US-Botschafter in Österreich, fragte an, ob die Vereinigten Staaten als Ausgleich für die ungeheuren Opfer des ungarischen Volkes nicht »etwas Durchgreifenderes und Positiveres unternehmen könnten [...] als sich auf Hilfssendungen und nicht beachtete UN-Resolutionen zu beschränken«[75]. Diejenigen, die sich für ein handfesteres Vorgehen aussprachen, konnten jedoch keine konkreten Alternativen vorschlagen, mit denen man den starken sowjetischen Kräften in Ungarn hätte bei gleichzeitiger Vermeidung eines nicht nur lokalen Krieges entgegentreten können. Oberst Andrew J. Goodpaster, Sekretär im Stab Eisenhowers, erinnert sich, daß niemand in der Regierung dafür plädierte, die amerikanischen Streitkräfte für Ungarn gegen die Sowjetunion in den Krieg zu schicken[76].

Die Verwirrung wurde teilweise durch das Versagen ausgelöst, den Zweck der psychologischen Kriegführung der USA festzulegen und ihre Folgen für die Befreiungspolitik zu erkennen. J.F. Dulles war über die Beschuldigungen der Demokraten während des Präsidentschaftswahlkampfes 1956 verärgert, die Republikaner hätten ihr Befreiungsversprechen nicht eingehalten. »Wir sind nicht die Einlösung eines Versprechens schuldig geblieben«, sagte er am 4. September 1956 zum Präsidenten. Nach seiner Auffassung nutzte die republikanische Regierung die Nachrichtendienste, um in den »Satellitenländern die Freiheitsliebe wachzuhalten«. Wenn »Maßnahmen ergriffen« worden wären, hätte dies so ausgelegt

73 Ranelagh, The Agency, S. 306; Kovrig, ebd., S. 96.

74 Ranelagh, ebd., S. 305–307; Jeffrey-Jones, CIA, S. 94; Ambrose/Immerman, Ike's Spies, S. 238 f.; Prados, Presidents' Secret Wars, S. 126.

75 FRUS 1955–1957, XXV, S. 390: Telegramm Luce über Dillon (US-Botschaft Paris) an Eisenhower 2171 vom 4.11.1956; ebd., S. 432: Telegramm Thompson an State Department 1268 vom 11.11.1956.

76 National Defense University, Washington. General Goodpaster Oral History (2. Interview mit Edward Edwin, 2.8.1967, Washington D.C.), S. 77.

werden können, als würden die Amerikaner hinter der Befreiungsbewegung stehen, was Wasser auf die Mühlen der Kommunisten gewesen wäre[77].

Außerdem hatten einige politische Dokumente die Tendenz, das amerikanische Interesse an der Befreiung der Satellitenländer zu unscharf darzulegen. In NSC 174 und NSC 5608/1 wurde beispielsweise zum Ausdruck gebracht, die sowjetische Kontrolle über Osteuropa habe »erheblich zum Kräfteungleichgewicht in Europa und zur Bedrohung der Sicherheit der Vereinigten Staaten beigetragen«. Daraus war zu folgern, daß die Befreiung der osteuropäischen Satellitenstaaten die Sicherheit der Vereinigten Staaten »stärken« würde. Infolgedessen hatten diejenigen, die die politischen Ziele festlegen mußten, große Schwierigkeiten, wirksame Maßnahmen zum Erreichen dieses ehrgeizigen Ziels zu finden, und dieses Versagen führte dazu, daß die Vereinigten Staaten sich als Verfechter eines unerreichbaren Ziels sehen mußten. Dies erklärt, weshalb die Berichte des Operation Coordinating Board alle so pessimistisch abgefaßt waren.

Und schließlich ist die amerikanische Unterstützung für die Befreiung Osteuropas weltweit erheblich übertrieben worden, wodurch mit Ausbruch der Ungarnkrise die für die US-Politik Verantwortlichen von einem zusätzlichen Trauma verfolgt wurden. Radio Free Europe (im Gegensatz zu Radio Free Asia) wurde trotz der gelegentlichen Störung durch die Kommunisten vor allem in der Tschechoslowakei, in Ungarn und in Polen von weiten Bevölkerungskreisen gehört[78]. Ein Ungar faßte die in Ungarn nach dem Scheitern des Aufstandes herrschende Meinung treffend zusammen: »Die Ansager in ihren Studios in München hatten es leicht; sie redeten und redeten und redeten. Wir mußten kämpfen[79].«

Das Ergebnis war, daß sich Washington wachsender Kritik wegen der amerikanischen Tatenlosigkeit in der Ungarnkrise ausgesetzt sah. In dieses Horn stießen die europäischen Verbündeten, die Vereinten Nationen, Österreich und vor allem natürlich Ungarn. Am 9. November rief Lodge den Präsidenten vom UN-Hauptquartier aus an, um ihm zu sagen, »bei den Vereinten Nationen herrsche die Auffassung, die Amerikaner hätten die Ungarn über Radio Free Europe zehn Jahre lang aufgestachelt, und nun, wo sie in Schwierigkeiten steckten, kehre man ihnen den Rücken«[80]. Goodpaster wies später darauf hin, daß einige amerikanische Nachrichtendienste »entschieden über die Politik der Regierung hinausschossen«, was weltweit zur falschen Einschätzung der amerikanischen Befreiungspolitik beitrug[81].

77 FRUS 1955–1957, XXV, S. 243: Schreiben Dulles an Eisenhower vom 5.9.1956, dazu Fußn. 2.

78 FRUS 1952–1954, II, S. 1832: Bericht W. Jacksons vom 30.6.1953.

79 Graebner, Cold War Diplomacy, S. 63.

80 FRUS 1955–1957, XXV, S. 424: Ferngespräch Lodge (New York) mit Eisenhower (Washington D.C.) vom 9.11.1956; ebd., S. 430: Telegramm US-Botschaft in Österreich an State Department 1268 vom 11.11.1956; ebd., S. 435: Schreiben MacArthur II (Berater des Außenministeriums) an Hoover (amtierender Außenminister); ebd., S. 436: 46. Sondersitzung über Probleme im Zusammenhang mit der Sowjetunion vom 12.11.1956; ebd., S. 556: Telegramm Conant (Bonn) an State Department 2127 vom 3.12.1956.

81 National Defense University, Washington. General Goodpaster Oral History (2. Interview mit Edward Edwin, 2.8.1967, Washington D.C.), S. 77.

Der Präsident gab seiner »Sorge« über diese Kritik Ausdruck, vertrat jedoch bei einem Treffen mit Goodpaster am 13. November 1956 die Auffassung, daß »unsere Politik nie darauf abzielte, unterjochte Völker zum Aufstand zu ermutigen. Wir waren und sind jedoch jederzeit bereit, ihre friedliche Befreiung zu unterstützen, indem wir den unterdrückten Völkern starke moralische Rückendeckung bieten[82].«

Eisenhower forderte die Vereinten Nationen auf, »ihr ganzes Gewicht in die Waagschale zu werfen, um diesen falschen Eindruck schnell zu korrigieren«, und am darauffolgenden Vormittag äußerte sich der Präsident bei einer Pressekonferenz in ähnlichem Sinn[83].

Die Regierung war über die Einstellung der neutralen Länder Asiens bestürzt. Indien, Indonesien und Burma lehnten die die Sowjetunion verurteilenden Resolutionen ab. Die Neutralen glaubten, durch ihre Unterstützung derartiger, von westlichen Staaten initiierter Resolutionen nur die Kluft zwischen den zwei Lagern einer von zwei Supermächten dominierten Welt zu vertiefen, obwohl Eisenhower meinte, daß Jawaharlal Nehru sich angesichts der Vorkommnisse in Ungarn und Ägypten veranlaßt fühlen müßte, »seine Bindung an den Westen zu verstärken«[84]. Eisenhowers Vorstellungen zu dieser Frage waren nicht eindeutig, aber er war sich vollkommen im klaren darüber, daß der Kreml entschlossen war, entweder Gewalt gegen unbotmäßige Satellitenstaaten wie Ungarn anzuwenden oder solche Staaten fallen zu lassen, die ihn nur aus nationalistischen Beweggründen hofierten, wie es Ägypten während der Suezkrise getan hatte. Während der Ungarnkrise hatten amerikanische Fotoreporter Filmaufnahmen von »sowjetischen Panzern gemacht, die Menschen in den Straßen von Budapest überrollten«. Der Leiter der USIA unterrichtete den Nationalen Sicherheitsrat am 8. November 1956, daß seine Organisation diese Filme schon weltweit über die US-Botschaften »verteile«. Der Präsident meinte, »es wäre keine schlechte Idee, Nehru einen der besten Filmstreifen zu übersenden«, während Vizepräsident Richard Nixon vorschlug, »einen Streifen an Achmed Sukarno in Indonesien zu schicken«[85]. Die Ungarnkrise und die daraus resultierenden Beschuldigungen, die Vereinigten Staaten hätten trotz ihrer hochtrabenden Versprechen nichts unternommen, um dem ungarischen Volk in der Stunde der Not beizustehen, förderten bei Eisenhower nur noch die Entschlossenheit, die Befreiung Osteuropas ausschließlich mit friedlichen Mitteln zu verfolgen. Bei einer Sitzung des Nationalen Sicherheitsrates am 8. November 1956 erklärte er: »Wir müssen die Lage in Ungarn so weit wie möglich hochspielen, damit die ganze Welt darauf aufmerksam wird und versteht, was dort läuft[86].«

82 FRUS 1955–1957, XXV, S. 435: Memorandum MacArthur II an Hoover vom 12.11.1956.

83 Ebd., XXV, S. 435; zu Eisenhowers Erklärung am 14.11.1956: PPOP 1956, S. 1095–1108.

84 FRUS 1955–1957, XXV, S. 321, Fußn. 3; ebd., S. 321 f.: Ferngespräch Dulles-Eisenhower vom 29.10.1956; ebd., S. 394 f.: Aktennotiz über eine Unterredung mit dem Präsidenten vom 5.11.1956; ebd., S. 403: 44. Sitzung des Sonderausschusses zur Behandlung von Fragen über die Sowjetunion und damit in Zusammenhang stehender Probleme vom 6.11.1956; Graebner, Cold War Diplomacy, S. 64.

85 FRUS 1955–1957, XXV, S. 420: 303. NSC-Sitzung vom 8.11.1956.

86 Ebd.

Nach den Ereignissen in Ungarn setzten die US-Informationsdienste ihre Arbeit fort, gingen jedoch vorsichtiger vor. Die US-Gesandtschaft in Ungarn schlug am 18. Dezember 1956 vor, die Stimme Amerikas und Radio Free Europe »sollten ihr Programm in jeder Hinsicht sorgfältig gestalten«, um den Eindruck zu vermeiden, bei den »Sendungen handle es sich um reine Propaganda«[87]. Im Februar 1957 meldete die US-Gesandtschaft in Ungarn, sie bemühe sich nach Kräften — während das ungarische Volk »weiter Widerstand gegen das (Kádár-)Regime leiste, das ihm Moskau aufgezwängt habe« —, die Bevölkerung darauf hinzuweisen, daß im Augenblick weitere Aktionen ihrem Anliegen möglicherweise mehr schaden als nützen würden«[88]. Mitte November wurden wieder Propagandaballons über Osteuropa, jedoch nicht über Polen und Ungarn, freigesetzt[89].

Ansonsten wurden auf dem Gebiet der nationalen Sicherheitspolitik die grundlegenden Dokumente über die Befreiung nicht wesentlich geändert. Das NSC 5707/8 vom Juni 1957 erläuterte, daß die Vereinigten Staaten mittels Informationsprogrammen im Ausland »versuchen sollten [...], den Menschen in den sowjetischen Satellitenstaaten zuzusichern, daß die Vereinigten Staaten weiterhin an der friedlichen Zurückgewinnung ihrer Unabhängigkeit und ihrer politischen Freiheit interessiert sind«[90]. Schließlich verabschiedete der Kongreß im Juli 1959 eine gemeinsame Resolution zur »Captive Nations Week 1959«, die zu einer Woche des »Gebets für die von den Kommunisten unterjochten Völker« aufforderte[91].

Diese fortdauernde Verlautbarung des amerikanischen Mitgefühls mit den »unterjochten Völkern« kann — um Norman A. Graebners Formulierung zu benutzen — als »utopische Reaktion auf die Herausforderung des sowjetischen Verhaltens« gewertet werden[92]. Andererseits geschah dies wahrscheinlich deshalb, weil der Westen nicht wußte, wie schrecklich die Lage hinter dem Eisernen Vorhang war, weshalb die Vereinigten Staaten — so vermutet John L. Gaddis — »dazu neigten, die Tatsache, daß es wirklich ›unterjochte Völker‹ gab, aus den Augen zu verlieren«[93]. Die Befreiungspolitik wurde von der Welt und von den Ungarn als »fauler Zauber« empfunden[94]. Der Nachdruck, mit dem die Befreiung von den Republikanern während des Präsidentschaftswahlkampfes 1952 angesprochen worden war, hatte ursprünglich nationalen Zwecken dienen sollen. Es sollten

87 Ebd., S. 524: Telegramm Gesandtschaft Budapest an State Department 247 vom 18.12.1956.

88 Ebd., S. 571: Memorandum Dillon an Hoover vom 15.2.1957 und Gesandtschaft Budapest an State Department vom 12.2.1957.

89 Ebd., S. 438: 46. Sitzung des Sonderausschusses zur Behandlung von Fragen über die Sowjetunion und damit in Zusammenhang stehender Probleme vom 12.11.1956.

90 Ebd., XIX, S. 520: NSC 5707/8 vom 3.6.1957, Ziff. 42; siehe auch: ebd. IX, S. 594–596: NSC 5720, Status of United States Programs for National Security vom 30.6.1957.

91 Documents on American Foreign Relations, 1959, S. 206 f.; Eisenhower, Waging Peace, S. 408.

92 Graebner, Cold War Diplomacy, S. 65.

93 Gaddis, The Tragedy, S. 7 f.

94 Pach/Richardson, The Presidency, S. 132; siehe auch: Ambrose/Immerman, Ike's Spies, S. 238.

damit die Stimmen jener amerikanischen Wähler gewonnen werden, die aus Osteuropa stammten[95].

Schließlich hat die Regierung Eisenhower zu keinem Zeitpunkt die Befreiung mit gewaltsamen Mitteln versprochen. Eisenhower und J.F. Dulles waren sich voll bewußt, daß es sich bei den Aussagen über eine friedliche Befreiung einzig und allein um die Rhetorik der Diplomatie des Kalten Krieges handelte, die nur einem begrenzten Ziel dienen sollte. Gaddis formulierte das so:

> »Psychologische Kriegführung bedeutete nur einen standhaften Glauben an die Wirksamkeit der öffentlichen Darstellung. Es herrschte die Meinung, daß die Vereinigten Staaten ausschließlich durch Erklärungen und beeindruckende Gesten die Schwierigkeiten verschärfen könnten, mit denen sich ihre Gegner herumschlagen mußten[96].«

Daneben ging das Bemühen der Regierung Eisenhower um die friedliche Befreiung logischerweise mit der Entschlossenheit einher, nach Möglichkeit die Werte und Institutionen der Demokratie in der freien Welt zu erhalten und über diese hinaus zu verbreiten — und das war ja der Kerngedanke der Politik des New Look. Der große Unterschied im Verständnis der amerikanischen Befreiungspolitik zwischen Washington und dem Rest der Welt trug sicher zur Tragödie des ungarischen Aufstandes im Jahr 1956 bei.

95 Ambrose/Immerman, ebd., S. 235.
96 Gaddis, Strategies of Containment, S. 155.

»Die dringendste und gleichzeitig die delikateste Aufgabe, die mich erwartete, als ich [1957] Premierminister wurde, war, unser altes Verhältnis mit Washington zu reparieren und schließlich wiederherzustellen. Damit eng verbunden war die neue [...] Strategie für das Vereinigte Königreich, die nun die Auswirkungen von Kernwaffen voll mit einbeziehen mußte.«
Harold Macmillan[1]

»Die Kernwaffe hat uns eine Autonomie der Entscheidung gegeben, die ohne sie kaum möglich gewesen wäre. Die Geschehnisse von Suez 1956 haben klar die Notwendigkeit einer größeren Autonomie der französischen Politik gezeigt. Die nationale Abschreckung[-swaffe] hat unbestreitbar diese Rolle gespielt.«
Premierminister Alain Juppé, Paris, 6. September 1995[2]

Beatrice Heuser

John Bull und Marianne. Das Auseinanderleben zweier alter Verbündeter

1. Erst tanzt man zusammen — dann gibt man sich den Korb.

Sie hatten gemeinsame Gegner und gemeinsame demokratische Ideale, beide waren Weltreich, und beide verloren dieses Weltreich; sie waren die Eltern der Demokratie Amerikas; mit Amerika gemeinsam Eltern der Weltordnung nach dem Ersten und Zweiten Weltkrieg und der Ideale der Vereinten Nationen; sie hatten das gemeinsame Privileg (als einzige unter den Europäern), permanent Mitglied im Sicherheitsrat der Vereinten Nationen zu sein: All das machte Großbritannien und Frankreich zu natürlichen Alliierten. Und dennoch ist die Beziehung zwischen John Bull und Marianne eine stürmische: Diese gemeinsam entwickelten Interessen, die die beiden besonders seit dem Ersten Weltkrieg zu inniger Ehe hätten treiben können, sind allzu oft überschattet gewesen durch Streitigkeiten, Eifersüchteleien und Trennungen. Die letzte Trennung des Paares begann mit der ebenso stürmischen Beziehung zwischen Marianne und Michel seit de Gaulle und Adenauer[3].

Dieser Beitrag befaßt sich mit den Ursprüngen dieser letzten, langen Trennung Großbritanniens und Frankreichs, die im Zeitraum zwischen der Suezkrise 1956

1 Macmillan, Riding the Storm, S. 240.
2 Botschaft Frankreichs in London, France Statements SFC/95/206, S. 8.
3 Siehe: Buffet/Heuser, The Franco-German Couple.

und der britisch-amerikanischen Konferenz in Nassau auf den Bahamas (Dezember 1962) und der französischen Reaktion darauf zu finden sind. In der Suezoperation kämpften Großbritannien und Frankreich als alternde Kolonialmächte Seite an Seite: Es war dies das letzte große Unternehmen der gemeinsamen Militärpolitik, das beide Länder ohne andere europäische oder transatlantische Unterstützung unternahmen, in jener Zweisamkeit, die bis zur Garantie für Polen im Frühjahr 1939, zur gemeinsamen Kriegserklärung an Hitlers Reich und zum Vertrag von Dünkirchen im Jahre 1947 zurückreicht, ja weiter noch, nämlich bis zur Waffenbrüderschaft im Ersten Weltkrieg. Der politische (nicht militärische!) Mißerfolg der Suezkampagne führte dazu, daß sich der Weg dieser beiden europäischen Mächte trennte und diese Trennung erst Jahrzehnte später nach den Erfahrungen des Golfkriegs (1990/91) und des darauf folgenden Jugoslawienkonfliktes überwunden wurde. Diese Trennung begann also mit dem Ende der Suezkrise, und sie fand ihren eindeutigen Ausdruck im Veto de Gaulles gegen die Aufnahme Großbritanniens in die Europäische Wirtschaftsgemeinschaft im Januar 1963.

In diesem Zeitraum sehen wir die Entfaltung zweier paralleler, scheinbar unabhängiger Themen, die man kurz »Kernwaffen« und »EWG« nennen kann. Einerseits entwickelte in diesen Jahren Großbritannien seine ersten einsatzbereiten Kernwaffen (free fall bombs), und Frankreich zündete seinen ersten Kernsprengsatz. Andererseits gründete Frankreich mit anderen Partnern auf dem europäischen Festland die EWG, für die sich Großbritannien zunächst nicht interessierte und der es verspätet beizutreten versuchte. Doch wie wir sehen werden, bestanden Verbindungen zwischen diesen beiden Ereignissen.

Im Zentrum dieser Zweierbeziehung steht ein verborgener Dritter, die Vereinigten Staaten von Amerika, deren gegenüber London und Paris unterschiedliche Politik ausschlaggebend für die Entwicklung der Beziehungen zwischen Großbritannien und Frankreich war. Und das, obwohl sowohl in der Suezkrise als auch im Nassauer Angebot die Politik Washingtons London und Paris gegenüber identisch war! Die Unterschiede in der amerikanischen Politik London und Paris gegenüber betrafen aber besonders die Entwicklung von Kernwaffen.

Einerseits gehen sowohl das britische wie auch das französische Kernwaffenprogramm auf die Zwischenkriegszeit zurück; Kernphysiker beider Länder waren entscheidend an den Forschungsarbeiten beteiligt, die schließlich die amerikanische Entwicklung der Atombombe 1945 ermöglichten. Andererseits bedeutete die direkte britische Beteiligung am »Manhattan Project« und die zeitweilige Weiterführung der gemeinsamen britisch-kanadisch-amerikanischen Forschung (und Verteidigungsplanung) vom Ende des Zweiten Weltkrieges bis zur Verabschiedung des McMahon-Acts durch den amerikanischen Kongreß im Jahre 1946 aber die völlige Ausgrenzung Frankreichs auf diesen Gebieten.

Großbritannien und Frankreich war gemein, daß sie nach dem Krieg die Vereinigten Staaten ein für allemal in die Verteidigung Westeuropas einbinden wollten, um sich vor einer weiteren Expansion der sowjetischen Machtsphäre (und einem revanchistischen Deutschland) zu schützen. Beide arbeiteten Hand in Hand, die Westunion (mit dem Brüsseler Vertrag von 1948) und dann die Nordamerika einschließende Nordatlantische Allianz (mit dem Vertrag von 1949) zu schaffen.

Jeder hatte seine eigenen Probleme mit Einzelaspekten der US-Außenpolitik. Frankreich wünschte mehr Unterstützung für seine antikommunistische Kolonialpolitik in Indochina und Nordafrika, Großbritannien in Palästina. Es gab aber viele Bereiche, in denen Londons Einstellung gegenüber der amerikanischen Politik mit der von Paris identisch war: Beide hielten die amerikanische Fernostpolitik während und nach dem Koreakrieg für gefährlich, beide erachteten weitere finanzielle Hilfe für die Anstrengungen Westeuropas im Verteidigungsbereich für absolut notwendig, und beide sahen, was sich besonders in der Suezkrise zeigte, wie, gelinde gesagt, ungenügend die amerikanische Unterstützung für Frankreich und Großbritannien in der Verfolgung ihrer postkolonialen Verpflichtungen, insbesondere im Mittleren Osten, war.

Sowohl in Großbritannien als auch in Frankreich fürchtete man aus guten Gründen einen amerikanischen Rückzug in den Isolationismus, hatte doch ein solcher Rückzug Amerikas nach dem Ersten Weltkrieg in hohem Maße zum Scheitern der neuen Weltordnung unter dem machtlosen Völkerbund beigetragen. Mehr noch, die amerikanische Führung hoffte noch bis zum Koreakrieg, sich erneut aus Europa zurückziehen zu können: Der Nordatlantikvertrag war ursprünglich nicht als Basis für ein langfristiges Militärengagement in Europa gedacht, sondern eher als das Gegenteil, nämlich als eine Rückversicherung für die Europäer, die es den USA erlauben sollte, ihre Soldaten daheim zu lassen.

Sowohl in London als auch in Paris befürchtete man aber auch, die USA könnten Europa noch auf andere Weise im Stich lassen, eine Befürchtung, die sich während der Suezexpedition bestätigte. Eine weitere Befürchtung war die, daß im Zeitalter des nuklearen Gleichgewichts (eingeleitet durch die erste sowjetische Atombombenexplosion im August 1949 und bestätigt durch die Hysterie in Amerika, die der Flug des Sputnik 1957 hervorrief) eine US-Kernwaffengarantie für Westeuropa im Ernstfall von Washington nicht eingehalten werden würde. Doch diese Angst verschwiegen London und Paris diskret voreinander bis in die sechziger Jahre; in der Tat hat bis heute keine britische Regierung offen diese Sorge zugegeben[4]. Dennoch fürchteten beide Länder das Versagen der amerikanischen Garantie. Beide Länder reagierten in der Weise darauf, daß sie unabhängig voneinander einsatzfähige Kernwaffen entwickelten.

In anderen Bereichen jedoch gingen beide Staaten in ihrer Politik verschiedene Wege. So nahm Großbritannien einen hohen Grad von Abhängigkeit von den Vereinigten Staaten in Kauf. Das begann während der Suezkrise und steigerte sich bis zum Nassauer Abkommen über den Ankauf von amerikanischen Polarisraketen (was zwei Jahrzehnte später mit dem Trident-Verkaufsabkommen wiederholt wurde). Frankreich suchte zuerst ebenfalls bei den USA technologische Hilfe für sein Kernwaffenprogramm. Diese wurde ihm aber über mehrere Jahre

4 Die Standardformel war es seitdem zu sagen, man müsse eine Fehlkalkulation des Feindes vermeiden, der etwa fälschlich glauben könnte, die USA würden ihr Verprechen Westeuropa gegenüber nicht einlösen. Kürzlich wiederholt von Omand, Nuclear deterrence.

systematisch verweigert. De Gaulle führte daraufhin (zunächst unfreiwillig) das unabhängige Nuklearprogramm der IV. Republik weiter, bis zum erfolgreichen Test in der Sahara im Jahre 1960. Als ihm schließlich im Dezember 1962 von Kennedy ebenfalls Polarisraketen angeboten wurden, und zwar unter denselben Bedingungen wie Großbritannien, lehnte de Gaulle dieses Angebot stolz ab, während Macmillan es kurz vorher in Nassau dankbar angenommen hatte.

Diese Diskrepanz der Reaktionen ist symptomatisch für die unterschiedliche Art und Weise, in der die französische Politik sich im Gegensatz zur britischen in der Zwischenzeit entwickelt hatte. Warum war das Konzept einer technologischen Abhängigkeit von den Vereinigten Staaten mit der vagen Möglichkeit der Entwicklung einer NATO-Kernwaffenstreitmacht für London annehmbar, aus Pariser Sicht aber völlig unannehmbar? Wieso glaubte Macmillan annehmen zu dürfen, daß sein Land eine unabhängige Befehlsgewalt über die Polarisraketen (und damit über die wichtigsten britischen Kernwaffen) behalten könne, auch wenn sie SACEUR zu Planungszwecken unterstellt wurden, und warum glaubte de Gaulle, dieses Angebot unmöglich annehmen zu können? Dies sind Fragen, die im Licht der Entwicklungen zwischen der Suezkrise und dem Treffen auf den Bahamas untersucht werden müssen.

Die Krise im Mittleren Osten brach aus im Sommer 1956. Der ägyptische Präsident, der den Franzosen wegen seiner Unterstützung der algerischen Unabhängigkeitsbewegung schon lange ein Dorn im Auge gewesen war, erklärte Ende Juli, der von britisch-französischen Unternehmen gebaute und supranational verwaltete Suezkanal sei forthin ägyptisches Staatseigentum. Wenige Tage später hatten sich London und Paris darauf geeinigt, zweigleisig vorzugehen und sowohl zu versuchen, durch eine internationale Konferenz diese Nationalisierung rückgängig zu machen, als auch gleichzeitig eine militärische Intervention vorzubereiten für den Fall, daß die Konferenz unergiebig bleiben würde[5].

Obwohl diese Militärintervention, zu der es dann kam, ausschließlich mit konventionellen Streitkräften geplant und durchgeführt wurde, spielte der Gedanke des möglichen Einsatzes von Kernwaffen von Anfang an eine Rolle. Wenige Wochen nach Ausbruch der Krise wollte die britische Regierung öffentlich verlautbaren, daß britische Bomberflugzeuge im Rahmen des bis dahin streng geheimen »Project E« umgebaut wurden, um amerikanische Kernbomben abwerfen zu können; dies angeblich, weil man wegen der Beteiligung so vielen Personals an diesem Projekt die Geheimhaltung nicht länger garantieren könne. Am 5. Oktober (als die Vorbereitungen für eine militärische Intervention in der Kanalgegend seitens Großbritanniens, Frankreichs, aber auch Israels, schon weit fortgeschritten waren) bat der britische Premierminister, Sir Anthony Eden, den amerikanischen Präsidenten Eisenhower, der folgenden Bekanntmachung zuzustimmen:

> »Der Präsident der Vereinigten Staaten und der Premierminister des Vereinigten Königreiches gaben heute bekannt, daß gegenwärtig ein Programm ausgeführt und bald abgeschlossen sein wird, unter dem bestimmte Flugzeuge der Königlichen

5 Siehe: Gorst/Lucas, Suez 1956.

> Luftwaffe dazu umgebaut werden, Atomwaffen der Vereinigten Staaten zu tragen. Das Programm wird unter den Bedingungen des [US-] Atomenergiegesetzes von 1945 durchgeführt und bezieht sich auf den Umbau von Flugzeugen und die Ausbildung von Personal zur Verladung und zum Transport[6].«

Die Antwort kam eine Woche später. Der amerikanische Präsident erklärte, daß eine solche Verlautbarung mit Rücksicht auf die öffentliche Meinung in den USA, die mögliche Verletzung der Gefühle anderer Alliierter und auf andere kitzlige Probleme hinausgezögert werden müsse[7].

Am 29. Oktober marschierten israelische Soldaten in der Sinai-Halbinsel ein. Zwei Tage später intervenierten Großbritannien und Frankreich gemeinsam von britischen Stützpunkten in Zypern aus im Suezkanalgebiet unter dem Vorwand, die Kampfhandlungen zwischen Israel und Ägypten abbrechen zu wollen. Der zeitliche Abstand zwischen der Nationalisierung des Kanals durch Nasser und dem Beginn der Militäraktion war so groß, daß inzwischen die öffentliche Meinung weltweit eher gegen die britisch-französische Kampagne eingenommen war; von den Vereinten Nationen kam keine Unterstützung. Die Regierung der Vereinigten Staaten war inzwischen klar gegen eine Militärintervention und übte starken Druck auf Paris, ganz besonders aber auf London aus[8], die Operation abzubrechen.

Kernwaffen wurden aber auch von anderer Seite ins Bild gebracht. Die UdSSR stellte sich auf die Seite Ägyptens, und am 5. November 1956 warnte Bulganin Eden, daß die Operation in einen Weltkrieg eskalieren könnte. Die Art, wie er es tat, kam einem Ultimatum gleich und konnte als Drohung, Kernwaffen zu benutzen, verstanden werden[9].

Die britische Regierung zeigte sich nach außen hin tapfer[10], obwohl sie in Wirklichkeit durchaus beunruhigt war[11]. Kurz danach scheint sie den amerikanischen Nachrichtendienst CIA darum gebeten zu haben, festzustellen, ob die Sowjetunion Raketen hatte, die fähig wären, London und Paris zu erreichen[12].

Ebenso erschüttert war man durch das amerikanische Verhalten, das ausschlaggebend war für den Abbruch des Unternehmens[13]. Macmillan behauptet zwar, überzeugt gewesen zu sein, daß »die Amerikaner unmöglich nicht teilgenommen hätten« an einem generellen Kernwaffenkrieg, der hätte resultieren »müssen«, wenn die Sowjetunion Großbritannien angegriffen hätte[14]. Andere waren davon weniger überzeugt.

6 PRO, AIR 19/939, Telegramm vom 5.10.1956.
7 Ebd., Top Secret, 12.10.1956.
8 Indem sie Druck auf das Pfund Sterling ausübte, was zur schmerzhaften Entwertung des britischen Staatsschatzes führte und noch schlimmere Folgen für das Vereinigte Königreich hätte haben können.
9 Text zit. in: Eden, Full Circle, S. 554.
10 Ebd., S. 555.
11 Melissen, The Struggle, S. 35.
12 Newhouse, The Nuclear Age, S. 121 f.
13 Melissen, The Struggle, S. 35; Eden, Full Circle, S. 555 ff.; Carlton, Anthony Eden, S. 452.
14 Macmillan, Riding the Storm, S. 165.

Bulganin hatte im November 1956 ein ähnliches Telegramm an die französische Regierung geschickt. Bundeskanzler Adenauer erinnerte sich Franz Josef Strauß gegenüber, daß das »Ultimatum« dem französischen Ministerpräsidenten Guy Mollet in seiner Gegenwart beim Abendessen übergeben wurde. Mollet beauftragte sofort seinen Botschafter in Washington, sich nach der amerikanischen Sicherheitsgarantie zu erkundigen. Die Antwort soll nach Adenauers Erinnerung negativ ausgefallen sein[15]. Schon ehe Adenauer bei dieser Gelegenheit nach Paris reiste, nahm man in Bonn die negative Haltung Moskaus so ernst, daß man lange überlegte, ob der Kanzler wohl die Reise antreten sollte[16].

Dem Druck der beiden Supermächte (und insbesondere dem Druck auf den Silberpreis) nachgebend, beschloß schließlich die britische Regierung, die Expedition in Suez abzubrechen, obwohl sie militärisch dem völligen Erfolg schon sehr nahe war. Allein aber konnten die französischen Streitkräfte, die mit den britischen unter britischem Oberbefehl integriert waren, die Operation nicht zu Ende führen und waren nun ihrerseits zum Rückzug gezwungen. Am 6. November 1956 gab man die Intervention auf.

Abgesehen davon, daß die Suezaffäre zutiefst erniedrigend für beide Regierungen war, führte sie zu der Einsicht, daß Frankreich und Großbritannien in ihrem derzeitigen (noch kernwaffenlosen) Zustand ohne die Zustimmung der Vereinigten Staaten keine eigene Außenpolitik verfolgen konnten, besonders, wenn sie einem Gegner gegenüberstanden, der seinerseits die UdSSR hinter sich hatte. Welche Konsequenzen zog man nun daraus?

2. John Bull und Onkel Sam: gegenseitige oder einseitige Abhängigkeit?

Seit Anfang des Atomzeitalters ist die Mehrheit jeder britischen Regierung überzeugt gewesen, daß ihr Land Kernwaffen braucht. Mehrere Gründe werden genannt: um einen sowjetischen Kernwaffenangriff abzuschrecken, später auch, um einen konventionellen Angriff auf Westeuropa insgesamt abzuschrecken; darüber hinaus simpler Nationalstolz; aber außerdem auch, im Rahmen der zugegebenen Abhängigkeit von den USA, der Wunsch, durch den Besitz eigener Kernwaffen auf die Entscheidungsprozesse in der amerikanischen Regierung Einfluß nehmen zu können[17]. So erklärte Churchill im März 1955 dem britischen Unterhaus:

»Ich persönlich kann nicht glauben, daß wir viel Einfluß auf die Politik oder Handlungen [der Amerikaner] haben würden, ob weise oder unklug, solange wir, wie

15 Strauß, Erinnerungen, S. 107 f.
16 Grewe, Rückblenden, S. 281–284.
17 Für eine detailierte Analyse der Gründe aufeinander folgender britischer Regierungen, Kernwaffen zu entwickeln, siehe: Gowing, Independence and Deterrence, passim; Clark/Wheeler, The British Origins, S. 43–65; Baylis, Ambiguity and Deterrence, S. 34–66.

es heute der Fall ist, weitgehend von ihrem Schutz abhängig sind. Auch wir müssen eine eigene, substantielle Abschreckungsmacht haben[18].«

Die USA wiederum zogen durchaus beträchtliche Vorteile aus der Zusammenarbeit. Durch das Vereinigte Königreich, sein Commonwealth und seine Kolonien hatten die USA Zugriff auf Luftwaffenstützpunkte in der ganzen Welt[19]. Obwohl also der Kongreß 1946 den McMahon-Act verabschiedete, der der früheren technologischen Zusammenarbeit ein jähes Ende setzte, ging die militärische Zusammenarbeit weiter. 1949, als General Eisenhower noch Vorsitzender der US-Stabschefs war, ließ er die britische Regierung wissen, daß seine Regierung Großbritannien »auf Abruf« (also im Notfall) Kernwaffen zur Verfügung stellen würde, wenn Großbritannien Amerika gestatte, auf britischem Boden solche Kernwaffen zu lagern[20].

Am 3. Oktober 1952, ehe noch Eisenhower zum Präsidenten gewählt wurde, zündete Großbritannien seinen ersten Atomsprengsatz. Im Dezember des folgenden Jahres traf sich Eisenhower in Bermuda mit dem greisen britischen Premier, Winston Churchill, und Eisenhower versprach zu tun, was in seiner Macht stehe, um die Beschränkungen des McMahon-Act über nukleare Zusammenarbeit Großbritannien gegenüber zu lockern. Im folgenden Jahr gelang es ihm, den Kongreß zu überzeugen, das Gesetz zugunsten Großbritanniens zu revidieren. Großbritannien schien sich dieses Zugeständnis dadurch verdient zu haben, daß es in der Entwicklung seines ersten Fusionssprengsatzes (Wasserstoffbombe) begriffen war. Auch schien die UdSSR in erschreckender Weise den Vorsprung Amerikas aufzuholen, und man konnte so argumentieren, daß es doch wohl sinnvoll sei, mit dem Verbündeten zusammenzuarbeiten, um einen gewissen Vorsprung aufrechtzuerhalten.

Britischen Akten zufolge schlossen Präsident Eisenhower und Churchill in Bermuda ein Abkommen, demgemäß (wie der General Eisenhower schon 1949 versprochen hatte) Großbritannien Zugang zu US-Atombomben für Flugzeuge haben sollte[21]. Ab 1954 wurden dann britische Bomber zu diesem Zweck umgebaut, das obenerwähnte »Project E«, das Eden im Herbst 1956 bekanntgeben wollte[22]. Es scheint weiter, daß Washington schon im Juli 1956 London angeboten hatte, Thor-Raketen (mit mittlerer Reichweite) in Großbritannien zu stationieren, und zwar mit Kernsprengköpfen, die aber in amerikanischer Hand bleiben würden, wenn auch in Großbritannien gelagert[23]. Ein ähnliches Angebot wurde anderen europäischen NATO-Mitgliedern erst beim Treffen des Nordatlantikrats im Dezember 1957 gemacht[24]. Bereits

18 Churchill am 1.3.1955, House of Commons Debates Vol. 537 col. 1905, zit. in: Clark/Wheeler, The British Origins, S. 232.

19 Duke, US Defence Bases; Melissen, The Struggle, S. 9–34.

20 Gowing, Independence and Deterrence, S. 275.

21 PRO, AIR 19/939 datiert die Bermuda-Konferenz fälschlich auf 1952. Bezüglich der Lockerungen der Restriktionen des McMahon-Act, was nukleare Teilhabe angeht, zwischen Eisenhower und Churchill in Bermuda beschlossen, siehe: Ambrose, Eisenhower, S. 144 ff.

22 PRO, AIR 19/939.

23 Clark, The Evolution, S. 18.

24 Nuti, Italy and the Nuclear Choices.

ein Jahr früher, im Dezember 1956 — die Suezkrise war kaum zu Ende —, unterzeichneten General Nathan Twining, Vorsitzender der US-Stabschefs, und Marschall Sir Dermot Boyle, britischer Luftwaffenstabschef, einen geheimen Vertrag, demzufolge die USA Kernwaffen in Großbritannien unter US-Verfügungsgewalt lagern würden[25]. Allerdings wurde dies noch streng geheim gehalten; dementsprechend war auch im März 1957 die öffentliche Bekanntgabe von »Project E« noch nicht erfolgt[26].

Trotzdem griffen Zweifel an der amerikanischen Kernwaffengarantie für Europa spätestens seit Suez um sich, besonders nachdem 1957 die Sowjetunion den Sputnik ins All geschossen hatte. Knapp ein Jahr später bezweifelte z.B. Admiral Mountbatten of Burma, Oberbefehlshaber der Kriegsmarine, hinter verschlossenen Türen im Verteidigungrat, daß die USA noch weiterhin zum Einsatz von Kernwaffen zur Verteidigung ihrer Alliierten bereit seien. Die Mehrheit teilte seine Zweifel, und mit Zustimmung von Duncan Sandys, dem Verteidigungsminister im Kabinett Harold Macmillans (der nach Edens Rücktritt wegen Suez Premierminister geworden war), beschloß man eine unabhängige Zielliste anzufertigen für den Fall »einer Situation, in der das Vereinigte Königreich gezwungen sein könnte, allein zurückzuschlagen«[27].

Dennoch war man sich einig, daß es besser sei, die Zweifel geheimzuhalten, und daß es auf jeden Fall vorzuziehen sei, wenn die USA im Krisenfall Großbritannien und Westeuropa nicht im Stich lassen würden. Man wollte keinesfalls diese Möglichkeit verbauen. Im Juli 1958 trafen Großbritannien und die USA eine Übereinkunft über engere anglo-amerikanische Zusammenarbeit bei den Kernwaffen (was den McMahon-Act zugunsten Großbritanniens weiter abschwächte); ein weiterer Schritt in diese Richtung erfolgte im Mai 1959. In diesem Zusammenhang investierte Großbritannien in die Forschung und Entwicklung von amerikanischen Raketenprogrammen.

Eines nach dem anderen dieser Programme wurde aufgegeben, genauso wie die unabhängigen britischen Raketenprogramme dieser Jahre abgebrochen wurden. Die letzte Absage mußte Washington London im Dezember 1962 geben, als die USA beschlossen, die Entwicklung der luftgestützten Rakete »Skybolt« nicht weiter zu verfolgen[28]. Da Großbritannien erhebliche Summen in diese amerikanischen Programme investiert hatte, fühlte sich die US-Regierung unter Kennedy moralisch verpflichtet, London einen Ersatz vorzuschlagen, und zwar das, was Macmillan in Nassau im Dezember 1962 vorgeschlagen hatte, nämlich den Ankauf, zu einem günstigen Preis, von Polarisraketen, die von U-Booten aus gestartet werden sollten (auch hier bekam Großbritannien technologische Hilfe angeboten). Die Sprengköpfe selbst würde Großbritannien allein herstellen. Bedingung war, daß das Vereinigte Königreich diese U-Boote der NATO für eine »multilaterale Kernwaf-

25 Baylis, Ambiguity and Deterrence, S. 258.

26 PRO, AIR 19/939, Top Secret, 12.10.1956.

27 Navias, Nuclear Weapons, S. 205, 207.

28 Für eine detaillierte Geschichte der Verhandlungen bezüglich des Ankaufs von Raketen und Raketentechnologie, siehe: Melissen, The Struggle; Navias, Nuclear Weapons; Clark, Nuclear Diplomacy; Baylis, Ambiguity and Deterrence.

fenmacht« zur Verfügung stellen würde. Macmillan stimmte zu, aber nur, nachdem Kennedy seinerseits Macmillans Gegenbedingung annahm, daß die Regierung Ihrer Majestät des Recht habe, die Polaris wieder nationaler Entscheidungsgewalt zu unterstellen, wenn »höchste nationale Interessen auf dem Spiel stehen«, und daß sie allein entscheiden könne, daß dieser Umstand eingetreten sei[29].

Dieser Vertrag wurde in Nassau von zwei Gehilfen Macmillans und Kennedys verfaßt, von Philip de Zulueta und McGeorge Bundy. Die meisten Historiker sind sich einig, daß der Wortlaut vor dem Treffen noch nicht feststand, was wichtig ist, wenn man de Gaulles Reaktion verstehen will. Was die Berater Kennedys und wahrscheinlich auch Kennedy selbst vorhatten, war, Großbritannien und dann auch Frankreich Polaris anzubieten unter der Bedingung, diese der NATO unterzuordnen — so daß sie nur mit dem Einverständnis des obersten NATO-Befehlshabers in Europa (SACEUR)[30] und indirekt mit der Zustimmung der US-Regierung eingesetzt werden könnten! Berater und Mitarbeiter des US-Präsidenten beschuldigten später ihn und besonders auch Bundy, diesen Plan unter Macmillans Einfluß verpatzt zu haben[31]. Im Endeffekt behielt Großbritannien aber die nationale Verfügungsgewalt über alle britischen Kernwaffen, obwohl diese der NATO zugeordnet wurden und man in einer Geste der Zusammenarbeit schon vor Fertigstellung der Polaris-U-Boote britische Bomber (mit britischen Bomben) der NATO zur Verfügung stellte.

Es entbehrt nicht der Ironie, daß in eben diesem Zeitraum, in dem die technologische Abhängigkeit Großbritanniens von den USA geschaffen wurde, die offizielle Rhetorik der britischen Regierung zunehmend die Unabhängigkeit der britischen Kernwaffen-Streitkräfte betonte. Die Historiker Jan Melissen, Ian Clark und John Baylis haben in ihren Analysen die Ambiguität des Verhältnisses zwischen Großbritannien und Amerika herausgearbeitet und unter anderem gezeigt, wie unklar die offizielle britische Regierungsdoktrin, wie sie in den zwei kontroversen Weißbüchern unter Duncan Sandys in den Jahren 1957 und 1958 formuliert worden ist, sich hinsichtlich der Kernwaffen ausdrückt[32].

Hätte es für Großbritannien Alternativen gegeben? Der nationale Alleingang, darin war man sich nach dem Scheitern der eigenen Raketenprogramme »Blue Water«, »Blue Steel« und »Blue Streak« einig, war zu teuer. Aber wie stand es mit einer europäischen Alternative? Eine solche gab es, aber Großbritannien verfolgte sie bestenfalls halbherzig.

Das erste Mal, daß Großbritannien eine solche Alternative angeboten wurde, war vermutlich Ostern 1958, und das Angebot erfolgte durch Franz Josef Strauß im Namen der bundesdeutschen Regierung[33]. Die war nämlich gerade im Begriff, mit den Regierungen Frankreichs und Italiens gemeinsam einen (kurzlebigen)

29 H.M. Government: Bahamas Meeting (Dec. 1962): Text of Joint Communiques Cmnd. 1915 (London: HMSO, 1962), S. 5.

30 Immer ein amerikanischer General, in der Ausführung seiner Aufgabe dem Nordatlantikrat, aber damit auch dem US-Präsidenten unterstellt.

31 Clark, Nuclear Diplomacy, S. 416 f.

32 Melissen, The Struggle; Clark, ebd.; Baylis, Ambiguity and Deterrence.

33 London geht eigene Wege, in: Hamburger Abendblatt, 26.3.1958; Hans Wunderlich, Machtträume um eigene Atombomben, in: Westfälische Rundschau Dortmund (SPD-nah), 1.4.1958.

trilateralen Vertrag über Raketen- und Kernwaffenentwicklung zu unterschreiben[34]. Aber Großbritannien zeigte kein Interesse. Strauß hatte wohl gehofft, London könne seine Meinung noch ändern, denn er informierte absichtlich die britische Presse von diesem europäischen Plan[35].

De Gaulle setzte dem gemeinsamen trilateral-europäischen Projekt ein Ende und hoffte statt dessen seinerseits auf nukleare Zusammenarbeit mit London; er hielt Großbritannien (aber nicht die Bundesrepublik oder Italien) einer solchen Zusammenarbeit für würdig. Was ihn besonders interessierte war eine gemeinsame Erforschung und Entwicklung von Raketen und eventuell Sprengköpfen, mit deren Miniaturisierung Frankreich noch besondere Schwierigkeiten hatte[36].

Verhandlungen wurden tatsächlich geführt, besonders im Jahre 1962, als Großbritannien sich intensiv bemühte, noch auf den abgefahrenen Zug der EWG aufzuspringen. Dies war auch die Zeit, in der die britisch-amerikanischen Versuche, mit gemeinsamen Geldern Raketen zu entwickeln, nichts als Mißerfolge aufwiesen. Früh schon gab es Gerüchte, daß auch das letzte dieser Projekte, »Skybolt«, in das London erhebliche Mittel investiert hatte, abgebrochen werden würde. Philip de Zulueta, der clevere britische Mitverfasser des Nassau-Communiqués vom Dezember 1962, fürchtete noch im Februar 1962, daß Großbritannien das britisch-amerikanische »besondere Verhältnis [...] unbrauchbar finden würde«[37].

Im Juli 1962 wurde ein neuer britischer Verteidigungsminister ernannt, Peter Thorneycroft. Es hieß von ihm, daß er besonders an französisch-britischer Zusammenarbeit in diesem Bereich interessiert sei[38]. Er und der ihm unterstellte Minister für Luftfahrt, Julian Amery, schienen es sich zur Aufgabe gemacht zu haben, eine Alternative zur ausschließlichen Abhängigkeit von den anscheinend unzuverlässigen USA zu schaffen[39]. Jedenfalls schlossen im August 1962 die Firma British Aircraft Corporation und der französische Konzern Nord Aviation ein Abkommen über ein gemeinsames Raketenprojekt[40].

Aus britischer Sicht dienten diese Beziehungen zu Frankreich einem doppelten Zweck: Einmal sollten sie eine Rückversicherung darstellen für den Fall, daß das »besondere Verhältnis« mit Amerika keine Früchte zeitigen sollte, und zum anderen sollten sie ein Köder für französische Unterstützung für die nachträgli-

34 Hierzu siehe: Barbier, Les négociations franco-germano-italiennes; Conze, La coopération franco-germano-italienne; Nuti, Le rôle de l'Italie.

35 Daily Mirror, 2.4.1958, zit. in: Newhouse, De Gaulle, S. 59; siehe auch: Labour und Gewerkschaften für neutrale Zone. Crossman veröffentlicht sein Interview mit Strauß im Wortlaut, in: Frankfurter Allgemeine Zeitung, 12.4.1958.

36 De Gaulle zögerte nicht, nukleare Technologie an Länder weit weg von Frankreich weiterzugeben, so etwa an Israel und an den Irak.

37 Zit. in: Clark, Nuclear Diplomacy, S. 395.

38 Twin pillars without a roof, in: The Guardian, 18.7.1962; ›World Power‹ Defence urged for Europe — Mr. Thorneycroft speaks up for British Nuclear Weapons, in: The Times, 5.12.1962.

39 Pierre, Nuclear Politics, S. 222.

40 Henri Pierre, Le nouveau ministre de la défense serait favorable à une force de dissuasion européenne, in: Le Monde, 15.8.1962; La Grande-Bretagne s'achemine lentement vers la défense atomique européenne, in: Combat, 15.8.1962.

che Aufnahme Großbritanniens in die EWG sein[41]. Am 7. Dezember 1962, nach dem Treffen zwischen de Gaulle und Macmillan in Rambouillet und noch vor Macmillans Treffen mit Kennedy in Nassau, erklärte ein Komitee hochrangiger britischer Regierungsbeamte vom Auswärtigen Amt und Verteidigungsministerium Macmillan, daß sie keine Zukunft in der weiteren Verfolgung der Zusammenarbeit mit Frankreich in der Kernwaffen-Technologie sähen:

> »Die Franzosen sind noch nicht überzeugt, daß es zu teuer für sie sein wird, ihre eigenen, unabhängigen Trägersysteme für die Ära nach dem Bomberzeitalter zu entwickeln. Mehr noch, es sieht gegenwärtig nicht so aus, als ob die zusätzlichen Ausgaben für das Vereinigte Königreich zu rechtfertigen wären durch die theoretische größere Unabhängigkeit, die wir für das britische Abschreckungsmittel schaffen könnten, sogar wenn die Franzosen bereit sind, in Hinblick auf ein anglo-französisches Trägersystem zusammenzuarbeiten[42].«

Entsprechend war es aus britischer Sicht kaum erstrebenswert, unabhängig von der unzuverlässig scheinenden amerikanischen Kernwaffengarantie nun ein europäisches Abschreckungsmittel (wie von de Gaulle in Rambouillet angesprochen) zu schaffen[43]. Der britischen Regierung galt nur nationale Unabhängigkeit als erstrebenswert, auch wenn dies mit technologischer Abhängigkeit erkauft werden mußte.

Die Amerikaner setzten alles daran, die Franzosen an der Entwicklung einer unabhängigen Kernwaffenmacht zu hindern. Sie übten beträchtlichen Druck auf die Briten aus, den Franzosen keine kernwaffentechnischen Geheimnisse mitzuteilen, und drohten, eigene Erkenntnisse den Briten vorzuenthalten. Britisches Ziel war es vor allem, Raketentechnologie oder aber fertige Raketen zu bekommen, und zwar möglichst von den in technologischer Hinsicht weiter entwickelten USA, dann aber auch in die EWG aufgenommen zu werden. Die britische Regierung war sich voll bewußt, daß sie riskierte, nur das erste dieser Ziele, und zwar um den Preis des zweiten, zu erreichen[44]. De Gaulles Veto gegen den britischen Antrag auf EWG-Beitritt war keine Überraschung in Whitehall. Die zwei Fragen waren eng miteinander verbunden, und der Preis, den Großbritannien für seine nationale Kernwaffenstreitmacht bezahlt hat — obgleich niedriger als jener, den Frankreich in Forschungs- und Entwicklungskosten bezahlte —, war beträchtlich: Es waren die gesamten Kosten, die der britischen Wirtschaft durch Ausschluß aus der EWG bis in die siebziger Jahre entstanden.

3. Marianne: Ménage à trois oder stolze Einsamkeit?

Als der Kongreß in Washington den McMahon-Act verabschiedet hatte, war nicht nur Großbritannien, sondern auch Frankreich, fest entschlossen, ein eigenes Kern-

41 Clark, Nuclear Diplomacy, S. 395–409.

42 PRO, PREM 11/3712, Brief von de Zulueta an Macmillan, enthält Bericht »Rambouillet and Anglo-French relations in the nuclear field«, 7.12.1962.

43 Ebd.

44 Clark, Nuclear Diplomacy, S. 396–408.

waffenprogramm zu verfolgen. Am 18. Oktober 1945 gründete die französische Regierung ein Kommissariat für Atomenergie. Dieses Commissariat à l'Énergie atomique (CEA) erhielt im Dezember 1954 — nach dem Scheitern der Europäischen Verteidigungsgemeinschaft — eine Abteilung für Forschungen zur Entwicklung einer Atombombe[45]. Ein Grund dafür, daß die Mehrheit in der Assemblée Nationale gegen die Ratifizierung des EVG-Vertrages stimmte, scheint gewesen zu sein, daß man mit dem Vertrag die Reduzierung der gesamten jährlichen Plutoniumproduktion jedes Mitglieds auf die verschwindend geringe Menge von 500 g beschränken wollte. Dies würde es allen Mitgliedern (und so auch Frankreich) unmöglich gemacht haben, eigene Kernwaffen herzustellen[46].

Überdies sah die französische Elite Suez als einen Verrat an, und zwar nicht nur seitens Amerika, sondern auch seitens Großbritannien. Man schloß, daß den »Angelsachsen« nicht zu trauen war[47], daß man niemals (wie in Suez) seine Soldaten unter einem integrierten Militärkommando kämpfen lassen dürfe und daß der einzige Weg, auf dem man die Abhängigkeit Frankreichs von seinen Alliierten verringern könne, der der Entwicklung eines eigenen Kernwaffenarsenals sei[48]. Doch die technologischen Hindernisse sowie die finanziellen Hürden auf diesem Weg waren beträchtlich.

Als der McMahon-Act 1958 erneut zugunsten Großbritanniens revidiert wurde, schloß man Frankreich auch weiterhin aus. Französische Physiker arbeiteten im Bereich der Kernphysik weiterhin allein. Mitte der fünfziger Jahre hatte man die Spezialsektion des CEA für Verteidigungsfragen damit beauftragt, ein »programme bombes« zu entwickeln; man schaffte Anlagen zur Isolation von Isotopen, und man begann das (schließlich gescheiterte) Projekt der Herstellung eines französischen Atom-U-Boots, des Q 244[49]. Die USA weigerten sich, Frankreich bei irgendeinem dieser Projekte zum Durchbruch zu verhelfen; wiederholte französische Bitten um Hilfe, so etwa die Bitte um den Ankauf von angereichertem Uran, wurden auf Insistieren des Pentagon und des Kongresses hin immer wieder abgelehnt. Erst 1959 erklärte sich die US-Regierung bereit, ihrem französischen Alliierten kleine Mengen Uran zu verkaufen[50].

Gleichzeitig war der französischen Regierung aber wohl bewußt, wie weitreichend sowohl die technologische als auch die militärische Zusammenarbeit zwischen Amerika und Großbritannien ging, und dies verschärfte den französischen Schmerz, ausgeschlossen zu sein. Frankreich erkundete alle anderen Möglichkeiten, das eigene Atomprogramm voranzutreiben. So gingen z.B. Diskussionen zwi-

45 Das Bureau d'Etudes générales, 1958 umbenannt in Division des applications militaires (DAM).

46 Soutou, La politique nucléaire.

47 Siehe etwa: Beaufre, L'Expédition de Suez; Vaïsse, France and the Suez Crisis; ders., Post-Suez France.

48 Vaïsse, Post-Suez France, S. 338; General Charles Ailleret, De l'Euratom au programme atomique national, in: Revue de Défense Nationale, 12 (1956) 11, S. 1326, zeigt, daß auch ohne die Suezkrise Kernwaffen angeschafft worden wären.

49 Vaïsse, La filière sans issue.

50 Ebd.

schen Ministerpräsident Guy Mollet und Konrad Adenauer über die Notwendigkeit, Kernwaffen den Kontinentaleuropäern zugänglich zu machen, bis 1956 zurück[51]. 1957/58 versuchten die Franzosen, ihre Nachbarn Italien und Westdeutschland zur Zusammenarbeit in einem Isotopentrennungs- und einem Raketenprojekt zu gewinnen, woraus der schon erwähnte französisch-italienisch-deutsche »F.I.G.«-Vertrag von Ostern 1958 hervorging[52].

Es ist trotzdem klar, daß zu allen Zeiten Elemente der französischen Regierung die billigere Lösung des Technologieimports aus den USA jeder kostspieligen europäischen Option gegenüber bevorzugt hätten. So hielt man absichtlich die Amerikaner genau informiert über die Entwicklung des »F.I.G.«-Projektes, wahrscheinlich in der Hoffnung, daß die USA bewegt werden könnten, ein besseres Angebot zu machen oder nach dem Dezember 1957, das Angebot der Schaffung einer NATO-Kernwaffenstreitmacht mit größerem Eifer voranzutreiben[53]. Es scheint, daß die letzten Regierungen der IV. Republik zu jeglicher Zusammenarbeit mit Alliierten bereit gewesen wären, wenn sie nur zum erhofften Ziel geführt hätten.

Am 11. April 1958, einen Monat bevor de Gaulle im allgemeinen Chaos zurückgerufen wurde, beschloß Félix Gaillard als einer der letzten Ministerpräsidenten der IV. Republik schließlich, daß der erste französische Atomtest im letzten Drittel des Jahres 1960 stattfinden solle[54]. De Gaulle, als erster Präsident der von ihm gegründeten V. Republik, bestätigte lediglich diese Entscheidung. Anders als Gaillard und seine Kollegen der IV. Republik war er aber entschieden gegen jede Zusammenarbeit mit Bonn oder Rom, und er setzte wenige Monate nach seinem Amtsantritt ohne förmliche Erklärung der Ostern 1958 beschlossenen Zusammenarbeit ein Ende.

Statt dessen wollte er unbedingt in das anglo-amerikanische nukleare Zweierverhältnis eindringen mit dem Ziel, ein »directoire à trois«, ein Triumvirat der Führerschaft der Freien Welt zu schaffen. Wie wir schon gesehen haben, glaubten die Briten, daß ihr Einfluß auf Amerika von ihrem Besitz von Kernwaffen abhinge. De Gaulle sah das nicht anders; und dies war der Inhalt seines Memorandums vom 17. September 1958[55]. Doch Eisenhower genierte sich, die Affäre zwischen Amerika und Großbritannien zuzugeben, geschweige denn zum Zorn der anderen NATO-Alliierten noch eine andere Macht diese Intimbeziehung teilen zu lassen. Macmillan wollte natürlich, daß Großbritannien weiterhin die privilegierte Geliebte Uncle Sams bliebe, und wollte dies Privileg keinesfalls mit Marianne teilen.

De Gaulle und seine Regierungen mußten sich also weiterhin damit begnügen, wie ein betrogenes Ehegespons lauthals seine Großmachtansprüche zu wie-

51 Barbier, Les négociations franco-germano-italiennes; Conze, La coopération franco-germano-italienne.

52 Nuti, Le rôle de l'Italie.

53 Siehe: Nuti, Italy and the Nuclear Choices; Duval, Le Concept Français.

54 Duval, ebd., S. 14.

55 Abgedr. in: La Politique de Défense, S. 130 f.

derholen, eine Umstrukturierung der NATO, eine besondere Zusammenarbeit zwischen Frankreich, Amerika und Großbritannien außerhalb des NATO-Gebietes sowie eine Zusammenarbeit im Kernwaffenbereich zu fordern. Um seinen Forderungen Gewicht zu verleihen, leitete er ein schrittweises und zögerliches Scheidungsverfahren zwischen Frankreich und der anglo-amerikanisch dominierten Militärorganisation der NATO ein: Seit 1959 zog er, Einheit um Einheit, französische Streitkräfte aus der integrierten militärischen Struktur der NATO ab. Erst 1965 war seine Entscheidung endgültig, und sie führte zur Herauslösung Frankreichs im Jahre 1966[56].

Die Erfahrung, daß der McMahon-Act jedes Mal genau dann zugunsten Großbritanniens revidiert wurde, wenn Großbritannien mit seinem eigenen Kernwaffenprogramm wieder einen Schritt weitergekommen war, gab de Gaulle Grund zu der Annahme, daß der Fortschritt der eigenen Kernwaffenentwicklung die Eintrittskarte in den Club der Großmächte (mit privilegierter Zusammenarbeit im Bereich der Kerntechnologie) war. Der französische Präsident trieb deswegen das französische Programm voran. Im März 1959 ordnete er an, die Entwicklung der Force de frappe müsse innerhalb des französischen Verteidigungsprogramms unbedingte Priorität bekommen. Obwohl das erste Vierjahresprogramm nicht vor dem folgenden Jahr bestätigt wurde, war das unabhängige Programm für die Konstruktion von Bombern, Raketen und atomgetriebenen U-Booten schon vor Ende des Jahrzehnts auf Kurs[57].

Es ist durchaus wahrscheinlich, daß de Gaulle bis ganz zum Ende von 1962 nur zu gerne Technologiehilfe aus Großbritannien oder den USA angenommen hätte. Immer wieder haben französische Diplomaten und Vertreter des Militärs in Amerika um Hilfe gebeten, ob dies nun die Entwicklung von U-Booten, Raketen, Sprengköpfen oder den Zugang zu spaltbarem Material betraf. Wie wir sehen, haben die Regierungen unter de Gaulle auch spätestens seit 1960 die Option der Zusammenarbeit mit dem Vereinigten Königreich verfolgt.

Doch weist alles darauf hin, daß schließlich im Dezember 1962 de Gaulle vollends überzeugt war, die US-Regierung wolle nichts sehnlicher, als Frankreich den Zugang zu einem wirklich unabhängigen Kernwaffenarsenal zu verbauen. Das Projekt einer Multilateralen Streitkraft, noch von der ausgehenden Eisenhower-Regierung Ende 1960 vorgeschlagen, schien unter Kennedy den Charakter einer antifranzösischen Falle anzunehmen, wie die Rede von Verteidigungsminister Robert S. McNamara im Nordatlantikrat vom Frühjahr 1962 zu bestätigen schien.

Noch vor Weihnachten 1962, nach dem Treffen mit Macmillan in Nassau, schlug Kennedy de Gaulle brieflich den gleichen Handel vor, den er gerade mit Macmillan getroffen hatte, und zwar zu denselben Bedingungen. Am 3. Januar 1963 fand das erste darauffolgende Treffen zwischen de Gaulle, Ministerpräsident Pompidou und dessen Regierung statt. Alain Peyrefitte zufolge (der de Gaulles Sprecher war und detaillierte Aufzeichnungen vieler dieser Gespräche fertigte) war

56 Vaïsse, Indépendance et Solidarité.
57 Duval, Le Concept Français, S. 24.

es Außenminister Maurice Couve de Murville, der zuerst auf das amerikanische Angebot zu sprechen kam. Er gab folgendes zu bedenken[58]:

> »Großbritannien wird [bald] keine Bomben mehr haben, die mit Flugzeugen transportiert werden. Es wird nur noch Kernwaffen-U-Boote haben. Diese werden alle in einer multilateralen Streitmacht unter angelsächsischem [hier: britischem?] Etikett sein. Aber das wird unter NATO-Kommando stehen, d.h. heute: unter amerikanischem Kommando.«

Daraufhin erklärte Premierminister Pompidou, er glaube nicht, daß für Frankreich ein Kauf von Polarisraketen sinnvoll sei, da Frankreich noch keine U-Boote habe, die die Raketen tragen könnten[59]. Er gab zu bedenken, daß Frankreich im Gegensatz zu Großbritannien noch nicht über das technische Wissen verfüge, verkleinerte Nuklearsprengköpfe zu bauen. Wie Couve de Murville vermutete Pompidou, daß ein »falscher Multilateralismus« angeboten würde, da die USA ein Kommando-Monopol behalten würden.

Schließlich tat der Präsident selbst seine Meinung kund:

> »Wir werden aufhören, sicher zu sein, wenn die Amerikaner die Fäden in der Hand halten; denn sie haben ein Interesse oder werden glauben, ein Interesse zu haben, uns daran zu hindern, von unseren Kernwaffen Gebrauch zu machen, damit kein Risiko entsteht, in einen generellen Konflikt hineingezogen zu werden. [...] die Engländer [...] haben [ihre Unabhängigkeit] auf den Bahamas verloren. Sie sind darüber ein wenig verwirrt. Sie versuchen, sich mit Ausdrücken wie ›höchstes Interesse‹ zu decken; aber ich fürchte, sie irren sich. Die Bahamas, das war eine amerikanische Operation, um die [Kernwaffen-] Mittel Großbritanniens in die Hände zu bekommen — und damit ihre Zukunft.«

Pompidou stimmte ihm bei, daß »die Engländer es vorziehen würden, wenn ihre Selbstaufgabe nicht bekannt würde — sie würden einen gewissen Preis dafür bezahlen, daß wir ihre Kapitulation nicht denunzieren würden«[60].

Später sagte de Gaulle zu Peyrefitte, daß er die britische Formel von Nassau, die de Zulueta einzufügen gewußt hatte, unerklärlich fände, aber daß er sicher zu sein glaubte,

> »daß die Kernwaffen-Streitmacht der Engländer in Zukunft nicht länger ein Element ihrer nationalen Politik sein kann. Sie werden jegliche Aktionsfreiheit verlieren. Wenn sie befänden, daß ein ›höchstes nationales Interesse‹ auf dem Spiel stände, wie könnten sie ihre Unabhängigkeit wieder erlangen, wenn alle ihre Streitkräfte im amerikanischen System integriert seien? Der Rückzug einer nationalen Streitkraft aus der multilateralen Streitkraft, deren Teil sie ist, würde einen so schwerwiegenden Disput auslösen, daß man nicht sehen kann, wie die Vereinigten Staaten dies akzeptieren könnten. Seine freie Verfügung über seine Streitkraft wiederzuerlangen — das ist ein Witz.«

58 Die folgenden Zitate aus: Peyrefitte, C'était de Gaulle, S. 338–347.

59 Das war gleichfalls für Großbritannien der Fall, aber da wurde dieser Punkt nicht als unüberwindliches Hindernis für die Annahme des Nassauer Angebots betrachtet.

60 Dies war anscheinend die Interpretation, die man dem Angebot Großbritanniens gab, einen Teil seiner Überproduktion an angereichertem Uran an Frankreich zu verkaufen.

Es scheint also, als ob die Pläne, die Robert McNamara und Kennedys andere Mitarbeiter für Nassau hatten (nämlich, die britischen und zukünftige französische Kernwaffen in die NATO einzubringen und unter ein amerikanisches Veto zu stellen), von de Gaulle klar verstanden wurden, wenn sie ihm nicht gar im Detail bekannt waren. Sie ließen sich ja deutlich aus den öffentlichen Äußerungen der Kennedy-Regierung, besonders der McNamara-Rede im NATO-Rat in Athen, ablesen. In diesem Lichte läßt sich de Gaulles Entscheidung im Januar 1963, Kennedys Vorschlag abzulehnen, klar verstehen. Hier wurde Frankreich eine Falle gestellt, denn seine Bomben sollten unter ein amerikanisches Veto kommen; und zudem wurden Raketen einer Art angeboten, mit denen Frankreich noch auf lange Zeit nichts würde anfangen können, da es nicht die Technologie hatte, einen passenden Nuklearsprengkopf zu entwickeln.

Darüber hinaus kam de Gaulle durch diese Episode (und die gesamten Erfahrungen von 1962) zu der Überzeugung, daß keine wirkliche Hilfe von Großbritannien zu erwarten sei, weil London es bevorzugen würde, an der Hand Onkel Sams zu bleiben, als mit Europäern gemeinsame Sache zu machen. Schon vor Nassau, als Macmillan und de Gaulle sich in Rambouillet trafen, erklärte der Gastgeber, die Zeit sei noch nicht reif für die Aufnahme Großbritanniens in die EWG (womit er auch implizit sagte, daß Frankreich nicht länger das Quid der nuklearen Zusammenarbeit für das Quo der Aufnahme in die EWG erwartete)[61].

De Gaulle gewann den Eindruck (und mit ihm die meisten französischen Verteidigungsexperten), daß Großbritannien mit Nassau zum Anhängsel der USA geworden war. Sein Urteil, wie es uns Peyrefitte wiedergibt: »Bis zum Zweiten Weltkrieg waren die Engländer die größere Macht und Amerika die kleinere. Sie haben ihr Erstgeborenenrecht für ein Linsengericht (Polaris) verkauft[62].« Damit war der gaullistische Mythos geschaffen, daß, anders als Frankreich, Großbritannien keine operationelle nukleare Unabhängigkeit habe und daß Großbritannien somit in der nuklearen Rangfolge hinter Frankreich abgerutscht sei, hatte es doch in seiner Schwäche das amerikanische nukleare »Dumping von Nassau« mit allen seinen amerikanischen Einschränkungen angenommen[63]. Seit Nassau haben französische Verteidigungsexperten die britische Kernwaffenstreitmacht immer wieder bewußt falsch als operationell abhängig von den USA[64] dargestellt.

Seine Entscheidung gab de Gaulle schließlich am 14. Januar 1963 in einer Pressekonferenz kund: Er lehnte sowohl das Nassauer Angebot zum Ankauf von Polarisraketen von den USA ab als auch den Antrag Großbritanniens um Aufnahme in die EWG[65].

61 Baylis, Ambiguity and Deterrence, S. 320.

62 Peyrefitte, C'était de Gaulle, S. 346 ff.

63 David, Défense européenne.

64 Siehe etwa: General J. Beauvallet, Le chrétien et la défense nationale, in: Forces armées françaises (September 1972), S. 6; Michel Debré, Défense de l'Europe et Sécurité en Europe, in: Revue de Défense Nationale, 28 (1972) 11, S. 1790; siehe auch: Une troisième puissance nucléaire, in: Armées d'aujourd'hui, No. 20 (Mai 1977), S. 50 f.

65 Text in: de Gaulle, Discours et Messages, S. 61–79.

Diese Entscheidung, den Weg der Autonomie und Unabhängigkeit zu wählen und gleichzeitig auf sehr höfliche Weise den alten Alliierten zweier Weltkriege aus der EWG auszuschließen, ist auch verständlich im Lichte des Verhaltens der USA und Großbritanniens in Suez, besonders der fehlenden amerikanischen Unterstützung Frankreichs im Algerienkrieg und schließlich in der Tunesienpolitik Großbritanniens und der USA (beide belieferten Tunesien im November 1957 mit Waffen). Dies alles, dazu das zögerliche Verhalten Großbritanniens in Fragen der Kernwaffenzusammenarbeit sowie die öffentlich bekannte Opposition der Kennedy-McNamara Regierung gegen die Kernwaffen anderer NATO-Mächte und insbesondere der Obstruktionismus der Amerikaner, wann immer Frankreich um technologische Hilfe bat, verleiteten de Gaulle dazu, das Nassau-Angebot als eine Falle zu betrachten. Dieser Verdacht wurzelte tief in der Erfahrung des angloamerikanischen »Verrats« von Suez. Aber es waren durchaus auch die bereits erwähnten Erfahrungen der folgenden Jahre, die das Mißtrauen wachsen ließen und das Verhältnis zwischen John Bull und Marianne sowie das Verhältnis von Marianne zu Uncle Sam vergifteten.

4. Einige Schlußgedanken

Großbritannien und Frankreich zogen unterschiedliche Lehren aus der Suezkrise. Für Großbritannien bestand die Lehre darin, sobald wie möglich das »alte Verhältnis mit Washington zu reparieren und schließlich wiederherzustellen«[66] — es steht kein Wort in den Memoiren Macmillans von einer Notwendigkeit der Wiederherstellung eines Vertrauensverhältnisses mit Frankreich. Für Frankreich dagegen war von nun an das oberste Gebot, seine Unabhängigkeit unzuverlässigen Verbündeten gegenüber zu entwickeln. Noch heute gilt »die Notwendigkeit einer größeren Autonomie der französischen Politik«, wie am Beispiel Nassau gelernt[67].

Nahm man in Großbritannien den alten Verbündeten Frankreich zu wenig ernst? Glaubte man, Frankreich würde rein aus Dankbarkeit für die Hilfe im Zweiten Weltkrieg Großbritannien auf ewig treu ergeben sein? Unterschätzte man die Fähigkeit de Gaulles, Großbritannien ernsthaft Schaden zuzufügen? All dies scheint nicht der Fall zu sein, vielmehr scheint die britische Regierung unter Macmillan bewußt in Kauf genommen zu haben, den Preis der Isolierung vom alten Kontinent und von der neuen Wirtschaftsgemeinschaft für die britische Variante einer operationell unabhängigen, technologisch abhängigen Kernwaffenstreitmacht bezahlen zu müssen. Dabei schien die technologische Abhängigkeit von den USA, auf diesem Gebiet die am weitesten entwickelte Macht der Welt, das Opfer wert: Man suchte Einfluß, und man glaubte ihn zu haben. Allein die Wortwahl im Nassauer Kommuniqué zeigt, daß Macmillan diesen Einfluß hatte.

Aber ist die Schuld für das Zerwürfnis zwischen John Bull und Marianne nur ihm zuzuschieben? Wir haben festgestellt, daß Uncle Sam seine europäischen Ver-

66 Macmillan, Riding the Storm, S. 240.
67 Botschaft Frankreichs in London, France Statements SFC/95/206, S. 8.

wandten sehr ungerecht und ungleich behandelte. Wie immer emphatisch die Präsidenten Eisenhower und Kennedy ein »besonderes Verhältnis« mit Großbritannien in der Öffentlichkeit leugnen wollten, was immer sie für gute Vorsätze hatten, John Bull von sich abzunabeln und Europa in die Arme zu treiben, Tatsache ist, daß sie ihn auch weiterhin an sich banden, indem sie ihm scheinbar billige Alternativen boten und ein offenes Ohr für seinen »Einfluß«.

Aber auch Marianne, in der Gestalt de Gaulles, ist nicht unschuldig. Er vergalt Gleiches mit Gleichem. Mit derselben erniedrigenden Kühle, mit der man seinen Gesandten von 1958 bis Dezember 1962 in Amerika entgegengetreten war und mit der man seine Vorschläge und Forderungen aufgenommen hatte, begegnete er seinerseits den treuen Partnern Frankreichs auf dem europäischen Festland. Italien und die Bundesrepublik schloß er unter Bruch des Vertrages von Ostern 1958 vom trilateralen Waffen- und Kernprogramm aus; sein späteres Buhlen um Bonn (1962–1964) war nachweislich eine Finte, Bonn zur Aufgabe des Projektes der Multilateralen Kernwaffenstreitkraft zu bringen[68]. Sein unerbittlicher Widerstand gegen den belgisch-deutsch-italienisch-luxemburgisch-niederländischen Fouchet-Plan, der auf eine gemeinsame, überstaatlich gelenkte Außen- und Verteidigungspolitik abzielte, schlug diese engsten Verbündeten Frankreichs vor den Kopf und ließ den Fortschritt in der europäischen Integration bis Maastricht und darüber hinaus stocken. De Gaulle wollte nicht Kernwaffen mit Großbritannien oder irgendwem sonst zusammen entwickeln, um eine gemeinsame Verteidigung, eine gemeinsame Militärstruktur, zu bauen. Sein Ziel war es lediglich, für Frankreich die Kosten bei der Schaffung eines eng nationalen Projektes zu reduzieren.

Auf dieser Ebene ist es bemerkenswert, daß es die aufeinander folgenden britischen Regierungen waren, die ihre Polarisraketen und U-Boote, so wie früher schon ihre Bomber, der NATO zur Planung zur Verfügung stellten, ja später gemeinsam mit der Bundesrepublik dafür kämpften, prinzipielle Überlegungen in der Kernwaffen-Einsatzplanung auch anderen Alliierten zugänglich zu machen. Nach Ende des Kalten Krieges (als die nützliche Klammer der NATO-Kernwaffenplanung mit ihrem Symbolismus wegfiel) war es dann auch der britische Verteidigungsminister Rifkind, der erstmals klar herausstrich, daß Großbritannien sich seinen anderen WEU-Partnern gegenüber unbedingt für deren nuklearen Schutz verpflichtet fühlte[69] — eine Formulierung, die neuestens auch für Frankreich wegweisend wurde.

Will man also aus dem unvernünftigen politischen Spiel der Liebeleien, der Eifersüchteleien, der »privilegierten Verhältnisse« und der Rivalitäten ausbrechen, so scheint dies die Lösung: Sie muß, wie in der Nuklearen Planungsgrup-

68 Siehe: Heuser, Nuclear Strategies.

69 Ansprache Malcolm Rifkinds im verteidigungspolitischen Symposium in Paris, 30.9.1992, § 36, berief sich auf die Verpflichtungen der WEU und NATO-Verträge. Französischer Text: L'avenir de la dissuasion: point de vue britannique, in Ministère de la Défense: Un nouveau débat stratégique: Actes du Colloque de Paris, 29 septembre-1er octobre 1992, Paris: La Documentation Française, 1993, S. 103.

pe der NATO Platz haben für Uncle Sam und Marianne, für John Bull und Michel und für alle anderen Mitglieder der Familie, die dort einen Platz finden möchten. Dies ist auch wichtig in Hinblick auf die neue Romanze, die sich seit kurzem auf nuklearem Gebiet zwischen London und Paris entwickelt.

Bruno Thoß

Die Doppelkrise von Suez und Budapest in ihren Auswirkungen auf Adenauers Sicherheits- und Europapolitik 1956/57

Das Jahr 1956 gehörte auch ohne die Doppelkrise von Suez und Budapest im Spätherbst zu den problemreichsten Jahren Adenauerscher Außen- und Sicherheitspolitik. Noch im Vorjahr hatte der Bundeskanzler eine Serie von Erfolgen als Resultate seiner konsequenten Politik vorrangiger politischer, wirtschaftlicher und militärischer Westorientierung einfahren können. Der Beitritt zur WEU und NATO im Mai 1955 hatte nicht nur die Weichen für eine Lösung der Sicherheitsfrage des westdeutschen Teilstaates durch Einbettung in die westliche Allianz gestellt; damit war die junge Bundesrepublik auch ein erhebliches Stück vorangekommen auf dem Weg vom besatzungsrechtlich eingeschränkten Objekt zum gleichberechtigten Subjekt internationaler Politik. Die im Frühjahr 1955 eingeleitete »relance européenne« hatte auf der Konferenz der Montan-Union in Messina Anfang Juni des Jahres erste hoffnungsvolle Anstöße zu neuer europapolitischer Dynamik hin zu einem gemeinsamen westeuropäischen Markt und zu gemeinsamer Entwicklung der vermeintlichen atomaren Zukunftsenergie erhalten. Tendenzen der Westmächte, nunmehr nach der zusätzlichen Festigung ihres Allianzsystems um die Bundesrepublik sowjetische Abrüstungs- und Entspannungssignale auszuloten, waren schon im Vorfeld des Genfer Gipfeltreffens vom Juli 1955 bündnisintern ihrer deutschlandpolitischen Gefahren entkleidet worden. Bei den Vorklärungen auf Arbeitsgruppenebene hatten sich die Westmächte auf deutsches Drängen darauf eingelassen, keine entspannungspolitischen Absprachen mit der Sowjetunion anzusteuern, ohne parallel dazu Zugeständnisse in der deutschen Frage einzufordern. Schließlich hatte Adenauer über die sowjetische Einladung zu einem Staatsbesuch in Moskau vor der deutschen Öffentlichkeit auch die Kritik entkräften können, daß seine Allianzpolitik zwangsläufig einen neuen Klimasturz in den Ost-West-Beziehungen nach sich ziehen mußte[1].

Daß diese unbestreitbaren Höhepunkte freilich auch bereits einen Wendepunkt in Adenauers Erfolgsstatistik einläuteten, wurde allerdings ebenfalls noch in der zweiten Jahreshälfte 1955 erkennbar. Die Abwehr der größten deutschlandpolitischen Gefahren auf der Viermächte-Konferenz der Außenminister im Herbst des Jahres hatte nur noch notdürftig verdecken können, daß die Westmächte zunehmend weniger bereit waren, mögliche Fortschritte in der internationalen Entspannung deutschlandpolitisch blockieren zu lassen. Bei den Expertengesprächen

1 Eingehende Analyse der Adenauerschen Außenpolitik im Sommer und Herbst 1955: Thoß, Der Beitritt.

innerhalb der Montan-Union zur Realisierung der Messina-Beschlüsse meldeten sich außerdem in allen Partnerstaaten bereits wieder unüberhörbar die Partikularinteressen gegen weitergesteckte Integrationshoffnungen zu Wort. Diese deutschland- und europapolitische Stagnation schlug aber auch durch auf die Innenpolitik und brach sich an der Jahreswende 1955/56 in einer heraufziehenden Koalitionskrise Bahn. Daß zudem der Aufbau der Bundeswehr nicht in zugesagtem Maße voranschritt, führte zu einer ersten Vertrauenskrise im Bündnis und eröffnete eine unangenehme Debatte zwischen der Bundesregierung und den Partnerländern, die Streitkräfte auf deutschem Boden stationiert hatten. Sie forderten nun einen finanziellen Ausgleich dafür, daß sie auch weiterhin ohne wesentliche deutsche Kräfte die Sicherheit der Bundesrepublik mitgarantieren mußten[2].

In dieser an sich schon zunehmend komplizierteren Lage trat nun auch noch eine Krisenregion in das Blickfeld deutscher Außenpolitik, die das vorrangig europäische Sicherheitsinteresse Bonns bislang nur indirekt tangiert hatte: der Mittelmeerraum in seiner ganzen Länge von Nordafrika bis in den Mittleren Osten. Im Sommer 1955 hatte sich der Westen noch der Hoffnung hingeben können, mit dem Schlußstein in seinem Containmentgürtel — dem Bagdad-Pakt von der Türkei über Irak und Iran bis nach Pakistan — die wegen ihrer Erdölvorkommen äußerst sicherheitsrelevante Region um den Persischen Golf gegen ein Eindringen der Sowjetunion abgeriegelt zu haben. Mit dem Abzug der Briten aus der Suezkanalzone schien im übrigen zunächst auch der Wortführer des arabischen Nationalismus, der ägyptische Staatschef Gamal Abd el-Nasser, wieder näher an den Westen herangeführt.

Als offene Wunden schwelten freilich nach wie vor die Aufstandsbewegungen gegen die Franzosen in Algerien und gegen die Briten auf Zypern weiter. Für die NATO wirkten sich beide Krisenherde in doppelter Hinsicht gefährlich aus. Zum einen boten sie einer flexibleren Weltpolitik der Sowjetunion Ansatzpunkte zu einem Zusammengehen der sozialistischen Staaten Osteuropas und Asiens mit den Unabhängigkeitsbewegungen in der Dritten Welt. Daneben gingen von den spätkolonialen Verwicklungen Frankreichs und Großbritanniens aber auch Spaltungswirkungen auf die westliche Allianz aus. Zu einem Zeitpunkt, da die Sicherheitslage in Mitteleuropa noch nicht durch einsatzfähige Bundeswehrdivisionen stabilisiert werden konnte, wurden die französischen und britischen Verbände in der Bundesrepublik bereits durch einseitige Truppenabzüge beider Partnerstaaten zusätzlich ausgedünnt. Außerdem schlug der Konflikt um Zypern auch direkt auf den Bündniszusammenhalt im östlichen Mittelmeer durch, weil auf der Insel die divergierenden Interessen dreier NATO-Staaten — Großbritanniens, Griechenlands und der Türkei — aufeinanderprallten. Beim Versuch, ihre im Zeichen des Kolonialismus gewonnenen Positionen zu behaupten, stießen Briten und Franzosen schließlich auch auf die antikolonialen Traditionen der USA und der skandinavischen NATO-Staaten, die sich nicht aus reiner Bündnissolidarität in

2 Zu den Auseinandersetzungen um eine Fortzahlung von Stationierungskosten 1955/56: ebd., S. 198–211.

eine falsche Frontstellung gegen die nach nationaler Unabhängigkeit strebenden Bewegungen in der Dritten Welt manövrieren lassen wollten.

In Paris und London konterte man die bündnisinterne Kritik mit dem Argument, daß beide Länder schließlich an der Peripherie der NATO auch Sicherungsaufgaben für das Bündnis insgesamt erfüllten. Gerate nämlich die nordafrikanische Gegenküste Südeuropas außer Kontrolle, dann eröffne dies der Sowjetunion eine Einbruchsstelle in die Region und damit schon mittelfristig die Chance, die lebenswichtigen Seeverbindungen im Mittelmeer selbst und von da aus auch über den Südatlantik zu bedrohen[3]. Dagegen wandten die Kritiker im NATO-Rat jedoch ein, daß gerade das Vorgehen der Franzosen und Briten die nationalen Unabhängigkeitsbewegungen an die Seite der sozialistischen Staaten treiben werde. Was deshalb nottue, sei weniger eine militärische Sicherung dieses Raumes als vielmehr der Versuch, die entstehenden jungen Nationalstaaten in der Dritten Welt in »gegenseitiger fruchtbarer wirtschaftlicher Kooperation« an den Westen zu binden[4].

Wie berechtigt solche Warnungen waren, hatte der Westen schon mit der Gründung des Bagdad-Paktes zu spüren bekommen. Was den Mittleren Osten gegen ein Eindringen der konkurrierenden sowjetischen Weltmacht schützen sollte, hatte an militärischer Stärkung des Containmentgürtels weniger eingetragen, als es an politischem Schaden angerichtet hatte. Die aus kolonialer Bevormundung herausstrebende islamische Welt sah in der Übertragung des Ost-West-Konflikts auf ihren Raum nämlich den kaum verhüllten Versuch einer Neuauflage westlicher Dominanz in sicherheitspolitischem Gewande. Nasser als Sprecher des Panarabismus suchte daher schon im Herbst 1955 als Gegengewicht gegen diese neuerliche westliche Einflußnahme erste rüstungswirtschaftliche Anlehnung an den Ostblock. Da entsprechende Wünsche um Waffenkäufe im Dauerkonflikt gegen Israel nach seinem Dafürhalten bei den Westmächten mit unannehmbaren Auflagen für die ägyptische Unabhängigkeit verbunden waren, gab er Ende September 1955 den Abschluß eines Waffenliefervertrages mit der Tschechoslowakei bekannt[5]. Als der sowjetische Botschafter in Kairo wenige Tage später mit dem Angebot nachstieß, die arabische Welt generell durch Entwicklungshilfe zu unterstützen, stand bei den Westmächten fest, daß die Sowjetuion nunmehr offensiv daranging, den westlichen Einfluß im Nahen und Mittleren Osten zu unterminieren[6].

Die Bundesregierung hatte schon die immer unlösbarere Verstrickung Frankreichs in den Algerienkrieg mit wachsender Sorge beobachtet, da sie den Partner jenseits des Rheins nicht nur zu umfangreichen Truppenabzügen aus dem NATO-Bereich Europa-Mitte zwang, sondern auch den dringend benötigten Mitspieler

3 Siehe dazu: Thoß, Bündnissolidarität, S. 691–695.

4 Blankenhorn, Verständnis, S. 242.

5 Rundfunkansprache vom 28.9.1955: Keesings Archiv der Gegenwart 1955, S. 5380 B; zum ägyptisch-tschechischen Waffengeschäft insgesamt: Ra'anan, The USSR, S. 16–30.

6 Zum Angebot sowjetischer Entwicklungshilfe vom 10.10.1955 und der westlichen Einschätzung: Keesings Archiv der Gegenwart 1955, S. 5402 F.

beim europäischen Einigungsprozeß international zunehmend isolierte. Für die deutschen Diplomaten in Paris war die von französischer Seite gebrauchte Formel von der Zugehörigkeit Algeriens zum französischen Mutterland nur noch eine »Fiktion«, aus der sich Paris aus innenpolitischen Gründen nicht zu lösen vermochte. Andererseits sah man im Frankreichreferat des Auswärtigen Amtes aber auch eine Chance darin, daß Frankreich in seiner Isolierung »auf seinen Nachbarn Deutschland zurückgeworfen« war und eben deshalb als Partner für einen »deutsch-französischen Kern« zur weiteren europäischen Integration gewonnen werden konnte. Dazu mußte ihm Bonn freilich durch Verständnis und propagandistische Schützenhilfe in der Algerienfrage die »Situation [...] erleichtern[7].«

Die Unterstützung Frankreichs durfte freilich nicht so einseitig ausfallen, daß darunter die guten Beziehungen Bonns zur arabischen Welt litten. Auf einer nach Bonn einberufenen Botschafterkonferenz zog das Auswärtige Amt deshalb Anfang Dezember 1955 Bilanz über die westliche Nahostpolitik. Die deutschen Diplomaten vor Ort warnten davor, daß die Barriere des Bagdad-Paktes wegen der führenden Rolle der ehemaligen Kolonialmacht Großbritannien darin von der Sowjetunion bald auf breiterer Front übersprungen werden könnte. In dieser Situation mochte es für den Westen günstig sein, wenn die Bundesrepublik ihre guten Dienste für die westliche Allianz einbrachte und aus den unbelasteteren, traditionell guten deutsch-arabischen Beziehungen heraus ihre eigenen Kontakte in den Raum festigte[8]. Mit Blick auf Bonns Haltung in der Algerienfrage empfahl das Frankreichreferat daher Rücksichtnahmen nach zwei Seiten hin: durch einen schonenden Umgang mit Frankreich und durch die gleichzeitige Intensivierung der deutsch-arabischen Wirtschaftsbeziehungen[9].

Ein aktiveres Einschalten der Bundesrepublik in die Nahostproblematik erschien seit der Jahreswende 1955/56 auch deshalb erforderlich, weil die bündnisinternen Diskrepanzen darüber immer offener zutage traten. Bei seinem Besuch in Washington hatte der britische Premierminister Sir Anthony Eden die »potentielle Gefährdung des Weltfriedens« durch den arabisch-israelischen Dauerkonflikt und die sowjetischen Aktivitäten in der Region zwar als gemeinsame amerikanisch-britische Sorge im Abschlußkommuniqué unterbringen können. Seinen weiterreichenden Wunsch, die USA als Ordnungsmacht näher an den Bagdad-Pakt heranzuziehen, hatte US-Außenminister John Foster Dulles dagegen reserviert entgegengenommen[10]. Den allgemeinen Mahnungen aus den Reihen der NATO über ein Unterminieren der westlichen Positionen im Mittelmeer, denen sich zu Jahresbeginn 1956 auch Adenauer angeschlossen hatte, trugen die USA zwar Anfang März 1956 durch die Verstärkung ihrer 6. Flotte im Mittelmeer um ein

7 Dazu insgesamt: Müller, Die Bundesrepublik; Zitate aus der Denkschrift des Frankreichreferenten Paul Frank, Ende 1955: ebd., S. 616–618.

8 Die Stellungnahmen auf der Botschafterkonferenz in Bonn vom 8.-10.12.1955 liegen im Politischen Archiv des AA, Akten Büro Staatssekretär, Bd 338.

9 Siehe: Müller, Die Bundesrepublik, S. 622.

10 Kommuniqué über Edens USA-Reise vom 2.2.1956: Keesings Archiv der Gegenwart 1956, S. 5599 A; zur amerikanischen Skepsis gegenüber dem Bagdad-Pakt: Felken, Dulles, S. 238.

Bataillon Marine-Füsiliere (1500 Mann) Rechnung. Der Bundeskanzler war damit indes nicht zu beruhigen, da die »Anwesenheit von Truppen allein [...] keine Außenpolitik« mache[11]. Wesentlicher erschien eine grundsätzliche Klärung der politischen und wirtschaftlichen Rolle, die der Westen zur Stabilisierung der Region einnehmen sollte.

Schon auf der NATO-Außenministerkonferenz in Paris im Dezember 1955 hatte der italienische Außenminister Gaetano Martino deshalb Zustimmung für seinen Vorschlag geerntet, die Möglichkeiten aus Artikel 2 des NATO-Vertrages für eine Aufgabenerweiterung der Allianz auszuloten. Für den deutschen NATO-Botschafter Herbert Blankenhorn und seinen belgischen Kollegen André de Staercke war dafür freilich das Bündnis in seiner Funktion als Militärallianz ungeeignet. Überlegt werden sollte deshalb vielmehr eine gemeinsame Initiative der NATO-Staaten für ein Investitionsprogramm zugunsten der Mittelmeeranrainer, wobei nach Meinung Adenauers »das wirtschaftliche Risiko nicht den Ausschlag geben« durfte[12].

Deshalb berief das Auswärtige Amt vom 3.–7. April 1956 in Istanbul unter dem Vorsitz von Staatssekretär Walter Hallstein seine Botschafter in der arabischen Welt zu einer Nahostkonferenz ein, um Vorschläge für ein konkreteres Aktivwerden der Bundesrepublik in der Region zu beraten. Dabei standen zwei Gesichtspunkte im Mittelpunkt: Ganz auf der Linie bisheriger Vorüberlegungen sollte hauptsächlich wirtschaftliche Zusammenarbeit mit der arabische Welt gesucht werden, und dies sollte jeweils in enger Abstimmung mit den NATO-Partnern geschehen, um möglichem Mißtrauen gegen die Bonner Motive entgegenzuwirken, als wolle man die Schwierigkeiten der Verbündeten für eigene ökonomische Positionsgewinne nutzen[13].

Wie steinig dieses Terrain jedoch war, erfuhr Außenminister Heinrich von Brentano, als er während seines Besuchs in Athen im Frühjahr 1956 einen Vermittlungsversuch in der Zypernfrage zwischen Griechenland und Großbritannien einleiten wollte, um einer weiteren Gefährdung der NATO-Position im östlichen Mittelmeer gegenzusteuern. Die deutschen Sorgen waren um so größer, als man in Athen Tendenzen zu einer politischen Linksverlagerung zu erkennen glaubte, wenn eine Lösung des Zypernproblems von britischer Seite weiter verschleppt wurde. Doch London dachte weder jetzt noch wenige Monate später während der Suezkrise daran, seinen Handlungsspielraum durch das Dazwischentreten Dritter einschränken zu lassen, und lehnte daher höflich, aber bestimmt ab[14].

11 Adenauer, Erinnerungen, 3, S. 215; zu seinen Mahnungen an die amerikanische Adresse: Köhler, Adenauer, S. 941; zur Verstärkung der 6. Flotte: Keesings Archiv der Gegenwart 1956, S. 5666 A.

12 Zur Initiative Martinos: Bericht der US-Delegation über die NATO-Außenministerkonferenz in Paris, 14.-17.12.1955: FRUS, 1955–1957, IV, S. 41–44; zu den Überlegungen Blankenhorns und de Staerckes: Blankenhorn, Verständnis, S. 246; Zitat Adenauers aus Briefentwurf an Dulles, März 1956: Staatsarchiv Bundeskanzler Adenauer-Haus III 2.

13 Siehe die Aufzeichnungen des AA Die Nahost-Konferenz in Istanbul, o.D., AA, Akten Büro Staatssekretär, Bd 162.

14 Thoß, Bündnissolidarität, S. 695, und Brief v. Brentanos an den Bundeskanzler, 17.5.1956: Adenauer, Erinnerungen, 3, S. 139.

Wollte man mithin zu einer gemeinsamen Mittelmeer- und Nahoststrategie der NATO kommen, dann blieb aus Bonner Sicht Mitte 1956 neben der Aufrechterhaltung der eigenen intakten Beziehungen in die arabische Welt nur der Weg, den der italienische Außenminister Martino schon Ende 1955 vorgeschlagen hatte. Zwar war sein Grundgedanke einer Erweiterung der Bündnisaufgaben in den wirtschaftlichen und entwicklungspolitischen Bereich hinein auf Skepsis bei den NATO-Partnern gestoßen. Holländer und Skandinavier sahen darin eine Aufgabenüberfrachtung der westlichen Militärallianz und wollten dieses Feld zweckmäßiger den Vereinten Nationen und der Organisation für europäische wirtschaftliche Zusammenarbeit (OEEC) überlassen. Das traf sich ganz mit den Intentionen der Führungsmacht USA, die von den europäischen NATO-Partnern statt neuer Verbindlichkeiten erst einmal die Einhaltung der früheren Zusagen beim militärischen Ausbau der Allianz sehen wollten[15].

Ein anderer Gedanke Martinos war da schon zukunftsträchtiger. Gerade die kleineren und mittleren Mächte im Bündnis sahen mit wachsender Sorge, wie die NATO durch die weltpolitischen Aktivitäten ihrer großen Drei (USA, Großbritannien, Frankreich) immer wieder indirekt mitbetroffen wurde, ohne daß die übrigen Partnerstaaten ihre Interessen im NATO-Rat angemessen zur Geltung bringen konnten. Beim Außenministertreffen der NATO im Mai 1956 unterstützte die Bundesrepublik daher die nunmehr vom kanadischen Außenminister Lester Pearson übernommene Idee, ein Drei-Männer-Gremium — den sogenannten »Rat der Drei Weisen«, bestehend aus Pearson selbst, dem italienischen Außenminister Martino und dem norwegischen Außenminister Halvard Lange — mit der Überprüfung und Verbesserung der politischen Koordination im Bündnis zu beauftragen.

Damit war die Hoffnung verbunden, den zentrifugalen Kräften gegen die Einheit der Allianz in doppelter Weise entgegenwirken zu können: Einmal hatte Bonn bei den Abrüstungsverhandlungen zwischen den Westmächten und der Sowjetunion in London im Frühjahr 1956 die zunehmende Bereitschaft speziell der Briten und Franzosen registrieren müssen, das bisherige Junktim des Westen aus parallelen Fortschritten in der Entspannungs- und Deutschlandfrage zugunsten flexiblerer Ost-West-Beziehungen aufzuweichen[16]. Mit einer stärkeren Koordination im Bündnis mochten sich daher aus deutscher Sicht künftige ostpolitische Sonderwege einzelner Bündnispartner leichter zu größerer Allianzdisziplin hin entschärfen lassen. Daneben war aber auch Handlungsbedarf mit Blick auf die Erosionen an der Südflanke der NATO angesagt, wo die Sowjetunion inzwischen nicht nur mit dem tschechisch-ägyptischen Waffengeschäft, sondern auch mit ihrer Unterstützung des griechischen Standpunktes in der Zypernfrage weiteren Boden gewinnen konnte[17].

15 Thoß, Bündnissolidarität, S. 696; zur Haltung der USA: Sitzung des National Security Council, 22.12.1955: FRUS 1955–1957, IV, S. 51.

16 Thoß, Beitritt, S. 191–198.

17 Die Aktivitäten der Sowjetunion im Mittelmeer 1955/56 sind zusammengestellt bei Höpker, Europäisches Niemandsland, S. 109–118.

Schon bei den ersten Sondierungen mußten die »Drei Weisen« freilich feststellen, daß die Führungsmächte im Bündnis zwar daran interessiert waren, die NATO gegenüber einer flexibleren sowjetischen Weltpolitik auf Kurs zu halten, daß sich aber Amerikaner und Briten bei der Verfolgung ihrer globalen, über das engere Bündnisgebiet hinausreichenden Interessen die Hände nicht durch mögliche Einsprüche ihrer Partner im NATO-Rat binden lassen wollten[18].

Die schleppenden Vorgespräche im Bündnis waren um so mißlicher, als die Krise im Nahen Osten im Juli 1956 eine weitere Verschärfung erfuhr. Noch während des gesamten Frühjahrs hatten Amerikaner und Briten zusammen mit der Weltbank in Kairo über eine Finanzierung von Nassers Prestigeobjekt — den Bau eines Nilstaudammes bei Assuan — verhandelt, um diesen wichtigsten Sprecher des Panarabismus und der Blockfreienbewegung in der Region nicht weiter in Richtung Ostblock abdriften zu lassen. Aus Verärgerung über die fortgesetzten antiwestlichen Aktivitäten Kairos und auf Druck des US-Kongresses zog Dulles dagegen jetzt im Sommer die amerikanischen Zusagen zurück, was gleichzeitig auch den Ausstieg Londons und der Weltbank aus dem Projekt zur Folge hatte. Der ägyptische Staatschef reagierte darauf mit der Nationalisierung des Suezkanals[19].

Die NATO sah sich davon nicht nur direkt durch die Mitglieder berührt, die Anteile an der Kanalbenutzergesellschaft hatten; ohne als Bündnis handlungsfähig zu sein, mußten sie auch indirekt die Folgen für ihre Südflanke mittreffen, an der nunmehr Algerien-, Zypern- und Suezkrise zusammenflossen. Damit standen die übrigen Bündnispartner aber vor dem Dilemma, bei einer harten Reaktion des Westens die Kluft zur afro-asiatischen Staatenwelt weiter zu vertiefen, gleichzeitig jedoch von ihren NATO-Partnern Großbritannien und Frankreich in die Pflicht zur Loyalität genommen zu werden. Adenauer äußerte sich daher sehr kritisch über das Vorgehen der Amerikaner, die Nassers Alleingang dadurch geradezu provoziert und den Westen insgesamt damit einer Zerreißprobe ausgesetzt hätten[20].

Die Schärfe seiner Kritik war indes nicht allein auf einen Dissens über die Behandlung Nassers zurückzuführen. Sie rührte vielmehr von der tiefsten Vertrauenskrise im deutsch-amerikanischen Verhältnis der Nachkriegsjahre her, die sich zur gleichen Zeit um die Pläne einer umfassenden Reduzierung der US-Truppen in Europa aufgebaut hatte[21]. Die mit dem Namen des Vorsitzenden der Joint Chiefs of Staff, Admiral Arthur Radford, verbundenen Überlegungen sahen eine noch stärkere Abstützung der USA auf den frühzeitigen und umfassenden Einsatz

18 Zur Installierung des »Rates der Drei Weisen« im Mai und seinen Sondierungen im Juni/Juli 1956: Thoß, Bündnissolidarität, S. 697–699.

19 Ders., Beitritt, S. 224 f.

20 Adenauer, Erinnerungen, 3, S. 216–218; ähnlich beim Besuch des Labour-Führers Hugh Gaitskell in Bonn, 23.9.1956: Gaitskell, Diary, S. 609, und vor Pressevertretern am 28.9.1956: Adenauer, Teegespräche, 2, S. 129.

21 Zum »Radford-Plan« und seinen Auswirkungen für das deutsch-amerikanische Verhältnis: Thoß, Beitritt, S. 216–224, sowie Pöttering, Adenauers Sicherheitspolitik, S. 62–80; Schwarz, Adenauer, 2, S. 291–296.

von Nuklearwaffen vor; Aufbau und Unterhalt der zusätzlich benötigten konventionellen Streitkräfte sollten im wesentlichen durch die europäischen Verbündeten getragen werden. Dies traf die Bundesregierung aber nicht allein zu einem innenpolitisch äußerst ungünstigen Zeitpunkt, da sie im Bundestag den Aufbau der Bundeswehr im geplanten Umfang begründen mußte. Bei Adenauer selbst wurden auch sofort wieder die nie ganz verstummten Sorgen laut, daß sich dahinter ein genereller Kurswechsel seines wichtigsten Verbündeten zu einem Arrangement mit der anderen Supermacht auf Kosten Europas abzeichnete, der den USA die Rückkehr in den Isolationismus hinter die sicheren Mauern einer »Festung Amerika« erlauben mochte[22].

Daraus ergab sich für den Bundeskanzler ein Krisenszenario, in dem sich die Führungsmacht des Westens vor dem Hintergrund des beginnenden Präsidentschaftswahlkampfs aus den europäischen Verbindlichkeiten abzumelden schien, Westeuropa aber wegen seiner internen Interessendivergenzen noch nicht selbständig handlungsfähig war und zu allem Überfluß nun an seinen mediterranen Rändern auch noch in eine internationale Spannungsphase zu schlittern drohte. Wo aus seiner Sicht daher die Einheit des Westens ein zwingendes Gebot der Stunde gewesen wäre, zeigten sich an allen Ecken und Enden vornehmlich zentrifugale Tendenzen des Auseinanderfließens in den Egoismus vorrangiger nationaler Interessenwahrung. Deshalb mußte jetzt alles darauf ankommen, die Geschlossenheit im Bündnis unter den mehrseitigen Krisenbedingungen wiederherzustellen, sich aber zusätzlich eine europäische Rückfallposition aufzubauen, falls sich die USA eines Tages — wie von Adenauer schon mittelfristig befürchtet — vom alten Kontinent abwenden sollten[23].

Europapolitisch setzte Adenauer dazu mit einer programmatischen Rede vor den Grandes Conférences Catholiques am 15. September 1956 in Brüssel ein deutliches Signal für ein »Europa als eine eigenständige Kraft zwischen den beiden Machtblöcken Sowjetunion und USA«[24]. In dieser Eindeutigkeit hatte er sich vorher kaum jemals öffentlich zu dem besonders in Frankreich favorisierten Gedanken einer »dritten Kraft« Europa bekannt. Bisher hatte er vielmehr sehr sorgfältig Balance gehalten zwischen seiner Europa- und seiner Amerikapolitik, wohl wissend, wie schwankend die europäischen Planken und wie notwendig die amerikanischen Sicherheitsleinen für seine Westpolitik waren. Das zeigt, wie tief der Schock der Radford-Krise bei ihm saß, bündelte er sich doch mit einer Reihe anderer Informationen über eine für das deutsche und europäische Interesse gefährliche neue Beweglichkeit speziell in Eisenhowers Ostpolitik[25]. Sicherheitspolitische

22 Besonders eindringlich sah sich Labour-Führer Hugh Gaitskell bei seinem Besuch in Bonn mit dieser düsteren Stimmung Adenauers konfrontiert: Gaitskell, Diary, S. 600 f.; ähnlich scharf fiel Adenauers erste Reaktion gegenüber Dulles aus, dem er in einem Brief vom 22.7.1956 vorhielt, daß »Europa, auch Deutschland, das Vertrauen auf die Zuverlässigkeit der Vereinigten Staaten verliert«, zit. nach Schwarz, Adenauer, 2, S. 294.

23 Küsters, Adenauers Europapolitik, S. 661.

24 Adenauer, Erinnerungen, 3, S. 223 f.

25 Adenauers Äußerung gegenüber dem französischen Botschafter Couve de Murville von

Abhängigkeit vom atomaren Schirm der USA und chronische europapolitische Enttäuschungen verwiesen die westdeutsche Außenpolitik daher zwar in den folgenden Jahren in letzter Konsequenz doch immer wieder an die Seite der dominanten Führungsmacht im Bündnis. Noch vor der Rückkehr Charles de Gaulles auf die politische Bühne Frankreichs und Europas war beim Bundeskanzler jedoch eine Suche nach Auswegen eingeleitet, die Bonn vor einer allzu einseitigen Abhängigkeit von Washington absichern sollten.

Dafür war aber kein Zeitpunkt geeigneter als jetzt in der heraufziehenden Nahost-Krise, da man im Auswärtigen Amt nicht nur Frankreich, »durch amerikanische Zurückhaltung enttäuscht, [...] für eine deutsche Unterstützung [...] sicher sehr empfänglich« ansah. Auch die britisch-amerikanischen Dissonanzen über Zypern, den Bagdad-Pakt und jetzt den Suezkanal weckten beim Kanzler Hoffnungen auf eine größere Bereitschaft Londons, sich nunmehr stärker an der europäischen Integration zu beteiligen[26]. Bei entsprechender Sensibilität der Bonner Außenpolitik mochte also gerade das wachsende Krisenbewußtsein des Herbst 1956 in Westeuropa den Weg weisen zu einem stärkeren Zusammenrücken unter Hintanstellen der bei allen Partner immer noch dominierenden Partikularinteressen.

Dies konnte freilich nur gelingen, wenn die Bundesrepublik in der Krise die Solidarität mit ihren französischen und britischen Partnern zeigte, die diese beim amerikanischen Verbündeten so schmerzlich vermißten. Dabei tauchte dann natürlich sofort das andere Dilemma deutscher Mittelmeerpolitik wieder auf, daß eine allzu direkte Stellungnahme für die westeuropäischen Partner die jungen arabischen Nationalbewegungen voll an die Seite Moskaus treiben konnte. Hier würden sie dann sehr schnell zum Hebel werden, mit dem die deutschlandpolitischen Interessen Bonns an einer internationalen Isolierung der DDR durch Nichtanerkennung (»Hallstein-Doktrin«) ausgehöhlt werden konnten. Genau das mußte aber eintreten, wenn — wie dies schon aus den ersten Berichten deutscher Diplomaten in London und Paris durchschien — Briten und Franzosen zu militärischen Mitteln in der Suezfrage griffen. Obwohl die Deutschen daher aus europapolitischer Sicht zu flankierender politischer Unterstützung des britisch-französischen Standpunktes einer harten Haltung gegen den »kleinen Hitler«[27] am Nil bereit waren, mußten sie bei einer globalen Güterabwägung wie die USA dafür eintreten, daß nicht — so Eisenhowers Warnung — durch eine Gewaltaktion zur Unzeit

Anfang Oktober 1956, daß er kein Vertrauen mehr in die Rußlandpolitik des Präsidenten habe: Schwarz, Adenauer, 2, S. 296; ähnlich das Verdikt seines Vertrauten Blankenhorn mitten in der Suez-Krise, Eisenhower sei »der Verantwortung [...] nicht gewachsen, mangels physischer, ja auch mangels der erforderlichen geistigen Kräfte«: Blankenhorn, Verständnis, S. 258.

26 Vgl. Denkschrift des Frankreichreferats vom September 1956, zit. nach: Müller, Die Bundesrepublik, S. 625, und Gespräch Adenauer-Gaitskell vom 23.9.1956: Gaitskell, Diary, S. 609 f.

27 Adenauer vor dem CDU-Vorstand am 20.9.1956, in: Adenauer, Wir haben wirklich etwas geschaffen, S. 1027.

»die Welt von Dakar bis zu den Philippinen gegen uns« in Front gebracht wurde[28]. Deshalb nahm die Bundesregierung die Einladung zu einer von Dulles initiierten Konferenz der Anteilseigner am Suezkanal in London (16.–23. August 1956) mit der ausdrücklichen Festlegung an, daß es Grundsatz deutscher Politik sei, die »Beilegung von Spannungen auf dem Wege von Verhandlungen« herbeizuführen[29].

Die trotz äußerer Verhandlungsbereitschaft weiterlaufenden geheimen Militärplanungen im Dreieck London-Paris-Tel Aviv wurden indes für die NATO insgesamt und den Frontstaat Bundesrepublik im besonderen schon im Sommer 1956 auf sehr unmittelbare Weise spürbar. Bereits Anfang August gaben Briten und Franzosen im NATO-Rat ihre Absicht zu erkennen, für die Krisensteuerung im Mittelmeer weitere Truppen aus Mitteleuropa abzuziehen. Im Frühherbst waren die NATO-Verbände in Mitteleuropa schließlich so ausgedünnt, daß die Standing Group zeitweilig keine Möglichkeit mehr zur Aufrechterhaltung ihrer Strategie der Vorwärtsverteidigung in Europa sah. Alle Versuche des kanadischen Außenministers Pearson, jetzt und im weiteren Verlauf der Krise das Bündnis insgesamt für einen mäßigenden Impuls auf London und Paris zu aktivieren, verpufften jedoch ergebnislos an deren strikter Weigerung, dem NATO-Rat über ein Informationsrecht hinausgehende echte Konsultationsrechte zuzuerkennen[30].

Adenauer unternahm daher ähnlich wie in der Radford-Krise einen erneuten Vorstoß, wenigstens das westeuropäische Unterbündnis der WEU zu aktivieren. Daran zeigte sich längerfristig auch Frankreich interessiert, das die wachsende Skepsis Bonns über die Zuverlässigkeit der USA in europäischen Verteidigungsfragen teilte. Für die momentane Krisensteuerung war damit jedoch nicht mehr gewonnen als die Einsetzung einer Arbeitsgruppe auf der WEU-Tagung in Strasbourg Anfang Oktober 1956, die im Lichte der neuesten Entwicklungen die künftige Rolle der WEU analysieren sollte[31].

Solange freilich auf der Londoner Konferenz der Kanalbenutzer und anschließend bei der Vermittlungsaktion des australischen Ministerpräsidenten Menzies in Kairo weiter über eine friedliche Konfliktlösung verhandelt wurde, konnte auch die Bundesregierung zunächst noch ihren Balanceakt zwischen den USA, ihren westeuropäischen Partnern Großbritannien und Frankreich und ihren guten Kontakten in die arabische Welt durchhalten. Dazu unterstützte Bonn den Vorschlag von Dulles, Ägypten durch wirtschaftlichen Druck zu einer Rücknahme seiner Nationalisierunng des Kanals und zu dessen Internationalisierung zu bewegen, wobei Kairo künftig eine angemessenere finanzielle Entschädigung aus den Benutzergebühren erhalten sollte als bisher. Für den mitgereisten Bundespressechef Felix von Eckardt gehörte die Londoner Konferenz indes von Anfang an »zu den trübseligsten, die ich je mitgemacht habe«, da sie sich in reiner Rhetorik ohne

28 Zit. nach Ambrose, Eisenhower, 2, S. 331; frühzeitige Warnungen vor einer Neigung der Briten und Franzosen zur Gewaltanwendung enthalten die Berichte der deutschen Diplomaten in Paris, London und bei der NATO: AA, Akten Büro Staatsekretär, Bd 98.

29 Erklärung vom 7.8.1956: Keesings Archiv der Gegenwart 1956, S. 5921 B.

30 Thoß, Bündnissolidarität, S. 703 f.

31 Ders., Beitritt, S. 226.

Erfolgsaussichten erschöpfte: Die vom Westen favorisierte Idee einer Internationalisierung des Kanals war schon deshalb ein totgeborenes Kind, weil Ägypten — und in seinem Schlepptau auch das NATO-Mitglied Griechenland — gar nicht erst zur Konferenz angereist waren, wobei in London selbst die Sowjetunion und Indien den ägyptischen Standpunkt vertraten[32]. Während man daher in Washington und bei den übrigen NATO-Partnern noch bis Mitte Oktober nach Kompromißmöglichkeiten — Einschaltung der UNO, Verstärkung des wirtschaftlichen Drucks auf Kairo — suchte, liefen auf der Grundlage von britisch-französisch-israelischen Geheimabsprachen bereits die militärischen Planungen für einen koordinierten Militärschlag zur Besetzung der Kanalzone auf vollen Touren[33].

Der Westen war noch vollauf mit seinen internen Problemen und der Krisensteuerung im Nahen Osten beschäftigt, als sich die internationale Lage nun auch im unmittelbaren osteuropäischen Vorfeld der NATO krisenhaft zuzuspitzen begann. Die Unruhen in Polen im Sommer 1956 hatten sich noch durch eine Ablösung der stalinistischen Führungsspitze bereinigen lassen, da der als Reformer geltende neue KP-Chef Władysław Gomułka ganz bewußt nicht an der Zugehörigkeit seines Landes zum Warschauer Pakt gerührt hatte. Mit ähnlichen Kursanpassungen hoffte jetzt im Oktober zunächst auch die neue ungarische KP-Führung um Imre Nagy der allgemeinen Unruhen im Gefolge von Studentendemonstrationen Herr werden zu können. Bei aller Genugtuung im Westen über diese offensichtlichen Anzeichen einer blockweiten Systemschwäche im Warschauer Pakt war freilich auch im Westen wenig Neigung zu verspüren, die Verhältnisse in Osteuropa in einer an sich schon aufgeheizten internationalen Atmosphäre durch eigenen Druck von außen unkontrollierbar werden zu lassen[34].

Wenn man sich in Washington und Bonn zunächst noch Hoffnungen hingegeben hatte, beide Krisen in und außerhalb Europas getrennt und auf kleiner Flamme halten zu können, so waren solche Überlegungen in dem Moment Makulatur, als die Israelis Ende Oktober auf die Halbinsel Sinai vorstießen und Briten und Franzosen absprachegemäß mit einem Ultimatum — formal an beide Kriegsparteien — ihr Dazwischentreten durch eine militärische Besetzung der Kanalzone androhten und schließlich auch wahrmachten. Für die Bundesregierung war mit dem Zusammenfließen beider Spannungszenarien der eigene Balanceakt über den Konfliktparteien nicht mehr in der bisher geübten Form fortzusetzen.

Analysiert werden mußte in Bonn zunächst die Sicherheitslage vor der eigenen Ostgrenze. Beruhigend klangen da wenigstens die Aufklärungsberichte des Bundesnachrichtendienstes, die aus der diplomatischen Berichterstattung eine Bestätigung erfuhren: Es waren keine Anzeichen vorhanden, daß die Russen über

32 Eckardt, Unordentliches Leben, S. 461; siehe auch den Konferenzbericht der US-Delegation vom 20.9.1956: FRUS 1955–1957, XVI, S. 528.

33 Vgl. Ambrose, Eisenhower, 2, S. 353 f., und Carlton, Anthony Eden, S. 441–445.

34 So beschloß der NATO-Rat am 27.10.1956 einstimmig, keine Stellungnahme zu den Ereignissen in Ungarn abzugeben, um der Sowjetunion keine Handhabe für eine militärische Niederschlagung der Unruhen zu geben: AA, Akten Büro Staatssekretär, Bd 35. Zur osteuropäischen Krisenentwicklung insgesamt: Thoß, Beitritt, S. 227 f.

Ungarn hinaus nach Österreich oder gar Ostbayern vorstoßen wollten[35]. Hoffnungen darauf, daß die Staaten Osteuropas nun »nicht mehr absolut zuverlässige Werkzeuge« Moskaus seien und deshalb bei einem Sieg der ungarischen Revolution »auch Ulbrichts Tage dann gezählt waren«, gingen allerdings in Bonn einher mit Sorgen vor einem Übergreifen der Unruhen auch auf die DDR. Im Bundeskabinett war man sich nämlich schon am 30. Oktober klar darüber, daß sich die beiden Weltmächte vor dem Hintergrund einer unter allen Umständen zu vermeidenden nuklearen Eskalation des Konflikts nicht wirklich gegenseitig herausfordern wollten[36]. Die Forderung der Amerikaner, in Landsberg/Lech die Startbahnen zu verlängern, um im Eventualfall strategische Bomber aus Spanien in die Bundesrepublik verlegen zu können, war da kaum mehr als ein Beruhigungssignal, daß die USA im Extremfall auch zu ihren Bündnisverpflichtungen stehen würden. Die Bundeswehr konnte man ohnehin nicht mobilisieren, »weil wir nichts zu mobilisieren hatten«; noch nicht einmal ein Lagezentrum im Verteidigungsministerium oder ausreichende Fernmeldeverbindungen waren vorhanden. Verteidigungsminister Franz Josef Strauß blieb denn auch kaum mehr, als öffentlichen Befürchtungen über ein weiteres sowjetisches Vordringen entgegenzutreten mit einer die Stimmung allerdings eher anheizenden Drohung, daß die vereinte westliche Stärke dazu ausreiche, »das Reich der Sowjetunion von der Landkarte verschwinden zu lassen«[37].

Klar war jedenfalls in Bonn: »Ein militärisches Eingreifen der NATO stand nicht zur Diskusssion[38].« Ebenso deutlich machten die USA allerdings auch, daß sie nicht gewillt waren, aus purer Bündnissolidarität ein Unternehmen am Suezkanal widerspruchslos hinzunehmen, vor dem sie ihre westeuropäischen Verbündeten im Vorfeld immer gewarnt hatten und mit dem sie nunmehr ohne Konsultation konfrontiert wurden. Ohne Beispiel in der bisherigen Geschichte des Kalten Krieges setzte Washington jetzt vielmehr gemeinsam mit Moskau eine scharfe UN-Resolution durch, die alle Beteiligten am Suezkanal zur sofortigen Feuereinstellung aufforderte. Dazu erging über Botschafter Krekeler in Washington auch an die Bundesregierung die Aufforderung nach Unterstützung des amerikanischen UNO-Vorstoßes[39].

Für die Bundesregierung war damit der Fall eingetreten, den sie in den Vormonaten unter allen Umständen zu vermeiden gewußt hatte: Sie war in eine Entscheidungslage mit mehrfach verkehrter Front gestellt. Die angespannte Lage in Mittel- und Osteuropa mit einer innerlich zerrissenen NATO und einem kaum

35 Gehlen, Der Dienst, S. 270; Berichte aus den westlichen Hauptstädten und aus Wien: AA, Akten Büro Staatssekretär, Bd 178.

36 Zit. nach Adenauer, Teegespräche, 2, S. 153, und Eckardt, Unordentliches Leben, S. 463; vgl. außerdem Protokoll der Sondersitzung des Bundeskabinetts: Bundeskanzleramt, B 136, Bd 28 A.

37 Strauß, Erinnerungen, S. 297–299.

38 Ebd., S. 298.

39 Zur Empörung in Washington über das britisch-französisch-israelische Vorgehen: Ambrose, Eisenhower, 2, S. 356–368; zur Aufforderung an die Bundesregierung um Unterstützung in der UNO: Baring, Sehr verehrter Herr Bundeskanzler, S. 201.

vorangekommenen Aufbau der westdeutschen Streitkräfte mußte Bonn eigentlich an die Seite der auf unbedingte Deeskalierung dringenden Führungsmacht USA stellen. In die gleiche Richtung mußten die schnell chaotisch werdenden Verhältnisse am Suezkanal weisen, wo von Tag zu Tag mehr westliches Porzellan gegenüber der Dritten Welt zu Bruch ging. Schließlich hegte auch die Bundesregierung den Verdacht, daß die NATO von London und Paris durch ein mit Israel abgekartetes Spiel düpiert worden war[40].

Stärker noch wirkte bei Adenauer und seinen Beratern jedoch der Vertrauenseinbruch gegenüber Washington aus der Radford-Krise nach. Er erhielt jetzt zusätzliche Nahrung, da das Zusammengehen der USA und der Sowjetunion in der UNO das tiefsitzende Bonner Trauma eines möglichen Super-Jaltas der beiden Weltmächte auf Kosten ihrer Verbündeten anzukündigen schien. In dieser Situation legte Außenminister von Brentano schon am 2. November gegenüber seinen Diplomaten die Marschroute fest, »daß das Vorgehen der amerikanischen Regierung in dieser Frage keine Zustimmung unserer Seite verdient«. Man setze damit »unweigerlich« die Beziehungen der Bundesrepublik zu Großbritannien und Frankreich aufs Spiel, die immerhin den »sicherlich nicht geschickten Versuch« unternommen hätten, »eine völlige Bolschewisierung des Nahen Ostens [...] zu verhindern«[41].

Noch weiter in ihrer Kritik gingen der Bundeskanzler und sein Verteidigungsminister, für die Washington auf dem besten Wege war, seinen Kredit als Führer der freien Welt zu verspielen. Strauß zeigte sich besonders aufgewühlt, da er einen direkten Hilferuf aus Budapest erhalten und trotz intensiver Suche in Bonn nicht einmal einen diplomatischen Ansprechpartner der USA gefunden hatte. Nach seiner Einschätzung hätte es nämlich durchaus eine Chance gegeben, den Russen in Ungarn Einhalt zu gebieten. Wenn man Budapest nur eine eindeutige amerikanische Garantieerkärung ausgesprochen hätte, hätten die Russen mit Blick auf die möglichen globalen Folgewirkungen schwerlich den Einmarsch in Ungarn gewagt[42]!

Unklar bleibt in dieser Rechnung allerdings, wie wirksam eine solche Drohkulisse gewesen wäre, stellt man sie vor den Spiegel der auch in der Sowjetunion nicht verborgen gebliebenen inneren Schwierigkeiten der NATO und ihres völlig unfertigen Militäraufbaus in Europa. Damit blieben aber als einzige militärische Option die amerikanischen Nuklearwaffen, und sie waren, wie Präsident Eisenhower einem seiner Kritiker später entgegenhielt, nun wahrhaftig das ungeeignetste Mittel zur Krisensteuerung, denn »to annihilate Hungary [...] is in no way to help her«[43]. Deshalb gestand später auch Adenauer in einer schon etwas beruhigteren Atmosphäre ein: »Es ist von außen nicht das Geringste geschehen — es konnte auch nichts geschehen — , um ihnen zu helfen[44].«

40 v. Brentano an Adenauer, 31.10.1956: Adenauer, Erinnerungen, 3, S. 226.

41 Zit. nach: Baring, Sehr verehrter Herr Bundeskanzler, S. 201. Auch Adenauer »begrüßte eigentlich die energische Aktion Englands« in einem ersten unmittelbaren Reflex auf die Nachricht über das britisch-französische Vorgehen: Eckardt, Unordentliches Leben, S. 464.

42 Strauß, Erinnerungen, S. 298 f.

43 Zit. nach: Ambrose, Eisenhower, 2, S. 372.

44 Adenauer, Wir haben wirklich etwas geschaffen, S. 1109 (Sitzung vom 23.11.1956).

Intern und öffentlich ließ der Bundeskanzler jedoch in den ersten Novembertagen seine ganze Frustration über den Krisenverlauf an den Amerikanern aus. Vor dem Bundesvorstand seiner Partei rechnete er der Eisenhower-Administration nochmals alle ihre Meinungsschwankungen von den Diskussionen um die Finanzierung des Assuan-Staudammes über ihre unklare Haltung bei den Konferenzen der Kanalbenutzer in London bis zur »Kumpanei mit den Russen« in der UNO vor[45]. In Washington dachte man freilich gar nicht daran, sich nun nach dem verfehlten Suezabenteuer auch noch zum Sündenbock für die Westeuropäer machen zu lassen. Adenauer bekam jedenfalls schnell die Mißbilligung der US-Diplomaten in Europa zu spüren. Im übrigen konnte ihm auch selbst nicht daran gelegen sein, die Risse im Bündnis zwischen den USA und ihren westeuropäischen Hauptpartnern allzusehr zu erweitern, sah er das wichtigste Ziel des Augenblicks doch darin, daß »NATO und WEU wirklich wieder lebensfähige Gebilde werden« mußten[46].

In seiner praktischen Allianzpolitik setzte er daher jetzt zwei Signale:

(1) Seine innenpolitischen Kritiker forderte er unter dem Eindruck der Doppelkrise auf, nunmehr beim Aufbau der Bundeswehr zu einer positiveren Sicht der Dinge überzugehen; im Verteidigungsministerium wollte man außerdem nach den Erfahrungen der letzten Tage die eigenen Notstandsplanungen, insbesondere bei der wirtschaftlichen Bevorratung, beschleunigt sehen[47].

(2) Auf der Außenministerkonferenz der NATO vom 11. bis 14. Dezember 1956 stellte sich die Bundesrepublik an die Seite der Mehrheit, die um des Zusammenhalts der Allianz willen die Kritik an dem britisch-französischen Alleingang nicht über Gebühr ausdehnen wollte. Daraus resultierte für Bonn der günstige Nebeneffekt, daß in dieser allgemein auf Konsolidierung gestimmten Atmosphäre auch die Kritik an den nichteingehaltenen Zusagen der Deutschen beim Aufbau ihrer Streitkräfte vergleichsweise milde ausfiel. Unter dem Schock der Krise konnten zudem, wie von Bonn befürwortet, die Empfehlungen des »Rates der Drei Weisen« über eine verbesserte Konsultation im Bündnis einvernehmlich zum Beschluß erhoben werden[48].

Diese allgemeine Zielrichtung der Bonner Politik, unter den Herausforderungen der Herbstkrisen von 1956 die Einheit des Westens wiederherzustellen und seine sicherheitspolitische Zusammenarbeit zu festigen, war indes nur die eine Seite der Medaille. Gewichtiger noch erschien es Adenauer, aus dem Bewußtsein zunehmender Machtungleichgewichte zwischen den USA und Westeuropa europapolitische Schlüsse zu ziehen. Die Richtung dazu hatte er bereits in der deutsch-

45 Ebd., S. 1109–1117; Zitat aus den Vorwürfen gegenüber dem SACEUR, General Gruenther, bei seinem Abschiedsbesuch in Bonn: Strauß, Erinnerungen, S. 304.

46 Zur amerikanischen Kritik: Felken, Dulles, S. 378; zu Adenauers Zielen im Bündnis: ders., Teegespräche, 2, S. 1571.

47 Regierungserklärung vom 8.11.1956: Keesings Archiv der Gegenwart 1956, S. 6081 B; zu den internen Forderungen im BMVg: Schreiben von General Heusinger an Staatssekretär Rust, 29.11.1956: BA-MA, BW 17/24.

48 Thoß, Bündnisbeitritt, S. 229 f.

amerikanischen Vertrauenskrise um den Radford-Plan mit seiner Forderung nach einem Ausbau des europäischen Pfeilers innerhalb der nordatlantischen Allianz gewiesen. Die zeitweilige internationale Isolierung Großbritanniens und Frankreichs — verbunden mit der Einsicht ihres Machtverfalls in der Krise — warfen jetzt beide Partnerstaaten stärker als jemals zuvor auf Europa zurück. Diese Situation galt es nach Adenauers Einschätzung für seinen Kurs einer Aktivierung der westeuropäischen Integration zu nutzen.

Die Bundesregierung stellte sich deshalb bewußt nicht öffentlich an die Seite Washingtons in der UNO; bei aller Kritik an der Nichtkonsultierung durch ihre westeuropäischen Partner ging sie vielmehr gerade in der Krise offen auf London und insbesondere auf Paris zu. Dazu überzeugte der Bundeskanzler zunächst einmal im Kabinett den immer noch zögernden Wirtschaftsminister Ludwig Erhard davon, daß man nunmehr weitere deutsche Kompromißbereitschaft in den strittigen Europafragen zeigen mußte, wenn Westeuropa nicht zum Spielball zwischen den Supermächten werden wollte. Sorgen seines Außenministers, daß der Regierungschef in der Bundeshauptstadt bleiben müsse, da auch in der DDR ein Aufstand ausbrechen könne, wischte er ebenso vom Tisch wie die Warnungen seitens der Opposition, daß sich die Bundesrepublik jetzt nicht an der Seite der Aggressoren zeigen dürfe[49]. Gegen alle Skeptiker hielt er statt dessen unverrückt an seiner früheren Zusage einer Paris-Reise fest und führte diese mitten in der Krise vom 5. auf den 6. November 1956 mit viel psychologischem Einfühlungsvermögen für seine französischen Gastgeber auch tatsächlich durch[50].

Ob Adenauers Besuch tatsächlich — wie in der deutschen Presse spekuliert wurde[51] — einen wesentlichen Einfluß auf die rasche französische Bereitschaft zur Feuereinstellung am Suezkanal hatte, ist aus deutschen Quellen nicht zu erschließen. Europapolitisch erbrachte dieses ostentative deutsch-französische Zusammenrücken aber schon an der Jahreswende die erhoffte Schubwirkung. Die festgefahrenen Verhandlungen über EWG und EURATOM konnten in den Römischen Verträgen erfolgreich zum Abschluß gebracht werden. Vor dem Hintergrund des wachsenden westeuropäischen Mißtrauens in den nuklearen Schutz der USA für Europa konnte Verteidigungsminister Strauß am 18. Januar 1957 mit seinem französischen Amtskollegen sogar ein Protokoll über die technische und militärische Zusammenarbeit auf dem Nuklearsektor unterzeichnen, das bis zum Regierungsantritt de Gaulles in weiteren deutsch-französisch-italienischen Verhandlungen vertragsreif erweitert wurde[52]. Zeitweilig schien selbst London sicherheitspolitisch noch näher an den Kontinent heranrücken zu wollen. Darauf deutet jedenfalls der sensationelle Vorschlag von Außenminister Selwyn Lloyd im britischen Kabinett am 8. Januar 1957 hin, der in der Idee einer gemeinsamen westeuropäischen Nuklearstreitmacht gipfelte. Seine Kabinettskollegen schwenkten

49 Siehe dazu: Schwarz, Adenauer, 2, S. 301–303.

50 Siehe die Reiseschilderung bei Eckardt, Unordentliches Leben, S. 465–468; ihren Stellenwert für Adenauers Europapolitik analysiert Küsters, Die Gründung, S. 327–331.

51 Siehe die Hinweise bei Baring, Sehr verehrter Herr Bundeskanzler, S. 200.

52 Fischer, Zwischen Abschreckung und Verteidigung.

jedoch sehr rasch auf die bisherige Linie einer »special relationship« zu den USA zurück, da ihnen die Belastungen der Beziehungen zu Washington aus der Suezkrise an sich schon hoch genug waren[53].

Sieht man einmal von der wenig überzeugenden Einschätzung des westlichen militärischen Spielraums in der Krise unter den Bedingungen des Nuklearzeitalters bei Adenauer und Strauß ab, so hatte sich aus deutscher Sicht die eigene Prioritätensetzung, die Einheit des Westens zum zentralen Ziel des eigenen Krisenverhaltens zu erheben, jedenfalls in zweifacher Hinsicht ausgezahlt: Allianzpolitisch schalteten jetzt alle Partner auf Konsolidierung, und europapolitisch konnten zumindest die wirtschaftlichen Integrationsabsichten in der kleineuropäischen EWG-Lösung gesichert werden. Dagegen wurde in den kommenden Jahren bald klar, daß alle weitergehenden Hoffnungen auf einen eigenständigen westeuropäischen Sicherheitspfeiler nicht im angestrebten Maße reiften. Das Schwergewicht der Führungsmacht USA gerade für die deutsche Sicherheit an der mitteleuropäischen Nahtstelle des Ost-West-Konflikts blieb nicht nur voll erhalten; seine Bedeutung mußte in der Ära de Gaulle sogar noch wachsen, da nicht nur die anvisierte deutsch-französisch-italienische Nukleargemeinschaft am Widerspruch des Generals scheiterte, sondern seine NATO-Politik auch eine eigenständige Rolle Westeuropas im Bündnis letztlich mehr behinderte als förderte. Schließlich war auch die versuchte Balance zwischen den westeuropäischen Partnern und der arabischen Welt nicht durchzuhalten gewesen. Die Positionsgewinne der Sowjetunion und die Notwendigkeiten der deutschen Israelpolitik weichten vielmehr gerade in diesem Raum die deutschlandpolitische Eindämmungsstrategie der »Hallstein-Doktrin« gegen eine allgemeine diplomatische Anerkennung der DDR am frühesten und dauerhaftesten auf.

53 Thoß, Sicherheits- und deutschlandpolitische Komponenten, S. 498.

Ursula Lehmkuhl

»Vom Umgang mit dem Niedergang«. Strategien der Sicherung britischer Machtpositionen in der internationalen Politik vor und nach Suez

1. Einleitung

Mehr als ein Jahr nach den tiefgreifenden Auseinandersetzungen während und nach dem Suezkrieg zwischen Großbritannien und seinem wichtigsten Partner USA faßte Walworth Barbour, Geschäftsträger an der amerikanischen Botschaft in London, in einem umfangreichen Memorandum vom 30. Dezember 1957 die gegenwärtige und zukünftige Bedeutung Großbritanniens als amerikanischer Alliierter zusammen und kam dabei zu dem Schluß: »while Britain's declining power position and the psychological shocks of Suez have produced a somewhat confused and uncertain state of mind, hard-headed British realism, the country's overall influence and prestige, its position in the Commonwealth and English speaking world, its attitudes towards the United States, and close identification with American thinking and world aims together constitute a foundation which bodes well for the continuation of close and beneficial cooperation between the two countries[1].« Großbritannien befinde sich in einem schwierigen Anpassungsprozeß, und es gelte abzuwarten, »how well the British can adjust themselves to a new and smaller role in world affairs, and one in which their status will be based less on actual power and more on prestige and influence«[2]. Damit weist der amerikanische Beobachter auf eine Reihe von Faktoren hin, die essentiell für die Charakterisierung des Anpassungsprozesses sind, in dem sich Großbritannien zwischen dem Ende des Zweiten Weltkrieges und dem Beitrittsgesuch zur Europäischen Wirtschaftsgemeinschaft am 10. Dezember 1961 befand. Großbritannien mußte in diesen 16 Jahren lernen, mit dem Niedergang umzugehen. Welche Strategien es entwarf und benutzte, um den kontinuierlichen Machtverfall aufzuhalten und derart zu kanalisieren, daß seine unmittelbaren machtpolitischen Folgen für das Inselreich abgeschwächt wurden, ist deshalb die erste Frage, die es zu beantworten gilt, will man die britische Art und Weise des Umgangs mit dem Niedergang erfassen.

Die Entwicklung Großbritanniens von einer Großmacht mit weltweiten Interessen und mit einem entsprechenden Einfluß auf die Gestaltung der wirtschaftlichen und politischen Rahmenbedingungen der internationalen Beziehungen am Ende des Zweiten Weltkrieges hin zu einer »foremost middle power«, eingebun-

1 NA, RG 59, DF, 611.41/2–3057, Walworth Barbour, Chargé d'Affaires, AmEmbassy London to Department of State, 30.12.1957.

2 Ebd.

den in einen stärker europäischen Kontext in den sechziger Jahren und danach, war kein kontinuierlicher, linearer Prozeß. Er war vielmehr ein Prozeß mit Höhen und Tiefen, mit häufigen Tempi-Wechseln und einer lebhaften Dynamik. Die Sprunghaftigkeit des Anpassungsprozesses resultierte aus den Krisen, welche die internationale Staatengemeinschaft erschütterten und die in einem nicht geringen Maße Einfluß nahmen auf die von Großbritannien zur Abwehr des Niedergangs entwickelten Lösungsstrategien.

Aus der Vielzahl der »Krisen«, mit denen sich die internationale Staatenwelt in dem hier zugrundegelegten Untersuchungszeitraum (1945–1961) auseinanderzusetzen hatte, sind ohne Zweifel die Krisen des Jahres 1956 — und im Falle der britischen Außenpolitik insbesondere der Suezkrieg — herauszuheben. Ob die Krisen des Jahres 1956 jedoch mehr als eine Etappe in dem britischen Anpassungsprozeß darstellten und als Zäsur in der Entwicklung der britischen Außenpolitik betrachtet werden müssen, ist die zweite Frage, deren Beantwortung für die Bewertung der britischen Außenpolitik sowie der Rolle und Position Großbritanniens in der internationalen Politik der fünfziger Jahre entscheidend ist.

Im Folgenden werden die britischen Strategien zur Aufrechterhaltung des Mitsprache- und Mitgestaltungsrechts einer Großmacht in der internationalen Politik in vier Schritten nachgezeichnet. Dabei werden zunächst die für den gesamten Untersuchungszeitraum relevanten Machterhaltungsstrategien erörtert [Abschnitte 2 und 3]. Gleichsam als Dreh- und Angelpunkt der Analyse sollen sodann jene Entwicklungen und Ereignisse während der Suezkrise dargestellt werden, die vor dem Hintergrund der zuvor dargestellten Lösungsstrategien einen besonderen Aufschluß darüber geben, ob das Jahr 1956 mehr war als eine Etappe in dem Prozeß des Niedergangs einer Großmacht [Abschnitt 4]. Nach dem Suezdebakel und in der Auseinandersetzung mit den Erfahrungen, die Großbritannien in dieser letzten, ohne Rückendeckung der USA durchgeführten kriegerischen Auseinandersetzung gesammelt hat, entwickelte es Machterhaltungsstrategien, die in Abschnitt 5 erörtert werden sollen. Kontinuitäten und Veränderungen sowie Besonderheiten im britischen Umgang mit dem eigenen Machtverlust werden abschließend thesenhaft zusammengefaßt.

2. Traditionelle britische Machtressourcen und ihre Bedeutung für die Rolle und Position Großbritanniens in der internationalen Politik, 1947–1958

Im Juli 1945 wies das Foreign Office in dem Memorandum »Stocktaking after VE-Day«[3] darauf hin, daß zur Wahrung der britischen Position als dritte gleichgewichtige Kraft im weltpolitischen Triumvirat der Mächte und zur Vergrößerung des Handlungsspielraums gegenüber den USA eine Politik der nationalen Ressourcenmaximierung forciert und die angestammten nationalen Machtquellen

3 11.7.1945, in: Documents on British Policy Overseas (DBPO), I/1, S. 181–187.

reaktiviert werden müßten. Genau das gleiche Argument taucht zwölf Jahre später in den Planungspapieren des von Sir Norman Brook geleiteten Planungsstabes, der sich mit der »Future of British Policy« auseinanderzusetzen hatte, wieder auf. Auch in den Planungspapieren der Jahre 1956 bis 1958 wird erklärt, daß es zur mittelfristigen Sicherung der internationalen Einflußpositionen Großbritanniens notwendig sei, vorhandene Ressourcen maximal zu nutzen, Kriege zu verhindern und die besonderen Beziehungen zu den USA aufrechtzuhalten[4]. Damit hatte sich die strategische Stoßrichtung gegenüber 1945 nicht verändert. Noch am Ende der fünfziger Jahre hoffte Großbritannien, seinen Einfluß in der internationalen Politik durch Nutzung traditioneller britischer Machtressourcen sichern zu können. Selbst nach der Suezkrise hielt London an der »Strategie der Nutzung traditioneller Machtressourcen zur Aufrechterhaltung der Rolle und Position Großbritanniens in der internationalen Politik« — wie im Folgenden die erste, den gesamten Zeitraum übergreifende Strategie bezeichnet werden soll — fest.

Zu den traditionellen britischen Machtressourcen zählten das Pfund Sterling als zweite Leit- und Transaktionswährung, Londons Rolle als »bank« des Sterlinggebiets, das Commonwealth, und zwar einmal in politischer Hinsicht als Staatenvereinigung mit ausgeprägten konsultativen Funktionen und einer klaren Westorientierung, dann aber auch in handels- und entwicklungspolitischer Hinsicht, als Zollverein und als Gemeinschaft, die das realisierte, was von den USA gefordert, von ihnen jedoch wegen des Widerstandes des Kongresses nicht durchgeführt werden konnte, nämlich einen »Marshallplan« für Asien (Colomboplan). Schließlich konnte Großbritannien mit seinen überseeischen Besitzungen und ihren Militärbasen auch militärstrategische »assets« vorweisen, deren Bedeutung im Kalten Krieg nicht unterschätzt werden dürfen. Die Insel selbst diente als Brückenkopf nach Europa. Über die von den Briten ins Leben gerufene Westeuropäische Union (WEU) wurde der Atlantizismus in der Sicherheitspolitik durch die Stärkung der europäischen Komponente lebensfähig erhalten. Last but not least baute Großbritannien seinen Großmachtstatus auf die enge Kooperation mit den USA auf[5].

Die Kontinuität in der Nutzung dieser traditionellen britischen Machtressourcen läßt sich nicht allein aus der nationalen britischen Perspektive heraus

4 PRO, FO 371/123191, Top Secret Memorandum, The Future of the UK in World Affairs, 30.4.1956. In diesem Memorandum heißt es unter dem Punkt Vital Objectives of UK Policy: »The main aims of the UK are to continue to play a major role in world affairs, to avoid global war, to maintain a special relationship with the Commonwealth and the U.S., to promote healthy and expanding world trade, and to maintain her capacity to share fully in it. [...] We shall not succeed in these aims unless we limit our role to what we can afford, and deplay the utmost skill in getting the best value out of this limited amount. The best ways of securing these aims are: (a) the maintenance of sterling and the sterling system as effective instruments in world trade and finance (depending ultimately on sound economic policies at home); (b) [...]; (c) the maintenance of North American involvement in Europe. These two therefore constitute our vital objectives.«

5 Siehe zu diesem Komplex die umfangreichen Forschungen von Schmidt, in: Großbritannien und Europa — Großbritannien in Europa; darauf aufbauend: ders., Großbritannien, die Gründung; ders., Vom Anglo-amerikanischen Duopol; ders., Test of Strength.

erklären, sondern sie muß verstanden werden als Reaktion auf eine gleichbleibende externe Nachfrage nach diesen Ressourcen, welche auf die spezifischen Strukturbedingungen des internationalen Systems nach dem Zweiten Weltkrieg zurückzuführen ist. Die britische Strategie der Nutzung dieser traditionellen Machtressourcen war deshalb nicht nur ein verzweifelter Versuch, die verbliebenen Machtmittel zur Sicherung des Status quo einzusetzen. Vielmehr gehörten diese traditionellen Machtressourcen zum essentiellen Machtbestand des westlichen Lagers, ohne den die gewaltigen Wiederaufbauleistungen genausowenig wie der ideologische Kampf gegen den sowjetischen und chinesischen Kommunismus hätten durchgehalten werden können. Insofern eröffnete die Verfügung über diese Ressourcen einen Handlungsspielraum, der deutlich größer war, als von der Forschung — mit wenigen Ausnahmen — bislang angenommen wurde. Damit hängt jedoch die Funktionsfähigkeit dieser ersten Machterhaltungsstrategie unmittelbar zusammen mit der Art und Weise, wie und auf welcher Grundlage die USA die Verantwortungsübernahme nach dem Zweiten Weltkrieg gestalteten. Ohne die »special relationship« und das amerikanische Entgegenkommen in finanzieller, wirtschaftspolitischer und sicherheitspolitischer Hinsicht hätte die Strategie der Nutzung traditioneller britischer Machtressourcen nicht die positiven Wirkungen im Hinblick auf die Perpetuierung des britischen Machtstatus haben können, die sie bis Ende der fünfziger Jahre entfaltet hat.

Da die USA eine Restrukturierung des internationalen Systems auf der Grundlage der amerikanischen außenpolitischen Kultur anstrebten[6], distanzierten sie sich zunächst (1941–1947) sehr stark vom überkommenen europäischen System der Militärallianzen und Kabinettskriege. Die Führungsrolle sollte nicht zur Vermehrung staatlicher Macht ausgenutzt werden. Vielmehr sollte sie der Realisierung des Selbstverständnisses der bürgerlich-liberalen Gesellschaft dienen und zur Verbesserung der wirtschaftlichen Entwicklungschancen des einzelnen beitragen. Die USA verstanden sich als Gegner von Machtpolitik und Krieg schlechthin, als Vormacht des Freihandels und der Freiheit. Amerikanische Außenpolitik konzentrierte sich deshalb folgerichtig zunächst überwiegend auf den Bereich der Außenwirtschaftspolitik[7]. Darüber hinaus setzten sich die USA für die Gründung internationaler Organisationen ein. Mit deren Hilfe sollten nationale Machtambitionen kanalisiert und eine aktive Weltführungspolitik, ohne die negativen Aspekte europäischer Machtpolitik, durchgeführt werden[8].

Mit dem Beginn des Ost-West-Konflikts wurde dieser außenpolitische Entwurf einer ersten Belastungsprobe ausgesetzt. Die Vereinten Nationen allein reichten nicht mehr aus, um das Weltstaatensystem im Sinne des eigenen Sicherheitsbegriffes, das heißt im Sinne der Sicherung der Freiheit der gesellschaftlichen Eigenentwicklung sowohl für die USA als auch für die Verbündeten, zu stabili-

[6] Siehe etwa die achte Jahresansprache von George Washington, 7.12.1796, in: A Compilation of the Messages, S. 199–204.

[7] Czempiel, Strukturen und Herausforderungen, S. 426.

[8] Hierzu etwa die Beschlüsse der Konferenz von Jalta, 4.-11.2.1945, in: FRUS 1945, The Conferences at Malta and Yalta; sowie Gaddis, The Insecurities of Victory.

sieren und die internationalen Wirtschaftsbeziehungen entsprechend ihrer Grundüberzeugungen zu ordnen. So setzten sich die USA für die Gründung internationaler Sicherheitspartnerschaften und internationaler Regime ein. Sie bestimmten zusammen mit ihren wichtigsten wirtschaftlichen und politischen Partnern (Großbritannien, Frankreich, Italien, Kanada, ab 1954/55 auch die Bundesrepublik Deutschland und Japan) die Grundlagen der Kooperation im Sicherheitsbereich[9] sowie die Regimebedingungen des Weltwirtschaftssystems[10]. Auch hier wirkten die spezifischen Inhalte der außenpolitischen Kultur der USA nach, etwa in dem Bekenntnis zur multilateralen Diplomatie. Unter bewußter Abkehr von den Prinzipien europäischer »Hegemonialpolitik«[11], die als eine der Ursachen für den britischen »imperial overstretch« betrachtet wurden[12], entwickelten die USA ein außenpolitisches Konzept, das die Führungsrolle unter den veränderten Sicherheitsbedürfnissen im Kalten Krieg fortzusetzen vermochte: die Multipolarität.

Das Konzept der Multipolarität basierte auf der Überzeugung, daß für die erfolgreiche Bewältigung der aus der bipolaren Weltordnung resultierenden Konflikte weitere, unabhängige Wachstums- und Machtzentren in Europa und Asien aufgebaut werden müßten, die im Sinne eines »burden sharing« die amerikanische Führungsrolle flankieren sollten. Die amerikanische Rolle in einem solchen multipolaren System sollte vor allem darin bestehen, für das Gleichgewicht und den Interessenausgleich zwischen Ost und West sowie innerhalb des westlichen Lagers zu sorgen[13]. In militärischer Hinsicht äußerte sich das Prinzip der Multipolarität im Aufbau eines auf den interdependenten Strukturen gegenseitiger sicherheitspolitischer Abhängigkeiten basierenden westlichen Sicherheitssystems[14]. In wirtschaftlicher Hinsicht bedeutete die Multipolarität die Akzeptanz regionaler wirtschaftlicher Subzentren sowie der Londoner City als zweite »bank« im Weltwirtschaftssystem[15]. Aufgrund der britischen Bereitschaft, die Funktion eines Brückenkopfs nach Westeuropa zu übernehmen, die Rohstoffreserven des Sterlinggebiets in den Dienst des wirtschaftlichen Wiederaufbaus Europas und Japans

9 E. Reid, Time of Fear and Hope. Zur NATO-Gründung insbes. den gelungenen Überblick von Woyke, Gründung und Entwicklung der NATO; Wampler, Ambiguous Legacy; Navias, Nuclear Weapons.

10 Hierzu die Analyse von Mikesell, United States Economic Policy, insbes. Teil 2, S. 81–191; Gardner, Sterling Dollar Diplomacy; Woods, A Changing of the Guard.

11 Siehe hierzu die Ausführung von Triepel zu den bündischen Hegemonien der Neuzeit, insbes. zu den französischen Hegemonien der Revolutionszeit in Preußen und Deutschland, in: Triepel, Die Hegemonie, S. 524–578.

12 Sanders, Losing an Empire; Reynolds, Britannia Overruled, insbes. seine Überlegungen zum Machtbegriff und seiner Bedeutung für die Analyse von Außenpolitik, S. 5–37, sowie die Zusammenfassung der Forschungsthesen zum Thema Ende des britischen Empire von Darwin, The End of the British Empire, insbes. Kap. 3: Economics and the End of Empire.

13 Mai, Dominanz oder Kooperation im Bündnis?, S. 329 f., für die europäische Seite; Lehmkuhl, Die USA und der wirtschaftliche Wiederaufbau Japans.

14 Schmidt, Vom Anglo-amerikanischen Duopol, S. 77.

15 Strange, Sterling and British Policy.

zu stellen und bei der weltweiten Containmentpolitik mitzuwirken[16], räumten die USA Großbritannien in Wirtschafts- und Währungsfragen eine besondere Rolle ein. Washington erklärte sich bereit, auf die von Großbritannien geforderte Stabilisierung des British Commonwealth und des Sterlinggebiets als Pfeiler der westlichen Welt[17] sowie auf den britischen Wunsch nach einer Sicherheitsgarantie durch direkte amerikanische militärische Präsenz in Großbritannien und in Westeuropa[18] einzugehen.

Somit verschafften die überseeischen Militärstützpunkte und das »burden sharing« bei der Verteidigung der westlichen Peripherie insbesondere in Südostasien und im Nahen und Mittleren Osten sowie die Funktion der Londoner City als zweite »bank« des Weltwährungssystems dem Inselreich eine privilegierte Position unter den Verbündeten der USA. Sie ermöglichten das britische Beharren darauf, von den USA als zweite Entscheidungszentrale der westlichen Welt anerkannt und konsultiert zu werden[19]. Bis zur Ankündigung des britischen Rückzugs »East of Suez« 1967 vertraten die USA jedenfalls den Standpunkt, daß es vorteilhafter sei, die britische militärische Präsenz und die Stellung des Pfund Sterling als zweite Leit- und Reservewährung zu Vorzugsbedingungen zu unterstützen, als sich selbst zu exponieren[20].

Auf diese Weise gewann Großbritannien aufgrund der mit dem Konzept der Multipolarität verbundenen Selbstbeschränkung der USA Verhandlungsmacht zurück. Diese Verhandlungsmacht hätte Großbritannien von der eigenen Substanz her gesehen sicherlich nicht aufbieten können[21]. Aufgrund der amerikanischen Selbstbeschränkung war es Großbritannien möglich, seine eigene internationale Position zu festigen. So nutzte es beispielsweise die amerikanische Akzeptanz der Londoner City als Sprungbrett, um, gestützt auf das Sterlinggebiet und eine unabhängige strategische Abschreckungsmacht, die eigenen Interessen am Erhalt eines endogenen Kraftzentrums durchzusetzen und sich den amerikanischen Vorstößen zu NATO-integrierten Streitkräften und zur EWG-Integration zu widersetzen[22].

Darüber hinaus leitete Großbritannien aus dieser Sonderstellung die Forderung nach bilateralen Sonderkonsultationen ab. Die Duplizierung der Rolle der USA durch Großbritannien über die Bildung weltweiter Bündnisse zur Eindämmung des Kommunismus (NATO, SEATO, CENTO) fordere und rechtfertige eine Verständigung mit den USA außerhalb der Bündnisse über die Aufteilung der Verteidigungslasten. Bilaterale Konsultationen seien deshalb gerechtfertigt, weil Großbritannien und die USA die globale Verantwortung trügen. Auch gemeinsame

16 Hierzu die Beiträge in dem Sammelband Western Security sowie Darwin, The End of the British Empire, S. 68 f.

17 Lehmkuhl, Kanadas Öffnung nach Asien, S. 161–224.

18 Schmidt, Britain and Europe — Britain in Europe, in: Großbritannien und Europa — Großbritannien in Europa, hrsg. von demselb., S. 10–18.

19 Ausführlich dazu: ders., Die politischen und die sicherheitspolitischen Dimensionen, S. 169–182.

20 Darby, British Defence, S. 222 ff., 231, 295 ff.; Ponting, Breach of Promise, S. 98 ff.

21 Schmidt, Vom Nordatlantischen Dreieck, S. 7 f.

22 Ders., Vom Anglo-amerikanischen Duopol, S. 77.

Führungseinrichtungen zur Koordination westlicher Sicherheitsinteressen sollten ausschließlich mit britischen und amerikanischen Vertretern besetzt werden[23]. Zur Fundierung dieses Anspruchs baute Großbritannien nicht nur seine Seestreitkräfte und Bombergeschwader weiter aus, sondern entwickelte den Inselstaat auch zu einer zivilen und militärischen Atommacht[24].

3. Entdeckung und Nutzung neuer Machtressourcen und ihre Relevanz für die Aufrechterhaltung des britischen Großmachtstatus, 1950–1960

Großbritannien griff allerdings zur Aufrechterhaltung seines Machtstatus nicht allein auf die traditionellen Insignien britischer Weltgeltung zurück. Vielmehr war das Inselreich auch in der Lage, neue Machtquellen zu mobilisieren, mit deren Hilfe ein nicht unerhebliches Maß an Mitsprache- und Mitgestaltungsrecht in wichtigen weltpolitischen Fragen sichergestellt werden konnte. Dabei kamen wiederum die Strukturveränderungen des internationalen Systems nach dem Zweiten Weltkrieg, die spezifischen Anforderungen des Kalten Krieges sowie die Schwierigkeiten der neuen westlichen Führungsmacht, auf die neuen Anforderungen effektiv und adäquat zu reagieren, den britischen Bemühungen entgegen.

Neben dem wirtschaftlichen Wiederaufbau und der militärischen Sicherung des westlichen Lagers zwang der ideologische Charakter der Ost-West-Rivalität dazu, mit Hilfe einer Mischung von Information und Propaganda auch die ideelle Westorientierung Kontinentaleuropas und des asiatisch-pazifischen Raums sicherzustellen. Diese Aufgabe wurde um so dringlicher, als die Sowjetunion ihrerseits 1948 eine massive Propagandakampagne gegen die USA initiierten. Als Reaktion darauf verabschiedete der Kongreß im gleichen Jahr den Smith-Mundt Act[25]. Mit Hilfe einer gezielten Informationspolitik sollte im Rahmen der »campaign of truth« das vorhandene und durch die sowjetische Propaganda zusätzlich verstärkte negative Bild von »Amerika« korrigiert und für ein besseres Verständnis zwischen den Völkern geworben werden[26]. Die Umsetzung dieses Zieles verzögerte sich aber letztlich aufgrund mehrerer Faktoren. So konzentrierten sich die zuständigen Dienststellen im State Department bis weit in die fünfziger Jahre hinein auf den Bereich der Planung und vernachlässigten die operative Seite der Informati-

23 Ders., Die politischen und die sicherheitspolitischen Dimensionen, S. 214–216; Baylis, Anglo-American Defence Relations, insbes. Kap. 2 und 3. Zur Durchsetzung der Forderung nach Sonderkonsultationen im Rahmen der NATO siehe: Heinemann, Desintegrationsfaktoren. Heinemann weist insbes. auf die britische Rolle bei der Lösung der Triest-Frage, des Zypernproblems und des Beitritts Islands hin.

24 Cain, Missiles and Mistrust.

25 United States Information and Educational Exchange Act of 1948 (Smith-Mundt Act), Public Law 402, 80th Cong., 2d sess., 1948 (United States Statutes at Large, Vol. 62, part 1, Washington, U.S. GPO, 1949, S. 6–14). Zur Geschichte des Smith-Mundt Act: Knapp, Die Stimme Amerikas, S. 24–27.

26 Knapp, ebd., S. 25.

ons- und Propagandapolitik; das amerikanische Personal in Übersee war aufgrund mangelnder Sprachkompetenz und unzureichender Kontakte zur einheimischen Bevölkerung nicht in der Lage, die notwendige Transmitterfunktion zu übernehmen; die Informationspolitik konzentrierte sich zu lange auf die Vermittlung des »wahren Amerikabildes« im Kontext der »campaign of truth« und vernachlässigte dabei kulturelle und ideologische Spezifika, die für eine positive Rezeption des normativ-«ideologischen« Angebotes ausschlaggebend waren[27]. Gleichzeitig zeigte die sowjetische Propaganda erste Früchte, die sich etwa in der Verzögerung der operativen Durchführung des Mutual Defence Assistance Program (MDAP) in Europa niederschlugen: Hier behinderten Hafenarbeiter in Cherbourg und Kopenhagen, unterstützt von einer anti-amerikanischen Gewerkschaftspropaganda, im Jahr 1950/51 das Löschen von MDAP-Material[28].

Auch im ideologischen Kampf gegen den Kommunismus benötigten die USA die Unterstützung ihrer Verbündeten und insbesondere Großbritanniens, das nach amerikanischer Auffassung die Propagandatechniken besser beherrschte und sie mit größerer Geschicklichkeit und weniger »Maschinerie« einzusetzen vermochte[29]. Großbritannien verfügte vor allem in Süd- und Südostasien über wichtige Kontakte zur einheimischen Bevölkerung. Es war aufgrund dieser Kontakte über die Entwicklung politischer Stimmungslagen besser informiert als die USA. Die gesammelten Informationen wurden im regionalen britischen Informationsbüro in Singapur — eine Einrichtung, für die es beispielsweise kein amerikanisches Äquivalent gab — ausgewertet. Es wurden regionale Strategien entwickelt, die ressourcenschonend gezielte Maßnahmen einzuleiten und durchzuführen vermochten. Doch nicht nur im Bereich der Informationsgewinnung, auch bei der Informationsverbreitung war Großbritannien den USA überlegen. Die Kontakte zur einheimischen Bevölkerung schlossen auch Kontakte zu einheimischen Druckereien, Buchläden, politischen Organisationen und Zeitungsverlagen ein, die in den Dienst der Politik der ideellen Westorientierung gestellt wurden. Mit ihrer Hilfe war es möglich, verdeckte Propaganda zu betreiben, etwa die britische oder amerikanische Herkunft von Informationsbroschüren zu kaschieren[30]. Bereits 1948 koor-

27 Hierzu ausführlich Lehmkuhl, Pax Anglo-Americana, Kap. 3: Anglo-Amerikanische Kooperation in der auswärtigen Informations- und Kulturpolitik.

28 NA, RG 59, Lot 55D47, State Department Special Files, Box 15, Cooperation with British: Secret Memorandum William F. Frye to Colonel Bonesteel, NATO Public Information and Propaganda, 29.7.1950. Hierzu auch die amerikanische Auseinandersetzung mit den deutschen Neutralitätsideen im Vorfeld der Diskussion um die deutsche Wiederbewaffnung: NA, RG 59, Lot 53D47, Box 18, Germany-Austria Cont. Report by George Katon on German attitudes towards democracy and rearmament, 9.10.1950. Katon war Berater im Office of Political Affairs des Office of the High Commissioner for Germany, USA (HICOG) sowie Program Director des Survey Research Center und Professor für Psychologie und Wirtschaft an der University of Michigan.

29 NA, RG 59, Lot 55D47, State Department Special Files, Box 15, Cooperation with British: Secret Memorandum, William F. Frye to Colonel Bonesteel, NATO Public Information and Propaganda, 29.7.1950.

30 NA, RG 59, DF, 611.41/7–2750: Secret Memorandum, Department of State, 27.7.1950, Cooperation with the British in Southeast Asia.

dinierten Großbritannien und die USA ihre Informations- und Propagandapolitik zur Bekämpfung des kommunistischen Terrors in Burma. Im Mai 1950 wurde die Zusammenarbeit durch die Errichtung spezieller Koordinationsinstanzen in Washington und London institutionalisiert. Auf diese Weise bekam Washington einen direkten Zugriff auf die Informationsressourcen der britischen Überseemissionen[31]. Im Oktober 1951 dehnte man die Zusammenarbeit auch auf den Bereich der psychologischen Kriegführung aus[32].

Neben der Beherrschung der Propagandatechniken und der Verfügung über Informationen und Informationsvermittler spielte die normativ-ideelle Verläßlichkeit Großbritanniens eine bedeutende Rolle. Wegen des in einzelnen gesellschaftlichen Teilbereichen der kontinentaleuropäischen und asiatisch-pazifischen Nationalstaaten sehr stark ausgeprägten Antiamerikanismus wurden die USA nicht in dem für die erfolgreiche Durchführung der ideellen Westorientierung nötigen Ausmaß als ideelle Führungsmacht akzeptiert. Die USA waren deshalb häufig gar nicht selbst in der Lage, identitätsstiftende Maßnahmen durchzuführen oder als kultureller Hegemon aufzutreten. Sie benötigten in solchen Fällen Partner, deren kulturell-normative Identität im Sinne der westlichen Wertegemeinschaft nicht in Frage stand und die gleichzeitig nicht wie »Amerika« von jenen Staaten, deren politisch-kulturelles Bekenntnis zum Westen gesichert werden sollte, als negative Projektionsfläche benutzt wurden. In solch schwierigen Situationen konnte Großbritannien helfen, sei es, indem es als nicht öffentlich benannter Stellvertreter der USA auftrat, oder sei es durch Hinweise auf Möglichkeiten und Hilfe bei der Durchführung einer verdeckten Propaganda.

Im Bereich der Informationspolitik vermochte Großbritannien, den Wunsch nach bilateralen Sonderstrukturen zu realisieren[33] und dadurch Einfluß zu gewin-

31 NA, RG 59, DF, 611.41/5–2650: Secret Foreign Office Paper given to Mr. Barrett during talks with Christopher Warner, Priorities in Publicity and Similar Activities Designed to Counter Communism, o.D. [Mai 1950].

32 NA, RG 59, State Department Special Files, Lot 55D47, Box 15, Cooperation with British: Secret Memorandum to Director and Consultants, POC, 26.10.1951, by V.P. Wilber.

33 Es lassen sich vier Bereiche unterscheiden, in denen die inhaltliche Zusammenarbeit zwischen Großbritannien und den USA besonders intensiv war:
1. im Kontext spezifischer Informationsprogramme wie dem NATO-Informationsprogramm, dem Informationsprogramm des MDAP usw.;
2. in länderspezifischen bzw. regionalspezifischen Kontexten z.B. in Japan, Indien, China, Indochina, der Sowjetunion oder Südostasien und im Mittleren Osten;
3. bei den Bemühungen zur Sicherung der gesellschaftlichen Unterstützung für die Außenpolitik und
4. im technischen Bereich z.B. bei der Übertragungstechnik oder bei der Produktion und Verteilung von Propagandamaterial. So tauschte etwa der internationale Radiodienst der US Information Agency (USIA) direkt mit dem der BBC Daten über technische Probleme und Studien über den Einfluß von Radiosendungen auf die Zuhörer im Ausland aus. »The overseas radio broadcasting program of the BBC is perhaps the most notable single feature of the British program. Observers throughout Europe, but especially in Eastern Europe, are repeatedly reminded of the high reputation of BBC news for coverage, fidelity, and speed. It is noteworthy that except for determination by the Foreign Office as to where the programs shall be beamed and the general scope and character of the programs and the time allot-

nen auf die Prägung eines westlichen Gemeinschaftsbewußtseins, ohne das der Zusammenhalt des westlichen Lagers nach amerikanischem Dafürhalten nicht hätte garantiert werden können. Parallel zu der in Abschnitt 2 dargestellten Relevanz britischer Einflußpositionen vor allem im asiatisch-pazifischen Raum war die anglo-amerikanische Zusammenarbeit in der Informationspolitik gerade auch in diesem Gebiet bis Ende der fünfziger Jahre eine Conditio sine qua non der von den USA angestrebten Politik der ideellen Westorientierung. Seit dem Koreakrieg konzentrierte sich die sowjetische Propaganda mehr und mehr auf den asiatisch-pazifischen Raum und damit auf ein Gebiet, das sich durch die Entkolonialisierung politisch im Umbruch befand und — im Unterschied zu Europa — politisch-kulturell keineswegs im Sinne der westlichen Wertegemeinschaft gefestigt war. Indien hatte bereits mit der »non-alignment«-Politik ein klares Bekenntnis zum westlichen Lager verweigert. Die japanische Gesellschaft galt im Unterschied zur westdeutschen noch gegen Ende der fünfziger Jahre als politisch labil und besonders empfänglich für die auf autoritären Strukturen aufbauende kommunistische Ideologie. Indien und Japan galten als Klammer, die den gesamten südostasiatischen Raum zusammenhielt. Gelänge es dem Kommunismus, eines dieser beiden Länder für sich zu gewinnen, so war nach amerikanischer Einschätzung der gesamte südostasiatische Raum gefährdet[34].

Im engen diplomatischen Austausch mit den USA, bei dem sich beide Seiten um eine Koordination der Informations- und Propagandapolitik bemühten, nahm Großbritannien Einfluß auf Inhalte und Ziele der amerikanischen Asien- und Fernostpolitik. Großbritannien konnte nicht nur während des Koreakriegs, sondern auch bei der Bekämpfung des kommunistischen Terrors in Indochina seinen mäßigenden Einfluß geltend machen. Die Nutzung von Gewerkschaften und Berufsverbänden als Transmissionsriemen amerikanischer Informationspolitik in Japan war auf einen britischen Vorschlag zurückzuführen[35].

ment by countries, planning and execution of the program is entirely in the control of the BBC.« NA, RG 59, Lot 55D47, State Department Special Files, Box 15, Cooperation with British: Eric H. Biddle, The British Information and Cultural Exchange Program, 6.1.948. Während der Barrett-Warner-Gespräche wurden weitere Projekte der Zusammenarbeit beschlossen. So übernahm der BBC die Ausstrahlung von Programmen von Voice of America an folgenden Stationen: Bahrein, Singapur, Malaya und Ceylon. Im Gegenzug konnte das BBC über die Relais-Stationen des RIAS in Berlin, in München und Saloniki senden. NA, RG 59, DF, 611.41/5–2650: Secret Foreign Office Paper given to Mr. Barrett during talks with Christopher Warner, Priorities in Publicity and Similar Activities Designed to Counter Communism, o.D. [Mai 1950].

34 Hierzu NA, RG 59, 1954 State Department Special Files, Lot 66D70, PPS Office Files, Box 96, Reappraisal of U.S. Policy with Regard to Free Asia, Fld. 1.u. 2.: Studie des Policy Planning Staff Reappraisal of United States Policy with Respect to Free Asia: 1955–1960. Principal Conclusions and Recommendations.

35 NA, RG 59, DF, 611.41/1–1650: Secret Memorandum of Conversation with Adam Watson, 16.1.1951. Watson war der britische Verbindungsoffizier in Washington, der im Juni 1950 zur Koordinierung der britischen und amerikanischen Informationspolitik nach Washington entsandt worden war. Watson wiederholt in diesem Gespräch die Hinweise des Foreign Office, daß »in countries like Japan, it seems particularly urgent to aim at those sections of

Wie im militärischen und wirtschaftlichen Bereich konnte Großbritannien im Kontext der Informationspolitik aufgrund seiner historisch gewachsenen Kontakte und seiner Erfahrungen in der Durchführung von Propaganda sowie durch die ideell-normative Verläßlichkeit in allen Fragen des Ost-West-Konflikts wertvolle Hilfe leisten, die von amerikanischer Seite bereitwillig angenommen wurde. Hier wie dort implizierte die Nutzung britischer Ressourcen eine Politik der Selbstbeschränkung jenseits des Atlantik, die in einer Sonderbehandlung Großbritanniens durch die neue westliche Führungsmacht resultierte. Die Verfügung über »Wissen« und »Know-how«, der Zugang zu Informationsverteilern, Expertisen in der inhaltlichen Gestaltung von Informations- und Propagandamaterial und nicht zuletzt die produktive Kreativität, die die Briten im Umgang mit den spezifischen Problemen und Anforderungen der Propaganda- und Informationspolitik entfalteten, erwiesen sich insofern genauso wie die traditionellen Quellen britischer Weltgeltung als eine Machtressource, die strategisch eingesetzt werden konnte, um den Prozeß des britischen Machtverfalls zu verzögern oder — so das Wunschdenken britischer Politiker — gar umzukehren[36].

Für die Einordnung dieser neuen, erst durch den Kalten Krieg an Bedeutung gewinnenden Machtressourcen in eine »Ressourcen-Hierarchie« muß man sich vor Augen halten, daß die USA die ideelle Westorientierung als Voraussetzung für die Durchsetzbarkeit sicherheits- und wirtschaftspolitischer Maßnahmen im Kampf gegen den Kommunismus betrachteten[37]. Die über die Informationspolitik gewonnene normative Festigung des westlichen Lagers bildete die ideelle Basis, auf der sich sicherheits- und wirtschaftspolitische Erfolge überhaupt erst entwickeln konnten. Die Bedeutung dieser »neuen« britischen Machtressourcen für die amerikanische Globalpolitik darf deshalb ebensowenig unterschätzt werden wie die amerikanische Bereitschaft, als Gegenleistung für die britische Kooperation eigene nationale Zielvorgaben zu modifizieren und auf britische Wünsche einzugehen.

Die strategische Nutzung der im Zusammenhang mit der Informations- und Propagandapolitik von Großbritannien aktivierten »weichen« Machtquellen ist deshalb unter analytischen Gesichtspunkten keineswegs vergleichbar mit der von Gottfried Niedhart und Bernd Ebersold als Spezifikum britischer Nachkriegspolitik herausgestellten Machtersatzpolitik, »in der Diplomatie den Mangel an Sanktionsmitteln zur Durchsetzung nationaler Interessen in der feindlichen Umwelt einer internationalen Staatenanarchie kompensieren mußte«[38]. Britische Außen-

the public which are not fully Communist, but which are inclined to sympathize with the Communist Party. This involves, generally speaking, the left-wing trades unions, intellectuals, scientists, and others.« NA, RG 59, DF, 611.41/5–2650: Secret Foreign Office Paper given to Mr. Barrett during talks with Christopher Warner, Priorities in Publicity and Similar Activities Designed to Counter Communism, o.D. [Mai 1950].

36 Siehe etwa Memorandum for the Permanent Under-Secretary's Committee P.U.S.C. (50)79 Final, 27.4.1950, in: DBPO, II/2, S. 157–172.

37 Top Secret Report of the President's Committee on International Information Activities, 30.6.1953, in: FRUS 1952–54, II, S. 1861.

38 Ebersold, Machtverfall und Machtbewußtsein, S. 410.

politik war keineswegs immer nur eine Ausgleichs- und Konzessionspolitik, die bedingt war durch die begrenzten Handlungsspielräume einer imperialen Macht im Niedergang[39]. Großbritannien war auch nicht immer aus ökonomischen Interessen heraus außenpolitisch konfliktscheu[40]. Wohl aber hatten die britischen Regierungsvertreter gerade im Umgang mit den USA eine kommunikativ-konsensuelle Verhaltensweise entwickelt, die den Interessen der neuen Weltführungsmacht entgegenkam und die ihre deutlichste Ausprägung im hier herausgestellten Bereich der Informations- und Propagandapolitik erfuhr. Ohne diese Verhaltensweise, die im übrigen auch auf amerikanischer Seite zu finden ist, hätten die USA die britischen Ressourcen in den dargestellten Politikbereichen nicht in der Art nutzen können, wie sie es getan haben, ohne dabei gegenüber den anderen westlichen Partnern das Gesicht zu verlieren. Und umgekehrt hätte Großbritannien ohne diese konsensuell orientierte Verhaltensweise aus den »weichen« britischen Machtressourcen kaum politisches Kapitel schlagen können. Kommunikationsorientiertes Verhalten, das Bemühen, zu einer gemeinsamen Situationsdefinition zu gelangen, von dort aus gemeinsame Lösungsstrategien zu entwickeln und diese mit Hilfe der vorhandenen Ressourcen zu realisieren, gereichten beiden Kooperationspartnern unter machtstrukturellen Aspekten zum Vorteil[41].

4. Der Suezkrieg und das Scheitern einer obsoleten Machtpolitik

Die machtstrukturellen Vorteile, die Großbritannien und die USA aus dem kommunikationsorientierten Umgang miteinander zogen und durch die Großbritannien politische Handlungsspielräume gewann, die dem Land ohne den engen Austausch mit den USA nicht zur Verfügung gestanden hätten, wurden durch ein Abweichen von dieser Art des Umgangs miteinander während der Suezkrise nicht nur aufs Spiel gesetzt, sondern zum Teil auch verschenkt. Hierin muß unter der Frage, wie Großbritannien mit dem Niedergang umging, das Besondere der Suezkri-

39 Ebd., S. 4.

40 Niedhart, Das ökonomische Interesse, S. 78.

41 Habermas hat in seiner Theorie des kommunikativen Handelns die machtgenerierenden Effekte eines kommunikationsorientierten Verhaltens theoretisch hergeleitet und begründet. Danach ist nicht die Instrumentalisierung eines fremden Willens für eigene Zwecke als Grundphänomen der Macht zu betrachten, sondern »die Formierung eines gemeinsamen Willens in einer auf Verständigung gerichteten Kommunikation«. Macht sei ein Effekt kommunikativer Verständigung. Kommunikative Handlungen zeichnen sich gegenüber anderen Handlungstypen durch eine verständigungsorientierte Koordination der Handlungspläne der beteiligten Akteure aus. Im kommunikativen Handeln seien die Beteiligten nicht primär am eigenen Erfolg orientiert. Vielmehr verfolgten sie ihre individuellen Ziele unter der Bedingung, daß Handlungspläne auf der Grundlage gemeinsamer Situationsdefinitionen aufeinander abgestimmt werden können. Insofern sei das Aushandeln von Situationsdefinitionen ein wesentlicher Bestandteil der für kommunikatives Handeln erforderlichen Interpretationsleistungen. Habermas, Theorie des kommunikativen Handelns, Bd 1, S. 385 f.; Bd 2, S. 184, sowie ders., Hannah Arendts Begriff der Macht, S. 104.

se gesehen werden. Premierminister Eden handelte entgegen jede politische und militärische Vernunft und konterkarierte die bewährten Machterhaltungsstrategien, indem er auf die Mittel einer unter den veränderten Bedingungen des internationalen Systems obsolet gewordenen klassischen Machtpolitik zurückgriff.

Washington betrachtete den britisch-französischen Alleingang nicht nur als militärischen Unfug, sondern als Vertrauensbruch, durch den die Zurechnungsfähigkeit insbesondere Großbritanniens auch in anderen Bereichen anglo-amerikanischer Kooperation in Frage gestellt werden mußte[42]. Angesichts des (trotz des vielfach apostrophierten britischen »decline«) ausgeprägten Netzes interdependenter (anglo-amerikanischer) Kooperationsstrukturen blieb die Vertrauenskrise nicht ohne Rückwirkungen auf die amerikanische Politik. Sie löste dort nicht nur Verärgerung über den Alleingang aus, welche sich in einer krisenverstärkenden amerikanischen Reaktion entlud: Die USA machten ihre Zustimmung für eine britische Anleihe im internationalen Währungsfonds davon abhängig, daß London einem Waffenstillstand zustimmte, und forcierten damit die Sterlingkrise[43]. Das britische Vorgehen führte in Washington auch zu einer vorübergehenden Verunsicherung in bezug auf die eigenen außenpolitischen Obligationen. Ein vollständiger und sofortiger Rückzug Großbritanniens »East of Suez« hätte dort ein Machtvakuum hinterlassen, das die USA nicht ohne einschneidende Ressourcenverlagerungen mit entsprechenden sicherheitsstrategischen Konsequenzen in anderen Krisengebieten zu füllen imstande gewesen wären[44].

Ein wichtiger Pfeiler der amerikanischen Globalstrategie war, daß Großbritannien die Verantwortung für die Geschicke des Nahen und Mittleren Ostens übernahm. Insofern hatte die Bedeutung dieser Region für den britischen Weltmachtanspruch unter Prestige-Gesichtspunkten eher zu- als abgenommen. Hinzu kam die wachsende Abhängigkeit Großbritanniens, aber auch kontinentaleuropäischer Länder, von den Öllieferungen aus der Golfregion. So wurden die Prestigeargumente durch wirtschaftliche Gesichtspunkte, die für die Aufrechterhaltung einer britischen Kontrolle über die politischen Entwicklungen im Nahen und Mittleren Osten sprachen, ergänzt[45].

42 Siehe hierzu die Veränderungen in den amerikanischen Wahrnehmungsmustern. In den Jahren vor der Suezkrise wurde Großbritannien ohne Einschränkung als »strongest and most reliable ally« bezeichnet. Unmittelbar nach der Suezkrise erschien Großbritannien als »less desirable ally than heretofore«. 1957 gilt Großbritannien dann zwar wieder als »dependable and stable ally for the US«, allerdings »on a reduced scale from that of former times«. Lehmkuhl, Pax Anglo-Americana, Kap. 4: Anglo-Amerikanische Handlungskoordination in der Asien- und Fernostpolitik, Graphik: Entwicklung der wechselseitigen Wahrnehmungs-Topoi.

43 Kunz, The Economic Diplomacy, insbes. die Zusammenfassung: The importance of having money, S. 186–194.

44 Hahn, The United States, Great Britain, and Egypt, S. 238.

45 Ebersold, Machtverfall und Machtbewußtsein, S. 381. Die folgenden Ausführungen zu den ereignisgeschichtlichen Abläufen vor und während der Suezkrise beziehen sich im wesentlichen auf die von Ebersold vorgelegten, sowohl unter machtstrukturellen als auch unter militärstrategischen Gesichtspunkten klar formulierten und äußerst aufschlußreichen Analysen der internationalen und nationalen Einflußfaktoren, die das britische Handeln im Herbst 1956 bestimmten. Siehe hierzu auch: ders., Delusions of Grandeur.

Im Unterschied zu anderen Krisengebieten, in denen Großbritannien in solchen Fällen, in denen britische und sowjetische Interessen aufeinanderstießen, die USA ohne Probleme als Gegengewicht zur Hilfe rufen konnte, war die notwendige sicherheitspolitische Einbindung der USA hier nicht gegeben. Dies war zum einen auf die von den USA seit Beginn der fünfziger Jahre strikt eingehaltene Verantwortungsteilung zurückzuführen. Washington hatte sich nur selten und dann auch nicht offen in die britischen Geschäfte eingemischt[46]. Zum zweiten klafften die militärstrategischen Planungen der beiden Verbündeten über Jahre hinweg weit auseinander, ohne daß ernsthafte Anstrengungen unternommen worden wären, einen Konsens in der Militärplanung herbeizuführen. Es gab Meinungsverschiedenheiten über das wirkliche Ausmaß der sowjetischen Bedrohung, über die generelle strategische Bedeutung der Region und sogar über die Prioritäten der westlichen Verteidigung in einem Krieg. Die USA zeigten wenig Verständnis für die britische »inner-ring«-Konzeption, die sich auf die Sicherung der Stellungen in Ägypten konzentrierte und lediglich eine bis nach Israel hineinreichende vorgelagerte Verteidigungslinie vorsah. Sie bevorzugten statt dessen die Sicherung des sogenannten »Northern Tier« mit Griechenland, der Türkei und dem Iran. Die Verteidigung des Mittleren Ostens wurde so eher von der Warte der Südflankenverteidigung der NATO aus gesehen, als daß sie als eigenständige Größe gehandelt wurde. Aus politischen Gründen war für die Briten eine solche Sichtweise völlig inakzeptabel[47].

Auch in der politischen Bewertung des arabischen Nationalismus fehlte eine gemeinsame Linie. Schließlich weigerte sich Washington noch beharrlich, dem britischen Drängen nach Eintritt in den Bagdad-Pakt nachzugeben, und glaubte, im Gegensatz zu London, weiterhin an die Möglichkeit einer friedlichen Übereinkunft mit Ägypten[48]. Damit hatten sich in der Nahostpolitik die Rollen umgedreht. Während im Rahmen der Strategiediskussion westlicher Containmentpolitik in Asien stets London zur Mäßigung mahnte[49], sorgten in der Nahostpolitik — jedenfalls in den fünfziger Jahren — die USA für moderatere Töne. Es gelang Großbritannien während des gesamten Verlaufs der Krise nicht, die USA von der Richtigkeit ihrer Konfrontationsstrategie zu überzeugen. Zu sehr divergierten die Bedrohungseinschätzungen, die letztendlich auch die Wahl der Mittel bestimmten, mit denen auf die Bedrohung zu reagieren war. So unterstrich Eisenhower am 31. Juli 1956 in einem Schreiben an Eden, daß es eine Torheit sei, zum jetzigen Zeitpunkt eine militärische Lösung in Erwägung zu ziehen[50]. Während in Whitehall die Bereitschaft wuchs, sich Nassers mit einem Gewaltstreich zu entledigen, hatte die Krise im Bewußtsein der Weltöffentlichkeit und zeitweise sogar in der

46 Für Beispiele der amerikanischen Zurückhaltung in der Nahostpolitik siehe: Hahn, The United States, Great Britain, and Egypt, S. 95–97, 156, 161.

47 Ebersold, Machtverfall und Machtbewußtsein, S. 394; zur Verteidigungskonzeption siehe: B.H. Reid, The »Northern Tier«.

48 Ebersold, ebd., S. 395, 398.

49 Lehmkuhl, Kanadas Öffnung nach Asien, Kap. 2: Asien im Kalten Krieg.

50 PRO, PREM 11/1177: Eisenhower an Eden, 31.7.1956, zit. nach Ebersold, Machtverfall und Machtbewußtsein, S. 400.

Perzeption der amerikanischen Regierung ihren Höhepunkt bereits überschritten.

Premierminister Eden, der sich angesichts der amerikanischen Haltung zur Nasser-Frage des enggesteckten Aktionsradius seines Landes bewußt war, wurde deshalb zunehmend von Selbstzweifeln geplagt. Schließlich zerbrach auch noch der Konsens innerhalb des Kabinetts über die Gewaltanwendung »in the last resort« auseinander, als Verteidigungsminister Monckton auf die fehlende Unterstützung der Alliierten und die zunehmende Aufspaltung der eigenen Öffentlichkeit aufmerksam machte und Schatzkanzler Macmillan darauf hinwies, daß dem Druck auf das Pfund Sterling im Falle einer militärischen Aktion gegen Ägypten ohne eine finanzielle Unterstützung der USA und ohne eine konzertierte Aktion des Commonwealth nicht standzuhalten sei. Beide Minister plädierten — wie die USA — dafür, jede Chance auf eine friedliche Beilegung des Konflikts durch Verhandlungen auszuschöpfen[51].

Damit waren Monckton und Macmillan einer Linie in der britischen Verteidigungspolitik treu geblieben, die sie gemeinsam zuletzt im März 1956 in einem Memorandum an den Premierminister dargelegt hatten[52]. In diesem Memorandum, das den Anstoß gab zur Gründung des Cabinet Policy Review Committee unter der Leitung von Sir Norman Brook[53], sprachen sich die beiden Verfasser für eine erhebliche Reduzierung der Ausgaben für konventionelle Verteidigung aus. Da nach der Entwicklung der Wasserstoffbombe ein konventioneller Krieg mit der Sowjetunion oder der VR China mehr als unwahrscheinlich geworden war, hofften Monckton und Macmillan durch eine Reduzierung der Verteidigungslasten die wirtschaftlichen Probleme Großbritanniens zu lösen. Im völligen Widerspruch zu den Kabinettsdiskussionen von September und Oktober 1956 wurde noch im Juni, im Rahmen der Planungen des Cabinet Policy Review Committee, unter Vorsitz von Premierminister Eden, selbst die Liquidierung der britischen

51 Darüber hinaus bedeutete auch der erfolgreiche Vorstoß der Chiefs of Staff, die aus einem Gemisch politischer und militärischer Motive heraus für eine Revision von »Musketeer« plädierten, einen entscheidenden Rückschlag für die »Hardliner« im Kabinett. Ebersold, ebd., S. 402 f.

52 PRO, CAB 134/1315, PR(56)2. Defence Policy: Joint Memorandum by Macmillan and Sir W. Monckton to Sir A. Eden, 20.3.1956, in: British Documents on the End of Empire (BDEE), Series A, Vol. 2, S. 60.

53 Zu den Mitgliedern des Cabinet Policy Review Committee zählten Eden (Vorsitz), Salisbury, Macmillan, Selwyn Lloyd und Monckton. Sir Norman Brook beschrieb die Funktionen des Komitees folgendermaßen: »In the course of the next few weeks the Prime Minister proposes to consider, with the Ministers immediately concerned, what adjustments should be made in Government policy in view of changes in the methods, if not the objectives, of the Soviet Union. This review, which will take account of our economic and financial circumstances, will cover changes in domestic and overseas policy and adjustments in our defence programmes. [...] [The] Committee will lay down the broad lines on which the review of policy and programmes should be undertaken, and will receive and consider reports on progress made with the review. Other Ministers will be brought into consultation, as required, as the review proceeds.« PRO, CAB 134/1315, PR(56)1. Note by Brook, 4.6.1956, in: BDEE, ebd., The Conservative Government and the End of Empire 1951–1957, S. 61.

Militärbasen in der Suezkanalzone in Erwägung gezogen. Das gleiche Komitee unterstrich, daß alle weiteren Bemühungen, die politischen, wirtschaftlichen und sozialen Dimensionen des Bagdad-Paktes auszubauen, mit den USA abzustimmen seien. Ganz im Sinne des kommunikationsorientierten Umgangs mit der neuen Führungsmacht und dem »special partner« wurde hier erklärt: »We should continue our efforts to improve the harmony of American policy with our own[54].«

Die Planungen dehnten sich von der ursprünglichen Frage nach den Möglichkeiten, die Verteidigungslasten zu reduzieren, sehr schnell auf das gesamte Spektrum britischer Außenpolitik aus und entwickelten sich zu einer umfassenden Strategiedebatte. Dabei ging es primär darum, die Außenpolitik der wirtschaftlichen Kapazität des Landes anzupassen und damit die Krisenanfälligkeit Großbritanniens zu reduzieren[55]. Durch die militärische Intervention am Suezkanal wurden diese Überlegungen jäh unterbrochen. Obwohl das Cabinet Policy Review Committee nicht aufgelöst worden war, nahm es seine Arbeit erst im November 1957, also ein Jahr nach Beendigung des Suezkrieges, wieder auf[56]. Damit hatte Edens Entscheidung zur militärischen Intervention einen außenpolitischen Revisionsprozeß verzögert, dem im Frühsommer 1956 »highest urgency« beigemessen worden war und der erstmals eine Strategiediskussion entfachte, die von der Prämisse ausging, »that the United Kingdom has ceased to be a first class Power in material terms«[57].

Das war ein Eingeständnis der materiellen Unzulänglichkeiten und des Verlustes des Großmachtstatus. Trotzdem, und im vollen Bewußtsein der amerikanischen Ablehnung jeglicher Konfrontationspolitik im Nahen und Mittleren Osten, waren die führenden Köpfe im Kabinett Eden nach Nassers Ankündigung, die Suezkanal-Gesellschaft zu verstaatlichen, auf eine Sanktionslösung aus[58]. Allerdings zeichnete sich durch die von den USA einberufenen Konferenzen im August

54 The future of the United Kingdom in world affairs, memorandum by officials of the Treasury, Foreign Office and Ministry of Defence for Cabinet Policy Review Committee, 1.6.1956, in: ebd., S. 61–69.

55 Ebd., S. 63.

56 Im Dezember 1957 autorisierte der Premierminister das Komitee, neue Studien zu erstellen. Daraufhin wurden Strategiepapiere zu folgenden Thema erarbeitet: Redeployment of United Kingdom forces, 1958–62; External economic aims; United Kingdom foreign policy; Commonwealth aspect; Colonial policy and interests of the United Kingdom. PRO, CAB 130/134 und CAB 130/1315.

57 The future of the United Kingdom in world affairs, memorandum by officials of the Treasury, Foreign Office and Ministry of Defence for Cabinet Policy Review Committee, 1.6.1956, in: BDEE, Series A, Vol. 2, The Conservative Government and the End of Empire 1951–1957, S. 78 f.

58 Dieses Drängen auf eine Sanktionslösung war u.a. darauf zurückzuführen, daß man in London Nassers Vorgehen als ersten Schritt auf seinem Weg zur Machtergreifung im arabischen Raum betrachtete. Diese Machtergreifung mußte sich gegen Großbritannien richten, das allein noch ein Hindernis auf diesem Weg darstellte. Die Ankündigung, die Suezkanal-Gesellschaft zu verstaatlichen, bildete das letzte Glied einer langen Kette von erniedrigenden Schlägen gegen die britische Präsenz im Mittleren Osten. Damit war die Forderung nach einer Sanktionslösung auch auf den verletzten britischen Stolz zurückzuführen. Ebersold, Machtverfall und Machtbewußtsein, S. 397.

und September 1956 immer konkreter eine diplomatische Lösung ab. So fehlte ein Anlaß, der eine Intervention vor den Augen der USA und der Weltöffentlichkeit doch noch gerechtfertigt hätte erscheinen lassen. In diese Legitimationslücke stießen nun die Franzosen mit ihrem verwegenen Plan, sich die fehlende Rechtfertigung selbst zu verschaffen[59]. Das in Sèvres beschlossene Vorgehen mußte wegen der Widerstände, die im Falle seines Bekanntwerdens sowohl bei den Alliierten als auch in den Reihen der eigenen Bürokratie und des Kabinetts aufgetreten wären, streng geheim gehalten werden. So setzte Eden an der Beamtenschaft des Außenministeriums, am Kabinett und an den USA vorbei eine Politik durch, die nicht nur seine persönliche Integrität, sondern auch die bündnispolitische Qualität des von ihm repräsentierten Landes in Frage stellte[60]. Erst die kompromißlos harte Kritik der USA am Vorgehen ihrer Hauptverbündeten bewog die britische und in der Folge die französische Regierung am 6. November zum mehr oder minder bedingungslosen Einlenken. Vom 6. November an maß das Kabinett der Wiedererlangung amerikanischer Unterstützung mehr Gewicht bei als einem unabhängigen Kurs in der Suezfrage. Am 30. November akzeptierten die Minister in Edens Abwesenheit die Notwendigkeit eines bedingungslosen Rückzugs aus Ägypten. Eisenhowers Weigerung, sich mit Eden zu treffen, sowie die informellen Kontakte der Amerikaner zu Macmillan und Butler besiegelten faktisch Edens Ende als Premierminister.

Der Ausgang des Krieges in Ägypten zeigte den Briten in aller Deutlichkeit die Grenzen ihrer Handlungsmöglichkeiten. Ohne eine zumindest stillschweigende Tolerierung durch die USA war ein Rückgriff auf gewaltsame Mittel außerhalb des britischen Territoriums nicht mehr möglich. Ein kritischer zeitgenössischer Beobachter faßte die Situation klar und deutlich zusammen:

> »The Suez affair marked the disappearance of Britain's last independent power position in the world — the Middle East. It was probably the last time in history when the British will attempt any independent military action in the world, unless something like a colonial police operation arises, which is one thing Britain is deeply anxious to avoid[61].«

Für die Wahrnehmung der eigenen Stellung in der Weltpolitik — hier möchte ich mich dem Urteil Bernd Ebersolds anschließen — bildete Suez ohne Zweifel eine Wegscheide.

> »Der Abstand zu den USA und zur Sowjetunion, der bereits in den Nachkriegsplanungen während des Zweiten Weltkriegs erkannt worden war und über den gesamten Zeitraum hinweg das außenpolitische Handeln bestimmte, hatte sich nicht verringert, sondern vergrößert. In diesem Sinne desillusionierte der Ausgang

59 Das vom stellvertretenden französischen Luftwaffenstabschef General Maurice Challe vorgeschlagene Szenario operierte mit einfachen Variablen. Man selbst sollte die Israelis ermuntern, Ägypten derart massiv anzugreifen, daß man unter Hinweis auf die Gefährdung des Kanals Operation »Musketeer/Revise« mit dem Ziel ausführen konnte, die beiden Konfliktparteien voneinander zu trennen. Ebd., S. 402.

60 Ebd., S. 403.

61 PRO, FO 371/148593: Don Cook, Question Time for Britain — 1, o.D. [1960].

des Krieges gegen Ägypten nicht einen ›Weltmachtanspruch‹ per se als vielmehr das Vertrauen der Briten in die ›Regenerationsfähigkeit‹ ihrer Politik und ihrer Wirtschaft zu einstiger Größe, deren Meßlatte nun von den USA und der Sowjetunion vorgegeben wurde. In diesem Sinne kam ›Suez‹ ein symbolischer Wert zu. So wie London mit der Interventionspolitik das Ziel verfehlte, die sich weitende Lücke zwischen den realen Bedingungen und den selbstgesteckten Vorgaben seiner Nahostpolitik zu schließen, so scheiterte es auch an seiner übergeordneten Zielsetzung[62].«

Die Suezkrise zeigte mit aller Deutlichkeit, daß Großbritannien nur im Konsens mit den USA und der UdSSR Großmacht — wenn auch keine gleichberechtigte Großmacht — bleiben konnte. Es überraschte darum nicht, daß Premierminister Macmillan als Nachfolger Edens ohne Verzögerung daran ging, die Beziehungen zu den USA wiederherzustellen, um die »special relationship« weiter pflegen zu können und nicht in Europa als Macht zweiter Ordnung eingebunden sein zu müssen[63].

5. Die Interdependenzstrategie und der neue Atlantizismus, 1957–1961

In Abwesenheit Edens waren die letzten Sitzungen seines Kabinetts im Januar 1957 von einer kontroversen außenpolitischen Grundsatzdebatte geprägt. Außenminister Lloyd brachte den Stein mit dem Argument ins Rollen, daß Großbritannien in Zukunft nur in Verbindung mit den europäischen Staaten eine Atommacht erster Ordnung sein könne. In deutlicher Anlehnung an Bevins einstigen Traum sah der noch amtierende Außenminister in der nuklearen Kooperation der Westeuropäischen Union die Chance, Europa zu einer »dritten Kraft« aufzubauen. Damit war keine »Third Force« zwischen den USA und der Sowjetunion intendiert. Ziel der neuen Verbindung sollte es vielmehr sein, »to develop into one powerful group within the NATO, almost as powerful as America and perhaps in friendly rivalry with her«[64]. Lloyd hatte berechtigte Zweifel daran,

»whether the United States would now be willing to accord to us alone the special position which we had held as their principal ally during the war. We might therefore be better able to influence them if we were part of an association of Powers which had greater political, economic and military strength than we alone could command. We ought to be in a position to deal with the United States Government on equal terms; and, if that position had now to be founded on economic strength

62 Ebersold, Machtverfall und Machtbewußtsein, S. 406.

63 Niedhart, Das ökonomische Interesse, S. 88. Dazu zählte auch, daß er zu den Ideen Churchills von 1953 zurückkehrte und Versuche einer eigenständig operierenden Gipfeldiplomatie mit Moskau unternahm. Zur Außenpolitik Macmillans zusammenfassend Kaiser, »Das Gesicht wahren«.

64 PRO, CAB 129/84 CP(57)6: The Grand Design. Cooperation with Western Europe, 5.1.1957, zit. nach: Ebersold, Machtverfall und Machtbewußtsein, S. 407.

and military power, we must seek it through a new association with these countries[65].«
Die Hinweise und Vorschläge des Außenministers stießen jedoch im Kabinett auf eine geschlossene Abwehrfront. Für seine Kollegen besaß der Emanzipationsaspekt einen zu starken anti-amerikanischen Impetus. Die Aufnahme von Gesprächen mit den Europäern über eine Zusammenarbeit auf nuklearem Gebiet ohne Absprache mit den USA, so der gewichtigste Einwand, würde einen schweren Rückschlag für die anglo-amerikanischen Beziehungen bedeuten. Angesichts der Wunden, die die Suezkrise auf beiden Seiten des Atlantiks geschlagen hatte, mußte, so die Mehrheitsmeinung, der Wiederherstellung eines harmonischen Verhältnisses zu den USA oberste Priorität eingeräumt werden[66]. Auf dieses außenpolitische Programm verpflichtete der neue Premierminister Macmillan den alten und neuen Außenminister Lloyd.

So zeichnete sich das Jahr 1957 durch eine rege transatlantische Reise- und Konferenztätigkeit aus. Die Nahostpolitik mußte auf eine neue Grundlage gestellt werden; es galt, die Strategiediskussion im Bereich der Verteidigungspolitik und insbesondere im Rahmen der NATO aufeinander abzustimmen, und natürlich mußten die psychischen Folgen des Suezkrieges aufgearbeitet werden. Im Oktober 1957 schließlich, als sich Eisenhower und Macmillan in Washington trafen, um die »Bermuda-Gespräche« vom März des gleichen Jahres fortzusetzen, wartete Macmillan mit einem Konzept auf, das in Washington sofort auf Gegenliebe stieß[67]. Der britische Premierminister schlug ganz in der Tradition der Strategie der Nutzung neuer Machtressourcen die Gründung gemeinsamer anglo-amerikanischer Arbeitsgemeinschaften vor, mit deren Hilfe die bevorstehenden außenpolitischen Planungen koordiniert werden sollten. Macmillan bezeichnete diese Vorgehensweise als Politik der Interdependenz und gab damit der seit Ende des Zweiten Weltkriegs verfolgten Strategie des Atlantizismus einen Namen[68].

Ziel des neuen Atlantizismus war ein Ausbau der in einigen Politikbereichen bereits erfolgreich praktizierten institutionalisierten Politikkoordination. In feste Institutionen eingebundene anglo-amerikanische Strategiediskussionen sollten sicherstellen, daß britische Ressourcen geschont und »burden sharing« in solchen Bereichen, in denen Großbritannien die Lasten nicht mehr allein tragen konnte, bereits im Vorfeld nationaler Planungen garantiert werden würden[69]. Zwischen Oktober 1957 und Mai 1958 wurden acht Arbeitsgemeinschaften eingerichtet. Von besonderer Bedeutung für Großbritannien waren die »Working Group on De-

65 PRO, CAB 128/30 II CM (57)3. 8.1.1957, zit. nach: Ebersold, ebd., S. 408.

66 Ebersold, ebd.

67 Zur Reaktion Eisenhowers vgl. seinen Brief an Finanzminister Anderson: NA, RG 56 (Office of the Secretary of the Treasury), Records of Secretary R.B. Anderson, Subject Files, Box 27, President, 5.11.1957.

68 PRO, PREM 11/2689: Sir H. Caccia to FO, No. 2201, 25.10.1957, Declaration of Common Purpose.

69 PRO, CAB 130/139: Top Secret Report by Officials, The Position of the UK in World Affairs, o.D. (Juli 1958).

fense and Security Arrangements« und die Arbeitsgemeinschaft zu Fernostfragen[70]. In diesen Bereichen hieß es für die britische Regierung, abzuspecken und Verantwortung abzugeben. Macmillan war insbesondere an einem Ausbau der nukleartechnologischen Zusammenarbeit mit den USA interessiert[71]. Die Ergänzung des MacMahon-Act eröffnete nach seinem Dafürhalten die Möglichkeit, aus den eigenen Anstrengungen größeren Gewinn zu erzielen. Im Gegensatz zu den Franzosen sahen die Briten in der dadurch gestiegenen sicherheitspolitischen Abhängigkeit von den USA keine prinzipielle Verletzung ihrer nationalen Interessen[72]. Der konservativen britischen Regierung ging es hier nicht so sehr um Autonomie, sondern vielmehr um den symbolischen Wert der »Bombe«, deren Besitz dazu beitragen konnte, angesichts des nicht mehr zu verleugnenden materiellen Niedergangs zumindest das »Gesicht zu wahren«[73].

Das Interdependenzkonzept bestätigte nicht nur die seit dem Ende des Zweiten Weltkriegs verfolgte »Drei-Kreise-Theorie«[74], sondern es machte auch die Mittel und Wege deutlich, mit denen Großbritannien noch in der Lage war, Einfluß geltend zu machen. Über gut vorbereitete, konsensorientierte Verhandlungsprozesse sollten britische Vorstellungen Eingang finden in die amerikanische Planungsmaschinerie und im Zuge der Implementation amerikanischer Politik schließlich realisiert werden[75]. So blieb die britische Außenpolitik auch nach Suez zunächst

70 Ebd.: Top Secret Cabinet Paper, Anglo-American Relations, 9.5.1958.

71 Ebd.: Top Secret, Future Policy, 5.2.1958.

72 Hierzu den zeitgenössischen Problemaufriß von Martin, British Defence Policy.

73 Kaiser, »Das Gesicht wahren«, S. 245 f.

74 Die wichtigste Schlußfolgerungen der im Laufe des Jahres 1958 erarbeiteten Papiere waren die folgenden: »(a) While we can no longer operate from the position of decisive strength which we enjoyed in the last century, we can still hope to exercise substantial influence in world affairs in conjunction with the power of the United States, partly in our own right, partly as the leader of the independent Commonwealth, and partly in virtue of the special position which we occupy in Europe. (b) But in order to exert this influence to the maximum we need to fortify our external financial position against the hazards which have affected our prestige and authority in the post-war years.« PRO, PREM 11/2321: The Position of the UK in World Affairs, April 1958. Und an anderer Stelle: »We can no longer operate from the position of overwhelming strength — military, political and economic — which we have enjoyed in the heyday of our Imperial power. But, although we no longer have superiority in material strength, we can still exercise a substantial influence in world affairs — partly in our own right and because of our position in Europe, and partly as the leader of the independent Commonwealth. We must now bring that influence to bear, in support of the superior material strength of the United States, in the world struggle between the forces of freedom and those of tyranny.« PRO, CAB 130/139: Top Secret, The Position of the United Kingdom in World Affairs, 14.7.1958.

75 »[I]f we are to exercise our influence to the full, we need to have a larger measure of flexibility and greater freedom of manoeuvre in our overseas policy. In the nineteenth century we had the power to impose our will. By contrast, we now have to work largely through alliances and coalitions. We must therefore be more ready to improvise, to adapt our tactics to changing situations and be quick to take advantage of fleeting opportunities to strengthen or improve our position almost anywhere in the world. We shall not maintain our influence if we appear to be clinging obstinately to the shadow of our old Imperial power after its substance has gone.« PRO, CAB 130/139: ebd.

noch global ausgerichtet, allerdings setzte sich das Bewußtsein des unter materiellen Gesichtspunkten stark eingeschränkten Handlungsspielraums beschleunigt in den Köpfen der handelnden Akteure fest und blieb nicht ohne Auswirkungen auf die Beziehungen zu den USA. Zwar war es der britischen Regierung nach der Suezkrise gelungen, die Beziehungen zu den USA insbesondere auf dem Feld des atomwissenschaftlichen Informationsaustausches zu beleben. Es bestand allerdings kein Zweifel mehr darüber, daß die »special relationship« funktional zunehmend deutlicher den Interessen des ungleich gewichtigeren Partners zugeordnet blieb. Die vor der Suezkrise relativ ausgeprägten machtgenerierenden Effekte der »special relationship« blieben nach der Suezkrise immer häufiger aus. Das Vertrauen der USA in die politische Zurechnungsfähigkeit Großbritanniens, das vor der Suezkrise das anglo-amerikanische Verhältnis charakterisiert hatte, konnte nicht im vollen Umfang zurückgewonnen werden. Dies zwang London dazu, neue Mittel und Wege zu suchen, den mit dem materiellen und ideellen Abstieg Großbritanniens einhergehenden Machtverlust innerhalb der bilateralen Sonderstruktur zu kompensieren. Dabei spielte der von Lloyd bereits im Januar 1957 vorgeschlagene Weg eine zunehmend wichtigere Rolle. Die stärkere Hinwendung zu Europa wurde allerdings nicht als Alternative zu den besonderen Beziehungen zu den USA betrachtet[76]. Vielmehr erwartete London, durch die stärkere Betonung des Dreiecksverhältnisses Großbritannien-USA-Europa die beiden britischen Kooperationspartner für die Festigung der britischen Einflußpositionen in den jeweiligen bilateralen Beziehungen funktionalisieren zu können. So erhoffte sich London durch die Kontakte zu Washington Zugeständnisse von seiten der kontinentaleuropäischen Staaten. Umgekehrt erwartete es durch den Schulterschluß mit Europa eine Stärkung seiner Verhandlungsposition gegenüber den USA[77]. Diese Überlegungen führten folgerichtig zu einer stärkeren Europäisierung des britischen Atlantizismus, damit aber auch zu einer deutlich ausgeprägteren Rücksichtnahme Großbritanniens auf mögliche kontinentaleuropäische Ressentiments gegen eine zu enge anglo-amerikanische Partnerschaft. Summa summarum hatte sich damit auch der britische Handlungsspielraum gegenüber Europa verkleinert.

Die britische Interdependenzstrategie, die zur Rettung der besonderen britischen Beziehungen zu den USA entwickelt worden war, stand von Anfang an

76 Hierzu etwa die seitenlangen Ausführungen in dem Kabinettspapier PRO, CAB 134/1935: The Future of Anglo-American Relations, 6.10.1959, die folgendermaßen zusammengefaßt werden: »There are solid reasons for hoping for, and believing in, Anglo-American cooperation, which, if maintained, would bring far greater benefits to this country than could strictly be accounted for by our own direct contribution. Anglo-American partnership is not a law of nature and we must work hard to preserve it. But if we are steadfast in our opposition to Communism, maintain and improve the expansion of our economy and trading position and continue to produce people of the first quality in politics, science, industry and administration, the Americans will continue to believe in our ability to remain an indispensable ally.«

77 Hierzu auch die in den gleichen Zeitraum fallenden britischen Bemühungen, die wirtschaftlichen Beziehungen zu Kanada als mögliches Druckmittel in den Verhandlungen mit der EWG zu nutzen. Lehmkuhl, Fuss about the »holy grail«.

unter den Vorzeichen eines sich zuspitzenden Spannungsverhältnisses zwischen dem Wunsch, die Position einer Weltführungsmacht aufrechtzuhalten, und der Notwendigkeit, auf die irreversible Transformation Großbritanniens zu einer europäischen Mittelmacht mit außereuropäischer Interessenwahrnehmung zu reagieren. So galt es bei der Durchführung der Interdependenzpolitik, sorgsam abzuwägen zwischen den Vorteilen einer anglo-amerikanischen Kooperation und den Nachteilen einer dadurch bedingten Entfremdung von Kontinentaleuropa[78]. Großbritannien mußte peinlich darauf achten, »never [...] to be put in a position where we have to make a final choice between the United States and Europe«.

> »It would not be compatible with our vital interests to reject either one or the other and the very fact that the choice was needed would mean the destruction of the Atlantic Alliance. [...] We must therefore work to ensure the continuation of the United States presence in Europe and the development of a wide economic and political community of interests embracing both the United States and Western Europe. In so far as the United Kingdom can help to keep Western Europe steady in the alliance we shall enhance our own standing in American eyes. This is the core of our Atlantic policy and we must be prepared to adapt our plans and actions to it. If we can uphold it successfully, our influence on the United States will be considerable and we shall not need slavishly to follow their line, though we must consider their susceptibilities before making policy decisions[79].«

Der hier beschriebene Drahtseilakt stellte lediglich eine Facette des sehr viel umfassenderen außenpolitischen Identitätsproblems dar, mit dem Macmillan in seiner Regierungszeit zu kämpfen hatte und das der ehemalige amerikanische Außenminister Dean Acheson in einer vielzitierten Rede in West Point vom 5. Dezember 1962 mit der Formulierung auf den Punkt brachte, daß »Großbritannien ein Weltreich verloren, jedoch noch keine neue Rolle gefunden habe«[80].

Auf die Darstellung weiterer Details dieses wichtigen Adaptationsprozesses muß im Rahmen dieses Beitrages verzichtet werden. Erwähnenswert erscheint allerdings die Tatsache, daß Suez sowohl für die sicherheitspolitische Anpassung Großbritanniens an seine reduzierten materiellen Machtressourcen als auch für die politische Abrundung des Anpassungsprozesses durch die offizielle Bewer-

78 PRO, CAB 130/139: Top Secret, Future Policy, 5.2.1958.

79 PRO, , FO 371/152132: Top Secret, The Atlantic Community: Policy towards the United States and in Western Europe, o.D. (1960).

80 Die tiefgreifende außenpolitische Identitätskrise spitzte sich 1959/60 zu und bewegte auch die britische Öffentlichkeit, die immer häufiger mit Fragen konfrontiert wurde wie folgende, die der Journalist Don Cook in seinem Artikel »Question Time for Britain« stellte: »Since Britain is no longer the political power she was in the world only five years ago, what does she envisage as her new role? Since she is no longer an independent nuclear power, what is to be her defense role? Since her economy is highly vulnerable and not expanding at the pace of her European neighbors, what is her future economic policy to be? In one way or another, all of these questions tend to come back to one central problem: Britain's relations with Europe. It is also a situation which could pose very awkward difficulties and a period of very patchy relations for the Anglo-American alliance in the months ahead.« PRO, FO 371/148593: Don Cook, Question Time for Britain — 1, o.D. [1960].

bung um Aufnahme in die EWG am 10. August 1961 eine Katalysatorfunktion gespielt hat. Wenngleich die EWG-Kandidatur in Großbritannien heftig umstritten war, sich langwierige Verhandlungen daran anschlossen und eine Mitgliedschaft schließlich nach de Gaulles Veto im Januar 1963 für einen längeren Zeitraum auf Eis gelegt wurde, markierte dies doch eine Zäsur in der britischen Geschichte. »Unter außenpolitischen Gesichtspunkten bildete der Antrag nicht mehr und nicht weniger als das Ende der Nachkriegszeit, die, folgt man den Ansprüchen, Zielen und Hoffnungen der politischen Akteure in London im Jahre 1945, um nahezu jeden Preis gerade das Gegenteil dessen erbringen sollte, wofür die Entscheidung vom August 1961 stand[81].« Die Wendung nach Europa 1961 lag darum — so Gottfried Niedhart — in der Konsequenz des Zwangs zur Anpassung, dem Großbritannien im 20. Jahrhundert ohne Unterbrechung ausgesetzt war[82]. Dieser Anpassungszwang war durch die Vertrauenskrise im anglo-amerikanischen Verhältnis, welche durch die britische Intervention in Ägypten ausgelöst worden war, erheblich verschärft worden.

6. Zusammenfassung

Zwei leitende Fragen standen im Mittelpunkt der vorliegenden Analyse und bestimmten den Inhalt der hier präsentierten Geschichte des britischen »Umgangs mit dem Niedergang«:

1. Welche Strategien entwarf und nutzte Großbritannien, um den kontinuierlichen Machtverfall aufzuhalten oder derart zu kanalisieren, daß seine unmittelbaren machtpolitischen Folgen für das Inselreich abgeschwächt wurden?
2. War die Suezkrise des Jahres 1956 mehr als eine Etappe im britischen Anpassungsprozeß an die veränderten machtpolitischen Gegebenheiten, muß man den Krieg also tatsächlich als Zäsur, als Einschnitt in der Entwicklung der britischen Außenpolitik nach dem Zweiten Weltkrieg bezeichnen?

Alle britischen Nachkriegsregierungen von Attlee über Churchill bis hin zu Eden und Macmillan hatten sich mit der Frage auseinanderzusetzen, wie der Niedergang der einstigen Weltmacht aufzuhalten sei und welche Machtressourcen zu diesem Zweck mobilisiert werden könnten. In der Art und Weise, wie die einzelnen Regierungen auf den Machtverfall reagierten, ist eine erstaunliche Kontinuität festzustellen. Bis Ende der fünfziger Jahre, ungeachtet der Ereignisse in Ägypten im Jahre 1956, spielten einerseits die klassischen Machtpotentiale — Sterlinggebiet, Commonwealth, die Nähe zu Kontinentaleuropa und die »special relationship« — eine Rolle im britischen Bemühen, den Niedergang aufzuhalten. Im gleichen Zeitraum entdeckte und nutzte London aber auch neue Machtressourcen, die ebenfalls in den Dienst der Machterhaltung gestellt werden konnten. Wie die Strategie der Nutzung traditioneller Machtressourcen, so war auch die Strategie des

81 Ebersold, Machtverfall und Machtbewußtsein, S. 409.
82 Niedhart, Das ökonomische Interesse, S. 89.

konsensorientierten, konfliktvermeidenden Verhaltens vor allem auch deshalb erfolgreich, weil die nationalen britischen Ressourcen in den genannten Politikbereichen von den USA nachgefragt wurden, die USA sogar — wie im Falle der Informationspolitik — manchmal auf die britische Kooperation angewiesen waren. Das konsensorientierte Verhalten sowie die Gemeinsamkeiten in der politischen Kultur eröffneten Großbritannien nach dem Zweiten Weltkrieg einen neuen und wichtigen Handlungsspielraum, der für die Sicherung des britischen Großmachtstatus im Sinne der aktiven Einflußnahme und Mitgestaltung der Rahmenbedingungen internationaler Politik eine nicht zu unterschätzende Rolle spielte.

Die Funktionsfähigkeit beider Strategien — die Nutzung traditioneller und die Entwicklung neuer Ressourcen — hing entscheidend von der Art und Weise ab, wie die USA als neue westliche Führungsmacht ihre Führungsfunktion ausführten. Die machtgenerierenden Potentiale der traditionellen wie der neuen britischen Machtressourcen hingen ursächlich zusammen mit dem Nutzen, den die USA aus ihnen ziehen konnten. Ohne die Einbettung in den Kontext der alliierten Bemühungen zur Rekonstruktion des weltwirtschaftlichen und weltpolitischen Systems und dem Bemühen, den Machtvorsprung des Westens gegenüber der Sowjetunion aufrechtzuhalten, ist die Geschichte des britischen Umgangs mit dem Niedergang deshalb nicht zu verstehen.

Nach der Suezaffäre war London sehr viel stärker als vorher aufgefordert, seine Machterhaltungsstrategien an die veränderten wirtschaftlichen und politischen Rahmenbedingungen britischer Außenpolitik anzupassen. Die Reaktivierung des Atlantizismus in Form der Interdependenzstrategie konnte den infolge des Suezkrieges beschleunigten Anpassungsprozeß nicht aufhalten. Vielmehr erwies sich der Vertrauensbruch, der durch den Suezkrieg verursacht worden war, als irreparabel. Deshalb verlor die zweite Machterhaltungsstrategie, die ihre machtgenerierenden Effekte im wesentlichen aus der politischen Zurechnungsfähigkeit Großbritanniens bezog, zunehmend an Bedeutung. Dies hatte tiefgreifende Auswirkungen auf die Position Großbritanniens, weil nämlich zeitgleich auch die politische und wirtschaftliche Bedeutung des Sterlinggebietes und des Commonwealth wegen der wirtschaftlichen Konsolidierung Europas und der Festigung der politischen Einflußpositionen der USA im asiatisch-pazifischen Raum abnahm. Die USA konnten zunehmend auf britische Unterstützung verzichten. Die Notwendigkeit eines amerikanischen Entgegenkommens in politischer, finanzieller oder wirtschaftlicher Hinsicht war damit nicht mehr gegeben. Nach dem Suezkrieg bemühte sich Großbritannien infolgedessen um eine stärkere Ausrichtung der eigenen Außenpolitik an Europa. Der Versuch, aus der Notwendigkeit der Umorientierung politischen Nutzen zu ziehen, scheiterte nicht nur, sondern führte zum Gegenteil dessen, was Großbritannien intendiert hatte. Durch die Verknüpfung von »special relationship« und Europapolitik in Form einer stärker europäisierten Variante des klassischen Atlantizismus engte Großbritannien nicht nur seinen Handlungsspielraum gegenüber den USA, sondern auch gegenüber der EWG ein.

Die zweite Frage läßt sich dahingehend beantworten, daß der eigentliche Wendepunkt in der britischen Selbsteinschätzung, der im Grunde genommen auch die außenpolitische Identitätskrise auslöste, vor dem Suezkrieg lag. Er ist erkennbar am Eingeständnis des materiellen Abstiegs und den daraus abgeleiteten Konsequenzen vor allem für die britische Verteidigungspolitik. Dieser Wendepunkt läßt sich dokumentarisch festmachen an dem von Monckton und Macmillan — den beiden Ministern, die auch im Vorfeld der Suezkrise gegen eine Interventionslösung plädierten — verfaßten März-Memorandum zur Sicherheitspolitik[83]. Diese Denkschrift an den Premierminister führte zur Gründung des Cabinet Policy Review Committee und gab zu einer umfassenden Revision der britischen Außenpolitik Anlaß. Zwar unterbrach der Suezkrieg die Revisionsdiskussion, die tatsächlichen Anpassungsprozesse wurden jedoch durch den Krieg beschleunigt, weil die Suezaffäre — wie oben dargelegt — die Vertrauensbasis zwischen Großbritannien und den USA — und damit die amerikanische Bereitschaft für die Nutzung britischer Ressourcen in Form von politischen Rücksichtnahmen oder in Form von finanzieller und wirtschaftlicher Unterstützung zu zahlen — zerstörte. Großbritannien mußte für den Suezkrieg mit dem Verlust seiner Einflußpositionen im Rahmen der »special relationship« bezahlen.

Aus diesen Gründen muß der Suezkonflikt als Katalysator, aber nicht als Ursache für die Rückstufung der einstigen Weltmacht zu einer europäischen Mittelmacht mit außereuropäischen Interessen betrachtet werden[84]. Da nach Suez keine grundsätzlich anderen außenpolitischen Strategien zur Anwendung kamen, vielmehr auf Bewährtes zurückgegriffen wurde, das dann allerdings nicht mehr so funktionierte wie vorher, kann der Ausgang der Krise keinesfalls als Zäsur in der britischen Außenpolitik bezeichnet werden. Das Jahr 1956 war lediglich eine Etappe eines Prozesses, in dem Großbritannien sich bemühte, den Niedergang mit Hilfe spezifischer außenpolitischer Strategien und über die Mobilisierung alternativer Machtressourcen aufzuhalten und den Weltmachtstatus zu konsolidieren. Dieser Prozeß nahm mit dem Ende des Zweiten Weltkriegs seinen Anfang und dauerte bis zum ersten Beitrittsgesuch Großbritanniens zur Europäischen Wirtschaftsgemeinschaft im Jahre 1961 an.

83 PRO, CAB 134/1315, PR(56)2, Defence Policy: Joint Memorandum by Macmillan and Sir W. Monckton to Sir A. Eden, 20.3.1956, in: BDEE, Series A, Vol. 2, S. 60.

84 Zur gleichen Einschätzung, wenn auch mit anderen Begründungen, gelangen Carlton, Britain and the Suez Crisis; Adamthwaite, Suez revisited; Lamb, The Failure of the Eden Government, Kap. 9–12; Fullick/Powell, Suez; Thomas, The Suez Affair.

Winfried Heinemann

1956 als das Krisenjahr der NATO

1. Stand der politischen Zusammenarbeit an der Jahreswende 1955/1956

Anfang 1956 konnte man sich in Kreisen des Nordatlantischen Bündnisses befriedigt zurücklehnen und sich in der Hoffnung wiegen, die größten Probleme bei der Schaffung einer effizienten westlichen Verteidigungsgemeinschaft seien gelöst. Von Anfang an hatte die Frage einer Beteiligung Westdeutschlands an der Abwehr der sowjetischen Bedrohung wie ein Schatten über dem Bündnis gehangen[1] — zwischen amerikanischem Drängen und Drohen und französischer Ablehnung hatte die Jahreswende 1954/1955 hier eine Lösung gebracht[2].

Aber nicht nur im Bereich der militärischen Zusammenarbeit waren Erfolge zu verzeichnen. Die politische Kooperation der Verbündeten, wie sie in Artikel 4 des Nordatlantikvertrages vorgesehen war (»Die Parteien werden einander konsultieren, wenn nach Auffassung einer von ihnen die Unversehrtheit des Gebiets, die politische Unabhängigkeit oder die Sicherheit einer der Parteien bedroht ist.«), hatte sich durch eine fortschreitende Institutionalisierung deutlich verbessert. Dem zweimal jährlich tagenden Nordatlantikrat auf Ministerebene war schon früh ein »Rat der Stellvertreter« zur Seite gestellt worden, der sich wiederum 1952 zu einem »Ständigen Rat« gemausert hatte, formell auf Ministerebene und mit den im Vertragstext vorgesehenen Kompetenzen (»Die Parteien errichten hiermit einen Rat, in dem jede von ihnen vertreten ist, um Fragen zu prüfen, welche die Durchführung dieses Vertrages betreffen. Der Aufbau dieses Rats ist so zu gestalten, daß er jederzeit schnell zusammentreten kann.«). Wenn es auch zuerst manchen Mitgliedstaaten so schien, als sei dieser »neue« Rat nicht viel hochkarätiger als der »Rat der Stellvertreter«[3], so entwickelte er sich doch recht bald zu einem Gremium mit eingespielten Verfahren der politischen Zusammenarbeit, soweit die Partner gewillt waren, dieses Forum zum Umgang mit Konflikten zu nutzen.

Ein solches Organ zum Ausgleich interner Konflikte des Bündnisses hatte sich auch als dringend notwendig erwiesen. Nicht nur die Frage der Aufnahme neuer Mitglieder — zuerst Griechenland und die Türkei, dann die Bundesrepublik

1 Wiggershaus, Die andere »deutsche Frage«.
2 Zu diesem komplexen Vorgang vor allem: Anfänge westdeutscher Sicherheitspolitik, 3: Die NATO-Option.
3 NA, RG 59, DF 1950–54, 740.5/7–753: Memorandum Merchant an Dulles vom 7.7.1953.

Deutschland — hatte das Bündnis vor interne Probleme gestellt. Auch die Zusammenarbeit auf den Gebieten von Wirtschaft und Rüstung, der Ausgleich zwischen den Interessen der »Großen Drei« und jenen der »Kleinen« sowie nicht zuletzt der Umgang mit den Problemen, die sich aus dem Kolonialbesitz einiger Bündnispartner ergaben, hatten immer wieder neue Anläufe zu Lösungen verlangt. Nicht immer war es gelungen, allen Partnern gerecht zu werden. So schwärte das Zypernproblem als offene Wunde an der Südflanke der Allianz. Aber zumindest hatte die politische Zusammenarbeit im Bündnis es immer noch erreichen können, daß solche Spannungen die Kohäsion der NATO nicht ernstlich gefährdet hatten. Selbst als Athen nach den antigriechischen Unruhen in der Türkei im September 1955 öffentlich den Rückzug seiner Offiziere aus den in der Türkei stationierten NATO-Hauptquartieren ankündigte, blieb es letztlich beim Weggang der Familienangehörigen[4].

Der Abzug französischer Truppen in das zunehmend umkämpfte Algerien drohte die westeuropäische Zentralfront zu schwächen[5]. Die portugiesische Forderung nach einer Unterstützung für seine Besitzungen in Indien — wo Lissabon anders als Paris nach wie vor Goa und die anderen Territorien gegen Ansprüche aus Neu Delhi verteidigte — brachte Großbritannien und Kanada als Commonwealthpartner Indiens in eine schwierige Situation. Portugal war zudem durchaus gewillt, die anstehenden Neuverhandlungen über die amerikanischen Stützpunkte auf den Azoren als Brechstange zu benutzen, um zumindest Washington zu einer öffentlichen Unterstützung der portugiesischen Position zu veranlassen[6]. Insgesamt stellte sich immer drängender das Problem einer bündnisgemeinsamen Politik gegenüber der sich formierenden »Dritten Welt«, die einerseits die Rohstoffabhängigkeit der westlichen Volkswirtschaften berücksichtigte, andererseits eine Entfremdung der neu entstehenden Nationen vermied. Daß zwischen den Kolonialmächten, der ehemaligen britischen Kolonie USA und den übrigen NATO-Partnern hier unterschiedliche Auffassungen herrschten, kann nicht überraschen[7].

Dennoch hatte es das Bündnis bisher erreicht, daß solche Konflikte nicht den Punkt erreichten, wo sie den inneren Zusammenhalt der Allianz gefährdeten. Ein wichtiger Grund lag wohl auch in der Person des ersten Generalsekretärs. Mit Hastings Lionel Lord Ismay hatte man 1952 offensichtlich den richtigen Mann gefunden. Obwohl Vertreter einer der klassischen Kolonialmächte und als früherer Commonwealth-Minister nicht ganz unbelastet, war er doch wegen seiner ausgleichenden Art schnell zu einem stabilisierenden Element des Bündnisses geworden. Er verstand sein Amt durchaus politisch, wollte spürbar mehr sein als ein

4 NAC, RG 25, Acc. 1991–92/109, vol. 144, 50323–40, pt. 2: Depesche Botschaft Ankara an DEA 446 vom 18.11.1955. Hier fehlerhaft: Iatrides, Balkan Triangle, S. 170.

5 Sangmuah, Eisenhower and Containment; Bossuat, France and the Leadership.

6 NA, RG 59, Lot 59D108, box 5: Memorandum Merchant an Secretary of State vom 21.1.1955. NAC, RG 25, Acc. 1991–92/109, vol. 144, 50321–40, pt. 7: Brief Botschaft Washington an DEA 1966 vom 2.12.1955.

7 Kaplan, Alliances and the United States; Thoß, Bündnissolidarität und Regionalkonflikt.

Verwaltungschef, orientierte sich wohl auch an der Rolle des Generalsekretärs der Vereinten Nationen — eine Parallele, die durch die Wahl der Bezeichnung »Generalsekretär« für den ranghöchsten Mitarbeiter der NATO bewußt impliziert war — und wußte seine zunächst begrenzten Kompetenzen geschickt zu erweitern[8].

Das Bündnis war vor allem als Antwort auf die sowjetische Bedrohung entstanden. Nach dem Tod Stalins folgte jedoch der starren Konfrontation des Kalten Krieges eine flexiblere sowjetische Außenpolitik. Der äußere Druck, der zu einem sehr hohen Interesse an gemeinsamer Verteidigung geführt hatte, begann zu weichen. Mit schwindendem Bündnisinteresse drohte das Partikularinteresse mancher NATO-Partner die Oberhand zu gewinnen. Spätestens seit das Gipfeltreffen der Vier Mächte im Sommer 1955 in Genf Entspannungshoffnungen genährt hatte, drohte der »Geist von Genf« zu einer Gefährdung des Bündniszusammenhalts zu führen[9].

Dabei hatte sich nach Auffassung vieler die Gefahr nicht verringert, sondern höchstens verändert. Angesichts der militärischen Geschlossenheit des Westens war es für die Sowjetunion zu riskant geworden, einen Krieg vom Zaun zu brechen. So nahm man an, sie werde ihre Anstrengungen darauf richten, den politischen Zusammenhalt des Westens aufzuweichen. Der Versuch einer unabhängigen französischen Politik gegenüber der Sowjetunion oder Churchills Bestrebungen, ein Gipfeltreffen mit der sowjetischen Führung herbeizuführen, schienen einen Trend zum Aufbrechen der gemeinsamen antisowjetischen Front anzuzeigen[10]. Aber auch die sowjetischen Fühler nach Indien, Jugoslawien und Ägypten ließen erkennen, daß Moskau dem Westen in diesem Gebiet der Außenpolitik den Rang ablaufen wollte.

War es seit der Gründung der NATO, spätestens seit dem Koreaschock darum gegangen, möglichst schnell ein Höchstmaß an militärischer Rüstung zu erreichen, mußte der Westen angesichts zunehmender interner Spannungen und angesichts wachsender politischer Bedrohung darauf bedacht sein, ein größeres Maß an politischer Geschlossenheit zu erreichen und nach außen zu demonstrieren.

2. Das Islandproblem

Das Jahr 1956 begann in dieser Hinsicht wenig vielversprechend. Ausgerechnet der kleinste NATO-Partner, die Inselrepublik Island, drohte, die bündnisinterne Solidarität aufzukündigen. Durch seine geographische Lage sperrte Island den Hauptzugangsweg für sowjetische Marineeinheiten aus Murmansk in den offe-

8 Jordan/Bloome, Political Leadership in NATO, S. 31 f.; Ismay, Memoirs, S. 460 f.

9 FRUS 1955–57, V, S. 398–403, no. 199, Eisenhower Library. White House Office: Memorandum of Conversation at the President's Breakfast , President's Villa, Geneva vom 20.7.1955; Thoß, Der Beitritt der Bundesrepublik Deutschland, S. 136–232; Varsori, Britain and Early Détente, S. 180 f.

10 Gilbert, Churchill, S. 910–941; Ovendale, British Foreign and Alliance Policy; Varsori, ebd.

nen Atlantik. Gleichzeitig war seine eigene Bevölkerung aber zahlenmäßig so klein, daß das Land keine eigenen Streitkräfte unterhalten konnte. So hatte man bereits früh befürchten müssen, daß die Sowjets im Falle eines Konflikts versuchen würden, die Insel zu besetzen. Ein isländisch-amerikanisches Verteidigungsabkommen hatte im Jahre 1951 zur Stationierung amerikanischer Truppen auf Island geführt[11].

Schon früh aber begannen sich die Schwierigkeiten zu manifestieren, die sich aus der Anwesenheit von mehreren tausend jungen Amerikanern auf den Straßen von Reykjavik ergaben — Probleme, wie sie überall bei der Stationierung von Truppen im Ausland auftreten: Übergriffe gegenüber Frauen, Störung des wirtschaftlichen Gleichgewichts, Kriminalität[12]. Schon früh sahen selbst pro-westliche Kreise die amerikanische Truppenpräsenz nicht mehr als Garanten der isländischen Sicherheit, sondern als »Opfer«, das Island für die Sicherheit des atlantischen Bündnisses bringe[13].

Daneben aber ergaben sich Konfliktfelder zwischen dem kleinen Inselstaat und weiteren Bündnispartnern. Im Frühjahr 1952 weitete die isländische Regierung einseitig ihre Fischereigrenzen aus, was von der britischen Regierung nicht anerkannt wurde[14]. Die Folge war ein »Kabeljaukrieg«, der zu einer drastisch verschlechterten Handelsbilanz des Landes und zu kritisch verringerten Devisenbeständen führte[15]. Bei seinem Antrittsbesuch in Reykjavik im Juli 1954 mußte NATO-Generalsekretär Lord Ismay feststellen, daß die isländische Außenpolitik das Land in Gegensatz zu mehreren NATO-Partnern gebracht hatte. Island hatte — zusammen mit den anderen Mitgliedern des Nordischen Rates — im November 1953 in den Vereinten Nationen für die Unabhängigkeit Tunesiens und Marokkos und damit gegen die französischen Interessen gestimmt[16]. Kurze Zeit nach Ismays Visite war Island das einzige NATO-Land, das in der UNO die griechische Forderung nach einer Zypern-Debatte unterstützte. Forderungen an Kopenhagen nach der Rückgabe von Manuskripten der mittelalterlichen »Edda«, ja sogar im Althing angemeldete Ansprüche auf Grönland entfremdeten die Dänen[17].

11 Grundlegend: Loftsson, Island i NATO; Nuechterlein, Iceland. Aktueller: Bjarnason, The Security of Iceland; Fairlamb, Icelandic Threat Perceptions; Heinemann, Die NATO und Island.

12 NAC, RG 25, Acc. 1990–91/008, vol. 53, 50030-AB-5–40, pt. 2: Depesche Botschaft Oslo an Under-Secretary of State for External Affairs vom 12.6.1953; Kristinsson, Vulnerability in a Fish-Based Economy.

13 PRO, FO 371, 100626: Depesche Greenway an FO vom 28.1.1952; Depesche Greenway an FO vom 13.5.1952.

14 Thór, The Extension of Iceland's Fishing Limits, S. 40.

15 PRO, FO 371, 106335: Annual Report Iceland 1952 vom 6.1.1953; ebd., 111527: Annual Report Iceland 1953 vom 20.5.1954.

16 AMAE EU44–60, Islande 10, f. 197 f.: Depesche Gesandtschaft Reykjavik an Ministère des Affaires Étrangères vom 2.11.1953; ebd., f. 213: Telegramm Gesandtschaft Reykjavik an Ministère des Affaires Étrangères vom 14.11.1953.

17 PRO, FO 371, 111527: Annual Report Iceland 1953 vom 20.5.1954.

Die Spannungen, die bis dahin von der amerikanischen Diplomatie geschickt in Grenzen gehalten worden waren, eskalierten im Jahre 1956. Am 28. März beschloß das isländische Parlament auf Vorschlag der Kommunisten eine Resolution, in der es zwar die weitere Zugehörigkeit zur NATO bekräftigte, gleichzeitig aber den Abzug der Amerikaner von der Insel forderte[18]. Besonders bedenklich mußte aus Sicht der NATO-Partner erscheinen, daß alle Parteien außer den Konservativen mit den Kommunisten gestimmt und diese so in gewisser Weise »gesellschaftsfähig« gemacht hatten.

Die internationale Presse bewertete die isländische Forderung als einen »schweren Rückschlag« für das Gefüge der westlichen Allianz im hohen Norden[19]. Besonders für Norwegen und Dänemark konnten die Konsequenzen eines amerikanischen Abzugs von Island schwerwiegend sein. Beide Staaten hatten sich immer schon ausländischer Truppenstationierung verweigert, waren daher jedoch im Krisenfall um so mehr auf schnelle Unterstützung aus Amerika angewiesen — und die mußte über Island kommen.

Vor allem aber konnte es politisch das falsche Zeichen sein, wenn der »Geist von Genf« nun ein solches Auseinanderbrechen der militärischen Anstrengungen zur Folge hatte. Wenn das kleine Island seinen einzigen Beitrag zur gemeinsamen Verteidigung, die Gewährung von Stützpunkten, ungestraft zurückziehen und damit quasi eine Sicherheitsgarantie »zum Nulltarif« erreichen konnte, dann würde jeder Partner in Zukunft seine nationalen Interessen weit vor denen des Bündnisses plazieren.

Die USA begannen recht bald, im Rahmen des Bündnisses politischen Druck auf die isländische Regierung zu konzertieren. Bereits bei der Tagung des Atlantikrates auf Ministerebene im Mai 1956 hätten sie das Thema am liebsten offiziell auf die Tagesordnung gesetzt. Nur einer kanadischen Intervention war es zu verdanken, daß der Konflikt nicht auf diese Weise öffentlich dokumentiert wurde[20]. Während auf diplomatischer Ebene zunächst alle Beteiligten ruhig Blut zu bewahren suchten, reagierten die amerikanischen Streitkräfte vor Ort kompromißlos. Alle Investitionen auf der Insel wurden bis auf weiteres storniert[21].

Aber es sollte noch schlimmer kommen. Die Resolution des Althing vom März 1956 war lediglich ein Auftakt für den Wahlkampf gewesen, und am 24. Juni wählten die Isländer ein neues Parlament. Die Konservativen, die als einzige gegen die Resolution gestimmt hatten, gewannen deutlich an Stimmen, verloren aber auf-

18 NA, RG 59, DF 1955–59, 740B.5/4–456. Text der Resolution siehe Anlage 1 zu Depesche Botschaft Reykjavik an State Department vom 28.3.1956.

19 Neue Zürcher Zeitung, 3.4.1956.

20 PRO, FO 371, 122490: Briefing für Foreign Secretary für NATO-Ministerrat vom 4.5.1956; NAC, RG 25, Acc. 1990–91/008, vol. 217, 50102-N-40 pt. 1: Briefing for the Ministerial Meeting of the North Atlantic Council. Paris, May 1956. Agenda Item II (b). Anlagen vom 9.4.1956; NATO Brüssel, NISCA 4/5/1. C-R(56)20–21; Council Ministerial Meeting. Record vom 4.5.1956; ebd., C-R(56)22–23. Council Ministerial Meeting. Record vom 5.5.1956.

21 NA, RG 218, Geographic File 660.2 Iceland, Section 14: Telegramm CINCLANT an COMICEDEFOR no 3440 122153Z sep56 vom 12.9.1956.

grund von Besonderheiten des isländischen Wahlsystems Sitze im Parlament[22]. Insgesamt hatten die Gegner der amerikanischen Truppenpräsenz zwar Wählerstimmen verloren, verfügten jedoch noch immer über eine deutliche Mehrheit. Die meisten NATO-Verbündeten sahen das Ergebnis als Ausdruck eines antiwestlichen Trends[23].

Eine entsprechende Mehrheit im Parlament war allerdings nur unter Einschluß der Kommunisten (»Allianz der Arbeit«) zu realisieren. So drohte schon bald ein Novum in der Geschichte der NATO, etwas, was man ursprünglich eher in Italien oder Frankreich erwartet hatte: eine Beteiligung von Kommunisten an der politischen Macht auf demokratischem Wege[24]. Die isländische Parteienlandschaft ließ sich von außenpolitischen Rücksichten nicht beeinflussen. Am 24. Juli 1956, genau einen Monat nach den Wahlen, konstituierte sich die neue isländische Regierung unter Ministerpräsident Hermann Jónasson, der neben je zwei Ministern aus den Reihen der Fortschrittspartei und der Sozialdemokraten mit Lúdvík Josefsson und Hannibal Valdimarsson zwei Mitglieder der Volksfrontorganisation »Allianz der Arbeit« angehörten. Die NATO hatte ihre ersten kommunistischen Minister[25].

Die erste Reaktion der NATO-Partner auf die Regierungsbildung galt der Frage, wie verhindert werden könnte, daß militärische und politische Geheimnisse der NATO via Reykjavik nach Moskau gelangten[26]. In einer Pressekonferenz erklärte Eisenhower, an sich sei die Regierungsbildung in Island Sache der Isländer, aber Zugang für Kommunisten zu den Verteidigungsgeheimnissen der freien Welt sei eine Bedrohung der eigenen Sicherheit[27].

Ohne durch die Delegationen der Mitgliedstaaten autorisiert zu sein, schlug Generalsekretär Lord Ismay dem isländischen Delegierten Hans G. Andersen noch am 24. Juli eine Kompromißregelung vor. Danach sollte Island keine wirklich geheimschutzbedürftigen Papiere zugeleitet bekommen; der isländische Ständige Vertreter werde zu allen Sitzungen des NATO-Rates eingeladen werden, es werde jedoch erwartet, daß er nicht komme, falls wirklich schutzbedürftige The-

22 Nuechterlein, Iceland, S. 203 f.

23 AMAE EU44–60, Islande 15. Direction Générale des Affaires Politiques — Europe — S/Direction d'Europe du Nord: Note d'Information, irrtümlich datiert »24.6.1956«, aber entstanden Ende Juli 1956; NAC, RG 25, Acc. 1991–92/109, vol. 177, 50373–40, pt. 1: Memorandum für den amtierenden Minister vom 26.6.1956; NATO Brüssel, P.A. 5–4–14 DPA/63: Memorandum Assistant Secretary General for Political Affairs für Secretary General vom 9.7.1956.

24 PRO, FO 371, 122492: Telegrams from the Department of State vom 12.7.1956; ebd., Telegramm Botschaft Kopenhagen an FO 36 vom 27.7.1956; AMAE EU44–60, Islande 15. Le Directeur Général des Affaires Politiques. Note vom 11.7.1956; NA, RG 59, DF 1955–59, 740B.5/7–1156: Telegramm Matthew an State Department 47 vom 11.7.1956; ebd., 740B.00/7–2556: Telegramm Muccio an State Department 71 vom 25.7.1956.

25 NA, RG 59, DF 1955–59, 740B.00/7–3056: Memorandum Elbrick für Under Secretary (Hoover) vom 30.7.1956.

26 Ebd., 740B.5/7–2756: Telegramm State Department an Botschaft Paris TOPOL 137 PRIORITY vom 27.7.1956.

27 Ebd., 740B.00/8–156: Briefing für Pressekonferenz des Präsidenten vom 1.8.1956.

men auf der Tagesordnung stünden[28]. Der isländische Ministerpräsident stimmte dem zu, zumal ihm daran gelegen war, jeden öffentlichen Gesichtsverlust zu vermeiden. Wenn es aber dazu komme, daß der isländische Vertreter in einer Sitzung gebeten werde, hinauszugehen, weil etwas zu geheim für ihn sei, dann werde Island keine 24 Stunden mehr in der NATO verbleiben[29]. Infolgedessen gab es fortan zwei Kategorien von NATO-Ratssitzungen — mit und ohne den isländischen Vertreter.

3. Einsetzung der »Drei Weisen«

Als die Außenminister des Bündnisses Anfang Mai 1956 in Paris zusammentrafen, war somit zu den brennenden Problemen an der Südflanke (Zypern, Suez, Algerien[30]) noch eines an der Nordflanke gekommen. Die Außenminister Portugals, Belgiens, der Bundesrepublik und Italiens eröffneten die Ministerrunde und forderten unisono eine bessere Koordination im Bündnis. Der Kanadier Lester Pearson äußerte sich verhaltener über die Notwendigkeit von Änderungen im Konsultationsmechanismus. Die bisherigen Verfahren hätten sich im wesentlichen bewährt, sie müßten nur konsequenter angewendet werden[31]. Einige, vor allem Vertreter jener Länder, die die NATO traditionell vorwiegend als Militärbündnis angesehen hatten, waren zurückhaltend. Er verstehe das Gerede von Krisen nicht, sagte Paulo Cunha, der portugiesische Außenminister[32]. Die meisten Partner griffen jedoch einen Vorschlag des Amerikaners John Foster Dulles auf und befürworteten die Schaffung eines Dreierausschusses, der Möglichkeiten zur Verbesserung der nicht-militärischen Zusammenarbeit prüfen sollte. Er sollte aus den Außenministern Kanadas, Norwegens und Italiens, Pearson, Halvard Lange und Gaetano Martino, bestehen. Die genaue Formulierung dessen, was dieser Ausschuß leisten sollte, war Gegenstand einiger Auseinandersetzungen, zumal Pearson, dessen Beteiligung als unerläßlich angesehen wurde, auf präzise Wortwahl drängte. Am Ende kam ein Kompromiß heraus, der die Verbesserung der politischen Konsultation und die Förderung einer »atlantischen Gemeinschaft« anscheinend gleichgewichtig nebeneinanderstellte[33].

28 NATO Brüssel, P.A. 7–8–01 ohne Aktenzeichen: Brief Ismay an Andersen vom 24.7.1956.

29 NA, RG 59, DF 1955–59, 740.5/8–1356: Telegramm Muccio an State Department 132 vom 13.8.1956. Dort auch das folgende; ebd., 740.5/8–2756: Telegramm Muccio an State Department 161 vom 27.8.1956. Ähnlich der Premierminister, Jónasson: PRO, FO 371, 122492. Telegramm Gesandtschaft Reykjavik an FO 106 vom 18.9.1956.

30 Zu der unterschiedlichen Bewertung des Abzugs französischer Truppen aus Mitteleuropa nach Algerien siehe: NA, RG 59, DF 1955–59, 740.5/3–2356. Telegramm State Department an Botschaften Ankara Athen Kopenhagen London Oslo Paris TOPOL 1172 NIACT vom 24.3.1956; PRO, FO 371, 119368: Depesche Crawford an FO vom 10.4.1956 (dort besonders zur Rolle Langes).

31 NATO Brüssel, C-R(56)21. Council Ministerial Meeting. Record vom 4.5.1956.

32 NA, RG 59, DF 1955–59, 740.5/5–656: Telegramm Perkins an State Department POLTO 2025 vom 6.5.1956.

33 NATO Brüssel, NISCA 4/5/1. Résumé des conditions dans lesquelles a été prise la décisi-

Auch die Besetzung des Dreierausschusses entsprach amerikanischen Vorstellungen. Sie erinnerte allerdings stark an einen wenig glücklichen Fünferausschuß aus den Jahren 1951/1952[34], vor allem, wenn man Martino als Nachfolger des damals beteiligten und inzwischen verstorbenen Alcide de Gasperi ansah und außerdem berücksichtigte, daß mit Paul van Zeeland ein weiterer Angehöriger jenes wenig erfolgreichen Unternehmens seit 1952 kein Regierungsamt mehr bekleidete.

Daß allerdings der belgische Außenminister Paul Henri Spaak, der 1952 dabeigewesen war, sich an dem neuen Ausschuß nicht beteiligte, war in gewisser Weise ein Menetekel. Spaak war ja einer der bedeutendsten Befürworter atlantischer und europäischer Integration, wie seine Amtszeit als NATO-Generalsekretär 1957 bis 1961 zeigen sollte. Spaak aber schätzte die Aussichten des im Mai 1956 bestallten Ausschusses skeptisch ein. Er machte aus seiner Enttäuschung über die mangelnde Bereitschaft seiner Bündnispartner zu politischer Zusammenarbeit keinen Hehl, wobei er besonders an Frankreich und seinem Hang zu einer eigenständigen Politik gegenüber der Sowjetunion kein gutes Haar ließ[35].

Gleichwohl war die Zusammensetzung des Dreierausschusses in vieler Hinsicht gelungen. Der Rat hatte einen Liberalen (Pearson), einen Sozialdemokraten (Lange) und einen Konservativen (Martino) gewonnen, zugleich einen Nordamerikaner, einen Nordeuropäer und einen Südeuropäer. Vor allem aber hatte der Rat drei Männer verpflichtet, die mit politischer Zusammenarbeit im Bündnis praktische Erfahrungen gesammelt hatten. Mit dem Namen des italienischen Außenministers verband sich die geglückte Triestlösung von 1954, mit dem des Norwegers der Kampf gegen eine spanische NATO-Mitgliedschaft, und »Mike« Pearson war schon immer als ausgleichende Kraft zwischen zentrifugalen Interessen hervorgetreten. Daß — anders als Spaak — die drei Außenminister nach dem eher dünnen Ergebnis des Ausschusses von 1951/1952 bereit waren, erneut die Mühe und das Risiko des Scheiterns auf sich zu nehmen, läßt aber auch erkennen, daß sie nach ihren Erfahrungen mit politischer Kooperation im Bündnis und eben auch nach der hoffnungsvoll stimmenden Rede ihres amerikanischen Kollegen realistische Chancen für ein Gelingen sahen. Die Tatsache allein, daß der Ausschuß zustandekam, belegt bereits, daß sich die politische Kooperation im Bündnis seit 1952 weiterentwickelt hatte.

Die drei Mitglieder waren prinzipiell gleichberechtigt, es gab keinen offiziellen Vorsitzenden. Vor allem in der Anfangsphase aber, als mit den Regierungen

on de créer un Comité des trois sages (undat.); ebd., C-R(56)23. Council Ministerial Meeting. Record vom 5.5.1956; Pearson, The International Years, S. 92; Texts of Final Communiques, S. 99.

34 Kommuniqué der NATO-Ratstagung vom 15.-20.9.1951, in: Texts of Final Communiques, S. 65. NAC, RG 25, Acc. 1990–91/008, vol. 50, 50030-V-40, pt. 3: Telegramm High Commissioner London an DEA 2113 vom 22.8.1951; Jordan/Bloome, Political Leadership in NATO, S. 36; Sinasac, The Three Wise Men, S. 28; Acheson, Present At the Creation, S. 731.

35 NA, RG 59, DF 1955–59, 740.5/5–956: Telegramm Alger an State Department 1043 vom 9.5.1956; AA, Ref. 301–80.04 Bd 1: Telegramm Botschaft Brüssel an AA Nr. 227 vom 9.5.1956.

aller Bündnispartner schnell Kontakt aufgenommen werden mußte, machte es sich bemerkbar, daß Pearson mit dem kanadischen Außenministerium über einen eingespielteren diplomatischen Dienst verfügte als seine beiden Kollegen. Ein Großteil der praktischen Arbeit fiel daher kanadischen Diplomaten zu, was gelegentlich dazu führte, daß Pearson als »Vorsitzender« des Ausschusses angesehen wurde[36].

Ein wesentlicher Mangel in der Zusammensetzung des Gremiums fiel sofort allen Beteiligten auf. Keiner der »Großen Drei« war bereit, sich zu beteiligen[37]. Die USA, die die Arbeitsgruppe angeregt hatten, wollten ihr gleichwohl nicht angehören. Das warf die Frage auf, was genau Dulles eigentlich mit seiner Forderung nach politischer Kooperation erreichen wollte. Offensichtlich ging es ihm vor allem darum, die anderen — und zwar alle anderen — Bündnispartner davon abzuhalten, potentiell bündnisschädigende Ziele zu verfolgen, ohne daß die USA als Führungsmacht viel von ihrem Handlungsspielraum einbüßten. Die USA waren zwar gewillt, ihren nuklearen Schirm zum Schutz Westeuropas vor der kommunistischen Bedrohung zur Verfügung zu stellen, aber sie hatten nicht die Absicht, auf dem Weg über die NATO in die ewigen nationalistischen Streitereien auf dem »Alten Kontinent« hineingezogen zu werden[38]. Es mußte der amerikanischen Regierung darauf ankommen, Einfluß auf die Arbeit der »Drei Weisen« zu nehmen, ohne mit den Ergebnissen der drei für ihre Forderungen bekannten Außenminister automatisch identifiziert zu werden. Präsident Eisenhower bestellte daher den demokratischen Senator und Vorsitzenden des Senatsausschusses für Auswärtige Angelegenheiten, Walter F. George, zu seinem persönlichen Beauftragten für die Zusammenarbeit mit dem Dreierausschuß[39]. Das hatte für Eisenhower mehrere Vorteile. Es nahm die Frage der NATO-Politik aus dem anlaufenden Präsidentschaftswahlkampf heraus und stellte sie auch im Senat auf eine breite Mehrheit. Zugleich war George »hochkarätig« genug, um Vorwürfen zu begegnen, die USA wollten sich aus der Verantwortung stehlen. Auch stellten die USA mit dem Wirtschaftswissenschaftler Professor Lincoln Gordon einen erfahrenen Leiter für den kleinen, aber effizienten Mitarbeiterstab, der die »Drei Weisen« unterstützen sollte. Gordon war solche Arbeit nicht fremd: 1951/1952 hatte er den Unterausschuß »Wirtschaft« des Temporary Council Comittee geleitet[40].

Großbritannien und Frankreich dagegen hielten sich von der Ausschußarbeit völlig fern. Die beiden schwächeren »Großen Drei« konnten nicht erwarten, die Mechanismen der Allianz zur Durchsetzung ihrer eigenen Vorstellungen nutzen

36 Bericht des Dreierausschusses über die nicht-militärische Zusammenarbeit innerhalb der NATO, vom NAC angenommen am 13.12.1956. Anhang I: Formelles Verfahrensprotokoll, in: Das Atlantische Bündnis, S. 321 ff. Falsche Darstellungen bei Milloy, The Formation and Work, S. 19; Sinasac, The Three Wise Men, S. 27.

37 Sinasac, ebd., S. 30 f.

38 Kaplan, Alliances and the United States, S. 6–8.

39 NATO Brüssel, NISCA 4/5/1: Schreiben US Delegation an Executive Secretary NATO mit Kopie Schreiben Eisenhower an George vom 11.5.1956.

40 Pearson, The International Years, S. 93.

zu können. Soweit es darum ging, Einfluß auf die Politik der USA zu gewinnen, hatten sie dazu in der Standing Group ein privilegiertes Forum. Aus ihrer Sicht konnten Paris und London bei einer Verstärkung der Konsultationsmechanismen in der Allianz nichts gewinnen, sondern nur eigenen politischen Handlungsspielraum verlieren[41].

Trotz dieser negativen Vorzeichen gingen die drei Außenminister ans Werk. Einer Anregung Halvard Langes folgend erarbeiteten die »Drei Weisen« zunächst einen Fragebogen, den sie dann im Juni 1956 den beteiligten Regierungen vorlegten und der so etwas wie ein politisches Gegenstück zum Annual Review darstellen sollte[42]. Noch vor dem ersten Arbeitstreffen der drei Außenminister in Paris reiste Pearson nach Washington. Dulles und Senator George machten ihm unmißverständlich die Grenzen deutlich, innerhalb derer sich die Arbeit der »Drei Weisen« bewegen sollte. Die USA seien zu keiner Ausweitung der NATO auf wirtschafts- und entwicklungspolitische Felder bereit, auch könnten sie keiner Verpflichtung zu gegenseitiger Konsultation zustimmen, die ihren Handlungsspielraum nachhaltig beschneiden würde. Damit war aus der Sicht der kleineren Partner das Ziel des ganzen Unternehmens, eben die Großmacht USA einzubinden, nicht zu erreichen[43].

Die drei Außenminister gaben daraufhin jede Hoffnung auf, wesentliche Veränderungen im Bereich der Zusammenarbeit nach Artikel 2 zu erreichen, in dem die Schaffung einer »Atlantischen Gemeinschaft« vorgesehen war. Statt dessen konzentrierten sie sich auf Vorschläge zu Artikel 4, der die Verpflichtung zu politischer Zusammenarbeit enthielt[44]. Immerhin konnten die USA Verbesserungen in der politischen Kooperation ja nicht rundweg ablehnen, nachdem es Dulles selbst gewesen war, der das Thema im Mai 1956 angeschnitten hatte. Die Glaubwürdigkeit der USA, durch den Radford-Plan über einen teilweisen Truppenabzug aus Europa ohnehin schon schwer angeschlagen, mußte durch ein zu offenkundiges Desinteresse an der politischen Kooperation im Bündnis noch weiter verlorengehen[45].

Die Arbeit der »Drei Weisen« begann lange vor der Suezkrise; es wäre daher abwegig, das Zustandekommen dieses Ausschusses mit der Suezkrise zu begründen. Das erste konkrete Problem im Rahmen der politischen Zusammenarbeit,

41 NATO Brüssel, C-R(56)22. Council Ministerial Meeting. Record vom 5.5.1956; NAC, RG 25, Acc. 1990–91/008, vol. 247, 50105-F-40, pt. 2: Schreiben Belgrave [United Kingdom High Commission Canada] an Ignatieff vom 16.5.1956; PRO, CAB 129, 81: Future of the North Atlantic Treaty Organization. Memo by Secretary of State for Foreign Affairs C.P. (56) 142 vom 15.6.1956; ebd., CAB 128, 30, pt. 1. C.M. (56), 44th. Conclusions vom 19.6.1956.

42 NAC, RG 25, Acc. 1990–91/008, vol. 247, 50105-F-40, pt. 2: Telegramm Botschaft Oslo an Department of External Affairs 46 vom 16.5.1956.

43 Thoß, Bündnissolidarität, S. 699 f.; Milloy, The Formation and Work, S. 20 f.; Sinasac, Three Wise Men, S. 33; NAC, RG 25, Acc. 1990–91/008, vol. 247, 50105-F-40, pt. 2: Telegramm Botschaft Washington an Department of External Affairs WA 1134 vom 13.6.1956.

44 Sinasac, ebd., S. 33–34; Thoß, Der Beitritt der Bundesrepublik Deutschland, S. 213 f.; Pearson, The International Years, S. 96.

45 Thoß, ebd., S. 223.

das sich dem Ausschuß im Sommer 1956 stellte, war die Islandfrage. Immerhin war der norwegische Außenminister Lange im Rahmen der skandinavischen politischen Zusammenarbeit ein wichtiger Ansprechpartner für die Regierung in Reykjavik, und »Mike« Pearson galt als ein Vertreter der Interessen der »kleineren« Partner im atlantischen Bündnis. Es konnte nicht überraschen, daß er im Zuge seiner Reisetätigkeit im Rahmen der »Drei Weisen« Island besuchte und seinen Einfluß zugunsten einer bündniskonformen Lösung der Stützpunktfrage geltend machte[46].

4. Lösung der Islandkrise

Die Frage eines Verbleibs der amerikanischen Truppen war von der NATO zu behandeln, denn die isländische Regierung hatte den NATO-Rat um seine Einschätzung der zukünftigen Bedeutung der Stützpunkte gebeten. Der NATO-Rat wollte den Isländern nunmehr klarmachen, ihr Verhalten sei geeignet, einen Angriff auf das Bündnis und damit einen Krieg wahrscheinlicher zu machen[47]. Auf Anregung des State Department und des Internationalen Stabes wurden die allgemeinpolitischen Abschnitte vorgezogen und traten so in ihrer Bedeutung gegenüber den militärisch-technischen Argumenten stärker hervor. In aller Deutlichkeit wurde den Isländern vor Augen geführt, die NATO lege größten Wert auf die Beibehaltung der amerikanischen Stützpunkte sowohl aus Gründen der militärischen Sicherheit Islands wie aus Gründen des politischen Zusammenhalts des Bündnisses[48].

Zwar war der britische Gesandte Andrew Gilchrist Anfang August überzeugt, daß sich bei einer Volksabstimmung zwei Drittel der Bevölkerung für einen Abzug der Amerikaner aussprechen würden. In einem halben Jahr aber, wenn die wirtschaftlichen Auswirkungen der ausgebliebenen Bauaufträge spürbar würden, werde sich das Blatt wohl gewendet haben[49]. Der niederländische Außenminister Stikker erklärte bereits jetzt in vertraulichen Gesprächen, Island könne man für ein paar Millionen Dollar kaufen[50]. Die wirtschaftlichen Folgen der isländischen Politik begannen sich schon recht deutlich und drohend abzuzeichnen. Der seit 1952 andauernde Fischereikonflikt war noch immer nicht beigelegt. Das Zahlungsbilanzdefizit der isländischen Volkswirtschaft nahm bedrohliche Formen an.

46 AMAE EU44–60, Islande 18: Telegramm Botschaft Reykjavik an Ministère des Affaires Étrangères vom 30.9.1956; NA, RG 59, DF 1955–59, 740B.00/10–1856: Depesche Botschaft Reykjavik an State Department vom 18.10.1956.

47 NATO Brüssel, P.A. 5–4–14 C-R(56)38. Council Meeting. Record vom 11.7.1956; NA, RG 59, DF 1955–59, 740.5/7–1356: Telegramm Perkins an State Department POLTO 111 vom 13.7.1956.

48 NA, RG 59, DF 1955–59, 740.5/7–1756: Telegramm Perkins an State Department POLTO 133 vom 17.7.1956; NATO Brüssel, P.A. 5–4–14, C-M(56)101: Council Memorandum vom 26.7.1956.

49 PRO, FO 371, 122492: Depesche Gesandtschaft Reykjavik an FO vom 9.8.1956.

50 NAC, RG 25, Acc. 1991–92/109, vol. 177, 50373–40, pt: 1. Brief Cradin an Pearson mit Bericht über Gespräch mit Stikker. Auszug vom 30.7.1956.

Angesichts eines Bruttosozialprodukts von rund 3.9 Mrd. Kronen (etwa $239 Mio.) und eines Aufkommens von etwa $13.8 Mio. aus den Stützpunkten[51] (also gut 5% des Bruttosozialprodukts) war der Ausfall der amerikanischen Dollars sehr ernst zu nehmen. Und daß die USA sehr wohl entschlossen waren, ihre Politik des wirtschaftlichen Drucks durchzuhalten, daran konnte kein Zweifel bestehen[52].

Die isländische Regierung begann Mitte August, eine zögerliche Haltung zu zeigen. Der Premierminister erklärte dem britischen Gesandten, man sei zu Kompromissen bereit; er gab offen zu, die finanzielle Situation seines Landes bereite ihm Sorgen, was man dringend brauche, sei ausländisches Kapital[53]. Der isländische Außenminister ging Ende August auf eine kurze Reise durch die skandinavischen Hauptstädte. In Kopenhagen und vor allem durch Lange in Oslo wurde ihm deutlich gemacht, daß Island mit seiner Haltung gegen die Solidarität im Bündnis verstoße[54].

Die Isländer sahen jetzt die Notwendigkeit, sich auf die USA zuzubewegen. In diskreten Sondierungen (und das hieß insbesondere ohne Aufsicht durch Kommunisten) wurden in Washington Lösungsmöglichkeiten erkundet. Das State Department hielt die NATO ständig informiert[55]. Die wirtschaftliche und finanzielle Situation Islands war inzwischen verzweifelt geworden; der isländische Außenminister bat in den ersten Oktobertagen um Unterstützung der USA. Diese gaben sich zurückhaltend und versprachen, die Sache zu prüfen. Die Aussage war klar: Eine akzeptable Lösung der Keflavik-Frage vorausgesetzt, würde die Finanzhilfe der NATO-Staaten und besonders Amerikas wieder fließen[56].

Die isländische Regierung war also schon Anfang Oktober spürbar dabei, ihre Verhandlungsposition zu modifizieren. Intern war man im isländischen Außenministerium wohl zu diesem Zeitpunkt schon überzeugt, die Basen müßten im Lande bleiben. Die amerikanische Reaktion hatte nicht nur zu weitgehender außenpolitischer Verstimmung, sondern auch innenpolitisch zu einer Gefährdung des Lebensstandards der Bevölkerung geführt, den diese bei eventuell anstehenden

51 Neue Zürcher Zeitung, 3.4.1956.

52 NA, RG 218, Geographic File 660.2 Iceland, Section 14, S. 532: Report by the Joint Intelligence Committee on Military Implications of Communist Penetration of ISL Cabinet vom 26.9.1956.

53 NA, RG 59, DF 1955–59, 740B.00/8–2356: Depesche Botschaft Reykjavik an State Department vom 23.8.1956; PRO, FO 371, 122492: Telegramm Gesandtschaft Reykjavik an FO 106. Gespräch kanadischer Botschafter Reykjavik — Jonasson vom 18.9.1956; AMAE EU44–60, Islande 16: Telegramm Botschaft Reykjavik an Ministère des Affaires Étrangères vom 23.9.1956.

54 NA, RG 59, DF 1955–59, 740B.5/8–2456: Telegramm Strong an State Department 241 vom 24.8.1956; ebd.: Telegramm Coe an State Department vom 24.8.1956.

55 NATO Brüssel, P.A. 7–8–01 C-R(56)53. Council Meeting. Record vom 3.10.1956; ebd.:Record and Annex C-R(56)54.

56 NA, RG 59, DF 1955–59, 740B.5/9–1856: Memorandum Elbrick an Acting Secretary vom 18.9.1956; ebd., 740B.5/9–1856: Telegramm State Department an Botschaft Reykjavik 202 vom 21.9.1956; ebd., 740.5/10–456: Telegramm State Department an Botschaft Paris TOPOL 529 vom 4.10.1956.

Neuwahlen den Regierungsparteien heimzahlen würde. Der Staatspräsident selbst hatte den Premierminister vor einem Auszug aus der NATO gewarnt[57]. Die Frage war nur noch, ob die Koalition mit den Kommunisten ein Aufgeben der Althing-Resolution überleben würde. Dafür war entscheidend, ob ein Weg gefunden werden konnte, wie auch die »Allianz der Arbeit« ohne übergroßen Gesichtsverlust zumindest zu einer Duldung veranlaßt werden konnte. Diplomatisch signalisierte die Beförderung Andersens vom Gesandten zum Botschafter schon Mitte Oktober, daß die Regierung wieder auf die NATO-Karte setzen wollte[58].

Da erwiesen sich die Sowjets als unerwartete Helfer der prowestlich eingestellten Kräfte auf Island. Die Sowjetunion hatte in den Jahren von 1949 bis 1956 nie gezielte Vorstöße zu einer Ausnutzung oder gar Verschärfung der Spannungen zwischen Island und dem Bündnis unternommen. Trotz seiner strategischen Bedeutung lag Island wohl nicht im Brennpunkt des Interesses der Kontinentalmacht Sowjetunion. So nahmen die Sowjets auch im Oktober 1956 keine Rücksicht auf die Auswirkungen ihres Handelns ausgerechnet in Island. Ihr brutales Vorgehen in Ungarn war jedoch das, was zu einem öffentlich bekundeten Frontwechsel der isländischen Regierung noch gefehlt hatte. Zwar erschien Ende Oktober (also noch vor dem eigentlichen Einmarsch) in der Zeitung »Timinn«, die von Premierminister Jónasson kontrolliert wurde, ein Artikel, der die US-Streitkräfte in Island mit den sowjetischen Truppen in Ungarn gleichstellte (der amerikanische Botschafter protestierte energisch gegen diese Verzerrung[59]), aber spätestens nach dem Beginn des Einmarsches am 4. November schlug die öffentliche Meinung um. Niemand konnte mit Fug und Recht mehr behaupten, die Welt sei in den letzten Jahren friedlicher geworden. Selbst die kommunistische Zeitung »Thjodviljinn« schloß sich der Verurteilung des Einmarsches der Sowjettruppen durch die isländische Regierung an[60].

Auch die Intervention der Briten und Franzosen in Suez wurde von der isländischen Öffentlichkeit verurteilt; die Vorgänge in Ungarn aber waren geeignet zu zeigen, was einem kleinen wehrlosen Land von der Sowjetunion drohen konnte[61]. Hinzu kam dann noch, daß auch der langjährige Fischereikonflikt zwischen Großbritannien und Island im November 1956 beigelegt werden konnte, was Island für 1957 günstigere wirtschaftliche Aussichten eröffnete[62].

57 NAC, RG 25, Acc. 1991–92/109, vol. 177, 50373–40, pt. 1: Depesche Botschaft Oslo an Department of External Affairs 29 [Iceland]. Zusammenfassung vom 9.10.1956.

58 NA, RG 59, DF 1955–59, 740B.5/10–1756: Telegramm Perkins an State Department POLTO 844 vom 17.10.1956.

59 NA, RG 59, DF 1955–59, 740.5/10–3156: Telegramm Muccio an State Department 305 vom 31.10.1956; ebd., 740B.00/11–256: Depesche Botschaft Reykjavik an State Department vom 2.11.1956.

60 PRO, FO 371, 122495: Telegramme Gesandtschaft Reykjavik an FO 145, 147 vom 6.11.1956. Nuechterlein, Iceland, S. 180.

61 Ebd.: Depesche Gesandtschaft Reykjavik an FO vom 12.11.1956.

62 AMAE EU44–60, Islande 18: Depesche Botschaft Reykjavik an Ministère des Affaires Étrangères vom 20.11.1956; PRO, FO 371, 128748: Annual Review Iceland 1956 vom 25.2.1957; Thór, The Extension of Iceland's Fishing Limits, S. 41.

Von der Öffentlichkeit, die ihren Blick nur noch auf Ungarn und Suez lenkte, fast unbemerkt, begannen am 19. November die Verhandlungen mit den USA. Die isländischen Forderungen waren sehr moderat geworden; von einer Räumung der Basen durch die Amerikaner war nicht einmal mehr die Rede. Das State Department formulierte jetzt in einem Telegramm, was man wohl schon länger ahnte: ob es der isländischen Regierung nur noch darum ginge, ihr Gesicht zu wahren[63]. Schon am 23. November kamen die Verhandlungen zu einem erfolgreichen Abschluß. Am 6. Dezember wurde der NATO-Rat in einer Sondersitzung über den bevorstehenden Notenaustausch informiert, der noch am selben Tag stattfand und der Presse bekanntgegeben wurde[64].

Die Beteiligung des Bündnisses an Verhandlungen über eine mögliche Kündigung des Stationierungsvertrages hatte sich als hilfreich erwiesen. Angesichts des ausgeprägten Nationalgefühls der Isländer war es zweifelhaft, ob allein politischer und wirtschaftlicher Druck aus den USA hingereicht hätte, die isländische Regierung von ihrem ursprünglichen Vorhaben abzubringen. Die »Drei Weisen« hatten neben ihrer Aufgabe, die politische Kooperation grundsätzlich für das Bündnis zu kodifizieren, solche Kooperation exemplarisch vorexerziert: Pearson hatte vermittelnd eingreifen können; ebenso hatte es sich als richtig erwiesen, die engen innerskandinavischen Bindungen zu nutzen. Halvard Langes Verhandlungsgeschick hatte von Anfang an den isländischen Forderungen ihre Schärfe genommen.

Es darf nicht verkannt werden, daß letztlich die USA isländische Bündnistreue regelrecht erkauft hatten. Die USA hatten aber auch gelernt, sich des Bündnisses als diplomatisches Instrument zu bedienen. Ein großer Teil ihrer bilateralen Kontakte mit den übrigen Bündnispartnern wurde am Sitz der NATO in Paris abgewickelt, und der Druck auf die Isländer selbst wurde ebenfalls überwiegend auf NATO-Ebene konzertiert.

Die Aufnahme von Kommunisten in die Regierung eines NATO-Staates führte zu keiner ernstlichen Zerreißprobe der Allianz. Auch der Apparat der NATO in Paris trug zum Entschärfen der Krise bei. Lord Ismay hatte als Generalsekretär im rechten Moment die Initiative ergriffen und so die Schritte vorgezeichnet, die ein weiteres Mitwirken Islands im Bündnis sicherstellten.

5. Suez als Scheitern politischer Konsultation

Die USA demonstrierten im Sommer 1956 anhand des Beispiels Island, wie sie die Mechanismen der bündnisinternen Konsultation zu nutzen gewillt waren, um in einer konzertierten Aktion bündniskonformes Verhalten eines Partners zu

63 NA, RG 59, DF 1955–59, 740.5/11–2156: Telegramm State Department an Botschaft Reykjavik 294 vom 21.11.1956.

64 NATO Brüssel, P.A. 5–4–14 C-R(56)66. Council Meeting. Record vom 6.12.1956; NA, RG 59, DF 1955–59, 740.5/12–656: Telegramm Perkins an State Department POLTO 1357 vom 6.12.1956; ebd.: Telegramm Muccio an State Department 418 NIACT vom 6.12.1956.

erzwingen und die antikommunistische Schlagkraft der Allianz zu erhalten. Gleichzeitig aber illustrierten die Ereignisse am Suezkanal, daß und warum die beiden anderen vermeintlichen Großmächte nicht zu einer Beteiligung der NATO-Partner an ihrer Politik außerhalb des mitteleuropäischen Bereichs bereit waren.

Im Sommer 1956 verschärfte sich der Konflikt zwischen Großbritannien und Frankreich auf der einen und Ägypten auf der anderen Seite. Großbritannien war nicht gewillt, die schleichende Erosion seiner Machtposition am Suezkanal hinzunehmen, weil sie den britischen Zugang zu den lebenswichtigen Ölquellen im Mittleren Osten gefährdete. Frankreich sah in Gamal Abd-el Nasser einen der gefährlichsten Drahtzieher hinter der Aufstandsbewegung in Algerien. Da Ägypten sich zusehends wirtschaftlich von der Sowjetunion abhängig machte, konnten London und Paris zudem argumentieren, sie verträten die Interessen des gesamten Westens, wenn sie auf eine Umkehr der ägyptischen Politik hinarbeiteten[65].

Die Verstaatlichung des Kanals durch Nasser am 26. Juli 1956 lieferte den Anstoß, mit militärischen Mitteln gegen Äygpten vorzugehen. Die Möglichkeit einer britischen Militäroperation gegen Ägypten wurde vom Pentagon fast sofort in Betracht gezogen[66]. Auch der NATO-Rat rechnete mit einer Reaktion der Briten und Franzosen und forderte daher noch Ende Juli angemessene Konsultation oder doch zumindest Information über die Absichten der beiden Länder[67]. In der Tat informierten am 6. August der britische und der französische Ständige Vertreter den Rat, daß beide Staaten beabsichtigten, wegen Suez Truppen aus Mitteleuropa abzuziehen. Erneut wurde deutlich, daß die Information nur so weit ging, wie sie den mitteleuropäischen Schauplatz betraf — was im Ostmittelmeer mit den dorthin verlegten Truppen geschehen sollte, verschwiegen die beiden Protagonisten[68].

Eisenhower war nicht gewillt, sich mit einer Gewaltaktion zu identifizieren, erst recht nicht mit einer Maßnahme zur Unterstützung des europäischen Kolonialismus[69]. Schon am 1. August verschob der SACEUR, US-General Alfred Gruenther, auf Vorschlag des State Department ein Treffen mit führenden britischen Militärs, um auch nur dem Anschein einer amerikanischen Billigung vorzubeugen[70].

65 PRO, FO 371, 122787. Russia Committee. Trends of Communist Policy — July 1956. RC/29/56 vom 10.8.1956.

66 FRUS 1955–57, XVI, S. 116–117, no. 50, Lot 66D95: Memorandum Acting Secretary of Defense an NSC mit Memo JCS an Secretary of Defense vom 31.7.1956.

67 Pearson, The International Years, S. 229.

68 Thoß, Bündnissolidarität, S. 703; Milloy, The Formation and Work, S. 32 f.

69 Louis, Dulles, Suez and the British, S. 135.

70 NA, RG 59, DF 1955–59, 740.5/8–156: Telegramm Lyon an State Department 571 vom 1.8.1956; ebd., 740.5/8–756: Telegramm State Department an Botschaft Paris TOPOL 191 vom 7.8.1956.

71 NA, RG 59, DF 1955–59, 740.5/8–2956: Telegramm State Department an Botschaft Paris TOPOL 305 PRIORITY vom 29.8.1956; FRUS 1955–57, XVI, S. 309–310, no. 140, 740.5/8–2856: Memorandum Murphy für Dulles vom 28.8.1956; ebd., 740.5/8–3056: Telegramm Martin an State Department POLTO 418 vom 30.8.1956; ebd., S. 339 f., no. 154, 974.7301/8–3056: Telegramm Dulles an Botschaft London vom 30.8.1956.

Ende August erst, nach dem Scheitern der ersten Londoner Konferenz der Kanalbenutzer (16.-23. August 1956), suchten Frankreich und Großbritannien internationale Unterstützung und verlangten Konsultationen im NATO-Rat über Suez. Die USA hätten bilaterale Kontakte vorgezogen, um den Eindruck zu vermeiden, Suez sei ein Problem des Bündnisses. Zumindest aber wollte Washington die Behandlung der Frage im Rat auf ein Minimum, das heißt auf einen einfachen Bericht ohne Aussprache, beschränkt wissen[71]. Auch die griechische Regierung wollte angesichts ihrer engen Beziehungen zu Ägypten und der etwa 100 000 dort lebenden Griechen nicht in den Suezkonflikt hineingezogen werden und suchte daher eine Beteiligung der NATO zu verhindern[72]. Der britische Außenminister Selwyn Lloyd reiste aus London an, und auf britischen Druck nahmen mit Lester Pearson und Paul-Henri Spaak zwei weitere Außenminister an der Sitzung teil. Dagegen entschied Dulles bewußt, nicht nach Paris zu fliegen. Daß London die Diskussion der Suezfrage in einer angeblichen »Sondersitzung« (die doch nur das routinemäßige Treffen des Rates war) vorher der Presse bekanntgab, erregte einige Verwunderung bei den Partnern[73]. Im Gegensatz zu den hochgespannten Erwartungen, mit denen die Teilnehmer anreisten, hatten aber weder London noch Paris die Absicht, sich auf echte Konsultationen einzulassen. Selwyn Lloyd gab lediglich einige Informationen, ausdrücklich ohne »den Rat um seine Intervention oder um die Fassung eines Beschlusses zu bitten«[74]. London und Paris kam es darauf an, öffentlich den Eindruck zu erwecken, die Bündnispartner stünden hinter ihnen, ohne sich in ihrer Politik durch die Partner binden zu lassen.

Die sich verschärfende Krise begann jetzt auch, Auswirkungen auf die Militärstruktur der Allianz zu haben. Da ein Angriff Großbritanniens auf ein mit Griechenland befreundetes Land nicht mehr auszuschließen war — und natürlich wegen des Konflikts über Zypern —, weigerte sich die griechische Regierung, der vorgesehenen Ernennung eines britischen Admirals zum NATO-Marineoberbefehlshaber Mittelmeer (CINCNAVMED) zuzustimmen. Immerhin hätte das die Unterstellung griechischer Schiffe unter einen britischen Admiral bedeutet[75]. Und als Eisenhower am 5. September 1956 öffentlich erklärte, die USA würden die Anwendung von Gewalt am Suezkanal keinesfalls billigen, prüfte das State Department sofort, ob es bei der vorgesehenen Teilnahme amerikanischer Verbände an der NATO-Übung WHIPSAW im östlichen Mittelmeer bleiben könne, ohne daß die USA sich zu stark mit der britischen Position identifizierten. Bezeichnend für

72 NA, RG 59, DF 1955–59, 740.5/9–456: Telegramm Perkins an State Department POLTO 437 vom 4.9.1956.

73 Ebd., 740.5/8–3156: Telegramm Martin an State Department POLTO 421 vom 31.8.1956; FRUS 1955–57, XVI, S. 342 f., no. 156, Lot 61D417: Memorandum of Discussion at a Department of State-Joint Chiefs of Staff Meeting, Pentagon vom 31.8.1956. Daß der Protokollant des Pentagon die Abkürzung »NAC« mit »NATO Advisory Council« auflöste, war wohl nur ein Versehen, illustriert aber die geringe Bedeutung, die das amerikanische Militär dem höchsten Gremium des Bündnisses beimaß.

74 Keesings Archiv der Gegenwart, 5952E; Thoß, Bündnissolidarität, S. 704.

75 NA, RG 59, DF 1955–59, 740.5/9–456: Telegramm Thurston an State Department 812 vom 4.9.1956.

die Haltung der USA zu diesem Zeitpunkt war die Bereitschaft, das Risiko einer Teilnahme einzugehen, weil eine Absage der amerikanischen Verbände eine Entfremdung im »special relationship« der beiden Mächte öffentlich dokumentiert hätte[76].

In Wirklichkeit aber war das »special relationship« bereits weitgehend zerrüttet. Eisenhowers Forderung, von der Anwendung von Gewalt abzusehen, bewirkte keine Änderung in den britischen und französischen Absichten, sondern hatte lediglich zur Folge, daß auch die USA nicht über die wahren Absichten der beiden Länder informiert wurden. Am 22. Oktober 1956 begann in Sèvres die geheime Zusammenarbeit der beiden Mächte mit Israel. Die Ereignisse erreichten einen Höhepunkt, als am 29. Oktober israelische Truppen über die Sinaihalbinsel hinweg den Suezkanal angriffen und zwei Tage später britische und französische Flugzeuge den Kanal bombardierten. Am selben Tag, dem 31. Oktober, trat der NATO-Rat zu einer Krisensitzung zusammen. Alle Partner (außer den Niederlanden) kritisierten scharf den Mangel an Konsultation im Bündnisrahmen[77]. Die USA beklagten weniger die NATO-Dimension der Angelegenheit als die Tatsache, daß nicht einmal sie informiert worden waren. In Washington wußte man bereits, daß der israelische Angriff und die »neutrale« Intervention der Briten und Franzosen ein abgekartetes Spiel gewesen waren, und sah sich bewußt und gezielt hintergangen[78]. Die Beilegung des Konflikts geschah auf dem Forum der Vereinten Nationen unter wesentlicher Mitwirkung Pearsons, der dafür 1957 mit dem Friedensnobelpreis ausgezeichnet wurde. Ausgerechnet die ungeliebte UNO und nicht die NATO hatte sich als geeignetes Forum des Krisenmanagements erwiesen.

Pearson war bewußt, daß die Chancen der kleinen Partner, die USA zu einer bestimmten Politik zu bewegen, recht gering waren. Aber wenn es überhaupt Bündnispartner mit einem gewissen Einfluß in Washington gab, dann waren es Frankreich und vor allem Großbritannien. Um so schwerer wog es, daß gerade diese beiden Staaten letztlich zu ihrem eigenen Schaden in einer entscheidenden Situation jede politische Konsultation — übrigens auch im Rahmen des Commonwealth — verweigert hatten[79]. Die flagrante Verletzung aller Grundsätze, die die Arbeit der »Drei Weisen« leiten sollten, durch die Briten und Franzosen hätte beinahe den Rücktritt Langes aus dem Ausschuß zur Folge gehabt[80]. Der Ausgang der Krise bewies, daß von den drei »Großen« im Bündnis zwei höchstens noch Mittelmaß hatten. Ohne Unterstützung der USA konnten sie nicht einmal

76 Ebd., 740.5/9–756: Memorandum Elbrick an MacArthur vom 7.9.1956; ebd., 740.5/9–1056: Telegramm Henderson (Neapel) an State Department 107 vom 10.9.1956.

77 Pearson, The International Years, S. 237 f.; Thoß, Bündnissolidarität, S. 705.

78 FRUS 1955–57, XVI, S. 902–916, no. 455, Eisenhower Library. Whitman File. NSC Records: Memorandum of Discussion at the 302nd Meeting of the National Security Council vom 1.11.1956.

79 Oren, Faith and Fair-Mindedness, S. 56–57; Pearson, Seize the Day, S. 160.

80 NA, RG 59, DF 1955–59, 740B.5/11–356: Telegramm Perkins an State Department POLTO 986 vom 3.11.1956.

gemeinsam und in unmittelbarer Nähe zu Europa eine koloniale Strafaktion klassischen Stils durchstehen. Es gab in der NATO nur noch eine Großmacht, und früher oder später würden auch London und Paris dies einsehen müssen. Die Art und Weise, wie die USA und die Sowjetunion in einem gemeinsamen Krisenmanagement die Doppelkrise von Ungarn und Suez lösten, führte diesen Klassenunterschied deutlich vor Augen[81].

Am Ende machte Lange seine Drohung nicht wahr und verblieb in dem Dreierausschuß. Immerhin war die NATO nach wie vor die Basis der westlichen Sicherheit, und die Krise hatte gezeigt, daß Anstrengungen zur Rettung der Allianz notwendig waren. Für die USA war die Suezkrise nachgerade ein Beweis dafür, daß die von ihnen eingeforderte Variante politischer Konsultation nötiger war denn je[82]. Auch die griechische Regierung forderte nach den Ereignissen am Suezkanal die USA auf, für mehr »Disziplin« im Bündnis zu sorgen[83]. Für viele Bündnispartner war die Abhängigkeit von den USA auch noch dadurch gewachsen, daß die Sperrung des Suezkanals die Zufuhr arabischen Öls unterband und die westeuropäischen Abnehmer daher auf amerikanische Lieferanten angewiesen waren, allen voran ausgerechnet Großbritannien. Eisenhower selber sorgte sich um die Ölversorgung der in Westeuropa stationierten NATO-Truppen[84]. Allenthalben war das Bemühen spürbar, nach dem Debakel schnell zu einer neuen Solidarität zu gelangen.

Nach Suez mußte der Bericht der »Drei Weisen«, der in wesentlichen Zügen bereits fertig war, naturgemäß noch einmal überdacht werden. Unter Pearsons Federführung war das Dokument Mitte November 1956 abgeschlossen. Am 17. November legte der Ausschuß seinen Bericht dem NATO-Rat vor[85]. Im Sommer hatte die Frage die Gemüter bewegt, ob der Bericht den Ständigen Vertretern zu erstatten sei (was seinen Wert in den Augen der Öffentlichkeit gemindert hätte[86]) oder ob er an den Ministerrat zu richten sei (was das Ansehen der Ständigen Vertreter beschädigen und so dem Ziel des Berichts entgegenwirken konnte[87]). Die Vorlage »an den Nordatlantikrat« vermied bewußt die Unterscheidung, zumal

81 Thoß, Der Beitritt der Bundesrepublik Deutschland, S. 229. Die Annahme, Großbritannien und Frankreich hätten in der Suezkrise demonstriert, daß sie ihre »prewar strength« wiedergewonnen hätten, scheint abwegig: Poole, Profiles, S. 78.

82 NA, RG 59, DF 1955–59, 740.5/11–656: Circular Telegramm State Department 362 an Botschaften in NATO-Staaten vom 6.11.1956.

83 FRUS 1955–57, XXIV, S. 430–431, no. 208, 747C.00/11–1556: Memorandum of Conversation Karamanlis-Murphy vom 15.11.1956.

84 FRUS 1955–57, XVI, S. 986–987, no. 500, Eisenhower Library. Whitman File. Eisenhower Diaries. Memorandum of a Conference with the President, White House vom 5.11.1956; ebd., S. 1145 f., no. 585, 840.04/11–1756: Memorandum Elbrick und Kalijarvi an Acting Secretary of State vom 17.11.1956.

85 Pearson, Seize the Day, S. 29; NATO Brüssel, NISCA 4/5/8 C-M(56)126: Letter of transmittal of the Report of the Committee of Three vom 17.11.1956.

86 NATO Brüssel, NISCA 4/5/1 GP/as: Memorandum Director of Information an Secretary General vom 21.6.1956.

87 Ebd., SG/56/207: Memorandum Secretary General an Director of Information vom 21.6.1956.

Mitte November bereits feststand, daß nach den Ereignissen in Ungarn und am Suez sich die Ministerratstagung im Dezember mit der politischen Konsultation und daher auch dem dazu erstellten Bericht auseinandersetzen mußte.

Der Bericht erwähnte ausdrücklich die »Ereignisse der letzten Monate« und die »schweren Belastungen«, denen die Allianz ausgesetzt gewesen war[88]. Die Einleitung hielt fest, das Bündnis sei als Reaktion auf die sowjetische Bedrohung entstanden, aber es sei eben von Anfang an nicht nur für Verteidigungszwecke gedacht gewesen. An diese Einleitung (Kapitel I) schlossen sich vier Sachkapitel (Kapitel II bis V) an, deren erstes die politische Kooperation behandelte. Die übrigen befaßten sich mit wirtschaftlicher Zusammenarbeit (III), kultureller Zusammenarbeit (IV) und der Zusammenarbeit in der Informationsarbeit (V). Kapitel VI machte einige organisatorische Vorschläge für die künftige Arbeit.

Das Kapitel über die politische Zusammenarbeit gliederte sich in Abschnitte über Konsultation auf dem Gebiet der Außenpolitik, über die friedliche Regelung von Streitfällen zwischen Mitgliedstaaten und einen kurzen Passus über parlamentarische Zusammenarbeit. Der Abschnitt über Konsultation auf dem Gebiet der Außenpolitik begann mit einem längeren Zitat aus dem Bericht der fünf Außenminister von 1951, in dem sie frühzeitige informelle Konsultationen schon im Vorfeld des formellen Verfahrens nach Artikel 4 gefordert hatten. Der Bericht von 1956 betonte noch einmal die Bedeutung dieser Zusammenarbeit und sah für den Fall ihres Ausbleibens »die Existenz der nordatlantischen Gemeinschaft in Gefahr« (Ziffer 44). Der Bericht schränkte die Verpflichtung zu rechtzeitiger vorheriger Konsultation jedoch an entscheidender Stelle selbst bereits wieder ein, indem er einräumte, daß »sich eine Lage äußerster Dringlichkeit« ergeben könne, »in der von einer Regierung Maßnahmen getroffen werden können, bevor eine Konsultation mit den anderen möglich ist« (Ziffer 47). Das war mehr als nur eine »praktische Grenze der Konsultation«: Das war natürlich vor allem auf die USA gemünzt, die sich ihren politischen und nuklearen Handlungsspielraum erhalten wollten.

Die Vorbehalte der USA gegen verbindliche Verfahren politischer Konsultation waren nicht neu. Sie hatten sich von 1953[89] über 1955 und den Mai 1956[90] durchgehalten. Daß mehr für die kleineren Partner nicht zu erreichen war und daß sie nur dann hoffen konnten, die Politik der USA zu beeinflussen, wenn ihre Vorschläge »sound in principle« und ihr Vorgehen »skilful and determined«[91] war, konnte nicht überraschen. Der Bericht sprach aber auch davon, daß »die Mitgliedsregierungen bei allen Gelegenheiten und unter allen Umständen, bevor sie handeln oder noch bevor sie sich äußern, die Interessen und die Erfordernisse der Allianz vor Augen haben müssen« (Ziffer 50), und hier lag eine wesentliche Veränderung gegenüber 1951. Die Art und Weise, wie die USA ihre nationale Politik formulierten, hatte in den Jahren seit dem letzten Bericht diesen Willen zur Berück-

88 Alle Zitate nach dem Abdruck in: Das Atlantische Bündnis, S. 303–324, hier Ziffern 3 und 4.
89 Pearson, Seize the Day, S. 96 f.
90 Milloy, The Formation and Work, S. 19.
91 Pearson, The International Years, S. 95 f.

sichtigung der Bündnisinteressen zunehmend erkennen lassen. Die Islandkrise hatte gezeigt, wie geschickt inzwischen das State Department die Mechanismen der Allianz zu nutzen verstand. Die beiden Bündnispartner Großbritannien und Frankreich waren im Herbst 1956 in Suez mit ihrem bündnisschädigenden Verhalten gescheitert.

Zur Verbesserung der außenpolitischen Zusammenarbeit empfahl der Dreierausschuß eine regelmäßige Bestandsaufnahme der außenpolitischen Situation durch den Generalsekretär und die Außenminister anläßlich ihrer Frühjahrstagung (Ziffern 52 ff.). Die Parallele zum rüstungswirtschaftlichen Annual Review war offensichtlich.

Zuletzt forderte der Bericht eine Entschließung des Rates, in der sich die Mitgliedsstaaten verpflichteten, Streitereien zwischen ihnen zunächst im Rahmen des Bündnisses zu schlichten (Ziffer 57). Damit trat die NATO für ihren Innenbereich de facto an die Stelle der Vereinten Nationen, die ja eigentlich ein solches Forum zur Schlichtung zwischenstaatlicher Konflikte hätten sein sollen.

Zur organisatorischen Untermauerung dieser Vorschläge regte der Bericht eine Aufwertung der Position des NATO-Generalsekretärs an, der in Zukunft im NATO-Rat auch dann den Vorsitz führen sollte, wenn dieser auf Ministerebene tagte (Ziffer 100).

Das Treffen der NATO-Außenminister Mitte Dezember 1956 in Paris stand ganz im Zeichen der Schadensbegrenzung nach dem Suezdebakel. Das erleichterte dem Rat die Annahme des Berichts mit geringfügigen Änderungen, wenn er auch die Aussagen über politische Konsultationen nur als »Empfehlungen« verstanden wissen wollte. Dagegen verabschiedete er die von den »Drei Weisen« angeregte »Entschließung über die Friedliche Regelung von Streitfällen«, die ausdrücklich Beschlußcharakter hatte[92]. Das war das Ziel amerikanischer Politik gewesen: die politische Konsultation so unverbindlich wie möglich zu belassen, aber das Herbeiführen von Einigkeit zwischen Partnern, das Einschwören auf die gemeinsame antikommunistische Linie, so explizit wie eben möglich zu gestalten[93].

6. Erfolg und Scheitern des »Committee of Three«

Aus Sicht derer, die von dem Unterfangen der »Drei Weisen« einen entscheidenden Schritt hin zu einer »Atlantischen Gemeinschaft« gleichberechtigter Partner erwartet hatten, war das Ergebnis enttäuschend. Sie sahen den Konflikt zwischen nationaler Handlungsfreiheit und Berücksichtigung übergreifender Bündnisinteressen nur scheinbar gelöst[94]. Die NATO würde nicht zur Grundlage für eine solche Gemeinschaft werden, wie Pearson selber einsah[95]. Waren die drei Mini-

92 Thoß, Der Beitritt der Bundesrepublik Deutschland, S. 230; Das Atlantische Bündnis, S. 323 f.

93 Andere Interpretation bei Milloy, The Formation and Work, S. 20.

94 Wiebes/Zeeman, »I don't need your handkerchief«, S. 95.

95 Pearson, The International Years, S. 97.

ster etwas naiv gewesen, als sie zustimmten, in diesem Dreierausschuß mitzuwirken, wie Kritiker vorschnell urteilen[96]?

Im Frühjahr 1957 lehnte die griechische Regierung eine Vermittlung der NATO und insbesondere Lord Ismays in der Zypernfrage ab, trug statt dessen lieber den Konflikt erneut vor die UNO[97] und schädigte so — nach amerikanischem Verständnis — die Solidarität im Bündnis[98]. Aber auch die Briten hielten es für »madness to entrust this problem to NATO« und nahmen den Vorschlag zu einer Vermittlung nur deshalb an, weil die griechische Ablehnung ohnehin sicher war[99]. Als Ismays Nachfolger Spaak kurz nach seinem Amtsantritt im Juni 1957 einen Lösungsvorschlag zu Zypern präsentierte, der auf eine garantierte Unabhängigkeit der Insel hinauslief, waren die Briten entsetzt und suchten sofort die Unterstützung der USA, »[to] shoot that proposal down as soon as possible«[100].

Als 1958 das Ultimatum des sowjetischen Staats- und Parteichefs Nikita Chruschtschow die zweite Berlinkrise auslöste, bildeten die drei Schutzmächte eine geheime Organisation LIVE OAK. Deren militärischer Zweig unterstand zwar dem SACEUR und US-Oberbefehlshaber Europa und bildete so General Norstads »dritten Hut«, er blieb aber ebenso wie das politische Leitungsgremium säuberlich von der NATO getrennt. Zur Bewältigung einer Krise, die die Welt an den Rand des Nuklearkrieges führen konnte, bildeten die »Großen Drei« (später unter Hinzuziehung der Bundesrepublik) eine Sonderorganisation, von der die Bündnispartner nicht einmal wußten[101].

Vor allem hatten die USA Konsultationsmöglichkeit und -pflicht nach Kräften auf das »eigentliche« NATO-Gebiet begrenzen wollen, um in ihrer Politik im pazifischen Raum und besonders gegenüber China freizubleiben[102]. Daher konnte es auch nicht überraschen, daß während der Kubakrise — die ja in den USA vor allem als unmittelbare Bedrohung der westlichen Hemisphäre empfunden wurde — die USA der Konsultation ihrer europäischen Verbündeten nur eine geringe Bedeutung beimaßen. Der amerikanische Präsident erwartete fast den Ausbruch des Dritten Weltkrieges, aber der NATO-Rat wurde erst unmittelbar vor Kennedys Fernsehrede informiert; keiner der Verbündeten wurde um seine Meinung gebeten[103]. Die Frage, ob es gelingen konnte, den großen Verbündeten »an

96 Milloy, The Formation and Work, S. 37.

97 NATO Brüssel, NISCA, Cyprus 1. SG/57/9: Notiz Secretary General an Deputy Secretary General und A.S.G. Political Affairs; ebd., DSG(57)1: Notiz Assistant Secretary General Political Affairs an Secretary General, beide vom 17.1.1957.

98 NA, RG 59, DF 1955–59, 611.81/2–1357: Memorandum Rountree an Secretary: Briefing for Call of Foreign Minister Averoff vom 13.2.1957.

99 PRO, FO 371, 130099: Memorandum Kirkpatrick vom 29.1.1957; PRO, FO 371, 130137: Cabinet Paper vom 6.3.1957. Kaplan, NATO and the United States, S. 66, übersieht die Ablehnung des Vermittlungsversuchs durch die griechische Regierung.

100 PRO, FO 371, 130139: Minute Hayter zu Depesche Cheetham vom 13.6.1957 vom 14.6.1957.

101 Pedlow, General Lauris Norstad.

102 Thoß, Der Beitritt der Bundesrepublik Deutschland, S. 215; ders., Bündnissolidarität, S. 693; Lucas, NATO, »Alliance«, S. 274.

103 Bernstein, A Jupiter Swap?, S. 254–257; Thompson, The Missiles, S. 260–265; Reeves, Presi-

die Kette zu legen« oder die kleineren Partner mittels verstärkter Zusammenarbeit besser auf dem von den USA gewünschten Kurs zu halten, blieb auch nach Suez und nach dem Bericht der Drei Weisen weitgehend unbeantwortet[104].

Dennoch kann man die politische Zusammenarbeit innerhalb der NATO nicht leichthin als gescheitert oder sinnlos ansehen. Die Hoffnungen der »Drei Weisen« vom Dezember 1956 blieben zwar unerfüllt, aber gemessen an den Erwartungen, die die Bündnispartner im April 1949 an den Artikel 4 gestellt hatten, zeigt sich doch ein positives Bild. Es hatten sich Organisationen und Mechanismen entwickelt, verfeinert und eingespielt, die das Bündnis »zu einer funktionsfähigen Allianz«[105] werden ließen. Selbst Pearson, der in seinen Memoiren das Scheitern des Artikels 2 und damit des Konzepts einer umfassenden atlantischen Gemeinschaft nachhaltig bedauert, weist bei aller Verbitterung ausdrücklich auf diesen Gewinn hin. Der ständige Austausch politischer Informationen und Sichtweisen war ebenso ein Novum im politischen Leben wie der Austausch von Wirtschafts- und Rüstungsdaten im Annual Review[106]. Nur diese gegenüber 1951 gründlich veränderte Situation einschließlich des Willens der USA, den Artikel 4 (wenn auch im amerikanischen Sinne) endlich mit Leben zu erfüllen, erklärt die Bereitschaft der drei Außenminister, im Mai 1956 erneut einen Ausschuß zu dieser Frage zu bilden.

Dabei mag auch die Überlegung mitgespielt haben, daß ein offensichtliches Scheitern der Bemühungen um politische Kooperation dem Ansehen des Bündnisses nachhaltig geschadet hätte und daß es daher notwendig war, den »Mythos« aufrechtzuerhalten, die NATO sei doch mehr als nur ein Militärbündnis[107]. Und selbst wenn diese Vorstellung nur ein Mythos war, so entwickelte auch der Mythos noch eine offensichtliche politische Wirksamkeit, die ihrerseits zum Erfolg des Abschreckungskonzepts der Allianz beigetragen hat. Die politische Kohärenz der Allianz überraschte bisher noch alle ihre Kritiker, und sie ist nicht allein aus der Notwendigkeit militärischer Zusammenarbeit zu erklären[108].

Das positive Fazit, der Bericht der »Drei Weisen« von 1956 sei noch heute das »Evangelium« der NATO[109], hat daher durchaus einige Berechtigung, vor allem, wenn man diesen Bericht als Ausfluß des bis dahin Erreichten sieht — für die anderen Bereiche nicht-militärischer Zusammenarbeit wird das Urteil negativer ausfallen müssen. Die Jahre von 1949 bis 1956 — und gerade auch die Ereignisse des Herbstes 1956 — hatten allen Bündnispartnern verdeutlicht, wie notwendig ein bewußter Umgang mit den Konflikten war, die den Zusammenhalt des Bündnisses gefährden konnten. Die NATO hatte ein geeignetes Instrumentarium ent-

dent Kennedy, S. 397, 414, 416; Rusk, As I Saw It, S. 207; Wiebes/Zeeman, »I don't need your handkerchiefs«, S. 96–101.

104 Kaplan, NATO and the United States, S. 66 f.

105 Schlösser, Entstehungsgeschichte, S. 699.

106 Politische Konsultation; Pearson, The International Years, S. 69 f.

107 Sinasac, The Three Wise Men, S. 45.

108 Lyon, NATO as a Diplomatic Instrument, S. 3 f.; Osgood, Alliances S. 22, 51.

109 Lyon, ebd., S. 13.

wickelt, es lag jetzt an den Mitgliedern, auf der Klaviatur mehr oder weniger virtuos zu spielen[110]. Das war auch der Grund, weshalb der Bericht der »Drei Weisen« im Bereich der politischen Konsultation keine wesentlichen neuen Verfahren oder Organe forderte, sondern ausdrücklich die bis dahin gewachsenen Strukturen als angemessen bezeichnete (Ziffer 88) und lediglich ihre verstärkte Anwendung durch die Mitgliedstaaten, also ein Umdenken in den jeweiligen nationalen Bereichen, verlangte (Ziffer 44).

Aus der Sicht der kleineren Partner mußte noch eine andere Überlegung die Bewertung der politischen Kooperation bestimmen. Zwar konnte es nicht immer gelingen, die »Großen« im Bündnis auf eine bestimmte Politik festzulegen. Aber immerhin bot die NATO ein Forum, auf dem man die eigenen Zielvorstellungen vorbringen und zum Gegenstand internationaler Beratungen machen konnte. Ohne diese Dimension der Atlantischen Allianz würde Belgiern und Niederländern, Norwegern, Griechen und Türken dieses Forum fehlen. Ihre Stimme wäre ohne den NATO-Rat noch viel weniger gehört worden. Die kleinen NATO-Partner hatten und haben durch ihre Mitgliedschaft Einflußmöglichkeiten, die ihr sonstiges internationales Gewicht weit übertreffen[111].

Die Jahre bis 1956, abgeschlossen durch den Bericht der »Drei Weisen«, hatten Möglichkeiten und Grenzen nicht-militärischer Kooperation im Bündnis aufgezeigt. Die NATO hatte durch »trial and error« das richtige Maß an Zusammenarbeit herausgefunden und sich als eigenständige Größe auf der internationalen Bühne etabliert[112].

110 Schmitz, Defending the NATO Alliance, S. 79.
111 Lyon, NATO as a Diplomatic Instrument, S. 24.
112 Thoß, Der Beitritt der Bundesrepublik Deutschland, S. 230.

Gustav Schmidt

Die Auswirkungen der internationalen Vorgänge 1956 auf die Strukturen des Kalten Krieges

Will man der Doppelkrise ausnahmsweise etwas Gutes nachsagen, kommt am ehesten der Vergleich mit einem reinigenden Gewitter in Betracht. Verlauf und Ausgang der Vorgänge in »Suez« und »Ungarn« demonstrierten, was die westliche Welt und die Atlantische Sicherheitspartnerschaft nicht sein konnte — weder eine Holding für strategisch aufeinanderabgestimmte Operationen der europäischen Partner mit der amerikanischen Vormacht noch eine Basis für die Machtprojektion der europäischen Führungsmächte Frankreich und Großbritannien in die für sie ebenso wie für Westeuropa ökonomisch und sicherheitspolitisch lebenswichtige Mittelmeerregion. Hingegen entwickelte sie sich vorübergehend zu dem, was die USA in der Gründungsphase hatten vermeiden wollen — zu einem Duopol der »angelsächsischen« Mächte innerhalb der NATO und in der globalen Machtprobe mit der Sowjetunion. Die Sowjetunion machte deutlich, daß sie nicht nur die von ihr bewirkte Teilung Europas um jeden Preis verteidigen wollte, sondern vom Westen auch den absoluten Verzicht auf die Ermutigung von Reform- und »Neutralismus«-Bewegungen in ihrem Hegemonialbereich verlangte; in Europa saturiert, wandte sich der Kreml dem Ausbau des sowjetischen Einflusses im Fernen und Mittleren Osten zu. Die Westmächte reagierten auf die sowjetische Zementierung der Teilung Europas mit der Vollendung der Westbindung der Bundesrepublik — durch die Diplomatie der europäischen Integration als Präventivstrategie zur Verhinderung einer deutsch-französischen Rivalität um die »Hegemonie« und durch die Integration in eine durchgestaffelte »nuklearisierte« NATO. Jede dieser Operationen verlief nicht ohne Reibungen zwischen den Verbündeten und gegen heftige innenpolitische Widerstände. Innerhalb der Regierungen setzten sich letztlich die Kräfte durch, die der Konsolidierung des eigenen Blocks den Vorrang einräumten gegenüber dem Plädoyer, den Veränderungen in den nationalen Gesellschaften und den Auflockerungserscheinungen in den Blöcken Rechnung zu tragen und für Verhandlungen über neue Sicherheitsstrukturen einzutreten, die den Zustand der beiderseitigen »weder Kriegs- noch Friedensbereitschaft« ablösen sollte. Die Fäden der globalen Machtprobe zwischen den USA und der UdSSR (Bipolarität), der Intra-West-Spannungen und der Teilungen Europas und Deutschlands liefen in der Disengagementdebatte zusammen, die ihre wichtigsten Impulse aus der Doppelkrise empfing.

Für viele zeitgenössische Beobachter in Europa und in rückschauender Betrachtung ist die Geschichte der Doppelkrise »Suez[1]/Ungarn[2]« ein Fall von doppelter Moral, eine verkehrte Welt[3]: Israel, Frankreich und Großbritannien, die für ihre existentiellen Interessen zu den Waffen gegriffen hätten, seien von der Weltgemeinschaft, der UNO, unter Anführung der USA, gezwungen worden, die Aggression zu stoppen. Die Sowjetunion hingegen, die den Aufstand in Ungarn in seiner zweiten Phase gewaltsam niederschlug, statt dem »Titoismus«, wie man aufgrund sowjetischer Zurückhaltung in der ersten Phase gehofft hatte[4], eine zweite Chance — analog zur Hinnahme des Gomułka-Regimes in Polen — zu geben, sei gleichsam mit einer Verwarnung davon gekommen; Nikolai A. Bulganin/Nikita S. Chruschtschow konnten sich sogar anmaßen, den USA (5. November) öffentlich eine gemeinsame Intervention gegen die kolonialistisch-imperialistischen Aggressoren anzubieten[5].

Verkehrte Fronten innerhalb der westlichen Welt bestehen in einer zweiten Hinsicht: Zum einen hatten bislang London und Paris der Eisenhower-Administration anläßlich der Dauerkonflikte im Fernen Osten vorgehalten, sie müsse eine politische und keine militärische Antwort auf ein im Kern politisches Problem (Anerkennung Rotchinas als Großmacht) suchen; »Containment« dürfe nicht zur Einkreisung verkommen[6], sonst provoziere man die Sowjetunion zur gewaltsamen Reaktion auf die Vorverlagerung der US-Macht an die Peripherien der UdSSR[7];

1 Carlton, Britain and the Suez Crisis; Suez 1956; Sherwood, Allies in Crisis; Kunz, The Economic Diplomacy; Kyle, Suez; Lucas, Divided We Stand; Hahn, The US, Great Britain, and Egypt; Beaufre, The Suez Expedition; Pineau, Suez; McCauley, Hungary and Suez.

2 Micunovic, Moscow Diary; Facts About Hungary; Radvanyi, Hungary and the Superpowers; Kovrig, The Hungarian People's Republic; ders., The Myth of Liberation; Gati, Hungary and the Soviet Bloc; Zinner, Revolution.

3 Felken, Dulles und Deutschland, S. 377; Ambrose, Eisenhower, S. 372 f.

4 Ambrose, ebd., S. 356 ff.; McCauley, Hungary and Suez, S. 779 ff. Die USA, die Ungarn nicht würden schützen können, zogen es vor, keine falschen Erwartungen zu wecken; sie mußten die Rollback-Doktrin endgültig begraben. Eisenhower versicherte der Sowjetunion, daß die USA die ›neuen‹ neutralen Staaten nicht als Alliierte sehen oder gewinnen wollen; von der Suezaktion habe seine Regierung nichts gewußt. McCauley unterstellt aufgrund dieser Äußerungen und anderer Vorgänge den USA, der Sowjetunion ›freies Feld‹ gelassen zu haben.

5 Vor der CDU-Presse hob Adenauer am 19.11.1956 diesen Aspekt hervor und stützte darauf seinen Verdacht, daß die Supermächte ›Yalta‹ wiederholten.

6 London wünschte den Beitritt der USA zum Bagdadpakt; Ende Februar 1956 schlossen Irak und die Türkei den Pakt ab; Großbritannien trat Anfang April 1956 bei, als ›Ersatz‹ für den 1957 auslaufenden Vertrag mit dem Irak. Dulles warnte Eden, daß Moskau den Pakt als Einkreisung empfinden müsse. Eden stufte Nasser als hoffnungslosen Fall ein und sann auf Revanche für die Rückschläge in Buraimi und Jordanien; für die Strafaktion forderte er die Unterstützung der USA. Im gleichen Zeitraum (Anfang März 1956) sondierte Dulles auf der Konferenz der US-Botschafter in Asien die Chancen für eine Kooperation unter Einbeziehung Indiens und Japans.

7 Der Interessenkonflikt zwischen Großbritannien und den USA im Mittleren Osten ist älteren Datums. Insbesondere die britischen Stabschefs und die ›Treasury Knights‹ sahen in der Ölregion Persien/Irak/Kuweit das wichtigste Ziel der Verteidigungspolitik. Man fragte sich unter dem Eindruck der Krise, was gewesen wäre, wenn die britischen Streitkräfte nicht auf

Anthony Eden hatte die USA aufgefordert, die UNO mit den Streitigkeiten zu befassen sowie Positionen zurückzunehmen, die — wie die Inseln zwischen Festlandchina und Taiwan — ohnehin nicht zu halten sein würden. Zum anderen waren die USA dabei, ihr Verhältnis zu den Neutralen in der Dritten Welt zu revidieren und mit Hilfe eines »regional approach«[8] Verbündete und »Non-Aligned« zur Kooperation zu veranlassen, so daß der »Weltkommunismus« keinen Nährboden für sein Vordringen finde. »Regional approach« bedeutete jedoch auch, daß die USA in der jeweiligen Region neue »supportive actors« (Saudi-Arabien, Iran; Japan, Indien, Australien, Neuseeland) aufbauen wollten; denn sie gingen — so Dulles — davon aus, daß Großbritannien und Frankreich ihren Einfluß verspielt hatten oder nicht mehr genügend eigene Ressourcen mobilisieren konnten, um die Interessen der »freien« Welt zu verteidigen[9]. Um diese neue Verortung in der globalen Machtprobe mit der UdSSR, ihre Antwort auf die sowjetische Doktrin der friedlichen Koexistenz zwischen Erster und Zweiter Welt und Befreiungskrieg in der Dritten Welt, nicht aufs Spiel zu setzen, nahmen die USA Partei gegen ihre Hauptverbündeten, die dem »Nasserismus« — und das heißt dem arabischen Sprecher im Triumvirat der Blockfreien mit Josip Broz Tito und Jawaharlal Nehru — den Krieg erklärt hatten. Eden und Guy Mollet mußten wissen, daß die USA die Initiative in der UNO im Falle eines »Kolonialkriegs« ergreifen würden, um ihre Glaubwürdigkeit zu retten. Wie wenig Konrad Adenauer im Bilde war, zeigte seine erste Reaktion, in der er das britisch-französische Vorgehen als »Akt europäischer Staatsraison« rechtfertigte[10].

Eine zweite, mindestens ebenso wichtige Frage wurde damals auf westeuropäischer Seite[11] unter Hinweis darauf, daß die moralischen Maßstäbe wieder zurechtgerückt werden müßten, gar nicht erst vertieft[12]: Hat die Suezaktion die

die Rolle in der NATO (an der Central Front) fixiert, sondern als schnelle Eingreiftruppe für die Suez-Planung ›frei‹ gewesen wären.

8 H.-I. Schmidt, Der »regional approach«.

9 Dulles mußte auf Insistieren von Duncan Sandys das Mitte Januar 1957 in einer Anhörung geäußerte bittere Wort zurücknehmen, daß er amerikanischen Soldaten nicht wünschen könne, mit Briten an der einen und Franzosen an der anderen Seite kämpfen zu müssen.

10 Köhler, Adenauer, S. 948 f.; Sehr verehrter Herr Bundeskanzler!, S. 200; Kosthorst, Brentano, S. 97 ff., 117 f. Adenauer gab den USA die Schuld an der Krise, betonte andererseits aber auch, daß die Suezaktion die Chancen der UdSSR verbessert habe, in Ungarn ein Fait accompli zu schaffen. An dem Besuch in Paris — am 5./6.11.1956 — hielt er fest, um seine moralische Unterstützung für den Akt europäischer Staatsräson zu demonstrieren; er sagte aber auch, daß eine Absage die Saar gekostet, d. h. die Umsetzung des Ergebnisses der Volksabstimmung zugunsten der Wiedereingliederung in der Bundesrepublik gefährdet hätte; Kosthorst, ebd., S. 112 f. Auf britischer Seite verlangten u. a. Verteidigungsminister Sandys, die Botschafter P. Dixon und H. Caccia von den USA »tätige Reue« — Washington müsse die Treulosigkeit durch aktive Unterstützung bei der Wiederherstellung Großbritanniens als Partner in der Führung der westlichen Welt wiedergutmachen: PRO, FO 371, 120342. Interner Schriftwechsel des FO und Korrespondenz der Botschafter in Washington mit dem FO, 2. Hälfte November 1956.

11 Insbesondere Adenauer riet davon ab, Großbritannien und Frankreich die entgangene Chance in Osteuropa anzulasten.

12 Die Ausnahme bilden Dulles sowie F. J. Strauß. In der Sitzung des NSC am 1.11.1956 ließ

»auch für die Wiedervereinigung entscheidenden« Vorgänge in Polen und Ungarn in den Hintergrund des Weltinteresses gedrängt[13]? Schadensbegrenzung mit dem Ziel, den innerwestlichen Zusammenhalt zu festigen, erhielt auf amerikanischer, kanadischer und deutscher Seite, wo man sich gewisse Hoffnungen gemacht hatte, daß die Sowjetunion aufgeschlossen wäre für eine Lösung ihrer Schwierigkeiten mit den »Satelliten«staaten[14] im Rahmen von Verhandlungen über Sicherheit für Europa[15], absoluten Vorrang vor der Prüfung der Frage, warum man auf westlicher Seite immer wieder feststellen müsse, daß die Entwicklungen global auch dieses Mal wieder so ungünstig für die freie Welt verliefen[16]. Warum zog der Westen aus den Schwierigkeiten, die der Kreml in seinem Imperium hatte[17], keine Vorteile, während die UdSSR über die Teilungen Europas und Deutschlands hinaus auch noch die Divergenzen zwischen den Westmächten ausschlachten

der amerikanische Außenminister seiner Wut freien Lauf: Durch die Suezaktion entgehe die Gelegenheit, die Schwächen der UdSSR ausnutzen zu können. Die Sitzung konzentrierte sich dennoch auf die Suezkrise (Dulles wurde durch einen Krankenhausaufenthalt ab 3.11. »inaktiviert«); siehe: Ambrose, Eisenhower, S. 363 f. Eisenhower, »Finanz«minister Humphrey, die hohen Militärs und eine Reihe von Senatoren wollten den Bruch mit Großbritannien schnellstens heilen, allerdings unter der Voraussetzung, daß Großbritannien die Kampfhandlungen abbrach sowie die Truppen abzog; man vertraute darauf, daß sich in London die »Modernisten« um Butler durchsetzen würden, und kalkulierte die eigenen Schritte so, daß sie den Ausgang des Konflikts in der britischen Regierung entsprechend beeinflußten. Strauß betonte (30.10.1956), daß ein Zusammenhang zwischen den Chancen zur Befreiung Osteuropas und denen für eine Wiedervereinigung bestehe; Strauß, Erinnerungen, S. 297 ff. Wie Kosthorst, Brentano, S. 112 ff., richtig hervorhebt, stand die Sondersitzung des Kabinetts am 31.10.1956 im Zeichen der Befürchtung vor einem Überborden des Aufstands auf die DDR.

13 Dirk Oncken, 31.10.1956, Beurteilung der internationalen Lage am 31.10.1956, PA 200–80. 00/0, Bd 1, 200–210–00; ich danke Thorsten Cabalo für die Information.

14 FRUS 1955–57, XIX, S. 392, 435 ff., 667 f.; zur NATO-Ratstagung 11.-14.12.1956 siehe: FRUS 1955–57, IV, S. 106–165.

15 Siehe den letzten Abschnitt dieses Beitrags. — Die Formel »Sicherheit für Europa« beinhaltet die Beteiligung der USA und Kanadas als quasi- europäische Mächte in Abgrenzung von sowjetischen Vorschlägen kollektiver Europäischer Sicherheit, die ein Arrangement zwischen Westeuropa und dem »Ostblock« unter Ausschluß der USA propagierten; erst 1969 ging die Moskauer Sprachregelung dazu über, die USA und Kanada als Beteiligte einer KSZE fest vorzusehen.

16 NSC, 307. Sitzung, 21.12.1956, in: FRUS 1955–57, XIX, S. 386–394, 386.

17 Dulles sprach im September/Oktober 1956 — im Unterschied zum Umfeld des Genfer Gipfels 1955 — zwar nicht vom »imminent collapse« der UdSSR, doch äußerte er erneut, daß die Krisen in Polen und in Ungarn dem Westen eine Chance boten, die Unabhängigkeit — zunächst in Form eines Nationalkommunismus — zu fördern. Daß die Kremlführung nach ihrer Geheimvisite in Warschau am 22.10.1956 Gomułka akzeptierte und in Ungarn zunächst die eigenen Truppen aus dem Geschehen heraushielt (24. -28.10.), deutete man in Washington als günstiges Zeichen. Mit dem Angriff Israels auf Ägypten (29.10.) und dem britisch-französischen Ultimatum an Ägypten und Israel (30.10.) sowie deren Angriffsaktionen auf Ägypten (31.10.) verlagerte sich die Aufmerksamkeit vom Schauplatz Budapest auf den Nahen Osten. Daß Kadar sich an die Spitze des Protestes setzte und die UNO (1.11.) um Schutz für die Unabhängigkeit Ungarns als neutraler Staat ersuchte, überraschte Washington genauso wie der Umfang und die Heftigkeit der anti-russischen Protestbewegung in Ungarn.

konnte, um Positionsgewinne in der Dritten Welt zu verbuchen? Warum unterstützte Adenauer den Versuch der Briten und Franzosen, der Welt zu beweisen, daß sie noch »wer« seien, obwohl sie mit der Wahl des Zeitpunktes für den Schlag gegen Nasser objektiv verhinderten, daß sich die Blicke der Welt auf die Unterdrückung des Selbstbestimmungsrechts der Völker in Osteuropa richteten, und obwohl zu erwarten stand, daß Großbritannien nach der Krise Lehren aus »Suez« ziehen werde — in dem Sinne, daß die USA ihren wichtigsten Partner nie wieder desavouieren dürften(!)[18] —, nicht aber aus »Ungarn«, es sei denn, daß man der Sowjetunion ihr Sicherheitsglacis überlassen müsse? »Our main trouble is going to come from the need of cooperating with the British and the French, who have always been willing to make a deal on the basis of the status quo[19].« »Suez/Ungarn« veranschaulicht, daß es zur Überwindung der Teilungen Deutschlands und Europas nicht allein der Konzessionsbereitschaft des Kreml bedurfte — welche nicht zu erkennen war —, sondern auch der Sensibilität der westeuropäischen Staaten, die geringen Chancen nicht auch noch durch eigenwillige, die USA vor eine »falsche« Wahl stellenden Aktionen zu vergeben[20].

Auf amerikanischer Seite registrierte man die politischen Rückschläge um so empfindlicher, als man in den schwierigen internen Beratungen um die angemessene Relation zwischen »continental defense« gegen die erstmalig in ihrer Geschichte erfahrene direkte militärische Bedrohung von außen und der Glaubwürdigkeit als Schutzmacht der vielen Verbündeten in der globalen Machtprobe mit der UdSSR einen Hoffnungsschimmer erkannt hatte: Washington setzte auf die Chance, den für den Zeitraum 1955/56 bis 1958 erwarteten Vorsprung im strategischen Wettrüsten für eine Ära der Verhandlungen nutzen zu können; danach, d.h. unter dem Vorzeichen des »nuklearen Patts«, würde es für die USA erheblich schwieriger sein, gestützt auf ihre Rolle als »benevolent hegemon«/«exporter of security« sowohl die Intra-West-Spannungen und den Ost-West-Konflikt als auch die Interaktionen zwischen beiden Grobstrukturen zu managen[21].

Das Problem für die USA war, daß sie sich einerseits darauf festgelegt hatten, ihren Vorteil in der globalen Machtprobe mit der UdSSR zu bewahren, daß näm-

18 So Sandys bei seinem Besuch in Washington Ende 1957. Macmillan griff Eisenhowers Bild auf, daß die USA Großbritannien ein Feigenblatt liefern sollten. Eisenhower ließ sich von der These beeindrucken, daß Großbritannien ein unentbehrlicher Partner in der Führung sei und daß die USA nicht etwas als Kolonialmacht-Habitus verurteilen dürften, was dem Erhalt westlicher Präsenz im Nahen und Mittleren Osten oder in Südostasien (Malaysia) diene.

19 DDEL, Dulles File, WH Memo. ser., Box 3: Dulles an Eisenhower, 10.8.1955.

20 Am 26.10.1956 legte Adenauer »Time«-Korrespondenten dar, daß die Staaten im Osten nicht mehr willenlose Vasallen Sowjetrußlands seien; in Moskau werde man erkennen müssen, daß Sicherheit nicht durch Gewalt erreicht werden könne, sondern nur durch Verhandlungen und Abkommen: »daher glaube ich, daß die Vorgänge im Osten die Verhandlungen mit Sowjetrußland erleichtern werden;« siehe: Siebenmorgen, Gezeitenwechsel, S. 81, ferner S. 71 ff.

21 FRUS 1955–57, XIX, S. 45, 80f., 84, 88, 96, 134, 149, 193, 258, 291 ff., 324, 328, 342, 364, 407, 620 ff., 634 ff., 640 ff., 703. Noch eindeutiger bringt dies Walt Rostow in seinem Bericht an Rockefeller vom 10.6.1955 über die Beratungen des Quantico-Panel zum Ausdruck; siehe hierzu meinen Beitrag in: Deutschland und Japan.

lich alle anderen »principal powers« — die »Alt«alliierten Großbritannien, Frankreich, Australien, Neuseeland genauso wie die Aufsteiger (West)Deutschland, Japan — zu ihren Verbündeten zählten; diese erwarteten, wie Dwight D. Eisenhower und John Foster Dulles den »Unilateralisten« im Nationalen Sicherheitsrat ins Gedächtnis riefen, von den USA eine »alliierte« Politik, mit der sie leben konnten. Andererseits nutzten diese Alliierten die Situation des Einander-in-Schach-Haltens zwischen den Supermächten, um ihre eigenen Handlungsspielräume zu erweitern und selbstbewußt zu agieren, gegebenenfalls auch entgegen den von den USA erklärten Standpunkten. Die Suezkrise ist — unabhängig vom Sonderfall einer »Verschwörung« (»collusion«) zwischen Frankreich, Israel und Großbritannien — der erste Kulminationspunkt des Aufbegehrens gegen die von den USA abgesteckten Grenzen der Bündnisdisziplin. So gesehen, kann es nicht verwundern, daß Dulles, der Exponent der Ausrichtung der amerikanischen Diplomatie an der Führungsposition in einer mehrere Regionalsysteme verklammernden globalen Sicherheitsgemeinschaft, die Disziplinierung der Verbündeten durch ein US-inspiriertes Votum der UNO als eine Art Unabhängigkeitserklärung der USA rechtfertigte[22]. Großbritannien und Frankreich sollten nicht länger darauf rechnen, daß sie sich für »imperiale« Interessen engagieren könnten[23], weil die USA zum einen in Europa Flagge zeigten, das heißt ihnen die Sorge vor Deutschland und Rußland sowie einer »duel or deal«-Situation zwischen beiden abnahmen, und zum anderen genötigt wären, ihre engsten Verbündeten »herauszu-

22 Dulles gegenüber Nixon, 31.10.1956, Aufzeichnung eines Telefongesprächs, in: DDEL, Dulles ser., Tel. calls, Box 5: »the idea is out that we can be dragged along at the heels of Britain and France in policies that are obsolete. This is a declaration of independence for the first time that they cannot count on us.« Nach der Krise sprach Dulles gegenüber Eisenhower davon, daß die Handlungsfähigkeit der USA nicht durch Reminiszensen an die britische und französische Weltgeltung behindert werden dürfe; Frankreich müsse die Illusion, in der Welt für »jemand« zu gelten, liquidieren; DDEL, WH Memoranda ser., Box 4: Dulles-Eisenhower, 3.12.1956. Dulles hatte Ende Juli/Anfang August 1956 gewarnt, daß Großbritannien auf einen Krieg zusteuere, wobei es darauf spekuliere, daß die USA — ähnlich wie im Ersten und Zweiten Weltkrieg — genötigt sein würden, rettend einzugreifen — Ambrose, Eisenhower, S. 331 — oder daß die USA die UdSSR »neutralisieren« müßten — ebd., S. 333. Eisenhower wollte eher einen Bruch mit Großbritannien riskieren, als einen Krieg zuzulassen. Eden verstand die Tatsache, daß seine Regierung Ende Juli 1956 auf militärische Handlungen zugunsten der von Dulles vorgeschlagenen diplomatischen Aktionen verzichtete, als Aufschub; sollte sich herausstellen, daß die amerikanische »Methode« zu nichts führe — was festzustellen Sache der Betroffenen (Großbritanniens) sei —, dann seien die USA moralisch verpflichtet, Großbritannien gewähren zu lassen. Britain and Suez, Kap. 7; Felken, Dulles und Deutschland, S. 378 ff.

23 Dulles, 6.5.1957, Protokoll der Botschafterkonferenz, in: FRUS 1955–57, V, S. 580. Es bestand eine Art Bargain zwischen den USA und Frankreich: Frankreich konnte sein »Soll« in der NATO unterschreiten, um Truppen in Indochina und Nordafrika aufzubieten, weil die USA in Deutschland präsent waren und ihre zunächst als Provisorium verstandene militärische Präsenz verlängerten. Außerdem halfen die USA Frankreich 1950 bis 1954 — wenn auch aus französischer Sicht unzureichend und auf Eigennutz bedacht — auf vielfache Weise aus. Zum Komplex NATO als Arrangement zwischen den drei westlichen Weltmächten USA-Großbritannien-Frankreich siehe die pointierte Studie von Sherwood, Allies in Crisis.

pauken«, wenn sich zeigte, daß sie ihre unabhängige Handlungsfähigkeit überschätzt hätten. Washington müsse demonstrieren, so Dulles, daß die amerikanische Position im Bündnis nicht zu Handlungen mißbraucht werde, vor denen es ausdrücklich und mehrfach gewarnt hatte; vor allem dürfe Großbritannien nicht mit der Anmaßung davonkommen, eine Strafaktion aus gekränkter Ehre[24] vorzunehmen, aber von den USA zu erwarten, daß diese wider ihre Überzeugungen den Ring frei halten würden, so daß die UdSSR Gamal Abd-del Nasser als dem Feind Großbritanniens nicht zu Hilfe eilen könnte.

Gewiß gibt es Indizien dafür, daß die USA froh gewesen wären, wenn eine »Strafaktion« Israels gegen Ägypten so blitzartig erfolgte, daß die UdSSR keine Chance habe, Nasser zu retten[25], doch ging es dabei nicht um eine britische und/oder französische Angriffshandlung; zudem stammen die Aussagen aus einem Kontext, in dem man eher eine friedliche Evolution im »Ostblock«, also die »Lernfähigkeit« der Nachfolger Jossif W. Stalins und insofern nicht den Einsatz russischer Panzer gegen Demonstranten erwartete.

Auffallend ist, daß die Bundesregierung die Vorgänge gleichsam mit britischen und französischen Augen sah und nicht durch die amerikanische Brille. Die Sichtweise Adenauers war geprägt von der Verunsicherung und Enttäuschung über die Eisenhower-Administration[26]. Das veranlaßte ihn, die »europäische« Karte zu spielen und an Großbritannien und Frankreich zu appellieren, gleichsam für die »Zeit danach« vorzusorgen — für den Zeitraum ab 1959/60, spätestens nach den amerikanischen Präsidentschaftswahlen 1964, wenn die USA ihre militärische Präsenz in NATO-Europa reduzieren oder gar beenden würden. Angesichts der Nuklearisierung der NATO-Strategie und der Streitkräftestrukturen dürfe die WEU als europäischer Kern der NATO sich nicht völlig auf Atomwaffen verlassen, auf die die USA das Monopol hätten; vielmehr müßten Großbritannien und Frankreich über die WEU eine »nuklearisierte« Europäische Verteidigungsgemeinschaft ins Werk setzen[27]. Ein anti-amerikanischer Unterton war unüberhörbar[28]; dennoch

24 Die Tagebuchaufzeichnungen Shuckburghs stellen Eden als einen von Eitelkeit und Revanchegelüsten gegenüber Nasser und Dulles Getriebenen bloß; Shuckburgh, Descent to Suez.

25 Ebd., 15.3.1956; Lucas, Divided We Stand, S. 26 ff.

26 Adenauer beklagte sich bitter, daß Eisenhower und Dulles ihn bei seinem Washington-Besuch nicht über den Radford-Plan in Kenntnis gesetzt hatten und daß dieser an die Öffentlichkeit gelangte, als die Bundeswehr-Gesetzgebung im Bundestag verhandelt wurde. Er bezichtigte Eisenhower, aus Wahlkampfgründen einen Erfolg in der Abrüstungsfrage anzustreben. In der Sache hatte Adenauer recht, daß die »Nuklearisierung« für die Verteidigung der »Central Front« eher Gefahren heraufbeschwor, als Rückversicherung zu bieten. Außerdem entkräftete »nuclear streamlining« die Argumente für eine 500 000 Mann starke Bundeswehr. Kurzum: Adenauer stellte es gegenüber amerikanischen Gesprächspartnern so dar (10.9.1956), als ob der Radford-Plan sein politisches Konzept »kaputt« mache — FRUS 1955–57, XXVI, S. 155 ff.

27 G. Schmidt, »Tying«; Cabalo, Politische Union, Ms., S. 46 ff.

28 Bei seinem Besuch in Paris am 5./6.11.1956 zog Adenauer derart gegen die USA vom Leder, daß seine Gastgeber genauso irritiert waren wie die deutsche Delegation; DDF, 1956/3, S. 231 ff.; Köhler, Adenauer, S. 948 f.; Kosthorst, Brentano, S. 114 ff.

galt auf amerikanischer wie auf deutscher Seite die Devise: Das reich(er) gewordene Westeuropa müsse mehr für seine Sicherheit tun, dann würden die USA auch weiterhin viel für Europa tun[29].

Auf britischer Seite registrierte man aufmerksam die Bekundungen, daß »Europa« nicht ohne Großbritannien »gebaut« werden könne. Das hinderte Premierminister Eden jedoch nicht daran, lieber auf den Churchill-Plan (1940) einer britisch-französischen Union zurückzugreifen und diesen sowohl gegen die EWG als auch gegen den Plan seines Schatzkanzlers und Handelsministers für eine industrielle europaweite Freihandelszone zu lancieren. In der Auffassung, daß Großbritannien zuerst die Rolle als globaler Akteur sicherstellen müsse, bevor es sich um seine europäische Rolle kümmern könne, war man sich hingegen einig. Die Beschwörung der Rolle in Europa war genuin, aber zugleich auch immer ein Titel, um die USA in der Auffassung zu bestärken, daß sie in NATO-Europa ohne Großbritannien wenig würden ausrichten können. Die Enttäuschung darüber, daß Eisenhower/Dulles den britischen Partner nicht nur nicht gegen Nasser unterstützten, sondern die britischen Aktionen konterkarierten, ließ Großbritannien die europäische Karte spielen[30], führte aber nicht dazu, die Vorbehalte gegenüber Frankreich und Deutschland abzubauen. Wenn Großbritannien selbst von den USA verlangte, daß sie sich nach britischen Wünschen richteten, kann nicht überraschen, daß es von den europäischen Partnern die Andienung der Führungsrolle erwartete. Symptomatisch ist, daß der Spitzenbeamte des Foreign Office, der das Suezabenteuer am virulentesten verteidigte, zugleich ein Verfechter der These war, daß der Zustand der Teilung Sicherheit und Stabilität für alle in Europa bedeute; die willkommene Seite der Westbindung der Bundesrepublik lag für Staatssekretär Sir Ivone A. Kirkpatrick darin, daß die Bundesrepublik dem angeschlagenen Pfund Sterling zur Weltgeltung zurückverhelfen könnte. »Kirkpatrick has the idea that we might get Western Union into the Sterling Area (we would describe it as creating a common currency) thus getting the vast German capital reserves pooled with our own[31].«

Einig war man sich auf europäischer Seite im September/Oktober 1956 darin, daß die »nukleare Bipolarität« nicht bedeuten dürfe, daß Europa und die Welt vom Zustand eines »deal or duel« zwischen den USA und der UdSSR abhängig blieben; vielmehr müsse »Europa« Vorkehrungen gegen die Teilung der Welt treffen und als dritte Macht über Atomwaffen verfügen[32]. Mit dem Angebot Edgar Faures an Heinrich von Brentano, daß auch die Bundesrepublik Atomwaffen besitzen (nicht: herstellen!) können sollte[33], machte Frankreich vergessen, daß es das

29 Sehr verehrter Herr Bundeskanzler!, S. 202, 205; Record of Conference: Eisenhower, Dulles, Hoover, Goodpaster, 15.12.1956, in: FRUS 1955–57, IV, S. 164 f.; siehe unten.

30 Adenauer in einer Koalitionsbesprechung am 3.10.1956, siehe: Kosthorst, Brentano, S. 109; siehe: G. Schmidt, »Tying«.

31 Shuckburgh, Descent to Suez, 4.10.1956, S. 361. Zu den internen britischen Beratungen und den deutsch-britischen Verhandlungen 1956/57 siehe: Wippich, Die Rolle.

32 Adenauer vor dem CDU-Bundesvorstand am 20.9.1956; Adenauer, »Wir haben wirklich etwas geschaffen«, S. 1028 ff.; ferner Kosthorst, Brentano, S. 109.

33 Faure-Brentano, 17.9.1956, in: DDF, 1956/2, S. 394; Kosthorst, ebd., S. 110 f. Auf die verschiedenen Varianten komme ich zurück.

EVG-Projekt im Sommer 1954 an den eigenen Ambitionen als Nuklearmacht hatte scheitern lassen[34]. In Paris erkannte man, daß die Bonner Republik aufgrund der in der NATO laufenden Debatte über die Änderung der NATO-Strategie in den »Atomclub« drängte, weil nur so die nukleare Mitwirkung gesichert schien[35]. Demgegenüber wog die von Außenminister von Brentano geäußerte Sorge weniger schwer, daß die Bundesregierung dadurch Mißtrauen schüre und ihre politischen Chancen für die Zukunft (Wiedervereinigung) verbaue[36].

Bei den Appellen — im September/Oktober 1956 — an die Selbstfindung Europas geriet vor allem in Vergessenheit, daß Großbritannien sich anschickte, die Rolle der USA in der NATO zu duplizieren und die USA — zum Teil gegen deren besseres Wissen und Wollen — zu veranlassen, mit Großbritannien einen Duopol in der und über die NATO zu errichten, trotz der Konsequenzen, die ein solches von den »Angelsachsen« etabliertes Zweiklassensystem von globalen Nuklearmächten und konventionellen kontinentaleuropäischen Partnern für die NATO-Integration haben mußte[37]. Es war wichtig, daß London — ähnlich wie Paris — im September/Oktober 1956 europäische Neigungen konkretisierte; aber Taten mit Signalwirkung blieben aus: Die »Europäer« im britischen Kabinett verloren die Auseinandersetzung, als im Januar 1957 die im Herbst 1956 vertagte Entscheidung nachgeholt wurde. Großbritannien wollte seine Streitkräfte nicht länger an der europäischen Central Front fixiert wissen, »where it can easily be by-passed«, sondern wollte sie für Einsätze an den Krisenherden im Mittleren Osten und in Südostasien verfügbar haben[38]. In Anbetracht der britischen Entschlossenheit, das Ziel der Umrüstung notfalls im Alleingang zu erreichen, der britischen und französischen Ankündigungen von Truppenverlegungen nach »Übersee« und zudem sowjetischer Prahlereien über die massive Überlegenheit des Warschauer Paktes gegenüber der NATO sah man auf deutscher Seite letztlich keine Alternative zur Zusammenarbeit mit den USA. Je stärker Europa durch Integrationspolitik werde, desto leichter fiele die Anbindung der USA an die Sicherheit Europas[39].

34 Bariéty, Frankreich und das Scheitern der EVG; siehe: G. Schmidt, »Tying«.

35 Adenauer und Strauß variierten das Thema, daß nur Staaten, die selber etwas zu bieten hätten, weder in Intra-West- noch in Ost-West-Verhandlungen übergangen werden könnten; G. Schmidt, Divided Europe; ders., Die sicherheitspolitischen und wirtschaftlichen Dimensionen. Adenauer legte Norstad (20.3.1957) die Gründe für die Forderung nach Nuklearausrüstung der Bundeswehr und nach nuklearer Mitwirkung dar. Vgl. Felken, Dulles und Deutschland, S. 384 ff.; Kosthorst, Brentano, S. 111 f.

36 Kosthorst, ebd., S. 111; siehe unten Abschnitt IV und V.

37 G. Schmidt, Vom Anglo-Amerikanischen Duopol.

38 Hancock gegenüber dem kanadischen Hochkommissar Robertson, NAC, RG 25, File 50030-AG-1–40, Robertson an DEA, Dep. 1674, NATO Military Reappraisal, 27.11.1956. Hancock machte deutlich, daß die britischen Stabschefs unterschiedliche Standpunkte vertraten und daß die Kompromißlinie davon geprägt sei. Außerdem bestand London darauf, daß die Bundesrepublik wirklich aufrüste, d. h. Belastungen auf sich nehme; dadurch erhielte die britische Wirtschaft die Chance zum fairen Wettbewerb mit deutschen Exporteuren zurück.

39 Von Brentano, 9.3.1957; siehe: Sehr verehrter Herr Bundeskanzler!, S. 205 ff.; Brentano/Hallstein gegenüber Botschafter Couve de Murville, 8.12.1956, DDF, 1956/3, S. 494/5.

Hinzu kam, daß Frankreich und Großbritannien wiederholt, zuletzt im Frühjahr 1956, mit Vorschlägen an die Öffentlichkeit getreten waren, die den sowjetischen Interessen an der Abkoppelung der Rüstungskontroll- und Abrüstungsverhandlungen[40] vom Thema Wiedervereinigung entgegenkamen[41]. Adenauers Mißtrauen gegenüber Paris und London war abgrundtief: Auf Frankreich und Großbritannien sei kein Verlaß; sein Zorn richtete sich in gleicher Weise gegen Eisenhower und Dulles, als diese im Mai 1957 mit ähnlichen Entkoppelungsabsichten auf eine vermeintlich konziliante sowjetische Note vom 30. April 1957 reagierten. Von französischer Seite hatte man im Frühjahr 1956 — aber nicht mehr »nach Suez« — ebenso wie von britischer Seite zu hören bekommen, daß die Bundesrepublik — und nicht nur Adenauer — die Wiedervereinigung gar nicht wünsche. Außerdem berief man sich darauf, daß Adenauer im September 1955 in Moskau einen Präzedenzfall geschaffen habe, indem er die Aufnahme diplomatischer Beziehungen an einen Preis gekoppelt habe, den er — sich selbst unter Erfolgszwang setzend — nur mit Mühe durchsetzen konnte: die Heimkehr der Kriegsgefangenen; die Bundesregierung suche die Zweistaatentheorie im Nachhinein auf den Sonderfall der vierten Besatzungsmacht zu begrenzen. Doch so wie Adenauer andere Ziele faktisch vorab erledige, dürften auch die Westmächte die Probleme vorziehen, die ihnen unter den Nägeln brannten und für deren Lösung der Verhandlungsweg nach Moskau unumgänglich sei[42]. Aus deutscher wie aus amerikanischer Sicht[43] war dies mißlich, weil die Auflösung des Junktims vom Wunsch getragen war, den Kreml günstig zu stimmen hinsichtlich französischer und britischer Interessen in Nordafrika, im Nahen und Mittleren Osten; zu diesem Zweck zeigten sich Frankreich und Großbritannien flexibel im Hinblick auf eine De-facto-Anerkennung der DDR und diskriminierende Bestimmungen für die Bundesrepublik in Rüstungsvereinbarungen[44]. Ein Beweis dafür war, daß Frankreich im

40 Sehr verehrter Herr Bundeskanzler!, S. 186 ff. Brentano befürchtete mehrere Nachteile vom Vorrang der Abrüstungsgespräche — unter Abkoppelung vom Problem der Wiedervereinigung -:1) Moskau könne die Interessengegensätze zwischen den Westmächten, die mit unterschiedlicher Rücksichtnahme auf die Bundesrepublik zusammenhingen, ausschlachten, um die Verhandlungen in die Länge zu ziehen und/oder durch immer neue Vorschläge die Meinungen in der westlichen Öffentlichkeit gegen die eigenen Regierungen aufzubringen; 2) die Verhandlungen würden offenbaren, daß sich niemand für die Überwindung der deutschen Teilung interessiere; 3) dadurch würde der Druck auf die deutschen Parteien zunehmen, Bonn solle selbst mit Moskau verhandeln; 4) Moskau habe es in der Hand, die Debatte auf die atomare Abrüstung zu lenken; die Folge wäre, daß das Problem der konventionellen Überlegenheit der Sowjetunion, das einen wichtigen Anlaß für die Ausrüstung der NATO-Streitkräfte mit taktischen Atomwaffen und Euro-Missiles bot, verdrängt werde oder als ein im Vergleich zu den »schrecklichen« Waffensystemen störendes Thema abgestempelt werden könne.

41 Ebd., S. 180 ff.; Felken, Dulles und Deutschland, S. 347 ff., 427 ff.; Kosthorst, Brentano, S. 97 ff., 101 ff.; Schwarz, Adenauer, 240 f.

42 Macmillan, Tides, S. 626; Coburn Kidd an Reinstein, 17.10.1955, in: FRUS 1955–57, V, S. 615.

43 Felken, Dulles und Deutschland, S. 347 ff., 428 ff.; Kosthorst, Brentano, S. 98 ff.

44 Adenauer und Brentano betonten, daß die Bundesrepublik ein Recht darauf habe, die Stärke der Bundeswehr im Umfang von 500 000 Mann zu erreichen; ebensowenig könnten die

gleichen Zeitraum, in dem es den Vorzug der Abrüstung vor der Wiedervereinigung pries (Mitte März/April 1956), zwei Divisionen aus der Bundesrepublik abzog und nach Algerien verlegte (27. März 1956), was die alte Frage aufwarf, ob die Bundeswehr ihre Sollstärke auch dann erreichen dürfe, wenn Frankreich und/oder Großbritannien ihren Anteil einseitig reduzierten, wodurch sich die Gewichte verschoben. Die Sowjetunion spekulierte darauf, daß die europäischen NATO-Partner mit dem Problem der deutschen Aufrüstung doch nicht zu Rande kommen und deshalb versuchen würden, eine Verständigung mit Moskau über Umfang und Ausrüstung der Bundeswehr zu erzielen[45]. Die Sicherheit der Bundesrepublik schien zum Spielball französischer und britischer Rußlandpolitik zu werden. Dem Sinne nach habe Mollet am 3. April 1956 erklärt, »daß das Interesse Frankreichs an der Wiederbewaffnung Deutschlands unter Einbeziehung in die NATO in erster Linie von der Furcht diktiert sei, daß Deutschland sich dem Ostblock anschließen könne. Ein Abrüstungsabkommen würde diese Sorge von Frankreich nehmen«[46].

In der Abrüstungsfrage blieb Bonn nur die Hoffnung, daß die USA und SACEUR die exponierte Lage der Bundesrepublik berücksichtigten und ihr Interesse an gleicher Sicherheit für alle Mitglieder schützten[47]. Sie konnte sich gegen diskriminierende Bestimmungen in den Plänen »verdünnter Zonen« nur dadurch zur Wehr setzen, daß sie hervorhob, nach Wiedererlangung der Souveränität dürften die Verbündeten nicht über den Kopf der Bundesregierung hinweg festlegen, welches deutsche Gebiet und wieviel deutsche Soldaten sie als Glacis nötig zu haben meinten. Für die Verteidigung so weit östlich wie möglich benötige die NATO zudem ausreichende konventionelle Stärke, und zum dritten erfordere »gleiche Sicherheit«, daß die Partner die Verteidigung an der »Central Front« durch »collective balanced forces« mittrugen. Zuletzt wurde argumentiert, die Bundesrepublik müsse ihren Beitrag leisten, weil nur so die Bindung der USA an die Sicherheit Europas gewährleistet werden könne. Die Kritikpunkte an den Abrüstungskonzeptionen der westlichen Verbündeten liefen in der Einschätzung

Westmächte darüber befinden, wie weit nach Westen sich eine »verdünnte Zone« erstrecken sollte. Die Partner müßten sich daran gewöhnen, daß die Bundesrepublik ein souveräner Staat und nicht mehr Besatzungsgebiet sei; Schwarz, Adenauer, S. 240; ders., Die Ära Adenauer. Gründerjahre, S. 302 ff.; Kosthorst, Brentano, S. 118, 157 ff.; Sehr verehrter Herr Bundeskanzler!, S. 202. Frankreich und Großbritannien würden nicht Inspektionen unterworfen sein, da ihr Territorium außerhalb der vorgesehenen Zone lag; sie könnten ihre wichtigsten Waffensysteme außerhalb der Kontrollzone konzentrieren. Adenauer setzte Diskriminierung mit einer De-facto-Neutralisierung gleich. Auch aufgrund dieser Reaktionen zögerten die französische und britische Regierung, ihre Pläne stringent weiterzuverfolgen; die Kräfte, die das Gebot der Rücksichtnahme auf Bonn betonten, behielten am Ende die Oberhand.

45 In diesem Zusammenhang ist von Bedeutung, daß laut NATO-interner Sprachregelung die Personalstärken — z. B. 12 Divisionen, 500 000 Mann für die Bundeswehr — eher eine Chiffre waren, um die Ausrüstung der Streitkräfte mit bestimmten Waffensystemen begrenzen und kontrollieren zu können.

46 Von Brentano an Adenauer, 28.3.1956, in: Sehr verehrter Herr Bundeskanzler!, S. 186.

47 Grewe, Rückblenden, S. 291 ff.; Felken, Dulles und Deutschland, S. 426 ff.

zusammen, daß man sich auf Frankreich und Großbritannien nicht durchgängig verlassen könne. »[Frankreich und Großbritannien werden] uns zuerst an die Russen verkaufen, damit sie am Leben bleiben in der Hoffnung, daß noch etwas anderes kommt. Wir können aber nicht verkauft werden, wenn wir eine Wehrmacht haben[48].« Als Ausweg aus der Enttäuschung über die französische (und britische) Unterminierung seiner Politik, durch einheitlich-geschlossenes Auftreten des Westens den Status quo der Teilungen zu überwinden, erwog Adenauer im Frühjahr 1956 wieder einmal den Bündnisschluß mit den USA[49]; auch nach den Aufregungen Ende Oktober/Anfang November 1956 schwenkte er auf NATO-Kurs zurück, nachdem die USA die konstruktive Führung im Hinblick auf die Wintertagung des NATO-Rats übernahmen.

In unserem Zusammenhang ist wichtig, daß die im Oktober/November 1956 anzutreffenden Urteile über die Desintegrationserscheinungen im westlichen Bündnis und die wechselseitige Einschätzung der Motive auch schon im Frühjahr 1956 nebeneinander bestehen (und dann im März/Mai 1957 wieder auftauchen): Jede der drei Westmächte ging eigene Wege, strebte aber die Verfügung über die Ressourcen der anderen an oder wollte deren Kurs in die eigene Richtung lenken, widersetzte sich aber jeglicher »Belehrung« durch Dritte[50]. Die Bundesrepublik hatte schlechte Karten, weil sie weder die eigenen Rüstungszusagen einlösen konnte noch angesichts der widerstreitenden Anforderungen der drei Westmächte in Fragen der Stationierungskosten und Beschaffungsprogramme eine gute Figur machte. Für Frankreich und Großbritannien fiel ins Gewicht, daß sie ihre Position in Nordafrika und im Nahen/Mittleren Osten gefährdet sahen, ohne daß die Bundesrepublik oder die USA helfen konnten oder wollten; so gesehen, verbot es sich, Druck auf die Sowjetunion auszuüben, sie solle die Liberalisierung in Osteuropa zulassen und über Sicherheit in Europa und deutsche Vereinigung mit sich reden lassen.

Am 8. März 1956 erklärte Großbritannien den USA, daß man Nasser als hoffnungslosen Fall betrachte und ihn daher unschädlich machen müsse (destroy)[51];

48 Adenauer im Kabinett, 9.11.1956, siehe: Schwarz, Adenauer, S. 303; Köhler, Adenauer, S. 950.

49 15.2.1956, Krone, Aufzeichnungen, S. 140; ders., Tagebücher, Eintragung vom 26.3.1956, S. 205; Brentano an Adenauer, 15.3.1956, siehe: Sehr verehrter Herr Bundeskanzler!, S. 181 ff.

50 Die Protokolle der Pariser NATO-Ratstagung Anfang Mai 1956 zeigen dies deutlich: NA, RG 59, Lot 62 D 181; FRUS 1955–57, IV, S. 51–84. Vgl. Sehr verehrter Herr Bundeskanzler!, S. 194 ff.; Lucas, Divided We Stand, S. 121 ff., 159 ff.; Felken, Dulles und Deutschland, S. 353 f.

51 Shuckburgh, Descent to Suez, S. 345. Anlaß ist die Entlassung General Glubbs (1.3.1956), zu der König Hussein sich auf Druck Nassers gezwungen gesehen habe. Eden empfand die Entlassung Glubbs als schweren Rückschlag für seine Politik; er wollte, daß unbedingt »etwas« gegen Nasser unternommen werde. Neben militärischen Aktionen kam als Kompensationsakt in Betracht, daß Jordanien dem Bagdadpakt beiträte und der Irak — anstelle Großbritanniens — die Ausbildung der jordanischen Armee übernähme. Die britisch-amerikanischen Gespräche richteten sich anfänglich (Ende Januar bis März 1956) auf den Fall, daß Israel Ägypten angriffe. Im Oktober 1956 rechnete Eisenhower zunächst mit israelischen Aktionen gegen Jordanien — Eisenhower, Diary, Eintragung 15.10.1956, S. 331 ff. —, bevor er der »collusion« zwischen Frankreich, Großbritannien und Israel gewahr wurde.

in dieser Atmosphäre fiel auch die Bemerkung, wie erleichtert man sein würde, wenn Israel Ägypten in einem Blitzkrieg besiegen könne, bevor die UdSSR Nasser retten könnte[52]. Ende Juli 1956[53] sollte, wenn es nach Eden gegangen wäre, Großbritannien es übernehmen, Nasser durch Gewaltanwendung zur Besinnung zu bringen. Daß die USA Eden die Aktion ausredeten, betrachtete der Premierminister als Aufschub und nicht als Mahnung, daß die USA nicht tatenlos zusehen würden, wenn irgend jemand sich den Weg zum Suezkanal freischießen wolle[54]. Obwohl Eisenhower und Dulles ihm die Unterstützungszusage vorenthielten[55], betrieb Eden die Vorbereitung einer Aktion weiter, die in mehrfacher Hinsicht das Mitziehen der USA voraussetzte. Eden wollte den Status quo in Europa, sowjetische Saturiertheit voraussetzend, festschreiben; »out-of-NATO-area« sollte Großbritannien sich behaupten, um das westliche Einflußfeld nicht allein den USA zu überlassen; notfalls müsse Großbritannien allein agieren[56]. Um voll auf die Strafaktion gegen Nasser abfahren zu können, aber die Sowjetunion draußen vor zu halten, wollte Eden das Gespräch mit der Kremlführung pflegen[57]. Die Gespräche mit Bulganin und Chruschtschow in London waren »sauer« gelaufen; die amerikanische Anregung (20. April 1956), die UNO mit dem durch Grenzzwischenfälle eskalierenden Konflikt zu befassen und dadurch die UdSSR einzubinden[58], kam zu spät[59].

Um so wichtiger wurde die Entwicklung des britisch-amerikanischen Verhältnisses. Die USA und Großbritannien verfolgten unterschiedliche Strategien[60]:

52 Shuckburgh, Descent to Suez, S. 348.

53 Eden an Eisenhower, 27.7.1956, in: FRUS 1955–57, XVI, S. 10; Ambrose, Eisenhower, S. 330; Britain and Suez, S. 44 ff.

54 PRO, PREM 11, 1101. Dulles, 13.9.1956, UK Embassy Washington an FO, Dep. 1916; ebd., UK Embassy Washington an FO, 11.9.1956, Dep. 1891 (betr. Äußerungen Eisenhowers).

55 Ambrose, Eisenhower, S. 338 f.; am 3.9.1956 warnte Eisenhower Eden erneut vor Schritten, bevor die von den USA eingeschaltete UNO die Chancen für eine Konfliktbeilegung ausgelotet habe; PRO, PREM 11, 1177, Eisenhower an Eden, 3.9.1956.

56 Zur Begründung der Suezaktion werden folgende Argumente angeführt: 1) Nasser habe mit dem Paktabschluß mit Syrien und Jordanien bereits zu viel an Boden gewonnen; er strebe weitere Erfolge in Libyen, im Irak und Saudi-Arabien an; 2) die amerikanische Methode, Nasser zurechtzustutzen, wirke zu langsam; 3) Nasser sei ein Steigbügelhalter für das Vordringen der Sowjetunion; 4) Israel wollte nicht zuwarten, bis Ägypten mit östlicher Unterstützung hochgerüstet sei; 5) die Angriffshandlung sei die einzige Möglichkeit, Frankreich in der NATO zu halten, d. h. Frankreich die Möglichkeit zu geben, sich Entlastung in Algerien zu verschaffen; zu 5) siehe: Vaïsse, France and the Suez Crisis, S. 363 f.; mit vielen Wiederholungen Eden, Full Circle.

57 Shuckburgh, Descent to Suez, S. 353 f.; Carlton, Anthony Eden, S. 390 ff.

58 Dulles schlug der britischen Regierung am 20.4.1956 vor, Bulganin/Chruschtschow betr. einer Vermittlungsaktion des UN-Generalsekretärs zu sondieren. Die Einschaltung der UNO hatten die USA Anfang April ins Gespräch gebracht; Shuckburgh, ebd., 6.4.1956; Eisenhower, Diary, 10.4.1956.

59 Shuckburgh, ebd., S. 353 f.

60 Die federführenden britischen und amerikanischen Diplomaten standen sich näher als Eden und Dulles; die britischen Repräsentanten (ders., ebd., S. 323, 328 ff., 341 ff.) hatten mehr Vertrauen in Dulles' Urteilskraft als in die Edens und Lloyds.

Eden begriff den Bagdadpakt als Sperriegel, um Ägypten zu isolieren und die Sowjetunion aus der Ölregion herauszuhalten, und sah Saudi-Arabien als zweiten Unruhestifter im Nahostkonflikt. Dulles hingegen drehte den Spieß um. Er verwendete die Einwände, die er von Eden in den Taiwankrisen zu hören bekommen hatte, in der Nahostkrise gegen Großbritannien: Moskau werde den Bagdadpakt als Provokation (Einkreisung) empfinden, und sowohl Ägypten als auch Israel widersetzten sich dem Projekt[61]. Schließlich wollte Dulles den Kontakt mit Ägypten trotz allem nicht ganz abbrechen, sonst erhalte der Kreml die Chance, sich als Protektor der arabischen Nation(en) gegen den US-Imperialismus anzubieten; gleichzeitig wollten Eisenhower und Dulles den arabischen Monarchen als Gegenspieler Nassers aufbauen[62]. London gewann den Eindruck, daß die USA das Heft selbst in die Hand nehmen wollten und Großbritannien nicht mehr zutrauten, stellvertretend für den »Westen« als Ordnungsmacht im Nahen und Mittleren Osten zu agieren[63].

Interessant ist nun, daß die britischen (und kanadischen) Politiker und Diplomaten, die Edens fixe Idee einer Strafaktion gegen Nasser für verfehlt hielten, zumal sie gegen amerikanische Willensbekundungen stattfinden müßte, auf die Veränderungen in Rußland und in Osteuropa aufmerksam machten[64] und dafür plädierten, den »ferment of opinion« — den Aufstand in Poznań (Posen) unter anderem — zu nutzen, zum einen, um den günstigen Tendenzen nachzuhelfen[65], aber zum anderen auch unter dem Aspekt, daß nicht einzusehen sei, warum man es der Sowjetunion allein überlassen solle, in den Hauptstädten der westlichen Verbündeten die Werbetrommel zu rühren; der Westen könne und solle ähnliches in Osteuropa unternehmen. Eden und Sir John Selwyn Lloyd bremsten ab; sie hatten den Schauplatz »Suez« im Auge.

Ohne die Spuren im einzelnen weiterverfolgen, die Fäden verknüpfen und somit die Vorgeschichte der Doppelkrise vertiefen zu wollen, ist auf einen dritten Aspekt zu verweisen, nämlich die Überlegungen auf amerikanischer Seite, ob und wie man die Sowjetunion einschalten und beteiligen könne[66]: Über die UNO? Im Rahmen von Abrüstungsgesprächen und Verhandlungen über den Nicht-Export sensibler Waffensysteme in akute Krisengebiete? Auch hier überlagern sich Zielkonflikte und Interessengegensätze innerhalb des »Westens« mit unterschiedlichen Auffassungen über Nutzen und Nachteile einer Verständigung mit Moskau.

61 Ambrose, Eisenhower, S. 316; Shuckburgh, ebd., S. 298 ff.

62 Ambrose, ebd., S. 317.

63 Freiberger, Dawn over Suez. — Eden beschuldigte die USA, Großbritannien verdrängen zu wollen. Er setzte sich darüber hinweg, daß die USA nicht zusehen wollten, wie Eden auf eine Gelegenheit wartete, den Krieg gegen Nasser eröffnen zu können, aber dennoch voraussetzte, daß die USA helfen müßten, falls die Sowjetunion doch sofort Partei ergreifen würde.

64 Shuckburgh, Descent to Suez, 29.3.1956, S. 350.

65 Ebd., 20.6.1956, S. 357.

66 Gespräche Dulles' mit dem sowjetischen Außenminister Shepilow, 18.8.1956, in: FRUS 1955–57, V, S. 593.

»By refusing to support Egypt or to sell arms to Israel, and by insisting on coordinating American policy with Britain's, Eisenhower had lost control of the situation. [...] Both Dulles and Radford told [the President] that if Egypt attacked Israel, using Russian weapons, there is no question that war would be forced upon us. In that event, we would have to occupy the entire area, protect the pipelines and the Suez Canal[67].«

Die Schwierigkeit, amerikanische und britische sowie französische Standpunkte abzugleichen — in Rüstungskontroll-, Krisenherd-Fragen —, schien die USA anzuregen, bilaterale Gespräche mit der UdSSR zu führen, und sei es auch nur, um den Verbündeten über diesen Umweg zu verstehen zu geben, daß sie gut beraten wären, sich den USA anzuschließen; denn nur dann könne man hoffen, mäßigend auf die Kremlführung einzuwirken und der »Verständigungs-/Modernisierungs«richtung in der sowjetischen Politik zum Durchbruch zu verhelfen[68]. Die Vision einer Direktverständigung zwischen den Supermächten löste in Paris und London ebenso wie in Bonn Protest oder Verheißung aus, je nachdem, wie stark man sich selbst auf das Einvernehmen mit und die Rückendeckung durch die USA angewiesen sah.

Die lange Liste der Zwiespältigkeiten — des wechselseitigen Mißtrauens zwischen der Bundesrepublik und den drei Westmächten; zwischen Frankreich und Großbritannien, Großbritannien/Frankreich und den USA; des amerikanischen und britischen Wunsches, Ballast (als Beschützer dennoch »ewig« unzufriedener Franzosen und Deutscher) abzuwerfen und trotzdem Vorteile aus der Wiedererstarkung der kontinentaleuropäischen Partner zu ziehen; des gemischten Gefühls, daß die UdSSR keinen Krieg in Europa wolle, aber auch nicht ihren Frieden mit dem Westen schließen könne, außer zu ihren eigenen Bedingungen — : All dies läßt die Schlußfolgerung zu, daß es ein ehernes Gehäuse von Tatbeständen gab, mit denen man sich einerseits abfinden müsse, obwohl man andererseits Anhaltspunkte für Veränderungen aufspürte. Was sind die Strukturen des »Kalten Kriegs«? Wo liegen die Gründe für die Annahme, ein Wandel sei möglich?

I.

Der Kreml bekräftigte durch seine Intervention in Ungarn den uneingeschränkten Vorrang der Blockkonsolidierung[69] vor der Bereitschaft, mit westlichen Vorstellungen von Sicherheit als Freiheit der gesellschaftlichen Eigenentwicklung,

67 Ambrose, Eisenhower, S. 318.

68 Bericht des Staatssekretärs Leger an Außenminister Pearson, 19.3.1956, unter Berufung auf N. A. Robertson, London, Dep. 321, NAC, Pearson-Nachlaß, MG26N1, Vol. 66, File St. Laurent/Eisenhower 1956.

69 Jede Seite unterstellte der anderen, daß sie mit der Konsolidierung ihres Blocks zu stark beschäftigt sei, so daß Ost-West-Gespräche eher zerstörerisch — d. h. die zentrifugalen Tendenzen beschleunigend — wirken würden. Dies ist eine Grundaussage der Ost-West-Konfliktforschung.

der freien Wahl des inneren Regimes und der äußeren Bindungen zu experimentieren. Selbst die auf westlicher Seite zurückgeschraubten Hoffnungen auf sowjetische Tolerierung von Nationalkommunismus und Blockfreiheit, des »Titoismus«, gingen dem Kreml zu weit. Moskau setzte alles daran, den Spekulationen auf westlicher Seite den Boden zu entziehen, daß der Ostblock — durch »Polyzentrismus« (Moskau; Peking; Belgrad; ...) — eher auseinanderbrechen könnte als der Westen durch die Herausbildung einer »Multipolarität«(USA; Westeuropa; Japan)[70]. Statt dessen blieb dem »Westen« keine andere Wahl, als sich dem Verlangen Moskaus zu beugen, das Gebot der Nichtintervention dahingehend zu erweitern, daß gewaltsame Niederschlagung von Protestbewegungen in Ländern der sozialistischen Staatengemeinschaft eine innere Angelegenheit der sowjetischen Vormacht sei[71]. Auf westlicher Seite legten insbesondere die USA und Großbritannien von sich aus die Regel fest, daß man nichts unternehmen dürfe, was einen Umsturz auslösen könnte, gestützt auf die Hoffnung, daß der »Westen« eingreifen würde. Hinweise von seiten der Bundesregierung (Adenauers und Brentanos)[72] im Prozeß der NATO Strategy Reappraisal, daß man vielleicht nicht länger mit sowjetischen Angriffshandlungen oder Korea-ähnlichen Konflikten rechnen müsse, wie vor allem London die Lageveränderung deutete, wohl aber mit einem von Aufständen in Osteuropa ausgehenden »Flächenbrand«, und daß die NATO sich dieser spezifischen Gefahrenlage für Deutschland stellen müsse, legten die Nerven bloß. Mit der Richtlinie MC 14/2 verabschiedete der NATO-Rat im April 1957 erstmals eine »limited war«-Doktrin[73]. Die politische Antwort war ebenso unmißverständlich: In dem Fall, in dem es gefährlich werden könnte — sowjetische Unterdrückung eines Aufstands in der DDR, Eingreifen westdeutscher »Freiwilliger«, Zugzwang für die Bundeswehr zum Handeln [?], Nutzung dieser Eventualität sowjetischerseits als Vorwand für ein »Weiterrollen russischer Panzer« in Richtung Westen —, begnügten sich die Westmächte nicht mit dem selbstverständlichen Versprechen der Bundesregierung, keine Unruhen schüren oder gar zu einem Aufstand ermuntern zu wollen[74], sondern bedeuteten der Bundesregie-

70 Ambrose, Eisenhower, S. 368 (5.11.1956); FRUS 1955–57, XIX, S. 133, 138, 392, 435 ff.

71 Unterstellte man, daß die USA dem Ansinnen durch »vorbeugenden Gehorsam« entgegenkamen, dann ergab sich die Deutung einer amerikanisch-sowjetischen Kollaboration: So wie die Sowjetunion keine konkreten Anstalten machte, um das Blatt im Nahen Osten zu wenden, und zwar auch deshalb, weil die USA ihr Eingreifen signalisiert hatten, falls die UdSSR militärisch interveniere — Eisenhower, 5.11.1956, in: Ambrose, Eisenhower, S. 368 —, so schaltete Washington auf Desillusionierung der von Radio Free Europe zunächst geweckten Hoffnungen auf ein Einschreiten in Ungarn um; man befürchtete vor allem, die Unruhen in Polen neu anzufachen; eine sowjetische Intervention in Polen dürfe man nicht provozieren.

72 Brentano-Dulles, 1.5.1956; Sehr verehrter Herr Bundeskanzler!, S. 192; Treffen im Vorfeld der NATO-Ratstagung im Dezember 1956, in: FRUS 1955–57, IV, S. 51–84; siehe unten.

73 Pommerin/Steinhoff, Strategiewechsel, S. 29 f., 100 ff.; Pommerin, Von der »massive retaliation« zur »flexible response«, S. 529 f.; Duffield, The Evolution, S. 242 ff., 262 ff. Wir kommen auf das Thema zurück.

74 Ein Bezugspunkt war, daß Westberliner Gewerkschaftsführer (u. a. Scharnowski) Ende Oktober 1956 verlautbarten, man müsse den Freiheitswillen in der »SBZ« unterstützen. Die Sowjet-

rung, daß sie im Falle westdeutscher Beihilfe nicht auf die Rückendeckung durch die NATO rechnen dürfe[75]. »It would be desirable to stress that East Berlin, Eastern Germany and Eastern Europe must be regarded as areas of vital interest to the Soviet Union, in which the Soviet Government would not brook Western intervention. It would be important to give strong public guidance against any form of intervention if further upheavals were to occur in Eastern Europe[76].«

Weitere Vorkehrungsmaßnahmen fanden in den Rüstungskontrollplänen ihren Niederschlag; vor allem truppen- und waffensystem »verdünnte« Zonen sollten dafür sorgen, daß aus lokalen Zusammenstößen keine eskalierenden, unkontrollierbaren Konflikte wurden. Das Problem, ob es angesichts der globalen Machtprobe zwischen den USA und der UdSSR regionale (europäische) Sicherheit durch eine Kombination von (a) Rückzug amerikanischer und sowjetischer Streitkräfte (Disengagement) und (b) Rüstungsbegrenzung seitens der in der »verdünnten« Zone liegenden Staaten geben könne, blieb unverändert, auch wenn die Dringlichkeitsstufe dank jüngsten Anschauungsunterrrichts erhöht wurde (siehe unten).

Auf westlicher Seite schlug das Pendel ebenfalls zugunsten »Blockkonsolidierung« aus, vor allem, weil Frankreich und Großbritannien die Erfahrung machen mußten, daß sie ohne und gegen die USA »out-of-NATO-area« nicht aktionsfähig waren, und weil beide, um den Eintritt ins Raketenzeitalter nicht zu verpassen, die Option erkannten, entweder mit Hilfe der USA das Statusgefälle zu den Supermächten so gering wie möglich zu halten oder aber — so Frankreich — durch Zusammenwirken mit Dritten (Deutschland, Italien)[77] entweder die amerikanische Unterstützung zu erwirken oder einen Alleingang zu riskieren. Was immer London und Paris unternahmen, um ihre Demütigung durch das doppelte Ultimatum der USA und der UdSSR wettzumachen und sich gegen erneute nukleare Erpressung durch den schnellen Aufbau einer unabhängigen strategischen Abschreckungskapazität zu schützen, feststand, daß keiner von beiden den

union hatte zu diesem Zeitpunkt ihre Truppen in Ungarn zurückgezogen, aber nur, wie sich schnell herausstellte, um sie für den nächsten Einsatz besser zu organisieren. Wieweit Gerüchte, daß Ulbricht die Situation für einen Schlag gegen Westberlin nutzen wolle, die westlichen Überlegungen beeinflußten, habe ich noch nicht nachprüfen können.

75 Dulles gegenüber v. Brentano und im NATO-Rat, 4./5.5.1957; betr. NATO-Rat 13./14.12.1956, siehe in: FRUS 1955–57, IV, S. 146 f.; Kosthorst, Brentano, S. 118. Siehe auch Anm. 70. Der Möglichkeit, daß die Bundesrepublik die NATO in Konflikte über die Ostgebiete verwickeln könnte, hatten die Westmächte im Rahmen der EVG-Deutschlandvertrags- und WEU/NATO-Beitrittsverhandlungen verständlicherweise einen Riegel vorgeschoben. Ob Adenauer — einer Interpretation Karl Kaisers zufolge — in diesem Zusammenhang (Ende November 1951) die »deutsche Frage« als Vereinigung des »westdeutschen Teilstaats« mit der DDR von »Wiedervereinigung« unter Einbeziehung der Ostgebiete abgrenzte und damit die Ostpolitik der SPD/F.D.P. -Regierungen sowie die Konditionen der Vereinigung 1989/90 vorwegnahm, ist eine Kontroverse für sich.

76 PRO, FO 371, 130727, Briefing paper on Soviet Union für Macmillans Besuch in Bonn, 7./8.5.1957.

77 Soutou, De Gaulle, Adenauer; Fischer, Das Projekt einer trilateralen Nuklearkooperation; Köhler, Adenauer, S. 979 ff.

Rüstungswettlauf zwischen den Supermächten beeinflussen konnte[78]. Daraus resultierte die — auch auf deutscher Seite geteilte — Befürchtung[79], daß die USA sich auf den Dialog mit der UdSSR konzentrieren würden; wären Nuklearwaffen ausschlaggebend und bedeuteten konventionelle Streitkräfte weniger als zuvor, so sorgte die gravierende Asymmetrie zwischen der überseeischen Weltmacht USA und der eurasischen Doppelkontinentalmacht Sowjetunion dafür, daß die Europäer glaubten, die USA würden ihre Sicherheitsbelange vernachlässigen[80]. Als Nuklearmacht könne »Europa«, aber auch Großbritannien und/oder Frankreich, sich bemerkbar machen; sollte es eines Anstoßes bedürfen, so gab ihn »Suez«.

Die Bipolarität USA/UdSSR wurde besonders dadurch hervorgehoben, daß Großbritannien unter Berufung auf diesen Fall eine von den USA vermeintlich unabhängige strategische Abschreckungsmacht aufbauen wollte, faktisch jedoch die von den USA bereits im Juli 1956 angebotene Chance nutzte[81], die privilegierte Partnerschaft in Gestalt des strategischen Duopols in der NATO und weltweit zu erneuern. Das britische Vorgehen schärfte auf deutscher Seite das Bewußtsein, daß man »wer« sein müsse, um nicht übergangen zu werden[82], daß aber letztendlich nur die USA fähig und willens wären, das deutsche Begehren nach »nuklearer Mitwirkung« zu verstehen und zu befriedigen, sei es im Rahmen einer »4. Atommacht NATO«, sei es im Rahmen einer NATO-kompatiblen französisch-deutsch-italienischen Zusammenarbeit (1956–1958). Die Duplizierung der amerikanischen Rolle im westlichen Bündnis durch Großbritannien hatte die — von London gerade nicht gewünschte (!) — Konsequenz, daß Bonn nun erst recht gegenüber den USA auf Gleichbehandlung mit Frankreich und Großbritannien auf der Führungsebene der NATO pochte.

II.

Die unter den geschilderten Umständen erfolgende Zementierung der Bipolarität war gleichbedeutend mit Fortdauer der Spannungen im westlichen Bündnis.

78 Die sowjetische Politik versuchte späterhin — in den SALT- und START-Verhandlungen —, die britische und die französische Kapazität auf das »westliche«/US-Konto anzurechnen, aber dies diente dem Zweck, die Limits für die Kategorien auf sowjetischer Seite höher anzusetzen.

79 Grewe gegenüber dem kanadischen Botschafter Ritchie, NAC, RG 25, File 50030-AG-1-40, Ritchie an DEA, 26.7.1956; zur deutschen Reaktion auf britische Pläne siehe: Köhler, Adenauer, S. 948 ff. Im Gespräch mit Mollet äußerte Adenauer, daß der Radford-Plan im Licht der gerade vorliegenden Aufforderung Bulganins an Eisenhower (5.11.1956) gesehen werden müsse: Die Supermächte wollten gemeinsame Sache machen; Kosthorst, Brentano, S. 114 f.; Köhler, Adenauer, S. 949 f.

80 Sehr verehrter Herr Bundeskanzler!, S. 201 ff.; Mélandri, Les Etats-Unis, S. 74 ff.; Duke, US Defence Bases, S. 126 ff.; Simpson, The Independent Nuclear State, Kap. 5 und 6. Zur deutschen Haltung siehe unten.

81 G. Schmidt, Vom Anglo-amerikanischen Duopol, S. 94 f.

82 Eine Macht, die nicht über Atomwaffen verfüge, müsse sich jedem Ultimatum einer Nukle-

Frankreich und Großbritannien waren von der Strategiekrise (Radford-Plan und Folgen, »Suez«) weniger tangiert als die Bundesrepublik, da ihnen die Option auf Herstellung und Besitz von Nuklearwaffen verblieb, auch wenn unklar war, ob sie ihre Ambitionen miteinander oder gegeneinander unter Verdrängungswettbewerb um die Gunst Washingtons befriedigen könnten. Beide waren um so mehr von der Verlagerung der »sowjetischen Gefahr« von Europa an die Peripherie betroffen; verteidigten sie ihre Position gegen lokale Herausforderer — und zwar gerade auch mit der These, daß sich Moskau hinter dem Herausforderer verberge —, so provozierten sie, daß auf amerikanischer Seite und in der Dritten Welt der gleiche Schlachtruf laut wurde, den Chruschtschow und Mao Tse-tung anstimmten: »Kampf den Kolonialisten«, um Befreiungskriege im Bereich außerhalb der NATO und des Warschauer Pakts zu legitimieren. Die USA brauchten Indien (und zwar möglichst gemeinsam mit Japan) zur Gegenmachtbildung gegen Rotchina in Asien, Jugoslawien als Vorreiter eines »Blockfrei-Nationalkommunismus«, und konnten Nasser, die dritte Führungskraft der Blockfreienbewegung, nicht ohne triftigen Grund den Kampf ansagen, also in Tunesien/Algerien für Frankreich und in der arabischen Welt für Großbritannien gegen den »Nasserismus« Partei ergreifen. Die Bundesregierung reagierte auf dadurch bedingte Schwankungen und Wendungen in der amerikanischen Politik, der sie die Schuld (mangelnde Führungskraft) anlastete, um so empfindlicher, je mehr sie selbst von der Tendenz der britischen und französischen Politik betroffen war, konventionelle Streitkräfte von der »Central Front« — aus Deutschland — abzuziehen und in den Krisengürtel von Algier bis Aden zu verlegen, bei gleichzeitigem »cover-up« durch Abrüstungsinitiativen. Andererseits sah sich Bonn wegen der Ungewißheit über die Zukunftschancen eines »WEU nuclear weapons pool« sowie der deutschen Beteiligung im Lenkungszentrum einer nuklearisierten europäischen »Dritten Kraft« auf die USA angewiesen[83]. Die Prämisse der Adenauerschen Politik, daß der Westen durch geschlossenes Auftreten die deutsche Frage zumindest offenhalten könne, wurde durch die Positionen, die die großen Vier des Westens in der Nukleardiplomatie bezogen, unterminiert.

In einem Bündnis, das sich wegen des Zusammentreffens verschiedener Druckwellen[84] und Ereignisse immer nur durch Diversifikation und Weiterführung der

armacht beugen; daher müsse die Bundeswehr mit taktischen Atomwaffen ausgerüstet sein; Strauß, 19.9.1956, Frankfurter Allgemeine Zeitung; ähnlich Generalinspekteur Heusinger nach der Rückkehr aus Washington. Sei die Bundeswehr atomar ausgerüstet, dann könnten die Verbündeten Sicherheits-und Abrüstungsgespräche nicht mehr nach Gutdünken führen, sondern müßten sich gleichermaßen mit der Bundesrepublik verständigen — Strauß, 5.12.1956. Adenauer schwenkte jetzt gleichfalls auf die »Nuklearisierung« der Streitkräftestruktur um. Greiner, Das militärstrategische Konzept; Wampler, NATO Strategic Planning.

83 Zu den Spannungen USA-Bundesrepublik aufgrund der Entwicklung der Militärdoktrin siehe: Kelleher, Germany, S. 36 ff.; Schwartz, NATO's Nuclear Dilemmas; G. Schmidt, Die sicherheitspolitischen und wirtschaftlichen Dimensionen.

84 Finanzierungsprobleme (Haushalt und Zahlungsbilanz) beeinflußten die Debatte in Großbritannien (1952 Global Strategy, 1956/7 Grand Design), in den USA (1953 New Look, 1956

Nuklearisierung der Strategie und der Streitkräftestrukturen die für ausschlaggebend erachtete Schutzgarantie der USA sichern konnte[85], wirkte sich neben dem Prestigekonflikt zwischen dem anglo-amerikanischen Duopol und dem taktischen Operationsverbund NATO-Europa[86] vor allem die Tatsache aus, daß die Führungsmacht USA in ihren internen Beratungen zunehmend Zweifel an der Sicherheitsfunktion der Abschreckung in allen Ernstfällen entwickelte[87]. »How effective could be our cooperation without the use of the atomic bomb[88]?« Wenn selbst die »abhängigsten« Verbündeten — Adenauer; Japan; London — den Einsatz von Atomwaffen bei Bedrohungen in ihrer Region ablehnten und damit gegebenenfalls den USA auch die Nutzung von Stützpunkten für Operationen des Strategic Air Command untersagen oder jedenfalls einschränken würden[89], dann war der Wert der

Radford-Plan) und in Frankreich zugunsten der Devise, »Nuklearisierung« bedeute »more bang for the buck«. London forcierte 1956 in der NATO sowohl die Strategiedebatte als auch die Diskussion über die sowjetische Bedrohung; siehe: Greiner, Die militärische Eingliederung, S. 750 ff.; Wiggershaus, Von Berlin bis Berlin.

85 MC 48 (Dezember 1954); MC 70 (angenommen 12.6.1958); Tuschhoff, Die MC 70; ferner Wampler, NATO Strategic Planning, und Greiner, ebd. Die US-Joint Chiefs of Staff, die innerhalb eines vorgegebenen Haushaltsrahmens planen mußten, dachten — ausgenommen Maxwell Taylor (Armee) — nicht nur an einen weltweiten Abbau der militärischen Präsenz der USA (um bis zu 800 000 Mann), sondern beharrten auch darauf, daß erstens die in Übersee verbleibenden Streitkräfte »atomar durchmischt« sein mußten , weil die USA sich keine getrennten rein konventionellen und rein atomar-bestückten Einheiten leisten könnten. Die Folge war, daß die USA zur Bewachung der Nuklearsysteme in Übersee präsent bleiben mußten. Zweitens forderten sie, daß die Streitkräfte der Verbündeten ebenfalls mit taktischen Atomwaffen ausgerüstet werden sollten; die Verbündeten könnten und müßten ihre Streitkräfte verringern; den Präzedenzfall bildete Südkorea. Die USA sollten beim Aufbau der Streitkräfte der Verbündeten in der »Region« helfen, selbst aber nur die zentrale Reserve hinter den Frontstreitkräften der Alliierten bilden; sie sollten den Alliierten helfen, die notwendige Integration von taktischen Atomwaffen in ihren Streitkräften durchzuführen. FRUS 1955–57, XIX, S. 97, 189 f., 203 ff., 210 ff., 299 ff., 246, 369 ff., 410, 420 f., 471 ff., 493 ff.; sowie die Debatten über NSC 5501, 5602 und 5707, ebd.

86 Die »Monopolisierung« der strategischen Abschreckungsmaßnahmen durch die USA und Großbritannien, die ihr »targeting« gegen Ziele in der UdSSR koordinierten, wirkte sich darauf aus, daß SACEUR nur taktische und keine strategischen Aufgaben überantwortet wurden; SACEUR war natürlich über die von den USA und Großbritannien »abgedeckten« Zielobjekte im Osten unterrichtet.

87 NSC, 173rd Meeting, 3.12.1953; Special Meeting, 31.3.1953, beide Zeugnisse in: FRUS 1952–54, XV, S. 1636–1645, 826 ff.; NSC 179th Meeting, 8.1.1954, in: FRUS 1955–57, XV, S. 1708; sowie ebd., XIX, S. 248, 409, 427, 473 f., 493 ff., 618, 623, 647, 681 ff. Die Zweifel, was die Nuklearmachtrolle »wert« sei, wenn man sie mit Rücksicht auf die Beschwerden der Alliierten über »nukleares Säbelrasseln« nicht einmal für eine Drohpolitik verwenden dürfe, traten in der Formosa-Krise 1954/55 ins Rampenlicht, schwelten in den Auseinandersetzungen über die Strategie-Richtlinien — NSC 5602, 5707 — fort und kulminierten im September 1958 in der zweiten Taiwan-Krise. In der anschließenden Contingency Planung zur Berlin-Krise dominierte bereits die Weiterentwicklung der MC 14/2-Maßgaben. Brands, Testing Massive Retaliation; Gaddis, The Unexpected John Foster Dulles.

88 Eisenhower, Diary, 14.3.1955, S. 296.

89 Dulles, 27.2.1956, NSC, 277. Sitzung, in: FRUS 1955–57, XIX, S. 205; siehe ferner: ebd., S. 313, 410 ff., 430, 473 ff. Im Falle Japans, das mittels einer Revision des Sicherheitsvertrags ein Mit-

USA als »Nuklearprotektor« unterminiert[90]. »Our whole international security structure was in jeopardy[91].« Die Widerwilligkeit impliziere des weiteren, daß die Verbündeten ihre Bereitschaft reduzierten, sich an amerikanischen »nuklearisierten« Aktionen in ihrer Region überhaupt zu beteiligen. Die massive Vergeltung, amerikanische Überlegenheit vorausgesetzt, wünschte sich jeder Verbündete der USA, aber um die Konsequenz der Nuklearisierung — daß jeder Konflikt wegen der »Durchmischung« amerikanischer und eigener Verbände mit atomaren Systemen als Unterpfand der »Verkoppelung« zwischen strategischer und taktischer Abschreckung die Vertrauensfrage aufwerfen müßte — wollte jeder Verbündete sich drücken[92]. Ein Ausweg, den Dulles und Eisenhower frühzeitig (Oktober/November 1953) erkannten, aber nur schrittweise umsetzen konnten, war die Weitergabe nuklearer Systeme an die Alliierten; »letting some of these fellows in Europe have a few atomic weapons« würde verhindern, daß sie sich von den USA entfremdeten[93].

Die inneramerikanische Debatte wurde gleichsam durch ein zweifaches Glaubensbekenntnis[94] — von Eisenhower und von Dulles — statt eines von den Joint Chiefs of Staff gewünschten Machtwortes des Präsidenten entschieden. Wenn jeder Krieg, wie Eisenhower räsonierte, an dem die USA und die UdSSR sich beteiligten, ein Nuklearkonflikt werden mußte, den aber beide — wie vor allem eine im März 1956 vorgelegte Studie offenlegte[95] — wegen der enormen Opfer wohl nicht riskieren würden, war strategische Abschreckungsfähigkeit der Schlüssel zur Friedenssicherung[96]. »Lokale Kriege« an der (nichteuropäischen) Peripherie der Sowjetunion, die ein Eingreifen der USA erforderlich machen wür-

spracherecht erlangen wollte, hatten die USA die Möglichkeit, an der Sonderstellung auf den Bonin- und Ryukyu-Inseln (u. a. Okinawa) festzuhalten; die Stabschefs sperrten sich u.a. aus diesem Grunde gegen Verhandlungen über eine vorzeitige Rückkehr der Inseln zum japanischen Hoheitsraum.

90 Bennett Memo., 30.1.1957, in: FRUS 1955–57, XIX, S. 412; vgl. S. 27, 142 ff., 156, 194, 264, 268, 431 f., 499 ff.

91 DDEL, Dulles File, WH Memo. Ser., Box 3, Dulles, 26.12.1955; Wampler, Die USA, S. 265 ff.

92 DDEL, Whitman File, Dulles-Herter, Box 5, Dulles, 22.1.1956, in: FRUS 1955–57, XIX, S. 60 ff., 173, 203 ff., 210 f., 229 f., 242 ff., 246, 397 ff., 499 ff., 528 ff.; Felken, Dulles und Deutschland, S. 354 ff.

93 NSC, 179th Meeting, 8.1.1954, in: FRUS 1952–54, XV, S. 1708; für den Zeitraum 1955–1957 siehe: FRUS 1955–57, XIX, S. 248, 409, 427, 473 f., 493 f., 618, 623, 647, 681 ff.

94 Auf die Widersprüche zwischen Eisenhowers und Dulles' Priorität kann hier nur hingewiesen werden. Für Dulles — wie für Adenauer — lösten taktische Nuklearsysteme das »regionale (lokale)« Sicherheitsdilemma. Daß die Einführung nuklearer Systeme in konventionelle Verbände und die Bewertung taktischer Atomwaffen als modernisierter konventioneller Waffentypus wegen der gewünschten Ankoppelung der strategischen Streitmacht der USA an die regionalen Sicherheitssysteme (NATO-Europa) die Frage der Glaubwürdigkeit des US-Präsidenten, der ja die Freigabe beider Nuklearsysteme autorisieren mußte, nicht löste, liegt auf der Hand. Einen Gegenschlag auf Hamburg riskieren hieß immer auch einen Gegenschlag gegen New York (Chicago) riskieren.

95 Die von General Graf Kielmannsegg vorgelegte und Adenauer bekannte Studie kam zum gleichen Schluß; siehe: Köhler, Adenauer, S. 945.

96 FRUS 1955–57, XIX, S. 33, 195, 211 ff., 431 ff., 494 ff.

den, sollten möglichst vermieden werden; massive Vergeltung sollte, wie im Falle der Taiwankrisen, den potentiellen Aggressor abschrecken. Die Planungen sollten davon ausgehen, daß der amerikanische Präsident seinen Streitkräften in jedem Krieg den Einsatz taktischer Atomwaffen genehmigen würde, auch wenn dies die Eskalation zum totalen Krieg implizierte; in dieser Hinsicht gab Eisenhower den Militärs das gewünschte Plazet, doch glaubte er, daß gerade die Festlegung auf »lückenlose« Abschreckung, die dem »Gegner« nicht verborgen bleiben sollte, die Gefahren bannte[97]. Wichtig in diesem Zusammenhang ist, daß die USA (und Kanada) sich die Verständigungsbereitschaft Moskaus Ende Januar/Februar 1955 — also auf dem Höhepunkt der Taiwankrise — damit erklärten, daß der Kreml sich nicht von China in Konflikte mit den USA hineinziehen lassen oder jedenfalls demonstrieren wollte, daß die UdSSR in Europa keinen Konflikt suche; die Bedrohung eines von Moskau (fern)gesteuerten Zweifrontenkriegs rückte somit für die USA in weite Ferne[98]. Das Kalkül Eisenhowers auf die Wirksamkeit der Abschreckung machte nur Sinn, wenn man davon ausging, daß auf der Gegenseite die Sowjetunion nicht »automatisch« als Nuklearmacht in Aktion treten würde[99]. Erwies sich die Annahme als zutreffend, dann lohnte es sich für die USA, mit der UdSSR über ein »Gleichgewicht des Schreckens« auf reduziertem Niveau zu verhandeln und das Wettrüsten der Devise »enough is enough« zu unterwerfen. Adenauer hatte nichts gegen allgemeine nukleare Abrüstung einzuwenden, argumentierte hingegen heftig gegen die Prämissen Eisenhowers: Wenn die USA sich darauf festlegten, daß »alles oder nichts« (Atomkrieg oder Kapitulation) von der Glaubwürdigkeit der strategischen Abschreckung abhinge, dann käme es auf das Verhalten in der ersten Stunde an, also letztlich darauf, wer präventivkriegsbereit sei; nach Lage der Dinge könnte dies nur die Sowjetunion sein. Griffe die UdSSR nicht selbst an, sondern ein Stellvertreter, würde die Abschreckungsdoktrin nicht greifen[100]. Diese Strategie, so ließ er Dulles in einer ersten Reaktion auf den »Radford-Schock« wissen, würde Europa das Vertrauen in die USA rauben. »Vielleicht erringt die Sowjetunion dadurch den größten, vielleicht entscheidenden Sieg im Kalten Krieg, weil Europa, auch Deutschland, das Vertrauen auf die Zuverlässigkeit der USA verliere.« Bei der Abhängigkeit vom Nuklearmonopol der USA spielte auch die Überlegung eine wichtige Rolle, daß die Entscheidung über Krieg und Frieden beim amerikani-

97 Ebd., S. 14 ff., 153, 195, 236 ff. Vgl. Wampler, Die USA, S. 263 f. Die am 21.3.1957 von den »Militärs« gebilligte Richtlinie MC 14/2 sah für den Verteidigungsfall den Einsatz nuklearer System im Gefechtsfeld vor; Duffield, The Evolution, S. 242 ff., 272 ff.; Pommerin/Steinhoff, Strategiewechsel, S. 29 f., 100 ff.

98 NAC, RG 25, File 50102-J-40, Interim Box 90/91–008, Vol. 216, Trends and Implications of Soviet Policy (December 1, 1954 to April 30, 1955), S. 4/5, 2.5.1955.

99 Später — im Herbst 1958, im Umfeld des Camp David-Gipfels September 1959 sowie unter Kennedy — kam es zu Erwägungen, daß die Sowjetunion sich nicht nur nicht von Mao mißbrauchen lassen würde, sondern vielleicht sogar bereit sei, Rotchina zu disziplinieren.

100 Adenauer an Dulles, 22.7.1956, zit. nach Schwarz, Adenauer, S. 292 f.; Köhler, Adenauer, S. 943 f.; engl. Übersetzung in: DDEL, Dulles File, WH Memo. ser., Box 5; ferner FRUS 1955–57, IV, S. 92–102.

schen Kongreß liege; (NATO)-Europa brauche selbst Atomwaffen, um von der Strategie der Abschreckung zu profitieren[101].

In dieser Hinsicht trafen sich Adenauers Überlegungen mit denen von Dulles. Dulles zufolge bot das Verständnis taktischer Atomwaffen als eine Form verbesserter Artillerie[102] eine Antwort auf die Frage, ob eine (so verstandene) »konventionelle« Abschreckung möglich sei, und eine Garantie, daß der Westen im Falle des Versagens der strategischen Abschreckung auch gegen einen konventionell überlegenen Gegner das Terrain verteidigen könne[103]. »It is quite probable that general availability of tactical atomic weapons, with the very great increase in firepower which they give, would tend to favor the defense in a war limited to a single theatre and in which long-range planes or missiles were not used [...]. The problem is to design [an air defense system] that could stop a very high percentage of a large coordinated attack[104].« Mit der Einfügung taktischer Gefechtsfeldwaffen erhielten die Verbündeten, so Dulles, ein Gefühl von Sicherheit zurück, daß sie einen sowjetischen Vormarsch aufhalten könnten[105]. Da die USA wegen der sowjetischen Aufholjagd nicht länger »massive retaliation« zur Abschreckung auch vor lokalen Aggressionen glaubwürdig aufbieten konnten, sollte die Einführung taktischer Atomwaffen sowohl mehr Flexibilität als auch mehr Vertrauens-«Stabilität« schaffen[106].

Sprach im zweiten Fall — der »Dulles-Doktrin« — alles dafür, die Kampfkraft der Verbündeten durch »atomic stockpiles« (und anschließend durch »Euromissiles«/MRBM) zu erhöhen, so galt im ersten Fall — der »Eisenhower-Doktrin« — die Voraussetzung, daß sich der Kreis der Nuklearmächte gerade nicht verbreitern dürfe. Dies wiederum schürte die Spannungen innerhalb des »Westens«. Indem Großbritannien einerseits gemeinsam mit den USA strategisches »targeting« betrieb und andererseits in einer Geheimabsprache auf der Bermudakonferenz (21.–24. März 1957) mit den USA vereinbarte, Mittel und Wege zu finden, wie man die »4. Atommacht« Frankreich oder eine deutsch-französische »Dritte Kraft«[107]

101 G. Schmidt, »Tying«; Pierre, Nuclear Politics, S. 86 ff.

102 Dulles, in: FRUS 1955–57, XIX, S. 60 ff., 173, 500 ff. Ähnlich stellte es Adenauer dar: Wenn es einmal möglich sein werde, nukleare Granaten aus normalen Kanonen abzufeuern, dann könne man auch an eine Verringerung der Truppenstärken denken; 20.9.1956 vor dem Bundesvorstand der CDU, in: Adenauer, »Wir haben wirklich etwas geschaffen«. Die Protokolle des CDU-Bundesvorstands, S. 1029.

103 In seinem Beitrag »Challenge and Response in United States Policy« stellte Dulles seine Konzeption vor. MC 14/2 setzte dies als NATO-Strategie für »limited responses« im Fall begrenzter Aggressionen um. Der NATO-Rat hatte auf seiner Dezembertagung (11.-14.12.1956) beschlossen, die westeuropäischen Armeen mit Trägersystemen für taktische Atomwaffen auszurüsten. Auf Drängen von Strauß sollte dies bis auf die Divisionsebene hinuntergehen — 14.12.1956 im NATO-Rat, in: FRUS 1955–57, IV, S. 150. Brentano betonte bei gleicher Gelegenheit — NATO-Rat, 13.12.1956 —, daß die Sowjetunion die Streitkräfte der Warschauer Pakt-Staaten mit »modernen« Systemen ausgerüstet habe; FRUS ebd., S. 146.

104 Nitze, Atoms, Strategy and Policy, S. 194.

105 Dulles, 4.7.1957, Felken, Dulles und Deutschland, S. 390 ff.

106 Duffield, The Evolution, S. 305 ff.

107 Dies geht eindeutig aus folgenden Zeugnissen hervor: DEA an NATO-Del.,Paris, 29.3.1957,

verhindern könne, fügte es sich der »Logik« der strategischen Abschreckung[108]. Das schloß die Option auf Teststop-, Nichtverbreitungs-Abkommen und Limitierung des strategischen Waffenarsenals, nukleare Abrüstung also, ein.

Die Spannungen im westlichen Bündnis ergaben sich daraus, daß zum einen Großbritannien den Kurswechsel in der Verteidigungspolitik damit rechtfertigte, daß die Peripherie und die »out-of-NATO-area« für die Auseinandersetzung mit der Sowjetunion wichtiger sei als die stagnierende Lage an der Central (European) Front; um Kräfte von dort abziehen zu können, arbeitete Großbritannien darauf hin, truppenverdünnte Zonen beiderseits der deutsch-deutschen Grenze auszuhandeln und dabei »Sicherheit und Stabilität durch Teilung« als der Weisheit letzten Schluß zu preisen. Zum anderen sah die Bundesregierung in dem Zusammentreffen von Radford-Plan und britischen Vorstößen in Washington zur Revision der NATO-Strategie sowie der amerikanischen Hinnahme der britischen Umrüstungspolitik ein abgekartetes Spiel[109]. Auf deutscher Seite durchschaute man den Zweck der britischen Bemühungen um die Wiederherstellung der Sonderbeziehungen nach dem Suezdebakel: »Eisenhower [hat den britischen Umrüstungsplänen] auf der Bermudakonferenz offensichtlich zugestimmt. Seitdem zeichnet sich eine weitgehende Übernahme überseeischer Positionen der Engländer durch die Amerikaner ab. Hierdurch wird der angespannte englische Haushalt entlastet und Großbritannien in die Lage versetzt, sich zur dritten Atommacht zu entwickeln[110].« Außenminister Brentano machte London auf der WEU-Ratstagung (26. Februar 1957) außerdem dafür verantwortlich, daß der Westen »sich

Dep. 127, Bank of Canada, 4D-400; Briefing Paper French Nuclear Weapons Programme, 4.6.1958, für Macmillans Besuch in Ottawa/Washington, Juni 1958, CAB 130–147, GEN 649/2/3, Annex A. Die britischen Vertreter äußerten gegenüber der kanadischen Bermuda-Delegation, daß die USA keine Pläne hätten, wie man »fourth power« verhindern könne. Die USA und Großbritannien gingen davon aus, daß Frankreich mit deutscher (Finanz- und technischer) Hilfe in der Lage wäre, innerhalb eines Jahres eine Atombombe und innerhalb von fünf Jahren eine H-Bombe zu bauen. Die Terminierung entspricht den Stichworten, die Mollet und Adenauer bei ihrem Gespräch am 19.2.1957 äußerten!

108 Die Umsetzung des Entschlusses machte man allerdings davon abhängig, daß Großbritannien eine eigene H-Bombe erfolgreich zündete (Mai 1957) und von den USA die Zusage erhielt, den McMahon-Act so zu ändern, daß die USA »know-how« an Verbündete weitergeben durften, die in der Lage waren, atomare Sprengkörper herzustellen, und die die vom Kongreß verlangten »Security«-Standards erfüllten; auf Frankreich traf beides nur zu, wenn man die Maßgaben leger interpretierte.

109 Botschafter Makins trug Dulles die britischen Absichten zur gleichen Zeit vor, in der der Radford-Plan publik gemacht wurde — 13.7.1956, FRUS 1955–57, IV, S. 89 f. In der NATO forderte Großbritannien zwei Tage später ein Überdenken der NATO-Strategie; NAC, RG 25, File 50030-AG-1–40, Canadian Embassy Wash. an SSEA/DEA, 19.6.1956, Dep. 1163. Zum Kontext und Verlauf der Radford-Plan-«Affäre« siehe: Greiner, Die militärische Eingliederung, S. 717 ff.; Wampler, Die USA, S. 261 ff. Die USA widersetzten sich im Januar/März 1957 noch den britischen Umrüstungsplänen, gaben aber nach der Bermuda-Konferenz (21.–24.3.1957) nach.

110 Herbst, 23.5.1957, Analyse der außenpolitischen Situation der Vereinigten Staaten, Gesprächsunterlagen für Adenauers USA-Reise 24. -29.5.1957, PA 305–82. 20, Bd 26. Den Hinweis verdanke ich Thorsten Cabalo.

selbst der Tauschobjekte für eine Befreiung Mittelosteuropas beraube«[111]; denn wenn man — wie Großbritannien — einseitig ab- und umrüste, brauche Moskau der Selbstschwächung auf westlicher Seite nur zuzusehen, statt in die Verlegenheit zu kommen, einen Rückzug aus den Ostblockstaaten als Ergebnis von Ost-West-Verhandlungen ins Auge fassen zu müssen.

Nach »Suez« lebte die Machtrivalität zwischen Großbritannien und Frankreich wieder auf[112]. Großbritannien schränkte die Frankreich 1954 gegebenen Zugeständnisse ein, und zwar unter anderem mit der Begründung, daß Paris doch nicht im Ernst behaupten wolle, es bedürfe der »ewigen« und unverminderten britischen Truppenpräsenz auf deutschem Boden als Sicherheitspfand, wo es doch — unter Hintansetzung britischer Interessen — mit der Bundesrepublik eine Wirtschaftsgemeinschaft mit politischer Finalität eingehe[113]. Das Mißtrauen gegenüber Frankreich und Deutschland spielte eine Rolle bei der Entscheidung des britischen Kabinetts gegen den Vorschlag des Außenministers, das britische Interesse an der Umsetzung der im Herbst 1956 von deutscher und von französischer Seite lancierten Ideen eines westeuropäischen zivilen und militärischen »nuclear pool« zu bekunden. Alle emphatisch vorgetragenen Argumente, warum Großbritannien zu Europa gehöre und »in Europe« mitmachen müsse, sowie der schon klassische Hinweis »we might win next summer's election for Dr. Adenauer« prallten an der Mauer der Überzeugung ab, daß Großbritannien seine Sonderbeziehungen zu den USA und zu Kanada nicht riskieren dürfe; außerdem erweise Großbritannien mit dem Plan einer Einhegung der EWG durch eine europaweite industrielle Freihandelszone Europa und der Welt einen Dienst, auch wenn die WEU-Partner dies noch nicht wahrhaben wollten. Das Freihandelszonenprojekt hielt man im State Department für unterstützenswert, während Eisenhower und Dulles auf die Gemeinschaft der Sechs setzten[114]. Noch deutlicher als im Zeitraum 1953–1956 zeigte sich, und darauf kam es dem Kabinett Macmillan an, daß die USA »out-of-NATO-area« mit Großbritannien kooperieren wollten, vorausgesetzt, Frankreich werde nicht beteiligt.

111 Zit. nach Kosthorst, Brentano, S. 126.

112 Frankreich verübelte Großbritannien eine Reihe von Irrtümern und Fehlern in der Durchführung der Suezaktion, vor allem das frühe Einlenken auf das UN-Waffenstillstandsgebot und die Anfälligkeit für den amerikanischen Druck. Während Frankreich seine Devisenreserven verstärkt hatte, konnte Großbritannien dem Druck auf das £-Sterling nicht standhalten; die USA machten ihren Flankenschutz von verschiedenen britischen Rückzugsaktionen abhängig. Zur wirtschaftlichen Dimension der Suez-Affäre siehe neben Kunz, The Economic Diplomacy, insbesondere auch Johnman, Defending the Pound.

113 Macmillan-Mollet, 9.3.1957; das Treffen fand im Vorfeld des Bermuda-Gipfels USA-Großbritannien-Kanada statt; G. Schmidt, Die politischen und sicherheitspolitischen Dimensionen; ders., Großbritannien, die Gründung der EWG.

114 PRO, PREM 11, 2136. CP (57)6, 4.1.1957; Cabinet Meetings, 5. und 8.1.1957, CM (57) 3rd Conclusions. Sandys, einer der Wortführer der britischen Europabewegung, befürchtete, daß die USA, die Europa sehr viel früher als England mit Atomwaffen beliefern könnten, Großbritannien im Wettlauf um die Gunst und die Führung eines vereinten Europa ausstechen könnten. Das Argument schwächte die Position des Außenministers.

Das dreifache britische »No to Europe« — zur EWG, zu EURATOM/nuklearisierte WEU und zum Konzept der »Vorneverteidigung« — lief den Vorstellungen über Europa als »Dritte Kraft« zuwider, die Adenauer[115] und Mollet sowie Dulles[116] im Vorfeld der Doppelkrise und zur Überwindung ihrer Auswirkungen entwickelt hatten: Ein starkes Europa begünstige ein starkes Engagement der USA für die Sicherheit Europas[117]; Großbritannien gehöre dazu, sei es durch politische Konsultationen in der WEU, sei es durch ein Arrangement zwischen EWG und »Plan G«; daher sollte London zur Mitwirkung eingeladen werden, doch müsse es dem deutsch-französischen Einigungswerk Tribut zollen; »unsere Sicherheit beruht nicht auf der militärischen Zusammenarbeit mit den europäischen Staaten [...], sondern auf dem guten Willen der USA[118].«

Die Präferenz der Nachfolger Edens für die Restauration der Special Relationship[119] und für die Nutzung des £-Sterlinggebietes und des Commonwealth als Kraftquelle einer Präsenz Großbritanniens in Weltwirtschaft und Weltpolitik vor Augen, versicherten sich Mollet und Adenauer am 19. Februar 1957 wechselseitig[120], daß Frankreich und Deutschland in fünf Jahren Atombomben besitzen müß-

115 Zu Adenauers Brüsseler Rede (25.9.1956) und seinen Äußerungen gegenüber amerikanischen Besuchern sowie gegenüber Mollet (29.9.1956) siehe: Schwarz, Adenauer, S. 296 ff.; Adenauer, Erinnerungen, 3, S. 223 ff.; Kosthorst, Brentano, S. 108 ff., 114 f.; Felken, Dulles und Deutschland, S. 410 ff.; Hoyer Millar — 3.11.1956, Bonn Dep. 605 an FO, WG 10314 — erhoffte sich von Adenauers Paris-Besuch, daß Mollet die Gelegenheit nutzen werde, um Adenauer in der Auffassung zu bestärken, wie wichtig das französisch-britische Einvernehmen für den Aufbau Europas sei (PRO, FO 371, 124519). Gegenüber dem CDU-Vorstand hatte Adenauer am 20.9.1956 bereits erkennen lassen, wie er auf die Eskalation der Suezkrise reagieren würde.

116 DDEL, Whitman File, NSC, Box 8. Dulles, 4.10.1956, NSC, 299th Meeting. Murphy konstatiert einen »very encouraging revival of interest in European unity, manifested in the course of the last few weeks«. NA, RG 59, DF, 762A.5/10–456, Murphy, 4.10.1956; FRUS 1955–57, IV, S. 164 f. Goodpaster Report, Conference Eisenhower, Dulles, Hoover, Goodpaster, 15.12.1956: »One good feature of the (NATO Council) meetings was the evidence of closer German relations with the British and the French [...]. The British are moving towards support of the common market.« Dulles gab London und Paris zu verstehen, daß sie — vide Suez — für eigenständige Weltmachtambitionen zu schwach (geworden) seien; sie sollten ihre Ressourcen in »Europa« bündeln und dadurch eine dritte Kraft bilden. Jedoch müsse die Bundesrepublik an prominenter Stelle beteiligt sein; ein Tripartismus USA-Großbritannien-Frankreich — unter Ausschluß der Bundesrepublik —, wie dies Macmillan zur Einbindung de Gaulles später vorschlug, kam für Dulles nicht in Betracht.

117 Sehr verehrter Herr Bundeskanzler!, S. 203 ff.; Cabalo, Politische Union, Ms., S. 46 ff.

118 Hartlieb (AA), siehe: Cabalo, ebd., Ms., S. 78.

119 Verteidigungsminister Sandys bereitete bei seinem Besuch in Washington Ende Januar 1957 die von Großbritannien gewünschte neue Arbeitsteilung vor: FO 371, 126683, Sandys (über Botschafter Caccia), 28.1.1957, Wash. Dep. 155, an Macmillan und Lloyd. Auf der Bermuda-Konferenz ging Eisenhower darauf ein. Die USA ließen ihre Vorbehalte gegen den Bagdadpakt fallen. Die Eisenhower-Doktrin signalisierte zwar, daß die USA die Eindämmung der UdSSR im Nahen/Mittleren Osten in die eigene Regie nehmen wollten, doch in der Libanon-Irak-Krise 1958 bestand die »Arbeitsteilung« ihre Feuerprobe.

120 Köhler, Adenauer, S. 959; Adenauer, Erinnerungen, 3, S. 293; FRUS 1955–57, XXVI, S. 232. Duffield, The Evolution, S. 305 ff., betr. die amerikanischen und britischen »Vermutungen« über

ten, wenn Großbritannien seine eigenen Wege gehen wolle. »Suez/Ungarn« bedeutete für das deutsch-französische Verhältnis den Durchbruch, indem Adenauer erstens die deutsche Bereitschaft signalisierte, Frankreich im schwierigen Prozeß der Selbstfindung als europäische Macht zu unterstützen, insbesondere durch Verzicht auf eigene Führungsansprüche, und zweitens die Devise befolgte, daß »Europa«, indem es sich zusammenschließe und Deutschland integriere, auch den USA die Zusammenarbeit in der nordatlantischen Sicherheitspartnerschaft erleichtere; damit respektierte die Bundesregierung die Axiomatik amerikanischer Europapolitik, das deutsch-französische Rapprochement zu fördern, ohne diesem eine Spitze gegen die USA zu geben. Vieles davon sind große Sprüche, gewiß, aber die Sprachregelung war der unentbehrliche Wegweiser aus der Vertrauenskrise.

Das Entscheidende war, daß die USA auf Eisenhowers und Dulles' Anweisung gegen viele Widerstände sowohl vor Ausbruch der Doppelkrise[121] als auch in der Phase der Schadensbegrenzung Aufmunterungsparolen in Umlauf brachten: Es bedürfe eines zweiten westlichen — also westeuropäischen — Integrationssystems neben der NATO[122], um die dauerhafte Westbindung der Bundesrepublik zu gewährleisten; die NATO allein könne die deutschen Enttäuschungen nicht auffangen; wünsche man, wie es die westlichen Partnerländer bekundeten, keine »Neutralisierung« Deutschlands, müsse man der Bundesrepublik eine starke Stellung in den westlichen Systemen gewähren und den friedlichen Machttransfer vorexerzieren; nur wenn dies gelinge, könne »Integration«, die Schaffung einer »Friedenszone«, Schule machen für die Konstruktion einer gesamteuropäischen Friedensordnung. Zudem hieß es, daß es auf die Länder Osteuropas wie ein Magnet wirken würde, wenn die europäische Einigung in Westeuropa gelinge[123]; — das löste die »Magnettheorie« der Bundesrepublik gegenüber der DDR ab. Die UdSSR werde, wenn der Zusammenschluß Europas erfolge, wissen, daß der »Kalte Krieg« für sie verloren sei[124]. Die europäischen NATO-Länder könnten ihre Sicherheit nur dann der amerikanischen atomaren Schirmherrschaft anvertrauen, wenn SACEUR über Nuklearkapazität verfüge. Das blieb zwar hinter dem (im Herbst 1956 in deutschen Einlassungen anklingenden) Ziel, die WEU als europäischen Kern der NATO zu einer »nuklearen« Europäischen Verteidigungsgemeinschaft auszubauen, zurück. Doch berücksichtigte diese Lösung, daß der ame-

die deutsch-französische Nuklearkooperation. Dem Treffen der Regierungschefs war das der Verteidigungsminister Strauß und Bourgès-Maunory am 18.1.1957 vorausgegangen; siehe: Köhler, Adenauer, S. 979 ff.; Fischer, S. 143 ff.; Conze, La coopération franco-germano-italienne.

121 Dulles,NSC, 267. Sitzung, 21.11.1955, in: FRUS 1955–57, XIX, S. 150 ff., ferner S. 249; Dulles an Macmillan, 10.12.1955, in: ebd., IV, S. 362 f.; ferner ebd., S. 368–371; ebd., S. 349–351; Eisenhower/Dulles, 18.12.1956, DDEL, Whitman File, Eisenhower Diary Ser., Box 20.

122 G. Schmidt, »Tying«. — Die These, daß Westintegration auch Anerkennung einer starken Stellung der Bundesrepublik in diesen Systemen bedeuten müsse, findet sich später ausgeprägt in den Positions-Papieren NSC 5727 und NSC 5803; DDEL, NSC, Policy Paper Subser., Box 23.

123 Dulles an Macmillan, 10.12.1955, in: FRUS 1955–57, IV, S. 362 f.

124 Siebenmorgen, Gezeitenwechsel, S. 71 f., 81.

rikanische Präsident verfassungsrechtlich gesehen die Einsatzentscheidung an SACEUR in seiner Doppelfunktion als Oberbefehlshaber der US-Streitkräfte in Europa und der der NATO assignierten Streitkräfte delegieren könnte. Die Angebote, zuerst einen »atomic stockpile« taktischer Systeme zu bilden[125] und anschließend (1958/59) für taktisch-operative Zwecke Mittelstreckenraketen hinzuzufügen[126], reichten aus, um die Diskussion in Richtung NATO-Reform zu lenken und keine Konkurrenzorganisation zur NATO aufzumachen, wie es Franz Josef Strauß und Adenauer gelegentlich anklingen ließen und wie es Charles de Gaulle schließlich vorführte.

Die Unwilligkeit Großbritanniens und Frankreichs, ihre Nuklearsysteme entsprechend den Anregungen Adenauers in einen »Pool« einzubringen, der europäischen Sicherheitsinteressen diente, und dadurch der Bundesrepublik die Alternative zu ersparen[127], ihrerseits dem Nachahmungstrieb — Großbritanniens gegenüber den USA, Frankreichs gegenüber Großbritannien — entsprechend auf der Herstellung und dem Besitz von Atomwaffen zu bestehen, blieb nicht ohne Folgen. Die Bundesrepublik suchte zum einen bei den USA um »reassurance« nach, rief dort jedoch mit ihrem Verlangen, Washington sollte den Treueschwur wiederholen, eher Überdruß hervor; die USA wollten nicht darauf verzichten, sich Entlastung zu verschaffen, und zwar sowohl durch höhere Eigenleistungen der reich(er) gewordenen europäischen Partner als auch durch Gespräche mit der UdSSR über Rüstungskontroll- und -begrenzungsabkommen. Zum anderen belasteten die deutschen Forderungen nach einer »hardware«-Lösung der Frage der nuklearen Mitwirkung die Diskussion um Sicherheit für Europa mit dem Thema: Wer will denn wirklich die »nukleare Aufrüstung« Deutschlands? Die Bundesregierung hatte keine andere Wahl, als darauf zu insistieren, daß »gleiche Sicherheit für alle Bündnispartner« unter den von der NATO und von der UdSSR geschaffenen Bedingungen gleichwertige Ausrüstung der Bundeswehr mit »Freund und Feind« heißen müsse. Die Fixierung auf »nukleare Mitwirkung« als Macht- und Statusfrage bedeutete allerdings, daß der Wiedervereinigungsfrage viele andere Themen vorgeschaltet wurden, bei denen »Ost« und »West« von der Bundesregierung Konzessionsbereitschaft erwarteten — an der Spitze die Oppositionsparteien SPD und F.D.P.

125 Frankreich hatte die Ausstattung der NATO-Streitkräfte mit taktischen Atomwaffen im Frühjahr 1957 von den USA in Umsetzung des NATO-Ratsbeschlusses vom Dezember 1956 gefordert, ebenso Italien. Die Bundesrepublik unterstützte den französischen Vorstoß, taktische Atomwaffen und MRBM-Raketen zur Disposition von SACEUR zu stellen und im NATO-Gebiet zu lagern. Adenauer/Strauß forderten — im Gespräch mit Norstad, 20./21.3.1957 — Gleichbehandlung der deutschen Streitkräfte; Norstad sagte seine Unterstützung auf der Pressekonferenz am 21.3.1957 zu — Europa-Archiv, 1957, Z 9796. Zur »multilateralen« Diplomatie der USA in dieser Phase siehe vor allem: Weber, Shaping the Postwar Balance. Zur deutschen Politik: Pommerin/Steinhoff, Strategiewechsel, S. 28 ff.; Kosthorst, Brentano, S. 126 f.

126 Mit der Einführung von MRBM rechnete man für 1959; die USA beschleunigten die Debatte in der NATO nach dem Sputnik-Schock. Die Bundesregierung »verzichtete« auf die Stationierung von MRBM auf deutschem Boden — FRUS 1955–57, IV, S. 225.

127 Cabalo, Politische Union, Ms., S. 127 ff., 134.

III.

Um die Glaubwürdigkeit des Anspruchs auf Wiedervereinigung zu unterstreichen, so die Kernthese der SPD[128] und der F.D.P. sowie der westeuropäischen Verfechter der Disengagementpläne[129], müsse die Bundesrepublik Diskriminierungen hinnehmen[130]: erstens einen wirklichen Verzicht auf Atombewaffnung statt der Ausweichmanöver in Gestalt des französisch-deutsch-italienischen Trilateralismus oder einer von den USA favorisierten »MLF/NATO als 4. Atommacht«[131]; zweitens die Unterwerfung unter ein internationales Kontrollregime, das bundesdeutsches Territorium ebenso erfaßte wie das Gesamtgebiet der DDR und damit die Zweistaatlichkeit vertragskundlich machte; drittens könne die Auf- oder Abrüstung der Bundeswehr entsprechend den Erfolgsaussichten und dem Verlauf der Abrüstungs- und Sicherheitsverhandlungen variieren. Dem Standpunkt, Verträge nicht zu vollziehen, bevor nicht ein Versuch zum Gespräch mit der sowjetischen Seite unternommen worden sei, und insofern aus den Verträgen auszusteigen, »noch ehe wir eingestiegen sind«[132], hatte die Bundesregierung den Erfahrungssatz entgegengehalten, daß man mit solchen Tauschabsichten nur Mißtrauen bei den Alliierten hervorriefe.

Wenn die Regierung Adenauer sich darauf berufe, daß die Alliierten im Zusammenhang mit dem NATO-Beitritt der Bundesrepublik die Unterstützung ihrer deutschlandpolitischen Forderungen zugesagt hätten, die militärische Bindung aber in Wirklichkeit kein deutschlandpolitisches Engagement der Alliierten erkennen ließe, dann konnte man mit dem verteidigungspolitischen Sprecher der SPD, Fritz Erler, fragen[133], ob es nicht besser wäre, die Wiederbewaffnung in den Kontext von Ost-West-Verhandlungen zu stellen. Sie ginge beide Seiten an; der Aufbau der Bundeswehr sei noch nicht so weit fortgeschritten, daß in Verhandlungen über Rüstungsbegrenzung und Sicherheitssystem nicht auch über Obergrenzen für die deutsche Aufrüstung, aber dann im Hinblick auf ein vereintes Deutschland, gesprochen werden könne. Da das SED-Regime auf der Präsenz der sowjetischen Streitkräfte beruhe, schien es logisch, den Hebel für die Wiedervereinigung beim

128 Wilker, Die Sicherheitspolitik der SPD, S. 26–49; Schwarz, Die Ära Adenauer, S. 45 f., 78; Haftendorn, Abrüstungs- und Entspannungspolitik, S. 37 ff.

129 Howard, Disengagement in Europe.

130 Laut Brentanos Kommentar — 30.4.1957 — ging der britische Oppositionsführer Gaitskell davon aus, daß die Aufrüstung der Bundesrepublik den Frieden nicht sicherer mache; also könnte deutsches Territorium (als einziges auf westlicher Seite) in die »Verdünnungszone« einbezogen werden; die Verteidigungslinie liege ohnehin an der Weser-Werra-Linie; gehörten auf östlicher Seite die DDR, Polen, die ČSSR und Ungarn zur Rüstungskontrollzone, lohne es sich für die NATO, der Neutralisierung eines vereinten Deutschland in einem Gürtel neutraler Staaten zuzustimmen. Gaitskell, 19.12.1956, Rede im House of Commons; siehe auch: Denis Healey, 20.12.1957, House of Commons.

131 Krone, Tagebücher, 23.5.1957, S. 255: »Ollenhauer hatte sich [...] gegen die atomare Bewaffnung auch der amerikanischen Truppen in Deutschland ausgesprochen. Und das selbst für den Fall, daß die Amerikaner daraus die Konsequenz zögen und Deutschland verließen.«

132 Ebd., 28.1.und 22.4.1955.

133 Erler, »Umrüstung«.

Rückzug der Sowjets aus der DDR anzusetzen; die Bundesrepublik solle selbstbewußt genug sein, um einen parallelen Abzug von US/NATO-Verbänden aus ihrem Gebiet zu überleben. »Neutralisierung« der militärischen Dimension der Westbindung sei nicht gleichbedeutend mit Selbstpreisgabe der Sicherheit.

Die Bundesregierung fand in SACEUR Norstad[134] oder Ex-Außenminister Dean G. Acheson[135] einflußreiche Fürsprecher, die gegenüber den Disengagementstimmen letztlich erfolgreich erklärten, daß die NATO zum einen keine Lücke an irgendeiner Stelle der »Front« entstehen lassen dürfe und daß zum anderen die deutsche Mitgliedschaft in der NATO nicht beliebig als Glacis für Dritte von diesen enger oder weiter definiert werden dürfe, weil die Allianz sonst mit der Entscheidung konfrontiert werden würde, entweder ihren Bündnisverpflichtungen nicht nachkommen zu können, also Hannover oder Hamburg als Faustpfand in sowjetische Hand fallen zu sehen, oder selbst den Krieg entfesseln zu müssen.

Wollte man — und hier spitzte sich das Problem intrawestlicher Spannungen zu — die Initiative nicht der Sowjetunion überlassen[136] — die durch Demonstration ihrer Abrüstungsbereitschaft Friedfertigkeit vortäusche und von der Unterdrückung von Reformbewegungen im eigenen Lager ablenken wolle —, dann mußten die westlichen Verbündeten ein Paket auf den Verhandlungstisch legen. Um die Sowjetunion, die an Boden gewonnen habe, für Konfliktlösungen auf dem Weg der Verhandlungen zu interessieren, müsse ein solches Paket den legitimen Sicherheitsinteressen Moskaus entgegenkommen. Die Punkte jedoch, auf die sich die drei Westmächte und die Bundesregierung mit Mühe hatten verständigen können[137], hatte Moskau teils als obsolet und unzureichend zurückgewiesen — Demilitarisierung des DDR-Gebiets in einem vereinten Deutschland als Teil eines Gürtels neutraler Staaten von Finnland bis Jugoslawien; Limitierung der Streitkräfte eines vereinten Deutschland auf die für die Bundeswehr vorgesehene Sollstärke von zwölf Divisionen; gesamteuropäisches Sicherheitsabkommen, das der UdSSR Garantie- und Kontrollfunktionen einräumte[138] —, teils waren sie von der

134 29.1.1957, Pressekonferenz; siehe auch: Krone, Tagebücher, 19.4.1957.

135 Acheson, Macht und Diplomatie, S. 171 ff.

136 In Westeuropa sehe man sich — trotz Ungarn/Suez — nicht selbst durch die UdSSR bedroht, daher verspüre man »less immediate need of NATO«; dies erkläre die britischen Umrüstungspläne — DEA, »Western Europe and the United States: A Study of Attitudes«, 22.3.1957, Bank of Canada, 4D-400. Für eine westliche Initiative sprach vor allem, daß nur so die Gefahr von Alleingängen einzelner NATO-Partner — betr. Streitkräfteabbau, Wirtschaftsabkommen mit der UdSSR, Anerkennung der DDR etc. — gebannt werden konnte; ferner, daß die Stimmung in der Öffentlichkeit sich nicht den »Neutralisten« zuwende, die meinten, die UdSSR sei eine normale Großmacht, die zwar für ihre Interessen kämpfe, aber von Gewaltanwendung Abstand nehme. Man brauche nur die legitimen Sicherheitsinteressen der UdSSR anzuerkennen und fände einen normalen Partner vor.

137 Zur Berliner Außenministerkonferenz 1954 und den Genfer Konferenzen der Staats-und Regierungschefs und der Außenminister siehe: Katzer, »Eine Übung im Kalten Krieg«; Steininger, in: Die doppelte Eindämmung, S. 200 ff.; Felken, Dulles und Deutschland, S. 326 ff.

138 Dulles an Adenauer, November 1955, in: FRUS 1955–57, V, S. 650 f.; Dulles an Nixon, 5.11.1955, Dulles-Papers, Mudd-Library, Box 93; ferner FRUS ebd., S. 542–627; Grewe, Rückblenden, S. 265 ff.

Entwicklung überholt. Moskau erklärte kategorisch, daß die Bereitschaft zur Abschaffung aller Nuklearwaffen[139] und die Einbeziehung der beiden deutschen Staaten in ein europäisches Sicherheitssystem die Grundlagen für Entspannung bildeten.

Es war klar, daß die Sowjetunion sich in allen Fragen, die den Westen interessieren mußten, nicht bewegen würde: NATO-Mitgliedschaft eines vereinten Deutschland, Selbstbestimmungsrecht für die Länder Osteuropas. Demzufolge verblieb nur die Alternative, daß der Westen sich auf sowjetische Positionen zubewegte: Was könne der Westen dem Kreml über das hinaus bieten, was er nicht ohnehin in Händen hatte? »There may be no effective concession which the Germans can make to obtain reunification because the Kremlin has what it wants, control of both the GDR and the Eastern territories; and that, far from its being a source of insecurity to Russia and the Soviet bloc, the division of Germany may be a source of stability[140].« Wer anders als Bonn konnte die von Moskau verlangten Konzessionen — die deutsche Frage sei eine Angelegenheit zwischen den beiden deutschen Staaten; kontrollierte Rüstungsbeschränkung für die Bundesrepublik als Grundbedingung eines Systems kollektiver Sicherheit in Europa — machen? Der entscheidende Nachteil aller Pläne, die — in welchem Umfang auch immer — einer Demilitarisierung auf beiden Seiten der Demarkationslinie das Wort redeten, war, wie Dulles richtig beobachtete, daß Moskau dies so interpretieren konnte, als ob die Frage der europäischen Sicherheit vor der deutschen Vereinigung und losgetrennt von ihr geregelt werden könne. Befürwortete man — wie Großbritannien und Frankreich (nach »Suez« jedoch zurückhaltender), aber zeitweilig (April/Mai 1957) auch Dulles und Eisenhower selbst — trotzdem Abrüstungsregelungen abgetrennt vom Problem der Teilungen, dann gab der Westen den Vorteil preis, den Dulles als Erfolg des Westens auf den Genfer Konferenzen 1955 gepriesen hatte: Die Kremlführung habe im Juli 1955 zu erkennen gegeben, daß sie aus ideologischen Gründen an der DDR festhalten wolle; damit habe sie ihr Argument entwertet, aus Sicherheitsgründen an ihrem deutschen Staat und an den »Satelliten« festhalten zu müssen[141].

139 »Abschaffung der Nuklearwaffen« hieß 1), daß hier der erste Schritt zur Abrüstung getan werden sollte; gelinge dies, so Adenauer und Brentano, habe der Westen kein Druckmittel mehr in der Hand, um die UdSSR zum Nachvollzug der westlichen Vorleistung zu bewegen, nämlich ihre konventionelle Überlegenheit abzubauen. Da 2) die NATO-Europäer ihre Sicherheit auf den amerikanischen Nuklearschirm abstellten und da die USA ihre Präsenz in Europa nur unter der Bedingung der Nuklearisierung der Streitkräfte aufrechterhalten wollten, bedeute Abschaffung aller Nuklearwaffen eine andere Version der sowjetischen Propaganda, daß die USA Europa verlassen müßten, damit Europa seinen Frieden finden könne. »Ruhe in Frieden= Ruhe wie auf dem Friedhof« nannte man es in West-Berlin. Eisenhower hielt den Kremlführern entgegen, daß Überwachungs- und Inspektionssysteme in Europa unter Einbeziehung der USA und der UdSSR sowie die Festlegung von Obergrenzen für die Truppenstärken, also der Beginn vertrauensbildender Maßnahmen, der erste Schritt zu Frieden und Stabilität sei; FRUS ebd., S. 408–413; Ambrose, Eisenhower, S. 258.

140 PRO, FO 371, 124529, Hancock an Lord Hood, 22.11.1956, WG 10355/ 4A.

141 Record of Conversation Eisenhower/Dulles, 11.8.1955, DDEL, Dulles, WH Memo. ser., Box

Die Positionen auf westlicher Seite lagen weit auseinander; nicht alle Verbündeten teilten das Interesse der Bundesrepublik an Überwindung der Teilungen, und Bonn konnte sich auch nicht darauf verlassen, daß alle NATO-Partner eine Verteidigung des gesamten Territoriums der Bundesrepublik unter allen Umständen im Sinne hatten[142]. Daher schien es so, als könne Bonn bei Ost-West-Verhandlungen nur verlieren. Wie eine Gewinnposition für die Bundesregierung unter solchen restriktiven Bedingungen aussehen könnte, skizzierte der kanadische Außenminister Lester B. Pearson nach der Rückkehr aus Moskau im NATO-Rat[143]: »no sign Soviet leaders willing to pay real prize for lower tension or have changed objectives. [...] Clearly they will now unify Germany only on their own terms. Under these conditions NATO must make the situation crystal clear to public opinion and show continued support for German desire for unity. West must seek further to expose Soviet attitude, push ahead with German rearmament in NATO and European integration, and refuse recognize East German regime.«

Die Schlüsselfrage für Bonn war, wer unter den Verbündeten als erster vorpreschen würde, um trotz des auf westlicher Seite umstrittenen Ausmaßes hinsichtlich der Anerkennung der Realitäten, vor allem der DDR als von der Sowjetunion in die Souveränität entlassener Staat[144], dies zum Thema von Ost-West-Verhandlungen machen würde. Anerkennung der DDR implizierte, wie Dulles richtig voraussah, daß die DDR (und/oder die UdSSR) daran gehen würde, in der Berlinfrage Schwierigkeiten zu machen[145]. Wie konnte Bonn verhindern, daß Washington auf die Einlassungen von Verbündeten reagierte, die — wie Großbritannien — auf lange Sicht mit der DDR als Völkerrechtssubjekt rechneten[146] und damit den ent-

3, Meetings 1955 (2); siehe ferner: FRUS 1955–57, V, S. 680 f., zu Dulles' Bewertung der Genfer Außenministerkonferenz 1955.

142 Großbritannien sympathisierte am deutlichsten mit der These »Sicherheit durch Teilung«, Abrüstungsvereinbarungen auf der Basis des territorialen Status quo. Frankreich erklärte wiederholt den Vorrang der Abrüstungsfrage vor den politischen Ursachen der Spannungen und zeigte sich nach amerikanischer Einschätzung desinteressiert gegenüber den Auswirkungen ihrer Vorschläge, nämlich der Zementierung des Satelliten-Status für die Länder Osteuropas; für Frankreich war wichtig, Entlastung von der Gefahr einer »Volksfront« zu finden, was durch Gesprächsbereitschaft gegenüber dem KPdSU-Staat möglich schien, und sich auf Nordafrika konzentrieren zu können. Die USA zielten auf eine europäisch-atlantische Sicherheitskonstellation, in der die Vereinigung Deutschlands möglich, in der aber auch und gerade die Freiheit Osteuropas nicht blockiert werde; Gespräch Eisenhower/Shukow in Genf, 19.7.1955. Die Bundesregierung konstatierte besorgt die »Osteuphorie«, die das britische und französische Denken erfaßt habe, und befürchtete eine Verständigung auf Kosten deutscher Interessen; andererseits mußte sie sich sowohl die europäische als auch die nordatlantische Westbindung zu erhalten suchen. Siehe auch: Greiner, Die militärische Eingliederung, S. 730 f.

143 17.12.1955, in: FRUS 1955–57, IV, S. 37; vgl. DEA, Memorandum 22.3.1957 (siehe oben).

144 Die Sowjetunion erklärte die (eingeschränkte) Souveränität der DDR zu einem Zeitpunkt — 25.3.1954 —, als die USA und Großbritannien die Frage auf sich zukommen sahen, ob sie den Deutschlandvertrag abgelöst vom EVG-Projekt und ohne, d. h. gegen Frankreich in Kraft setzen sollten und könnten.

145 FRUS 1955–57, V, S. 610 ff.

146 Bereits in der Arbeitsgruppe zur Genfer Außenminister-Konferenz wurde deutlich, daß Lon-

scheidenden Schritt täten, um »Sicherheit« mit der UdSSR zu testen, statt den Versuch fortzusetzen, Moskau davon zu überzeugen, daß die Westintegration der Bundesrepublik als Vorläufer des vereinten Deutschland in NATO und EG die bestmögliche Sicherheitsgarantie auch für die Sowjetunion bilde?

»Suez/Ungarn« verhalf Bonn in einer Hinsicht zu besseren Karten[147]: Angesichts der immer weitere Gebiete erfassenden Machtprobe mit der UdSSR mußte die westliche Hegemonialmacht USA ihren »supportive actors« einen höheren Preis für deren Kooperationsbereitschaft zahlen. Da Großbritannien und Frankreich[148] wegen des Fehlschlags des Suezabenteuers den Prozeß des »relative decline« nicht aufhalten oder gar umkehren konnten, müsse der Wert des deutschen Verbündeten in amerikanischen Augen steigen. Deswegen müßten die USA ihrem deutschen Partner für den Einsatz an vielen Fronten — u.a. Aufbau der Bundeswehr; Finanzhilfe an die Dritte Welt (Indien!); Unterstützung des GATT — mit der Befriedigung des Anspruchs auf »erstklassigen« Status, das heißt Parität mit Frankreich und Großbritannien, im westlichen Bündnis honorieren. Doch nicht nur das: Da sich parallel zu den Machtverschiebungen auf westlicher Seite zugunsten der Bundesrepublik Auflockerungstendenzen im »Ostblock« zeigten, käme es darauf an, wie die USA sich den Platz ihres deutschen Verbündeten in einem künftigen System der Sicherheit für Europa ausmalten. Damit nun die Reformtendenzen in Osteuropa eine Chance erhalten und der Westen im Osten an Boden gewinnen könnten, müßte der Westen die Sicherheitsbedürfnisse der UdSSR befriedigen. Als »pacifier & protector« hätten die USA es auf westlicher Seite vorexerziert und müßten dieses Experiment fortführen, daß friedlicher Machttransfer möglich sei; Moskau müsse noch »lernen«, daß Integration Zuverlässigkeitskontrolle bewirke; aufgrund ihrer Stärke, der militärischen Parität mit den USA, könne die UdSSR sich auf ein Abschleifen der Konfrontation einlassen und in Abrüstungsfragen Kompromißbereitschaft zeigen, etwa durch Erprobung vertrauensbildender Maßnahmen wie dem amerikanischen »open sky«-Projekt und Maßnahmen auf anderen Gebieten zum Schutz vor Überraschungsangriffen. Die USA widerstanden (vorerst) der Versuchung, das Beharren der Bundesrepublik auf ihrem Anspruch als Kernstaat eines vereinten Deutschland als bloße juristische Halsstarrigkeit abzustempeln, verlangten von Bonn jedoch im Gegenzug Flexibilität in Fragen der Abrüstung und Sicherheit.

don Inspektionszonen u. a. Komponenten seiner Abrüstungspläne an der Teilnahme beider deutscher Staaten ausrichtete. Die Ideen wurden von Dulles, Pineau und Brentano — aus unterschiedlichen Gründen — zurückgewiesen, sie waren damit aber nicht aus der Welt; siehe: Kosthorst, Brentano, S. 81 ff.; Felken, Dulles und Deutschland, S. 326 ff.

147 Zum Folgenden NAC, RG 25, Box 298, File 50128–40, pt. 5, R.A.D. Ford, 16.10.1957, »A Reexamination of the Balance of Power«, Bogota Dep. 398 an SSEA. Zu deutschen Überlegungen siehe: Sehr verehrter Herr Bundeskanzler!, S. 215 ff.; Siebenmorgen, Gezeitenwechsel, S. 182 ff.

148 DDEL, Dulles, WH Memo. ser., Box 4. Dulles gegenüber Eisenhower, 3.12.1956: »it was increasingly difficult to maintain the illusion that France was one of the great world powers [...] this was increasingly an irritant to countries like Germany and Italy.«

Die Einsicht Adenauers, daß vorerst nicht die »Freigabe« der DDR, sondern bestenfalls eine Liberalisierung im Ostblock und in der DDR angestrebt werden könne[149], und die von Brentano angebotene Hilfskonstruktion, nämlich über Abrüstung zu verhandeln, die Implementierung jedoch an Stufenpläne für die Wiedervereinigung zu koppeln, boten genügend Spielraum für eine innerwestliche Abgleichung der Standpunkte und einen Minimalkonsens für die Einstimmung auf Ost-West-Verhandlungen. Die Formelkompromisse stellten sicher, daß die Bundesrepublik in bilateralen Gesprächen mit der Sowjetunion nicht zu weit vorpreschte, was wiederum ausreichen sollte, um einerseits eine gewisse Aktivität zu demonstrieren, andererseits aber den Westmächten keinen Anlaß zu geben, einen Wettlauf mit Bonn um die Gunst Moskaus anzutreten und dabei die Bundesrepublik auszustechen[150]. Mit der Einrichtung einer sicherheitspolitischen Arbeitsgruppe der drei Westmächte und der Bundesrepublik (im Februar 1957) stellte Bonn seine Beteiligung an den westlichen Konsultationen in der Abrüstungsfrage sicher — was im Frühjahr 1956 noch nicht der Fall gewesen war — und konnte andererseits den Versuch unternehmen, das Gremium zu einem Organ zu entwickeln, das Möglichkeiten für eine Überwindung der Teilungen beobachtete und ggf. Konsequenzen aus erfreulichen Perspektiven ziehen könnte[151]. Letzteres blieb ein frommer Wunsch, weil weder feststand, ob alle Partner gleichermaßen auf die Perspektive Wiedervereinigung hinarbeiten wollten, noch sicher war, ob sie in Abrüstungsfragen eine »Singularisierung« der Bundesrepublik ausschließen und damit das Gebot »gleiche Sicherheit für alle NATO-Partner« konsequent umsetzen sollten.

Im Umfeld des Genfer Gipfels 1955 hatte Dulles die These aufgestellt, daß es nicht isoliert um die Lösung der deutschen Frage (Wiedervereinigung) gehen könne, sondern daß die deutsche Teilung im Rahmen einer Sicherheitslösung für Europa behandelt werden müsse[152]. Das beruhte erstens auf der schlichten Tatsa-

149 Schwarz, Adenauer, S. 321–326; Siebenmorgen, Gezeitenwechsel, S. 182 ff. — Beispielsweise erfuhr der Bundeskanzler von Mollet (4.6.1956), daß Chruschtschow ihm gesagt habe, 18 Millionen Deutsche auf seiner Seite wären ihm lieber, als 70 Millionen Deutsche gegen sich zu haben, selbst wenn diese im günstigsten Fall in einem neutralisierten Staat lebten; DDF, 1956/1, S. 885.

150 Die Westmächte waren ihrerseits besorgt, daß Bonn sie überholen könnte, falls sie versuchten, sich mit dem Kreml auf Kosten Bonns zu einigen.

151 Grewe, Rückblenden, S. 291 ff. Der Arbeitsgruppe gehörten an: Beam (USA), Grewe, Hancock (Großbritannien) und Laloy (Frankreich). Sie erfüllte ihre Aufgabe, der NATO Vorschläge für ein System europäischer Sicherheit, Abrüstung und Wiedervereinigung im Licht der Ereignisse des Herbsts 1956 zu unterbreiten, nur begrenzt; sie wurde mit der Prüfung östlicher und westlicher Disengagement-, Abrüstungsvorschläge eingedeckt. FRUS 1955–57, XXVI, S. 190 ff.

152 Diese Grundannahme relativiert andere Aussagen von Dulles, die den Anschein erwecken, als »hinge Chruschtschow« schon in den Seilen — Kosthorst, Brentano, S. 174 ff. Zu Äußerungen Dulles' (gegenüber Adenauer, 12.6.1956) sowie am 23./24.4.1956 und im NSC am 29.6.1956 siehe: FRUS 1955–57, XXII, S. 220 ff., 243 ff. In den Aussagen, daß Chancen für eine Befreiung der Ostblockländer und der DDR beständen, schwingen auch taktische Gesichtspunkte mit, die auf den Gesprächspartner abgestimmt sind. So sollte die Bundesregierung

che, daß die Länder Osteuropas im Falle einer isolierten deutschen Vereinigung weiterhin aus Furcht vor diesem westlichen Nachbarn »Sicherheit« bei der Sowjetunion suchen würden, also kein signifikanter Unterschied zwischen dieser Abhängigkeit und dem Satellitenstatus eintreten werde, zumal die Statthalter Moskaus die deutsche Gefahr zur Sicherung ihrer Machtstellung instrumentieren würden. Zweitens war für Dulles »Sicherheit« eng verbunden mit einem Systemwandel in der Sowjetunion selbst[153]. Der eigentliche Test, ob der Kreml für den Fall westlicher Anerkennung legitimer sowjetischer Sicherheitsinteressen eine vernünftige Friedensordnung in Europa ermöglichen werde, war demzufolge die Entlassung der Staaten Osteuropas in einen Prozeß, der stufenweise voranschreiten würde vom »Nationalkommunismus« über einen Status ähnlich dem Finnlands, Österreichs oder Jugoslawiens bis hin zur genuin freien Wahl des inneren und des äußeren Regimes. Die sowjetische Definition von Sicherheit war inkompatibel mit dem amerikanischen Rückgriff auf die Erklärung von Jalta über das befreite Europa, der Nichtanerkennung sowjetischer Kontrollherrschaft über Osteuropa[154]. Für Chruschtschow war — im Vorgriff auf die Breshnewdoktrin — Sicherheit identisch mit dauerhafter Vorherrschaft der Sowjetmacht in der »Pufferzone« und Vorherrschaft der kommunistischen Parteien als Staats- und Regierungsparteien in den Ländern der sozialistischen Staatenwelt.

Für Dulles wie für Adenauer kam ein zweiter Aspekt hinzu: Die DDR war die Klammer, mit der die Sowjetunion ihr Satellitenreich, insbesondere Polen, im Griff hielt; also könne die sowjetische Führungsmacht die »Freigabe« der DDR erst in Betracht ziehen, wenn sie bereit wäre, sich damit abzufinden, daß »freie« Systeme, die das Gebot der Rücksichtnahme auf den »großen Nachbarn« im Osten respektieren würden, auf Dauer die bestmögliche Lösung der Sicherheitsfrage bildeten. Der wesentliche Beitrag, den Dulles zu leisten bereit war, bestand aus einer Reihe von »Konzessionen«: der Zusicherung, daß die NATO keine »Osterweiterung« vornehmen wolle (was hieße, daß Polen auf wohlwollende Neutralität im Verhältnis zur UdSSR bedacht sein müßte)[155]; dem Entgegenkommen an die sowjetische Forderung nach Abschluß von Nichtangriffsverträgen und Rüstungskontrollregimen; Garantieerklärungen der Nuklearmächte, daß sie Nichtnuklearstaaten nicht angreifen würden. Die Grundbedingung für Dulles war, daß die NATO — und die Bundesrepublik in ihr — bestehen bleiben müsse, um die Sicherheit des Westens während der Dauer der Schrittfolge zur Überwindung der Teilungen zu gewährleisten.

sich — entsprechend Brentanos Aussagen am 1.5.1956 — in der Frage der Anerkennung der Oder-Neiße-Grenze bewegen, aber auch die Wiederbewaffnung voranbringen, damit die Situation in der NATO-Frage vor den Bundestagswahlen unumkehrbar feststehe. Zur Politik Dulles' im Zusammenhang mit »Genf 1955« siehe: Steininger, Die doppelte Eindämmung, S. 198 ff.; Felken, Dulles und Deutschland, S. 302 ff.

153 Für Dulles wäre ein Systemwandel in der UdSSR gleichbedeutend mit »Ende des Kalten Kriegs« (westlichem Sieg) gewesen — 5.5.1956, FRUS 1955–57, IV, S. 62.

154 Ebd., S. 198 ff. Dulles-Brentano, 21.11.1957.

155 Dulles, 18.12.1956.

Interne wirtschafliche Probleme, Konkurrenzdruck von seiten Chinas und Überdehnung der Ressourcen würden, so legten Adenauer[156] und Dulles sich die positiven Aspekte in der Entwicklung des Ost-West-Konfliktes zurecht, den Kreml veranlassen, nicht nur eine Atempause anzustreben, sondern im Systemwettbewerb auf »Wandel« und Reform umzuschalten[157]. Hielte der Westen durch, ließen sich Washington und London trotz unterschiedlicher Einschätzung der China- und Mittelostpolitik sowie Frankreich und Großbritannien nicht auseinanderdividieren, und zogen die westlichen »großen Drei« am gleichen Strang (Stärkung der Position der Bundesrepublik durch Integration in die westlichen Systeme), dann würden die Kremlführer einsehen, daß ihre Politik des »weder Krieg noch Frieden« die Sowjetunion zu teuer zu stehen komme.

Die grundsätzliche Übereinstimmung im Tenor hinderte Adenauer nicht daran, den USA und insbesondere Eisenhower fatale Fehler anzukreiden; Eisenhower und Dulles sahen dem Kanzler die Fehler, die er machte — etwa bei den Verhandlungen in Moskau im September 1955 oder bei der Fehleinschätzung des Auf- und Ausbaus der Bundeswehr —, schon eher nach. Der Vorwurf, der die USA ins Mark traf, war die von kalter Wut über die Radford-Plan-Affäre stimulierte Behauptung, daß die amerikanische Konzentration auf die nuklearstrategische Abschreckung dem Eingeständnis gleichkomme, nicht auf allen Gebieten des Wettrüstens mit der Sowjetunion Schritt halten zu können[158]. Es traf zu, daß die USA sich auf den strategischen Rüstungswettlauf konzentrierten, weil sie ahnten, daß bald der Zeitpunkt käme, wo die eurasische Doppelkontinentalmacht ihre »Nachbarn«, voran Deutschland und Japan, nuklear erpressen könnte, sobald sie nämlich mit den USA gleichzogen oder einen Vorsprung bei bestimmten Waffensystemen erzielten[159]. Richtig war aber auch, was Adenauer herausstellte, daß nämlich die UdSSR jeden Schritt der USA nachvollziehen, also auch den Vorsprung der USA bei der »Miniaturisierung« der Atomwaffen und bei der Stationierung von Trägersystemen (SS-4, SS-5) wettmachen würde. Dennoch setzte Adenauer sein Vertrauen auf die taktischen Atomwaffen als Unterpfand der Verteidigungsfähigkeit im Rahmen einer »nuklearisierten« NATO[160]. Auf die Alter-

156 Siebenmorgen, Gezeitenwechsel, S. 71 ff., betont zurecht, daß es sich um »Hoffnungen«, nicht um Gewißheiten in der Diagnose handele.

157 Mudd-Library, Princeton, J. F. Dulles Papers, Box 116. Dulles, Redetext, 19.12.1957.

158 DDEL, Dulles File, WH Memo. ser., Box 5. Adenauer an Dulles, 22.7.1956; Schwarz, Adenauer, S. 321 ff.; Köhler, Adenauer, S. 943 f.; Wampler, Die USA, S. 269; Felken, Dulles und Deutschland, S. 370.

159 FRUS 1955–57, XIX, S. 101 ff., 119 ff., 380 ff., 407, 415 ff., 620 ff., 634 ff., 640 ff., 703.

160 Beim Treffen mit Norstad — 20./21.3.1957 — erreichten Adenauer, Strauß und Hallstein, daß SACEUR dem NATO-Rat die Ausstattung aller NATO-Einheiten einschließlich der Bundeswehr mit »dual capacity weapons« sowie die Ausbildung in der Verwendung von Atomsprengkörpern empfehlen wollte; US-Verteidigungsminister Wilson hatte bei der Ankündigung des Vollzugs des NATO-Ratsbeschlusses vom Dezember 1956, neue Waffensysteme an acht Länder zu liefern, die Bundesrepublik zunächst nicht berücksichtigt. Am 2.4.1957 erklärte Adenauer in Beantwortung einer Großen Anfrage der SPD im Bundestag, daß die amerikanischen Streitkräfte in Deutschland mit Atomwaffen ausgerüstet seien. Bei gleicher

native einer nuklearen Abrüstung oder einer Nichtausstattung der »NATO-Europäer«, insbesondere der Bundesrepublik, mit taktischen Atomwaffen, wie die sowjetische Notenkampagne verlangte, wollte sich niemand einlassen, weil — wie Dulles dies im Bericht über die NATO-Ratstagung in Bonn kommentierte — jeder, ausgenommen die Bundesrepublik, befürchtete, »to be left dominated by Soviet ground forces and dependent upon German ground forces for their security«[161].

Deutsche Ankündigungen, daß die Bundesrepublik sowohl rechtlich als auch wirtschaftlich-finanziell die Möglichkeit habe, sich gemeinsam mit europäischen Partnern an der Produktion von Atomwaffen zu beteiligen, und die nicht unbekannt bleibenden französisch-deutsch-italienischen Gespräche über die Umsetzung solcher Ideen waren Reaktionen auf britische Sonderwünsche, die NATO-Partner sollten sich — anders als Großbritannien selbst — mit der Lieferung amerikanischer Sprengkörper und Trägersysteme sowie der Ausstattung der amerikanischen und britischen Einheiten in der NATO mit Atomwaffen bescheiden. Sie provozierten aber ihrerseits britische und amerikanische Absprachen im Rahmen der Bermudakonferenz, wie man die Entstehung einer vierten unabhängigen Nuklearmacht verhindern könne[162]. Von dem Ausweg, an den Dulles, Adenauer, Mollet und Gaillard dachten, einem europäischen Atompool innerhalb der NATO oder NATO/4. Atommacht, wollte London letztlich nichts wissen[163]. Das

Gelegenheit stellte er die berühmt-berüchtigte These auf, taktische Atomwaffen seien letztlich eine Weiterentwicklung der Artillerie. Strauß — am 13.4.1957 in einem Interview mit dem Westdeutschen Rundfunk, am 18.4.1957 im E. Taylor-Interview, siehe: DD, III/3, S. 598–603 — und Adenauer — in einer Pressekonferenz am 5.4.1957 — legten die Verzichterklärung auf ABC-Waffen vom 29.9.1954 dahin aus, daß die Bundesrepublik nur auf die eigene Herstellung von Atomwaffen oder Teilen davon auf deutschem Boden verzichtet habe, nicht aber auf gemeinsame Produktion oder kooperative Zusammenarbeit in einem Partnerland. Das war auch die Geschäftsbasis für die Gespräche zwischen Strauß, Bourgès-Maunory, Taviani; Mollet und Gaillard mit Adenauer sowie der Außenminister. Andererseits betonte Adenauer, daß der Aufbau nationaler Atomstreitmächte in Europa nicht die Antwort auf die Gefahr der Spaltung Westeuropas entlang der Achse der Verfügungsgewalt über diese Waffen sein könne, sondern eine »Pool«-Bildung, die Großbritannien offenstehe. Greiner, Die militärische Eingliederung, S. 717 ff., 733 ff.; Cabalo, Politische Union, Ms., S. 116 ff.

161 FRUS 1955–57, IV, S. 168 f. Dulles, 4.5.1957; siehe auch: ebd., S. 580. Dulles, 6.5.1957. Verbatim Minutes of the Western European Chief of Missions Conference.

162 Duffield, The Evolution, S. 305 ff.

163 PRO, FO 371, 129331, UK Del., Bermuda, an FO, 25.3.1957, Dep. 93, ZP 28/60; NAC, RG 25, File 50030-AG-1–40, Canadian Del., Bermuda, an DEA, 29.3.1957, Dep. 369; PA 301–81. 33, Bd 2, Brentano, Gesprächsunterlagen für den Besuch in London, 4./5.12.1957; Hallstein, 27.4.1957, zur Vorbereitung des Adenauer-Besuchs in den USA (24. -29.5.1957), PA 305–82. 20, Bd 26; Greiner, Die militärische Eingliederung, S. 739 ff. Die britische Bedingung für eine wohlwollende Prüfung der Beteiligung an den Plänen für westeuropäische Zusammenarbeit war die Sicherung der britischen Führungsrolle, die London entsprechend dem Vorsprung in der zivilen und militärischen Atomtechnologie zustehe; die Mehrheitsmeinung auf britischer Seite war einer Option für die europäische Lösung abgeneigt. Weder Frankreich noch die Bundesrepublik wollten die rüstungswirtschaftliche Schlüsselstellung Großbritanniens hinnehmen.

nukleare Dilemma, vor allem die Kluft zwischen amerikanischen und deutschen strategischen Ansichten, war nicht aus der Welt zu schaffen[164]. In politischer Hinsicht bedeutete dies, daß die Bundesrepublik hinsichtlich ihrer strategischen Konzeptionen Frankreich und (seit 1958/59) Großbritannien näherstand als den auf Flexible Response, »Rekonventionalisierung« der Streitkräfte hinzielenden USA, während die USA diejenigen waren, die den Kernwunsch der Bundesregierung nach Stärkung der »europäischen« Rolle des SACEUR, das heißt auch vertiefter Integration der Verteidigungsstrukturen, und nach Gleichbehandlung des deutschen Wunsches nach »Modernisierung« entsprachen[165].

IV.

Die Verlaufslinien der Konfigurationen (Bipolarität, Intra-West-Spannungen und Teilungen Deutschlands und Europas) konvergierten nach der Doppelkrise in einer bestimmten Konstellation: Die USA und Großbritannien erblickten in »Abrüstung« einen Wegweiser aus der Sackgasse der Konfrontation: »Agreement on effective disarmament is the only promising approach in affecting the growth of a Soviet capability to imperil the continental U.S.[166].« »The United States should make every effort to find a common ground with the Soviet Union, which common ground would be mutually advantageous, in order to take some of the heat off the world. [...] try to achieve objectives in negotiations which would be advantageous both to the United States and the USSR[167].«

Da aber die NATO-Partner darauf Einfluß nehmen wollten, wie die USA und die UdSSR mit ihrer Sonderstellung umgingen, waren sie daran interessiert, daß die Bereitschaft zum Dialog zunahm, ohne daß die Fähigkeit der USA abnahm, ihren technologischen Vorsprung im Wettrüsten zu behaupten. Was sie von den USA erwarteten, läßt sich auf die Formel bringen »neither deal nor duel.« Umge-

164 Außer den Arbeiten von Kelleher, Germany; Schwartz, NATO's Nuclear Dilemmas; Pommerin/Steinhoff, Strategiewechsel, siehe vor allem: Heuser, The Development.

165 Greiner, Die militärische Eingliederung, S. 733 ff. Norstad bestätigte die Notwendigkeit, die Bundeswehr gleichwertig mit den Verbündeten und gegenüber dem »Feind« auszustatten, was Strauß gefordert hatte, trat aber — im britischen Sinne und entsprechend den Vorbehalten Eisenhowers — dafür ein, daß die Bundesrepublik nicht in den Besitz von Atomsprengkörpern gelangte. In den französisch-deutschen Gesprächen drängte Strauß, daß entsprechende Kautelen fallen gelassen wurden; siehe: Köhler, Adenauer, S. 959. Später erwarteten Eisenhower und Kennedy sowie Macmillan, daß de Gaulle dafür sorgen werde, daß die Bundesrepublik nicht in den Besitz von Atomwaffen gelangte. Die Konflikte hinsichtlich der Anschaffungsprogramme und der Präferenzen für bestimmte Waffensysteme waren überwiegend Auseinandersetzungen zwischen verschiedenen transnationalen deutsch-amerikanischen Gruppierungen und nicht deutsch-amerikanische Konfrontationen; siehe: Pommerin/Steinhoff, Strategiewechsel, S. 17 ff.; Tuschhoff, Causes and Consequences.

166 FRUS 1955–57, XIX, S. 125. Department of State General Comments on NSC 5501, 3.10.1955; siehe ferner: S. 131 f., 140 ff., 219 ff., 252 f., 423 ff., 517 ff.

167 FRUS ebd., S. 448. Verteidigungsminister Wilson, NSC, 317. Sitzung, 28.3.1957; siehe ferner: ebd., S. 483, 484 ff., 531, 555, 562, 679–81, 691.

kehrt mußten sie sich der gleichen Frage stellen, die den Nationalen Sicherheitsrat der USA beschäftigte[168]: Ergab sich aus der Wahrscheinlichkeit, daß »Zwischenfälle« nicht automatisch zum Vergeltungsschlag der Bündnisvormacht führen würden, nicht die Notwendigkeit, die konventionelle Verteidigungsfähigkeit zu erhöhen? Darauf drängten SACEUR und die US-Regierung. Adenauer hatte diese Position vor Bekanntwerden des Radford-Plans vehement verfochten, war dann aber auf die vor allem von Strauß vertretene Auffassung eingeschwenkt, daß auf allen Ebenen der Verteidigung Mittel der Abschreckung vorhanden sein müßten[169].

Das eigentliche Problem kam 1956/57 dadurch auf, daß auf westlicher Seite vor allem Großbritannien unter den Stichworten »Disengagement«, »thinning-out zones«, »raketenfreie Zone« das Ziel verfolgte, die Frage der Überwindung der Teilungen für längere Zeit gleichsam auf Eis zu legen. Zur Rechtfertigung diente die These, daß die Reformbewegungen in Osteuropa nur zum Zuge kommen könnten, wenn der Westen der UdSSR durch Anerkennung des Status quo der Teilung die Zusicherung gebe, daß ihre Sicherheitslage stabil bleibe.

Adenauer konnte sich mit dem Stillhaltegedanken anfreunden, allerdings aus ganz anderen Gründen. Es war anzunehmen, daß bei der Neuaufnahme von Verhandlungen von allen Seiten Druck auf die Bundesregierung ausgeübt würde, größere und kleinere Zugeständnisse in den Abrüstungsverhandlungen zu machen, ohne sich für Gegenleistungen der sowjetischen Seite an Bonn zu verwenden. Da Abrüstungsverhandlungen politische Machtinteressen betrafen und rechtliche Grundlagen erforderten, kamen deutsche Vorleistungen in Grenzfragen — Demarkationslinie, Oder-Neiße-Grenze — und in Regimekontrollfragen ins Gespräch, teils als freundschaftlicher Rat (Dulles), teils als Aufforderung.

Befremdlich wirkte die Akzentverschiebung: Nicht mehr die Teilung galt als Unrecht, das beseitigt werden müsse, sollte es Frieden in Freiheit geben, sondern der Machtzuwachs der Bundesrepublik erschien als »Störfall«. Nicht die Bundesrepublik bedürfe, wie Adenauer und Strauß es forderten, des Schutzes gegen »nuclear blackmailing«/Drohpolitik der Sowjetunion — die sich ja sogar zutraute, es im Fernen Osten und im Mittleren Osten mit den USA aufzunehmen —, vielmehr wurde die Forderung Bonns nach gleicher Sicherheit für alle NATO-Partner zum Reizwort, die Berücksichtigung legitimer Sicherheitsinteressen der Sowjetunion vor dem Wiederaufsteiger Bundesrepublik das Thema. Allerdings konnte sich die Bundesregierung hinter einem Schutzwall verschanzen: Mit Blick auf die Bundestagswahl im Herbst 1957 wollte keiner der NATO-Partner die gewünschten Veränderungen so weit forcieren, daß Adenauer seine Stellung gefährdet sah.

168 FRUS ebd., XIX, S. 33, 195, 211 ff., 397 ff., 494 f., 578 ff., 643. Zur »limited initial resistance«- und »limited war«-Konzeption der NATO — MC 14/2 — siehe: Duffield, The Evolution, S. 242 ff., 272 ff.; Pommerin/Steinhoff, Strategiewechsel, S. 28 ff.; Greiner, Die militärische Eingliederung, S. 736 ff.

169 Pommerin/Steinhoff, ebd., S. 43f., 48 ff., 66 ff.; Greiner, ebd., S. 717–29, 736 ff.

Auch in Bonn gab es Stimmen, die davon ausgingen, daß die Sowjetunion die Schwachpunkte in ihrem »Lager«, den geminderten Bündniswert der Streitkräfte der »Satelliten«, erkannt habe und daher an einer Abschreibung des Verlustes interessiert wäre. Abrüstungsverhandlungen böten dem Kreml die Möglichkeit, dies ohne Gesichtsverlust zu tun; allerdings würde er versuchen, einen Preis für den sowjetischen Rückzug aus angeschlagenen und verlustträchtigen Positionen zu erlösen. Für die Zusage, die NATO nicht nach Osten zu erweitern, hoffte Dulles die Neutralität der osteuropäischen Länder einzuhandeln (siehe oben). Im deutschen Auswärtigen Amt erwog man verschiedene Möglichkeiten eines Tauschhandels, fand aber keine befriedigende Antwort auf die Frage, wie das Gegenstück auf westlicher Seite (amerikanischer Rückzug bis hinter den Rhein?!) zum gewünschten Rückzug der UdSSR aus Polen bemessen sein sollte[170]. Außerdem wiederholten die sowjetischen Vorschläge so viele vom Westen als nicht verhandelbar erklärte Positionen, daß man sich fragen mußte, ob ein Entgegenkommen von westlicher Seite in einigen Punkten nicht die Büchse der Pandora öffnen hieße. Die sowjetische Forderung, alle Stützpunkte auf fremdem Territorium binnen zwei Jahren aufzulösen, bedeute die Liquidation aller amerikanischen Basen; das würde den »Westen« in der ganzen Welt mehr schwächen als die ebenfalls vorgeschlagene Reduktion der als Besatzungstruppen hingestellten Streitkräfte um ein Drittel. Das sowjetische Entgegenkommen hinsichtlich der Luftinspektionszone (800 km beiderseits der Demarkationslinie) stelle keine Gegenleistung dar, denn es sei an die Forderung gekoppelt, daß alle betroffenen Staaten ihre Zustimmung zur Einrichtung der Zone geben müßten; deshalb handele es sich um die Fortsetzung des Kampfes um die Anerkennung der DDR auf einer anderen Ebene[171].

Das Thema DDR beschäftigte die Bundesregierung noch unter einem zweiten Aspekt. Im Falle eines beiderseitigen Abzugs »fremder« Truppen sei mit Aufständen in Osteuropa und in der DDR zu rechnen[172]. Käme es im Fall von Unruhen in der DDR zu Übergriffen des SED-Regimes gegen die eigene Bevölkerung, dann wäre zu erwarten, daß die Empörung unter der westdeutschen Bevölkerung zu spontanen Hilfsaktionen und zu Appellen an die Bundesregierung führe, den in offiziellen Reden vielbeschworenen Brüdern und Schwestern tatkräftig zu helfen. Die Sowjetunion würde ihr Eingreifen nicht auf die Wiederherstellung der Machtverhältnisse in der DDR beschränken, sondern die Gelegenheit nutzen, die Situation in Europa in ihrem Sinne zu regeln, ohne ein Eingreifen der USA befürchten zu müssen. Das Horrorszenario diente dem Zweck, eine klare Linie zu ziehen, die in der ausufernden Disengagementdiskussion nicht überschritten werden dürfe: Die militärische Präsenz der USA auf deutschem Boden sei unverzichtbar; so sehr man sich für den Abbau der sowjetischen Präsenz im Ostblock — möglichst bis hin-

170 Aufzeichnung 26.11.1956, AA, Referat 200.
171 Reaktion der Bundesregierung auf den sowjetischen Abrüstungsplan vom 17.11.1956.
172 Aufzeichnung AA, 17.11.1956. Gaitskell, einer der aktivsten Disengagement-Vertreter, sprach die Bundesregierung in einer öffentlichen Diskussion — am 10.4.1957, siehe Bulletin — darauf an, was sie im Falle einer Wiederholung des 17.6.1953 tun würde.

ter die polnische Ostgrenze — einsetze, der Preis dafür dürfe nicht die Rückkehr amerikanischer Truppen in ihre Heimat sein[173].

Mit der politischen Direktive MC 14/2 — »The Overall Strategic Concept for the Defense of NATO Area«[174] — reagierte die NATO zum einen auf die von Adenauer und Brentano wiederholt angesprochene Situation, daß Aufstände in der DDR nicht auszuschließen seien, solange sowjetische Bajonette das SED-Regime schützen müßten, und zum anderen auf die Bestrebungen der USA, »to apply force selectively and flexibly«[175], ohne den Gebrauch atomarer Systeme in einer »local situation« auszuschließen[176]. In beiden Fällen dachte man auch an Szenarien, in denen die Verwicklung der Sowjetunion nicht genau zu bestimmen war. Solche Szenarien hielten vor allem die Joint Chiefs of Staff für wahrscheinlich, weil die Sowjetunion, vom »general war« durch die Strategie der massiven Vergeltung abgeschreckt, Zuflucht nehmen würde zu »hostile local actions (short of general war) against NATO territory«. Entsprechend der Direktive MC 14/2 sollte die NATO ausreichende Kapazitäten erhalten, um auf die verschiedenen Situationen flexibel reagieren zu können. Daß dabei »erhöhte Sicherheit« und Abwehrfähigkeit dank der Einfügung taktischer Atomwaffen in konventionelle Streitkräfte bis auf die Divisionsebene hinunter als Kehrseiten einer Medaille hingestellt und die »nukleare Aufrüstung« der Bundeswehr unumgänglich wurde, schuf kurz- ebenso wie langfristig neue Probleme. Kurzfristig geriet die Bundesrepublik mit ihrem Insistieren auf Gleichbehandlung in einer »nuklearisierten« Sicherheitspartnerschaft ins Kreuzfeuer der Kritik. Langfristig hatte der Zielkonflikt zwischen den USA, die immer stärker auf die Fähigkeit zu längerer Verteidigung mit ausschließlich konventionellen Waffen hinarbeiteten, und der Bundesrepublik, die das auch von SACEUR unterstützte Pausenkonzept nur in Verbindung mit dem Einsatz von Atomwaffen für akzeptabel erklärte, zur Folge, daß die Bundesrepublik mit den strategischen Auffassungen Frankreichs und Großbritanniens sympathisierte, die jedoch ihrerseits wenig taten, um den konventionellen Gleichstand zwischen NATO und Warschauer Pakt zu erreichen oder der Bundesrepublik eine quasi-europäische nukleare Schutzgarantie zu geben.

Für Großbritannien und Frankreich, die Gestaltungsspielräume für ihren Aufstieg in den Kreis der strategischen Nuklear- und Raketenmächte, aber ebenso auch für die Verlegung von Streitkräften aus Europa in überseeische Interessengebiete benötigten, waren Verhandlungen über Streitkräfteabbau in Europa ein

173 Adenauer, 8.11.1956, im Bundestag, Bulletin, 9.11.1956; Brentano an Botschafter Krekeler, 9.12.1956, NL Brentano, Bd 26; Sehr verehrter Herr Bundeskanzler!, S. 203 ff.; Greiner, Die militärische Eingliederung, S. 736 ff.

174 Pommerin/Steinhoff, Strategiewechsel, S. 58 ff., 66 ff.; Tuschhoff, Causes and Consequences, S. 9, 23 ff.; Greiner, ebd., S. 717 ff.; Duffield, The Evolution, S. 272 ff., 284 ff. Die Standing Group legte die revidierte Fassung dem Military Committee im März vor, die Außenminister der NATO verabschiedeten die Richtlinie im April 1957.

175 FRUS 1955–57, XIX, S. 33, NSC 5501, 7.1.1955; siehe ferner: ebd., S. 195, 211 ff., 494 f.

176 Die Beratungen fanden ihren Niederschlag in NSC 5602/1 (15.3.1956) und NSC 5707 (28.3.1957), in: FRUS ebd., S. 242 ff., 446 ff., 464 ff., 480 ff., 488 ff., 508 ff.

willkommenes Auskunftsmittel; unter Hinweis darauf, daß man in der NATO ohnehin (seit 1955) nicht mehr mit der Gefahr eines sowjetischen Angriffskriegs rechne, hielten einige Spitzenkräfte in London sogar einen einseitigen Schritt zur Reduzierung der Rheinarmee und der taktischen Luftwaffe für gerechtfertigt, falls das Plädoyer für Ost-West-Verhandlungen über Rüstungsbegrenzung keine Resonanz finde.

Solche Erwägungen hatten für Großbritannien und Frankreich nicht nur unter strategischen und wirtschaftlichen Aspekten ihren Reiz, sondern auch, weil beide die Möglichkeit erhielten, gegebenenfalls doch noch die Distanz zwischen sich und der Bundesrepublik deutlich zu markieren. Überlegungen, ihre Friedenspräsenzstärke in Relation zu den beiden Supermächten — etwa 650 000 Mann gegenüber 1,6–2,2 Millionen —, das Limit für Deutschland hingegen an den Richtzahlen für Polen (150 000–200 000) anzusetzen, hatten im Frühjahr 1956 zu Spannungen geführt[177]. Im folgenden Jahr sorgte die Einbeziehung westdeutschen Territoriums in Zonen, für die bestimmte, internationalen Kontrollen unterworfene Regelungen hinsichtlich Umfang und Ausrüstung der Streitkräfte gelten sollten, für ähnliche Aufregung. Gegen die »Diskriminierung« entwickelten Adenauer und Strauß die Position, daß die Bundesrepublik sich durch Aufrüstungsmaßnahmen in die Lage versetzen müsse, »etwas« in die Waagschale werfen zu können; nur dann könne man erreichen, daß Ost und West gemeinsam mit und nicht über Deutschland als Objekt verhandelten[178].

Gekrönt wurden die westmächtlichen Planspiele von der Doktrin, daß Abrüstung und Konfliktverhütung als vermutlich leichter lösbare Probleme Vorfahrt vor dem Problem der deutschen Teilung haben sollten[179]. Als Eisenhower im Mai 1957 das sowjetische Einlenken (Note vom 30. April 1957) auf seinen Vorschlag einer europäischen Luftinspektionszone mit dem Angebot von Verhandlungen, eventuell sogar als Gipfeltreffen, über entmilitarisierte (»ausgedünnte«) Zonen in Mittelosteuropa honorieren wollte, und zwar ohne Verbindung mit dem Thema Wiedervereinigung, richtete sich der deutsche Zorn in gleicher Weise gegen die USA[180] wie 1956 gegen entsprechende französische und britische Vorstöße[181]. Die Verstimmung war um so größer, als Bonn von Harold Macmillan bei seinem Deutschlandbesuch die Zusicherung erhalten hatte, daß die anstößigen Punkte im Eden-Plan vom Juli 1955 nicht mehr Gegenstand britischer Überlegungen seien[182].

177 Greiner, Die militärische Eingliederung, S. 710 ff., 720 ff.; Thoß, Der Beitritt, S. 194 ff.; Schwarz, Adenauer, S. 240; Felken, Dulles und Deutschland, S. 420 ff., 427.

178 Strauß, Einheit und Freiheit; G. Schmidt, Test of Strength, S. 328.

179 Zur Londoner Abrüstungskonferenz sowie den Auseinandersetzungen um die NATO-Strategie für begrenzte Konflikte siehe: FRUS 1955–57, XIX, S. 210 ff., 236 ff., 311 ff., 397 ff., 453 ff., 473 ff.; Greiner, Die militärische Eingliederung, S. 732 ff.; Felken, Dulles und Deutschland, S. 430 ff.; Ambrose, Eisenhower, S. 401 ff.; Legault/Fortmann, A Diplomacy of Hope, S. 140 ff.

180 Kelleher, Germany, S. 44–59; Adenauer, Erinnerungen, 3, S. 306; Kosthorst, Brentano, S. 127.

181 Ebd. Adenauer erreichte, daß der Eden-Plan vom 19.7.1955 nicht als Ausgangspunkt westlicher Beratungen »gesetzt« wurde; zu Edens Initiativen 1955 siehe: Thoß, Der Beitritt, S. 167 ff.

182 Kosthorst, Brentano, 134 f., 127 ff. Macmillan bemühte sich um die Mithilfe der Bundesregierung, die Verhandlungen über die Freihandelszone nach der Ratifizierung der Römischen

Mit Blick auf den deutschen Wahltermin setzte Dulles jedoch den Grundsatz durch, daß die amerikanische Planung für die Abrüstungsverhandlungen nicht die deutsche Teilung implizieren dürfe; darüber hinaus verhalf er der Bundesregierung zu der »Berliner Erklärung« vom 29. Juli 1957, in der die Westmächte sich unter anderem verpflichteten, nicht ohne die Bundesrepublik über Deutschland betreffende Fragen mit der Sowjetunion zu verhandeln[183].

V.

Die Elemente der 1953 bis 1956 vorgelegten Pläne für Sicherheit und Abrüstung gingen ebenso in die Disengagementdiskussion ein wie die auf deutscher Seite entwickelten, auf präventive »Schadensbegrenzung« bedachten Vorschläge: Beibehaltung der westdeutschen Rüstungsmargen für ein vereintes Deutschland, Entmilitarisierung des DDR-Gebietes, Stufenpläne für den Vereinigungsprozeß. In Bonn übernahmen Herbert Blankenhorn und Felix von Eckardt die Aufgabe, die Diskussionsstränge zu sichten und interessante Themen anzuschneiden; dies schien unumgänglich, wollte die Bundesregierung die Diskussion nicht anderen überlassen. Es muß »die Aufgabe der westlichen Politik sein, der Sowjetunion die Liquidation ihrer Politik im Satellitenraum zu erleichtern, ohne daß die Russen zu viel Prestige verlieren und ohne daß sie sich in ihrer Sicherheit bedroht fühlen. In dieser Situation erwarten Deutschlands westliche Partner ohne jeden Zweifel eine echte deutsche Initiative[184].«

Echte deutsche Besorgnisse, daß »falsche« Einflüsse den Kurs der zweiten Eisenhower-Administration bestimmen[185] oder daß die Gespräche an Deutschland vorbeilaufen könnten[186], waren ein zusätzlicher Impuls für Blankenhorn, Eckardt,

Verträge zu beschleunigen. Die diplomatische Unterstützung Bonns in der Außenwirtschaftspolitik war Macmillan das Entgegenkommen in Fragen wert, die Adenauer im Hinblick auf die kommenden Wahlen entlasten konnten. Gegenüber de Gaulle wiederholte Macmillan die Taktik, in Prestigefragen de Gaulle entgegenzukommen, falls dieser Großbritannien die Verbindung zum europäischen Markt offenhielt.

183 DD, III/3/2, S. 1034 ff.; Dulles, TV-Ansprache, 22.7.1957, DD, III/3/2, S. 1289; Köhler, Adenauer, S. 952 f.; Kosthorst, ebd., S. 134 ff.

184 Zum Eckardt/Blankenhorn-Plan, Ende Dezember/11.1.1957, siehe: Siebenmorgen, Gezeitenwechsel, S. 182–184; Schwarz, Adenauer, S. 321 ff.; Sehr verehrter Herr Bundeskanzler!, S. 215 ff.

185 Das britische Insistieren auf einer Reduzierung der britischen Präsenz an der Central Front und das britische Werben um eine neue Arbeitsteilung zwischen den »angelsächsischen« Globalmächten wirke sich bereits, so von Eckardt, auf die Position zur deutschen Teilung mißlich aus. Sandys weilte zur Besprechung der Vorhaben Ende Januar 1957 in Washington. Hoyer-Millar, Botschafter in Bonn, warnte seinen Außenminister, daß Sandys' White Paper on Defence den Eindruck hervorrufen müsse, daß Großbritannien von den USA total abhängig werde, sich nicht mehr als erstklassige Macht sehe und Europa den Rücken kehren wolle — PRO, FO 371, 129307, 15.3.1957. Das Kabinett setzte seinen Kurs fort.

186 Eisenhower äußerte gegenüber Hoover am 9.11.1956 den Gedanken, daß man das Gefahrenbewußtsein nutzen sollte, um Fortschritte in Abrüstungsfragen anzustreben; er dachte

Hans Globke und Adolf Heusinger, aus den Elementen einen Fahrplan für abgestimmtes Vorgehen in Richtung Rüstungskontrolle und europäische Sicherheit mit stufenweiser Verwirklichung der Wiedervereinigung zu erstellen[187]. Dem bekannten Einwand Adenauers, daß ein amerikanischer Rückzug aus Deutschland das Ende der NATO bedeute, stellten sie den möglichen Gewinnposten gegenüber, daß ein äquivalenter Rückzug der Russen erhebliche Vorteile mit sich bringe; der UdSSR würde es dadurch erschwert, auf Veränderungen in Osteuropa mit Kurzschlußhandlungen zu reagieren[188]. Adenauer hingegen bremste — nach anfänglicher Aufgeschlossenheit für die Gedankenführung seiner Berater — ab. Trotz aller Zweifel an der Führungskraft und Zuverlässigkeit Eisenhowers[189] schien es ihm angesichts der britischen Bemühungen um das amerikanische Plazet für die neue Verteidigungspolitik[190] fatal, wenn man sich auf deutscher Seite zum jetzigen Zeitpunkt aktiv an Überlegungen beteiligte, die davon ausgingen, daß mit der Präsenz der USA in drei bis vier Jahren (nach 1960) nicht mehr wie selbstverständlich gerechnet werden könne. Unter solchen Auspizien schien es seinen Beratern sinnvoll, die USA durch Rückverlegung ihrer Streitkräfte nach Spanien/Portugal und Großbritannien wenigstens an die »peripheral strategy« zu binden, die in der Gründungsphase der NATO bestand. Für Adenauer gab es eine Alternative, auf die SACEUR Lauris Norstad ebenfalls hinwies —, »daß die NATO auf 500 000 Mann deutscher Truppen bestehen müsse, auch unter Berücksichtigung modernster Ausrüstung«[191]. Dieser Standpunkt stützte zwar die offizielle deutsche Zurückhaltung in der Disengagementdiskussion, berührte aber auch die Tabuzone, nämlich die Frage[192], wieweit »NATO-Europa« auf »deutsche Stärke« vertrauen solle und könne.

an den Rückzug hinter den Rhein und den Abzug amerikanischer Truppen aus Westdeutschland; Hoover merkte an, daß Dulles sich widersetzen werde; Ambrose, Eisenhower, S. 374. Anfang 1957 erörterte der NSC Pläne für den Rückzug von ca. 35 000–40 000 Mann aus Deutschland ebenso wie aus Japan; NSC, 307. Sitzung, 21.12.1956, in: FRUS 1955–57, XIX, S. 384 ff., ferner S. 273, 307, 314 f., 363, 558 f., 589, 600; Ambrose, Eisenhower, S. 394 ff. Bulganin hatte in seiner Note vom 17.11.1956 an Eisenhower gegenseitige Inspektionen im Prinzip anerkannt. In der Annahme, daß die Sowjetunion aufgrund der Erschütterungen im Ostblock an Abrüstungsverhandlungen vor allem auch auf konventionellem Gebiet interessiert sein könnte, engagierte sich Großbritannien in der Disengagement-Debatte. Die USA legten der UNO im November 1956 — nach Abschluß interner Überprüfung ihrer Abrüstungspolitik — ein Vorschlagspaket vor; der Botschafter bei der UNO, Cabot Lodge, trug den Plan am 14.1.1957 vor; Felken, Dulles und Deutschland, S. 437 ff.

187 Sehr verehrter Herr Bundeskanzler!, S. 215 ff.; Siebenmorgen, Gezeitenwechsel, S. 183 ff.; Kosthorst, Brentano, S. 119 f. Zu den Blankenhorn/Heusinger-Plänen 1953 und 1955 siehe: Schwarz, Adenauer, S. 86 ff., 180 ff.; Thoß, Der Beitritt, S. 142 ff.

188 Aufzeichnung des AA zur Vorbereitung auf Dulles' Besuch in Bonn im April 1957, PA 200–80. SL/0 — 94. 29.

189 Hätte Adenauer davon gewußt, daß Eisenhower eine dramatische Geste des Disengagement erwog — 9.11.1956, Ambrose, Eisenhower, S. 374 —, hätte er einen Beweis für seinen Verdacht der Kollaboration zwischen den Supermächten in die Hand bekommen.

190 Zu Sandys' Washington-Besuch Ende Januar 1957 siehe: PRO, FO 371, 126683, File AU 1051/28.

191 Krone, Tagebücher, 19.4.1957, S. 252.

192 Siehe oben zum Bericht Dulles' über die NATO-Ratstagung in Bonn, 4.5.1957.

Die Disengagementpläne wollten gleichfalls für die »Zeit danach« Vorsorge treffen, also sicherstellen, daß die Sowjetunion ihre Truppen gleichermaßen aus Osteuropa zurückzöge. Brentano hingegen hob hervor, daß ein beiderseitiger Rückzug nicht das gleiche bedeute: Die Präsenz amerikanischer (und britischer) Truppen an der Central Front sei für die deutsche Politik unverzichtbar[193]; Eisenhower und Dulles sahen es ebenso[194]. Die Disengagementdiskussion legte das Dilemma offen, mit dem die NATO konfrontiert war: Die amerikanische Führungsmacht wollte eigentlich Flexibilität in der Militärstrategie und Nukleardiplomatie zurückgewinnen; da aber kein Partner bereit war, die dafür erforderlichen Strukturen zu schaffen, verharrte die NATO in der selbst fabrizierten Falle der Nuklearisierung ihrer Sicherheitsgarantie für die nichtnuklearen Mitglieder der NATO, voran der Bundesrepublik. »Reciprocal force withdrawals as proposed by the Soviet Union would force NATO into total reliance on nuclear weapons, and this in turn would open the European countries to dangerous pressures to accommodation with the Soviets[195].«

Für Adenauers reservierte Haltung war ein weiterer Grund ausschlaggebend: Das kommunistische Lager stand geschlossen, nachdem Tschou En-lai Chinas Solidarität mit der sowjetischen Führungsmacht bekundet hatte[196]; Moskau habe also den Schlüssel in der Hand und werde die Tür nur denen öffnen, die zuerst in Moskau vorsprächen, statt sich um Warschau oder Prag zu bemühen. Zwar müsse man Moskaus Verständigungsbereitschaft ernsthaft ausloten, das heißt die Inhalte der Notenoffensive prüfen, doch wäre damit zu rechnen, daß Bulganin/Chruschtschow die Anerkennung der DDR forcieren und auf Anzeichen, daß der Westen eine Auflockerung im Ostblock induzieren wolle, mit Repressionsmaßnahmen etwa gegen Polen reagieren würden[197].

Die Pläne des Auswärtigen Amtes, auf die Aufnahme diplomatischer Beziehungen mit Polen hinzuarbeiten und die Anerkennung der Oder-Neiße-Grenze in der einmal von Brentano geäußerten Erwartung zu betreiben — daß die 17 Millionen Ostdeutschen »frei« würden, wenn die Bundesrepublik nach Osten wie nach Westen klarstelle, daß Überwindung der deutschen Teilung Vereinigung der Besatzungsgebiete bedeute und nicht Wiedervereinigung in den Grenzen vom 31. Dezember 1937[198] —, zielten darauf ab, Polen unabhängig zu machen: unabhängig von der Furcht vor dem deutschen Nachbarn und damit unabhängig von der Selbstauslieferung an die Sowjetunion als Protektor gegen die deutsche Gefahr.

193 Greiner, Die militärische Eingliederung, S. 734 ff., 745 ff.

194 FRUS 1955–57, XIX, S. 349, 351, 681.

195 Four Power Working Group on German Reunification and European Security, 2.3.1957, RG 59, Lot 63D166, Box 18, File 5 (11. 2).

196 Sehr verehrter Herr Bundeskanzler!, S. 215 ff.; Kosthorst, Brentano, S. 121; Siebenmorgen, Gezeitenwechsel, S. 182 ff.

197 Adenauer, Pressekonferenz, 21.12.1956. Brentano strebte eine Normalisierung der Beziehungen mit Polen an: Kosthorst, ebd., S. 174 ff., 186 f.; Adenauer, Erinnerungen, 3, S. 165 ff.; Schwarz, Adenauer, S. 397 ff.

198 Brentano, 1.5.1956, siehe: Sehr verehrter Herr Bundeskanzler!, S. 192.

Adenauer hielt dieses Kalkül nicht nur für zu riskant, sondern sah auch die Prämisse als unzutreffend an: Die Prämisse der ersten, östliche und westliche Wortführer vereinigenden Disengagement-«Schule«, daß es die »Nuklearisierung« der Bundeswehr (als Vorstufe des »deutschen Drangs nach Osten«) zu verhindern gelte, bedeute eine falsche, die Bonner Anliegen verzerrende Frontstellung; denn Adenauer schloß die Dislozierung von »Euromissiles«, die von deutschem Territorium aus Zielobjekte in Rußland bedrohen konnten, als unnötige Provokation des Kreml aus. Daß Gomułka/Rapacki schließlich in ihrem Plan einer kernwaffenfreien Zone in Mitteleuropa[199] Vorschläge des sowjetischen Außenministers Andrei A. Gromyko (27. März 1957) aufwärmten, die Aufmerksamkeit auf die Gefahr einer »Raketen«ausrüstung der Bundesrepublik richteten und damit den Blick vom »Unrecht« der Teilungen ablenkten —, schien im Nachhinein Adenauers These zu bekräftigen, daß Moskau den Blockpartnern keine Eigenständigkeit erlaube.

Der Rückgriff auf die Rhetorik des »Kalten Kriegs« war die Antwort auf die in der östlichen Propaganda vorgenommene Gleichsetzung der Bemühungen von Adenauer und Strauß um »integration with equality« in der NATO mit deutschem Imperialismus, Militarismus und Faschismus. Das hinderte Adenauer nicht daran, seinerseits die deutsche Bereitschaft zu Gesprächen mit der UdSSR zu betonen[200] und auf diplomatischem Wege die Sowjetunion zu sondieren, ob es zu einer Liberalisierung in der »SBZ« kommen könne. Die Nebenabsicht der Kontaktpflege war herauszufinden, was der Kreml mit der Disengagementkampagne bezwecke. Falls die Sowjetunion den Westen mit einem ernstzunehmenden Angebot überrasche, ihre Truppen aus den Warschauer Pakt-Staaten abzuziehen, wenn die USA das gleiche auf westlicher Seite täten, würde der Druck in der Bundesrepublik unwiderstehlich, den Status bewaffneter Neutralität in der Hoffnung zu wählen, auf diese Weise die Chancen auf Wiedervereinigung wahren zu können. Wie Heinrich Krone seinem Tagebuch an der Jahreswende 1956/57 anvertraute, hatte »Ungarn« »den vielen« anscheinend nicht die Augen geöffnet: »In der ›Welt‹ taut es nur wieder so, wie immer, wenn (Paul) Sethe zum Neuen Jahr einen Aufsatz (›Den Knoten entwirren‹) schreibt[201].«

Die Ohnmacht der USA, am Zustand der Teilungen etwas ändern zu können, nährte den Verdacht, daß die westeuropäischen Länder für die Idee anfällig würden, sich mit dem russischen Koloß zu akkommodieren, weil dieser ihr Nachbar bleiben würde, was immer sonst in der Welt passieren mochte. Auf diesen Faktor anspielend, schien der Gedanke an kontrollierten Rückzug der Supermächte zwingend. Die Doppelkrise, so die Prämisse dieser zweiten Disengagementschule, lasse nur die Lehre zu, daß es mit den bisherigen Politiken nicht weitergehen könne; beide Seiten hätten der Entspannung zu wenig Chancen gegeben. Ost und

199 Der erste Rapacki-Plan wurde am 2.10.1957 in der UN-Generalversammlung vorgestellt, wenige Tage vor dem Sputnik-Erfolg der Sowjetunion; siehe: DD, III. Reihe, Bd III/3, S. 1681 ff.; Haftendorn, Abrüstungs- und Entspannungspolitik, S. 37 ff.

200 Kosthorst, Brentano, S. 155 ff.

201 Krone, Tagebücher, 31.12.1956, S. 237.

West steckten in dem gleichen Dilemma, »that persistence in policies that may prove decreasingly able to sustain and which point to no resolution of recent difficulties, may incur even greater risks than the suggested course (of arms reduction and disengagement)«[202]. Die alten Politiken hätten die internen Dissonanzen in beiden Lagern — zwischen den USA und Frankreich/Großbritannien sowie zwischen der Sowjetunion und Polen/Ungarn — zum Ausbruch, aber keine Bewegung in die erstarrten Fronten des Ost-West-Konfliktes gebracht. Das Ergebnis der Doppelkrise wäre die Verfestigung des Status quo bei gleichzeitiger Fortdauer der jeweiligen blockinternen Divergenzen. Mit diesem Zustand könne niemand zufrieden sein. Beide Seiten sollten vielmehr daran interessiert sein, das Dilemma gemeinsam anzugehen: Statt zu versuchen, die Schwächen des gegnerischen Lagers zum eigenen Vorteil zu wenden, schien es lohnender und weniger explosiv, auf dem Verhandlungsweg Übereinkünfte anzustreben. Kämen sie zustande, dann könne man hoffen, daß die Brüche im eigenen »Block« geheilt und die Zuspitzung latenter Konflikte verhütet würden und daß kein »Lager« in die Versuchung käme, in interne Angelegenheiten der Gegenseite zu intervenieren, denn die »Ära der Verhandlungen« würde eine Atmosphäre schaffen, in der beide Seiten das Ventil für Reformbewegungen öffneten.

Gegen die Versuchung, die Wiedervereinigung zum Preis der Neutralisierung Deutschlands im Ost-West-Konflikt zu erreichen, wäre, so nahm man auch im Department of State an[203], die Bundesregierung ebenso machtlos wie die US-Regierung gegen den Druck im eigenen Land, die Truppen aus Europa zurückzurufen, wenn die Sowjetunion ihre Präsenz »nach hinten verlagere«. Die von Brentano, vom Foreign Office und von Dulles vertretene Gegenposition, ein Abzug der US-Truppen aus Westdeutschland bedeute den Rückzug der USA aus Europa und damit das Ende der NATO, würde nämlich ihre Überzeugungskraft verlieren, wenn Moskau wahrmachte, was Dulles einmal als Preis für die Beendigung des Kalten Kriegs genannt hatte: Mit dem Rückzug der sowjetischen Streitkräfte solle der Kreml signalisieren, daß er Freiheit der Wahl des inneren Regimes — zunächst in Gestalt nationalkommunistischer Regierungen — und des äußeren Regimes gewähre; letzteres müsse aber Neutralität heißen, weil sonst die Sowjetmacht einen Vorwand zur Intervention finden würde. Mit anderen Worten: Gestände die Sowjetunion »Ungarn« als Fehler ein und entfernte sie mit den sowjetischen Streitkräften auch die Machtbasis für die Wiederholung solcher »Kurzschlußhandlungen«, dann gerieten die USA in erheblichen Zugzwang. Während einige Abteilungen im Department of State meinten, die Kremlführer würden diese Lehre aus »Polen/Ungarn« ableiten, hielt sich Dulles an die Tatsache, daß die jüngste Entwicklung zwar in mancher Hinsicht die sowjetische Position geschwächt habe, aber damit auch das Risiko erhöhe, daß Chruschtschow etwas werde unternehmen müssen. Erhöhte

202 NA, RG 59, Lot 66D487, Box 108, File Europe (1/2). Fuller, »The Case for Disengagement«, 6.12.1956.

203 Ebd., es handelt sich um die Fortschreibung von Denkansätzen, die Coburn Kidd im Frühjahr 1955 dargelegt hatte; zur britischen Reaktion darauf siehe: Die Doppelte Eindämmung, S. 194 ff.

Wachsamkeit und Konsolidierung des »Westens«, aber auch Gesprächsbereitschaft schienen geboten[204].

Auch Adenauer hielt es für wichtig, die sowjetische Bereitschaft zu Lösungen auf diplomatischem Wege zu testen. Allerdings blieb er sich bewußt, daß die Sowjetunion bereits auf den Genfer Konferenzen 1955 alles erreicht hatte, was sie sich primär wünschen konnte — »Parität« mit den USA; Anerkennung als »friedfertige Macht«; öffentliche Verzichterklärung Eisenhowers auf einen Erstschlag —, und daß sie zudem die wichtigsten Faustpfänder — Abhängigkeit der DDR von der Unterstützung der UdSSR; Mitspracherecht über die Oder-Neiße-Linie — in der Hand hatte, die bei der Konstruktion einer europäischen Friedensordnung eine Rolle spielen mußten. Also sollte man sich keine großen Hoffnungen auf Konzessionsbereitschaft der Kremlführung machen. In der deutschen Frage wolle Moskau abwarten, ob die Bundestagswahlen zur Ablösung Adenauers führten oder nicht. Bis dahin werde »Sowjetrußland« versuchen, den Sicherheitsstatus der Bundesrepublik so niedrig wie möglich zu halten, um den Westen an der Implementierung seines bisher größten Erfolgs — die sowjetische Tolerierung des NATO-Beitritts der Bundesrepublik — zu hindern; »Disengagement« war so gesehen für die Sowjetunion das Instrument, um die »Singularisierung« der Bundesrepublik in der NATO als Substitut für die verpaßte Gelegenheit der Neutralisierung zu erreichen. Ließen westliche Partner sich auf das Spiel ein, wäre der Dauerstreit in der NATO um Umfang und Art des deutschen Verteidigungsbeitrags vorprogrammiert; da in diesem Streit die USA (als »nuclear rearmer« der Bundesrepublik) auf der einen Seite und Großbritannien, eventuell auch Frankreich auf der anderen Seite des NATO-internen Konflikts stünden, war nicht auszuschließen, daß die USA ihre Androhung wahrmachten — den Rückzug aus Europa, falls die »Westeuropäer« nicht begriffen, daß das Beharren der USA auf »Integration« das Wundermittel war, um den Kampf um die Vormachtstellung zwischen Frankreich, Großbritannien und Deutschland »aufzuheben«. Damit der Westen gar nicht erst in diesen Teufelskreis geriet, müsse die Bundesrepublik — so Adenauer — Fakten schaffen, und zwar, indem sie die Aufrüstung als ihr Recht (und nicht als »Gnadenakt« der Partner, den diese dann entsprechend dem Stand der Ost-West-Beziehungen variierten dürften) wahrnahm und indem sie vorsorgte, daß die Integration der Bundeswehr für die NATO insgesamt so wichtig wurde, daß weder die NATO-Partner noch die Nachfolge(r) Adenauers die Schwächung der deutschen Stellung in der NATO oder gar den Austritt der Bundesrepublik aus der NATO verschmerzen könnten[205].

Angesichts des Drucks auf die Bundesregierung, die Entspannungsbereitschaft in Ost und West, auf die sich die Disengagementdiskussion bezog, nicht durch ihre »nuklearen Ambitionen« zu gefährden, kam es für Adenauer darauf an, auf einer zweiten Schiene den Kontakt mit dem Kreml zu pflegen und dabei deutlich

204 FRUS 1955–57, XIX, S. 392, 386 (Radford). Dulles, 21.12.1956, NSC 307. Sitzung; ebd., IV, S. 198 f. Dulles, 21.12.1957, NATO-Ratstagung.

205 So sah es auch Dulles, 8.5.1957, in: ebd., IV, S. 600 ff.

zu machen, daß es Bonn vorerst um Verbesserung der Lebensbedingungen in der DDR gehe und nicht darum, daß die UdSSR ihren Vorposten verliere. »Stillhalten« im deutsch-sowjetischen Sonderkonflikt innerhalb des allgemeinen Ost-West-Konflikts war angesagt. Dies war nötig, um bis zu den für alles entscheidend gehaltenen Herbstwahlen 1957 die Westintegration zu konsolidieren, also das EWG/EURATOM-Projekt zu verwirklichen und die mögliche Wiederannäherung Großbritanniens an die Gemeinschaft der Sechs auf dem Weg der Verhandlungen über die OEEC-weite industrielle Freihandelszone zu unterstützen, vor allem aber die vollwertige Mitgliedschaft der Bonner Republik in der NATO endgültig zu sichern.

Die Auseinandersetzungen spielten sich zwischen transnationalen Gruppierungen ab; die einen warnten, daß eine SPD-F.D.P.-Koalition sich in der Deutschlandpolitik der Westmächte auswirken würde, die anderen mußten sich fragen, was ihnen der Machterhalt Adenauers wert war. Die Neigung, die Integration der Bundeswehr in die NATO im Kontext der Ost-West-Verhandlungen zu sehen, war nicht nur bei der SPD anzutreffen[206], sondern auch bei Mitgliedern der Bundesregierung, die — wie Außenminister von Brentano[207] — mit sich über eine Limitierung der deutschen Wiederbewaffnung reden lassen wollten, falls die Sowjetunion und die anderen Mächte den Weg zu einer Vereinigung in Freiheit freigäben. Im Unterschied zur SPD, die verschiedenartige Zwischenlösungen ins Auge faßte, hielt Brentano die NATO-Bindung eines vereinten Deutschland für unverzichtbar. Adenauer[208] vertrat — ähnlich wie Dulles — die Auffassung, daß die Sowjetunion Entspannung im Rahmen der globalen Machtprobe mit den USA sehe; Osteuropa und die DDR seien für Moskau Faustpfänder, die die Kremlführer erst freigeben würden, wenn sie zur Einsicht gelangten, daß sie bei Fortdauer des »imperial overstretch« den Zusammenbruch ihrer Machtbasis riskierten[209].

Auch die umgekehrte Möglichkeit, daß die Sowjetunion triumphieren könnte, weil der »Westen« schneller auseinanderfalle oder die USA der ständigen Reibungsverluste mit ihren Alliierten überdrüssig und diese ihrem Schicksal überlassen würden, wollten Adenauer und Dulles nicht ausschließen. Der Therapievorschlag war nicht neu: Weder dürften die westeuropäischen Partner, insbesondere die Bundesrepublik, die Erwartungen der USA hinsichtlich der in der Vorgabe »Integration« gebündelten Standards enttäuschen; noch könnten die USA es sich leisten,

206 Wilker, Die Sicherheitspolitik, S. 26 ff.; Sehr verehrter Herr Bundeskanzler!, S. 194 ff. Für die SPD war »Neutralität im Kalten Krieg« ein Preis, den man der Sowjetunion für Wiedervereinigung im Rahmen Europäischer Sicherheit bieten sollte. Kennans Disengagement-Vorschläge — 8.5.1956; 10.1.1957; Reith Lectures im Herbst 1957 — sahen Wiedervereinigung durch Neutralisierung vor und griffen auf Ideen zurück, die er als Leiter des Policy Planning Staff entwickelt hatte; zu letzteren siehe: Miscamble, George F. Kennan, S. 146 ff.

207 Sehr verehrter Herr Bundeskanzler!, S. 194 ff.; Kosthorst, Brentano, S. 101 ff., 174 ff.

208 Siebenmorgen, Gezeitenwechsel, S. 71 ff., 75 f., 81 ff.; Köhler, Adenauer, S. 951 ff.; FRUS 1955–57, XIX, S. 80 f.; ebd., IV, S. 80 f., 597 ff.

209 Dulles, 6.5.1957, FRUS ebd. 1955–57, IV, S. 597. Schwarz — Die deutschlandpolitischen Vorstellungen, S. 21 — prägte dafür den passenden Begriff »Frustrations«-Theorie. Die Wende unter Gorbatschow läßt sich mit dem »Lernprozeß« erklären, zu dem die von der Ungarn-Krise inspirierte Disengagement-Strategie Chruschtschow hatte animieren wollen.

das Kalkül der prowestlichen Kräfte in der politischen Landschaft der Bundesrepublik zu unterlaufen, andernfalls würden die Neutralismustendenzen Oberwasser bekommen. Adenauer und Dulles unterstellten der Sowjetführung, daß sie sich zutraue, neben der Einbindung der Satelliten in die sozialistische Staatengemeinschaft auch noch den Prozeß der Blockkonsolidierung auf westlicher Seite zu stören. Natürlich enthüllten sie damit die eigene Präferenz, zuerst den innerwestlichen Zusammenhalt zu festigen und abzuwarten, ob Erschütterungen im östlichen Lager den Kreml bereit stimmten, am Verhandlungstisch eine Lösung zu finden, wie er die zu kostenträchtig werdende Strategie der Beherrschung des Glacis durch Sicherheit im Rahmen einer Friedensordnung für Europa ersetzen könne. Für sie gab es keine Anhaltspunkte, daß »Ungarn« schon jetzt diese Auswirkungen auf die sowjetische Politik zeitige. Im Gegenteil: Die Kampagne gegen die Bundesrepublik und für die Anerkennung der DDR zeige, daß Chruschtschow die DDR aufwerten und stabilisieren wolle, um sie als Klammer für den Zusammenhalt des »Ostblocks« zu erhalten. Während Chruschtschow vom Westen die Nichteinmischung in die Angelegenheiten der sozialistischen Staatenwelt verlange, unternehme er alles, um den »Westen« zu verunsichern — Zweifel zu nähren, ob die Länder Westeuropas ein »starkes«, jedoch von der Protektion der USA abhängiges Deutschland verkraften könnten — und gleichzeitig den USA Angst einzujagen, ob sie ihren Kontinent gegen sowjetische Fernstreckenbomber und Interkontinentalraketen verteidigen und darüber hinaus Beschützer NATO-Europas bleiben könnten. Für den »Westen«, so schien es, begann die Sisyphusarbeit an der »Sicherheit des Westens« nach den Ohnmachtsbekundungen in der Ungarnkrise und nach der Kollision amerikanischer und »westeuropäischer« Regierungsmoral in der Suezkrise von neuem.

Abkürzungsverzeichnis

AA	Auswärtiges Amt
ADAP	Akten zur deutschen auswärtigen Politik 1918–1945
AMAE	Archives du Ministère des Affaires Étrangères, Paris
AVH	Államvédelmi Hatöság, Staatssicherheit, Ungarn
AWP RF	Archiv wneschnei politiki Rossiskoi Federazii, Archiv für Außenpolitik der Russischen Föderation
BA	Bundesarchiv, Koblenz
BA-MA	Bundesarchiv-Militärarchiv, Freiburg i. Br.
BKP	Bulgarische Kommunistische Partei
CIA	Central Intelligence Agency
CINCLANT	Commander in Chief Atlantic Fleet
COMICEDEFOR	Commander Iceland Defence Force
ČSR	Tschechische Sozialistische Republik
ČSSR	Tschechoslowakische Sozialistische Republik
CWIHP	Cold War International History Project
DDEL	Dwight D. Eisenhower Library, Abeline, Kansas
DDF	Documents Diplomatiques Françaises
DDR	Deutsche Demokratische Republik
DEA	Department of External Affairs, Kanada
EVG	Europäische Verteidigungsgemeinschaft
EWG	Europäische Wirtschaftsgemeinschaft
FLN	Front de Libération Nationale
FO	Foreign Affairs
FRUS	Foreign Relations of the United States
GPU	Gosudarstwennoje polititscheskoje uprawlenije, Staatliche politische Verwaltung, UdSSR
JCS	Joint Chiefs of Staff, USA
KGB	Komitet gossudarstwennoi besopasnosti, Komitee für Staatssicherheit, UdSSR
KP	Kommunistische Partei
KPČ	Kommunistische Partei der Tschechoslowakei
KPD	Kommunistische Partei Deutschlands
KPdSU	Kommunistische Partei der Sowjetunion
KPF	Kommunistische Partei Frankreichs
KPI	Kommunistische Partei Italiens
LPG	Landwirtschaftliche Produktionsgenossenschaft
MfS	Ministerium für Staatssicherheit, DDR
MGFA	Militärgeschichtliches Forschungsamt, Freiburg i.Br., seit 1994 Potsdam
NA	National Archives, Washington D.C.
NAC	National Archives Canada, Ottawa
NISCA	NATO International Staff, Central Registry, Archives
NKWD	Narodny Kommissarijat wnutrennich del, Volkskommissariat für Innere Angelegenheiten, UdSSR
NSC	National Security Council
PHV	Politische Hauptverwaltung
PRO	Public Record Office, Kew, Surrey
PVAP	Polnische Vereinigte Arbeiterpartei
RF	Rossiskaja Federazija, Russische Föderation
RG	Record Group
RGW	Rat für gegenseitige Wirtschaftshilfe
RKP	Rumänische Kommunistische Partei
SACEUR	Supreme Allied Commander Europe

SBZ Sowjetische Besatzungszone
SED Sozialistische Einheitspartei Deutschlands
SMAD Sowjetische Militäradministration in Deutschland
SÚA Statní ústředni archív, Staatliches Zentralarchiv, Praha
UdSSR Union der Sozialistischen Sowjetrepubliken
UNTSO UN Truce Supervision Organization
ÚV KSČ Archiv des ZK der KPČ
WEU Westeuropäische Union
WISh Wojenno-istoritscheski shurnal, Militärhistorisches Journal
ZAMO Zentralni archiw Ministerstwo oborony, Zentralarchiv des Verteidigungsministeriums
ZCHSD Zentr chranenija sowremennoi dokumentazii, Zentrum zur Aufbewahrung zeitgenössischer Dokumente

Literatur

Abschlußkommunique der Tagung des Politischen Beratenden Ausschusses der Teilnehmerstaaten des Warschauer Vertrages in Prag, 28. Januar 1956, in: Die Organisation des Warschauer Vertrages. Dokumente und Materialien 1955–1985, Berlin (Ost) 1985, S. 31 f.

Acheson, Dean, Macht und Diplomatie, Köln 1958

Acheson, Dean, Present At the Creation. My years in the State Department, New York 1969

Adamthwaite, Anthony, Suez revisited, in: International Affairs, 64 (1988), S. 449–464

Adenauer, Konrad, Erinnerungen, Bd 3: 1955–1959, Stuttgart 1967

Adenauer, Konrad, Teegespräche, Bd 2: 1955–1958, bearb. von Hanns Jürgen Küsters, Berlin 1986

Adenauer, Konrad, »Wir haben wirklich etwas geschaffen.« Die Protokolle des CDU-Bundesvorstands 1953–1957, bearb. von Günter Buchstab, Düsseldorf 1990 (= Forschungen und Quellen zur Zeitgeschichte, 16)

Ajnenkiel, Andrzej, Europa — aus polnischer Perspektive, in: Der lange Weg nach Europa. Historische Betrachtungen aus gegenwärtiger Sicht, hrsg. von Wolfgang J. Mommsen, Berlin 1992, S. 236–252

Ajnenkiel, Andrzej, Die Rolle der Freien Stadt Danzig in den polnisch-deutschen Beziehungen 1919–1932, in: Die deutsch-polnischen Beziehungen 1919–1932, Braunschweig 1985 (= Schriftenreihe des Georg-Eckert-Instituts für Internationale Schulbuchforschung, 22/VIII), S. 49–65

Ajnenkiel, Andrzej, A True Beginning of the Cold War — The Polish Point of View, in: International Cold War Military Records, S. 525–533

Ajnenkiel, Andrzej, Verschleppung und Zwangsarbeit. Die Wandlungen der polnischen Bevölkerung unter Hitler und Stalin, in: Menetekel, S. 333–352

Akten zur deutschen Auswärtigen Politik 1918–1945. Reihe D, Bd 7, Baden-Baden 1977

Albert, A. (Roszkowski, W.), Najnowsza historia Polski [Jüngste Geschichte Polens], tom 3: 1954–1956, Warszawa 1986

Ambrose, Stephen E., Eisenhower, vol. 2: The President, 1952–1969, London 1984

Ambrose, Stephen E., Eisenhower. Soldier and President, New York 1990, hier zit. nach der Ausgabe Moskva 1993

Ambrose, Stephen E., and Richard Immerman, Ike's Spies. Eisenhower and the Espionage Establishment, New York 1981

Amerikas Option für Deutschland und Japan: Die Position und Rolle Deutschlands und Japans in regionalen und internationalen Strukturen; die 1950er und 1990er Jahre im Vergleich, hrsg. von Gustav Schmidt und Charles F. Doran, Bochum 1996

Anfänge westdeutscher Sicherheitspolitik, hrsg. vom MGFA, Bd 3: Die NATO-Option, München 1993

L'Année politique 1956. Revue chronologique des principaux faites politiques, économiques et sociaux de la France, Paris 1957

Arbatow, G.A., Ideologischer Klassenkampf und friedliche Koexistenz, Berlin (Ost) 1972

Das Atlantische Bündnis. Tatsachen und Dokumente, hrsg. vom NATO-Informationsdienst, Brüssel 1982

Az 1956–os magyar forradalom [Die ungarische Revolution von 1956], in: Történelmi olvasókönyv középiskolásoknak, Budapest 1991

Baev, Jordan, i N. Kotew, Sporasumenijeto Churchill-Stalin sa sferi na wlijanije na Balkanite ot oktomwri 1944 godina [Das Abkommen zwischen Churchill und Stalin über Einflußsphären auf dem Balkan vom Oktober 1944], in: Meshdunarodni otnoschenija [Internationale Beziehungen], (1993), 1, S. 89–102

Bar-On, Mordechai, Etgar we-Tigra. Ha-Derech le-Mivtza Kadesch 1956 [Challenge and Quarrel. The Road to Sinai 1956], Be'er Scheba 1991
Bar-Zohar, Michael, Ben-Gurion [Ben-Gurion. A Political Biography], vol. 3, Tel Aviv 1977
Barany, Z., East European Armed Forces in Transitions and Beyond, in: East European Quarterly, (1992), 1
Barbier, Colette, Les négociations franco-germano-italiennes en vue de l'établissement d'une coopération militarie nucléaire au cours des années 1956–1958, in: Revue d'histoire diplomatique, 104 (1990)
Bariéty, Jacques, Frankreich und das Scheitern der EVG, in: Die doppelte Eindämmung, S. 19–131
Baring, Arnulf, Sehr verehrter Herr Bundeskanzler! Heinrich von Brentano im Briefwechsel mit Konrad Adenauer 1949–1964, Hamburg 1974
Barjot, Pierre, Les opérations de Suez en 1956 et la marine, in: La Revue Maritime, 151 (janvier 1959), S. 34 ff.
Bartoszewski, Władymir, Na drodze do niepodległosci [Auf dem Weg in die Unabhängigkeit], Paris 1987
Bartoszewski, Władymir, i Marek Edelman, Żydzi Warszawa 1939–1943 [Die Juden und Warschau 1939–1943], Lublin 1993
Baur, Dominik, Vom Winde verweht. Propagandaballons gegen den Osten, in: Damals 1956. Das Jahr des Ungarn-Aufstandes, hrsg. von Guido Knopp, Stuttgart o.J. [1995], S. 35 f.
Baylis, John, Ambiguity and Deterrence. British Nuclear Strategy, 1945–1964, Oxford 1995
Baylis, John, Anglo-American Defence Relations 1939–1984. The Special Relationship, 2nd ed., London 1984
Beaufre, André, L'Expédition de Suez, Paris 1967
Beaufre, André, The Suez Expedition, London 1969
Beaufre, André, Die Suez-Expedition. Analyse eines verlorenen Sieges, Berlin 1967
Beetz, Rüdiger, Die »Rebellion der Intellektuellen« in der DDR 1956/58, in: »Tauwetter« ohne Frühling, S. 127–141
Beglinger, Martin, »Containment« im Wandel. Die amerikanische Außen- und Sicherheitspolitik im Übergang von Truman zu Eisenhower, Stuttgart 1988 (= Beiträge zur Kolonial- und Überseegeschichte, 41)
Békés, Csaba, A brit kormány és az 1956-os magyar forradalom [Die britische Regierung und die ungarische Revolution von 1956], in: Évkönyv I. [I. Jahrbuch], 1956-os Intézet ['56er Institut], Budapest 1992, S. 19–38
Békés, Csaba, A magyar kérdés az ENSZ-ben és a nyugati nagyhatalmak titkos Tárgyalásai 1956. október 28. — november 4. Brit kylygyi dokumentumok [Die ungarische Frage bei der UNO und die Geheimverhandlungen der drei westlichen Großmächte vom 28. Oktober bis zum 4. November 1956. Dokumente des britischen Außenministeriums], in: Évkönyv II. [II. Jahrbuch], 1956-os Intézet ['56er Institut], Budapest 1993, S. 39–71
Békés, Csaba, Az 1956-os magyar forradalom a világpolitikában. Tanulmány és válogatott dokumentumok [Die ungarische Revolution von 1956 in der Weltpolitik. Studie und ausgewählte Dokumente], Budapest 1996
Békés, Csaba, New Findings on the 1956 Hungarian Revolution, in: CWIHP, Bulletin 2 (autumn 1992), S. 1–3
Békés, Csaba, The 1956 Hungarian Revolution and World Politics, in: Die Ungarische Revolution 1956, hrsg. von Béla Balázs, Wien 1995, S. 25 f.
Békés, Csaba, The 1956 Revolution and World Politics, in: Hungarian Quarterly, 36 (1995), S. 109–121
Ben-Gurion, David, Diary. The Suez-Sinai Campaign. Ed. and introd. by Selwyn Ilan Troen, in: The Suez-Sinai Crisis, S. 308
Ben-Gurion, Yichud we-Ye'ud. Dvarim 'al Bitachon Israel [Besonderheit und Schicksal. Israels Sicherheitsangelegenheiten], Tel Aviv 1971
Berecz, János, Ellenforradalom tollal és fegyverrel, 1956 [Konterrevolution mit Feder und Waffe, 1956], Budapest 1986

Berecz (Berec), János, K 30-letiju rasgroma kontrrewoljuzii w Wengrii [Zum 30. Jahrestag der Zerschlagung der Konterrevolution in Ungarn], in: Nowaja i noweischaja istorija [Neue und Neueste Geschichte], (1986), 6, S. 31–35
Berecz (Berec), János, Krach operazii »Fokus«. Kontrrewoljuzija perom i orushijem [Das Scheitern der Operation »Fokus«. Konterrevolution mit Feder und Waffe], Übers. aus dem Ungarischen, Moskva 1986
Berezowski, Cezary, Powstanie państwa polskiego w świetle prawa narodów [Die Entstehung des polnischen Staates unter völkerrechtlichem Aspekt], Warszawa 1934
Bergman, Aleksander, Najlepszy sojusznik Hitlera. Studium o współpracy niemiecko-sowieckiej. 1939–1941 [Der beste Verbündete Hitlers. Studie zur deutsch-sowjetischen Zusammenarbeit 1939–1941], London 1958
Berki, Mihály, Hadsereg, vezetés nélkül 1956 [Armee — ohne Führung 1956], Budapest 1989
Berki, Mihály, Pufajkások [Die im Wattemantel Dienst leisten], Budapest 1993
Bernstein, Barton J., A Jupiter Swap?, in: The Cuban Missile Crisis, ed. by Robert A. Divine, 2nd ed., New York 1988, S. 239–278
Besuschko, Pawel P., Kontrrewoljuzionnyje sily i stroitelstwo sozialisma w Wengrii [Konterrevolutionäre Kräfte und der Aufbau des Sozialismus in Ungarn], Moskva 1971
Bewaffnete Arbeiterbataillone im Bezirk Rostock. 25 Jahre Kampfgruppen der Arbeiterklasse, Rostock 1979
Bjarnason, Björn, The Security of Iceland, in: Cooperation and Conflict, 7 (1972), S. 193–208
Blankenhorn, Herbert, Verständnis und Verständigung. Blätter eines politischen Tagebuchs 1949–1979, Frankfurt, Berlin, Wien 1980
Blum, William, The CIA. A Forgotten History. U.S. Global Interventions Since World War II, London 1986
Boffa, Giuseppe, Istorija Sowetskowo Sojusa [Geschichte der Sowjetunion], tom 2: Ot Otetschestwennoi woiny do poloshenija wtoroi mirowoi dershawy. Stalin i Chruschtschew. 1941–1964 [Vom Vaterländischen Krieg bis zur Position einer zweiten Weltmacht. Stalin und Chruschtschow. 1941–1964], Übers. aus dem Italienischen, Moskva 1990
Bossuat, Gérard, France and the Leadership of the West in the 1950s. A Story of Disenchantment, in: Securing Peace in Europe, 1945–62. Thoughts for the post-Cold War Era, ed. by Beatrice Heuser and Robert O'Neill, London 1992, S. 105–124
Brands, Henry W., Cold Warriors. Eisenhower's Generation and American Foreign Policy, New York 1988
Brands, Henry W., Testing Massive Retaliation. Credibility and Crisis Management in the Taiwan-Strait, in: International Security, 12 (1988) 4, S. 124–151
»Die Breschnew-Doktrin«. Dokumentation, hrsg. von Boris Meissner, Köln 1969
Britain and Suez. The Lion's Last Roar, ed. by Scott Lucas, Manchester 1996
British Documents on the end of Empire, Series A, Vol. 2: The Conservative Government and the end of Empire, 1951–1957, 3 parts, ed. by David Goldsworthy, part I: International Relations, London o.J.
Bronislawski, Je., i G. Watschnadse, Polski dialog [Der polnische Dialog], Tbilisi 1990
Broszat, Martin, Nationalsozialistische Polenpolitik 1939–1945, Stuttgart 1961
Bruca, Silviu, Generatia irosită. Memorii [Die verschwendete Generation. Erinnerungen], București 1992
Buffet, Cyril, and Beatrice Heuser, The Franco-German Couple, in: Haunted by History. Myths in International Relations, ed. by Cyril Buffet and Beatrice Heuser, Oxford 1997
Burlazki, Fedor, Woshdi i sowetniki. O Chruschtschewe, Andropowe i ne tolko o nich... [Führer und Berater. Über Chruschtschow, Andropow und nicht nur über diese...], Moskva 1990
Burns, Eedson L.M., Between Arab and Israeli, Toronto 1962
Cabalo, Thorsten, Politische Union Europas. Der zweite Anlauf 1956–1963, Diss. Bochum 1996
Caillou, François, et Olivier Couvreur, L' Action psychologique menée par l'armée française en Algérie, 1955–1956, Centre de Recherche des Ecoles de Coëtquidan, 1995 (unveröff. Ms.)

Cain, Frank, Missiles and Mistrust: US Intelligence Responses to British and Australian Missile Research, in: Intelligence and National Security, 3 (1988), S. 5–22
Calhoun, F. Daniel, Hungary and Suez, 1956. An Exploration of Who Makes History, Washington D.C. 1991
Campbell, John C., The Soviet Union, the United States and the Twin Crises of Hungary and Suez, in: Suez 1956, S. 233–253
Carlton, David, Anthony Eden. A Biography, London 1981
Carlton, David, Britain and the Suez Crisis, Oxford 1988
Castellan, Georges, Le réarmement clandestin du Reich 1930–1935, Paris 1954
Changes in British and Russian Records Policy, London 1993 (= FCO Historical Branch Occasional Papers, 7)
Childers, Erskine, Der Weg nach Suez. Übers. aus dem Arabischen, hrsg. von El-Dar El-Qaumia, Kairo 1962
Chollosch [Hollós], Ervin, Tschewo oni dobiwalis? [Was wollten sie erreichen?], Übers. aus dem Ungarischen, Moskva 1969
Chollosch [Hollós], Ervin, i Vera Lajtai, »Cholodnaja woina« protiw Wengrii 1956 [«Kalter Krieg« gegen Ungarn], Übers. aus dem Ungarischen, Moskva 1985
Chollosch [Hollós], Ervin, i Vera Lajtai, Ploschtschad respubliki, 1956 [Platz der Republik 1956], Übers. aus dem Ungarischen, Moskva 1978
Chruschtschow, Nikita S., Krisisy i Rakety [Krisen und Raketen], tom 1, Moskva 1994
Chruschtschow, Nikita S., Memuary Nikity Sergejewitscha Chruschtschowa [Memoiren von Nikita Sergejewitsch Chruschtschow], in: Voprosy istorii, (1994) 4
Chuligańskie awantury w Szczecinie [Hooligans meutern in Szczecin], in: Żołnierz Wolności, Nr. 296 vom 11.12.1956
Ciesielski, Stanisław, Obozy sowieckie dla żołnierzy Armii Krajowej 1939–1956 [Sowjetische Lager für die Soldaten der Heimatarmee 1939–1956], in: Zbrodnie NKWD na obszarze województw wschodnich Rzeczypospolitej Polskiej [Verbrechen des NKWD auf dem Gebiet der östlichen Woiwodschaften der Republik Polen], Redakcjat. B. Polak, Koszalin 1995, S. 211–216
Ciesielski, Stanisław, Grzegorz Hryciuk i Aleksander Srebrakowski, Masowe deportacje radzieckie w okresie II wojny światowej [Sowjetische Massendeportationen in der Zeit des Zweiten Weltkrieges], Wrocław 1993
Clark, Ian, The Evolution of British Nuclear Strategy, 1957–60. Working paper Nuclear History Program Seminar, Gregynog, September 1990
Clark, Ian, Nuclear Diplomacy and the Special Relationship: Britain's Deterrent and America, 1957–1962, Oxford 1994
Clark, Ian, and Nicholas Wheeler, The British Origins of Nuclear Strategy, 1945–1955, Oxford 1989
Cline, Ray, Secrets, Spies and Scholars. Blueprint of the Essential CIA, Washington D.C. 1976
Cointet, Jean-Paul, Guy Mollet, the French Government and the SFIO, in: The Suez-Sinai Crisis 1956. Retrospective and reappraisal, ed. by Selwyn Ilan Troen and Moshe Shemesh, New York 1990, S. 134
Cold War Crisis, in: Cold War International History Project (CWIH). Bulletin 5, Washington D.C., Spring 1995
A Compilation of the Messages and Papers of the Presidents 1789–1902, ed. by James D. Richardson, vol. 1, Washington D.C. 1903
Containment. Documents on American policy and strategy, 1945–1950, ed. by Thomas H. Etzold and John Lewis Gaddis, New York 1978
Conze, Eckart, La coopération franco-germano-italienne dans le domaine nucléaire dans les années 1957–1958, in: Revue d'histoire diplomatique, 104 (1990), S. 115–132
Cook, Blanche Wiesen, The Declassified Eisenhower. A Divided Legacy of Peace and Political Warfare, New York 1981

Czempiel, Ernst-Otto, Strukturen und Herausforderungen der amerikanischen Weltpolitik nach 1945, in: Länderbericht USA, hrsg. von W. P. Adams u.a., Bd 2, Bonn 1990, S. 426–434
Czubiński, A., Czerwiec 1956 w Poznaniu [Der Juni 1956 in Poznań], Poznań 1986
Darby, Philip, British Defence Policy East of Suez 1947–1968, London 1989
Darwin, John, The End of the British Empire. The Historical Debate, Oxford 1991
David, Dominique, Défense européenne. Du phantasme au réel, in: Politique Internationale, 11 (1981), S. 83
David, János, Geskó Sándor és Pál Schiffer, Forradalom, sortüz, megtorlás [Revolution, Massaker, Vergeltung], Budapest 1990
Dayan, Mosche, Avne Derech, Jerusalem 1977 [engl. Ausgabe: Story of My Life, London 1976]
Dayan, Mosche, Yoman Ma'arechet Sinai, Tel Aviv 1965 [engl. Ausgabe: Diary of the Sinai Campaign, Jerusalem 1965; London 1966; New York 1967]
Defrasne, J., Organisation et emploi de l'arme psychologique, unveröff. Ms., Ecole supérieure de guerre et d'état-major. Année 1960. SHAT 4/17817
Diaries of Dwight D.Eisenhower 1953–61, Mikrofilm, Washington D.C. 1986 (Liddell Hart Centre for Military Archives, King's College, London)
Diedrich, Torsten, Der 17. Juni 1953 in der DDR. Bewaffnete Gewalt gegen das Volk, Berlin 1991
Diedrich, Torsten, und Rüdiger Wenzke, Von der Polizeitruppe zur Volksarmee. Geschichte der Kasernierten Volkspolizei 1952–1956 (in Vorbereitung)
Dinerstein, Herbert S., Der Krieg und die Sowjetunion, Köln 1960
Diplomatitscheski Westnik [Diplomatischer Bote], (1992) 19–20, S. 53–55
Direktive für den zweiten Fünfjahrplan zur Entwicklung der Volkswirtschaft in der Deutschen Demokratischen Republik 1956 bis 1960, in: Protokoll der Verhandlungen der 3. Parteikonferenz der Sozialistischen Einheitspartei Deutschlands, 24. März bis 30. März 1956 in der Werner-Seelenbinder-Halle zu Berlin, Bd 2, Berlin (Ost) 1956, S. 1022–1113
Djurko, László, 1956 g. Predwaritelnoje issledowanije i pragmatitscheskoje isloshenije sobyti [1956. Voruntersuchung und pragmatische Darlegung der Ereignisse], Übers. aus dem Ungarischen, in: Inostrannaja literatura [Ausländische Literatur], (1988), 7, 8
Dockrill, Saki, Cooperation and Suspicion. The United States' Alliance Diplomacy for the Security of Western Europe, 1953–54, in: Diplomacy and Statecraft, 5 (1994), S. 140 f., 172–175
Dockrill, Saki, Eisenhower's New Look National Security Policy 1953–61, London 1996
Documents Diplomatiques Français 1956,
t. I, 1er janvier-30 juin, Paris 1988
t. II, 1er juillet-23 octobre, Paris 1989
t. III, 24 octobre — 31 décembre, Paris 1990
Documents on American Foreign Relations 1952, published for the Council on Foreign Relations, New York 1953
Documents on American Foreign Relations 1956, New York 1957
Documents on Polish-Soviet Relations, vol. 1: 1939–1943, London 1961; vol. 2: 1943–1945, London 1967
Die doppelte Eindämmung. Europäische Sicherheit und deutsche Frage in den Fünfzigern, hrsg. von Rolf Steininger, Jürgen Weber u.a. (= Tutzinger Schriften zur Politik, 2), München 1993
Downing, David, und Gary Herman, Ein unendlicher Krieg und ein hoffnungsloser Frieden. 30 Jahre arabisch-israelischer Krieg; Übers. aus dem Arabischen, Staatsinformationsamt, Kairo 1980
Draganow, D., W sjankata na stalinisma [Im Schatten des Stalinismus], Sofia 1990
Dudek, Antoni, Państwo i Kościół w Polsce 1945–1970 [Staat und Kirche in Polen 1945–1970], Kraków 1995

Dudek, Antoni, i T. Marszałkowski: Walki uliczne w PRL 1956–1989 [Straßenkämpfe in der VR Polen 1956–1989], Kraków 1989
Dudek, Antoni, i G. Pytel, Bolesław Piasecki. Próba biografii politycznej [Bolesław Piasecki. Versuch einer politischen Biographie], London 1990
Duffield, John S., The Evolution of NATO's conventional force posture, Princeton Ph. D. thesis 1989
Duke, Simon W., US Defence Bases in the United Kingdom. A Matter for Joint Decision?, London 1987
Dulles, John Foster, Challenge and Response in United States Diplomacy, in: Foreign Affairs, Nr. 36, October 1957, S. 25–43
Dulles, John Foster, A Policy of Boldness, in: Life, Nr. 32, 19.5.1952, S. 146
Dulles, John Foster, War or Peace, London 1950
A Dunántuli laktanyábol az ungvári börtönbe. Egy szabadföldre szökött magyar katona a szovjet deportációkról [Aus einer transdanubischen Kaserne ins Gefängnis nach Ushgorod. Ein ungarischer Soldat über sowjetische Deportationen], München 1958
Duraczyński, Eugeniusz, Generał Iwanow zaprasza. Przywódcy podziemnego państwa polskiego przed sądem moskiewskim [General Iwanow lädt ein. Die Führer des polnischen Untergrundstaates vor einem Moskauer Gericht], Warszawa 1989
Duraczyński, Eugeniusz, Układ Sikorski-Majski. Wybór dokumentów [Das Sikorski-Maiski-Abkommen. Eine Auswahl von Dokumenten], Warszawa 1990
Duval, Marcel, Le Concept Français de Dissuasion. Elaboration et Developpement. Groupe français d'Etude de l'Historie de l'Armement nucléaire français, Nuclear History Program, MS march 1990, S. 15
(Dwadzaty) XX sjesd Kommunistitscheskoi Partii Sowetskogo Sojusa 14–25 fewralja 1956 goda. Stenografitscheski otschot [XX. Parteitag der Kommunistischen Partei der Sowjetunion 14.25. Februar 1956. Stenographischer Bericht], Moskva 1956
Dymek, B., Z dziejów PZPR w latach 1956–1970 [Aus der Geschichte der PVAP in den Jahren 1956–1970], Warszawa 1987
Działalność Władysława Gomułki. Fakty, Wspomnienia, opinie [Das Wirken Władysław Gomułkas. Fakten, Erinnerungen, Meinungen], Opracował [bearb. von] W. Namiotkiewicz, Warszawa 1985
Ebersold, Bernd, Delusions of Grandeur. Großbritannien, der Kalte Krieg und der Nahe Osten, 1945–1956, in: Großbritannien, das Empire und die Welt, S. 139–168
Ebersold, Bernd, Machtverfall und Machtbewußtsein. Britische Friedens- und Konfliktlösungsstrategien 1918–1956, München 1992 (= Beiträge zur Militärgeschichte, 31)
Eckardt, Felix v., Ein unordentliches Leben, Berlin 1967
Eden, Anthony, Full Circle, London 1960
Eisenhower, Dwight D., Diary, ed. by R. H. Ferrell, New York 1981
Eisenhower, Dwight D., Mandate for Change. The White House Years, 1953–1956, New York 1963
Eisenhower, Dwight D., Waging Peace. The White House Years 1956–1961, New York 1966
Eisler, E., i R. Kupiecki, Na zakręcie historii — rok 1956 [Am Wendepunkt der Geschichte — Das Jahr 1956], Warszawa 1992
Elon, Jiura, Die Ermordung der ägyptischen Gefangenen in der Metla-Passage, in: Jadaut Aharanut (Israelische Zeitung), 4.8.1995
Ember, Judit, Menedékjog — 1956. A Nagy Imre csoport elrablása 1956 [Asylrecht — 1956. Die Verschleppung der Imre-Nagy-Gruppe 1956], Budapest 1989
Erklärung zum Sieg der ungarischen Werktätigen über die Konterrevolution, in: Dokumente der Sozialistischen Einheitspartei Deutschlands. Beschlüsse und Erklärungen des Zentralkomitees sowie seines Politbüros und seines Sekretariats, Bd 6, Berlin (Ost) 1958, S. 153–155
Erler, Fritz, »Umrüstung«, in: Außenpolitik, 8 (1957), 1, S. 12–20
Eyermann, Karl-Heinz, Das militärische und politische Fiasko der Operation »Hamilkar«, in: Militärwesen. Zeitschrift für Militärpolitik und Militärtheorie, 1 (1957), 1, S. 93–114
[ezerkilenczázötvenhat] 1956: Az ENSZ Különbizottságának jelentése, Budapest 1989

[ezerkilenczázötvenhat] 1956 Explozia. Percepţii române, iugoslave şsi sovietice asupra evenimentelor din Polonia şi Ungaria [Die Explosion. Rumänische, jugoslawische und russische Perzeptionen über die Ereignisse in Polen und Ungarn], eduţie întocmită de [hrsg. von] Corneliu Mihai Lungu és Mihai Retegan, Bucureşti 1996
[ezerkilenczázötvenhat] 1956 sajtója [Die Presse 1956], Budapest (o.J.), S. 229 f.
Facts About Hungary, ed. by Imre Kovacs, New York 1958
Fairlamb, John R., Icelandic Threat Perceptions, in: Naval War College Review, 34 (1981), 5, S. 55–66
Fejto, F., Wengerskaja tragedija ili antisowetskaja sozialistitscheskaja revoljuzija [Eine ungarische Tragödie oder eine antisowjetische sozialistische Revolution], Übers. aus dem Ungarischen, Moskva 1957
Felkay, Andrew, Hungary and the USSR. Kádár's Political Leadership, New York 1989
Felken, Detlef, Dulles und Deutschland. Die amerikanische Deutschlandpolitik 1953–1959, Bonn 1993
Feuerstein, Emil, Ha-mejah ha-esrim. Ba-arez, ba-tfuzot, ba-olam [The Twentieth Century], Tel Aviv 1979
Fischer, Peter, Das Projekt einer trilateralen Nuklearkooperation. Französisch-deutsch-italienische Geheimverhandlungen 1957/1958, in: Historisches Jahrbuch, 112 (1992), S. 143–156
Fischer, Peter, Zwischen Abschreckung und Verteidigung. Die Anfänge bundesdeutscher Nuklearpolitik (1952–1957), in: Das Nordatlantische Bündnis 1949–1956. Im Auftrag des MGFA hrsg. von Klaus A. Maier und Norbert Wiggershaus, München 1993, S. 284–291
Foreign Relations of the United States,
1952–1954, vol. II: National Security Affairs, Washington D.C. 1984
1952–1954, vol. VII: Germany and Austria, Washington D.C. 1986
1952–1954, vol. VIII: Eastern Europe, the Soviet Union, Eastern Mediterranean, Washington D.C. 1988
1955–1957, vol. IV: Western European Security and Integration, Washington 1986
1955–1957, vol. IX: Foreign Economic Policy, Foreign Information Program, Washington D.C. 1981
1955–1957, vol XI: United Nations and General International Matters, Washingtonn D.C. 1989
1955–1957, vol. XVI: The Suez Crisis, 26 July–31 December 1956, Washington 1990
1955–1957, vol. XIX: National Security Policy, Washington D.C. 1990
1955–1957, vol. XXIV: Soviet Union, Eastern Mediterranean, Washington D.C. 1989
1955–1957, vol. XXV: Eastern Europe, Washington D.C. 1990
A forradalom hangja [Ein revolutionärer Sender]. Magyarországi rádióadások. 1956. október 23–november 9, Budapest 1989, S. 115–186
Freiberger, Stephen, Dawn over Suez, Chicago 1992
Fricke, Karl-Wilhelm, Politik und Justiz in der DDR. Zur Geschichte der politischen Verfolgung 1945–1968. Berichte und Dokumente, Köln 1979
Friszke, A., Opozycja polityczna w PRL 1945–1980 [Die politische Opposition in der VR Polen 1945–1980], London 1994
Fullick, Roy, and Geoffrey Powell, Suez. The Double War, London 1979
Gabert, Josef, Die Entstehung der Kampfgruppen und ihre Entwicklung bis zum Sommer 1961 zu einem schlagkräftigen bewaffneten Instrument der Arbeiterklasse der DDR, Dissertation B, Berlin (Ost) 1989
Gaddis, John Lewis, The Insecurities of Victory. The United States and the Perception of the Soviet Threat after World War II, in: The Truman Presidency, ed. by Michael J. Lacey, Cambridge Mass. 1991, S. 235–272
Gaddis, John Lewis, Strategies of Containment. A critical appraisal of postwar American National Security policy, New York 1982
Gaddis, John Lewis, The Tragedy of Cold War History, in: Diplomatic History, 17 (Winter 1993), S. 7 f.

Gaddis, John Lewis, The Unexpected John Foster Dulles: Nuclear Weapons, Communism, and the Russians, in: John Foster Dulles and the Diplomacy of the Cold War, ed. by Richard H. Immermann, Princeton 1990, S. 49–58
Gadney, Reg, Cry Hungary. Uprising 1956, London 1986
Gaitskell, Hugh, The Diary of Hugh Gaitskell 1945–1956, ed. by Philipp M. Williams, London 1983
Gamelin, Maurice, Servir. Le prologue du drame, Paris 1946
Gardner, Richard, Sterling Dollar Diplomacy in Current Perspective. The Origins and Prospects of our International Economic Order, 2nd ed., New York, 1980
Garthoff, R. L., Assessing the Adversary. Estimates by the Eisenhower Administration of Soviet Intentions and Capabilities, Washington D.C. 1991
Gati, Charles, Hungary and the Soviet Bloc, Durham 1986
Gaulle, Charles de, Discours et Messages 1963, Paris 1971
Gehlen, Reinhard, Der Dienst. Erinnerungen 1942–1971, Mainz 1971
Gellért, Tibor, és Attila Burillák, Szolgálatteljesités közben életüket áldozták 1945–1980 [Sie haben ihr Leben im Militärdienst geopfert], Budapest 1989
Georgescu, Vlad, Istoria Românilor. De la origini până în zilele noastre [Geschichte der Rumänen. Von den Anfängen bis in unsere Zeit], 3. ed., Bucureşti 1992
Geschichte der Deutschen Volkspolizei, Bd 1, Berlin (Ost) 1987
Gesetzblatt der Deutschen Demokratischen Republik, Teil I, Nr. 84/1956, Berlin (Ost) 1956
Der gespaltene Dichter Johannes R. Becher, hrsg. von Carsten Gansel, Berlin 1991
Gibianski, Leonid J., Witali J. Afiani und Aleksander, S. Stykalin, Zur sowjetischen Außenpolitik im Herbst 1956, in: »Tauwetter« ohne Frühling, S. 26–44
Gilbert, Martin, Churchill — A Life, London 1991
Glatz, F., Ujrakezdés [Der Neubeginn]. A kormány és a párt vezetö szerveinek dokumentumaiból, in: História, (1989), 4–5, S. 36–40
Gomułka i inni. Dokumenty z archiwum KC 1948–1982 [Gomułka und andere. Dokumente aus dem Archiv des ZK 1948–1982], [bearb. v.] J. Andrzejewski (A. Paczkowski), London 1985
Gomułka, Władysław, O naszej Partii [Über unsere Partei), Warszawa 1968
Gomułka, Władysław, Przemówienia. Październik 1956 — wrzesień 1957 [Reden. Oktober 1956 -September 1957], Warszawa 1957
Gorst, Anthony, and W. Scott Lucas, Suez 1956: Strategy and the Diplomatic Process, in: Journal of Strategic Studies, 11 (1988), S. 391–436
Gosudarstwa NATO i woennyje konflikty [NATO-Staaten und militärische Konflikte], Moskva 1987
Gowing, Margaret, with Lorna Arnold, Independence and Deterrence: Britain and Atomic Energy, 1945–1952, vol. 1: Policy Making, London 1974
Graebner, Norman A., Cold War Diplomacy. American Foreign Policy 1945–75, 2nd ed., New York 1977
Granville, Johanna, Imre Nagy. Hesitant Revolutionary, in: CWIHP, Bulletin 5, 1995, S. 23, 27 f.
Greiner, Christian, Das militärstrategische Konzept der NATO von 1952 bis 1957, in: Zwischen Kaltem Krieg und Entspannung. Sicherheits- und Deutschlandpolitik der Bundesrepublik im Mächtesystem der Jahre 1953–1956, Boppard a.Rh. 1988 (= Militärgeschichte seit 1945, 9), S. 211–245
Greiner, Christian, Die militärische Eingliederung der Bundesrepublik Deutschland in die WEU und die NATO 1954–1957, in: Anfänge westdeutscher Sicherheitspolitik, hrsg. vom MGFA, Bd 3: Die NATO-Option, München 1993, S. 561–850
Grewe, Wilhelm G., Rückblenden. Aufzeichnungen eines Augenzeugen von Adenauer bis Schmidt, Frankfurt a.M. 1979
Gribkow, Anatoli I., Im Dienste der Sowjetunion, Berlin 1992
Grif sekretnosti snjat. Poteri woorushenych sil SSSR w wojnach, bojewych dejstwijach i wojennych konfliktach. Statistitscheskoje issledowanije [Nicht länger geheim. Verluste

der sowjetischen Streitkräfte in Kriegen, Kampfhandlungen und militärischen Konflikten. Statistische Untersuchung], Moskva 1993
Gromyko, Andrei A., Memories, London 1989
Gromyko, Andrei A., Pamjatnoje [Erinnernswertes], tom 1, Moskva 1990
Gross, Jan, Katyń — Ungesühntes Verbrechen, Frankfurt a.M. 1983
Gross, Jan, Revolution from Abroad, Princetown 1986
Großbritannien und Europa — Großbritannien in Europa. Sicherheitsbelange und Wirtschaftsfragen in der britischen Europapolitik nach dem Zweiten Weltkrieg, hrsg. von Günter Schmidt, Bochum 1989 (= Arbeitskreis deutsche England-Forschung, 10)
Großbritannien, das Empire und die Welt. Britische Außenpolitik zwischen »Größe« und »Selbstbehauptung«, 1850–1990, hrsg. von H. H. Jansen und Ursula Lehmkuhl, Bochum 1995
Grot, Leszek, Tadeusz Konecki i Edward Nalepa, Pokojowe dzieje Wojska Polskiego [Die Polnische Armee im Frieden — ein geschichtlicher Abriß], Warszawa 1988
Grove, Eric, UN Armed Forces and the Military Staff Committee, in: International Security, 17 (1993), S. 172–182
Grzelak, Czesław, Okoliczności utworzenia i przygotowania do walki 1 dywizji piechoty im. Tadeusza Kościuszki [Die Umstände der Aufstellung und Einsatzvorbereitung der 1. Infanteriedivision »Tadeusz Kościuszko«], in: Wojsko Polskie na froncie wschodnim 1943–1945. W 50 rocznicę bitwy pod Lenino [Die Polnische Armee an der Ostfront 1943–1945. Zum 50. Jahrestag der Schlacht von Lenino], Warszawa 1994
Grzelak, Czesław, Henryk Stańczyk i Stefan Zwoliński, Bez możliwości wyboru. Wojsko Polskie na froncie wschodnim [Ohne die Möglichkeit einer Wahl. Die Polnische Armee an der Ostfront], Warszawa 1993
Gutman, Izrael, Żydzi Warszawscy 1939–1943 [Die Warschauer Juden 1939–1943], Warszawa 1993
Györkei, Jenő, és Miklos Horváth, Szovjet katonai intervenció, 1956 [Sowjetische Militärintervention, 1956], Budapest 1996
Habermas, Jürgen, Hannah Arendts Begriff der Macht, in: ders.: Politik, Kunst, Religion, Stuttgart 1978
Habermas, Jürgen, Theorie des kommunikativen Handelns, 2 Bde, 2. Aufl., Frankfurt a.M. 1982
Haftendorn, Helga, Abrüstungs- und Entspannungspolitik zwischen Sicherheitsbefriedigung und Friedenssicherung. Zur Außenpolitik der BRD 1955–1973, Düsseldorf 1974
Hahn, Peter L., The United States, Great Britain, and Egypt 1945–1956. Strategy and Diplomacy in the Early Cold War, Chapel Hill 1991
Hajdu, Tibór, 1956 nemzetközi háttere, in: Társadalmi Szemle [Gesellschaftliche Rundschau], (1989), 8–9, S. 41–43
Hajdu, Tibór, Az 1956. október 24-i moszkvai értekezlet [Die Moskauer Konferenz vom 24. Oktober 1956], in: Az 1956-os Intézet évkönyve [Jahrbuch des Instituts 1956], 1 (1992), S. 152 f.
Halecki, Oskar, Borderlands of Western Civilization. A History of East Central Europe, New York 1952
Haraszti-Taylor, Eva, The Hungarian Revolution of 1956: A Collection of Documents from the British Foreign Office, Nottingham 1995
Heikal, Mohamed H., Cutting the Lion's Tail. Suez Through Egyptian Eyes, London 1986
Heikal, Mohamed H., Nasser. The Cairo Documents, London 1972
Heikal, Mohamed H., Die Suezakten. Der Krieg der 30 Jahre, Kairo 1986
Heinemann, Winfried, Desintegrationsfaktoren in der frühen NATO, Phil. Diss. Bochum 1995
Heinemann, Winfried, Die NATO und Island. Kommunistische Regierungsbeteiligung und Stützpunktfrage, in: Militärgeschichte, (1993), 3, S. 6–13
Heinemann, Winfried, Vom Zusammenwachsen des Bündnisses. Die Funktionsweise der NATO in ausgewählten Krisenfällen 1951–1956, München 1998 (= Entstehung und Probleme des Atlantischen Bündnisses bis 1956, Bd 1)

Hershberg, James, German Rearmament and American Diplomacy, in: Diplomatic History, 16 (autumn 1992), S. 525
Hertwig, Manfred, Der Umgang des Staates mit oppositionellem und widerständigem Verhalten. Die Opposition von Intellektuellen in der SED/DDR in den fünfziger Jahren (insbesondere 1953, 1956/1957), ihre Unterdrückung und Ausschaltung, in: Materialien der Enquete-Kommission »Aufarbeitung von Geschichte und Folgen der SED-Diktatur in Deutschland«, hrsg. vom Deutschen Bundestag, Bd 7, Baden-Baden, Frankfurt a.M. 1995, S. 873–895
Heuser, Beatrice, The Development of NATO's Nuclear Strategy, in: Contemporary European History, 4 (1995), 1, S. 37–66
Heuser, Beatrice, Nuclear Strategies in Europe. NATO, Britain, France and the FRG. Nuclear Strategies and Forces in Europe, 1949–2000, London 1997
Heuser, Beatrice, Subversive Operationen im Dienste der »Roll-Back«-Politik 1948–1953, in: Vierteljahrshefte für Zeitgeschichte, 37 (1989), S. 279–297
Hiányzó lapok 1956 történetéből. Dokumentumok a volt SZKP KB Levéltárából [Fehlende Seiten aus der Geschichte des Jahres 1956. Dokumente aus dem Archiv des Politbüros der ehemaligen KPdSU], Vál., az eloszót és a jegyzeteketirta [Auswahl, Vorwort und Anmerkungen von] Vjacseszlav Szereda és Alekszandr Sztikalin, Budapest 1993
Hillgruber, Andreas, Deutschlands Rolle in der Vorgeschichte der beiden Weltkriege, Göttingen 1967
Hillgruber, Andreas, Die Zerstörung Europas, Beiträge zur Weltkriegsepoche 1914 bis 1945, Frankfurt a.M. 1989
Historie SNB v datech (Geschichte des Nationalen Sicherheitskorps in Daten), Praha 1985
Hixson, Walter, Parting the Curtain. Propaganda, Culture and the Cold War, 1945–1961 (demnächst)
Hoggard, J., Guerre révolutionnaire et pacification, in: Revue militaire d'information, Nr. 280, janvier 1957, S. 15 f.
Hohwieler, Joachim, NVA und innere Sicherheit. Der Einsatz der Armee im eigenen Land, in: Nationale Volksarmee — Armee des Friedens. Beiträge zu Selbstverständnis und Geschichte des deutschen Militärs 1945–1990, hrsg. von Detlef Bald, Reinhard Brühl, Andreas Prüfert, Baden-Baden 1995, S. 75–90
Hollós siehe Chollosch
Holsti, K., International Politics. A Framework for Analysis, Prentice Hall 1983
Holt, Robert T., Radio Free Europe, Minneapolis 1968
Honecker, Erich, Die Verantwortung der Arbeiterklasse für die Verteidigung der Deutschen Demokratischen Republik, in: Militärwesen. Zeitschrift für Militärpolitik und Militärtheorie, 1 (1957), 2/3, S. 11–19
Honvédtisztek a karhatalomban [Armeeoffiziere im Ordnungsdienst], unveröffentlichtes MS im Budapester Kriegsarchiv, Faks. III, S. 4, zusammengestellt von Józseph Veszely
Höpker, Wolfgang, Europäisches Niemandsland, Düsseldorf 1956
Horne, Alistair, Macmillan 1894–1956. Vol. I of the Official Biography, London 1988
Howard, Michael, Disengagement in Europe. An examination of the proposals put forward since the war for reunifying Germany and liberating Eastern Europe from Communist Control, London 1959
Hrbek, Jaroslav, Research of Cold War Military History in the Czech Republic, in: International Cold War Military Records, S. 491–495
Hungary 1956, ed. by Paula Mihnala and Olli Vehvilainen, Tampere 1995
Hutchison, E.H., Violent Truce. A Military Observer Looks at the Arab-Israeli Conflict, 1951–1955, New York 1956
Iatrides, John O., Balkan Triangle. Birth and Decline of an Alliance across Ideological Borders, Den Haag 1968 (= Studies in European History, 12)
Immerman, Richard H., Confessions of an Eisenhower Revisionist. An Agonizing Reappraisal, in: Diplomatic History, 14 (Summer 1990), S. 319–342

International Cold War Military Records and History, ed. by William W. Epley, Washington D.C. 1996
Interview mit dem Minister für Nationale Verteidigung [Generaloberst Willi Stoph], in: Militärwesen. Zeitschrift für Militärpolitik und Militärtheorie, 1 (1957), 1, S. 3–7
Ionescu, Ghiţă, Comunismul în România [Kommunismus in Rumänien], Bucureşti 1995
Iratok az igazságszolgáltatás történetéhez [Schriften zur Geschichte des Justizdienstes], Budapest 1992
Ismay, Hastings Lionel, The Memoirs of Lord Ismay, London 1960
Israėljan, L. Wiktor, i Nikolai N. Nikolajew, Is istorii ideologitscheskoi podgotowki kontrrewoljuzionnowo mjatesha w Wengrii osenju 1956 g. [Aus der Geschichte der ideologischen Vorbereitung des konterrevolutionären Aufstands in Ungarn im Herbst 1956], in: Woprosy istorii [Fragen der Geschichte], (1957), 12
Israel's Foreign Relations. Selected Documents, 1947–1974, vol. 1, Jerusalem 1976
Istorija Wengrii [Geschichte Ungarns], tom 3, Moskva 1972
Jaczyński, Stanisław, i Zygmunt Berling, Między sława a potępieniem [Zwischen Ruhm und Verdammnis], Warszawa 1993
Jajdu, Tibor, Az 1956. október 24-i moszkvai értekezlet [Die Moskauer Konferenz vom 24. Oktober 1956], in: Az 1956-os Intézet évkönyve [Jahrbuch des '56er Instituts, 1], Budapest 1992, S. 149–156
Jakowlew, N.N., ZRU protiw SSSR [Der CIA gegen die UdSSR], Moskva 1985
Jaworski, M., Kryzys społeczno-polityczny 1956 roku [Die gesellschaftspolitische Krise des Jahres 1956], in: Październik '56 [Oktober '56], pod red. [hrsg. von] M. Jaworski, Warszawa 1987, S. 39
Jedlicki, W., Klub Krzywego Koła [Der Club des Schiefen Rades], Paris 1963
Jędrzejewicz, Wacław, The Polish Plan for a »Preventive War« against Germany in 1933, New York 1966
Jeffrey-Jones, Rhodri, The CIA and American Democracy, New Haven 1989
Jegorow, W.N., Friedliche Koexistenz und revolutionärer Prozeß, Berlin (Ost) 1972
A »Jelcin dosszié«. Szovjet dokumentumok 1956-ról [Sowjetische Dokumente aus dem Jahr 1956], szerk. Eva Gál, Hegedűs B. András, György Litván, Rainer M. János, Budapest 1993
Jońca, Karol, Die polnische Nation in der politischen Doktrin Hitlers. Das Polenbild zwischen Seeckt und Hitler, in: Menetekel, S. 166–254
John Foster Dulles and the Diplomacy of the Cold War, ed. by Richard H. Immerman, Princeton 1990
Johnman, Lewis, Defending the Pound. The Economics of the Suez Crisis, 1956, in: Post-War Britain. Themes and Perspectives, 1945–1964, ed. by Anthony Gorst, Lewis Johnman and Scott W. Lucas, London 1989
Jordan, Robert S., with Michael W. Bloome, Political Leadership in NATO. A Study in Multinational Diplomacy, Boulder Col. 1979
Journal Officiel de l'Assemblée Nationale
Kaiser, Wolfram, »Das Gesicht wahren«. Die Konservativen und die Rolle Großbritanniens in der Welt, 1945–1964, in: Großbritannien, das Empire und die Welt, S. 245–261
Kanyó, András, Végakarat [Letzter Wille], Budapest 1989
Kapitány, Eva, 301 [Zentralgefängnis, Parzelle Nr. 301], Budapest (o.J.)
Kaplan, Lawrence S., Alliances and the United States. Address to the Annual Meeting of the Society for Military History, Royal Military College, Kingston, (als Ms. gedruckt) 1993
Kaplan, Lawrence S., NATO and the United States. The Enduring Alliance. Updated edition, New York 1994
Karski, Jan, The Great Powers and Poland, 1919–1945. From Versailles to Yalta, New York 1985
Katzer, Nikolaus, »Eine Übung im Kalten Krieg«. Die Berliner Außenministerkonferenz von 1954, Köln 1994 (= Bibliothek Wissenschaft und Politik, 53)
Kelleher, Catherine McArdle, Germany and the Politics of Nuclear Weapons, New York 1975

Kemény, Kálmán, és Bill Lomax, Magyar munkástanácsok 1956-ban. Dokumentumok [Die ungarischen Arbeiterräte 1956. Dokumente], Paris 1986
Kennan, George F., American Diplomacy 1900–1950, Chicago 1951
Kennedy, Paul, Aufstieg und Fall der großen Mächte. Ökonomischer Wandel und militärischer Konflikt von 1500 bis 2000, Frankfurt a.M. 1989
Kersten, K., Rok 1956 — punkt zwrotny [Das Jahr 1956 — ein Wendepunkt], in: Krytyka, (1993), 40, S. 133–145
Khalil, Monem, Die Kriege Ägyptens in der Gegenwart. Aus den Papieren eines Führers, Dar Al-Mustaqbal Al-Arabi 1990
K.H.E. [vermutlich Karl-Heinz Eyermann], Hintergründe, Niederlage und Lehren des NATO-Putsches in Ungarn, in: Militärwesen. Zeitschrift für Militärpolitik und Militärtheorie, 1 (1957), 4, S. 100–129
Kissinger, Henry, American Foreign Policy. Three Essays, London 1969
Kissinger, Henry, Nuclear Weapons and Foreign Policy, New York 1957
Klein, Angelika, Zwischen Entstalinisierung und neostalinistischer Erstarrung: Die SED-Parteiorganisation Halle nach dem XX. Parteitag der KPdSU (Eine Fallstudie), in: »Tauwetter« ohne Frühling, S. 111–125
Kleßmann, Christoph, Zwei Staaten — eine Nation. Deutsche Geschichte 1955–1970, Göttingen 1988
Kłosiewicz, W., in: Torańska, Oni, S. 177
Knapp, Manfred, Die Stimme Amerikas. Auslandspropaganda der USA unter der Regierung John F. Kennedys, Opladen 1972
Kochański, Aleksander, Polska 1944–1991. Informator historyczny [Polen 1944–1991. Informationsbuch zur Geschichte], tom 1 (1944–1956), Warszawa 1996
Köhler, Henning, Adenauer. Eine politische Biographie, Berlin 1994
Korboński, Andrzej, October 1956. Crisis of Legitimacy or Palace Revolution, in: Poland's Permanent Revolution. People vs. Elites, 1956 to Present, ed. by Jane Leftwich Curry and Luba Fajfer, Washington D.C. 1995, S. 17–53
Korboński, Andrzej, Październik 1956 [Oktober 1956], in: Zeszyty Historyczne '56, [Historische Hefte, Paris], 78 (1986), S. 41 f.
Korboński, Stefan, Polskie państwo podziemne. Przewodnik po Podziemiu z lat 1939–1945 [Der polnische Untergrundstaat. Führer durch den Untergrund der Jahre 1939–1945], Paris 1975
A kormány és a párt vezetö szerveinek dokumentumaiból, in: História, (1989), 4–5, S. 32 f.
Kosthorst, Daniel, Brentano und die deutsche Einheit. Die Deutschland- und Ostpolitik des Außenministers im Kabinett Adenauer 1955–1961, Düsseldorf 1993
Kovrig, Bennett, The Hungarian People's Republic, Baltimore 1970
Kovrig, Bennett, The Myth of Liberation. East Central Europe in U.S. Diplomacy and Politics since 1941, Baltimore 1973
Kovrig, Bennett, Of Walls and Bridges. The United States and Eastern Europe, New York 1991
Kowalski, L., Generałowie [Generäle], Warszawa 1992
Kozik, Z., PZPR w latach 1954–1957 [Die PVAP in den Jahren 1954–1957], Warszawa 1982
Kramer, Mark, New Evidence on Soviet Decision-Making and the 1956 Polish and Hungarian Crisis, in: CWIHP, Bulletin 8–9, Winter 1996/1997, S. 358–384
Krannhals, Hans, Der Warschauer Aufstand 1944, Frankfurt a.M. 1962
Kristinsson, Gunnar Helgi, Iceland. Vulnerability in a Fish Based Economy, in: Cooperation and Conflict, 22 (1987), S. 245–253
Krone, Heinrich, Aufzeichnungen zur Deutschland- und Ostpolitik 1954–1969, in: Adenauer-Studien, III: Untersuchungen und Dokumente zur Ostpolitik und Biographie, Mainz 1974, S. 134–201
Krone, Heinrich, Tagebücher, I: 1945–1961, bearb. von Hans-Otto Kleinmann, Düsseldorf 1995
Krüger, Joachim, Votum für bewaffnete Gewalt. Ein Beschluß des SED-Politbüros vom November 1956, in: Beiträge zur Geschichte der Arbeiterbewegung, 34 (1992), 4, S. 75–85

Kruschinski, Stepan, u.a., Tschto proisoschlo w Wengrii [Was geschah in Ungarn], Moskva 1956
Kula, Marcin, Paryż, Londyn i Waszyngton patrzą na październik 1956 r. w Polsce [Paris, London und Washington schauen auf den Oktober 1956 in Polen], Warszawa 1992
Kunert, A.K., Ilustrowany przewodnik po Polsce Podziemnej 1939–1945 [Illustrierter Führer durch Polen im Untergrund 1939–1945], Warszawa 1986
Kunz, Diane B., The Economic Diplomacy of the Suez Crisis, Chapel Hill, London 1991
Küsters, Hanns-Jürgen, Adenauers Europapolitik in der Gründungsphase der Europäischen Wirtschaftsgemeinschaft, in: Vierteljahrshefte für Zeitgeschichte, 31 (1983), S. 646–673
Küsters, Hanns-Jürgen, Die Gründung der Europäischen Wirtschaftsgemeinschaft, Baden-Baden 1982
Kyle, Keith, Suez, London 1991
Kyrow, Alexandr M., Zabudet li otetschestwo pogibschich desantnikow? [Wird das Vaterland die gefallenen Luftlandesoldaten vergessen?], in: WISh, (1992), 6–7, S. 60–64
Lamb, Richard, The Failure of the Eden Government, London 1987
Laqueur, Walter, Europe in our Time. A History 1945–1992, New York 1992
Larres, Klaus, Eisenhower and the First Forty Days after Stalin's Death. The Incompatibility of Détente and Political Warfare, in: Diplomacy and Statecraft, 6 (1995), S. 431–458
Laschtschenko, Petr Nikolajewitsch, Wengrija 1956 god [Ungarn 1956], in: WISh, (1989), 9, S. 42–50
Leffler, Melvyn, A Preponderance of Power. National Security, the Truman Administration and the Cold War, Stanford 1992
Legault, Albert, and Michael Fortmann, A Diplomacy of Hope. Canada and Disarmament 1945–1988, Montreal 1992
Legyözhetetlen erö. A magyar kommunista mozgalom szervezeti fejlödésének 50 éve [Unbesiegbare Kraft. Die Geschichte des Aufstieges der ungarischen kommunistischen Bewegung seit den 50er Jahren], szerk. [hrsg.] von Tibor Erényj és Sándor Rákosi, Budapest 1968
Lehmkuhl, Ursula, Fuss about the »holy grail«. Diefenbakers Handelsinitiative vom Juni 1957 und die britisch-kanadischen Handelsbeziehungen, 1955–1965, in: Canada at the Crossroads? The Critical 1960s, hrsg. von Gustav Schmidt und Jack L. Granatstein, Bochum 1994, S. 177–214
Lehmkuhl, Ursula, Kanadas Öffnung nach Asien. Der Colombo-Plan, das »New Commonwealth« und die Rekonstruktion des Sterlinggebietes, 1949–1952, Bochum 1990
Lehmkuhl, Ursula, Pax Anglo-Americana. Machtstrukturelle Grundlagen anglo-amerikanischer Globalpolitik in den fünfziger Jahren (demnächst)
Lehmkuhl, Ursula, Die USA und der wirtschaftliche Wiederaufbau Japans. Die Rohstoffpolitik, 1947–1960 (erscheint demnächst in einem Sammelband für die regionale wirtschaftliche und militärische Bedeutung Japans)
Leinwand, Artur [d.i. Kazimierz Leopold], Przywódcy Polski Podziemnej przed sądem moskiewskim [Die Führer des polnischen Untergrundstaates vor einem Moskauer Gericht], Warszawa 1989
Lenin, W.I., Über die friedliche Koexistenz, Berlin (Ost) 1965
List of Papers released since 1993 from the previously withheld FCO Archive under the Open Government. Library & Records Department, 3rd ed., London 1996
Litván, György, A Nagy Imre-per politikai háttere [Der politische Hintergrund des Imre-Nagy-Prozesses], Világosság 1992
Litván, György, und János M. Bak, Die ungarische Revolution 1956. Reform, Aufstand, Vergeltung, Wien 1994
Lloyd, Selwyn, Suez 1956. A Personal Account, London 1978
Loftsson, Elfar, Island i NATO. Partierna och Försvarsfragan [Island in der NATO. Die Parteien und die Verteidigungsfrage], Göteborg 1981 (= Göteborg Studies in Politics, 9)
Łopieńska, B., i E. Szymańska, Stare numery [Alte Nummern], Warszawa 1990
Łoś, R.: Przełom 1956. Od protektoratu do ograniczonej suwerenności [Die Wende 1956. Vom Protektorat zur begrenzten Souveränität], in: Więź, (1995), 1, S. 122–124

Louis, William Roger, Dulles, Suez and the British, in: John Foster Dulles and the Diplomacy of the Cold War, ed. by Richard H. Immerman, Princeton 1990, S. 133–158
Love, K., Suez. The Twice-Fought War, New York 1969
Lubiński, J., Poglądy przecivników i obrońców prasy na VII Plenum KC PZPR w 1956 roku [Ansichten der Gegner und der Verteidiger der Presse auf dem VII. Plenum des ZK der PVAP im Jahre 1956], in: Materiały pomocnicze do najnowszej historii dziennikarstwa [Hilfsmaterialien zur jüngsten Geschichte des Journalismus], tom 18, Warszawa 1992
Lucas, Richard C., The Forgotten Holocaust. The Poles under German occupation 1939–1944, Lexington 1986
Lucas, W. Scott, Divided We Stand. Britain, the U.S., and the Suez Crisis, London 1991
Lucas, W. Scott, NATO, »Alliance« and the Suez Crisis, in: Securing Peace in Europe, 1945–62. Thoughts for the post-Cold War Era, ed. by Beatrice Heuser and Robert O'Neill, London 1992, S. 260–276
Lundestad, Geir, The American Non-Policy Towards Eastern Europe, 1943–1947, Tromso 1978
Lyon, Peyton V., NATO as a Diplomatic Instrument, Toronto 1970
McCauley, Brian, Hungary and Suez 1956. The Limits of Soviet and American Power, in: Journal of Contemporary History, 16 (1981), S. 777–800
Machcewicz, P., Polski rok 1956 [Das polnische Jahr 1956], Warszawa 1993
Machcewicz, P., Władysław Gomułka, Warszawa 1995
Mackiewicz, Józef, Katyn. Ungesühnte Verbrechen, Frankfurt a.M. 1983
Mackiewicz, Józef, Sieg der Provokation, Frankfurt a.M. 1987
Macmillan, Harold, Riding the Storm, 1956–1959, London 1971
Macmillan, Harold, Tides of Fortune 1945–1955, London 1969
Madajczyk, Czesław, Die Okkupationspolitik Nazideutschlands in Polen 1939–1945, Berlin (Ost) 1987
Mądry, J., Reflexe mad'arského povstání v jednání ústředních politických orgánů Československa [Reflexion des ungarischen Aufstands im Handeln der zentralen politischen Organe der Tschechoslowakei], in: Vojenská opatření Československa v souvislosti s mad'arským povstánim 1956 [Militärische Maßnahmen der Tschechoslowakei im Zusammenhang mit dem ungarischen Aufstand 1956, Sammelband, Historisches Institut der Armee der Tschechischen Republik], Praha 1994, S. 31
A Magyar Szocialista Munkáspárt határozatai és dokumentumai, 1956–1962 [Die Beschlüsse und Dokumente der Ungarischen Sozialistischen Arbeiterpartei, 1956–1962], Budapest 1964
Mai, Gunther, Dominanz oder Kooperation im Bündnis? Die Sicherheitspolitik der USA und der Verteidigungsbeitrag Europas 1945–1956, in: Historische Zeitschrift, 246 (1988), S. 327–364
Malaschenko, E.I., Osoby korpus w ogne Budapeschta [Das Sonderarmeekorps im Feuer von Budapest], in: WISh, (1993), 10, S. 22–30; (1994), 1, S. 30–36
Marchio, James D., Resistance Potential and Rollback. US Intelligence and the Eisenhower Administration's Policies Toward Eastern Europe, in: Intelligence and National Security, 10 (1995), S. 219–241
Marchio, James D., Rhetoric and Reality. The Eisenhower Administration and Unrest in Eastern Europe, 1953–1959, Dissertation Washington D.C. 1990
Marcinkowski, Adam, The Role of Poland in the Warsaw Pact, 1955–1981, in: International Cold War Military Records, S. 471–478
Marshall, S., Sinai Victory, New York 1968
Martin, Lawrence W., British Defence Policy. The Long Recessional, London 1969 (= Adelphi Papers, 61)
Maurer, Pierre, La réconciliation soviéto-yougoslave 1954–1958. Illusions et désillusions de Tito, Fribourg 1991
Medwedko, L.I., K Wostoku i Sapadu ot Suetca [Östlich und westlich von Suez], Moskva 1980
Mélandri, Pierre, Les Etats-Unis et le »défi« européen 1955–1958, Paris 1975

Melissen, Jan, The Struggle for Nuclear Partnership, Groningen 1993
Menetekel. Das Gesicht des Zweiten Weltkrieges. Nürnberger Gespräch zum 50. Jahrestag der Entfesselung des Zweiten Weltkrieges, hrsg. von P. Schönlein, Jörg Wollenberg und Jerzy Wyrozumski, Kraków, Nürnberg 1991
Micunovic, Veljko, Moscow Diary, Garden City 1980
Micunovic, Veljko, Tito követe voltam, Moszkva 1956–1958 [Ich war Gesandter Titos. Moskau 1956–1958], Budapest 1990
Migew, Wladimir, Ofizerstwoto i polititscheskoto razwitije na Balgarija ot 9 septemwri 1944 do kraja na 50-te godini [Das Offizierkorps und die politische Entwicklung Bulgariens vom 9. September 1944 bis zum Ende der 50er Jahre], in: Woennoistoritscheski sbornik [Militärgeschichtlicher Sammelband], 5 (1994), S. 186–191
Mikesell, Raymond F., United States Economic Policy and International Relations, New York 1952
Milloy, John, The Formation and Work of the 1956 Committee of Three on Non-Military Cooperation in NATO, Oxford 1991 (Research Paper)
Minutes and Documents of the Cabinet Meetings of President Eisenhower, 1953–61, Mikrofilm, Washington D.C. 1980 (Liddell Hart Centre for Military Archives)
Miscamble, William D., George F. Kennan and the Making of American Foreign Policy, Princeton N.J. 1992
Mitchie, Allan A., Voices Through the Iron Curtain. The Radio Free Europe Story, New York 1963
Mitter, Arnim, und Stefan Wolle, Untergang auf Raten. Unbekannte Kapitel der DDR-Geschichte, München 1993
Molnár, Miklós, Budapest 1956. A history of the Hungarian Revolution, London 1971
Müller, Klaus-Jürgen, Die Bundesrepublik Deutschland und der Algerienkrieg, in: Vierteljahrshefte für Zeitgeschichte, 38 (1990), S. 615–618
Musatow, Waleri L., SSSR i wengerskije sobytija 1956 g.: nowyje archiwnyje materialy [Die UdSSR und die ungarischen Ereignisse von 1956: Neue Archivmaterialien], in: Nowaja i noweischaja istorija [Neue und neueste Geschichte], (1993), 1, S. 10–14
Muszatov, Valerij, A Szovjetunió álláspontja [Der Standpunkt der Sowjetunion], in: História, 2 (1992), S. 26 ff.
Muszátov, Valerij, Szovjet politikai beavatkozás és katonai intervenció Magyarországon 1956-ban [Die politische Einmischung und militärische Intervention der Sowjetunion in Ungarn 1956], in: Múltunk, 4 (1991), S. 159–170
Mutny potok. Poslednije dni wengerskowo faschisma [Trüber Strom. Die letzten Tage des ungarischen Faschismus], Übers. aus dem Ungarischen, Moskva 1981
Na oczach Kremla. Tragedia walczącej Warszawy w świetle dokumentów rosyjskich [Vor den Augen des Kreml. Die Tragödie des kämpfenden Warschau im Lichte sowjetischer Dokumente], Warszawa 1994
Nagy, Imre, On Communism. In Defence of the New Course, London 1957
Nalepa, Edward Jan, Oficerowie Armii Radzieckiej w Wojsku Polskim w latach 1943–1968 [Offiziere der Roten Armee in den polnischen Streitkräften 1943–1968], Warszawa 1995
Nalepa, Edward Jan, Pazyfikacja zbuntowanego miasta Wojsko Polskie w Czerwcu 1956 r. w Poznaniu w świetle dokumentów wojskowych [Befriedung einer Stadt in Aufruhr. Die Polnische Armee im Juni 1956 in Poznań im Lichte von Militärdokumenten], Warszawa 1992
Nalepa, Edward Jan, Pucz wojskowy czy tylko cwiczenia i manewry. Październik 1956-co robiło wojsko? [Ein Militärputsch oder nur Übungen und Manöver. Der Oktober 1956 — Was tat die Armee?], in: Polska Zbrojna, Nr. 16, 5.11.1990
Nalepa, Edward Jan, Tłum atakował [Der Pöbel griff an], in: Prawo i Życie, Nr. 45, 7.11.1992
Nalepa, Edward Jan, Wojsko Polskie w październiku 1956 r. [Die Polnische Armee im Oktober 1956], in: Polska Zbrojna, Nr. 11, 26.–28.10.1990
Nalepa, Edward Jan, Wojsko Polskie w przemianach politycznych w kraju, lipiec — wrzesień 1956 r. [Die Polnische Armee in den Veränderungen im Lande, Juli-September 1956],

in: Zeszyty Naukowe, Wojskowa Akademia Polityczna [Wissenschaftliche Hefte der Militärpolitischen Akademie], Nr. 2/1990
Narinski, Michail, Berlinski krisis 1948–1949 gg. Nowye dokumenty is rossiskich archiwow [Die Berlin-Krise 1948–1949. Neue Dokumente aus russischen Archiven], in: Nowaja i noweischaja istorija, (1995), 3, S. 16–29
National Communism and Popular Revolt in Eastern Europe. A Selection of Documents on Events in Poland and Hungary, February — November 1956, ed. by Paul E. Zinner, New York 1956
Naumow, Pawel, Is sekretnych archiwow — Berlin. Ijun 53-ga. [Aus Geheimarchiven — Berlin, Juni 1953], in: Trud [Arbeit], 1.12.1992
Navias, Martin S., Nuclear Weapons and British Strategic Planning 1955–1958, Oxford 1991
Neshinski, Leonid N., Otscherk istorii narodnoi Wengrii [Abriß der Geschichte der Volksrepublik Ungarn], Moskva 1969
Neues Deutschland. Zentralorgan der Sozialistischen Einheitspartei Deutschlands, Jg. 1956
Newhouse, John, De Gaulle and the Anglo-Saxons, New York 1970
Newhouse, John, The Nuclear Age. From Hiroshima to Star Wars, London 1989
Nichols, H.G., The United Nations As a Political Institution, Oxford 1967
Niedhart, Gottfried, Das ökonomische Interesse am Frieden und das außenpolitische Konfliktverhalten Großbritanniens in der Mitte des 20. Jahrhunderts (1931–1961), in: Wege nach Europa. Wirtschaft und Außenpolitik Großbritanniens im 20. Jahrhundert, hrsg. von Clemens Wurm, Bochum 1992
Nitze, Paul, Atoms, Strategy and Policy, in: Foreign Affairs, 34 (1955), 6
Noel, Léon, Une ambassade a Varsovie 1935–1939. L'aggression allemande contre la Pologne, Paris 1946
Nogee, Joseph, Robert H. Donaldson, Soviet Foreign Policy since World War II, New York 1985
Nowak, J. (Jeziorański, Z.), Polska z oddali [Polen aus der Ferne], London 1988
Nowakowski, K., Zagadnienie samorządu robotniczego w okresie przełomu październikowego w Polsce [Die Frage der Arbeiterselbstverwaltung in der Zeit der Oktoberwende in Polen], in: Humanistyczne Zeszyty Naukowe, Katowice 1987, Nr. 6 i 7
Nuechterlein, Donald E., Iceland. Reluctant ally, Ithaca N.Y. 1961
Nuti, Leopoldo, Italy and the Nuclear Choices of the Atlantic Alliance, 1955–63, in: Securing Peace in Europe. Thoughts for the post-Cold War Era, ed. by Beatrice Heuser and Robert O'Neill, Basingstoke 1992, S. 222–245
Nuti, Leopoldo, Le rôle de l'Italie dans les négociations trilatérales, 1957–1958, in: Revue d'Histoire Diplomatique, 104 (1990), S. 133–156
Nutting, Anthony, No End of a Lesson. The Story of Suez, London 1967
O sobytijach w Wengrii. Fakty i dokumenty [Über die Ereignisse in Ungarn. Fakten und Dokumente], Moskva 1957
Ochab, Edward, Diskussionsbeitrag auf dem VIII. Plenum des ZK der PVAP am 21. Oktober 1956, in: Nowe Drogi, 10 (1956), S. 18 f.
Odziemkowski, Janusz, Armia i społeczeństwo II Rzeczypospolitej [Die Armee und die Gesellschaft der II. Polnischen Republik], Warszawa 1996
Okvath, Imre, In the Shadow of the Kremlin. Hungarian Military Policy in the early period of the Cold War 1945–1956, in: International Cold War Military Records, S. 457–469
Omand, David, Nuclear deterrence in a changing world. The view from a UK perspective, in: RUSI Journal, 141 (1996) 3, S. 16
Omar, Omar Aziz, Studien der modernen ägyptischen Geschichte. 1517–1952, Dar-El-Marefa, U.U.C., 1990
Opozycja i opór społeczny w Polsce 1945–1980. Materiały konwersatorium z 20 lutego 1991 r. [Die Opposition und der gesellschaftliche Widerstand in Polen 1945–1980. Materialien des Kolloquiums vom 20. Februar 1991], Redakcja A. Friszke i A. Paczkowski, Warszawa 1991
Oren, Michael B., Faith and Fair-Mindedness. Lester B. Pearson and the Suez Crisis, in: Diplomacy and Statecraft, 3 (1992), S. 48–73

Organisazijata na Warschawskija dogowor 1955–1975 [Die Organisation des Warschauer Paktes 1955–1975], Sofia 1975
Orlov, A.S., B poiskach absoljutnowo orushija [Auf der Suche nach der absoluten Waffe], Moskva 1987
Ormos, Mária, A konszolidáció problémái 1956–1958 [Die Probleme der Konsolidierung von 1956–1958], in: Társadalmi Szemle, (1989), 8–9
Osgood, Robert E., Alliances and American Foreign Policy, Baltimore 1968
Ostermann, Christian F., »Keeping the Pot Simmering«: The United States and the East German Uprising of 1953, in: German Studies Review, 19 (1996), S. 61–89
Otto, Siegfried, Über die Rolle des Zentralkomitees der Sozialistischen Einheitspartei Deutschlands bei der Gründung und Entwicklung der Nationalen Volksarmee in den Jahren 1955–1961, dargestellt an den Beschlüssen und Maßnahmen der Parteiführung, Diplomarbeit an der Militärakademie der NVA »Friedrich Engels«, Dresden 1973
Ovendale, Ritchie, British Foreign and Alliance Policy 1949–1956, in: Nationale Außen- und Bündnispolitik der Mitgliedstaaten (= Entstehung und Probleme des Nordatlantischen Bündnisses bis 1956, 2, erscheint demnächst)
Ovendale, Ritchie, The Origins of the Arab-Israeli Wars, 2nd ed., London 1992 (= Origins of Modern Wars)
Pach, Chester J. Jr., Elmo Richardson, The Presidency of Dwight D. Eisenhower, Lawrence, Kansas 1991
Paczkowski, A., Aparat bezpieczeństwa [Der Sicherheitsapparat], in: Instytucje państwa totalitarnego. Polska 1944–1956. Raport. Opracowania [Institutionen des totalitären Staates. Polen 1944–1956. Bericht. Aufsätze], Warszawa 1994, S. 66
Palski, Zbigniew, Agentura informacji wojskowej w latach 1945–1956 [Der militärische Nachrichtendienst in den Jahren 1945–1956], Warszawa 1993
Panecki, Tadeusz, Powrót do kraju Polskich Sił Zbrojnych na Zachódzie [Die Rückkehr der Polnischen Streitkräfte im Westen nach Polen], in: Polskie Państwo Podziemne i Wojsko Polskie w latach 1944–1945 [Der polnische Untergrundstaat und die Polnische Armee in den Jahren 1944–1945], Warszawa 1991, S. 152–170
Pearson, Geoffrey A.H., Seize the Day. Lester B. Pearson and Crisis Diplomacy, Ottawa 1993
Pearson, Lester B., The International Years, London 1974 (= Memoirs, 2: 1948–1957)
Pedlow, Gregory W., General Lauris Norstad and the Second Berlin Crisis, in: New Perspectives on the Berlin Crisis, ed. by David Rosenberg and Wolfgang Krieger, Chapel Hill (demnächst)
Peyrefitte, Alain, C'était de Gaulle, vol. 1, Paris 1994
Pierre, Andrew J., Nuclear Politics, London 1972
Pierre, Andrew, Nuclear Politics: The British Experience with an Independent Strategic Force, 1939–1970, New York 1972
Pineau, Christian, Suez 1956, Paris 1978
Podewin, Norbert, Walter Ulbricht. Eine neue Biographie, Berlin 1995
Poksiński, Jerzy, Pucz wojska w październiku [Der Putsch der Armee im Oktober], in: Życie Warszawy, 21.10.1992
Poksiński, Jerzy, »TUN«. Tatar — Utnik — Nowicki [Stanisław Tatar, Marian Utnik, Stanisław Nowicki], Warszawa 1992
La Politique de Défense de la France: Textes et Documents, ed. Dominique David, Paris 1989
Politische Konsultation, hrsg. vom NATO-Informationsdienst, Paris 1962 (= Aus der Arbeit der NATO, 2)
Polskie Siły Zbrojne w drugiej wojnie światowej [Die polnischen Streitkräfte im Zweiten Weltkrieg], tom 2, London 1975
Polski wysiłek zbrojny w II wojnie światowej [Der militärische Beitrag Polens im Zweiten Weltkrieg], pod red. [hrsg. von] S. Biegański i A. Szkuta, London 1988
Pommerin, Reiner, Von der »massive retaliation« zur »flexible response«. Zum Strategiewechsel der sechziger Jahre, in: Vom Kalten Krieg zur deutschen Einheit. Analysen und

Zeitzeugenberichte zur deutschen Militärgeschichte 1945 bis 1995, hrsg. von Bruno Thoß, München 1995, S. 525–542
Pommerin, Reiner, und Johannes Steinhoff, Strategiewechsel. Bundesrepublik und Nuklearstrategie in der Ära Adenauer-Kennedy, Baden-Baden 1992
Ponting, Clive, Breach of promise. Labour in Power 1964–1970, London 1989
Poole, Peter A., Profiles in American Foreign Policy. Stimson, Kennan, Acheson, Dulles, Rusk, Kissinger and Vance, Washington D.C. 1981
Popowa, Je., Ungarskata rewoljucija ot 1956 godina pres pogleda na balgarskoto diplomatitschesko predstawitelstwo w Budapeschta [Die ungarische Revolution von 1956 aus der Sicht der diplomatischen Vertretung Bulgariens in Budapest], in: Wojennoistoritscheski sbornik [Militärgeschichtlicher Sammelband], 6 (1994)
Pöttering, Hans-Gert, Adenauers Sicherheitspolitik 1955–1963, Düsseldorf 1975
Poznański Czerwiec 1956, praca zbior [Der Juni in Poznań, Sammelband], Redakcja J. Maciejewski i Z. Trojanowiczowa, Poznań 1990
Pozsgay, Imre, 1989. Politikus pálya pártállamban és a rendszerváltásban [Politische Laufbahn im Parteistaat und beim Regimewechsel, 1989], Budapest 1993
Prados, John, Keepers of the Keys. A History of the National Security Council from Truman to Bush, New York 1991
Prados, John, Presidents' Secret Wars. CIA and Pentagon. Covert Operations since World War II, New York 1986
Presidential Directives on National Security. From Truman to Clinton. The National Security Archive, Washington D.C. 1994
Proces szesnastu. Dokumenty NKWD [Der Prozeß der 16. Dokumente des NKWD], opracował [bearb. von] W. Strzałkowski, Warszawa 1995
Protocol N 129. Meeting of the Politburo on 19, 20, 21 October 1956, in: CWIHP, Bulletin 5, Washington D.C., Spring 1995, S. 39–41
Public Papers of the President of the United States 1953, Washington D.C. 1960
Ra'anan, Uri, The USSR Arms the Third World, Cambridge Mass. 1969
Rabe, Stephen G., Eisenhower Revisionism, in: Diplomatic History, 17 (Winter 1993), S. 97–115
Radványi, János, Hungary and the Superpowers. The 1956 Revolution and Realpolitik, Stanford Cal. 1972
Rainer, M. János, Nagy Imre külpolitikája [Die Außenpolitik von Imre Nagy], in: Magyar Nemzet, 7 (1991), S. 15
Rainer, M. János, Szovjet döntáshozatal Magyarországról 1956-ban [Die sowjetische Entscheidungsfindung in bezug auf Ungarn im Jahre 1956], in: Évkönyv II. [II. Jahrbuch]. 1956-os Intézet ['56er Institut], Budapest 1993, S. 19–38
Rainer, M. János, The Yeltsin Dossier. Soviet Documents on Hungary, 1956, in: CWIHP, Bulletin 5 (1995), S. 22, 24–27
Ranelagh, John, The Agency: The Rise and Decline of the CIA, London 1986
Ranson, Harry Howe, Secret Intelligence in the United States 1947–1982. The CIA's Search for Legitimacy, in: The Missing Dimension. Governments and intelligence communities in the 20th century, ed. by Christopher Andrew and David Dilks, London 1985, S. 203
Rauchensteiner, Manfried, Spätherbst 1956. Die Neutralität auf dem Prüfstand, Wien 1981
Reeves, Richard, President Kennedy. Profile of Power, New York 1993
Referendum z 30 czerwca 1946 roku. Przebieg i wyniki [Das Referendum vom 30. Juni 1946. Verlauf und Ergebnisse], Opracował [bearb. von] A. Paczkowski, Warszawa 1993
Reid, Brian H., The »Northern Tier« and the Baghdad Pact, in: The Foreign Policy of Churchill's Peacetime Administration 1951–1955, ed. by J.W. Young, Leicester 1988, S. 159–179
Reid, Escott, Time of Fear and Hope. The making of the North Atlantic Treaty 1947–1949, Toronto 1977
Révész, Sándor, Aczél György. A forradalom után [György Aczél. Nach der Revolution. Biographie], in: Mozgó Világ, (1996), 10

Revolucja wengierska 1956 w polskich dokumentach. Opracował János Tischler. Dokumenty do Dziejow PRL, zeszyt 8. Institut Studiów Politycznych Polskej Akademii Nauk [Die ungarische Revolution von 1956 in polnischen Dokumenten. Bearb. von János Tischler. Dokumente zur Geschichte der Volksrepublik Polen, H. 8. Institut für Politische Studien der Polnischen Akademie der Wissenschaften], Warszawa 1995

Reynolds, David, Britannia Overruled. British Policy and World Power in the Twentieth Century, London 1991

Ripp, Zoltán, Belgrád és Moszkva között. A jugoslávkapcsolat és a Nagy Imre-kérdés. 1956 november — 1959 február [Zwischen Belgrad und Moskau. Die jugoslawische Verbindung und die Imre-Nagy-Frage, November 1956 — Februar 1959], Budapest 1994

Robbe, Martin, Suez 1956. Heiße Schlacht im Kalten Krieg, in: »Tauwetter« ohne Frühling, S. 230–243

Robertson, Terrence, Die Krise. Die Geheimgeschichte der Suezintrige. Übers. aus dem Arabischen, Kairo 1965

Roman, Wanda, Działalność wojsk NKWD przeciwko polskiemu zbrojnemu podziemniu w świetle dokumentów sowieckich [Die Aktivitäten der Truppen des NKWD gegen den polnischen bewaffneten Untergrund im Lichte sowjetischer Dokumente], in: Zbrodnie NKWD na obszarze województw wschodnich Rzeczypospolitej Polskiej [Die Verbrechen des NKWD auf dem Gebiet der östlichen Woiwodschaften der Republik Polen], Koszalin 1995, S. 200–216

Rozmowy kierownictwa PZPR z delegacja KPZR. Nieznane dokumenty z października 1956 r. [Gespräche der PVAP-Führung mit der Delegation der KPdSU. Unbekannte Dokumente vom Oktober 1956], do druku podal [in Druck gegeben] von A. Werblin, in: Dziś. Przegląd spoleczny, (1995), 4, S. 108

Roznanski, Czerwiec 1956 [Juni 1956], Wyd. 2 [2. Aufl.], Poznań 1990

Rozwój ludowego Wojska Polskiego w latach 1945–1955 [Die Entwicklung der Polnischen Volksarmee in den Jahren 1945–1955], tom 1, Warszawa 1985

Ruddy, Michael T., The Cautious Diplomat. Charles E. Bohlen and the Soviet Union, 1929–1969, Kent 1986

Rusk, Dean, As I Saw It. A Secretary of State's memoirs, London 1991

Rutkowski, Stanisław, Polska Partia Robotnicza w Siłach Zbrojnych w latach 1944–1948 [Die Polnische Arbeiterpartei in den Streitkräften in den Jahren 1944–1948], in: Wojskowy Przegląd Historyczny, (1977), 4, S. 42–48

Rykowski, Z., Raport Gierka, in: Polityka, 9.1.1988

Rykowski, Z., i W. Władyka, Październik '56 [Der Oktober 1956], in: Kultura, (1981), 41

Rykowski, Z., i W. Władyka, Polska Próba. Pazdźiernik 56 [Der polnische Versuch. Oktober 56], Kraków 1989

Sabo, M., »Tichaja woina«. Wospominanija [«Stiller Krieg«. Erinnerungen], Übers. aus dem Ungarischen, Moskva 1987

Sachartschenko, Wassili, Juro Popow i A. Starodub, Budapescht, oktjabr-nojabr 1956 g. [Budapest, Oktober-November 1956], Moskva 1956

Sagladin, W.W., Meshdunarodnoje kommunistitscheskoje dwishenije [Die internationale kommunistische Bewegung], Moskva 1970

Salmonowicz, Stanisław, Polskie Państwo Podziemne [Der polnische Untergrundstaat], Warszawa 1994

Sanders, David, Losing an Empire, Finding a Role. British Foreign Policy since 1945, London 1990

Sangmuah, E.N., Eisenhower and Containment in North Africa, 1956–1960, in: Middle East Journal, 49 (1990), S. 76–91

Sawicki, Tadeusz, Wyrok na miasto [Urteil über eine Stadt], Warszawa 1993

Schlösser, Maria Helene, Die Entstehungsgeschichte der NATO bis zum Beitritt der Bundesrepublik Deutschland, Frankfurt a.M. 1985 (= Europäische Hochschulschriften, III: Geschichte und ihre Hilfswissenschaften, 278)

Schmidt, Gustav, Britain and Europe — Britain in Europe. Das Spannungsverhältnis zwischen wirtschaftlicher Eigenentwicklung, europäischer Verteidigungsgemeinschaft und atlantischer Sicherheitspartnerschaft nach dem Zweiten Weltkrieg, in: Großbritannien und Europa — Großbritannien in Europa, S. 10–18

Schmidt, Gustav, Divided Europe — Divided Germany, 1950–1963, in: Contemporary European History, III/1 (1994), S. 155–192

Schmidt, Gustav, Großbritannien, die Gründung der Europäischen Wirtschaftsgemeinschaft und die »Sicherheit des Westens«. »The American Connection«, in: Nationale Identität und Europäische Einigung, hrsg. von Michael Salewski, Göttingen 1991, S. 169–231

Schmidt, Gustav, Die politischen und die sicherherheitspolitischen Dimensionen der britischen Europa-Politik 1955/56–1963/64, in: Großbritannien und Europa — Großbritannien in Europa, S. 169–314

Schmidt, Gustav, Die sicherheitspolitischen und wirtschaftlichen Dimensionen der britisch-amerikanischen Beziehungen 1955–1967, in: Militärgeschichtliche Mitteilungen, 50 (1991), S. 107–142

Schmidt, Gustav, Test of Strength. The United States, Germany and de Gaulle's »No« to Britain in Europe, 1958–1963, in: Zwischen Bündnissicherung und privilegierter Partnerschaft. Die deutsch-britischen Beziehungen und die Vereinigten Staaten von Amerika, 1955–1963, hrsg. von Gustav Schmidt, Bochum 1995, S. 281–348.

Schmidt, Gustav, »Tying« (West) Germany into the West — But to What? NATO? WEU? The European Community?, in: Western Europe and Germany. The Beginnings of European Integration, ed. by Clemens A. Wurm, Oxford 1995, S. 137–174

Schmidt, Gustav, Vom Anglo-amerikanischen Duopol zum Trilateralismus: Großbritannien — USA — Bundesrepublik, 1955–1967, in: Amerikastudien, 39 (1994), S. 73–109

Schmidt, Gustav, Vom Nordatlantischen Dreieck: Großbritannien — USA — Kanada zum Trilateralismus: EG — USA — Japan, in: Geschichte und Gegenwart, 7 (1988), S. 3–39

Schmidt, Heide-Irene, Der »regional approach« in der amerikanischen Globalstrategie, 1953–1960, in: Amerikas Option

Schmitz, Peter N., Defending the NATO Alliance. Global Implications, Washington 1987

Schunke, Joachim, Zur Bedrohungsanalyse der militärischen Führung der DDR, in: Landesverteidigung und/oder Militarisierung der Gesellschaft der DDR?, hrsg. von Günther Glaser und Werner Knoll, Berlin 1995, (= Schriftenreihe des Vereins Gesellschaftswissenschaftliches Forum e.V., Berlin, Bd 4), S. 34–48

Schwartz, David N., NATO's Nuclear Dilemmas, Washington D.C. 1983

Schwarz, Hans-Peter, Adenauer, Bd 2: Der Staatsmann 1952–1967, Stuttgart 1991

Schwarz, Hans-Peter, Die Ära Adenauer. Epochenwechsel 1957–1963, Wiesbaden 1983 (= Geschichte der Bundesrepublik Deutschland, 3)

Schwarz, Hans-Peter, Die Ära Adenauer. Gründerjahre der Republik 1949–1957, Stuttgart 1981 (= Geschichte der Bundesrepublik Deutschland, 2)

Schwarz, Hans-Peter, Die deutschlandpolitischen Vorstellungen Konrad Adenauers 1955–1958, in: Entspannung und Wiedervereinigung. Deutschlandpolitische Vorstellungen Konrad Adenauers 1955–1958, hrsg. von Hans-Peter Schwarz, Stuttgart, Zürich 1979 (= Rhöndorfer Gespräche, 2), S. 7–40

Sehr verehrter Herr Bundeskanzler! Heinrich von Brentano im Briefwechsel mit Konrad Adenauer 1949–1963, hrsg. von Arnulf Baring, Hamburg 1974

Sereda, Vjačeslav, és M. János Rainer, Döntés a Kremlben. A szovjet pártelnökség vitái Magyarországról [Entscheidung im Kreml. Die Diskussionen des sowjetischen Parteipräsidiums zu Ungarn], Budapest 1996

Sereda, Vjačeslav, A. Stikalin és I. Vida, A szovjet kapcsolat [Die sowjetische Verbindung], in: Rubicon, (1994), 8, S. 3 ff.

Sherwood, Elizabeth D., Allies in Crisis. Meeting global challenges to Western security, New Haven 1990

Shuckburgh, Evelyn S., Descent to Suez. Diaries 1951–56, selected for publication by John Charmley, London 1986

Siebenmorgen, Peter, Gezeitenwechsel. Aufbruch zur Entspannungspolitik, Bonn 1990
Siedlecki, Julian, Losy Polaków w ZSRR w latach 1939–1986 [Das Schicksal der Polen in der UdSSR in den Jahren 1939–1986], London 1987
Siemaszko, Zbigniew, W sowieckim osaczeniu 1939–1943 [In sowjetischer Umzingelung 1939–1943], London 1991
Simmons, P.J., Archival Research on the Cold War Era. A Report from Budapest, Prague and Warsaw. Working Paper No. 2, CWIHP, Washington D.C. 1992, S. 1–14
Simpson, John, The Independent Nuclear State. The United States, Britain and the Military Atom, 2nd ed., London 1986
Sinasac, Joseph P., The Three Wise Men. The Effects of the 1956 Committee of Three on NATO, MA thesis, University of Waterloo, 1989
Sipos, Levente, Puhák és kemények. Politikai viták 1956 végén [Die Gemäßigten und die Hardliner. Politische Diskussionen zum Ende des Jahres 1956], in: Rubicon, (1993), 5, S. 30 ff.
Ślusarczyk, Jacek, Stosunki polsko-sowieckie 1939–1945 [Die polnisch-sowjetischen Beziehungen 1939–1945], Warszawa 1993
Soutou, Georges-Henri, De Gaulle, Adenauer und die gemeinsame Front gegen die amerikanische Nuklearstrategie, in: Politischer Wandel, organisierte Gewalt und nationale Sicherheit. Beiträge zur neueren Geschichte Deutschlands und Frankreichs. Festschrift für Klaus-Jürgen Müller, hrsg. von Ernst Willi Hansen, Gerhard Schreiber und Bernd Wegner, München 1995 (= Beiträge zur Militärgeschichte, 50), S. 491–517
Soutou, Georges-Henri, La politique nucléaire de Pierre Mendès-France, in: Relations Internationales, 59 (1989), S. 317–330
Sowetsko-wengerskije otnoschenija. 1948–1970 gg. Dokumenty i materialy [Die sowjetisch-ungarischen Beziehungen 1948–1970. Dokumente und Materialien], Moskva 1974
Štaigl, Jan, Vojenskopolitické a vojenskostrategické postavenie Slovenska po skončení druhej svetovej vojny. 1945–1946 [Die militärpolitische und militärstrategische Stellung der Slowakei nach der Beendigung des Zweiten Weltkrieges. 1945–1946], in: Historický časopis, 40 (1992), 6, S. 676–693
Stalin and the Poles. An indictment of the Soviet Leaders, London 1949
Starewicz, A., Diskussionsbeitrag auf dem VIII. Plenum des ZK der PVAP am 20. Oktober 1956, in: Nowe Drogi, 10 (1956), S. 18 f.
Staritz, Dietrich, Geschichte der DDR 1949–1985, Frankfurt a.M. 1985
Statistisches Jahrbuch der Deutschen Demokratischen Republik 1956, Berlin (Ost) 1957
Steike, Jörn, Von den »Inneren Truppen« zur Bereitschaftspolizei (1953–1990), in: Im Dienste der Partei. Handbuch der bewaffneten Organe der DDR, hrsg. von Torsten Diedrich, Hans Ehlert und Rüdiger Wenzke, Berlin 1998, S. 69–95
Strange, Susan, Sterling and British Policy. A Political Study of an International Currency in Decline, Oxford 1971
Strauß, Franz Josef, Einheit und Freiheit. Voraussetzungen für die Wiedervereinigung, in: Politisch-Soziale Korrespondenz, IV/4, 15. Februar 1957
Strauß, Franz Josef, Die Erinnerungen, Berlin 1989
Stykalin, A., i E. Orjochowa, Wengerskije sobytija 1956 goda i posizii rukowodstwa SSSR. Po materialy CChSD [Die Ereignisse in Ungarn 1956 und die Positionen der Führung der UdSSR. Nach Materialien des CChSD], in: Slawjanowedenije [Slawismuskunde], 3 (1994), S. 52–56
Suez 1956. The crisis and its consequences, ed. by William Roger Louis and Roger Owen, Oxford 1989
The Suez-Sinai Crisis 1956. Retrospective and Reappraisal, ed. by Selwyn Ilan Troen and M. Shemesh, London 1990
Szabó, Árpád, A magyar forradalmi honvéd karhatalom. 1956. november — 1957. junius [Der ungarische revolutionäre Armee-Ordnungsdienst, November 1956-Juni 1957], Budapest 1977
Szabó, Miklós siehe Sabo

Szakolczai, Attila, A forradalmat követő megtorlás során kivégzettekről — Beszámoló [Über die im Lauf der Repressalien nach der Revolution Hingerichteten], in: Az 1956-os Inézet évkönyve [Jahrbuch des Instituts 1956], 3, Budapest 1994
Szczurowski, Maciej, Dowódcy Wojska Polskiego na froncie wschodnim 1943–1945. Słownik biograficzny [Die Kommandeure der Polnischen Armee an der Ostfront 1943–1945. Biographisches Wörterbuch], Pruszków 1996
Szereda siehe Sereda
Tarniewski, M. (Karpiński, J.), Porcja wolności [Eine Portion Freiheit], Paris 1979
»Tauwetter« ohne Frühling. Das Jahr 1956 im Spiegel blockinterner Wandlungen und internationaler Krisen, hrsg. von Inge Kircheisen, Berlin 1995
Ten numer wam nie przejdzie. Październik '56 — Chruszczow w Warszawie [Mit dieser Nummer kommt ihr nicht durch. Oktober '56 — Chruschtschow in Warschau], in: Życie Warszawy, Nr. 22, 26.–27.10.1991
Texts of Final Communiques 1949–1974, issued by Ministerial Sessions of the North Atlantic Council, the Defence Planning Committee, and the Nuclear Planning Group, ed. by NATO Information Service, Brüssel (o.J.)
Thomas, Hugh, The Suez Affair, London 1966
Thompson, Robert Smith, The Missiles of October. The Declassified Story of John F. Kennedy and the Cuban Missile Crisis, New York 1992
Thór, Jón Th., The Extension of Iceland's Fishing Limits in 1952 and the British Reaction, in: Scandinavian Journal of History, 17 (1992), S. 25–43
Thoß, Bruno, Der Beitritt der Bundesrepublik Deutschland zur WEU und NATO im Spannungsfeld von Blockbildung und Entspannung (1954–1956), in: Anfänge westdeutscher Sicherheitspolitik, Bd 3, S. 1–234
Thoß, Bruno, Bündnissolidarität und Regionalkonflikt. Die Suche der NATO nach einem System gegenseitiger Konsultation und die Suez-Krise (1955–1956), in: Acta No. 14. Commission Internationale d'Histoire Militaire, XIVe Colloque International d'Histoire Militaire, Montréal 1988: »Conflicts of High and Low Intensity since the Second World War«, vol. II, Ottawa 1989, S. 691–710
Thoß, Bruno, Sicherheits- und deutschlandpolitische Komponenten der europäischen Integration zwischen EVG und EWG 1954–1957, in: Vom Marshallplan zur EWG. Die Eingliederung der Bundesrepublik Deutschland in die westliche Welt, hrsg. von Ludolf Herbst, Werner Bührer und Hanno Sowade, München 1990, S. 475–500
Timm, Angelika, Die osteuropäischen Staaten und Israel. Kontinuität und Wandel der bilateralen Beziehungen während des Suezkonfliktes, in: »Tauwetter« ohne Frühling, S. 260–272
Tischler, János, A lengyel pártvezetés és az 1956-os forradalom [Die polnische Parteiführung und die '56er Revolution], in: Évkönyv III. [III. Jahrbuch], 1956-os Intézet ['56er Institut], Budapest 1994
Tischler, János, Magyar-lengyel kapcsolatok a korai Kádár-korszakban, 1958 nyaráig [Ungarisch-polnische Beziehungen in der frühen Kádár-Ära bis zum Sommer 1958], in: Évkönyv IV. [IV. Jahrbuch], 1956-os Intézet ['56er Institut], Budapest 1995
Tismăneanu, Vladimir, Fantoma lui Gheorghiu-Dej [Das Phantom des Gheorghiu-Dej], Bucureşti 1995
Titkos jelentések. 1956. okt. 23 — nov. 4. [Geheimberichte. 23. Okt. — 4. Nov.], Budapest 1985, S. 51
Tóbiás, Áron, In memoriam Nagy Imre, Budapest 1989
Torańska, T., Oni [Die da oben], Warszawa 1989
Triepel, Heinrich, Die Hegemonie. Ein Buch von führenden Staaten, 2. Neudruck der Ausgabe Stuttgart 1943, Aalen 1974
Turski, M., Kronika październikowa [Chronik des Oktober], in: Październik '56, S. 9
Tuschhoff, Christian, Causes and Consequences of Germany's Deployment of Nuclear Capable Delivery Systems, 1957–1963, Washington D.C. 1994 (= Nuclear History Program, Occasional Paper 9)

Tuschhoff, Christian, Die MC 70 und die Einführung Nuklearer Trägersysteme in die Bundeswehr 1956–59, Ebenhausen 1990
Uj Magyar Központi Levéltár, XX.h. Birósági iratok, 31.d., 25.köt., S. 103 f.
Ulbricht, Walter, Grundfragen der Politik der Sozialistischen Einheitspartei Deutschlands, in: Walter Ulbricht, Zur Geschichte der deutschen Arbeiterbewegung. Aus Reden und Aufsätzen, Bd 6, Berlin (Ost) 1964, S. 267–356
Ulbricht, Walter, Stärkt die DDR, die Bastion des Friedens!, in: ebd., S. 203–224
Ulbricht, Walter, Der zweite Fünfjahrplan und der Aufbau des Sozialismus in der Deutschen Demokratischen Republik, in: Protokoll der Verhandlungen der 3. Parteikonferenz der Sozialistischen Einheitspartei Deutschlands, 24. März bis 30. März 1956 in der Werner-Seelenbinder-Halle zu Berlin, Bd 1, Berlin (Ost) 1956, S. 14–199.
Ulfkotte, U., Interessenspezifische Nahostpolitik der Großmächte im Nahen Osten 1948–1979, Frankfurt a.M. 1984
Die Ungarische Revolution. Reform, Aufstand, Vergeltung, hrsg. von György Litván und Janos M. Bak, Wien 1994
Urquhart, Brian, Hammarskjöld, New York 1994
Urquhart, Brian, A Life in Peace and War, New York 1987
Urquhart, Brian, Ralph Bunche. An American Life, New York 1993
Vaïsse, Maurice, La filière sans issue. L'histoire du premier sous-marin atomique français, in: Relations internationales, 59 (1989), S. 331–346
Vaïsse, Maurice, France and the Suez Crisis, in: Suez 1956, S. 131–143
Vaïsse, Maurice, Indépendance et Solidarité, 1958–1963, in: La France et l'OTAN, 1949–1996, Ed. Vaïsse, Maurice, Pierre Mélandri et Frédéric Bozo, Bruxelles 1996, S. 219–245
Vaïsse, Maurice, Post-Suez France, in: Suez 1956, S. 335–340
Vali, Ferenc, Rift and Revolt in Hungary, Cambridge Mass. 1961
Varga, László, Moszkva-Belgrád-Budapest. A jugoszláv kapcsolat 1956. október-november [Moskau-Belgrad-Budapest. Die jugoslawische Verbindung von Oktober bis November 1956], in: Jalta és Szuez között. [Zwischen Jalta und Suez], Budapest 1989
Varsori, Antonio, Britain and Early Détente. 1953–1956, in: Ost-West-Beziehungen. Konfrontation und Détente 1945–1989, Bd 2, hrsg. von Gustav Schmidt, Bochum 1993, S. 175–197
Verona, S., Military occupation and diplomacy . Soviet Troops in Romania. 1944–1958, [Duke Univ. Press] 1992
Visszaemlékezések 1956 [Erinnerungen 1956], ediţie întocmită de [hrsg. von] János Berecz, Budapest 1986
Vojenská a další opatření Československa v době povstání v Mad'arsku na podzim 1956. Sborník dokumentů, 2 svazky, Historický ústav Armády Česke republiky [Militärische und weitere Maßnahmen der Tschechoslowakei in der Zeit des Aufstands in Ungarn im Herbst 1956, Dokumentensammlung, 2 Bde, Historisches Institut der Armee der Tschechischen Republik], Praha 1993
Vojenská opatření Československa v souvislosti s mad'arským povstáním 1956. Sborník příspěvků, Historický ústav Armády České republiky [Militärische Maßnahmen der Tschechoslowakei im Zusammenhang mit dem ungarischen Aufstand 1956. Sammelband, Historisches Institut der Armee der Tschechischen Republik], Praha 1994
Wallach, Jehuda L., Israeli Military History. A Guide to the Sources, New York 1984
Wallach, Jehuda L., »... und mit der anderen hielten sie die Waffe«. Die Kriege Israels, Koblenz 1984
Wampler, Robert A., Ambiguous Legacy. The United States, Great Britain and the Foundations of NATO Strategy, 1948–1957, Diss. Harvard University, 1991
Wampler, Robert A., NATO Strategic Planning and Nuclear Weapons 1950–1957, Washington 1990 (= Nuclear History Program Occasional Paper, 6)
Wampler, Robert A., Die USA, Adenauer und die atomare Strategie der NATO, in: Die doppelte Eindämmung, S. 265 ff.
Wanschna politika na NRB. Sbornik ot dokumenti i materiali [Außenpolitik der VRB. Dokumenten- und Materialiensammelband], tom 1, Sofia 1970

Watson, Hugh Seton, East European Revolution, London 1952
Weber, Hermann, Die DDR 1945–1986, München 1988
Weber, Steve, Sharing the Postwar Balance of Power. Multilateralism in NATO, in: International Organization, 46 (1992), S. 633–680
Welikoje jedinstwo socialistitscheskich stran neruschimo [Die große Einheit der sozialistischen Länder ist unzerstörbar], in: Kommunist, 33 (1956), 16, S. 3–13
Wells, Samuel, The First Cold War Buildup: Europe in United States Strategy and Policy, 1950–1953, in: Western Security. The Formative Years. European and Atlantic Defence 1947–1953, ed. by Olav Riste, Oslo 1985, S. 181–197
Wengrija 1956 goda. Otscherki istorii krisisa [Ungarn 1956. Studien zur Geschichte der Krise], Moskva 1993
Wengrija, aprel–oktjabr 1956 goda [Ungarn, April–Oktober 1956], in. Istoritscheski archiw [Historisches Archiv], (1993), 4, S. 103–142
Wengrija, oktjabr–nojabr 1956 goda [Ungarn, Oktober–November 1956], in: ebenda, (1993), 5, S. 132–160
Wengrija, nojabr 1956 goda–awgust 1957 goda [Ungarn, November 1956–August 1957], in: ebenda, (1993), 6, S. 130–144
Wenzke, Rüdiger, Wehrmachtoffiziere in den DDR-Streitkräften, in: Nationale Volksarmee — Armee des Friedens. Beiträge zu Selbstverständnis und Geschichte des deutschen Militärs 1945–1990, hrsg. von Detlef Bald, Reinhard Brühl, Andreas Prüfert, Baden-Baden 1995, S. 143–157
Werblan, Andrzej, Czy los Imre Nagý 'a przeraził Gomułke? [Hat das Schicksal von Imre Nagy Gomułka erschreckt?], in: Prawo in Zycie, 43 (1991)
Western Security. The Formative Years. European and Atlantic Defence 1947–1953, ed. by Olav Riste, Oslo 1985
Wettig, Gerhard, High Road, Low Road. Diplomacy and Public Action in Soviet Foreign Policy, Washington 1989
Wida, I., Wengrija, 23 oktjabrja- 4 nojabrja 1956 g. [Ungarn, 23. Oktober–4. November 1956], in: Wengerski Meridian, (1991), 3
Wiebes, Cees, and Bert Zeeman, »I don't need your handkerchiefs«. Holland's experience of crisis consultation in NATO, in: International Affairs, 66 (1990), S. 91–113
Wiggershaus, Norbert, Die andere »deutsche Frage«. Die NATO-Gründung und das Problem der Sicherheit vor Deutschland, in: Militärgeschichtliche Beiträge, 4 (1990), S. 51–69
Wiggershaus, Norbert, Von Berlin bis Berlin. Westdeutsche Bedrohungsperzeption im »Kalten Krieg« 1948–1961, in: Acta No. 14. Commission International d'Histoire Militaire. , Ottawa 1989, S. 97–119
Wilke, Manfred, Reinhard Gutsche und Michael Kubina, Die SED-Führung und die Unterdrückung der polnischen Oppositionsbewegung 1980/81, in: German Studies Review, (1994), 1, S. 105–152
Wilker, Lothar, Die Sicherheitspolitik der SPD 1956–1966. Zwischen Wiedervereinigungs- und Bündnisorientierung, Bonn 1977
Wippich, Werner, Die Rolle der Bundesrepublik Deutschland in der Krise des £-Sterling und des Sterling-Gebietes, in: Zwischen Bündnissicherung und privilegierter Partnerschaft. Die deutsch-britischen Beziehungen und die Vereinigten Staaten von Amerika 1955–1963, hrsg. von Gustav Schmidt, Bochum 1995, S. 54 ff.
Wirpsza, W., Kronika wielkich dni [Chronik großer Tage], in: Po prostu, Nr. 44, 28.10.56
Władyka, W., Na czołówce Prasa w Październiku 1956 roku [Im Leitartikel. Die Presse im Oktober des Jahres 1956], Warszawa, Lódź 1989
Woina. Istorija. Ideologija. Burshuasnaja wojennaja istorija na slushbe militarisma [Krieg. Geschichte. Ideologie. Die bürgerliche Militärgeschichte im Dienste des Militarismus], Moskva 1974
Wolkogonow, Dmitri A., Sem woshdi [Sieben Führer], tom 2, Moskva 1995
Wolle, Stefan, Das MfS und die Arbeiterproteste im Herbst 1956 in der DDR, in: Aus Politik und Zeitgeschichte. Beilage zur Wochenzeitschrift »Das Parlament«, B 5/1991, S. 42–51

Wolle, Stefan, Polen und die DDR im Jahre 1956, in: Das Jahr 1956 in Ostmitteleuropa, hrsg. von Hans Henning Hahn und Heinrich Olschowsky, Berlin 1996, S. 46–57
Wollweber, Ernst, Aus Erinnerungen. Ein Porträt Walter Ulbrichts, in: Beiträge zur Geschichte der Arbeiterbewegung, 32 (1990), 3, S. 350–378
Woods, Randall, A Changing of the Guard, Chapel Hill 1990
Woorushennaja borba narodow Afriki sa swobodu i nesawisimost [Der bewaffnete Kampf der Völker Afrikas für Freiheit und Unabhängigkeit], Moskva 1974
Woyke, Wichard, Gründung und Entwicklung der NATO 1948–1950, in: Die Westliche Sicherheitsgemeinschaft 1948–1950. Gemeinsame Probleme und gegensätzliche Nationalinteressen in der Gründungsphase der Nordatlantischen Allianz, hrsg. von Norbert Wiggershaus und Roland G. Foerster, Boppard 1988 (= Militärgeschichte seit 1945, 8), S. 209–226
Wybryki chuligańskie w Bydgoszczy [Ausschreitungen von Hooligans in Bydgoszczy], in: Trybuna Ludu [Volkstribüne], Nr. 325, 21.11.1956
Wyszczelski, Lech, Działalność óswiatowo-wychowawcza w Wojsku Polskim w latach 1918–1939 [Bildungs- und erzieherische Tätigkeit in der Polnischen Armee in den Jahren 1918–1939], Warszawa 1995
Ximenès, Essai sur la guerre révolutionnaire, in: Revue militaire d'information, Nr. 281, février/mars 1957, S. 9
Young, John W., Cold War Europe, 1945–1989. A Political History, London 1991
Yurechko, John J., From Containment to Counteroffensive: Soviet Vulnerabilities and American Policy Planning, 1946–1953. Diss. University of California at Berkeley 1980
Zawodny, Janusz, Death in the Forest. The story of the Katyn Forest Massacre, Cambridge 1980
Zelizki siehe Zselicky
Żenczykowski, Tadeusz, Samotny bój Warszawy [Der einsame Kampf Warschaus], Paris 1985
Zinner, Paul, Revolution in Hungary, New York 1962
Zinner, Tibor, Kegyelem, 1960 [Gnade, 1960], in: História, (1992), 1
Zselicky, Béla I., Budapescht — Moskwa: god 1956 [Budapest — Moskau: 1956], in: Sowetskaja wneschnaja politika w gody cholodnoi wojny. Nowoje protschtenije [Sowjetische Außenpolitik in den Jahren des Kalten Krieges. Neue Lesart], Moskva 1995, S. 295
Zselicky, Béla I., Uroki sowremennoi tragedii [Lehren einer modernen Tragödie], in: Inostrannaja literatura [Ausländische Literatur], (1988) 9
Zselicky, Béla I., Wengrija 1956 g. Ewoljuzija ozenok wengerskich istorikow [Ungarn 1956. Die Entwicklung der Einschätzungen ungarischer Historiker], in: Nowaja i noweischaja istorija [Neue und Neueste Geschichte], (1992), 3
Zubok, Vladislav, and Constantine Pleshakov, Inside the Kremlin's Cold War, Cambridge Mass. 1996

Personenregister